Norman Mailer

Norman Mailer a été sa vie durant (1923-2007) le grand trublion des lettres américaines. Ses romans étaient à moitié des pamphlets. Ses pamphlets faisaient la part belle à la fiction. Tonitruants les uns comme les autres. Entré en littérature en 1948 avec un premier coup d'éclat : *Les Nus et les Morts* – tiré de son expérience de la guerre du Pacifique et considéré avec *Tant qu'il y aura des hommes* de James Jones comme l'un des deux chefs-d'œuvre américains sur la Seconde Guerre mondiale –, il connaît un succès qui manque de peu faire sombrer sa vocation. Un long silence va s'ensuivre : on croit fini celui qui se voulait un nouveau Malraux. Mais il reprend pied trois ans plus tard avec *Rivages de Barbarie*, qui retrace l'histoire d'un amnésique à la dérive. Puis viendra le temps de ses croisades contre une Amérique coupable à ses yeux de stériliser la création. Successivement *Un rêve américain*, *Pourquoi sommes-nous au Vietnam ?*, *Les Armées de la nuit*, *Bivouac sur la Lune* et *Prisonnier du sexe* finissent de faire de Mailer le chantre des protestataires américains.
Avec son *Chant du bourreau*, il a voulu montrer qu'il pouvait faire aussi bien et même mieux que Truman Capote avec *De sang-froid.* Aux lecteurs de juger.

le chant
du bourreau

norman

mailer

le chant du bourreau

traduit de l'anglais (états-unis)
par jean rosenthal

pavillons poche
robert laffont

L'auteur remercie les organisations et les personnes qui l'ont autorisé à utiliser les textes ci-dessous :

— Barry Farrell pour des extraits de « Merchandising Gary Gilmore's Dance of Death » dans *New West*, 20 décembre 1976.
— « Bonjour l'Amérique » pour des extraits de l'émission du 17 novembre 1976. © 1976 by American Broadcasting Compagny.
— Le *Los Angeles Times* pour des textes de David Johnston (© 1976 *Los Angeles Times*) et des textes de William Endicott (© 1978 *Los Angeles Times*), utilisés avec l'autorisation des auteurs.
— Le *New York Times*, pour un extrait, © by The New York Times Company.
— Slow Dancing Music Inc. pour un couplet de « Old Shep », © 1935 Whitehall Music et © 1978 Slow Dancing Music. Tous droits réservés par Slow Dancing Music Inc.
— Tree Publishing Company Inc. pour quelques vers de « Busted », paroles et musique de Harlan Howard, © 1962 by Tree Publishing Company Inc. Tous droits réservés.
— Veronica Music Inc. pour un passage de « Paloma Blanca » de Hans Bouwens © 1975 by Witch Music. Tous droits réservés pour le Canada et les États-Unis par Veronica Music Inc. et WB Music Corp.

L'auteur remercie également les journaux suivants : *Daily Herald, Deseret News, Los Angeles Herald Examiner, National Enquirer, New Times et Salt Lake Tribune.*

Titre original : THE EXECUTIONER'S SONG

ISBN : 978-2-221-11065-2
(édition originale : ISBN 0-316-54417-5 Little, Brown & Company, Boston)

« Du fond de mon donjon
je t'accueille
Du fond de mon donjon
je respecte ta peur
Au fond de mon donjon
j'habite
Je ne sais pas
si je te souhaite du bien. »

(Vieille chanson de prison)

À Norris,
John Buffalo
et Scott Meredith

Livre I

Voix de l'ouest

Première partie

Gary

1. Le premier jour

I

Brenda avait six ans lorsqu'elle tomba du pommier. Elle était montée tout en haut et la branche avec les pommes mûres se rompit ; Gary la rattrapa au vol. Ils eurent peur tous les deux. Les pommiers représentaient la meilleure cueillette de leur grand-mère et il était interdit de monter sur les arbres fruitiers. Elle l'aida à aller cacher la branche et tous deux espéraient bien que personne ne remarquerait rien. Voilà le premier souvenir que Brenda avait de Gary.

Elle avait six ans, lui en avait sept et elle le trouvait formidable. Il était peut-être brutal avec les autres gosses, mais jamais avec elle. Lorsque la famille venait à la ferme de grand-père Brown pour le Memorial Day ou pour Thanksgiving, Brenda ne voulait jouer qu'avec les garçons. Plus tard, elle conservait de ces sorties un souvenir paisible et chaleureux. Pas d'éclats de voix, pas de jurons, rien qu'une bonne réunion familiale. Elle se rappelait qu'elle s'entendait si bien avec Gary que peu lui importait si d'autres étaient là. « Bonjour, grand-mère, je peux avoir un biscuit ? Viens, Gary, allons jouer dehors. »

La porte donnait sur une vaste étendue : par-delà la cour, il y avait les vergers et les champs et puis les montagnes. Un chemin de terre passait devant la maison et gravissait la pente de la vallée jusqu'au canyon.

Gary était du genre silencieux. C'était la raison pour laquelle ils s'entendaient si bien : Brenda pérorait sans arrêt et lui avait l'art d'écouter. Ils s'amusaient bien. Même à cet âge, il était très poli. Si on avait un ennui, il revenait sur ses pas pour vous donner un coup de main.

Puis il déménagea. Gary et son frère Frank Jr, qui était son aîné d'un an, sa mère, Bessie s'en allèrent retrouver Frank Sr à Seattle. Brenda ne le vit plus pendant longtemps. Lorsqu'elle entendit de nouveau parler de Gary, elle avait treize ans. Ida, la mère de Brenda, lui dit que tante Bessie avait téléphoné de Portland et qu'elle avait le cafard. Gary avait été envoyé en maison de correction. Brenda lui écrivit donc une lettre et Gary lui répondit du fond de l'Oregon en lui disant qu'il était navré d'en faire voir ainsi de toutes les couleurs à sa famille.

D'un autre côté, bien sûr, il ne se plaisait pas en maison de correction. Son rêve lorsqu'il sortirait, écrivait-il, c'était de devenir gangster pour bousculer les gens. Il disait aussi que sa vedette de cinéma préférée, c'était Gary Cooper.

Gary n'était pas le genre de garçon à envoyer une seconde lettre avant d'avoir reçu une réponse. Des années pouvaient s'écouler, il n'écrirait pas si on ne lui avait pas d'abord répondu. Comme Brenda ne tarda pas à se marier – elle avait seize ans et pensait qu'elle ne pouvait pas vivre sans un garçon – elle se mit à négliger sa correspondance. Elle postait bien une lettre de temps en temps, mais Gary ne reprit sa place dans la vie de Brenda que lorsque, deux ans auparavant, tante Bessie téléphona de nouveau. Elle se faisait encore du souci pour Gary. On l'avait envoyé du pénitencier de l'État d'Oregon à Marion, dans l'Illinois, et cet établissement, annonçait Bessie à Ida, c'était ce qu'ils avaient construit pour remplacer Alcatraz. Elle n'avait pas l'habitude de considérer son fils comme un criminel dangereux que l'on ne pouvait garder que dans une prison de haute surveillance.

Du coup, Brenda se mit à penser à Bessie. Dans la famille Brown, avec ses sept sœurs et ses deux frères, Bessie devait être celle dont on parlait le plus. Bessie avait les yeux verts, des cheveux noirs et c'était une des plus jolies filles de la région. Elle possédait un tempérament artistique et avait horreur de travailler dans les champs car elle ne voulait pas que le soleil lui durcisse la peau, la hâle et la tanne. Elle avait la peau très blanche et tenait à la conserver ainsi. Ils avaient beau être des

Mormons qui faisaient de la culture dans le désert, elle aimait les jolies toilettes, le beau linge et portait des robes blanches avec de grandes manches chinoises et des gants blancs. Elle confectionnait tout elle-même. Avec une de ses amies elles se mettaient sur leur trente et un et s'en allaient en stop jusqu'à Salt Lake City. Maintenant Bessie était vieille et arthritique.

Brenda se remit à écrire à Gary. Bientôt ils entretinrent une correspondance régulière. L'intelligence de Gary ne cessait de se développer. Il n'était pas encore au lycée quand on l'avait mis en maison de correction, et il avait donc dû lire beaucoup en prison pour être aussi instruit. On pouvait dire qu'il savait utiliser les grands mots. Il en avait quelques-uns parmi les plus longs que Brenda était incapable de prononcer, et elle était encore moins sûre de leur signification.

Parfois Gary, au grand ravissement de Brenda, ajoutait de petits dessins dans la marge ; ils étaient rudement bons. Elle parlait d'essayer de dessiner un peu elle-même et lui adressa un échantillon de ses tentatives artistiques. Il corrigeait ses dessins pour lui montrer les erreurs qu'elle faisait. Ça n'était pas si mal pour des cours par correspondance.

De temps en temps, Gary faisait observer qu'ayant passé tant de temps en prison il avait plus l'impression d'être la victime que l'homme qui avait commis le forfait. Bien sûr, il ne niait pas avoir commis un crime ou deux. Il donnait déjà à entendre à Brenda qu'il n'était pas Le Bon Petit Diable.

Toutefois, après avoir échangé des lettres pendant un an ou davantage, Brenda remarqua un changement. Gary ne semblait plus croire qu'il ne sortirait jamais de prison : sa correspondance devenait plus optimiste. Brenda dit un jour à son mari, Johnny : « Ma foi, je crois bien que Gary est prêt. »

Elle avait pris l'habitude de lire ses lettres à Johnny, ainsi qu'à sa mère, à son père et à sa sœur. Parfois, après avoir commenté ces lettres, ses parents, Vern et Ida, discutaient ce que Brenda devrait répondre et ils semblaient s'intéresser sincèrement à

Gary. Toni, la sœur de Brenda, disait souvent combien elle était impressionnée par les dessins qu'il envoyait. Il y avait une si grande tristesse dans ces images... Des enfants avec de grands yeux tristes.

Un jour Brenda demanda : « Quelle impression ça fait de vivre dans ton club là-bas ? Dans quelle sorte de monde vis-tu au fait ? » Il avait répondu :

Je ne crois pas qu'il y ait moyen de décrire correctement ce genre d'existence à quelqu'un qui ne l'a jamais expérimentée. Je veux dire : ce serait totalement étranger pour toi et pour ta façon de penser, Brenda. C'est comme une autre planète.

Et ces mots, lorsqu'elle les lisait dans son living-room, lui évoquaient des visions de la lune.

Être ici, c'est comme marcher jusqu'au bord et regarder pardessus plus de vingt-quatre heures sur vingt-quatre pendant plus de jours que tu n'arrives à te rappeler.

Il terminait en écrivant :

Avant tout, il s'agit de rester fort quoi qu'il arrive.

Assis autour de l'arbre de Noël, ils pensaient à Gary en se demandant s'il serait avec eux l'année suivante. Il parlait de ses chances d'être libéré sur parole. Il avait déjà demandé à Brenda de parrainer sa demande et elle avait répondu : « Si tu fais des bêtises, je serai la première à me retourner contre toi. »

D'ailleurs, la famille était plutôt pour. Toni, qui ne lui avait jamais écrit une ligne, s'offrit pour être coresponsable. Si dans certaines de ses lettres Gary paraissait terriblement déprimé, et si celles où il demandait à Brenda de le parrainer étaient à peu près aussi sentimentales qu'une note de service, il y en avait quelques-unes qui vous allaient droit au cœur.

Chère Brenda,

J'ai reçu ta lettre ce soir et ça m'a fait du bien. Ton attitude me met du baume au cœur... Un toit pour m'abriter et un bou-

lot, c'est déjà une sacrée garantie, mais le fait que quelqu'un s'intéresse à moi, c'est encore plus important pour la commission de libération sur parole. Jusque-là, j'ai toujours été plus ou moins seul.

Ce ne fut qu'après la soirée de Noël que Brenda se rendit compte qu'elle allait se déclarer responsable d'un homme qu'elle n'avait pas vu depuis près de trente ans. Ça la fit penser à la remarque de Toni qui disait que Gary avait un visage différent sur chaque photo.

Johnny, à son tour, commença à s'inquiéter. Il était tout à fait d'accord pour que Brenda écrivît à Gary, mais s'il s'agissait de l'installer chez eux, Johnny commençait à avoir quelques appréhensions. Ça n'était pas que ça le gênait d'abriter un criminel, ça n'était tout bonnement pas le genre de Johnny. Il avait simplement l'impression qu'il allait y avoir des problèmes.

D'abord, Gary n'allait pas débarquer dans une communauté comme les autres. Il allait pénétrer dans un bastion mormon. Ça n'était déjà pas commode pour un homme tout juste sorti de prison mais, si en plus, il avait affaire à des gens qui estimaient que boire du café et du thé était un péché...

« Allons donc », disait Brenda. Aucun de leurs amis n'était pratiquant à ce point-là. On ne pouvait pas dire que Johnny et elle représentaient le couple typique et guindé du comté d'Utah.

« C'est vrai, disait Johnny, mais pense à l'atmosphère. » Tous ces gosses ultra-purs du B. Y. U. qui se préparaient à partir comme missionnaires. Marcher dans la rue pouvait vous donner l'impression qu'on était à un dîner paroissial. Ça créerait sûrement une certaine tension, disait Johnny.

Brenda n'était pas mariée à Johnny depuis onze ans sans avoir fini par découvrir que son mari était partisan de la paix à tout prix. Pas de vague dans sa vie s'il pouvait l'éviter. Brenda ne voulait pas dire qu'elle cherchait des ennuis, mais quelques vagues rendaient la vie intéressante. Brenda proposa donc que

Gary ne restât avec eux que les week-ends et qu'il habitât pendant la semaine chez Vern et Ida. Cette solution donna satisfaction à Johnny.

« Bah, lui dit-il en souriant, si je ne marche pas, tu le feras de toute façon. » Il avait raison. Elle pouvait témoigner d'une compassion sans bornes à quelqu'un qui vivait cloîtré. « Il a payé sa dette, dit-elle à Johnny, et je veux le faire rentrer. »

Ce furent les mots qu'elle employa pour parler au futur inspecteur responsable de Gary. Lorsqu'on lui demanda : « Pourquoi voulez-vous de cet homme ? » Brenda répondit : « Il a passé treize ans en prison. J'estime qu'il est temps que Gary rentre chez lui. »

Brenda connaissait sa force de persuasion dans ce genre de conversation. Elle était plus près de trente-cinq ans que de trente, et elle n'avait pas eu quatre maris sans s'apercevoir qu'elle était séduisante jusqu'au bout des ongles, et l'inspecteur en question, Mont Court, était blond, grand et costaud. Le beau gars du style Américain moyen, dans le genre sain et soigné, mais malgré tout, se dit Brenda, plutôt sympathique. Il était partisan de l'idée d'une seconde chance et était prêt à céder du terrain si on avait de bons arguments. Sinon, il était plutôt coriace. C'était comme ça qu'elle le voyait. Il avait l'air d'être tout à fait le genre d'homme qu'il fallait pour Gary.

Mont Court lui expliqua qu'il avait travaillé avec un tas de gens qui sortaient de prison et il prévint Brenda qu'il y aurait une période de réadaptation. Peut-être quelques petits ennuis çà et là, une bagarre d'ivrognes. Elle le trouva plutôt large d'esprit pour un mormon. Un homme, expliqua-t-il, ne pouvait pas sortir de prison et reprendre d'emblée une vie normale. C'était comme quand on avait fini son service militaire, surtout si on avait été prisonnier de guerre. On ne redevenait pas immédiatement un civil. Il dit que si Gary avait des problèmes, elle devrait essayer de l'encourager à venir en discuter.

Peu après, Mont Court et un autre officier, délégué à la liberté surveillée, rendirent visite à Vern à son échoppe de cordonnier pour voir si c'était un bon artisan. Ils avaient dû être impressionnés car personne dans la région ne s'y connaissait plus en chaussures que Vern Damico et, après tout, non seulement il allait offrir à Gary un endroit où habiter, mais du travail dans son atelier.

Une lettre arriva de Gary pour annoncer qu'il allait être libéré dans une quinzaine de jours. Puis, au début d'avril, il téléphona à Brenda de la prison pour lui dire qu'il allait sortir dans quelques jours. Il comptait prendre le car qui allait à Saint Louis par Marion et de là prendre la correspondance vers Denver et Salt Lake. Au téléphone il avait une voix agréable, douce, chaude et retenue. Et qui vibrait de sentiment.

Dans son excitation, ce fut à peine si Brenda se rendit compte que c'était pratiquement le même itinéraire qu'avait suivi leur arrière-grand-père mormon lorsqu'il avait quitté le Missouri avec une charrette à bras il y avait près de cent ans et qu'il s'en était allé vers l'Ouest avec tout ce qu'il possédait, traversant les grandes plaines et les cols des Rocheuses pour venir s'installer à Provo dans le royaume mormon de Deseret, tout juste à quatre-vingts kilomètres au-dessous de Salt Lake.

II

Gary, toutefois, n'avait sans doute pas fait plus de soixante ou quatre-vingts kilomètres depuis Marion, lorsqu'à un arrêt il téléphona à Brenda pour lui dire qu'il avait les reins brisés tant il avait été secoué dans ce car, que jamais il n'avait connu une expérience pareille et qu'il avait décidé de se faire rembourser son billet à Saint Louis et de faire le reste du trajet en avion. Brenda approuva. Gary avait envie de voyager dans le luxe ; ma foi, il méritait bien ça.

Il la rappela le même soir. Il avait trouvé une place sur le dernier vol et retéléphonerait à son arrivée.

« Gary, il nous faut trois quarts d'heure pour aller à l'aéroport.

— Ça m'est égal. »

Brenda trouva que c'était une attitude nouvelle, mais c'est vrai qu'il n'avait pas pris beaucoup d'avions. Il voulait sans doute avoir le temps de se détendre.

Même les enfants étaient excités et Brenda n'arrivait pas à trouver le sommeil. Après minuit, Johnny et elle étaient là, à attendre. Brenda avait menacé de tuer quiconque lui téléphonerait tard : elle voulait que la ligne restât libre.

« Je suis arrivé », dit sa voix. Il était 2 heures du matin.

« Bon, on vient te chercher.

— Parfait », fit Gary, et il raccrocha. Ça n'était pas un type à vous casser les oreilles pour dix cents.

Pendant le trajet, Brenda ne cessa de dire à John de se dépêcher. C'était le milieu de la nuit et la route était déserte. John, cependant, n'avait pas envie de choper une contravention. Après tout, ils étaient sur l'autoroute. Il ne dépassait donc pas le cent à l'heure. Brenda renonça à la lutte. Elle était bien trop excitée pour discuter.

« Oh ! mon Dieu, dit Brenda, je me demande quelle taille il a maintenant.

— Quoi ? » fit Johnny.

Elle avait commencé à se dire qu'il était peut-être petit. Ce serait terrible. Brenda ne mesurait qu'un mètre cinquante-huit, mais c'était une taille qu'elle connaissait bien. Depuis l'âge de dix ans, elle possédait cette mensuration, pesait soixante kilos et portait la même taille de soutien-gorge qu'aujourd'hui : bonnets C.

« Comment ça, quelle taille il a ? demanda Johnny.

— Je ne sais pas, j'espère qu'il est grand. »

Au lycée, si elle mettait des talons, la seule personne assez grande pour danser avec elle était le prof de gym. Elle en était arrivée à détester embrasser un garçon sur le front pour lui dire bonsoir. En fait, elle était si obsédée par l'idée d'être grande que c'était peut-être bien ça qui avait arrêté sa croissance.

Bien sûr, ça la faisait aimer les garçons plus grands qu'elle. Ils lui donnaient l'impression d'être féminine. Elle avait tout d'un coup ce cauchemar que, lorsqu'ils arriveraient à l'aéroport, Gary ne lui arriverait qu'à l'aisselle. Bah, dans ce cas-là, elle plaquerait là toute l'histoire. « Démerde-toi tout seul », lui dirait-elle.

Ils s'arrêtèrent le long du refuge aménagé devant l'entrée principale de l'aérogare. À peine était-elle descendue de voiture que Johnny, qui était sorti à gauche, essayait de rentrer son pan de chemise dans son pantalon. Brenda était exaspérée.

Elle voyait Gary adossé au bâtiment. « Le voilà », cria Brenda, mais Johnny dit : « Attends, il faut que je referme ma braguette.

— On se fout pas mal de ton pan de chemise, dit Brenda. J'y vais. »

Comme elle traversait la rue entre le refuge et la porte principale, Gary l'aperçut et ramassa son sac. Ils se précipitèrent l'un vers l'autre. Lorsqu'ils se retrouvèrent, Gary laissa tomber son sac, la regarda puis la serra si fort dans ses bras qu'elle crut être étouffée par un ours. Même Johnny n'avait jamais étreint Brenda aussi fort.

Lorsque Gary la reposa sur le sol, elle recula d'un pas pour le regarder. Elle voulait le voir tout entier. Elle dit : « Mon Dieu, tu es grand. »

Il se mit à rire. « Qu'est-ce que tu attendais, un nain ?

— Je ne sais pas ce que j'attendais, dit-elle, mais, Dieu merci, tu es grand. »

John était planté là avec sa bonne grande gueule qui faisait hum, hum, hum.

« Salut, cousin, dit Gary, content de te voir. » Il serra la main de Johnny.

« Au fait, Gary, fit Brenda d'un air de sainte nitouche, je te présente mon mari.

— Je pensais bien que c'était ce qu'il était », fit Gary.

Johnny dit : « Tu as toutes tes affaires avec toi ? »

Gary ramassa son sac de voyage – Brenda le trouva pitoyablement petit – et dit : « C'est ça. C'est tout ce que j'ai. » Il dit cela sans humour et sans amertume. De toute évidence, les choses matérielles, ça ne l'intéressait pas beaucoup.

Ce fut alors qu'elle remarqua ses vêtements. Il avait un imperméable noir qu'il tenait sur le bras et portait un blazer marron foncé par-dessus – c'était à peine croyable – une chemise à rayures jaunes et vertes. Puis un pantalon de tissu synthétique beige, mal ourlé. Plus une paire de souliers en plastique noir. Elle prêtait attention aux chaussures des gens à cause du métier de son père, et elle se dit : « Fichtre, c'est vraiment de la camelote. On ne lui a même pas offert une paire de chaussures de cuir pour rentrer chez lui. »

« Allons, dit Gary, foutons le camp d'ici. »

Elle sentit alors qu'il avait bu. Il n'était pas ivre, mais il était quand même un peu éméché. Il la prit délibérément par la taille tandis qu'ils regagnaient la voiture.

Ils montèrent, Brenda s'assit au milieu et Johnny prit le volant. Gary dit : « Dites donc, c'est une jolie bagnole. Qu'est-ce que c'est ?

— Une Maverick jaune, lui dit-elle. C'est mon petit veau à moi. »

Ils démarrèrent. Ce fut le premier silence.

« Tu es fatigué ? demanda Brenda.

— Un peu, mais je suis un peu rond aussi. (Gary sourit.) J'ai profité du champagne dans l'avion. Je ne sais pas si c'était l'altitude ou le fait de ne pas avoir bu de bon alcool depuis longtemps mais, bon sang, qu'est-ce que je me suis beurré dans cet avion. J'étais gai comme un pinson. »

Brenda se mit à rire. « Je pense que tu as bien le droit de te piquer un peu le nez. »

On pouvait dire qu'on lui avait coupé les cheveux court en prison. Ce serait de beaux cheveux bruns et drus quand ils pousseraient, estima Brenda, mais pour l'instant ça rebroussait sur la nuque d'une façon très plouc. Il n'arrêtait pas de les rabattre.

Malgré tout, elle le trouvait bien. Dans la faible lumière qui pénétrait dans la voiture tandis qu'ils traversaient Salt Lake par l'autoroute, la ville endormie autour d'eux, elle se dit que Gary était tout ce qu'elle attendait dans ce domaine. Un beau nez long, un menton solide, des lèvres minces et bien dessinées. Un visage qui avait du caractère.

« Tu veux qu'on s'arrête pour boire une tasse de café ? » proposa Johnny.

Brenda sentit Gary se crisper. On aurait dit que même l'idée de s'aventurer dans un endroit qu'il ne connaissait pas le rendait nerveux. « Viens, dit Brenda, on va te faire faire la visite rapide. »

Ils choisirent le café *Chez Jean*. C'était le seul endroit au sud de Salt Lake ouvert à 3 heures du matin, mais c'était vendredi soir et les gens arboraient leurs plus belles toilettes. Lorsqu'ils furent installés dans leur box, Gary dit : « Je pense qu'il va falloir que je me trouve des vêtements. »

Johnny l'incita à manger, mais il n'avait pas faim. De toute évidence il était trop excité. Brenda avait l'impression de pouvoir percevoir le tremblement qui l'agitait dans chaque couleur vive que Gary examinait sur le juke-box. Il avait l'air presque étourdi par la lumière tournante rouge, bleue et or qui défilait sur l'écran électronique du distributeur de cigarettes. Il était si absorbé que sa fascination gagna Brenda. Lorsque deux jolies filles entrèrent et que Gary marmonna : « Pas mal », Brenda se mit à rire. Il y avait quelque chose de si sincère dans la façon dont il avait dit ça.

Sans cesse des couples arrivaient sortant d'une soirée et repartant. Le bruit des voitures qui se garaient ou démarraient n'arrêtait pas. Malgré cela, Brenda ne regardait pas la porte. Sa meilleure amie aurait pu franchir le seuil, elle aurait été toute seule avec Gary. Elle ne se rappelait pas avoir jamais vu quelqu'un absorber à ce point son attention. Elle ne voulait pas être désagréable avec Johnny, mais elle oublia bel et bien qu'il était là.

Gary, lui, regarda à travers la table et dit : « Merci, mon vieux. C'est chic d'être venu avec Brenda me chercher. » Ils échangèrent une nouvelle poignée de main. Plus franche cette fois.

Tout en buvant son café, il posa des questions à Brenda sur ses parents, sa sœur, ses gosses et sur le travail de Johnny.

Johnny était à l'entretien de la Fonderie du Pacifique. Tout en étant maintenant forgeron, il fabriquait des canalisations métalliques, les faisait cuire, les fondait, parfois les moulait.

La conversation s'alanguissait. Gary ne savait plus quoi demander d'autre à Johnny. « Il ne sait rien de nous, se dit Brenda, et je sais si peu de sa vie. »

Gary parla de deux de ses copains de prison en disant combien c'étaient de braves types. Puis il ajouta en s'excusant : « Bah, vous n'avez pas envie d'entendre parler de prison, ça n'est pas un sujet très agréable. »

Johnny dit qu'ils y allaient sur la pointe des pieds seulement parce qu'ils ne voulaient pas le vexer. « On est curieux, dit Johnny, mais tu sais, on ne veut pas te demander : comment c'est là-dedans ? Qu'est-ce qu'ils vous font ? »

Gary sourit. Le silence retomba entre eux.

Brenda savait qu'elle rendait Gary très nerveux. Elle n'arrêtait pas de le dévisager, mais elle ne s'en lassait pas. Il y avait tant de choses à voir sur son visage.

« Mon Dieu, répétait-elle, c'est bon de t'avoir ici.

— C'est bon d'être rentré.

— Attends de connaître ce pays », dit-elle. Elle mourait d'envie de lui parler des parties de plaisir qu'ils pourraient avoir sur le lac Utah, et des excursions qu'ils pourraient faire dans les canyons. Le désert était tout aussi gris, brun et sinistre que n'importe quel désert, mais les montagnes avaient des sommets qui frôlaient les quatre mille mètres et les canyons étaient couverts de magnifiques forêts. On pouvait faire des balades super avec les copains. On lui apprendrait à chasser à l'arc et elle était sur le point de le lui dire quand tout d'un coup elle put bien voir Gary dans la lumière. Elle avait eu beau le dévisager tout le temps, c'était comme si elle ne l'avait pas encore regardé du tout. Elle éprouva soudain un violent sentiment de malheur. Il était beaucoup plus marqué qu'elle ne s'y attendait.

Elle tendit la main pour lui tâter la joue là où il avait une très vilaine cicatrice et Gary dit : « C'est pas joli à voir, hein ?

— Je suis navrée, Gary, dit Brenda, je ne voulais pas t'embarrasser. »

Ça créa un tel silence que Johnny finit par demander : « Comment c'est arrivé ?

— Un gardien m'a frappé, dit Gary. (Il sourit.) Ils m'avaient attaché pour me faire une piqûre de prolixine… et j'ai réussi à cracher à la figure du docteur. C'est à ce moment-là que je me suis fait matraquer.

— Ça te dirait, demanda Brenda, de mettre la main sur ce gardien qui t'a frappé ?

— Ne cherche pas à deviner mes pensées, dit Gary.

— Bon, fit Brenda, mais est-ce que tu le détestes ?

— Bon Dieu, oui. Tu ne le détesterais pas toi ? fit Gary.

— Bien sûr que si, dit Brenda. C'est juste pour vérifier. »

Une demi-heure plus tard, sur le chemin de la maison, ils passèrent devant Point of the Mountain. À gauche de l'autoroute, une longue colline se détachait des montagnes et sa crête était comme la patte d'une bête dont les griffes arriveraient jusqu'à la route. De l'autre côté, dans le désert sur la droite, se trouvait la prison de l'État d'Utah. À cette heure, dans les bâtiments, il n'y avait que quelques lumières d'allumées. Ils firent quelques plaisanteries sur la prison de l'État d'Utah.

III

Quand il se retrouva dans le living-room de Brenda à boire de la bière, Gary commença à se détendre. Il aimait bien la bière, avoua-t-il. En prison il fabriquait une espèce de bibine avec du pain. Ils appelaient ça du Pruno. Cependant, Brenda et Johnny remarquaient que Gary avait une sacrée descente.

Johnny ne tarda pas à être fatigué et à aller se coucher. Gary et Brenda commencèrent alors à parler vraiment. Il raconta quelques histoires de prison. Brenda trouva chacune d'elles plus extraordinaire que l'autre. Sans doute y avait-il une part de vérité et une part de bière. Il devait savoir tout ça par cœur.

Ce ne fut que lorsqu'elle regarda par la fenêtre et qu'elle vit que le jour se levait qu'elle se rendit compte combien ils avaient parlé longtemps. Ils franchirent la porte pour regarder le soleil se lever derrière la maison style ranch et toutes les maisons style ranch de ses voisins et, comme ils étaient plantés là, sur son bout de pelouse, jonchée de jouets abandonnés, humides de la froide rosée du matin, Gary regarda le ciel et prit une profonde inspiration.

« J'ai envie d'aller courir un peu, dit-il.

— Tu dois être dingue, fatigué comme tu es », dit-elle.

Il se contenta de s'étirer en respirant à fond et un grand sourire s'épanouit sur son visage. « Tu te rends compte, dit-il, je suis vraiment dehors. »

Dans les montagnes, la neige était gris fer, violette dans les creux et elle brillait comme de l'or sur chaque pente qui faisait face au soleil. Les nuages, au-dessus des montagnes, se levaient avec la lumière. Brenda le regarda longuement dans les yeux et de nouveau se sentit pleine de tristesse. Le regard de Gary avait pris l'expression des lapins qu'elle avait débusqués, des lapins affolés. Mais elle avait déjà vu ces yeux de lapins effrayés et ils étaient calmes et tendres, avec un peu de curiosité. Ils ne savaient pas ce qui allait se passer.

2. La première semaine

I

Brenda installa Gary sur le canapé transformable dans la pièce où il y avait la télé. Comme elle commençait à faire le lit, il resta là à sourire.

« Qu'est-ce qui te donne ce petit sourire en coin ? dit-elle après un silence.

— Tu sais depuis quand je n'ai pas dormi dans des draps ? »

Il prit une couverture mais pas d'oreiller. Puis elle regagna sa chambre. Elle ne sut jamais s'il s'était endormi. Elle avait l'impression qu'il s'était allongé et qu'il se reposait sans ôter son pantalon, rien que sa chemise. Lorsqu'elle se leva, quelques heures plus tard, il était déjà debout.

Ils étaient encore en train de prendre le café lorsque Toni vint leur rendre visite ; Gary la serra dans ses bras, puis recula et lui prit le visage à deux mains en disant : « Voilà enfin que je fais la connaissance de la petite sœur. Mon vieux, j'ai regardé tes photos. Tu es une vraie petite dame.

— Tu vas me faire rougir », fit Toni.

C'était vrai qu'elle ressemblait à Brenda. Les mêmes yeux noirs tout ronds, les cheveux noirs, le même regard effronté. La seule différence, c'est que Brenda avait des courbes voluptueuses et que Toni était mince comme un mannequin. Comme ça, on avait le choix.

Lorsqu'ils s'assirent, Gary ne cessa pas de tendre le bras pour le passer autour de la taille de Toni ou pour lui prendre la main. « Dommage que tu sois ma cousine, dit-il, et que tu aies épousé ce grand connard. »

Par la suite, Toni devait raconter à Brenda combien Howard avait été bon et bien avisé de lui dire : « Va voir Gary sans moi. » Elle continua en disant que Gary lui inspirait de la tendresse, sans rien de sexuel, plutôt comme un frère. Elle avait été stupéfaite de voir tout ce qu'il connaissait de sa vie à elle. Par exemple, le fait que Howard mesurait un mètre quatre-vingt-quinze. Brenda s'abstint de lui faire remarquer que ça n'était sûrement pas dans une lettre de Toni qu'il l'avait appris puisque Toni ne lui avait jamais écrit une ligne.

Avant de laisser Brenda emmener Gary voir Vern et Ida, Johnny lui fit faire une épreuve de force. Il prit la bascule de la salle de bains et en serra le plateau entre ses mains jusqu'à ce que l'aiguille grimpât à cent quinze kilos.

Gary essaya à son tour et atteignit cinquante-cinq kilos. Furieux, il serra le plateau jusqu'à en trembler. L'aiguille monta à soixante-dix kilos.

« Hé oui, fit Johnny, tu fais des progrès.

— Quel est le plus haut score que tu aies fait ? demanda Gary.

— Oh, fit Johnny, le cadran s'arrête à cent trente, mais j'ai poussé l'aiguille plus loin. J'imagine cent trente-cinq. »

Pendant le trajet jusqu'à la cordonnerie, Brenda en dit un peu plus long à Gary sur son père. Vern, expliqua-t-elle, était sans doute l'homme le plus fort qu'elle connaissait.

« Plus fort que Johnny ? »

Oh ! poursuivit Brenda, personne n'était plus fort que Johnny pour presser un plateau de bascule, mais elle ne savait pas qui avait jamais battu Vern Damico au bras de fer.

Vern, dit Brenda, était assez fort pour être toujours doux. « Je ne crois pas que mon père m'ait jamais donné une fessée sauf une fois dans toute ma vie, et je l'avais vraiment méritée. Ce n'était qu'une claque sur le derrière, mais avec sa main il pouvait me couvrir tout le corps. »

À l'aube les montagnes étaient violettes et dorées, mais maintenant, dans la lumière du matin, elles étaient grandes, brunes et nues et il restait sur les crêtes des traînées de neige grise saturée de pluie. Ça influa sur leur humeur. Du côté nord d'Orem où elle vivait, jusqu'à la boutique de Vern au centre de Provo, il y avait dix kilomètres, mais en passant par State Street, ça prenait un moment. Il y avait des centres commerciaux et des snack-bars, des vendeurs de voitures d'occasion, des magasins de confection et des stations-service, des marchands d'appareils ménagers, des panneaux publicitaires et des éventaires où l'on vendait des fruits. Il y avait des banques et des agences immobilières dans des ensembles de bureaux sans étage et des rangées d'immeubles d'habitation avec des toits mansardés. Il ne semblait pas y avoir un immeuble qui ne fût peint dans des couleurs de nursery : jaune pastel, orange pastel, marron pastel, bleu pastel. Il n'y avait que quelques maisons de bois à deux étages qui avaient l'air d'avoir été construites depuis trente ans. Sur State Street, tout au long des dix kilomètres d'Orem à Provo, ces maisons paraissaient aussi vieilles que des saloons de westerns.

« On peut dire que ça a changé », dit Gary.

Au-dessus de leurs têtes s'étendait l'immensité bleue du robuste ciel de l'Ouest américain. Ça, ça n'avait pas changé. Au pied des montagnes, à la limite entre Orem et Provo se trouvait l'université Brigham Young. Elle aussi était neuve et semblait avoir été bâtie avec un jeu de construction pour enfant. Voilà vingt ans, l'université avait quelques milliers d'étudiants. Aujourd'hui il y avait près de trente mille inscrits, lui dit Brenda. Tout comme Notre-Dame pour les bons catholiques, il y avait l'U. B. Y. pour les bons mormons.

II

« Je ferais mieux de t'en dire un peu plus sur Vern, fit Brenda. Il faut que tu comprennes quand papa plaisante et quand il est sérieux. Ça peut être un peu difficile à deviner parce que papa ne sourit pas toujours lorsqu'il plaisante. »

Elle ne lui raconta pas que son père était né avec un bec-de-lièvre, mais elle pensait qu'il le savait. Vern avait eu le palais si bien refait qu'il parlait normalement, mais la cicatrice était visible. Sa moustache ne cherchait pas à la dissimuler. Lorsqu'il alla pour la première fois à l'école, il ne lui fallut pas longtemps pour devenir un des costauds de la classe. Tous les garçons qui avaient envie de se moquer de Vern à cause de sa lèvre, dit Brenda, recevaient un gnon en pleine poire.

Ça faisait la personnalité de Vern. Aujourd'hui encore, quand les enfants entraient dans l'échoppe et le voyaient pour la première fois, Vern n'avait pas besoin d'entendre ce que l'enfant disait quand sa mère lui soufflait : « Chut ! » Il était habitué. Maintenant ça ne le gênait plus. Au long des années, toutefois, il avait dû faire un effort pour surmonter ça. Non seulement ça l'avait laissé robuste mais franc. Il pouvait avoir des manières douces, dit Brenda, mais en général il disait carrément ce qu'il pensait. Ça pouvait être rude.

Pourtant, quand Gary rencontra Vern, Brenda décida qu'elle l'avait trop préparé. Il était un peu nerveux quand il dit bonjour. Il regardait autour de lui et avait l'air surpris de la taille de la boutique, comme s'il ne s'attendait pas à cette sorte de grande caverne. Vern fit remarquer que ça faisait pas mal d'espace à parcourir quand les clients n'étaient pas là, et puis ils se mirent à parler de son ostéoarthrite. Vern avait une ostéite du genou extrêmement pénible qui lui avait bloqué l'articulation. Rien que d'en entendre parler, on aurait dit que ça rendait Gary soucieux. Il avait l'air sincère, se dit Brenda. C'était tout juste si elle ne sentait pas la douleur du genou de Vern passer tout droit dans l'aine de Gary.

Vern estimait que Gary devrait venir s'installer avec Ida et lui tout de suite, mais il ne devrait pas envisager de se mettre au travail avant quelques jours. On avait besoin de s'habituer à la liberté, observa Vern. Après tout, Gary venait d'arriver dans une ville inconnue, il ne savait pas où était la bibliothèque ; il ne savait pas où aller prendre un café. Il parla donc à Gary avec une grande lenteur. Brenda avait l'habitude des hommes qui mettaient un moment à se dire des choses, mais si on était impatient, ça avait de quoi vous rendre dingue.

Mais quand elle et Gary arrivèrent à la maison, Ida fut ravie. « Bessie était ma grande sœur préférée, et moi j'étais toujours celle qu'elle aimait le mieux », lui expliqua Ida. Elle prenait un peu d'embonpoint, mais avec ses cheveux brun roux et sa robe aux couleurs vives, Ida avait l'air d'une séduisante Gitane.

Gary et elle commencèrent tout de suite à évoquer comment il était quand il était petit garçon et qu'il allait voir grand-mère et grand-père Brown. « J'aimais ce temps-là, lui dit Gary. Je n'ai jamais été aussi heureux de ma vie. »

Tous les deux, Gary et Ida, offraient un drôle de spectacle dans cette petite pièce de séjour. Vern avait beau avoir des épaules capables d'occuper tout l'encadrement d'une porte et chacun de ses doigts plus gros que deux doigts de n'importe qui, il n'était pas si grand et Ida était petite. Ça n'était pas un plafond bas qui les gênerait.

C'était une salle de séjour avec un tas de meubles capitonnés, dans de brillantes couleurs automnales, avec des tapis de couleurs vives et des tableaux pleins de couleurs dans des cadres dorés. Debout à côté de la cheminée, se trouvait une statue en céramique représentant un garçon d'écurie noir avec une veste rouge. Des tables basses chinoises et de grands coussins de couleur occupaient une partie du plancher.

Après avoir vécu derrière des barres d'acier, du béton et des murs de ciment, Gary allait maintenant passer une bonne partie de son temps dans cette pièce.

De retour chez elle, sous prétexte de l'aider à déballer ses affaires, Brenda jeta un coup d'œil dans son sac de voyage. Il contenait juste une boîte de crème à raser, un rasoir, une brosse à dents, un peigne, quelques photos, son certificat de libération, quelques lettres et pas de linge de rechange.

Vern lui passa du linge, un pantalon marron, une chemise et vingt dollars.

Gary dit : « Je ne pourrai pas te rembourser tout de suite.

— Je te fais cadeau de cet argent, fit Vern. Si tu en as besoin d'autre, viens me trouver. Je n'en ai pas beaucoup, mais je te donnerai ce que je pourrai. »

Brenda comprenait le raisonnement de son père : un homme qui n'a pas un sou en poche peut s'attirer des ennuis.

Le dimanche après-midi, Vern et Ida l'emmenèrent en voiture à Lehi, de l'autre côté d'Orem, pour aller rendre visite à Toni et Howard.

Annette et Angela, les deux filles de Toni, étaient excitées par la présence de Gary. Il avait un effet magnétique sur les gosses, reconnurent Brenda et Toni. Ce dimanche-là, deux jours après sa sortie de prison, il était assis dans un fauteuil tapissé de tissu doré, à dessiner à la craie sur une ardoise pour Angela.

Il faisait un beau dessin et Angela, qui avait six ans, l'effaçait. Ça l'amusait beaucoup. Il se donnait beaucoup de mal pour le suivant, faisait un dessin superbe et elle arrivait en faisant ohé, euh euh, et elle l'effaçait. Comme ça il pouvait en faire un autre.

Au bout d'un moment il s'assit par terre pour jouer aux cartes avec elle.

Angela ne savait jouer qu'à la bataille, mais elle ne se rappelait pas la hauteur des cartes. Elle disait que le 6 avait la queue en l'air parce que la ligne montait et que le 9 l'avait en bas. Le 7 était un crochet. Ça amusait beaucoup Gary. Les reines, expliqua Angela d'un ton définitif, étaient des dames. Les rois étaient de grands garçons. Les valets de petits garçons.

« Toni, cria-t-il, voudrais-tu m'expliquer quelque chose ? Est-ce que c'est un jeu illicite que je joue là avec ta fille ? » Gary trouvait ça très drôle.

Plus tard ce dimanche-là, Howard Gurney et Gary essayèrent de se parler. Howard avait travaillé toute sa vie dans le bâtiment, c'était un électricien syndiqué. Il n'avait jamais été en prison sauf un soir quand il était gosse. C'était difficile de trouver entre eux un dénominateur commun. Gary savait plein de choses et avait un vocabulaire fantastique, mais Howard et lui ne semblaient avoir aucune expérience en commun.

III

Le lundi matin, Gary entama le billet de vingt dollars que Vern lui avait donné pour s'acheter une paire de baskets. Cette semaine-là, tous les jours il s'éveilla vers 6 heures et s'en allait courir. Il sortait de la maison de Vern d'un long pas rapide, descendait jusqu'à la Cinquième Rue Ouest, faisait le tour du parc et revenait : plus de dix blocs en quatre minutes, un bon temps. Vern, avec son mauvais genou, trouvait que Gary était un coureur fantastique.

Au début, Gary ne sut pas très bien ce qu'il pouvait faire dans la maison. Le premier soir qu'il passa seul avec Vern et Ida, il demanda s'il pouvait aller prendre un verre d'eau.

« Tu es chez toi, dit Vern. Tu n'as pas à demander la permission. »

Gary revint de la cuisine, le verre à la main. « Je commence à m'y habituer, dit-il à Vern. C'est rudement bon.

— Mais oui, fit Vern, va et viens comme tu veux. Enfin dans des limites raisonnables. »

Gary n'aimait pas la télévision. Peut-être qu'il l'avait trop regardée en prison, mais le soir, quand Vern était allé se coucher, Gary et Ida restaient assis à bavarder.

Ida évoquait l'art avec lequel Bessie utilisait le maquillage. « Elle s'y prenait si bien, disait Ida et avec un tel goût. Elle savait toujours comment se rendre belle. Elle avait la même élégance que notre mère qui était française et qui avait toujours eu des traits aristocratiques. » Sa mère, raconta Ida, avait de bonnes manières qu'elle avait transmises à ses enfants. La table était toujours bien mise, peut-être pas suivant les règles les plus strictes – ils n'étaient que de pauvres mormons – mais il y avait une nappe, toujours une nappe, et assez d'argenterie pour que ça fasse bien.

Bessie, confia Gary à Ida, était aujourd'hui si arthritique qu'elle pouvait à peine bouger, et la petite caravane où elle habitait était tout en plastique. Compte tenu du climat de Portland, cette caravane devait être humide. Quand il aurait un peu d'argent, il essaierait d'améliorer ça. Un soir, Gary téléphona à sa mère et lui parla longuement. Ida l'entendit lui dire qu'il l'aimait et qu'il allait la faire revenir habiter Provo.

C'était une semaine douce pour avril et c'était agréable de bavarder le soir, de faire des projets pour l'été à venir.

Vers le troisième soir, ils se mirent à parler de l'allée de Vern. Elle n'était pas assez large pour laisser passer plus d'une voiture, mais Vern avait à côté un bout de pelouse qui pourrait donner de la place pour une autre voiture à condition de pouvoir retirer la margelle de béton qui séparait l'herbe de la partie goudronnée. Ce muret courait sur une dizaine de mètres depuis le trottoir jusqu'au garage. Il avait environ quinze centimètres de haut sur vingt de large et ce serait un rude boulot que de le casser. À cause de sa mauvaise jambe, Vern n'y avait pas touché.

« Je vais le faire », annonça Gary.

Et en effet, le lendemain matin à 6 heures, Vern fut réveillé par Gary qui s'attaquait à la margelle avec une grosse masse. Le fracas en retentissait à l'aube dans tout le voisinage. Vern était embêté pour les gens du motel juste à côté qui allaient être réveillés par les vibrations. Gary travailla toute la journée, fendant le rebord de béton à grands coups de masse, puis faisant sauter les morceaux centimètre par centimètre avec le ciseau à froid. Bientôt Vern dut en acheter un neuf.

Il lui fallut une journée et une partie du lendemain pour démolir ces dix mètres de margelle. Vern proposa son aide, mais Gary ne voulut pas en entendre parler. « Je m'y connais pour ce qui est de casser des cailloux, dit-il à Vern en souriant.

— Qu'est-ce que je peux faire pour toi ? demanda Vern.

— Ma foi, c'est un travail qui donne soif, dit Gary. Tu n'as qu'à m'entretenir en bière. »

Ça se passa ainsi. Il buvait beaucoup de bière, trimait vraiment dur et ils étaient contents tous les deux. Lorsqu'il eut terminé, il avait sur la main des ampoules ouvertes aussi grandes que les ongles de Vern. Ida insista pour lui bander les paumes, mais Gary se conduisit comme un gosse – un homme ne porte pas de bandages – et il s'empressa de les ôter.

Toutefois ça l'avait détendu de faire ce travail. Il était prêt à se lancer dans sa première exploration de la ville.

Provo était bâtie en damiers, avec des rues très larges où se trouvaient quelques immeubles de quatre étages. Il y avait trois cinémas : deux dans Center Street, la principale rue commerçante, et l'autre sur University Avenue, l'autre rue commerçante. À Provo, l'équivalent de Times Square, c'était l'intersection des deux rues. À un coin il y avait un jardin public auprès d'une église et à l'autre extrémité un très grand drugstore.

Pendant la journée, Gary se promenait en ville. Si, vers l'heure du déjeuner, il se trouvait dans les parages de la cordonnerie, Vern l'emmenait au *Café Provo*, ou bien au *Sou Neuf de Joe*, qui servait le meilleur café de la ville. Ce n'était qu'un petit bistrot avec vingt sièges, mais à l'heure du déjeuner les gens faisaient la queue dans la rue pour entrer. Bien sûr, lui expliqua Vern, Provo n'était pas célèbre pour ses restaurants.

« Elle est célèbre pour quoi ? demanda Gary.

— Du diable si je le sais, dit Vern. Peut-être un taux de criminalité bas. »

Dès l'instant où Gary commencerait à travailler à la cordonnerie, il se ferait deux dollars cinquante de l'heure. Deux ou trois fois après le déjeuner, il resta à traîner dans la boutique pour se mettre dans le bain. Après avoir regardé Vern s'occuper de quelques clients, Gary décréta qu'il préférait se concentrer sur les réparations. Il ne savait pas s'il serait capable d'affronter des clients désagréables. « Il va falloir que je m'y mette doucement », dit-il à Vern.

En se baladant, Gary décida de se débarrasser de son pantalon en tissu synthétique pour s'acheter des jeans. Il emprunta quelques dollars de plus à Vern, et Brenda l'emmena dans un centre commercial.

Il lui dit qu'il n'avait jamais rien vu de pareil. C'était époustouflant. Il n'arrivait pas à détourner ses regards des filles. Il était en train de les lorgner quand il heurta le rebord d'un bassin. Si Brenda ne l'avait pas rattrapé par la manche, il se serait retrouvé dedans. « On peut dire que tu n'as pas perdu ton coup d'œil », lui dit-elle. Il ne reluquait que les plus belles filles. Il était presque complètement trempé, mais il avait très bon goût.

Au rayon des jeans, chez Penney's, Gary était indécis. Au bout d'un moment il dit : « Je ne sais pas comment on s'y prend. Est-ce qu'on doit prendre les pantalons sur l'étagère ou est-ce que quelqu'un vous les donne ? »

Brenda le plaignit sincèrement. « Cherche ceux que tu veux, dit-elle et préviens la vendeuse. Si tu veux les essayer, tu peux.

— Sans les payer ?

— Oh, oui, tu peux les essayer d'abord », dit-elle.

IV

Le premier jour de travail de Gary à la cordonnerie se passa bien. Il était plein d'enthousiasme et Vern n'était pas mécontent. « Écoute, fit Gary, je n'y connais rien, mais tu n'as qu'à me dire et je pigerai. »

Vern le fit commencer sur un pied de fonte, à démonter des chaussures. C'était comme un pied de métal posé à l'envers, et Gary enfilait la chaussure dessus, décousait la semelle, ôtait le talon, enlevait les clous, arrachait les fils et préparait le dessus pour la nouvelle semelle et le talon neuf. Il fallait faire attention à ne pas entamer le cuir ni à faire du gâchis pour celui qui travaillerait après lui.

Gary était lent, mais il travaillait bien. Les premiers jours il eut une attitude parfaite ; il se montrait humble, aimable, charmant. Vern commençait à bien l'aimer.

La difficulté, c'était de l'occuper. Vern n'avait pas toujours le temps de lui donner des leçons. Il y avait des travaux urgents à faire. La vraie difficulté, c'était que Vern et son compagnon, Sterling Baker, avaient l'habitude de se répartir le travail entre eux. C'était plus facile de le faire à eux deux que de montrer à un nouveau comment il fallait s'y prendre. Gary devait donc attendre alors qu'en réalité il voulait passer à l'étape suivante. S'il ôtait un talon, il avait envie de poser le talon neuf. Vingt minutes s'écoulaient parfois avant que Vern pût revenir s'occuper de lui.

Gary disait : « Je n'aime pas rester là à attendre. Tu comprends, j'ai l'impression de ne servir à rien. »

Le problème, selon Vern, c'était que Gary voulait atteindre vite la perfection. Il voulait pouvoir réparer une paire de chaussures, comme Vern. Ça n'allait pas lui venir comme ça tout seul. Vern lui dit : « Tu ne peux pas apprendre ça tout de suite. »

Gary comprenait. « Oh ! je sais », disait-il, mais son impatience ne tardait pas à revenir.

Bien sûr, Gary s'entendait très bien avec Sterling Baker qui avait une vingtaine d'années et qui était le plus charmant garçon du monde. Il n'élevait jamais la voix, il était beau garçon et ça ne l'ennuyait pas de parler cordonnerie. Les deux premiers jours qu'il passa là, Gary n'arrêta pas de ramener la conversation sur les chaussures comme s'il avait l'intention d'apprendre tout ce qu'on pouvait savoir là-dessus. Les seules fois où Gary eut du mal à se concentrer, ce fut quand de jolies filles entraient dans la boutique. « Regarde-moi ça, disait-il. Ça fait des années que je n'ai rien vu de pareil. »

Les filles qu'il aimait le mieux, disait-il, étaient celles qui avaient une vingtaine d'années. Vern se dit que Gary n'avait guère mûri depuis l'époque où il avait dit adieu au monde pour treize ans. En tout cas il n'avait aucun mal à devenir copain avec un gosse comme Sterling Baker.

Cependant le premier rendez-vous de Gary fut organisé par Vern et Ida avec une femme divorcée qui avait à peu près son âge, Lu Ann Price. Lorsqu'elle l'apprit, Brenda dit à Johnny : « Il faut que ça marche. »

V

Brenda ne trouvait pas que Lu Ann était la femme qu'il fallait pour Gary. Elle était maigre comme un échalas, elle avait des enfants et était très sûre d'elle. Ses paupières étaient toujours irritées. Tout ça ne faisait pas un mélange bien excitant.

C'était une rouquine. Peut-être que ça plairait à Gary.

Les Damico avaient décidé que ça valait la peine d'essayer avec Lu Ann. Ils ne pensaient à personne d'autre pour l'instant et Lu Ann, après tout, avait un peu entendu parler de Gary lorsque Brenda avait repris sa correspondance avec lui. Lorsqu'elle entendit raconter que Gary ne savait pas comment rencontrer des gens et qu'il avait du mal à se débrouiller tout seul, Lu Ann se sentit prête à le secourir. « Pourquoi pas, dit-elle. Il est très seul. Il a payé un prix terrible. » Peut-être une amie pourrait-elle expliquer des choses dont une famille ne pouvait pas parler.

Le jeudi soir donc, moins d'une semaine après ce vendredi où Gary avait pris l'avion de Saint Louis à Salt Lake, Lu Ann téléphona pour demander à Vern si Gary aimerait sortir avec elle pour aller prendre une tasse de café.

« Je trouve que c'est une idée épatante », dit Vern. Gary, appelé au téléphone, ne tarda pas à dire oui.

Elle passa vers 9 heures. Gary parut abasourdi lorsqu'il la vit. Non pas qu'il fut surpris de lui trouver cet air-là. Malgré tout, comme Lu Ann devait le raconter plus tard à des amis, elle n'aurait pu dire s'il était content ou déçu. Il lui dit bonjour en bredouillant, puis s'assit dans un fauteuil en face d'elle à l'autre bout de la pièce.

Il avait un vieux pantalon de gabardine qui non seulement était trop court, mais trop étroit. Il portait une veste qu'on aurait dit empruntée à Vern, large aux épaules et cintrée aux hanches. Cependant, il était trop habillé pour Lu Ann qui, par cette nuit douce, portait des jeans et une blouse de paysanne.

Comme il restait silencieux dans son fauteuil, Vern et Lu Ann entretinrent la conversation jusqu'au moment où ça commença à marcher. « Gary, finit-elle par lui demander, voulez-vous que nous sortions prendre cette tasse de café ou préférez-vous rester ici ?

— Sortons », dit-il. Il passa toutefois dans sa chambre pour en ressortir avec un chapeau de pêcheur que Vern portait par plaisanterie. Il était bleu, blanc, rouge, avec des étoiles partout. Vern lui en avait fait cadeau parce que Gary avait dit qu'il lui plaisait. Maintenant il le portait toujours. « Qu'est-ce que tu penses de ce chapeau ? demanda-t-il à Vern.

— Ma foi, répondit Vern, ça ne t'arrange pas. »

Lu Ann trouvait que ça faisait un contraste abominable avec le reste de sa tenue.

Ils se dirigèrent vers la voiture de Lu Ann et Gary ne prit pas la peine de lui ouvrir la portière. Dès qu'elle demanda s'il avait une idée de l'endroit où ils pourraient prendre un café, il tiqua. « Je préférerais prendre une bière », dit-il.

Lu Ann l'emmena chez Fred. Elle connaissait les patrons et était sûre que personne ne l'embêterait. De la façon dont il était habillé, ce ne serait pas difficile de s'attirer des histoires dans un établissement inconnu. Le problème c'est qu'il n'y avait pas de bar agréable dans les parages. Les mormons ne voyaient aucune raison pour que l'absorption de boissons en public se déroulât dans un cadre agréable. Si on voulait une bière, il fallait aller dans un bouge. Pour chaque voiture garée devant un bar à Provo ou à Orem, il y avait trois ou quatre motocyclettes.

Chez Fred, Gary n'arrêtait pas de regarder autour de lui. Ses yeux ne semblaient pas parvenir à se rassasier.

Quand la serveuse approcha, Lu Ann dit : « Gary, qu'est-ce que vous prenez ? » Il prit un air éperdu. La serveuse était une dame, une dame bien en chair, bien nantie.

Après un moment de réflexion il répondit : « Je voudrais une bière. »

Lu Ann ajouta : « Quelle marque ? »

Il choisit une Coors. Lu Ann dit à Gary ce que ça coûterait et lui remit l'argent. Lorsque la serveuse rapporta la monnaie, il avait l'air enchanté de lui, comme s'il avait accompli une transaction délicate.

Il se retourna sur son siège et se mit à regarder la table de billard. L'une après l'autre, il examina les gravures accrochées aux murs, les miroirs et les petits dictons punaisés derrière le comptoir. Bien qu'il ne désirât rien manger, il déchiffra les lettres blanches qui se détachaient sur le tableau gris foncé du menu pendu au mur. Il inspectait les lieux avec la même intensité qu'on mettrait à un jeu si l'on devait mémoriser les différents objets représentés sur un tableau.

« Gary, fit Lu Ann, ça fait longtemps que vous n'êtes pas allé dans un bar ?

— Pas depuis que je suis sorti. »

L'établissement était pratiquement vide. Deux clients jouaient aux dés avec la barmaid. Lu Ann expliqua que c'était le perdant qui mettait les pièces dans le juke-box.

Gary demanda : « Je peux jouer ? » Lu Ann répondit : « Bien sûr. » Il poursuivit : « Vous m'aiderez ? » Elle affirma : « Oui, je vous aiderai. »

Ils réclamèrent le cornet et Gary demanda : « J'ai gagné ? » Lu Ann répondit : « Ma foi, je crains que cette fois-ci vous n'ayez perdu. » Il reprit : « Combien est-ce que je dois mettre ? » Elle dit : « Cinquante cents. » Et Gary dit : « Vous voulez bien m'aider à choisir les sélections ? »

Pendant qu'ils buvaient leurs bières, Lu Ann se mit à parler d'elle. Elle n'avait pas toujours été rousse, lui confia-t-elle. Elle avait jadis été blonde et, avant cela, avait essayé différentes nuances, un peu brune, blond cendré, blond miel. Par pure connerie, disait-elle. Elle s'était décidée pour le roux parce que ça convenait à son tempérament. Lu Ann était justement blond miel, expliqua-t-elle, quand sa première fille était née avec des cheveux roux. Elle en eut vite assez des gens qui lui demandait comment il se faisait que le bébé avait cette couleur de cheveux. Alors, malgré les protestations de son mari, elle se dit qu'elle allait essayer les cheveux roux. Joli retournement : elle n'aimait pas ça, mais son mari était ravi. Alors elle garda ses cheveux comme ça. Ça faisait tant d'années maintenant qu'elle disait : « Être rouquine, c'est être moi. »

C'était une fille de l'Utah, disait-elle, et elle avait été pas mal trimbalée. Ses parents déménageaient souvent dans l'État. Quand son mari, avec qui elle sortait depuis le lycée, était entré dans la Marine, elle avait connu avec lui les deux côtes : la Californie et la Floride. Voilà ce qu'avait été sa vie jusqu'à son divorce.

Maintenant elle était de retour dans l'Utah. Le désert était au bout de chaque rue, dit-elle, sauf vers l'Est. Là, il y avait l'autoroute et après cela, les montagnes. C'était tout.

Elle avoua qu'elle se posait des questions sur la vie de Gary. « C'est comment, en prison ? demanda-t-elle. Qu'est-ce qu'il faut faire pour survivre ? »

Gary répondit : « Je me suis fait mettre en haute surveillance autant que j'ai pu pour qu'on me fiche la paix. »

Lorsqu'ils furent prêts à partir, Gary demanda : « Est-ce que je peux prendre un paquet de six canettes pour rapporter à la maison ? » Elle dit : « Si vous voulez. » Gary demanda : « Ça ne vous ennuie pas si je bois ma bière dans votre voiture ? » Elle répondit que non.

Gary voulut savoir pourquoi elle était venue le voir. Elle dit que c'était bien simple : lui avait besoin d'une amie et elle avait besoin d'un nouvel ami. La réponse ne le satisfit pas. Il dit : « En prison, quand quelqu'un offre son amitié, c'est qu'il veut quelque chose en échange. »

Ils roulaient et lui fixait la route devant eux. À un moment il releva les yeux et dit : « Vous faites ça souvent… rouler comme ça ?

— Oh ! oui, lui dit Lu Ann, ça me détend.

— Ça ne vous ennuie pas ? demanda-t-il.

— Non, fit-elle, ça ne m'ennuie pas le moins du monde. »

Ils roulaient toujours. Tout d'un coup il se tourna vers elle et dit : « Vous voulez venir avec moi dans un motel ? »

Lu Ann répondit non.

« Non, lui expliqua Lu Ann, je suis ici pour être votre amie. (Elle dit cela avec toute la conviction dont elle était capable.) Si c'est *autre chose* qu'il vous faut, vous feriez mieux d'aller chercher ailleurs.

— Pardonnez-moi, dit-il, mais ça fait longtemps que je ne suis pas sorti avec une fille. (Il gardait les yeux fixés sur le tableau de bord. Après un silence qui se prolongea deux ou trois minutes, il reprit :) Tout le monde a quelque chose, mais moi, je n'ai rien.

— Nous devons tous le mériter, Gary, répondit Lu Ann.

— Je ne veux pas entendre parler de ça », dit-il.

Elle arrêta la voiture. « Nous avons bavardé, lui dit-elle, mais nous n'avons pas parlé face à face. Je veux que vous m'écoutiez. » Elle expliqua que toutes ses amies avaient trimé dur pour avoir leur maison, leur voiture, leurs enfants.

« Vous, dit-il, ça vous est arrivé sur un plateau.

— Gary, dit-elle, vous ne pouvez pas vous attendre à ce qu'on vous donne tout dès l'instant où vous franchissez la porte de la prison. Je travaille, expliqua-t-elle. Brenda travaille dur chez elle. Elle doit s'occuper de ses gosses et de son mari. Vous ne croyez pas qu'elle a mérité tout cela ? »

Pendant qu'elle parlait, il s'agitait. Alors, il répondit : « Je suis un invité dans cette voiture.

— Oui, répliqua Lu Ann, vous êtes dans ma voiture mais vous n'irez nulle part à moins que vous n'y alliez à pied. » Elle eut l'impression qu'à cet instant il serait descendu s'il avait su où ils se trouvaient.

« Je ne veux plus entendre parler de ça, fit Gary.

— Eh bien pourtant, vous allez encore m'écouter. »

Soudain, il leva le poing.

« Vous voulez me frapper ? » dit-elle. Elle ne croyait pas vraiment qu'il le ferait, mais elle sentit pourtant la rage de Gary passer sur elle comme une rafale.

Lu Ann se pencha en avant en disant : « J'entends ce petit commutateur dans votre tête qui vient de se fermer. Gary, remettez-le et écoutez-moi. Je vous offre mon amitié.

— Rentrons », dit-il.

Elle le raccompagna chez Vern et ils restèrent assis dans la voiture devant la maison. Gary demanda s'il pouvait la prendre dans ses bras. Il demanda ça comme si c'était une grande faveur. « J'ai de bons rapports avec un tas de gens, expliqua Lu Ann, mais je n'offre mon amitié qu'à très peu d'entre eux. » Il se déplaça sur la banquette pour passer ses bras autour d'elle et la serra contre lui. Il l'étreignit très fort et dit : « Je ne croyais pas que ce serait comme ça. »

Elle avait l'impression qu'il cherchait à tout agripper. On aurait dit que le monde était juste à portée de ses doigts, mais pas tout à fait. « Pas tant de précipitation, Gary, fit-elle. Vous avez le temps. Vous avez tellement de temps. » Mais il dit : « Je n'en ai pas. Je l'ai perdu. Je ne peux pas rattraper toutes ces années.

— Allons, lui dit-elle, peut-être que vous ne pouvez pas, mais il faut oublier tout ça. En faisant un pas après l'autre, vous allez vous trouver une femme et des gosses. Vous pouvez encore avoir tout ça.

— Vous n'allez plus me revoir, n'est-ce pas ? demanda-t-il.

— Mais si, dit-elle, je vous reverrai si vous voulez. »

Il l'embrassa, mais c'était forcé. Puis il l'écarta en la tenant par les épaules et la regarda, une main sur chaque épaule.

« Je suis désolé, dit-il. J'ai tout gâché, n'est-ce pas ?

— Non, Gary, pas du tout. Je vous reverrai. » Elle prit une petite clé dont ils s'étaient servi pour ouvrir leurs bières et lui en fit cadeau. Il la remercia. Lu Ann ajouta : « Si vous avez besoin de quelqu'un à qui parler, mon téléphone fonctionne vingt-quatre heures par jour, Gary. »

Il descendit de voiture et dit : « Je suis navré. J'ai tout bousillé. Vern, ajouta-t-il, va être furieux après moi. »

VI

En fait, Vern n'était pas encore couché quand Gary franchit la porte, et ils parlèrent de la soirée. Vern avait l'impression que Gary s'était peut-être montré trop impatient.

« Tu comprends, expliqua Vern, il ne faut pas essayer de tout faire à ton premier rendez-vous. Il faut apprendre à vous connaître. »

Gary se mit à attaquer la bière qui se trouvait dans le réfrigérateur. Vern se rendait bien compte que Gary en avait déjà absorbé pas mal.

« Gary, fit Vern, est-ce que tu vas te reprendre ou bien est-ce qu'il va falloir que je te donne la fessée ?

— Qu'est-ce que tu vas faire ? demanda Gary.

— Je vais bien être obligé de le faire.

— Tu n'as pas peur de moi ? demanda Gary.

— Non, fit Vern, pourquoi donc ? (Et de sa voix la plus douce, il ajouta :) Je peux te fouetter. »

Le visage de Gary s'éclaira comme si, pour la première fois, il avait l'impression qu'on voulait de lui dans cette maison.

« Tu n'as pas peur ? interrogea-t-il encore une fois.

— Non, dit Vern, pas du tout. J'espère que ça n'a pas l'air trop dingue. »

Là-dessus ils éclatèrent de rire tous les deux.

Gary parcourut la pièce du regard et dit à Vern : « C'est ça, ce que je veux.

— Bon, fit Vern, qu'est-ce que tu veux ?

— Eh bien, je veux une maison. Je veux une famille. Je veux vivre comme les autres.

— Tu ne peux pas avoir ça en cinq minutes, répondit Vern. Tu ne peux pas l'avoir en un an. Il faut travailler pour ça. »

Le lendemain matin, Gary essaya d'appeler Lu Ann mais elle n'était pas là, et il laissa un message. Lorsque Lu Ann rappela la boutique, il était sorti.

Ce fut Sterling Baker qui prit la communication. Gary, expliqua-t-il à Lu Ann, était allé prendre un verre au bistrot d'à côté.

« Oh ! Sterling, fit Lu Ann, je vous en prie, expliquez-lui que je suis son amie. Je n'étais vraiment pas là quand il a téléphoné. Mais j'ai bien essayé de le rappeler. »

Sterling dit qu'il le dirait à Gary. Lu Ann n'eut jamais de ses nouvelles.

Gary retourna à la boutique pour 2 heures et semblait n'avoir pas trop bu. C'était jour de paye, mais Vern lui avait avancé de l'argent, si bien qu'il ne lui devait rien. Toutefois, quand Gary dit qu'il était à court, Vern lui fila un billet de dix en disant : « Gary, si tu ne penses pas que ce travail te convienne, préviens-moi. On te trouvera autre chose. »

VII

Ce soir-là Gary était invité à dîner chez Sterling Baker. Il fit une grande impression sur Ruth Ann, la femme de Sterling, en jouant un long moment avec le bébé. Comme il aimait la musique que transmettait la radio, il fit sauter le bébé en l'air au rythme d'une chanson de cow-boy. Johnny Cash, révéla-t-il dans la conversation, était son chanteur favori. Après sa sortie de prison, il avait passé toute une journée à n'écouter rien d'autre que des disques de Johnny Cash.

Combien de temps au total avait-il passé en prison ? voulut savoir Ruth Ann. Elle était petite et avait de longs cheveux si clairs qu'elle avait l'air d'une blonde platinée naturelle. Si elle avait été un garçon, on l'aurait surnommée Whity.

Ma foi, leur expliqua Gary, si on faisait le total, il estimait que l'un dans l'autre il avait passé, enfermé, dix-huit de ses vingt et une dernières années. On l'avait mis au frais ; maintenant il était sorti et se sentait encore jeune. Sterling Baker était navré pour lui.

Pendant le dîner, Gary raconta des histoires de prison. En 68, il avait participé à des émeutes en prison et une équipe de télé locale l'avait choisi comme un des meneurs et lui avait fait prononcer quelques mots à la télévision. Son allure ou quelque chose dans sa façon de parler attira l'attention. Il reçut pas mal de courrier, et se lança notamment dans une superbe correspondance avec une fille du nom de Becky. Il tomba amoureux d'elle par lettres. Puis elle vint lui rendre visite. Elle était si grosse qu'elle devait franchir les portes de côté. Malgré cela, il l'aimait suffisamment pour avoir envie de l'épouser.

Ça n'avait rien d'extraordinaire, expliqua Gary. On voyait toujours de grosses femmes dans la salle de visites d'une prison. On ne sait pourquoi, les femmes très grosses et les condamnés s'entendaient bien. « Une fois qu'on est derrière des barreaux, observa Gary, peut-être qu'on a plus besoin d'une mère nourricière. »

Ils étaient sur le point de se marier et Betty avait dû se faire hospitaliser pour une intervention chirurgicale. Elle mourut sur la table d'opération. Ce fut la seule aventure romanesque de Gary en prison.

Il avait d'autres histoires. LeRoy Earp, qui avait été un de ses meilleurs copains quand il était gosse, fut envoyé, deux ans après Gary, au pénitencier de l'État d'Oregon. LeRoy avait tué une femme, écopé d'une condamnation à vie et il n'avait donc pas un avenir bien reluisant. Alors il avait pris une mauvaise habitude. LeRoy, raconta Gary, se drogua aux tranquillisants pendant des mois.

« Il s'endetta auprès d'un type du nom de Bill, qui faisait le trafic de la drogue en prison, dit Gary, regardant Sterling et Ruth Ann, et Bill faisait toujours des entourloupes aux gens. Un jour, LeRoy fit savoir que Bill était venu dans sa cellule, l'avait rossé puis l'avait bourré de coups de pied pendant qu'il était à terre. Là-dessus, Bill s'était barré avec tout le matériel de LeRoy, vous savez, sa seringue et son aiguille, son fric, tout. (Gary but d'un trait la moitié d'une boîte de bière.) Vous savez, reprit-il, les tranquillisants, ça peut vous donner des hallucinations, alors je n'étais pas sûr que l'histoire de LeRoy était vraie. J'en discutai avec un type qui allait au trou pour sept jours et il se chargea de vérifier pour moi et me confirma l'histoire. Le type voulait savoir si j'avais besoin d'un coup de main pour régler son compte à Bill.

« Je lui dis que je m'en chargerais moi-même. LeRoy était mon ami personnel. La direction de la prison faisait des travaux de construction dans la cour, alors j'allai sur le chantier, je volai un marteau et je surpris Bill en train de regarder un match de rugby à la télé. Je lui donnai un grand coup de marteau sur la tête. Puis je tournai les talons et je m'en allai. (Gary hochait la tête en examinant leurs réactions.) Ils ont emmené

Bill à Portland dans un service de chirurgie du cerveau. Il était assez amoché.

— Qu'est-ce qui vous est arrivé ? demanda Ruth Ann.

— Il y avait deux ou trois mouchards dans la salle de télé, ils m'avaient vu faire le coup et me dénoncèrent au directeur. Mais les mouchards avaient la trouille de témoigner au tribunal. Alors le directeur s'est contenté de me coller au trou pour quatre mois. Quand j'en suis sorti, mon copain m'a donné un petit marteau en miniature pour porter au bout d'une chaîne et on m'a surnommé le Forgeron. »

Gary raconta son histoire avec l'accent du Texas, d'un ton très uni. En fait, il faisait savoir à Sterling qu'il avait un code : être loyal envers ses amis.

Là-dessus, Gary demanda à Ruth Ann si elle connaissait des filles qui voudraient bien sortir avec lui.

À première vue, elle n'en connaissait pas.

3. Le premier mois

I

Gary revint rendre visite à Brenda et Johnny pour le week-end de Pâques. Une fois les enfants couchés, ils passèrent la soirée du samedi à peindre les œufs de Pâques disposés sur la table, et Gary s'amusa beaucoup à dessiner de belles images et à inscrire les noms des enfants en caractères gothiques et en lettres en sucre si bien que si petits qu'ils fussent sur l'œuf de Pâques, ils avaient quand même l'air gravés dans la pierre.

Au bout d'un moment, Johnny et Gary se mirent à avoir le fou rire tous les deux. Ils étaient toujours à peindre des œufs, mais au lieu d'écrire « Christie, je t'aime », ou bien « Continue, Nick », ils traçaient des formules comme : « Merde pour les œufs de Pâques ». Brenda s'écria : « Vous ne pouvez pas cacher ceux-là !

— Alors, fit Gary avec un grand sourire, je crois qu'il va falloir les manger. » Johnny et lui firent un festin d'œufs durs aux inscriptions malsonnantes.

Ils passèrent le reste de la soirée à écrire des cartes : faire tant de pas ; regarder sous une pierre ; l'indice suivant ne peut se lire que dans un miroir ; etc. Puis la moitié de la nuit à cacher des bonbons, des œufs et des sucreries dans toute la cour.

Brenda s'amusait bien à regarder Gary grimper à l'arbre – il était trempé. Ils avaient des Pâques plutôt humides. Il était là, à moitié perdu parmi les branches, à cacher des confiseries et à se faire tremper jusqu'aux os.

Puis il répandit des bonbons fourrés dans toute la chambre, surtout sur l'étagère au-dessus de son lit, si bien que quand les gosses se lèveraient le lendemain matin, ils devraient se bagarrer avec lui pour atteindre les confiseries.

Le petit, Tony qui n'avait que quatre ans, marcha carrément sur la poitrine de Gary, lui piétina le visage en lui écrasant le nez et repartit en lui aplatissant l'oreille. Gary riait à en perdre le souffle.

La matinée se passa comme ça. Une bonne matinée. Quand l'animation fut un peu calmée, ils se mirent à jouer au fer à cheval et Johnny et Gary s'entendaient le mieux du monde.

Dans la cuisine, Brenda lui dit : « Gary, tu vois cette casserole en cuivre ? C'est ta mère qui me l'a donnée.

— Ah ?

— Oui, c'était un cadeau de mariage quand je me suis mariée la première fois.

— Fichtre, dit Gary, elle devrait être rudement cabossée maintenant.

— Ne fais pas le mariole », dit Brenda.

Le moment parut bien choisi à Brenda pour demander à Gary s'il était allé voir Mont Court. Gary répondit oui.

« Il t'a plu ?

— Oui, dit-il, ça a l'air d'un type bien.

— Gary, fit Brenda, si tu travailles avec lui il t'aidera. »

Gary sourit. Il expliqua que beaucoup de gens avaient essayé de s'occuper de lui. Des gens qui travaillaient en prison et d'autres qui travaillaient dans l'administration de la prison. Il ne connaissait vraiment personne qui ait montré beaucoup d'entrain à travailler avec lui.

Le dîner ne se passa pas comme Brenda l'avait espéré. Elle avait invité Vern et Ida, ainsi que Howard et Toni avec leurs enfants, et bien sûr Johnny et elle avaient là toute leur progéniture, y compris Kenny, le fils de Johnny d'un précédent mariage. En comptant tous les nez, ils arrivèrent au chiffre de treize, et ils firent tous des plaisanteries à ce sujet. Le plat de résistance était des spaghettis à l'italienne, dont Brenda avait affirmé à Gary qu'ils étaient préparés comme les accommodait son grand-père sicilien, avec des champignons et des poivrons, des oignons, de la marjolaine et du pain à l'ail. Elle avait fait des beignets en croix pour le dessert avec un X blanc en sucre glacé par-dessus et plein de café. Elle aurait été ravie du repas si Gary n'avait pas eu l'air aussi tendu.

Plusieurs conversations se déroulaient en même temps. Ce n'était pas un repas silencieux, mais Gary était un peu hors du coup. De temps en temps quelqu'un lui posait une question par politesse, ou bien il disait quelque chose comme : « Bon sang, c'est quand même meilleur que ce qu'on nous donnait à bouffer à Marion », mais il mangeait la tête basse et masquait son silence en engloutissant sa nourriture en hâte.

Brenda en arriva à la triste conclusion que Gary ne savait absolument pas se tenir à table. Dommage. C'était une des choses à quoi elle attachait beaucoup d'importance. Elle ne pouvait pas supporter de voir un homme manger salement et gloutonnement.

D'après les lettres qu'il envoyait, elle s'attendait à trouver un véritable gentleman. Elle se dit qu'elle aurait bien dû se douter qu'il aurait des manières communes. En prison, on ne mangeait pas avec des serviettes et on ne mettait pas de couvert. Quand même, ça l'agaçait. Gary avait de longs doigts d'artiste, effilés, de belles mains de pianiste, mais il tenait sa fourchette avec son poing et l'utilisait comme un bulldozer.

Il était en bout de table, auprès du réfrigérateur, si bien que le tube fluorescent au-dessus de l'évier éclairait son visage. Cela faisait briller ses yeux. Brenda observa : « Fichtre, tu as les yeux les plus bleus que j'aie jamais vus. » Ça ne lui plut pas beaucoup. Il répondit : « Ils sont verts. »

Brenda le regarda : « Ils ne sont pas verts, ils sont bleus. »

Et ainsi de suite. Brenda finit par dire : « D'accord, quand tu es en colère, ils sont verts ; mais quand tu ne l'es pas, ils sont bleus. Pour l'instant ils sont bleus. Tu le sens ?

— Tais-toi et mange », fit Gary.

Quand Vern et Ida, Howard et Toni et les enfants furent partis et que Johnny fut allé se coucher, Brenda resta là avec Gary à boire une tasse de café. « Tu t'es bien amusé ? demanda-t-elle.

— Oh ! oui, fit Gary. (Puis il haussa les épaules.) Je ne me sentais pas à ma place. Je n'ai rien à raconter.

— Bon sang, fit-elle, j'aimerais quand même que nous passions cet obstacle-là.

— Allons donc, fit-il, qui a envie d'entendre parler de prison ?

— Moi, fit Brenda. J'ai simplement peur d'évoquer pour toi de mauvais souvenirs. Préférerais-tu que nous ne tournions pas comme ça autour de ce sujet ?

— Oui », fit Gary.

Il lui raconta quelques histoires de prison. Mon Dieu, qu'elles étaient grossières ! Gary pouvait vous raconter des histoires drôlement salées. Il y avait, par exemple, ce nommé Skeezix, qui arrivait à se sucer lui-même. Il en était fier. Personne d'autre au P. E. O. n'en était capable.

« P. E. O. ? demanda Brenda.

— Pénitencier de l'État d'Oregon. »

Gary avait pris une petite boîte en carton, l'avait peinte en noir et avait percé dedans un petit trou si bien que ça ressemblait à un de ces boîtiers sans objectif. Il dit à Skeezix qu'il y avait de la pellicule dans la boîte et qu'il pourrait prendre une photo par le petit trou. Tout le monde se rassembla pour regarder Gary prendre une photo du type en train de se faire lui-même une pipe. Skeezix était si bête qu'il attendait encore la photo.

En terminant son histoire, Gary se mit à rire si fort que Brenda crut qu'il allait balancer ses spaghettis à travers la pièce. Elle fut rudement contente lorsqu'il se tut, haletant, et qu'il la fixa des yeux comme pour dire : « Maintenant, tu comprends mon problème de conversations ? »

II

Rikki Baker était un des habitués des parties de poker de Sterling Baker. Sans être lourd pour sa taille, il était grand, très grand ; il faisait peut-être un mètre quatre-vingt-douze. Gary s'attacha vite à lui. Il était le seul joueur plus grand que Gary. Ils s'entendaient assez bien.

Rikki était le cousin de Sterling et il avait entendu parler de Gary avant même sa sortie de Marion. Bien que Rikki eût suivi un entraînement dans la Marine pour être mécanicien de Diesel, il n'avait pas assez d'expérience pour trouver un vrai travail une fois démobilisé et il devait donc prendre ce qui se présentait comme travail journalier ou dans la construction. Quand il ne travaillait pas, Rikki passait son temps dans la boutique de Vern et Sterling lui enseignait la cordonnerie. Rikki se trouvait donc là quand Vern parlait de son neveu en prison qui allait bientôt sortir. Par la suite, Rikki rencontra Gary dans la boutique, mais ce type n'avait l'air que d'un ouvrier, pas sûr de lui, rien de plus. Ce fut seulement lorsqu'il le vit jouer aux cartes qu'il se rendit compte que c'était un sacré gaillard à avoir dans sa famille.

On pouvait dire qu'il n'avait pas la même personnalité au poker qu'à la boutique. Rikki s'aperçut tout de suite que ce n'était pas l'honnêteté qui étouffait Gary. Il avait un tas d'habitudes qui étaient tout simplement de mauvaises manières. Par exemple, il se penchait pour voir ce que le type avait dans la main, et devenait un véritable homme de loi quand il s'agissait des règles. Il les interprétait toujours en sa faveur. Et puis il traitait de haut les autres joueurs parce qu'ils ne connaissaient pas les règles du poker qu'utilisaient les détenus. Comme on ouvrait dix cents avec des relances à vingt-cinq cents, un pot pouvait monter jusqu'à dix dollars. De toute évidence, le seul intérêt que Gary trouvait au poker, c'était l'argent. Il ne se faisait pas d'amis.

Après ce soir-là, deux copains de Sterling annoncèrent qu'ils ne viendraient plus. Sterling leur dit : « Comme vous voudrez. »

On pouvait dire qu'il se montrait fidèle à Gary. Pourtant, quand Rikki se retrouva seul avec lui, Sterling se mit à descendre Gary. Rikki en fit autant. Ils reconnurent tous deux qu'il n'y avait pas grand-chose à tirer de lui. Quand même, il faisait une drôle d'impression à Rikki. Il n'avait pas envie de s'en faire un ennemi pour si peu de chose. Il se disait que si Gary cherchait la bagarre, il n'aurait pas peur de lui rentrer dans le chou, mais il était assez inquiet à l'idée de ce que Gary pourrait tirer de sa poche.

Toutefois ils le plaignirent. Gary avait un problème : il n'avait pas de patience.

Les parties de poker se poursuivirent. Avec d'autres gens. Le troisième soir, Sterling prit Rikki à part et lui demanda s'il voulait bien emmener Gary ailleurs. Ce type tapait vraiment sur les nerfs de tout le monde.

Rikki lui demanda donc s'il voulait aller draguer des filles. Gary dit que oui. Rikki en arriva vite à la conclusion qu'il n'avait jamais vu un type qui bandait à ce point-là. Il était vraiment dingue.

Rikki s'était une fois de plus séparé de sa femme. Cela faisait six ans qu'il était avec Sue, depuis qu'il avait dix-sept ans et qu'elle en avait quinze. Ils avaient trois gosses et la scène de ménage facile. Rikki se mit donc à faire marcher Gary. Il lui raconta combien Sue était belle, une grande et superbe blonde à l'air mauvais, mais une chic fille. Maintenant qu'elle était en rogne contre son mari, peut-être que ça lui ferait plaisir de rencontrer Gary.

En fait, Rikki était si en colère contre elle la première fois qu'il était parti, qu'il avait raflé tout l'argent de la maison, plus les timbres-primes et le chèque des allocations familiales. Ça la rendrait sûrement furieuse s'il lui envoyait un type excité comme Gary. Rikki avait donc dit ça à Gary en plaisantant.

Mais une fois la possibilité évoquée, Gary n'arrêtait pas de harceler Rikki à ce propos. Rikki lui dit qu'il avait juste voulu plaisanter. Quand même, c'était sa femme ! Néanmoins Gary ne cessait pas de demander quand Rikki allait l'emmener chez

Sue. Lorsque Rikki finit par lui dire qu'il n'en était pas question, Gary se mit dans une telle colère qu'ils faillirent se battre. Rikki dut changer les idées de Gary en lui disant qu'ils pourraient aller draguer dans Center Street. Il se débrouillait pas mal avec les filles. Il l'expliqua à Gary.

Ils s'en allèrent donc dans la voiture de sport de Rikki Baker. Ils dépassaient des filles qui se promenaient dans leur voiture et essayaient de leur faire des signes, puis ils faisaient demi-tour et redescendaient Center Street, voyaient les mêmes filles, essayaient encore une fois de leur faire des signes, en roulant côte à côte dans le flot de la circulation, au milieu d'une longue file d'autres connards dans leurs voitures ou dans leurs camionnettes. Les filles, dans leurs voitures, faisaient marcher leurs radios à plein rendement.

Gary finit par trouver ennuyeuse l'absence de résultats. Lorsqu'ils arrivèrent à un feu rouge derrière une voiture pleine de filles qui les avaient taquinés, il sauta à terre et passa la tête par leur vitre ouverte. Rikki ne pouvait pas entendre ce qu'il disait, mais lorsque le feu passa au vert et que les filles voulurent repartir, Gary ne retira pas sa tête de la portière. Il se foutait bien des voitures bloquées derrière. Quand les filles finirent par repartir, Gary voulut que Rikki les poursuive. « Pas possible, dit Rikki.

— Vas-y ! »

Avec toute la circulation qu'il y avait, Rikki n'arrivait pas à les rattraper. Et pendant tout ce temps, Gary lui criait de se remuer le train et de montrer qu'il était aussi fort avec les filles qu'il le prétendait.

Mais ils avaient commencé trop tard dans la soirée. Il y avait plein de voitures avec des types et seulement quelques-unes avec des filles, et celles-ci se contentaient de plaisanter et se montraient très prudentes. Il fallait les aborder en douceur, ne pas effrayer tout de suite le poisson. Gary lui fit promettre de sortir plus tôt la prochaine fois.

Comme ils se disaient bonsoir, Gary lui fit une proposition. Qu'est-ce que Rikki penserait de former une équipe ? Pour se faire un peu de fric au poker.

Rikki avait déjà entendu parler de ça par Sterling. Il fit à Gary la même réponse que Sterling : « Tu sais, Gary, je ne pourrais pas tricher avec mes amis. »

En guise de réponse, Gary dit : « Je peux conduire ta voiture ? » Comme c'était une voiture de sport, elle était rapide. Cette fois-là, il dit oui. Il se dit que ça vaudrait mieux. Quand on ne faisait pas ce qu'il voulait, on ne savait pas jusqu'où un type aussi tordu que Gary pouvait aller.

Il avait à peine pris le volant qu'il faillit les tuer tous les deux. Il prit un virage à toute allure et manqua de peu un panneau de stop. Puis il ne ralentit pas au carrefour et passa à toute allure sur le caniveau disposé là pour vous faire ralentir. Ensuite il faillit faire quitter la route à plusieurs conducteurs, et même une voiture qui arrivait vers eux dut mordre sur le bas-côté. Rikki lui criait sans cesse d'arrêter. Il avait l'impression d'avoir passé une heure avec un fou. Gary ne cessait pas de lui dire que ça n'était pas si mal quand on réfléchissait au temps écoulé depuis qu'il n'avait pas conduit. Rikki était au bord de la crise cardiaque. Il n'arrivait pas à le faire arrêter jusqu'au moment où Gary passa une vitesse supérieure sans accélérer assez et le moteur cala. Ensuite impossible de redémarrer. La voiture avait une mauvaise batterie.

Il fallut cet incident pour que Rikki se retrouve derrière le volant. Gary était très déprimé à l'idée que la batterie l'avait lâché. Il en était énervé comme les gens qui se mettent à broyer du noir quand il fait mauvais temps.

III

Le lendemain vers l'heure du déjeuner, Toni et Brenda passèrent prendre Gary à la cordonnerie pour l'emmener manger un steak haché. Assis au comptoir et l'encadrant, lui parlant dans son oreille gauche et dans son oreille droite, ils en vinrent droit au fait. Ce qui les préoccupait, c'était qu'il avait emprunté trop d'argent.

Oui, dit Toni avec douceur, il avait commencé par taper Vern d'un billet de cinq dollars par-ci, de dix dollars par-là, de vingt une fois de temps en temps. Il n'était pas non plus allé travailler tout le temps convenu. « C'est Vern et Ida qui t'ont dit ça ? demanda Gary.

— Gary, dit Toni, je ne crois pas que tu te rendes compte de la situation financière de papa. Il a trop d'orgueil pour t'en parler.

— Il serait furieux s'il savait que nous t'avons parlé de ça, fit Brenda, mais papa ne gagne pas grand-chose pour l'instant. Il a créé un emploi pour que la commission de libération sur parole t'aide à t'en tirer.

— Si tu as besoin de dix dollars, fit Toni, papa sera toujours là. Mais que ce ne soit pas pour acheter un paquet de six canettes de bière et puis rentrer à la maison et rester là à boire. »

Voici comment Toni voyait les choses. Brenda et elle comprenaient que c'était difficile pour Gary de savoir comment organiser son budget. Après tout, il n'avait jamais eu auparavant à s'occuper de sa paye hebdomadaire.

« Hé oui, répondit Gary, on dirait que je ne sais pas. Je m'en vais acheter quelque chose et tout d'un coup, voilà qu'il ne me reste pas assez. Je me retrouve fauché. » Toni lui assura : « Mais, Gary, je me suis dit que dès l'instant où tu comprendrais que papa ne peut pas continuer à te prêter de l'argent, tu ne recommencerais pas à lui en demander.

— Ça me navre, dit Gary. Vern n'a pas d'argent ?

— Il en a un peu, dit Brenda. Mais il essaie d'en mettre de côté pour se faire opérer. Vern ne se plaint pas, mais sa jambe n'arrête pas de lui faire mal. »

Gary était assis, la tête basse, à réfléchir. « Je ne me rendais pas compte, dit-il, que je mettais Vern dans le pétrin.

— Gary, poursuivit Toni, je sais que c'est dur. Mais essaie de te ranger un peu, juste un peu. Ce que tu dépenses en bière, ça n'a pas l'air de grand-chose, mais ça ferait une fichue différence pour papa et maman si tu prenais ces cinq dollars et que tu ailles acheter des provisions parce que, tu sais, ils te nourrissent, ils t'habillent, et ils t'abritent. »

Brenda passa au sujet suivant. Elle savait que Gary avait besoin de temps pour se détendre et qu'il pouvait le faire avec quelqu'un comme Vern qu'il n'avait pas à considérer tout le temps comme un patron. Pourtant le moment semblait venu, peut-être, de commencer à envisager de trouver une chambre et un vrai travail. Elle avait même fait quelques recherches pour lui.

« Je ne crois pas que je sois prêt, fit Gary. J'apprécie ce que tu essaies de faire, Brenda, mais j'aimerais rester avec tes parents un peu plus longtemps.

— Papa et maman, dit Brenda, n'ont plus personne chez eux depuis que Toni s'est mariée. Ça fait bien dix ou douze ans. Ils t'aiment bien, Gary, mais je vais être franche : tu commences à leur taper sur les nerfs.

— Peut-être que tu ferais mieux de me dire ce qu'est ce travail.

— J'ai parlé, dit Brenda, à la femme d'un type qui a un magasin de matériaux isolants. Il s'appelle Spencer McGrath. D'après ce qu'on m'a dit, Spencer ne joue pas du tout au patron. Il est là, sur le tas, avec ses hommes. »

Si Brenda ne l'avait pas rencontré lui-même, elle avait passé, expliqua-t-elle, quelques moments agréables avec Marie, Mme McGrath. C'était une femme charmante, dit Brenda, dans le genre un peu poids lourd, mais toujours souriante ou riante, une robuste.

Marie avait dit à Brenda : « Si on ne tend pas la main à quelqu'un qui sort de prison, il risque de se sentir isolé et frustré et de recommencer à faire des bêtises. » La société devait se montrer un peu accueillante, avait-elle dit, si on voulait arriver à récupérer quelqu'un.

« Très bien, fit Gary, j'irai voir ce type. Mais, ajouta-t-il en les regardant, laissez-moi encore une semaine. »

Après son travail, Gary entra avec un sac de provisions. Un peu de tout, mais pas de quoi faire un repas, et Ida trouva que c'était un geste gentil. Cela lui évoqua le temps, au moins trente ans plus tôt, où elle avait prêté quarante dollars à Bessie parce que Frank Gilmore était en prison. Il fallut à Bessie près de dix ans, mais elle remboursa ces quarante dollars. Peut-être que Gary ferait la même chose. Ida décida de lui parler de Margie Quenn.

Elle connaissait cette gentille fille, Marge, dont la mère était une de ses amies. Il y avait environ six ans, Marge avait eu un bébé, mais elle vivait seule maintenant, et elle élevait très bien son enfant. Elle habitait avec sa sœur et travaillait comme femme de chambre un peu plus loin dans la rue.

« Elle est jolie, lui dit Ida, quoique un peu triste, mais elle a de magnifiques yeux bleus. Très profonds.

— Ses yeux sont aussi beaux que les tiens ? demanda Gary.

— Oh ! va-t'en donc, petit effronté », fit Ida.

Gary déclara qu'il aimerait la voir tout de suite.

La fille faisait le service de nuit à la réception du motel de Canyon Inn. Elle vit un homme de haute taille franchir la porte. Il s'approcha avec un grand sourire. « Oh, dit-il, vous devez être Margie.

— Non, dit-elle, Margie n'est pas là à cette heure-ci. »

Le type se contenta de repartir.

Margie Queen reçut un coup de téléphone. Une voix agréable dit : « Je suis Gary, le neveu d'Ida. » Elle dit bonjour, il répondit qu'elle avait une jolie voix et qu'il aimerait la rencontrer. Elle était triste ce soir-là, lui dit-elle, mais qu'il passe donc le lendemain, elle savait qui il était.

La mère de Marjorie Queen avait déjà raconté que Ida avait un neveu tout juste sorti de prison et se demandait si Marge envisagerait de sortir avec lui. Marge demanda pourquoi il avait fait de la prison et apprit que c'était pour vol. Elle trouva que ça n'était pas si terrible. Après tout, ça n'était pas comme s'il avait commis un meurtre. Puisque, à ce moment-là, elle ne voyait qu'un seul type et encore pas régulièrement, elle se dit : « Ma foi, ça ne peut pas faire de mal. »

Il arborait un grand sourire lorsqu'elle lui ouvrit la porte. Il avait un drôle de chapeau, mais à part ça il avait l'air très bien. Elle lui demanda s'il voulait une bière, et il s'assit pour en boire une dans le salon, installé bien droit sur le canapé. Marge le présenta à Sandy, sa sœur, qui vivait avec elle, puis à sa fille, et au bout d'un moment elle lui demanda s'il avait envie d'aller faire un tour en voiture jusqu'au canyon.

Ils n'étaient pas très loin quand Gary dit : « Prenons encore une bière. » Marge dit : « Ma foi, pourquoi pas ? »

À mi-chemin du col, ils s'arrêtèrent au Saut de la Mariée où un étroit torrent faisait une chute de trois cents mètres, mais ils ne prirent pas le funiculaire : c'était trop cher.

Ils s'assirent au bord de la rivière et bavardèrent un moment. La nuit commençait à tomber et Gary regarda les étoiles en disant à Marge à quel point il les aimait. Lorsqu'il était en prison, il avait rarement l'occasion de les voir, expliqua-t-il. Dans la journée on pouvait sortir dans la cour, raconta-t-il, et apercevoir pas mal de ciel par-dessus le mur, mais le seul moment où on voyait les étoiles, c'était en hiver, si on allait au tribunal pour une raison ou pour une autre. Dans ces cas-là, on pouvait vous ramener au pénitencier en fin d'après-midi, quand il faisait déjà nuit. Par un soir clair, on voyait les étoiles.

Il commença à parler à Marge de ses yeux. Il lui dit qu'il les trouvait beaux. Il y avait de la tristesse dans ses yeux et des reflets de lune.

Elle trouva qu'il avait une conversation agréable. Quand il lui demanda si elle aimerait aller voir un film avec lui, elle accepta.

Mais soudain, une voiture de police remonta par hasard le canyon. L'humeur de Gary changea aussitôt. Il se mit à parler des flics. Plus il parlait, plus il se mettait en colère. Ça sortait de lui comme un four dont on aurait laissé la porte ouverte. Elle se demanda si elle avait bien fait d'accepter d'aller au cinéma avec lui.

Une fois la nuit vraiment tombée, ils remontèrent le canyon jusqu'à Heber, s'arrêtèrent pour prendre encore une bière, puis rebroussèrent chemin. Il devait alors être 10 heures et demie. Comme ils descendaient la colline jusqu'à Provo, il dit : « Ça ne vous ennuie pas si je vous raccompagne maintenant ? Je n'ai pas envie de rentrer.

— Demain, il faut que je me lève pour aller travailler, dit Marge.

— Demain, c'est samedi.

— C'est un jour de coup de feu au motel.

— Passons d'abord chez vous.

— D'accord, dit-elle, un petit moment. Pas trop longtemps. »

Sa sœur était allée se coucher, alors ils s'installèrent dans le salon. Il l'embrassa. Puis il commença à pousser les choses plus loin.

« Je ferais mieux de vous raccompagner, dit-elle.

— Je ne veux pas, dit-il. Ils ne sont pas là. »

Elle insista. Elle le décida à partir. Cela lui demanda toute sa force de persuasion, mais elle finit par le raccompagner. Ça n'était qu'à quelques pâtés de maisons de là et lorsqu'ils arrivèrent, il n'y avait de lumière nulle part. Il répéta : « Ils ne sont pas là. »

Elle se rendit compte alors qu'elle était ivre. Elle s'aperçut tout d'un coup qu'elle était complètement beurrée. Elle réussit à dire : « Où voulez-vous que je vous conduise ?

— Chez Sterling.

— Vous ne pouvez pas entrer ici ?

— Je n'en ai pas envie. »

Elle le conduisit donc jusque chez Sterling. Lorsqu'ils y arrivèrent, il annonça : « Sterling est couché. » Elle dit : « Vous ne pouvez pas dormir chez moi. »

Ils revinrent à l'appartement de Marge. Elle ne tenait pas à se faire arrêter pour conduite en état d'ivresse, et au moins elle connaissait le chemin pour rentrer chez elle.

Dans le salon, Gary se remit à l'embrasser. Elle se sentait malheureuse et se demandait comment se tirer de là, lorsqu'elle tomba dans les pommes. Lorsqu'elle revint à elle, il était parti. Elle s'éveilla le lendemain en se rappelant qu'elle avait pris rendez-vous pour aller au cinéma avec lui un jour de la semaine suivante.

IV

Le lendemain matin, Gary téléphona de bonne heure. Marge demanda à sa sœur de répondre qu'elle n'était pas levée. Il rappela une demi-heure plus tard et Marge dit : « Tu n'as qu'à lui dire que je ne suis pas là. » Les choses en resteraient là, espérait-elle.

Le samedi soir, Gary était ivre. Au début de la soirée il essaya de convaincre Sterling Baker de le conduire jusqu'à Salt Lake City, mais Sterling le persuada de rentrer. Gary essaya alors de se faire emmener par Vern, mais il s'entendit répondre qu'il était près de minuit, que ça faisait cent soixante kilomètres aller et retour et qu'il valait mieux ne plus y penser. Gary répondit : « Très bien, tu n'as qu'à me prêter ta voiture.

— Mais non, fit Vern, tu ne peux pas la prendre. »

Gary le regarda. Dans ces moments-là, ses yeux avaient la fureur d'un aigle en cage. Ces yeux-là disaient pratiquement à Vern : « Ta Pontiac dorée 69 est dans l'allée, tout comme ta camionnette Ford verte 73. Et tu ne veux me prêter ni l'une ni l'autre. » Tout haut il dit : « Je vais faire du stop. »

Vern s'imaginait Gary dans un bar de Salt Lake, cherchant des histoires. « Fais ce que tu veux, dit-il à Gary. Je préférerais que tu restes ici.

— Je m'en vais. »

Lorsqu'il partit, c'en fut trop pour Vern. Trois minutes ne s'étaient pas écoulées qu'il dit à Ida : « La barbe, je vais le conduire. » Il monta dans sa voiture en s'imaginant l'expression de Gary lorsqu'il s'arrêterait auprès de lui, ouvrirait la portière du côté passager en marmonnant : « Pourquoi ne vas-tu pas à Salt Lake avec ce pauvre crétin ? » Mais Vern ne réussit pas à le trouver. Il y avait un endroit sur la Ve Avenue où on se plantait généralement si on voulait faire du stop, mais il n'y avait personne. Vern sillonna les rues. Gary avait dû trouver une voiture tout de suite.

À 8 heures le dimanche matin, Gary appela de l'Idaho. Il était à cinq cents kilomètres. « Comment es-tu arrivé là-bas ? » demanda Vern.

Ma foi, expliqua Gary, un connard l'avait ramassé, il s'était endormi et le type avait traversé Salt Lake. Quand Gary s'était éveillé, on était dans l'Idaho. « Vern, dit Gary, je suis fauché. Pourrais-tu venir me chercher ?

— Peut-être que Brenda voudra y aller, dit Vern, mais moi, sûrement pas. » Il prit une profonde inspiration.

« Tu ne veux pas venir me chercher ? » Gary avait l'air vraiment furieux. Il y avait un gouffre entre eux. Vern dit : « Reste où tu es. Je vais appeler Brenda. »

« Qu'est-ce que tu fais là-bas dans le Nord ? demanda Brenda.

— J'avais envie de passer voir maman, dit Gary. Tu comprends, je suis tombé sur ce type, à Provo, qui a des amis dans l'Idaho. Il m'a dit : « Allons voir mes copains, et puis on montera jusqu'à Fortland. »

— Oh ! mon Dieu », fit Brenda. Il n'avait pas tenu ses engagements. On lui avait dit de ne pas quitter l'État.

« Bref, fit Gary, une fois arrivé dans l'Idaho, ce type s'est mis en colère contre moi et m'a plaqué là. Je suis coincé dans le bar, Brenda, et je ferais mieux de rentrer. Tu peux venir me chercher ?

— Pauvre imbécile, dit Brenda. Tu n'as qu'à te retirer le pouce du cul et le lever en l'air. »

Quelques heures plus tard, Mont Court reçut chez lui un coup de fil de l'Inter. On lui demandait de contacter l'inspecteur Jensen à Twin Falls, dans l'Idaho. Mont Court apprit alors que son prisonnier libéré sur parole, Gary Gilmore, avait été arrêté pour conduite sans permis. L'inspecteur Jensen voulait savoir comment ils devaient procéder. Mont Court réfléchit un moment et conseilla qu'on laisse Gilmore regagner l'Utah par ses propres moyens et qu'il vienne aussitôt se présenter à lui.

Brenda reçut un autre coup de fil. Gary était à Twin Falls, dit-il. Il avait fait du stop et s'était fait prendre par un type qui conduisait une camionnette. Lorsqu'ils s'étaient arrêtés dans un bar, le type avait commencé à lui faire du gringue. Gary avait dû se battre avec lui dans le bar. Puis ils étaient sortis sur le parc de stationnement pour terminer. Il avait assommé le type.

« Brenda, j'ai cru que je l'avais tué. Mon Dieu, j'ai vraiment cru que je l'avais tué. Je l'ai mis dans sa camionnette et j'ai foncé comme un dingue. Je me disais que si je pouvais trouver un hôpital, je le déposerais là.

» Là-dessus, le type a piqué une crise. J'ai arrêté la voiture et j'ai pris son portefeuille pour voir son nom… au cas où il serait en train de mourir. Puis je suis parti à fond de train pour un hôpital. Dès que les flics m'ont fait m'arrêter sur le bas-côté, le type est revenu à lui. Il a dit aux policiers qu'il voulait qu'on m'inculpe d'agression et de voies de fait, de kidnapping, et aussi de lui avoir volé son portefeuille et pris sa camionnette. »

Brenda essayait d'enregistrer tout ça.

« Il me restait un peu de ma paye de la semaine, poursuivit Gary, et ça suffisait pour payer la caution pour avoir conduit sans permis. Ensuite, je me suis débrouillé.

— Tu t'es débrouillé ? dit Brenda. Mon Dieu, mais comment ?

— Eh bien, vois-tu, ce type était connu dans la région pour être un pédé. Je crois que les flics étaient de mon côté et ils l'ont persuadé de renoncer à porter plainte. Je n'ai pas besoin de revenir.

— Je ne peux pas le croire, dit Brenda.

— Seulement il y a juste une chose, fit Gary, j'ai claqué mon argent pour la caution. Je ne sais pas comment je vais rentrer.

— Tu ferais mieux de t'arranger, dit Brenda. Si tu n'es pas ici demain matin, j'appelle Mont Court. Il se ferait un plaisir de te ramener à l'œil.

— Mont Court est déjà au courant », dit Gary.

Brenda explosa. « Pauvre crétin, lui dit-elle, qu'est-ce que tu peux traîner ! »

Ce fut un long dimanche. Une neige de printemps avait commencé à tomber et le soir, c'était presque le blizzard. Dans le salon, Brenda en avait assez de regarder son tapis rouge, ses meubles rouges et ses lampes en fer forgé noires. Elle était prête à donner des coups de pied dans les jouets des gosses. Elle n'arrêtait pas de ressasser tout ça avec Johnny, en essayant de trouver une solution pour Gary. Encore heureux, songea-t-elle, qu'il ne se soit pas barré après avoir rossé le type. Ça montrait qu'il avait un certain sens de ses responsabilités. D'un autre côté, est-ce qu'il n'était pas parti avec lui dans la camionnette parce que ce serait facile de faire les poches du gars ? Et comment avait-il réussi à le persuader de ne pas porter plainte ? En arborant son sourire juvénile ?

Il était temps de reconnaître, conclut Brenda tristement, que quand on avait Gary dans les parages, il y avait des questions auxquelles on n'obtenait pas de réponses. La neige continuait à tomber. Sur les routes, le paysage ne devait être qu'un grand champ blanc.

V

À 9 heures du soir, Gary téléphona de Salt Lake. Cette fois il était complètement fauché. Il était aussi bloqué par la neige.

Johnny regardait à la télé une émission qu'il aimait bien. « En tout cas, dit-il, je ne vais pas aller chercher cet imbécile. »

Brenda dit : « C'est la famille de mon côté qui est en jeu, alors est-ce que je peux prendre ton camion ? » Il avait les quatre roues motrices et un émetteur-récepteur radio. Sa voiture à elle était trop légère.

Toni se trouvait là et elle dit qu'elle l'accompagnerait. Brenda n'était pas mécontente. Toni connaissait mieux qu'elle Salt Lake.

Il neigeait si fort que Brenda faillit manquer la sortie de l'autoroute. Le bar était au diable, après l'aéroport, et se révéla être la boîte la plus dingue que Brenda eût jamais vue. On pouvait compter sur Gary pour se retrouver dans l'endroit le plus moche.

Lorsqu'elles franchirent le seuil, il était en train de bavarder avec le tenancier. Brenda fut aussitôt frappée de constater qu'il avait plein de monnaie sur le comptoir.

Gary les gratifia d'un large sourire. « Comment vont les deux nanas les plus futées du monde ? » Oh, qu'il était bourré ! Il en était fier : ses poules faisanes venaient juste d'apparaître sur le seuil. Brenda regarda Toni et dit : « Qu'est-ce qu'on fait de cet ivrogne ? »

Elles lui avaient passé les bras autour du cou pour lui faire garder l'équilibre. Il les prit par la taille.

« Tu es prêt à partir, Gary ?

— Laisse-moi finir ma bière. »

Brenda dit : « Bois-la près de la porte. » Elle ne tenait pas à rester au milieu de ce bar avec tous ces clochards qui les lorgnaient. Jamais de sa vie elle n'avait été autant de fois déshabillée du regard en trente secondes.

« Gary, tu t'es trouvé un chouette endroit pour t'arrêter.

— Bah, il faisait chaud », répondit-il. Il avait toujours une explication valable pour tout.

« Au fait, dit-il, son verre de bière à la bouche, c'est mon tour maintenant de jouer au billard.

— Tu comptes rester ici pour jouer au billard ? dit Brenda.

— C'est que, répondit-il, j'ai un gros pari qui mijote.

— Tu m'as dit que tu étais fauché. »

Elles regardèrent les dollars sur le comptoir auprès de son verre. « C'est ce type, dit-il, qui m'a payé mes consommations toute la soirée.

— Tu mens comme tu respires, fit Brenda. Moi, je m'en vais. »

Alors Gary changea d'avis. « Bon, bon, dit-il d'une voix forte, si ça peut faire plaisir à mes petites dames, je vais partir maintenant. » Il se tourna, avec une délicieuse expression de regret, vers la table de billard où il n'irait pas et donna à Brenda un baiser sur le nez. Puis il en planta un autre sur la joue de Toni. « Venez mes deux petites futées, dit-il d'une voix bruyante, allons-y. » Il serait sans doute tombé dans la neige si elles ne l'avaient pas soutenu pour arriver au camion. Tout d'un coup, il eut l'air lessivé. Elles parvinrent à l'installer entre elles sur la banquette, mais il dit : « Oh, non, je ne peux pas supporter ça. Je vais dégobiller.

— Laisse-moi descendre », hurla Brenda.

Elles se réinstallèrent avec Toni au milieu et Gary à droite, la vitre à demi ouverte. Cet abruti chantait. Il chantait très mal.

Sa chanson, c'était « Des bouteilles contre un mur ». Il y avait cent bouteilles contre un mur, quelque chose arrivait à une des bouteilles, alors il n'en restait que quatre-vingt-dix-neuf. C'était comme « Les dix petits nègres ». Elles durent subir les cent bouteilles.

« Pourquoi n'essaies-tu pas quelque chose que tu saches faire ? dit Brenda. Voyons, tu ne sais pas chanter.

— Mais si », dit-il en attaquant un nouveau couplet. Rien d'autre à faire que d'en prendre son parti.

Lorsqu'ils arrivèrent à la Pointe de la Montagne, c'était une vraie tempête de neige sur l'autoroute. Brenda n'arrivait pas à voir les feux des voitures devant elle, et avec le plateau du camion qui n'était pas chargé, le véhicule commençait à chasser. Bientôt ça glisserait comme si elle roulait sur une colonie de serpents. Elle alluma la radio et essaya d'avoir des nouvelles du temps par un camion qui serait sur l'autre versant de la montagne. Si c'était mauvais, elle s'arrêterait en attendant que la tempête se calme.

Mais Gary était inquiet de voir Brenda utiliser la radio. Il avait entendu parler de ces appareils, mais il ne savait pas très bien à quoi ils servaient. Il était un peu paranoïaque. Il croyait que Brenda parlait aux flics. « Qu'est-ce que tu fais ? demanda-t-il.

— J'essaie d'avoir un rapport des Bleus.

— Qu'est-ce que c'est qu'un rapport des Bleus ? demanda Gary.

— C'est le nom de code de la police, dit Brenda.

— Eh, demanda Gary, tu vas me livrer ? »

Brenda dit : « En quel honneur ? Parce que tu t'es conduit comme un trou du cul ? On ne peut pas livrer quelqu'un qui s'est conduit comme un trou du cul.

— Ah, fit Gary. D'accord, j'ai compris.

— Non, dit Brenda, je ne m'en vais pas te livrer. Mais c'était idiot de dire ça.

— Je ne suis pas idiot, déclara-t-il.

— Gary, tu as un Q. I. élevé, mais tu n'as pas un brin de bon sens.

— C'est ce que tu penses. »

Il avait l'air de croire que se fourrer dans les situations les plus insensées et trouver moyen de s'en sortir, c'était du bon sens.

Le rapport des Bleus annonça que le temps était moins mauvais sur l'autre versant, mais Brenda ne savait pas si elle devait tenter le coup. À la radio, un énorme camion remorque qui montait derrière elle lui signala que la route, un peu plus loin, était dangereuse. Le type demanda alors quel genre de véhicule elle conduisait. Quand Brenda lui eut décrit la camionnette de Johnny, le routier dit : « D'accord. Vous êtes juste devant moi. (Puis il ajouta :) J'ai un copain derrière. On va vous escorter.

— C'est que je ne sors qu'à Orem, dit Brenda.

— On va rester avec vous. »

Brenda roula donc sur l'autoroute en convoi entre deux gros semi-remorques. Elle restait à portée de vue des feux arrières du type devant elle et celui qui suivait n'était pas loin. Ils l'escortaient parfaitement.

Le camion de tête restait sur la file de gauche pour lui éviter de déraper vers le terre-plein central. L'autre était à sa droite et juste derrière. Si l'arrière de la camionnette de Johnny commençait à virer vers le bas-côté, il pourrait donner un petit coup sur le pare-chocs près de la roue arrière droite. Ça arrêterait le dérapage. Les routiers savaient faire ça. C'était une assistance importante. Pour des raisons d'écoulement d'eau, le bas-côté, sur cette portion de l'autoroute, tombait à pic dans un caniveau d'écoulement et comme c'était une tempête de neige de printemps, il n'y aurait plus de talus enneigés pour vous protéger. En fait, sur la droite il n'y avait que du gravier et de l'à-pic. Le type derrière elle n'arrêtait pas de lui dire : « Ne vous en faites pas, vous n'allez pas passer par-dessus la rambarde. »

Tout ça impressionna Gary. « On peut dire que tu es protégée, dit-il. (Puis il lui fit un large sourire en disant :) Mais tu ne crois pas que tu aurais besoin d'être protégée contre moi ?

— Comment, fit Brenda, quelle idiotie. Est-ce que tu me ferais du mal ?

— Voilà, dit Gary maintenant vexé, une chose idiote qui n'était pas à dire.

— Pas plus idiote que ce que tu viens de dire.

— Mes enfants, mes enfants, fit Tony, pas de dispute. »

Ils continuèrent donc leur route et rentrèrent. Gary, ce soir-là, coucha chez Brenda et Johnny.

VI

Le lundi matin, dans la pluie et la neige fondue, Gary s'en alla voir Mont Court. Voici l'histoire qu'il raconta à son délégué à la liberté surveillée :

Il était allé à une soirée où il avait un peu bu. Puis il avait décidé d'aller à Salt Lake pour trouver une prostituée. En route, il avait été pris en stop par un homme qui lui avait dit qu'il connaissait des filles qui les accueilleraient, à Twin Falls, dans l'Idaho. Mais quand ils étaient arrivés à Twin Falls, le type qui avait fait cette promesse l'avait tout simplement laissé tomber.

Il avait alors appelé l'Utah au téléphone et sa cousine lui avait conseillé de rentrer en stop. Il avait pu trouver un homme qu'il avait rencontré dans un bar. En chemin, le type s'était mis à avoir des convulsions et avait fini par perdre connaissance. Gary avait donc dû se mettre au volant et essayer de trouver un hôpital. Là-dessus, il avait été arrêté pour conduite sans permis et avait fait contacter M. Mont Court. Et lui, Gary Gilmore, se présentait maintenant comme on le lui avait ordonné.

Mont Court n'était pas trop content de cette histoire. Gilmore était assis dans son bureau, sympathique comme tout et très poli. Mais il n'expliquait pas grand-chose. Il répondait juste aux questions. Ça ne donnait pas une bonne impression. Quand même, il y avait pas mal de cas qu'on devait bien supporter tels qu'ils étaient.

Court était responsable d'environ quatre-vingts détenus libérés sur parole ou sous surveillance, et il en voyait trente ou quarante par semaine, chacun entre cinq et quinze minutes. Ça voulait dire qu'il fallait prendre des risques. Il en avait pris un la veille en pariant que Gilmore reviendrait tout seul de l'Idaho.

D'un autre côté, s'il avait été mis en prison dans l'Idaho, Court aurait dû le renvoyer aux autorités de l'Oregon, puisque c'était là qu'avait eu lieu sa libération. Il aurait été extrêmement difficile, un dimanche après-midi, de trouver des membres de la commission de Libération sur Parole de l'Oregon. En fait, ça pourrait même prendre quelques jours avant qu'ils puissent se réunir pour prendre une décision à propos de l'escapade de Gilmore. Et Gary, pendant tout ce temps-là, poireauterait dans une prison de Twin Falls. Là-bas, un avocat pourrait le faire sortir en invoquant l'Habeas Corpus, et Gilmore pourrait se tirer. Plus il serait vraiment dans le pétrin, plus il essaierait de se barrer vite fait. Alors que Gilmore, revenant de lui-même, conforterait le côté positif de son image. Il saurait que Court avait eu raison de lui faire confiance. Ça donnerait une base de départ. Le principe était d'assurer à un homme un semblant de relations positives avec les autorités. À partir de là, il pourrait commencer à changer. Court avait été missionnaire mormon en Nouvelle-Zélande et il croyait au pouvoir de l'autorité pour provoquer un changement, c'est-à-dire réussir à obtenir des modifications réelles dans la personnalité des gens. Bien sûr, ceux-ci devaient être prêts à accepter l'autorité, que ce fût l'Écriture, le Livre des Mormons ou bien, dans le cas de Gilmore, accepter tout bonnement le fait que lui, Mont Court, un délégué à la liberté surveillée, n'était ni une tête de mule ni un super flic, mais un homme disposé à parler ouvertement et à prendre avec vous des risques raisonnables. Il était là pour aider, pas pour réexpédier un homme dans une prison surchargée à la première infraction mineure.

Bien sûr, il en fit tout un plat. Gilmore avait incontestablement enfreint les engagements de liberté surveillée. Toute nouvelle infraction risquerait de la faire annuler. Gilmore hochait la tête, Gilmore écoutait poliment. Il avait l'air vieilli. Ils étaient à peu près du même âge, mais Gilmore, se dit Court, avait l'air bien plus âgé. D'un autre côté, si on dessinait un portrait-robot de ce à quoi pourrait ressembler un artiste de trente-cinq ans, Gilmore pourrait correspondre à ce profil-là.

Court avait vu quelques échantillons de son art. Avant qu'il ne le rencontre, Brenda avait montré à Mont Court deux ou trois dessins et toiles de Gary. Les renseignements que lui transmettait le pénitencier d'Oregon affirmaient sans ambages que Gilmore était un être violent, et pourtant, dans ses tableaux, Court percevait une partie de l'homme que ne reflétait tout simplement pas le rapport de la prison. Mont Court y voyait de la tendresse. Il se disait : « Gilmore ne peut pas être totalement mauvais, totalement perdu. Il y a quelque chose de récupérable. »

Après l'entrevue avec Mont Court, Gary décida de rencontrer Spencer McGrath en vue d'un nouveau travail. Brenda le conduisit à Lindon pour ce rendez-vous et McGrath lui plut. Il était vraiment sympa, se dit-elle, un petit bonhomme avec des traits rudes, une moustache sombre et des manières simples qui pouvaient vous faire croire, au premier abord, que c'était un plombier. Le genre de type à arriver sur un chantier et à dire à ses hommes : « Allons, les gars, on s'y met. » Elle le trouva formidable bien qu'il fût petit.

Deux jours plus tôt, Gary était allé voir un homme qui gérait une société d'enseignes, mais on ne lui avait offert qu'un dollar cinquante de l'heure. Lorsque Gary avait dit que ça n'était même pas le salaire minimum, l'homme avait répondu : « Qu'est-ce que vous croyez ? Vous sortez de taule. » Spencer reconnut que ça n'était pas juste. Si Gary faisait le même travail qu'un autre, il devait toucher le même salaire.

Il se révéla toutefois que Gary n'avait pas beaucoup d'expérience dans ce domaine. Il savait peindre bien sûr, mais les ouvriers ne faisaient pas beaucoup de peinture d'enseignes, ils se contentaient de teinter des machines au pistolet. « Bien, dit Spencer, vous me donnez l'impression d'être intelligent. Je pense que vous pouvez apprendre. » Il voulait bien engager Gary à trois dollars cinquante de l'heure. Le gouvernement avait un programme pour les anciens détenus et paierait la moitié de son salaire. Il commencerait le lendemain. De 8 heures à 5 heures avec des pauses pour le café et pour le déjeuner.

Ça faisait presque douze kilomètres de chez Vern, à Provo, jusqu'à l'atelier à Lindon, douze kilomètres par State Street et ses bâtiments sans étages. Le premier matin, Vern le conduisit en voiture. Après, Gary partait à 6 heures pour être sûr d'arriver au travail pour 8 heures au cas où il ne parviendrait pas à se faire prendre en stop. Une fois, après avoir trouvé presque tout de suite une voiture pour l'emmener, il était arrivé à 6 heures et demie, une heure et demie en avance. D'autres fois, ça n'allait pas si vite. Un jour, une averse déferla des montagnes et il dut marcher sous la pluie. Le soir, il rentrait souvent à pied faute de trouver quelqu'un pour le ramener. Ça faisait beaucoup de déplacements pour aller à un atelier qui n'était guère plus qu'un grand hangar situé au milieu d'une cour boueuse pleine de camions et de matériel lourd.

Durant les premiers jours de travail, Gary fut très silencieux. De toute évidence, il ne savait pas quoi faire. Si on lui donnait une planche à raboter, il se contentait d'attendre après avoir fini. On était obligé de lui dire de retourner la planche pour raboter l'autre face. Un jour, le contremaître, Craig Taylor, un type de taille moyenne avec de larges épaules et des bras costauds, découvrit que Gary travaillait sur une perceuse électrique depuis un quart d'heure sans aucun résultat. Impossible de faire un trou.

Craig lui expliqua qu'il faisait fonctionner la perceuse en marche arrière. Gary haussa les épaules en disant : « Je ne savais pas que ces engins avaient une marche arrière. »

D'après les rapports qui parvenaient à Spencer McGrath, il était très bien, mais il n'en savait pas plus qu'un gamin sorti du lycée. Les appareils à affûter, les sableurs, les pistolets à peinture, il fallait tout lui expliquer. Et puis c'était un solitaire. Il apportait son casse-croûte dans un sac de papier et les premiers jours il déjeuna tout seul. Il s'asseyait dans un coin, sur une machine, et mangeait, plongé dans sa solitude. Personne ne savait ce qu'il pensait.

VII

La nuit, ça n'était pas pareil. Gary sortait à peu près tous les soirs. Rikki commençait à le craindre un peu. Il savait qu'il n'avait pas envie d'avoir d'histoires avec Gary. Au cours d'une partie de poker, Gary leur parla du type de l'Idaho qu'il avait déposé dans un hôpital après une bagarre.

Gary parlait aussi à tout le monde de ce connard de Noir qu'il avait tué en prison, parce qu'il essayait de s'envoyer un gentil gosse blanc. Le gosse avait appelé Gary au secours, alors lui et un autre copain s'étaient procuré des tuyaux. Il fallait ça. Le détenu auquel ils s'attaquaient était vraiment un sale nègre et il avait été boxeur professionnel. Ils l'avaient attendu dans un escalier et l'avaient à moitié assommé avec leurs tuyaux. Puis ils l'avaient ramené dans sa cellule et l'avaient poignardé à cinquante-sept reprises avec un couteau de leur fabrication.

Rikki pensait que cette histoire était de la frime. En la racontant à tout le monde, Gary essayait simplement de se donner l'air d'un dur. Malgré tout, ça mettait Rikki un peu mal à l'aise. Un type qui voulait faire croire à une histoire pareille pouvait difficilement reculer s'il commençait à faire pression sur vous et qu'on le repoussait.

Il y avait cependant des moments où Gary semblait presque simple. À courir les filles dans la voiture de sport de Rikki, on pouvait dire que Gary n'avait pas appris grand-chose. Rikki ne cessait d'essayer de lui expliquer comment on parlait aux filles, dans le style doux et coulant, comme Sterling Baker, au lieu de jouer les durs et de rouler les mécaniques, mais Gary disait qu'il ne voulait pas jouer ce jeu-là. Ça n'était pas un problème pour Rikki de trouver deux filles pour bavarder un moment, mais on pouvait être sûr que Gary leur ferait peur.

Un soir, Rikki se mit à rouler au ralenti à côté d'une camionnette où se trouvaient trois filles. La camionnette était à la gauche de Rikki et il leur parla par la vitre ouverte jusqu'au moment où elles purent se rendre compte qu'il était sympa et assez beau gosse. Les filles s'engagèrent alors dans une rue sombre, il les suivit et se gara derrière. La fille qui était au volant vint parler à Gary, Rikki descendit et alla jusqu'à leur camionnette. Il était en train de faire du gringue aux deux autres filles afin de les persuader d'aller s'amuser un peu chez elles, mais deux minutes ne s'étaient pas écoulées que la conductrice revint, l'air effrayé. Elle dit : « Tu devrais faire attention avec ce type que tu trimbales. » Elle remonta vite dans sa camionnette et démarra.

« Qu'est-ce qui s'est passé ?

— Eh ben, je suis allé droit au fait et je lui ai posé la question. Je lui ai dit : « Ça fait bien longtemps et j'aimerais faire ça tout de suite ! (Gilmore secoua la tête.) J'en ai marre. Si on mettait la main sur deux nanas et qu'on les viole ? »

Rikki choisit ses mots avec soin. « Gary, c'est une chose que je ne pourrais tout simplement pas faire. »

Ils roulèrent jusqu'au moment où Gary dit qu'il connaissait une fille du nom de Margie Queen. « Vraiment bien. » Maintenant il voulait aller chez elle, rien que chez elle. Elle habitait au premier étage d'un petit immeuble dont chaque palier desservait plusieurs appartements. Un peu comme un petit motel.

Gary martela la porte pendant dix minutes. La sœur de Margie finit par venir répondre. Elle entrebâilla la porte et murmura : « Margie est allée se coucher.

— Dites-lui que je suis ici.

— Elle est couchée.

— Vous n'avez qu'à lui dire que je suis ici et elle se lèvera.

— Elle a besoin de sommeil. »

La porte se referma.

« Connasse », cria Gary.

Puis il se mit en colère. En descendant de l'escalier, il dit à Rikki : « Renversons sa bagnole. »

Rikki était lui-même passablement ivre. Ça lui parut une idée marrante. Rikki n'avait jamais renversé de voiture.

C'était une vieille petite bagnole étrangère, mais lourde. Ils s'adossèrent à la carrosserie en poussant de toutes leurs forces mais ils arrivaient tout juste à la secouer. Alors Gary alla prendre un démonte-pneu dans le coffre de la voiture de sport de Rikki, revint en courant jusqu'à celle de Margie Queen et fit voler le pare-brise en éclats.

Le bruit du verre cassé effraya suffisamment Rikki pour le faire regagner à toutes jambes sa voiture. Ce fut juste au moment où il démarrait que Gary ouvrit la portière et sauta à l'intérieur. Rikki ne put s'empêcher de rire en pensant que Gary aurait pété toutes les vitres s'ils n'avaient pas dû décamper.

Ils décidèrent de passer voir Sterling. En chemin, Gary dit : « Tu m'aiderais à attaquer une banque ?

— C'est quelque chose que je n'ai jamais fait. »

Une banque, dit Gary, c'était facile. Il savait comment s'y prendre. Il donnerait à Rikki quinze pour cent du butin si Rikki voulait bien l'attendre dans sa voiture et l'emmener quand il sortirait. Rikki, dit-il, ferait un très bon chauffeur dans un hold-up.

Gary précisa : « Tu n'aurais pas à entrer dans la banque.

— Je ne pourrais pas. »

Gary s'emporta. « Je croyais que tu n'avais peur de rien.

— Je ne le ferais pas, Gary. »

Ils parcoururent le reste du trajet en silence jusqu'à la maison de Sterling.

Une fois là-bas, Gary se calma suffisamment pour préparer une histoire acceptable au cas où Margie Queen appellerait les flics. Ils pourraient dire qu'ils étaient allés passer la nuit à Salt Lake et qu'ils n'en étaient rentrés que le matin. La sœur les aurait confondus avec deux autres types.

Le vendredi matin, Margie découvrit son pare-brise fracassé. La première idée qui lui vint à l'esprit fut que c'était Gary qui avait fait cela, mais elle espérait que ce n'était pas vrai. Le voisin du rez-de-chaussée dit : « Oui, c'est cette bagnole pétaradante avec ces deux types saouls. Ils se sont arrêtés juste à côté de la vôtre. Après, je ne sais pas ce qui s'est passé. »

Elle ne fit rien. Ce n'était qu'un petit malheur de plus.

VIII

Ce matin-là, Gary appela Brenda. Il allait toucher sa paie ce soir. Son premier chèque de Spencer McGrath. « Tu sais, lui dit-il, c'est moi qui vous invite tous les deux. »

Ils décidèrent d'aller au cinéma. C'était un film qu'il avait déjà vu, *Vol au-dessus d'un Nid de Coucou*. Il les avait vus tourner ça sur la route qui passait au pied du pénitencier, il avait vu ça de la fenêtre de sa cellule. D'ailleurs, lui raconta-t-il, il avait même été envoyé dans cet asile deux fois quand il était en prison. Tout comme Jack Nicholson dans le film. On l'y avait conduit de la même façon, avec des menottes et des fers aux pieds.

Comme le film se donnait au cinéma *Una* à Provo, Brenda et Johnny vinrent en voiture d'Orem et, lorsqu'ils passèrent le prendre chez Vern et Ida, Gary avait déjà bu quatre ou cinq bières pour fêter sa première paye.

Dans la camionnette, il fuma une cigarette de marijuana. Ça le rendit tout content. Il n'arrêta pas de glousser pendant le trajet jusqu'au cinéma. Brenda se dit : ça va être une soirée catastrophique.

Sitôt le film commencé, Gary se mit à le commenter. Il disait : « Tu vois cette pépée ? Elle travaille vraiment à l'asile. Mais le type à côté d'elle est un faux : ça n'est qu'un acteur. » Gary s'adressait à toute la salle.

Au bout d'un moment, son langage devint plus corsé. « Regarde-moi ce connard là-bas, dit-il. Je le connais, ce connard. »

Brenda en serait morte de honte. Facilement. « Gary… Il y a des gens qui essaient d'entendre le dialogue. Tu veux bien la fermer ?

— Je suis grossier ?

— Tu es *bruyant.* »

Il se retourna dans son fauteuil et demanda aux gens derrière lui : « C'est vrai que je suis bruyant ? Est-ce que je vous dérange ? » Brenda lui donna un grand coup de coude dans les côtes.

Johnny se leva et alla s'installer une ou deux places plus loin. « Où est-ce qu'il va, Johnny ? demanda Gary. Il a envie de pisser ? » D'autres gens se déplacèrent.

Johnny s'enfonça dans son fauteuil si bien qu'on ne voyait même pas sa tête. Gary poursuivait son commentaire de *Vol au-dessus d'un Nid de Coucou.* « Le fils de pute, cria-t-il, il était juste comme ça. » Des rangées du fond, des gens criaient : « Silence devant. Chut ! » Brenda le tira par le pan de sa chemise. « Tu es odieux.

— Je suis désolé. (Il lui chuchota bruyamment :) Je vais me tenir tranquille. » Mais il parlait quand même très fort.

« Gary, blague à part, ça n'est vraiment pas drôle d'être assise à côté de toi.

— Bon, je vais me tenir. » Il posa ses pieds contre le dossier du fauteuil devant lui et se mit à se balancer. La femme qui y était assise avait sans doute résisté jusque-là à une violente envie de changer de place, mais cette fois elle renonça et alla un peu plus loin.

« Pourquoi as-tu fait ça ?

— Mon Dieu, Brenda, tu ne vas pas jouer tout le temps au chien de berger ?

— Tu as fait se déplacer cette pauvre dame.

— Sa coiffure me gênait.

— Alors assieds-toi plus droit.

— Ça n'est pas confortable d'être assis tout droit. »

En rentrant chez Vern, Gary avait l'air très content de lui. Brenda et Johnny ne voulurent pas entrer.

« Qu'est-ce qui se passe ? demanda Gary. Tu ne m'aimes plus ?

— En ce moment ? Je crois que tu es l'être le plus insensible que j'aie jamais connu.

— Brenda, dit Gary, je ne suis pas insensible au fait d'être traité d'insensible. »

Il monta l'escalier en sifflant.

Au petit déjeuner, il était d'excellente humeur. Il vit Vern qui le regardait manger et dit : « Tu dois trouver que j'engloutis la nourriture comme un porc, que ça va trop vite.

— Oui, fit Vern, j'ai remarqué ça.

— C'est que, dit Gary, en prison, on apprend à manger vite. On a un quart d'heure pour aller chercher sa nourriture, s'asseoir et l'avaler. Il y a des jours où on n'arrive même pas à l'avoir.

— Mais toi, demanda Vern, tu te débrouillais ?

— Oui, j'ai travaillé un moment aux cuisines. Mon travail, c'était de préparer la salade. Ça me prenait cinq heures de faire autant de salade. Maintenant, je ne peux plus la voir.

— Ça ne fait rien, dit Vern, tu n'as pas besoin d'en manger. »

« Tu es plutôt costaud, Vern, hein ?

— Un vrai champion.

— Faisons une partie de bras de fer », dit Gary.

Vern secoua la tête mais Ida dit : « Allons, vas-y.

— Mais oui, viens donc, dit Gary. (Il regarda Vern en louchant :) Tu crois que tu peux me prendre ?

— Je n'ai pas à croire, dit Vern. Je peux te prendre.

— Ma foi, je me sens plutôt costaud aujourd'hui, Vern. Qu'est-ce qui te fait croire que tu peux me battre ?

— Je pense que j'en suis capable, dit Vern.

— Essaie.

— Bon, fit Vern. Mange ton petit déjeuner d'abord. »

Ils s'y mirent une fois la table débarrassée. Vern continuait à prendre son petit déjeuner de la main gauche et luttait avec le bras droit.

« Merde alors, fit Gary, pour un vieux, tu es plutôt costaud.

— Tu me fais pitié, dit Vern. C'est une bonne chose que tu aies fini ton petit déjeuner. Je ne te le donnerais même pas maintenant. »

Lorsqu'il eut à demi plié le bras de Gary, Vern reposa sa fourchette, prit quelques cure-dents et les mit dans sa main gauche. « Bon, mon ami, quand tu en auras assez, tu n'as qu'à le dire. Sinon, je m'en vais te coincer la main sur ces cure-dents. »

Gary avait bandé tous ses muscles. Il se mit à crier comme au karaté. Il se leva même à demi de son siège mais ça ne changeait pas grand-chose. Vern lui plia la main jusqu'à la pointe des cure-dents. Gary s'avoua vaincu.

« Il y a une chose que je voudrais savoir, Vern. Tu m'aurais vraiment coincé la main si je n'avais pas crié grâce ?

— Mais oui, je t'ai dit que je le ferais, non ?

— Eh ben, mon cochon… » fit Gary en secouant sa main.

Un peu plus tard, Gary voulut essayer avec le bras gauche. Il perdit encore.

Puis il essaya la lutte aux doigts croisés. Mais personne ne battait Vern à ce jeu-là.

« Tu sais, dit Gary, en général je n'aime pas beaucoup être battu. (Comme Vern soutenait son regard, Gary poursuivit :) Tu sais, Vern, tu es bien. »

Vern ne savait pas très bien comment prendre tout ça.

IX

Spencer McGrath, dans son domaine, avait mis au point quelques innovations techniques. Par exemple, il utilisait de vieux journaux et produisait un matériau isolant d'excellente qualité pour les constructions résidentielles et commerciales. Pour l'instant, il travaillait sur un projet afin de recueillir toutes les ordures du comté pour les recycler. Cela faisait vingt ans qu'il essayait d'intéresser les gens à ce genre de projet. Ça commençait à bouger un peu. Voilà tout juste deux ans et demi, Devon Industries, à Orem, avait passé un accord avec Spencer McGrath pour lui faire déplacer son installation de Vancouver dans l'État de Washington au comté de l'Utah.

Spencer avait un personnel de quinze personnes. Il était occupé à construire le matériel dont il aurait besoin pour remplir son contrat avec Devon Industries. C'était un gros contrat et McGrath travaillait très dur. Il savait qu'il était arrivé à un de ces moments de la vie d'un homme où en deux ans il pourrait faire avancer sa carrière et ses finances de dix ans. Ou bien il pouvait échouer et ne pas gagner grand-chose d'autre que de juger jusqu'à quel point il pouvait travailler dur.

Sa vie de loisirs était donc réduite au minimum. Sept jours par semaine, il travaillait de 7 heures du matin jusqu'à la nuit. De temps en temps, à la fin du printemps, il allait faire du ski nautique sur le lac d'Utah, ou bien il faisait venir des amis pour un barbecue. Mais après, pendant plusieurs jours de suite, il lui arrivait de ne pas pouvoir rentrer chez lui à temps pour voir les informations de 10 heures à la télé.

Peut-être aurait-il pu s'en tirer en travaillant moins, mais Spencer estimait qu'il devait donner le temps nécessaire à chaque personne qui se présentait devant lui dans la journée. C'était donc tout naturel pour lui, non seulement de garder un œil sur

Gilmore après l'avoir engagé, mais de lui parler assez souvent et, pour autant qu'il pouvait en juger, personne n'essayait le moins du monde de rabaisser Gary. Les hommes savaient, bien sûr, que c'était un ancien détenu – Spencer estimait que c'était juste pour eux (et pour Gary d'ailleurs) de les prévenir – mais c'était une bonne équipe. Si cela avait un effet, ce genre de révélation était plutôt en faveur de Gilmore.

Il fallut pourtant toute une semaine à Spencer McGrath pour apprendre que Gary se rendait à pied à son travail chaque fois qu'il ne pouvait pas se faire prendre en stop, et il ne le découvrit que parce qu'il avait neigé ce matin-là et que Gilmore était arrivé en retard. Cela lui avait pris beaucoup de temps de faire tout le trajet à pied. Spencer l'apprit. Gilmore n'en avait jamais soufflé mot à personne. Un tel orgueil était plutôt bon signe. McGrath s'assura que quelqu'un le raccompagnerait en voiture ce soir-là.

Plus tard ce jour-là, ils bavardèrent un peu. Gilmore ne tenait pas à aborder le fait qu'il ne possédait pas de voiture alors que la plupart des gens en avaient. L'idée vint aussi à Spencer ; il se dit que d'ici à une paie ou deux, il pourrait emmener Gary chez Val J. Conlin, un vendeur de voitures d'occasion qu'il connaissait. Conlin demandait une petite somme au départ et, pour le reste, des versements hebdomadaires pas trop gros. Gilmore parut enchanté de cette conversation.

Spencer était très content. Il avait fallu une semaine, mais Gilmore avait l'air de se détendre. Il commençait à comprendre que Spencer n'aimait pas que ses hommes le considèrent comme un patron. Il faisait le même travail qu'eux et ne voulait pas d'une relation de supérieur à employé. Si, comme il y comptait, ses hommes étaient assidus dans leur travail, ça lui suffisait. Pas la peine de mener qui que ce soit à la cravache.

Le lendemain, Gary demanda à Spencer s'il était sérieux à propos de la voiture. Il voulut savoir s'ils pourraient y passer dans l'après-midi pour en regarder une.

Au garage V. J., il y avait une Mustang six cylindres 66 qui semblait en assez bon état. Les pneus étaient bons, la carrosserie saine. Spencer trouva que c'était une occasion raisonnable : elle était à sept cent quatre-vingt-quinze dollars, mais le marchand dit qu'il la laisserait à Spencer pour cinq cent cinquante. Ça valait mieux que de marcher.

Donc, ce vendredi-là, quand Gary eut touché sa paie, Spencer le conduisit de nouveau au garage et on convint que Gary verserait cinquante dollars, que Spencer McGrath en verserait cinquante autres sur son salaire à venir et que Val Conlin toucherait le reste à raison de versements de cinquante dollars tous les quinze jours. Comme Gary gagnait cent quarante dollars par semaine et que, là-dessus, il en ramenait quatre-vingt-quinze à la maison, on pouvait considérer cet arrangement comme réalisable.

Gary demanda s'il pouvait prendre un moment le lundi pour se faire délivrer un permis de conduire. Spencer lui donna son accord. Il fut convenu que Gary passerait prendre son permis lundi matin, prendrait la voiture et viendrait ensuite au travail.

Le lundi, lorsqu'il arriva à l'atelier, il expliqua à Spencer que le Bureau des Permis avait dit qu'il devrait suivre des cours s'il n'avait pas eu de permis auparavant. Gary leur répondit qu'il en avait eu un dans l'Oregon, et qu'ils allaient le faire venir. En attendant, il laisserait la voiture au garage.

Le mercredi, toutefois, après son travail, il alla prendre la Mustang. Ce soir-là, pour fêter ça, il fit une partie de bras de fer avec Rikki Baker chez Sterling. Rikki se donna beaucoup de mal, mais Gary l'emporta et il n'arrêta pas de s'en vanter durant toute la partie de poker.

Rikki, gêné de toujours perdre, s'abstint quelque temps. Quand il repassa quelques jours plus tard, ce fut pour apprendre que sa sœur Nicole était venue un soir rendre visite à Sterling et que Gary se trouvait là. Ce même soir, Nicole et Gary s'étaient retrouvés ensemble. Ils étaient maintenant à Spanish

Fork. Sa sœur Nicole, qui en avait toujours fait à sa tête, vivait avec Gary Gilmore.

Cette nouvelle ne plut pas du tout à Rikki. À son avis, Nicole était ce qu'il y avait de mieux dans sa famille. Il dit à Sterling que si Gary lui faisait le moindre mal, il le tuerait.

Pourtant, quand Rikki les vit ensemble, il se rendit compte que Nicole l'aimait beaucoup. Gary vint trouver Rikki et lui dit : « Mon vieux, tu as la plus belle sœur du monde. C'est la fille la plus chouette que j'aie jamais rencontrée. » Gary et Nicole se tenaient la main comme s'ils étaient enchaînés par le poignet. Ce n'était pas du tout ce à quoi s'attendait Rikki.

Le dimanche matin, Gary emmena Nicole pour la présenter à Spencer et à Marie McGrath. Spencer vit une très belle fille, une ligne du feu de Dieu, pas trop grande, avec une bouche forte, un petit nez et de beaux cheveux bruns et longs. Elle devait avoir dix-neuf ou vingt ans et semblait absorbée par ses propres pensées. Elle portait des jeans coupés à la cuisse, un T-shirt et pas de chaussures. On avait l'impression qu'un bébé pleurait dans sa voiture, mais elle ne fit pas un geste pour y aller.

Gary était extrêmement fier d'elle. On aurait cru qu'il venait d'arriver avec Marilyn Monroe. On pouvait dire qu'ils avaient l'air de bien s'entendre. « Regardez ma petite amie ! répétait tout le temps Gary. N'est-ce pas qu'elle est fabuleuse ? »

Lorsqu'ils furent partis, Spencer dit à Marie : « C'est juste ce qu'il faut à Gary. Une petite amie avec un bébé à nourrir. Mais je n'ai pas l'impression qu'elle va lui apporter grand-chose. (Il plissa les yeux pour regarder leur voiture qui s'éloignait.) Mon Dieu, est-ce qu'il a peint sa Mustang en bleu ? Je croyais qu'elle était blanche.

— C'est peut-être sa voiture à elle.

— Même année, même modèle ?

— Ça ne me surprendrait pas », dit Marie.

X

Comme Spencer habitait juste à côté de l'atelier, à Lindon, Marie pouvait regarder par la fenêtre et voir quand Gary était en avance. Certains matins, elle l'invitait à entrer prendre une tasse de café.

Tout en sirotant son café, Gary posait les pieds sur la table. Marie s'approchait et lui donnait une claque sur les chevilles.

« Elle, dit Gary à Brenda, c'est une dame qui sait ce qu'elle veut. Ça n'est pas le genre à faire des façons. (Il sourit.) J'ai mis mes pieds sur la table rien que pour l'agacer.

— Si c'est une femme si bien, pourquoi veux-tu l'agacer ?

— Sans doute, dit-il, que j'aime bien une claque sur la cheville. »

Brenda ne voulait pas espérer trop, mais, si Dieu le voulait, Gary allait peut-être franchir le virage.

Elle ne fut pas ravie lorsqu'il amena Nicole chez elle. Oh, mon Dieu, se dit Brenda, c'était bien à Gary de se retrouver avec une fille qui avait l'air de sortir d'un roman de science fiction. Nicole était assise et le regardait. Elle tenait par le bras une petite fille sans même avoir l'air de se rendre compte de ce qu'elle faisait. L'enfant, une fillette de quatre ans à l'air pas commode, semblait vivre dans un monde et Nicole dans un autre.

Brenda demanda : « Où habitez-vous ? »

Nicole se secoua. « Hein ? (Elle se secoua encore.) Au bas de la route », dit-elle d'une voix douce et un peu étouffée.

Brenda devait fonctionner au radar. « Springville ? demanda-t-elle. Spanish Fork ? »

Nicole eut un sourire angélique. « Ouais, Spanish Fork, elle a deviné », dit-elle à Gary comme si de petites merveilles poussaient comme des fleurs sur la grand-route de la vie.

« Tu ne la trouves pas superbe ? dit Gary.

— Si, fit Brenda, tu t'es trouvé une vraie miss Univers. »

Eh oui, songea Brenda, encore une fille qui pond un gosse à tout juste quinze ans et qui, après, vit des allocations familiales. Mais, il fallait bien le reconnaître, Nicole était une sacrée pépée. Sur ce plan-là, c'était du super.

Mon Dieu, Gary et elle avaient l'air en transe quand ils étaient ensemble. Ils pouvaient rester toute la journée assis à se reluquer. Pas la peine de faire des visites. Brenda était prête à demander aux pompiers de venir éteindre l'incendie.

« Elle a dix-neuf ans, dit Gary dès l'instant où Nicole se fut éloignée.

— Pas possible, fit Brenda.

— Crois-tu qu'elle soit trop vieille pour moi ? » demanda-t-il. En voyant l'expression de sa cousine, il se mit à rire.

« Non, dit Brenda, très franchement, je pense que vous êtes tous les deux au même niveau de maturité intellectuelle et mentale. Bon sang, Gary, elle est assez jeune pour être ta fille. Comment peux-tu avoir une histoire pareille avec une gosse ?

— Je me sens dix-neuf ans, lui dit-il.

— Pourquoi n'essaies-tu pas de grandir avant d'être trop vieux ?

— Dis donc, cousine, tu n'y vas pas de main morte, dit Gary.

— Tu ne trouves pas que j'ai raison ?

— Probablement », dit-il. En marmonnant.

Ils étaient assis dans le patio, au soleil, lorsque Nicole revint. Tout comme si de rien n'était, Gary désigna d'un geste tendre le cœur tatoué sur son avant-bras. Quand il était sorti de Marion, un mois plus tôt, raconta-t-il, c'était un cœur vide. L'espace était empli maintenant par le nom de Nicole. Il avait essayé d'assortir le bleu noir de l'ancien tatouage, mais son nom apparaissait en bleu vert. « Tu aimes ça ? demanda-t-il à Brenda.

— Ça fait toujours mieux que d'avoir un blanc, dit-elle.

— Ah, fit Gary, j'attendais de le remplir. Mais il fallait d'abord que je me trouve une femme comme elle. »

Nicole aussi avait un tatouage. Sur la cheville. GARY.

« Tu aimes ça ? demanda-t-il.

— Pas du tout », répondit Johnny.

Nicole avait un large sourire. C'était à croire que la meilleure façon d'éveiller un écho chez elle, c'était de dire la vérité. « Oh, dit-elle, en tendant la cheville pour exhiber au monde la courbe de son jarret et la chair de sa cuisse, je trouve que ça fait plutôt joli.

— Je reconnais, dit Brenda, que c'est fait d'une main experte. Mais un tatouage sur la cheville d'une femme, ça donne l'impression qu'elle a marché dans la merde.

— Vu, dit Gary.

— Oh, dit Brenda, autant que je te donne mon avis. J'aime ce tatouage autant que ce chapeau de connard que tu portes.

— Tu n'aimes pas mon couvercle ?

— Gary, quand il s'agit de chapeau, je n'ai jamais vu quelqu'un avoir plus mauvais goût. » Elle était si furieuse qu'elle était au bord des larmes.

Moins d'une semaine auparavant, il était venu lui faire ses excuses pour la façon dont il s'était conduit au cinéma ; il était arrivé sur son trente et un, avec un pantalon beige et une belle chemise marron, mais coiffé d'un panama blanc avec un grand ruban arc-en-ciel. Ce chapeau-là n'aurait même pas fait bien sur un maquereau noir, et Gary le portait avec le bord rabattu devant et relevé derrière, un peu comme le Parrain. Il était resté planté sur le paillasson de Brenda, le dos un peu voûté, les mains dans les poches, et donnant des coups de pied dans le bas de la porte.

« Pourquoi est-ce que tu ne soulèves pas le loquet ? avait demandé Brenda en l'accueillant.

— Je ne peux pas, avait-il répondu, j'ai les mains dans mes poches », et il avait attendu qu'elle applaudisse sa tenue.

« C'est un joli chapeau, dit Brenda, mais il ne te va pas. À moins que tu ne sois devenu proxénète.

— Brenda, tu es épouvantable, avait-il dit, tu n'y connais vraiment rien. » Toute son assurance avait disparu.

Et voilà qu'elle recommençait. Ça ne lui plaisait pas qu'elle n'aimât pas le tatouage de Nicole ni les chapeaux qu'il portait. Il se leva pour prendre congé et Brenda les raccompagna jusqu'à la porte. En sortant, elle aussi fut surprise en voyant la Mustang bleu pâle.

Ça suffit à lui faire retrouver son aplomb. N'est-ce pas que c'était fantastique ? lui dit-il. Nicole et lui avaient acheté exactement le même modèle de la même année. C'était un signe.

Ce jour-là, elle fit tout mal. Elle n'arrêtait pas de penser au tatouage sur la cheville de Nicole. Et à chaque fois, son malaise revenait.

XI

La pire histoire que Gary lui eût jamais racontée lui revenait maintenant en mémoire. Un soir, dans le salon de Brenda, il n'arrivait pas à s'arrêter de rire tout en lui parlant d'un tatouage qu'il avait dessiné sur un détenu nommé Fungoo.

« Il était costaud et abruti, dit Gary, mais il avait de l'affection pour moi. Un jour où on était en haute surveillance, Fungoo était de corvée de nettoyage, alors il a pu passer devant ma cellule. Et voilà qu'il me demande de lui dessiner un bouton de rose derrière le cou. Je pris mon aiguille et mon encre à tatouer et, au lieu d'un bouton de rose, je lui tatouai une petite verge toute ratatinée avec des couilles grosses comme des cacahuètes.

« Son père et sa mère devaient venir le lendemain. Quand il s'est aperçu de ce que j'avais fait, il est devenu dingue. Il a dû voir ses parents avec une serviette autour du cou. Ce matin-là, il faisait plus de trente degrés. Il leur a raconté qu'il aimait bien porter une serviette comme ça quand il faisait chaud », dit Gary. Il riait si fort qu'il faillit en tomber du canapé.

« Mais Fungoo était si crétin qu'il ne m'en voulait pas. Il est revenu me trouver en disant : Gary, je ne peux pas me balader avec une quéquète sur le cou.

— Bon, je lui ai dit, je vais en faire un serpent. Seulement, voilà que j'ai été inspiré et que j'en ai fait une grosse verge à trois têtes. C'était bien comme tout. Tout en le faisant, j'avais du mal à m'empêcher de rigoler. “Je compte sur toi pour que ce soit un joli serpent”, répétait tout le temps Fungoo. Gary riait à en perdre le souffle. Là, dans leur salon, le souvenir était encore vivace pour lui. “Oh, dis-je, je crois que je n'ai jamais rien vu d'aussi beau.” Quand Fungoo a fini par le voir avec une glace, il est resté pétrifié. Il ne pouvait même pas frapper. On nous avait fait passer un peu de H en haute surveillance, et il s'était dit que j'étais camé jusqu'aux yeux. Il a mis ça sur le compte de l'herbe. La dernière fois que je l'ai vu, il avait un énorme serpent à sonnettes tatoué tout autour du cou pour masquer la triple verge. Il ne se fiait plus à personne, alors il l'avait fait avec de la suie et de l'eau. » Brenda et Johnny avaient des sourires aussi figés que la graisse sur un steak froid.

« Bah, fit Gary, ça n'est pas une très jolie histoire. Oui, reprit-il, ça m'est arrivé d'avoir des remords. On peut dire que ça a foutu en l'air le monde de Fungoo. Je pense qu'un truc comme ça, ça a foutu un coup à mes chances de bonne réincarnation… Mais j'ai pas pu résister. » Il soupira.

Ça faisait exactement cinq semaines et deux jours qu'il était venu les voir en sortant de prison. Aujourd'hui elle arrivait à croire à l'histoire. « Mon Dieu, demanda-t-elle à Johnny, comment peut-il être aussi horrible ? Comment a-t-il pu faire ça à un homme qui lui faisait confiance.

— Je crois qu'il disait qu'un homme en prison est prêt à faire n'importe quoi pour s'amuser. Si on n'en est pas capable, on est foutu. »

Elle aimait Johnny d'avoir dit ça, elle aimait son grand costaud de mari au cœur gros comme ça, capable d'éprouver de la sympathie pour d'éventuels rivaux, ce qui était plus qu'elle ne pouvait en dire pour elle-même. « Oh ! Seigneur, dit Brenda, Gary est amoureux de Nicole. »

Deuxième partie

Nicole

4. La maison de Spanish Fork

I

Juste avant que son père et sa mère se séparent, Nicole avait trouvé une petite maison à Spanish Fork, et ça lui parut une amélioration. Elle avait envie de vivre seule et la maison facilitait les choses.

Elle était très petite, à une quinzaine de kilomètres de Provo, dans une rue tranquille au pied des collines. C'était la plus vieille construction du pâté de maisons et, à côté de tous ces pavillons style ranch alignés sur chaque trottoir comme des photos dans des magazines de supermarché, la maison avait l'air d'une illustration pour conte de fées. À l'extérieur, elle était tout en stuc bleu lavande avec des encadrements de fenêtres chocolat, et, à l'intérieur, il n'y avait qu'une salle de séjour, une chambre, une cuisine et une salle de bains. La poutre maîtresse s'incurvait au milieu et la porte d'entrée était pratiquement sur le trottoir : c'est vous dire qu'elle ne datait pas d'hier.

Dans la cour, derrière, il y avait un chouette pommier avec quelques fils de fer rouillés pour retenir les branches. Elle l'adorait. Cet arbre était comme un de ces chiens perdus dont personne ne s'occupe et qui s'en foutent : il est encore magnifique.

Juste au moment où elle allait vraiment s'installer, se mettre à aimer pour de bon cette fois, s'occuper de ses gosses et essayer de mettre de l'ordre dans ses idées pour qu'elles ne fassent pas clic clic dans sa tête quand elle était seule, voilà que Kathryne et Charles choisissent de se séparer, sa pauvre mère et son pauvre père qui s'étaient mariés alors qu'ils sortaient à peine du lycée, mariés depuis plus de vingt ans, cinq gosses et qui, Nicole l'avait toujours pensé, ne s'étaient jamais vraiment aimés même si de temps en temps ils étaient amoureux. Bref, ils s'étaient séparés. Ça l'aurait démolie si elle n'avait pas eu la maison de Spanish Fork. La maison, ça valait mieux qu'un homme. Nicole s'étonnait elle-même. Ça faisait des semaines qu'elle n'avait couché avec personne ; elle n'en avait pas envie, elle voulait juste digérer sa vie, ses trois mariages, ses deux gosses et plus de mecs qu'on ne pouvait en compter.

Donc la routine habituelle. Nicole avait un assez bon travail comme serveuse au *Café de la Grand-Vue*, à Provo, et puis elle trouva du travail comme couturière dans un atelier. Ça n'était qu'un pas au-dessus d'être serveuse, mais elle était contente. On l'envoya une semaine à l'école, elle apprit à utiliser les machines à coudre à moteur, et elle gagnait plus d'argent que jamais. Deux dollars trente de l'heure. Elle rapportait à la maison quatre-vingts dollars par semaine.

Bien sûr, le travail était dur. Nicole ne s'estimait pas particulièrement bien coordonnée dans ses mouvements et elle n'était certainement pas rapide : elle avait la tête trop dérangée pour ça. Elle s'énervait. On l'installait sur une machine et, juste au moment où elle commençait à en piger le fonctionnement et où elle approchait du quota horaire, voilà qu'on la mettait sur une autre. Et puis la machine se mettait à déconner au moment où elle s'y attendait le moins.

Quand même, ça n'allait pas trop mal. Elle avait un petit matelas de cent dollars obtenu en escroquant à l'assistante sociale un supplément de fric qu'elle lui avait versé un jour en se trompant dans les chèques, et elle avait ajouté soixante-quinze dollars d'économie sur son travail. Elle put donc payer cash cent soixante-quinze dollars pour une vieille Mustang qu'elle acheta au frère de son voisin. Il en voulait trois cents, mais il aimait bien Nicole. Elle avait eu de la veine.

Le soir où Nicole fit la connaissance de Gary, elle avait emmené Sunny et Jeremy faire un tour : les gosses adoraient la voiture. Sa belle-sœur était avec elle. Sue Baker et elle n'étaient pas exactement comme cul et chemise, mais elles passaient pas mal de temps ensemble et à cette époque-là, Sue n'avait pas le moral car elle était enceinte et séparée de Rikki.

En se promenant, Nicole passa à un bloc environ de la maison de ses cousins et Sue proposa de passer les voir. Nicole accepta. Elle se dit que Sue aimait bien Sterling et qu'elle avait dû apprendre que lui aussi avait plaqué sa bonne femme, justement cette semaine, avec bébé et tout.

C'était une nuit sombre et fraîche, une de ces nuits de mai où l'air de la montagne sentait encore la neige. Mais ce n'était pas si froid puisque Sterling avait sa porte entrouverte. Les filles frappèrent et entrèrent. Nicole n'avait que ses jeans et une sorte de corsage bain de soleil. Et il y avait ce type à l'air bizarre assis sur le canapé. Elle trouva qu'il avait tout simplement l'air bizarre. Il n'était pas rasé depuis au moins deux jours et buvait une boîte de bière. Après avoir dit bonjour à Nicole et à Sue, Sterling ne le présenta même pas.

Nicole fit semblant d'ignorer la présence de l'inconnu, mais ce type avait quelque chose. Quand leurs regards se croisèrent, il dit : « Je vous connais. » Nicole ne répondit rien. Pendant une fraction de seconde, quelque chose lui traversa l'esprit, puis elle se dit : « Non, je ne l'ai jamais rencontré, j'en suis sûre. Peut-être que je l'ai connu dans un autre temps. »

Ce fut ce qui déclencha tout. Ça faisait un bon moment qu'elle ne pensait pas comme ça. Et voilà qu'elle retrouvait ce sentiment. Elle comprit ce qu'il voulait dire.

Ses yeux semblaient très bleus dans un long visage triangulaire, ils la dévisageaient et il répéta : « Eh, je vous connais. » Nicole finit par avoir un petit rire en disant : « Oui, ça se peut. » Elle y pensa encore un moment, puis le regarda de nouveau et dit : « Ça se peut. » Ils ne se dirent rien de plus pendant un moment.

Elle consacra son attention à Sterling. En fait, les deux filles entouraient Sterling, le type le plus facile du monde avec qui s'entendre. Nicole l'avait toujours bien aimé car il était gentil et tendre et très hospitalier, et fichtrement sexy. Il calmait tout.

Comme Sue l'aimait bien aussi, la soirée devenait excitante. Au cours de la conversation, Nicole finit par avouer à Sterling qu'elle avait eu le béguin pour lui pendant des années quand elle était gosse. Il lui répliqua qu'il avait toujours été fou d'elle. Ils éclatèrent de rire. Des cousins qui ont un béguin… L'autre type était assis là-bas et continuait à la regarder.

Au bout d'un moment, Nicole se dit que le nouveau venu était plutôt pas mal. Il était beaucoup trop vieux pour elle, il pouvait avoir pas loin de quarante ans. Mais il était grand, il avait de beaux yeux et une assez jolie bouche. Il avait l'air intelligent et pourtant mauvais en même temps, comme un type plus âgé qui pourrait faire partie d'une bande de motards. Et elle éprouvait une certaine fascination, même si elle n'était pas disposée à avouer autant d'intérêt.

Sue ne lui adressait pas la parole non plus. En fait elle faisait comme s'il n'était pas là. Pour compenser, Sunny commença à se conduire comme une vraie morveuse de quatre ans et à se montrer désagréable et autoritaire devant l'étranger. Elle se mit à ordonner à Nicole de faire ceci et de faire cela. Sunny était toute rouge et jolie, et elle flirtait avec l'inconnu. Là-dessus, il regarda Nicole en disant : « Vous allez avoir bien des ennuis avec cette petite fille. Elle pourrait se retrouver en maison de correction. »

Ça lui donna un coup. C'était une remarque qui vous touchait. Peut-être bien qu'elle était le genre de mère qui pouvait avoir cette influence-là sur ses gosses. Nicole savait que ces mots-là allaient rester plantés en elle comme un hameçon pendant les deux années à venir.

Elle se mit à penser que ce type avait une sorte de pouvoir psychique, et qu'il pouvait vraiment voir ce qui allait arriver. Comme si c'était un hypnotiseur ou quelque chose de ce genre. Elle n'était pas très sûre d'aimer ça.

En tout cas, ça lui parut suffisant pour engager la conversation. Bientôt, il lui parlait avec beaucoup d'insistance. Il voulait aller à l'épicerie acheter un paquet de six canettes et il n'arrêtait pas de la harceler pour qu'elle l'accompagnât. Elle secouait la tête. Sue et elle s'apprêtaient à partir et elle ne voulait pas aller à l'épicerie avec ce type. Il était trop bizarre. D'ailleurs, ça ne rimait à rien puisque le magasin était juste un peu plus bas dans la rue.

Ce qui joua en sa faveur, toutefois, ce fut que Sue n'avait pas l'air prête à partir. Elle commençait tout juste à bavarder avec Sterling et de toute évidence ça ne l'ennuierait pas d'être en tête à tête avec lui un petit moment. Alors Nicole dit : « D'accord », et elle emmena Jeremy en guise de protection. Sunny dormait déjà.

Lorsqu'ils arrivèrent au magasin, c'était fermé. Ils continuèrent vers le centre. Nicole ne descendit même pas de voiture. Elle resta assise pendant que ce grand type allait acheter ses canettes de bière et rapportait une banane pour Jeremy. C'était son idée. C'était bizarre, mais il avait une Mustang juste comme la sienne, le même modèle, la même année. Il n'y avait que la couleur qui était différente. Alors elle se trouvait bien dedans.

Lorsqu'il revint avec la bière, elle était adossée contre la portière et il posa sur ses genoux le paquet de six canettes. Elle dit en plaisantant : « Oh, ça fait mal. » Il se mit à lui frictionner le genou. Il le fit très convenablement ; rien de trop personnel, mais c'était agréable et simple, et ils repartirent. Lorsqu'ils arrivèrent devant l'allée de Sterling, elle n'avait pas eu le temps de descendre de voiture qu'il se tourna vers elle en la regardant et lui demanda si elle voulait bien l'embrasser. Elle ne dit rien pendant une minute puis répondit oui. Il se pencha pour lui donner un baiser et ça ne changea rien à l'idée qu'elle se faisait de lui. Même, elle fut surprise d'avoir envie de pleurer. Longtemps après, elle se souviendrait de ce premier baiser. Puis ils rentrèrent chez Sterling.

Maintenant, Nicole ne l'ignorait plus tout à fait autant, mais elle tenait quand même à s'asseoir à l'autre bout de la pièce. Sue, manifestement, ne pouvait pas supporter ce type et lui accordait encore moins d'attention qu'avant. En fait, Nicole fut surprise de voir comme ça semblait lui être égal d'être antipathique à Sue. Sue avait beau être visiblement enceinte, Nicole trouvait que c'était une belle blonde. C'était peut-être la plus jolie d'elles deux. Pourtant il ne faisait pas attention à elle, il semblait prêt à rester assis dans son coin. Sterling aussi était silencieux. Au bout d'un moment, on aurait pu croire que la soirée n'allait mener nulle part.

Comme l'ambiance tombait, Nicole et Sue se mirent à bavarder ensemble. Nicole avait souvent l'impression que Sue, du temps où ça se passait bien avec Rikki, n'avait pas trop bonne opinion d'elle à cause de tous les types avec qui elle sortait. Sue et Rikki l'avaient même dénoncée le jour où elle avait amené un coquin dans son lit dans la maison de sa grand-mère, et après cela elle n'avait plus jamais fait vraiment confiance à Sue. Elle ne voulait sûrement pas donner à Sue le sentiment qu'elle était toujours une fille facile. Nicole prit donc un air un peu pincé quand, au moment où elle s'apprêtait à rentrer les enfants, Gary lui demanda son numéro de téléphone. Ça lui faisait un drôle d'effet d'avoir l'air si disponible devant sa belle-sœur, après toutes les remarques qu'elle avait faites ce soir pour expliquer qu'elle avait changé de vie. Alors elle répondit qu'elle ne pouvait pas le lui donner. Il en resta baba.

Il dit : « Ça ne rime à rien si vous vous en allez maintenant et que je ne vous revoie jamais. Ce serait gâcher quelque chose de bien », ajouta-t-il. Il se mit même un peu en colère parce qu'elle continuait à dire non. Il était assis là à la regarder. Elle fixait ses yeux bleus en lui disant qu'elle ne lui donnerait pas son numéro mais, avec les gosses et Sue en train de dire au revoir à Sterling, ça lui prit un moment pour partir. Lorsqu'ils se retrouvèrent dehors, Nicole aurait voulu hurler, tant elle avait eu envie de lui donner son numéro de téléphone.

Elle n'avait même pas le téléphone. Tout ce qu'elle aurait pu lui donner, c'était son adresse ou le numéro des voisins.

Pendant le trajet, Nicole se sentit bizarre. Elle raccompagna Sue puis repartit jusqu'à Spanish Fork, s'arrêta devant la maison mais sans descendre de voiture. Puis elle dit : « Et puis merde », et repartit chez Sterling. En route, elle décida qu'elle était idiote et que le type ne serait même plus là. Ou alors, il serait peut-être en train d'essayer de faire du gringue à une autre fille. Sterling aurait fort bien pu en appeler une pour lui.

II

Nicole avait vraiment peur de la situation dans laquelle elle se mettait. Elle n'arrivait pas à comprendre pourquoi elle faisait ça. C'était la première fois qu'elle courait après un type depuis Doug Brock, et c'était le premier mec qui l'avait jamais plaquée. Brock était bien plus âgé et on peut dire qu'elle l'aimait bien. Nicole travaillait depuis un moment dans un motel de Salt Lake, et lui habitait juste au coin. Un jour il lui dit qu'il la paierait bien si elle voulait faire le ménage chez lui. Dès qu'il l'eut fait venir chez lui, ça commença à être assez fantastique, et il lui dit de venir quand elle voudrait. Une nuit où elle ne pouvait pas dormir et où elle en avait assez d'être seule, elle alla chez lui. Il était 2 heures du matin. Il vint lui ouvrir tout nu et dit : « Qu'est-ce que tu fous à cette heure-ci ? » Il se montra grossier, parla d'un autre type et dit qu'il ne voulait pas entendre parler d'une nana qui sortait avec un autre. Il avait l'air d'un contremaître en disant ça – et c'était justement ce qu'il était. Puis il lui dit qu'il était occupé avec une autre fille. Il lui lança ça froidement sur le pas de sa porte et à 2 heures du matin. C'était un peu fort. Nicole ne revint jamais le voir. À vrai dire, c'était à peine si elle pensait à lui jusqu'à ce jour-là, en revenant chez Sterling, alors qu'elle se demandait si Gary y serait encore.

Mais elle commença à avoir vraiment peur de l'histoire dans laquelle elle allait peut-être se lancer. En fait, elle était si excitée qu'elle avait l'impression d'avoir respiré un gaz bizarre qui, à la fois, lui ramollissait les jambes et lui montait à la tête. Elle n'avait jamais rien senti d'aussi fort auparavant. À croire que ce serait impossible de laisser ce type s'en aller.

Sa voiture était toujours là et elle se gara juste derrière. Les gosses dormaient sur la banquette arrière, alors elle les laissa.

On ne risquait rien de laisser les gosses dans une rue tranquille. Elle alla frapper à la porte, qui pourtant était entrebâillée. Elle entendit Gary dire quelque chose juste avant qu'elle frappe. C'était incroyable, mais elle l'entendit dire : « Mon vieux, elle me plaît, cette fille. »

Lorsqu'elle entra, il s'approcha d'elle et la toucha ; il ne l'empoigna pas pour un grand baiser, mais l'effleura tout juste. Elle se sentait vraiment bien. C'était formidable. Elle avait bien fait de revenir. Ils restèrent une heure ou deux assis sur le divan, à rire ou à bavarder. Peu importait si Sterling était présent ou pas.

Au bout d'un moment, quand il fut évident qu'elle allait rester, ils allèrent jusqu'à la voiture pour prendre les enfants endormis et les ramener dans la maison. Ils les installèrent sur le lit de Sterling sans les réveiller et se remirent à bavarder.

Ils ne faisaient pratiquement rien d'autre que rire. Ils eurent un grand fou rire à l'idée de compter les taches de rousseur qu'elle avait, et Gary disait que c'était impossible parce qu'on ne pouvait pas compter les taches de rousseur sur un lutin. Puis, dans un moment de calme qui suivit plusieurs crises de rire, il lui raconta qu'il avait passé la moitié de sa vie en prison. Il lui dit cela d'un ton détaché.

Si Nicole n'avait pas peur de lui, elle était pleine d'appréhension. C'était l'idée de se trouver embringuée une fois de plus avec un perdant. Quelqu'un qui n'avait pas assez haute opinion de lui-même pour essayer d'arriver à quelque chose. Elle trouvait que c'était dommage de se laisser entraîner par la vie. On risquait un jour d'avoir à le payer trop cher.

Ils se mirent à parler de Karma. Depuis qu'elle était gosse, elle croyait à la réincarnation. C'était la seule explication qui tenait debout. On avait une âme et, quand on était mort, votre âme revenait sur terre sous forme d'un nouveau-né. On avait une nouvelle vie où on expiait ce qu'on avait fait de mal dans la vie précédente. Elle voulait être raisonnable pour ne pas avoir à faire encore un voyage.

À sa stupéfaction, il pensait la même chose. Il dit que cela faisait longtemps qu'il croyait au Karma. Le châtiment, c'était d'avoir à affronter quelque chose qu'on n'avait pas eu le courage de regarder en face dans cette vie.

Oui, lui dit-il, si on tuait quelqu'un, peut-être qu'on devrait revenir et être les parents de cette personne dans un siècle futur. C'était toute la raison de l'existence, dit-il, s'affronter soi-même. Si on ne le faisait pas, le fardeau devenait plus lourd.

Ça devenait la meilleure conversation qu'elle ait jamais eue. Elle avait toujours pensé que la seule manière d'avoir des conversations comme ça, c'était dans sa tête.

Puis il se redressa sur le divan et lui prit le visage entre ses mains : « Tu sais, je t'aime. » Il était à quelques centimètres d'elle en disant cela. Elle hésitait à lui répondre. Nicole avait horreur de « je t'aime ». À dire vrai, c'était une phrase qu'elle méprisait. Elle l'avait dite tant de fois quand elle n'en pensait pas un mot… Quand même, il se dit qu'il fallait le lui dire. Comme elle s'y attendait, ça sonnait tout drôle. Ça lui laissa un écho désagréable dans la tête.

Il dit : « Tu sais, il y a un endroit dans le noir. Tu sais ce que je veux dire ? Je crois que c'est là que je t'ai rencontrée. C'est là que je t'ai connue. » Il la regarda en souriant et poursuivit : « Je me demande si Sterling connaît cet endroit-là ? Est-ce qu'il faut lui dire ? » Ils regardèrent Sterling tous les deux. Il était assis là avec, ma foi, un drôle de sourire, comme s'il savait comment les choses allaient se passer. Puis Gary reprit : « Il sait. Ça se sent. Ça se voit dans ses yeux qu'il sait. » Nicole eut un rire ravi. C'était marrant. Ce type semblait deux fois plus âgé qu'elle, et pourtant il y avait quelque chose de naïf chez lui. Il était astucieux, mais il était si jeune à l'intérieur.

Il n'arrêtait pas de boire de la bière, et Nicole se levait de temps en temps pour donner le biberon au bébé de Sterling. Ruth Ann était à son travail : même si Ruth Ann et Sterling étaient séparés, ils vivaient quand même dans la même maison. Ils ne pouvaient pas se permettre autre chose.

Gary n'arrêtait pas de dire à Nicole qu'il avait envie de lui faire l'amour. Elle ne cessait de lui répéter qu'elle ne voulait pas commencer cette nuit-là. Il disait : « Je n'ai pas simplement envie de te sauter, je veux te faire l'amour. »

Au bout d'un moment, elle passa dans la salle de bains et lorsqu'elle ressortit, Sterling s'en allait. Ça lui fit un drôle d'effet. Sterling ne manifestait aucun signe d'être obligé de partir. Il n'avait pas du tout l'air d'avoir été mis dehors. Pourtant, elle se dit que Gary s'était peut-être montré un peu grossier. Très grossier, même. Avec toute cette bière, il commençait aussi à devenir un peu brutal. Mais maintenant qu'ils étaient tous les deux seuls, ça ne rimait pas à grand-chose de refuser. Au bout d'un moment, elle s'était déshabillée et ils avaient roulé par terre.

III

Il n'arrivait pas à bander. On aurait dit qu'il avait été frappé avec une hache mais il essayait de sourire. Il ne voulait pas s'arrêter pour se reposer. Il avait une demi-érection.

Il était lourd sur elle et n'arrêtait pas d'essayer. Au bout d'un moment il commença à s'excuser en disant qu'il avait dû boire trop de bière. Il lui demanda de l'aider. Nicole commença à faire ce qu'elle pouvait. Lorsqu'elle en fut presque à avoir des crampes dans le cou, il n'était toujours pas disposé à renoncer. Ça devenait épuisant et ça la rendit furieuse.

Elle lui dit qu'ils devraient laisser tomber un moment. Peut-être essayer plus tard. Il lui demanda alors avec douceur de se mettre sur lui. Il lui murmura à l'oreille qu'il aimerait qu'elle reste là pour toujours. Il lui demanda aussi si elle arriverait à dormir comme ça, sur lui. Ça lui ferait plaisir. Elle essaya un long moment. Elle lui dit qu'il devrait se reposer et ne pas s'inquiéter. Avec la chaleur, l'épuisement et le fait que ça ne marchait pas, elle éprouvait quand même de la tendresse pour lui. Elle en était étonnée, Elle était triste de le voir ivre et navrée qu'il s'énerve à ce point-là et peut-être bien qu'elle l'aurait aimé, mais en même temps elle était exaspérée de le sentir trop excité pour renoncer et s'endormir. Et il n'arrêtait pas de s'excuser. Il répétait que c'étaient la bière et le fiorinal. Il lui expliqua qu'il devait prendre du fiorinal tous les jours pour ses migraines.

Sterling frappa à la porte en demandant s'il pouvait revenir, et Gary lui dit d'aller se faire voir. Nicole dit à Gary que ça ne lui plaisait pas de le voir si grossier avec Sterling. Gary finit par jeter une couverture sur elle et par aller ouvrir le verrou afin que Sterling puisse entrer. Puis Gary revint, il se glissa sous la couverture et recommença à la harceler. Ça dura toute la nuit. Ils dormirent très peu.

Vers 6 heures du matin, Ruth Ann rentra de son travail à l'asile de vieillards. C'était un peu gênant pour Nicole, parce qu'elle savait que Ruth Ann n'avait pas très bonne opinion d'elle. D'un autre côté, ça lui donnait une excuse pour se lever, et c'était tout ce que demandait Nicole : elle avait envie d'être seule un moment.

Pourtant, avant de se séparer, elle lui donna son adresse. C'était vraiment un premier pas. Il n'arrêtait pas de lui demander si c'était bien sa véritable adresse. Lorsqu'elle lui répéta que oui, il annonça qu'il passerait la voir après son travail.

Et, bien sûr, il était là. Elle avait dû aller à l'épicerie et avait laissé un mot qui disait simplement : « Gary, je reviens dans quelques minutes. Fais comme chez toi. » Mais ce mot réussit à rester dans la maison tout le temps où ils furent ensemble. Elle le cachait, les gosses s'en emparaient et puis Gary retombait dessus.

Cet après-midi-là, lorsqu'elle rentra, il était déjà planté dans l'entrée, l'air crasseux. Il portait un pantalon comme ceux des employés du téléphone qui trimbalent des outils dans leurs poches. Il avait un T-shirt, était tout sale d'avoir travaillé, et pourtant Nicole se dit qu'il était superbe.

Le grand-père de Nicole, qui habitait le Canyon de Spanish Fork, vint un peu plus tard. Il ne fit que passer et se mit à lui lancer des coups d'œil en coin du genre : « Bon sang, tu remets ça, la Boulotte ? » C'était le surnom qu'il lui donnait quand elle était gosse. Son grand-père savait dans quelle situation elle était capable de se fourrer. Bien sûr, il pouvait aussi deviner quand elle avait envie que le type reste ; alors il ne s'attarda pas.

Gary semblait mal à l'aise d'être dans une maison qui n'était pas la sienne. Pendant qu'elle s'affairait avec les gosses, il sortit pour faire le tour de la maison. Plus tard, quand les choses se calmèrent, ils veillèrent très tard une fois de plus à bavarder, et ça la rendait mal à l'aise de sentir à quel point ce type était prêt à s'installer avec elle. Ça lui fichait vraiment la frousse. Nicole avait toujours considéré qu'en amour elle n'était jamais sincère. Ça pouvait commencer dans la sincérité, mais elle n'était pas très sûre d'avoir jamais été vraiment amoureuse d'un type. Elle s'intéressait aux garçons, elle avait eu des tas de béguins, dont certains assez durables. La plupart du temps, c'était parce que le type était beau gosse, ou qu'il lui faisait des choses agréables. Mais en regardant Gary, elle ne voyait pas seulement son visage et son air ; c'était plutôt que Nicole, pour la première fois, se sentait à sa place. Elle savourait chaque minute de sa présence.

Plus tard, elle ne se souvint plus de la façon dont ça s'était passé au lit la seconde nuit, et pourtant ç'avait été mieux. Il n'avait sans doute pas battu de record, mais au moins ça n'avait pas été la bagarre comme la première fois. Et puis les jours et les nuits commencèrent à se succéder. Pendant une semaine il vécut à peu près tout le temps avec elle, mais sans s'installer complètement.

IV

Pourtant, le week-end, il l'emmena faire la connaissance de Vern et Ida. Il avait l'air rudement fier. Elle aimait bien la façon dont il la présenta et dont il expliqua que le surnom de Jeremy, c'était Petit pois. Est-ce qu'ils n'avaient jamais entendu un meilleur surnom ? Personne ne fut surpris quand il annonça ; « Vern, j'ai décidé de partir pour vivre avec Nicole. » Ils savaient tous que c'était déjà réglé, mais on se rendait bien compte que ça lui faisait plaisir de le dire tout haut.

Vern réagit très bien. Gary, déclara-t-il, faisait ce qu'il voulait. Vern reconnut que, comme Nicole travaillait aussi, peut-être qu'à eux deux, avec les deux salaires, ils pourraient s'en tirer. En attendant, Gary pouvait se sentir libre de garder sa chambre. Ce n'était pas comme s'il était un pensionnaire qui habitait le sous-sol et payait son loyer toutes les semaines.

Cependant, quand elle vit sa chambre, Nicole trouva que c'était un trou à rat. Pas de tableau au mur, pas de lampe. Ça avait l'air d'un recoin dans un hôtel minable, et Gary n'avait que très peu d'affaires : un pantalon et quelques chemises dans ses tiroirs. Dans un dossier vert, un tas de photos de ses amis de prison. Elle comprenait mal pourquoi il l'avait emmenée dans sa chambre jusqu'au moment où il prit son chapeau pour le mettre sur sa tête, une sorte de chapeau insensé. Il se regarda dans la glace avec des airs de dandy. Puis il exhiba un autre chapeau avec des rayures bleues, blanches et rouges. C'est ce qui était le plus bizarre chez lui ; ces chapeaux absolument dingues qu'il trouvait élégants.

V

Sue Baker ne savait même pas que Gary voyait Nicole, encore moins qu'il vivait avec elle. Mais un jour, Nicole vint la voir en disant qu'elle avait décidé de prendre sa journée. Elle avait envie de bavarder avec Sue. Elles emmenèrent donc les gosses faire un pique-nique dans le parc. Ce fut là que Nicole lui raconta qu'elle n'avait jamais éprouvé pour personne les sentiments qu'elle avait pour Gary. Elle l'aimait.

Elle le connaissait depuis trois ou quatre nuits quand il s'était enivré, raconta Nicole, ivre au point qu'elle était furieuse contre lui. Mais là-dessus il s'était assis et avait dessiné un portrait d'elle. Jusque-là, il avait toujours dit combien il était bon en dessin et comment il raflait les prix dans les concours, mais elle ne l'avait jamais vu à l'œuvre. Elle ne l'avait pas cru. Elle avait souvent écouté des gars parler de ce qu'ils étaient capables de faire. Elle avait entendu bien des foutaises. Mais lorsqu'il fit ce portrait, c'était rudement bien. Il ne se contentait pas de crayonner : il faisait ça comme un véritable artiste.

Quand le moment vint de quitter le parc pour aller chercher Gary à son travail, il y avait une lumière dans les yeux de Nicole. Ça lui était venu juste à l'idée d'aller le chercher. Sue n'avait donc besoin de personne pour comprendre combien Nicole se sentait bien. Si Nicole était amoureuse à ce point-là, alors, même si sa première impression n'avait pas été bonne, Sue était prête à changer d'avis à propos de ce type.

Bien sûr, maintenant que Rikki et elle étaient séparés, Sue n'avait plus de moyen de transport. Elle accompagna donc Nicole à Lindon et, à vrai dire, pendant le trajet du retour, elle trouva Gary plutôt sympathique. Il était agréable. Il n'arrêtait pas de répéter comme il se sentait fier de s'être fait ramasser par deux créatures superbes.

C'était un compliment. Elle avait un gros ventre. Sue sortait encore de temps en temps et elle était même allée danser une fois, mais elle était grosse et c'était la faute de Rikki. Il avait commencé par se plaindre que son stérilet lui faisait mal, alors elle l'avait enlevé et il l'avait mise enceinte. Elle était la plus jeune d'une famille de dix enfants, la paria de la famille, et voilà que maintenant Rikki l'avait plaquée.

Sans les compliments de Gary à ce moment-là, Sue Baker aurait sombré dans le désespoir.

Seulement voilà que la chance avait tourné pour Nicole. Alors peut-être que ça se passerait pour elle aussi. Peut-être que quelque chose de formidable pouvait surgir dans votre vie.

Après avoir déposé Sue, Nicole montra à Gary un coussin qu'elle avait apporté. Pour être près de lui, Nicole s'asseyait toujours près du rebord du siège avant plutôt que sur la banquette elle-même, et ça n'était pas très confortable dans la Mustang avec ses deux sièges en baquet. Elle avait fini par avoir l'idée d'apporter un coussin. Non seulement c'était plus confortable, mais elle pouvait être assise plus haut et lui passer ainsi un bras autour du cou. Lui conduisait, sa main libre sur les genoux de Nicole.

Ce jour-là, lorsqu'ils s'arrêtèrent devant l'épicerie pour faire des courses, il ne descendit pas mais se mit à lui parler de sa mère. Il ne l'avait pas vue depuis longtemps, expliqua-t-il, elle était arthritique et pouvait à peine marcher. Gary s'interrompit, les larmes aux yeux. Nicole était très étonnée de le voir éprouver des sentiments aussi forts pour sa mère. Elle était stupéfaite de le voir pleurer. Elle l'aurait cru plus dur que cela. Sans rien dire elle se serra contre lui et passa la main sur la trace de ses larmes. En général, quand elle voyait des hommes pleurer, cela lui répugnait. Elle en avait eu des types qui pleuraient quand elle les quittait. Elle avait l'art de se débrancher quand ils se conduisaient ainsi. Elle trouvait que c'était une faiblesse que de pleurer sur une fille. Mais, Gary, elle ne le trouvait pas faible. Elle avait envie de faire quelque chose pour lui. Par exemple, elle aurait aimer claquer des doigts et que sa mère apparaisse.

Ils se mirent à parler de monter jusqu'à Portland pour aller lui faire une visite. Peut-être qu'ils pourraient mettre un peu d'argent de côté et faire le voyage dans sa voiture, ou peut-être que celle de Gary tiendrait pour le voyage. Puis ils se mirent à parler d'îles qu'ils pourraient louer pour quatre-vingt-dix-neuf ans. Gary dit qu'il ne savait pas grand-chose là-dessus mais qu'il allait se renseigner.

VI

Les jours de semaine il devait se lever de bonne heure, mais il en avait l'habitude. Elle trouvait que c'était vraiment chouette de l'avoir qui la serrait dans ses bras dans l'obscurité du petit matin en lui murmurant qu'il l'aimait. Ils dormaient nus tous les deux, mais il avait quand même besoin de poser les mains sur elle pour s'assurer qu'elle était là. Bien sûr, ça pouvait être un problème. Nicole n'aimait pas beaucoup l'embrasser à cette heure matinale. Lui ne fumait pas et il avait bonne haleine mais elle fumait beaucoup et à 5 heures et demie du matin, elle avait un goût affreux dans la bouche.

Bientôt elle se levait et allait dans la cuisine lui préparer des sandwiches et mettre la cafetière en marche. Elle avait un petit peignoir très court qu'elle portait parfois, ou bien elle circulait toute nue. Il s'asseyait et prenait son petit déjeuner avec toute une poignée de vitamines. C'était un maniaque des vitamines et il croyait que c'était bon pour donner de l'énergie. Bien sûr, s'il avait pas mal picolé après le travail, le matin il était fatigué. C'était un compagnon agréable quand même. Il restait assis avec elle à prendre son café aussi longtemps qu'il pouvait, sans cesser de la regarder. Il lui disait qu'elle était belle et ça la stupéfiait. Il n'avait jamais cru qu'une femme puisse être aussi fraîche et sentir aussi bon qu'elle. Nicole, d'ailleurs, était toute disposée à entendre tout ça, car elle aimait prendre des bains, et même si la maison ou les gosses avaient peut-être parfois l'air négligé, elle attachait beaucoup d'importance à être soignée de sa personne.

Sans maquillage, son visage était frais comme la rosée, lui dit-il. Elle était son lutin. Elle était ravissante. Au bout d'un moment, Nicole eut l'impression qu'il était tout à fait comme elle et qu'il avait du mal à comprendre ce qui se passait : ce sentiment d'avoir tout le temps près de soi quelque chose de magnifique.

Et puis, juste au moment où il allait partir, il se levait et s'enfermait vingt minutes dans la salle de bains. Nicole pensait qu'il se coiffait et qu'il faisait ses besoins. Ensuite, ils passaient cinq minutes sur le pas de la porte et de là, elle le regardait monter en voiture. Souvent il avait du mal à la faire démarrer. Parfois, après avoir passé ses jeans, elle sortait pour le pousser. Parfois, il était obligé de prendre sa voiture à elle. Ça dépendait quelle Mustang avait le plus d'essence. Il y avait des jours où ils étaient rudement fauchés.

Pourtant, elle ne regrettait pas d'avoir quitté son travail. Après le jour où elle avait fait l'école buissonnière pour aller en pique-nique avec Sue, elle avait compris qu'elle n'allait pas continuer à travailler. Elle avait besoin de temps pour penser. C'était difficile d'être sérieuse devant une machine à coudre quand on voulait tout le temps rêver de son homme. D'ailleurs, ils avaient sa paye à lui et ses allocations familiales à elle et Gary était plutôt content qu'elle ait plaqué l'atelier.

Pendant qu'il n'était pas là, elle traînait, elle faisait le ménage, elle faisait manger les gosses. Elle travaillait beaucoup dans le jardin et buvait du café. Ça lui arrivait de s'asseoir et de boire du café pendant deux heures en pensant à Gary. De rester assise là en souriant toute seule. Elle se sentait si bien qu'elle n'arrivait pas à croire certaines des choses qu'elle éprouvait. Souvent, elle s'en allait en voiture lui porter son déjeuner rien que pour être avec lui et il venait s'asseoir à côté d'elle.

Elle se mit à aller voir sa mère assez souvent parce que la maison de Kathryne n'était pas loin de là où il travaillait. Nicole pouvait prendre le café avec Kathryne et puis lui laisser les gosses et être seule avec Gary. Elle aimait vraiment ces moments-là. Elle revenait passer une heure avec sa mère, puis rentrait à Spanish Fork pour ranger la maison et attendre. C'était la première fois de sa vie qu'elle avait l'impression d'être une riche oisive.

Un dimanche, pendant qu'elle bêchait dans son jardin, Gary grava leurs noms sur le pommier. Il fit ça avec un couteau de poche, c'était joli, bien net : GARY AIME NICOLE. Personne n'avait jamais fait ça auparavant.

Le lendemain, elle avait beaucoup de choses à faire et elle avait envie de rentrer. Quand elle fut arrivée à la maison, elle commença par nettoyer la voiture de Gary, puis elle monta dans l'arbre plus haut que là où il était allé et elle grava dans le tronc : NICOLE AIME GARY. Elle s'installa dans la maison juste à temps pour l'accueillir.

Il sortit dans la cour avec une canette de bière et elle lui dit de regarder le pommier. Comme il ne voyait rien, elle finit par devoir le lui montrer. Alors il se montra heureux comme un gosse et dit qu'elle avait fait son inscription bien mieux que lui. Il lui déclara que c'était un magnifique cœur qu'elle avait gravé autour de leurs noms.

VII

Peut-être une semaine après que Gary fut venu vivre avec elle, elle trouva dans ses affaires un grand dossier jaune avec un tas de papiers à propos d'une discussion qu'il avait eue avec un dentiste de la prison. Tout ça était tapé en argot de prison et ça lui parut si drôle qu'elle resta là à rire toute seule. Tous ces grands mots à propos d'un jeu de fausses dents. Mais quand elle le raconta à Gary, il ne fut pas content. Il n'avait jamais dit qu'il avait de fausses dents. Il était fou de rage qu'elle ait découvert ça.

Bien sûr, ça n'était pas du nouveau pour elle. Elle s'en était aperçue la première nuit. Elle avait déjà vécu avec un type qui avait un dentier et elle savait la sensation qu'on éprouvait. On pouvait toujours deviner, quand on embrassait un homme, parce qu'ils ne voulaient jamais qu'on leur mette la langue dans la bouche, alors qu'ils étaient toujours prêts à vous fourrer la leur dans la vôtre. Elle alla même jusqu'à le taquiner à propos de son dentier mais il prit ça plutôt mal. Il changea aussi brusquement que passait une pièce de la lumière à l'obscurité. Elle continua à le taquiner, pour lui faire comprendre que ça ne la gênait pas. Elle n'avait aucune envie de le comparer aux autres, ni de le classer dans une catégorie ou dans une autre. Elle était prête à le prendre tel qu'il était.

Chaque jour, elle n'arrêtait pas de constater que certaines des petites choses qu'il faisait lui procuraient un plaisir surprenant. Par exemple, il ne fumait pas, et pourtant quand il la voyait qui s'en roulait une, il rapportait à la maison une cartouche de cigarettes. C'était agréable, ces petites attentions.

Le soir, il restait assis à boire de la bière, et ils n'avaient jamais assez de temps ensemble. Elle pouvait être aussi sincère qu'elle le voulait et lui raconter n'importe quoi à propos de son passé.

Il écoutait. Il enregistrait tout ce qu'elle pensait avoir à lui dire. Si, venant d'un autre, une attention aussi constante avait pu l'écœurer, cette fois ça ne gênait pas du tout Nicole. Elle étudiait Gary de la même façon.

Tout ce qu'elle voulait, c'était passer davantage de temps avec lui. Elle avait toujours apprécié chaque minute qu'elle avait pour elle-même, mais maintenant elle était impatiente de le voir revenir. Quand 5 heures sonnaient et qu'il était là, ça lui remplissait sa journée. Elle adorait lui ouvrir sa première boîte de bière.

Quelquefois, quand le soir venait il prenait sa carabine et, dans la cour, ils tiraient sur des bouteilles et sur des boîtes de bière jusqu'au moment où on ne pouvait plus dire quand on faisait mouche, sauf au bruit du ricochet ou au tintement du verre. La nuit tombait lentement. C'était comme si on respirait l'une après l'autre les roses d'un buisson. L'air, à cette heure-là, était bon comme de la marijuana.

Ces premiers soirs, s'ils restaient à la maison, il y avait toujours les gosses. Leur baby-sitter était une fille du nom de Laurel, une adolescente qui avait un tas de petits cousins et ils venaient avec elle. Parfois, quand Gary et Nicole revenaient d'une promenade, tous ces gosses étaient encore là et il jouait avec eux. Il les prenait sur son dos. Ils se mettaient debout sur ses épaules et touchaient le plafond avec leurs mains. Il aimait bien jouer avec ceux qui avaient le courage de traverser toute la pièce ainsi perchés. Ils étaient en adoration devant lui.

Mais souvent, sitôt qu'il rentrait, ils faisaient venir Laurel et s'en allaient faire un tour tous les deux.

En général, ils allaient dîner dans un restaurant où on n'avait pas besoin de descendre de voiture. Deux ou trois fois il l'emmena au Stork Club pour jouer au billard. Il y avait des après-midi où, juste après son travail, ils s'en allaient au centre commercial choisir pour elle des dessous affriolants ou bien acheter de la bière et des cigarettes pour le cinéma en plein air.

Ils étaient à peine garés qu'il voulait qu'elle se déshabille. Et puis ils faisaient l'amour à l'avant de la voiture. Gary adorait la voir nue. Il n'arrivait pas à se faire à l'idée qu'il tenait une femme nue dans ses bras.

Un jour, en regardant *Peter Pan*, ils allèrent s'asseoir sur le coffre, dos à dos. Elle était nue. La Mustang était garée sur l'extérieur, mais il y avait d'autres voitures à côté et elle était nue comme un ver. Dieu, que c'était bon. Après toutes ces années de prison, Gary était fou de la voir aller et venir avec le derrière à l'air et les nichons qui tressautaient. Elle pigea vite qu'il aimait bien la voir toute nue. Il la menait par le bout du doigt et ça ne la gênait pas du tout.

Pourtant, ça ne le rendait pas arrogant. Il était si touchant quand il lui demandait de faire quelque chose. Un soir, elle se déshabilla même sur les marches de la Première Église Mormone, dans le parc de Provo, presque en plein centre de la ville. Il était tard. Ils restèrent assis là, sur les marches, les vêtements de Nicole jonchant l'herbe. Puis elle fit quelques petits pas de danse et Gary se mit à chanter un peu comme Johnny Cash, mais pas aussi bien, à moins qu'on ne soit amoureuse de Gary, et il chanta « Stupéfiante Grâce » :

À travers bien des dangers, des épreuves et des pièges,
Que nous avons déjà connus,
C'est la Grâce qui nous a menés jusqu'ici,
Et c'est la Grâce qui nous guidera encore…

Elle était assise toute nue à côté de lui, à 2 heures du matin, par une chaude nuit de printemps, avec la chaleur qui arrivait du désert au lieu du froid qui descendait des montagnes.

Cette nuit-là, très tard, quand ils se retrouvèrent au lit, ils firent vraiment l'amour. Juste au moment où ça marchait bien, il dit qu'il allait poser ses grosses pattes sur son cul doux et tiède et qu'il allait lui souffler dans l'âme. Et là-dessus elle jouit avec lui, elle jouit vraiment pour la première fois.

Le matin, elle s'installa pour lui écrire une lettre où elle disait qu'elle l'aimait bien et qu'elle ne voulait pas que ça s'arrête. C'était une courte lettre et elle la laissa à côté de ses vitamines. Il ne répondit pas après l'avoir lue, mais un soir ou deux plus tard, ils passaient auprès de la même église non loin de Center Street, et ils virent une étoile filante. Ils firent tous les deux un vœu. Il lui demanda ce que pouvait bien être le sien, mais elle ne voulait pas lui dire. Puis elle lui avoua avoir souhaité que son amour pour lui soit constant et éternel. Il lui dit qu'il espérait qu'aucune tragédie inutile ne s'abattrait jamais sur eux. Là-dessus, toute une pluie de souvenirs déferla sur Nicole comme quand on tombe dans un rêve.

5. Nicole et oncle Lee

I

Un jour, comme Gary lui demandait si elle se rappelait la première fois où elle avait couché avec quelqu'un, Nicole réfléchit avant de répondre et dit : « Vaguement.

— Vaguement ? demanda Gary. Comment ça, vaguement ?

— Ça n'était pas bien extraordinaire, dit Nicole. Je n'avais que onze ou douze ans. »

Bien sûr, elle ne lui raconta pas toutes ses histoires à la fois. Elle commença par des détails charmants, comme son expérience avec un raton laveur apprivoisé quand elle avait six ans. Elle allait à l'école à pied avec le petit animal sur son épaule et trouvait que c'était formidable.

Elle faisait souvent l'école buissonnière, lui confia-t-elle. Parfois, elle montait sur la colline qui dominait l'école, s'asseyait au milieu des pins et regardait tous ces petits idiots en classe. Un jour, Nicole voulut faire la mariole et, au lieu de rester dans les bois, alla se promener sur la route. Juste à ce moment-là sa mère déboucha du virage. Nicole était coincée. Elle se souvenait de sa mère lui disant : « Bon, ma fille. Monte dans la voiture. »

Ou bien la fois où sa mère lui avait coupé les cheveux si court qu'on voyait la peau du crâne derrière ses oreilles. Les gens croyaient qu'elle était un garçon. Un jour, dans la cour de récréation, des gosses le lui dirent, et elle leur prouva que ça n'était pas le cas.

Gary se mit à rire. Ça accéléra les choses.

Elle se rappelait, quand elle avait dix ou onze ans, avoir écrit une lettre pornographique à un très vilain petit garçon qui parlait très mal. Aujourd'hui, elle ne se souvenait plus pourquoi elle l'avait écrite, mais seulement que, après l'avoir terminée, elle y avait jeté un coup d'œil et l'avait déchirée. Kathryne l'avait repêchée dans la poubelle et l'avait recollée. Sa mère lui avait dit alors combien elle était horrible. D'autant plus qu'elle avait écrit : « Bon, puisque tu en parles tant, faisons-le. »

Il y avait des moments où Nicole trouvait sa mère très intelligente, car Kathryne savait deviner ce que les autres pensaient. Nicole était persuadée que Kathryne n'écoutait pas beaucoup les rumeurs de son âme, mais elle était drôlement à l'affût de celles des autres. Si on vivait avec elle assez longtemps, on n'avait qu'à penser à quelque chose et sa mère se mettait à en parler. Ça vous mettait dans tous vos états. Kathryne était un petit bout de femme, mais elle disait à son grand et bel homme de mari, avec sa grande moustache noire, qu'il n'était qu'un va-de-la-gueule. Elle lui disait qu'il aille sauter la pépée qu'il venait de quitter. Quand Charley rentrait de son travail, tard en général, parce qu'il s'était arrêté pour s'en jeter quelques-uns dans un bar, ce n'était pas qu'il titubait ou qu'il avait l'élocution pâteuse, mais il avait un demi-sourire à la Clark Gable, et Nicole devinait qu'il se sentait bien. Kathryne entreprenait alors de le mettre en condition. Elle n'était pas près de lui pardonner.

Un jour Kathryne le surprit descendant l'escalier d'un motel. Il avait une nana au premier étage. Kathryne avait le pistolet d'ordonnance de Charley et menaça de l'abattre, mais elle n'en fit rien. À son tour, le père de Nicole accusait toujours Kathryne, sa pauvre mère, d'adultère ! Charley Baker était le premier homme qu'elle avait connu et elle n'en avait jamais eu d'autres. Ça n'arrêtait pas son père. Un soir il rentra tard, il n'y avait personne et il crut que Kathryne l'avait quitté pour toujours et était allée s'installer chez un homme avec les gosses. En fait, elle avait simplement emmené les enfants à un cinéma en plein air. Lorsque la famille rentra, Charley ne voulut pas y croire. Les gosses durent s'enfuir de la maison en courant pour se réfugier dans la voiture et quand leur mère les rejoignit pour s'en aller, Charley essaya de monter en marche au moment où ils démarraient et se cassa la jambe. Ça se passait quand Nicole avait sept ans et son père vingt-cinq.

Il y avait toujours des scènes à propos de l'argent. L'argument de sa mère, c'était qu'il était radin comme tout pour sa famille et qu'il claquait son argent à acheter des fusils de chasse ou à boire avec ses copains de l'armée. Nicole se rappelait l'époque où elle avait dix ans et où son père était au Viêt-nam. Sa mère s'inquiétait à l'idée qu'il se fasse tuer, et quelquefois, on l'entendait pleurer tard le soir.

II

Lorsque Gary annonça qu'il aimerait faire la connaissance de sa mère, Nicole ne lui parla pas de sa dernière conversation avec Kathryne. Sa mère avait dit que le nouveau petit ami de sa fille était un peu âgé. Et puis, il y avait le fait qu'il était allé en prison. Ça avait sûrement été une bonne influence !

« J'irai, dit Nicole, avec qui bon me semble. »

Pourtant, lorsque l'entrevue eut lieu, il ne se passa rien. Gary se montra poli et resta planté contre le buffet avec Jeremy dans ses bras. Il regardait tout le monde, écoutait tout et ne faisait aucun commentaire. On aurait dit qu'il avait été remonté pour garder cette position-là. « Ravi de vous avoir rencontrée », dit-il à Kathryne en partant, et Nicole se rendit compte qu'il laissait derrière lui une impression de malaise.

Elle attachait plus d'importance à ce que les gens pouvaient faire à Gary. Il était raide comme un garçon de quatorze ans avec les gens qu'il ne fallait pas. Elle comprenait. Elle savait ce que c'était que d'être en prison. Elle avait l'impression d'y avoir vécu aussi. La prison, c'était avoir envie de respirer quand quelqu'un vous pinçait le nez. Dès que l'on était libéré, l'air vous rendait fou. La prison, c'était se marier trop jeune et avoir des gosses.

Elle ne se rappelait pas toujours quelles histoires elle lui avait racontées. C'était aussi bien. Certaines d'entre elles n'étaient pas très jolies. Pourtant, en général, elle avait l'impression que ses pensées à elle entraient dans la tête de Gary à l'aide seulement de quelques mots. Avant même de s'en rendre compte, elle lui en disait de plus en plus. Il écoutait sans s'énerver. C'était ça l'important.

Lorsqu'elle avait huit ou neuf ans, elle se trouvait encore laide, comme un petit oiseau maladroit. Et puis, tout d'un coup, elle s'était épanouie. En sixième, elle avait les plus gros nichons de sa classe. Il y avait même eu une époque où elle avait les plus gros nichons de l'école. Elle n'avait pas à rechercher l'attention : ça venait tout seul. On l'appelait Caoutchouc mou.

Avant l'âge de onze ans, elle refusait de se laisser enfiler. Pourtant, elle aimait bien se déshabiller et se laisser regarder. Et puis elle laissait les garçons la toucher. Elle aimait bien attirer l'attention des plus jolis garçons. C'était parce qu'elle avait toujours l'impression qu'on ne la recherchait pas. On ne l'invitait pas beaucoup. Les filles des bonnes familles mormones qui allaient à l'école le dimanche la méprisaient beaucoup.

Dans sa première année de lycée, elle se lia d'amitié avec les plus mauvais numéros. Certains étaient les pires faiseurs d'histoires et d'autres étaient simplement les plus moches. Elle volait beaucoup, surtout dans les vestiaires des autres. Même quand elle ne se faisait pas prendre, on la soupçonnait toujours et elle avait mauvaise cote. Pourtant, personne ne s'intéressait assez à elle pour vouloir qu'elle s'améliore. Elle avait le sentiment que si elle devenait une bonne fille, qu'elle allait à l'église et qu'elle avait de bonnes notes, personne ne s'en apercevrait.

Et puis on la mit à l'asile de fous à treize ans. Il y avait une dame un peu zinzin qu'on l'avait envoyée consulter et la dame l'avait persuadée d'y aller. On lui avait dit qu'elle n'y passerait que deux semaines, mais lorsqu'elle eut tout raconté sur oncle Lee, elle y resta sept mois.

Depuis l'époque où elle avait commencé à aller en classe, il y avait un ami de son père à l'armée qui habitait avec eux. Son père disait que c'était son copain. Les gosses l'appelaient oncle Lee bien qu'il ne fût pas leur oncle ni le moins du monde parent, mais son père le considérait comme bien plus proche de lui que ses propres frères. Il ressemblait même un peu à Charley Baker. Lorsqu'ils sortaient ensemble, on aurait dit Elvis Presley se promenant dans la rue avec Elvis Presley.

Oncle Lee était mort maintenant, mais il avait vécu avec eux plus ou moins régulièrement depuis l'époque où elle avait six ans, et Nicole en voulait toujours à sa mère et à son père d'avoir gardé oncle Lee, parce qu'on pouvait dire qu'il lui avait bousillé sa vie. Elle était même persuadée qu'elle était devenue une traînée à cause de lui.

Lorsque son père travaillait la nuit à la base, que sa mère rentrait tard du travail et que son frère dormait, Lee commençait. Quand la soirée était avancée et que sa mère et son père étaient sortis, Nicole savait ce qui l'attendait. Elle commençait à se sentir nerveuse en attendant que Lee sorte de son bain. Peu après, assis dans la salle de séjour tout seul avec elle, il ouvrait son peignoir et lui demandait de jouer. Il appelait ça frotte-pipi.

Avec les lumières éteintes, elle ne savait jamais s'il s'agissait seulement de toucher, ou ce qu'il lui demandait d'embrasser. Au bout d'un moment, ça ne lui parut même plus extraordinaire, et quand il demandait : « C'est bon ? » elle répondait « oui » poliment.

Nicole avait douze ans lorsqu'elle lui dit qu'il ne pouvait plus l'obliger à faire ça. Elle dormait à côté d'April quand Lee vint la réveiller. Nicole croyait qu'April ne dormait pas, alors elle lui dit non. Là-dessus, Lee dit qu'il l'avait surprise dans la salle de bains. Il donna des détails en disant qu'il l'avait vue se masturber un peu. Il dit : « Tu as l'esprit si libre, tu peux bien le faire avec moi. » Elle répondit : « Ça m'est égal ce que tu as vu, tu peux le raconter à tout le monde. » Peu de temps après, il partit pour le Viêt-nam où il fut tué. Nicole se demandait toujours si elle ne l'avait pas maudit, parce qu'elle avait plutôt de mauvaises pensées à propos de Lee.

Elle ne raconta jamais à personne de la famille ce qu'il avait fait. Elle avait peur qu'on ne la croie pas. Pourtant, aujourd'hui, ils avaient l'air au courant. Peut-être la charmante dame qui l'avait expédiée à l'asile était-elle allée le leur raconter.

Gary resta silencieux un long moment. « Ton vieux, dit-il, il faudrait le descendre.

— Tu es sûr que tu veux entendre tout ça ? demanda-t-elle.

— Bien sûr », fit-il en acquiesçant de la tête.

Alors elle se mit à lui parler de l'asile et de son premier mariage. Et elle ne cacha rien de l'orgie entre les deux. Sinon, ç'aurait été trop compliqué de lui expliquer qu'elle avait rencontré son second mari avant le premier.

III

En réalité, c'était à moitié un asile et à moitié une maison de correction. Une sorte de pension pour jeunes. Ça n'était pas si mal que ça, sauf que Nicole était tout le temps furieuse parce que c'était ridicule d'être ainsi enfermée. Pourquoi me gardent-ils ici, se demandait-elle, puisque je ne suis pas dingue ? Ça devenait silencieux la nuit, et elle se sentait tout esseulée quand quelqu'un se mettait à hurler.

La première fois qu'on la laissa rentrer chez elle pour une visite, elle dut descendre chez sa grand-mère et des types qui habitaient à côté lui demandèrent si elle voulait rigoler un peu. Elle se glissa en douce chez eux pendant quelques jours et eut des pépins pour avoir prolongé indûment sa permission. On la surveilla de si près, quand elle revint à l'hôpital, qu'il lui fallut six mois avant de pouvoir refaire le mur.

Une fois, il y avait de garde à la porte une vieille dame complètement abrutie et Nicole parvint à passer devant elle. Elle fila dans le champ, escalada deux clôtures, traversa quelques cours, trouva une route et alla en stop jusqu'à la maison de Rikki et de Sue où elle resta quelques jours. Puis elle se mit à sortir avec le type qui devint son premier mari, Jim Hampton. Il prétendait être amoureux et dès leur premier rendez-vous voulait l'épouser. Elle trouvait que c'était un grand benêt pas mûr du tout. Pourtant, chaque jour qu'elle passa en absence illégale, Nicole fut avec lui. Elle était toute fière de lui être supérieure.

Puis son père découvrit où elle était et vint la trouver. Il n'était pas en colère, ni rien. Il trouvait que ça n'était pas mal de s'être enfuie de l'asile. Il lui conseilla de se marier.

Nicole eut toujours l'impression que cette fois-là elle s'était fait remorquer. C'était une formule qu'ils utilisaient à l'asile quand on se laissait entraîner dans un mariage par des gens plus forts que soi : remorquer. Nicole comprenait très bien que ses parents avaient envie de se débarrasser d'elle.

D'un autre côté, même si elle n'aimait pas beaucoup la personnalité de Hampton, si elle n'était guère impressionnée, par son intelligence, elle le trouvait rudement beau gosse. Et puis son père n'arrêtait pas de lui dire que si elle était mariée, elle n'aurait pas à retourner chez les dingues. Là-dessus, Hampton demanda la permission à Charley et son père se contenta de dire « Allons-y. » Sans jamais demander son avis à Nicole.

Il monta dans la voiture avec Jim Hampton comme si c'étaient de vieux copains – son père n'avait pas trente ans et Jim un peu plus de vingt – il la fourra sur la banquette arrière et la voiture démarra. Nicole savait fichtrement bien qu'elle ne gagnait aucune liberté en épousant Jim Hampton. Ils roulèrent, les deux hommes picolant à l'avant, et Nicole se dit que, puisqu'elle était coincée, autant jouer le jeu.

Assise sur la banquette arrière, Nicole se rappela une fois où elle avait douze ans et où son père l'avait emmenée dans un bar. Elle croyait qu'il voulait l'exhiber, mais elle s'aperçut bientôt qu'il avait là une petite amie qu'il voulait lui montrer et qu'il savait qu'elle ne dirait rien à sa mère. Seulement, devant la porte, elle s'arrêta, ENTRÉE INTERDITE AUX MINEURS DE MOINS DE VINGT ET UN ANS pouvait-on lire.

Son père lui désigna le deux et puis le un et il dit : « Ça dit personne au-dessous de douze ans. Tu es assez grande. » Elle n'était jamais tout à fait sûre quand elle lisait les chiffres à l'envers et elle crut ce jour-là que vingt et un c'était douze.

Maintenant qu'elle avait quatorze ans, elle avait du mal à s'empêcher d'en rire.

On pouvait dire que ça faisait un spectacle de voir Charley boire avec Hampton. En fait, son père ressemblait un peu à son futur mari. Elle se mit à penser qu'ils ressemblaient tous les deux à oncle Lee, le salaud.

Enfin, le trajet ne fut pas trop catastrophique. Ils passèrent prendre une amie de Nicole du nom de Cheryl Kumer, et elle les accompagna jusqu'à Elko, dans le Nevada, où Nicole et Jim Hampton se marièrent.

Jim n'était jamais brutal avec elle, mais plutôt gentil et la traitait comme une poupée précieuse. Il disait toujours à ceux de ses amis qui n'étaient pas mariés : « Eh, regardez ce que j'ai. Vous voyez ? » Il n'avait pas de travail, alors ils vivaient sur son chômage. Il ne voulait pas aller travailler, mais il savait comment utiliser une lime à ongles sur les distributeurs de Coca. Même si elle n'était pas enthousiasmée à l'idée de vivre sur des pièces de dix et de vingt-cinq cents, Nicole trouvait qu'ils s'amusaient bien.

Au bout de quelques mois, elle lui était toujours fidèle, ce qui n'était pas mal. Elle essayait de se débarrasser de ses blocages sexuels. Ça allait de trop à trop peu. En ce temps-là, elle n'arrivait jamais à jouir, mais elle savait que ce n'était pas du tout la faute de Hampton. En dehors donc du lit, elle avait un autre gros secret dans son passé dont elle n'avait jamais parlé à Hampton. Ça s'était passé la première fois qu'elle avait quitté l'asile avec une permission pour le week-end et où elle était restée à faire la fête pendant deux jours et deux nuits. C'était même des mois avant qu'elle ait rencontré Hampton.

Le type qui l'avait persuadée de filer de chez sa grand-mère, et de venir, avait à peu près vingt-huit ans, il y avait de l'alcool et de quoi fumer. Elle l'aimait vraiment bien, ce mec. Il la dorlotait, il était plein d'attentions. Quand ils faisaient l'amour, ça la laissait tout amollie. Et puis il dit à ses copains qu'il y avait un beau petit morceau dans la chambre, qu'ils devraient aller lui faire la conversation. Nicole était vraiment mordue pour ce type, même quand il commença à faire des allusions en disant que ce serait gentil pour lui si elle voulait bien coucher avec ses amis, comme ça.

Nicole éprouvait un tas de choses pendant que ça se passait. Elle se donnait du recul pour s'observer. C'était une façon de réfléchir. De réfléchir au problème.

Au fond, elle était fière. Même si, dans une certaine mesure, les types la baisaient jusqu'à plus soif, c'était quand même le genre de soirée où ses amies étaient trop dégonflées pour s'y rendre. C'était excitant. Alors, elle se laissa aller et finit par se taper à peu près tous les types de la maison. Elle passa là peut-être trois jours. Sans jamais sortir.

Au milieu de tout ça, elle rencontra Barrett pour la première fois. Il entra dans la chambre, un petit type maigrichon qu'elle n'avait jamais vu. Elle était là toute seule au lit, le second jour, avec l'impression d'avoir de la place, et il entra et lui parla depuis le couloir. Il dit : « Tu sais, tu n'as pas besoin de faire ça. Tu vaux mieux que ça. Oui, reprit-il, tu n'as pas besoin de tout bousiller. » Ce fut son premier souvenir de son second mari, Jim Barrett. Il ne resta là que quelques minutes, mais elle n'oublia jamais l'expression qu'il avait alors.

Elle ne revit Barrett qu'un mois plus tard, lorsqu'elle se retrouva à l'asile et qu'on l'y expédia lui aussi. Il n'était pas fou le moins du monde. Toutefois, il avait déserté de l'armée, alors son père avait signé des papiers pour le faire enfermer. Mieux valait l'asile que la prison militaire. Le père de Barrett avait été dans la police montée, lui raconta-t-il, avant de devenir agent d'assurances, alors pour les autorités, il fallait que le fils ait l'air dingue.

Ce fut à l'asile qu'elle tomba vraiment amoureuse de Barrett. Ils étaient presque pareils tous les deux. Il avait l'air si astucieux, si sincèrement gentil, un vrai chou. Tout sourire et toute douceur, avec bottes de cow-boy, pantalon de marin, chemise cintrée, bien coiffé, bien soigné, et haut comme trois pommes. Et puis on le reprit dans l'armée et elle n'entendit plus parler de lui pendant une éternité. Alors elle se fit la malle et épousa l'autre, Jim Hampton.

Des mois plus tard, Barrett réapparut. Il l'attendait dans le parking du supermarché. Ils étaient si heureux de se revoir. Comment avait-elle pu se marier ? Est-ce qu'elle ne l'aimait pas ? Est-ce qu'ils n'avaient pas parlé de vivre dans une maison à eux où personne ne pourrait les embêter ? Si elle était heureuse avec le type qu'elle avait épousé, alors, lui, Barrett, s'inclinerait. Il l'aimait assez pour lui souhaiter d'être heureuse et d'avoir de la chance. Mais si ce n'était pas le cas… Il fit un très joli numéro. Au bout d'une demi-heure, dans son cœur elle dit adieu à Hampton et s'enfuit avec Barrett.

IV

Ils partirent pour Denver. Ce fut un voyage froid. Ils allèrent passer une semaine chez un ami de Barrett, puis revinrent dans l'Utah et s'installèrent chez ses parents à lui. Nicole essayait tout le temps de dire Jim, mais c'était aussi le prénom de Hampton, alors elle était plus à l'aise en l'appelant Barrett.

Mais, lorsqu'ils revinrent dans l'Utah, Marie Barrett, sa mère, se montra tout à fait charmante et les accepta sans réserve. Sauf qu'elle ne voulait pas les laisser dormir chez elle. « Mariez-vous si vous voulez rester ici. » C'était là où elle tirait un trait. Nicole s'en fichait. Les moments les plus heureux qu'elle avait connus dans sa vie, c'était lorsqu'elle s'était enfuie et qu'elle avait dormi dans un verger, alors ça lui était égal de passer ses nuits sur la banquette arrière d'une Volkswagen. C'était Barrett qui se sentait exposé dans la rue. Il apprit par son père que, pendant qu'ils étaient à Denver, Jim Hampton les cherchait avec Charley Baker. Nicole trouva que c'était stupide, que Hampton et son père n'avaient qu'à se mêler de leurs oignons, mais, comme Barrett l'expliqua à Nicole, il n'était pas de taille à envisager une confrontation physique. Ils se trouvèrent donc une meilleure cachette.

Ils découvrirent un minable petit appartement dans la grand-rue de Lehi. L'escalier qui menait jusqu'à leur porte était vraiment moche, encombré par des pochards sortis en trébuchant du bar en bas. Au bout de la rue, c'était le désert et le vent s'engouffrait dedans en sifflant. Leur fenêtre donnait sur cette rue-là. Nicole pouvait s'installer là et regarder son père entrer dans le bar.

Et puis un beau jour, Charley se présenta à la porte. Tout le monde avait cherché, mais il avait fallu le père de Nicole pour découvrir qu'ils étaient non seulement dans l'État, non seulement dans la ville, mais, en fait, juste au-dessus de son bistrot favori. Son père entra, la gratifia de son petit sourire merdique et lui demanda comment elle allait. Barrett arriva et Charley dit : « Mon garçon, je m'en vais vous couper les couilles. Je m'en vais vous les arracher. » On aurait dit Clark Gable. Barrett dit quelque chose d'anodin dans le genre : « Si on en parlait d'abord ? » Puis il expliqua au père de Nicole qu'il n'était pas un mauvais bougre et qu'il aimait beaucoup Nicole. Nicole se contentait de regarder Charley droit dans les yeux. Barrett n'avait pas terminé que Charley s'effondra et rentra chez lui paisiblement. Elle n'en croyait pas ses yeux.

Deux jours plus tard, les flics arrivèrent et embarquèrent Barrett pour conduite inconvenante. C'est le mot qu'ils utilisèrent pour le pauvre Jim : conduite inconvenante. Elle se dit que sa mère avait dû être mise au courant par son père et qu'elle l'avait dénoncée. En tout cas, le type qui fournissait de la drogue à Barrett pour la revendre, vint le faire sortir sous caution. Ce fut alors le tour de Nicole. Elle craqua. Barrett et elle étaient assis un soir dans la camionnette d'un ami, en train de bavarder.

Le lendemain se passa en pleine euphorie mais le lendemain soir ils prirent tous une nouvelle dose. Nicole piqua une crise. Ils étaient garés dans Center Street, à Provo, avec la radio qui marchait, et voilà qu'on passa le disque d'un de leurs chanteurs favoris. Tout d'un coup, ce fut du délire dans la camionnette. Boum ! Nicole se sentit descendre sur la route en courant. Jim la poursuivit, la rattrapa, la ramena, mais lui-même était aussi dans les vaps. Nicole hurlait et vociférait. Barrett l'emmena à l'hôpital, mais même là-bas, impossible de la calmer. Elle se mit à courir partout en disant aux infirmières qu'elles étaient moches. Elle voyait des lions et des tigres. Alors on l'emmena à l'Asile des Jeunes.

Kathryne refusa de la laisser sortir. Elle dit à Barrett que s'il voulait épouser Nicole, il devait d'abord payer les frais d'hôpital. Sinon, on l'enverrait en maison de correction. Barrett dut dire à ses parents : « Laissez-moi l'épouser. C'est tout ce que j'ai jamais voulu », et il les persuada de verser les cent quatre-vingts dollars dont il avait besoin.

La mère de Nicole lui offrit une robe noire pour se marier. Elle était courte et fendue sur les côtés. Ça donna un coup à Nicole. Elle ne trouvait pas convenable de se marier en robe noire à quinze ans. Elle ne dit rien à sa mère, mais Nicole était ennuyée que personne ne prenne même une photo de la cérémonie. Elle n'arrêtait pas de se dire qu'il devait bien y avoir un appareil photo quelque part, qu'ils auraient peut-être envie de prendre une photo de leur mariage. Personne ne prit un seul cliché. Deux semaines plus tard, la famille de Nicole s'en alla : Charley et Kathryne partirent avec les gosses pour son nouveau poste à Midway.

Quand elle vivait avec Barrett, côté sexe, c'était à peu près la même chose qu'avec Hampton. En ce temps-là, c'était une novice. Ça ne lui faisait pas autant d'effet qu'elle voulait bien le dire. Par exemple, il lui fallut tout un mois de mariage avant de jouir. Bien sûr, à peine commençait-elle avec Barrett qu'elle repensait à cette première fois avec oncle Lee. En fait, chaque fois qu'avec Jim ils faisaient l'amour trop longtemps et qu'elle se sentait endolorie et irritée, ou qu'elle avait les seins meurtris à force d'être malmenés, ça lui faisait la même impression que lorsqu'elle était enfant. Malgré ça, elle était folle de Barrett. Il était gentil et pour elle c'était une âme sœur. Ils jurèrent d'être pauvres mais heureux durant toute leur vie conjugale.

Au début, pourtant, ils n'arrivaient pas à être si heureux que ça. Barrett avait un gros souci qui pesait sur lui. Il finit par s'en aller décharger son cœur auprès de son père, très théâtral, comme dans un feuilleton de télé. Le père de Barrett, qui était un ancien flic, eut tendance à le croire. « Écoute, lui dit Jim, il y a des types qui m'ont fourni un peu de came et j'ai tout claqué. Maintenant, je ne peux pas les payer. Ils me tombent dessus. Il faut que je quitte la ville. » Grâce à cela, il persuada son père de lui trouver une camionnette d'occasion, il installa un matelas à l'arrière et partit. Ce ne fut que bien plus tard que

Nicole comprit que Barrett avait raconté des craques à son père et qu'il n'était pas dans un tel pétrin.

Ils se retrouvèrent à San Diego dans un vieil hôtel en planches qui s'appelait *Le Commodore*. Elle trouva un petit chaton noir qui allait se faire écraser au milieu de la route, et elle descendit pour le ramasser. Seulement ça n'était pas un chaton, mais une chatte un petit peu enceinte qui deux semaines plus tard mit au monde une portée. Nicole trouva ça un joli coup.

C'était une drôle d'époque. Ils étaient à la fois heureux et misérables. Elle commençait à jouir avec Barrett et lui commençait à envisager l'idée de la vendre. Ce n'était pas tant à cause d'elle mais parce qu'il était un vendeur-né et qu'il avait besoin de quelque chose à vendre. Il aimait faire des expériences. Elle aussi. Ça déclencha chez elle tout un tas de sentiments dingues dont elle ne pouvait même pas parler à Gary. C'était quand même un peu dur à avaler et d'ailleurs elle n'en vint jamais à se vendre. À la réflexion, elle se dit qu'il valait mieux ne pas plaisanter avec l'ego de Barrett. C'était quelqu'un de si jaloux.

Ensuite, ils donnèrent les chats et repartirent pour l'Utah. Lorsqu'ils arrivèrent à Orem, ils laissèrent la voiture garée tout près d'une bretelle d'accès à l'autoroute. Barrett ne s'arrêta même pas chez ses parents, il se contenta de leur expédier une carte postale pour leur dire où il avait caché les clés de la camionnette et en s'excusant de ne pas pouvoir continuer les versements. Ça lui faisait un drôle d'effet, ne cessait-il de répéter à Nicole, de savoir que ses parents allaient recevoir leur carte avec le cachet de la poste d'Orem alors qu'ils croyaient que leur fils était en Californie.

Ensuite, ils allèrent en stop jusqu'à Modesto, où un type bizarre avec un œil qui regardait tout de travers leur loua un minuscule bungalow pour cinquante dollars par mois. C'était plein de cafards. Ils éteignaient la lumière, puis rallumaient pour tuer les cafards. Ce fut là qu'elle découvrit qu'elle était enceinte. Ils eurent une scène à propos du bébé qu'elle attendait. Ça ne marcherait pas, prétendait-il. Plus tard, quand ils eurent regagné l'Utah, Nicole décida que c'était un tournant de sa vie. Parce qu'elle voulait qu'il trouve du travail et qu'il n'arrêtait pas de promettre qu'il allait le faire. Seulement, le dire et le faire, ça n'était pas pareil. Barrett donna la preuve de ses véritables talents et persuada une femme qui cherchait à vendre une maison de treize pièces de la leur louer pour quatre-vingts dollars par mois, parce que comme ça elle pouvait la faire visiter aux acheteurs éventuels quand elle voulait. Lorsqu'ils eurent emménagé, Barrett ne travailla pas pour autant mais fit venir ses amis, commença à faire la fête et se remit à faire du trafic de drogue. La fête n'arrêta pas jusqu'au moment où Nicole fut enceinte de six mois.

Un jour, le chef de la police se présenta avec la propriétaire, qui rendit à Barrett la moitié d'un mois de loyer, et le flic l'expulsa sur-le-champ. Barrett voulait rester mais on lui fourra l'argent dans la main en lui disant de s'en aller. Nicole était dans tous ses états à l'idée de se retrouver, enceinte, chez sa grand-mère pendant que lui habitait chez ses parents. Seulement ils devaient plein d'argent, et Barrett ne faisait rien de la journée que se camer avec ses copains. La vie était devenue pénible.

Sur ces entrefaites, le père de Nicole arriva de Midway pour affaires. Comme ça, en plaisantant il dit : « Tu veux repartir avec moi ? Voir les îles ? » Elle répondit : « Tu parles ! »

V

Voilà comment elle quitta Barrett la première fois. Elle mit tout simplement les voiles, enceinte de sept mois, aussi brusquement qu'elle avait plaqué Hampton. Dans l'avion, elle pensait sans cesse aux premiers jours avec Jim, quand il y avait tant d'amour entre eux, qu'elle arrivait à éprouver les mêmes sentiments que Barrett. Bien sûr, elle n'eut ces pensées-là qu'après avoir pu trouver un billet. Le début du voyage ne se passa pas si bien. Charley et elle passèrent des heures à essayer de trouver un vol sur un avion militaire à destination de Hawaï et à chaque fois on les refusait. Un des problèmes, c'était que Charley n'avait pas l'extrait de naissance de Nicole, si bien qu'elle ne pouvait pas figurer sur sa carte militaire comme étant sa fille. Enceinte, elle faisait plus que son âge. Charley, à côté d'elle, avait plus l'air d'un petit ami ou d'un mari que d'un père. Ça la fit penser comme une folle à oncle Lee. À la réflexion, son père la traitait avec la courtoisie particulière qu'on témoigne à une dame séduisante.

Peut-être que les pensées de Nicole chatouillaient les oreilles de Charley, car il commença à s'énerver à l'idée d'être coincé pour la nuit. « Si je n'arrive pas à coller ma fille sur ce foutu avion, jura-t-il, je m'en vais jouer les pirates de l'air. »

Il sortit du mess et presque tout de suite après, quatre M. P. se présentaient et disaient : « Voudriez-vous venir avec nous, monsieur Baker ? » Ils les emmenèrent tous les deux dehors et mirent Charley face au mur pour le secouer et le fouiller, puis l'emmenèrent à la brigade. Ils laissèrent Nicole assise au mess avec quatre-vingts matelots qui bandaient. Lorsqu'elle s'en alla chercher son père, elle vit le plus gros cafard qu'elle ait jamais vu. Il semblait aussi gros qu'une souris et trottinait dans le hall où attendait Nicole. Elle le suivit sur le perron et autour du bâtiment. Avec son gros ventre, elle n'avait rien de mieux à faire que de suivre ce gros vieux cafard.

Enfin, son père apparut, souriant de toutes ses dents. Il avait tout arrangé. À cause de cette erreur, on les traitait maintenant, Nicole et lui, comme un roi et une reine. On déroulait le tapis rouge. Elle partit pour Midway en grand style.

Lorsqu'elle entra dans la maison, Kathryne en avait les yeux qui lui sortaient presque de la tête. Nicole se rappelait combien elle était maigrichonne et comme, lorsqu'elle la serrait dans ses bras, il y avait toujours quelque chose de fragile chez Kathryne.

Il semblait que tout était trop pour elle. Les deux adolescents, April et Mike, qui n'étaient que des gosses, commençaient à être déchaînés. Nicole était si navrée qu'elle ne voulut même pas, durant deux jours, fumer devant sa mère.

Lorsque Barrett apprit où elle était, ça fit fichtrement monter la note de téléphone de son père. Il était dans un tel état. Il était de nouveau si amoureux qu'il s'était mis à travailler. Il avait même ouvert un compte en banque, lui dit-il. Il allait venir la voir.

Nicole lui envoya ses tendresses par téléphone. Elle lui dit de ne pas venir. Ça attirerait des histoires à son père. Pour économiser sur le billet d'avion, Charley l'avait fait venir comme si elle était à sa charge, et tout le monde croyait qu'elle était mère célibataire.

Mais ça n'arrêta pas Barrett. À Salt Lake, à l'aéroport, il fit un chèque que son père dut approvisionner plus tard, prit l'avion, se rendit à l'hôpital, trouva la maternité et vint se poster devant la fenêtre de Nicole. À peine Kathryne sortie, il entra. Nicole était contente qu'il soit venu et ça changeait un peu les choses, mais pas tellement. Elle ne pouvait pas tout lui pardonner. Au bout de deux jours, elle le décida à repartir.

6. Nicole sur la rivière

I

Maintenant, Nicole voulait entendre l'histoire de la vie de Gary. Seulement lui n'avait pas envie d'en parler. Il préférait l'écouter, elle. Il fallut un moment à Nicole pour se rendre compte que, ayant passé son adolescence en prison et à peu près toutes les années depuis, ça l'intéressait plus de savoir ce qui se passait dans sa petite tête à elle. C'était tout simplement qu'il n'avait pas grandi, entouré de douceur comme elle.

En fait, s'il lui racontait une histoire, ça concernait généralement l'époque où il était gosse. Elle adorait la façon dont il parlait. C'était comme ses dessins. Très précis. Il expliquait les choses en quelques mots. Il est arrivé A puis B et puis C. La conclusion ne pouvait être que D.

A. Dans sa dernière année de lycée, sa classe vota pour savoir si, entre garçons et filles, ils devaient s'envoyer des cartes pour la Saint-Valentin. Il estimait qu'ils étaient trop vieux. Il fut le seul à voter contre. Quand il eut perdu, il acheta des cartes pour envoyer à tout le monde. Personne ne lui en envoya. Au bout de deux jours, il en eut assez d'aller regarder dans la boîte aux lettres.

B. Un soir, il passait devant un magasin où il y avait des armes dans la vitrine. Il trouva une brique et cassa la vitre. Il se coupa la main mais vola le fusil dont il avait envie. C'était une Winchester semi-automatique qui, en 1953, coûtait cent vingt-cinq dollars. Par la suite, il acheta une boîte de cartouches et s'entraîna à tirer. « J'avais deux copains, lui raconta Gary, Charley et Jim. Ils adoraient vraiment ce 22 long rifle. Et j'en avais marre de cacher ma carabine à mon vieux : quand je ne peux pas avoir quelque chose comme j'en ai envie, ça ne me dit plus rien. Alors j'ai dit : « Je jette le fusil dans la rivière ; si vous autres avez le cran de plonger pour le chercher, il est à vous. » Ils crurent que je racontais des bobards jusqu'au moment où ils entendirent le flac. Jim sauta à l'eau et se blessa le genou sur une grosse pierre. Il ne trouva jamais le fusil. La rivière était trop profonde. J'ai ri à m'en décrocher la mâchoire. »

C. Pour son treizième anniversaire, sa mère lui donna le choix entre donner une fête ou recevoir un billet de vingt dollars. Il choisit la fête et invita juste Charley et Jim. Ils prirent l'argent que leurs parents leur avaient donné pour Gary et le dépensèrent pour s'acheter des choses. Ensuite, ils lui racontèrent.

D. Il se battit avec Jim. Il se mit en colère et le tua à moitié. Le père de Jim, une brute qui avait l'habitude de la bagarre, prit Gary à part. Il lui dit : « Ne remets jamais les pieds ici. » Peu après, Gary eut des histoires pour autre chose et fut envoyé en maison de correction.

Quand ses récits devenaient un peu succincts, quand on avait l'impression d'écouter un vieux cow-boy découper en petits bouts un morceau de viande séchée pour les mâchonner, alors il prenait une gorgée de bière et parlait de sa Guitare Céleste. Il pouvait en jouer tout en dormant. « Ça n'est qu'une vieille guitare, disait-il à Nicole, mais c'est comme la roue d'un navire avec ses manettes, et dans mes rêves la musique sort quand je tourne la roue. Je suis capable de jouer n'importe quel air au monde. »

Gary lui parla alors de son Ange Gardien. Un jour, quand il avait trois ans, et que son frère en avait quatre, son père et sa mère s'arrêtèrent pour dîner dans un restaurant de Santa Barbare. Puis son père dit qu'il avait besoin de faire de la monnaie. Il allait revenir de suite. Il ne revint pas pendant trois mois. Sa mère resta seule, sans argent et avec ses deux petits garçons. Alors, elle se mit à faire du stop jusqu'à Provo.

Ils se trouvèrent bloqués dans la Dépression de Humboldt, dans le Nevada. Ils auraient pu mourir dans le désert. Ils n'avaient pas d'argent et ça faisait deux jours de suite qu'ils n'avaient rien mangé. Et puis un homme arriva à pied sur la route, avec un sac marron à la main et il dit : « Tiens, ma femme m'a préparé à déjeuner, mais c'est plus que je ne peux en avaler. En voudriez-vous un peu ? » Sa mère dit : « Ma foi, oui, nous vous serions très reconnaissants. » L'homme lui donna le sac et poursuivit son chemin. Ils s'arrêtèrent et s'assirent au bord de la route. Dans le sac il y avait trois sandwiches, trois oranges et trois gâteaux. Bessy se tourna pour le remercier mais l'homme avait disparu. C'était sur une longue ligne droite de la grande route du Nevada.

Gary disait que c'était son Ange Gardien. Il rappliquait quand on avait besoin de lui. Une nuit d'hiver, dans son enfance, il était dans un parking, avec de la neige partout et Gary avait les mains endolories par le froid. Ce fut alors qu'il trouva sur la neige des mitaines fourrées toutes neuves. Elles lui allaient parfaitement. Oui, il avait un Ange Gardien. Seulement ça faisait longtemps qu'il était parti. Mais, le soir où Nicole entra chez Sterling Baker, il le retrouva. Il aimait raconter ça à Nicole quand elle avait les jambes appuyées sur le tableau de bord de la voiture, qu'elle avait retiré sa culotte et qu'ils descendaient State Street.

Ça ne les gênait pas si quelqu'un regardait. Par exemple, un gros camion vint s'arrêter à côté d'eux au feu rouge, et le type, de sa cabine, plongeait dans leur voiture. Gary et Nicole éclatèrent de rire tous les deux parce qu'ils s'en foutaient éperdument. Gary alluma un joint en annonçant que ça allait être le meilleur qu'ils avaient jamais fumé. Comme ils tiraient une bouffée à tour de rôle, Gary dit : « C'est Dieu qui a créé tout ça, tu sais. »

Un soir, ils allèrent de bonne heure au cinéma en plein air et s'aperçurent qu'ils étaient les premiers. Histoire de s'amuser, Gary se mit à rouler par-dessus les talus qui séparaient chaque rangée. Mais un type de la direction se mit à les poursuivre avec une camionnette, en leur disant d'un ton grossier de cesser de rouler comme ça n'importe comment. Gary s'arrêta, descendit de voiture, s'approcha du type et lui dit d'aller se faire voir avec une telle violence que le type gémit : « Oh ! pas la peine de s'énerver comme ça. »

Mais Gary était énervé. L'obscurité tombée, il prit ses pinces et coupa les fils de deux haut-parleurs. Il ne manqua pas d'en piquer deux autres la fois suivante, lorsqu'ils retournèrent au cinéma en plein air. Ces haut-parleurs étaient de bons trucs à avoir. On pouvait en brancher un dans chaque pièce et comme ça on avait de la musique dans toute la maison. Toutefois, ils n'allèrent jamais jusqu'à les installer. Ils se contentèrent de les laisser dans le coffre de la voiture de Nicole.

Parfois, ils allaient vagabonder dans l'herbe entre l'asile et les montagnes. L'idée d'être sur la grande colline derrière l'asile de fous excitait Nicole. Après tout, c'était le même asile où on l'avait flanquée six ans plus tôt.

Ça ne plaisait toujours pas beaucoup à Sunny ni à Peabody, et ils s'effrayaient, la nuit, quand un drôle de coup de froid déferlait comme une bourrasque et que les montagnes au-dessus paraissaient froides comme de la glace. Alors Gary et elle allèrent là-bas tout seuls.

Un jour qu'elle courait par là, il l'appela. Quelque chose dans sa voix lui fit dévaler la pente et, incapable de s'arrêter, elle lui rentra dedans, se cognant le genou si fort qu'elle se fit vraiment mal. Alors Gary la porta. Elle avait noué ses jambes autour de la taille de Gary et passé les bras autour de son cou. Les yeux fermés, elle avait l'étrange impression d'une présence maléfique près d'elle qui venait de Gary. Elle trouva cela presque agréable. Elle se dit : « Ma foi, s'il est le diable, peut-être que j'ai envie d'être plus près. »

Ce n'était pas une sensation terrifiante mais plutôt forte et bizarre, comme si Gary était un aimant et qu'il avait attiré à lui tout un tas d'âmes. Bien sûr, ces dingues derrière toutes ces fenêtres grillagées suffisaient à faire monter n'importe quoi de la nuit du fond de l'asile.

Dans le noir elle demanda : « Est-ce que tu es le diable ? »

Là-dessus, Gary la déposa à terre sans rien dire. Il faisait vraiment froid. Il dit à Nicole qu'il avait un ami du nom de Ward White, qui un jour lui avait posé la même question.

Des années auparavant, alors que Gary était en maison de correction, il était entré sans crier gare dans une chambre où Ward White se faisait enculer par un autre gosse. Gary n'en avait jamais soufflé mot. Ward White et lui se trouvèrent séparés pendant des années, et puis se retrouvèrent en prison. Ils n'en parlaient toujours pas. Un jour, pourtant, Gary entra à l'atelier de la prison et Ward lui annonça qu'il venait de recevoir un lingot d'argent qu'il avait acheté par correspondance et demanda à Gary de lui en faire une bague. À partir d'un livre de motifs égyptiens intitulé *l'Anneau d'Osiris*, Gary copia quelque chose qui s'appelait l'Œil de Horus. Quand ce fut terminé, Gary déclara que c'était un anneau magique et qu'il le voulait pour lui. Il ne fit jamais allusion à leurs vieux souvenirs. Ce n'était pas la peine. Ward White lui donna tout simplement l'Œil de Horus. Nicole pensait toujours que cette bague venait du gosse qui s'était fait enculer.

Maintenant Gary voulait lui en faire cadeau. Il lui expliqua que les Hindous croyaient qu'on avait un œil invisible au milieu du front. L'Anneau pouvait vous aider à voir par cet œil-là. Lorsqu'ils rentrèrent à la maison, il la fit s'allonger par terre. Il lui dit qu'elle devrait attendre que le troisième œil apparaisse dans l'espace entre ses yeux fermés. Elle n'avait qu'à se concentrer jusqu'à ce qu'il s'ouvrît. Si ça marchait, elle pourrait voir par là.

Rien n'arriva cette nuit-là. Elle riait trop. Elle attendait tout le temps une pyramide et ne voyait rien.

Mais un autre soir, elle crut voir en effet quelque chose s'ouvrir. Peut-être était-ce la bonne qualité de la marijuana.

Elle croyait voir sa vie lui revenir par cet œil-là, elle se rappelait des choses qu'elle avait oubliées, mais elles étaient si enfouies à l'intérieur qu'elle n'était pas trop sûre de vouloir lui en parler. Elle avait peur que ça n'évoque d'autres spectres.

Alors, elle continua à lui parler d'elle, mais ce n'était plus aussi sincère. De plus en plus, elle rabaissait ses anciens petits amis en faisant croire qu'ils n'avaient compté pour rien dans sa vie, et elle commença à se donner toujours le meilleur rôle. Après cette nuit passée à l'asile, une grande partie de son passé resta en elle. C'était comme si elle voyait un film où elle-même flottait au fil de la rivière et le plus souvent elle était seule à le voir et se contentait de lui décrire quelques paysages au passage.

11

Sunny n'avait même pas dix semaines que Nicole trouva un nouveau truc. Elle se mit à sortir à Midway avec des types qui n'avaient jamais connu de filles qui baisaient bien. C'était en partie parce que Barrett l'avait persuadée qu'elle ne valait rien au lit. Peut-être préférait-elle donc voir quelqu'un qui ne savait pas ce que ça voulait dire que d'être bien au lit. Bien sûr, Barrett avait ses propres handicaps : il n'était jamais sûr de bander avec une autre fille qu'avec elle. Alors, de façon sournoise, il pouvait se montrer d'une jalousie maniaque. Parfois, ils se promenaient en ville et puis un type souriait à Nicole, et Barrett était convaincu qu'elle avait couché avec ce mec. Seulement il gardait ça pour lui. Trois ou quatre jours plus tard, ça ressortait. Il la traitait comme une traînée. Il insistait sur le nombre de fois où elle s'était fait sauter avant de le rencontrer. Il lui faisait les remarques les plus cruelles, disant qu'elle était large comme une porte cochère. Elle avait toujours envie de répliquer que ce ne serait pas si gênant s'il avait en guise de queue quelque chose de plus épais qu'un doigt. Elle se dit donc qu'elle avait besoin d'une période où elle se contenterait de faire ça avec des types qui lui en seraient totalement reconnaissants.

Mais bientôt Nicole décida de quitter Midway. Elle avait pris pas mal d'exercice, se sentait en pleine forme, était redevenue mince et le bébé était magnifique. C'était l'été et Barrett était là pour l'accueillir à l'aéroport. Il plaçait chaque jour à peu près deux livres d'herbe de la meilleure qualité ; il avait l'air prospère lui-même et voulut la reprendre avec lui. Mais elle avait un nouveau refrain. « Je ne suis pas ta bourgeoise, lui dit-elle. Tu n'es pas mon mari. Je peux faire ce que je veux. » Malgré tout, elle s'installa avec lui. Ce fut un été où ils étaient tout le temps dans les vapes. Elle avait vraiment envie de faire l'amour.

Ce fut alors que Barrett devint le type avec qui elle pouvait prendre son pied constamment. Elle se demanda si ça voulait dire qu'il était celui avec qui elle était censée se ranger. C'était peut-être un réflexe conditionné, mais Barrett pouvait l'exciter rien qu'en entrant dans une pièce. Le T. H. C. l'avait adoucie et elle avait envie de danser. (Mais elle commençait à avoir des migraines quand elle ne prenait rien et elle avait mal aux dents et aux reins. C'était fort, ce truc.) Quand même, c'était rudement bien pour s'envoyer en l'air.

Pourtant, c'était une vie solitaire. Barrett ne savait rien de ce qui se passait dans sa tête à elle. Ça lui plaisait simplement de jouer au caïd. Le Karma, ça ne voulait rien dire pour lui. Nicole lui offrit *A World Beyond* de Ruth Montgomery Ford. Plus tard, il dit l'avoir lu, mais n'alla pas plus loin. C'était un peu maigre comme commentaire de la part d'un type astucieux comme lui. Ça n'arrangea certainement pas Nicole, car avec le cannibanol, voilà qu'elle avait des tendances au suicide. Elle faisait un rêve où elle se voyait morte et où elle était allongée dans une tombe creusée dans le désert. Durant les dernières secondes, une nuit douce et noire s'abattait sur elle en disant : « Viens avec moi. »

Elle fut si secouée qu'elle dit à Barrett que la mort lui avait parlé et qu'elle l'accueillerait volontiers. « Eh ! doucement, fit-il, tu es bien trop précieuse. » Mais il n'avait rien d'autre à lui dire là-dessus.

Ils commencèrent aussi à avoir des problèmes personnels. Il avait un associé, Stoney, qu'elle aimait bien, et qui habitait avec eux. Une nuit, alors qu'elle se sentait excitée comme une chatte sur un toit brûlant, elle alla trouver Barrett et lui dit d'un petit air bien doux : « Si tu allais coucher sur le divan pour laisser une chance à Stoney. »

Barrett trouva ça dingue ; mais il avait accepté qu'elle n'était plus sa bourgeoise, alors il alla coucher sur le divan et Stoney vint s'installer avec elle. Barrett était si vexé qu'il prit sa voiture et s'en alla faire un tour, puis il revint une vingtaine de minutes plus tard et dit à son associé de foutre le camp. Ça parut régler le problème.

Deux soirs plus tard toutefois, Barrett avait dû commencer à se dire que c'était vraiment ce qu'elle voulait, voyez-vous, parce qu'il l'emmena à une soirée dans le Canyon et se donna un mal de chien pour se la partager avec deux copains. Puis il craqua. Ils eurent une grande scène et Nicole lui lança une machette qui passa à travers la moustiquaire de la porte. Puis elle lança un marteau à travers la fenêtre de la cuisine. Là-dessus, ils se séparèrent. Elle prit Sunny avec elle et s'en alla vivre avec Rikki et Sue chez son arrière-grand-mère.

C'était remplacer un malheur par un autre. Jamais elle ne s'était entendue si mal avec Sue, qui laissait tout le temps traîner des langes pleins de merde. La maison empestait.

Et puis Rikki et Sue trouvèrent Nicole dans le lit de son arrière-grand-mère avec Tom Fong, un Chinois. Il était gentil et se faisait pas mal de fric dans un restaurant chinois, en roulant un peu son patron. Il voulait l'épouser. Encore un autre homme dans sa vie qui voulait l'épouser. Elle avait emmené Tom dans cette chambre pour être un peu tranquille : il lui faisait des massages, sa spécialité, et Rikki et Sue étaient justement entrés au moment où elle avait enlevé son corsage. Après le départ de Tom Fong, il y avait eu une scène violente et elle n'avait pas mâché ses mots. Rikki lui avait promis de lui botter le cul si jamais elle reparlait aussi mal. Sur ces entrefaites un oncle et une tante étaient arrivés et avaient été si furieux d'apprendre qu'on l'avait trouvée dans ce lit qu'ils n'avaient rien voulu entendre. Ils l'avaient traitée de putain. Son oncle l'avait bel et bien giflée. Elle fourra dans une taie d'oreiller des couches, des aliments pour bébé, des biberons, trouva un sac à dos, prit Sunny et s'en alla.

Elle pleurait. Son arrière-grand-mère était brave, mais c'était une mormone pratiquante. Ça rappelait à Nicole son enfance où cette même arrière-grand-mère sortait de la baignoire, se séchait et passait aussitôt à même la peau son vêtement religieux. Un truc plein de bosses qui empêchait ses vêtements de bien tomber. Si on était marié au temple, il fallait porter ça directement sur la peau.

Son arrière-grand-mère l'emmenait toujours à l'école du dimanche. C'était plutôt assommant. On vous enseignait que les ténèbres étaient ce qui vous attendait si on péchait. Si on était une bonne petite fille, on s'assiérait aux pieds de Dieu.

Le seul ennui, c'étaient que toutes les gentilles petites filles ne l'aimaient pas et faisaient des remarques désagréables à propos de Nicole et des garçons. Elles ricanaient en passant. Tout cela lui revenait maintenant après cette scène dans la chambre. Elle essayait de ne pas sangloter en marchant sur la route.

Un type qui bégayait un peu et qui allait en Pennsylvanie la prit dans sa voiture. Peu lui importait où il allait. Nicole ne savait pas s'il lui plaisait ou non, mais ce qui était sûr, c'était qu'il avait besoin de quelqu'un et que ça lui était bien égal où elle allait. Elle partit donc avec lui et ils se retrouvèrent à vivre ensemble à Davon, en Pennsylvanie, où il gagnait pas mal sa vie dans son atelier de maroquinerie. Ils parlèrent même de se marier. Au lit, c'était un bon numéro. Il se donnait beaucoup de mal pour lui faire plaisir.

III

Ce type, qui s'appelait Kip Eberhardt, se révéla toutefois difficile à vivre. Il était plutôt parano et elle commit l'erreur de lui parler d'elle. Dès qu'il s'en allait au travail, il s'inquiétait à l'idée que Nicole était avec un type. Ça n'était jamais le cas, mais elle n'arrivait pas à le persuader. Ça la bousilla vraiment. Ce qui la tracassait, c'était qu'elle pensait bien en secret à se ramener un type gentil pour passer un après-midi. Kip était capable de faire l'amour comme une bête, mais parfois il lui donnait l'impression d'en être une.

Il poussait ses soupçons jusqu'au ridicule. Kip l'accusa même de coucher avec un vieil obèse au visage tout noir de saleté. De temps en temps, Kip la rossait. Oh ! Seigneur, elle l'adorait et c'était un tel trou du cul. Il lui fit plus de mal que tous les autres types réunis.

Estimant qu'elle lui avait donné un an de sa vie et qu'il avait failli la rendre folle, Nicole se mit à le mépriser parce qu'il la frappait. Ce n'était qu'un petit bonhomme, malingre, noueux et les épaules voûtées, alors ils avaient d'assez méchantes bagarres. Une ou deux fois elle fut même près de l'emporter.

Nicole avait dix-sept ans lorsqu'elle découvrit qu'elle était de nouveau enceinte. Dès l'instant où Kip apprit la nouvelle, il fut très heureux pour lui et pour tous les deux. Ils allaient avoir un bébé, ne cessait-il de répéter. Elle en était écœurée. Elle n'avait pas envie de passer le reste de sa vie avec ce type.

Elle n'avait jamais su comment éviter d'être enceinte. En fait, elle ne l'apprit que cette fois-là à l'Association du Planning Familial, près de Devon, où elle était allée se procurer un stérilet. Nicole ne prenait jamais de pilule, ne regardait jamais le calendrier. Elle avait lu qu'à certaines périodes du mois on risquait plus d'être enceinte qu'à d'autres, mais elle ne savait pas lesquelles. Elle avait lu des trucs là-dessus mais ça semblait concerner des jours différents. D'ailleurs, elle était sûre, qu'au fond, ça ne lui arriverait pas.

Cette fois, pourtant, il y avait une fille qui faisait ses études d'infirmière juste à côté et elle insistait auprès de Nicole pour lui faire prendre un rendez-vous au Planning Familial. Lorsqu'elle finit par se présenter, on lui dit que pour sûr elle avait un polichinelle dans le tiroir.

Ça n'arrangea pas les choses de le raconter à Kip. Il était assis là, avec sa belle barbe noire et ses cheveux bouclés, et il l'aimait assez pour eux deux. Il commençait à dire quelque chose et puis il était si ému que ça lui prenait des heures pour sortir deux mots. Elle devait rester là, souriante, ayant l'envie de dire : « Tu sais, je ne sais pas lire dans tes pensées. » Mais lorsqu'elle savait ce qu'il allait dire, il continuait à traîner. Ça lui donnait plus que tout envie de s'enfuir.

Plus sa paranoïa. De temps en temps, il disait que quelqu'un le suivait ou qu'il allait lui arriver de drôles de choses. Des ennuis en perspective. Il disait : « Tu vois, non ? » Elle ne voyait pas.

Elle lui dit adieu et prit le car pour l'Utah. Vingt-quatre heures plus tard, elle était au lit avec un type charmant qu'elle avait rencontré dans le car. Pas terrible, mais elle se détendit, rit et bavarda. Après tout, elle n'était pas si pressée pour ce qu'elle avait à retrouver.

Elle envisagea de se faire avorter. Mais elle n'arrivait pas à se décider à tuer un bébé. Elle ne pouvait plus supporter Barrett, mais elle adorait Sunny. Alors elle ne se voyait pas tuer un nouveau bébé qu'elle pourrait peut-être aimer aussi.

Le lendemain de la naissance de Jeremy, Barrett vint à l'hôpital. Elle n'arrivait pas à croire aux jeux qu'il jouait avec elle. Il dit, en voyant Jeremy, qu'il avait l'impression que c'était son fils.

Et puis, quand elle fut sortie, Barrett continua à venir. Jeremy était si prématuré qu'elle avait dû le laisser en couveuse et tous les deux jours elle allait en stop à l'hôpital.

Barrett l'accompagnait. Il parlait tout le temps du bébé. Il lui disait comme il avait envie de la voir revenir avec le nouveau bébé. Barrett était très ému, mais pour elle, c'était le train-train quotidien. Elle dit : « Bon, je vais vivre avec toi quelque temps. » Elle devait reconnaître que Barrett avait vraiment l'air d'aimer venir à l'hôpital, passer la blouse blanche et le masque pour regarder le bébé. Il n'avait jamais fait ça avec Sunny.

Jusqu'à la naissance de Jeremy, Nicole travaillait à plein temps dans un motel, à changer les draps et à nettoyer les salles de bains. C'était à peu près tout ce qu'elle pouvait trouver, étant donné qu'elle avait arrêté ses études à treize ans. Bref, elle finit par appeler Kip. Elle avait besoin de quelqu'un d'autre que Barrett à rattacher au fait qu'elle avait un fils. Kip n'en croyait pas ses oreilles. Il pensait qu'elle avait encore des semaines à attendre. En tout cas, il ne bégayait pas du tout, et il fut si gentil au téléphone qu'elle décida de faire un nouvel essai.

Pendant les premiers jours, ce fut une vraie lune de miel avec Kip. Ça dura jusqu'à ce qu'il reprît son travail à l'atelier de maroquinerie. Cet après-midi-là, elle s'affairait à ramasser des affaires pour les fourrer sous le divan. Il aimait vraiment voir la maison bien rangée. Si tout n'était pas en ordre, il s'imaginait toujours qu'elle avait fait des bêtises avec un type : voilà comment il était avant. Alors elle essayait de mettre de l'ordre lorsqu'il apparut sur le pas de la porte.

Elle était plantée là, attendant de l'embrasser, mais il ne la regarda pas. Au lieu de ça, il se mit à loucher. Elle lui avait déjà vu cette expression-là.

Il se mit à rôder dans la maison. Il entra dans la salle de bains. Lorsqu'elle le suivit, Kip plongeait les mains dans le panier à linge sale et examinait les dessous de Nicole pour voir s'ils ne portaient pas de taches poisseuses. Il allait vraiment fort. Elle essayait toujours de savoir ce qui le rendait si méfiant. Il finit par lui dire qu'au moment où il était passé en voiture, il avait vu deux personnes passer derrière la fenêtre. Comme il y avait deux doubles fenêtres, il avait sans doute vu deux ombres, dit-elle, mais il ne voulut pas la croire. Il jura qu'il y avait deux personnes. C'en était assez pour la faire hurler.

IV

Lorsqu'elle fut de retour à Utah, sa famille n'arrêtait pas de lui répéter combien elle avait de la chance d'avoir une fille et un garçon. Nicole ne voyait pas ce qu'il y avait de si merveilleux à avoir à s'occuper de deux gosses alors qu'elle n'avait jamais été sûre d'en vouloir un seul. Dans ses mauvais jours, son sentiment dominant c'était qu'elle avait manqué bien des choses.

Une fois de plus, Barrett n'avait pas manqué de l'accueillir à l'aéroport. Ils parlèrent du bon vieux temps et s'en allèrent chez lui écouter leurs disques préférés. Il lui expliqua qu'il avait préparé cette maison pour elle et qu'il ne l'embêterait pas, alors elle s'y installa.

En fait, il avait deux amis qui habitaient là, ils fumaient de l'herbe et remettaient toujours leur départ à plus tard. Au bout de quelques jours il finit même par se mettre en colère en disant que merde, c'était sa maison. Comme ça. Elle se retrouvait avec Barrett et il n'y avait rien à faire. Pas de voiture, pas d'argent, pas de maison. Deux gosses. Kathryne et Charley étaient rentrés de Midway et proposèrent de l'accueillir, mais elle n'avait pas envie de rentrer chez elle en chien battu. Et puis, ils avaient leurs problèmes. Charley avait dû donner sa démission de la marine parce que April commençait à flipper. Ils avaient l'air d'être tous destinés à passer par l'asile. En tout cas, sa vie était déjà assez difficile pour qu'elle puisse supporter d'entendre ses parents se disputer.

À peu près à ce moment-là, les affaires de Barrett se mirent à mal tourner. Il y avait un flic à Springville qui arrêtait Jim chaque fois qu'il le pouvait. N'importe quelle excuse pour fouiller sa voiture. Le flic prétendait que la plaque minéralogique de Barrett n'était pas bien vissée. Un soir, il se fit arrêter pour avoir un feu arrière qui ne marchait pas. Un peu plus tard dans la soirée, Barrett avait liquidé cent doses de came, il avait pris un petit coup de reniflette et commit l'erreur de s'imaginer qu'il ne risquait rien. Mais avant de quitter la maison, il prit un pantalon qui traînait par terre et l'enfila sans remarquer le tube de comprimés coincé au fond de la poche. Il ne s'en aperçut qu'après s'être fait stopper par les flics. Il était là, descendu de voiture, les mains posées sur le toit de la camionnette pour la fouille et pensait que tout allait bien. Il planait et il n'avait rien sur lui. Comme il le raconta plus tard à Nicole, il regardait autour de lui, tranquille, quand le flic lui retourna ses poches. En baissant les yeux, Barrett vit ce tube de vingt-cinq comprimés que le type tenait dans la main. Vif comme un chat, lui raconta Barrett, il sauta dessus. Il aurait dû tout avaler, mais au lieu de cela, il lança la came aussi loin qu'il put. Oliver Nelson lui passa alors les menottes et se mit à inspecter les lieux en le traînant derrière lui. Il y avait de la neige par terre et ça n'était pas facile de retrouver les comprimés, mais il sentait que Nelson n'allait pas renoncer. Barrett finit par les apercevoir près d'un poteau télégraphique et, sitôt qu'Oliver l'approcha suffisamment près, il essaya d'enfoncer le tube dans la neige. Mais au moment où il allait allonger la jambe, le flic s'en aperçut et repéra les comprimés. On l'emmena au poste.

Rikki vint payer la caution de cent dix dollars et le ramena à la maison. Il était dans les 2 heures du matin. Il le ramena chez Nicole et sur le moment elle ne se mit pas en colère. Elle était vraiment compréhensive. Mais Barrett était dans un sale pétrin.

Deux jours après, ils emballèrent toutes leurs affaires et partirent pour Verno, dans l'Utah. Ce fut la fin du trafic pour quelque temps.

V

Maintenant Nicole laissait les choses aller. Elle ne se faisait plus tellement de souci. Barrett conduisait des camions d'essence à Verno, c'est-à-dire qu'il trouvait un boulot, qu'il le perdait, puis qu'il en retrouvait un autre. Il n'avait pas bon caractère et n'avait pas besoin de beaucoup de provocation pour dire à son patron d'aller se faire voir. Un jour, elle avait si désespérément besoin d'un peu de sécurité qu'elle descendait la rue avec ses deux gosses et quelques affaires quand Barrett la remonta pour rentrer chez lui. Ils eurent alors une grande scène. Il essaya sérieusement de lui flanquer une rossée. Mais ce fut elle qui s'empara de la chaise de bébé de Sunny et qui lui colla une correction : il avait des bleus partout. Donc, elle ne partit pas. C'était trop bon de le regarder.

De temps en temps, elle pensait à retourner à l'école et écrivit même dans deux ou trois établissements, mais Barrett disait oui, oui, et il lui répétait qu'elle n'avait pas besoin d'aller en classe. Il pouvait l'entretenir. Elle en conclut qu'il la considérait comme une petite connasse lui appartenant.

Peu après, Barrett lui dit qu'ils déménageaient encore une fois. Il emprunta un camion et dit qu'il allait transporter leur mobilier. Mais elle n'avait pas eu le temps de comprendre qu'il avait déjà tout vendu ; la stéréo, son séchoir à cheveux, les lampes et tout. Avec l'argent, il acheta du H pour le revendre et décampa. Mobilier ou pas, elle s'inscrivit à l'école, se fit verser cent trente dollars par mois de l'assistance sociale et s'installa dans un petit camp de camping loin de tout. Elle était tranquille là-bas. Elle adorait ça. Barrett parti, ce fut une sorte de période heureuse dans sa vie. Il n'y avait que le loyer, quatre-vingt-dix dollars par mois, qui la tracassait. Il ne lui restait pas assez pour la nourriture et elle recommença à s'énerver.

Survint alors un nommé Steve Hudson, beaucoup plus âgé qu'elle. Il n'avait peut-être que trente ans, mais il paraissait bien plus que cela. Il lui semblait plus raisonnable que tous ceux qu'elle avait rencontrés jusqu'alors. Il était réglo et il allait au temple. Elle ne passa que quelques mois avec lui avant qu'ils se marient. Deux semaines plus tard, elle le quitta. Ils n'arrivaient pas à s'entendre. C'était déprimant. Elle se sentait si mal qu'elle ne tarda pas à trouver un autre type qu'elle avait rencontré au temple, un grand gaillard qui parlait lentement, Joe Bob Sears. Il était soigné, travaillait dur, faisait l'amour avec vigueur et aimait vraiment les gosses de Nicole. À vrai dire, Joe Bob était plus gentil qu'elle avec Jeremy. Jusque-là, elle n'avait pas réussi à aimer Jeremy. Quand il se mettait à pleurer, elle le prenait dans ses bras. S'il ne s'arrêtait pas, elle le remettait dans son berceau. Elle ne lui faisait jamais de mal, mais malgré tout elle le reposait sèchement sur son matelas. En fait, Joe Bob traitait Jeremy mieux qu'elle. C'était peut-être parce qu'il avait eu lui-même un enfant qu'il avait à peine connu.

Le père de Joe Bob, dans le Mississipi, était en train de mourir d'un cancer et il voulait aller le voir. Alors Nicole laissa les gosses à Charley et Kathryne et partit. Elle avait des espoirs pour Joe Bob et pour elle. Il lui donnait un vrai sentiment de sécurité et en même temps était aussi un type excitant.

Un soir, dans le Mississipi, Nicole eut le choc de sa vie. Les parents de Joe Bob avaient la plus grande boucherie de la ville et ils gardaient quelques vaches pour leur usage personnel. Ce soir-là, Nicole était allée dans la grange et, par les interstices des planches mal jointes, de l'autre côté, elle vit un veau en train de sucer son nouvel amoureux.

De temps en temps, Joe Bob racontait de drôles d'histoires à propos de photos qu'il avait vues d'un poulet en train de se faire sauter par un chien, et il voulait savoir si elle avait jamais vu des choses comme ça, mais Nicole se contentait d'éluder. Cette fois elle se dit : « Tu seras toujours une perdante. Regarde les choses en face. »

Elle dut même faire semblant, pour elle-même, de n'avoir pas vu Joe Bob avec le veau. Il parlait tout le temps de reprendre la boucherie de son père. Ils seraient alors entourés d'animaux. D'animaux morts. Mais il se révéla que son père n'était pas malade au point où Joe Bob l'avait dit mais prêt à se retirer. Ils allaient retourner en Utah, prendre Sunny et Jeremy, puis revenir dans le Mississipi. Nicole se sentait plus coincée que jamais.

De retour à Utah, un quart d'heure après qu'ils eurent franchi la porte de la maison de Joe Bob, on n'aurait pas pu imaginer plus d'ennuis. Quelques-uns des animaux de Joe Bob étaient sortis de leurs cages et couraient partout. Les travaux de la maison étaient en retard, on était encore en train de dresser les cloisons, les planchers étaient arrachés, on posait les lavabos. Pire. Sa petite remorque avait disparu de la cour. Joe Bob sut tout de suite qui l'avait volée parce qu'il l'avait piquée à un type qui ne voulait pas lui payer ce qu'il lui devait. Maintenant elle avait disparu. Joe Bob était sorti pour aller parler aux flics. Nicole était plantée sur le pas de la porte. Elle avait une migraine épouvantable. Sunny et Jeremy pleuraient.

Elle entendit le flic expliquer que la possession vaut les neuf dixièmes du titre. Puisque Joe Bob n'avait jamais pris légalement possession, il ne pouvait pas faire grand-chose.

Lorsqu'il revint et qu'il commença à le lui expliquer, elle dit : « Je sais, j'ai entendu. Je ne veux plus rien entendre. » Elle jura qu'elle était fatiguée et qu'elle n'avait pas envie de parler. Il devint grossier. Elle aussi. Elle dut dire quelque chose qui déclencha tout. Ça faisait un quart d'heure qu'ils étaient à la maison lorsqu'il la souleva de terre et la projeta à travers la pièce.

Puis il revint la ramasser et la lança encore une fois. Il y avait des matelas sur le sol, mais elle rebondit quand même sur les cloisons.

Il s'assit sur elle et lui serra le cou. Il dit qu'il en avait marre. Qu'il ne voulait pas de ça. Il lui déclara que maintenant elle était son esclave. Il ne pesait pas loin de cent kilos et il resta assis sur elle pendant des heures, la giflant de temps en temps quand l'envie lui en prenait. Il la boucla pendant quelques jours dans une pièce du fond.

Joe Bob faisait manger les enfants une ou deux fois par jour. De temps en temps, il leur permettait d'aller dans la pièce où elle était. Il ne fermait pas la porte à clé, mais elle ne pouvait quand même pas sortir. Il ne voulait pas. Elle pleurait beaucoup. Parfois elle hurlait. Parfois elle restait assise là pendant des heures. Quand il entrait, il lui flanquait une taloche pour avoir fait du bruit. Mais elle ne laissait aucune émotion paraître sur son visage, elle n'émettait pas un son. Elle agissait comme s'il n'était pas là.

Il la baisait aussi beaucoup – sur ce plan-là, il n'avait pas changé ses habitudes – et il l'appelait Poopsie, Baby Doll et Honey. Quelquefois elle hurlait et criait, d'autres fois, elle faisait comme si rien ne se passait. Au bout d'un certain temps elle se souvint qu'il avait un pistolet et se demanda comment s'en emparer. C'était un gros calibre et cette idée la soutenait. Lorsqu'elle aurait trouvé l'arme, elle le tuerait. Elle n'arrêtait pas de dire à Joe Bob qu'il pouvait l'assommer mais qu'elle ne resterait pas avec lui. Jamais.

Ça continua encore une semaine. Maintenant, il ne la châtiait plus qu'une fois par jour et la laissait sortir dans la cour. Il allait même à son travail. Au début, elle soupçonna un piège et ne bougea pas. Mais au bout de deux jours, elle fila jusqu'à la gare routière. C'était le premier anniversaire de Jeremy. Elle passa un coup de fil et une fois de plus Barrett vint à son secours. Elle l'appelait toujours quand il n'y avait personne d'autre qui puisse l'aider. Il le savait. Il adorait ça. Il était le seul qui voulait bien la tirer des pires situations. Le Prince Charmant.

Ils s'installèrent avec les gosses sous une petite tente, sur la pelouse d'un de ses amis. Puis ils trouvèrent un appartement à

Provo et passèrent Noël ensemble. Sans cesse, elle tentait de faire comprendre à Barrett qu'elle ne voulait pas vivre avec lui et il essayait de la persuader de le faire. Barrett finit par partir pour Cody, dans le Wyoming, avec un de ses amis qui s'appelait aussi Barrett, juste après qu'elle eut trouvé la maison de Spanish Fork qui était une drôle de baraque qu'on aurait dit sortie d'un conte de fées.

Troisième partie

Gary et Nicole

7. Gary et Pete

I

Le second week-end de juin, Gary et Nicole avaient projeté d'aller dans les canyons pour aller camper dans les bois. Nicole n'arriva pas à trouver de baby-sitter. Laurel devait accompagner ses parents pour aller voir la famille.

Le samedi matin, Gary s'en alla donc à la boutique de Vern pour peindre des lettres sur une enseigne et il vit Annette Gurney, la fille de Toni, qui entrait dans le magasin. Elle passait le week-end avec Vern et Ida pendant que Toni et Howard étaient partis pour Elko, dans le Nevada, avec Brenda et Johnny pour s'amuser avec les machines à sous et faire des parties de crap. Dès qu'il aperçut Annette, Gary lui demanda si elle pouvait faire la baby-sitter.

Ida était hostile à cette idée. Sa petite-fille paraissait peut-être seize ans, dit-elle, mais en fait elle en avait douze. C'était une trop grosse responsabilité pour Annette que de surveiller toute seule de jeunes enfants.

Gary ne renonça pas à cette possibilité. Plus tard, quand il eut fini son travail et alors qu'il portait des seaux de peinture du magasin de Vern jusqu'à sa voiture, il dit à Annette qu'il lui donnerait cinq dollars si elle voulait garder les enfants. Elle voulait bien, lui répondit-elle, mais elle ne pouvait pas. Elle sourit et tira une plaque de sa poche. Le premier dimanche où Gary était sorti de prison, il avait donné à Annette une leçon de dessin lorsqu'il était allé chez Toni et maintenant Annette avait peint la plaque et voulait la lui offrir. Il était si content qu'il prit la fillette par la taille et lui donna un baiser sur la joue. Puis ils allèrent se promener dans la rue la main dans la main. Gary essayait toujours d'inciter Annette à persuader Ida de la laisser faire la baby-sitter.

Peter Gallovan, qui louait une petite maison derrière celle de Vern, entrait dans la boutique au moment où ils sortaient. Il remarqua Gary et Annette qui marchaient tout près l'un de l'autre et qui s'arrêtaient. Ça ne lui plut pas. Gary, tout en bavardant, tenait Annette appuyée contre un mur. Il avait l'air d'essayer de lui débiter tout un tas d'arguments le plus vite possible. Pete entra dans la boutique. « Ida, fit-il, je crois que Gary fait des propositions à votre petite-fille. »

Trois mois plus tôt, alors qu'Annette séjournait chez Ida, elle avait été heurtée par une voiture juste devant leur maison. La voiture roulait très doucement et ça n'avait rien été de sérieux. Annette était avec ses grands-parents et avait été blessée. Ida ne voulait pas que Toni s'imagine qu'il arrivait quelque chose à Annette chaque fois qu'elle venait la voir. Elle se précipita donc à la fenêtre juste à temps pour voir Gary et Annette qui rentraient à petits pas, la main dans la main.

« Je ne sais pas si tu as bien fait de faire ça, dit Ida. Laisse Annette tranquille. »

Plus tard, Vern dit à Gary : « Je n'ai pas envie qu'il y ait des histoires. »

II

Le lendemain soir, Annette dit à Toni : « Maman, nous n'avons rien fait de mal. J'ai offert la plaque à Gary et il m'a donné un baiser sur la joue.

— Et alors, pourquoi es-tu allée te promener dans la rue avec lui ?

— Parce qu'il y avait un gros scarabée – le plus gros que j'aie jamais vu – qui passait. Je suis juste sortie pour le regarder.

— Et vous vous teniez la main.

— Je l'aime bien, maman.

— Est-ce qu'il t'a touchée ? Est-ce qu'il t'a donné plus qu'un baiser affectueux ?

— Non, maman. » Annette lança à Toni un regard comme s'il fallait être dingue pour poser cette question.

Lorsque Toni et son mari en discutèrent, Howard dit : « Gary n'irait pas essayer de faire quelque chose sur le trottoir juste devant la cordonnerie. Mon chou, je ne pense pas qu'il y ait rien de méchant là-dedans. Nous n'avons qu'à faire attention, être prudents. »

Le lundi, Vern raconta à Pete que Gary disait qu'il allait lui flanquer son poing dans la figure. Pete devrait faire attention. Vern ajouta : « Si Gary arrive et qu'il cherche la bagarre, je ne veux pas que ce soit dans le magasin. Vous irez vous battre dehors. » Mais Pete n'avait pas envie de se battre. Il avait entendu parler du voyage de Gary dans l'Idaho et du type qu'il avait envoyé à l'hôpital.

À l'époque où Gary s'attaquait à l'allée cimentée de Vern à coups de masse et de levier, Pete l'avait observé de sa fenêtre et avait été impressionné par le travail que Gary avait accompli en deux jours. Aussi, à la première occasion, Pete l'avait-il invité à une soirée dansante paroissiale.

Pete, comme Brenda l'expliqua par la suite à Gary, était plus religieux que personne. On aurait dit qu'il était sorti de sa coquille, un peu flageolant. Il avait une tendance à prendre les gens par le cou et à les faire prier avec lui. Comme c'était en même temps un type immense, un mètre quatre-vingt-huit, lourd, un peu empâté à la taille et qu'il avait une grosse tête avec cette façon bienveillante de vous regarder à travers ses lunettes, on ne pouvait pas facilement dire non. Mais lorsqu'il invita Gary à la soirée, il s'entendit aussitôt répondre d'aller se faire voir.

Pete ne tenait pas à se battre avec lui. Il avait trop de responsabilités. Pete faisait des petites choses pour Vern pour payer son loyer et il avait trois autres occupations. Il était employé par le Service de l'Éducation nationale de Provo pour entretenir la piscine, il était conducteur de car à mi-temps et à ses moments perdus il nettoyait les tapis. Il s'efforçait aussi de retrouver les bonnes grâces de l'Église mormone. Ça ne lui laissait pas beaucoup de temps libre. En outre, il faisait de son mieux pour aider financièrement son ex-femme, Elizabeth, qui élevait sept enfants de son premier mariage.

Inutile de dire qu'il était fatigué et qu'il ne parlait même pas de la succession de ses diverses dépressions nerveuses qui avaient nécessité jadis son hospitalisation pour des traitements au lithium. La simple idée d'avoir des ennuis avec Gary crispait les muscles et le dos de Pete.

Le lundi en fin d'après-midi, Pete travaillait dans l'atelier quand Vern dit : « Le voilà. »

Gary avait exactement l'air que Pete avait imaginé : il était dans tous ses états. L'air vraiment mauvais.

Gary dit : « Je n'aime pas ce que vous avez raconté sur moi à Ida. Je demande des excuses. »

Pete répondit : « Je suis navré de vous avoir contrarié, mais mon ex-femme a des filles de cet âge et il me semble…

— Vous m'avez vu faire quelque chose ? l'interrompit Gary.

— Je ne vous ai rien vu *faire*, dit Pete, mais les *apparences* ne laissaient aucun doute dans mon esprit sur ce que vous pensiez. (Au cas où ça aurait paru trop fort, il ajouta :) Je m'excuse pour ce que j'ai dit à Ida. J'aurais peut-être dû la fermer. Pardonnez-moi de trop parler. Mais votre intérêt pour cette fille ne m'a quand même pas paru normal. » Pete ne pouvait quand même pas reculer jusqu'au bout alors qu'il voulait être sincère.

« Très bien, fit Gary. Je veux me battre. »

Vern intervint aussitôt. « Sortez dans la cour », dit-il. Il y avait un client dans le magasin.

Assurément, Pete n'avait pas voulu se lancer là-dedans. En marchant dans l'allée un pas ou deux devant Gary, il essaya de se gonfler en se rappelant ses exploits de jadis. Il avait été une étoile des cendrées jusqu'au jour où il s'était accidentellement tiré une balle dans le pied à l'âge de quinze ans, alors qu'il pratiquait le lancer du poids et avait quand même été champion des lycées de l'État. Il avait travaillé dans la construction et avait l'habitude des haltérophiles. Pete commençait à se construire une idée de force physique aussi impressionnante que sa propre silhouette quand, *vlan !* il fut frappé par-derrière sur la nuque. Il faillit s'effondrer. Juste au moment où il parvenait à se retourner, Gary se précipita et Pete lui fit une clé au cou. Aussitôt, il tomba par terre. C'était mieux que de boxer. Au sol, il pouvait cogner la tête de Gary contre le ciment.

Bien sûr, cette prise forçait beaucoup sur les côtes de Pete. Ses lunettes se cassèrent dans sa poche de chemise. Le lendemain, Pete dut même aller chez le chiropracteur pour son cou et sa poitrine. Mais pour le moment, il tenait Gary. Pete aperçut Vern planté à côté d'eux et qui les observait.

Si Gary avait attendu d'être planté devant lui pour cogner, Vern était persuadé qu'il aurait pu donner une raclée à Pete. Mais là, c'était Pete qui avait la prise et qui utilisait ses cent huit kilos. C'était vraiment un coup de chance pour Pete. Il frappait la tête de Gary contre le sol en disant : « Ça suffit ? » C'est à peine si Gary pouvait respirer. « Oh, ohhh, ahh, ahh », répondait Gary. Tout ce dont il était capable, c'était de marmonner. Vern attendit une minute parce qu'il voulait que Gary eût ce qu'il méritait, puis il dit : « Bon, il en a eu assez, lâche-le. » Pete desserra son étreinte.

Gary était tout blanc et avait la bouche qui saignait beaucoup. Il avait un regard méchant comme Vern en avait rarement vu.

Vern l'engueula. « Tu l'as cherché, dit-il. C'était moche. Frapper quelqu'un par-derrière.

— Tu trouves ?

— Tu appelles ça être un homme ? (Vern le prit par le bras.) Va te nettoyer dans la salle de bains. » Comme Gary restait planté là, Vern le poussa à l'intérieur. Il n'y allait pas de bon cœur, mais Vern le poussa. Puis Gary se retourna et dit : « C'est comme ça que je me bats. C'est le premier coup qui compte.

— Le premier coup, dit Vern. Mais pas par-derrière. Tu n'es pas un homme. Va te laver et reviens travailler. »

Pete commençait à se remettre. Il était tout secoué. Mais Gary était à peine sorti de la salle de bains qu'il demandait encore des excuses. Il avait l'air prêt à se battre de nouveau. En fait, Gary avait l'air prêt à n'importe quoi. Alors Pete décrocha le téléphone et dit : « Si tu ne pars pas tout de suite, j'appelle la police. »

Il y eut un long silence. Après cela, Gary s'en alla.

Pete téléphona quand même. Il n'aimait pas l'impression que lui avait laissée Gary. Un flic vint au magasin pour dire à Pete qu'il devait passer au commissariat déposer une plainte.

Vern et Ida n'y étaient pas du tout opposés. Ils dirent à Pete que Gary était tous les jours plus désaxé. Pete obtint même le nom du délégué de Gary à la liberté surveillée, Mont Court, et lui passa aussi un coup de fil, mais Mont Court dit que Gary venait d'un autre État et qu'il n'était pas sûr de pouvoir le renvoyer en prison comme ça. Pete avait le sentiment que chacun se déchargeait sur le voisin. Gary ne serait pas arrêté, à moins de se donner vraiment du mal pour ça.

Ce soir-là, Pete alla voir son ex-femme, Elizabeth. « La prochaine fois, lui dit-il, Gary me tuera. » Elizabeth était blonde, menue et voluptueuse, elle avait un tempérament fougueux et savait s'y prendre avec Pete, car elle avait gardé ses heureuses dispositions à travers une succession de désastres personnels. Elle lui dit de ne pas y attacher d'importance.

Pete n'était pas de cet avis. « C'est une certitude, dit-il. Il me tuera. Moi ou quelqu'un d'autre. » Il lui expliqua qu'il était sensible à l'état d'agitation de Gary en ce moment. Être sensible à ce point-là faisait partie des qualités que Dieu avait données à Pete. Mais il savait aussi que lorsqu'il réagissait trop fort aux événements, il faisait une dépression nerveuse. Il essayait de ne plus en avoir. Alors il dit à Elizabeth : « Je veux que Gary aille là où il ne fera de mal à personne. Sa vraie place c'est en prison, et je m'en vais porter plainte. »

III

Le lendemain, au travail, Gary avait la bouche enflée et des marques sur le visage.

« Qu'est-ce qui s'est passé ? demanda Spencer.

— Je prenais une bière, et puis un type m'a dit quelque chose qui ne m'a pas plu. Alors je lui ai envoyé mon poing dans la figure.

— On dirait que c'est lui qui a eu le dessus, dit Spencer.

— Oh ! non. Je voudrais que vous le voyiez.

— Gary, fit Spencer McGrath, le sermonnant, tu es en liberté surveillée. Si tu es dans un bar et que tu te bagarres, ils te reflanqueront en prison. Si tu ne tiens pas le coup à l'alcool, reste tranquille. »

Plus tard ce matin-là, Gary vint le trouver. « Spencer, j'ai réfléchi, dit-il calmement, et je crois que vous me disiez ça pour mon bien. Je m'en vais cesser de boire. »

Spencer acquiesça. Il essaya de se faire encore plus précis. Imaginons que lui, Spencer McGrath, soit allé dans un bar, qu'il ait bu quelques verres, qu'il se soit lancé dans une bagarre et que la police soit venue et l'ait jeté en prison. Il serait dans un beau pétrin, non ? Mais ce ne serait rien auprès de ce qui arriverait si Gilmore se faisait ramasser. Ce serait une infraction délibérée à sa mise en liberté sur parole.

« Spencer, demanda Gary, êtes-vous jamais allé en prison ?

— Ma foi, non », dit Spencer.

Gary attendait Nicole pour déjeuner, mais comme elle ne venait pas, il s'installa auprès de Craig Taylor, le contremaître. Ils étaient maintenant assez amis pour prendre leurs repas ensemble de temps en temps. Ça se passait bien parce que Gary aimait faire la conversation et que Craig ne disait jamais un mot de plus qu'il n'en avait besoin ; il se contentait de fléchir ses grands bras et ses épaules.

Ce jour-là Gary se mit à parler de prison. De temps en temps, il se lançait sur ce sujet. Ça devait être un de ces moments. Gary mentionna au passage qu'il connaissait Charles Manson.

Il bluffe, décida Craig en clignotant derrière ses lunettes. Ils buvaient de la bière et Gary s'enhardissait, observa Craig, lorsqu'il avait bu quelques bières. « En prison j'ai tué un type, dit Gary. C'était un grand Noir et je lui ai donné cinquante-sept coups de couteau. Puis je l'ai installé sur sa couchette, je lui ai croisé les jambes, je lui ai fourré sa casquette de base-ball sur la tête et je lui ai collé une cigarette au bec. »

Craig remarqua que Gary prenait des comprimés. Un truc blanc. Il appelait cela du fiorinal. Il en offrit une à Craig, qui refusa. Ces pilules n'avaient pas l'air de changer grand-chose à la personnalité de Gilmore. On pouvait dire qu'il était tendu.

Nicole arriva juste au moment où ils avaient fini de manger. Dès que Gary et elle se mirent à parler, Craig comprit qu'ils étaient dans tous leurs états. Ils se serraient les mains et se donnèrent un grand baiser pour se dire adieu. Le baiser, c'était, pour Gary, la façon de montrer qu'il avait une belle pépée et de le faire savoir à tout le monde, si bien que Craig n'en fut pas impressionné. Mais cette façon de se serrer les mains, ça n'était pas pareil. Après ça, Gary eut un comportement bizarre tout l'après-midi.

Craig l'envoya avec un camion de deux tonnes et un gosse qui s'appelait lui aussi Gary, un garçon de dix-huit ans, Gary Weston. Ils étaient chargés d'isoler une maison : ils devaient insuffler dans les murs une couche de plastique, puis poser le matériau isolant. Un travail qui vous desséchait les trous de nez. Un moment Gary alla dans un magasin, prit un paquet de six boîtes de bière et se mit à boire sur le chantier.

Gary Weston ne dit rien. Comme il n'avait que dix-huit ans, il trouvait que ce n'était pas à lui de faire des remarques.

Il était en plein travail quand Gilmore dit : « Si on volait le camion.

— Qu'est-ce que tu veux dire ?

— Revenons ce soir et volons-le. Ensuite on le repeindra et on le vendra. »

Weston ne voulait pas le mettre en colère. « Écoute, Gary, fit-il, on fait un travail d'isolation pour le type qui est propriétaire du camion. On le connaît plutôt bien.

— Oui, on ne peut pas faire ça à un ami », dit Gary, en sirotant sa bière.

Lorsque Weston revint, il raconta l'histoire à quelques ouvriers. Ça les fit tous bien rigoler. De toute évidence, Gary avait un petit coup dans le nez. On ne vole pas un camion.

Avant de quitter l'atelier ce soir-là, Spencer demanda à Gary s'il avait reçu son permis. Gary dit que l'État d'Oregon ne l'avait pas encore envoyé. Voilà maintenant qu'ils n'arrivaient plus à le retrouver. C'était une chose après l'autre.

Spencer dit que puisqu'ils n'étaient pas capables de retrouver l'ancien, Gary devrait s'inscrire pour les leçons de conduite.

Gary dit : « Cet examen, c'est pour les gosses. Je suis un homme et c'est indigne de moi. »

Spencer essaya de le persuader. « La loi, dit-il, est pour tout le monde. Ça n'est pas juste pour toi. (Il s'efforça d'expliquer.) Si j'étais dans un autre État et que je n'aie pas de permis de conduire, on me le ferait passer aussi. Tu crois que tu vaux mieux que moi ?

— Excusez-moi, finit par dire Gary, il faut que j'appelle Nicole. (En partant il dit :) C'est un bon conseil. Merci, Spencer, pour le bon conseil. » Et il fila.

Le message que Nicole lui avait apporté au déjeuner, c'était que Mont Court était allé jusqu'à leur maison de Spanish Fork pour lui annoncer que Pete portait plainte pour voies de fait et que Gary était dans une sale situation s'il ne la retirait pas.

Gary lui dit de ne pas s'inquiéter et ils se serrèrent longuement les mains.

Toutefois, dès l'instant où elle eut dit au revoir à Gary, Nicole commença bel et bien à s'inquiéter. C'était comme si un médecin était venu à la maison pour lui annoncer qu'on allait l'amputer des deux jambes. Quelle étrange entrevue. Mont Court était un grand mormon, bel homme, dans le style capitaine d'équipe de natation ou d'équipe de tennis, plutôt blond et un peu collet monté. Il était très intimidé par la sœur de Nicole, April, qui était assise dans la Mustang de sa sœur quand il était arrivé. April avait dû le trouver à son goût, ou peut-être qu'il faisait simplement trop chaud – on ne savait jamais pourquoi April faisait certaines choses – mais elle avait ôté son bain de soleil et elle était assise, le dos nu, appuyée à la vitre de la voiture lorsqu'il sortit. Mont Court prit soin de passer derrière la voiture pour ne pas être pris à lorgner les seins nus d'April par le pare-brise. Nicole aurait bien voulu en rire, mais elle était malade.

Elle connaissait l'esprit de Gary. Ne t'inquiète pas. Ne t'inquiète pas, parce que je suis sur le point de tuer Pete. Elle décida qu'elle ferait mieux d'aller parler elle-même à Galovan.

Il vivait dans une misérable petite cabane derrière la maison de Vern. Elle essaya de lui expliquer que Gary avait ses problèmes et qu'il tentait de les résoudre. Elle dit que ça n'avancerait personne si Gary retournait en prison. Pendant tout ce temps-là, Pete, vêtu d'un vieux T-shirt taché de transpiration et d'un pantalon sale, n'arrêtait pas de lui dire un tas de stupidités. Il expliquait que Gary l'avait méchamment cogné.

Elle s'efforçait de rester calme et raisonnable. Elle voulait expliquer la mentalité de Gary sans s'énerver. Pete, fit-elle, ce type a été bouclé longtemps. Il faut un moment pour s'habituer à la liberté.

Pete Galovan ne cessait de l'interrompre. Il ne voulait rien entendre. Ça n'était qu'une grosse brute. « Ce type est dangereux, dit Pete, il a besoin d'être soigné. (Puis il ajouta :) J'ai travaillé dur et longtemps, et je ne devrais pas avoir à supporter ce genre de choses. Il m'a maltraité. Maintenant j'ai mal. »

Elle continuait à jouer sur sa compassion. Pete devait bien comprendre ce qu'elle disait, fit-elle. Il se rendait bien compte qu'elle aimait Gary et que l'amour était la seule façon d'aider vraiment quelqu'un.

« L'amour, reconnut Pete, est la seule façon d'introduire la puissance spirituelle de Dieu dans une situation.

— C'est vrai, fit Nicole.

— Mais c'est une situation difficile. Votre ami est rudement loin. À mon avis c'est un tueur. Il veut me tuer. »

À ce moment-là, elle trouvait Galovan si épouvantable qu'elle dit : « Si vous portez plainte, il sera libéré sous caution. Et alors il vous aura. (Elle ne détourna pas les yeux.) Pete, même s'ils l'enferment, il est encore plus important que ma vie. Il est beaucoup plus important pour moi que votre vie. Si lui ne vous descend pas, moi, je le ferai. »

Elle n'avait jamais prononcé de paroles auxquelles elle croyait davantage. Elle sentit le choc secouer Pete comme s'il saignait de partout à l'intérieur.

IV

Dans sa dix-huitième année, Pete mit de l'argent de côté pendant neuf mois pour devenir missionnaire mormon. Il n'était à l'étranger que depuis quatre mois et demi, lorsqu'il eut sa première dépression nerveuse. Il avait dix-neuf ans. Toutefois, durant cette période, il ramena à l'Église neuf convertis.

Ça faisait deux par mois. Le taux moyen de jeunes missionnaires, comme lui opérant en France, était de deux convertis par an.

Il se passionna à tel point pour sa mission qu'il se mit à avoir d'étranges expériences religieuses. Il était convaincu de pouvoir convertir le président Kennedy qui se rendait en France en visite officielle. Lorsque l'Église mormone annonça à Pete qu'on le faisait rentrer, Pete crut que c'était parce qu'on voulait faire de lui une autorité en matière de conversion. Quelle déception lorsqu'on le fit rentrer à l'hôpital pour lui donner du lithium.

Il en sortit bientôt et attribua sa guérison à la prière, mais il n'avait pas le sentiment que Dieu l'avait traité avec équité en lui infligeant cette dépression. Aussi, à l'âge de vingt ans, eut-il sa première expérience sexuelle. Il savait fort bien qu'un missionnaire mormon n'était pas censé avoir des relations sexuelles avant ou pendant une mission, mais il était plein d'amertume contre Dieu. Juste après, sachant qu'il avait mal agi, il alla trouver son évêque pour tout lui raconter. Pete resta alors chaste pendant cinq ans. Il fit un tas de métiers et voyagea à travers toute l'Europe d'un chantier de construction à un autre, mais il restait chaste.

Plus tard, vers 1970, mécontent de son existence et de ses recherches, il séjourna avec un ami, Seattle, et travaillait comme gardien chez Boeng. Un soir il écouta par hasard une station consacrée aux émissions religieuses et que les gens appelaient par téléphone pour demander des prières. Pete ne connaissait pas grand-chose de l'émission, mais lorsqu'il téléphona, il mentionna l'Église mormone et ses croyances, et des mormons, qui se trouvaient écouter l'émission, informèrent le président de la Branche de Seattle qui s'empressa de lui dire de ne plus téléphoner à ces gens. L'Église ne voulait pas que Galovan se montrât en public. Il n'était pas affecté à ce genre de travail. Pete en fut mortifié. Il essayait seulement d'aider les gens. Il demanda donc par écrit à être excommunié. Il ne voulait pas laisser l'Église mormone imposer des limites à son désir d'aider.

Il travailla avec le Mouvement de Jésus, habita dans la Maison de Joshua, au nord de Seattle, passa à la télévision et tint de nouveau des propos contre l'Église mormone. Son père fut convoqué par le prophète Spencer Kimball en personne. « Qu'allez-vous faire de votre fils ? » demanda le prophète. Son père répondit : « Laissez-le tranquille. C'est l'œuvre de Dieu. Il reviendra plus fort que jamais. »

Pete se rendit à Hawaï et rencontra Pat Boone, il essaya de vivre dans une communauté avec vingt-cinq personnes et répondait à une ligne téléphonique réservée aux drogués. Il fut témoin de suicides et de guérisons. Il travailla avec des membres de toutes religions. Il décida que sa mission était d'aider la réforme de l'Église mormone.

Mais il craqua. On le mit à l'hôpital et on lui fit suivre une thérapie de groupe avec traitement au lithium. Il sentait l'esprit d'Élie tout au fond de lui-même et savait que le monde parviendrait à la paix. Il revint en Utah et trouva une place de concierge. Regagner l'Église lui donna de l'énergie dans toutes ses entreprises. Il finit par diriger une agence de concierges, plus une entreprise de nettoyage et en arriva au point où il parvint à assurer l'entretien d'un certain nombre d'entreprises industrielles avec vingt personnes travaillant sous ses ordres. Mais, porté par la réussite, il forniqua avec un certain nombre de femmes et perdit ses concessions. Alors il rencontra Elizabeth.

Elle avait réussi à vivre seule, à gagner sa vie et à s'occuper de ses sept enfants. Pete lui dit : « Je suis un grand homme d'affaires, je peux m'occuper de tout ça pour vous. » Elle répétait sans cesse : « Je ne me sens pas bien. » Elle expliquait qu'on ne devrait pas être accablé comme ça. Elle finit par accepter de l'épouser.

Il régnait une certaine tension entre Pete et les enfants. Il avait son caractère, Elizabeth avait le sien, les gosses avaient le leur.

L'entreprise de nettoyage opérait la nuit et Pete dormait dans la journée. Les gosses n'avaient pas le droit de faire de bruit. Un jour, Daryl, un fils d'Elizabeth, passa son poing à travers la fenêtre. Un des enfants dit : « Maman, ça suffit. Si tu restes avec lui, on se taille. » Elle dut expliquer que c'était Pete qui payait la nourriture.

Ils se marièrent en juillet 1975. En octobre, il projeta un des gosses à travers la pièce. On appela la police. Les enfants pleuraient, Pete pleurait : ils se séparèrent.

Depuis que l'Église lui avait fait perdre ses concessions, ses affaires à Ogden commençaient à décliner. Ses clients étaient des mormons estimés et il se mit à les perdre, un contrat suivant l'autre. Il faillit bien avoir une autre dépression nerveuse.

Il alla voir Elizabeth, qui s'était installée à Provo, et passa la nuit avec elle. Le lendemain il s'installa à l'hôtel Roberts, juste au coin de chez Vern Damico. Ensuite, il vint vivre dans le sous-sol de Vern. Il fut engagé par le service de l'Éducation nationale de Provo, trouva une place de conducteur de car à mi-temps et d'autres emplois accessoires et gagna assez d'argent pour aider à l'entretien d'Elizabeth.

Le 14 mai 1976, toutefois – le lendemain du jour où Gary rencontrait Nicole – Pete et Elizabeth divorcèrent. Ils étaient toujours amis, mais elle ne cessait de répéter que ça n'était pas juste. Il devrait vraiment être amoureux de quelqu'un qui l'aimerait, disait-elle, et non pas vivre ce cirque de nuits et de week-ends de travail.

V

Maintenant, il était assis sur le lit de sa petite cabane, il se sentait sale et épuisé parce qu'il avait besoin de sommeil. Devant lui il y avait le visage de cette Nicole qui disait qu'elle était prête à le tuer s'il portait plainte. Pete se sentait si malheureux qu'il en aurait pleuré. Cette fille, qui selon lui avait bon cœur mais avait mené une rude existence, cette fille qui était humble et non pas frivole, le détestait beaucoup.

Et puis il avait peur. Il n'avait pas le temps de réfléchir au problème. Pourtant, au début, ça ne l'effrayait pas au point de lui faire mal. Ça l'aiguillonnait à l'intérieur. Nicole aimait assez Gary pour être prête à commettre un meurtre pour lui. Ça faisait mal à Pete qu'une femme ne l'ait jamais aimé autant.

Il réfléchissait à ça, remâchant toutes les tristesses de ces pensées, il était navré et touché par Nicole. « Allons, dit-il, détendez-vous, calmez-vous. Peut-être que ce type mérite une nouvelle chance. (Et il ajouta :) Je vais retirer ma plainte. »

Il se mit à genoux. « Avec votre permission, lui dit-il, j'aimerais dire une prière avec vous. »

Nicole dit d'accord.

« C'est pour vous et pour Gary. Vous allez tous les deux en avoir besoin. »

Il pria le Seigneur d'avoir pitié de Nicole et de Gary et de les bénir, il Lui demanda que Gary apprenne à se contrôler un peu. Pete ne se souvenait pas de tout ce qu'il dit dans la prière, ni même s'il tenait la main de Nicole en priant. On n'était pas censé se rappeler ce qu'on disait dans les prières. C'était sacré sur le moment et ce n'était pas fait pour être répété.

Lorsque Nicole ressortit, un grand calme régnait dans la pièce et Pete se sentit assez heureux pour aller rendre visite à Elizabeth. Toutefois, le temps d'arriver là-bas, il était de nouveau bouleversé. On sentait l'horreur s'abattre sur la ville de Provo. Il s'assit sur le divan, raconta ce qui s'était passé avec Nicole et éclata en sanglots. « C'est un homme très dangereux, dit Pete, et il va mc tuer. » Plus Pete s'énervait, moins Elizabeth manifestait d'inquiétude. Elle lui dit de se calmer.

Pete lui dit qu'il allait prendre une assurance sur la vie et l'inscrire comme bénéficiaire. Cela fit une impression épouvantable à Elizabeth. Pete dit : « Si je ne peux pas te donner de l'argent d'une façon, je m'arrangerai comme ça. » Puis il lui demanda de l'épouser. Une fois de plus elle dit non.

« Je retire ma plainte, répéta Pete. Je ne vais pas porter plainte. (Un silence.) Et pourtant je crois que je devrais la maintenir. »

Le lendemain, Pete alla prendre une assurance sur la vie, puis il se rendit au temple de Provo et inscrivit le nom de Gary sur la liste, pour que les gens prient pour lui.

8. La réparation

I

Le dimanche matin de bonne heure, alors qu'ils paressaient au lit, Gary demanda à Nicole de raser sa toison pubienne. Il en parlait depuis deux semaines. Cette fois, elle dit oui. Tout en grimpant dans la baignoire, elle pensait : « Ça représente vraiment quelque chose pour lui. »

Il l'aida. Il se servait d'une grande paire de ciseaux, il faisait très attention et souriait beaucoup. Nicole se sentait intimidée, mais elle aussi pensait que c'était la chose à faire. Ce n'était pas tant de couper les poils qui l'inquiétait que l'idée de ce à quoi ça ressemblerait peut-être après.

Il la porta de la baignoire jusqu'au lit et pour la seconde fois elle eut un orgasme avec Gary. Elle savait que c'était un peu parce qu'elle se retrouvait comme une gosse de six ans. Un bref instant elle évoqua le souvenir d'oncle Lee en se sentant transportée à travers la pièce.

Ce dimanche matin-là, cette petite toison rasée suffit à déchaîner Gary. Depuis l'histoire avec Pete, il adorait deux fois plus Nicole. Maintenant il était vraiment fou d'elle.

Ce même soir, Laurel vint avec ses cousins et une amie qui s'appelait Rosebeth. Quand Gary et Nicole revinrent de leur promenade, les obligations de Laurel comme baby sitter étaient terminées et elle rentra chez elle. Mais Rosebeth resta. Elle soupirait rien qu'à regarder Gary. Nicole se mit à rire. Rosebeth était si jeune, si mignonne, et elle avait un tel béguin pour Gary. Le lendemain soir, elle revint toute seule et, sans y réfléchir, Nicole invita Rosebeth à donner un baiser à Gary. Puis ils se mirent tous à rire et Nicole donna aussi un baiser à Gary. Ils en arrivèrent à un tel point qu'ils se retrouvèrent tous déshabillés et vautrés dans le lit.

On ne pouvait pas appeler ça une orgie, à proprement parler. Rosebeth resta vierge. Toutefois elle était prête à n'importe quoi. C'était gentil. Nicole aimait bien cette idée de faire ce cadeau à Gary.

Pendant le week-end, ils recommencèrent. Une fois, Rosebeth vint dans la journée et Gary ferma les portes et les fenêtres. Comme les gosses du voisinage traînaient dans les parages, on les sentait qui s'énervaient un peu dehors. Dieu sait ce que les voisins entendaient. Ça ne se passait pas dans le silence. Nicole commença à s'affoler un peu. Si jamais le bruit se répandait que Gary faisait des bêtises avec des mineures, ça risquait de bousiller son dossier. Puis l'idée vint à Nicole qu'elle n'était pas dans une situation si brillante non plus. On pourrait lui retirer ses enfants.

Elle se mit à penser à Annette. Nicole était persuadée que Gary avait dû avoir des idées de derrière la tête lorsqu'il avait donné à Annette ce petit baiser sur la joue. C'est vrai qu'il adorait les jeunes filles. Mais Nicole était tout aussi certaine qu'il n'aurait jamais rien fait, sur le plan physique. Aussi, du point de vue de Nicole, Pete était complètement à côté de la plaque. D'ailleurs, Nicole ne se sentait pas prête à arrêter les choses avec Rosebeth.

En fait, elle adorait la façon dont la jeune fille percevait la nouveauté de la chose. Le sexe n'avait jamais été nouveau pour Nicole. Que ç'aurait été merveilleux si elle avait été initiée comme Rosebeth. C'était excitant de regarder Gary la faire s'épanouir. Bien sûr, Gary pouvait aussi se montrer très exigeant avec la petite et lui ordonner de le sucer à fond, des choses comme ça. Ça l'excitait, la manière dont Rosebeth témoignait son gros béguin.

Puis Nicole se trouva confrontée à un autre problème. Pendant la semaine, quand Gary était au travail et que Rosebeth venait, Nicole avait envie de continuer avec elle. Elle se demandait si elle n'était pas en train de s'enfoncer un peu plus de ce côté-là du sexe.

II

Deux jours plus tard, après le travail, Gary s'arrêta chez Val Conlin afin de faire un paiement pour la Mustang. Il avait déjà manqué le premier versement et Val n'était pas content. Bien sûr, ce n'était pas un incident grave. La moitié des gens à qui Conlin vendait des voitures avaient tôt ou tard des retards dans leurs paiements. Ça faisait partie de l'histoire de la vie de Val, une histoire du style vous-parlez-d'une-réussite.

Au cours des quinze dernières années, Conlin, directeur général de Buick-Chevrolet à Orem, en était arrivé à devenir concessionnaire Lincoln-Mercury. Puis il avait eu une violente querelle avec la société Ford, une autre avec son associé et le litige n'était pas réglé que, du plus grand vendeur de voitures neuves du Comté de l'Utah, il était devenu le plus petit revendeur de voitures d'occasion. Vous parlez d'une réussite. Le garage D. J. Motors vendait de très vieilles voitures plus souvent que des voitures un peu plus récentes ; il les vendait pour une petite somme comptant, le reste, quand on pouvait. Ses acheteurs étaient des gens au chômage qui touchaient une petite pension, d'anciens détenus, de vieux chevaux de retour qui ne pouvaient avoir de crédit nulle part ailleurs.

Val était un grand type mince avec des lunettes et un air vif et aimable. Il était bâti comme un joueur de golf : les épaules souples, un soupçon de brioche. Ce jour-là il portait un pantalon à carreaux rouges et une chemise de sport jaune pâle. Gary était tout crasseux d'isolant dont la poussière lui recouvrait le visage et les vêtements. Il était d'un jaune un peu pâle, assorti à la chemise de Val.

Conlin entreprit alors de faire la leçon à Gary pour ne pas lui avoir effectué le versement prévu. Comme D. J. Motors occupait ce qui était auparavant un petit restaurant miteux, sa salle n'était pas assez grande pour exposer des voitures. Il n'y avait que deux bureaux, une douzaine de chaises et les gens qui attendaient. Tout ce que Val Conlin avait à dire, on l'entendait.

« Gary, déclara-t-il, je ne veux pas commencer à aller frapper aux portes. Je t'ai expliqué comment ça marche. Nous essayons de fixer des versements que les gens puissent respecter. On est tombé d'accord pour estimer que tu pourrais me verser cinquante dollars tous les quinze jours. Alors ne va pas me raconter que tu vas me donner cent dollars la semaine prochaine ou deux cents le mois prochain. Il faut que tu arrives à verser l'argent à l'heure.

— Cette voiture ne me plaît pas, dit Gary.

— Ah ! fit Val, ça n'est pas un vrai bolide.

— Au feu vert, elle reste sur place. Je suis gratté par toutes les autres bagnoles. C'est une mauvaise voiture.

— Mon vieux, dit Val, expliquons-nous franchement. Quand vous achetez une voiture ici, c'est moi qui vous rends service. Vous ne pouvez en acheter à personne d'autre qu'à moi.

— Ce que je voudrais, c'est une camionnette.

— Fais-moi les versements à l'heure. Quand tu auras payé celle-ci, on pourra l'échanger contre une camionnette. Mais, Gary, je veux mes cinquante dollars tous les quinze jours. Sinon, plus de voiture. »

Gary alla encaisser sa paye et lui donna cinquante dollars.

Cette nuit-là, ça ne marcha pas bien au lit pour Nicole et Gary. Ça dura trop longtemps et une fois de plus il se retrouva aux trois quarts en érection, puis à moitié et ça finit par ne plus aller du tout. Gary se leva, s'habilla, sortit de la maison en trombe et alla dormir dans la voiture. Nicole était folle de rage et ça n'arrangea pas les choses qu'il ait réveillé les gosses au passage.

Elle se dit que si elle voulait l'adoucir, il faudrait qu'elle se calme d'abord. Après tout, ce n'était pas la première fois qu'il quittait la maison en claquant la porte pour aller s'installer dans la voiture. En général, c'était quand le bruit des enfants lui tapait sur les nerfs. Elle savait, d'après ce qu'il lui avait raconté, que le niveau du bruit en prison était toujours élevé et il avait les oreilles extrêmement sensibles. Dieu sait pourquoi, avec toutes ces années qu'il avait passées en taule, il n'arrivait pas à s'habituer au bruit.

Elle réussit à calmer les enfants, elle leur donna du lait chaud, les borda et s'en alla jusqu'à la Mustang de Gary. Il était assis derrière le volant, muet comme une carpe. Elle ne parla pas pendant dix minutes. Puis elle posa une main sur lui.

De temps en temps, Gary parlait d'un rêve. Cette nuit-là, assis dans la voiture, il en reparla. Il croyait qu'autrefois, dans une autre vie, il avait été exécuté. Qu'on lui avait coupé la tête.

Dans le rêve, il était question de vieillesse. Quelque chose de laid, de vieux et de moisi. En l'entendant parler, elle en avait le frisson. Elle pensait à la façon dont il s'éveillait souvent, baigné de sueurs froides. Une fois il lui avait parlé d'un autre rêve où on le mettait dans une boîte, puis dans un trou du mur, qui avait une porte comme un four.

III

Le week-end suivant, Gary tomba sur Vern. Ils se dévisagèrent. Bonté divine, se dit Vern, il me regarde d'un sale œil. « Tu ne crois pas que je sois vraiment un homme, n'est-ce pas ? lui demanda Gary.

— Peut-être bien », dit Vern. Puis il fit demi-tour et s'éloigna. Après, il le regretta.

Le même jour, pendant que Toni rendait visite à Brenda, Gary passa. Toni ne savait pas quoi dire. Elle n'allait pas accuser Gary : le pauvre diable avait déjà été accusé d'assez de choses dans sa vie. D'un autre côté, elle ne trouvait pas bien de laisser passer tout ça sans rien dire. Annette était une belle jeune fille et Gary avait peut-être eu des intentions.

Elle passa dans la cuisine se faire une tasse de café et Gary, au même moment, sortit de la salle de bains. Ils furent obligés de se regarder en face.

« Toni, fit Gary, tu ne m'as pas parlé de cette histoire avec Annette. » Elle répondit : « Gary, s'il y a quelque chose à dire, je vais le dire. » Il lui prit la main et dit : « Mon chou, je ne te ferais jamais de mal à toi, ni à ta famille. » Il y eut un silence. Toni le croyait. C'est-à-dire qu'elle croyait pouvoir accepter ce qu'il disait. Malgré tout, elle avait l'impression aussi qu'elle n'allait plus laisser Annette seule avec lui. Il y avait toujours un risque. « Gary, répondit-elle enfin, je suis d'accord avec toi, mais, n'oublie pas, je suis d'abord une mère. » Il sourit et dit : « Si ça n'était pas le cas, tu me décevrais. » Il lui donna un baiser sur la joue et revint dans le salon.

Brenda essaya d'amuser Gary en lui racontant une histoire à propos de Val Conlin. Au bon vieux temps, quand Val avait la concession Lincoln-Mercury, il jouait toujours les personnages importants au Country Club de Riverside. Il était du genre à claquer des doigts pour appeler les serveuses. Un jour, Brenda servait à sa table et avait trouvé Val un peu brusque. Alors elle avait dit : « Ça vous plairait si je vous versais le potage sur la tête ?

— Ça vous plairait, avait répliqué Val, de vous faire flanquer à la porte pour cette remarque ?

— Je dirais à mon patron que vous mentez », avait-elle répondu.

Gary éclata de rire. Il la prit dans ses bras et la souleva en l'air sans effort. Étant donné qu'elle pesait soixante-dix kilos à l'époque, il était rudement fort. Comment avait-il pu se faire battre par Pete ?

Gary avait dû lire ses pensées. « Brenda, dit-il, ça n'est pas encore fini. En prison, on ne laisse pas les choses comme ça en suspens. »

IV

Le samedi suivant, Gary et Nicole avaient encore l'intention d'aller faire un tour dans les canyons, mais les deux Mustang leur créaient des ennuis. Nicole se posait des questions sur leur chance. Toute la semaine dernière, la voiture de Gary avait eu chaque matin sa batterie à plat. Comme il fallait la pousser, il arrivait en retard à son travail. Ce samedi-là, il décida même d'aller voir Spencer McGrath qui trouverait peut-être ce qui n'allait pas.

Spencer vit tout de suite qu'il fallait probablement une batterie neuve. « La vieille n'a rien de mal, lui dit Gary.

— Comment le sais-tu ? » fit Spencer. Gary dit : « Ma foi, elle m'a l'air bien. » Spencer éclata de rire. « On ne peut pas le dire en regardant. »

Spencer alla jusqu'à l'atelier, prit un pèse-acide et vérifia. Le degré était terriblement bas. « La batterie, annonça-t-il, a un élément mort. » Gary dit : « Alors, qu'est-ce que je vais faire ? » Spencer dit : « Tu en achètes une neuve. Ça vaut de vingt à trente dollars. » Gary dit : « Fichtre, je ne les ai pas. » « Tu as été payé hier », reprit Spencer. « Je sais, dit Gary, mais j'ai fait le versement pour la voiture et il ne me reste pas grand-chose. » Spencer dit : « Comment vas-tu tenir jusqu'à vendredi ? » Gary répondit : « Je me débrouillerai. Seulement je n'ai pas assez pour acheter une batterie neuve. » Spencer lui prêta trente dollars.

Une demi-heure après, Gary était de retour. Au supermarché il avait trouvé un bijou pour vingt-neuf dollars quatre-vingt-quinze. Avec la taxe, ça faisait trente-deux. Spencer dit : « Tu as dû prendre deux dollars de ta poche ? » Gary dit : « Ma foi, oui. » Spencer reprit : « Gary, comment vas-tu te débrouiller cette semaine ? » Gary répondit qu'il ne savait pas. Spencer lui donna encore un billet de cinq pour l'essence et dit : « Termine de payer la voiture. Ensuite, on s'arrangera. »

Les trente-deux dollars pour remplacer la batterie marquèrent le début d'une vraie série de malchances. Le lundi soir, pensant qu'il allait lui faire une surprise, Gary passa prendre Nicole à l'auto-école, trouva la dame de ses pensées qui déambulait dans le hall avec quatre types dans son sillage. Dès qu'elle vit Gary, elle se précipita, lui fit un grand sourire et s'efforça de faire comprendre à tout le monde qu'elle était à lui. Mais elle se rendait compte de l'effet qu'elle faisait. Sur le chemin de la maison il dit : « Je ne veux pas t'attacher. » Elle savait qu'il pensait à oncle Lee, à Jim Barrett, à la partouze de trois jours, à deux ou trois autres mecs et à la vie qu'elle avait menée.

Il en parla à Sterling. « Elle est libre. Je ne veux pas empiéter sur sa liberté », dit-il. Il traversa jusqu'au cimetière sur lequel donnaient toutes les maisons de la rue de Sterling, et celui-ci l'accompagna. Il y avait une tombe qui n'avait pas de fleurs. La tombe d'un petit garçon. Gary alla prendre une fleur sur chacune des autres tombes et les déposa dans un petit vase rouillé près de la pierre du gamin. Puis ils se mirent à fumer un bon joint. Tout de suite Gary dut sortir du cimetière. Il expliqua à Sterling qu'il se voyait dans une tombe.

Un soir, à peu de temps de là, Rikki était chez Sterling et Gary se mit à l'asticoter pour l'affronter au bras de fer. Il s'était vanté auprès de Nicole d'avoir battu son frère. Ils s'installèrent.

Nicole ne savait pas si Gary était fatigué par la nuit précédente, mais cette fois ce fut Rikki qui l'emporta. C'est-à-dire, il allait gagner, mais Gary tricha de façon visible, allant même jusqu'à lever son coude de la table.

Gary voulut alors essayer avec l'autre bras. Rikki lui régla vite son compte. Gary prit un air mauvais. En rentrant de chez Sterling, il s'arrêta dans une petite épicerie qui était constamment ouverte de jour comme de nuit et il en ressortit après avoir piqué deux paquets de six boîtes de bière.

C'était risqué de voler dans un établissement aussi petit, mais il avait une technique. Il prenait deux paquets, pas un seul. Aucune hésitation dans sa démarche. En même temps, il réussissait à prendre un air très désagréable. On n'allait pas s'amuser à interrompre le cours d'aussi sombres pensées pour lui demander s'il avait payé la bière.

Au début, c'était drôle. Maintenant, ça commençait à taper sur les nerfs de Nicole. Chaque fois que quelque chose agaçait Gary, il jouait au brave. Nicole avait toujours été prête à piquer aux étalages si elle avait besoin de quelque chose ; maintenant qu'ils étaient ensemble, elle aurait peut-être été la première à le faire, mais ce fut Gary qui lui montra vraiment comment sortir d'un magasin avec quelque chose. Pendant un moment, ce fut drôle. Puis elle remarqua que si quelque chose n'allait pas, il chapardait pour leur remonter le moral.

Et puis après, il buvait sa bière. C'était toujours à la bière qu'il carburait. Elle en vint à s'apercevoir qu'il n'y avait pas eu plus de deux ou trois soirs où il n'avait pas bu. Elle essaya de tenir son rythme, mais elle n'aimait pas beaucoup ça. Il ne lui laissait même pas de bière. Il n'aimait pas la gâcher. Si elle ouvrait une boîte, il insistait pour la lui faire finir.

Nicole était un peu ennuyée de voir que non seulement Gary piquait des choses, mais qu'il le racontait à tout le monde. Il s'en vantait même auprès de son oncle. Ça n'allait déjà pas si bien, mais voilà que Gary s'était cru obligé de passer pour lui offrir un carton de bière. Quand Vern remarqua qu'il y en avait deux autres dans le coffre de la Mustang, il demanda à Gary comment il pouvait se le permettre.

« Je n'ai pas besoin d'argent », fit Gary.

« Tu te rends compte, dit Vern, que tu violes ta parole ?

— Ça n'est pas toi qui me dénoncerais, non ?

— Je pourrais, dit Vern. Si ça continue, je pourrais bien te dénoncer. »

Un jour, il rentra à la maison avec des skis nautiques et ça agaça Nicole. Ça ne valait vraiment pas le risque. Il volait quelque chose qu'il ne pourrait probablement pas vendre plus de vingt-cinq dollars, et pourtant le prix porté sur l'étiquette était plus de cent dollars. Ça voulait dire que c'était du vol qualifié. Nicole avait horreur d'habitudes aussi stupides. Il risquait de tout compromettre pour vingt-cinq dollars. Elle constata que c'était la première fois qu'elle le prenait en grippe.

Comme s'il le sentait, il lui raconta alors la pire histoire qu'elle eût jamais entendue. C'était super dégueulasse. Voilà des années, alors qu'il était encore un gosse, il avait fait un cambriolage avec un type qui était un vrai sadique. Le directeur du supermarché était là, tout seul après la fermeture, et ne voulait pas leur donner la Combinaison du coffre. Alors l'ami de Gary avait emmené le type en haut, il avait chauffé un fer à friser et le lui avait fourré dans le cul.

C'était plus fort qu'elle : elle éclata de rire. L'histoire la frappa. Elle s'imaginait ce gros directeur de supermarché essayant de garder son argent malgré le fer qui lui entrait dans le cul. Elle riait aussi en pensant à tous ceux qu'elle détestait : ceux qui avaient des tas de choses et qui ne voulaient rien lâcher.

V

Pour la première fois, elle passa la journée à se dire qu'elle ne devrait pas tant vivre avec Gary. Il y avait une partie d'elle-même qui ne souhaitait pas rester près d'un homme pendant une aussi longue période, mais dès qu'elle se rendit compte de ce qu'elle ressentait, Nicole comprit qu'elle ne pourrait pas le lui dire. Lui s'attendait à sentir vibrer leurs âmes à l'unisson. De plus en plus, pourtant, un sentiment désagréablement familier revenait. C'est comme ça qu'elle était lorsqu'elle devait s'adapter à quelqu'un. Elle n'arrivait à reculer ça qu'un certain temps. Pourtant elle se sentait mieux avec Gary qu'avec n'importe qui d'autre, mais ça n'allait pas changer le fait que, lorsqu'elle était de mauvaise humeur, c'était comme si elle avait deux âmes et que l'une d'elles aimait Gary beaucoup moins que l'autre. Bien sûr, il éprouvait peut-être la même chose. Il ne pouvait pas l'aimer à ce point-là lorsqu'ils avaient des discussions de plus de cinq heures.

Ça arriva le soir où il avait rapporté à la maison les skis nautiques. Le lendemain matin, elle se demanda si ça avait quelque chose à voir avec Barrett. Jim était passé l'autre jour pendant que Gary était allé faire des courses. Il avait franchi la porte le plus naturellement du monde après avoir été absent pendant des mois. C'était peut-être juste un réflexe conditionné, mais ça lui avait quand même fait quelque chose.

Après le départ de Barrett, elle eut des remords de n'avoir pas dit toute la vérité à Gary. Elle n'avait aucun respect pour Barrett, c'était vrai. C'était une vraie lope. Mais elle n'avait pas expliqué à Gary qu'il était malin comme une anguille lorsqu'il s'agissait de s'introduire dans la place. Aussi, quand Gary rencontra Jim cette première fois, il n'avait pas trop roulé les mécaniques. Bien sûr, Barrett se conduisait juste comme s'il était le père de Sunny et satisfait d'être toléré. Quand même Nicole avait l'impression de garder un secret honteux. Parce que Barrett pouvait vous passer une cigarette et en faire tout un cinéma. Ça vous chatouillait la mémoire comme s'il vous chatouillait la paume de la main. Il laissait entendre qu'on avait un don.

Ces deux dernières nuits, elle avait rêvassé un peu aux bons côtés du passé avec Jim pour se mettre plus dans l'ambiance avec Gary. Barrett savait toujours choisir son moment, alors que Gary – elle devait bien l'admettre – commençait à perdre de sa finesse. Depuis Rosebeth, Gary voulait faire l'amour sept fois par semaine. Ça pouvait leur arriver de sauter un soir, mais ils se rattrapaient en le faisant deux fois le lendemain. C'était son idée à lui, pas à elle. Elle préférait un jour ou deux de différence, mais il insistait toujours.

Ce soir-là, de 7 heures à minuit, Nicole et Gary se disputèrent d'abord à propos des skis nautiques, puis à propos de tout le reste. Elle finit par convaincre Gary qu'elle n'avait pas envie de faire l'amour avec lui. Il y avait eu trop de hauts et de bas. Si elle avait un don, ça n'était pas Gary qui rendait ça évident. Pas avec ses exigences de lui faire ceci et cela. Maintenant il voulait se faire sucer. Elle regarda Gary et dit : « J'ai horreur de faire des pipes. »

Le fiorinal lui avait rendu le regard un peu vitreux, mais les paroles de Nicole le touchèrent quand même. Il s'en alla. Il partit à minuit et ne revint qu'à 2 heures du matin. Il avait à peine franchi le seuil qu'il lui redemandait de le sucer.

« Pourquoi ? » demanda-t-elle. Comme une conne. « Fais-le parce que je veux que tu le fasses », dit-il. Ce fut aussi pénible que leur première nuit ensemble. Ils ne finirent par s'endormir qu'à 5 heures. À 5 heures et demie, Gary était debout, comme un dingue, prêt à s'en aller travailler.

VI

Entre minuit et 2 heures, Gary était allé voir Spencer et Marie. Quand McGrath ouvrit la porte, Gary demanda si Marie et lui pouvaient faire un poker à trois.

Marie était déjà au lit, mais elle se leva et prépara du café. Les McGrath, toutefois, n'avaient pas envie de jouer au poker. Pas après minuit. Spencer avait bien du mal à s'empêcher de dire : « C'est un peu grossier de venir aussi tard. »

En fait, ils avaient l'habitude de voir Gary ivre. Ça lui était arrivé deux ou trois fois de passer à des heures bizarres. Une fois il avait vraiment besoin de se calmer. Il s'était mis à parler de ce qu'il allait faire à un nommé Pete Galovan.

Une autre fois, Gary était arrivé alors que Spencer et Marie pique-niquaient dans la cour, derrière. Il était tellement ivre qu'il n'arrivait pas à soulever le loquet de la barrière.

Spencer dut aller lui ouvrir et lui donner quelque chose à manger. Il y avait pas mal d'invités mais Spencer consacra toute son attention à Gary et lui fit boire quelques tasses de café. Gary alors se mit à parler de choses insensées. Par exemple, de réincarnation.

« Est-ce que tu y crois vraiment ? demanda Spencer.

— Oh ! je pense bien, fit Gary.

— Un tas de gens croient que nous revenons dans une autre espèce, comme un cheval ou un insecte, dit Spencer. Ça ne doit pas être commode de mettre un peu d'ordre là-dedans avec toutes ces allées et venues. »

Gary ne penchait pas pour la théorie de Spencer. Lui pensait revenir comme humain. S'il gâchait cette vie-ci, il ferait mieux avec la suivante. « Pourquoi ne pas faire mieux avec celle-ci ? » songea Spencer. Mais il s'abstint de le dire.

Bien sûr, depuis que Gary avait découvert que Spencer s'y connaissait un peu en voiture, il commençait à passer le samedi avec sa Mustang. Un jour il perdit son pot d'échappement et Gary ne savait pas comment le remettre en place. Il n'en avait pas la moindre idée. Ça n'était pas qu'il était paresseux, mais, un mois plus tôt, il aurait pu essayer de réfléchir à la situation. Maintenant, il semblait n'avoir aucune initiative. On aurait dit qu'il était vexé quand quelque chose n'allait pas avec la voiture. Ce qu'il ne voulait pas reconnaître, c'était que ces pépins pourraient bien être dus à son incapacité à conduire intelligemment. Une raison de plus pour Spencer de le harceler pour qu'il commence à étudier le programme du permis de conduire. Autant parler à un mur. On pouvait dire que Gary savait vous obliger à tenir des discours. Spencer aurait aussi peu dormi s'il avait joué au poker.

Il fallait le reconnaître, Gary l'attristait. Au début, il venait toujours demander à Craig Taylor ou à lui-même de jeter un coup d'œil à ce qu'il avait fait. Si Gary saisissait le truc pour faire quelque chose de nouveau, il était ravi lorsqu'on l'en félicitait. Il se pavanait, tout fier. Depuis qu'il vivait avec Nicole, Spencer ne savait pas si ça l'intéressait de faire du bon travail ou pas. On avait plutôt l'impression qu'il venait faire ses heures pour toucher sa paye. Ces shorts en jeans qu'elle portait ! Gary avait l'air de descendre au niveau de cette fille.

Incapable de dormir, Spencer se mit de nouveau en colère en pensant à la façon dont Gary, maintenant, carottait pendant la journée. Il fallait voir le temps qu'il prenait pour déjeuner. Et puis, tous les jeudis, il devait partir de bonne heure pour voir son délégué à la liberté surveillée. Plus les autres moments qu'il prenait sous d'autres prétextes. Pas une semaine ne s'écoulait sans qu'il demande un supplément d'argent et Spencer ne déduisait jamais de sa paye les heures perdues ni le fric qu'il lui donnait de sa poche. Un jour Gary parla bien de faire un tableau pour éponger sa dette, mais à peine Marie et Spencer avaient-ils commencé à y réfléchir que Gary n'en parla plus jamais.

Le lendemain matin, ils n'avaient même pas commencé le travail que Gary demandait si quelqu'un voulait acheter une paire de skis nautiques. Un type vint trouver Spencer pour demander si Gary, par hasard, ne les aurait pas volés. Spencer s'informa : « Ils sont tout neufs ? » Il n'arrivait pas à croire que Gary ait piqué des skis nautiques. Un type pouvait fourrer dans sa poche une paire de boutons de manchettes ou une montre mais comment pouvait-on voler ces grandes planches dans un magasin ?

Spencer se considérait comme quelqu'un de vraiment simple, et pourtant il commençait à se demander si Gary ne fumait pas de la marijuana pendant le travail. Il avait l'air dans un triste état ce matin-là.

« Gary, dit Spencer, parlons de quelque chose de fondamental. Toutes les semaines, tu es fauché. Pourquoi ne prends-tu pas l'argent que tu dépenses à acheter de la bière pour le mettre de côté ? » Gary dit : « Je ne paie pas la bière. » « Eh bien alors qui donc te la donne ? » Gary répondit : « J'entre dans un magasin et je prends un paquet de six boîtes. »

Spencer dit : « Alors, personne ne te pince ? » « Non. » « Ça fait combien de temps que tu fais ça ? » « Des semaines. » Spencer reprit : « Tu voles un paquet de six boîtes de bière tous les jours et tu ne t'es jamais fait pincer ? » Gary répondit : « Jamais. » « Je ne comprends pas, fit Spencer. Comment se fait-il que les gens se fassent prendre et pas toi ? » Gary répondit : « Je suis plus malin qu'eux.

— Je crois que tu te paies ma tête », dit Spencer.

Gary se mit à lui raconter l'histoire du détenu noir auquel il avait donné cinquante-sept coups de couteau. Spencer, cette fois, crut que Gary cherchait à l'impressionner en lui montrant quel dur il était, histoire de voir si ça allait lui faire peur. « Allons, Gary, dit-il, cinquante-sept ; c'est comme les cinquante-sept variétés de potage Heinz. »

Lorsqu'ils eurent fini de rire, Gary annonça la nouvelle à Spencer. Il aimerait partir de bonne heure vendredi.

« Je ne sais pas si tu as remarqué, dit Spencer, mais les autres ne prennent pas d'heures de congé. Ils travaillent toute la journée et ils font ce qu'ils ont à faire après leurs heures de travail. C'est comme ça que ça se fait normalement. »

Cependant, il lui permit de partir plus tôt. Une fois de plus, Spencer se sentait un peu mal à l'aise. Après tout, le gouvernement, avec ce programme de récupération des prisonniers, payait la moitié des trois dollars cinquante de l'heure de Gary. Ça pouvait justifier que Gary ne lui donne qu'une demi-heure par heure.

VII

Un après-midi où Nicole était partie pour voir Kathryne, Barrett vint à la maison de Spanish Fork où il trouva Rosebeth. Lorsque Nicole revint, sa petite amie n'était plus vierge.

D'abord, Rosebeth se contenta de dire que Barrett était passé. « Oh, demanda Nicole, combien de temps ? » « À peu près une heure et demie », dit Rosebeth. Nicole éclata de rire. Si Barrett n'était pas intimidé, il était au lit. Une heure et demie, ça suffisait à Barrett. Voyant que Nicole ne lui en voulait pas, Rosebeth se mit à pouffer. Elle savait maintenant, raconta-t-elle à Nicole, pourquoi Gary n'avait jamais pu le lui mettre. Trop gros. Nicole et Rosebeth eurent une bonne séance de fou rire en attendant que Gary rentre de son travail.

Mais Gary était passé chez Val Conlin. La bière qu'il rapporta était glacée. Après s'être fait engueuler pour ne pas payer à temps, Gary avait pris l'habitude d'apporter un paquet de six boîtes de bière en passant et Val appréciait.

Gary avait envie d'une camionnette. Celle qui était peinte en blanc.

« Mon vieux, dit Val, paye la Mustang et je te trouverai quelque chose de mieux.

— C'est cette camionnette-là que je veux.

— Pas possible sans *mucho mazuma*, dit Val. (La camionnette était à vendre pour mille sept cents dollars.) Écoute, mon vieux, à moins de revenir avec quelqu'un qui se porte caution, cette camionnette est trop bien pour toi. »

Gary se dit qu'il pourrait trouver quelqu'un. Peut-être son oncle Vern.

« Je connais Vern, fit Val, et je ne crois pas qu'il soit de taille pour ce genre de crédit. Mais, si tu veux, fais-lui remplir la demande. On peut toujours voir ce qu'on peut faire.

— O. K., dit Gary, O. K. (Il hésita.) Val, reprit-il, cette Mustang ne vaut rien. J'ai dû mettre une batterie neuve et un alternateur. Ça s'est monté à cinquante dollars.

— Qu'est-ce que tu veux que je fasse ?

— Eh bien, si j'achète la camionnette, je pense que vous pourriez tenir compte de ce que j'ai dû dépenser sur la Mustang.

— Gary, tu achètes la camionnette et on fait un abattement de ces cinquante dollars. Pas de problème. Trouve-moi seulement une caution.

— Val, je n'ai pas besoin de caution. Je peux faire les versements.

— Pas de caution, pas de camionnette. Que ce soit bien entendu.

— Cette foutue Mustang ne vaut rien.

— Gary, c'est moi qui te rends un service. Si tu ne veux pas de la Mustang, laisse cette bagnole ici.

— Je veux la camionnette.

— La seule façon d'avoir la camionnette, c'est d'apporter plein d'argent pour le premier versement. Ou alors reviens avec quelqu'un qui porte caution pour toi ; porte cette demande de crédit à Vern. »

Gary était assis de l'autre côté du bureau, et regardait par la fenêtre la camionnette blanche tout au bout de la rangée. Elle était aussi blanche que la neige qu'on voyait encore au sommet des montagnes.

« Gary, remplis la demande et rapporte-la. »

Val savait ce qu'il faisait. Gary était fou furieux. Il ne dit pas un mot, il prit juste le formulaire, se leva, franchit la porte, roula la feuille en boule et la jeta par terre.

Harper, le vendeur de Val lui dit : « Eh ben, il a l'air excité.

— Je m'en fous pas mal », fit Val. Autour de lui les gens s'énervaient. Il était habitué. C'était sa vie avec vous-parlez-d'une-réussite.

VIII

Ce soir-là ils étaient en train de faire l'amour quand Gary appela Nicole « mon vieux ». Elle prit ça mal. Elle crut qu'il lui en voulait à cause de Rosebeth. Mais, comme il essaya de le lui expliquer par la suite, ça lui arrivait souvent d'appeler de la même façon les hommes et les femmes, « mon vieux », « mon pote », des choses comme ça.

Le matin, c'était encore la Mustang. Sa voiture ne voulait pas démarrer. On aurait cru qu'il y avait quelque chose chez Gary qui, tous les matins, bousillait le circuit électrique.

9. Des ennuis avec la police

1

Kathryne commençait à être très impressionnée par Gary. Ça commença un jour vers l'heure du déjeuner lorsqu'il vint frapper à sa porte. Ça la fit sursauter. Il était si couvert de poussière qu'on aurait dit un homme qui venait de sortir de terre en grattant avec ses ongles.

Il était passé, lui expliqua-t-il, pour jeter un coup d'œil à la chambre qu'elle voulait faire isoler. Kathryne se souvint alors que la fois où Nicole l'avait amené pour lui faire faire sa connaissance, il avait été question d'isoler la chambre du fond. « Très bien, lui dit cette fois Kathryne, très bien. » Elle avait envie de se débarrasser de Gary.

Donc il jeta un coup d'œil et dit qu'il devrait en parler au garçon qui travaillait avec lui. À ce moment-là, ils lui donneraient une estimation. Kathryne dit que c'était vraiment gentil. Seulement, l'après-midi même il était de retour avec un gosse de dix-huit ans qui estima le travail à soixante dollars. Elle dit qu'elle y réfléchirait.

Trois jours plus tard, à l'heure du déjeuner, Gary était de nouveau sur le pas de sa porte. Il parlait vite. Il déclara : « Je me suis dit que j'allais passer prendre une bière avec vous. Vous avez de la bière ? » « Ma foi », dit Kathryne, elle n'en avait pas, juste du café. « Eh bien, lui dit-il, je vais entrer quand même. Vous avez quelque chose à manger ? »

Elle dit qu'elle pouvait lui faire un sandwich. C'était très bien. Il allait filer chercher un paquet de boîtes de bière. Kathryne jeta un coup d'œil à sa sœur Cathy.

Dix minutes plus tard il était de retour avec sa bière. Pendant qu'elle préparait les sandwiches, il se mit à parler. Quelle conversation ! Si, la première fois qu'il était venu chez elle, il n'avait pas ouvert la bouche, cette fois, tout à trac, il raconta à Kathryne et à Cathy qu'il avait volé le paquet de bière. Il voulait savoir si par hasard elles avaient besoin de cigarettes. Non, dit-elle, elle en avait plein. Et la bière ? demanda-t-il. Elles en buvaient rarement, très rarement.

La veille, raconta-t-il, il était entré dans le magasin, avait piqué un paquet et avait disparu. Il était en train de le ranger dans son coffre quand un gosse, qui n'avait même pas l'âge de boire, avait demandé à Gary, en lui tendant cinq dollars, s'il voulait bien lui acheter un carton de bière. Gary se mit à rire. « Je suis entré, j'ai piqué la bière pour le gosse, je suis ressorti, je lui ai donné son carton et j'ai filé avec le fric. »

Les deux sœurs prirent soin de rire. « Vous n'avez pas eu peur ? » demandèrent-elles. « Non, dit Gary. Il suffit d'avoir l'air naturel. »

Il se mit à raconter des histoires. L'une après l'autre. Elles n'en croyaient pas leurs oreilles. Il leur dit comment il avait tatoué un homme du nom de Fungoo, et comment il avait pris une photographie truquée d'un pervers nommé Skeezix. Et puis il y avait un type qu'il avait frappé sur la tête avec un marteau et un Noir à qui il avait donné cinquante-sept coups de couteau. Il les regardait attentivement en disant : « Vous avez bien compris ? » Sa voix se faisait bourrue.

Elles affichaient un sourire. Gary, c'est quelqu'un, disaient les deux femmes. Elles se forçaient à rire. Kathryne ne savait pas si elle craignait plus pour Nicole que pour elle-même. Comme cela faisait une heure et demie qu'il était là, elle lui demanda s'il n'allait pas être en retard pour retourner à son travail.

Le travail, fit Gary, il s'en foutait bien. Si ça ne leur plaisait pas là-bas ils pouvaient aller se faire voir. Puis il leur parla d'un de ses amis qui avait pris un fer à friser chaud pour le fourrer dans le cul d'un directeur de supermarché.

Pendant tout le temps qu'il parlait, il les observait avec attention. Il voulait voir leurs réactions. Elles sentaient qu'elles feraient mieux d'en avoir.

« Vous n'aviez pas peur, Gary ? demandaient-elles. Vous ne pensiez pas que quelqu'un risquait de vous prendre ? »

Il se vantait beaucoup. Lorsqu'il partit, il les remercia de leur hospitalité.

II

Nicole entendit parler du déjeuner. Il y avait un côté chez lui, décida-t-elle, qui adorait raconter des histoires dingues aux grandes personnes. Ça avait dû se bloquer vers l'âge de huit ans.

Puis elle pensa à la nuit qu'elle avait passée dans les collines derrière la ville, lorsqu'elle se demandait si elle n'attirait pas les esprits mauvais. Peut-être qu'il était obligé de jouer les vilains comme ça pour écarter les ennuis. Cette idée ne la réconfortait pas. Si c'était la vérité, il pouvait devenir de plus en plus mauvais.

Vers minuit, Nicole se sentit terriblement prisonnière avec Gary. Elle se prit à penser à Barrett. Ça la travaillait sans cesse. Il y avait eu aussi une lettre de Kip cet après-midi-là, mais elle n'arrêtait pas de penser à Barrett et à Rosebeth.

Elle n'avait même pas eu envie d'ouvrir la lettre de Kip, et quand elle s'y était décidée, elle avait lu qu'il voulait qu'elle revienne. La lettre lui laissa l'impression d'être envahie : on aurait dit que le passé revenait. Et voilà qu'en plus Hampton sortait avec sa sœur April. Décidément, se dit Nicole, tout le monde lui en voulait.

Pendant qu'elle remuait ces pensées, Gary était assis à ses pieds. Il fallut qu'il choisisse ce moment-là pour lever la tête vers elle avec une figure rayonnante d'amour. « Bébé, dit-il, je t'aime vraiment à fond et pour toujours. » Elle le regarda à son tour. « Hé oui, dit-elle, et c'est le cas de cet autre connard. »

Gary la frappa. C'était la première fois et il cogna dur. Ce ne fut pas tant la douleur qu'elle ressentit que le choc, puis la déception. Ça se terminait toujours de la même façon. Ils vous frappaient quand ils en avaient envie.

Il ne tarda pas à s'excuser. Il se répandait en excuses. Mais ça n'avançait à rien. On l'avait frappée tant de fois. Les gosses étaient au lit et elle regarda Gary en disant : « J'ai envie de mourir. » C'était ce qu'elle ressentait. Il essayait toujours de se faire pardonner. Elle finit par lui dire qu'elle avait déjà eu envie de mourir mais qu'elle n'avait jamais rien fait pour ça. Mais ce soir, ça ne la gênerait pas.

Gary prit un couteau et braqua la pointe sur le ventre de Nicole. Il lui demanda si elle avait toujours envie de mourir.

C'était terrifiant qu'elle n'eût pas plus peur. Au bout de quelques minutes, elle finit par dire : « Non, pas du tout », mais elle avait été tentée. Lorsqu'il rangea le couteau, elle se sentit même prise au piège. Elle sentit s'abattre sur elle une incroyable impression de malheur.

Ils eurent encore un nouveau marathon. Ils passèrent toute la nuit éveillés à discuter pour savoir s'ils allaient baiser. Au beau milieu de la discussion, vers minuit, il s'en alla. Il revint peu de temps après avec un tas de cartons. Il y avait un pistolet dans chaque carton.

Elle s'en remit quand même. Il fallait bien. Les armes traînaient dans la maison.

III

Le dernier dimanche après-midi de juin, Sterling Baker donna une petite fête pour son anniversaire, dans son appartement et dans la cour derrière ; quinze ou vingt personnes. Beaucoup avaient apporté des bouteilles. Nicole portait un short en jeans et un corsage bain de soleil. Elle savait qu'elle était superbe. On pouvait dire que Gary l'exhibait. Deux types se mirent à dire à Gary quel beau numéro il avait là. Gary répondait : « Je sais » et la prenait par les deux seins ou l'attirait sur ses genoux.

C'était donc l'anniversaire de Sterling et Nicole avait toujours ce petit béguin pour son cousin. Elle se mit donc à le taquiner et à lui dire qu'elle voulait l'embrasser pour son anniversaire. Sterling répondit qu'il la prenait au mot. Elle demanda à Gary s'il était d'accord. Il lui lança un regard noir, mais elle alla quand même s'asseoir sur les genoux de Sterling. Elle lui donna un long baiser très révélateur.

Lorsqu'elle ouvrit les yeux, Gary était assis, le visage impassible. Il dit : « Ça te suffit ? »

Il y avait un tonneau de bière dans la cour. Le type du dessus avait aussi invité ses amis et l'un d'eux était un nommé Jimmy, un Chicano[1]. Il piqua une paire de lunettes de soleil que Sterling avait posée sur le toit d'une vieille bagnole délabrée, dans le terrain vague, pendant qu'il mettait en perce le tonneau de bière. Nicole se dit que peut-être Jimmy ne savait pas. Il piqua les lunettes, comme ça. Le seul ennui, c'est que les lunettes étaient un cadeau de Gary à Sterling.

Gary réagit avec violence. « Je veux que tu me rendes ces lunettes, dit-il à Jimmy. Elles sont à moi. » Jimmy s'énerva et

1. Chicano : nom donné aux ouvriers agricoles mexicains.

partit. Nicole se mit à hurler. « Tu fous en l'air la soirée, cria-t-elle à Gary. Que d'histoires à propos d'une malheureuse paire de lunettes. »

Jimmy revint avec deux copains. À peine était-il entré dans la cour que Gary s'était levé et se dirigeait vers lui. L'on n'avait même pas eu le temps de les arrêter qu'ils se lançaient des coups de poing.

Peut-être Gary était-il trop ivre, mais Jimmy, du premier coup, lui fendit l'arcade sourcilière. Gary avait le visage ruisselant de sang. Il fut touché encore une fois et tomba à genoux, puis se releva et se mit à donner des coups de poing dans le vide.

À ce moment-là, tout le monde intervint pour arrêter le combat. Sterling emmena Jimmy hors de la maison et le fit partir. Juste au moment où Jimmy s'éloignait, Gary arriva, tenant un pommeau de changement de vitesse qu'il avait retiré de la carcasse de la bagnole garée dans la cour. Sterling se planta devant lui. « Gary, ça suffit. Tu ne vas pas le frapper », dit-il. Comme ça, en parlant d'un ton normal. Mais il avait le grand gaillard à côté de lui pour appuyer ses propos. Nicole fit sortir Gary et le ramena à la maison.

Elle était furieuse de voir que son homme s'était fait rosser. D'autant plus que c'était lui qui avait commencé. Elle trouvait qu'il s'était conduit comme un imbécile. Comme un tricheur aussi. C'était la même chose que le jour où il avait fait cette partie de bras de fer avec le frère de Nicole.

Il voulait retourner trouver Jimmy. En s'abstenant de lui dire combien elle était déçue de sa façon de se battre, elle réussit à l'emmener jusqu'à Spanish Fork. Elle n'avait jamais connu un type aussi furieux que Gary d'être sorti vaincu d'une bagarre. Ça le calma un peu. Après tout, il avait reçu une correction d'un gaillard très costaud, et il n'avait pas lâché.

Après lui avoir lavé le visage, Nicole s'aperçut que la coupure était profonde. Elle l'emmena donc chez sa voisine Elaine, qui suivait un cours de secouriste pour devenir ambulancière.

Elaine déclara qu'il avait absolument besoin de points de suture. Nicole commença à s'inquiéter. Elle avait entendu dire que l'oxygène de l'air pouvait entrer par une blessure près de l'œil, aller jusqu'au cerveau et vous tuer. Elle l'emmena donc chez le médecin. Tout le reste de la nuit, elle ne cessa de lui mettre des sacs de glace sur le visage et de le dorloter. Elle aimait plutôt ça, compte tenu de ce qu'était la situation ces derniers temps. Le matin, lorsqu'il essaya de se moucher, ses joues se gonflèrent autour de ses glandes et de ses sinus.

IV

« Gary, dit Spencer, ça ne rime pas à grand-chose de te faire amocher comme ça.

— Ils ne peuvent pas me blesser, dit Gary.

— Ah, non ? Tu as l'arcade sourcilière fendue, l'œil au beurre noir, tu as une bosse sur le front et tu as reçu un gnon sur le nez. Ne me raconte pas d'histoire, Gary. Je n'arrive pas à croire que tu as toujours le dessus.

— C'était pourtant le cas, fit Gary, vous savez.

— Qu'est-ce qui va se passer un soir où un petit gars de moins d'un mètre soixante-dix – c'était à peu près la taille de Spencer – va t'allonger son poing en pleine gueule. Parce que c'est ce qui se passe. Un type n'a pas besoin d'avoir deux mètres de haut pour être mauvais.

— Je suis Gary Gilmore, fit Gilmore et ils ne peuvent pas me blesser. »

Le soir, en se promenant avec Nicole, Sunny et Peabody, il s'arrêta au garage V. J. pour parler à Val Conlin de la camionnette. Il parvint même à la sortir une heure. Gary était content comme tout, haut perché derrière le volant avec un vrai moteur devant eux. Pendant tout le temps, Nicole le sentait qui pensait à ses pistolets. Ils brillaient dans ses yeux comme des dollars sur une caisse enregistreuse.

En revenant, il parla à Val du montant d'un premier versement. Nicole écoutait à peine. C'était assommant d'être dans la salle avec tous les dingues et les miteux qui attendaient pour avoir une bagnole quelconque. Il y avait une fille qui portait un turban et avait une grande couche de maquillage sous chaque œil. Son corsage débordait par-dessus sa ceinture. Elle dit à Nicole : « Vous avez de très beaux yeux. » « Merci », fit Nicole.

Gary ne cessait de se répéter comme un disque éraillé. « Je ne veux pas de cette Mustang, dit-il à Val.

— Alors, arrivons plus près de la camionnette, mon vieux. Nous en sommes encore loin. Viens avec quelqu'un pour te cautionner ou avec de l'argent. »

Gary sortit à grands pas. Nicole eut tout juste le temps de rassembler les gosses et de le suivre. Dehors Gary jurait comme Val ne l'avait jamais entendu jurer. Val apercevait la Mustang par la vitre de la salle, et elle ne voulait pas démarrer. Gary était assis là à marteler le volant de toutes ses forces.

« Seigneur, fit Harper, cette fois-ci il n'est vraiment pas content.

— Je m'en fous », dit Val en évoluant parmi les gens assis là. Hé oui, je suis au-dessus de tout ça, se dit Val et il sortit en demandant à Gary : « Qu'est-ce qui se passe ?

— C'est cette saloperie, cette bon Dieu de bagnole.

— Allons, du calme. On va prendre une batterie de secours et te faire démarrer. » Et ce fut bien sûr ce que fit Val ; la batterie avait juste besoin d'un petit coup et Gary démarra en faisant gicler le gravier comme s'il avait le feu au derrière.

Le lendemain soir, Gary trouvait un type qui voulait bien vendre les pistolets. Mais il fallait les lui porter. Ça voulait dire trimbaler les armes dans la voiture. Gary n'avait pas de permis et sa Mustang avait encore ses plaques minéralogiques de l'année précédente. Les deux voitures avaient cet air délabré qui le feraient arrêter pour rien du tout par un motard. Ils eurent donc toute une discussion avant de finir par mettre les pistolets dans le coffre de la voiture de Nicole et de s'en aller. Ils emmenèrent les gosses qui pourraient peut-être empêcher un motard de les faire s'arrêter pour trop peu de chose.

D'un autre côté, la présence de Sunny et de Jeremy rendait Nicole consciente de la façon dont Gary avait de conduire ce soir. Ça la rendait nerveuse. Il finit par s'arrêter devant le café de la *Longue Corne*, un bouiboui mexicain entre Rem et Plansant Grow, pour donner un coup de fil. Seulement il n'arriva pas à mettre la main sur le type qui devait fourguer les pistolets. Gary était de plus en plus énervé. Ça s'annonçait comme une soirée totalement foutue. Une douce soirée du début de l'été.

Il ressortit du bistrot et chercha dans la voiture un autre numéro de téléphone. Il se mit à arracher les pages de son carnet. Le temps qu'il ait fini par trouver le numéro, son type était parti… Sunny et Jeremy commençaient à faire du raffut. Tout d'un coup Gary fit demi-tour devant le café et repartit vers Orem. Il roulait à cent trente. Nicole était pétrifiée pour les gosses. Elle lui dit de s'arrêter.

Il donna un coup de volant vers le bas-côté et s'arrêta dans un crissement de pneus. Il se retourna et se mit à fesser les gosses. Ça faisait un moment qu'ils ne faisaient même plus de bruit. Ils avaient trop peur de la vitesse.

Alors Nicole se mit à frapper Gary, elle le frappait avec ses poings aussi fort qu'elle pouvait, elle hurlait qu'il la laisse descendre de voiture. Il lui prit les mains pour la maintenir, et là-dessus les gosses se mirent à crier. Gary ne voulait pas la laisser descendre. Sur ces entrefaites, voilà qu'un type à l'air vraiment abruti passait par là. Elle devait pousser des cris comme si Gary était en train de la tuer, et ce connard se contenta de s'arrêter en disant : « Quelque chose qui ne va pas ? » Puis il poursuivit son chemin.

Nicole n'arrêtait pas de hurler. Gary finit par la coincer dans l'espace entre les deux sièges avant et lui plaqua une main sur la bouche. Elle essayait de ne pas s'évanouir. De son autre main, il la maintenait par la gorge. Elle ne pouvait pas respirer. Il lui dit qu'il la lâcherait si elle promettait de rester tranquille et de rentrer. Nicole marmonna : « D'accord. » C'était le mieux qu'elle pouvait obtenir. Dès l'instant qu'il la lâcha elle se remit à hurler. La main de Gary s'abattit de nouveau sur sa bouche ; elle mordit un bon coup dans la chair près du pouce. Elle sentit le sang.

Sans savoir comment, elle finit par sortir de la voiture. Elle fut incapable de se rappeler par la suite s'il l'avait lâchée ou si elle s'était dégagée. Peut-être qu'il l'avait lâchée. Elle traversa la chaussée en courant jusqu'au terre-plein central, tenant un gosse par chaque main et elle se mit à marcher. Elle allait rentrer en stop.

Gary commença à la suivre à pied. Tout d'abord il la laissa essayer de faire du stop, mais une voiture faillit s'arrêter pour elle, alors Gary essaya de la ramener jusqu'à la Mustang. Elle ne voulait pas bouger. Il essaya de lui arracher un des gosses. Elle ne voulait pas lâcher prise, elle se cramponnait de toutes ses forces. À eux deux ils auraient pu écarteler le gosse. Une camionnette finit par s'arrêter et deux types s'approchèrent avec une nana.

La fille se trouvait être une vieille amie que Nicole n'avait pas vue depuis un an. Pepper, la première amie qu'elle avait eue. Nicole n'arrivait pas à se rappeler son nom de famille tant elle était énervée.

Gary dit : « Foutez le camp d'ici, c'est une affaire de famille. » Pepper regarda Gary du plus haut qu'elle pouvait et dit : « On connaît Nicole, et vous n'êtes pas de la famille. » Ça n'alla pas plus loin. Gary la laissa et revint vers la voiture. Nicole fit monter les gosses dans la camionnette avec Pepper et tout le monde s'en alla. Dès l'instant où elle se rappela combien autrefois elle avait voulu que tout soit bien pour Gary, elle éclata en sanglots. Nicole ne pouvait pas se contenir ; elle pleura beaucoup.

V

Il remonta dans la Mustang de Nicole, descendit jusqu'au supermarché de Grand Central, piqua sur l'étagère un magnétophone et s'apprêtait à sortir quand, à la porte, un garde vit son œil au beurre noir et lui demanda un reçu.

« Va te faire foutre », fit Gary en lançant le carton dans les bras du garde. Puis il courut jusqu'au parking, sauta dans la voiture de Nicole, recula et emboutit une voiture derrière lui. Il sortit en trombe de sa place, heurta une autre voiture et fila.

Il traversa Provo comme un bolide et prit la nationale jusqu'à Stringville. Là il s'arrêta au *Fouet*. Dans le parking, il cacha le carton avec les pistolets sous un tonneau d'huile, entra dans le bar, alla aux toilettes, posa les clés de la voiture de Nicole dans la chasse d'eau et ressortit pour prendre une bière. En attendant, il appela Gary Weston en lui demandant de passer le prendre.

Un bruit de sirène se rapprocha sur la route et cessa devant la porte du *Fouet*. Deux flics entrèrent en demandant à qui appartenait la Mustang bleue. Ils interrogèrent tout le monde. Ils relevèrent les noms de tous les consommateurs. Les lumières pivotantes de leur voiture clignotaient derrière la fenêtre du bar. Lorsqu'ils furent partis, Gary s'en alla avec Gary Weston. Mais la voiture de Nicole resta sur place. Les flics lui avaient mis un sabot.

Il devait être 11 heures. Brenda s'éveilla pour entendre Gary qui frappait à la porte. Johnny dormait, comme tous les soirs, sur le divan. Il était là depuis 8 heures. Lorsqu'elle avait rencontré pour la première fois Johnny, il était champion de tir à l'arc dans la catégorie B. Et il avait une petite barbe en pointe. Quand il n'était pas sur le champ de tir, il était beau comme Robin des Bois. Maintenant, si le cher John n'avait pas ses dix heures de sommeil, il était incapable de fonctionner. Brenda se rappela être tombée endormie d'ennui.

« J'ai eu une prise de bec avec un type, fit Gary.

— Comment ça ?

— J'ai piqué un magnétophone au supermarché et je suis sorti. Le garde m'a arrêté, alors je lui ai lancé le carton à la gueule.

— Alors qu'est-ce que tu as fait ?

— J'ai heurté une voiture. » Il lui raconta le reste.

Il avait l'air si fatigué, si triste et son visage meurtri était dans un tel état qu'elle ne pouvait pas se mettre trop en colère. John s'était levé et s'étirait. Son expression disait clairement que la raison pour laquelle il aimait dormir, c'était parce que ça l'empêchait d'entendre des nouvelles comme ça.

« Brenda, fit Gary, j'ai salement besoin de cinquante dollars. Je veux aller au Canada. »

Il avait tout combiné. « Tu expliqueras à la police que Nicole n'y était pour rien. Comme ça, ils lui rendront sa voiture.

— Tu es un homme, dit Brenda. Retourne chercher la voiture toi-même.

— Tu ne veux pas m'aider ?

— Je t'aiderai à écrire des aveux. Je veillerai à ce que ce soit remis à qui de droit.

— Brenda, il y a des haut-parleurs dans le fond de la voiture. Je les ai piqués dans un cinéma en plein air.

— Combien ?

— Cinq ou six.

— Juste pour faire quelque chose, fit Brenda. Comme un gosse. »

Gary acquiesça. On lisait dans ses yeux le chagrin de savoir que jamais il ne verrait le Canada.

« Il faut que tu te présentes à Mont Court demain matin, dit Brenda.

— Cousine, emmerde-moi jusqu'à ce que j'y aille, veux-tu ? » fit Gary.

VI

Nicole passa la nuit chez son arrière-grand-mère où il ne penserait jamais à venir la chercher. Au matin, elle retourna chez sa mère et Gary téléphona peu après en disant qu'il arrivait. Nicole avait peur. Elle appela la police et, en fait, elle parlait au standardiste du commissariat quand Gary entra. Elle dit donc dans le téléphone : « Faites-le-moi décamper le plus vite possible. »

Elle ne savait pas si Gary était venu la chercher. Il était planté auprès de l'évier de la cuisine. Elle lui dit de s'en aller et de la laisser tranquille, et il restait là à la regarder. On aurait dit que tout en lui, lui faisait mal, je vous assure, vraiment mal. Puis il dit : « Tu te bats aussi bien que tu baises. »

Elle se donnait du mal pour ne pas sourire ; en fait, ça la faisait avoir un peu moins peur de lui. Il s'approcha et posa les mains sur les épaules de Nicole. Une fois de plus, elle lui dit de partir. À sa surprise, il tourna les talons et s'en alla. Il croisa pratiquement les flics au moment où ils arrivaient.

L'après-midi, elle regretta de l'avoir renvoyé. Elle avait vraiment peur qu'il ne revienne pas. Une voix dans sa tête ne cessait de résonner comme un écho dans un tunnel en disant : « Je l'aime, je l'aime. »

Il rappliqua après le travail avec une cartouche de cigarettes et une rose. Elle ne put s'empêcher de sourire. Elle sortit sur la véranda pour l'accueillir et il lui tendit une lettre.

Chère Nicole,

Je ne sais pas pourquoi j'ai fait ça. Tu es la plus belle chose que j'aie jamais vue et touchée…

Tu m'aimais tout simplement et tu touchais mon âme avec ta merveilleuse tendresse et tu me traitais si gentiment.

Je n'ai pas pu supporter ça. Il n'y a pas de foutaise ni de méchanceté chez toi et je ne savais pas comment m'y prendre avec une âme sincère comme la tienne qui ne voulait pas me faire de mal…

Je suis si foutrement triste…

Je revois tout en détail comme dans un film et ça ne rime à rien. Ça me fait hurler intérieurement.

Tu as dit que tu voulais que je sorte de ta vie. Oh ! je ne te le reproche pas. Je fais partie de ces gens qui ne devraient sans doute pas exister.

Mais j'existe.

Et je sais que j'existerai toujours.

Tout comme toi.

On est très vieux tous les deux.

J'aimerais te revoir me sourire. J'espère que je n'aurai pas à attendre de me retrouver là où il n'y a plus que ténèbres pour le voir.

GARY

Après qu'elle eut lu la lettre, ils s'assirent un moment sur la véranda. Sans beaucoup parler. Puis Nicole alla chercher les gosses dans la maison, prit leurs langes et partit avec lui.

En chemin il lui raconta ce qui s'était passé au supermarché. Le temps qu'ils arrivent à Spanish Fork, il prit son courage à deux mains et appela Mont Court qui répondit qu'il était trop tard aujourd'hui pour faire quoi que ce soit. Le lendemain à la première heure, Court passerait le prendre et l'emmènerait à la police d'Orem. Gary et Nicole dormirent dans les bras l'un de l'autre. Ça allait être leur dernière nuit ensemble pour Dieu sait combien de temps.

VII

Le chef des inspecteurs de la police d'Orem était un homme d'aspect avenant, de taille moyenne, avec un visage large, un crâne chauve et une couronne de cheveux d'un blond roux. Il portait des lunettes. Il s'appelait Gerald Nielsen et c'était un bon mormon qui avait grandi dans un ranch et qui était un Ancien de l'Église. Il était assis dans son bureau quand le standardiste dit : « Il y a ici un type qui veut se livrer. » Ces choses-là arrivaient de temps en temps, mais ça n'était pas commun. Le lieutenant vint à sa rencontre. Un type pouvait perdre courage le temps qu'il fallait pour aller de la réception au bureau de Nielsen.

Il était tôt et l'homme avait l'air de ne pas avoir trop bien dormi. « Je suis Gary Gilmore, dit-il. Je voudrais parler à quelqu'un. » Il portait des lunettes de soleil, il avait les yeux au beurre noir et le nez gonflé. Ils s'étaient à peine dit bonjour que Gilmore expliqua qu'il s'était bagarré. Étant donné le nombre de points de suture, on aurait pu croire que c'était un accident de voiture.

Lorsqu'ils regagnèrent son bureau, Gerald Nielsen lui versa une tasse de café du pot qu'on gardait pour les prisonniers – ça passait sur une note de frais différente – et puis ils restèrent assis là un petit moment, sans parler.

« J'ai volé un magnétophone au supermarché de Grand Central, commença Gilmore, et en m'en allant j'ai heurté une autre voiture. La voiture que je conduisais appartient à une de mes amies et ils ont fini par la mettre en fourrière. J'ai pensé à filer au Canada, mais mon amie m'a dit d'affronter les conséquences de mes actes. » Il débitait tout ça malgré son visage meurtri.

« C'est tout ? demanda Nielsen.

— Oui.

— Eh bien, je me demande pourquoi ça vous rend si nerveux.

— Je sors juste de prison. »

Pendant qu'ils attendaient qu'on apporte le rapport de police sur l'incident du supermarché, Gilmore raconta combien d'années il avait passé en prison. Comme il parlait, Nielsen avait l'impression de plus en plus forte que Gilmore ne se serait jamais présenté ce matin si son délégué à la liberté surveillée ne l'avait pas conduit en voiture jusqu'à la porte.

« Oh là là, murmura Gilmore, ça ne va pas quand je bois. »

Le rapport arriva et les choses s'étaient passées comme Gilmore les avait décrites. Nielsen appela Mont Court qui confirma que c'était lui qui avait amené Gary. Comme Court avait eu le temps de rentrer d'Orem à son bureau à Provo, Nielsen comprit que Gilmore avait attendu assez longtemps avant de trouver le courage de s'annoncer.

Il regardait maintenant Nielsen à travers ses lunettes de soleil et dit : « Je ne veux pas y retourner, vous savez.

— Oh, fit Nielsen, en général on ne remet pas les gens en prison pour ce genre de délit.

— Ah non ?

— Parfaitement. » Nielsen était un peu préoccupé de voir que ce garçon était suffisamment affolé, en fait terrifié pour croire qu'un délit comme ça allait mettre fin à sa liberté sur parole. Un homme avec l'expérience de Gilmore devrait quand même savoir ça. Le lieutenant examina une fois de plus le rapport et décida de ne pas l'inscrire sur le registre du commissariat. Il n'avait pas encore tous les éléments de la plainte et ça reviendrait à l'arrêter. Ça gâcherait l'effort que Gilmore avait fait pour venir avouer. Nielsen dit donc : « Je suis sûr qu'il y aura une plainte de portée. Mais pour l'instant, pourquoi n'allez-vous pas tranquillement à votre travail ? » Comme Gilmore avait l'air déconcerté, Nielsen ajouta : « Demandez-leur de vous laisser pas mal de temps demain à l'heure du déjeuner. Ça vous permettra de comparaître devant le juge. Je dirai au greffier de préparer les papiers. »

« Vous voulez dire que vous n'allez pas me boucler ?

— Je ne veux pas vous faire perdre votre place.

— Oh ! bon, vous savez. (Gilmore avait vraiment l'air surpris. Il resta là une minute.) Je pourrais donner un coup de fil ? demanda-t-il. Je n'ai pas de voiture pour rentrer.

— Allez-y. »

Il donna deux coups de fil mais sans parvenir à trouver personne. « Peut-être, dit-il, que je devrais aller à Provo sortir cette voiture de la fourrière. J'irai en stop jusque-là.

— Bah, fit Nielsen, j'y vais maintenant. Je vais vous emmener. »

Nielsen le conduisit au commissariat de police de Provo, l'escorta jusqu'au guichet approprié et s'en alla. Gilmore commença à remplir des papiers pour retirer la voiture de Nicole de la fourrière. Il y avait des complications. On avait découvert les haut-parleurs. Comme on ne les avait pas notés quand la voiture avait été mise en fourrière, mais seulement le lendemain, il n'y avait aucune raison légale d'ajouter les haut-parleurs volés à la plainte. N'importe qui au *Fouet*, par exemple, aurait pu les fourrer dans le coffre.

VIII

Trois heures après avoir dit adieu à Nicole pour partir dans la voiture de Mont Court, Gary arriva à la maison au volant de sa Mustang bleue à elle. Il avait les yeux brillants et parlait sans arrêt. Il lui dit qu'il fallait aller dare-dare au tribunal. C'était une véritable occasion : la plainte de la police, avait-il appris, ne serait pas prête avant demain.

S'il y allait maintenant, expliqua-t-il à Nicole, il n'y aurait pas de flics pour entrer dans les détails de ce qu'il avait fait. Il ne comparaissait que pour un menu larcin. Le juge ne saurait pas s'il s'agissait d'un dollar ou de quatre-vingt-dix-neuf dollars. En outre, il avait entendu dire aussi que le juge habituel était en vacances. Il n'y avait qu'un remplaçant temporaire, c'est-à-dire un avocat qui assurait l'intérim et pas un vrai juge. Il ne serait pas parfaitement au courant. C'était du sur mesure. Pour un petit délit, sans procureur et sans flic pour énoncer la plainte, ça pourrait être comme venir payer une contravention.

Même après les explications de Gary, elle fut surprise de voir le juge. Il ne paraissait pas plus de trente ans. C'était un homme de petite taille avec une grosse tête et il dit tout haut qu'il ne connaissait rien à l'affaire. Gary n'arrêtait pas de lui parler du ton suave d'un vendeur en train de conclure un marché. Il prenait soin de lancer un « monsieur le juge » de temps en temps.

Nicole n'était pas si sûre que ça marchait. Le juge avait l'expression d'un homme qui n'avait pas particulièrement bonne impression. Un mormon constipé. Quand Gary demanda quelles pouvaient être les peines s'il plaidait coupable, le juge répondit qu'il ne voulait faire aucune promesse. Comme délit mineur, ça pouvait monter jusqu'à quatre-vingt-dix jours de prison et deux cent quatre-vingt-dix-neuf dollars d'amende.

Nicole commença à se poser des questions. Quand Gary dit : « Votre Honneur, je crois que je m'en vais plaider coupable », le juge lui demanda s'il était drogué ou ivre. Se rendait-il compte qu'il renonçait à son droit d'avoir un procès et un avocat ? Tout ça semblait épouvantable, mais à en juger par le calme avec lequel le jeune juge débitait cela et la façon dont Gary acquiesçait, elle espérait que c'était juste de la routine.

Le juge dit alors qu'il voulait une enquête préalable du Service de la Liberté Surveillée. Gary dut expliquer qu'il avait déjà un délégué qui s'occupait de lui. Nicole trouvait que Gary apportait la corde pour se pendre. Le juge fronça les sourcils et dit qu'il lui donnait jusqu'à 5 heures pour verser une caution de cent dollars. Sinon il pouvait se présenter à la prison du Comté.

Gary dit qu'il n'avait aucun espoir de réunir une somme pareille avant 5 heures. Le juge ne voulait-il pas le relâcher si son délégué à la Liberté Surveillée se portait garant de lui ? Le juge dit : « Je crois fermement que les gens ne devraient pas être punis faute d'argent. Puisque vous vous êtes présenté de votre plein gré, je vais examiner votre requête. Que votre délégué à la Liberté Surveillée m'appelle. »

Gary sortit de la cabine téléphonique tout souriant. Court était enchanté qu'il se fût livré et il semblait donc qu'ils n'aient pas à se faire de souci pour un mois. Bien sûr, il y aurait une enquête préalable, et puis il devrait comparaître le 24 juillet pour entendre la sentence, mais peut-être que d'ici là les choses se tasseraient. Ils sortirent ensemble du Tribunal.

Maintenant, après tout ce qui s'était passé, après la bagarre avec le Chicano et l'horrible nuit sur la route, après deux jours de séparation et de crainte d'être séparés pour bien plus que cela, ils étaient de nouveau ensemble. Pendant un jour et une nuit tout fut mieux qu'avant. On aurait dit qu'elle avait des bulles qui lui pétillaient dans le cœur. Mon Dieu, qu'elle l'aimait, cependant que les meurtrissures de son visage guérissaient.

10. La belle famille

I

April vint passer deux jours avec nous et elle n'arrêta pas de parler. Elle en avait assez de leur mère, dit-elle à Nicole. « Tu sais, c'est la reine et j'en ai assez de sa façon de jouer avec nous. Elle essaie de me donner l'impression d'être une enfant gâtée et désobéissante alors que tout ce que j'essaie de faire, c'est d'échapper à ses menaces. Si j'ai le malheur de dire quelque chose, elle brandit la menace d'hôpitaux et de médecins. Alors que moi, poursuivit April, je reste là à observer le comportement de ma mère. Il faut qu'elle s'en aille. Les reines et les princesses, ça ne s'entend pas. »

Nicole dit oui. Elle ne passait jamais plus de deux ou trois jours avec April sans conclure que toute la famille était dingue. On aurait dit qu'elle faisait vraiment caisse de résonance pour leurs défauts.

April et Gary, toutefois, s'entendaient vraiment bien. April trouvait que Gary était fort, spirituel et très intelligent. Le premier soir, après quelques bières, il se mit à lui apprendre la peinture. April dit qu'il devait beaucoup aimer sa petite sœur et certainement les enfants.

Tout ce que peignait Gary était net comme un coup de rasoir. S'il peignait un oiseau, on en voyait chaque plume comme à la loupe, mais il n'enseignait pas à peindre comme ça. « Tu n'as qu'à mélanger la couleur jusqu'à ce que ça sorte comme tu le sens », disait-il. April regardait Gary comme s'il était son gourou.

Nicole ne savait jamais que penser du physique d'April. Elle était petite et trapue dès qu'elle ne surveillait pas son régime, c'est-à-dire presque tout le temps, mais elle aurait été belle si une fille n'avait pas besoin d'autres attraits que ses yeux. April avait les yeux d'un bleu violet mais aussi avec des reflets verts : ils étaient d'une couleur fabuleuse. Comme une de ces pierres transparentes qui changent de ton suivant votre humeur.

Les cheveux d'April, en revanche, pendaient comme des branches d'épinards et elle avait une bouche épouvantable. Nicole avait passé assez de temps à la ville pour reconnaître les lèvres de quelqu'un de dérangé. April pouvait regarder dans une direction et sa bouche se mettre à trembler de l'autre, comme une voiture qui déraperait. Parfois, elle avait les lèvres qui tremblaient comme une vieille tuyauterie ; ou bien sa lèvre supérieure se détendait et sa lèvre inférieure se serrait. Tout son visage se crispait comme si elle avait le tétanos. La plupart du temps elle avait l'air d'avoir mal aux dents.

Elle avait une voix qui portait sur les nerfs de Nicole. April avait une fichtrement grosse voix pour dix-sept ans. On ne savait jamais d'où ça venait. Elle était si sûre d'elle. Elle se croyait si impressionnante que sa voix pouvait quelquefois vous faire grincer des dents. Et puis elle se mettait à geindre comme une gosse.

April tenta de leur faire comprendre à tous les deux qu'à son avis Gary était quelqu'un de très remarquable. Il avait une attitude d'une grande humilité, comme un maître envers son esclave. En même temps, l'air très las et triste. Il en avait bavé comme un esclave. Mais il était à un niveau d'existence bien plus élevé que tous les gens qu'elle connaissait. Rien qu'en le regardant attentivement, disait April, ça se sentait.

Ils ne peignaient pas depuis bien longtemps quand April voulut leur parler de Hampton. Pour April, Hampton, c'était tout. « Mon passé le plus proche », murmurait-elle. Elle avait envie de le détester pour toutes ces nuits où il lui avait fait croire que tous les matins il rentrait chez ses parents. Il se levait à 5 heures et April croyait qu'il l'aimait parce qu'il ne s'éclipsait pas en silence dans l'obscurité mais qu'il la réveillait pour lui dire au revoir. Et puis elle découvrit qu'il retournait tout simplement chez sa régulière. Comme s'il ne devait pas découcher.

Elle avait un creux dans l'estomac qui lui donnait faim si elle ne parlait pas. « Je me suis levée ce matin, annonça-t-elle et je me suis fait une omelette de deux œufs avec du fromage, des bouts de toasts bien minces, du Tang et du lait de fraises avec des tranches de banane. Fantastique. Je n'ai jamais rien goûté de pareil. Je m'en suis rendue malade. Je me suis bourrée. Et puis j'ai fait tomber mes verres de contact dans l'évier. Je ne suis pas soigneuse. (Comme ils ne répondaient pas grand-chose, elle poursuivit :) Je tombe amoureuse trop facilement. C'est le genre d'amour qui ne dure pas. Je suis possédée… Je veux dire : j'étais obsédée d'être aussi boulotte. (Elle lança à Gary un regard sévère.) Je n'étais pas aussi grosse que je le suis maintenant.

— Tu n'es pas grosse, dit Nicole.

— Toi, sœurette, dit April, tu étais comme un échalas ! » Elle souligna d'un hochement de tête catégorique à l'attention de Gary, puis ajouta : « Ma petite sœur, c'était l'essentiel de mon enfance. » Elle dit cela d'une voix forte, comme s'il n'était pas question d'en discuter. « Moi, Mike et ma sœur, on allait se promener avec Rikki au fond du ravin. On ramassait des escargots dans la mousse des arbres. »

Elle se souvenait de la mousse et combien c'était poisseux à cause de tout ce qui suintait des escargots : c'était l'impression qu'elle avait. On pouvait frotter cette bave entre ses doigts et avoir tout le temps l'impression de quelque chose de glissant. Comme si on était au centre de ce qui glissait. À faire l'amour. « Hampton me manque », dit-elle. Elle n'avait pas envie de parler de lui. Elle en arrivait au point où elle aurait voulu être sourde et aveugle. Parfois ses pensées s'exprimaient si fort qu'April pouvait les entendre vingt secondes avant qu'elles soient dans sa tête. Surtout quand c'était une pensée vraiment forte. « Je suis devenue un glaçon, dit-elle. J'ai dit adieu à l'idée de l'amour. »

Gary avait surtout des disques de Johnny Cash. Pleins de l'amour et de la tristesse des hommes qui trouvent la vie cruelle et douce et dure aussi. Elle, ça n'était pas son truc. Les hommes pouvaient aimer les hommes. Malgré cela, elle suivait Gary, elle aimait bien ses disques et Johnny Cash, Dieu sait où il était maintenant, pourrait sentir ses chansons vibrer en elle. Les gens pouvaient vous toucher sans jouer d'un instrument. Tout était dans la façon dont ils mettaient le disque.

« J'étais folle de Hampton, dit April. Il avait tant de vert dans ses yeux qu'on savait tout de suite qu'il allait raconter une histoire.

— Je l'ai toujours trouvé assommant, fit Nicole.

— Au lit il était extra », dit April. Elle soupira. Elle pensait au jour de la semaine précédente où sa sœur était survenue et avait dit à Hampton : « Tu as besoin de te faire couper les cheveux. » « Tu veux le faire toi ? » avait-il demandé et Nicole avait dit : « Bien sûr. » Et voilà qu'elle lui avait coupé les cheveux. Comme si la tête de Hampton lui appartenait, à elle. Chaque fois que les ciseaux de Nicole coupaient une mèche de ses cheveux, April sentait l'amour que lui portait Hampton se terminer. Ça s'entendait au bruit quc faisaient les cheveux quand on les coupait. Un bruit d'adieu. Maintenant elle sentait que Gary entendait le même son et détestait Hampton. « Oh, j'aimais Hampton, dit April pour arranger les choses, parce qu'il ne me pompait pas l'air. »

Nicole ricana : « Tu l'aimais parce qu'il ne te pompait pas l'air ? » April ne voulait pas en démordre. « C'était parce qu'il me laissait respirer. »

Le lendemain, le 4 juillet, bi-centenaire des États-Unis, ils allèrent à une fête foraine. April tomba sur deux garçons qu'elle connaissait. Cinq minutes après elle avait disparu. Gary et Nicole la cherchèrent des yeux, mais elle n'était plus là. Ça n'avait pas grande importance. April était comme ça.

Ils rentrèrent juste à temps pour décrocher le téléphone. C'était le père de Nicole. Charley Baker annonça à Nicole qu'il était chez le grand-père de celle-ci, que Steinie donnait une grande fête pour l'anniversaire de Verna. Est-ce qu'elle voulait venir ?

Ça rendit Nicole furieuse. Une grande réunion familiale comme ça et ils n'avaient pas été fichus de l'inviter avant que ça ne commence. Elle entendait tout le charivari au téléphone. « Ah, dit-elle, j'aimerais bien venir, mais il ne faudra pas vous mettre en colère en voyant mon petit ami. »

II

Nicole allait découvrir que la fête du 4 juillet donnée par le grand-père de Nicole, Thomas Sterling Baker (surnommé Stein), pour sa femme Verna, avait été prévue en décembre, bien avant Noël, par ses six fils et ses deux filles, qui venaient tous d'endroits différents pour fêter l'anniversaire de leur mère le jour du bi-centenaire. Glade, Christiansen et sa femme Bonny arrivaient de Lyman, dans le Wyoming, où Glade était contremaître à la mine. Danny et Joanne Baker, aussi de Lyman et des mines, étaient là, plus Shelley Baker. Wandell Baker était venu en voiture de Mount View dans le Wyoming. Charles Baker avec sa toute nouvelle jeune amie, Wendy, arrivait de Toelle, dans l'Utah, où Charles travaillait maintenant au dépôt de l'armée. Et Kenny, Vicki et Robbie Baker de Los Angeles, étaient venus aussi. Boyd, le père de Sterling Baker, et sa femme, qui s'appelait aussi Verna, étaient rentrés d'Alaska où ils travaillaient depuis plusieurs années. Un grand nombre des enfants de tous ses fils et filles étaient présents. Quelques-uns des petits enfants étaient adultes et mariés, et se trouvaient là avec maris, épouses et enfants.

Certains commencèrent à arriver dès 10 heures du matin le 4 juillet et la fête se poursuivit jusqu'à 11 heures ce soir-là. Il faisait un beau temps ensoleillé et presque tout le monde était assis dans le jardin devant, protégé de la route du canyon par de grandes haies. Les voitures passaient à toute allure et parfois mordaient sur le bas-côté, projetant, tac-tac, des graviers contre les haies. C'était un bruit qu'ils connaissaient depuis leur enfance.

C'était une grande cour qui entourait le devant et le côté de la maison, et Stein avait déblayé tout ça en mettant la balancelle et les chaises de jardin en place et en disposant toute la nourriture sur de grandes tables devant le garage : le bœuf grillé, la salade de pommes de terre et les haricots au four, les frites et diverses salades, les jus de fruits gazeux pour les enfants et de la bière, mais on ne pouvait s'empêcher de jeter un coup d'œil dans la cour qui était derrière et de s'apercevoir que ça ne serait jamais mis en ordre. Il y avait un grand tas d'herbe et de feuilles, avec une vieille enseigne rouillée posée par-dessus pour empêcher les feuilles d'être éparpillées par le vent, et à côté il y avait la vieille remorque de Stein qu'on pouvait poser sur le plateau d'une camionnette, toute une longueur de vieux tuyaux d'arrosage à moitié emmêlés, plus la balancelle à la toile détrempée accrochée à de vieux palans dans l'arbre, le canot en bois posé la quille en l'air et qui avait besoin d'un coup de peinture, et un vieux baril rouge défoncé auprès de panonceaux rouillés. Dans un appentis il y avait des outils de jardinage et un tas de vieux pneus pourris éparpillés autour d'une vieille carcasse de bagnole. Plus on regardait dans la cour de Stein, plus on voyait les traces de toute une vie.

Dans la maison, Verna avait dû donner aux meubles toutes les couleurs que Dieu avait octroyées au monde. Une couleur pour chacun de ses gosses, c'était la plaisanterie familiale : jaune, vert, bleu, violet, rouge, orange, noir, marron et blanc dans cette salle de séjour. Il y avait une chaîne haute-fidélité pour la folk music, un récepteur de télé, des canapés avec toutes sortes de coussins, des photos d'animaux encadrées, un fauteuil de repos pour Stein et un tabouret noir en imitation cuir avec des pieds chromés pour qui voulait s'y asseoir. Il devait venir de la salle de bains, qui était blanche, rose et jaune avec des fleurs en caoutchouc collées au papier peint.

C'était une si grande famille que c'était à peine si on en pouvait compter tous les membres, mais ce n'était rien auprès des ancêtres. Du côté de sa mère, le grand-père mormon de Stein, qui venait de Kanab, dans l'Utah, avait été un polygame à l'ancienne mode doté de six épouses et de cinquante-quatre enfants. Mais on n'avait pas besoin de remonter à Kanab. Stein et Verna étaient mariés depuis 1929 et les souvenirs ne manquaient pas.

Stein était encore énervé de penser que, débutant comme ouvrier à la journée et gravissant tous les échelons pour devenir directeur du Service municipal des Eaux de Provo, ce qui lui avait pris vingt-sept ans, il avait quand même dû donner sa démission parce que le maire avait décidé de placer au-dessus de lui quelqu'un qui avait un diplôme d'ingénieur. Il avait même eu le culot de demander à Stein de tout enseigner au nouveau à propos des eaux. C'était un souvenir à vous figer les bons sentiments que de repenser à ça quand on donnait une fête.

III

Charley Baker était chargé du barbecue, mais il aurait aussi bien pu organiser toute cette foutue fête parce que c'était lui qui avait le plus gros boulot. Il avait acheté le bœuf, tout un gros arrière-train, et il l'avait fait mariner trois jours dans une sauce qu'il avait préparée lui-même. Et puis, la veille au matin, il avait transporté le quartier de bœuf jusqu'à Spanish Fork, à un peu plus de cent cinquante kilomètres de Tolele, après l'avoir d'abord enveloppé dans de la gaze pour qu'il ne se dessèche pas, ensuite il avait enroulé tout autour du papier brun et avait mis le tout dans un sac. Bien sûr, il n'avait cessé de l'arroser pendant tout le temps qu'il creusait cet énorme trou dans le jardin de Stein, une vraie petite tranchée, et puis il l'avait tapissée de pierres qu'il avait dû déterrer lui-même, et il avait allumé un feu qu'il avait surveillé pendant des heures pour que ces pierres soient brûlantes. Il fallait avoir des pierres plus brûlantes que l'enfer pour un barbecue réussi. L'idée, c'était de déposer le quartier de bœuf tout enveloppé et puis – il y avait là-dessus deux théories – ou bien entasser de la terre par-dessus ou bien, comme préférait Charley, utiliser un couvercle de façon à pouvoir venir arroser la toile de sac de temps en temps. Ça faisait une viande vraiment plus juteuse et tendre.

Charley avait prévu de veiller toute la nuit précédente pour surveiller le feu, aussi comptait-il faire un petit somme à la fin de l'après-midi du 3 juillet. Il alla demander une chambre à sa mère. Elle avait trois chambres à coucher de disponibles et lui avait eu à acheter ce quartier de bœuf, à le faire mariner, à s'en occuper, à le trimbaler, à creuser la tranchée, à soulever les pierres : tout ce qu'il voulait c'était aller se coucher et faire un petit somme pour être frais pour la nuit. Sa mère lui dit : « Tu ne peux aller t'allonger sur le lit de Kenny : tu vas transpirer dessus et ça va empester. » C'était vraiment gentil. Charley était horriblement vexé. Il y avait avec lui sa jeune fiancée, tendre comme un ange, et Charley se sentait déjà assez mal à l'aise comme ça parce que c'était la première fois qu'il verrait tous ses frères et sœurs sans Kathryne – au fond s'ils étaient restés mariés deux ans de plus, tout le monde serait venu pour leur vingt-cinquième anniversaire de mariage – et maintenant ils étaient divorcés. Il était ici avec Wendy, moitié plus jeune que lui. Et voilà que sur le conseil de sa mère il devait dormir sous une tente dressée sur la pelouse.

La colère commençait à monter. C'était trop de demander à un homme de surveiller un feu quand il était fatigué, qu'il avait envie de dormir et qu'il était harcelé d'un tas de souvenirs déplaisants : il n'y a rien de tel qu'un feu pour faire resurgir des souvenirs désagréables. Si bien qu'il s'endormit bel et bien là. Au petit matin, lorsqu'il s'éveilla, le feu s'était éteint et les pierres étaient froides. Alors il se mit au travail pour faire repartir ce feu, mais c'était une cause perdue. Durant toute la journée du lendemain, pendant la fête, tout le monde était énervé parce qu'il avait fallu se dépêcher de faire griller la viande sur une broche et qu'au point de vue saveur, ça ne se comparait pas. Il y avait plein de fumée et d'escarbilles qu'on n'arrivait pas à éliminer, la viande s'était carbonisée au lieu d'être devenue un beau morceau tendre, juteux, cuit en profondeur. Charley ne pouvait même pas se trouver d'excuses pour avoir laissé le feu s'éteindre. Il n'allait pas raconter combien certains de ses souvenirs étaient désagréables. La seule chose qu'un homme pouvait faire quand les souvenirs devenaient trop déplaisants, c'était de dormir.

Ça commença parce que son père dit dans la conversation que Nicole habitait un peu plus bas sur la route avec un type. Bien sûr, toute la nuit Charley n'arrêta pas de penser à Nicole. Ce qui l'amena à Kathryne et lui rappela des souvenirs épouvantables. Avant son retour du Viêt-nam, Kathryne lui écrivait des lettres pleines d'amour. Jamais ça n'avait été aussi bien entre eux. Il n'était pas rentré depuis une semaine qu'ils avaient eu une scène épouvantable et que Kathryne lui avait dit : « Je regrette qu'on ne t'ait pas rapatrié dans un cercueil. » Agréable comme accueil. C'était comme les scènes qu'ils avaient en Allemagne parce qu'il buvait de la bière, la meilleure bière du monde pour dix-huit cents la grande chope. Comment pouvait-on s'empêcher de se pinter tous les soirs à la bière ? Ensuite il fallait rentrer et supporter les critiques. Il était censé être sergent. Chez lui, elle l'avait cassé et il n'était plus qu'un imbécile. Ça le rendait furieux de penser encore à ça. Ça ne lui faisait aucun bien. Il sentait ce genre de choses lui travailler les organes et le mettre en boule.

Et puis, bien sûr, il n'avait jamais digéré cette histoire de Lee et de Nicole. Ça, c'était vrai. On le lui avait dit clairement à l'asile quand il était allé voir Nicole. La vérité, c'était que Nicole et lui étaient toujours mal à l'aise ensemble.

Pendant qu'il regardait les flammes, lui revint un chagrin plus profond. April qui s'était fait violer par trois nègres, à Hawaï, et personne ne le lui avait dit. Quand il était rentré de Hawaï à Midway, Kathryne avait dit : « April a tout le temps des ballonnements terribles et elle va tout le temps aux toilettes. Il faudrait peut-être attendre un jour avant de prendre l'avion. » Il avait répondu : « On va prendre cet avion-là. En voilà des histoires pour quelques pets. » Il avait pris sa décision en ignorant tout, et il s'était retrouvé avec April qui souffrait tellement qu'il crut qu'il allait être obligé de demander au pilote de faire demi-tour et de la faire transporter chez un médecin. Lorsqu'ils avaient atterri à Midway, Kathryne avait continué à lui cacher la nouvelle. Ce ne fut que lorsqu'il eut quitté les Seabees[1] qu'elle avait avoué avoir eu peur de le lui dire parce qu'il y avait tous ces marins noirs à la base. Elle avait craint qu'il ne devienne fou de colère. Ça l'avait vexé qu'elle le considère comme assez fou pour s'en aller faire des cartons au hasard sur des Noirs. Et pendant tout le temps qu'ils avaient été à Midway, April s'était montrée difficile et il ne comprenait pas pourquoi. Il n'avait aucune idée de ce par quoi elle était passée. Il s'était mis à être extrêmement sévère avec elle.

April disait qu'elle voulait sortir. Il répondait : « As-tu fait ta chambre ? » « Oui. » « Bon, vas-y. » Mais quand il était allé voir, elle n'avait rien fait. Alors lorsqu'elle rentrait, il lui disait : « Je m'en vais te flanquer une rossée. » Elle répliquait : « Lève la main sur moi et je m'en vais trouver l'aumônier. » On n'avait pas besoin d'avoir un caractère particulièrement emporté pour donner à quelqu'un un coup de pied au derrière pour vous répliquer comme ça. Un jour, d'ailleurs, il l'avait cognée vraiment dur. Elle s'en alla trouver l'aumônier. Les deux, le catholique et le protestant, vinrent à la maison.

1. Seabees : littéralement abeille de mer. Nom donné aux navires de génie de la marine.

« Alors, il paraît que vous vous imaginez que je la bats tout le temps, dit-il, et si vous voulez essayer de me coller une histoire pour avoir maltraité mon enfant, allez-y. Mais je ne l'ai pas maltraitée. Je lui ai seulement donné un coup de pied parce qu'elle m'a menacé d'aller vous trouver. » Ce qui était triste, c'est qu'il avait cru qu'elle mentait alors que pendant tout ce temps elle n'avait plus sa tête à elle. Elle lui disait qu'elle avait fait sa chambre et croyait l'avoir faite, vous comprenez. Elle ne remarquait pas la différence.

Tout ça bouillonnait en lui alors qu'il était assis auprès de ce grand barbecue, à regarder les pierres chauffer. Mike, le plus adorable des gosses, avait commencé lui aussi à faire des bêtises à Midway. Lui et un petit copain étaient entrés dans la maison du patron de la base alors qu'il était en vacances et ils avaient flanqué d'un seul coup dans l'aquarium toutes les graines que l'autre avait laissées pour son poisson exotique. Ça l'avait tué. Un bon gosse pourtant, jamais d'histoire avant, mais à Midway il avait commencé à se déchaîner.

Il se rappela ensuite Nicole vivant avec Barrett au-dessus d'un bar à Lehi. Kathryne l'avait rendu à moitié fou en lui disant que ce nommé Barrett n'était qu'un sale petit trafiquant d'héroïne qui de temps en temps ligotait Nicole. Il imaginait Nicole attachée à un lit pendant que Barrett lui enfonçait des aiguilles dans le corps. C'est comme ça qu'il s'était fait flanquer à la porte à force de picoler au bar en bas, en pensant que sa fille était juste au-dessus de lui avec un camé capable d'avoir sur lui n'importe quelle arme. Il avait fini par monter l'escalier, en enjambant un ivrogne ou deux et par frapper à la porte. Et il était tombé sur ce petit gringalet charmant. Il l'avait tout de suite trouvé sympathique, mais il avait quand même dit : « Barrett, je m'en vais te couper les couilles. » Là-dessus, le petit s'était contenté de le regarder, c'était un malin, avec des possibilités, mignon, les traits fins. Il ressemblait à Nicole, et il avait dit : « Ah, je sais, ça ne s'est pas bien passé. » Il n'avait pas fini de déblatérer sur son propre compte que Charley commençait à le plaindre. Il y avait quelque chose de positif chez ce garçon. C'était peut-être la façon dont Barrett le regardait en lui disant qu'il faudrait donner une fête pour sa castration en ajoutant : « Si vous devez vous sentir mieux après, me voilà. » Bref, Charley avait dû reconnaître, après avoir bien regardé Nicole : « Mon vieux, vous ne m'avez pas l'air d'un mauvais bougre. » « Elle n'a pas perdu de poids, vous savez. » En fait, Nicole était en pleine forme. Charley murmura quelque chose dans le genre : « Ta mère m'a dit que tu te droguais à l'héroïne. Pourtant, tu m'as l'air bien. » Il bavarda encore un petit moment, puis descendit l'escalier et partit. Il se sentait idiot. Doublement idiot parce qu'à la fin il s'était retourné pour dire à Nicole : « Mon petit, est-ce que tu me pardonneras jamais ce que j'ai fait ? » Il avait dit ça devant Barrett : il avait dû perdre la boule. Mais il ruminait ce que Lee lui avait raconté, et au fond il prenait ça pour lui.

C'était à ce moment-là qu'il s'était endormi. Il s'éveilla à l'aube avec le feu éteint. Après, ç'avait été toute une histoire de le faire reprendre et il avait de la fumée plein les narines.

IV

Dans la matinée, la tension n'avait cessé de monter. Charley finit par mettre le bœuf à la broche. Tout le monde fut déçu. On n'arrêtait pourtant pas de lui dire combien la viande était bonne. « Pas trop brûlée ? » « Non, pas trop brûlée. » « Pas trop de suie ? » « Oh ! pas du tout. »

Sur ces entrefaites, le père de Charley mentionna que Nicole habitait un peu plus loin sur la route. Pourquoi ne l'invitait-on pas ? Charley n'en avait pas envie à proprement parler, mais il téléphona quand même. Ça lui demanda un effort. Il ne s'était tout simplement jamais arrêté pour la voir.

Et puis il se demandait quel genre de hippie elle avait maintenant. Vous pouvez faire confiance à Nicole pour dénicher les indésirables. Ou bien faudrait-il dire les battus ? Un connard dans la débine ou bien de la graine de salopard.

Il s'imaginait déjà un petit con boutonneux à cheveux longs quand Nicole arriva avec son nouveau type. Charley trouva qu'il avait l'air un peu vieux, mais pas mal. En fait, Charley pensait même qu'ils auraient pu s'entendre s'ils s'étaient rencontrés dans l'armée, par exemple.

Tout de suite, voilà le nommé Gilmore qui dit qu'il voulait avoir une conversation personnelle. Alors ils passèrent dans la cour. Même pendant que Charley était planté là, le petit ami de sa sœur était allongé sur l'herbe, les mains derrière la nuque. Il se mit à parler. La première chose qu'il dit était vraiment bizarre. Charley n'aimait pas ça. Gilmore dit : « Tu n'as jamais eu envie de tuer quelqu'un ? »

Charley essaya de prendre ça comme une plaisanterie. « Oh oui, fit-il, j'ai tout le temps envie de tuer mon patron, ce connard. » Mais Gilmore n'eut pas un sourire. Dans le silence, Charley s'entendit intervenir. « Je veux dire, tu ne parles pas sérieusement, hein ? » Le petit ami de sa sœur dit : « Non, je me demandais seulement. »

Ce ne fut que quand la conversation fut terminée que Charley commença à se demander si cette remarque à propos d'avoir envie de tuer quelqu'un ne le concernait pas, lui.

C'était une soirée où on n'arrivait pas à être à l'aise. Après l'arrivée de Nicole, voilà qu'un des frères de Charley se mit à désigner Wendy en disant : « Nicole, je te présente ta nouvelle belle-mère. » Wendy semblait à demi morte de gêne et Nicole finit par dire : « C'est vous ma belle-mère ? » Wendy dit : « Je crois que oui. » Nicole la regarda d'un drôle d'air.

Là-dessus, Nicole se mit à se bécoter avec Gilmore, sur la pelouse, devant tout le monde. Charley vit que Verna était agacée, elle s'approcha en faisant semblant de rire mais dit : « Bas les pattes, vous deux. » C'était comme ça qu'on écartait les chiens en train de forniquer. Gilmore se leva comme si on lui avait tiré dessus.

Un peu plus tard, Charley apprit qu'il avait failli se bagarrer avec Glade Christiansen qui était assis sous un lilas, en train de donner le biberon à son plus jeune fils, un bébé d'un an. Gilmore arriva avec un ballon de rugby en demandant s'il voudrait faire des passes. Lade répondit : « J'essaie de donner à boire au gosse. » Gary s'assit sur un tabouret et se mit à poser des questions sur ce que faisait Glade, mais la conversation tourna court. Alors il regarda Glade en disant : « Vous voulez en savoir plus sur moi ? » Glade avait vraiment envie qu'on le laisse tranquille. Il dit : « Pas vraiment. » Gilmore se mit alors à se comporter comme s'il cherchait la bagarre. Il dit à Glade : « Tu me donnes l'impression d'être un sacré gaillard. » Glade, qui ne cherchait pas d'histoire, répondit : « Comment vois-tu ça ? » Gilmore poursuivit : « Oh ! tu as l'air d'être un vrai gaillard. » Sans s'arrêter de l'examiner de la tête aux pieds. Glade ne voyait aucune raison de répondre et Gilmore se contenta de s'éloigner.

Ensuite, le type avait dû avoir des mots avec Nicole. Il s'en alla tout d'un coup. Charley ne pouvait guère lui en vouloir. Il comprenait cette réaction. Comme quand on allait à l'église une fois tous les cinq ans et que les gens qui ont leurs bancs vous regardaient de haut. Il y avait de quoi vous donner envie d'acheter toute une rangée de chaises.

Par la suite, Charley apprit que Gary était rentré dans la maison, avait renversé un tabouret, qu'il était tombé dans la salle de bains et que Stein avait fini par dire : « Ton ami a l'air complètement rond. » « Ça va sans doute aller. » En tout cas, Gary s'en alla. Nicole avait l'air de s'en foutre. Pour une fois, elle restait à discuter avec sa famille.

Charley commença à se dire qu'il ne participait pas aux conversations et ça l'amena à repenser à la façon dont il avait été renvoyé de l'armée trois ans avant d'avoir droit à sa pension. C'était terrible quand on y pensait, parce qu'il avait l'impression que c'était la faute d'April avec ses problèmes mentaux, qui, après Midway, n'avaient fait qu'empirer. Une fois, elle s'était ouvert les poignets, un autre soir, ç'avait été une overdose. Chaque fois que Charley laissait sa famille pour aller dans le Pacifique, il devait demander une permission pour revenir parce que April avait flippé encore une fois. À Okinawa, alors qu'il était avec le bataillon en train de faire des boulots durs et qu'on comptait sur lui, il avait dû rentrer deux fois à la maison. Permission d'urgence. Comme c'était un problème qui avait l'air d'être insoluble, on lui avait conseillé de donner sa démission. Charley avait dit : « Je ne veux pas démissionner. » On l'avait démobilisé. Il avait refusé de signer le formulaire. On avait fini par lui tendre un papier en lui disant : « Mon vieux, prenez cet avion. » Comme ça. Il n'avait plus que trois ans à tirer. On lui avait vraiment fait un sale coup.

Bref, ça n'était pas son jour. Il finit par demander à Nicole d'appeler Kathryne. Peut-être Angel pourrait venir et rester avec lui ce soir. Il se faisait toujours du mauvais sang pour Angel. Il était loin d'elle alors qu'elle avait six ans et qu'elle avait besoin de lui. Là-dessus, Verna commença à lui faire une scène. Elle dit qu'il y avait trop d'enfants dans les parages. Pour une femme qui avait élevé huit gosses et qui n'arrivait plus à faire le compte de ses petits-enfants, on pouvait dire qu'elle n'aimait pas la marmaille. Et puis son père s'en prit à lui. « Tu ne vas pas rester ici. Les gosses ne restent pas ici. » Ils se lancèrent dans une discussion. Son père avait peut-être soixante-huit ans, mais Charley aurait bien eu envie de lui botter le derrière s'il n'avait pas été si vieux. En fait, il le bouscula quand même. Puis il prit Wendy par le bras et s'en alla sans un mot.

C'était plutôt réussi pour la soirée du Bicentenaire[1].

---

1. 4 juillet 1976 : Bicentenaire de la Déclaration d'Indépendance américaine.

V

Au début, Nicole ignorait sa famille et se sentait d'une loyauté à toute épreuve envers Gary, lorsqu'elle se bécotait avec lui sur la pelouse. Mais elle perdit ce sentiment lorsqu'il se leva si vite quand Verna dit : « Bas les pattes. »

Ce qui était bizarre, c'est que Nicole, subitement, se sentait connement fière de sa famille. Tous ces costauds un peu zinzins et voilà que Gary s'enivrait de vin rouge et cherchait la bagarre avec ses cousins. Il avait vraiment l'air délabré et le bouc qu'il commençait à se laisser pousser ressemblait encore à trois poils de chèvre. Elle n'était pas si triste de le voir partir.

Après tous les ennuis à Grand Central, elle ne l'avait jamais aimé davantage, mais c'était pour une nuit, et puis encore une nuit. Maintenant il s'était remis à la bière et au fiorinal. Elle ne savait plus très bien dans quelle mesure elle lui était encore loyale. Elle commençait à avoir des idées à propos d'un autre homme.

Monsieur Propre avait fait irruption dans sa vie. Elle n'en avait pas parlé à Gary. C'était trop récent. Il s'appelait Roger Eaton, un cadre super soigné, super gentil qui bossait au centre commercial de Utah Valley et il était entré dans sa vie d'une façon incroyable : elle avait reçu une lettre d'un type qui n'avait pas signé de son nom mais qui disait qu'il lui paierait cinquante dollars si elle couchait avec lui mercredi soir. Pourrait-elle laisser la lumière allumée devant sa porte comme signal ?

Elle montra la lettre à Gary. Il la déchira. Il annonça qu'il allait tuer ce salaud. Elle n'y pensa plus. Ça faisait partie de ces choses bizarres qui arrivaient dans la vie.

Mais deux semaines plus tard, ce type vraiment beau gars, bien bâti, les yeux bleus et de beaux cheveux bruns, l'aborda à une station d'essence et se présenta. C'était lui qui avait écrit la lettre, annonça-t-il, et il voulait lui offrir un coca. Elle bavarda un peu avec lui ce jour-là, le revit pour une tasse de café, et puis alla vraiment lui demander son aide après sa scène avec Gary sur la route, lorsqu'elle découvrit que la bagarre dans la voiture lui avait laissé des bleus sur tout le corps. Ça la mit dans un tel état qu'elle se rendit tout droit au bureau de Roger Eaton. Il se montra compatissant, alors elle alla le revoir juste la veille, après être allée dire bonjour à Gary à son travail et l'avoir trouvé en train de boire de la bière au lieu de déjeuner.

Elle n'avait jamais connu un homme qui mettait tous les jours un costume pour aller travailler, et ça l'excitait. La première pensée à lui traverser l'esprit ce soir, quand Gary avait été parti, c'était que Roger Eaton lui avait dit de lui téléphoner chez lui en cas d'urgence. Elle pourrait l'appeler ce soir. Mais ça risquait de gâcher le petit quelque chose qu'elle éprouvait. Ça faisait si longtemps qu'elle n'arrivait plus à penser à une qualité ou à une séduction particulière chez un type qui lui plaisait. Elle était plutôt habituée à supporter l'ensemble : la sueur, les habitudes, tout le bazar, quoi. Alors elle n'appela pas. Elle resta juste un moment à bavarder avec son père, puis elle rentra. Gary arriva plus tard. Il était allé boire chez Fred avec deux costauds et voilà que maintenant il parlait de s'acheter une moto. Il leur avait dit qu'il allait en piquer une. Là-dessus il regarda Nicole d'un air plutôt penaud, en reconnaissant que ses copains lui avaient pratiquement éclaté de rire au nez. S'il y avait une chose, expliqua-t-il, qu'un flic inspectait toujours, c'était une motocyclette ! Une moto volée se camouflait à peu près aussi longtemps qu'un cube de glace dans le cul. Malgré tout, c'étaient des vrais mecs, comme lui. Il envisageait, dit-il, de faire des affaires avec eux.

Il était comme un gosse de dix-neuf ans. Passionné de moto. Ravi de voir que les motards l'aimaient bien. Ça se radoucit suffisamment entre eux pour qu'ils se rabibochent. Avec le repas, la boisson, les parents qu'ils avaient rencontrés, la soirée, après tout, avait eu quelques avantages. Ils recommencèrent donc à s'entendre, mais Gary mit du temps à bander. Elle n'arrivait pas à comprendre comment elle avait pu être aussi sûre que ça s'arrangerait.

Gary mettait toujours ça sur le compte de la prison. Toutes ces années où il avait dû se branler devant des photos de nus au lieu de se faire la main sur une vraie femme ! Ce soir-là elle se mit suffisamment en colère pour lui dire que c'étaient des foutaises. Il buvait trop, il prenait trop de fiorinal. Gary invoqua l'efficacité du médicament. « Je n'ai pas envie de faire l'amour avec la migraine, dit-il. J'ai tout le temps des migraines, et le fiorinal me soulage. »

Elle était assise là, avec sa colère tendue comme un ressort. La queue molle et mouillée, il voulait quand même essayer. « Ne commence pas ce que tu ne peux pas finir, lui dit-elle. Sois réglo. » Ils commencèrent. Et désormais, ils n'allaient plus se coucher avant 4 heures et lui se levait à 6. Alors il prenait des amphètes et ça lui faisait de l'effet. Il bandait comme un cerf et il avait envie de baiser. Mais elle était si fatiguée qu'elle ne pensait qu'à dormir. Ils baisaient quand même. Et ça durait et ça durait. Elle n'arrivait pas à jouir.

Allongée, elle se dit nettement : « J'ai tiré le mauvais numéro. »

VI

Dans la seconde semaine de juillet, par un matin brûlant, elle trouva Jim Hampton à la maison de sa mère. Après la façon dont il s'était conduit avec April, Nicole ne se sentait pas très bien disposée à son égard, mais il avait avec lui sa petite sœur et son petit frère et pour une fois elle était contente de passer la journée avec quelqu'un d'autre. Ils se contentèrent de faire un tour en bagnole et s'arrêtèrent même chez elle, à Spanish

Fork, pour qu'elle puisse prendre quelque chose pour les gosses. Puis elle ramena Hampton chez sa mère et repartit avec sa propre voiture. Avec toutes ces allées et venues, elle avait dû faire plus de cent cinquante kilomètres ce jour-là.

Quand elle arriva, Gary était déjà rentré du travail et inspectait le moteur de sa voiture. Elle s'assit sur le perron. Il y avait entre eux un silence à couper au couteau.

Il finit par lui demander ce qu'elle avait fait. « Eh bien, dit Nicole, je suis restée assise sur mon cul chez ma mère. Je n'avais pas assez d'essence pour rentrer, alors j'ai dû rester là toute la sainte journée. Parfaitement, je suis restée sur mon cul. » « Eh bien, lui dit-il, il y a quelque chose de changé dans cette maison depuis que je suis parti ce matin. Tu es revenue ici dans la journée ?

— Oui, je suis revenue ici dans la journée, répondit-elle.

— Je croyais que tu étais restée assise sur ton cul toute la journée chez ta mère. »

Elle lui dit en souriant : « C'est exactement ce que j'ai dit. »

Gary abandonna la voiture, l'air aussi nonchalant que s'il rentrait dans la maison et, au passage, il la gifla à toute volée. C'était plutôt sournois. Elle avait la tête qui sonnait comme un réveil.

Nicole avait l'impression de le mériter. La grosse fierté sans raison, c'était quelque chose qu'il était incapable de supporter. Quand même, c'était la seconde fois qu'il la frappait. Elle sentait pas mal de vilaines pensées qui commençaient à se rassembler en elle.

Le lendemain, elle parvint à se soulager un peu. Comme elle n'avait toujours pas d'argent pour acheter des langes ou du savon et qu'il n'y avait pas toujours du linge propre, elle aimait laisser les gosses jouer tout nus en été. Certains des voisins devaient en être choqués.

Ce jour-là, alors que Jeremy était sur la pelouse d'un voisin et que les autres gosses étaient assis au bord du fossé qui séparait le trottoir de la rue, les pieds dans l'eau, une voiture de police s'arrêta et un flic cria quelque chose. Nicole n'en croyait pas ses yeux. Le flic roula au pas jusqu'à sa maison, vint jusqu'à sa porte et se mit à lui débiter des conneries incroyables dans le genre : « Vos gosses risquent leur vie à jouer dans le fossé là-bas. » « Votre petit garçon pourrait se noyer. » Nicole dit : « Mon bon monsieur, vous ne savez pas de quoi vous parlez. Mon petit garçon n'était pas du tout près de l'eau. Il n'en a pas une goutte sur le corps. » C'était vrai.

Le flic se mit à dire que les voisins avaient téléphoné pour se plaindre qu'elle ne s'occupait pas bien des enfants. « Foutez le camp de chez moi, dit Nicole, remmenez votre gros cul sur la route. »

Elle savait qu'elle pouvait dire n'importe quoi dès l'instant où elle restait dans sa maison. Le flic était dehors à la menacer de l'assistance sociale et elle lui claqua la porte au nez. Il hurla : « Il vaut mieux que je ne revoie pas ces gosses dehors. » Elle ouvrit de nouveau la porte.

Nicole dit : « Ces gosses vont jouer dehors toute la sainte journée et vous feriez mieux de ne pas les toucher, sinon je vous descends. »

Le flic la regarda. Il avait une expression dans le genre : « Et maintenant qu'est-ce que je fais ? » Au milieu de sa colère, elle comprenait le point de vue du policier : c'était une situation si dingue pour lui. Menacé par une femme. Puis elle ferma la porte, il repartit dans sa voiture et Gary se leva. Par ces jours de chaleur, on avait approché le lit de la fenêtre de la salle de séjour.

Elle se rendit compte tout d'un coup de ce que ces deux dernières minutes avaient dû lui faire éprouver. Elle avait complètement oublié les pistolets. La vue de ce flic s'arrêtant chez eux allait encore se traduire par plus de bière et plus de fiorinal.

VII

Le lendemain matin, il était chez Kathryne. Elle le trouva plutôt brusque. « Venez dehors », dit-il. Kathryne avait peur. « Vous ne pouvez pas me le dire ici ? » « Non, dit-il, dehors. »

Elle n'aimait pas la façon dont il se conduisait, mais c'était le jour. Elle sortit donc et Gary dit : « J'ai quelque chose dans ma voiture que je veux laisser ici un petit moment. » Il alla jusqu'à la Mustang pour prendre un sac de linge dans le coffre et le déposer à l'arrière de sa voiture à elle. Kathryne demanda : « Qu'est-ce que vous avez là, Gary ? » Et il répondit : « Des armes. »

« Des armes ! » fit-elle. « Oui, dit-il, des armes. » Elle lui demanda où il se les était procurées. « Où est-ce que vous croyez ? Je les ai volées. » Kathryne se contenta de dire : « Oh ! » Là, sur la plage arrière de sa voiture, il se mit à les lui exhiber. « J'aimerais, dit Gary, les laisser ici. » « Mon Dieu, Gary, dit Kathryne, je crois qu'il vaudrait mieux pas. Je ne peux pas les garder ici. »

« Je reviendrai en sortant du travail, dit Gary. Je veux juste les laisser un moment dans un endroit sûr. »

Elle n'en croyait pas ses yeux en voyant la façon dont il les avait disposées sur le coffre de la voiture. Si un des voisins regardait par la fenêtre, il n'en croirait pas ses yeux non plus.

Il prit chaque arme avec soin et la lui décrivit comme si c'était une rare beauté. Un des pistolets était un Magnum 357 ceci ou cela, un autre était un Browning automatique 7,65, puis un Dan Weston 9 mm, une chose ou une autre. Kathryne dit : « Gary, je ne m'y connais pas beaucoup en pistolets.

— Il vous plaît, celui-ci ? demanda-t-il.

— Oh ! ils sont beaux, ils sont tous beaux, vous savez. (Elle ajouta :) Qu'est-ce que vous allez en faire, Gary ?

— Il y a deux types qui vont me les acheter », dit-il.

Tous les pistolets étaient maintenant déballés. Il expliqua : « J'en ai donné un à Nicole pour se protéger. Un joli petit Derringer. J'ai envie de vous donner celui-ci.

— Je n'en ai pas besoin, Gary. Vraiment, je n'en veux pas.

— J'y tiens, dit-il. Vous êtes la mère de Nicole.

— Bon sang, Gary, dit Kathryne, j'ai déjà un pistolet.

— Eh bien, dit-il, je veux vous offrir ce Spécial. Ça n'est pas sûr pour deux femmes de vivre ici seules comme votre sœur et vous. » Elle essaya d'expliquer qu'elle avait déjà le Magnum de son mari. Mais Gary dit : « C'est un trop gros calibre. Vous ne devriez même pas essayer de tirer avec. »

Il rangea alors son arsenal dans le coffre de la voiture de Kathryne. Celle-ci lui expliqua qu'elle ne voulait absolument pas circuler avec tout ça. Alors il dit : « Laissez-moi les mettre dans la maison. » Il lui raconta qu'il reviendrait à 5 heures. Bon, déclara-t-elle, à cette heure-là elle ne serait pas là.

Ça ne faisait rien, il viendrait juste les reprendre. Là-dessus, il porta le sac de linge dans la maison et déposa les pistolets derrière le canapé, sept ou huit au total. Puis il enveloppa le Spécial dans un vieux chiffon et le cacha sous le lit dans la chambre de Kathryne.

Ce soir-là, quand Cathy et elle rentrèrent, elles se précipitèrent pour regarder derrière le canapé. C'était vrai, les pistolets avaient disparu.

VIII

Dans la journée, alors que Gary était au travail, Barrett passa avec son camion et Nicole partit avec lui jusqu'au canyon. Sunny et Peabody descendirent pour aller jouer. Ils n'avaient même pas eu le temps d'allumer un clope qu'il avait baissé sa culotte. Elle aussi. Et ils y allaient de bon cœur. Elle s'entendit dire : « Gary est fou. On pourrait se faire tuer. » Puis elle dit à Jim : « S'il arrive quoi que ce soit, je tiens à ce que tu saches que je t'aime. » Et au moment où elle le disait, c'était vrai.

Gary rentra vêtu d'un vieux caban aux manches coupées. Son pantalon était plein de taches et il était à moitié saoul. Il lui demanda de venir avec lui chez Val Conlin pour examiner la camionnette. Elle lui dit de se nettoyer d'abord. Elle ne tenait vraiment pas à ce qu'on la voie avec lui. On aurait dit qu'il avait couché dans la cour.

Gary continuait à discuter avec Conlin comme s'il avait l'argent. C'était vraiment agaçant.

Ensuite, il voulut s'arrêter pour voir Craig Taylor. C'était complètement idiot. Julie, la femme de Craig, était à l'hôpital. Les gosses de Nicole et les petits Taylor étaient insupportables pendant que Gary s'était mis à jouer aux échecs avec Craig. Il poussa des cris de joie lorsqu'il l'eut battu.

Là-dessus, Gary se mit à déblatérer sur le compte de Val Conlin qui le faisait attendre pour la camionnette. « Je démolirai sa baraque et quelques-unes de ses bagnoles aussi, dit-il. Je leur casserai les vitres à coups de pied. »

Craig se contentait d'écouter comme un hibou. Il avait les plus larges épaules qu'elle avait jamais vues pour un type qui avait une tête de hibou. Il ne disait jamais rien. Il clignotait.

Gary déclara qu'il avait horreur de regarder la télé. Il avait surtout horreur des feuilletons policiers. Nicole se mit à bâiller.

Comme ils s'en allaient, Gary demanda à Craig : « Qu'est-ce que tu penses de moi ?

— Ma foi, tu as l'air d'essayer, fit Craig. Avec quelques coups de chance, tu t'en tireras. »

En remontant de chez Craig pour aller chez Kathryne, en plein milieu de la longue route jusqu'à la maison de sa mère, la Mustang se remit à caler. Gary était si furieux qu'il cassa le pare-brise.

Il se renversa en arrière, détendit ses jambes, et projeta ses pieds contre le pare-brise. Il péta.

Les gosses avaient peur. Nicole ne dit pas un mot. Elle descendit pour l'aider à pousser la voiture et la faire démarrer. Ça ne marchait toujours pas. Là-dessus, quelqu'un passa qui leur donna un coup de main. Ils roulèrent en silence pendant deux cents mètres.

Depuis une semaine, elle essayait de lui dire qu'ils pourraient habiter séparément et se voir de temps en temps. Maintenant que le moment était venu, ce fut Gary qui parla : « Je t'emmène chez ta mère, dit-il, je ne veux plus jamais revoir ta gueule. »

Il la planta là avec les gosses sans plus de façon que s'il descendait à l'épicerie acheter des boîtes de bière. Elle croyait que ça lui ferait plaisir, mais ça n'était pas le cas. Elle n'avait pas l'impression que ça s'était terminé comme il fallait.

Douze heures plus tard, Gary rappliqua chez Kathryne. Juste avant le déjeuner. Il voulait qu'elle revienne. En le lui demandant, il était déjà ivre. Elle répondit qu'elle ne voulait pas. « Il faut que j'y réfléchisse un moment. »

Il ne voulait pas qu'elle réfléchisse. Il voulait qu'elle soit d'accord. Quand même, elle était stupéfaite. Il ne la força pas. Mais quand il fut parti, elle décida que ç'aurait été trop facile. Demain, il reviendrait à un moment ou à un autre. Elle téléphona donc à Barrett pour lui demander si elle pouvait crécher chez lui. Nicole expliqua clairement qu'elle n'avait pas envie de s'incruster. Elle avait juste besoin d'un lit pour deux ou trois jours.

Si elle voulait disparaître aux yeux de Gary, il faudrait trouver de meilleurs endroits que chez Barrett. Elle se mit à chercher un appartement. Le lendemain, Barrett en trouva un à

Springville. Pratiquement personne ne connaissait l'adresse et elle lui fit jurer de la garder secrète.

Elle habitait maintenant à huit kilomètres de la maison de Spanish Fork. Si Gary prenait la route de derrière pour Provo au lieu de la nationale, il passerait à deux rues de chez elle.

Barrett voulait qu'ils essaient encore une fois. Encore un voyage de l'esprit. Quand elle était jeune, et qu'elle lisait des histoires d'animaux, Kathryne lui avait parlé de la réincarnation. Elle lui avait raconté cela comme un conte de fées. C'était alors que Nicole avait choisi de revenir sous la forme d'un petit oiseau blanc. Maintenant elle se disait que si elle ne mettait pas un peu d'ordre dans la façon dont elle s'y prenait avec les hommes, elle allait revenir sur terre toute laide et aucun homme ne voudrait jamais la regarder.

11. Les ex-maris

I

Barrett avait tendance à se trouver petit. En fait, son père et sa mère lui disaient toujours que quand il était né, il n'avait pas l'air plus gros qu'un chaton qu'on met dans une boîte à chaussures. Maintenant, il mesurait un mètre soixante-quinze et pesait dans les soixante-cinq kilos, mais il avait toujours l'habitude de se considérer comme de petite taille et indépendant. Comme un chaton. Durant cette période où il avait eu sa première aventure avec Nicole, il se rappela avoir passé une semaine tout seul dans une cellule jaune de l'asile. Peinte en jaune pâle comme une nursery, seulement c'était une cellule. Il se souvenait avoir pris ses chaussettes, les avoir roulées en boule pour les lancer contre le mur, les lancer et les rattraper. C'était la seule chose qu'il avait à faire. Il se débrouilla.

En revanche, il n'était pas bâti pour les punitions vraiment sévères. Pas avec son long nez pointu, ses fins cheveux châtain clair, doux comme ceux d'une fille. Ses cheveux percevaient les mauvaises vibrations émanant d'un étranger qu'il rencontrait sur la route. Barrett savait donc généralement à quoi s'attendre. C'était tout aussi bien, compte tenu du problème qu'il avait maintenant sur les bras d'aider Nicole à se cacher de ce dément qui vivait à ses crochets : Gary Gilmore. Voilà une histoire d'amour qui avait pris Barrett au dépourvu. Il était horrifié par le mauvais goût de Nicole. Il ne l'avait vue qu'une seule fois faire montre d'un pareil manque de jugement.

Avec Nicole, Barrett en avait vu de toutes les couleurs. Il en avait vu des types défiler, des étalons, des sportifs, des dingues, des bêtes, des gens qu'on aurait presque pu qualifier d'infirmes, mais ils avaient toujours quelque chose. S'ils n'étaient pas beaux, forts, bien pourvus, alors ils avaient quelque chose à quoi on pouvait s'accrocher, un bon côté. Barrett savait que Nicole était une fille belle et vraiment indépendante, et si on avait le malheur d'être éperdument amoureux d'elle comme l'était Barrett, alors il fallait vivre avec qui elle allait se dénicher ensuite. Il fallait être là quand elle était prête à plaquer le type.

Barrett n'était pas bâti pour les rencontres poids lourds. Il était assez lucide pour s'en rendre compte. Pourtant, les actes les plus courageux, les plus difficiles qu'il avait faits de sa vie, c'était à cause de Nicole. Par exemple : l'aider à quitter la maison de Jo Bob avait de quoi faire peur. Toutes ces heures avec une camionnette empruntée à attendre devant la porte : Jo Bob aurait très bien pu rentrer de son travail pour voir ce qu'elle faisait. Barrett, ce jour-là, était armé, mais Jo Bob était assez costaud pour que ça ne l'arrête pas.

Eh oui, toutes ces heures passées à déménager les meubles de Nicole (qui étaient ceux de Barrett lorsqu'ils vivaient ensemble) ç'avait été un des moments les plus tendus que Barrett avait jamais passés, mais il l'avait fait filer, emportant jusqu'au dernier abat-jour, Sunny et Jeremy sur la banquette avant avec eux, parfaitement. Une fois de plus il avait sauvé la mise à Nicole, et elle était même revenue vivre avec lui parce qu'il avait trouvé la maison de Spanish Fork.

En ce temps-là, il travaillait. Sur une bétonneuse. Il avait cherché un emploi pour ne plus avoir à vendre de la drogue. Il crut que la bétonneuse, ça pourrait lui aller, mais ça lui parut vite une situation difficile à garder. Les gens sérieux n'avaient qu'à le regarder, avec sa crinière de hippie, sa veste de daim avec des franges, ses cheveux longs, sa petite moustache et ils le classaient aussitôt tout en bas de l'échelle. C'était dur de conduire la camionnette d'un autre et d'être payé des clopinettes tout en faisant gagner des paquets de dollars à son patron. Ça déprimait toujours Barrett. Au moins, quand on vendait de la drogue, on était son propre patron.

Malgré tout, il avait essayé de gagner normalement sa vie et de prouver quelque chose à Nicole. Aller en voiture de Spanish Fork pour travailler dans une cimenterie d'American Fork, ça lui faisait pratiquement traverser le comté d'Utah d'un bout à l'autre, pas loin de cent kilomètres par jour. On ne pouvait pas imaginer une existence plus rangée. C'était ça qu'il voulait prouver. Mais Nicole et lui commencèrent à se disputer à propos d'histoires du passé. Les relations sexuelles qu'elle avait eues avec d'autres hommes l'ennuyaient. Il n'arrivait pas à les oublier.

Depuis le début, à Spanish Fork, leur vie sexuelle n'était pas ce qu'elle était autrefois. Il n'y avait plus cette impression d'amour. Il y avait des fois où il lui disait : « Tu n'as même pas envie de moi. » C'était comme une plaie ouverte. Être sans Nicole, c'était l'enfer. Elle ne se rendait pas compte de ce qu'il éprouvait : si elle pouvait seulement comprendre de temps en temps combien il souffrait. Elle ne savait pas comme ça pouvait être magnifique avec elle, si elle était d'humeur pour ça. Personne ne savait vous donner l'impression d'être désiré, comme Nicole. Elle pouvait devenir la séductrice, et c'était le paradis quand on obtenait ça d'elle. Mais quand elle arrêtait, Barrett retrouvait l'enfer.

Alors, même avec la maison de Spanish Fork – soixante-quinze dollars par mois – ce fut plus fort que lui, il se fit la valise. Il alla pour quelques semaines dans le Wyoming faire ce qu'il faisait toujours dans ces cas-là, c'est-à-dire essayer de profiter de sa liberté, de jouir autant que possible de la vie sans scène quotidienne. Mais il n'arrivait pas à profiter des bons côtés de sa liberté, à se sentir tout pimpant. Au lieu de cela, il trimbalait le souvenir de Nicole comme un fardeau. Alors, à la première occasion, il lui fit une visite surprise depuis le Wyoming et s'arrêta devant la maison de Spanish Fork vers 11 heures par une froide nuit de février.

Comme il y avait la voiture d'un autre type garée devant la maison, Barrett entra par-derrière. Nicole et le type étaient ensemble dans la salle de bains, tout nus. Le gars était assis sur le panier à linge, un drôle de numéro dans le genre crasseux, Clyde Dozier. Barrett le connaissait de vue, un mec répugnant. Barrett n'était pas un violent, vous comprenez, il se contenta de passer dans la cuisine à côté et Clyde se rhabilla et vint le rejoindre, puis commença à s'excuser en disant que ça n'était pas la faute de Nicole. Barrett dit : « Épargne-toi des problèmes, Clyde. Fous le camp d'ici avant que je me mette en colère. » Barrett n'était peut-être pas très costaud, mais après tout il avait quelques relations. Clyde s'en alla et Nicole se mit à dire quelque chose dans le genre : « Je ne suis pas ta bourgeoise. Tu es allé dans le Wyoming en me laissant. Je peux faire ce qui me plaît, tu sais. »

Bref, elle s'était installé un lit dans la cuisine et Barrett lui sauta dessus. Il ne savait pas pourquoi il avait envie de baiser à ce moment-là, mais il se dit qu'elle se laissait faire parce qu'il risquait de devenir violent si elle résistait. Le lendemain matin, il n'était pas en colère. Au fond, c'était plus drôle qu'autre chose, voyez-vous, de se retrouver là, par terre, dans la cuisine, avec sa régulière en disant : « Bon sang, tu ne pourrais pas trouver quelqu'un d'un peu mieux que Clyde ? » Il avait vraiment envie de se raccommoder avec elle. Alors il renonça au Wyoming et se trouva une crèche à Lindon. Il passait deux ou trois fois par semaine puis un jour elle lui dit de ne pas revenir. Quand il rappliqua, il y avait là un autre minable, Freson (en voilà un nom !) Phelps. Barrett attendit un long moment avant de revenir à Spanish Fork.

Mais cette fois, les choses avaient changé. Il y avait un autre mobilier. Quelqu'un de nouveau avait emménagé. Il s'assit pour prendre une tasse de café avec elle. Il n'avait même pas eu le temps de commencer à parler que Gilmore arriva. La première fois qu'il entendit parler de ce type, ce fut lorsqu'elle les présenta.

Barrett eut l'impression que c'était encore un minable de plus. Il n'avait pas le genre qu'il fallait. Encore le mauvais goût de

Nicole ! Il portait des shorts et il avait les jambes trop blanches. Gilmore avait l'air beaucoup plus âgé qu'elle. Barrett ne se sentait pas vexé ni rien, simplement dégoûté, vous comprenez, dans le genre : je n'arrive pas à y croire.

Il continua à bavarder avec Nicole. Gilmore ne disait pas un mot, il était juste assis à la table de la cuisine. Il semblait agacé. Au bout d'un petit moment il se leva et passa dans la pièce du devant. Là-dessus, Barrett fit un signe de tête à Nicole et ils sortirent. Sunny et Jeremy jouaient dehors et vinrent s'asseoir près d'eux, et Nicole expliqua que Gilmore était un ancien détenu. Puis elle retourna dans la maison. Barrett resta dehors à jouer avec les gosses qui se mirent bientôt à répéter inlassablement la même chose. C'était comme s'ils vous avaient mis un levier dans l'épaule et qu'ils essayaient de vous la démancher. Ils disaient : « Pop, poup, pop, poup » et éclataient de rire.

Il regagna sa camionnette et repartit. Il sentait ses maigres fesses rebondir sur la banquette.

Puis il y eut la seconde rencontre avec Gilmore. Il était passé dire bonjour à Nicole et Gary était allé à l'épicerie. Pendant que Barrett bavardait avec Nicole auprès du pommier, Gilmore revint. Il ne dit pas : « Fous le camp d'ici », mais on peut dire qu'il se comporta comme si son retour devait donner le signal du départ. Alors Barrett se leva et Nicole rentra dans la maison. Il ne restait plus à Barrett qu'à se diriger seul vers la rue. Mais Gilmore passa par la porte d'entrée afin de le rencontrer sur le trottoir.

Il dit : « Je tiens à te dire une chose. J'accepte le fait que tu sois le père de Sunny, mais Nicole est à moi. » Barrett répondit : « Écoute, mon vieux, tu peux l'avoir. Je n'ai pas envie d'elle. » À ces mots Gilmore fit une sale tête, une vraiment sale tête. Il dit : « Pas la peine de l'insulter. »

À ce moment, Barrett eut vraiment peur. Il avait l'habitude de voir Nicole avec d'autres hommes. Il l'avait observée avec bien d'autres hommes. Qu'y avait-il d'autre à dire ? Qu'on pouvait en effet se la payer. Il ne pouvait assurément pas les empêcher de la sauter. D'ailleurs, ça n'avancerait à rien que Gilmore connaisse ses véritables sentiments. Ça le mettrait en alerte. Barrett dit : « Je ne cherchais pas à l'insulter. Nicole n'a pas envie de moi, et moi je n'ai pas envie d'elle. Je voulais simplement que tu le saches. » Il remonta dans sa camionnette et là, sur la route, en roulant, il reprit espoir. C'était d'avoir entendu Gilmore dire : « Nicole est à moi. » Quand ils en arrivaient à parler comme ça, ils la perdaient. Elle n'aimait pas qu'on la possède longtemps.

Après ça, en se baladant, surtout quand il était dans les vapes, ça lui arrivait de passer devant chez elle. Si la voiture de Gary était arrêtée devant, il continuait. Si les choses se présentaient bien, il venait faire une petite visite à Nicole, pour tâter le terrain.

II

Une fois, Rosebeth vint ouvrir et dit que Gary était au travail et que Nicole était sortie avec les gosses. C'était la première fois que Barrett voyait Rosebeth, mais il entra comme s'il était chez lui. Après tout, tout ce qu'il possédait était là. Gary et Nicole, annonça Rosebeth, seraient sûrement absents toute la journée. Il faisait bon chaud dans la pièce.

Jim était assis dans le fauteuil et la fille était allongée sur le lit de la salle de séjour qui servait de divan. Il la trouva plaisamment rebondie, avec de vraies formes de bébé, mais trop jeune et trop vierge pour qu'on fasse des bêtises avec elle. Mais quand elle se leva pour retirer la couverture du lit, il décida de s'installer auprès d'elle et ils commencèrent à s'embrasser. Il ne fallut pas une minute à Rosebeth pour dire : « Maintenant, déshabillons-nous. » « D'accord, dit-il, je suis pour. » Ils ôtèrent leurs vêtements, s'allongèrent sur le lit et elle dit : « Laisse-moi te sucer. » Barrett dit : « Ça n'est pas moi qui vais t'en empêcher. »

Attention, c'était elle qui prenait les initiatives. Barrett s'allongea sur le dos, elle se retourna comme une anguille et lui colla sa boîte à musique en pleine figure. Il n'avait pas le choix. Elle ne savait pas vraiment s'y prendre. En fait, elle lui faisait mal avec ses dents. Ça ne l'empêchait pas de s'échauffer. Mais elle n'avait pas le clitoris sensible, vous comprenez, il n'arrivait pas à la faire vibrer.

Mais elle était quand même assez excitée. Il la retourna et elle le regarda d'un air d'attente. Seulement il ne pouvait pas la tringler. Elle était vierge, découvrit-il, et il lui faisait mal.

« Gary veut que je fasse des choses seulement avec lui, tu sais, disait-elle. Il n'aimerait pas ça, tu sais. » Elle lui raconta comment tous les trois ils faisaient des trucs. Barrett se contentait de lui donner des petits coups de langue sur le sexe.

Ça parut l'ouvrir. Il se retourna et l'enfila. Ça rentrait sans problème, c'était vraiment bon, doux et chaud, sans bouger du tout, c'était tout ce qu'il demandait. Il n'alla pas plus loin.

Il se rhabilla et elle se leva et en fit autant. Il n'était pas resté en elle plus de dix secondes. Elle n'avait vraiment rien fait, mais elle avait vraiment de jolis seins. Il obtint d'elle son numéro de téléphone. Un coup fantastique. Gratis. Et au nez et à la barbe de Gilmore.

La fois suivante où il s'arrêta, Nicole dit qu'elle avait envie de faire un tour. Il l'emmena jusqu'au canyon et Sunny et Jeremy descendirent pour aller jouer. Barrett se fit séduire là, dans la camionnette. C'est tout ce qui se passa ce jour-là.

Il crut que c'était parce que de nouveau elle l'aimait, parce qu'elle éprouvait pour lui quelque chose de spécial. Elle lui dit après qu'elle l'aimait toujours et tout autant. Puis ils redescendirent du canyon et il la raccompagna chez elle.

On peut dire que ça donna un coup de fouet à l'amour qu'il avait pour elle. Cela fit qu'elle lui manqua encore plus. Pour lui, le sexe était comme une chose sacrée, une façon d'exprimer un sentiment.

Le lendemain, elle lui téléphona. « Je suis très embêtée, dit-elle, très déprimée. » Gary était devenu très dominateur.

Quand Barrett arriva, elle était triste, elle broyait vraiment du noir et lui il était là, plein d'amour. Il se mit tout nu avec elle, lui donna toute l'attention dont elle avait besoin et lui dit qu'il allait la tirer de ce pétrin.

Dès l'instant où elle se retrouva dans la minable petite chambre qu'il occupait dans un motel miteux, il ne leur fallut qu'une seule nuit pour comprendre qu'ils avaient besoin de plus d'espace. Il alla trouver un ami qui était propriétaire de deux immeubles à Springville et lui dit : « Dis donc, si tu me laissais travailler à ta piscine pour le loyer. » Le type accepta et les installa dans un appartement 3 West à Springville. Le même jour, pendant que Gilmore était à son travail, ils prirent les meubles à Spanish Fork et les rapportèrent à l'appartement.

C'était assommant de déménager. Nicole le laissa prendre un 6,35 Derringer que Gary lui avait donné. C'était encore plus dur que le déménagement de chez Joe Bob. Barrett remarqua un bout de papier épinglé au mur et disant : « Où es-tu, ma fille ? »

Il avait le pistolet chargé dans sa poche revolver. Mais il n'arrêtait pas de penser aux autres pistolets de Gilmore. Si le mec rappliquait, il allait peut-être y avoir une fusillade. Même après qu'ils se furent installés dans l'appartement, ça ne se calma pas. Nicole n'arrêtait pas de dire : « Tu ne connais pas Gary, il est dangereux. » Barrett trimbalait toujours son pistolet.

Cette fois-là, Nicole lui faisait l'amour comme une professionnelle. Il ne lui donnait pas d'argent, mais on aurait dit qu'elle estimait qu'il lui avait rendu service et qu'il méritait bien ça. Ce ne fut assurément pas une de leurs bonnes périodes. Elle n'avait pas d'orgasmes très régulièrement. Malgré tout ce qu'il savait d'elle, ça lui prit quand même quelques jours avant de s'apercevoir que Nicole voyait quelqu'un d'autre.

III

Le mardi soir où Gary rompit avec Nicole, il revint chez Craig et passa une soirée tranquille. « Elle est sortie de ma vie », annonça-t-il. Le lendemain matin, à peine réveillé, il parlait de se remettre avec elle. Il alla prendre un 6,35 Browning automatique dans sa voiture et demanda à Craig de le lui garder. Craig accepta. Il voulait le calmer, l'empêcher de plonger.

En allant au travail, Gary demanda si Craig connaissait quelqu'un qui voudrait acheter l'automatique. Quand Craig lui répondit non, Gary dit : « Tu peux le garder. » Craig ne savait pas si Gary le lui donnait ou lui en confiait simplement la garde afin de l'avoir simplement sous la main.

Spencer voulut savoir comment le pare-brise s'était cassé et, quand Gary lui répondit qu'il avait donné des coups de pied dedans, Spencer demanda : « Pourquoi ? » Gary dit qu'il était furieux contre Nicole. « Alors pourquoi ne lui as-tu pas donné des coups de pied à elle ? fit Spencer. Tu sais qu'il te faut un pare-brise pour l'examen des Mines. Ce coup de pied t'a coûté cinquante dollars. » Gary répondit qu'il s'en foutait.

Ça rendit Spencer furieux. Après tout, Gary lui devait de l'argent. Alors Spencer lui demanda de nouveau s'il avait passé son permis. Quand Gary répondit que non, Spencer se dit qu'il avait dû lui mentir tout le temps et qu'ils allaient devoir modifier un peu leur programme. Mais Gary semblait avoir la tête ailleurs. Il demanda à Spencer ce qu'il pensait de son idée d'acheter une camionnette. Spencer se dit que ce type était vraiment un terrible égoïste.

Dans la journée, Gary obtint de Val Conlin les clés de la camionnette blanche et la conduisit jusqu'à l'atelier pour avoir l'approbation de Spencer.

C'était une Ford 68 ou 69. McGrath trouva qu'elle était beaucoup trop chère. Gary dit que ça lui était égal, qu'il en avait envie. Spencer répondit : « Moi, ça ne m'est pas égal. Tu me demandes de verser mille sept cents dollars pour un véhicule qui n'en vaut que mille. Ça ne va pas. Tu n'as pas de permis de conduire. Si tu bousilles cette bagnole ou si quelqu'un la vole, ou si tu te lances dans une bagarre, qu'on t'arrête et qu'on te flanque en taule, ou même seulement si tu n'arrives pas à respecter les versements, alors il faudra que je paie. Tu devrais penser un peu sérieusement à ce que tu me demandes de faire. » Ça ne troubla pas du tout Gary. Il ne doutait absolument pas, expliqua-t-il, qu'il allait payer cette camionnette. À son avis, Spencer ne devrait pas s'inquiéter, il ne perdrait pas un centime.

Ce soir-là, Gary fit la tournée des bars pour chercher Nicole et puis rentra chez lui. Comme il n'arrivait pas à dormir, il prit sa voiture et fit tout le trajet jusqu'à la nouvelle adresse de Sterling Baker. Sterling avait quitté Provo pour aller s'installer dans un bourg du nom de Lark, près de Salt Lake City. Il était tard quand Gary arriva. Ça lui faisait un drôle d'effet, expliqua-t-il, de rester à Spanish Fork sans Nicole. Il lui avait parlé chez Kathryne le jour même, leur raconta-t-il, et elle voulait qu'ils restent séparés. Il n'arrivait pas à chasser l'idée qu'il l'avait perdue. Gary avait l'air si triste que, malgré l'heure, aussi bien Sterling que Ruth Ann ne pouvaient s'empêcher d'être navrés.

Gary se mit à parler de réincarnation. Après sa mort, annonça-t-il, il allait repartir de zéro. Il aurait le genre de vie qu'il avait toujours souhaité. Il en parlait comme si c'était si certain, si réel que Sterling commença à s'embrouiller et à croire que Gary parlait d'un endroit réel, comme s'il allait s'installer avec armes et bagages à Winnipeg, au Canada.

Le matin, Gary téléphona à l'atelier pour dire qu'il était malade et passa la matinée à rouler avec Ruth Ann en cherchant Nicole.

Ils fouillèrent un tas de rues de Springville. Gary, on ne sait pourquoi, avait l'impression qu'elle était là. Ils passèrent chez Sue Baker, mais elle ne savait pas, dit-elle, où Nicole pouvait être. Ça sentait les langes chez Sue et elle avait l'air triste. Elle ne savait pas où était Rikki, elle ne savait pas où était Nicole, elle ne savait rien. Ruth Ann commença à plaindre vraiment Gary. Elle n'avait jamais vu un homme souffrir tant pour une femme. Il avait bien dû passer cinq fois à la blanchisserie automatique pour voir si elle s'y trouvait.

Vers le milieu de l'après-midi, Ruth Ann retourna à Lark et Gary se présenta au travail. Il venait à peine de prendre un outil qu'il y eut un coup de fil de Nicole.

« Tu n'es pas ivre ? demanda-t-elle.

— Je suis parfaitement sobre », répondit-il.

Elle téléphonait pour lui annoncer qu'elle venait de déménager ses meubles de la maison de Spanish Fork, mais qu'il pouvait y rester quelques jours tant que le loyer était payé. Elle ne pensait pas qu'après cela on lui louerait la maison.

Est-ce qu'ils pourraient se voir ? demanda-t-il. Elle répondit qu'elle ne le pensait pas. L'un d'eux risquerait de tuer l'autre.

IV

À sa surprise, Kathryne se sentit l'envie de pleurer. Gary arriva si pitoyable. Il s'assit et posa sur la table une cartouche de cigarettes et une boîte de Pampers en disant : « Elle aura probablement besoin de ça. » Il y eut un silence puis il dit : « Voudriez-vous faire quelque chose pour moi ? » Kathryne répondit :

« Ma foi, oui, si je peux. » « Voulez-vous lui donner cette photo de moi ? C'est la meilleure que j'aie pu trouver. Elle n'est pas très bonne, mais c'est la seule qui soit acceptable. » Kathryne regarda. Gary était debout dans la neige, vêtu d'un caban bleu. Elle pensa que la photo avait dû être prise en prison. Il avait l'air jeune et pas commode. Il avait écrit au verso : « Je t'aime. » Lorsqu'elle l'eut reposée Gary dit : « Il faut que je parte. »

Quand Nicole passa plus tard ce soir-là, elle se contenta de jeter un coup d'œil à la photo, fit une sorte de *houmpf* et la lança sur le rayonnage du buffet. Plus tard, Kathryne la remit derrière le vaisselier où elle serait à l'abri des enfants, de la confiture et du beurre de cacahuète.

Vers le soir, Gary alla s'asseoir avec Brenda et Johnny. Leur patio n'avait guère l'allure d'un jardin ; c'était plutôt un appentis avec un toit de plastique ondulé vert pâle qui laissait passer la lumière, deux chaises de fer et deux vieux fauteuils de toile crasseux. Brenda ne se donnait jamais beaucoup de mal pour arranger sa cour, mais c'était quand même agréable de prendre un verre là, dans l'obscurité.

Non seulement Gary avait ses problèmes affectifs, mais Johnny allait bientôt en baver : il devait se faire hospitaliser pour être opéré d'une hernie. Ça ne prendrait peut-être pas longtemps, mais ça n'allait pas être drôle. Brenda aurait aimé qu'on dise en plaisantant que le chirurgien devrait faire attention à ne pas couper trop bas dans ce coin-là, mais malheureusement Gary n'était pas d'humeur. Les chaussettes jaune et blanc qu'il portait étaient de meilleur goût que d'habitude, aussi Brenda observa-t-elle : « J'aime bien ces chaussettes, cousin. » Il la dévisagea et dit : « Elles sont à Nicole. » On aurait dit qu'il allait éclater en sanglots.

C'était terrible. Brenda s'imaginait cette maison vide de Spanish Fork. « Je peux encore y sentir son parfum », dit Gary. De toute évidence, il était arrivé à ce stade de souffrance insupportable où la même idée devient une obsession.

« Il faut que je la trouve », dit-il.

« Mon chou, ce genre de chose prend du temps, dit Brenda. Peut-être que Nicole a besoin de deux ou trois jours. » « Je ne peux pas attendre, dit-il. Tu veux m'aider à la trouver ? » « Ça ne marche pas comme ça, dit Brenda. Si une femme ne veut pas te parler, elle te tuera d'abord. »

En général, malgré tout ce que Gary pouvait éprouver, il aimait donner l'image même de la décontraction. Mais aujourd'hui, assis au bord de sa chaise, on aurait dit qu'il était rongé de nervosité. Elle ne voulait pas penser à l'état dans lequel il devait avoir l'estomac. En lambeaux. Elle trouva que son bouc était épouvantable.

« C'est la première fois que j'éprouve une pareille douleur, dit-il. D'habitude, j'arrivais à supporter tout ce qui se présentait, même si c'était moche, mais ici, c'est trop dur. Chacun se livre à ses occupations. Où Nicole peut-elle être ? »

Avec le soir, l'atmosphère s'alourdit encore. Brenda croyait voir Gary écouter Nicole s'amuser avec d'autres hommes. Il n'arrêtait pas de boire. Au bout de deux heures il s'écroula, ivre mort. Le matin, pourtant, il alla au travail.

« Pourquoi tellement chercher une femme qui ne veut pas revenir avec toi ? demanda Spencer. Laisse-la tranquille. Elle sait où tu es.

— Je m'en vais repeindre ma voiture », dit Gary.

Il entreprit de rentrer la Mustang dans l'atelier, mais il ne souleva pas assez haut la porte coulissante. Alors il la heurta en entrant. Il la faussa. Spencer ne poussa même pas un grognement. Gary aurait pu faire repeindre la voiture pour cinquante dollars, et maintenant ça allait en coûter trois cents ou plus pour remettre la porte en état. Dans l'immédiat, Spencer se contenta d'attacher une corde à la partie enfoncée et il redressa la tôle comme il put. La porte de l'atelier avait une triste allure.

Pendant le déjeuner, Gary se rendit en voiture à Spanish Fork et arpenta les pièces vides. Ensuite, il revint à Springville pour inspecter la laverie automatique. Il s'arrêta chez Sue Baker. Elle n'avait pas eu de nouvelles de Nicole.

« Nicole, fit Kathryne, n'aime pas boire. Elle ne le supportera pas, même si elle a de l'affection pour vous. Elle pourrait vraiment vous aimer, dit Kathryne, et je crois que c'est peut-être le cas, mais il faut que vous fassiez un choix. Qu'est-ce qui compte le plus : la boisson ou Nicole ?

— Je renoncerai à boire si elle me revient, dit-il. Oui, j'y renoncerai. »

Ils étaient assis et Kathryne se sentait proche de lui. « Oui, je renoncerai à la boisson », répéta-t-il.

Il se mit à raconter à Kathryne combien Nicole était brillante, quel cran elle avait. Il n'avait jamais rencontré une fille avec un cran pareil. Il raconta à Kathryne la fois où Nicole était allée trouver Pete Galovan pour le prévenir que Gary comptait plus pour elle que la vie. « Elle l'aurait fait, fit Gary.

— Oui, fit Kathryne, c'est bien possible. »

Ils étaient assis et Gary regardait Kathryne d'un air qui lui allait droit au cœur. Il dit : « Vous savez, me voilà à trente-cinq ans, et je n'ai connu que trois femmes dans ma vie. Est-ce que ce n'est pas ridicule ? »

Kathryne éclata de rire. Elle dit : « Vous êtes en avance de deux sur moi, Gary. J'ai près de quarante ans et je n'ai connu qu'un seul homme. »

Ils avaient l'air de bien s'entendre. Elle le plaignait tant. Il dit : « Je ne me sens pas dans le coup. Il y a des fois où je ne comprends même pas de quoi les gens parlent. (Il but deux bières et reprit :) Quand Nicole reviendra, dites-lui que je l'aime. Vous ferez ça pour moi ?

— Je le ferai, Gary, fit Kathryne.

— Je vous le promets, je m'arrête de boire, dit Gary. Je ne touche plus à l'alcool. Je suis vraiment mauvais quand je bois. »

Quelques heures plus tard il téléphona pour savoir si Nicole était passée. « Non, répondit Kathryne, je ne l'ai pas vue. » Et c'était vrai.

Ce soir-là, Gary alla chez Spencer McGrath avec les pistolets. « Je veux vous les laisser comme caution pour que vous puissiez vous porter garant de mes traites pour la camionnette.

— Premièrement, fit Spencer, je n'ai pas besoin des pistolets. Deuxièmement, je n'ai pas l'intention de me porter garant. Reprends-les.

— Je vais les laisser, dit Gary. Je tiens à ce que vous sachiez que je suis vraiment sérieux. »

Spencer décida de demander comment il se les était procurés. Gary répondit qu'un de ses amis à Portland lui devait de l'argent, alors il lui avait remis les pistolets. Il cita le nom du type. Sitôt Gary parti, Spencer recopia les numéros de série des pistolets et donna quelques coups de fil pour voir si des magasins d'articles de chasse avaient été cambriolés. Il ne put en trouver aucun. Il faut dire qu'il ne téléphona pas plus loin au sud que Spanish Fork.

Une fois de plus Gary resta avec Sterling et Ruth Ann, et passa toute la journée du samedi à faire la navette en voiture entre Lark et Spanish Fork. Il passa voir Kathryne, mais les Anciens de l'Église étaient là, alors il cria par l'entrebâillement de la porte : « Où est-elle ? » « Je n'ai aucune idée de l'endroit où elle est », dit sèchement Kathryne, en se doutant que Gary ne la croyait pas. Ça se sentait à la façon dont il partit furieux.

À minuit, Gary se rendit une fois de plus à Spanish Fork pour voir si Nicole n'était pas là par hasard, dans la maison vide de meubles. Il traversa les pièces vides, prit encore quelques-unes de ses affaires et les fourra dans le coffre de la Mustang. Sa maison, maintenant, c'était la Mustang. Puis il se rendit au *Dollar d'Argent* où il prit deux ou trois verres.

Derrière le bar, coincés derrière le cadre de la glace, il y avait quelques dessins. L'un disait : LE BONHEUR C'EST UNE CHAPE CONFORTABLE. On voyait une grosse femme avec les seins qui pendaient par-dessus son corsage. Elle avait un gros nombril tout fripé et elle était assise tout en haut d'une montagne de boîtes de bière vides.

Un autre dessin montrait un homme, dont le visage exprimait le désespoir le plus absolu, assis à un bureau. La légende disait :

JE SUIS HEUREUX ICI
C'EST À CHIER.

SAUCISSES DE FRANCFORT
CUITES À LA BIÈRE : 50 CENTS
LE BONHEUR C'EST UNE BIÈRE FRAÎCHE
LA MAISON N'ACCEPTE PAS LES CHÈQUES
ON NE FAIT PAS CRÉDIT

Lorsqu'il eut terminé son verre, il sortit, se remit au volant et s'arrêta chez Vern. Tout le monde dormait, alors il descendit au sous-sol et se trouva un lit.

Le dimanche matin, il alla à l'hôpital pour voir John qui se remettait de son opération. Le père de John, qui était un évêque mormon, se trouvait là, et il était un peu collet monté. Gary rappliqua, exhibant un maillot de corps blanc crasseux, un vieux pantalon, des chaussures de tennis et, par-dessus le marché, une cravate invraisemblable qui lui descendait jusqu'aux genoux, avec des bandes très larges alternativement rouge foncé, blanc et or. Juché sur sa tête, il avait un petit chapeau. Il s'assit et essaya de faire la conversation avec l'évêque. Ça n'alla pas loin.

V

L'appartement de Springville n'était pas aussi agréable que la maison de Spanish Fork. Ça n'était qu'un deux pièces en parpaings dans un groupe de deux immeubles bon marché et dans une vieille petite rue. Il y avait des gosses partout, des étrons dans l'escalier et sur le parking. Le jour où Nicole emménagea, trois matelas pourrissaient contre le mur de l'immeuble et un tricycle renversé gisait dans une flaque de boue. Les portes des appartements étaient en contre-plaqué et sa baignoire avait été peinte en rouge sang par le précédent locataire. Heureusement, elle avait une assez belle vue de son balcon. À deux blocs de là, la ville s'arrêtait et le terrain continuait en pente jusqu'aux montagnes. Elle était libre de Gary. Libre d'avoir très peur. Elle avait le souffle un peu rauque.

Sans son aspirateur, Nicole ne pouvait pas garder le nouvel appartement propre, alors le dimanche elle dut retourner à Spanish Fork pour le prendre. Lorsqu'elle arriva à la maison, la voiture de Gary n'était pas là.

Elle avait malgré tout l'impression que Gary était à l'intérieur et que la Mustang était planquée dans le coin. En fait, lorsqu'elle monta les marches, la porte était ouverte et elle entendait l'eau qui coulait dans la baignoire. Les vêtements de Gary étaient sur le plancher de la salle de séjour, tout à côté de son aspirateur, lui aussi planté au milieu de la pièce comme s'il l'avait mis là pour elle. Elle le prit donc et le porta jusqu'au coffre de sa voiture. Puis elle revint chercher les accessoires.

Elle aurait pu se dépêcher, mais elle ne voulait quand même pas s'en aller comme une voleuse pendant qu'il était encore dans le bain. Peut-être qu'elle aurait eu plus peur si elle n'avait pas eu le pistolet, mais elle attendit. Elle voulait voir son regard. C'était presque bon d'attendre. Comme si la fin d'une grande tension était peut-être proche.

Il n'avait pas l'air vengeur lorsqu'il sortit de la baignoire, mais simplement crevé. Tout de suite il lui dit qu'il l'aimait et lui demanda si elle l'aimait. Elle répondit que non. Il se mit à la serrer dans ses bras. Elle essaya de le repousser. Nicole n'avait pas vraiment peur mais elle sentait monter en elle une sorte de nausée qui allait la faire tomber dans les pommes si, bientôt, elle ne respirait pas un peu d'air frais. Elle dit : « Il faut que je m'asseye. »

Ils s'installèrent sur les marches du perron. Elle lui expliqua qu'elle ne pouvait plus vivre avec lui. Ils restèrent assis là. Il fallait qu'elle s'en aille. Au bout de quelques minutes, elle prit les gosses et monta dans la voiture. Mais maintenant il ne voulait pas la laisser partir. Pour la retenir, il passa les mains par la vitre ouverte. Elle ouvrit son sac, prit le pistolet et le braqua sur lui.

C'était un Magnum 6.35 et il lui avait dit que ça pouvait faire dans le corps un trou aussi gros qu'un 12 mm. Gary resta planté là, juste à la regarder. Sans bouger. Elle savait que s'il tendait la main pour prendre le pistolet, elle appuierait sur la détente.

Il dit alors : « Vas-y, tire. » Elle répliqua : « Éloigne-toi de ma voiture. » Il n'en avait pas l'intention, lui dit-il. Elle finit par remettre le pistolet dans son sac. « Tu as laissé les accessoires de l'aspirateur, dit-il. Reviens les prendre. » C'était la seule chose qu'il n'avait pas piquée : l'aspirateur. Voilà longtemps, il avait manqué le premier versement sur sa Mustang pour le lui acheter. Maintenant, si elle laissait les accessoires, sûr que quelqu'un les volerait. Dommage. Elle mit le moteur en marche, embraya et s'éloigna.

VI

Roger Eaton ne se fit pas prier pour raconter à Nicole combien il était populaire et qu'il avait pratiquement été une vedette de cinéma durant sa dernière année de lycée. Il avait connu une période charmante quand il faisait la cour à sa femme, qui était une jeune fille douce et intelligente d'une bonne famille mormone. Ce qui ne le dérangeait pas. Il ne pratiquait rien, mais ça ne le gênait pas qu'on ait un peu de religion dans la famille. Avec les salaires qu'ils avaient, sa femme et lui, ils pourraient acheter une Dodge pour elle et pour lui un joli petit coupé Malibu. Ç'aurait été parfait, assura-t-il à Nicole, mais voilà qu'après six mois de mariage, sa femme avait eu une colite.

Comme il était une vedette de basket-ball au lycée, Roger avait voulu jouer au collège, mais ça ne lui plaisait pas d'attendre toutes ces années pour gagner de l'argent, il en voulait tout de suite. Alors il avait trouvé ce poste administratif au centre commercial de Utah Valley, et c'était là qu'il avait fait la connaissance de sa femme, qui travaillait dans l'administration du Supermarché. Ça faisait maintenant deux ans qu'il était là et il suivait des cours de gestion. Il gagnait onze mille huit cents dollars par an, expliqua-t-il à Nicole. Il trouvait la vie agréable, à part la maladie de sa femme. On pouvait dire que ça l'avait mise sur la touche.

Roger avait un copain qui habitait un peu plus bas dans la rue de Nicole à Spanish Fork, et il s'entendait très bien avec les parents de ce type et allait tout le temps les voir. Il avait donc beaucoup entendu parler de Nicole avant de la voir. Dans un endroit comme ça, Nicole se faisait remarquer. Les parents du copain de Roger étaient aussi mormons qu'on pouvait l'être, mais ils étaient aussi les plus grands fouille-merde que Roger avait jamais connus. Un jour, ils lui avaient raconté une histoire à propos de Nicole ; c'était pendant l'hiver dernier, un type avait arrêté sa voiture devant la porte, il était descendu, avec un grand sac à provisions, il lui avait tendu le sac et puis là, en pleine rue, s'était mis à lui peloter les seins. Roger ne croyait pas vraiment à cette histoire parce que, primo, c'était pendant l'hiver et que, secondo, pour ce qui était de la sexualité, ces gens-là n'y connaissaient rien. Mais il était quand même fasciné par les histoires qu'il entendait sur la fille et, lorsqu'il la vit pour la première fois, il se sentit vraiment attiré. Elle était là, séduisante, divorcée, vivant avec un homme. Roger se prit à faire le trajet jusqu'à Spanish Fork juste pour le cas où il la verrait encore une fois. Il trouvait que c'était stupide de s'embringuer avec des gens comme ça, mais il avait envie de mieux la connaître. Au début, le type avec qui elle vivait ne le gênait même pas.

Roger lui envoya une lettre. Il disait que si elle avait besoin d'un coup de main pour quoi que ce soit, elle n'aurait qu'à allumer la lampe de sa porte d'entrée mercredi soir. Il la contacterait. Dans la lettre il ne donna pas son identité, mais le mercredi soir il s'en alla voir les fouille-merde. Il n'y avait pas de lumière. Il essaya de ne plus y penser.

Quelques semaines après avoir écrit la lettre, il était en train de prendre de l'essence à Provo quand il vit la Mustang de Nicole s'arrêter. Roger avait peur. Si sa femme l'apprenait, ce serait une catastrophe. Il ne comprenait tout bonnement pas ce qui l'attirait. Il n'avait jamais rien fait de pareil dans sa vie, mais pourtant il lui demanda : « Vous n'êtes pas Nicole Barrett ? » Lorsqu'elle répondit oui, il dit : « C'est moi qui vous ai écrit une lettre, (Elle eut un petit rire.) Laissez-moi vous offrir un coca. » Mais elle se contenta de passer devant lui pour aller au bureau payer son essence.

Il attendit qu'elle ressorte et renouvela sa proposition. Elle finit par être d'accord et lui expliqua qu'elle le suivrait dans sa voiture. Ils se retrouvèrent donc au *Point Chaud* et il raconta où il travaillait, des trucs comme ça. Il apprit que le type qui habitait avec elle était un ancien détenu. Sur quoi Roger dit : « Bon, n'y pensons plus. » Il avait franchement peur d'avoir affaire à un ancien détenu.

Elle dit : « Ma foi, vous savez, je pourrais avoir besoin de votre aide. » Rien d'autre à faire alors que de lui dire comment trouver son bureau.

Et voilà que dès le lendemain elle rappliqua, et sans les gosses. Ils bavardèrent beaucoup. Avant qu'elle parte, il lui donna dix dollars qu'elle n'avait même pas demandés, mais qu'elle accepta sans embarras. Elle se contenta de les empocher.

Après cela, elle venait le voir tous les deux ou trois jours et ils discutaient. Chacun s'intéressait pas mal à l'autre. Ils avaient des vies si différentes. Lui pouvait vraiment compatir à ses ennuis. Cet ancien détenu, il avait bien l'air de quelqu'un qu'il fallait craindre. Un matin elle vint le voir car elle s'était fait un peu rosser. Elle avait deux bleus sur ses cuisses succulentes.

Au bout d'une quinzaine de jours, elle prit l'habitude de le rencontrer presque chaque jour. Parfois elle venait au centre commercial, mais en général ils se retrouvaient dans un parc à Springville après le travail. Ils bavardaient peut-être une heure. Deux ou trois fois ils partirent dans la Malibu et firent l'amour. C'était intéressant, peut-être même assez beau, mais Roger ne put jamais dire ce que ça avait de spécial parce que franchement ils n'avaient pas le temps de faire ça bien. Tout juste une demi-heure ou moins, et il était dans tous ses états à l'idée que quelqu'un le repère et fasse s'effondrer son mariage. Alors ils prenaient toujours des petites routes. C'était dangereux, c'était le moins qu'on puisse dire. Et puis, bien sûr, elle avait ses gosses avec elle et, à part que ça chassait toute idée de sexe, ça ne mettait pas toujours Roger de la meilleure humeur. Il y avait des fois où ils n'étaient pas trop propres. Roger se rappela la première fois où il lui avait donné rendez-vous au *Point Chaud*. Le petit garçon n'avait pas de culotte. Il était allé au parc de stationnement et s'était mis à chier en plein milieu de l'asphalte. Bien sûr, il n'avait que deux ans, mais, bon sang, Roger ne savait plus où se mettre. Nicole s'en fichait. Elle dit juste à Jeremy : « Remonte dans la voiture, à ta place. » Elle le fit monter sans pantalon. Il se mit d'abord à hurler et à pleurer et s'endormit au bout de cinq minutes.

Un jour elle vint lui annoncer la nouvelle. Elle n'habitait plus à Spanish Fork. Elle avait fui ce Gary et habitait dans un petit appartement que son ex-mari lui avait trouvé à Springville. Pendant tout le temps qu'elle parlait, il se dit qu'elle avait vraiment besoin de toilettes neuves. Il lui demanda donc de passer après 6 heures, il l'emmènerait s'acheter des affaires. Les emplettes terminées, elle resta avec lui et ils eurent vraiment une nuit pour eux. Elle vivait avec cet ex-mari, lui dit-elle, mais elle ne le craignait pas. Ils pourraient recommencer bientôt. Pendant le week-end, il n'en était pas question, et même le lundi, précisa Roger, parce que la famille de sa femme venait, mais ils convinrent que Nicole l'appellerait mardi matin, 20 juillet. Durant toute la nuit de samedi Roger ne pensa qu'à une chose : que le lundi soit passé.

VII

« Personne, suggéra Brenda, n'a dit que ce serait facile ici.

— Je ne peux pas le supporter, dit Gary.

— Je sais, dit-elle. Pour le moment, on a toujours l'impression que tu ne peux pas.

— Non, reprit-il, tu ne sais pas. John et toi, vous avez toujours été heureux.

— John et moi, dit Brenda, avons été bien près de divorcer. Gary, j'ai connu la séparation et le divorce. Ça peut être fichtrement effrayant. »

Gary avait l'air de ruminer ses douleurs. « Tu sais, fit-il, je commence à découvrir tout ça.

— Personne n'est jamais vraiment libre, Gary, dit-elle. Dès l'instant où tu vis avec une autre créature humaine, tu n'es plus libre. »

Gary était assis là, à ruminer ses pensées. Lorsqu'il parla, ce fut pour dire : « Je crois que je vais tuer Nicole.

— Mon Dieu, Gary, es-tu un amant si égoïste ?

— Je ne peux pas le supporter, fit Gary, je te l'ai dit.

— Il y a des choses dans la vie dont on ne peut pas s'arranger. D'accord. C'est peut-être le cas pour toi. Mais, bon sang, ça passera ! Si tu la tues, ça ne passera pas. Elle sera morte pour toujours. Tu es vraiment idiot, tu sais, Gary ? » Il n'aimait pas qu'on le traite d'idiot.

« Lorsqu'elle a braqué le pistolet sur moi aujourd'hui, dit-il, j'ai pensé à le lui arracher des mains. Mais je ne voulais pas qu'elle se mette à crier. (Il secoua la tête.) Elle avait tellement envie de me fuir. »

Brenda n'était pas malheureuse de le voir partir. Avec Johnny à l'hôpital, ça faisait trop d'émotions à digérer par une brûlante nuit d'été.

Craig dit à Gary que s'il ne pouvait pas trouver un endroit où loger, il n'avait qu'à revenir. Après être allé voir Brenda, Gary, en fait, vint passer le dimanche soir et coucha sur le divan de Craig. Il lui raconta qu'il était près d'avoir un ulcère à force de malheurs et de bière. À partir du lendemain, il allait arrêter de boire.

Quatrième partie

Le poste d'essence et le motel

12. Le poste d'essence

I

On lui avait dit une fois qu'elle ressemblait à un Botticelli. Elle était grande et mince, elle avait des cheveux châtain clair, une peau d'ivoire et un long nez bien dessiné avec une petite bosse sur l'arête. Pourtant, c'était à peine si elle connaissait l'œuvre de Botticelli. On enseignait pas grand-chose à propos de la Renaissance au collège de l'État d'Utah à Logan, où elle faisait un diplôme d'histoire de l'art.

Ce fut au collège d'État que Colleen rencontra son futur mari, Max Jensen. Ils devaient rire ensuite du temps que ça leur prit. Les rares fois où Max vit Colleen Halling sur le campus, elle bavardait avec son cousin. Max conclut que le type était son petit ami et ne l'invita donc jamais à sortir.

L'année suivante, toutefois, Max se trouva partager une chambre avec le type et en vint à lui demander s'il s'intéressait toujours à la fille avec qui il l'avait vu. Le nouveau compagnon de chambre de Max éclata de rire et lui expliqua qu'il n'y avait rien eu entre eux : ils étaient juste cousins. Colleen, maintenant, n'était plus au collège, mais comme elle travaillait à l'administration, elle était encore pratiquement sur le campus.

Colleen ne remarqua Max que lorsqu'il prit la parole au temple au début de la nouvelle année scolaire. Il portait un complet ce jour-là et avait l'air très distingué. Il paraissait un peu plus âgé que les autres étudiants, mais il avait déjà fini sa mission de deux ans. Ça se voyait. Il parla de l'importance de renforcer la personnalité d'autrui au lieu de la démolir. En parlant il parvint à montrer qu'il avait un très bon sens de l'humour.

C'était un grand gaillard de un mètre quatre-vingt-trois et qui pesait dans les quatre-vingts kilos. Avec ses traits réguliers et ses cheveux soigneusement coiffés et séparés par une raie sur le côté, il était vraiment beau, là-haut, en chaire. En fait, il fit sensation parmi les filles. Le pavillon auquel Colleen appartenait à l'université était après tout un pavillon pour étudiants célibataires, c'est-à-dire que les filles et les garçons non mariés étaient là pour se rencontrer.

Avant que Max se levât pour parler, le type dit : « De nombreux couples se connaissent ici même au temple et plus tard ils se marient mais, l'année dernière, il y a un garçon qui n'a rencontré personne et c'est Max Jensen. Il a vraiment envie de se marier, vous savez », dit l'ami du haut de la chaire.

À ce moment, comme Max ne s'était pas encore levé pour prendre la parole, toutes les copines de Colleen et elle-même regardèrent autour d'elles en demandant : « Lequel est Max ? » Et en riant. Ce fut alors que Max dut se lever. Toutefois, il répliqua fort habilement à son ami en racontant comment un type, qui était joueur de rugby, une nuit au cours d'un rêve, s'était mis à débiter des combinaisons d'attaque, puis avait foncé sur la ligne adverse… seulement c'était le mur. Max rattacha cette anecdote au sujet de son sermon en déclarant que ce n'était pas suffisant de consacrer son existence à vivre selon les écritures, mais qu'il fallait aussi savoir où on en était dans la vie ; sinon on risquait de ne pas rattacher comme il convenait l'enseignement à la situation dans laquelle on se trouvait.

II

Quelques semaines plus tard, Colleen invita son cousin et les cinq garçons qui partageaient sa chambre à un petit dîner avec elle et ses cinq camarades de dortoir. Tout était disposé sur la table et les convives venaient prendre leur boule de hérisson, c'est-à-dire des hamburgers au riz cuits en sauce. Comme ils étaient tous des mormons de stricte observance, on ne servit ni thé glacé ni café, rien que du lait et de l'eau. Un repas agréable sur de vraies assiettes, pas en carton, au cours duquel on discuta de cours, de basket-ball et d'activités paroissiales. Colleen se souvint que Max était assis à quelques mètres d'elle sur un gros coussin et qu'il riait avec le groupe. Il avait une voix particulière, un peu rauque. Elle apprit par la suite qu'il avait ce soir-là le rhume des foins, ce qui donnait à sa voix les intonations graves et vibrantes que provoque un rhume. Une des camarades de Colleen déclara plus tard que la voix de Max était très sexy.

Le lendemain il téléphona. Une de ses camarades dit à Colleen qu'on la demandait au téléphone. C'était leur code : s'il y avait une fille à l'appareil elles criaient : « Téléphone. » Mais si c'était un garçon, alors on précisait : « Téléphone pour toi. » Colleen était habituée à la seconde formule, aussi ne se doutait-elle absolument pas que c'était Max. La veille au soir elle n'avait certes pas eu l'impression qu'il faisait des efforts particuliers pour communiquer avec elle ; et pourtant voilà maintenant qu'il lui demandait si elle aimerait aller au cinéma ce soir. Elle répondit oui.

Plus tard, ce fut plutôt drôle quand chacun avoua avoir déjà vu *Quoi de neuf toubib ?*, mais n'avait pas voulu gâcher l'occasion qu'avait l'autre de le voir. Ils allèrent ensuite à *La Cabane à Pizzas* et discutèrent de leurs idées sur la vie, de leurs activités personnelles et de celles de leurs familles dans le cadre de l'Église du Dernier Saint. Max dit qu'il était l'aîné de quatre enfants et que son père, un fermier de Montpelier, dans l'Idaho, était également président de district. Ça impressionna Colleen. Il ne devait pas y avoir beaucoup de présidents de district dans tous l'Idaho.

Il lui parla aussi de sa mission au Brésil. Ce qui lui valut le respect, ce fut qu'il avait gagné tout seul l'argent pour faire ça. Les missionnaires, bien sûr, devaient payer leur voyage et assurer les frais de subsistance de la mission, aussi la plupart d'entre eux devaient-ils recevoir une aide financière de leurs familles. Ce n'était pas facile pour un adolescent, à dix-neuf ans, de gagner assez d'argent pour subsister deux ans dans une mission en pays étranger. Et pourtant, Max l'avait fait.

Il aimait le Brésil, son taux de conversion avait été élevé. En moyenne, on pouvait espérer convertir une personne par mois au cours des deux ans qu'on restait dans ce pays, mais il avait fait considérablement mieux. Il s'en souvenait comme une période de gageure et où il avait dû aussi apprendre à vivre avec des gens différents.

Bien sûr, elle avait beaucoup entendu parler du travail missionnaire mais il lui expliqua certaines choses dont il n'était pas souvent question. Il lui raconta, par exemple, comment un missionnaire pouvait avoir des problèmes avec son compagnon. Ça pouvait être dur de vivre avec un type qui était un parfait étranger. Votre compagnon et vous deviez être tout le temps ensemble dans une ville étrangère. On était encore plus proches que quand on était mariés. On faisait son travail et on vivait en couple. Même les gens qui savaient vraiment s'entendre devaient s'irriter un peu l'un l'autre avec leurs habitudes quotidiennes. Rien que le bruit qu'on faisait en se lavant les dents. Évidemment, l'Église opérait des rotations de missionnaires avant que trop d'irritation ne s'accumulât.

L'acquis le plus précieux, lui expliqua-t-il, c'était la façon dont on développait ses capacités d'accepter des rebuffades. Parfois, on avait vraiment des conversations fructueuses avec un converti éventuel et la personne pouvait même vous déclarer qu'elle était sur la bonne voie. Et puis un jour on arrivait, et voilà que le prêtre catholique local était là. Il ne se montrait pas trop amical. On essuyait souvent ce genre d'échec. Il fallait apprendre que l'on ne faisait pas soi-même la conversion, mais que cela tenait à l'aptitude de l'autre à rencontrer l'Esprit.

La vie familiale de Colleen n'était pas trop différente de la sienne. Sa famille à elle avait de nombreuses activités centrées autour de l'Église et on s'attendait à vous voir en faire autant et à le faire bien. Au lycée, lui confia-t-elle, elle avait été rédactrice en chef de l'Annuaire, présidente du Club du Service et artiste de l'école. Elle avait aussi fait des portraits à Lagoon Resort, où ils passaient leurs vacances, ce qui lui avait permis de mettre de côté de l'argent pour le collège. Dès l'instant où elle était entrée au lycée, elle avait toujours voulu mieux dessiner que n'importe qui.

Pendant tout ce temps, elle ne cessait d'éprouver combien il avait une forte personnalité. Max était très strict et refusait de se plier sur le plan spirituel ou mental. Elle le sentit même à la façon dont il se crut obligé de lui avouer qu'il sortait avec une autre fille. Il atténua toutefois la chose en expliquant que ça n'allait pas bien avec l'autre fille qui, à son avis, n'avait certainement pas des opinions assez fortes sur l'Église. Puis il mentionna qu'il avait une sœur, qui elle aussi s'appelait Colleen, et qu'il aimait vraiment bien ce nom.

Ensuite, il la raccompagna chez elle dans sa voiture, une Nova rouge vif qu'il ne cessait d'astiquer. Les camarades de Colleen disaient qu'à eux deux ils faisaient vraiment un beau couple.

III

Pour leur second rendez-vous, ils allèrent écouter un orateur à la réunion du dimanche soir au temple. La troisième fois, ils virent une représentation de *South Pacific* au collège. Ensuite, il l'emmena danser. En général il n'aimait pas beaucoup ça, mais c'était un bal où on ne jouait que des fox-trot et des valses, sans aucune danse exhibitionniste. Elle le taquinait parce qu'il n'aimait pas danser. Ne lui avait-on donc pas dit à l'école du dimanche comment leurs ancêtres avaient traversé les plaines en dansant quand ils n'avaient pas d'autres distractions ?

Ils commencèrent alors à sortir assez régulièrement. Colleen, toutefois, ne pensa jamais que c'était à proprement parler le coup de foudre. C'était plutôt que Max était impressionné par elle et elle par lui.

L'anniversaire de Colleen était le 3 décembre, et il retint une table à Sherwood Hills, à une trentaine de kilomètres de Logan. Ce soir-là, il lui offrit aussi une rose rouge. Colleen était très sensible à ses attentions. Elle portait une robe de velours et lui était en costume ; ils passèrent environ deux heures à Sherwood Hills à bavarder pendant qu'ils dégustaient leurs steaks.

Le 1er février 1975, ils se fiancèrent. Justement, ce matin-là, il avait reçu une lettre de la Faculté de Droit de B. Y. U. qui lui signifiait son admission. Le soir, ils allèrent à un match de basket-ball pendant lequel il ne cessa de se tourner vers elle en disant : « Quand nous serons à l'Y l'an prochain » – ce par quoi il voulait dire B. Y. U. Mais il ne lui avait pas demandé de l'épouser. Colleen se contentait donc de dire : « Quand *tu* seras à l'Y… »

Ça commença à le tracasser. Plus tard ce soir-là, ils roulaient vers Montpelier, dans l'Idaho, pour écouter son père prendre la parole au temple le lendemain et, en route, Max s'arrêta sur les bords du lac de l'Ours, sur une petite route qui menait à un appontement. Avec un petit rire, il lui dit de descendre de voiture. Elle répondit qu'elle allait mourir de froid. « Allons, viens voir le beau panorama », dit-il. Elle frissonnait dans son parka bleu bordé de fourrure, mais elle descendit et alors qu'ils étaient plantés sur le ponton à regarder la lune et l'eau, il lui demanda tout à trac de l'épouser.

Un peu plus d'un mois auparavant, à Noël, tout en lavant la vaisselle, sa mère lui avait demandé : « Si Max te demande en mariage, diras-tu oui ? » Colleen s'était retournée, l'avait regardée et avait dit : « Je serais idiote de ne pas le faire. »

Lorsqu'ils eurent regagné la voiture, il lui dit qu'ils ne devraient en parler à personne avant qu'elle eût reçu la bague.

Mais il ne leur fallut qu'un quart d'heure pour arriver chez lui et à ce moment-là, ils étaient si excités qu'ils annoncèrent la nouvelle à ses parents dès qu'ils eurent franchi la porte.

Durant leurs fiançailles, il ne trouva que de petits détails qui ne lui plaisaient pas, Max était un perfectionniste et de temps en temps il arrivait à Colleen de prononcer une phrase qui n'était pas grammaticalement correcte. Max ne se souciait pas de la vexer. Pour lui, c'était naturel de dire carrément : « Tu as fait une faute », et de s'attendre à ce qu'elle se corrige.

Cependant, il était très fier de sa peinture et de ses dessins. Parfois, en société, il la taquinait en disant que s'il voulait la faire parler, il n'avait qu'à dire : « Art. » Elle démarrait comme une dingue.

Mais ils s'entendaient vraiment bien. Avant leur mariage, la mère de Colleen lui demanda un jour : « Qu'est-ce qui t'ennuie chez lui ? » Colleen répondit : « Rien. » Elle voulait dire, bien sûr, rien qui ne pût bientôt s'arranger.

Le mariage fut célébré au temple de Logan le 9 mai 1975, à 6 heures du matin, devant trente personnes : membres de leurs familles, et amis proches. Pour la cérémonie, Colleen et Max étaient tous deux vêtus de blanc. Ils allaient être mariés dans le temps et l'éternité, mariés non seulement dans cette vie, mais comme chacun d'eux l'avait expliqué à plus d'une classe de l'école du dimanche, mariés dans la mort aussi, car l'âme du mari et celle de la femme se retrouveraient dans l'éternité pour être à jamais réunies. En fait, le mariage, dans les autres églises chrétiennes, était pratiquement l'équivalent du divorce, puisque ces mariages ne duraient que jusqu'à la séparation par la mort. C'était ce que Max et Colleen avaient enseigné à leurs élèves. Aujourd'hui ils se mariaient. Pour toujours.

Le soir, il y eut une réception à leur temple. Les familles avaient envoyé huit cents invitations et on servit des rafraîchissements. Des centaines de parents et d'amis vinrent les féliciter.

IV

Pour leur lune de miel, ils allèrent à Disneyland. Ils avaient calculé ce qu'ils possédaient et conclu qu'en faisant attention, ils auraient juste assez. Ils avaient raison. Ce fut une belle semaine.

Peu après, Colleen se retrouva enceinte, et Max avait quelque peine à comprendre pourquoi elle ne se sentait pas toujours très bien. Ils travaillaient tous les deux, mais elle avait si peu envie de manger qu'au déjeuner elle ne préparait qu'un petit sandwich pour chacun d'eux. Il lui disait : « Tu me fais mourir de faim. » Elle éclatait alors de rire en disant qu'elle avait pas mal à apprendre sur les habitudes alimentaires d'un garçon.

Il n'élevait jamais la voix et elle non plus. Si parfois l'envie la prenait de parler sèchement, elle se maîtrisait. Ils avaient décidé dès le début qu'ils ne se quitteraient jamais sans échanger un baiser et qu'ils n'iraient pas non plus se coucher avec des problèmes personnels non résolus. S'ils étaient en colère l'un contre l'autre, ils resteraient pour en discuter. Ils n'allaient pas dormir, ne fût-ce qu'une nuit, en étant en colère l'un contre l'autre.

Bien sûr, ils s'amusaient aussi. Ils se livraient des batailles à coups de crème à raser. Ils se lançaient des verres d'eau.

Lorsqu'elle avait des nausées matinales, il ne cessait de demander : « Je peux t'aider ? Je peux t'aider ? » Mais Colleen s'efforçait de garder ses petites misères pour elle. Elle voyait qu'il en avait assez de l'entendre dire : « Je deviens grosse. »

En août, peu avant la rentrée à la faculté de Droit, ils quittèrent Logan pour s'installer à Provo. C'était une bonne période. Colleen avait dépassé le stade des nausées matinales et n'avait aucun mal à travailler. Max était plongé dans ses études. Ils trouvèrent, à une douzaine de blocs du collège et pour cent dollars par mois, un charmant appartement en sous-sol, avec une petite pièce de séjour et une minuscule chambre. Ils s'entendaient vraiment bien.

La semaine avant d'avoir son bébé, Colleen tapa à la machine un devoir de trente pages pour Max, et il lui fit parvenir en retour une douzaine de roses rouges. Elle en fut ravie. Ils eurent une petite fille qui naquit le jour de la Saint-Valentin, un peu plus de neuf mois après la date de leur mariage. Le bébé avait plein de cheveux noirs, pesait sept livres, et Max était vraiment fier d'elle et prit des photos alors qu'elle avait à peine un jour. Ils la baptisèrent Monica. Quand elle fut plus grande, il adorait jouer avec elle.

Bien sûr, il n'avait pas beaucoup le temps. Terminant sa première année à la faculté de droit, Max travaillait vraiment dur. Colleen lui préparait son petit déjeuner et il partait ; il revenait dîner à 5 heures, repartait à 6 heures pour aller travailler à la bibliothèque et rentrait à 10 heures. On pouvait dire qu'il n'y avait qu'elle qui s'occupait du bébé.

Comme ils étaient à l'étroit dans leur appartement, ils achetèrent une maison roulante qui leur plaisait vraiment. Elle mesurait près de quatre mètres de large sur seize mètres de long et avait deux chambres. Les parents de Colleen leur prêtèrent l'argent pour le premier versement.

La remorque était meublée de quelques vieilleries que les parents de Colleen leur avaient données, et ils avaient une petite pelouse. Sur le côté, Max cultiva aussi un petit jardin. Tous les jours, il arrosait ses tomates. Il y avait peut-être une centaine de remorques dans le camp, et toutes sortes de voisins. La plupart étaient de leur âge, avaient des enfants et étaient plutôt bien. Il y avait même plusieurs couples avec qui ils allaient au temple.

V

On avait promis à Max une situation dans une entreprise de travaux publics, pour l'été, mais comme le chantier n'était pas encore prêt une fois les cours terminés, ils allèrent passer quelques semaines dans la ferme du père de Max et là, il creusa des fossés, nourrit le bétail, marqua les bêtes, sema et aida à l'irrigation. C'était bon de le voir physiquement détendu au lieu d'être épuisé par ses études.

Lorsqu'ils revinrent à Provo, l'homme qui avait promis le travail à Max lui dit qu'on l'avait donné au fils d'un des hommes qui travaillaient déjà sur le chantier. Ça aurait rapporté six dollars cinquante de l'heure.

Max avait un tempérament coléreux et savait se maîtriser, mais cette histoire l'agaça vraiment. C'était la première fois que Colleen le voyait réellement déprimé. Elle eut fort à faire pour le faire changer d'humeur. Il finit par dire : « Bon, je vais me mettre à penser à un autre travail. » Il alla à l'agence d'emplois de l'université, mais c'était tard pour trouver quelque chose durant l'été et il ne trouva qu'une place de pompiste à deux dollars soixante-quinze de l'heure.

C'était une station self-service située dans une petite rue d'Orem. Son travail se bornait à rendre la monnaie, à nettoyer les pare-brise et à surveiller les toilettes de 3 heures de l'après-midi jusqu'à 11 heures du soir. La paye, bien sûr, était beaucoup moins élevée que ce sur quoi ils comptaient, et pourtant, pendant tout le mois de juin et les premières semaines de juillet, il travailla sans se plaindre et rentrait à la maison épuisé de chaleur et de fatigue. Cependant, il commençait à se faire des amis de certains des clients et le gérant l'aimait bien. Ils appartenaient au même district.

Deux semaines après le 4 juillet, on demanda à Max et à Colleen de donner un sermon au temple. Max parla du fait qu'il y avait trop peu de gens en ce monde qui étaient vraiment sincères. Il fit un vibrant sermon sur l'importance de la sincérité. Cela faisait toute la différence entre pouvoir construire sur des fondations solides ou en être incapable. Le sermon de Colleen, ce dimanche-là, eut pour thème la joie : la joie qu'elle avait éprouvée quand elle avait rencontré Max, quand ils s'étaient mariés et quand ils avaient eu leur bébé. Sur le chemin du retour, il la serra dans ses bras. Elle sentit toutes sortes de beaux sentiments déferler en elle et dit à Max : « Nous commençons vraiment à vivre et à nous aimer plus que jamais. » Ils allèrent se coucher dans une parfaite harmonie.

Le lundi matin, Max tint absolument à terminer des étagères pour Monica et il passa la matinée à manier le marteau, la scie et le vilebrequin. Colleen avait plein de choses à faire : la lessive, le repassage, préparer le déjeuner. D'habitude, ils avaient largement le temps de manger avant que Max parte pour travailler à 3 heures de l'après-midi, mais ce jour-là ils étaient un peu bousculés parce que Max avait voulu d'abord terminer ses étagères. Il n'arrêtait pas d'appeler Colleen pour qu'elle vienne dans la chambre admirer ses progrès et Monica regardait aussi. Max, en jeans, tapait avec son marteau et clouait tout en écoutant la radio. Il se sentait bien et détendu. Il finit par dire : « Je suis prêt à les poser, viens m'aider. » Elle arriva et ils les installèrent rapidement, puis il recula un peu, poussa un soupir et dit : « Eh bien, voilà une bonne chose de faite. »

Ils déjeunèrent. Comme il était un peu en retard, Max avait hâte de terminer. Il n'arrivait jamais en retard nulle part et d'habitude il était toujours prêt un peu avant elle. Aussi, eut-il à peine englouti son déjeuner qu'il passa dans le vestibule, attrapa au passage les affaires dont il avait besoin et allait sortir par la porte alors que Colleen était encore à table. Ce fut seulement alors qu'il se rendit compte qu'il ne lui avait pas donné de baiser d'adieu. Il se retourna avec un petit sourire et dit : « Allons, viens à ma rencontre. »

Elle contourna la table et il lui donna un baiser, en la serrant vraiment fort. Il la regarda dans les yeux, tout allait parfaitement bien, et Colleen dit : « À ce soir. » Il répondit : « D'accord », sortit, monta dans sa voiture et démarra.

C'était un conducteur très scrupuleux, il ne dépassait jamais la vitesse imposée et évitait toute infraction. Quatre-vingt-dix kilomètres à l'heure tout le temps. Colleen l'imaginait roulant ainsi sur la route. Il continuerait comme cela sur la nationale jusqu'au moment où il prendrait un lent virage en pente, et disparaîtrait. Elle serait alors libre de penser à l'une ou l'autre des petites choses qu'elle devait faire ce jour-là.

13. La camionnette blanche

I

À peu près au moment où Max Jensen commençait son travail au poste d'essence Sinclair, Gary Gilmore se trouvait dans la salle d'exposition du garage V. J. Motors dans State Street, à environ quinze cents mètres de là, en train de se mettre d'accord avec Val Conlin à propos de la camionnette. Après tout, il n'y aurait personne pour se porter garant. Gary allait lui laisser sa Mustang sur laquelle il avait déjà payé près de quatre cents dollars (si on mettait à son crédit la batterie et si on ne parlait pas du pare-brise) et dans deux jours il verserait encore quatre cents dollars en espèces. Puis il ferait un autre versement de six cents dollars le 4 août. Val le laisserait faire le changement de propriétaire dès maintenant et il pourrait signer les papiers le soir même.

Rusty Christiansen les entendait discuter, et elle ne pouvait s'empêcher de sourire. Elle était venue travailler à mi-temps pour remettre de l'ordre dans les comptes de Val, se procurer les plaques de police et l'aider en général. Maintenant, elle commençait à connaître les ficelles.

Rusty estimait que la camionnette était vendue un prix scandaleux : mille sept cents dollars, et avec les intérêts, on arriverait à deux mille trois cents. Val n'avait sans doute pas payé mille dollars pour cette carcasse. Maintenant il aurait la Mustang à revendre, plus mille dollars en espèces d'ici à la première semaine d'août. Sinon, il reprendrait possession de la camionnette. Il ne prenait pas un grand risque. Gary aurait sûrement pu trouver quelque chose de mieux pour son argent que son Ange Blanc avec cinq cent cinquante mille kilomètres au compteur. Il était seulement tombé amoureux d'une bonne peinture.

Rusty écoutait donc Conlin expliquer une fois de plus à Gilmore que lui, Val, avait un autre jeu de clés de la camionnette qui lui assurerait que Gary s'en irait à pied si l'argent n'était pas versé. C'était toujours la même chanson. Val ferait un bon moniteur pour une équipe de retardés mentaux. « Trouve l'argent, Gary », dit Val tandis que la camionnette s'éloignait.

Sterling fut invité à venir faire un tour et Gary parlait avec fierté de son acquisition. Son nouveau moteur était bien plus puissant que celui de la Mustang. Assurément, l'accélération était meilleure. Gary, toutefois, n'en abusait pas. Il conduisait sa camionnette comme une Cadillac. En douceur. Et puis ils se lancèrent sur la nationale.

La nuit n'était pas loin quand Kathryne le vit. Une partie de sa famille était venue la voir ce jour-là. Dans le jardin, les cerises étaient mûres et sa mère et deux de ses frères et sœurs étaient encore là avec les gosses à en cueillir pendant que l'amie de Kathryne, Pat, était avec elle dans la cuisine. Sur ces entrefaites, Gary se présenta à la porte de derrière et dit : « Est-ce que je pourrais vous parler dehors ? » Kathryne l'invita à entrer, mais il insista en disant : « Il faut que je vous parle dehors. C'est important. »

Elle vint jeter un coup d'œil à sa camionnette, en faisant des oh ! et des ah ! Kathryne lui trouvait l'air bizarre. Pas ivre à proprement parler, mais il insista pour lui dire qu'il était parfaitement à jeun. D'ailleurs, son haleine ne sentait pas l'alcool. Malgré cela, il avait vraiment l'air bizarre. À sa question, elle dit qu'elle n'avait pas vu Nicole. Il répondit : « En ce qui me concerne, elle peut aller au diable. » Puis il regarda Kathryne comme s'il venait de se bloquer intérieurement et dit : « Qu'elle aille se faire baiser ailleurs. »

Kathryne fut vraiment choquée. Elle avait du mal à croire que Gary utilisait de tels mots pour parler de Nicole. Il la regarda alors de cet air qu'il avait de dénicher la moindre petite pensée qu'on pourrait vouloir garder pour soi et dit : « Kathryne, je voudrais reprendre mon pistolet. » « Gary, réussit-elle à répondre, ça m'ennuie de vous le rendre. Avec l'attitude que vous avez. » Il dit : « J'ai des ennuis. Il me le faut. Je les ai tous récupérés maintenant sauf trois. Voyez-vous, il y a un flic qui sait que c'est moi qui ai fait le cambriolage. »

Elle avait l'impression que Gary mentait. « Ce flic a dit que si je rapporte les armes au magasin, il ne m'arrivera rien. »

Kathryne dit : « Gary, pourquoi ne revenez-vous pas demain le prendre quand vous serez à jeun. »

Il dit : « Je ne bois pas, et je ne vais pas me mettre dans le pétrin. D'ailleurs, si j'ai besoin d'une arme – il entrouvrit sa veste – ce petit bijou suffira. » C'était un pistolet qu'elle reconnut. Un vrai Luger allemand coincé dans la ceinture de son pantalon. « En plus, fit-il, j'en ai tout un sac. » Sur quoi il ouvrit la porte de la camionnette et un sac de toile bascula. À en juger par le bruit métallique, il devait y avoir une demi-douzaine d'autres pistolets là-dedans.

Kathryne se dit : « Après tout, qu'est-ce que ça peut faire ? » Elle prit le Special dessous son matelas et le lui donna. Elle resta avec Gary pour tenter de le calmer. Il était si en colère.

Là-dessus, April sortit en courant de la maison. Elle était au bord de la crise de nerfs. « Où est Pat ? demanda-t-elle, où est Pat ? » « Elle est partie, April », fit Kathryne. « Oh ! cria April, Pat avait promis de m'emmener jusqu'au supermarché pour que je me rachète une corde de guitare. »

Gary dit alors : « Je t'y déposerai. » Kathryne dit aussitôt à April : « Tu n'as pas besoin d'y aller », mais la jeune femme sauta dans la camionnette et Kathryne eut à peine le temps de répéter : « Gary, elle n'a pas besoin d'y aller », qu'il répondit : « Aucune importance. Je la ramènerai. » Ils disparurent.

Ce fut à ce moment que Kathryne se rendit compte qu'elle ne connaissait pas le nom de famille de Gary. Elle le connaissait en tant que Gary, rien que Gary.

Toute la famille était assise dans la cuisine au milieu des cartons de cerises cueillies dans l'après-midi. Kathryne n'allait pas appeler les flics. Si la police arrêtait Gary, il pourrait bien ouvrir le feu. Au lieu de cela, elle attendit le retour de Pat et partit avec elle à la recherche de la camionnette blanche. Elles roulèrent jusqu'à 1 ou 2 heures du matin, sillonnant les routes. Aucun moyen de le trouver, semblait-il.

II

April s'installa tout près de lui, alluma la radio et dit : « C'est dur s'il faut attendre trop longtemps. Les pièces deviennent étroites et très souvent il y a un chien. (Elle se mit à frissonner en pensant au chien.) Tous les jours, dit-elle, sont pareils. Tout cela ne fait qu'un seul jour, ajouta-t-elle en hochant la tête. Il faut les tirer jusqu'au bout.

— C'est vrai », dit Gary.

Juste avant l'arrivée de Gary, elle était allongée dans l'herbe à regarder les autres cueillir des cerises. Elle jouait de la guitare avec une corde cassée. L'idée lui vint soudain que grand-mère allait mourir si elle ne changeait pas la corde. April, tout en jouant, laissait son âme vagabonder, elle pensait à Jimi Hendrix et à Otis Redding qui étaient morts et ça la faisait penser à la maladie. Les cafards, les araignées et les mouches portent la maladie et les fièvres, émettent un bourdonnement jusqu'à ce qu'elles montent, puis elles font un bruit de corde qui casse. La mort allait certainement frapper Mémée si April ne changeait pas la corde. C'était à cela qu'elle pensait dans l'herbe. En levant les yeux, elle vit un chien devant elle. Ce chien se mit à pleurer. On aurait dit un homme qui pleurait de tout son cœur. Le souvenir de ce que cette plainte avait de tragique amena April, assise dans la camionnette de Gary, à hocher la tête à se la démancher. Elle n'aimait pas ce genre de sentiment. Lorsqu'elle hochait ainsi la tête c'était comme si elle s'était trouvée sur un cheval au galop. Elle avait la tête secouée à chaque mouvement du cheval. Elle en arrivait au point où son moteur personnel se remettait en marche comme si Satan contrôlait son corps et attirait tous les gens dont la personnalité, d'ordinaire, arrivait en flottant de Mars et de Vénus. Le Noir la dévisageait de son œil sombre et glacé, et le Blanc avait commencé à se conduire comme s'il était la pire extase de toute la galaxie. La guitare avait besoin d'une corde neuve pour attirer des esprits plus harmonieux. « Moi, confia April à Gary, je suis celle qui se balance sur la corde. » Elle hocha la tête en prenant soin de ne pas le faire trop fort pour que le galop du cheval ne lui brise pas le cou.

« Tu sais, annonça-t-elle, la machine à laver de ma grand-mère est tout à côté de l'égout. C'est pour ça que ces gens flottent comme ça. J'ai horreur de la saleté. (Elle sentait sa bouche se crisper des narines aux commissures des lèvres.) Oh, Gary, j'ai la bouche en papier buvard, j'ai besoin de midol. Tu peux me trouver une brosse à dents ? » Elle s'apercevait bien qu'il la pelotait. Il dit qu'il lui trouverait ce dont elle avait besoin.

C'était capital de faire comprendre aux gens qu'on n'entrait pas tout simplement dans un magasin pour y piquer des choses sur les comptoirs, mais qu'on regardait avec attention l'objet qu'on voulait acheter et qu'on demandait des renseignements. Il y avait toutes sortes de réponses : l'objet pouvait dire : « Va-t'en » ou bien « Je t'en prie, vole-moi. » Il pouvait même demander à être acheté. Les objets s'intéressaient autant à eux-mêmes que n'importe qui. Gary entra flac-floc-flac, lui prit son midol, sa brosse à dents et l'emmena en vitesse. Il ne but pas de bière. Fichtre, qu'il était sérieux.

Maintenant ils avaient repris Pleasant Grove. « Je ne veux pas rentrer à la maison. Je veux sortir toute la nuit, dit April.
— Ça me botte », répondit-il.

III

Julie dut rester à l'hôpital une nuit de plus, aussi Craig Taylor était encore seul. Il était juste en train de coucher les gosses quand Gary frappa à la porte et présenta cette fille comme la sœur de Nicole, April. Ils avaient l'air bizarre. Pas ivres, mais la fille était dans un sale état. Parano. Incapable de rester assise. Elle tournait autour de Craig comme s'il était un tonneau ou Dieu sait quoi.

Gary sortit de la salle de bains en demandant s'il avait toujours le pistolet. Craig dit oui. Gary demanda à le reprendre. Plus quelques balles. « Oh, mais oui, fit Craig. Après tout, il est à toi, je vais te le donner. (Il ajouta :) Pourquoi en as-tu besoin ? » Gary ne répondit pas. Il finit par dire : « J'aimerais bien. » Craig n'avait pas très bonne impression en lui passant les balles. Gary semblait absolument sans émotion. « Gary, je ne peux pas te refuser, dit Craig, c'est ton pistolet », mais il y lança un dernier regard. C'était un automatique Browning à détente dorée avec un canon en métal noir et une belle crosse en bois.

« Je ne veux pas rentrer à la maison », déclara April lorsqu'ils se retrouvèrent dans la camionnette. « Penses-tu, fit Gary, je vais te faire veiller toute la nuit. » Il alla chez Val Conlin pour signer les papiers. En chemin, April s'aperçut qu'en fin de compte ils n'étaient pas allés au supermarché. Elle n'avait toujours pas sa corde de guitare. Ça devenait trop compliqué de redemander. Elle avait l'impression de se débattre au milieu de toiles d'araignée.

Lorsqu'ils entrèrent au garage V. J. Motors, April dit tout haut : « Dis donc, c'est un spectacle gratis. » Gary et ce type, Val, examinaient des clés de voiture comme de vieux magiciens inspectant des herbes desséchées, bizarre ! Elle se promena et la pièce lui parut déformée. Il y avait du tordu dans l'air. Alors elle alla s'asseoir dans un coin. Comme ça, elle arrivait à maintenir un certain contrôle. Ils s'approchèrent mais elle ne savait pas de quoi ils parlaient. Ils lui dirent simplement : « Tu es le témoin. Regarde ça. » Et lui firent signer un papier.

Rusty Christiansen s'ennuyait. Le temps de se débarrasser de Gary, et il serait 9 h 30. Elle ne serait pas chez elle avant 10 heures moins le quart. Il fallait encore calculer les intérêts et le montant des versements. Ils n'arrêtaient pas de faire des allées et venues jusqu'au parking pour changer les plaques de la voiture et de la camionnette. De temps en temps, cette petite, April, dans son coin, disait quelque chose d'une voix forte.

Sur ce plan-là, Val ne manquait pas de voix non plus. « Je m'en vais prendre un risque, annonça-t-il, parce que tu as été correct avec moi. Mais, bon sang, Gary, il vaut mieux payer. » « D'accord », fit Gary. « Bon, reprit Val, je m'en vais prendre un risque. »

Gary s'en alla prendre des vêtements dans la Mustang pour les mettre dans la camionnette et, pendant qu'il était sorti, Val regarda la petite pépée dans le coin et lui dit : « Dis donc, qu'est-ce que tu as pris ? » Elle le regarda comme s'il débarquait du siècle suivant, puis elle couina : « Quuuoi-quuuoi-quuuoi… » Val se dit : « Whooouu, elle plane. » La fille le regarda droit dans les yeux et dit : « Il y a des fois où je ne suis même pas une fille. » Elle éclata en sanglots.

Lorsque Gary revint, Val lui dit : « Si tu ne me paies pas ces premiers quatre cents dollars dans deux jours, je reprends la camionnette si vite que tu ne sauras même pas que tu avais eu des roues, mon vieux. Tu n'auras pas la camionnette et tu n'auras plus la Mustang. Gary, si tu n'as pas cet argent, tu vas à pied, compris ? » « Compris, fit Gary. Pas de problème. D'accord. » Il signa les derniers papiers et Val lui remit la camionnette.

Lorsqu'ils furent montés dans la cabine, Gary dit à April : « Allons-y. » Ils se mirent à rouler en cherchant Nicole. « Utilise ton radar », fit Gary. Elle ne voulait pas lui parler d'interférences ; il croirait qu'elle cherchait une excuse. Des interférences pouvaient empêcher les forces les plus puissantes de l'esprit de se concentrer. Ils continuèrent donc de rouler. April ne cessait d'espérer qu'elle allait pouvoir dire la phrase qu'il fallait. Ça pouvait redonner plein de force. C'était ce qu'il fallait. Un mot pour que tout le monde soit en harmonie.

« Quand j'étais jeune, dit April, mon grand-père m'a posée sur le dos d'un cochon, dans la porcherie, et j'ai cru mourir de peur. Il y avait un tas de cochons sauvages qui nous poursuivaient. Je me suis cachée dans la baignoire. Il n'y avait pas grand-chose à faire ce soir-là mais j'ai appris à me planquer. On se planque en se rentrant la moitié à l'intérieur. (Elle ricana.) Tu comprends, Gary, j'ai toujours eu envie d'être un cochon. » Elle sentait la force du cochon. Gary arrêta la camionnette et la gara. « Je m'en vais aller donner un coup de fil, dit-il ; pour voir si ta mère a eu des nouvelles de Nicole. »

Lorsqu'il fut descendu, elle écouta un groupe chanter « Let Your Love Flow ». Deux types, pas une mauvaise formation. Ça allait très bien si elle ne pensait pas à Hampton. « Let your love flow, and let your love grow ». Elle essayait de se rappeler avoir fouillé dans les armoires à pharmacie des gens, autrefois, quand elle était baby-sitter. « Let your love flow and yet your love grow ». Ça lui donnait l'impression que l'amour coulait entre ses doigts lorsqu'elle fouillait dans les armoires en prenant les comprimés qu'il fallait pour s'envoyer dans les vapes. Oh ! se retrouver en transes avec des beautés noires. Elle adorait la façon dont elle s'entendait avec elles. Les beautés noires pouvaient être aussi douces que l'harmonie du printemps. « Au fond, se dit April, je peux toujours parler à la radio si je suis désespérée à ce point-là. Les animateurs se rendent bien compte que les gens leur parlent. »

IV

Gary tourna le coin là où était garée la camionnette et entra dans une station service Sinclair. Elle était déserte à cette heure-là. Il n'y avait là qu'un homme, le pompiste. Un jeune homme à l'air aimable et sérieux, avec une mâchoire solide et de larges épaules. Il avait une raie bien dessinée. Et les maxillaires un peu plus écartés que les oreilles. Sur sa salopette, à la hauteur de la poitrine, était épinglée une plaque avec son nom : Max Jensen. Il demanda : « Je peux vous aider ? »

Gilmore tira de sa poche l'automatique Browning 6.35 et dit à Jensen de vider ses poches. À peine Gilmore avait-il empoché l'argent qu'il prit la sacoche de sa main libre et dit : « Va aux toilettes. » Juste après qu'ils eurent passé la porte des toilettes, Gilmore ordonna : « Par terre. » Le sol était propre. Jensen avait dû le nettoyer depuis moins d'un quart d'heure. Il essayait de sourire tout en s'allongeant sur le carrelage. Gilmore dit : « Mets tes bras sous ton corps. » Jensen se mit en position, avec les mains sous le ventre. Il essayait toujours de sourire.

C'étaient des toilettes avec du carrelage vert jusqu'à la hauteur de la poitrine et des murs peints en marron. Le sol, un mètre quatre-vingts sur deux mètres quarante, était pavé de carreaux gris mat. Au mur, il y avait un distributeur de serviettes en papier. Le siège des toilettes était fendu. La pièce était éclairée par une ampoule en applique.

Gilmore appuya l'automatique contre la tête de Jensen. « Celle-ci est pour moi », dit-il, et il fit feu.

« Celle-ci est pour Nicole », dit-il et il tira encore. Le corps réagit à chaque fois.

Il se redressa. Il y avait plein de sang, qui se répandait sur le carrelage à une vitesse surprenante. Il s'en mit un peu sur le bas de son pantalon.

Il sortit des toilettes avec les billets dans sa poche et la monnaie dans sa main, passa devant le grand distributeur de coca-cola et le téléphone accroché au mur et sortit de cette station d'essence vraiment bien propre.

V

Colleen avait beaucoup travaillé ce jour-là. Elle avait fait le repassage et le ménage, elle avait travaillé dans le jardin, cueilli des haricots. Elle comptait attendre Max mais il n'était pas 11 heures qu'elle se coucha.

Prête à sombrer dans le sommeil, elle eut l'impression que quelqu'un frappait à la porte, mais lorsqu'elle ouvrit il n'y avait personne. Elle pensa que c'était un chat. Il était encore trop tôt pour que Max rentre. Elle alla donc se recoucher et s'endormit tout de suite.

Assise dans la camionnette, dans cette petite rue tranquille, April pensait que c'était sans doute calme dehors. Elle ne pouvait pas le dire tant la radio faisait du bruit. Sauf que les arbres avaient l'air calme. Ça faisait une longue nuit à passer là, assise.

Au bout d'un moment, Gary revint. Elle avait fumé un clope et elle attendait. « Allons, dit-il, on s'en va. »

Comme ils s'arrêtaient au cinéma en plein air, April vit le mot « coucou » dans le titre si bien qu'elle crut qu'ils allaient voir le *Coucou Stérile* avec Liza Minnelli. April avait toujours trouvé que son apparence extérieure devait être tout à fait comme était Liza Minnelli à l'intérieur, alors elle avait hâte de voir le film. Mais à l'instant où ils s'arrêtèrent sous la lumière de la caisse à l'entrée, elle s'aperçut que Gary avait du sang sur son bas de pantalon.

Ils se garèrent. Il s'agitait sur son siège et dit qu'il allait pisser. Puis elle le vit fouiller au fond de la camionnette. Il avait l'air de chercher un autre pantalon. Il disparut dans les toilettes. April se disait : « Le F. B. I. regarde dans les maisons pour voir si les gens commettent des crimes. Par la télé, vous comprenez. »

Elle essaya de suivre le film pendant que Gary était parti, mais ça la faisait penser à la nuit où elle s'était fait violer. C'était après s'être promenée dans la rue à Hawaï avec ces garçons noirs. Le premier des trois annonça qu'il y avait une petite fête quelque part. Avec de la cocaïne, et ils allaient tous planer. Elle avait déjà pris du L. S. D. et elle fut donc fascinée par la grande classe de leur crèche, et pourtant les divans rouges aggravaient son problème d'odeur. Elle transpirait quand elle reniflait de la neige et ça sentait très mauvais. Le Noir nommé Warren lui dit qu'elle puait, et elle devint toute rouge à l'intérieur au milieu de ces canapés rouges et de tous ces Noirs. Elle se mit à danser. Ils lui demandèrent si elle voulait prendre une douche. Elle répondit oui. Et elle se retrouva dans la baignoire, et puis, toute mouillée, se baladant à poil dans l'appartement. Elle était toute nue et elle dansait. « Je crois que je suis nymphomane », annonça-t-elle. « Un Info quoi ? » demandèrent-ils. Elle répéta lentement et ils firent : « Un fo quoi ? » Elle répondit d'un ton hautain : « Vous vous payez ma tête. »

Elle dansa avec eux et tout en dansant ils l'allongèrent sur le parquet et lui firent rudement mal. Elle saignait partout. Comme une putain. Warren était pété à la cocaïne, et il était salement méchant. Même quand il se détendait, il était toujours mauvais. Elle avait des hallucinations si affreuses qu'un des types qui s'appelait Bob plissa le visage en se rapprochant le menton du front pendant que son nez zigzaguait d'un côté à l'autre. Une fois, deux fois, trois fois, elle fit l'amour. Puis ils allumèrent une lampe et elle vit Bobby assis par terre et lui disant : « Pourquoi ne t'installes-tu pas sur le divan ? Plane. Ne te mets pas si bas, tu comprends ? » Puis il était sur elle et elle hurlait en chantant. Elle avait le vertige, elle était un tourne-disque avec le moteur en marche et Satan pouvait danser dans le tourbillon que faisait le plateau.

Tout d'un coup, elle sut que le film qu'elle regardait n'était pas *Le Coucou Stérile*. C'était *Vol au-dessus d'un Nid de Coucou*.

Tous les dingues avec qui elle avait vécu à l'hôpital étaient sur l'écran. Jack Nicholson la tracassait beaucoup. Comme elle, il avait une tache sous le nez. Ça lui rappela le sang sur le pantalon de Gary : à cause de la démarche raide de Jack Nicholson.

Là-dessus, Gary revint. Elle dit : « Foutons le camp. J'ai horreur de ce film. Ce salopard me rend zinzin. »

Gary parut déçu. « C'est un film, lui dit-il, que j'ai envie de revoir.

— Pauvre crétin malade, dit-elle, tu n'as aucun goût ? »

À 11 heures du soir, un homme s'arrêta à la station service Sinclair au 800 North, 175 East à Orem et se servit cinquante litres d'essence et un litre d'huile. Faute de trouver le pompiste, il laissa sa carte de visite avec l'énumération de ce qu'il avait acheté. Un peu plus tard, Robbie Hamilton, qui habitait Tolle, dans l'Utah, s'arrêta. Après avoir fait le plein d'essence, il alla jusqu'à la porte ouverte de la salle de graissage et cria : « Il n'y a personne ? » Pas de réponse. Alors, il revint à la voiture. Sa femme lui dit de frapper à la porte des toilettes. Comme on ne répondait pas, il entrebâilla la porte et aperçut plein de sang. Il n'entra pas. Il se contenta d'appeler la police d'Orem. Il leur fallut un quart d'heure pour trouver la station. Comme il était de Tolle, dans l'Utah, M. Hamilton ne savait pas dans quelle rue il était et dut décrire les lieux en termes assez vagues au standardiste.

VI

John était rentré de l'hôpital et dormait de nouveau sur le canapé. Brenda était prête à aller se coucher. On frappa à la porte. C'était Gary avec cette étrange petite.

« Tiens, cousin, fit-elle, où étais-tu ?

— Oh ! répondit-il en souriant, on est allé voir *Vol au-dessus d'un Nid de Coucou.* » « Tu n'es pas allé revoir ça ? » « Oh, fit Gary, elle ne l'avait pas encore vu. »

Brenda examina la fille. « À mon avis, dit-elle, elle ne doit pas savoir ce qu'elle a vu. »

Gary dit : « C'est la sœur de Nicole, Janvier. » La fille se mit en colère. Pour la première fois elle se ranima.

« C'est April. » Gary gloussa. Brenda dit : « Ma foi, April, mai, juin ou juillet, quel que soit votre nom, contente de vous connaître. » Puis elle dit à Gary : « Qu'est-ce qu'elle a ? » Cette fille avait un air épouvantable.

« Oh, fit Gary, April a des retours de bâton de L. S. D. Ça fait longtemps qu'elle en a pris, mais ça continue à la travailler.

— Gary, dit Brenda, elle est malade. Elle est horriblement pâle. » Là-dessus, la fille dit qu'elle avait envie d'aller aux toilettes. La suivant, Brenda demanda : « Ça va mon petit ? » La fille répondit : « J'ai l'impression que je vais dégueuler. »

Brenda revint vers Gary et dit : « Qu'est-ce qui se passe ? » Il ne répondit rien. Brenda eut l'impression qu'il était nerveux mais prudent. Très nerveux et très prudent. Il était assis au bord de son siège, comme pour se concentrer sur chaque son qui venait troubler le silence.

April revint et dit : « Eh ben, on peut dire que tu me fiches la trouille quand tu es comme ça. Je ne peux pas le supporter.

— Qu'est-ce qui vous a fait peur, mon petit ? » demanda Brenda. « Gary me fout vraiment la frousse », dit April.

Gary se leva. « April, dis à Brenda que je n'ai pas essayé de te violer ni de te bousculer.

— Oh ! mec, tu sais bien que ce n'est pas ce que je voulais dire, fit April. T'as été gentil avec moi ce soir. Mais tu me fous vraiment les jetons.

— Pourquoi ? demanda Brenda.

— Je ne peux pas vous le dire », répondit April. Il y avait quelque chose de si casse-bonbon dans son ton que Brenda commençait à en être agacée. « Gary, qu'est-ce que tu as fait ? » demanda-t-elle. À sa surprise, il tressaillit.

« Eh, dit-il, si on laissait tomber ? D'accord ? »

Gary dit : « Je peux te parler dans l'autre pièce ? » Lorsqu'il l'eut amenée dans la cuisine, il reprit : « Écoute, je sais que John sort tout juste de l'hôpital et que vous n'allez pas être remboursés tout de suite par la Sécurité sociale ; alors, écoute, Brenda, est-ce que cinquante ça t'arrangerait ?

— Non, Gary, dit-elle, on a des provisions. On va s'en tirer.

— Je voudrais vraiment vous aider, fit Gary.

— Mon chou, fit Brenda, tu es généreux. » Elle savait où il voulait en venir, mais malgré elle, elle était émue. Ridiculement émue. Elle avait envie de pleurer en pensant que même en bluffant comme ça, il pouvait penser un peu à elle. Elle dit donc : « Garde ton argent. Je veux que tu apprennes à le dépenser. » En disant cela, elle fut soudain prise de soupçons et demanda : « Gary, comment se fait-il que tu aies plein d'argent ?

— Un de mes amis, répondit Gary, m'a prêté quatre cents dollars pour la camionnette.

— Tu veux dire que tu as volé l'argent ?

— Ça n'est pas très gentil, dit-il.

— Si je me trompe, dit Brenda, alors en effet ça n'est pas très gentil. »

Il lui prit le visage à deux mains, l'embrassa sur le front et dit : « Je ne peux pas t'expliquer ce qui se passe. Ce n'est pas la peine que tu t'en mêles.

— Bien, Gary, dit-elle. Si c'est sérieux à ce point-là, alors peut-être tu ne devrais pas nous embringuer.

— Bon, dit-il, tu as raison. » Il n'était pas en colère. Il entraîna April et retourna à la camionnette. Il dut prendre April par les coudes et la pousser littéralement dehors.

Brenda se surprit à les suivre. Au fond de la camionnette il y avait un demi-bidon de lait et un tas de vêtements enveloppés dans un chiffon. Elle dit : « Gary, tu as renversé ton lait. Laisse-moi arranger ça. » Il dit : « N'y touche pas. Laisse ça tranquille ! » « Très bien, fit Brenda, renverse ton lait. Qu'est-ce que ça peut me foutre ? » Lorsqu'il fut parti, elle continua à se demander ce qu'il y avait dans ce tas de vêtements qu'il n'avait pas voulu qu'elle voie.

Gary demanda à April si elle aimerait aller dans un motel, mais elle répondit qu'elle n'avait pas envie de rentrer chez elle. Ils se mirent donc à rouler au hasard et ne tardèrent pas à se perdre.

Juste au moment où il se rendait compte qu'il avait fait tout le trajet d'Orem à Provo par des petites routes, la camionnette tomba en panne d'essence.

Elle s'arrêta dans la partie déserte de Center Street entre la bretelle de l'autoroute et le commencement de la ville. Il descendit, se précipita dans un petit ravin en bordure de la route et dissimula le pistolet, le chargeur et la sacoche de monnaie dans un buisson. Puis il se dirigea vers le magasin le plus proche.

VII

Wade Anderson et Chad Richardson étaient à l'épicerie ouverte de 7 à 11 sur West Center Street quand un type les aborda. Il dit que s'ils voulaient bien l'emmener jusqu'à un poste d'essence, il leur donnerait cinq dollars.

Il avait un air normal, sauf qu'il semblait fatigué et certainement pressé. Il leur donna les cinq dollars dès qu'ils furent montés dans le camion de livraison et s'installa près de la vitre en regardant dehors. Il disait tout le temps que sa petite amie attendait toute seule dans sa camionnette et qu'il ne voulait pas qu'on vienne l'embêter, surtout les flics, parce qu'elle raconterait n'importe quoi.

Ils dirent : « Bon, d'accord ; vous savez, on va faire aussi vite qu'on pourra. » L'ennui ce fut que, lorsqu'ils arrivèrent à un poste d'essence ouvert, il n'y avait pas de bidon. Wade dit alors qu'ils pourraient passer chez lui en prendre un. Le type dit : « Bon, mais il faut faire vite. »

Ça leur prit quelques minutes pour gagner le quartier est de la ville, prendre le bidon dans le garage de son père et retourner à la station. À peine étaient-ils revenus jusqu'à la camionnette du gars que Wade se mit à baratiner. Comme il allait être bientôt en avant-dernière année de lycée et qu'il essayait de faire des progrès pour parler aux filles, il engageait la conversation à chaque occasion qui se présentait, et il était bien décidé à le faire avec la petite dans la camionnette. Bien sûr, il surveillait du coin de l'œil le grand type qui déambulait dans le petit ravin en contrebas. Il avait emprunté une torche électrique à Chad et promenait son faisceau en cherchant quelque chose.

Wade dit à la fille : « Comment ça va ? » Elle le regarda très gravement et dit de sa grosse voix : « Vous êtes le fils de Gary Gilmore ? » Il répondit : « Oh, non, madame, je… c'est la première fois que je le vois ce soir. » À peu près à ce moment-là le type trouva ce qu'il cherchait. Wade le vit retirer un pistolet du buisson, avec un chargeur et une sacoche de monnaie, puis il revint vers eux. Il enfonça même le chargeur dans la crosse du pistolet. Il le fourra sous la banquette avec la sacoche. Chad se tenait un peu en retrait tandis que Wade versait l'essence, et ils se contentèrent d'échanger un coup d'œil. Whooouu.

Lorsqu'ils eurent fini de vider le bidon, le type dit : « Merci beaucoup » et s'apprêta à partir. Il allait mettre son moteur en marche. Il ne voulut pas démarrer. Il avait vidé la batterie. Alors ils le poussèrent avec leur camion. Voilà tout.

Quand ils eurent repris la route, Gary dit à April : « Assez glandé. J'ai envie d'un endroit chouette pour dormir, quelque chose comme le *Holiday Inn.* » Il s'engagea sur l'autoroute et fit les trois kilomètres jusqu'à la sortie suivante.

« Je n'ai pas l'intention de baiser, déclara April, je me sens trop parano.

— Il faut que j'aille travailler demain matin, lui annonça Gary. On va prendre deux lits. »

VIII

Frank Taylor, le caissier de nuit au *Holiday Inn*, était à la réception lorsqu'un homme de grande taille portant un demi-bidon arriva avec une fille plutôt petite qui brandissait une boîte de bière Olympia comme si elle était la statue de la Liberté. Frank Taylor se dit : « Celle-là, qu'est-ce qu'elle tient ! » Comme il était non seulement caissier de nuit mais qu'il assurait aussi la permanence à la réception, il se dit aussitôt qu'il n'allait pas pouvoir finir tout de suite ses comptes. La fille n'avait pas l'air d'être prête à se calmer vite. Malgré tout, l'homme semblait à jeun lorsqu'il vint remplir sa fiche.

La fille bombardait Frank Taylor de questions. Est-ce que ça lui plaisait de travailler dans un motel ? Y avait-il des punaises ? Puis elle demanda où étaient les toilettes pour dames. Dès l'instant où Frank Taylor lui répondit que c'était dans le hall à gauche, elle partit vers la droite. Taylor était encore à lui crier qu'elle se trompait lorsqu'elle disparut. Le grand type se contentait de sourire. Deux minutes plus tard, elle traversa la hall dans l'autre sens. Le grand type demanda où ils pouvaient dîner et écouta avec attention la réponse : le *Rodeway Inn*, à deux portes plus loin, était ouvert jour et nuit sans interruption. Puis il signa son nom en grosses majuscules, GARY GILMORE, donna comme adresse Spanish Fork et fouilla dans sa poche d'où il tira tout un tas de petites coupures pour payer la chambre.

Taylor pensait que Gilmore et la petite avaient une aventure mais ça n'était vraiment pas ses oignons. On pouvait s'attirer un tas d'ennuis juridiques si on était trop curieux. Essayez donc une fois de dire à un couple vraiment marié qu'ils ne l'étaient pas ? C'était une pratique établie que d'accepter n'importe qui, qui se tenait convenablement et qui payait d'avance. Taylor les regarda s'éloigner tous les deux, la main dans la main, avec la clé.

Un moment plus tard, ils appelaient le standard. Gilmore téléphonait du 212 pour dire qu'il était allé dans le hall et qu'il avait mis de l'argent dans le distributeur pour acheter de la pâte dentifrice, des lames de rasoir et de l'Alka Seltzer, mais que l'appareil ne marchait pas.

Il ne marchait jamais, se dit Frank Taylor. Il prit les articles demandés dans la réserve et s'engagea dans les longs couloirs à la moquette verte et devant une réserve de glace et un distributeur automatique de bonbons. Il passa encore devant un distributeur de boissons glacées et arriva au 212. Lorsque Gilmore ouvrit la porte, il avait un pantalon rouge et pas de chemise. Il mit la main dans sa poche et en tira une poignée de monnaie, qu'il garda dans sa paume comme pour l'examiner, puis il paya ce qu'il fallait. Taylor n'aperçut pas la fille mais il l'entendit qui gloussait à peine la porte refermée.

14. La chambre du motel

I

Tout au bout de la chambre, d'un côté du mur du fond, se trouvait l'unique fenêtre et elle donnait sur la piscine. Comme la fenêtre était scellée, il y avait un climatiseur installé dessous. De chaque côté pendaient des rideaux en tissu synthétique bleu vert, qu'on ouvrait grâce à des cordons blancs passés dans des poulies en plastique couleur lait. Deux chaises en faux cuir noir, à dossier arrondi, et une table octogonale en noyer synthétique étaient disposées devant la fenêtre. À côté de la table se trouvait un récepteur de télé sur un support pivotant. Ses pieds en boules de chrome étaient montés dans un carénage de caoutchouc qui s'enfonçait dans une moquette en tissu synthétique d'un bleu poilu.

Le long d'un mur était fixé un long meuble faisant à la fois commode et bureau en noyer synthétique. Dans le tiroir du bureau, du papier à lettres dans une enveloppe en papier ciré portant le sigle de *Holiday Inn :* « Votre hôtel d'une côte à l'autre. » Un exemplaire du règlement de la piscine et de ce qu'on pouvait se faire servir dans la chambre était posé à côté d'une longue bande étroite de papier sur laquelle on pouvait lire : VOUS AUSSI ÉCONOMISEZ L'ÉNERGIE.

Le long du mur opposé, les têtes de lit étaient en noyer synthétique et les courtepointes en tissu synthétique bleu vert. De tout cela émanait la même odeur que de la chambre. Une odeur de vieux climatiseur et de vieux cigare.

Entre les lits se trouvait une table de chevet avec une lampe et un cendrier octogonal en verre portant le logo vert de *Holiday Inn.* Une lumière rouge indiquant un message clignotait sur le téléphone. Comme elle avait été branchée par erreur, elle ne s'arrêtait pas. Pas plus que le climatiseur. Au bout d'un moment, son ronronnement vous vibrait dans les entrailles.

II

Sur le chambranle de la porte de la salle de bains se trouvait un commutateur qui, dans le noir, brillait comme un téton fluorescent. Quand on l'allumait, l'éclairage du plafonnier révélait des murs blancs et un sol aux mosaïques couleur ciment. Un miroir était fixé au-dessus du lavabo par cinq crampons de plastique vissés dans le mur. Le sixième était tombé. Le trou avait l'air d'une punaise immobile. Le lavabo était encastré dans un dessus en noyer synthétique. Sur la tablette, deux verres enveloppés dans de la cellophane arboraient le logo de *Holiday Inn*, et deux petites savonnettes, dans des emballages *Holiday Inn*, étaient disposées auprès d'un petit bout de carton jaune en forme de petite tente sur lequel on pouvait lire : « Bienvenue à Holiday Inn ». Il y avait aussi un avis annonçant que le débit de boissons était ouvert de 10 heures du matin à 10 heures du soir. Ces bouts de papier étaient humides. Les surfaces arrondies du lavabo jouaient le rôle de centrifugeuse quand on ouvrait le robinet et projetait l'eau sur le sol.

Une bande de papier blanc était enroulée autour du siège des toilettes pour certifier que personne ne s'était assis là depuis qu'on avait mis la bande en place. Le papier hygiénique du distributeur fixé au mur à la gauche des toilettes était doux et très absorbant et collait à l'anus.

III

« April, dit Gary, tu vas arracher cette bande du siège ou il faut que je le fasse ? » Elle le foudroya du regard et lança le papier dans la corbeille. « On vous fait travailler, déclara-t-elle, à cause des riches. Toutes les organisations sont riches, tu sais.

— Ma vieille, on peut dire que tu as du bagou », fit Gary. Il s'approcha et lui donna un baiser. Elle dit : « Nicole. Nicole n'aimerait pas ça. » Il s'éloigna d'elle et prit un joint de marijuana. « J'en veux », dit April. Il se mit à rire et le brandit hors de son atteinte. « Un baiser d'abord, dit-il.

— Je ne peux pas t'embrasser à cause de Nicole, dit-elle. Nicole a des vampires. »

Gary alluma le joint et inhala profondément. « Une bouffée ? » demanda-t-il. Mais lorsqu'elle approcha, il leva de nouveau la cigarette hors de son atteinte.

Tout en circulant dans la pièce, elle se mit à ôter ses vêtements. Elle avait l'impression qu'ils la congestionnaient. D'abord sa blouse de paysanne, puis ses jeans. Elle se sentait mieux de se promener en culotte et en soutien-gorge. « Ça ne t'est jamais arrivé, Gary, de te lever à 4 heures du matin pour faire des petits gâteaux ? » Il était allongé sur le lit et prenait son temps pour fumer sa marijuana. Il se contenta d'agiter une main. Puis il se redressa et rota. Une grimace de douleur se peignit sur son visage, il attrapa le bidon de lait et but une lampée. « Dis donc, mon petit, fit-il, si on se détendait. Je vais te masser et toi tu vas me masser aussi. »

« Le F. B. I., annonça-t-elle, regarde devant les maisons pour voir si les gens commettent des crimes. Ils font ça par la télé, tu sais. » Elle était allongée sur le lit et la pièce tournait autour d'elle. C'était comme une chambre de motel où elle avait accompagné un homme riche. Elle s'était sentie si vivante cette nuit-là, parce que le plastique était si mort.

« Gary, dit-elle, laisse-moi tirer une bouffée. Je suis dans un drôle d'état. » Il lui passa le joint et elle aspira. Elle avait dû partir dans les vapes parce que voilà que Gary lui embrassait le visage et qu'il la réveillait. « Laisse-moi tranquille », cria-t-elle. Lorsqu'il lui donna un autre baiser, elle dit : « Gary, Nicole et toi vous étiez faits l'un pour l'autre.

— Nicole peut aller se faire baiser ailleurs. »

Elle se mit à arpenter la pièce, en se rappelant la nuit à Hawaï où elle déambulait tandis que Bobby et Warren la massaient et dansaient avec elle. Puis Gary se mit à lui faire une sorte de massage, en marchant derrière elle, juste derrière elle, collant ses jambes à celles d'April, comme deux prisonniers à l'heure de la promenade, et ils firent ainsi le tour de la chambre, les pouces de Gary lui massant les épaules et la nuque. Au bout d'un moment, elle commença à se sentir très proche de lui et murmura : « Ça n'est pas très bien de notre part de faire ça. Nicole ne trouverait pas ça bien. » Elle décida de se brancher l'esprit pour écouter Paul McCartney. « Open the door and let them in », faisait la musique dans sa tête, et ça devenait une vraie foire. Gary lui donnait des claques sur les fesses ou enfonçait les doigts dans sa culotte, puis il lui grognait à l'oreille comme un lion. Elle pensait à des hommes riches et d'un coup de coude se libérait de sa main. « Va te faire foutre, dit-elle. Laisse-moi me coucher.

— On dort debout », répondit-il.

Ils étaient un roi et une reine et elle commençait à être contente à l'idée qu'ils dorment chacun dans un lit séparé, mais elle savait qu'elle allait sombrer dans un sommeil qui lui donnerait un sentiment très oppressant, comme des images, qu'elle avait vues dans la Bible, de démons sortant des ténèbres de l'espace pour tourmenter les gens sur cette planète et vraiment les déchirer et les démembrer. Elle s'en représentait des milliers dans le ciel, plongeant comme des aigles sur des souris.

Pendant tout ce temps, il rampait sur elle en lui massant le dos. Lorsqu'elle ferma les yeux, elle vit un homme qui agitait les bras. Il avait environ huit membres de chaque côté et les agitait : c'était une force maligne, apportant à la terre la maladie et tout le reste, comme Satan, le plus fort.

Elle savait maintenant que quelque chose n'allait pas dans la façon dont il lui massait le dos. Gary avait changé de personnalité. Gary, qui était toujours si viril avec elle, plus viril encore que son père, était devenu féminin et rampait sur elle par-derrière en lui massant le dos. Si elle se retournait pour regarder son visage, ce serait une femme qu'elle verrait. Il la tâtait pour sentir ses propres seins, son propre ventre. April croyait sentir une femme derrière elle. Mon vieux, on peut dire que ça la refroidissait.

« Dormons », dit-elle. Il ne lutta pas. Il entra dans son lit et elle dans le sien, il éteignit les lumières et elle resta allongée dans la pénombre à regarder le plafond. Dans le plâtre écaillé, il y avait des éclats de verre incrustés pour faire comme mille étoiles. Elle ne pouvait pas supporter l'odeur de la chambre et ralluma. Sur le mur juste derrière elle, il y avait un paysage qui couvrait tout le papier peint de palmiers, des ruines d'un arc en pierre, d'une colline, d'une vieille maison italienne. Des gens efflanqués, drapés dans des capes, arpentaient ce paysage. Gary dit : « Éteins la lumière. J'ai besoin de dormir. »

Elle resta allongée encore un moment et il se glissa jusqu'à son lit et essaya de la sauter. Elle ne savait pas s'il était sérieux ou pas. Ils se bagarrèrent dans l'obscurité et il lui déchira ses sous-vêtements mais elle en maintenait les morceaux en disant : « Non. » Elle dit : « Gary, je n'en ai pas envie. » Puis : « Gary, tu perds la tête. » Et puis encore : « Nicole. Nicole, Nicole ne trouverait pas ça très bien. » Il finit par y renoncer et elle resta allongée. La chambre commençait à lui revenir. Elle la voyait très distinctement comme à travers une loupe. « Ça n'est qu'une nuit de plus dans une cellule de prison, se dit-elle. Et j'irai en prison toute ma vie. »

Dans le couloir, en partant, ils virent un petit tampon de caoutchouc fixé au mur. C'était pour empêcher le bouton de la porte du 212 d'entamer le plâtre. Elle ne savait pas pourquoi, mais cela lui rappela le fil du récepteur de télé qui était tout enroulé et proprement attaché avec un cordon de plastique blanc. Dans sa tête, c'était comme un serpent qui étranglait un autre serpent.

IV

Du fond de son sommeil, la première chose que Colleen perçut, ce fut que quelqu'un frappait doucement à sa porte. Elle sursauta. Elle ne sut quelle heure il était que lorsqu'elle se fut levée et, passant dans la cuisine, elle eut constaté qu'il était 2 heures du matin. Et Max n'était toujours pas là. Alors elle alluma la lumière de la véranda et regarda par le petit judas fixé dans la porte. Ce qu'elle vit lui fit très peur.

Dehors il y avait cinq hommes, et le premier d'entre eux était le président Kanin, de son district.

Il lui passa un bras autour des épaules : « Colleen, dit-il, Max ne rentrera pas ce soir. »

Elle eut le sentiment que Max ne reviendrait sans doute jamais.

« Il est mort ? » demanda-t-elle.

Tous les cinq firent oui de la tête.

Elle pleura une minute. Pour elle, c'était irréel.

Un des deux hommes qu'elle ne connaissait pas dit au président Kanin : « On peut vous la laisser ? » Lorsqu'il eut répondu affirmativement, ces deux inconnus partirent. Elle se rendit compte alors que c'étaient des policiers en civil.

Le président Kanin l'aida à appeler ses parents. Personne ne répondit. Elle se souvint alors qu'ils étaient partis ce matin-là pour aller camper, aussi appela-t-elle les parents de Max. La dame qui répondit annonça que M. et Mme Jensen étaient eux aussi partis camper, mais qu'elle allait les contacter. Le président Kanin demanda alors s'il y avait quelqu'un d'autre qu'on pouvait appeler et Colleen pensa à ses cousins qui habitaient à Clearfield, dans la même rue que ses parents. Ils étaient là et dirent qu'ils arrivaient le plus vite possible. Cela leur prendrait une heure et demie.

Le président Kanin lui demanda alors s'il y avait quelqu'un qui pourrait rester avec elle en attendant l'arrivée de ses cousins. Elle répondit qu'il y avait une fille dans la congrégation qui habitait deux caravanes plus loin. Ils allèrent la chercher et elle vint immédiatement. Les trois hommes s'en allèrent.

La fille resta près de deux heures. Elles s'allongèrent toutes les deux sur le lit et bavardèrent un moment. Monica s'endormit et Colleen était engourdie de douleur. Elle n'avait aucune envie de voir où on avait emmené le corps de Max. Elle ne se sentait aucun besoin de demander : « Laissez-moi le voir. » Elle était là à bavarder avec sa voisine et tout ça lui semblait irréel. Elles discutaient un moment, puis ça revenait. Il était 5 heures moins le quart quand ses cousins frappèrent à la porte.

V

April avait enlevé sa boucle d'oreille et, dans le noir, l'utilisait pour se piquer. Elle faisait souvent ce rêve qu'un jour elle allait se faire une piqûre et terminer tout ça. Elle voulait savoir l'impression que ça faisait. Alors elle essayait tout le temps avec la pointe de sa boucle d'oreille contre son cou.

Le matin, alors qu'il faisait encore presque nuit, Gary revint dans le lit d'April et essaya encore une fois de la sauter. Sans grande conviction. Puis il but encore du lait. Assurément c'était plus d'amour que de sexe qu'il avait besoin, mais April savait qu'elle ne pouvait pas laisser tomber Nicole parce que Nicole l'aimait encore.

Vers 6 heures et demie, quand Monica s'éveilla avec l'aube, Colleen se dit qu'elle était en vie, que son bébé vivait aussi et qu'elle devait le nourrir. Ce serait terrible de bouleverser les habitudes du bébé. Alors elle alla saluer Monica d'un « bonjour », la prit dans ses bras, la dorlota, lui donna un bain et la prépara pour la journée.

Lorsque la lumière commença à filtrer par la fenêtre, April et Gary s'habillèrent et il la raccompagna chez elle. En la déposant il dit : « April, malgré tout ce qui s'est passé la nuit dernière, je veux que tu te souviennes que tu seras toujours mon amie et que je t'aimerai toujours bien. »

Elle entra dans la maison : il n'y avait personne. Kathryne était partie pour conduire Mike au travail et April se mit à balayer. Au beau milieu de son ménage elle dit tout haut. « Je ne me marierai jamais, jamais. »

Kathryne avait veillé toute la nuit à attendre Gary et April. Vers 5 heures elle avait dû s'endormir, et puis le réveil avait sonné peu de temps après. Chaque matin elle devait accompagner son fils Mike en haut du canyon, où il travaillait pour les Eaux et Forêts, un trajet de trente kilomètres par des routes pleines de virages. Après un jour et une nuit passés à fumer, l'angoisse mêlée à l'absorption de trop de fumée, l'oppressait à chaque respiration. Elle redescendit le canyon jusqu'à sa maison, franchit la porte et trouva April, installée comme un zombie, sur la chaise de la cuisine.

« Où diable étais-tu ? » April ne répondit pas. Elle resta assise à la dévisager. « Tu as passé toute la nuit, avec ce miteux ? » demanda Kathryne. Même si sa peur se dissipait, elle n'éprouvait encore aucun soulagement. Elle se sentait au bord de la nausée. Mon Dieu, April était en transes. « Bon sang, cria Kathryne, tu es restée avec Gary toute la nuit ? »

April se mit tout à coup à crier : « Fiche-moi la paix ! Tu ne peux pas me fiche la paix ! Je ne sais rien. (Elle se précipita dans la chambre.) Occupe-toi de tes affaires », cria-t-elle de l'autre côté de la porte.

« Je ne peux rien y faire », se dit Kathryne. Elle était simplement contente que la petite soit rentrée. C'était une épreuve de plus que Kathryne avait à supporter.

15. Debbie et Ben

I

Un jour Debbie se sentit un peu patraque et Ben insista pour l'emmener chez le docteur. Après tout, elle était enceinte. Mais il y avait onze gosses au Jardin d'Enfants de l'Abeille industrieuse et Debbie n'avait pas le temps. Ben finit par élever un peu le ton. Sur quoi elle lui dit qu'il lui cassait les pieds. Ce fut la scène la plus violente qu'ils avaient jamais eue.

Ils étaient fiers que ce fût leur scène la plus violente. Ils considéraient le mariage comme ayant pour but constant de se rendre heureux l'un l'autre. C'était le contraire de la chanson, « I never Promised You a Rose Garden ». Ils se l'étaient promis : pour eux, ça ne serait pas comme les autres mariages.

Debbie mesurait un mètre cinquante et ne pesait pas plus de quarante-cinq kilos. Ben, lui, atteignait un mètre quatre-vingt douze et pesait quatre-vingt-dix kilos lorsqu'ils s'étaient mariés. Deux ans plus tard, il en pesait cent et Debbie le trouvait, grand, gros et superbe. Quand il ne faisait pas de régime, il s'empiffrait. Il faisait des haltères pour essayer de se maintenir en forme.

Pour un jeune couple mormon, ils vivaient bien. Ils avaient des steaks toujours en réserve au congélateur et adoraient acheter des pizzas. Ils apprirent même à faire eux-mêmes de meilleures pizzas. Ben en couvrait chaque centimètre carré de viande et de fromage. Ils s'habillaient bien et réussissaient à faire leur versement mensuel de cent dollars sur leur Ford Pinto. Ben aurait très bien pu être le grand gaillard qui sort de la petite Pinto dans la publicité de la télé.

Toutefois, ils travaillaient dur. Ben essayait sans cesse de reprendre ses cours de gestion à B. Y. U. mais il assurait deux ou trois emplois journaliers. De plus, Debbie dirigeait le jardin d'enfants afin d'équilibrer ce qu'ils dépensaient pour vivre heureux ensemble. Ils n'avaient donc guère besoin d'amis. Ils avaient leur bébé, Benjamin, qui passait avant tout, et il y avait eux. C'était tout. C'était suffisant.

Debbie ne connaissait rien en dehors de la maison, mais elle en savait long sur les culottes en plastique, les langes en tissu cellulose et sur à peu près tout ce qui concernait les enfants du centre de puériculture. Elle était formidable avec les gosses et préférait laver le carrelage de sa cuisine plutôt que lire.

Comme elle n'avait pas de permis de conduire, elle ne pouvait pas aller à l'épicerie, à la laverie ou nulle part sans Ben.

Elle ne connaissait rien non plus à leur compte en banque ni à leurs dettes. Elle vivait dans un monde peuplé d'enfants de deux à quatre ans, s'occupait admirablement de Ben, de Benjamin et de leur maison. Ils dînaient dehors cinq soirs par semaine. Sauf quand Ben était au régime, c'était leur grande distraction. Ils partageaient alors une de ces pizzas de luxe à huit dollars.

Ben devait toujours assurer deux ou trois emplois. Avant la naissance de Benjamin, il y avait eu une période où Ben se levait à 4 heures du matin et déposait Debbie au jardin d'enfants à 5 heures. Elle préparait tout pour les enfants qui commençaient à arriver à 7 heures, et à ce moment-là, Ben serait déjà arrivé à Salt Lake, où il gérait un snack-bar. Ce travail-là commençait à 6 heures et il ne rentrait pas à la maison avant 8 heures du soir. Ensuite il trouva un autre emploi où il n'avait pas besoin de la déposer au jardin d'enfants avant 10 heures du matin, mais il devait aller à Salt Lake pour un travail qui commençait à midi dans un restaurant dépendant d'une chaîne qui s'appelait le *Cercle arctique*. (Le nom changea plus tard pour devenir *Les Rois du Hamburger*.) Il rentrait chez lui à 2 heures du matin. En hiver, c'était dur quand les routes étaient verglacées. Ben commençait à en avoir assez de faire de jour comme de nuit ce trajet de soixante-quinze kilomètres dans chaque sens.

Bien sûr, il avait d'autres sources de revenus. Il travaillait au B. Y. U. dans l'équipe d'entretien, plus tous les travaux de nettoyage qu'il pouvait trouver. En retour, Debbie gardait Benjamin avec elle à l'Abeille industrieuse, et elle avait même un berceau dans son bureau. Le dimanche, et à ses rares moments de loisir, Ben travaillait comme précepteur pour l'évêque Christensen. Si une veuve avait besoin de faire faire des travaux d'électricité ou de plomberie, s'il fallait déblayer son allée ou nettoyer ses carreaux, eh bien, Ben le faisait. Il devait s'occuper ainsi de cinq ou six familles par mois.

Quand le poste de directeur du *City Center Motel* se trouva libre, Ben sauta sur l'occasion. Ça rapportait un minimum de cent cinquante dollars par semaine plus un appartement, mais il pourrait développer l'affaire. Ce n'était pas un grand motel neuf, il ne se trouvait pas sur une grande route, mais plein, il pouvait rapporter au moins six cents dollars par semaine. En outre, ils pourraient, lui et Debbie, être ainsi toujours ensemble.

Leur clientèle se composait essentiellement de touristes ou de parents venus voir leurs enfants au B. Y. U. La plupart des gens qui descendaient au motel étaient calmes. Si de temps en temps un couple avait l'air de ne pas être marié, Debbie n'approuvait pas exactement et s'efforçait de leur donner une belle chambre pas très propre et bien bruyante.

Le coup de feu, c'était à 9 heures du matin, pour mettre les domestiques au travail. Ils employaient quatre femmes de chambre qui avaient chacune un certain nombre de chambres à faire en un temps donné. Si ça prenait six heures mais que ç'a n'en valait que deux, elles n'étaient payées que pour deux heures. Au début, Ben et Debbie firent ensemble ce genre de travail pour apprécier combien de temps cela valait. Alors qu'un tas d'autres motels payaient les employées à l'heure, Ben les payait à la chambre. Bien sûr, s'il y avait plus à faire, Ben en tenait compte. Il était toujours juste.

Au bout de quelque temps, Debbie se mit à aimer le travail au motel plus qu'elle ne s'y était attendue. Ils avaient beaucoup de temps ensemble. Après la bousculade matinale, il ne se passait pas grand-chose jusqu'au soir où la majorité des clients arrivaient. Ben se mit à parler de retourner à l'université.

Le travail, cependant, était un peu astreignant : ils ne pouvaient pas, par exemple, quitter le motel ensemble à moins d'avoir pris leurs dispositions. Ça les empêchait d'aller dîner au restaurant. Ça les bousculait aussi à l'heure du déjeuner. Parfois ils étaient obligés de déjeuner un peu tôt.

Ils n'éprouvaient jamais aucun besoin de voir d'autres gens et le temps passait fort bien. Ben avait tous les contacts humains qu'il lui fallait en parcourant la ville pour faire de la publicité à son établissement. Il voulait bien faire connaître le nom de *City Center Motel*, alors il fit des arrangements avec quelques-uns des motels plus importants. Il était entendu, par exemple, que l'employé de la réception recevrait un dollar pour chaque client qu'il enverrait chez Ben parce que son motel était complet. Le *City Center* était toujours le premier petit motel à afficher COMPLET.

Ils n'avaient pas peur non plus d'être cambriolés. De temps en temps, rarement, ils discutaient de ce qu'ils feraient s'ils se trouvaient en face d'un pistolet, et Ben haussait les épaules. Il disait qu'un petit peu d'argent ne valait pas le coup de risquer sa vie. Il ferait ce que le voleur demanderait.

II

Craig Taylor entendit parler du meurtre de la station-service à la radio le lendemain matin, alors qu'il se rendait en voiture à son travail. Sa première pensée fut que c'était Gary qui avait fait le coup. Puis il crut entendre le journaliste dire que Jensen avait été tué avec un 7.65. Ça lui donna quelque espoir. L'automatique Browning était un 6.35.

Au travail, Gary semblait normal. Non pas qu'il fût détendu, mais il était énervé depuis le jour où il avait rompu avec Nicole. Ce matin-là, il était normalement énervé.

Plus tard ce même matin, Spencer McGraght reçut un coup de téléphone d'une dame disant qu'elle avait un appartement à Provo pour Gilmore. S'il avait l'intention de le prendre, il ferait bien de passer vers midi et de laisser un dépôt. Spencer avait l'impression que si ce type avait une chance, c'était de quitter Spanish Fork et d'apprendre à vivre tout seul. Il dit donc à Gary de prendre son après-midi. C'était triste à dire, songea Spencer, mais il était plus tranquille quand Gary n'était pas là.

Craig n'eut pas l'occasion de parler de quoi que ce fût avant la fin de la matinée, juste avant la pause du déjeuner. Mais comme ils ralentissaient vers midi moins le quart, Gary dit : « Tu veux lancer des pièces ? » Là-dessus il tira de sa poche une poignée de monnaie. Il en avait plein la paume, tout un tas de monnaie. Une fois Gary parti, Craig ne put s'empêcher de se demander si c'était l'argent du meurtre de la station-service.

Gary s'arrêta chez Val Conlin pour remercier Rusty Christiansen. C'était elle qui avait fait semblant d'être propriétaire d'un appartement destiné à Gary. Val en profita pour lui rappeler qu'il devait lui trouver l'argent pour la camionnette.

Gary passa chez Vern et Ida pour demander s'il pouvait prendre une douche. Mais Ida et Vern allaient justement sortir et Ida voulait pouvoir fermer à clé. Les choses se compliquaient. Gary avait un drôle d'air, un peu fou, aussi Vern proposa-t-il de fermer la maison à clé et de laisser Gary prendre sa douche dans le sous-sol qui avait une entrée indépendante. Gary accepta mais parut un peu vexé qu'on lui fermât la porte au nez.

Peu après le déjeuner, Val Conlin reçut un coup de téléphone. Gary avait perdu les clés de la camionnette. Il était au

Centre commercial de l'université et il avait besoin que quelqu'un vienne prendre ses affaires puisqu'il ne pouvait pas fermer la cabine à clé.

Val envoya Rusty Christiansen. Lorsqu'elle s'arrêta sur le parking, Gary était assis, souriant. « On a pris la voiture du patron ? » demanda-t-il.

Rusty n'aimait pas les sous-entendus de Gilmore. C'était sa propre Thunderbird bleue qu'elle conduisait, et elle n'était pas si neuve que ça. Gilmore essaya quand même de rattraper ce mauvais début. Il se montra presque trop galant en lui ouvrant les portières.

Il avait une grande paire de skis nautiques couleur arc-en-ciel qui dépassait de la vitre de sa camionnette, et qui portait encore une étiquette du Supermarché de Grand Central. Il expliqua alors qu'il voulait mettre sous clé les skis dans le coffre de la voiture de Rusty.

Ensuite, ils se mirent à la recherche des clés. Il revint sur ses pas dans les divers magasins et finit par les retrouver dans la boutique de diététique.

En retraversant le centre commercial, Rusty s'arrêta devant le comptoir du Monde des Enfants. Sa petite fille faisait collection des poupées de Mme Alexandre et elle venait d'en voir une nouvelle d'Espagne. Rusty dit : « Vous avez une minute ? » Et il répondit : « Oh ! vous savez, bien sûr. »

Deux vieilles vendeuses étaient tout à l'autre bout. Rusty attendit et attendit – au moins cinq minutes. Personne ne s'occupait d'eux et Gilmore s'énervait.

Elle sentait combien c'était pénible pour lui d'attendre. Il finit par dire « Laquelle voulez-vous ? » Elle le lui dit. Il lança : « Ne vous en faites pas », ouvrit la vitrine, prit la poupée, saisit Rusty par le bras et sans lui laisser le temps de protester, l'entraîna hors du magasin. La poupée avait une robe de satin rouge vif et Gary disait : « Vous savez, elle est vraiment mignonne. »

Rusty ne savait pas s'il faisait de l'esbrouffe, mais dans l'instant plus rien ne pouvait la choquer. Tout ce qu'elle voulait, c'était sortir du centre commercial.

Comme ils faisaient le tour pour regagner le parking, Gary dit : « Vous savez, vous êtes une petite dame qui a la tête sur les épaules. Vous réagissez rudement bien. Vous ne vous écroulez pas. » Comme elle acquiesçait, il dit : « Je cherchais justement quelqu'un avec qui travailler.

— Oh ! c'est gentil », dit Rusty. Elle était pressée de regagner la voiture. Elle avait déjà compris qu'il était déséquilibré, aussi ne voulait-elle pas l'insulter. « Je suis heureuse que vous trouviez que je tiens le coup, dit-elle.

— Vous n'êtes pas mal, reprit-il, mais vous êtes trop vieille pour moi. (Il la toisa d'un œil critique.) Quel âge avez-vous ? demanda-t-il.

— Vingt-sept, fit Rusty.

— Vous n'avez pas de petite sœur, non ? » demanda Gilmore.

Rusty se dit : « Seigneur, si j'en avais une, elle serait enfermée à clé dans le sous-sol ! »

« C'est vraiment dommage, reprit Gary mais vous êtes juste un petit peu trop vieille. J'aime les filles plus jeunes.

— Ah, fit Rusty, tant pis pour moi. »

Gilmore s'arrêta pour prendre deux cartons de six bouteilles de bière, si bien qu'elle arriva à V. J. Motors avant lui. « Dites donc, fit-elle en arrivant, ne me refaites pas ce coup-là, Conlin. La prochaine fois, c'est vous qui irez. » Et elle lui raconta l'histoire des skis nautiques.

Gary arriva avec le butin. « Je ne veux pas de ces skis », dit Val Conlin.

— Ils valent cent cinquante dollars, lui dit Gary.

— Voyons, Gary, je n'ai pas de bateau. Que ferais-je de skis nautiques ? (Comme Gilmore les posait dans un coin, Val poursuivit :) Quand est-ce que tu vas enlever toutes tes saloperies de la Mustang pour que je puisse la vendre ?

— Regardez ces skis nautiques, fit Gary.

— Volés ? demanda Val.

— Qu'est-ce que ça change ? fit Gary.

— Je ne suis pas un receleur, dit Val. Je ne veux pas de marchandises volées. Et je n'ai pas besoin de nouveaux problèmes avec toi.

— Vous savez, fit Gary, c'est une occasion.

— Ça ne vaut pas un clou sans bateau, fit Val. Où est le bateau ? Et n'oublie pas que tu me dois quatre cents dollars à partir de demain.

— Je les aurai.

— Gary, fit Val, tu ferais mieux de comprendre ceci et de bien le comprendre. Si je n'ai pas ce fric demain, tu marches à pied. Tu ne te rappelleras même pas que tu avais des roues.

— Val, vous avez été chouette avec moi, ne vous inquiétez pas. Je les aurai.

— Bon, fit Val. Très bien. »

Dans le silence, Val prit un journal et se mit à lire. Au bout d'un moment il le reposa et explosa : « Bonté divine, ça n'est pas croyable, ce meurtre, fit-il. Quel genre d'idiot ferait ça ? Il faut que ce type soit dingue pour abattre comme ça un type dans une station d'essence, pour rien. (Ça lui avait vraiment donné un coup. Il frappa le bureau avec le journal.) Tu sais, je peux comprendre le type qui abat quelqu'un s'il ne parvient pas à trouver le fric. Mais un type qui prendrait d'abord le pognon et puis qui pousserait le pompiste dans une pièce du fond, le ferait s'allonger par terre et lui tirerait deux balles dans la tête, il faut que ce soit un vrai dingue ! Il faudrait le boucler, ce salaud. » Conlin en criait et Gilmore le regarda droit dans les yeux puis dit : « Ma foi, peut-être qu'il méritait d'être tué. »

L'expression de son visage était si impénétrable que Rusty en conclut que Gary savait quelque chose à propos du meurtre. Avait-il vendu un pistolet volé ?

Val criait : « Oh, Gary, voyons, bon sang, loger une balle dans la tête d'un gosse… Il faut être dingue, mon vieux. Fou à lier ! » Gary se contenta de répondre : « Bah… » Il se leva et demanda si Val voulait une autre bière. Val dit : « Non, on en a ici. Prends-la pour toi, Gary. » C'était peut-être d'avoir bu toute cette bière si tôt dans la journée, mais l'après-midi ne s'annonçait vraiment pas bien.

III

Le mardi après-midi, Gary avait sa séance hebdomadaire avec Mont Court. Leurs rencontres, depuis que Gary avait volé le magnétophone au Grand Central, duraient plus longtemps maintenant, mais en ce mardi de juillet, accablant de chaleur, l'entretien ne se poursuivit qu'un peu plus d'une heure. Gary avait fini par se confier, et le délégué à la liberté surveillée voyait là une occasion de l'atteindre. Dans quelques jours, Court devait donner son avis sur l'enquête préalable, et il avait à peu près décidé de proposer une semaine de prison. Cela ferait réfléchir Gary.

Court, toutefois, n'envisageait pas gaiement cette perspective Gilmore utilisait la moindre occasion pour manipuler son entourage, mais on avait quand même du mal à ne pas le plaindre, surtout par un jour pareil.

Gilmore parlait du fait qu'il buvait et de l'envie qu'il avait de se guérir de cette habitude. À son avis, c'était la seule façon de se raccommoder avec Nicole. Il fallait se raccommoder.

Ils bavardèrent et Court apprit que Nicole était partie parce qu'elle avait peur. Cela troublait Gilmore. Il ne voulait pas qu'elle croit qu'il était quelqu'un de violent. Court écoutait poliment, mais il trouvait que Gary manquait de jugement : on ne pouvait pas dissiper la peur de quelqu'un en se contentant de désirer que cette personne n'ait pas peur. Court estimait pourtant que Gilmore était réaliste en comprenant à quel point il avait besoin de Nicole et que ses chances de la reprendre pourraient être plus grandes s'il cessait de boire.

Bien sûr, on ne pouvait pas dire qu'il avait l'air d'un alcoolique repentant. Son petit bouc était en train de devenir une barbe et ses vêtements n'étaient pas soignés.

Jamais ils n'avaient été aussi près d'avoir une vraie conversation. Gilmore était là, l'air esseulé, expliquant d'une voix triste et neutre qu'il croyait avoir des problèmes comme amant. Ça fit progresser d'un pas leurs relations.

Gary passa les quelques heures suivantes à chercher Nicole dans Orem et dans Provo puis à Spring Field et Spanish Fork. Pendant qu'il roulait sur une route, Nicole et Roger Eaton en empruntaient une autre.

IV

Nicole était dans tous ses états. Roger Eaton ne tarda pas à être à peu près dans le même. Ce mardi après-midi qu'il avait attendu avec impatience n'allait pas bien se passer.

D'abord elle raconta à Roger qu'elle avait vu Gary le dimanche à Spanish Fork. Elle lui montra le petit Deeringer. En voyant la façon dont Nicole le tira de son sac, Roger était tout à fait sûr qu'elle saurait s'en servir. Il dit : « Range ça. » Il n'avait jamais connu personne qui menait la vie de Nicole.

Tout en roulant, Roger lui parla du meurtre de la veille au soir au poste d'essence. C'était la première fois qu'elle en entendait parler. Si elle avait su, lui dit-elle, elle n'aurait pas quitté la maison. « J'ai peur », fit Nicole.

Au bout d'un moment, elle murmura : « Je crois que c'est Gary qui a commis ce meurtre. » « Tu plaisantes ? » demanda-t-il. « Non, je crois que si », répéta-t-elle. « Tu n'en es pas sûre ? » demanda Roger. Elle ne voulut pas répondre.

Il l'emmena au supermarché d'Utah Valley et lui acheta une paire de jeans qui coûtait vingt-cinq dollars et une chemise à trente-cinq dollars. Puis il la ramena aussi vite que possible à son appartement de Spring Field et la déposa à environ un bloc de chez elle. Avant de descendre de voiture, elle prévint Roger que Gary avait vu la lettre que celui-ci avait envoyée.

Roger se mit à penser que Gary pourrait bien retrouver Nicole et la rosser jusqu'à ce qu'elle lui donne son nom. Gary viendrait ensuite au supermarché pour le chercher. Cette pensée traversant son esprit il se dit : « Je suis cuit. »

Comme ils se disaient adieu, Roger ne put se retenir. Il dit : « Nicole, j'ai peur que Gary ne me trouve.

— Il te tuera s'il te trouve, répondit-elle.

— Qu'est-ce que tu lui as donc fait ?

— Rien. Il a juste envie de moi. »

Roger dit : « Il doit avoir fichtrement plus envie de toi que moi, parce que je ne tiens pas à me faire tuer à cause de toi.

— Je comprends ça, dit-elle.

— Je veux que cette histoire cesse, reprit-il, si ça veut dire risquer ma vie ou la tienne. Oublions tout ça. »

Lorsqu'il lui dit adieu, la nuit commençait à tomber.

Ce soir-là en lisant le journal, Johnny dit à Brenda : « Tiens il y a eu un meurtre dans la région. (Il attendit qu'elle eut lu l'article puis dit :) C'est du Gary Gilmore tout craché.

— Je sais qu'il fait des conneries, Johnny, mais ça n'est pas un tueur.

— J'ai peur que si », fit Johnny.

V

Au motel, pendant toute la journée, Debbie Buschnell avait été nerveuse. Tout l'après-midi elle ne cessa de téléphoner à son amie Chris Caffee. C'était tout à fait inhabituel. Chris et elle se téléphonaient en général à peu près toutes les deux semaines, et Chris passait de temps en temps au motel. Chris avait travaillé pour elle au jardin d'enfants, et elles s'entendaient bien, mais sans être à proprement parler des amies intimes. Debbie, toutefois, était si énervée ce mardi après-midi qu'elle téléphonait sans arrêt. Chris finit par lui dire : « Debbie, j'ai mille choses à faire. Je n'ai rien de plus à te dire. » C'était plus fort qu'elle : Debbie rappela deux heures plus tard. « Qu'est-ce que tu fais ? » demanda-t-elle. Chris répondit : « Rien. Pourquoi m'appelles-tu ? »

Depuis dimanche, Debbie était en proie à un sentiment étrange. Ça se poursuivit toute la journée de lundi et c'était pire mardi après-midi. Même chose pour Ben. Ils étaient allés voir son meilleur ami, Porter Dudson, au fond du Wyoming, le dimanche – un des rares dimanches où ils avaient quitté le motel – et Ben, de toute la journée, fut incapable de rester tranquille. Il bouscula ce pauvre Porter et sa femme, Pam, pendant le repas. Maintenant, il s'était calmé. Il avait passé une partie de l'après-midi du mardi à faire des haltères, et puis il avait fait la sieste. Maintenant, c'était Debbie qui ne savait que faire.

Lorsque Ben se leva, elle lui prépara un steak, une salade et ils s'installèrent pour dîner. Benjamin était déjà baigné et endormi, et la nuit finit par tomber. Des clients commençaient à arriver et prenaient des chambres. Ben alluma la télé dans le bureau et se mit à regarder les Jeux olympiques. Au bout d'un moment, Debbie le laissa seul pour s'occuper de clients qui arrivaient et revint pour faire un peu de ménage. Mais cette peur stupide continuait à lui nouer l'estomac.

Gary s'arrêta à un poste d'essence au coin d'University Street et de Third South, à deux pâtés de maisons de chez Vern. Gary connaissait un nommé Martin Ontiveros qui travaillait là, et d'ailleurs il avait passé quelque temps cette semaine-là à repeindre la voiture de Martin. Il s'arrêta pour demander à Ontiveros s'il pouvait lui emprunter quatre cents dollars, mais il s'entendit répondre par le beau-père de Martin, Norman Fulmer, qui était gérant de la station, qu'ils venaient d'acheter vingt-cinq mille litres d'essence ce jour-là et qu'il ne leur restait plus un sou. Il n'y avait plus dans la station que des reçus de cartes de crédit. Très peu d'argent liquide. Gary repartit pour Orem.

Vers 9 heures, il se dirigeait vers Spanish Fork pour chercher Nicole, mais en chemin il s'arrêta à une épicerie et n'arriva pas à redémarrer. Il fallut pousser la camionnette. Il s'arrêta donc une nouvelle fois au garage de Norman Fulmer pour se plaindre. Non seulement il avait des ennuis de démarrage, leur expliqua-t-il, mais par-dessus le marché le moteur chauffait. « Eh bien, dit Norman, laisse-la à l'atelier. On va changer le thermostat. » Gilmore demanda combien de temps ça prendrait et quand Fulmer répondit vingt minutes, Gilmore dit qu'il allait faire un petit tour. Sitôt Gilmore parti, Martin monta dans la camionnette, mit le contact et pressa le démarreur. Le moteur se mit à tourner sans difficulté.

Debbie Buschnell était en train de laver les coussins du canapé ; elle s'interrompit pour aller à la réception et demander à Ben d'aller à l'épicerie acheter du lait écrémé. Elle espérait aussi qu'il rapporterait de la glace et des bonbons, et elle se mit à rire toute seule en se disant qu'elle devait être de nouveau enceinte. C'est vrai qu'elle avait des envies révélatrices. Mais Ben ne voulait pas sortir. Il regardait les Jeux olympiques.

Laver les coussins du canapé se révéla être tout un travail. Elle n'arrivait pas à le faire de façon satisfaisante avec un chiffon humide. Elle décida donc d'enlever les housses, grâce aux fermetures à glissière, pour les laver, les sécher et les remettre. En attendant, elle comptait passer l'aspirateur dans les coins du canapé, mais lorsqu'elle voulut le mettre en marche, elle n'arriva pas à se décider à presser le bouton. Trois fois de suite elle resta à regarder l'étiquette – Kirby – sur l'aspirateur.

Puis elle entendit Ben à la réception qui parlait à quelqu'un. Elle se dit qu'il y avait peut-être là un enfant car elle entendit le bruit d'un ballon qui éclate. Elle alla donc lui parler sans raison. Simplement parce qu'elle avait envie de parler à un gosse.

Comme elle franchissait la porte qui séparait leur appartement du bureau, un homme de haute taille, avec un petit bouc, qui était sur le point de partir, se retourna et revint vers elle. Une phrase idiote lui traversa l'esprit : « Je te tiens par la barbichette. » Elle fit aussitôt demi-tour et regagna l'appartement.

Elle alla en fait se réfugier dans le coin le plus éloigné de la chambre du bébé. Elle revoyait sans cesse cet homme qui la regardait droit dans les yeux par-dessus le comptoir. Elle avait le cœur glacé. Cet homme en avait après elle.

Puis elle se reprit, traversa la salle de séjour et la cuisine et inspecta le bureau par l'étroit espace entre le poste de télévision et l'ouverture dans le mur qui séparait la cuisine du bureau. Par là, on pouvait jeter un coup d'œil au bureau. Elle y arriva juste à temps pour voir l'étrange personnage sortir par la porte. Alors elle entra.

Ben était sur le sol. Il gisait, le visage contre terre, et ses jambes étaient agitées de soubresauts. Lorsqu'elle se pencha pour le regarder, elle vit que sa tête saignait. Elle avait suivi autrefois des cours de secourisme et on lui avait appris à poser la main sur une blessure en exerçant une pression. Mais ça saignait terriblement. Un flot de sang jaillissait sans cesse des cheveux de Ben. Elle posa la main dessus.

Elle resta assise avec le téléphone dans sa main libre pour appeler la standardiste. Ça sonna cinq fois, dix fois, quinze fois puis un homme vint dans le bureau et dit qu'il avait vu le type avec le pistolet. Le téléphone sonnait pour la dix-huitième, la vingtième, la vingt-deuxième et la vingt-cinquième fois. Toujours pas de réponse. Elle dit à l'homme : « J'ai besoin d'une ambulance. » L'inconnu ne parlait pas très bien anglais, mais il prit l'appareil. La standardiste ne répondait toujours pas. Puis l'homme sortit pour appeler la police.

Elle téléphona alors à Chris Caffee. Elle n'eut aucun mal à se rappeler son numéro après l'avoir appelée quatre fois dans l'après-midi. Et puis Debbie resta assise auprès de Ben, pressant sa main sur sa tête et le temps passa, beaucoup de temps. Elle n'aurait su dire au bout de combien de temps les secours arrivèrent.

16. Armé et dangereux

I

Peter Arroyo rentrait au *City Center Motel*, après être allé dîner vers 9 heures et demie ce soir-là au restaurant de la *Pique d'Or* avec sa femme, son fils et ses deux nièces. Il était près de 10 heures et demie et ils regagnaient leurs chambres.

En passant devant le bureau de la réception, Arroyo aperçut un étrange spectacle. Il avait remarqué, lorsqu'il avait rempli sa fiche, un grand employé avec une petite femme. Il ne voyait plus maintenant ni l'un ni l'autre. Au lieu de cela, un homme de haute taille, avec un petit bouc, sortait de derrière le comptoir juste au moment où Arroyo arrivait par la route. L'homme avait un tiroir-caisse à la main. Arroyo remarqua qu'il avait aussi dans l'autre main un pistolet avec un canon long.

Les gosses ne remarquèrent rien. Une des nièces d'Arroyo voulut même entrer dans le bureau pour acheter des timbres. Arroyo dit : « Continue tout droit. » Du coin de l'œil, il vit l'homme faire demi-tour et revenir vers le comptoir. Arroyo ne regarda pas davantage mais continua à se diriger vers sa voiture. Il pensait que ce qu'il avait vu, c'était quelqu'un qui se baladait avec un pistolet et peut-être y avait-il à cela une explication plausible.

Lorsqu'il arriva à la hauteur de sa Matador, qui était garée à une quinzaine de mètres du bureau, il envoya les filles en haut. Puis il se mit à décharger les bagages arrimés sur la galerie. Deux hommes descendirent du premier étage et il se demanda s'ils se rendaient au bureau, mais ils cherchaient simplement de la glace et remontèrent tout de suite.

Cependant, l'homme au pistolet avait franchi la porte, tourné à gauche et s'était éloigné à pied dans la rue. Arroyo se dirigea tout droit vers le bureau.

Il aperçut le gérant du motel par terre et sa femme auprès de lui avec un téléphone à la main. Il y avait du sang partout. L'homme étendu à terre ne disait rien, il émettait juste des petits bruits. Sa jambe s'agitait un peu. Arroyo essaya d'aider la femme à le retourner, mais le sol était glissant. L'homme était très lourd et reposait dans une trop grande flaque de sang.

II

En quittant le motel Gary fourra l'argent dans sa poche et se débarrassa de la petite caisse dans un buisson. À un bloc du poste d'essence, il s'arrêta pour jeter le pistolet. Il le prit par le canon et le fourra dans un autre buisson. Une branche avait dû accrocher la détente car le coup partit. La balle vint se loger dans la chair de sa main, entre le pouce et la paume.

Norman Fulmer prit un seau d'eau et le lança sur les murs des toilettes. Il prit une grosse éponge pour laver le carrelage et frotter le sol. Puis il alla voir comment se faisait le travail sur la camionnette de Gilmore. Et voilà qu'il vit Gary qui passait très vite devant lui pour aller aux toilettes que Fulmer venait tout juste de nettoyer. Gilmore laissait derrière lui une traînée de sang. « Tiens, se dit Norman, il a dû se blesser. » Et il se contenta d'éponger ces grosses gouttes de sang.

Le récepteur C B était accroché au mur et Fulmer entendit le standardiste de la police parler d'une attaque à main armée avec vol au *City Center Motel*. Norman se mit à écouter avec attention. De toute façon il avait l'habitude d'écouter le récepteur C B. C'était plus intéressant que la musique. La standardiste expliquait maintenant qu'un homme avait été abattu et qu'un autre avait été aperçu, s'éloignant à pied.

Fulmer retourna à l'atelier et vit du premier coup d'œil que Martin Ontiveros avait lui aussi entendu la radio. Il n'avait même pas retiré le vieux thermostat, il resserra un boulon, Fulmer resserra l'autre et dès que ce fut terminé, ils rabattirent le capot ; à ce moment précis Gary ressortait des toilettes et disait : « C'est fait ? » Et Fulmer dit : « Oui. Tout est fait. »

Gilmore entra par la portière droite et se laissa glisser sur toute la largeur de la banquette. Il avait mal, Fulmer le devinait. Il dut se pencher à fond sur la gauche du volant pour pouvoir mettre la clé de sa main droite. Lorsqu'il eut enfin mis le moteur en marche, Fulmer dit : « Allons, salut », et Gary répondit : « Salut » ; il fit une marche arrière, mais emboutit le poteau de ciment qui était là pour empêcher les gens de heurter le distributeur de boissons. « Oh, mon Dieu », se dit Fulmer. Gilmore ne déplaçait pas la camionnette et Fulmer songeait que Gilmore avait encore un pistolet. Pourtant, il ressortit, vint taper sur la portière et dit : « Dis donc, tu m'as l'air un peu pété. » Gilmore dit : « Oui, je vais aller me pieuter. » « Bon, fit Norman, à demain. »

Comme la voiture s'éloignait, Fulmer nota le numéro. Il remarqua que Gilmore tournait à gauche dans Third Street et qu'il allait donc passer sans doute devant le *City Center Motel*. Fulmer mit une pièce de dix cents dans le téléphone, appela la police et décrivit quel genre de camionnette Gilmore conduisait. La standardiste demanda : « Comment savez-vous que c'est l'homme que nous recherchons ? » Il lui parla de la traînée de sang que Gilmore laissait derrière lui. Elle demanda alors comment Gilmore était coiffé. Fulmer dit : « Une raie au milieu. Et un petit bouc. » La fille dit : « C'est lui. » Quelqu'un d'autre avait déjà dû donner son signalement. Fulmer entendit alors la standardiste expliquer à la police que le suspect avait quitté University Avenue et se dirigeait vers l'Ouest. À cet instant, une des voitures de patrouille arriva au carrefour dans un crissement de pneus, fonçant vers l'Est. Fulmer rappela la standardiste et dit : « Hé, la petite dame, un de vos copains vient juste de passer dans la mauvaise direction », et il eut le plaisir de l'entendre crier : « Faites demi-tour et repartez dans la direction opposée. »

III

Ce soir-là, Vern et Ida étaient assis dans leur salle de séjour, tout à côté du motel, et ils n'entendirent rien du tout. À la télévision il y avait *Perry Mason*, et puis *L'homme de fer*. Après quoi, les sirènes se mirent à retentir juste devant chez eux. Bien entendu, ils sortirent dans la rue pour voir ce qui se passait. Vern était en pantoufles et Ida avait une robe orange. En fait elle était pieds nus. La police n'avait pas traîné.

Ida n'avait jamais vu une scène pareille. Des voitures de police arrivaient à tout moment avec leurs lumières bleues qui tournaient et cette horrible sirène qui hurlait. Des haut-parleurs émettaient toutes sortes de bruits. Les uns donnaient des ordres aux flics, les autres se contentaient de répéter inlassablement les mêmes observations aux passants : « VOUDRIEZ-VOUS, S'IL VOUS PLAÎT, DÉGAGER LE TROTTOIR ? VOUDRIEZ-VOUS, S'IL VOUS PLAÎT, DÉGAGER LE TROTTOIR ? » Ida apercevait des flamboiements de lumière, des flaques de lumière, et puis voilà qu'une ambulance arriva et que des infirmiers en sortirent en courant. Le faisceau d'un grand projecteur balayait la rue comme à la recherche du coupable. On n'avait aucun mal à se sentir examiné chaque fois que le pinceau lumineux vous balayait le visage. Les sirènes étaient déchaînées. Toutes les trente secondes une nouvelle voiture de police s'arrêtait en crissant devant le motel. Des gens accouraient même de Center Street, à trois blocs de là. Il y avait plus de bruit que si la ville de Provo était en train de brûler.

Le S. W. A. T. arriva. Special Wempons and Tactical Team[1]. Deux équipes de cinq, l'une après l'autre. Évoluant dans leur tenue de combat bleu sombre, avec des bottes

1. Équipe tactique des armes spéciales.

noires lacées, on aurait dit des parachutistes. Sauf que le mot POLICE s'étalait en grandes lettres jaunes sur leur chemise. On pouvait dire qu'ils amenaient du gros matériel : des fusils, des magnums 357, des fusils semi-automatiques, des grenades lacrymogènes. Après une journée brûlante, la nuit était fraîche mais ils transpiraient abondamment. Les gilets pare-balles qu'ils portaient sous leurs treillis leur donnaient chaud.

Dans la cour du motel, un client n'arrêtait pas de crier : « J'ai vu quelqu'un entrer là en courant. » Il désignait une chambre du bas, le 115.

Ça n'était pas facile de forcer la porte d'un tueur armé. Les policiers suaient à grosses gouttes en cognant sur la porte à coups de hache. Puis ils aspergèrent l'intérieur de la chambre de gaz paralysant. Ils passèrent leurs masques et se précipitèrent à travers les éclats de contre-plaqué. Personne dans la pièce. L'odeur du gaz, si proche de celle du vomi, se propagea dans la cour du motel. Pendant tout le reste de la soirée, cette odeur persista.

Dehors, les gens se précipitaient vers la fenêtre du bureau. Des gosses fonçaient dans la foule, jetaient un coup d'œil et filaient. À un moment, un attroupement se rassembla devant la grande baie vitrée du bureau et resta là, regardant les infirmiers qui s'escrimaient sur le torse de Benny Buschnell. Il était maintenant allongé sur une civière, devant le comptoir. Ida eut une vision cauchemardesque de cette scène sanglante. Le bureau ressemblait à un abattoir.

En courant, des infirmiers faisaient la navette entre le bureau et l'ambulance. Ils ne voulurent pas laisser entrer Chris et David Caffee. Chris n'était pas encore tout à fait réveillée. Quand le téléphone avait sonné, David et elle dormaient et elle s'était éveillée en entendant la voix de Debbie hurler : « Ben a été abattu. » Chris avait dit, du fond de son sommeil : « Tu sais, ça n'est vraiment pas une plaisanterie à faire à une heure pareille. Ça n'est pas drôle. » À demi endormie maintenant après l'avoir été complètement, elle ne comprenait rien à rien. Ils avaient fouillé la maison pour trouver des vêtements, puis s'étaient précipités au motel. Des heures plus tard, elle devait remarquer qu'ils s'étaient habillés si vite que la fermeture à glissière de la braguette de David n'était pas remontée.

Chris se fraya un chemin jusqu'à la porte d'entrée du motel, et cria : « Debbie, je suis là. » Elle vit que Debbie, dont la tête dépassait à peine le comptoir, avait entendu sa voix, car elle quitta le bureau pour regagner son appartement, puis sortit par sa porte particulière. Debbie avait le petit Benjamin enveloppé dans une couverture et portait un grand sac en plastique plein de langes. Debbie lui fourra le bébé dans les bras. Elle le lui jeta littéralement, comme si ce n'était qu'une poupée. Debbie ne criait pas, mais avait un air bizarre.

Debbie dit : « Ben a reçu une balle dans la tête et je crois qu'il va mourir. » Chris dit : « Oh ! non, Debbie. Rappelle-toi quand maman est tombée sur des marches, à Washington, et qu'elle s'est ouvert le crâne. Sa tête saignait beaucoup, mais elle va très bien maintenant. Ben va se rétablir. » Elle ne savait quoi dire. Comment cela arrivait-il que quelqu'un reçoive une balle dans la tête ? Elle ne comprenait vraiment pas ce que ça voulait dire.

Debbie rentra dans la maison et David regarda Chris puis dit : « S'il a reçu une balle dans la tête, il est certainement foutu. »

Ce fut à peu près à ce moment que Chris commença à remarquer que le bébé avait une étrange attitude. En général, Benjamin la reconnaissait. Chris avait travaillé si souvent avec Debbie au jardin d'enfants que le petit Benjamin avait vu Chris presque tous les jours durant ses premiers mois. D'habitude, avec elle, il se montrait plein de vie et d'entrain. Mais ce jour-là Benjamin était inerte, comme mort. Il avait les yeux complètement immobiles. Il était dans ses bras comme une poupée de chiffon et ne bougeait pas.

IV

Vern connaissait vaguement Buschnell. Ils bavardaient quelquefois pendant que Vern arrosait sa pelouse et que Buschnell s'occupait de ses fleurs. Un soir, un tas de bois de construction fut abandonné dans l'allée des Damico et il dut le signaler à Buschnell. Ce dernier s'excusa et dit qu'il allait appeler les menuisiers. Le lendemain matin le bois avait disparu. Ça donna à Vern l'impression qu'il avait affaire à un homme consciencieux.

Martin Ontiveros s'approcha de Vern et dit : « C'est Gary qui a fait le coup. » « Gary qui ? » fit Vern. Le jeune homme répondit : « Gilmore. » « Comment sais-tu que c'est Gary ? demanda Vern. Tu l'as vu ?

— Non, dit Martin Ontiveros.

— Alors comment sais-tu que ça n'est pas moi qui ai fait le coup ? répliqua Vern. Tu n'étais pas là quand ça s'est passé. »

Vern dit : « Va prévenir la police. Si tu crois que c'est lui, va le dire. » Martin Ontiveros déclara alors que Gary était passé à la station-service et qu'il y avait du sang plein son pantalon. « Ma foi, songea Vern, il faut vérifier. » Il attrapa un flic qui avait épousé une nièce d'Ida, Phil Johnson, et lui demanda de voir ça. Il y eut un échange de conversations sur les radios de police, puis Phil revint en ligne et dit : « Ça doit être lui, Vern.

— Tu crois que c'est lui qui a fait ça ? demanda Ida.

— Hé oui, il l'a probablement fait, ce connard », fit Vern.

Glen Overton, propriétaire du *City Center Motel*, venait d'entendre les informations à la télé quand Debbie téléphona. Il habitait Indian Hills, à l'autre bout de Provo, et il se précipita au volant de sa B. M. W. verte en brûlant tous les feux rouges en chemin.

Lorsqu'il arriva, c'était le chaos dans la rue. Il n'y avait que des policiers et des badauds qui encombraient le trottoir et la chaussée. Il y avait une rumeur étrange dans l'air, comme si tout le monde attendait un hurlement. Glen se demandait s'il s'agissait d'une catastrophe ou d'une fête foraine.

Avant même d'essayer d'entrer dans le bureau, il vit Debbie plantée toute seule devant son appartement. Elle semblait en état de choc. Il la prit par les épaules et la serra contre lui. Elle ne cessait de demander : « Est-ce que Ben va mourir ? » Comme on ne voulait pas la laisser revenir dans le bureau, Glen finit par lui demander d'attendre dehors une minute.

Glen déclina son identité et entra, puis il regarda les infirmiers s'affairer autour de Ben. Les policiers traçaient des marques à la craie sur la moquette et photographiaient une cartouche vide traînant à terre. Lorsqu'il vit un infirmier en train d'administrer un massage cardiaque à Ben, le bas de la paume imprimant un rythme énergique à la poitrine, il comprit que Ben était mort ou n'en était pas loin. Le massage cardiaque constituait la dernière ressource.

Un inspecteur demanda alors à Glen de faire le compte des reçus et d'estimer la perte. Glen répondit aussitôt qu'on ne gardait jamais beaucoup plus de cent dollars dans la caisse. Toute somme supérieure serait cachée dans l'appartement.

Sur ces entrefaites, les infirmiers furent prêts à emmener Ben. Glen Overton trouva Debbie et, dès que l'ambulance eut démarré, il la prit dans sa B. M. W. et suivit.

Pendant le trajet, tout en conduisant, Glen essayait d'assimiler l'ironie du sort qui voulait que Ben ait pris cette place parce qu'il pensait ainsi sauver sa vie.

Le jour où Glen avait rencontré Ben pour la première fois, celui-ci lui avait dit qu'il travaillait à Salt Lake mais qu'il avait horreur de faire le trajet. Il disait avoir l'impression qu'un jour ou l'autre il allait se tuer en voiture. Glen fut sensible à la conviction de Buschnell. Il y avait eu un certain nombre de bons candidats du niveau de Ben, mais l'ardeur avec laquelle il disait vouloir ne plus prendre la route lui valut la place. Glen ne le regrettait pas. À vrai dire, il n'avait jamais eu de gérant plus désireux d'en faire davantage. Ben n'avait cessé de lui expliquer qu'il voulait avoir une vie ordonnée et être prêt à toute éventualité. Ben était un peu obsédé par l'idée de n'avoir pas encore terminé ses études et d'avoir une femme qui attendait peut-être un second enfant.

Ida téléphona à Brenda. « Mon chou, quelqu'un a abattu ce cher M. Buschnell, notre voisin. » Ida se mit à pleurer. Entre deux sanglots, elle ajouta : « Quelqu'un a vu Gary s'enfuir. On l'a identifié. »

« Oh ! maman. » Toute la soirée, Brenda avait éprouvé un sentiment de désastre.

« Il va venir te voir, fit Ida. Il le fait toujours. »

Brenda connaissait la standardiste de la police d'Orem, alors elle lui téléphona et dit : « Ça n'est qu'une idée, mais je crois que je vais avoir la visite de mon cousin. Tâche d'attraper Toby Bath avant qu'il ne soit plus de service. »

Toby était son voisin. C'était un peu comme avoir sa police personnelle.

Ensuite ils fermèrent les portes à clé et Johnny prit son 22 long rifle. Ils avaient à peine terminé que le téléphone sonna. C'était Gary. « Brenda, dit-il, est-ce que Johnny est là ? Je peux lui parler ? » Brenda se dit : « Tiens, c'est différent. En général c'est à moi qu'il veut parler.

— Johnny, dit-il, j'ai besoin d'aide.

— Qu'est-ce qui se passe ?

— On m'a tiré dessus, fit Gary. Je suis salement blessé, mon vieux. Je suis chez Craig Taylor et j'ai besoin de ton aide. »

À l'hôpital, Glen Overtone s'efforçait de faire penser Debbie à autre chose, alors il la fit téléphoner à son oncle de Pasadena. Cela parut lui donner l'envie d'informer d'autres gens, car lorsque Chris et David Caffee arrivèrent avec Benjamin, Debbie demanda tout de suite à Chris de contacter l'évêque de Ben, le doyen Christiansen. Ça ne fut pas facile.

Il y avait toute une kyrielle de Christiansen dans l'annuaire du téléphone de Provo-Orem, et tous avec une orthographe différente.

On finit par installer Debbie dans un petit bureau. Elle resta assise là à se dire qu'elle devait croire à quelque chose. Alors elle s'efforça de croire que Ben allait s'en tirer. Puis elle se rendit compte que le docteur était entré dans la pièce avec l'évêque Christiansen et qu'ils étaient tous les deux assis devant elle. Pourquoi le docteur n'était-il pas avec Ben ? Et puis un autre médecin entra. Ils étaient tous assis. Elle ne comprit que lentement : ils attendaient de rassembler leur courage.

L'évêque Christiansen la regarda en murmurant doucement. Elle n'entendait pas ce qu'il disait. Elle ne cessait de regarder ses cheveux argentés. Le médecin expliqua que si Ben avait vécu, il serait devenu un légume. Cette pensée-là pénétra dans son esprit et lui éclaircit les idées. Debbie dit : « Si Ben avait vécu, il aurait été tendre et j'aurais pu le nourrir et m'occuper de lui. » Elle n'avait jamais été plus certaine de ce qu'elle savait. « Au moins, dit-elle, je l'aurais eu avec moi. »

V

Elle avait rencontré Ben à l'institut mormon du collège de Pasadena alors qu'elle avait vingt et un ans. Elle n'avait jamais rêvé de sortir avec lui. Il était grand et très beau garçon avec une haute crinière de beaux cheveux bruns, et elle n'était qu'un ex-garçon manqué format de poche, avec un gros nez épaté et un menton un peu fuyant. Cependant, elle s'arrangea pour être assise derrière lui. Elle voulait l'avoir à portée de regard.

Il fallut un moment à Ben pour l'inviter à sortir, mais pour le réveillon de Noël 1972, il le fit, et ils allèrent au temple. Debbie ne gardait aucun souvenir du sermon de l'évêque ; elle était assise auprès de Ben. Ils se revirent deux jours après et leur grand bonheur consistait à se regarder. Ça faisait à peine une semaine qu'ils sortaient ensemble qu'ils décidèrent de se marier.

Glen Overton se trouvait avec Debbie lorsqu'on l'emmena voir Ben. Pour Glen, ce fut la partie la plus pénible de la soirée. Il était en train de regarder quelqu'un à qui il avait parlé trois heures plus tôt. Et maintenant, ce quelqu'un était allongé, le visage bleu, la bouche ouverte. Glen avait vu une fois un garçon tué dans une avalanche. Là, c'était pire.

Un drap recouvrait Ben jusqu'au cou, mais Debbie s'avança, le prit dans ses bras et le serra contre elle. Elle l'avait vraiment pris dans ses bras. Il fallut la tirer. Elle résistait. On la laissa encore trente secondes avant de lui demander de sortir. Et puis il fallut l'emmener de force.

Un médecin prit Chris Caffee à part. « Est-ce que ce serait possible que Debbie rentre avec vous ? Elle n'a personne à Provo. » Chris répondit : « Oh ! bien sûr, à condition que la police surveille ma maison chaque minute de la nuit. » On n'avait toujours pas trouvé le meurtrier.

En sortant de l'hôpital, une infirmière les suivit jusqu'à la voiture et leur remit un sac contenant les vêtements ensanglantés de Ben, l'argent qu'il avait sur lui et sa montre. L'infirmière demanda : « Vous voulez son alliance ? » Debbie les regarda et dit : « Est-ce que je la veux ? » David dit : « Oh, pourquoi ne pas la prendre ? » Chris dit : « Si tu décides que tu n'en veux pas, tu peux la lui faire remettre au doigt. » Ils étaient là à attendre le retour de l'infirmière. Elle revint et dit : « On ne peut pas lui retirer son alliance. Il est trop gras. Vous voulez qu'on la coupe ? » Elle était épouvantable. Ils dirent : « Laissez-lui son alliance. » Debbie commençait à pousser de petits gémissements. Elle n'allait pas éclater en sanglots, ni avoir une crise de nerfs, mais elle s'effondra.

VI

Julie Taylor était rentrée de l'hôpital ce jour-là et dormait avec Craig dans leur grand lit quand on frappa. Craig alla à la fenêtre pour regarder. Gary était sur le perron. Le plus naturellement du monde il dit : « On m'a tiré dessus. » Il exhiba à l'attention de Craig une main ensanglantée en disant qu'il souffrait beaucoup.

Gary ne demanda pas s'il pouvait entrer et Craig n'avait pas tellement envie de le laisser entrer. Sans trop savoir pourquoi, il n'avait pas envie de le lui proposer. Julie venant de sortir de l'hôpital, il ne voulait pas du sang dans toute la maison et qu'elle soit obligée ensuite de nettoyer.

Gary, toutefois, ne semblait pas s'en offusquer. Il dit simplement qu'il avait besoin d'aide. Il lui fallait des vêtements de rechange. Il voulait aussi que Craig le conduise à l'aéroport.

« Si tu veux, lui dit Craig, je vais t'emmener à l'hôpital.

— Non, fit Gary à travers la porte, je ne veux pas. » Il ne faisait pas du tout le matamore. Il remuait à peine les lèvres, puis il dit : « Alors, téléphone à Brenda. »

Lorsque Craig entendit la voix de celle-ci, il passa le téléphone à Gary par la fenêtre qui donnait sur le perron. Julie était vraiment fatiguée. Du coin de l'œil, Craig s'aperçut qu'elle s'était déjà rendormie.

Tandis que Johnny parlait à Gary, Toby Bath et son collègue, Jay Barker, arrivaient chez Brenda et lui firent signe de sortir. Au moment où elle arrivait à la hauteur de la voiture de police, elle entendit sur leur radio un message d'alerte à tous les postes. Une voix disait : « Gilmore est considéré comme armé et extrêmement dangereux. Soyez prêts à tirer à vue. »

Elle se mit à crier. « Entrez, réussit-elle à dire, Gary est au téléphone. »

Johnny avait besoin d'un crayon pour noter l'adresse que Gary lui donnait, aussi tendit-il le téléphone à Brenda. Elle reprit ses esprits et dit : « Comment vas-tu, Gary ? »

Il lui raconta une histoire à propos d'un homme en train de cambrioler un magasin, si bien qu'il s'était fait tirer dessus en essayant de l'en empêcher. Son récit ne tenait pas debout et il était un piètre menteur. Vraiment.

« Veux-tu venir me rejoindre ? » demanda Gary.

« Oui, dit-elle, je vais venir. J'ai de la codéine et des pansements. Où es-tu ? » Il donna l'adresse. Elle la répéta bien fort pour que Johnny la note. Toby Bath et Jay Barker étaient là, en uniforme, et la notèrent aussi.

Ça n'arrangeait pas tellement les choses que Gary fût chez Craig Taylor. Craig avait une femme et deux enfants. Brenda s'imaginait la fusillade. Mais dès qu'elle eut raccroché, les flics proposèrent que Johnny prenne sa camionnette. Eux se cacheraient à l'arrière.

Si Gary découvrait qu'il avait amené les flics avec lui, tout le monde allait déguster. Johnny se surprit à allumer une cigarette alors qu'il venait d'en poser une à peine allumée dans le cendrier, et dit : « Je n'ai pas envie d'y aller. » Johnny n'avait jamais eu aussi peur de sa vie. À la réflexion, les policiers convinrent que c'était trop risqué.

Brenda dit : « Je vais y aller. Je ne pense pas que Gary me fasse du mal. Laissez-moi lui soigner la main.

— N'y va pas », dit Johnny.

Les flics dirent non. Pas question.

Brenda ne savait pas si elle était soulagée ou consternée.

Johnny se rendit au commissariat de police d'Orem avec Toby Bath et Jay Barker pour voir ce qui pouvait être décidé. En attendant, le chef de la police d'Orem appela Brenda et dit : « Faites patienter Gilmore le plus possible. Nous avons besoin de temps. » Ils convinrent que Brenda communiquerait avec la police par son émetteur C P et qu'elle pourrait ainsi garder sa ligne téléphonique libre pour Gary.

Craig rappela peu après. Il dit : « Dis donc, Gary commence à s'énerver. Depuis combien de temps est-ce que Johnny est parti ?

— Explique à Gary, dit Brenda, que comme d'habitude Johnny est en panne d'essence. » Cela le calmerait peut-être quelques minutes. Johnny était célèbre dans la famille pour toujours retarder tout le monde pendant qu'il allait chercher de l'essence. Dans la rue, devant la maison de Brenda, des voitures de police hurlaient à tous les coins.

Craig appela de nouveau. Brenda lui dit qu'elle n'avait pas eu de nouvelles de Johnny, mais qu'il avait dû se perdre. Les gens qui habitaient Orem, précisa-t-elle, vivaient dans une ville aux rues tracées au cordeau et c'était facile. Ils étaient trop gâtés. Ils ne savaient pas se débrouiller dans les rues bizarrement tortueuses de Pleasant Grove où la Quatrième Rue Nord ne se gênait pas pour s'enfiler autour de la Troisième Rue Sud.

Elle appela la police pour annoncer que Gary s'impatientait. Brenda avait l'impression de trahir. La confiance de Gary était l'arme qu'elle utilisait pour le coincer. C'était vrai qu'elle voulait le coincer, se dit-elle, mais elle ne voulait pas, non elle ne voulait pas avoir à le trahir pour le faire.

Craig était sorti pour tenir compagnie à Gary. Ils étaient assis dans l'ombre, sur le perron du bungalow. Comme ça s'était passé pendant qu'il dormait, Craig n'était pas au courant des meurtres de la nuit. Il s'inquiétait encore à propos de la veille au soir, mais il ne se sentait pas prêt à poser carrément la question à Gary. Il dit quand même : « Gary, si je savais que tu étais pour quelque chose dans le meurtre de ce Jensen, je te livrerais tout de suite.

— Je jure devant Dieu, fit Gary, que je n'ai pas tué ce type. » En le regardant droit dans les yeux. C'était son truc de vous regarder bien en face.

Gary lui redemanda de téléphoner. Craig entra dans la maison, décrocha le combiné et parla encore une fois à Brenda. Elle était nerveuse. Craig sentait plus ou moins qu'elle avait appelé la police. Elle n'en dit rien à Craig, elle se contenta de lui demander si sa famille et lui allaient bien et si Gary se conduisait convenablement et Craig dit : « Nous allons très bien. Lui aussi. »

Il revint sur le perron.

Gary dit qu'il avait des amis dans l'État de Washington, et qu'il pensait pouvoir se planquer. Il parla de Patty Hearst. Il dit qu'il pouvait entrer en contact avec son vieux réseau. Craig ne savait pas si Gary la connaissait vraiment ou s'il se vantait. Craig lui proposa encore une fois de le conduire à l'hôpital. Gary répondit qu'il était un ancien détenu et que l'hôpital ne comprendrait pas.

Ils restèrent assis une demi-heure. Gary parla d'April. Il dit que c'était une mignonne à la coule. Il dit qu'elle était *vraiment bien*. Plus il restait là, plus Gary devenait calme. Il était presque abattu. Puis il déclara que quand il se serait installé, il enverrait une toile à Craig. Il dit aussi : « Je t'enverrai ma nouvelle adresse. Tu pourras m'expédier mes vêtements et mes affaires. » Il avait apporté ses toiles, ses poèmes, son enveloppe pleine de photos et ses autres affaires de Spanish Fork. Il dit : « Envoie-moi tout ça quand je serai installé. »

En lui-même, Craig se répétait : « Allons, Johnny espèce de salaud, amène-toi. »

VII

Lorsque les Caffee entrèrent chez eux, ils s'aperçurent que Debbie était couverte de sang. Chris dut l'emmener dans l'autre chambre pour se changer. Debbie voulut alors donner des coups de téléphone. Elle appela sa mère, la sœur de Ben, ses frères et sœurs à elle et l'ami de Ben, Porter Dudson, dans le Wyoming. Elle était cramponnée au téléphone. Elle éclatait en sanglots et disait : « On a tiré sur Ben et il est mort. » On aurait cru un disque.

Chris déplia le canapé-lit de la salle de séjour et David et elle s'allongèrent là pendant que Debbie était assise dans le fauteuil à bascule et berçait Benjamin.

Maintenant c'était Gary à l'appareil. « Où est John ? demanda-t-il.

— Il devrait être là maintenant, fit Brenda.

— Bon sang, fit Gary, il n'est pas là.

— Allons, mon chou, calme-toi, dit-elle.

— Cousine, Johnny vient vraiment ?

— Il arrive, Gary », dit Brenda.

Elle eut une soudaine inspiration. « Gary, l'adresse, c'est 67 ou 69 ?

— Non, c'est 76, dit Gary.

— Oh ! mon Dieu, dit Brenda, je lui ai donné un mauvais numéro.

— Tu le notes bien cette fois-ci ? dit-il sèchement.

— Écoute, Gary, fit-elle d'un ton humble. Johnny a la radio dans sa camionnette et j'ai un émetteur ici. Je vais l'expédier à la bonne adresse. Un peu de patience. (Elle prit une profonde inspiration.) Si tu te sens faible, dit-elle, ou mal fichu à cause de ta blessure, pourquoi ne sors-tu pas sur le perron où il fait frais pour respirer à fond. Allume la lumière pour que Johnny puisse te trouver.

— Tu crois vraiment que je suis idiot ? fit Gary.

— Excuse-moi, fit Brenda, reste à l'intérieur.

— Bon », dit-il. Il devait encore lui faire confiance.

À peine eut-elle raccroché qu'elle se remit à hurler. Ça lui paraissait si mal d'agir ainsi. Mais elle appela quand même la police et leur dit : « Il devient très impatient. »

À Gary, qui ne tarda pas à rappeler, elle dit : « Écoute, je sais que tu souffres. Détends-toi. Ne bouge pas. »

Brenda était maintenant en liaison avec les chefs de la police de Provo, d'Orem et de Pleasant Grove et elle devinait, à ce que disaient les standardistes, qu'on était en train d'évacuer discrètement les maisons qui entouraient celles de Taylor. Les policiers prenaient position. Un des chefs de la police voulut savoir dans quelle pièce Gary se trouvait et elle leur dit qu'elle pensait qu'il était dans la salle de séjour. Est-ce que la lumière était allumée ? demanda-t-il. Elle dit qu'elle ne le croyait pas.

Sur ces entrefaites, Gary rappela encore une fois. « Si John n'est pas ici dans cinq minutes, je me taille.

— Mon Dieu, Gary, fit-elle, tu es en fuite ou quoi ?

— Je pars dans cinq minutes, répéta Gary.

— Fais attention, Gary, dit-elle. Je t'aime.

— Mais oui », dit-il. Et il raccrocha.

À la police elle dit : « Il va sortir. Je sais qu'il a une arme mais, au nom du ciel, essayez de ne pas le tuer. (Brenda ajouta :) Vraiment. Ne tirez pas. Il ne sait pas que vous êtes là. Voyez si vous pouvez le cerner. » Elle ne savait pas si on l'écoutait.

Après le dernier appel, Craig se contenta de parler à Gary à travers la moustiquaire de la fenêtre jusqu'au moment où Gary finit par dire : « Passe la tête dehors que je voie ton visage. »

Gary serra la main de Craig et dit : « Bon, ils ne viendront jamais, je m'en vais. » Ils se serrèrent la main, une poignée de main solide, Gary regardant toujours Craig dans le fond des yeux. Puis il alla jusqu'à sa camionnette. Craig éteignit la lumière du perron et le regarda s'éloigner sur la route.

Pendant un moment, Brenda suivit l'action détail par détail. Sur le canal spécial de la C B une voix dit : « Gilmore s'en va. Je vois la camionnette. Il démarre maintenant. Il a ses phares allumés. » Puis elle entendit qu'il se dirigeait vers le premier barrage. Elle ne sut pas ce qui se passa ensuite. Il semblait avoir contourné ce premier barrage. Il était parti. Il était quelque part à Pleasant Grove.

Elle entendit quelqu'un de la police dire : « Il faut que je vous coupe maintenant. » Et c'est ce qu'ils firent. Pendant une heure et demie. Elle ne sut ce qui c'était passé qu'après ce temps.

Craig appela Spencer McCrath et lui dit que Gary avait des ennuis, qu'il allait peut-être essayer d'aller chez lui. Craig pensait qu'il avait la police à ses trousses. Spencer dit : « Whoouu, quelle histoire », et décrocha son fusil de chasse qu'il posa juste auprès de la porte.

Des lumières apparurent derrière la fenêtre et les flics crièrent à Craig Taylor : « Sortez les mains en l'air. » Ils fouillèrent la maison. Julie apparut en robe de chambre, mais les flics n'étaient guère courtois. Ils trouvèrent les vêtements de Gary, dirent à Craig d'aller à Provo pour faire une déposition. Ça lui prit toute la nuit.

VIII

Une équipe S. W. A. T. de Provo, cinq policiers d'Orem et trois de Pleasant Grove, deux shérifs du comté et quelques hommes de la Police routière s'étaient regroupés au lycée de Pleasant Grove, où l'on avait établi un poste de commandement impromptu. Comme il y avait de grands risques de voir éclater une fusillade, on avait commencé à évacuer le secteur autour de la maison de Craig Taylor. Cela voulait dire aller à pas de loup de porte en porte, réveiller les gens, leur faire quitter le quartier : ça prenait du temps. En attendant, on dressait des barrages sur les routes.

Lorsque la nouvelle arriva que quelqu'un s'éloignait de chez Craig Taylor dans une camionnette blanche, tout le monde s'attendait à voir le véhicule foncer.

Ce qui les déconcerta, c'était que la camionnette blanche roulait à une vitesse modérée, qu'elle ralentissait et qu'elle passait en douceur. Ce n'était pas un barrage routier très important. Juste une barrière en travers d'une moitié de la route à deux voies, avec une voiture de police garée sur le côté. Une fois le type de la camionnette blanche passé, on signala qu'il avait un bouc. Alors on comprit : c'était lui. Deux voitures de la police le prirent en chasse.

Deux ou trois flics restèrent sur place. Ils pensaient que ce type pouvait être un leurre qui avait franchi le barrage dans l'espoir que tout le monde allait lui filer le train. Gilmore, ensuite, pourrait passer à pied sans problème.

L'inconvénient d'un barrage, c'est que ça peut déclencher une fusillade. Le lieutenant Peacock, qui dirigeait l'opération depuis le poste de commandement du lycée de Pleasant Grove, avait donc dit à ses hommes que s'il y avait le moindre doute, il fallait laisser passer un véhicule blanc. Puis il reçut confirmation : le conducteur de la camionnette blanche correspondait bien au signalement de Gilmore. Peu après, Peacock vit à son tour la camionnette, à quelques centaines de mètres du lycée, qui roulait vers l'Est en direction des montagnes, en empruntant une rue qui s'appelait Battle Creek Drive. Sans rouler bien vite d'ailleurs. Peut-être dix ou quinze kilomètres au-dessus de la vitesse limite, qui n'était là que de quarante à l'heure. Peacock demanda par radio à une voiture de suivre la camionnette, mais lorsqu'il apprit que tous les véhicules étaient occupés dans le secteur, il monta dans sa voiture de patrouille banalisée, une Chevelle 76 à quatre portes, et se mit à suivre Gilmore. Quelques blocs plus loin, il était assez près pour voir la camionnette. Comme il avait signalé sa position par radio, une autre voiture conduite par Ron Allen vint le rejoindre.

La camionnette blanche tourna à droite et s'en alla vers l'Ouest, par une petite route de campagne déserte, à la lisière de Pleasant Grove. Il n'y avait que quelques maisons de chaque côté, mais le fuyard revenait vers des quartiers plus peuplés.

Entre-temps, une autre voiture de patrouille s'était jointe au cortège et Peacock décida qu'il avait assez d'assistance pour arrêter la camionnette. Si la route sur laquelle ils se trouvaient n'était pas vraiment large, elle l'était quand même suffisamment pour laisser passer trois voitures de front. Il demanda alors par radio aux deux autres de se rapprocher sur son côté gauche et, sitôt la manœuvre faite, tous les trois allumèrent leurs projecteurs et leurs feux rouges tournants.

Par le haut-parleur, Peacock cria : « LE CONDUCTEUR DE LA CAMIONNETTE BLANCHE, STOPPEZ VOTRE VÉHICULE, STOPPEZ VOTRE VÉHICULE. » Il vit la camionnette hésiter, ralentir, puis s'arrêter.

Peacock ouvrit sa portière. Il avait sur la banquette avant un fusil Remington de calibre 45 mais, d'instinct, il sortit avec son pistolet de service.

La camionnette blanche s'était arrêtée au milieu de la route. Peacock restait à l'abri de sa portière ouverte. Il entendit Ron Allen ordonner à Gilmore de lever les mains en l'air. Il devait lever les mains sans bouger de sa place derrière le volant. Les lever de façon qu'on puisse les voir par la lunette arrière. L'homme hésita. Allen dut répéter l'ordre une troisième fois avant qu'il finisse par obéir. Allen lui dit ensuite de passer les mains par la vitre du côté gauche. Le conducteur hésita encore, puis il finit par obéir. On lui dit alors d'ouvrir la portière en utilisant la poignée extérieure. Une fois cette portière ouverte, il n'avait qu'à descendre de la camionnette.

Peacock avait maintenant fait le tour en passant derrière sa Chevelle et il était en position derrière les phares, sur le côté droit de la route, là où il faisait sombre. Il avait son arme prête. Il savait que le suspect ne pouvait pas le voir. L'homme serait aveuglé par les lumières de la voiture. À leur tour, les autres policiers prirent place derrière les portières ouvertes de leurs voitures de patrouille.

Sur un nouvel ordre, l'homme s'éloigna de deux pas de son véhicule. Il hésitait. On lui dit de s'allonger sur la chaussée. Il hésita encore. À ce moment, sa camionnette se mit à rouler toute seule. Il hésitait toujours. Il ne savait pas s'il devait courir après la camionnette et serrer le frein ou bien s'allonger sur le sol. Peacock hurla : « LAISSEZ LA CAMIONNETTE PARTIR. ALLONGEZ-VOUS IMMÉDIATEMENT. LAISSEZ LA CAMIONNETTE PARTIR. » L'homme finit par faire ce qu'on lui disait et la camionnette blanche se mit à avancer en prenant de la vitesse sur la route qui descendait en pente jusqu'en ville.

Lentement, avec douceur, presque comme si elle faisait attention, elle roula sur le bas-côté, enfonça une barrière, traversa un pâturage et vint s'immobiliser dans le champ.

Les trois policiers, arme au poing, avançaient sur l'asphalte. Peacock et un autre policier tenaient leurs armes de service. Le troisième avait un fusil.

Lorsqu'ils arrivèrent à la hauteur de Gilmore, Peacock rengaina son pistolet et fouilla l'homme allongé sur la chaussée. En même temps, l'inspecteur Allen se mit à lui réciter le texte de ses droits constitutionnels.

Vous avez le droit de garder le silence et de refuser de répondre aux questions. Vous comprenez ? demanda Allen. L'homme acquiesça de la tête, mais sans parler.

Tout ce que vous direz pourra être utilisé contre vous devant un tribunal. Vous comprenez ? Nouveau hochement de tête.

Vous avez le droit de consulter un avocat avant de parler à la police et d'avoir un avocat présent durant tout interrogatoire, maintenant ou à l'avenir. Vous comprenez ? Hochement de tête.

Si vous ne pouvez pas vous permettre un avocat, on vous en trouvera un d'office. Vous comprenez ? L'homme acquiesça.

Si vous n'avez pas d'avocat disponible, vous avez le droit de garder le silence jusqu'à ce que vous ayez eu l'occasion d'en consulter un. Vous comprenez ? L'homme acquiesça.

Maintenant que je vous ai informé de vos droits, êtes-vous disposé à répondre aux questions sans la présence d'un avocat ? demanda Allen une dernière fois.

Pendant ce temps, le lieutenant Peacock lui passait les menottes. « Attention à cette main-là. Elle a été blessée », fit l'homme.

Peacock referma les menottes, retourna l'homme et se mit à fouiller ses poches. Le type avait plus de deux cents dollars en monnaie et en petites coupures dans diverses poches de chemise et de pantalon. Il avait assurément un regard bizarre, interrogatif. « Qu'est-ce que je vais faire maintenant ? disaient ses yeux. Qu'est-ce que je dois faire ? »

Peacock avait l'impression que le prisonnier ne faisait pas un geste sans mesurer ses chances de s'enfuir. Bien qu'il lui eût passé les menottes, Peacock restait sur ses gardes. Il agissait comme si l'homme était encore à capturer. Il y avait une telle résistance dans la façon dont cet homme hésitait chaque fois qu'on lui donnait un ordre. On aurait dit un chat sauvage enfermé dans un sac. Momentanément tranquille.

Un certain nombre de gens avaient commencé à sortir des maisons voisines et faisaient cercle en dévisageant le prisonnier. Le lieutenant Nielsen arriva alors dans une autre voiture de police et à ce moment précis le prisonnier se mit à parler. « Eh, fit-il en désignant Gerald Nielsen, je ne parlerai à personne d'autre qu'à lui. »

On l'installa sur la banquette arrière de la voiture de Peacock, Nielsen monta et dit : « Qu'est-ce qui se passe, Gary ? » Gilmore répondit : « J'ai mal, vous savez ? Vous pouvez me donner un de ces comprimés ? » Il désigna le sac en plastique où on avait mis tout ce qu'on avait pris dans ses poches. Nielsen dit : « Bah, on va t'emmener, te soigner. » Ils démarrèrent.

IX

Bien avant cette arrestation, Kathryne avait passé une horrible soirée. April était repartie et toute la journée il avait fait une chaleur accablante. Cathy et Kathryne avaient laissé les portes et les fenêtres ouvertes et attendaient le retour d'April. Elles regardaient la télévision. La tension était si grande qu'elles n'arrivaient même pas à dormir. Nicole était arrivée avec les gosses et s'était couchée avec eux à même le sol de leur chambre parce que c'était plus frais. Mais Cathy et Kathryne étaient trop énervées et elles restèrent à bavarder, malgré leur peur.

Puis tout d'un coup, le faisceau d'un projecteur balaya les fenêtres. Elles ne savaient pas ce qui se passait. Un puissant haut-parleur retentit, vraiment puissant. « VOUS, DANS LA CAMIONNETTE BLANCHE », entendit-on. Quatre mots « ce fou de Gary » vinrent aussitôt à l'esprit de Kathryne. « Oh ! mon Dieu, c'est ce fou de Gary. » Puis elles entendirent le haut-parleur qui annonçait : « À DEUX, LEVEZ LES MAINS EN L'AIR, LEVEZ LES MAINS EN L'AIR. » Une voix plus calme dit : « Soyez prêts à ouvrir le feu s'il n'obéit pas. »

À ces mots, Kathy et Kathryne se plaquèrent contre le sol. Elles avaient fait cela aussi instinctivement que l'auraient fait des soldats. La chambre était inondée de lumière. Le clignotant de la voiture de police tournait toujours. Lorsqu'elles osèrent relever la tête, elles aperçurent trois policiers qui avançaient sur la route, l'arme au poing. Puis quelqu'un cria : « Ils l'ont eu. »

Nicole s'éveilla d'un rêve insensé et se mit à hurler. Kathryne la serrait contre elle en criant : « Nicole, ne sors pas. Tu ne peux pas sortir ». C'était exactement ce qu'il fallait lui dire pour l'inciter à sortir. Elle se précipita dans la foule plantée sur la route et regardant Gary allongé à terre. Avec toutes ces lumières braquées sur lui, il n'avait pas l'air de comprendre ce qui se passait.

La police ne voulut pas laisser Nicole approcher. Elle se tenait à quelque distance et regardait Gary. Un des flics se mit à interroger Kathryne, qui venait de sortir, et lui demanda : « Vous le connaissez ? » Lorsque Kathryne dit oui, le flic reprit : « Eh bien, quand on l'a eu, il était juste en bas de votre allée. Vous avez eu de la chance. » Un autre flic ajouta : « Nous pensons que c'est lui qui a aussi tué le type hier soir. » Ce fut alors que la panique s'empara de Kathryne. On n'avait toujours pas retrouvé April.

Nicole ne savait pas si elle voulait s'approcher de lui ou non. Elle était plantée là, à regarder les policiers le tenant en joue.

Mais lorsqu'elle eut regagné la maison, elle tremblait, criait et pleurait. Elle prit la photo de Gary et la jeta dans la poubelle. « Cet enfant de salaud cria-t-elle, j'aurais dû le tuer quand j'en ai eu l'occasion ! »

Plus tard ce soir-là, elle passa par toutes sortes d'humeurs. Elle était allongée et des phrases lui traversaient l'esprit comme un disque cassé. Elle répétait et répétait des choses qu'ils avaient dites.

Tobby Bath appela Brenda. « On le tient », lui annonça-t-il. « Il est indemne ? » demanda Brenda. « Oui, fit Tobby, il n'a rien. » « Personne d'autre n'a été blessé ? » interrogea Brenda. « Non, personne. Du beau travail, sans bavure. » « Dieu merci », fit Brenda. Jamais elle n'avait été dans un tel état. Elle n'arrivait même pas à pleurer. « Oh ! dit-elle, Gary va me détester. De toute façon, il n'est pas très content de moi. Mais maintenant il va me détester. » Ça la tracassait plus que n'importe quoi.

X

Chris Caffee n'arrivait pas à dormir et Debbie répétait tout le temps : « Je ne peux pas croire que Ben est mort. Je ne peux pas y croire. »

Ils se sentaient tous plutôt paranos. À un moment Chris se leva pour prendre une douche, mais se mit à trembler en s'apercevant qu'il y avait une fenêtre dans la salle de bains et que le tueur pouvait passer par là. Pendant que l'eau coulerait, elle n'entendrait rien. Ça lui rappelait le film *Psycho*.

Puis elle revint dans la salle de séjour et faillit pousser un hurlement. Un grand type muni d'une torche électrique entrait dans la cour. Mais ce n'était qu'un policier. Il avait remarqué que la portière de leur voiture était ouverte et un chat était venu s'installer sur la banquette arrière. Ils invitèrent l'homme à entrer et ce fut ainsi qu'ils apprirent qu'un suspect avait été arrêté. On ne savait pas si c'était vraiment le tueur, mais du moins la police avait-elle un suspect.

Debbie n'arrêtait pas de dire des choses auxquelles on ne pouvait pas plus répondre qu'on ne pouvait faire la conversation à son poste de télé. « Quand j'étais gosse, annonça-t-elle, je jouais au rugby avec les garçons. J'aimais bien me balancer sur une corde. » Elle disait cela, assise dans le fauteuil à bascule, en tenant Benjamin. « Oui, c'est chouette », dit Chris depuis le lit du studio.

« Ben avait pris des tas de cours de comptabilité et de gestion, mais ce qui l'intéressait le plus, c'était de côtoyer des gens, fit Debbie, et de les conseiller.

— C'est vrai », fit Chris.

Debbie dit encore : « Nous n'avions jamais le temps de jouer au tennis ni de faire du ski nautique ; il n'y avait jamais de récréation. On travaillait sans arrêt. »

Se balançant dans le fauteuil, en tenant Benjamin, elle regardait droit devant elle. Elle avait des yeux vert sombre, mais en ce moment ils paraissaient noirs. « C'était Ben, reprit-elle, qui avait voulu un accouchement naturel pour le bébé. J'ai accepté parce qu'on avait toujours la même opinion sur tout. »

« Oui, poursuivit Debbie, Benjamin pesait sept livres à sa naissance. L'accouchement n'a présenté aucun problème. Ben était avec moi à l'hôpital. Il avait une blouse blanche de docteur. Tout le temps je sentais sa présence. C'était bien. (Elle marqua un temps.) Je me demande si je suis encore enceinte. Hier, j'ai dit à Ben que je pensais l'être. Je crois que ça lui a fait plaisir. »

Debbie passa toute la nuit dans le fauteuil à bascule avec Benjamin dans ses bras. Elle essayait tout le temps de comprendre cette situation nouvelle, mais il y avait trop de coupures. Voir l'étranger dans le bureau du motel, ç'avait été une coupure dans sa compréhension des événements. Et puis l'instant où elle avait vu la tête de Ben en sang. Ça, c'était une terriblement grande coupure. Ben mort. Elle ne retourna jamais au motel.

Le lendemain après-midi, la mère de Debbie arriva, et les gens de sa congrégation puis l'évêque. Ça n'arrêtait pas. Debbie resta trois jours avec Chris et David avant de retourner à Pasadena. C'était la première fois de sa vie qu'elle voyageait en avion.

17. Capturé

I

Après l'arrestation, sur le chemin de l'hôpital, Gary dit à Gerald Nielsen : « Quand nous serons seuls, je veux vous parler. » Nielsen répondit qu'il était d'accord.

Il se dit qu'il allait peut-être recueillir des aveux. La plupart du temps, ils étaient silencieux, mais Gilmore répéta : « Je tiens à vous en parler, vous savez. »

À l'hôpital, Gerald Nielsen ne le quitta pas pendant qu'on le soignait. La police de Provo avait déjà téléphoné pour dire qu'elle voulait faire un prélèvement sur sa main afin de rechercher des traces de métal, mais Gilmore refusa. Il dit : « Je veux d'abord parler à un avocat. » Gerald : « On t'en trouvera un, mais il ne peut pas t'aider sur ce point. C'est tout à fait légal. »

Gilmore dit : « Est-ce que j'ai le droit de refuser ? » « Oui, dit Gerald, tu peux. Mais nous avons toujours le droit de le faire de force. » « Eh bien, reprit Gilmore, vous allez être obligé de le faire de force. »

Il poussa quelques jurons, se mit à hurler et à vociférer en disant qu'il n'acceptait pas et à deux ou trois reprises, Nielsen pensa que ça allait peut-être se terminer par une bagarre, mais il finit par consentir. Les examens révélèrent qu'il avait tenu dans sa main un objet métallique. Gilmore répondit : « En effet, j'ai dû limer quelque chose aujourd'hui au travail. » Il devait bien être 4 heures du matin lorsqu'ils arrivèrent à la prison de Provo City.

Pendant que les docteurs plâtraient la main de Gilmore, Nielsen décida de tenter un coup et dit : « Scellez un anneau dedans, voulez-vous, pour qu'on puisse accrocher les menottes. » Gary dit : « Bon sang, vous avez un sens de l'humour bien déficient. » Nielsen eut l'impression que ça leur donnait un point de départ.

II

Noall Wootton, le procureur du comté d'Utah, était un petit homme aux cheveux clairs, au front haut et avait un grand nez qui paraissait avoir été aplati. En général, il était semblable à une véritable centrale d'énergie. Quand il était chauffé, il devenait comme un remorqueur qui s'attaquait en teufteuffant à n'importe quel gros boulot qu'on lui assignait.

De l'avis de Noall Wootton, le meilleur avocat qu'il ait jamais rencontré, c'était son père. C'est peut-être pour cette raison qu'il ne pouvait jamais entrer dans une salle de tribunal sans avoir l'estomac noué. Il gagnait des procès mais continuait à avoir mauvaise impression parce qu'il pensait ne pas s'être montré à la hauteur. Pour cette raison, il prit le plus grand soin d'utiliser toutes les ressources juridiques le soir où on amena Gilmore au commissariat de police de Provo City.

Mardi soir, ou plutôt mercredi à 1 heure du matin, lorsqu'on avait téléphoné chez Wootton pour annoncer que la police détenait un homme en garde à vue pour le meurtre du motel de Provo, Noall envoya un adjoint à l'hôpital et se rendit lui-même sur les lieux du meurtre au *City Center Motel* où il passa une heure et demie à diriger la perquisition pour retrouver l'arme du crime. Ayant parlé à Martin Ontiveros et appris que Gilmore était arrivé ensanglanté, il refit le trajet en partant du poste d'essence, suivant la traînée de sang jusqu'à sa source près d'un buisson. En fouillant dans les branchages, il trouva un Browning automatique de calibre 6.35.

Wootton était assis au bureau, dans la salle des inspecteurs au commissariat de Provo, en bottines et en jeans, l'air pas très officiel, lorsqu'on amena Gilmore. Le prisonnier était dans un triste état. Il avait le bras gauche bandé et plâtré et les cheveux ébouriffés. Son bouc à la Van Dyck était en broussaille. Il avait le regard mauvais et un air furieux.

Gilmore était particulièrement en colère d'avoir des chaînes aux pieds. Wootton était enchanté qu'il y ait un certain nombre de flics dans les parages. Malgré les chaînes et le reste, il n'aurait pas aimé être seul dans cette pièce avec Gilmore.

Dès que Wootton apprit que le seul homme à qui Gilmore voulait parler était Gerald Nielsen, il prit le lieutenant à part et lui dit quelle stratégie utiliser : calmer Gilmore ; le mettre dans des dispositions amicales ; bien veiller à lui préciser tous ses droits. S'assurer aussi qu'il n'était pas sous l'influence de l'alcool, qu'il savait où il était, ce qu'il faisait. Et surtout, ne pas faire pression sur lui.

Wootton prenait soin de ne pas entamer un dialogue avec Gilmore. Une telle conversation pourrait facilement devenir une preuve, et alors il pourrait avoir à déposer à la barre des témoins. Comme il allait être le procureur de ce procès, il n'avait pas envie de se retrouver au tribunal coiffé d'un second chapeau. Il écouta donc par un haut-parleur la conversation que Nielsen avait dans une autre pièce.

III

21 juillet 1976 – 5 heures du matin

GILMORE. – Pourquoi me retient-on ?

NIELSEN. – Je ne sais pas, sauf que je crois qu'il s'agit de vol à main armée. Je suis presque sûr que c'est ça.

GILMORE. – Quel vol ?

NIELSEN. – Celui qui a eu lieu ici, à Provo, cette nuit au motel, et celui de la nuit dernière au poste d'essence d'Orem.

GILMORE. – Vous savez, je peux vous donner mon emploi du temps pour la nuit dernière et aussi pour ce soir…

NIELSEN. – Ce n'est pas si sûr, Gary.

GILMORE. – Si, je peux… Je suis allé chez Penny faire faire une réparation sur ma camionnette. Vous trouverez les factures dans la boîte à gants, et j'ai bu un peu. La camionnette calait tout le temps, alors je l'ai amenée ici… et je leur ai dit : « Écoutez, je vais vous laisser ma camionnette et je la reprendrai demain matin en allant au travail. Je vais rester ici et louer une chambre. » Je suis entré et voilà qu'un type était en train de braquer le gars. J'ai empoigné son pistolet et il a essayé de me tirer une balle dans la tête, mais je l'ai repoussé et la balle m'a touché à la main. À ce moment-là, on était pratiquement dehors, alors je suis retourné prendre ma camionnette et je suis allé à Pleasant Grove…

NIELSEN. – C'est ta version ?

GILMORE. – C'est la vérité.

NIELSEN. – Je n'y crois pas, Gary, je ne crois vraiment pas à cette histoire, et je sais que tu sais que je n'y crois pas…

GILMORE. – Je vous raconte juste ce qui s'est passé…

NIELSEN. – Tu sais bien que cette histoire ne me convainc pas, d'accord ? Je n'arrive pas à comprendre pourquoi ces gens ont été descendus. Pourquoi les as-tu descendus, Gary ? Voilà ce que je me demande.

GILMORE. – Je n'ai descendu personne.

NIELSEN. – Je crois que si, Gary. Et c'est la seule chose que je n'arrive pas à comprendre.

GILMORE. – Écoutez, hier soir j'ai passé toute la nuit avec une fille.

NIELSEN. – Quelle fille ?

GILMORE. – April Baker.

NIELSEN. – April Baker ? D'où est-elle, comment est-ce que je peux la contacter ?

GILMORE. – Elle habite Pleasant Grove. Elle ne m'a pas quitté une minute. Sa mère vous dira que je suis passé la prendre assez tôt avec ma camionnette. Vous comprenez, je sortais avec sa sœur aînée, vous savez, celle qui habitait Spanish Fork, et puis on a rompu. Alors je suis passé pour leur montrer ma camionnette et April a dit : « Emmène-moi acheter quelque chose pour mon frère. » J'ai demandé : « Tu veux faire un tour et aller boire une bière ? » Et elle m'a dit oui. Elle ne s'entend pas avec sa mère. Elle a dit : « Okay », alors on s'est baladé, on a bu une bière, on a fumé un joint et puis j'ai dit : « Allons dans un motel, il faut que je travaille demain matin. » Elle m'a dit : « Prends ici, vers American Fork. » Bref, je n'ai pas pu trouver de motel, alors j'ai fini par revenir à Provo.

NIELSEN. – Quelle adresse ?

GILMORE. – Au *Holiday Inn*.

NIELSEN. – Au *Holiday* ? Tu as signé de ton nom ?

GILMORE. – Oui, on est resté là jusque vers 7 heures. Je l'ai raccompagnée chez elle.

NIELSEN. – 7 heures ce matin ?

GILMORE. – Oui, et puis je suis allé au travail.

NIELSEN. – À quelle heure es-tu passé la prendre ?

GILMORE. – 7 heures. À 5 heures. À 5 heures, j'en sais rien. Je n'ai pas de montre. Je n'aime pas les montres.

NIELSEN. – Elle était avec toi quand tu t'es arrêté à la station-service là-bas ?

GILMORE. – Je ne me suis arrêté à aucune station-service.

NIELSEN. – Gary, je crois vraiment que si.

GILMORE. – Mais non.

NIELSEN. – Tu as vu ce 6.35 en entrant ?

GILMORE. – J'ai vu un pistolet posé sur le bureau.

NIELSEN. – Tu l'as déjà vu ?

GILMORE. – Non.

NIELSEN. – Oh ! s'il est enregistré à ton nom, tu es fichu.

GILMORE. – Il ne l'est pas.

NIELSEN. – Bon. Je ne sais pas, Gary. Je n'arrive pas...

GILMORE. – Écoutez, c'est ce qui s'est passé. Je sais que vous n'y croyez pas.

NIELSEN. – Je n'y crois vraiment pas, Gary. Vraiment, vraiment pas. Je crois que c'est toi qui as fait le coup, et je n'arrive pas à comprendre pourquoi tu as abattu ces gens. C'est ça que je n'arrive pas à comprendre.

GILMORE. – Écoutez…

NIELSEN. – Gary, c'est vraiment l'impression que j'ai.

GILMORE. – Vous croyez que j'abattrais quelqu'un avec cette fille à côté de moi ?

NIELSEN. – Je ne sais pas. Si tu l'as laissée dans la voiture au coin de la rue ou si elle ne savait pas, c'est différent.

GILMORE. – Vous pouvez lui parler…

NIELSEN. – Où peut-on la trouver ?

GILMORE. – Elle vit avec sa mère…

NIELSEN. – Tu peux me dire comment y aller ?…

GILMORE. – Je peux vous donner un numéro de téléphone. Elle ne sera peut-être pas contente de savoir que j'ai passé toute la nuit avec sa fille…

NIELSEN. – April Baker.

GILMORE. – Elle a été tout le temps avec moi.

NIELSEN. – Quel âge a-t-elle ?

GILMORE. – Dix-huit ans.

NIELSEN. – Alors, ça n'est pas du détournement de mineure. Je ne sais pas, ça paraît mal se présenter, Gary… Peux-tu me décrire le voleur ?

GILMORE. – Il avait les cheveux longs, des jeans, un blouson plus clair, vous savez, un blouson en jeans.

NIELSEN. – Je vais vérifier ça. Je vais vérifier, mais je n'y crois pas. Je crois que pour l'instant, surtout avec tes antécédents, je crois qu'on a contre toi une solide accusation de vol. Je n'arrive toujours pas à comprendre pourquoi ces gens ont été tués. Non, je n'arrive pas à le comprendre.

GILMORE. – Vous n'arrivez pas à comprendre quoi ?

NIELSEN. – Pourquoi ces gens ont été tués. Je ne comprends pas. Gary, pourquoi ont-ils été tués ?

GILMORE. – Qui ça ?

NIELSEN. – Le type du motel et le type là-bas…

GILMORE. – Je n'ai tué personne.

NIELSEN. – Je ne sais pas, je crois que si.

GILMORE. – Comme je vous ai dit, je sais où j'ai passé chaque minute.

NIELSEN. – Et si je m'en vais vérifier auprès de ces gens et qu'ils me disent : « Il vous raconte des craques » ?

GILMORE. – Ils ne diront pas ça.

NIELSEN. – Tu es sûr ? Tout le monde dira la même chose ?

GILMORE. – Il peut y avoir des petites différences de temps par-ci par-là.

NIELSEN. – Qu'est-ce que dira April si je lui demande ce qu'elle faisait vers 10 heures et demie hier soir ?

GILMORE. – J'en sais rien ; elle est un peu dingue. Quand elle était jeune, des types l'on emmenée et lui ont fait prendre de l'acide sans qu'elle le sache et ils l'ont violée. Je ne sais pas ce qu'elle vous racontera. April a passé avec moi chaque minute de la nuit dernière… Je me sentais esseulé parce que Nicole m'avait plaqué, alors je suis allé chercher sa jeune sœur. April avait envie de faire un tour. On s'est mis à se bécoter, à rire et tout. Et je l'ai gardée toute la nuit. Voilà.

NIELSEN : Je vais vérifier, je vais l'interroger.

GILMORE. – Je ne veux rien vous dire de plus sans un avocat. C'est tout, je peux manger ?

NIELSEN. – C'est presque l'heure du petit déjeuner. Tu as faim ? Je vais leur dire.

GILMORE. – Ma main me fait encore mal…

NIELSEN. – Sans avocat et entre nous, tu ne répondrais pas à la question que je t'ai posée il y a un moment ?

GILMORE. – C'était quoi ?

NIELSEN. – Pourquoi ces gens ont été tués après ton départ.

GILMORE. – Je ne sais pas pourquoi on les a tués. Ce n'est pas moi qui les ai tués.

NIELSEN. – J'espère que c'est vrai parce que c'est justement ce qui me préoccupe, cette chose-là. Je n'arrive pas à comprendre. Je peux comprendre le reste. Je peux comprendre l'attaque à main armée.

GILMORE. – Je n'ai attaqué personne, et je n'ai tué personne.

NIELSEN. – Tu es d'accord si je reviens cet après-midi pour te parler après avoir vérifié quelques points ?

GILMORE. – Je n'ai tué personne et je n'ai volé personne.

NIELSEN. – J'espère que non, Gary, mais j'ai du mal à le croire. Pour l'instant, j'ai vraiment du mal à le croire…

GILMORE. – J'ai faim et j'ai mal.

Lorsque Wootton rentra chez lui le mercredi matin, il avait à peu près décidé d'accuser Gilmore de meurtre sans préméditation dans l'affaire du motel. Si la seule empreinte sur le pistolet était trop brouillée pour supporter une vérification, ils avaient le test à la paraffine et un témoin, Peter Arroyo. Il avait vu Gilmore au motel avec le pistolet et la caisse. Ça semblait prometteur à Wootton.

IV

Vers 3 heures et demie ce matin-là, Val Conlin reçut un coup de téléphone. Une voix dit : « Ici, la police. Nous avons mis en fourrière une de vos voitures. »

Val était si ensommeillé qu'il répondit : « Eh bien, parfait, d'accord. » « Nous tenons à vous informer que nous avons la voiture. Il y a eu un homicide. » « C'est très bien », dit Val et il raccrocha. Sa femme demanda : « Qu'est-ce que c'était ? » Il répondit : « Ils ont mis une bagnole en fourrière. Il y a eu un homicide. Je ne sais pas pourquoi. Qu'est-ce que tu veux que je te dise ? » Il se rendormit. Le matin, il avait oublié.

Lorsqu'il arriva au bureau le lendemain matin, Marie McGrath était là, attendant pour lui annoncer la nouvelle.

« Vous plaisantez, fit Val. Il a tué ce type l'autre nuit ?

— Comment ça : l'autre nuit ? fit Marie. La nuit dernière.

— La nuit dernière ? » fit Val. Il avait vraiment un métro de retard.

« Oui, fit Marie, on l'a piqué chez le type qu'il a tué la nuit dernière. » Ce fut alors que Val entendit parler du meurtre du motel. Le coup de téléphone de 3 heures et demie du matin lui revint en mémoire.

Un peu plus tard, la police inspectait la Mustang. On commençait à en retirer des vêtements et à chercher les traces de sang. On demanda à Val : « Il n'a jamais fait un trafic de pistolets avec vous ? » « Pas avec moi, dit Val, je n'aime pas les armes. J'ai horreur des armes. » « Eh bien, dit le flic, il a volé un tas d'armes. On les recherche. » « Oh ! fit Val, pas chez moi. »

Les policiers restèrent là une heure. Après leur départ, Rusty alla vider dans la cour des choses qui traînaient. Elle revint en disant : « Regardez ce que j'ai trouvé. »

Le vent avait tout balayé. Elle avait découvert un sac coincé sous une vieille glacière à boissons non alcoolisées. En l'ouvrant, elle découvrit plusieurs pistolets enveloppés dans du papier journal.

Lorsque Val les vit, il cria : « Attention, attendez, SURTOUT NE TOUCHEZ PAS À ÇA ! Prenez le téléphone. Appelez un inspecteur ! »

Lorsque les policiers arrivèrent, ils demandèrent de nouveau si Gilmore lui avait proposé des armes. Val dit : « Non. S'il l'avait fait, je l'aurais envoyer chier. Je n'aime pas les armes. »

V

À 9 heures du matin, Gary était au téléphone. « Où es-tu ? » demanda Brenda. Il eut une sorte de ricanement. « Ne t'inquiète pas, fit-il, je suis à la prison. Je ne peux pas te toucher. »

Elle dit : « Oh ! mon Dieu, heureusement. » Elle était horrifiée de s'entendre. Jamais elle n'avait été aussi tendue par le manque de sommeil. « Dis-moi, fit Brenda, ça va ?

— Pourquoi n'es-tu pas venue ? demanda Gary.

— J'avais peur, répondit Brenda.

— Et John ? demanda Gary.

— On n'a pas voulu le laisser venir, Gary.

— Tu m'as trahi, fit-il.

— Je n'avais pas envie de te voir réduit en bouillie sur la nationale 89. Je ne voulais pas voir des policiers que je connais être envoyés pour t'arrêter et que leurs femmes se retrouvent veuves. Ce sont mes voisins. (Elle ajouta :) Tu es en vie, n'est-ce pas ?

— Ç'aurait été fichtrement plus simple s'ils m'avaient descendu là-bas. »

« Je ne voulais vraiment pas que tu te fasses canarder comme un vulgaire criminel, dit-elle. Pour moi, tu es quelqu'un de très particulier. Tu es tordu, mais tu n'es pas comme les autres.

— Tu aurais pu, dit-il, me conduire jusqu'à la frontière de l'État.

— C'est du rêve, Gary, pas la réalité.

— Je l'aurais fait pour toi, dit-il.

— Je le crois, répondit-elle. (Elle ajouta :) Gary, je t'aime beaucoup, mais je n'aurais pas pu faire ça pour toi.

— Tu m'as trahi.

— Je ne voyais pas d'autre façon de te faire cueillir, dit Brenda. Je t'aime. »

Il y eut un long silence, puis il dit : « Tu sais, j'ai besoin de vêtements. »

« Pourquoi ont-ils pris les tiens ? demanda-t-elle.

— Comme pièces à conviction.

— Je vais t'en apporter.

— Il me les faut pour 10 heures.

— J'y serai, fit-elle.

— Bien, cousine », dit-il. Et il raccrocha.

Elle se rendit au Centre administratif de Provo où se trouvait la nouvelle prison moderne en pierre de taille foncée. Ça ressemblait beaucoup au Centre administratif d'Orem en même pierre de taille foncée qui lui aussi avait une prison. Elle prit quelques-uns des vêtements de travail de John. Puisqu'elle ne pourrait pas les récupérer, pas de raison de donner ses plus belles affaires.

Lorsqu'elle arriva, on l'avait mis dans une cellule du bas. On lui expliqua que comme il n'avait pas encore été inculpé, elle ne pouvait pas le voir.

« Bon sang, fit Brenda, il ne peut pas aller au tribunal tout nu. »

« On lui donnera », lui dit-on.

Brenda était encore dans le hall lorsqu'une équipe de télé arriva. L'entrée de la prison se trouva encombrée de câbles, de mini-caméras et de gens qu'elle n'avait jamais vus de sa vie. Elle n'était pas maquillée, elle avait rassemblé ses cheveux en une stupide queue de cheval, elle était en short et devait paraître aussi grosse qu'elle le ressentait. Elle n'avait pas du tout l'intention de se faire filmer.

Cependant, on faisait monter Gary. Aussi passa-t-elle devant une caméra de télé tenue par un opérateur corpulent et regarda-t-elle tandis qu'il traversait le hall. Elle se rendit compte qu'il la cherchait. Elle se dit : « Je crois que je ne peux pas supporter de l'affronter. » Elle se dit aussi qu'elle ne devrait sans doute pas en avoir honte, mais c'était pourtant le cas.

VI

Mike Esplin, l'avocat de la défense désigné par la cour, avait un peu l'air de sortir d'un ranch. Il appartenait d'ailleurs à une famille d'éleveurs. Il était de taille moyenne, bien bâti et arborait une petite moustache en brosse. Il avait les yeux d'un gris bleu délavé comme s'il avait trop longtemps supporté une lumière trop vive. Mais il était très soigné dans sa toilette, vraiment soigné : chemise grise, cravate rouge, costume à carreaux gris avec un filet rouge.

La première fois qu'il entendit parler de Gary Gilmore, ce fut quand le greffier du tribunal de Provo lui téléphona ce matin-là pour lui dire que le juge avait demandé à Esplin de passer, s'il le pouvait, pour l'inculpation.

Ça ne posait pas de problème. À peu près tous les avocats de Provo avaient leurs bureaux à un bloc ou deux du tribunal. Mais les choses allaient si vite que Mike Esplin n'eut même pas l'occasion de discuter de quoi que ce soit avec son nouveau client. En fait, il ne le retrouva que dans la salle du tribunal.

Bien sûr, ça n'avait rien d'extraordinaire. Un avocat désigné d'office n'avait même pas besoin d'être là pour l'inculpation. On l'avait fait venir aussi tôt uniquement parce que c'était une affaire d'homicide. Esplin se trouva debout avec Gilmore, devant la Cour, une minute après s'être présenté.

Une fois lu l'acte d'accusation, ils passèrent dans une antichambre, et cela leur donna une brève occasion de parler ensemble. Mais tout était déroutant : avec quatre ou cinq policiers dans la pièce et plusieurs membres de la presse, ils n'étaient guère isolés. Gilmore semblait mal à l'aise. Il dit aussitôt à Mike : « Je suis nouveau dans la région et je ne connais pas d'avocat. » Puis il expliqua qu'il n'avait pas d'argent.

Comme Esplin voulait l'interroger dans un environnement un peu plus agréable, on les installa dans la salle de garde à vue de la prison, une petite cellule avec deux couchettes. Gilmore semblait affolé à l'idée qu'on pourrait les écouter grâce à un micro caché, aussi parlait-il en chuchotant et Gilmore raconta qu'il s'était rendu au *City Center Motel et* qu'il était tombé par hasard sur le cambriolage. Quand Esplin demanda à Gilmore pourquoi il ne s'était pas présenté à la police après s'être fait tirer dessus, Gilmore expliqua qu'étant un ancien détenu, il avait eu peur qu'on ne le croie pas. L'avocat trouva que cette histoire avait l'air d'un ramassis de foutaises.

Dans les affaires d'homicide, la défense avait droit à deux avocats. Aussi, après cette première rencontre, Esplin retourna-t-il à son cabinet pour téléphoner à quelques confrères. Quand deux autres avocats lui eurent dit que Craig Snyder, qu'ils connaissaient vaguement, était un bon défenseur, il téléphona à Snyder pour lui demander s'il voulait s'occuper aussi de l'affaire. Alors que lui, Esplin, ferait ça dans le cadre de son salaire régulier de dix-sept mille cinq cents dollars par an, un avocat désigné d'office, comme Snyder, expliqua Mike, toucherait des honoraires de dix-sept dollars cinquante de l'heure pour le travail juridique et de vingt-deux dollars de l'heure pour le temps passé à la cour. Snyder dit qu'il acceptait.

Esplin retourna alors à la prison vers midi pour faire part à Gilmore du nom de son nouvel avocat. Il précisa aussi qu'on allait accuser Gary du meurtre de Jensen. Gilmore le regarda droit dans les yeux et dit : « Pas question, mon vieux. »

VII

Dès que la police fut repartie, Nicole n'arrêta pas de répéter que Gary était dingue et que cela faisait longtemps qu'elle aurait dû le quitter. « Il est fou, ce salaud, il est fou », se disait-elle encore au petit matin. Toutefois, quand la police d'Orem téléphona peu avant midi pour dire que Kathryne et Nicole devaient se présenter, elle accueillit cette convocation avec beaucoup de sang-froid. Même une sorte d'indifférence.

Elle dit au lieutenant Nielsen qu'elle avait eu des scènes avec Gilmore et qu'elle était partie parce qu'elle avait peur de lui. Une fois, dit-elle, elle avait dû descendre de voiture et partir en courant parce qu'il commençait à l'étrangler. Puis elle dit à

Nielsen que Gary avait volé des pistolets au supermarché de Swan à Spanish Fork. Elle ajouta : « Je ne peux pas vous en dire beaucoup plus. » « Vous savez, dit Nielsen, je ne vais pas vous accuser. » Elle lui raconta alors que Gary lui avait donné un Derringer pour sa protection, mais au bout d'un moment elle avait eu l'impression d'avoir plutôt besoin qu'on la protège de lui.

L'interrogatoire terminé, Nicole dit : « Je vous en prie, ne lui dites pas que je vous ai raconté ces choses-là parce que… » Elle s'interrompit et donna l'impression de réfléchir intensément. On aurait dit qu'elle cherchait quelque chose enfoui en elle, et puis elle murmura : « Parce que je l'aime toujours. » Un peu plus tard, le lieutenant Nielsen la conduisit jusqu'à son appartement de Springville et Nicole lui remit son pistolet et une boîte de cartouches. Nielsen était stupéfait de voir dans quel état de dépression tout ça la mettait. Il avait l'habitude d'enregistrer des dépositions de gens vraiment abattus, mais Nicole les dépassait de loin.

De retour au commissariat, le lieutenant se mit à examiner quelles preuves il avait rassemblées. On avait retrouvé deux douilles sous le corps de Jensen et une qui baignait dans le sang qui avait coulé de la tête de Buschnell. C'était utile, car les rayures laissées par un automatique étaient faciles à identifier. Il semblait que Provo allait donner l'identification de l'arme pour Buschnell et Orem pour Jensen. Si on parvenait à établir que le pistolet appartenait à Gilmore, le dossier serait solide.

Nielsen alla voir Gary vers 5 heures du soir. On l'avait déjà transféré du Centre administratif de Provo à la prison du comté. C'était un vieux bâtiment. Sale. Bruyant. Une vraie taule. Nielsen effectua là un véritable interrogatoire.

Il prit avec lui un porte-documents sur lequel on pouvait, grâce à un interrupteur dissimulé dans la poignée, déclencher un magnétophone invisible. Il n'osa pas, toutefois, l'emporter jusque dans la cellule. Gilmore aurait le droit de demander ce qu'il y avait dans ce porte-documents. Nielsen devrait alors l'ouvrir. Cela détruirait toute confiance que Gilmore pouvait avoir en lui. Il le laissa donc branché dans le hall, juste de l'autre côté des barreaux. L'appareil enregistrerait ce qu'il pourrait.

La prison du comté devait être un des plus vieux bâtiments de l'Utah. En juillet, il faisait assez chaud à l'intérieur pour qu'on puisse offrir un ticket gratuit pour l'enfer. Avec les fenêtres ouvertes, on respirait les gaz d'échappement de l'autoroute. La prison était bâtie à la lisière du désert, dans un champ de scories, à mi-chemin entre la bretelle de sortie de l'autoroute et celle qui y donnait accès. Le bruit de la circulation était donc important. Comme une ligne de chemin de fer passait par là aussi, pendant l'interrogatoire, des wagons de marchandises passèrent en grondant. Quand Nielsen, de retour à son bureau, essaya d'écouter le magnétophone, la rumeur de la circulation par une brûlante soirée d'été fut la déposition la plus distincte qu'il parvint à entendre.

L'inspecteur comptait beaucoup sur cet interrogatoire. Dès l'instant de sa capture à Pleasant Grove, lorsque Gary l'avait demandé, il avait eu l'impression que Gilmore allait parler. Nielsen était alors persuadé qu'il y aurait une chance d'obtenir ses aveux. Il s'installa donc aussitôt, et tout naturellement, dans le rôle du vieil ami et du bon flic.

Dans la police, il fallait de temps en temps jouer un rôle. Nielsen aimait ça. Ce qu'il y avait, c'était que pour ce rôle-là il était censé montrer de la compassion. D'après son expérience passée, il savait que ça ne serait pas tout à fait un rôle. Tôt ou tard, il éprouverait vraiment de la compassion. C'était normal. C'était un des aspects les plus intéressants du travail de policier.

Il avait déjà fait quelques expériences. Voilà quelques années, quand il n'était que simple sergent, Nielsen avait fait de la collaboration clandestine au service des narcotiques. Il y avait alors un accord avec la police de Salt Lake City. Comme Orem était encore une petite ville, ses policiers étaient bien connus des habitants. Pour faire un travail efficace, il fallait faire venir des policiers de Salt Lake City. En retour, Orem s'acquittait de sa dette en expédiant là-bas quelques-uns de ses flics. Voilà comment Nielsen s'était trouvé expédié à Salt Lake City.

Toutefois, son aspect physique posait un problème. Il avait été chef scout pendant sept ou huit ans, et ça se voyait. Une certaine corpulence, une calvitie précoce, des lunettes et des cheveux blond roux lui donnaient plutôt l'air d'un homme d'affaires que d'un type susceptible de faire du trafic de drogue. En guise de couverture, il avait donc prétendu être boucher au supermarché, travail qu'il connaissait un peu, puisqu'il avait fait quelque temps ce métier pour payer ses études à l'université. Il avait même encore une carte syndicale.

À Salt Lake City, il fut assez vite connu comme étant le boucher qui cherchait toujours de la came pour le week-end. Ça marchait. Un tas de bouchers avaient la réputation de ne pas être tout à fait normaux. Nielsen avait même pris l'habitude de porter des vêtements de travail. Sa blouse blanche était toujours maculée de sang, de même que son pantalon blanc, aux endroits qui n'étaient pas protégés par le tablier.

VIII

Par cette chaude soirée de juillet, Nielsen commença par déclarer que, malheureusement, l'histoire de Gilmore était pleine de trous. On vérifiait, mais ça ne tenait pas. Il voulait donc savoir si Gilmore était d'accord pour bavarder. Gilmore répondit : « On m'a inculpé d'un crime capital et je suis innocent. Vous êtes en train de bousiller ma vie. »

« Gary, dit Nielsen, je sais que les choses sont sérieuses, mais je ne bousille la vie de personne. Tu n'as pas besoin de me parler si tu n'en as pas envie, tu le sais. » Gary s'éloigna, puis revint au bout d'un moment et dit : « Je veux bien parler. »

Nielsen passa environ une heure et demie avec Gilmore. Là, dans une cellule de haute surveillance, enfermés tous les deux ensemble, ils bavardèrent. Au début, Nielsen fut prudent. « Tu as vu ton avocat ? » demanda-t-il, et Gilmore dit oui. Puis Nielsen demanda comment il se sentait. « Comment va ce bras ? » Gilmore répondit : « Vous savez, ça me fait vraiment mal. On ne me donne qu'un comprimé et le docteur a dit qu'on devait m'en donner deux.

— Eh bien, fit Nielsen, je vais leur expliquer que j'ai entendu le docteur dire deux. »

Nielsen s'efforçait de sembler le plus désinvolte possible. Il demanda si Gary aimait pêcher, et Gilmore répondit qu'avec le temps qu'il avait passé en prison, il ne lui était pas resté beaucoup de loisirs pour la pêche à la ligne. Nielsen se mit à parler un peu de la pêche au lancer et Gilmore manifesta quelque intérêt à l'idée qu'il fallait être assez rusé pour deviner selon les circonstances quel genre de mouche il fallait utiliser. L'inspecteur lui parla de l'emmener camper avec sa famille dans les canyons. Gilmore, à son tour, évoqua quelques-unes de ses expériences en prison. Il lui parla de la grosse fille qui était morte et de la fois où on lui avait donné trop de prolixine, ce qui l'avait fait gonfler et l'avait empêché de bouger. Il raconta comment la prison exigeait qu'on soit un homme dans tous les détails. Puis il posa quelques questions sur le passé de Nielsen. Il parut intéressé en apprenant que Nielsen avait une femme et cinq enfants.

Sa femme était-elle une bonne mormone ? interrogea Gilmore. Oh ! oui. Il l'avait rencontrée à B. Y. U. où elle était allée pour fuir l'Idaho. Quels diplômes avait-elle eus ? demanda Gilmore, comme s'il était vraiment fasciné. Nielsen haussa les épaules. « Un diplôme d'économie domestique », dit-il. (Puis il sourit à Gilmore.) « Ce qui l'intéressait, tu sais, c'était peut-être un peu de trouver un mari. » Ils éclatèrent de rire tous les deux. Oui, reprit Nielsen, ils avaient fait connaissance en première année et s'étaient mariés l'été suivant. Tiens, fit Gilmore, c'était intéressant. Comment Nielsen était-il devenu flic ? Il n'avait pas l'air d'un flic. Eh bien, en fait, expliqua Gerald, il comptait être professeur de sciences et de mathématiques lorsqu'il avait quitté le ranch familial de Saint John's, dans l'Arizona, pour aller à la Brigham Young University, mais il était un mormon pratiquant et en travaillant pour sa paroisse, il avait rencontré un inspecteur de police qu'il aimait bien. Il s'était intéressé à son travail et était entré dans la police.

Maintenant, observa Gilmore, il était lieutenant. Oui, en un peu plus de dix ans, il était passé de simple policier à sergent, et voilà qu'il était maintenant lieutenant. Il ne lui dit pas qu'il avait suivi des cours à l'académie du F. B. I. à Quantico, en Virginie.

Tiens, c'était intéressant, fit Gilmore. Sa mère était mormone aussi. Puis il marqua un temps et secoua la tête. « Ça va tuer ma mère quand elle apprendra ça. (De nouveau il secoua la tête.) Vous savez, elle est infirme, et je ne l'ai pas vue depuis longtemps.

— Gary, dit Nielsen, pourquoi as-tu tué ces types ? »

Gilmore le regarda droit dans les yeux. Nielsen avait l'habitude de voir de la haine dans le regard d'un suspect, ou du remords, ou le genre d'indifférence à vous faire froid dans le dos, mais Gilmore avait une façon de regarder au fond des yeux qui mettait Nielsen mal à l'aise. On aurait dit que cet homme vous contemplait jusqu'au fond de l'âme. C'était dur de soutenir ce regard.

« Bah, fit Gilmore. Je n'ai pas de raisons. » Il était calme en disant cela, et triste. Il avait l'air d'être au bord des larmes. Nielsen sentait le chagrin de son prisonnier. En cet instant, il le sentait plein de chagrin.

« Gary, fit Nielsen, je peux comprendre un tas de choses. Je peux comprendre qu'on tue un type qui s'en prend à vous, ou qu'on tue un type qui vous cherche des ennuis. Je peux comprendre cela, tu sais. » Il marqua un temps. Il s'efforçait de maîtriser sa voix. Il était tout près et il ne voulait pas perdre le fil. « Mais ce que je n'arrive pas à comprendre c'est pourquoi tuer ces types pour ainsi dire sans raison. »

Nielsen savait qu'il prenait de gros risques. Si jamais on en arrivait là, il en prenait assez à son aise avec les droits constitutionnels du prévenu pour que celui-ci puisse faire appel. Il commettait aussi une erreur en parlant tout le temps de « ces types » ou bien en disant : « Pourquoi avez-vous tué ces types ? » Pour que quelque chose puisse avoir une valeur au tribunal, il aurait dû dire : « M. Buschnell à Provo » et « Pourquoi as-tu tué Max Jensen à Orem ? » On ne pouvait pas envoyer un individu devant les juges pour avoir tué deux hommes deux soirs différents dans des villes différentes si on réunissait les deux affaires ensemble. En matière juridique, les meurtres devaient être séparés.

Nielsen, toutefois, était sûr que cela ne l'avancerait à rien de l'interroger de façon plus rationnelle. Ça couperait le fil. Il demanda donc : « Était-ce parce qu'ils allaient porter témoignage contre toi ? » Gilmore dit : « Non, je ne sais vraiment pas pourquoi.

— Gary, reprit Nielsen, il faut que je pense comme un bon policier qui fait un bon travail. Tu sais, si j'arrive à empêcher ces choses-là d'arriver, ça veut dire que je réussis dans mon travail. Et j'aimerais comprendre : pourquoi avoir attaqué ces endroits ? Pourquoi as-tu attaqué le motel de Provo ou la station-service ? Pourquoi ces endroits-là justement : » « Oh ! fit Gilmore, le motel était tout près de chez mon oncle Vern. Je suis tombé dessus par hasard.

— Mais la station-service ? demanda Nielsen. Pourquoi cette station-service isolée ?

— Je ne sais pas, fit Gilmore. Elle était là. (Il chercha un moment comme s'il avait envie d'aider Nielsen.) Bon, prenez l'endroit où j'ai caché ce truc, dit-il, après le motel. » Nielsen se rendit compte qu'il parlait du tiroir-caisse qu'il avait piqué dans le bureau de Benny Buschnell. « Eh bien, je l'ai fourré dans ce buisson-là, dit-il, parce que quand j'étais gosse je tondais la pelouse à cet endroit-là pour une vieille dame. »

Nielsen essayait de se rappeler quelques arrêts qui pourraient s'appliquer à une situation comme celle-ci. Des aveux obtenus au cours d'une conversation menée sans la permission expresse de l'avocat de l'inculpé ne seraient pas légaux. D'un autre côté, le suspect lui-même pouvait entrer dans la voie des aveux. Nielsen était prêt à affirmer que c'était précisément ce qu'avait fait Gilmore aujourd'hui. Après tout, il avait demandé à Gary, lors de leur première rencontre à 5 heures ce matin, s'il pouvait revenir lui parler une fois les vérifications faites. Gilmore n'avait pas dit non. Avec la Cour suprême qu'on avait actuellement, Nielsen avait l'idée que des aveux comme ceux-ci pourraient tenir.

IX

Pourtant, Nielsen n'oubliait pas l'arrêt de la Cour suprême dans l'affaire Williams. Une fillette de dix ans avait été violée et assassinée, dans l'Iowa, par un malade mental du nom de Williams qu'on avait arrêté à Des Moines et ramené à l'endroit où on devait l'inculper. L'avocat de Williams à Des Moines dit aux inspecteurs qui le transféraient : « Ne le questionnez pas en dehors de ma présence. » Puis il dit à son client : « Ne faites aucune déclaration aux policiers. » Malgré cela, pendant le trajet du retour, un des inspecteurs accompagnant le suspect se mit à asticoter Williams sur son côté chrétien. L'homme était profondément religieux et l'inspecteur dit : « Nous voilà juste à quelques jours de Noël, et la famille de cette petite fille ne sait pas où est le corps. Ce serait quand même bien si on pouvait retrouver le corps et donner à cette enfant des funérailles chrétiennes. La famille pourrait avoir au moins cet apaisement-là. » Il continua comme ça en douceur si bien que le gars finit par leur dire où se trouvait le cadavre et il fut condamné. La Cour suprême, cependant, venait de casser le verdict. Les juges déclarèrent que dès l'instant qu'un suspect a un avocat, la police ne peut pas l'interroger sans la permission de ce dernier.

Et pourtant, voilà qu'il parlait à Gilmore à l'insu de ses avocats. Juridiquement, il y avait là matière à discussion. Sur la route, en présence de Nielsen, on avait déjà lu à Gilmore ses droits constitutionnels. Et puis les avocats avaient été désignés pour l'affaire de Provo, pas pour celle d'Orem. Donc Nielsen pourrait être encore dans la légalité. D'ailleurs, l'essentiel n'était pas d'obtenir des aveux mais une condamnation.

À propos d'aveux, ce qui serait bien, même si on ne pouvait pas l'utiliser, c'était que ça donnerait des renseignements qu'on pourrait ensuite utiliser pour trouver de nouvelles preuves contre le prévenu et constituer ainsi un dossier solide. Si on n'utilisait pas les aveux au tribunal, il n'y aurait pas de problèmes en ce qui concernait les droits constitutionnels du prévenu.

D'ailleurs, ce serait bon pour le moral. Dès l'instant où les policiers sauraient que leur homme était coupable, ils se sentiraient plus enclins à continuer à s'acharner sur l'enquête. Cela éviterait aussi tout conflit avec des inspecteurs qui voudraient suivre d'autres pistes. Les aveux boucleraient le dossier, en feraient une réussite psychologique.

Ils refirent tout le circuit. Nielsen parla de l'Église de Jésus-Christ des saints des derniers jours, et parla de la contribution que les gosses apportaient chaque semaine aux œuvres paroissiales. Gilmore s'intéressait aux détails et mentionna de nouveau que non seulement sa mère était mormone, mais aussi toute sa famille du côté maternel. Il parla également de son père qui était catholique et buvait comme un trou. Mais ils n'abordaient pas le vrai sujet, comme s'ils avaient l'un et l'autre mérité un répit.

Et puis ils y revenaient. Nielsen posait une question, parfois deux ou trois. À peine Gilmore commençait-il à prendre un air qui signifiait « plus de questions », que Nielsen se mettait à parler d'autre chose.

La sacoche à monnaie de Jensen avait disparu de la station-service et la police avait passé le plus clair de la journée de la veille à fouiller les ordures à l'*Holiday Inn* sans résultat. Nonchalamment, Nielsen aborda ce sujet. Gilmore le contempla un long moment, comme pour dire : « Je ne sais pas si je dois vous répondre ou non. Je ne sais pas si je peux vous faire confiance. » Il finit par marmonner : « Je ne me rappelle pas vraiment. Je l'ai lancé par la portière de la camionnette, mais je n'arrive pas à me rappeler si c'était au cinéma en plein air ou sur la route. (Il s'interrompit comme s'il cherchait dans sa mémoire le souvenir d'un film et dit :) Franchement, je ne me souviens pas. Ç'aurait pu être au cinéma en plein air.

— Est-ce qu'April saurait ? interrogea Nielsen.

— Ne vous occupez pas d'April, fit Gilmore. Elle n'a rien vu du tout. (Il secoua la tête.) C'est comme si elle n'avait pas été là. » Lorsque Nielsen commença à se demander si April avait assisté au meurtre, Gary répéta : « Laissez tomber, elle n'a rien vu. Dans sa tête, cette petite n'était pas là. »

Il eut une crispation des lèvres qui était presque un sourire. « Vous savez, dit-il, si j'avais eu les idées aussi nettes les deux derniers soirs qu'aujourd'hui, vous ne m'auriez jamais pris. Quand j'étais gosse, je faisais des cambriolages… » Il avait soudain sur son visage l'expression d'un maquereau se vantant du nombre de femmes qui avaient travaillé pour lui au long des années. « Je crois, dit-il, que j'ai dû faire cinquante, peut-être soixante-dix, ou même cent cambriolages réussis. Je savais comment préparer un coup et bien le faire. »

Nielsen lui demanda alors s'il aurait continué à tuer s'il n'avait pas été pris. Gilmore acquiesça de la tête. Il pensait qu'il l'aurait probablement fait. Il resta assis là une minute, l'air abasourdi. Pas abasourdi, mais quand même surpris, et dit : « Bon Dieu, je ne sais même plus ce que je fais. Je n'ai jamais fait d'aveux à un flic. » Nielsen pensait que c'était sans doute vrai. Gilmore avait un dossier de dur solidement établi. Égoïstement, Nielsen se sentit ragaillardi. Il avait obtenu les aveux d'un criminel endurci.

« Combien de pistolets as-tu volés ? » demanda Nielsen. « Neuf », lui dit Gilmore. « D'où venaient-ils ? » « De Spanish Fork. » « Alors nous les avons tous retrouvés, sauf trois. » Il en manquait encore trois. Où pouvaient-ils bien être ? « Ils ont disparu », fit Gilmore. Nielsen ne prit pas la peine de poursuivre. La façon dont Gilmore disait cela donnait à penser qu'ils avaient été vendus et qu'il ne dirait jamais à qui. « C'est moi qui suis responsable, dit Gilmore. Ne blâmez pas d'autres gens. »

Puis il demanda : « Est-ce que Nicole vous a parlé de son pistolet ? » « Non, répondit Nielsen, c'est moi qui le lui ai demandé. » Gary dit : « Je ne veux pas qu'elle ait d'histoires à cause de ces pistolets. » Nielsen le rassura.

Nielsen essaya d'obtenir quelques explications supplémentaires à propos des homicides eux-mêmes. Gilmore voulait bien donner des détails jusqu'au moment où il était entré dans la station-service, et puis il voulait bien parler de tout, après son départ. Mais il n'avait pas envie de décrire le crime lui-même.

Nielsen essayait de déterminer ce qui s'était passé. Gilmore avait demandé à Jensen de s'allonger par terre. Il avait dû lui dire de placer ses bras sous son corps. On ne retrouverait jamais personne allongé à plat ventre dans une position aussi inconfortable si on ne le lui avait pas imposée. Gilmore avait ensuite tiré en plein dans la tête de Jensen. D'abord avec le pistolet à cinq centimètres, et puis à bout portant. C'était la manière la plus sûre de tuer un homme sans le faire souffrir. D'un autre côté, ordonner de garder les bras sous le corps était la façon la plus absolue d'être certain que la victime n'allait pas vous empoigner la jambe au moment où on appuyait le canon contre son crâne. Mais il n'arrivait pas à faire parler Gilmore sur ce point.

« Pourquoi as-tu fait ça, Gary ? redemanda Nielsen, doucement.

— Je ne sais pas, dit Gary.

— Tu es sûr ?

— Je ne veux pas en parler, dit Gilmore. (Il secoua la tête sans violence, regarda Nielsen et dit :) Je n'arrive pas à suivre la vie. »

Puis il demanda : « Qu'est-ce que vous croyez qu'ils vont me faire ?

— Je ne sais pas, dit Nielsen. C'est très grave. »

« J'aimerais pouvoir parler à Nicole, reprit Gilmore. Je l'ai cherchée et j'aimerais vraiment lui parler.

— Je ferai tout mon possible pour l'amener ici », fit Nielsen. Ils se serrèrent la main.

x

Vers 5 heures cet après-midi-là, alors que Nielsen parlait avec Gary, April rentra à la maison. Elle avait entendu parler des meurtres à la radio et déclara que ça n'était pas vrai. Ce n'était pas Gary qui avait fait ça. Elle annonça aussi qu'elle n'irait pas au commissariat.

Charley Baker venait d'arriver de Toelle quand Kathryne téléphona pour dire qu'April avait disparu. Dès qu'April les vit ensemble, elle prit une attitude hostile et se mit à crier que s'ils essayaient de l'emmener de force au commissariat, elle appellerait à l'aide pour les en empêcher. Et puis, tout d'un coup, elle parut céder. Elle déclara qu'elle irait.

Mais Kathryne ne voulait pas emmener April toute seule. Elle se demandait si la petite n'allait pas ouvrir la portière et sauter en marche. Elle supplia donc Charley de l'accompagner, mais il hésitait. « Si elle change d'avis, même à mi-chemin, alors qu'ils aillent au diable. On fait demi-tour et on la ramène. » Il n'avait aucune envie de l'emmener.

21 juillet 1976

NIELSEN. – À quelle heure a-t-il pris de l'essence ?

APRIL. – Quand nous étions à la station-service de Pleasant Grove.

NIELSEN. – C'était après la tombée de la nuit ?

APRIL. – Il faisait nuit, le soleil était couché.

NIELSEN. – Après cela, vous vous êtes promenés un moment en voiture ?

APRIL. – Il a dit qu'il me raccompagnait et qu'il n'allait pas supporter de m'entendre déconner en lui disant où aller. Il m'a dit qu'il voulait un endroit qui ait de la classe comme le *Holiday Inn*, alors on est allés là-bas et je voulais dormir parce que j'étais vraiment crevée. Je ne savais pas pourquoi, j'avais l'impression de fuir quelqu'un : c'est depuis que quelqu'un a cassé les carreaux de notre salle de bains à la maison. Depuis, je n'arrive pas à vraiment dormir.

NIELSEN. – Et alors vous êtes restés là-bas cette nuit-là jusqu'à quelle heure le lendemain matin ?

APRIL. – Jusque vers 8 heures et demie ou 9 heures.

NIELSEN. – Je ne veux rien sous-entendre ni m'immiscer dans votre vie privée, mais avez-vous couché avec lui cette nuit-là ?

APRIL. – J'ai failli, et puis j'ai changé d'avis.

NIELSEN. – Est-ce que ça l'a mis en colère contre vous ?

APRIL. – Il était furieux contre moi parce que la moitié du temps je me conduisais comme une gosse, mais j'ai perdu mon amour pour lui, et je n'ai jamais vraiment couché avec lui.

NIELSEN. – Vous avez raconté ça à votre mère ?

APRIL. – Elle ne m'a rien demandé parce qu'elle sait que j'ai ma vie privée et que si je voulais me tailler, je pourrais…

NIELSEN. – April, Gary est dans de très sales draps. Je le sais, je lui en ai parlé et il n'y a aucun doute là-dessus. Il m'a déjà dit que vous étiez avec lui à ce moment-là et je sais donc que vous êtes au courant. Ça ne m'intéresse pas que vous me le disiez pour que je puisse vous accuser. Je n'ai pas l'intention de vous accuser de complicité, mais j'ai bien celle d'obtenir de vous la vérité.

APRIL. – J'ai une double personnalité. Aujourd'hui, je me contrôle assez bien. La plupart du temps, j'aime me laisser aller et laisser mon double m'abandonner…

NIELSEN. – Où êtes-vous allée hier soir quand vous avez quitté la maison ?

APRIL. – Je suis allée me balader en voiture avec des copains.

NIELSEN. – Ils le connaissaient ?

APRIL. – Non.

NIELSEN. – Ça vous ennuie de me dire qui ils étaient ?

APRIL. – L'un, c'est Grant, et l'autre, c'est Joe.

NIELSEN. – Où avez-vous passé la nuit dernière ?

APRIL. – Je n'ai pas dormi de toute la nuit, je suis allée jusque dans le Wyoming, et puis je me suis enfoncée dans les montagnes, j'ai pris une route et je suis rentrée.

NIELSEN. – À quelle heure êtes-vous rentrée ?

APRIL. – 4 heures et demie ou 5 heures.

NIELSEN. – Ça ne vous a pas inquiétée que votre mère se fasse du souci pour vous ?

APRIL. – Je ne crois pas qu'elle se fasse du souci pour moi. Je n'ai pas peur des armes à feu et je n'ai pas peur des types qui ont des couteaux. Ils ne m'effraient pas. J'ai appris l'autodéfense.

NIELSEN. – Je voudrais vous poser encore une question à propos de la station-service. April, je crois que ce serait mieux si vous me disiez ce que vous savez.

APRIL. – Je ne me rappelle pas la station-service d'Orem.

NIELSEN. – Vous vous souvenez l'avoir vu sortir un pistolet à la station-service ?

APRIL. – On est allés dans une station-service juste avant de s'arrêter à l'*Holiday Inn* et je suis sûre qu'il n'avait pas de pistolet. Ils en avaient peut-être sur eux, mais c'est tout.

NIELSEN. – Qui ça « ils » ?

APRIL. – Un des connards qui étaient là.

NIELSEN. – Vous les connaissez ?

APRIL. – Je les reconnais tous, mais je ne connais pas certains de leurs noms. L'un d'eux travaille avec lui dans cette boîte de matériaux isolants.

NIELSEN. – Isolants ?

APRIL. – Là où il travaille, à l'isolation idéale. Je suis à peu près sûre que c'était l'ami qu'on est allés voir.

NIELSEN. – Au café ?

APRIL. – Peut-être que non.

NIELSEN. – Vous êtes prête à rentrer chez vous ?

APRIL. – Oui. Je me demande pourquoi je suis ici.

NIELSEN. – Je serais heureux de vous aider si je peux.

Lorsqu'April sortit de cet interrogatoire, elle dit : « Maman, on m'a dit que Gary avait tué deux hommes. Tu crois ça ?

— Ma foi, April, dit Kathryne, je crois bien que c'est vrai.

— Gary ne pourrait pas tuer quelqu'un, maman.

— Tu sais, April, fit Kathryne, je crois que Gary a dit qu'il l'avait fait. »

18. Un acte de contrition

I

Le lendemain matin, Gilmore fut transféré de Provo à Orem, et Nielsen le vit dans son bureau. Il lui dit qu'il n'était pas responsable de la foule rassemblée. Il y avait en effet dans le hall des projecteurs de télé et un tas de reporters et d'employés municipaux, mais ce qui embarrassait sincèrement Nielsen, c'était que la moitié des effectifs de la police, y compris ceux qui n'étaient pas de service, étaient venus aussi. Des gens étaient même debout sur des chaises pour mieux voir.

Nielsen fit apporter une tasse de café par sa secrétaire. Puis il dit : « Le lieutenant Skinner va signer une plainte l'accusant du meurtre de Max Jensen. » Après un bref silence, Gary dit : « Vous savez, je suis vraiment navré pour ces deux types. J'ai lu leurs notices nécrologiques dans le journal hier soir. C'était un homme jeune, il avait un gosse et c'était un missionnaire. Je me sens vraiment navré.

— Je le suis aussi, Gary. Je n'arrive pas à comprendre que tu supprimes une vie pour le peu d'argent que ça t'a rapporté.

— Je ne sais même pas combien ça m'a rapporté, répliqua Gary. Quelle est cette somme ?

— Cent vingt-cinq dollars, fit Nielsen, et à Provo, à peu près la même chose. » Gary se mit à pleurer. Il ne sanglotait pas bruyamment, mais il avait les larmes aux yeux. Il dit : « J'espère qu'on va m'exécuter pour ça. Je devrais mourir pour ce que j'ai fait.

— Gary, tu es prêt à ça ? demanda Nielsen. Ça ne te fait pas peur ?

— Vous n'aimeriez pas mourir ?

— Bon sang, fit Nielsen, non.

— Moi non plus, fit Gilmore, mais on devrait m'exécuter pour ça.

— Je ne sais pas, dit Nielsen ; peut-être te trouvera-t-on quelque raison d'indulgence…

II

Un peu plus tard, Gary téléphona à Brenda.

« Comment, les flics savaient-ils que j'étais chez Craig Taylor ? lui demanda-t-il.

— Autant que tu le saches, Gary, je ne veux pas que tu l'apprennes de quelqu'un d'autre. C'est moi qui ai prévenu la police.

— Je vois.

— Tu vas probablement m'en vouloir beaucoup, fit Brenda. Mais il fallait que ça cesse, Gary. Tu commets un meurtre lundi et un autre mardi. Je n'allais pas attendre mercredi pour me remuer.

— Bah ! cousine, fit Gary, ne t'inquiète pas pour ça. »

Brenda dit : « Tu vas trinquer dur cette fois-ci, Gary. Ce coup-ci, ça va te mener loin.

— Dis donc, fit-il, comment sais-tu que je ne suis pas innocent ?

— Ça ne va pas, la tête, Gary ?

— Je ne sais pas, dit Gary, j'ai dû avoir un coup de folie.

— Et ta mère ? demanda Brenda. Que veux-tu que je lui dise ? »

Il resta silencieux un moment. Puis il répondit : « Dis-lui que c'est vrai.

— Bon, dit Brenda. Rien d'autre ?

— Dis-lui juste que je l'aime. »

Craig Snyder, l'autre avocat de Gary, était plus petit qu'Esplin. Il avait environ cinquante-sept ans, des épaules larges, des cheveux blonds et des yeux pâles. Il avait des lunettes à monture transparente. Ce jour-là, il portait un costume beige clair avec une cravate où se mélangeaient plusieurs nuances de jaune, de vert et d'orange et une chemise jaune.

Ce matin-là, à Orem, Snyder et Esplin n'apprirent que Gary était interrogé par Gerald Nielsen que lorsqu'on l'amena pour l'inculper. Après cela, ils restèrent avec lui, et il confirma qu'il avait commis les deux meurtres et qu'il l'avait avoué à Nielsen.

On peut dire qu'ils étaient consternés. Gilmore avait été informé de ses droits constitutionnels lors de son arrestation, mais à la prison on ne les lui avait pas répétés. Tout aveu fait par Gilmore n'avait donc aucune valeur, décidèrent les avocats. C'était exaspérant. On les avait fait attendre quarante-cinq minutes pendant qu'un inspecteur de police le cuisinait.

En revanche, Gary semblait plus intéressé par le fait que Nielsen avait promis qu'il pourrait voir Nicole en prison. Il voulait que ses avocats s'assurent que Nielsen tiendrait parole.

III

Nicole était à Springville avec Barrett lorsque la police arriva. Sans téléphoner ni prévenir. Juste un flic pour lui demander de se préparer. Un peu plus tard, le lieutenant Nielsen arrivait dans une voiture. Il allait l'emmener voir Gary.

Elle ne comprenait pas ce qu'elle éprouvait et ne savait pas, d'ailleurs, si ça l'intéressait de savoir ce qu'elle éprouvait. Ç'avait été assommant d'écouter Barrett. Les deux derniers jours, il s'était mis à jouer les sages. Le jugement de Nicole, ne cessait-il de répéter, était faussé. C'est comme ça qu'elle s'était amourachée d'un meurtrier entre deux âges.

Pendant le trajet, le lieutenant Nielsen se montra aimable et poli, et lui expliqua la situation. Ils allaient laisser Nicole parler à Gary, mais elle devrait lui demander s'il avait commis les meurtres. Nicole aurait dû se mettre en colère à cette proposition, et puis elle se dit que Nielsen avait sans doute besoin d'un motif pour justifier le fait de l'amener. Elle était sûre qu'il n'était pas bête au point de s'imaginer que Gary allait répondre à sa question pendant qu'un tas de flics tendraient l'oreille.

C'est ainsi que ça se passa. Nicole entra dans cette sinistre prison de plain-pied, suivit deux couloirs, passa devant des détenus qui avaient l'air de vieux pochards, puis devant deux connards qui sifflèrent sur son passage, en tortillant leurs moustaches et en exhibant leurs biceps, bref, en se conduisant comme de pauvres cloches. Deux flics et l'inspecteur Nielsen étaient juste derrière elle, et elle arriva à une grande cellule où se trouvaient une table au milieu, quatre couchettes, et de gros barreaux aux fenêtres, juste devant elle. Elle vit alors Gary s'approcher d'elle du fond de la cellule. Il avait la main gauche dans le plâtre. Ça ne faisait que trois jours depuis le soir où elle avait assisté à son arrestation, mais elle sentait la différence. Il dit : « Salut, bébé », et tout d'abord elle ne voulut même pas le regarder.

La tête basse, elle murmura : « C'est toi qui as fait ça ? »

Elle parlait vraiment dans un murmure, espérant que s'il allait dire oui les flics n'entendraient pas la question. Il répondit : « Nicole, ne me demande pas ça. »

Alors elle leva la tête. Elle parvenait difficilement à se souvenir qu'il avait les yeux aussi clairs. Il se passa une minute pendant laquelle ils ne dirent rien de plus. Puis il passa un bras à travers les barreaux. Elle avait envie de le toucher, mais elle ne le fit pas. Elle continuait quand même à en ressentir l'envie.

C'était presque une expérience surnaturelle. Nicole ne savait pas exactement ce qu'elle éprouvait. En tout cas, elle ne le plaignait pas. Elle ne se plaignait pas non plus. C'était plutôt qu'elle ne pouvait pas respirer. Elle avait du mal à le croire, mais elle était sur le point de s'évanouir. Ce fut alors qu'elle comprit que peu importait ce qu'elle avait dit de lui ces deux dernières semaines. Elle était amoureuse de lui depuis l'instant où elle l'avait rencontré et elle l'aimerait toujours.

Ça n'était pas tant une émotion qu'une sensation physique. On aurait dit qu'un aimant l'attirait vers les barreaux. Elle voulut poser une main sur le bras qu'il tendait, mais l'un des policiers s'approcha et dit : « Pas de contact physique. »

Elle recula. Gary avait l'air bien. Il avait l'air étonnamment bien. Ses yeux étaient plus bleus que jamais. Toute cette brume du fiorinal avait disparu. Il la regardait comme s'il revenait de très loin, comme si quelque chose d'affreux était complètement passé et avait disparu. Durant ces deux dernières horribles semaines, on aurait dit que chaque jour il semblait vieillir d'un an, alors que maintenant il avait l'air en pleine forme. « Je t'aime », fit-il lorsqu'ils se dirent adieu. « Je t'aime », répondit-elle.

À l'heure où Nicole faisait sa visite à la prison, April piqua une crise de folie. Elle se mit à hurler que quelqu'un essayait de lui faire sauter la cervelle. Kathryne était impuissante. D'abord elle dut appeler la police, et puis elle décida de la faire interner. C'était horrible. April flippait complètement. Kathryne dut même éloigner les enfants de la maison pendant le temps qu'il lui fallut pour prendre cette décision.

IV

Le shérif Ken Cahoon était un homme de grande taille à l'air débonnaire et aux cheveux blancs. Il portait des lunettes à monture métallique. Il avait un grand nez, une petite bouche, un petit menton et un peu de ventre. Il se plaisait à penser qu'il dirigeait une prison raisonnablement bien installée. La salle principale avait des couchettes pour trente détenus, mais il ne dépassait jamais vingt s'il pouvait l'éviter. Ça empêchait les bagarres. Les prisonniers qui travaillaient à la cuisine avaient droit à une cellule individuelle et il y avait aussi le quartier de haute surveillance où l'on pouvait loger six détenus. C'était là où Gary se trouvait maintenant. Il y avait aussi une autre cellule pour six au bout du même couloir où logeaient les prisonniers qui travaillaient à l'extérieur. Au total, la prison de Cahoon pouvait contenir quarante personnes sans influer sur la patience de qui que ce soit.

Peu après le départ de Nicole, Cahoon décida de retourner voir Gilmore.

« J'ai des ampoules aux pieds, lui expliqua Gilmore

— Ça vient de quoi ? demanda Cahoon.

— Oh, fit Gilmore, j'ai fait du jogging sur place.

— Eh bien, espèce d'idiot, cessez de faire du jogging sur place.

— Non, dit Gilmore, donnez-moi des pansements adhésifs. Je les mettrai et je pourrai continuer à courir encore. »

Le lendemain, il formula la même demande. Il dit qu'il avait besoin de pansements parce qu'il avait des plaies aux pieds. « Eh bien, voyons si vous avez de l'infection, dit Cahoon.

— Vous n'avez qu'à me donner des pansements, fit Gilmore. Ça n'est pas si grave.

— Pas du tout, fit Cahoon ; si vous avez des ampoules, je veux les voir.

— Oh ! la barbe, dit Gilmore, n'en parlons plus. »

Cahoon pensa qu'il bluffait. Impossible de dire quel usage il pourrait faire des pansements adhésifs, à moins que ça ne soit pour dissimuler des choses sous son sommier ou quelque chose comme ça.

Le lendemain matin, Gilmore dit à un gardien : « Je veux sortir d'ici aujourd'hui. J'ai déposé une demande d'habeas corpus. Laissez-moi voir le directeur de la prison. »

Cahoon se dit que Gilmore devait s'imaginer qu'ils étaient des ploucs dans ce petit patelin. Gary dit à Cahoon sur un ton de confidence :

« Écoutez, ça fait cinq jours que je suis ici. On ne me garde que pour une infraction au code de la route. Alors j'aimerais sortir d'ici. Vous comprenez, ajouta-t-il, j'ai besoin de soins médicaux. Comme vous le savez peut-être, je suis arrivé avec ce plâtre et ce genre de choses nécessite des soins. J'aimerais qu'on me conduise à l'hôpital. Ma main doit être soignée et, si je ne peux pas sortir d'ici, il pourrait y avoir des complications. »

Cahoon trouva que Gilmore y allait un peu fort, compte tenu de la situation, et il ne prit pas à la légère l'idée que Gilmore pourrait se faire la malle. Voilà quelque temps, ils avaient en prison un nommé Dennis Howell, et un autre prisonnier arriva qui s'appelait aussi Dennis Howell. Le même jour, l'ordre arriva de relâcher le premier Dennis. Le geôlier de garde, qui était nouveau, parcourut donc la liste, et revint dire au nouvel arrivant : « Howell, votre femme est dehors, vous pouvez partir. » Le mauvais Dennis franchit la porte, passa au petit trot devant la femme et fila comme le vent.

On pouvait dire que Gilmore avait de la suite dans les idées. Un peu plus tard, il demanda à joindre son avocat. Il dit qu'il allait faire un procès à la prison qui ne voulait pas s'occuper de sa main. Il la dorlotait vraiment, cette main.

Lorsque tout eut échoué, Gary dit : « Je sais que le comté de l'Utah n'a pas l'âme élevée et qu'on me garde rancune, mais, shérif, vous pouvez me laisser rentrer chez moi maintenant. Je ne suis plus en colère. »

Cahoon se dit qu'il avait vraiment le sens de l'humour.

Ça lui fut donc plus facile de charger Gilmore de décorer les murs. Cahoon voulait éliminer tout dessin obscène, mais ça n'était pas le style de Gary. Il faisait de charmants dessins. Et puis c'était aussi quelque chose qu'on pouvait effacer. Un jour il faisait un dessin, le lendemain il l'effaçait pour en faire un autre, aussi Cahoon n'en fit jamais un problème.

Ils s'entendirent vraiment très bien jusqu'au jour où Gilmore apprit qu'on ne voulait plus laisser Nicole venir le voir. Cela fit que Gary n'avait plus personne de l'extérieur à qui parler.

V

La seconde fois où Brenda était venue à la prison, c'était un dimanche, une semaine et demie après son arrestation, Nicole s'était présentée aussi. Lorsque Gary apprit qu'elle était dehors, l'expression de son visage, Brenda dut en convenir, devint resplendissante. « Oh, mon Dieu, dit-il, elle a promis de revenir et elle l'a fait. »

Toutefois, expliqua-t-il, ça ne voulait pas dire qu'elle pouvait lui rendre visite. Elle ne figurait pas encore sur sa liste. Brenda dit : « Laisse-moi voir ce que je peux faire. » Elle s'approcha d'un grand gardien, un Indien à l'air pas commode, qui était à la porte, et dit : « Alex, pourriez-vous faire entrer Nicole Barrett pour les cinq dernières minutes de mon temps ? » « Oh, vous savez, fit-il, nous ne devons pas enfreindre le règlement. » « Foutaises, dit Brenda, quelle différence est-ce que ça fait que ce soit moi ou Nicole ? Il ne va pas s'en aller ! Allons, Alex Hunt, vous voulez me faire croire, dit-elle, que vous n'êtes pas capable de surveiller ce pauvre homme avec une main amochée ? Qu'est-ce qu'il peut faire avec une main ? Vous déchirer en morceaux ? » « Oh, répondit Alex, je crois que nous pouvons nous charger de Gilmore. »

Pendant que Nicole était près de Gary, Brenda s'approcha de la belle-sœur de Nicole qui était venue aussi. Il faisait chaud ce jour-là et Sue Baker avait dans ses bras son nouveau-né et transpirait abondamment.

« Comment Nicole s'en tire-t-elle ? » demanda Brenda.

Le soleil cognait sur la cendrée derrière la prison.

« Elle ne va pas fort », dit Sue.

Brenda dit : « Gary ne va pas s'en tirer cette fois. Si Nicole est vraiment mordue, ça va la démolir.

— Elle ne veut pas rompre, dit Sue, nous avons déjà essayé.

— Eh bien, fit Brenda, elle va en baver. »

Quand Nicole sortit, elle pleurait. Brenda lui passa un bras autour des épaules et dit : « Nicole, nous l'aimons toutes les deux. »

Brenda dit alors : « Nicole, pourquoi ne songez-vous pas un peu à abandonner le navire ? Gary ne sortira jamais. Vous allez passer le reste de votre vie à lui rendre visite ? C'est tout l'avenir que vous aurez. » Brenda, à son tour, éclata en sanglots. « Rangez ces beaux souvenirs au fond de votre cœur, dit-elle. Rangez-les bien. »

Nicole murmura : « Je tiendrai le coup. »

Elle éprouvait envers Brenda une animosité qu'elle ne comprenait même pas. Nicole se prit à penser : « On dirait que je lui dois un million de dollars pour m'avoir donné cinq minutes de son temps de visite. »

VI

Il y eut une audition préliminaire le 3 août à Provo, et Noall Wootton était bien décidé à foncer aussi dur et aussi vite qu'il pouvait. Il avait un tas de témoins, aussi son problème était-il de garder le dossier intact. Lorsque la défense demanda un report, Wootton fit objection. Il était raisonnablement sûr d'obtenir une condamnation ou, pour être plus précis, il était certain que s'il n'obtenait pas une condamnation, ce serait sa faute. Toutefois, il n'était pas du tout sûr d'obtenir la peine de mort. Il éprouvait donc la tension habituelle avant le début d'un procès.

À l'audition préliminaire, Gilmore ne vint pas à la barre des témoins, mais Wootton lui parla quand même face à face pendant la suspension. Ils s'entendaient bien. Ils plaisantaient même. Wootton était impressionné par son intelligence. Gilmore expliqua à Wootton que le système pénitentiaire ne réussissait pas dans la mission qu'il était censé faire, c'est-à-dire récupérer. À son avis, c'était un échec total.

Bien sûr, ils évitèrent de parler des crimes eux-mêmes, mais Noall perçut quand même que Gilmore faisait de son mieux pour l'adoucir. Gary, assurément, ne cessait de le flatter en lui disant quel procureur juste et efficace il était, quel sens fondamental de l'équité il avait. Jamais, disait-il, il n'avait vu un autre procureur avec un pareil sens de la justice.

Ce n'était pas tous les inculpés qui savaient développer ce thème-là. Wootton s'attendait à voir Gilmore essayer de faire un marché. Il avait dû apprendre qu'on réclamait la peine de mort et penser que s'il se montrait assez gentil, Wootton pourrait se sentir encouragé à renoncer à une position aussi extrême, aussi éloignée en tout cas du point de vue de la défense.

Et, bien sûr, Gilmore finit par demander ce que Wootton pensait. Noall le regarda droit dans les yeux et dit : « Ils pourraient revenir avec une condamnation à mort. » Gilmore dit : « Je sais, mais qu'est-ce qu'ils vont vraiment faire ? » Wootton répéta : « Ils pourraient vous exécuter. » Il eut l'impression que ça laissait Gilmore déconcerté.

Snyder aborda aussi Noall et proposa de plaider coupable pour le premier crime en acceptant une peine de prison à vie. Wootton repoussa cette proposition. « Pas question », dit-il.

Il avait pris la décision de réclamer la mort après avoir regardé le dossier de Gilmore. On y voyait de la violence en prison, un passé d'évasions et de vains efforts pour la récupération. Wootton ne pouvait arriver qu'aux conclusions suivantes ; 1 : que Gilmore chercherait à s'évader ; 2 : qu'il serait un risque pour les autres détenus et pour les gardiens ; et 3 : que la récupération était sans espoir. Cela venant s'ajouter à une série de crimes commis de sang-froid.

VII

Le 3 août, Nicole vint à Provo pour assister à l'audition préliminaire, mais on ne la laissa voir Gary qu'un moment. Ça lui donna le vertige de le voir avec les fers aux pieds. On ne lui laissa que le temps d'une étreinte et d'un long baiser avant de l'écarter. Elle resta dans le hall du tribunal avec le monde qui gravitait autour d'elle. Dehors, dans la lumière de l'été, les taons étaient mauvais comme la folie en personne.

Pendant le trajet de retour jusqu'à Springville, elle rêva et eut un accident. Juste des dégâts matériels. Après ça, pendant tout le voyage, sa Mustang fit un bruit comme si elle allait se briser. Elle n'arrivait pas à passer la troisième.

Ça devint un voyage dingue. Elle avait tout le temps envie de franchir le terre-plein central pour aller se jeter sur les voitures en sens inverse. Le lendemain, lorsque le courrier arriva, il y avait une très longue lettre de Gary qu'il avait commencé à écrire dès qu'on l'avait ramené en prison après l'audience. Elle se rendit compte qu'il lui avait écrit ces mots alors même qu'elle roulait avec l'envie d'entrer en collision avec les voitures roulant en sens inverse.

Elle lut et relut la lettre de Gary. Elle avait bien dû la lire cinq fois, et les mots entraient et tourbillonnaient dans sa tête comme un vent déchaîné.

3 août

Rien dans mon expérience ne m'a préparé au genre d'amour sincère et sans réserve que tu m'as donné. J'ai tellement l'habitude des saloperies et de l'hostilité, de la duperie et de la mesquinerie, du mal et de la haine. Ça, c'est mon environnement naturel. C'est ce qui m'a formé. Je regarde le monde avec des yeux qui se méfient, qui doutent, qui craignent, qui haïssent, qui trichent, qui raillent, qui sont égoïstes et vains. Les choses inacceptables, je les considère comme naturelles et j'en suis même venu à les accepter comme telles. Je regarde cette horrible et abominable cellule et je sais que je suis à ma place dans un endroit aussi humide et sale car où devrais-je être ailleurs ? Le sol est inondé par cette saloperie de chasse d'eau qui ne marche pas. La douche est crasseuse et le mince matelas qu'on m'a donné est presque noir tant il est vieux. Je n'ai pas d'oreiller. Il y a des cafards morts dans les coins. La nuit il y a des moustiques et l'éclairage est très faible. Je suis seul ici avec mes pensées et je sens la vieillesse. Tu te rappelles que je t'ai parlé de la vieillesse ? Et tu me disais comme c'était moche, la vieillesse. J'entends crisser les roues du tombereau. C'est si moche et si près de moi. Quand j'étais enfant… je faisais un cauchemar où on me décapitait. Mais c'était bien plus qu'un rêve. Plutôt comme un souvenir. Ça me tirait du lit. Et c'était une sorte de tournant dans ma vie… Récemment, ça a commencé à rimer à quelque chose. J'ai une dette, qui date d'il y a longtemps. Nicole, ça doit te déprimer. Je n'ai jamais parlé de ça à personne, sauf à ma mère la nuit où j'ai eu ce cauchemar et où elle est venue me réconforter, mais après nous n'en n'avons jamais reparlé. Et j'ai commencé à te raconter ça une nuit et je t'en ai dit pas mal avant de me rendre compte que tu n'avais pas envie de l'entendre. Il y a eu des années où je n'y ai guère pensé et puis quelque chose (la photo d'une guillotine, un billot de bourreau, une grosse hache ou même une corde) me ramène tout ça en mémoire et pendant des jours il me semble que je suis sur le point de découvrir quelque chose de très personnel, quelque chose qui me concerne. Quelque chose qui, je ne sais comment, n'a pas été terminé et qui me rend différent. Quelque chose que je dois, me semble-t-il. Je voudrais bien savoir quoi.

Un jour tu m'as demandé si j'étais le diable, tu te rappelles ? Je ne le suis pas. Le diable serait bien plus malin que moi, il opérerait sur une bien plus grande échelle et bien sûr, il n'éprouverait aucun remords. Je ne suis donc pas Belzébuth. Et je sais que le diable ne peut pas éprouver d'amour. Mais je suis sans doute plus loin de Dieu que je ne le suis du diable. Ce qui n'est pas une bonne chose. Il semble que je connaisse le mal plus intimement que je ne connais le bien, et ça n'est pas une bonne chose non plus. Je veux me venger, je veux régler des comptes, dans leur ensemble, que mes dettes soient payées (quel qu'en soit le prix !) pour n'avoir pas de tache, pas de raison d'éprouver des remords ni de la crainte. J'espère que ça ne fait pas mélo, mais j'aimerais me retrouver sous les yeux de Dieu. Savoir que je suis juste, droit et pur. Quand on est comme ça, on le sait. Et quand on ne l'est pas, on le sait aussi. Tout cela est en nous, en chacun de nous – mais je crois que j'ai fui ça et que quand j'ai essayé de m'en approcher, je m'y suis mal pris. Je me suis découragé, ça m'a ennuyé, j'ai été paresseux et finalement inacceptable. Mais qu'est-ce que je dois faire maintenant ? Je ne sais pas. Me pendre ?

Ça fait des années que je pense à ça, il se peut que je le fasse. Espérer que l'État m'exécute ? C'est plus acceptable et plus facile que le suicide. Mais on n'a exécuté personne ici depuis 1963 (c'est à peu près la dernière année pour des exécutions légales où que ce soit). Qu'est-ce que je vais faire, pourrir en prison ? Devenir vieux et amer et finir par ruminer ça dans mon esprit jusqu'à penser que c'est moi qui me suis fait baiser, que je ne suis qu'une innocente victime des foutaises de la société ? Qu'est-ce que je vais faire ? Passer toute une vie en prison en recherchant le Dieu que j'ai envie de connaître depuis si longtemps ? Me remettre à la peinture ? Écrire de la poésie ? Jouer au hand-ball ? Me ronger pour le merveilleux amour que tu m'as donné et que j'ai rejeté lundi soir parce que j'étais trop gâté et que je ne pouvais pas avoir tout de suite une camionnette blanche dont j'avais envie ? Qu'est-ce que je vais faire ? On a toujours le choix, n'est-ce pas ?

Je ne te demande pas de répondre à ces questions pour moi, mon ange, surtout ne le pense pas. Il faut que je fasse mon propre choix. Mais tout ce que tu voudras m'apporter comme suggestions, comme commentaires ou comme conseils sera toujours le bienvenu.

Mon Dieu. Nicole, que je t'aime.

Cinquième partie

Les ombres du rêve

19. Parent du magicien

1

Peu après que Gary fut sorti de prison, et alors qu'il habitait à Provo avec Vern et Ida, il envoya à Bessie une botte de onze livres de chocolat pour la Fête des Mères. Puis une lettre suivit : « Je ne savais pas que je pouvais être aussi heureux. Et j'ai la plus belle fille de l'Utah. Maman, je gagne plus d'argent que je ne pourrais en avoir en le piquant. »

Bessie répondit : « C'est toujours ce que j'ai voulu pour toi. Je suis contente que tu aies rencontré cette fille. J'espère un jour faire la connaissance de ta belle Nicole. »

Puis elle n'entendit plus parler de lui et téléphona à Ida qui lui expliqua que Gary s'était attiré quelques ennuis en sortant d'un magasin avec diverses choses qu'il avait volées. Bessie demanda à Ida de dire à Gary de l'appeler et commença à s'inquiéter. Gary ne donnait jamais de nouvelles quand il avait des ennuis.

Le jour où elle entendit parler des meurtres, elle était dans la véranda de sa caravane, assise au soleil. Son téléphone sonna. C'était une femme. À peine eût-elle entendu le ton de la voix que Bessie dit : « C'est toi, Brenda. Il est arrivé quelque chose à Gary. » Elle croyait qu'il avait attaqué une banque.

Brenda lui dit que la police retenait Gary pour homicide. « Je ne le crois pas, Brenda. Gary ne tuerait personne. » « Oh ! si, répondit Brenda, il a tué deux personnes et s'est tiré une balle dans le pouce. » C'est ainsi que Bessie fut mise au courant.

Elle dit : « Oh ! il doit y avoir une erreur. Gary n'a pas pu faire ça. On peut dire ce qu'on veut, ce n'est pas un tueur. » Elle raccrocha. Le téléphone sonna de nouveau. Cette fois c'était

Ida qui lui confirmait que Vern et elle avaient vu le cadavre de M. Buschnel et insistait sur d'horribles détails macabres. Bessie avait l'impression qu'elle n'en finirait jamais de décrire cet affreux spectacle. Puis Vern prit l'appareil et dit : « Ils appliquent la peine de mort ici, ils vont exécuter Gary. » Bessie ne pouvait pas en supporter davantage. Elle avait toujours eu la phobie des exécutions. Elle ne pouvait même pas y penser. Lorsqu'elle était petite fille, elle se cachait si elle entendait dire qu'une exécution allait avoir lieu.

Après le message de Vern, elle garda la nouvelle pour elle. Elle ne le dit qu'à Frank Jr quand il vint en ville, mais pas à Nikal, son plus jeune fils. Il téléphona pourtant un matin et lui dit : « On dirait que tu as pleuré. » Bessie répondit : « J'ai un rhume. » « Je vais venir passer la journée avec toi », reprit Nikal. « Tu as vu dans les journaux, pour Gary ? » « Oui, j'ai vu cela. »

Elle ne cessait de penser au jour, lors de l'automne 1972, où elle avait laissé Gary sortir de la maison de correction pour suivre des cours aux Beaux-Arts. Il allait vivre en semi-liberté dans une maison de redressement d'Eugene, et on lui octroierait des permissions. Dès les premiers jours, Gary passa voir sa mère l'après-midi et resta la soirée. Un matin, il alla à l'épicerie acheter des œufs pour le petit déjeuner et lui demanda s'il pouvait rapporter un paquet de six canettes de bière. Elle dit oui. Il resta donc toute la matinée assis avec elle, à bavarder tout en buvant sa bière. Ils se sentaient très proches. Elle lui prépara son petit déjeuner et dit : « C'est la première fois depuis longtemps que nous avons passé la nuit sous le même toit. » « C'est bien vrai », répondit Gary. En fait, ça faisait près de dix ans. Il but sa bière et déclara qu'il devait partir. Il devait se rendre à son cours, à Eugene.

Après son départ, elle se rappela cette dernière fois, il y avait dix ans, en 1962, où ils s'étaient trouvés seuls tous les deux. Gary et elle étaient des fans de Johnny Cash. Il avait descendu tous ses disques du premier étage et ils les avaient écoutés tous deux, toute la journée. Maintenant elle éteignait la radio chaque fois qu'on diffusait une chanson de Johnny Cash.

Quelques jours plus tard, en ce même automne 1972, Gary arriva avec une voiture et annonça à sa mère qu'il aimerait l'emmener dîner. Elle lui dit qu'elle n'était pas habillée, qu'il était un peu tard, alors il resta à bavarder un bon moment. Deux soirs plus tard, elle remarqua que la police faisait le guet devant sa caravane et refusa de lui dire quoi que ce soit. Ce fut alors qu'elle comprit que les choses n'allaient pas bien du tout.

Le lendemain matin, une voisine lui passa un coup de fil et demanda : « C'est votre fils qu'on a arrêté pour vol à main armée ? » « Non, ce n'est pas possible, répondit Bessie, dans quel journal avez-vous vu ça ? » La femme le lui dit et Bess reprit : « Je vais regarder. » Lorsqu'elle eut trouvé l'article elle pleura à s'en rendre malade. Une rivière de plus dans le fleuve de larmes que Gary lui avait fait déjà verser.

Aujourd'hui, en cet été 1976, c'était un cauchemar. Elle n'arrêtait pas de se dire que si elle avait pu aller à Provo, Gary n'aurait jamais tué ces hommes. Durant la première soirée d'avril, lorsqu'il avait appelé de chez Ida, il avait dit : « Je vais me procurer une voiture, maman, monter à Portland et te ramener. » Bessie avait éclaté de rire : « Oh ! Gary, je suis maintenant tellement décrépite que la fanfare est là quand je sors dans la rue ».

Quelques mois auparavant, alors que Gary était encore à Marion, elle était assise un soir avec son fils Frank Jr, quand elle s'était mise à cracher du sang. On vint la chercher en ambulance pour l'emmener en chirurgie. On lui retira la moitié de l'estomac. L'aspirine qu'elle prenait pour atténuer son arthrite avait rongé son ulcère. « Je me soulageais d'un côté, raconta-t-elle à une amie, et je m'esquintais de l'autre. » Maintenant, elle ne mettait plus le nez dehors sauf pour aller jusqu'à la caravane de sa propriétaire et y prendre son courrier. Et elle laissait Gary dire combien ce serait agréable d'avoir une maison à Provo. Elle en rêva, jusqu'au jour où il lui annonça dans une lettre qu'il allait vivre avec Nicole.

Tout cela, se dit-elle, ça permettait de rêver et rien de plus. Elle n'arrivait même plus à garder en ordre la caravane qui avait l'air aussi vieille et délabrée qu'elle-même.

Juste une semaine avant les meurtres, elle avait écrit une lettre à Gary. Il avait dû la recevoir un jour ou deux avant que ces jeunes mormons ne soient tués. Elle avait parlé de la maison de Crystal Springs Boulevard où elle avait été si contente d'habiter alors qu'il avait neuf ans. C'était l'année où il n'avait pas cessé de déclarer qu'il voulait être pasteur. Dans la lettre, elle lui racontait qu'on avait démoli la maison pour construire un immeuble. Encore un souvenir qu'on ne retrouverait plus.

Pourtant, c'était dans la maison de Crystal Springs Boulevard que Gary avait eu ce cauchemar auquel avait succédé sa hantise d'être décapité. C'était un gosse téméraire, mais il était obsédé par cette crainte. Il partageait avec Frank Jr une chambre que les précédents occupants avaient dû badigeonner de peinture lumineuse parce que, la nuit, les murs brillaient d'un éclat vert pâle. Parfois Gary hurlait : « Maman, je revois encore cette chose ! » Elle essayait de lui expliquer que c'était de la peinture et qu'il n'avait pas à avoir peur, mais en fin de compte il avait fallu repeindre les murs. Ses cauchemars et sa hantise d'être exécuté n'en avaient pas cessé pour autant. Ils lui faisaient très peur. « Toute sa vie, se disait-elle, il a eu peur. »

Oui, Gary était un homme triste et esseulé, un des plus tristes et des plus esseulés. « Oh, mon Dieu, songeait Bessie, il a été en prison si longtemps, il ne savait pas comment travailler pour gagner sa vie ou pour payer une facture. Tout le temps où il aurait dû apprendre, il était bouclé. »

Il faisait chaud dans la caravane, en plein mois de juillet, et elle avait l'impression de se trouver dans un bain de vapeur. À Portland, on pouvait rester assis sans bouger et perdre du poids. « Dans ma caravane, quand il fait vraiment chaud, disait-elle tout haut, je peux perdre cinq livres en une heure. » Pourtant, elle ne pesait que cinquante kilos ! « On se croirait en Afrique », disait-elle, s'adressant aux murs. Elle avait l'impression qu'un jour elle serait anéantie. La chaleur était trop violente, trop terrible, on se serait cru dans la jungle. « J'ai toujours su que c'était trop vert, dès que je suis arrivée ici », déclara-t-elle un jour.

À l'intérieur de la caravane, on avait comme une impression d'aspiration. Si quelqu'un faisait un geste qu'il ne fallait pas, tout allait se désintégrer.

II

Un jour, alors que Gary avait vingt-deux ans, l'année suivant la mort de son père, au cours de ce bref semestre de liberté et de disponibilité où il avait quitté la maison de correction de l'État d'Oregon et n'était pas encore entré au pénitencier du même État pour y purger une peine de douze ans et demi à laquelle il avait été condamné pour vol à main armée, au cours donc de ce même semestre pendant lequel ils avaient passé tous les deux une journée à écouter Johnny Cash, Bess revint un jour à la maison d'Oakhill Road que Frank lui avait achetée lorsqu'ils menaient une vie prospère et rangée. Elle y trouva Gary en train de fouiller dans son bureau. « Je voudrais te montrer quelque chose », déclara-t-il. Il avait trouvé son acte de naissance. Le nom de sa mère y figurait, et sa date de naissance à lui, mais son père et lui étaient mentionnés, noir sur blanc, comme Walt Coffman et Fay Robert Coffman.

C'était bien là une ironie du sort car ce nom, c'était Frank qui l'avait donné à Gary. Fay en souvenir de la mère de Frank, et

Robert à cause du fils que Frank avait eu d'un précédent mariage. Coffman venait du fait de n'être pas né sur le territoire de Frank Gilmore, mais plutôt au pays de Walt Coffman, qui en l'occurrence était le Texas ; McCay dans le Texas. En franchissant certaines frontières, Frank avait l'habitude de changer de nom. Bessie n'avait su si c'était pour faire oublier une vieille piste ou pour en prendre une nouvelle.

Bien sûr, Bessie ne supporta pas longtemps le nom de Fay Robert. Les gens de l'hôtel lui conseillèrent de le rebaptiser Doyle. Bess aimait bien ce prénom, mais Gary, c'était mieux. Elle adorait Gary Cooper. Frank et elle eurent des discussions à ce sujet. Gary était un nom qui rappelait Grady, et Grady était un ex-beau-frère de Frank qui, une fois, l'avait roulé.

Cette fois, Gary et Bessie n'élevèrent même pas la voix, mais lorsqu'il commença à se montrer désagréable, Bessie dit : « Comment oses-tu fouiller dans mon bureau sans ma permission ! »

Gary répondit : « Je n'aurais jamais appris cette nouvelle sans permission, n'est-ce pas ? » fit Gary. Et il ajouta : « Pas étonnant que le vieux ne m'ait jamais aimé. » « Ne t'avise jamais, jamais d'insinuer que tu es un enfant illégitime », répliqua Bessie.

Ce ne fut que des années plus tard que Bessie sut que Gary connaissait l'existence de son acte de naissance depuis déjà un an et demi avant de l'avoir trouvé fouillant dans son bureau. Son conseiller à la maison de correction de l'État d'Oregon (pour les garçons trop âgés pour la maison de redressement et trop jeunes pour la prison) avait demandé pourquoi, sur son acte de naissance du Texas, le nom de son père se trouvait être Coffman et non pas Gilmore. Ça l'avait bouleversé. Deux semaines plus tard, on lui fit un électroencéphalogramme car il souffrait de sévères migraines. Il n'arrêtait pas de recevoir des blâmes pour refus de travailler et provoquer des bagarres. Il se plaignit à son psychiatre de faire des rêves étranges. Il avait le plus grand mal à maîtriser son caractère. Il était persuadé que les gens disaient des horreurs sur lui derrière son dos. Puis son père mourut. Il était alors en haute surveillance et on ne voulut pas lui donner de permission pour l'enterrement.

Tout cela s'était passé avant le jour où Gary, assis au bureau de Bessie, lui avait tendu son acte de naissance.

Elle n'aimait pas penser à quel point ce ridicule malentendu l'avait rongée. Gary s'était attiré assez d'ennuis depuis longtemps pour ne pas en reporter la responsabilité sur un acte de naissance. D'autant plus qu'il savait que son père avait voyagé sous un certain nombre d'identités. Malgré cela elle ne pouvait pas avoir la certitude que ce bout de papier n'avait pas été pour rien dans le cambriolage à main armée qu'il avait commis ensuite ni avec cette terrible condamnation à quinze ans de prison dont il avait écopé à l'âge de vingt-deux ans. Peu après, Bess eut de tels ennuis de vésicule biliaire qu'il fallut la lui enlever. Avec les complications qu'elle eut pendant sa convalescence, quelques mois passèrent avant qu'elle pût aller rendre visite à Gary à la prison. C'était la plus longue période qu'elle eût jamais passée sans le voir. Maintenant elle était endurcie aux chocs, sinon elle aurait poussé un hurlement lorsqu'il était arrivé au parloir. Il était planté là, à vingt-deux ans, sans dents, sauf deux à la mâchoire inférieure. On aurait dit des crocs. « Ils sont en train de préparer les dentiers », annonça-t-il.

À la visite suivante, il dit à sa mère qu'il aimait bien son nouvel appareil. « Je peux prendre une pomme et vraiment la manger sans avoir mal aux dents », déclara-t-il. Ses migraines semblaient aussi s'atténuer.

« Allons, se dit-elle alors, je suis la fille des tout premiers habitants qui se sont installés à Provo. Je suis la petite-fille et l'arrière-petite-fille de pionniers des deux côtés de ma famille. S'ils ont pu supporter ça, je le peux aussi. » Elle dut quand même se le répéter après les coups de fil de Brenda, d'Ida et de Vern.

III

Bessie revoyait le vieil atelier du forgeron auprès du ruisseau où elle avait grandi. Elle le sentait aussi. Elle humait l'odeur des chevaux lorsque la peur leur faisait évacuer leur crottin, elle retrouvait les relents de corne quand on taillait les sabots des chevaux : c'était pire que des pieds de vieillards, et puis après il y avait cette horrible puanteur des sabots brûlés quand on posait les fers. Dès lors, elle avait toujours su ce que l'enfer avait à offrir. C'était si désagréable qu'elle en aimait presque l'odeur vive du fer chauffé au rouge lorsqu'elle se mélangeait à celle du charbon qui brûlait. Elle s'imaginait que ce devait être comme ça que sentait une tombe si on y enterrait un homme robuste.

Quand on sortait de la forge, il y avait de l'herbe, quelques arbres fruitiers, puis c'était la plongée au paradis, dans une brise fraîche. Bien sûr, il y avait aussi les déserts qui ne sentaient rien du tout, vous desséchaient le nez et vous laissaient parcheminée. À l'arrière-plan se profilaient les montagnes tellement hautes qu'en les regardant on avait la même impression que celle que l'on éprouvait lorsque, collé au pied d'un mur et leur faisant face, on levait les yeux en l'air.

Elle vivait dans une grande famille de sept filles et deux garçons, et chacun de ses parents appartenait aussi à une famille nombreuse. Sa mère était l'aînée de treize enfants ; son père de neuf. Le nom de famille de sa mère était Kerby, comme la marque d'aspirateurs, mais avec un « e » au lieu d'un « i ». À une certaine époque, les Kerby avaient possédé l'île de Galles, racontaient-ils, mais son arrière-grand-père avait rallié l'Église mormone en 1850 et avait été désavoué par sa famille. Aussi était-il venu en Amérique sans un centime et avait-il fait route jusqu'en Utah avec la Compagnie des Charrettes Goddard, poussant à travers les plaines une charrette pleine de toutes ses affaires, perdu dans une armée de Mormons qui poussaient leurs petits chariots à travers les canyons des Rocheuses. Cette année-là il n'y avait pas eu assez d'argent à l'Église pour employer des charrettes de prairie, et Brigam Young leur avait dit : « Venez quand même, venez avec des charrettes à bras jusqu'à la Nouvelle Sion du Royaume du Désert. » C'étaient des gens courageux et sains, disait toujours Bessie, et qui savaient ce qu'ils faisaient.

Son arrière-grand-mère était Mary Ellen Murphy, la seule Irlandaise de la famille Kerby. Les autres étaient anglais avec un soupçon de sang français. Bessie était anglaise à quatre-vingt-dix-neuf pour cent et ne comprenait pas pourquoi Gary disait toujours qu'il était irlandais. Il était à peu près aussi irlandais que texan, si l'on admettait qu'il était, bien sûr, né au Texas mais qu'il n'y avait vécu que six semaines.

Bessie avait soixante dix-huit cousins. Ils ne pouvaient pas se déplacer. Ils étaient les rois et les rustres de Provo, tous taillés sur le même modèle. Plus tard elle expliquait aux gens : « Savez-vous comment on nous a élevés ? Vous ne le croiriez pas. Si le chef de notre Église disait : « Marchez du côté droit de la rue », alors pas question de marcher sur le côté gauche, même si la pluie tombait à flots… Nous en étions ridicules. »

Cette enfance-là n'était plus qu'un souvenir mais elle essayait de la revivre. C'était mieux que les flots de désespoir qui déferlaient en elle à l'idée qu'un fils de sa chair avait tué les fils d'autres mères. Ça lui brûlait dans le cœur comme la douleur qui flambait dans ses genoux, provoquée par son arthrite. La douleur était une bavarde assommante qui ne s'arrêtait jamais et trouvait toujours de nouveaux sujets.

Bessie avait de vieux souvenirs de Provo durant la Première Guerre mondiale. Elle avait cinq ans, et il n'y avait pas de téléphone, pas d'électricité dans leur maison, et un télégramme était une rareté. Les routes n'étaient que des chemins de terre soigneusement entretenus. Les journaux dataient d'une semaine quand on les recevait. Leur maison comprenait deux chambres avec un appentis derrière, et ils allaient par-delà la colline jusqu'au ruisseau pour y chercher de l'eau. Ils en ramenaient deux seaux à la fois, en été sur une petite charrette, en hiver sur un traîneau. Un certain novembre, elle s'en souvenait, le ciel était chargé de neige, et on entendit de terribles sifflements venant de la ville, à trois kilomètres de là. Sa mère ne cessait de dire d'une petite voix craintive : « Oh ! les Allemands arrivent, les Allemands arrivent. » Au lieu de cela, ce fut son père qui arriva à cheval en dévalant la colline, et c'est ainsi qu'ils apprirent la nouvelle que la guerre était finie.

Elle trouvait que Bessie était un prénom horrible. C'était un nom que des gens donnaient à des vaches ou à des chevaux. Elle demandait à tout le monde de l'appeler Betty et le leur répétait tout en cueillant des tomates, des concombres, des haricots et en prenant son tour pour actionner la pompe de la machine à laver. Le soir, autour de la table, leur mère leur faisait la lecture à la lueur d'une lampe à pétrole. « Betty », disait Bessie quand on l'appelait. Elle ressentait la même impression cinquante ans plus tard. Quand on l'appelait Betty, comme l'avait toujours fait Frank, c'était l'époque où ils avaient de l'argent. C'est pourquoi ce fut de nouveau Bessie après sa mort, et elle se sentait pauvre comme une souris d'église.

Elle était assise sur sa chaise, dans cette caravane surchauffée, à respirer l'air brûlant comme à la forge, et dans son cœur comme dans ses poumons revenait la vieille odeur d'un cheval effrayé. En pensant à la voix d'Ida au téléphone, décrivant le sang qu'elle avait vu sur le visage et la tête de M. Buschnell, Bessie éprouva comme un vertige devant cette dégringolade dans le temps depuis que Ida était née avec sa jumelle Ada.

Les jumelles avaient dix ans de moins que Bessie, et Ida était sa préférée. Bessie l'appelait Bootie. Petite Bootie, comme une petite botte. Maintenant Ida était mariée à un homme dont les poings étaient aussi gros que les sabots d'un cheval.

Il avait travaillé toute sa vie à faire des chaussures et des bottes. Bessie, qui avait toujours bien aimé Vern, estimait qu'il l'avait poignardée en traître en lui annonçant au téléphone : « Ils vont exécuter Gary. » Elle essaya de penser plutôt à la chambre supplémentaire que son père avait dû ajouter à la maison quand les jumelles étaient nées, et au tub en fer-blanc du samedi soir.

Elle se sentait mieux, les souvenirs agréables lui faisaient l'effet d'un baume sur une blessure. C'est ainsi qu'elle pensa au professeur de danse qui venait tous les vendredis à Salt Lake pour donner des cours. Au lycée, Bessie ne jouait jamais à aucun jeu, elle ne courait pas, elle n'avait même pas le courage de rester assise et de dire : « Dispensez-moi de gymnastique », car elle n'avait pas d'excuses. Tout le monde parlait déjà d'elle : c'était une fille de ferme qui ne pouvait pas travailler au soleil, qui portait de grands chapeaux pour se protéger et des gants longs.

La venue du professeur de danse changea tout. Bessie commença à avoir des vingt en danse, et il la fit danser au premier rang, disant qu'elle était une ballerine née. « Dommage que je n'aie pas pu mettre la main sur elle quand elle avait quatre ans », disait-il.

Bessie écoutait aussi la radio à cette époque et essayait de chanter, mais personne dans sa famille ne savait même fredonner. Tous murmuraient toujours le même air. Plus tard, ce fut pire quand Frank, elle et les garçons essayèrent. À chaque réveillon de Noël, Frank entonnait « Giddyap Napoléon, on dirait qu'il va pleuvoir ». À chaque réveillon de Noël, ils subissaient ça. Gary disait tout haut : « Il y a de quoi vous dégoûter de Noël. » Mais quand venait son tour, Gary avait une voix encore pire. Rien que des grognements et un soprano de jeune fille. On aurait dit un chanteur de chansons de cow-boys qui aurait avalé des cailloux.

Subitement, elle s'évada de ses souvenirs et se dit que Gary allait passer le reste de sa vie en prison. S'il n'était pas exécuté.

IV

Elle ne savait peut-être pas chanter, mais au temple elle était la Reine du Bal Vert Doré. Il y avait quinze filles parmi lesquelles choisir, venant de dix ou douze familles de Grandview Ward, au nord de Provo, au sud d'Orem, mais c'était Bessie qu'on choisissait. Des étudiants venaient de l'université de Brigam Young pour leur apprendre à danser. On aurait dit un film.

Bessie n'aima jamais le cinéma. Elle y allait avec ses parents, mais l'image tremblotait devant ses yeux comme un papillon dans une penderie, et il fallait regarder tout en haut du mur, tout au bout d'une longue salle sinistre, pendant qu'un orgue, dans l'obscurité, jouait à s'époumoner. Il fallait être une adepte de la lecture rapide, ou bien on manquait ce que disaient les acteurs. De plus, le fait d'être bousculée, ça lui donnait des frissons.

L'obscurité des salles de cinéma lui rappelait le lointain Noël où sa sœur Alta avait été tuée quand son cheval s'était emballé et que son traîneau avait heurté un arbre. On avait enterré Alta alors que le sol était couvert d'une épaisse couche de neige, et on avait dû la laisser là, au cimetière, sous la neige. Après cet accident, la famille n'avait jamais vraiment connu d'autres joyeux Noëls. La mélancolie ne cessait de se mêler à la fête, des souvenirs semblant jaillir du sol enneigé.

Bessie le considérait comme le plus mauvais Noël, jusqu'au moment où elle repensa à celui de 1955, lorsque Gary était à MacLaren, et où on avait essayé d'obtenir de la direction du pensionnat qu'on le laissât venir deux jours à la maison. D'abord ils avaient dit oui, mais il avait commis une infraction entre-temps et ils avaient refusé. Comme Bessie et Frank ne pouvaient pas aller à MacLaren le jour de Noël à cause des autres gosses, Gary s'était retrouvé tout seul.

La seule chose à dire pour les heures qu'elle vivait maintenant, sous ce soleil brûlant et dans l'abri sans air de la caravane, c'était que pourtant la chaleur ne lui donnait jamais l'impression d'être aussi seule que l'humidité pendant l'hiver. L'hiver, c'était la période où elle avait si froid que pour tenir le coup elle avait besoin de ressasser toute la vie. Mais aujourd'hui, à soixante-trois ans, Betty se sentait aussi vieille que si elle en avait quatre-vingts tant ses sentiments s'étaient glacés, en plein juillet, à la nouvelle que Gary avait tué deux hommes. Elle ne cessait de voir le visage de M. Buschnell qu'elle ne connaissait pourtant pas, mais cela importait peu car il avait la tête couverte de sang.

« Oh ! Gary, murmurait l'enfant qui ne cessait de vivre en elle, malgré tout ce qu'elle avait subi et subissait encore, avec ses articulations déformées par l'arthrite, oh, Gary, comment as-tu pu ? »

Oui, ce souvenir de la vie qu'on a menée, ça pourrait bien être le meilleur et le seul ami qu'on ait. C'était certainement le seul onguent capable de calmer ses os malmenés qui l'irritaient dans la chair jusqu'à la faire souhaiter de n'être plus qu'un squelette libéré de toute chair.

Aussi pensait-elle souvent aux douces soirées du passé et aux brises sur la colline par les tièdes crépuscules d'été. Elle pensait à quel point jadis elle aimait Provo, et comme elle pouvait rester des heures assise à contempler le même magnifique pic, qu'on appelait le mont Y parce que les premiers colons avaient installé des pierres blanches plates sur son flanc pour dessiner un grand « Y » blanc en l'honneur du vieux Brigam Young. Un jour, lorsqu'elle était enfant, elle regardait le mont « Y », et son père s'était approché. Bessie avait dit : « Papa, je vais réclamer cette montagne pour moi », et il avait répondu : « Ma foi, mon chou, je crois que tu as à peu près autant de droits que n'importe qui. » Il s'en était allé et elle s'était dit : « Il m'a donné son consentement. Cette montagne m'appartient. » Assise dans sa caravane, elle dit, en s'adressant à cette bonne amie qu'était sa mémoire : « Cette montagne m'appartient encore. »

V

Bessie étudia beaucoup de robes dans une revue de mode avant de tailler la sienne. Puis s'en alla danser à la salle de bal Uthama à Provo lorsqu'on fit venir des orchestres. Elle avait une amie, Ruby Hills, et le frère de Ruby les emmena dans une Ford modèle A. Il conduisait prudemment. Les routes avaient des ornières aussi profondes que des crevasses dans une roche.

Elle avait des amies dont les noms, une fois mariées, étaient devenus Afton, Davies, Askins et Eva Davall Bricky. Bess sortait avec un garçon qui se ralliait à Brigam Young et qui promettait bien d'être la belle prise à cueillir, mais elle ne pouvait le supporter. Bessie s'intéressait à tout sauf à lui.

Beaucoup la trouvaient agitée. Elle se déplaçait souvent. Avec des amies, elle partit en stop jusqu'à Salt Lake City et même plus loin. Puis elle alla jusqu'en Californie, toujours en stop. Elle partait et travaillait quelque temps, puis elle revenait. Ses parents ne lui posaient pas beaucoup de questions ; il y avait tant de filles. On était élevé à savoir ce qui était bien et ce qui ne l'était pas. Puisqu'on était mormon, on vous avait enseigné précisément comment il fallait se conduire, mais le Christ donnait le libre choix de façonner sa propre destinée. Bessie savait ce qu'elle voulait faire, et de plus en plus souvent elle quittait la maison.

Voilà quelles étaient les idées devenues siennes, et elle n'en parlait jamais à personne. Cela l'irritait d'être maintenant le sujet des cancans de Grandview Ward, quand on la voyait revenir de longs voyages avec de belles toilettes et des bijoux. Elle n'éprouvait aucun plaisir à l'idée que la plupart de ces ravissantes toilettes avaient été taillées et cousues par Bessie Brown elle-même, et si elle avait quelques bijoux, c'était à cause de ses beaux doigts qui lui permettaient de poser pour des bagues. C'est ce qu'elle racontait.

En réalité, elle était amoureuse et vivait à Salt Lake parce que c'était là qu'habitait l'homme qu'elle aimait. Elle faisait le ménage pour une vieille dame qui possédait une grande maison et Bessie vivait toute seule dans une petite chambre d'hôtel. Une fois sa liaison terminée, elle ne sortit plus. Ce fut une année où elle vécut seule et elle était encore trop jeune pour en souffrir. Ça lui plaisait plutôt.

Elle avait une amie du nom d'Ava Rodgers, qui buvait trop, qui faisait la vie et qui était avec un homme qu'elle appelait Daddy. Daddy s'occupait de publicité pour *Utah Magazine*. Il vendait cent dollars la page de publicité et touchait plus de vingt-cinq pour cent de commission. Ava était très amoureuse de lui, disait-elle. Il avait assurément quelque chose qui attirait les femmes.

« Aujourd'hui Daddy m'a acheté une machine à écrire neuve », fit Ava à Bessie et elle l'invita dans leur chambre. Bessie ne buvait pas – « Je ne suis pas de celles qui lèvent le coude », disait-elle toujours – mais Ava s'envoya deux bières en attendant Daddy. Puis elle essaya de ramasser la machine, seulement elle glissa, rebondit sur le sol et bien sûr se brisa. Une machine à écrire toute neuve. Ça se passait juste au moment où Daddy entrait. Il n'était pas grand, mais il avait l'air costaud et portait des guêtres. On pouvait dire qu'il avait l'air sûr de lui et qu'il avait mauvais caractère. Pauvre Ava. La machine à écrire n'était pas à elle, Bessie ne tarda pas à l'apprendre. Encore un mensonge, encore un sanglot. Daddy agit comme s'il avait un vieux compte à régler avec Ava et que le dernier incident venait s'ajouter à la liste. « Fais tes bagages et taille-toi », lança-t-il.

Un jour, Bessie rencontra Daddy dans la rue et apprit qu'il s'appelait Frank Gilmore. « Je me marie demain, annonça-t-il.

— Félicitations », dit-elle.

La fois suivante où elle le rencontra de nouveau, elle demanda : « Comment va le mariage ?

— C'est fini », répondit-il.

Elle l'aimait bien. Il avait l'air de connaître le monde alors qu'elle n'était qu'une petite fille de ferme. Il savait toujours où il allait. Ils pouvaient faire un jour des courses dans un magasin à prix uniques et le lendemain dans une boutique chère. Il aurait même pu arriver de les voir faire la queue à la soupe populaire, puisqu'on était en 1937, mais elle se sentait bien avec lui. Elle se sentait bien, même lorsqu'il lui gueulait après.

C'était un homme qui avait les pieds sur terre et qui n'était pas commode. Il lui raconta qu'il avait été dompteur de lions, ce qui expliquait les cicatrices de son visage. Il avait aussi été acrobate et funambule, dit-il, mais il boitait. Un jour, au music-hall, lui raconta-t-il, il était si ivre en faisant son numéro qu'il était tombé d'une grande hauteur dans la fosse d'orchestre. Il s'était cassé la cheville. Alors qu'il frisait la cinquantaine et qu'il avait des cheveux gris, il avait encore l'air de penser que toutes les femmes qu'il rencontrait trimbalaient leur matelas dans leur dos. Bessie aimait la manière dont il séduisait les femmes, et ce fut le premier homme qu'elle eut jamais envie de poursuivre.

Elle ne se rendit même pas compte lorsqu'il la demanda en mariage. Un jour qu'ils sortaient d'un cinéma, il dit : « Si on se mariait. » S'agenouiller, ça l'aurait tué. Il serait plutôt mort sur place. Alors il le lui demanda en venant de voir *Capitaine courageux*.

Il était sobre aussi, mais à sa manière. Le genre d'homme qui pouvait rester longtemps sans boire jusqu'au moment où il décidait de prendre un verre. Alors il continuait jusqu'à être ivre mort. Quelques années plus tard, au cours de leurs voyages, il devait se faire flanquer dehors de plusieurs hôtels à cause de cela.

Pour leur mariage, ils décidèrent d'aller à Sacramento. Il se révéla que Frank avait une mère qui y vivait et qui, toute sa vie, avait été dans le spectacle.

Lorsque Betty demanda ce que faisait son père, Frank répondit qu'il était aussi dans le spectacle.

Avant de quitter Salt Lake, ils s'arrêtèrent à Provo pour voir la famille de Bessie. Comme ils avaient sept filles, ses parents n'allaient pas s'effondrer et sangloter en apprenant la nouvelle. En route pour Sacramento…

VI

Frank n'avait pas dit que sa mère était belle. Bessie fut surprise. Fay avait un sourire éblouissant. Elle était menue, avait les cheveux blancs, les yeux d'un bleu incroyable. Sa peau était sans défaut. Ses dents parfaites. Elle n'avait pas de rides. Même à son âge avancé, qui devait atteindre soixante-dix ans, elle se comportait en véritable reine.

Son nom de scène était Baby Fay. Maintenant, elle était devenue médium et quittait rarement son lit. Elle vivait dans l'immense chambre d'une grande maison de Sacramento, et donnait des ordres à tout le monde. Elle commandait les gens comme si elle agitait une baguette magique. Toutefois, elle n'essaya jamais avec Bessie.

Fay savait se débrouiller. Elle laissa entendre qu'elle était apparentée, en France, à une très grande famille de sang royal, les Bourbon. « Quand vous aurez des enfants, déclara Fay, le sang royal coulera dans leurs veines. »

Le nom de jeune fille de Fay, c'était autre chose. Bessie ne le connut jamais. Dès le début du siècle, elle faisait du music-hall et lorsqu'elle n'utilisait pas le nom de Baby Fay, elle était Fay La Foe. Voilà. Mlle La Foe ne vous racontait pas ce qu'elle n'avait pas envie de dire.

Une fois par semaine, Fay donnait une séance. Parfois une quarantaine de personnes se rassemblaient sur des chaises autour de son lit et payaient cinq dollars chacune. Bessie n'y allait pas.

Elle ne voulait pas approcher trop près de ces choses-là. D'ailleurs, il arrivait qu'on parlât à Fay et voilà qu'il y avait un coup frappé au mur ou un bruit sourd au plafond. La nuit, Bessie sentait des présences qui rôdaient sur son lit. Lorsqu'ils furent mariés par Fay (qui avait une licence de pasteur et qu'on qualifiait de spiritualiste) Bessie se demanda toujours quels esprits rôdaient autour du lit de Fay.

Frank et elle commencèrent à voyager. À l'époque où elle fit sa connaissance, Frank habitait Salt Lake depuis plus d'un an, mais ça n'était pas courant. Il aimait aller d'un État à l'autre, vendant de la publicité pour des magazines spécialisés. C'était la plupart du temps des magazines qui n'avaient pas encore paru et qui souvent ne voyaient jamais le jour.

Il avait différents noms. Ceville, Sullivan, Caufman, Coffman, Gilmore et La Foe. Il lui dit un jour que son père s'appelait Weyss et qu'il était juif de ce côté-là, bien qu'il se considérât catholique depuis que sa mère l'avait mis dans des écoles catholiques et l'avait élevé dans cette religion. Néanmoins il avait une ex-épouse juive en Alabama et des femmes dans d'autres endroits. Elles s'appelaient Belly, Nan, Dabs, Millie, Barbara et Jacqueline, et il y en avait une qui avait été une célèbre chanteuse d'opéra. Pour autant que Bessie puisse en être sûre il n'était plus marié à aucune d'elles.

Mais une chose était certaine, il avait été lui aussi dans le spectacle. Les gens de théâtre le reconnaissaient partout. Ils avaient des dîners gratuits chaque fois qu'ils voyageaient. Un jour ils traversèrent même Salt Lake City. Sans s'arrêter. Une brève minute pour traverser les larges, très larges rues. Au long des années ils avaient dû visiter à peu près tous les États sauf le Maine et New York. Ils avaient séjourné dans des hôtels avec des noms comme Carillo Hotel et Layor Hotel. Layor, c'était Royal écrit à l'envers. Il avait plusieurs actes de naissance, mais elle ne demanda jamais pourquoi ils vivaient ainsi. Il aurait répondu : « Si j'estimais que ça te regardait, voilà des années que je te l'aurais expliqué. » Malgré tout elle était probablement aussi exotique pour lui qu'il l'était pour elle. Elle avait une éducation si enracinée qu'ils ne se comprirent jamais. Peu importe. Elle ne fit jamais d'effort. Elle pensait qu'on devait aimer les gens comme ils étaient. D'ailleurs, si on pouvait les changer, on les quitterait probablement.

Frank pilotait une grosse voiture. Il enveloppait toujours son corps courtaud et trapu dans des vêtements larges, flottants et confortables. S'il ne mettait pas de bretelles, son pantalon ne manquait pas de tomber. Elle trouvait qu'il ressemblait à Glenn Ford. Des années plus tard, compte tenu du fait qu'il avait eu le visage mâchonné par les lions, elle se dit qu'il ressemblait plutôt à Charles Bronson. Il n'avait assurément peur de personne, sauf du diable.

Il parlait aussi le langage des juifs. Il avait le don de se lier d'amitié avec les juifs. Il savait se montrer plus juif qu'eux et ils adoraient ça. Un jour, Bessie était dans un magasin et acheta quelque chose de cher. Lorsque Frank apprit ce que cela coûtait, il dit : « Tu veux dire qu'il t'a fait payer le plein tarif ? » « Oui, bien sûr. » Il accompagna Bessie chez le propriétaire du magasin et le juif s'excusa parce qu'il ne savait pas que Bessie était la femme de Frank.

VII

Cette visite au cours de laquelle Fay les maria, c'était la première que Frank faisait à sa mère depuis vingt ans. Maintenant, Bessie et lui retournaient de temps en temps à Sacramento. À l'occasion de ces voyages, Bessie ne pouvait s'empêcher de remarquer combien souvent Frank et Fay parlaient de Houdini. C'était leur sujet préféré. On pouvait dire qu'ils le détestaient et qu'ils s'excitaient à le traiter de tous les noms. Il était mort depuis plus de dix ans, mais ils le qualifiaient quand même de charlatan et de va-de-la-gueule. Ça ne dérangeait pas Bessie. De toute façon, ça ne lui avait jamais plu de lire des articles sur Houdini. En fait, lorsque Houdini avait fait devant elle son tour favori, s'évader d'un cercueil plombé plongé dans l'eau, alors qu'il portait des menottes aux poignets et des chaînes aux pieds, cela avait donné à Bessie un sentiment de malaise et même de peur.

Toutefois, Fay et Frank parlaient de lui comme s'ils l'avaient intimement connu. En écoutant leur conversation, Bessie en arriva à la conclusion que c'était Houdini qui avait donné à Fay l'argent pour envoyer Frank dans une école privée. Elle se souvint alors que Houdini avait été tué par un jeune homme qui l'avait frappé au ventre avec une batte de base-ball, et Frank lui avait raconté que son père juif, qui s'appelait Weiss, avait été tué par un coup dans le ventre. Elle apprit alors que le véritable nom de Houdini était Weiss et qu'il était juif aussi.

Fay ne prit pas la peine de dissimuler. Frank, bien sûr, était un enfant naturel. Fay, avant sa mort, montra à Bessie un tiroir de son bureau où étaient enfermés à clé un tas de papiers, en lui disant qu'ils prouveraient la parenté de Frank. Bien sûr, elle ne les sortit pas pour les lui montrer. Elle se contenta de dire à Bessie de ne pas manquer d'être là à son lit de mort. « Je veux que personne d'autre ne les ait », dit Fay d'un ton mystérieux.

Ils étaient à San Diego, lorsque Fay mourut à Sacramento. On prévint quelqu'un dans l'Est. Ce fut aussi dans l'Est qu'on expédia les papiers. Frank et Bessie avaient à peine appris la mort de Fay que l'enterrement était terminé.

Les garçons grandirent donc en étant informés de ces faits. Gaylen, le troisième fils, n'aimait pas spécialement Houdini, mais il était assurément fasciné, car il célébrait toujours l'anniversaire de sa mort le 31 octobre. Il allumait des cierges et organisait une petite cérémonie. Cela tombait toujours le lendemain de l'anniversaire de Frank Jr, le 30 octobre. Frank Jr devint un prestidigitateur amateur et, à quinze ans, appartenait à la Société des prestidigitateurs de Portland. Gary n'y attacha jamais beaucoup d'attention.

Assise dans la caravane, dans la chaleur de juillet, Bessie croyait entendre Brenda le taquiner. « Alors, cousin, te voilà en prison. Houdini aurait dû t'apprendre à t'évader ! »

20. Jours de silence

I

Cliff Bonnors, qui travaillait aux Aciéries de Genève, passa un soir au Dollar d'Argent après son travail. Un peu plus tard, Nicole et Sue Baker en franchirent le seuil, et ce fut la soirée de Cliff. Il se mit à bavarder avec Nicole.

À peu près au moment où Cliff se disait que ça ne marchait pas mal, il demanda si Nicole voulait venir jusque chez lui pendant qu'il faisait un peu de toilette. Il se sentait particulièrement sale car elle, au contraire, était très nette. Non pas qu'elle eût sur le dos des vêtements extraordinaires, mais ceux qu'elle portait étaient frais et impeccables. Il sentit encore plus le cambouis dont il était couvert lorsqu'elle refusa. Il ne la persuada qu'en acceptant de la conduire jusqu'à la prison. Elle avait une lettre à y déposer pour Gary.

Ça agaça un peu Cliff. Il avait entendu parler de Gilmore à la télé, mais il ne savait pas que ce mec avait quelque chose à voir avec cette fille. Mais Cliff se dit : « Et puis après, il ne peut rien faire, il est bouclé. » Ils prirent donc la camionnette jusque chez Cliff où il se doucha, et puis ils allèrent jusqu'à la prison et s'arrêtèrent dans le parking de cendrée auprès de l'embranchement de chemin de fer. Elle frappa et donna au gardien une lettre à remettre à Gary. Puis ils roulèrent un moment dans les collines avant de se garer.

Cliff se dit qu'elle savait vraiment comment en tirer le meilleur parti pour une première fois. Ça n'était pas un petit coup à la sauvette, ça n'était pas mal. Ils passèrent là un moment, puis il la raccompagna jusqu'au Dollar d'Argent et prit son adresse.

Après cela, Cliff alla chez elle à Springville de temps à autre et ne repartait qu'au matin. Son divorce n'avait pas tout à fait mis un terme à son mariage. Certaines racines étaient coupées, mais pas toutes. Même s'il fréquentait quelques filles, il y avait toujours des pointes de remords dans ses sentiments. C'était d'autant plus agréable, ce qu'il y avait entre Nicole et lui, puisqu'ils ne se demandaient pas trop l'un à l'autre. Il pouvait voir qui bon lui semblait et Nicole avait ses amis : en fait, une ou deux fois lorsqu'il frappa à sa porte, elle dut lui répondre qu'elle n'était pas seule.

Il disait toujours : « Je ne veux pas mettre le nez dans tes affaires. » Il ne lui posait jamais vraiment de questions. Parfois il passait, mais ils ne faisaient pas l'amour et restait avec elle juste pour discuter de ce qui la tracassait. Nicole disait qu'elle aimait avoir quelqu'un près d'elle. Tout le monde savait qu'elle avait horreur d'être seule.

C'était une charmante amitié. Si elle était à court de cigarettes, il lui en apportait un paquet. Si elle avait ses règles, il allait jusqu'à la pharmacie et revenait avec des tampons périodiques. Il n'était pas vraiment riche, mais il essayait de l'aider. D'ailleurs, il ne se montra jamais trop curieux à propos du type à la motocyclette : les fois où Cliff venait et où elle n'était pas seule, la même moto était toujours garée dans le parking.

11

La même histoire que Cliff. Nicole avait rencontré Tom alors qu'elle était sortie avec Sue. Un soir, elle était si déprimée qu'elle s'était bel et bien endormie dans la voiture et que Sue l'avait emmenée dans un bistrot de routiers où elle l'avait littéralement traînée. Tom dînait dans la niche voisine de la leur. Tom Dynamite, qui travaillait dans une pompe à essence. Il était encore un peu sous l'effet de l'acide qu'il avait pris et ils se mirent à bavarder. Ils n'avaient pas grand-chose à se dire, mais il la raccompagna chez elle à moto et ils devinrent très bons amis. Ils ne bavardaient jamais beaucoup mais ils étaient proches. Très proches.

Parfois, lorsque Cliff passait, il la trouvait assise dans le noir. Elle méditait, disait-elle. Il y avait des lettres sur la table. On pouvait supposer qu'elle les avait lues avant d'éteindre la lampe. Gary lui écrivait deux lettres par jour, expliquait-elle, c'étaient de longues lettres. Elles paraissaient avoir entre cinq et dix pages. Sur de longues feuilles jaunes.

Est-ce qu'elle les lisait toutes ? demanda Cliff.

Oh ! presque toutes. Il écrivait tant. Elle ne lisait peut-être pas chaque mot religieusement. Il y en avait certaines qu'elle se contentait de parcourir.

Puis elle secoua la tête. Non, reprit-elle, elle les lisait vraiment toutes.

4 août

Veux-tu m'envoyer une photo de toi. Ça me manque vraiment. En couleur, parce que tu as de si belles couleurs. J'espère te revoir. Il y a des fois où j'ai la gorge serrée quand je te regarde. Les dernières fois où je t'ai vue, c'est ce qui m'est arrivé. Je perds mon sens du temps et de l'espace. C'est un peu comme si je passais dans un autre niveau de conscience, presque comme si tout s'effaçait et que je n'étais sensible qu'à un Amour (avec un A majuscule) impossible à décrire avec des mots. Je regarde tes yeux et je vois au moins mille ans. Je ne vois aucun mal en toi, ni menaces. Je vois de la beauté, de la force et un amour sans saloperie. C'est juste toi et tu es réelle et tu n'as pas peur, n'est-ce pas ? Je ne t'ai jamais vue montrer aucune peur. C'est extraordinaire. La peur, c'est moche. Je n'en ai jamais vu chez toi. On croirait que tu as passé ton épreuve dans la vie et que tu le sais. Que tu es allée jusqu'au bord. Et que tu as regardé par-dessus. Tu es quelqu'un de précieux, Nicole. Ces choses que j'écris ici sont des choses dont je sais qu'elles sont vraies et qui font partie de la raison pour laquelle je t'aime si fort. J'aime cette veine que tu as sur le front. Et j'aime la veine que tu as sur le sein droit. Tu ne savais pas que j'aimais celle-là, hein ?

Samedi 7 août

Lorsque j'ai cru que je t'avais perdue – Nicole, ce lundi soir, le lendemain et les jours qui ont suivi –, j'avais l'impression d'être un homme écorché vif. Je n'ai jamais ressenti une douleur pareille. Et c'était tout le temps plus fort. Je ne pouvais pas la calmer et je ne pouvais pas m'en débarrasser. Ça jetait une ombre sur toutes les heures de la journée. Je croyais autrefois que j'en avais vraiment bavé, que j'étais immunisé contre la douleur. Une fois je suis resté enchaîné à un lit pendant deux semaines, les bras et les jambes en croix, sur le dos. Quand ils sont venus me demander en rigolant comment ça allait, je leur ai craché dessus et je me suis fait tabasser. Et ils m'ont fait une piqûre de cette saloperie, de la prolixine et ça a fait de moi un zombie pendant quatre mois. J'étais pratiquement paralysé. Je ne pouvais pas me redresser sans aide et, quand on me mettait debout sur mes pieds, je me demandais pourquoi j'avais eu envie de rester debout et je me rasseyais. Au moment où ça me travaillait le plus, j'ai passé trois semaines sans dormir. J'étais assis là, au coin du lit, et j'avais des hallucinations qui m'entraînaient au bord de la folie. Je me demandais si je serais jamais le même, si je serais jamais capable encore de dessiner et de peindre. J'avais perdu plus de vingt kilos. Je n'arrivais pas à porter la nourriture à ma bouche. Me lever pour aller pisser, c'était un effort tel que je le redoutais, ça me prenait quinze à vingt minutes – et je n'arrivais pas à boutonner ma braguette. Au bout d'un moment, c'était à peine si je pouvais voir ; mes yeux s'étaient emplis d'une sorte de suppuration blanche qui séchait en couche épaisse sur les cils ; je ne pouvais pas lever la main pour l'essuyer et je n'arrivais pas à voir à travers. Tous les trois jours à peu près, on me tirait de ma cellule pour me faire prendre une douche et me raser. J'avais horreur de ça, c'était un si grand effort ! On me donnait un rasoir électrique, on me plantait devant une glace et je restais là. Pas moyen de porter ce rasoir à mon visage. Quelquefois, on me parlait durement, on me disait par exemple : « Alors, on est un dur, hein ? Pas foutu de boutonner sa braguette... » des conneries comme ça. Et je devais les regarder et encaisser. Quelquefois je répliquais : « Va te faire enculer, salaud. » Ça les agaçait que je réponde ça, mais ça n'était pas une consolation pour moi... Jamais je ne les ai suppliés, et jamais je n'ai pleuré même quand j'étais seul, et j'étais complètement seul. Je savais que ça finirait par passer, et c'est ce qui arriva. Je réussis à m'en débarrasser.

Ça, c'était une sale expérience. J'en ai eu d'autres, des expériences désagréables qui ont duré. Je m'en suis toujours débarrassé et après je me sentais plus fort.

Mais je n'ai jamais ressenti le genre de douleur que j'ai éprouvé quand j'ai cru que je t'avais perdue. Ça, je n'arrivais pas à m'en débarrasser : je voulais seulement que tu reviennes, c'était tout ce que je savais. J'ai passé quelques nuits chez toi, et je me sentais si seul, Nicole, j'étais déprimé. Je déambulais dans les chambres en me demandant où tu étais. Quand tu m'as appelé ce jeudi-là au travail pour m'annoncer que tu déménageais, j'ai senti mon cœur se briser. Vraiment. C'était une douleur terrible : ça n'était pas seulement dans la tête. C'était quelque chose que je sentais. Et c'était dur. Le vendredi, je t'ai cherchée, mais je ne savais pas où chercher. Ta mère ne voulait rien me dire.

Je me sentais si seul et déprimé. Comme si j'étais vidé. Et ça ne s'arrangeait pas. J'avais perdu la seule chose ayant une vraie valeur que j'avais eue ou connue. Ma vie n'avait plus de sens, c'était devenu un golfe, désert et vide à part les ombres et les fantômes toujours présents qui me suivent depuis si longtemps.

Je ne veux plus jamais connaître cette douleur-là. Je suis si totalement amoureux de toi, Nicole. Tu me manques tant, bébé. Quand je lis tes deux lettres et que je m'imagine ton joli visage, les ténèbres reculent et je sais qu'on m'aime. Et c'est merveilleux. Ça ne me fait plus mal. Nous n'avons été ensemble que deux mois, mais ce sont les deux mois les plus pleins que j'ai connus dans cette vie. Je ne changerais ça pour rien au monde. Rien que deux mois, mais je crois que je t'ai connue, que nous nous sommes connus depuis beaucoup plus longtemps – mille, deux mille ans ? – je ne sais pas ce que nous étions l'un pour l'autre avant, je le saurai, comme toi aussi quand un jour tout finira par devenir clair – mais je suis persuadé que nous avons toujours été amants. J'ai su cela quand je t'ai vue cette première nuit, le jeudi 13 mai, chez les Sterling. Il y a des choses qu'on sait comme ça. Et c'est devenu si profond si vite : c'était comme si je te reconnaissais, comme si je te retrouvais, une réunion. Moi et toi, Nicole ; depuis si longtemps. Je t'ai toujours aimée, mon ange. Ne nous faisons plus jamais de mal.

III

Cliff Bonnors était formidable parce qu'il accommodait toujours son humeur à celle de Nicole. Ils pouvaient voyager à travers les mêmes tristes pensées sans se dire un mot. Tom, elle l'aimait bien, pour des raisons opposées. Tom était toujours heureux ou éperdu de chagrin, et ses sentiments étaient si forts qu'ils la faisaient changer d'humeur. Il n'était pas de la dynamite, mais un ours plein de cambouis. Il sentait toujours comme s'il était plein de hamburgers et de frites. Cliff et lui étaient magnifiques. Elle pouvait les trouver sympa sans jamais avoir à se soucier de les aimer le moins du monde. À vrai dire, elle aimait ça comme une tablette de chocolat. Elle ne pensait jamais à Gary quand elle faisait l'amour avec eux, enfin presque jamais.

Ça n'était certainement pas comme l'amour avec Gary. Dès l'instant où il lui arrivait quelque chose de bien, quand c'était le cas, ça allait jusqu'au cœur de Nicole et ça commençait à s'amasser, comme si elle était une connasse de mère oiseau en train de faire son nid. Quand elle allait rendre visite à Gary, elle ne pensait donc jamais à Tom, à Cliff, à Barret, ni à aucun autre. Elle avait une vie sur Terre, une autre sur Mars.

Ça n'aurait pas été une mauvaise façon de vivre s'il n'y avait eu ces horribles dépressions. Parfois, ça devenait réel ce qu'elle avait fait à Gary, et ce qu'il avait fait. Chaque fois qu'elle se laissait aller à penser à la peine de mort, tout se mettait à devenir irréel.

La mort était installée dans ses pensées. Sauf que c'était plutôt comme si elle était assise dans la mort et que la mort, c'était un grand fauteuil. Elle pouvait se renverser contre le dossier. Le fauteuil commençait à basculer, mais lentement, jusqu'au moment où elle éprouvait ce genre de nausée qu'on ressent dans les montagnes russes de fêtes foraines où on ne sait plus si on est excité ou prêt à vomir. Même quand ses pensées s'arrêtaient, elle avait encore l'impression que tout tournait.

Bien sûr que le soleil et l'air ça me manque. Je perds déjà mon hâle. D'ici peu je serai plus pâle qu'un fantôme. En fait, d'ici peu je serai peut-être un fantôme.

IV

Au bout de deux semaines, ils se mirent à faire faire à Gary la navette entre la prison et l'hôpital pour maladies mentales. Ça faisait un trajet de trois kilomètres. On l'emmenait du côté ouest de la ville par Center Street, en passant devant des quincailleries, des magasins de confection et des salons de thé jusqu'au quartier est, qui se situait plus près de la montagne et où la route s'achevait dans ces collines où Nicole avait couru une nuit, dans l'herbe. Il se trouvait maintenant dans le vieil asile où elle-même était allée : l'hôpital de l'État d'Utah. Dans un pavillon différent, bien sûr.

Il y avait cependant une chose qui était mieux. Ils pouvaient avoir des contacts à l'occasion des visites. Non pas comme à la prison, quand on amenait Gary dans une petite pièce et où elle se tenait à l'autre bout, s'efforçant de le voir à travers un épais grillage assez costaud pour empêcher des visons et des ratons-laveurs de s'échapper. C'était à peine si le bout de leurs doigts pouvaient se toucher à travers les sales petits trous. Pendant tout le temps qu'ils parlaient, toutes les rumeurs de la prison continuaient derrière elle. Elle était plantée là, dans cette vieille antichambre dégueulasse, avec des gardiens, des prisonniers de corvée, des livreurs, tout ça hurlant dans tous les sens, et elle se donnait du mal pour entendre la voix de Gary, car en plus il y avait toujours un poste de radio ou de télé qui marchait à plein tube. En général il y avait un prisonnier ou un autre qui gueulait dans la cellule centrale. Il fallait se donner beaucoup de mal pour entendre quelque chose.

À l'hôpital, c'était différent. Ils s'imaginaient être seuls dans une petite pièce. Elle s'asseyait sur ses genoux, il la serrait, ils s'embrassaient cinq minutes, sans être obsédés par l'idée de faire l'amour, comme si c'était seulement leurs âmes qui se rejoignaient. Ni l'un ni l'autre n'étaient moites. Ils s'embrassaient d'un cœur à l'autre : ce n'était pas du sexe, mais de l'amour. Ils planaient.

Mais ils revenaient vite sur terre. En réalité, ils étaient dans une pièce nue, aux murs de ciment peints en jaune, avec quatre détenus qui les regardaient. Ils essayaient, eux, de ne pas les regarder. C'était le troupeau, expliquait Gary. Il disait cela d'une voix claironnante, de son ton le plus insolent, assez fort pour être entendu des détenus. Il disait qu'on l'avait mis au milieu d'un troupeau de moutons acharnés à faire la police entre eux. « Une mentalité de troupeau, disait-il. Ils ne peuvent même pas s'adresser la parole à moins d'être deux. Et encore. Un peut moucharder ce que l'autre vient de dire. »

Les quatre types du troupeau réagissaient chacun d'une façon différente. L'un avait un sourire de connard, un autre regardait comme s'il toisait Gary, le troisième était déprimé et le quatrième, plein d'entrain, semblait vouloir expliquer à Nicole comment marchait le programme des patients dans cet hôpital.

Elle comprit petit à petit. C'était un système dingue. Différent de ce que c'était quand elle se trouvait là. On appelait ça le programme. Un tas de mecs avaient à purger des peines de prison et se trouvaient mélangés avec de vrais psychos et des zombies. Ces garçons, tout droit sortis de prison et de maison de correction, étaient rassemblés avec les vrais zinzins et, à eux tous, ils avaient rédigé une constitution, ils avaient des élections et un gouvernement dirigé par les patients.

Gary expliquait ça, dans cette pièce jaune, avec ces quatre connards qui surveillaient la main de Gary, chaque fois qu'elle touchait un sein de Nicole. Ils parlaient du système hospitalier où les médecins laissaient les patients contrôler tout, et pourquoi ils pouvaient même élire leur propre président. Un merdier pas croyable. C'était ça que les patients contrôlaient. Un merdier.

Gary lui avait toujours raconté des histoires de prison, mais maintenant il abordait le cœur du problème. Il parlait de la manière dont une prison était censée fonctionner. C'était une guerre. C'était censé être une guerre. Les détenus pouvaient s'attaquer à d'autres détenus, ils pouvaient même en tuer, mais ils se retrouvaient du même côté quand il s'agissait d'être contre les gardiens. C'était une guerre où il n'y avait rien de pire qu'un mouchard.

Les gardiens et le directeur faisaient tout leur possible pour mettre en place un réseau de renseignement. Ils dépendaient donc des mouchards. Un mouchard, expliquait Gary, était capable de venir vous sucer et de se précipiter ensuite chez le directeur pour raconter ce que vous aviez dit. Les détenus faisaient donc tout leur possible pour éliminer ces prisonniers-là. Dans un bon pénitencier où les détenus avaient pris la situation en main, il n'y avait pas trop de mouchards. La prison, après tout, était une ville où habitaient les détenus et où ils exerçaient un contrôle réel. Les gardiens ne faisaient que passer par périodes de huit heures. C'était comme ça que ça devait marcher.

Ici, ils tenaient tout en main. Il n'y avait pas de gardiens. Rien que quelques assistants. Les détenus étaient *censés* avoir le pouvoir. Mais les détenus qui s'étaient fait élire étaient devenus les nouveaux gardiens. Ils travaillaient pour les médecins. « Ils sont en plein lavage de cerveau », disait Gary en désignant la petite troupe. Elle avait envie de rire en l'entendant dire ça devant eux. « Mouchards égoïstes, disait-il. Pas une étincelle de vie en eux. Personne ne regarde personne. Tout ce qu'ils font, ce sont des réunions pour fixer des ordres du jour. »

Il disait cela pendant qu'elle était assise sur ses genoux, pendant qu'il la pelotait et que les quatre connards regardaient, bouillant de fureur et d'humiliation à ses propos. Nicole et lui se serraient l'un contre l'autre en chuchotant et en parlant d'autre chose. Il voulait savoir comment allaient Sunny et Peabody. Il disait combien il était navré de cette habitude qu'il avait de crier après et de s'énerver devant eux. En fait, c'étaient des enfants remarquables. Ils discutaient de tout cela devant le petit groupe des détenus.

Puis il se remettait en colère. La façon dont fonctionnait cet hôpital, disait-il, c'était pire qu'un gouvernement d'étudiants. Aux réunions, tout le monde abordait toutes les questions. Il y avait des commissions pour tout. Une commission pour balayer le hall. Une commission pour ramasser les brins de paille des balais de la foutue commission chargée de balayer le hall. Et chacune mouchardait en allant raconter que l'autre faisait mal son travail. Un petit délinquant miteux pouvait entrer dans une vraie prison, annonça Gary, et s'il avait des couilles, c'était un homme quand il en sortait. Dans cet hôpital, c'était le contraire : des hommes entraient et c'étaient des petites lopes qui en sortaient. « Cette baraque vous suce. Je n'ai jamais rien vu de pareil. » Les détenus écoutaient.

Au bout de quelques visites, Gary renonça à les asticoter. On aurait dit que cette heure était trop précieuse pour ça. Nicole et lui restaient assis en se tenant la main sans rien dire. Ils pensaient aux endroits où ils étaient allés ensemble et comme ils étaient heureux en échangeant leurs souffles. Le chagrin les visitait tour à tour. Ça n'était pas un flot de larmes, pas du tout comme la façon dont elle pleurait sur l'épaule nue de Tom Dynamite en pensant à ce qu'elle avait fait à Gary. Ou comme elle pleurait avec Cliff quand il lui racontait que la fille qu'il avait épousée ne voulait même pas le laisser voir son fils. Non, quand elle était avec Gary, le chagrin débordait de son cœur pour atteindre celui de Gary et revenait de même en elle avec le propre chagrin de Gary.

Et puis la tendresse les reprenait et il se mettait à la peloter jusqu'au moment où elle sentait qu'elle se serait bien débarrassée de quelques vêtements. Ç'aurait été du nouveau pour la petite troupe ! Et puis, le temps de la visite était fini, et alors qu'elle avait maintenant vraiment envie de faire l'amour, elle devait sortir et faire une longue marche jusqu'à un quartier de la ville où elle pourrait trouver quelqu'un qui pourrait la prendre en stop.

Parfois, le médecin qui semblait être le patron du pavillon, un certain Dr Woods, lui demandait de venir dans son cabinet. Il lui parlait du sentiment qu'elle avait de se sentir coupable des actes de Gary et Nicole se demandait si les détenus avaient rapporté ce qu'elle disait à Gary. En tout cas, Woods essayait de lui expliquer qu'elle ne devait pas garder cette pensée en tête. Gary était un individu complexe et pas le genre à se dire : « Je suis attaché à Nicole, alors je vais tuer quelqu'un. »

Nicole écoutait. Le Dr Woods avait le pouvoir de déclarer que Gary était fou et alors il ne serait peut-être pas condamné à mort. De plus, si Gary pouvait être envoyé dans un asile, il parviendrait peut-être à s'évader. Alors elle n'allait pas insulter le médecin. Pourtant, il était drôlement bizarre pour un psychiatre. Il était grand, très bien bâti, on aurait dit Robert Redford dans *Downhill Racer*, sauf qu'il était peut-être encore plus bel homme et sans doute plus grand. C'était un des plus beaux types que Nicole ait jamais vu. Mais elle le trouvait malgré tout un peu mollasse : il ne prenait jamais nettement parti. Ça lui faisait quand même un drôle d'effet de parler au beau Dr Woods, alors qu'elle était tout excitée de s'être fait tripoter par Gary devant les détenus.

Elle quittait le cabinet de John Woods et se faisait prendre en stop. Alors le monde qui leur avait semblé un moment extérieur, à Gary et à elle, se remettait lentement en place et elle avait un peu moins l'impression d'être un vaisseau ballotté. Elle commençait à penser au dîner des gosses, et à s'agacer en pensant que sa voiture était en panne et que Barrett ne l'avait pas encore réparée. Ses problèmes se réveillaient et aussi, lorsqu'elle arrivait à la maison, c'était vraiment bizarre de trouver une lettre de Gary décrivant l'asile même où elle venait d'aller le voir. Elle avait l'impression de s'être éveillée d'un rêve pour répondre à un coup frappé à la porte. Seulement le coup venait de la personne qu'on venait tout juste d'embrasser dans le rêve.

V

10 août

Un des détenus me surveille parce que j'ai un crayon – on me l'a cassé en deux et puis on a arraché la gomme qui était au bout – j'ai demandé pourquoi on m'avait fait cette connerie et on m'a répondu que c'était pour que je ne poignarde personne. Pas croyable !…

Nicole, qu'est-ce que c'est que ce voyage à la con que je fais ?

Trois dingues ont une discussion devant ma porte parce que l'un d'eux a vidé mon urinal il y a une heure et qu'il a oublié de l'enregistrer. Le premier dingue accuse le second de grave négligence et de manquement au devoir pour n'avoir pas enregistré comme il fallait sur la feuille accrochée à ma porte l'heure de la journée à laquelle il a vidé mon urinal. Le troisième dingue sautille sur place en essayant de se faire entendre. Le second commence à être très excité et s'efforce de faire appel à moi pour remédier à cette catastrophe nationale. Je ne sais vraiment pas quoi dire, mais je serais navré de voir ce pauvre type perdre de regarder la télé ou je ne sais quoi – c'est le même type qui était assis si patiemment devant ma porte l'autre jour pendant que j'écrivais une lettre – alors je leur ai dit : « Écoutez, ça va bien, tout baigne dans l'huile, il est à la coule ce type. Il n'a même pas renversé une goutte et il m'a rapporté mon urinal propre comme un sou neuf ! » Là, ils ne savent plus quoi dire, mais ça semble avoir réglé le problème. Ils trouvent un stylo pour faire la notation sur l'affaire.

Oh, Nicole, je me sens si seul. Ça me manque, la vie qu'on avait. Ça me manque de ne plus être dans le même lit que toi, à tenir ton joli visage entre mes mains en regardant tes yeux charmants et inquiétants. Ça me manque de ne plus rentrer pour te retrouver le soir : comme les jours passaient lentement quand j'étais au travail !

Mon Dieu, Nicole ! Tu es pour moi la personne la plus importante du monde.

Je me souviens d'une fois où on était en train de baiser et où c'était un vrai va-et-vient l'un contre l'autre. Dur. Sauvage. Comme j'aimerais faire ça en ce moment.

14 août

Le distributeur d'eau potable est juste en face de ma cellule et c'est vraiment marrant la façon dont certains de ces types boivent de l'eau. Il y a un mec qui suce l'eau pendant deux ou trois minutes de suite ! Hier, il a failli déclencher une bagarre à cause de ça : un autre gars s'est impatienté, l'a poussé en disant : « Tu n'as pas besoin de boire si longtemps. » Il y en a un autre qui fait un de ces bruits en buvant, je n'ai jamais rien entendu de pareil, on dirait une pompe à merde. Un bruit étonnant.

Que c'est moche comme vie.

Il y a un homme qui forme un orchestre à lui tout seul et qui monte et descend le couloir en émettant de drôles de petits pets avec ses lèvres.

17 août

Bon sang, je suis assis ici et je me sens vraiment idiot ! Il est à peu près 7 heures et demie du matin. J'ai manqué une belle occasion hier, pas vrai ? Tu te rends compte que je ne m'en suis aperçu que maintenant ? J'ai manqué une belle occasion de toucher ton doux petit con. Tu as dit quelque chose comme : « Tu n'auras plus cette chance-là », mais je ne t'ai pas bien entendue, comme ça m'arrive parfois. Et puis ce matin, ça m'est revenu : les connards de détenus avaient un moment tourné la tête et j'étais assis là, comme une souche. Mon Dieu, bébé, j'avais l'esprit ailleurs… Je me donne vraiment des coups de pied au cul maintenant. Que c'est bête.

18 août

Il y a un type qui se lave le visage dans le distributeur d'eau potable : j'espère que personne ne le voit ; je suis sûr que ça doit être un délit. Deux nanas viennent d'arriver du côté des femmes en réclamant un plongeur. Le mec leur a dit : « J'en ai un, mais fripé pour l'instant. » J'ai trouvé que c'était bien répondu.

19 août

Ce sont certains des jours les plus silencieux que j'aie jamais passés.

20 août

Quelle bande de lopes. Je parie que je pourrais prendre n'importe lequel de ces détenus qui servent de gardiens, que je pourrais l'enculer et ensuite me faire nettoyer la bite avec sa langue.

J'ai été interrogé aujourd'hui par deux psychiatres. Ils voulaient des détails croustillants…

21. L'épée d'argent

I

Après l'accident du début d'août, la voiture de Nicole était restée dans un triste état. Parfois, il n'y avait qu'une vitesse qui marchait et puis quelque chose se remettait en place, et on pouvait passer les trois vitesses. Mais pas question de se servir de la marche arrière. D'autres fois, aucune des vitesses ne passait, et pourtant l'embrayage marchait parfaitement.

Elle avait cessé de coucher avec Barrett à peu près à l'époque de cet accident. Barrett ne dit rien mais il alla s'installer dans le Wyoming et presque toutes les semaines il revenait occuper la chambre qu'il avait gardée à Springville. De temps en temps, il passait pour demander si elle avait besoin de quelque chose. S'il avait de l'argent, on peut dire qu'il ne le montrait pas, mais un jour il proposa quand même de faire réparer la voiture. Comme elle ne voulait plus coucher avec lui, c'était quand même gentil de sa part. Alors cette nuit-là elle lui accorda quand même quelque chose.

Le lendemain, lorsqu'elle revint de sa visite à Gary, la voiture avait disparu. Barrett l'avait emmenée en remorque. La maison où il avait sa chambre n'était pas si loin de l'endroit où elle habitait à Springville, alors elle se rendit là-bas et elle le trouva qui travaillait sur la voiture, dans la cour, derrière, avec des copains à lui. Elle s'amusa à l'aider à la mettre sur cales. Et puis les travaux furent interrompus. Il y avait quelque chose, peut-être les deux moitiés du carter de la boîte de vitesses, – ou Dieu sait comment il appelait ça ! – qui s'étaient soudés parce qu'elle avait roulé sans huile. Enfin lorsque Barrett eut démonté la boîte de vitesses, il découvrit qu'il fallait aussi un nouveau disque d'embrayage. Il n'avait pas d'argent pour l'acheter. C'était un problème qu'elle pouvait résoudre, mais elle n'aimait pas à penser comment.

Nicole alla voir Albert Johnson, qui était gérant d'un magasin d'alimentation du quartier. Il avait environ le double de son âge, c'était un père de famille à l'air débonnaire. Ça faisait deux ans elle allait faire des courses dans son magasin où elle achetait deux ou trois articles qu'elle payait pendant qu'elle piquait de l'autre main.

Un jour, on l'arrêta à la sortie. Elle se fit prendre avec une livre de margarine et des pots de purée dans son sac. Lorsqu'on l'amena au bureau, elle expliqua qu'elle volait parce que ses gosses avaient faim, mais Johnson la laissa croire qu'il allait quand même appeler la police. Elle s'assit et passa là un mauvais quart d'heure, elle avait vraiment la frousse et se mit à pleurer. Elle s'était fait ramasser pour une histoire du même genre un an plus tôt dans un autre magasin. Cette fois elle était persuadée qu'on allait la mettre en taule.

Toutefois, au bout d'un quart d'heure à écouter son histoire, Johnson lui dit qu'elle était une gentille fille qui avait eu plein de malchance, et qu'elle n'avait jamais eu vraiment l'occasion de réussir dans la vie. Il allait la laisser partir. Ils se mirent à discuter plus amicalement et il lui expliqua que si son magasin avait l'air d'un paradis pour voleurs à l'étalage parce qu'il était long et étroit, avec de petites travées transversales, les pertes étant devenues tellement importantes, il avait fait installer, dans le grenier, une passerelle munie de miroirs dépolis qui permettait de voir ce qui se passait en bas. Aussi qu'elle dise à ses amies de se méfier.

Il parla beaucoup. Il avait remarqué, dit-il, qu'elle utilisait des bons d'achats et il lui confia qu'il n'aimait pas beaucoup ça. Il trouvait que les gens qui utilisaient leurs bons d'achats étaient extravagants et qu'ils nc savaient pas profiter des occasions. Le type qui devait gagner son dollar allait acheter son steak en promotion, mais des gosses comme elle choisissaient des morceaux chers et mangeaient trop d'articles peu avantageux comme les frites en sachet et les jus de fruits. Ensuite ils rouspétaient et râlaient après le gouvernement si leur chèque d'allocations familiales n'arrivait pas à l'heure. Il l'aimait bien quand même, ajouta-t-il et il se donna beaucoup de mal pour lui expliquer qu'il avait une fille de son âge et qu'il pouvait comprendre son problème. Si jamais elle avait besoin de quelque chose, qu'elle vienne le trouver.

La fois suivante où elle vint dans le magasin, il lui dit qu'il aimerait bien faire un échange avec elle, vous comprenez ? Il dit cela gentiment en lui racontant qu'il la trouvait jolie, et qu'il l'aimait vraiment bien. Elle répondit sur le même ton de plaisanterie. « Rien à échanger cette semaine », dit-elle. Et puis, au bout de quelque temps, elle quitta Provo pour Spanish Port et alla rarement faire ses courses là-bas.

Et voilà qu'environ un an plus tard, elle se mit à revoir Albert Johnson, parce qu'il était le seul gérant de magasin qui lui donnait du liquide en échange de ses bons d'achats.

Pour qu'il accepte, elle avait dû lui parler de Gary et des nouveaux ennuis qu'elle avait. Il s'était montré assez compatissant pour lui refiler quatre-vingts dollars en contrepartie de la même somme en bons d'achats. Mais aujourd'hui, elle était dans la dèche et elle lui dit qu'elle avait besoin de cinquante dollars. Il les lui donna sans condition. Elle s'entendit dire qu'elle n'aimait pas laisser des dettes impayées.

Par la suite, Johnson dit qu'il regrettait amèrement de lui avoir fait faire ça. Il la supplia de ne pas devenir une professionnelle. Elle n'en avait pas l'étoffe. Lui était un bon père de famille et il se sentait vraiment responsable.

Elle lui répondit de ne pas s'inquiéter. C'était juste parce qu'elle n'avait pas de voiture et qu'elle en avait désespérément besoin. C'était vraiment une histoire qu'elle-même avait du mal à croire : ces détails qu'elle donnait sur la boîte de vitesses pétée et sur son envie de voir Gary.

Albert Johnson n'avait pas été mauvais avec elle, mais c'était une expérience déplaisante. Avec tout ce qu'elle avait raconté à Gary sur sa vie, jamais elle ne pourrait lui parler du gérant du magasin.

En tout cas, elle avait l'argent, cinquante dollars. Et elle le donna à Barrett. Il prit sa voiture et s'en alla chercher le disque d'embrayage. Elle rentra chez elle. Là-dessus, elle apprit que Barrett s'était taillé dans le Wyoming. Il allait bien se passer une semaine avant son retour. Elle vint alors inspecter sa voiture et s'aperçut qu'il n'avait absolument rien fait. La Mustang était là, moteur ouvert, avec des pièces détachées par terre qui commençaient à rouiller et le châssis sur cales comme une épave. Elle se rendit compte à quel point Barrett avait dû être en colère. Alors elle se contenta de laisser un mot pour dire qu'elle était passée. Mais à 3 heures du matin il rappliqua chez elle, camé jusqu'aux yeux.

II

C'était un de ces jours où Nicole possédait Barrett aux sentiments. Il se rappelait sans cesse la première fois où il l'avait amenée faire la connaissance de son père et de sa mère. Lorsque sa mère avait dit qu'ils devraient coucher dehors dans la Volkswagen, jusqu'à ce qu'ils soient mariés, Nicole avait répondu : « Ça m'est égal où on dort. On va être heureux. » Il n'arrivait pas à oublier ça. Chaque fois qu'il pensait être sûr de s'être libéré de Nicole, de ne plus l'aimer du tout, lui revenait cette remarque et de nouveau il n'était plus qu'un homme blessé.

Il s'était camé si souvent la semaine précédente, dans le Wyoming, que c'était à peine s'il se rappelait ce qu'il avait pris et avec qui : il n'arrivait même pas à se souvenir qui lui avait dit en premier que Nicole revoyait Gary. Et puis tout le monde s'était mis à le lui dire. Ils étaient tous au courant sauf lui. Il s'était longuement apitoyé sur son sort. Il n'arrivait pas à s'empêcher de penser à toutes les fois où il était venu au secours de Nicole, où il en avait bavé, risqué sa vie parfois, et où elle l'avait récompensé par un voyage jusqu'à sa chambre. Pas de l'amour, rien que la chambre. C'était une triste situation quand on en arrivait au point où baiser l'être à qui on tenait le plus pouvait vous démolir comme ça.

S'apitoyant toujours sur son sort, il se dit que c'était quand même bien. Ça permettait au moins aux bons souvenirs de revenir. Comme la fois où Hampton l'avait trouvé la première fois qu'il avait quitté Nicole. Il lui avait cassé la gueule, et pourtant après toutes ces années, c'était malgré tout un bon souvenir.

Il s'était installé chez un ami pour vendre sa came, un peu de reniflette, un peu de neige. Il s'était envoyé deux ou trois doses et il planait. De Lehia à Pleasant Grove, il suivait une route en technicolor pour aller chercher Nicole au lycée. En ce temps-là, elle habitait chez ses parents.

Et voilà que juste au moment où Nicole franchissait la porte du lycée, Hampton rappliqua au volant d'une DeSoto 58 et qu'il sauta sur le trottoir. Barrett descendit de voiture aussi, se disant : je connais Nicole, si je reste assis là, les portières fermées, elle va dire que je me dégonfle. Barrett descendit donc de voiture, en espérant que Hampton n'allait pas cogner mais seulement gueuler. Mais Hampton vint à sa rencontre, ayant l'air d'avoir trois têtes de plus que lui et comme Barrett souriait en disant : « Comment ça va ? » Hampton l'avait envoyé au tapis.

Ayant fumé deux joints, Barrett était un peu débranché. Tout devint noir. Il ne voyait plus rien. Ça l'avait dégrisé. Il essaya de se lever, et puis il finit par y parvenir, et là-dessus Nicole arriva et traita Hampton de fils de pute. Tout le monde se rendait compte que Barrett était incapable de se défendre tout seul. Quand on eut éloigné Hampton, Nicole et Barrett remontèrent dans la voiture et roulèrent jusqu'à la rivière. Ils s'assirent au bord de l'eau et il raconta à Nicole comment le pare-brise devenait jaune et se mettait à fondre. Toutes sortes de conneries, vous voyez. Entre le coup qu'il avait encaissé et l'herbe qu'il avait fumée, il aurait aussi bien pu être en train de planer dans un vol à l'acide. Quand c'était fini il se sentait bien. Plein de visions colorées. Nicole était assise auprès de lui. Il avait encaissé quelques gnons, et après ? Il avait l'impression d'être au paradis rien qu'à penser qu'elle l'aimait et qu'elle prenait sa défense.

Et puis il y avait eu le jour où Sunny, Jeremy, Nicole et lui montaient en voiture quand Joe Bob Sears, une vraie brute – Barrett entendait encore l'air siffler à ses oreilles – rappliqua, zoom !..., arrivant de l'autre côté de la rue, sa voiture leur bloquant le chemin. Joe Bob Sears au volant d'une Maverick noire. Joe Bob ouvrit la portière de leur voiture, fit sortir Nicole sans douceur, empoigna Sunny de la même façon, puis Jeremy, les embarqua tous et les jeta dans sa Maverick, pendant que Nicole n'arrêtait pas de le traiter de tous les noms. Barrett descendit pour voir ce qu'il pouvait faire, mais Joe Bob sortit un couteau et le braqua sur Barrett en disant : « Je vais te découper en rondelles. » Là-dessus, Jim sauta dans sa voiture, recula et fonça à toute vitesse pour écraser Joe Bob, mais Sears se rejeta en arrière, remonta dans sa voiture et démarra avec Nicole et les deux gosses. Juste à ce moment-là un flic arriva et Barrett l'arrêta en disant : « Ce type vient d'enlever ma femme, enfin, ma petite amie. » Le flic le prit en chasse, le coinça et le fit s'arrêter.

Nicole et les gosses étaient debout dans l'herbe, Joe Bob disait : « C'est ma femme, elle vient avec moi, vous comprenez. » Mais le flic répondait : « Elle n'a pas à aller avec vous si elle n'en a pas envie. » Nicole criait : « Je ne vais pas avec toi, salaud. » Le flic finit par dire : « Écoutez, jeune personne, vous feriez mieux de changer de vocabulaire, sinon je vous boucle aussi. » En fin de compte, Sunny, Jeremy et Nicole remontèrent dans la voiture de Barrett, et il démarra. Ils ne revirent plus jamais Joe Bob et s'en retournèrent vivre sous la tente.

III

Tout ça lui trotta dans la tête la nuit où il alla voir Nicole à 3 heures du matin. Elle était assise, écrivant une lettre à Gary. Elle ne voulait pas être dérangée, mais Barrett entra et annonça tout de go qu'il avait envie de baiser. Elle n'était pas d'humeur, répondit-elle.

Comme elle faisait semblant de s'éloigner, il la fit se rasseoir. Il ne la jeta pas sur sa chaise, mais il la fit s'asseoir assez énergiquement pour qu'elle comprenne qu'elle n'allait pas filer comme ça. « Oh ! dit-il, tu es en train d'écrire une lettre à ton assassin d'amoureux. » Enfin, commença-t-il, si elle savait tout ce qui se passait en lui en ce moment, elle serait terrifiée. « Rien ne me fait plus peur », répondit Nicole.

Barrett prit la photo de Gary, qu'elle avait collée au mur, et se mit à la déchirer. Mais c'était une photo Polaroid, difficile à déchirer, et elle trouva ça comique. Il était tellement camé qu'il avait du mal. Puis elle se mit en colère et dit : « Donne-moi ça. » Mais Barrett tenait la photo à bout de bras, il prit son briquet et entreprit de la faire brûler. Elle empoigna un cendrier et le frappa sur la tête.

Il se mit à lui administrer une volée. Il aurait aussi bien pu être Joe Bob Sears, sauf qu'il ne la cognait pas si fort, qu'il lui donnait seulement des claques. Il la prit à bras-le-corps et la poussa par terre. Elle savait qu'elle était dans une mauvaise situation, mais pourtant elle n'avait pas peur. Ce qui était intéressant. Elle s'était toujours dit que, le cas échéant, elle pourrait se débrouiller avec Barrett, mais ce soir-là, il était fichtrement fort dans sa colère. Elle n'essaya même pas de riposter.

À ce moment, Sue Baker arriva sur le pas de la porte. Elle avait confié son bébé à Nicole et avait pris une nuit de congé, mais comme elle passait par là et qu'elle avait vu la lumière allumée chez Nicole, elle était venue voir. Jim lui dit de se tailler avec son petit ami. Sue ne dit pas un mot, elle partit, mais Nicole savait qu'elle allait appeler la police.

Ils rappliquèrent assez vite. Quand les uniformes apparurent sur le seuil, Barrett se planqua dans le couloir. On se serait cru au cinéma. Il n'arrêtait pas de faire signe à Nicole de ne pas leur dire qu'il était là. Des gestes menaçants, dans le genre pas un mot si tu tiens à ta peau. Mais Nicole se contenta d'ouvrir la porte en disant : « Voulez-vous le faire sortir d'ici ? »

Les flics entrèrent, demandèrent ce qui se passait et Barrett dit : « Rien. » Nicole intervint. « Rien, mon cul ! Ça fait une heure que ce fils de pute me tape dessus. Excusez mon langage, monsieur l'agent, mais il a été épouvantable. » On lui passa les menottes, on lui lut ses droits constitutionnels et on l'embarqua. Elle commença à comprendre à ce moment-là qu'ils le recherchaient pour autre chose et qu'ils avaient un mandat. Barrett passa la nuit en prison.

Ce fut seulement lorsque la police fut partie qu'elle comprit à quel point Barrett l'avait mise en colère. Lorsqu'on lui eut passé les menottes, un des flics retourna à la voiture pour répondre à la radio et l'autre, à ce moment-là, lui tournait le dos. Elle aperçut un couteau dans l'évier de la cuisine. Il y eut un instant où l'envie la prit de couper la gorge de Barrett. De faire ça juste pendant qu'il avait les menottes. Sans prévenir. On aurait pu donner à Nicole la cellule à côté de celle de Gary.

IV

Lorsqu'il sortit de taule, Barrett vendit la voiture de Nicole. C'était logique. Il avait besoin d'argent pour ses problèmes juridiques, et Nicole l'avait mis sur le sable. Alors il vendit la boîte de vitesses à un voisin et traîna le reste en remorque jusque chez un casseur de Mapleton où il signa une décharge. C'était réglé. Elle n'aurait plus jamais sa Mustang.

Lorsque Nicole apprit cela, elle décida de casser le pare-brise de la camionnette de Barrett.

C'était une fraîche nuit d'août. Nicole passa une veste à manches larges et se planta devant la chambre de motel de Barrett, un marteau à la main. Même avec deux tranquillisants pour la calmer, elle se sentait bouillonnante de fureur chaque fois qu'elle pensait à ce petit salaud de Barrett qui avait vendu sa voiture, alors elle attendit que les comprimés fassent de l'effet, mais rien. D'ailleurs, elle avait un problème. Dès l'instant où elle se mettrait au travail sur le pare-brise, il allait entendre le bruit, la camionnette était garée devant sa porte. Elle ferait peut-être mieux de mettre de la saleté dans son réservoir d'essence.

Elle se dit toutefois qu'elle allait essayer autre chose et s'avança. À travers la porte fermée à clé, elle dit : « Je veux te parler, Barrett. » Il refusa d'ouvrir. Il était en train de faire cuire un steak, dont elle sentait l'odeur. Elle dit : « Sors, je veux te parler. » Il eut un petit rire. « Non, fit-il, parle-moi à travers la porte. » « Je préférerais que tu sortes », dit Nicole. Il rit encore. « Je ne te crois pas, Nicole, je ne te fais pas confiance. Tu as un drôle d'air. » Là-dessus un ami à lui arriva et Barrett se sentit un peu plus en sûreté car il ouvrit la porte et dit : « Allons, entre. » Nicole décida alors d'avoir une explication juste sur le problème du fric. « Tu me dois de l'argent pour ma voiture », dit-elle. Ils commencèrent à discuter et Barrett déclara qu'il n'arrivait pas à comprendre pourquoi il avait fait cela. Il n'en avait pas le droit.

Mais elle n'allait pas avaler ça. Nicole ne cria pas, mais elle le menaça d'un ton doux et calme. Elle dit : « Barrett, cette fois-ci, tu m'as vraiment possédée. J'en ai marre de tes combines. Tu me dois cent vingt-cinq dollars.

— Pas question, dit Barrett que je trouve autant de fric. (Toutefois, après un temps, il reprit :) Je peux t'en donner soixante demain, et quarante dans quelques jours. »

Elle le crut. En réalité, il vint le lendemain avec quarante dollars en lui disant que c'était tout ce qu'il avait. Nicole se montra vraiment grossière et insista : « Je veux le reste. » Il finit par en trouver encore soixante. Ça s'arrêta là. Il n'alla pas plus loin, c'était comme le reste. Elle n'avait pas de bagnole et en fin de compte elle dut dépenser les cent dollars pour d'autres choses. Des provisions. Le loyer.

V

Gary reçut une lettre d'une femme du Nevada lui disant qu'elle avait vingt-sept ans, qu'elle était divorcée, qu'elle mesurait un mètre soixante-trois, qu'elle était un peu ronde. « *Surtout n'hésitez pas à me demander tout ce qui vous passe par la tête, car j'ai l'esprit large et rien ne me choquera. Je suis une Américaine pleine de tempérament, ça me plaît, et bien sûr, j'aime l'amour, l'attention, beaucoup d'affection et on peut dire que j'aime faire à peu près tout ce qui a un rapport avec le sexe opposé !* » Gary adressa la lettre à Nicole qui lui répondit aussitôt pour lui dire que c'était comme si elle avait reçu une gifle en pleine figure.

Elle ne parvenait pas à comprendre pourquoi elle était si furieuse contre cette femme. Bien sûr elle disait à quel point elle aimait Gary, mais il fallait vraiment qu'elle soit folle de lui. Jamais elle n'avait éprouvé une jalousie pareille pour un autre homme. C'était si terrible qu'elle décida qu'il fallait qu'elle le voie tout de suite.

Seulement, ce n'était pas commode. Pour aller en stop jusqu'à la ville, ça prenait toute la journée. D'abord, elle n'arriva pas à trouver une baby-sitter pour les gosses. Et puis, quand elle finit par trouver une voiture la menant jusqu'à l'hôpital, on lui apprit que Gary avait été envoyé à la prison ce matin même. Et là-bas, ce n'était pas le jour de visite. Mais Nicole avait une telle envie d'entendre sa voix qu'elle fit tout le trajet à pied, traversant la ville depuis l'asile, et qu'elle se planta derrière la clôture métallique en hurlant : « Gary Gilmore, tu m'entends ? » Elle criait aussi fort qu'elle le pouvait. Et voilà qu'elle entendit une voix qui répondait : « Oui, bébé.

— OUAIS ! » cria-t-elle.

Elle hurla alors à pleins poumons : « Gary Gilmore, je t'aime ! »

Un flic déboucha de derrière le bâtiment et lui dit qu'il fallait partir. Elle pouvait se faire arrêter pour agir ainsi. Ça la surprit. Elle ne savait pas qu'on pouvait vous empêcher de vous exprimer. Elle hurla à Gary qu'il fallait qu'elle s'en aille et elle partit. Mais elle se sentait beaucoup mieux.

20 août

Figure-toi, bébé, qu'il m'est arrivé la chose la plus magnifique qui soit. Je viens d'entendre la voix magique d'un elfe qui criait : « Gary Gilmore, tu m'entends ? Je t'aime ! » Eh bien, je t'aime aussi ! Oh là là, que je t'aime ! Nicole… tu me stupéfies. Tu es absolument merveilleuse. Je n'ai tout simplement pas de mots pour dire comme tu me fais du bien. Tu me fais pleurer des larmes de bonheur.

VI

Samedi 21 août

Je suis allé dormir un moment cet après-midi et je me suis éveillé en sentant cette chose d'un froid de glace que je déteste tant. C'est plus qu'un sentiment... c'est une sorte de certitude. Comme la conscience totale d'être dans une boîte, qu'il fait grand jour dehors et que le monde entier continue à tourner sans moi.

24 août

Qu'est-ce que je vais trouver quand je mourrai ? La Vieillesse ? Des fantômes vengeurs ? Un golfe noir ? Mon esprit va-t-il être projeté à travers l'univers plus vite que la pensée ? Vais-je être jugé et condamné, comme tant d'Églises voudraient nous le faire croire ? Vais-je être interpellé et agrippé par des esprits perdus ? Est-ce qu'il n'y aura rien ?... Est-ce que ce ne sera qu'une fin ?... Je ne sais même pas me représenter le concept du néant... Je ne crois pas que « rien » existe. Il y a toujours quelque chose... L'énergie. Mais la mort est-elle un non-voyage ? Est-ce instantané ? Est-ce que ça prend des minutes, des heures ou des semaines ? Qu'est-ce qui meurt d'abord – le corps, bien sûr – mais ensuite, est-ce que la personnalité se dissout lentement ? Y a-t-il des niveaux différents de morts – les uns plus sombres et plus accablants que d'autres, les autres plus clairs et plus légers, certains plus et certains moins matériels ?

Nicole, je suis persuadé que nous avons toujours un choix. Et je choisis : quand je mourrai, ou quand je changerai de forme, ou que je passerai parce qui décrit le mieux cette chose qu'on appelle la mort, je choisis de t'attendre, de t'accueillir, de te retrouver – cette partie de mon cœur et de mon âme que je cherche depuis si longtemps – le seul véritable amour que j'aie jamais connu. Alors nous saurons. Nous saurons tout ce que nous savons maintenant mais dont nous n'arrivons pas à nous souvenir consciemment...

Tu as dit que la lettre de cette femme était comme une gifle en pleine figure... Bébé, bébé, ça n'était pas du tout mon intention quand je te l'ai envoyée ! J'ai juste pensé que j'allais te la faire lire. Tu crois que je n'ai pas réfléchi, hein ? Je ne vais pas lui écrire. Tu es la seule femme dans ma vie, mon ange. Je n'accepterais pas mille femmes contre toi.

25 août

Peut-être que quand tu toucheras ton prochain chèque tu pourrais m'apporter un ou deux trucs, d'accord ? Ce que j'aimerais avoir, ce sont deux stylos feutre « Flair », un marron et un bleu, avec des pointes fines – un bon pinceau à aquarelle : un Grumbacher numéro 5 – et un bon bloc de papier. Si tu ne peux pas te le permettre, ça ne fait rien, mon chou, parce que je sais qu'on ne te donne pas grand-chose avec ces foutues allocations familiales, et je ne veux pas que tu sois de nouveau fauchée comme tu l'étais ce mois-ci.

Il y a une époque où je m'étais lancé à fond dans la recherche de la Vérité. Je cherchais une vérité qui était très rigide, très sévère, une ligne droite qui excluait tout sauf elle-même. Une simple Vérité, sans complications ni fioritures. Je n'étais jamais tout à fait satisfait : mais j'ai trouvé quand même pas mal de vérités. Le courage est une Vérité. Dominer la peur est une Vérité. Ce serait trop simple de dire que Dieu est Vérité. Dieu est cela et, beaucoup, beaucoup plus. J'ai trouvé ces Vérités, et d'autres encore…

J'ai trouvé un tas de Vérités. Mais j'étais encore affamé – et c'est vrai que la faim enseigne bien des choses. Alors j'ai continué à chercher. Et un jour j'ai eu la chance. J'ai vu une Vérité simple et tranquille ; une vérité personnelle profonde et solide, de beauté et d'amour.

Nicole découvrit soudain ce que voulait dire une expression comme « horrible perte ». C'était jeter ce que l'on avait de plus précieux dans la vie. C'était savoir qu'il allait falloir vivre auprès de quelque chose de plus grand que votre propre vie. En l'occurrence, c'était savoir que Gary allait mourir.

Elle commença à se dire qu'il n'y avait pas une minute où elle cessait de l'aimer, pas une minute. Pas une minute de sa journée où il ne fut pas présent à son esprit. Ça, ça lui plaisait. Ça lui plaisait ce qu'elle ressentait en elle. Mais c'était bizarre. Elle prenait une grande inspiration et s'apercevait qu'elle était en train de tomber de plus en plus amoureuse d'un type qui allait bientôt mourir.

VII

Un soir Tom Dynamite passa, mais elle n'arriva pas à se décider à coucher avec lui. Ça la surprit. Le sexe n'avait rien à voir avec Gary. C'était seulement que cette nuit elle avait pensé si fort à lui qu'elle ne voulait pas se priver du plaisir de continuer. Elle réussit à persuader Tom de coucher sur le sol auprès du divan où elle s'allongeait toujours, et Nicole posa même sa main sur l'épaule de Tom, dans un geste de gratitude, pendant qu'ils dormaient. Il partit au matin sans la réveiller.

En ouvrant les yeux, elle se rappela qu'alors même qu'elle s'endormait, elle avait décidé de se tuer dès le matin. Elle s'éveilla avec la même pensée. Elle resta assise dans son lit, immobile, aussi silencieuse qu'un oiseau.

Si elle mourait la première, Gary ne tarderait pas à être avec elle. Il le lui avait dit. Elle ne savait pas où elle serait alors ni ce qui pourrait arriver d'autre, mais elle serait avec lui de l'autre côté. Son amour à lui serait si fort qu'elle serait attirée comme par un aimant. Ce serait comme l'aimant qui l'avait attirée vers lui le jour où elle l'avait vu pour la première fois en prison.

Elle n'avait pas de lame de rasoir en état, et elle envisagea d'aller chez la voisine en emprunter une, mais elle se dit que ça paraîtrait trop suspect. Alors elle ouvrit une rasorette, sorte de petit rasoir en plastique pour dame, elle le cassa avec un couteau à découper et en fit sortir la lame. Elle l'enveloppa alors dans une feuille de cahier et la fourra dans son soutien-gorge. Elle se dit que si elle ne bougeait pas trop, elle ne risquait pas de se couper. Ça lui fit une drôle d'impression de laisser les gosses chez une amie, mais elle s'en alla faire du stop pour se rendre jusqu'à la prison. Deux types s'arrêtèrent pour la prendre.

L'un était un ancien détenu. Il était vraiment mal embouché, mais plutôt gentil. Il parlait comme un vrai charretier et n'arrêtait pas de demander si elle n'avait pas peur que son copain et lui l'emmènent dans les montagnes pour la violer et lui couper la gorge. Ça faisait rigoler Nicole. Elle pensait qu'elle avait cette lame dans son soutien-gorge, toute prête à faire le travail.

Quoi qu'il en soit, ils la déposèrent à côté de la prison, sans autre histoire. Bien sûr, lorsqu'elle leur dit qu'elle allait voir son ami et que l'ancien détenu entendit le nom, il fallut qu'il fasse une remarque idiote. « Ah, fit-il, il va avoir un petit empoisonnement au plomb. » Ça fit exploser Nicole. Elle n'éprouvait pas de remords à l'idée de rire de Gary. Elle savait qu'il en aurait ri aussi.

Elle passa derrière la prison, hurla deux ou trois fois et quelqu'un finit par lui répondre que Gary était dans une autre cellule. Elle l'entendit alors, mais faiblement, qui essayait de répondre. Les flics arrivèrent en menaçant de l'arrêter. Bien sûr, elle s'en foutait éperdument.

Cette fois, on l'emmena dans le bâtiment du devant et on la garda une demi-heure. Elle était comme chez elle, secouant ses cendres par terre, riant de leurs menaces, s'en foutant complètement. Ils pouvaient la laisser partir ou la boucler. Sans femme policier ils ne pouvaient la fouiller et elle avait toujours sa lame de rasoir.

Au bout d'un moment, ils la laissèrent partir. En sortant elle remarqua un petit tunnel cimenté qui passait sous l'autoroute. Il n'avait pas plus d'un mètre de large et c'était assez sombre, si bien qu'on ne voyait pas loin. Elle y entra à quatre pattes et se retrouva dans le noir. Elle avait relevé ses manches sur ses bras, mais elle les retroussa encore plus haut et puis se coupa aussi fort qu'elle pouvait à la veine et à l'artère. C'était une sensation agréable. Vraiment tiède. Ça saignait et ça éclaboussait le ciment. Elle sentait le sang ruisseler le long de son bras et c'était chaud et c'était bon. Elle aimait l'impression que ça faisait, ça calmait. Il y en avait tant. On aurait dit que l'océan se déversait dans le tunnel. Elle distinguait l'ouverture par laquelle elle était entrée, et toute la lumière que Nicole pouvait voir c'était celle qui filtrait par cet orifice.

Elle resta là mais cette impression d'agréable chaleur ne dura pas. Elle commença à se sentir malade. Puis elle fut prise de nausées. Elle se mit à trembler de tout son corps. Elle n'avait pas froid, mais elle tremblait. Il y avait du sang partout sur le ciment. Toutes ses pensées agréables, longues et lentes disparaissaient. Elle n'avait plus l'impression de glisser dans quelque chose de chaud, mais que tout devenait froid. Elle n'aimait pas ça. Elle s'obligea à s'asseoir. Puis à s'allonger et essayer de dormir. Elle tenta même de se persuader de ne pas bouger. De rester simplement là jusqu'à ce que ce soit terminé.

Elle finit par se dire : il faut que j'aille voir un docteur. En tout cas, il faut que j'essaie. Le mieux que j'aie à faire, c'est d'essayer. Ensuite, je peux m'occuper de mourir.

Elle se leva mais elle n'arrivait même pas à marcher droit et elle avait tout le temps l'impression qu'elle allait tomber dans les pommes. Elle faisait quelques pas et alors des taches dansaient devant ses yeux et elle s'accroupissait. Mais c'était tout près de la prison, alors elle y retourna. Il y avait un flic en train de laver un camion, il n'était même pas en uniforme. Elle lui raconta qu'elle avait escaladé une clôture et qu'elle avait glissé. Elle lui montra comme elle saignait. Il la conduisit jusqu'à l'hôpital de Utah Valley.

Le docteur ne crut pas un mot de cette histoire de clôture escaladée. Il dit : « On dirait que vous vous êtes fait ça avec quelque chose de plutôt aiguisé. » Il lui demanda si elle avait beaucoup saigné, si c'était un demi-litre ou un litre. Elle dit qu'elle ne savait pas ce que représentait un litre ou un demi-litre. Pas quand c'était du sang qu'on perdait. On lui prit sa tension et elle commença à se sentir mieux. Elle rentra chez elle en stop. Le temps de rentrer, elle avait de nouveau mal au cœur, et était incapable de rester debout sans avoir le vertige. Elle dormit beaucoup. Le lendemain matin elle découvrit à la prison qu'ils étaient furieux et qu'on lui avait supprimé son droit de visite.

29 août

Ça m'a foutu en rogne de ne pas avoir pu te voir aujourd'hui. Ces petits merdeux ! On donne un peu d'autorité à des enfants de putains et ils s'imaginent tout de suite qu'ils peuvent retirer des privilèges aux gens... Cette bande de petits salauds, ces bas de la gueule, gargouillant de ce qu'ils ont sucé.

VIII

Le soir, en rentrant de l'hôpital, Nicole coucha avec Cliff Bonnors. Elle avait des points de suture au bras et ça lui faisait un mal de chien. Pendant tout le temps où elle fit l'amour elle n'arrêta pas de se dire que si elle ne faisait pas attention, ça allait recommencer à saigner. Le lendemain soir, elle se retrouva au plumard avec Tom Dynamite. Même saloperie. Son bras lui faisait sacrément mal et elle se dit qu'elle allait devoir arrêter de faire l'amour.

Parfois elle était convaincue que Gary l'entendait penser. Ce n'était pas qu'elle estimait que c'était bien ou mal de faire ça pendant que Gary était en prison, mais simplement que l'idée la frappait tout d'un coup que ça pourrait sembler bizarre d'être amoureuse d'un type et de continuer à baiser avec d'autres. Elle n'avait jamais éprouvé ce sentiment auparavant. C'était important d'être fidèle. Voilà une chose à quoi il fallait réfléchir.

Elle finit par décider de tâter le terrain en faisant quelques allusions dans une lettre. Elle choisit d'utiliser Kip comme modèle. Kip, justement, était tombé sur elle voilà à peu près un mois. Il avait tant changé, raconta-t-elle à Gary dans la lettre, que ça n'était pas croyable. Kip était devenu mormon. Il se mettait tout nu et il voulait bien jouer avec elle, mais pas question d'aller au lit. On aurait dit que c'était lui qui était devenu l'allumeur, pas elle. C'était quand même quelque chose !…

Un matin, par exemple, Kip se rendit à un temple des saints des derniers jours, juste au bas de la rue, et revint tout habillé, en pantalon du dimanche et enflammé de religion. Il comptait aller au service du soir, mais elle se mit à l'asticoter. Elle fit si bien que Kip en mouilla son pantalon. Un vrai gâchis. Il avait son pantalon si froissé et si humide qu'il ne pouvait plus aller au temple.

Eh bien, elle raconta un peu de ça à Gary dans sa lettre. Elle voulait voir quelle sorte de réaction il aurait. Après tout, ça s'était passé voilà des semaines et ça n'avait pas d'importance. Mais Gary ne releva pas.

IX

Le shérif Cahoon ne fut pas surpris lorsque Gary lui demanda s'il pouvait venir le voir pour bavarder. Cahoon le fit même entrer dans la grande pièce et ils s'installèrent auprès du bureau. Ils eurent une bonne et amicale conversation. Gary dit qu'il était d'accord avec le shérif Cahoon sur la façon dont il faudrait diriger l'établissement et il voulait parvenir à un arrangement sur ce qu'on attendait de lui et de Nicole. Eh bien, répondit Cahoon, il voulait que l'amie de Gary vienne et se conduise en dame, sans créer de problèmes. Qu'elle vienne décemment vêtue. Lorsqu'il vit l'étincelle dans l'œil de Gary, il observa que, bien sûr, sa tenue n'était pas si extravagante. C'était son attitude qui causait des problèmes. Gary convint qu'ils pourraient parvenir à un accord. Cahoon dit qu'ils se comprenaient et qu'il l'autorisait à téléphoner à Brenda pour la prévenir que Nicole pouvait revenir.

Lors de la visite suivante, elle raconta à Gary ce qu'elle avait tenté dans le souterrain avec la lame de rasoir. Qu'elle avait voulu mourir mais qu'elle n'avait pas pu aller jusqu'au bout. Qu'elle avait eu peur. Il lui dit que c'était très dur de saigner à mort. La plupart des gens qui essayaient, ça les rendait malades. C'était une des façons vraiment pénibles de mourir.

Elle avait un pansement, mais il finit par lui demander de montrer les points de suture. Il dit alors : « C'est foutrement profond comme coupure. » Le ton parut à Nicole sonner comme un éloge, comme s'il avait dit : « Bébé, c'est pour moi que tu as fait ça. »

Il ne parla jamais de Kip.

Après avoir accepté ces visites, Cahoon recommença à s'inquiéter. Gilmore et son amie avaient la correspondance la plus insensée. Dans une lettre, elle parlait en fait de la façon dont elle s'était coupé le bras et comment elle avait senti couler le sang tiède. Le garde qui apporta la lettre au shérif Cahoon dit : « En voilà un message à envoyer à un type accusé d'homicide ! »

On peut dire que Cahoon la lut avec soin. Nicole n'arrêtait pas de parler de l'épée d'argent de la vie après la mort. Comment ils auraient une bien meilleure vie avec l'épée d'argent. Elle parlait de retourner à l'endroit où elle avait saigné et où la pluie avait lavé presque tout le sang. Comme elle lui apportait toujours des livres, Cahoon en examina un où il n'était question que de l'Au-delà et comment connaître la jubilation éternelle.

Ça rendit les gardiens si nerveux qu'à la visite suivante, lorsque Nicole, en train de parler à Gary, se retourna pour prendre une cigarette dans son sac, le policier de faction était si agité qu'il lui saisit bel et bien le poignet. C'était à cause de cette épée d'argent dont elle n'arrêtait pas de parler.

Cahoon était en train de se demander s'il ne devait pas de nouveau lui interdire les visites, mais voilà que tout d'un coup elle cessa de venir à la prison. Elle cessa aussi d'écrire.

X

Nicole avait pris la décision de faire le plongeon. À la fin d'une longue lettre à Gary toute débordante d'amour, elle ajouta vers la fin deux ou trois phrases pour dire combien c'était idiot qu'elle ait passé autant de temps – et elle l'écrivit noir sur blanc – « à se faire baiser ». Il fallait qu'elle sache ce qu'il pensait.

5 septembre

Je viens de lire ta lettre. Une longue et belle lettre et pleine d'amour. À la page cinq tu as dit : « C'est si horrible. Je passe tant de temps soit à m'enivrer soit à baiser. » J'ai eu l'impression d'avoir reçu un coup : une sorte d'engourdissement m'a envahi et pendant quelques minutes je n'ai pas pu continuer à lire la lettre. Nicole, ne me redis jamais des choses comme ça à moins que tu ne tiennes à me faire du mal. Je ne veux pas que quelqu'un te saute et j'essaie de ne pas y penser : je m'en tirais à peu près bien jusqu'au moment où tu as écrit pour me le dire.

Elle avait l'impression que quelqu'un lui avait tapé sur le côté de la tête. Elle entendait la voix de Gary retentir dans son cerveau. Elle exprimait une terrible colère, comme s'il était capable de se mordre la langue jusqu'au sang. Il voulait que plus jamais elle ne couche avec un type. Elle ne voulait pas penser à tout ça. « *Tout le monde saute Nicole* », disait la voix de Gary dans la tête de Nicole. « *Ne te laisse pas sauter par ces sales suceurs. Ça me donne envie de commettre un nouveau meurtre. J'ai envie de tuer. Ça n'a pas nécessairement d'importance de savoir qui se fait tuer… Tu ne connais donc pas cet aspect de mon caractère ?* » Tout au fond, il y avait une partie d'elle-même qui l'aimait plus que jamais. C'était ça qui comptait pour lui.

Après tout, ça n'avait jamais été important pour elle. C'était plus facile de laisser les choses courir que de dire à un type de vous laisser tranquille. C'était une sorte de soulagement maintenant que d'avoir une raison de dire non. Bien sûr, ça n'était pas si facile de repousser Cliff ou Tom Dynamite. Elle expliquait : « Je ne suis plus ici avec toi, je suis avec quelqu'un d'autre. » Ils comprenaient, Cliff surtout. Ça ne les empêchait pas d'essayer encore de la baiser. Elle avait quand même besoin de compagnie.

Une ou deux fois, ce fut vraiment dur de leur dire de rentrer chez eux. D'ailleurs, il y avait d'autres gens qui passaient. Des mecs d'autrefois. Ça n'était pas qu'elle ne pouvait pas dire non, c'était que, eux, s'attendaient à ce que ce soit comme auparavant. Elle n'avait pas envie de se planter devant eux en hurlant : « Foutez le camp de ma vie. » Après tout, ils ne lui avaient fait aucun mal.

Il fallait qu'elle mette de l'ordre dans tout ça. Alors elle cessa d'aller le voir à la prison, elle cessa d'écrire. Elle voulait attendre de pouvoir lui dire qu'elle l'aimait assez pour être capable de faire ce qu'il demandait.

22. Troth

I

Gary fut si silencieux les quelques jours suivants que cela en devint inquiétant. Cahoon décida qu'il était d'humeur trop morbide et qu'il avait besoin de compagnie, aussi installa-t-il avec lui un prisonnier du nom de Gibbs. Ils avaient tous deux passé tellement de temps en prison qu'ils s'entendraient peut-être.

Cahoon remarqua qu'à peine refermés les verrous ils entamèrent une conversation en jargon de prisonnier. Un vrai baragouinage. Ils utilisaient un mot comme fègre pour dire maigre. Histoire de montrer à l'autre combien d'années on avait tirées en menant comme ça une conversation. Cahoon n'essaya pas de tout comprendre. S'ils parlaient de la dame de Bristol, ça voulait dire pistolet, et là il devrait s'inquiéter, mais Gilmore parlait de un et de deux et c'étaient les chaussures. « Oui, disait Gilmore à Gibbs, j'ai une belle paire pour aller avec ma frise et mes pantes.

— Il faut que tu penses aussi, dit Gibbs, à ton nœud et à ton canot.

— Va te taper une chèvre, fit Gilmore, laisse-moi rappliquer avec ma petite pompe à huile.

— C'est vrai, les pépées, faut toujours les lubrifier. »

Cahoon s'en alla. Les deux hommes essayaient tout juste de passer le temps. Il trouvait qu'ils faisaient un couple charmant. Tous les deux avaient des barbiches à la Fu Manchu. Seulement Gilmore était plus grand que Gibbs. On aurait dit un chat et une souris. Non, plutôt un chat et un rat.

II

Il n'y avait que trois choses au monde dont Gibbs pouvait honnêtement dire qu'elles lui inspiraient quelques sentiments : les enfants, les petits chats et l'argent. Il se débrouillait tout seul depuis qu'il avait quatorze ans. À dix-sept ans, il remplit et toucha pour dix-sept mille dollars de chèques en un mois et s'acheta une voiture neuve. Il avait toujours une voiture neuve.

À l'âge de quatorze ans, disait Gilmore, il avait fait des casses dans cinquante maisons. Peut-être plus.

La première fois que Gibbs était allé en prison, il avait à son actif une escroquerie de deux millions et demi de dollars. Il avait mis la main, expliqua-t-il, sur vingt et un comptes. La fois suivante où il retourna en taule, ce fut lorsqu'il fit sauter la voiture d'un flic à Salt Lake. La voiture de l'inspecteur Haywood.

On lui avait collé quinze ans quand il en avait vingt-deux, dit Gilmore. Il avait tiré cela au pénitencier de l'Oregon et à Marion. Gibbs hocha la tête. Marion, c'était du sérieux. Il s'y était farci onze années de suite, lui précisa Gilmore. Dont sans doute au total quatre ans de haute surveillance. Gilmore avait un vrai pedigree.

Il faisait dans les radeaux pneumatiques, lui dit Gibbs. En deux semaines, il en avait volé quarante dans un grand magasin d'Utah Valley, à cent trente-neuf dollars pièce. Même chose avec des scies à moteur. Il se faisait dans les deux ou trois cents dollars par jour. Il n'arrivait pas à gérer son fric, voilà tout.

C'était mon problème aussi, reconnut Gilmore. Lui aussi avait piqué un peu dans ce grand magasin-là.

« Oui, fit Gibbs, la seule différence entre toi et moi c'est que quand je faisais le coup, j'avais deux gars en soutien en cas de brouillage. Si on me tombait dessus, mes gars disaient : « Qu'est-ce que vous lui voulez, à ce garçon ? »

Gibbs s'aperçut que Gilmore ne connaissait aucun des durs de Salt Lake. Il ne connaissait pas les frères Barbaro, Len Rails, Ron Clout, Mardu, Nigus Latagapolos. « Ça, c'est des durs », disait Gibbs.

Gilmore parlait de la Fraternité Aryenne et des contacts qu'il avait là-bas. Gibbs connaissait les noms de quelques durs du pénitencier d'Oregon, d'Atlanta, de Leabenworth et de Marion. Pas des personnages de légende, mais quand même des costauds. Gilmore se comportait comme un type bien considéré. Évidemment, l'homicide, ça vous donne du standing. Quand on vous demande : « Qu'est-ce que ça vous rapporte de tuer ? » La réponse est : « De la satisfaction. » Ça vous éclaircit les idées.

Son réseau, raconta Gibbs à Gilmore, avait fait dans les hors-bords, les canots à moteur, les remorques et les caravanes. Surtout ne pas s'énerver quand on vous voit trimbalant la camelote. Ça les faisait bien rigoler. « Un jour, dit Gibbs, j'en avais pour un demi-million de dollars, pénard sur l'autoroute. »

III

« Si tu sors avant moi, dit Gilmore, tu peux me rapporter des lames de scie à métaux ?

— N'importe qui ferait ça, dit Gibbs, compte sur moi. » Et Gibbs se disait d'ailleurs qu'il pourrait bien le faire. Il aimait bien Gilmore. Il avait de la classe, ce mec.

« Tu sais, fit Gilmore, si tu pouvais me trouver un moyen de me faire sortir d'ici, je ferais n'importe quel coup. Je garderais juste assez d'argent pour que ma bourgeoise et moi on quitte le pays et je te donnerais le reste.

— Si je voulais sortir de cette taule, dit Gibbs, j'aurais des gens qui viendraient me prendre.

— C'est que dans le coin je ne connais personne, dit Gilmore.

— Si quelqu'un le faisait, ce serait moi », répéta Gibbs.

La cellule dans laquelle ils se trouvaient était divisée en deux, une petite partie salle à manger avec une table et des bancs, et au fond, loin des barreaux, des toilettes, un lavabo, une douche et six couchettes. De l'autre côté des barreaux, un couloir qui menait au pavillon voisin. On l'utilisait en général comme cellule pour femmes. Quand il n'y avait pas de femmes, c'était la cage aux ivrognes. Pour leur première nuit, ils eurent un ivrogne juste à côté qui n'arrêtait pas de crier.

Gilmore répondit comme s'il était le gardien. « Qu'est-ce que tu veux ? » lança-t-il. Le pochard dit qu'il avait besoin de donner un coup de fil. Pour qu'on amène sa caution. Gilmore lui dit qu'aucun juge ne lui accorderait ça. Enfin, le petit garçon qu'il avait frappé dans le camp des caravanes était mort. Quel petit garçon ? dit l'ivrogne. C'est ça dont tu es accusé : conduite en état d'ivresse, accident d'auto mortel et délit de fuite. Gibbs était ravi. L'ivrogne croyait Gilmore. Il passa le reste de la nuit à pleurer tout seul au lieu de crier pour appeler le geôlier.

Gilmore commença à faire sa gymnastique. C'était quelque chose, expliqua-t-il à Gibbs, qu'il faisait tous les soirs. Il en avait besoin afin de se fatiguer assez pour dormir un peu.

Il fit cent couché-assis, souffla un peu, puis se mit à faire des ciseaux en sautant et en claquant ses mains au-dessus de sa tête. Gibbs, fumant allongé sur sa couchette, perdit le compte. Gilmore avait dû en faire deux ou trois cents. Puis il marqua une nouvelle pause et essaya des pompes mais ne put parvenir qu'à vingt-cinq. Il avait la main gauche encore faible, expliqua-t-il.

Puis il se planta dix minutes sur la tête. « Ça rime à quoi ? » demanda Gibbs. « Oh ! fit Gilmore, ça fait circuler le sang dans la tête, c'est bon pour les cheveux. » Gilmore voulait, précisa-t-il, s'efforcer de garder un air aussi jeune que possible. Gibbs acquiesça. Tous les taulards qu'il connaissait, y compris lui-même, faisaient un complexe à propos de leur âge. Après tout, les années de jeunesse étaient toutes foutues. « Mon opinion, dit Gibbs, c'est que tu as l'air jeune pour un type de trente-cinq ans. Moi, j'ai cinq ans de moins que toi et j'en parais cinq de plus.

— C'est les clopes », dit Gilmore, en reniflant la fumée.

Il avait choisi une couchette supérieure aussi loin que possible de Gibbs qui dormait dans la couchette inférieure en face.

« Tu ne fumes pas ? dit Gibbs.

— Je ne veux pas prendre une habitude pour laquelle il faut payer, dit Gary. Pas si on passe son temps bouclé. En haute surveillance, ils avaient donné mon nom à une cellule. »

Le pochard de la cellule voisine geignait pitoyablement. Gilmore reprit : « Eh oui, la chambre Gary M. Gilmore » et ils se mirent à rire tous les deux. Écouter l'ivrogne pleurnicher, c'était aussi agréable que d'être allongé sur son lit par une nuit d'été à écouter le froissement des feuilles dans les arbres. Oui, lui raconta Gilmore, il avait tiré tellement de temps en haute surveillance qu'il n'avait presque jamais gagné d'argent en travaillant à la prison. Et on ne pouvait pas dire qu'il y avait du fric arrivant de l'extérieur. Tous les luxes qu'on pouvait se payer en taule, il avait appris à s'en passer. « D'ailleurs, dit-il, fumer c'est mauvais pour la santé. Bien sûr, à propos de santé... » Il regarda Gibbs.

À propos de santé, il s'attendait à la peine de mort.

« Un bon avocat pourrait te faire avoir le meurtre sans préméditation. Dans l'Utah, c'est la liberté surveillée au bout de six ans. Six ans et tu te retrouves dans la rue.

— Je ne peux pas me permettre un bon avocat, dit Gilmore. C'est l'État qui paye mes avocats. (Il regarda Gibbs du haut de sa couchette et dit :) Mes avocats travaillent pour les mêmes gens qui vont me condamner. »

IV

« On n'arrête pas de m'emmener pour être interrogé par des psychiatres, dit Gilmore. Merde alors, ils posent les questions les plus stupides. Pourquoi, demandent-ils, est-ce que j'ai garé ma voiture sur le côté du poste à essence ? « Si je m'étais garé devant, leur ai-je dit, vous me demanderiez pourquoi je ne me suis pas garé sur le côté. » (Il ricana.) Je pourrais jouer la comédie, leur faire dire : « C'est vrai, il est fou », mais je ne veux pas. »

Gibbs comprenait. C'était contraire à l'idée que se faisait de lui-même un homme véritable.

« Je leur explique que les meurtres n'avaient pas de réalité. Que j'ai tout vu à travers un brouillard d'eau. (Ils entendaient l'ivrogne qui se remettait à geindre.) C'est comme si j'étais au cinéma, je leur dis, et que je ne pouvais pas arrêter le film.

— C'est comme ça que ça s'est passé ? demanda Gibbs.

— Merde, non, dit Gilmore. Je suis tombé sur Benny Buschnell et j'ai dit à ce gros fils de salaud : "Ton argent, mon garçon, et ta vie." »

Ça les fit exploser tous les deux. Ce que c'était drôle. En pleine nuit, dans cette saloperie de prison de trous du cul où on étouffait, avec le pochard qui gémissait dans sa merde en comptant ses péchés, ils n'arrivaient pas à s'arrêter de rire. « Un peu de calme, là-bas, dit Gilmore à l'ivrogne. Garde tes sanglots pour le juge. » Le type ruisselait de larmes. On aurait dit un chiot la première nuit dans une maison nouvelle. « Tiens, reprit Gilmore, le matin après avoir tué Jensen, je suis passé à la station-service pour leur demander s'ils n'avaient pas une place pour moi. » De nouveau ils explosèrent.

Gilmore, ce soir-là, se serait cassé le bras si ça pouvait faire une bonne plaisanterie. Il se serait coupé la tête et vous l'aurait tendue sur un plateau si sa bouche avait pu cracher des clous. « Quelle est ta dernière meilleure faveur quand on te pend ? » demanda-t-il. Et il répondit : « Prenez une corde élastique. » Il faisait semblant de rebondir au bout, il faisait la grimace en disant : « Je crois que je resterai pendu un moment. »

Gibbs croyait qu'il allait pisser dans son froc. « Quelle est, demanda-t-il à Gilmore, ta dernière faveur quand on te met dans la chambre à gaz ? » Il attendit. Gibbs pouffait tout seul. « Tiens, tu leur demandes du gaz hilarant.

— Il y a de quoi t'étouffer », fit Gibbs.

D'ailleurs, il s'étranglait presque à force de graillonner. Fumer, ça lui donnait sa douzaine d'huîtres à chaque repas. Il était le type au crachoir. Gilmore demanda : « Qu'est-ce que tu dis au peloton d'exécution ?

— Je leur demande un gilet pare-balles », dit Gibbs. Ils riaient à tour de rôle comme un animal qui tourne en rond et qui s'affaiblit. « Oui, fit Gibbs, celle-là je la connaissais. »

Gilmore avait une qualité que Gibbs savait apprécier. Il était conciliant. Gibbs estimait que pour sa part il arrivait toujours à se rapprocher des gens, il se contentait de faire comme eux. Gilmore, c'était pareil. Ce soir-là, ils rigolaient vraiment comme deux connards.

Là-dessus, Gilmore devint sérieux. « Dis donc, fit-il à Gibbs, ils comptent m'infliger la peine de mort, mais j'ai une réponse pour eux. Je vais jouer la carte cachée de l'État d'Utah. Je vais les obliger à le faire. Ensuite, on verra s'ils ont autant de cran que moi. »

Gibbs n'arrivait pas à déceler si ce type bluffait. Il ne pouvait imaginer qu'on fasse quelque chose comme ça.

« Oui, reprit Gilmore, je vais leur dire de le faire sans me mettre de cagoule. De le faire de nuit si c'est dehors, ou bien dans une pièce sombre avec des balles traçantes. Comme ça je pourrai voir ces mignonnes arriver ! »

L'ivrogne hurlait : « Je ne voulais pas tuer le petit garçon, oh, monsieur le juge, plus jamais je ne conduirai.

— Ta gueule », cria Gilmore.

Ouais, dit-il à Gibbs, la seule crainte légitime qu'un homme dans sa position pouvait avoir en face du peloton d'exécution, c'était qu'un des tireurs soit un ami ou un parent d'une des victimes. « Alors, dit Gilmore, il risquerait de viser la tête. Ça ne me plaît pas. J'ai dix de vision à chaque œil, et je veux faire don de mes yeux. »

Ce type était comme une roulette, décida Gibbs. Ça dépendait du numéro qu'il sortait. « J'ai fait un tas de boulettes dans ma vie, déclara Gilmore du haut de sa couchette, et bien des erreurs de jugement ces deux derniers mois, mais je vais te dire une chose, Gibbs : maintenant, je suis dans mon élément. Je ne me suis jamais trompé sur le compte de quelqu'un qui a fait de la taule.

— J'espère que tu as bonne impression de moi.

— Je suis persuadé que tu es un bon taulard », fit Gilmore.

Sur cet éloge – il n'y en avait pas de plus grand – ils s'endormirent. Il était 3 heures du matin. Ils avaient déconné jusqu'à 3 heures du matin.

V

9 septembre

Je ne suis pas un faible. Je n'ai jamais été une loque, je n'ai jamais été un salopard, je me suis toujours bagarré : je ne suis peut-être pas le plus costaud mais j'ai toujours tenu le coup et on m'a toujours compté parmi les hommes. J'ai fait certaines choses qui feraient trembler un tas de salauds et j'ai enduré des merdes que personne n'aurait supportées. Mais ce que je veux que tu comprennes, ma petite fille, c'est que c'est toi qui tiens mon cœur et qu'avec mon cœur je crois que tu as le pouvoir de m'écraser ou de me détruire. Je t'en prie, ne fais pas ça. Je suis sans défense devant ce que j'éprouve pour toi.

Je ne peux pas te partager avec un autre ni avec d'autres, Nicole. Je préférerais être mort et brûler dans je ne sais quel enfer que de savoir un autre homme avec toi.

Je ne peux pas te partager… Je te veux tout entière…

Il faut que je vive sans baiser, tu le peux aussi. Navré d'être grossier, mais c'est vrai. Nous nous aimons, nous nous appartenons, ne nous faisons jamais de mal, Nicole, ne nous faisons jamais de mal.

Cette douleur me paralyse. Je n'arrête pas de penser à toi avec quelqu'un. C'est plus fort que moi. Il faut que je chasse de mon esprit ces images horribles. Je veux que personne ne t'embrasse, ne te tienne dans ses bras ni ne te baise. Tu es à moi. Je t'aime.

Tu as dit à la dernière page de ta lettre que je n'aurais plus jamais aucune raison de souffrir comme ça : ça fait trente-cinq ans que je suis sur cette foutue terre et j'ai été bouclé plus de la moitié de ma vie. Avec tout ce qui m'est arrivé, je devrais être un rude salaud. Mais je ne peux pas supporter d'être loin de toi… tu me manques à chaque minute.

Et je ne peux pas encaisser l'idée qu'un homme serre contre lui ton corps nu et regarde tes yeux rouler en arrière en s'endormant dans tes bras.

Je ne peux pas te partager… je ne veux pas. Il faut que tu sois toute à moi. Ça m'est égal que tu dises que tu as ce cœur dingue qui ne te laisse refuser aucune demande de rendre un autre heureux. J'ai un cœur dingue aussi. Et mon cœur dingue adresse une prière à ton cœur dingue : ne repousse pas ma requête de n'être qu'à moi de cœur, d'esprit, d'âme et de corps. Laisse-moi être le seul et unique homme à t'avoir.

Bon Dieu j'ai envie de toi bébé bébé bébé.
Ne baise qu'avec moi

Ne baise avec personne d'autre. Ne fais pas ça, ne fais pas ça, ça me tue, ne me tue pas.
Est-ce que j'en demande trop ?

Écris-moi et dis-moi…

DIS-MOI DIS-MOI
NOM DE DIEU DIS-MOI

Bonté de merde, Nicole.
Dis-moi.

Mercredi et dimanche, ça fait trop loin… Pourquoi ne m'écris-tu pas davantage ?

Nicole ne sois avec personne d'autre non non non
Non

Je déconne vraiment dans cette lettre

Je suis parvenu à une conclusion et la voici. Il faut que je t'aie tout *entière ! Il n'y a personne avec qui je puisse te partager. Je t'aime*

JE T'AIME JE T'AIME JE T'AIME
JE T'AIME

Non, je ne suis pas ivre, ni camé ni rien ; ce n'est que moi qui écris cette lettre qui manque de beauté – rien que moi Gary Gilmore, voleur et meurtrier. Gary le dingue. Qui rêvera un jour qu'il était un type nommé Gary dans l'Amérique du XXe *siècle et qu'il y avait quelque chose qui n'allait pas du tout… Mais qu'est-ce que c'était, qu'est-ce que c'est, pourquoi est-ce qu'on est dans une super merde, au max comme on disait au* XXe *siècle à Spanish Fork. Et il se souviendra qu'il y avait quelque chose de très beau aussi dans ce vieil empire mormon des montagnes et il commencera à rêver d'une sorte de renard féerique aux yeux verts et aux cheveux roux, qui roulait des yeux et qui n'arrivait pas à lui prendre la queue tout entière dans sa bouche qui riait et pleurait avec lui et se foutait pas mal qu'il ait des dents à jamais bousillées et qui lui avait montré de nouveau comment on sautait les filles au lieu de se servir de sa main et des photos de Playboy.*

Le lendemain soir, on mit une fille dans la même cellule où la veille se trouvait l'ivrogne. Elle aussi pleurait et Gary lui cria : « Allons, sœurette, ça ne peut pas être si terrible que ça. » Elle se calma aussitôt.

Gary apprit qu'elle s'appelait Connie, et lorsqu'elle demanda s'il avait une cigarette, Gibbs fit glisser un paquet à travers un couloir jusqu'à sa cellule et Connie les remercia.

Ils essayaient de continuer à bavarder, mais il fallait crier fort, alors Gary écrivit un mot qu'il lui fit passer. Il lui dit qu'il était plutôt beau garçon, qu'il aimait les jeunes filles, la musique de cow-boy et les tyroliennes. Il aimait surtout les tyroliennes. Elle répondit qu'elle avait vu sa photo dans le journal et qu'en effet il était beau gosse. Elle le remerciait de sa gentillesse et lui demandait s'il voulait bien chanter une tyrolienne.

« Allons, Tex, fit Gibbs, remonte-moi la manivelle. » Gary ne savait pas plus chanter de tyroliennes que Gibbs ne savait tricoter. Alors Gary lui cria que bon, il mentait, qu'il serait incapable de faire iou-lili iou-lili pour sauver sa peau. Ils se mirent à rire tous les trois. Ils passèrent une bonne nuit à s'envoyer des mots. Le matin, elle sortit. Gary retomba dans sa dépression.

VI

11 septembre

Je n'ai pas pu dormir pour la troisième nuit de suite. Il m'arrive quelque chose. Je me suis assoupi brièvement la nuit dernière et je me suis réveillé au milieu d'un rêve à propos d'une tête coupée. J'entends de nouveau grincer les roues du tombereau et le glissement rapide de la lame : dans mon rêve c'était une Mont Court femelle qui m'interrogeait, une déléguée à la liberté surveillée ou je ne sais quoi ; les rêves, ça a sa propre logique, et bientôt un médecin, ou bien le vrai Mont Court, ou quelqu'un est revenu.

Je t'ai dit que ces temps-ci je ne dormais pas : les fantômes sont descendus s'abattre sur moi avec une force que je ne croyais pas qu'ils possédaient. Je leur tape dessus mais ils reviennent furtivement grimper dans mon oreille et ces démons me racontent d'abominables plaisanteries. Ils disent qu'ils veulent saper ma volonté, boire ma force, épuiser mon espoir, me laisser privé d'espoir perdu vide seul les saloperies de démons avec leurs sales corps velus qui me chuchotent des choses horribles dans la nuit en ricanant et en riant avec une joie horrible de me voir m'agiter sans arriver à dormir ils sont vraiment dégueulasses ils projettent de fondre sur moi avec des hurlements de folie furieuse quand je m'en irai avec leurs affreux pieds jaunes tout allongés avec des griffes et des dents dégoulinantes de salive fétide et d'une épaisse glaire jaune-vert. De sales bêtes inhumaines des chacals des hyènes des bâtards pestiférés malheureux perdus d'horribles créatures démoniaques inacceptables des chauves-souris qui rampent avec leurs yeux rouges des monstres sans âme.

Ils ne veulent pas laisser le pauvre vieux avoir une nuit de sommeil. Les foutus enfants de salaud.

J'ai besoin de notre épée d'argent contre eux. Les visqueux enfants de salaud.

Les fantômes démoniaques
se moquent taquinent harcèlent
mordent et griffent grattent et crient
tissent une toile de vieillesse la vieillesse tire sur les harnais
comme des bœufs attelés à un tombereau de bois grinçant un tombereau de bois gris
qui traverse les rues pavées de mon
esprit d'antan.

Ils m'ont attaqué déjà nous avons eu plusieurs escarmouches ils m'ont sauté dessus comme des monstres quand j'étais à la prolixine pendant quatre mois j'ai supporté un constant assaut de fureur démoniaque – o o o o o o o OOOOOOOOOH !

Ça m'a laissé vidé et maigri de vingt kilos mais plus fort qu'ils ne sauront jamais.

Ils aiment ça quand j'ai mal.

Et ces temps-ci je brûle.

J'ai horreur de le dire mais la semaine dernière ils ont bien failli m'avoir jamais ils n'ont été aussi près et jamais ils ne le seront.

Gibbs avait l'habitude de s'éveiller au milieu de la nuit pour fumer une cigarette. Et là, dans les heures sans fin du petit matin, il en alluma une et se rallongea sur sa couchette pour réfléchir tranquillement à sa situation personnelle. Tout d'un coup Gary dit : « Tu l'as quand même fait, hein, Gibbs ? » Il répondit prudemment : « Fait quoi ? » Gary dit : « Tu l'as quand même allumée cette saleté, n'est-ce pas ? »

Le matin, Gary dit : « Tu parles dans ton sommeil, Gibbs. Tu dis quelques mots et puis tu te mets à grincer des dents. On dirait qu'il y a une partie de dés en bas. » Gibbs s'affola un peu. Il n'était pas trop content de dire des choses dans son sommeil. Si c'était la chose qu'il ne fallait pas, Gilmore pourrait décider de lui séparer le cœur des poumons.

Durant toute cette journée, la dépression de Gary empira et la nuit suivante, vers 3 heures, quand Gibbs de nouveau s'éveilla, Gary demanda : « Ça va ? » Gibbs répondit : « Je crois. Je ne suis pas sûr. » Il fit un effort pour essayer de rire et pourtant il haletait et toussait à cause de sa cigarette. « Ça va aller, mon vieux ? demanda Gilmore. T'as peut-être besoin d'un poumon d'acier ? »

Gibbs était silencieux. Il essayait juste de maîtriser sa respiration d'asthmatique. Dans le silence, Gilmore dit : « Demain matin, on dira au gardien qu'on ne peut pas s'entendre. Comme ça il te mettra ailleurs. »

« Ah, tu crois ? fit Gibbs.

— Oui, fit Gilmore, je crois que je vais finir au bout d'une corde. Si c'est ça, tu serais mieux loti ailleurs. Ils pourraient bien essayer de te coller une accusation de meurtre sur les bras. (Il hocha la tête.) Ils vont être un peu déçus s'ils n'ont pas la satisfaction de me juger pour mes deux jolis coups. »

Gibbs acquiesça. « Si c'est ce que tu veux, dit-il, j'irai jusqu'à cracher sur le gardien, lui jeter quelque chose et me faire mettre au trou. » « Oui, fit Gary, je te remercie. Il se pourrait bien que je doive te demander de partir demain.

— Bon, fit Gibbs, je vais le faire. »

Mais le matin, Gilmore lui dit d'attendre. Il voulait voir si ce jour-là il aurait des nouvelles de Nicole. Et voilà que dans l'après-midi une lettre arriva. Il la lut et dit : « Bon. J'ai décidé d'attendre. » Gibbs jubilait tout son saoul.

Gary passa l'après-midi à relire les vieilles lettres de Nicole, prenant celle-ci et puis celle-là, et il finit par dire : « En voilà une à lire si tu veux. » Gibbs remarqua qu'elle avait de petites taches de sang sur les pages. Il se sentait gêné et ne fit que la parcourir, mais il ne put s'empêcher de remarquer un passage où Nicole disait : « Combien c'était chaud et agréable, quand ma vie s'écoulait de mon corps. »

Gibbs prit soin de ne rien dire, de ne montrer aucune émotion, mais à part lui il pensait : « Ou bien c'est la nana la plus sincère dont j'aie jamais entendu parler, ou bien une des pépées les plus zinzins, les plus tordues du monde. » Gilmore dit : « Qu'est-ce que t'en penses ? » Gibbs répondit : « Je ne peux pas vraiment te dire parce que je ne me suis jamais trouvé dans ta situation, mais évidemment elle t'est dévouée. »

Maintenant que Gilmore était sorti de sa dépression, Gibbs décida de l'empêcher d'y retomber et se mit à raconter combien ce serait facile de s'évader. Il suffisait de se procurer une lame de scie à métaux. La prison était vieille et les barreaux n'avaient pas un cœur d'acier inoxydable à l'intérieur. En fait, on pouvait voir la trace où quelqu'un en avait déjà scié deux et comment ils avaient été ressoudés.

Gary décida d'écrire à Nicole de prévenir Sterling Baker. Il pouvait faire ça à l'atelier de cordonnerie. Gibbs disait qu'il fallait séparer l'extérieur de la semelle de la première, d'y insérer deux lames, puis de soigneusement recoudre la chaussure à la main en utilisant les mêmes trous. N'importe quel cordonnier était capable de faire ça.

Gary approuva l'idée à cent pour cent. Il commença une lettre à Nicole en lui expliquant comment s'y prendre. Comme il ne voulait pas qu'un gardien regarde ce qu'il avait écrit, il la donna à Mike Esplin pour qu'il la poste lorsque l'avocat passa pour discuter de son affaire.

12 septembre

Très chère et très belle.

J'ai quelque chose que je veux que tu fasses. Si tu veux bien faire ça et que tu le fasses bien, je crois que je pourrai bientôt t'emmener – au Canada peut-être – dans le nord-ouest du Pacifique – quelque part. Loin. Tous ensemble, moi et toi et tes gosses. Voici ce qu'il me faut : une lame de scie à métaux en acier au carbone de qualité extra. On vend ça dans les quincailleries. Il me faut une paire de chaussures taille 43. Sterling peut glisser la lame de la scie à l'intérieur de la semelle. Ce serait chouette si peut-être Ida, si elle est au-dessus de tout soupçon, m'apportait des chaussures avec des vêtements un jour de visite ou bien l'avocat Craig ou Mike – c'est vraiment une prison de ploucs – ils ne passent pas les chaussures aux rayons X, ils n'ont pas de détecteur de métaux – je pourrais sortir d'ici le soir même.

Fais ça pour moi, mon ange. Je viendrai te chercher et nous partirons. Et je ne veux pas trouver un homme avec toi quand j'arriverai là-bas. Trouve-moi cette lame. Je viendrai la nuit t'emmener et pour ce que ça vaut, pour aussi longtemps que ça peut durer avant qu'on me prenne – ou qu'on me tue – on vivra rira on s'aimera on chantera on sera ensemble on jouira ensemble.

Comme on est censé le faire.

13 septembre

Je restais si abruti par cette bière et le fiorinal que j'ai bien peur de ne t'avoir jamais vraiment bien baisée – ça me donne des remords – je voudrais pouvoir te baiser maintenant que mon corps est tout naturel, sain et pur et pas plein d'alcool et de fiorinal. Je t'allongerais sur le dos et je te mettrais de la vaseline dans la chatte et je te baiserais jusqu'à ce qu'on jouisse tous les deux – et puis je t'emmènerais dans la baignoire et je batifolerais dans l'eau avec toi un moment et on se frotterait le dos et les fesses et les bras et les jambes et les couilles et la queue et ton petit con rose et je te raconterais une histoire pendant qu'on tremperait tous les deux et que tu fumerais une cigarette.

Bébé on s'appartient tous les deux – et tout ce qui compte mon bel ange aux taches de rousseur. Mon bel ange aimé à l'épée d'argent. Bébé serre-moi ce soir contre ton corps nu enroule-le tout autour de moi et baise-moi dans ton esprit et dans tes pensées et dans tes rêves viens jusqu'à moi quand tu quitteras ton beau corps dans le sommeil et pénètre dans mon cœur et dans mon âme et dans mon esprit et dans mon corps prends-moi dans la douceur tiède humide et chaude de ton amour dans ta belle bouche dans ton cœur dans ton âme dans ton essence même pose mes mains sur ta chatte et déchaîne-toi abandonne-la-moi pour que dans le sommeil et dans tout ce qui est nous puissions être quelque chose tous les deux qui dépasse l'imagination.

Une fois de plus, elle décida qu'elle ne l'avait jamais aimé davantage. Ces lettres enflammées l'excitaient tant que ça n'arrangeait pas sa décision d'être sincère. « Tu es si plein de foutaises, lui dit-elle à la visite suivante, je parie que tu ne peux même pas bander et voilà que tu écris des choses comme ça. » Il se contenta de sourire. Elle l'aimait.

Nicole parla des lames de scie à métaux. Elle avait essayé une petite quincaillerie et demandé des lames d'acier au carbone. Le vieux type, derrière le comptoir, comprit qu'elle ne connaissait pas la taille et que ç'avait l'air de lui être égal parce qu'elle avait acheté les deux qu'il avait en réserve et qui n'étaient pas pareilles. Il l'avait regardée d'un drôle d'air en disant : « Qui est-ce que vous essayez de faire évader de prison ? » Elle avait eu du mal à garder l'air sérieux.

Elle avait porté les deux lames à Sterling. Il n'était pas trop enthousiaste, avoua-t-elle à Gary. D'abord il avait dit oui, puis avait décidé de réfléchir. Deux jours s'étaient passés. Il réfléchissait toujours.

VII

Gilmore avait l'ouïe la plus développée que Gibbs eût jamais rencontrée. S'il existait un homme avec des oreilles électroniques, c'était Gary Gilmore. Alors que le bruit de pas avait lieu à au moins trente mètres de leur cellule du côté du bureau, trente mètres de tournants par trois couloirs et passages différents, Gilmore, malgré cela, pouvait entendre les gardiens enfermer quelqu'un et vous dire le nom et le chef d'accusation. On pouvait dire que ça l'empêchait de dormir. Gibbs avait remarqué que Gilmore ne dormait que deux ou trois heures sur vingt-quatre. Il ne semblait pas avoir besoin de plus.

Cahoon prenait son petit déjeuner à 6 heures et demie et Gibbs sommeillait encore, mais Gary était debout et mangeait. Ensuite, il écrivait une lettre à Nicole ou lisait un de ses livres. Il faisait cela le matin quand tout était paisible dans la prison.

De temps en temps, Gilmore disait combien c'était extraordinaire de trouver un homme qui avait fait autant de taule que Gibbs et qui n'aimait pas lire. Gibbs estimait qu'il avait lu trois livres dans sa vie : *Le Parrain, La Jungle du Tapis Vert, Vendetta*. Gary lui passa *La Réincarnation*, de Peter Proud. Il dit que ça donnerait à Gibbs des indications sur l'au-delà. Gibbs le lut pour faire plaisir à Gilmore, mais ça ne le fit pas croire à la réincarnation pour autant.

Ils se lancèrent dans une discussion sur Charlie Manson. Manson avait des pouvoirs psychiques, expliqua Gilmore. « Je sais que c'est lui qui a fait que Squeaky Fromme a tiré sur le président Ford.

— Tu crois vraiment ces choses-là ? demanda Gibbs.

— Parfaitement, fit Gilmore, on peut contrôler les gens avec son esprit. »

Gibbs éprouva le besoin de s'excuser. « Je ne crois à rien que je ne puisse pas voir.

— Eh bien, dit Gary, c'est Manson qui l'a poussée à ça.

— Comment ? demanda Gibbs. On n'a même pas laissé Manson recevoir une visite de la fille.

— Non, fit Gilmore, Manson utilisait ses pouvoirs psychiques. »

Gibbs ne voyait pas.

Plus tard ce soir-là, Gilmore faisait chauffer de l'eau pour le café. Ils roulaient du papier hygiénique en boule et allumaient le milieu. Ça produisait une flamme régulière et suffisante pour faire bouillir l'eau. La bouilloire était faite à partir d'un gobelet autour duquel ils avaient enroulé la feuille d'aluminium de leurs pommes de terre cuites au four. En guise de manche, ils avaient attaché les extrémités d'un bout de ficelle à deux trous dans le bord et tenaient la tasse au-dessus de la flamme.

Gibbs était allongé sur sa couchette à regarder Gary effectuer l'opération lorsqu'il pensa : « Je suis sûr que je rigolerais si la corde cassait. » Juste à ce moment-là, la ficelle prit feu, la tasse tomba, l'eau se répandit. Gibbs éclata de rire. Il rit si fort qu'il roulait dans sa couchette comme un doryphore tout en envoyant une succession de pets. Gilmore le regarda d'un air écœuré, puis balança la tasse, la ficelle et tout le tremblement dans les toilettes.

« Tu es vraiment le péteur le plus dégueulasse que j'aie jamais vu, dit Gilmore à Gibbs.

— Oui, fit Gibbs, je peux péter à volonté. » Il éclata de rire à cette remarque et en lâcha un autre. Il riait toujours comme un dément après un pet.

« Enfin, dit Gilmore, ils ne puent pas. C'est toujours ça.

— J'ai toujours été délicat.

— Pourquoi est-ce que tu ne les gardes pas une semaine, dit Gilmore, pour en faire un album ? »

Quand Gibbs eut repris son souffle, il lui dit : « Dis-donc, Gary, je me rendais bien compte de ton infortune. C'est seulement que je pensais que ça allait arriver. Juste avant. »

Le visage de Gary s'éclaira. « Ça, déclara-t-il, ce sont des pouvoirs psychiques. » Gibbs avait envie de dire : il faudra plus d'une ficelle cassée pour me faire croire à ça, mais il ferma sa gueule.

Gibbs avait une petite sœur habitant Provo qui était mariée à un type du nom de Gilmore. Quand Gibbs apprit l'arrestation de Gilmore, celle de Gary, il se demanda tout d'abord si ça n'était pas son beau-frère, qu'il n'avait jamais rencontré.

En entendant ça, Gary dit : « As-tu jamais pensé à tout ce que nous avons en commun ? On était peut-être faits pour se rencontrer. » Gibbs pensa : « Et nous revoilà partis avec la réincarnation. »

Gary dressa une liste : ils avaient tous deux passé beaucoup de temps en prison. Gibbs dans l'Utah et le Wyoming, lui-même dans l'Oregon et l'Illinois. Avant la prison, ils étaient allés chacun en maison de correction. Tous deux étaient considérés comme des taulards endurcis. Tous deux avaient tiré pas mal de temps en haute surveillance. Tous deux avaient reçu une balle dans la main gauche en commettant un crime. Aucun d'eux n'aimait son père. Les deux pères étaient de gros buveurs et étaient morts maintenant. Gilmore et Gibbs aimaient tous deux leur mère, qui étaient des mormones pratiquantes et qui vivaient dans de petits camps de caravanes. Ni Gilmore ni Gibbs n'avaient rien eu à faire avec le reste de leur famille. Pardessus le marché les deux premières lettres de leurs noms de famille étaient « GI » bien qu'aucun d'eux n'eût jamais été dans l'armée. Leur première expérience de la drogue datait du début des années 1960 et ils avaient tous les deux utilisé la même drogue, la ritaline, une forme de reniflette pas courante.

« Ça te suffit ? demanda Gilmore.

— Touché », fit Gibbs.

Gary fit remarquer aussi qu'avant leur arrestation, ils vivaient tous les deux avec des divorcées de vingt ans. Chacun avait fait connaissance de la fille par l'intermédiaire de sa cousine. Chacune des filles avait deux enfants. Le premier était une fillette de cinq ans, brune et dont le prénom commençait par un S. Chaque fille avait un fils de trois ans d'un autre mariage. Les deux petits garçons étaient blonds et leurs prénoms commençaient par un J. Aussi bien Nicole que la petite amie de Gibbs avaient des mères dont le prénom était Kathryne. Et tous les deux étaient venus s'installer avec la fille juste après l'avoir rencontrée.

Après avoir étudié ces coïncidences, Gibbs s'arrêta pour réfléchir. Il commença même à se poser des questions. Peut-être que ce que disait Gary rimait à quelque chose ?

Bien sûr, Gary n'avait pas insisté sur les différences. La petite amie de Gibbs n'était pas belle et Nicole était superbe. Lorsque Gibbs vit la façon dont elle se parait pour Gary, il décida qu'elle devait être belle aussi à l'intérieur. Tenez, quand elle n'avait pas d'argent pour acheter des timbres, elle venait en stop jusqu'à la prison pour apporter une lettre à Gary. S'ils avaient besoin de café, de jus de fruits, de papier, de stylo, de n'importe quoi, Gibbs n'avait qu'à dire au geôlier de prendre de l'argent sur son compte et Nicole allait tout de suite acheter les trucs et les leur rapportait.

Un jour qu'il était en train de faire la liste des commissions, Gibbs demanda s'ils n'avaient rien oublié et Gary dit : « Est-ce que tu aimes le chocolat instantané ? » « Ma foi oui, répondit Gibbs, d'accord. » En fait, il préférait les boissons fraîches comme les jus de fruits mais il dit : « Demande à Nicole de nous rapporter un carton de ces sachets de chocolat. » Il voyait combien Gary était embarrassé d'avoir envie ou besoin de quelque chose. Il n'arrivait pas à le digérer.

« Gibbs, dit alors Gary, tu es un des meilleurs salopards que j'aie jamais rencontrés en vingt ans de taule. Écoute-moi bien, je ne sais pas comment, mais un jour tu seras récompensé d'avoir été si bon avec les autres. »

Gibbs sentait bien que Gilmore cherchait un moyen de lui rendre tout ça. Il commença même à parler d'arranger les dents de Gibbs qui grinçaient dans son sommeil. « Oh ! dit Gibbs, mal à l'aise, j'aime bien jouer avec. » Il avait un râtelier à la mâchoire supérieure, mais il l'avait cassé en deux. Peu de temps avant de se retrouver au gnouf, il roulait dans son Eldorado, soûl comme un Polonais, quand il avait été pris de nausées et d'envie de vomir. Trop paresseux pour s'arrêter. Merde après tout, il roulait à cent trente sur l'autoroute. Il se contenta d'ouvrir la vitre, de dégueuler et il avait dû faire encore cent mètres avant de se rendre compte que ses dents étaient parties avec le vomi. Il s'arrêta pile sur le bas-côté et revint sur ses pas en courant dans le noir jusqu'au moment où il trouva un flot de vomissure. Les fausses dents étaient en deux morceaux au beau milieu.

Maintenant il jouait avec. Ça faisait un son cliquetant comme des castagnettes. Certaines fois, Gibbs pointait tout l'appareil sur des gens rien que pour voir leur expression quand ses dents de devant se séparaient devant eux.

Toutefois, il ne plaisantait pas comme ça avec Gary. Gilmore était trop gêné par ses propres dents. Il lui fallut même deux jours pour en arriver à raconter comment il avait travaillé au labo du dentiste du pénitencier d'Oregon. Si Nicole pouvait lui acheter une trousse dans une pharmacie, Gilmore pouvait lui réparer son dentier. Gibbs débloqua le fric aussitôt.

Après sa visite, elle renvoya une boîte de soude-dents, qui contenait un flacon de liquide, un tube de base en poudre, un compte-gouttes, un récipient en plastique, un bâtonnet pour remuer le tout, du papier de verre et des instructions. Gilmore jeta le mode d'emploi et se mit au travail. Au bout d'un quart d'heure les dents étaient rassemblées et lui allaient comme des dents neuves. Gibbs était inquiet. Avec son râtelier arrangé, peut-être que Gilmore pourrait entendre ce qu'il racontait dans son sommeil. Gibbs espérait seulement que ça ne le gênerait pas.

Plus tard ce soir-là, Gilmore s'assit dans son lit et se mit à faire de petits ajustements sur ses propres appareils dentaires. Gary cherchait vraiment à arranger ses dents tranquillement. Dans le silence de la nuit, Gibbs fit semblant de dormir et il regarda Gary, concentré sur son travail, paraissant son âge et même plus, ses lèvres découvrant ses gencives.

Les quatre prisonniers de corvée étaient de menus délinquants qui purgeaient une petite peine de prison. Ils avaient donc une mortelle frayeur de Gilmore lorsqu'ils revenaient à l'heure des repas. Ils se tenaient aussi loin que possible de la fente de la porte lorsqu'ils glissaient les plateaux. Un homme ne pouvait guère tendre la main pour vous empoigner par ce petit trou, mais les prisonniers étaient très prudents. Ils avaient entendu les geôliers raconter comment Gilmore faisait s'allonger ses victimes par terre et puis, *splash !* Chaque fois qu'un type, dans les autres cellules, commençait à jouer les durs, les geôliers lui disaient de rester tranquille ou bien qu'ils l'enverraient cohabiter avec Gilmore. Cet homme-là, faisaient-ils remarquer, n'avait pas grand-chose à perdre en tuant un homme de plus.

Un jour ils retirèrent Gibbs de la cellule pour laisser Gary seul avec un psychiatre et le gardien emmena Gibbs prendre un café à la cuisine. Les prisonniers de corvée multipliaient les attentions. Ils préparèrent à Gibbs un sandwich, le grand jeu. L'un d'eux finit par lui demander pourquoi il n'était pas dans sa cellule. « Oh ! répondit Gibbs, en faisant un clin d'œil au gardien, on nous retire à tour de rôle pour une fouille. Dès que je vais rentrer, c'est Gary qui va venir ici. » Gibbs n'avait jamais vu quatre types laver les plateaux aussi vite. Ils comptaient sûrement avoir fini avant l'arrivée du grand Gilmore.

Là-dessus, le gardien dut se rendre dans le bureau pour répondre au téléphone. À peine était-il sorti que Gibbs prit toutes les boîtes de punch qu'il aperçut sur la table, les fourra à l'intérieur de son pantalon et dit aux prisonniers de corvée : « Si l'un de vous autres, salopards, dit un mot là-dessus, je vous jure que vous le regretterez. »

Sitôt que le geôlier l'eût ramené, Gibbs se mit à décharger son butin. Gary dit que le psychiatre allait dire dans son rapport qu'il était sain d'esprit et en état de supporter un procès. « Qu'est-ce que tu veux ? fit Gilmore. Il est payé par les mêmes gens qui payent mes avocats. L'État d'Utah. Je ne peux pas être gagnant. (Puis il ajouta :) Qu'est-ce qu'on attend ? Préparons ce punch avant que le maton vienne voir. » Ils se mirent donc au travail et en préparèrent tout un bidon.

Sixième partie

Le procès de Gary M. Gilmore

23. Sain d'esprit

I

Esplin et Snyder s'étaient vu offrir là l'occasion de se distinguer dans un grand procès, en fait l'affaire la plus importante qu'aucun d'eux eût encore assumée. Ils estimaient assurément qu'ils travaillaient dur. Le petit groupe de juristes qui se rencontraient sans cérémonie chaque matin et chaque après-midi à la cafétéria du Palais de Justice de Provo, dans le vestibule en sous-sol au pied de l'escalier de marbre, constituaient un groupe qui s'intéressait au procès qui allait s'ouvrir. Cela faisait quelque temps qu'il n'y avait pas eu d'affaire d'homicide à Provo, et un jeune avocat pouvait la rehausser ou compromettre sa situation parmi ses collègues.

Ils étaient donc impatients de mettre leurs talents à l'ouvrage, mais conscients de leur responsabilité. La vie d'un homme dépendrait de leur présentation. C'était donc décevant de découvrir qu'ils avaient un client qui refusait de coopérer.

Il avait envie de vivre – du moins supposaient-ils qu'il avait envie de vivre – il parlait de s'en tirer avec un meurtre sans préméditation, et même d'être reconnu non coupable. Pourtant il refusait de procurer de nouveaux éléments pour améliorer une défense difficile à assurer.

L'accusation avait des preuves indirectes solides. Si on estimait que des preuves parfaites allaient de A à Z sans qu'il manque une lettre, alors ici peut-être n'y avait-il pas plus d'une lettre ou deux qui fussent un peu brouillées et une seule qui manquât. Les empreintes sur le pistolet n'étaient pas assez nettes pour être attribuées à Gary. Tout le reste contribuait à renforcer le dossier – et surtout la douille découverte auprès du corps de Benny Buschnell. Elle n'avait pu venir que du Browning retrouvé dans les buissons. Une traînée de sang menait de ces buissons à la station-service où Martin Ontiveros et Norman Fulmer avaient vu la main ensanglantée de Gary.

Il y avait aussi des preuves directes. Lors de l'audience préliminaire du 3 août, Peter Arroyo témoigna avoir vu Gary avec un pistolet dans une main et une cassette dans l'autre. Arroyo présentait très bien. C'était un père de famille qui parlait d'une voix nette et précise. Si l'on tournait un film où l'on voulait avoir un témoin pour l'accusation susceptible de nuire à la défense, on engagerait Peter Arroyo pour le rôle. En fait, après l'audition préliminaire, Snyder et Esplin tombèrent sur Noall Wootton à la cafétéria, et ils plaisantèrent sur les talents du témoin comme des entraîneurs rivaux pourraient parler d'une vedette qui jouait pour l'un d'eux.

Les aveux passés par Gary à Gerald Nielsen n'arrangeaient pas non plus les choses. Snyder et Esplin n'étaient pas inquiets à l'idée que Wootton allait essayer d'utiliser de tels aveux au cours du procès. S'il le faisait, ils estimaient pouvoir démontrer que Gerald Nielsen avait enfreint les droits de l'accusé. D'ailleurs, Esplin prononça à l'audience préliminaire un plaidoyer assez fort. « Votre Honneur, dit-il, la police ne peut pas exposer un dossier devant un suspect, dire voilà les preuves que nous avons et attendre qu'il fasse une déclaration pour dire ensuite : nous ne lui avons vraiment rien demandé. Enfin, rien que l'inflexion de la voix peut vous amener à croire qu'on lui pose une question. »

Le juge n'était pas loin d'être d'accord. Il dit : « Si je siégeais en tant que juge d'un procès, j'exclurais cet argument… mais dans le cadre d'une audience préliminaire, je suis disposé à l'admettre. » Désormais Wootton n'utiliserait sans doute pas les aveux devant un tribunal. Cela risquait d'entacher suffisamment les débats pour qu'on arrive à un verdict annulé en appel.

Malgré tout, ces aveux avaient fait des dégâts. Un avocat n'ayant pas une réputation de probité parviendrait peut-être à ignorer le fait que la moitié de la petite communauté de juristes de Provo savait maintenant, après l'audience préliminaire, que Gilmore avait passé des aveux et l'autre moitié ne tarderait pas à l'apprendre à la cafétéria. Cela ne manquerait pas de paralyser tout système de défense vraiment imaginatif. Ce ne serait pas facile, devant l'existence de tels aveux, de faire croire à la possibilité que la mort de Buschnell était un accident survenu dans le cours d'un cambriolage.

La preuve la plus accablante contre Gary, c'étaient les traces de poudre qui prouvaient qu'il avait appuyé le pistolet contre la tête de Buschnell. Sans cela, on pouvait avancer que le meurtre avait eu lieu parce que Benny Buschnell avait eu la malchance d'entrer dans le bureau juste au moment où Gary s'en allait avec la caisse. Ce serait un meurtre sans préméditation, un homicide commis dans le feu de l'action au cours d'un cambriolage. C'était quand même moins terrible que d'ordonner à un homme de s'allonger par terre et puis de presser la détente. Ça, c'était de la préméditation. Glacée.

Néanmoins, on ne pouvait encore édifier un système de défense à partir de ces faits. Les pistolets automatiques avaient les détentes les plus sensibles de toutes les armes à feu. Puisque Gilmore, quelques minutes plus tard, devait se blesser accidentellement avec justement une détente aussi sensible, on pourrait encore affirmer qu'il avait été surpris par Buschnell et qu'il avait tiré son pistolet. Tout en essayant de décider ce qu'il allait faire ensuite, il avait dit à Buschnell de s'allonger par terre. Lorsque Buschnell avait commencé à dire quelque chose, Gilmore l'avait menacé en appuyant le canon du pistolet contre sa tête. Le pistolet alors, à son horreur, était parti. Par accident. Ç'aurait pu être un système de défense. Cela aurait pu créer un doute raisonnable. Cela, en tout cas, atténuerait le détail le plus accablant, sur le plan affectif, dans le dossier de l'accusation. Cet argument, pourtant, ne pouvait plus être employé maintenant que comme une des diverses possibilités lors du dépôt des conclusions devant les jurés. On ne pouvait pas bâtir son dossier là-dessus, quand plus d'un avocat de Provo, étant donné l'existence des aveux, considérerait une telle tactique comme sans consistance.

II

Dans l'Utah, un procès pour meurtre se déroulait en deux parties. Si l'accusé était reconnu coupable de meurtre avec préméditation, il fallait tenir, juste après, une audience en réduction de peine. On pouvait alors citer des témoins qui étaient là pour déposer sur la moralité de l'accusé, en bien ou en mal. Après ces témoignages, le jury se retirait une seconde fois et décidait entre la prison à vie et la mort. Si Gary était reconnu coupable, sa vie dépendrait de cette audience. Il en était là et pourtant refusait de se montrer coopératif. Il ne voulut pas accepter de faire citer Nicole comme témoin. Ils essayèrent d'en discuter. Là, dans la petite salle des visiteurs à la prison du comté, il ne voulut pas écouter Snyder et Esplin lui expliquer qu'ils devaient pouvoir être en mesure d'amener le jury à le considérer comme un être humain. Qui mieux que son amie pouvait montrer que c'était un homme qui avait ses bons côtés ? Mais Gilmore ne voulait pas la mêler à cette affaire. « Ma vie avec Nicole, semblait-il dire, est sacrée et scellée. »

Il était plein de réticence. Il ne proposait aucun témoin. Lorsqu'il donnait quelques détails sur la façon dont il vivait à Provo, c'étaient des détails secs. Il ne proposa les noms d'aucun ami. Il disait : « Il y avait ce gosse avec qui je travaillais, et on a bu une bière. » Il était assis de son côté, dans la salle de visite, lointain, parlant d'une voix douce, sans hostilité, mais désespérément distant.

D'un autre côté, il manifestait quand même une certaine curiosité à propos des antécédents de ses avocats. On aurait dit qu'il préférait poser les questions. Dans l'espoir de le dégeler, Snyder et Esplin étaient donc prêts à parler d'eux. Le père de Craig Snyder, par exemple, avait dirigé une maison de santé à Salt Lake et Craig était allé à l'université de l'Utah. Pendant qu'il était là-bas, raconta-t-il à Gary avec un sourire modeste, il avait été nommé chef des supporters de l'équipe universitaire. Sa femme avait été présidente d'une association d'étudiants. Il était toujours grand amateur de rugby et de basket-ball. Il jouait au golf, au tennis, au gin rummy et au bridge. Après l'école de droit, il était allé s'installer au Texas pour travailler au service fiscal d'Exxon, mais il était revenu dans l'Utah parce que cela lui plaisait plus de plaider.

« Des gosses ? demanda Gilmore.

— Travis à six ans et Brady en a deux. » Craig avait un air bonhomme et sérieux, amical et sur ses gardes.

« Ah ! », fit Gilmore.

Esplin, quand il était enfant, voulait être une vedette du sport, mais il avait le rhume des foins. Il avait grandi dans un ranch et était parti pour l'Angleterre en mission. Lorsqu'il était revenu, à vingt et un ans, il s'était marié. Bien avant, à treize ans, il avait lu tous les livres de Perry Mason qu'il avait pu trouver. C'est Erle Stanley Gardner qui avait fait de Mike Esplin un avocat, mais sa clientèle privée semblait se constituer essentiellement d'affaires de faillite et de divorce. Aussi, depuis l'année dernière, travaillait-il à plein temps à l'Assistance judiciaire de Provo.

Gilmore acquiesçait. Gilmore enregistrait. Il ne donnait pas grand-chose en échange. Il ne pensait pas qu'ils puissent utiliser grand-chose de ses années de prison. Il n'y avait que son dossier de prisonnier, et ça n'était pas écrit pour lui mais pour l'administration. Sa mère ferait peut-être un bon témoin, reconnut-il, mais elle était arthritique et ne pouvait pas voyager.

Snyder et Esplin prirent contact avec Bessie Gilmore. Gary avait raison : elle ne pouvait pas voyager. Il y avait bien la cousine, Brenda Nicol, seulement Gary était furieux contre elle. À l'audience préliminaire du 3 août, il lui avait fait signe à travers la salle. Il croyait qu'elle était là pour le voir. Il apprit bientôt que c'était Noall Wootton qui l'avait convoquée. À la barre, Brenda parla du coup de téléphone que Gary avait donné depuis le commissariat d'Orem. « Je lui ai demandé ce qu'il voulait que je dise à sa mère », avait dit Brenda à la barre. Il m'a dit : « Je pense que tu peux lui dire que c'est vrai. » Mike Esplin essaya d'amener Brenda à convenir que Gary voulait dire par là que c'était vrai qu'il avait été accusé de meurtre. Brenda répéta sa déposition, sans prendre parti. Gary trouva cela dur à pardonner.

Les avocats essayèrent quand même. Ils parlèrent à Brenda au téléphone. Snyder la trouva un peu insolente et plus qu'un peu effrayée de Gilmore. Il lui avait dit, raconta-t-elle, que puisqu'elle l'avait dénoncé, il lui ferait payer ça. Ces derniers temps, il y avait une camionnette orange qui suivait sa voiture. Elle pensait que c'était peut-être un ami de Gary.

Elle dit aussi qu'elle s'était donné bien du mal pour faire sortir Gary de prison et qu'elle avait l'impression qu'il l'avait poignardée dans le dos. Elle l'aimait beaucoup, insista-t-elle, mais elle estimait qu'il devrait payer ce qu'il avait fait.

Plus tard, les avocats téléphonèrent encore. Le lundi soir où Gary était venu chez elle avec April, semblait-il être sous l'influence de drogues ou d'alcool ? C'étaient là des circonstances atténuantes. Brenda répéta ce que April avait dit : « J'ai vraiment peur de toi quand tu es comme ça, Gary. » Elle aimait bien Gary, répéta Brenda, mais il méritait ce qui allait lui arriver. Au mieux, décidèrent Snyder et Esplin, Brenda serait un témoin dangereux.

Ils appelèrent Spencer McGrath et il déclara qu'il aimait bien Gary mais qu'il était très déçu de la tournure qu'avaient pris les événements. Les mères de deux jeunes gens qui travaillaient pour lui étaient indignées qu'il eût engagé un criminel. Il avait maintenant des ennuis par-dessus la tête. Des gens l'arrêtaient dans la rue pour lui dire : « Quel effet ça fait, Spencer, d'avoir un assassin parmi ses employés ? » Ça ne lui facilitait pas la vie.

Ils ne parlèrent jamais à Vern Damico. Gary n'arrêtait pas de dire que ses relations avec sa famille n'avaient pas été si bonnes que ça. D'ailleurs, les avocats reçurent un rapport d'une conversation avec Vern qui avait eu lieu à l'hôpital de l'État de l'Utah :

M. Damico m'a donné les renseignements suivants concernant Gary Gilmore :

Il n'aime pas être battu, et quand ça lui arrive, il ne l'oublie pas et ne pardonne pas. Il a aussi un grand esprit de vengeance et la famille de M. Damico a très peur puisque ce sont eux qui l'ont livré à la police. Il a écrit une lettre à sa cousine en lui disant qu'il espérait qu'elle avait des cauchemars de l'avoir dénoncé. La famille est aussi un peu inquiète à l'idée qu'il s'échappe de prison ou de l'hôpital, puisqu'il l'a déjà fait dans le passé.

III

Ils en étaient réduits à chercher un psychiatre qui déclarerait Gilmore fou. À défaut de cela, Snyder et Esplin cherchaient à trouver un paragraphe qu'ils pourraient utiliser dans un des rapports psychiatriques, ou même une phrase.

EXPERTISE PSYCHOLOGIQUE

Date de l'expertise : 10, 11, 13 et 14 août 1976
Procédures d'expertise : Entretiens avec le patient
Inventaire multiphasique de la personnalité

du Minnesota
Inventaire psychologique bibolaire
Phrases à terminer
Tests de l'Institut Shipley
Bender-Gestalt
Graham Kendall
Rorschach

M. Gilmore a dit à un moment : « Toute la semaine, j'ai eu ce sentiment d'irréalité, comme si je voyais les choses à travers de l'eau ou comme si je me regardais faire des choses. Surtout cette nuit, tout me donnait cette impression d'irréalité, comme si je regardais de loin ce que je faisais… J'avais cette impression de brume. Je suis entré dire au type de me donner l'argent, et je lui ai dit de s'allonger sur le sol et puis je l'ai abattu… Je sais que tout ça est réel, et je sais que je l'ai fait, mais d'une façon ou d'une autre, je ne me sens pas trop responsable. On dirait que j'avais à le faire. Je peux me souvenir que, quand j'étais enfant, je posais mon doigt au bout d'une carabine à air comprimé, et je pressais la détente pour voir s'il y avait vraiment du plomb dedans, ou bien je me trempais le doigt dans l'eau et je le mettais dans une prise de courant pour voir si j'allais vraiment recevoir un choc. Il me semblait qu'il fallait que je le fasse, que j'étais obligé de faire ces choses. »

Fonctionnement intellectuel :

Gary fonctionne dans la gamme d'intelligence d'au-dessus de la moyenne à supérieure. Son Q. I. de vocabulaire était de 140, son Q. I. d'abstraction était de 120 et son Q. I. total était de 129. Il a dit qu'il avait beaucoup lu dans sa vie et c'est vrai qu'il n'a manqué que deux mots dans le test sur le vocabulaire…

Intégration de la personnalité :

Dans le test de personnalité du papier-crayon, Gary révèle être un individu très hostile, un pervers social, en général mécontent de sa vie et insensible aux sentiments d'autrui. Il a une forte hostilité envers la société établie…

Résumé et conclusions :

En résumé, Gary est un célibataire de sexe masculin de race blanche… d'une intelligence supérieure. Il n'y a aucune preuve de lésion cérébrale organique. Gary est essentiellement un individu souffrant d'un désordre psychopathique de la personnalité, et antisocial. Je crois toutefois qu'il peut y avoir une certaine substance dans les propos qu'il tient sur les symptômes de dépersonnalisation qu'il a éprouvés durant la semaine où il a été séparé de Nicole et lorsqu'il a abattu ces deux personnes. Il est cependant clair qu'il savait ce qu'il faisait… Je ne vois d'autre solution que de le remettre au tribunal pour que la justice suive son cours.

ROBERT J. HOWELL,
Docteur en Psychologie.

18 août 1976

Consultation en neurologie

Il a indiqué que de temps en temps il a des hachures en travers de ses champs visuels, surtout à droite, phénomène suivi par l'incapacité de voir pendant une dizaine de minutes et prélude à de sévères migraines parfois accompagnées de vertiges. Les migraines durent environ une heure, puis disparaissent. La migraine suit toujours une expérience visuelle, mais il a aussi d'autres migraines qui sont parfois vraiment dures, qui surviennent sans cela et qui peuvent se produire à tout moment. Elles se produisent de façon très variable, et il a parfois employé le fiorinal presque chaque jour parce que ce médicament les fait généralement cesser, alors que l'aspirine, le tylenol et d'autres spécialités n'ont pas semblé le soulager. Dans certaines bagarres, il a été frappé à la tête mais n'a jamais été mis K.-O. Il y a quelques mois, il a souffert d'une lacération dans la région du sourcil gauche, qui s'est bien cicatrisée. Lorsqu'il était jeune, son frère avait tendance à le frapper sur la nuque et il pense qu'il a peut-être une vertèbre déplacée et il a périodiquement des douleurs dans le cou.

Il raconte que depuis sa jeunesse il a eu tendance à avoir un comportement impulsif. Une idée lui traversait l'esprit et il n'était pas capable de s'empêcher de la mettre à exécution. Il cite par exemple le jour où il s'était avancé jusqu'au milieu d'une passerelle de chemin de fer et où il attendait que le train soit arrivé au bout de la passerelle avant de se mettre à courir dans la direction opposée pour avoir quitté le pont avant que le train l'ait rattrapé. Alors qu'il était au pénitencier, au cinquième étage, il éprouvait l'envie de se mettre debout sur une balustrade pour toucher le plafond au-dessus, avec le risque de tomber sur le sol quinze mètres plus bas…

Son comportement insolite devant un sentiment impulsif et ses prétendus épisodes amnésiques nécessiteront de nouveaux examens du point de vue psychiatrique, mais il semble à ce stade très peu probable que ce soient les symptômes d'une manifestation épileptique.

DR MADISON H. THOMAS

31 août 1976

Dossier de consultation :

DR HOWELL. – Combien d'électrochocs vous a-t-on administrés ?

RÉPONSE. – Oh ! on m'a dit qu'on m'en avait donné une série de six… Le médecin qu'ils avaient au pénitencier, et le psychiatre, c'était sa panacée. Si on devenait violent, si on ne marchait pas au pas ou n'importe quoi, ou s'il estimait qu'on avait besoin d'être un peu plus passif, eh bien, il vous branchait sur le Barrage de Bonneville.

DR WOODS. – Il y a donc eu beaucoup de types qu'on a branchés sur le Barrage de Bonneville ?

RÉPONSE. – Oh oui, quand il travaillait là-bas. Une chiée de types.

DR LEBEGUE. – Pourquoi vous a-t-on donné de la prolixine ? Qu'est-ce qui s'est passé là-bas ?

RÉPONSE. – Eh bien, il y a eu une nouvelle émeute. C'est arrivé au trou et ça leur a pris onze jours pour la réprimer. J'ai été enchaîné deux semaines, et pendant cette période, ils sont venus me faire des piqûres de prolixine. On me donnait deux centimètres cubes deux fois par semaine, et j'avais perdu vingt, peut-être un peu plus de vingt kilos lorsqu'ils ont fini par me sortir de ce cauchemar.

DR HOWELL. – À votre avis, à peu près combien de piqûres vous a-t-on faites ?

RÉPONSE. – On me faisait deux piqûres par semaine pendant quatre mois.

DR KIGER. – Onze fois sur douze vous avez eu de bons rapports psychiatriques, pendant tout le temps que vous avez passé dans le système pénitencier, sauf une fois. Un rapport... disait que vous souffriez d'une psychose paranoïde. Vous vous rappelez quand c'était ?

RÉPONSE. – Mon Dieu, c'est si facile en prison d'être accusé d'être paranoïaque. Je veux dire, peut-être que j'ai eu une discussion avec quelqu'un et ils étaient en position de dire que j'étais paranoïaque. Donc de ne pas tenir compte de quoi il s'agissait. Je ne sais pas.

DR HOWELL. – Durant cette période, vous ne vous considérez pas comme ayant souffert de maladie mentale.

RÉPONSE. – Un grand nombre des gardiens sont atteints de maladie mentale.

DENNIS CULLIMORE, attaché au service médical. – Y avait-il quelque chose dans votre état mental, l'un ou l'autre des soirs des meurtres, qui vous semblait différent de l'habitude ?

RÉPONSE. – Oh ! je n'avais pas... tous les fils avaient été coupés, comme si je n'avais pas le contrôle de moi-même. Je veux dire que j'accomplissais les gestes l'un après l'autre. Je ne prévoyais rien. Ces choses-là s'enchaînaient, voilà tout...

DENNIS CULLIMORE. – À quel moment avez-vous su que vous alliez l'abattre ?

RÉPONSE. – Quand je l'ai abattu. Je ne le savais pas avant... Il m'a juste semblé que c'était le moment dans une série de faits qui se déroulaient.

DR KIGER. – Avez-vous connu d'autres épisodes à forte charge affective où vous ne vous souveniez pas de tout ce qui se passait à ce moment ?

RÉPONSE. – Je ne suis pas vraiment excitable, vous savez, je ne suis pas émotionnel. Il y a des choses que je laisse peser sur moi, mais ça n'est pas le genre de choses qui s'amassent et qui s'accumulent. Ce ne sont pas des trucs qu'on fait sur un coup de tête.

DR LEBEGUE. – Cette impression que vous avez décrite à plusieurs d'entre nous d'après laquelle les choses étaient irréelles, comme si vous les voyiez à travers de l'eau, cela vous est-il arrivé avant cet été ?

RÉPONSE. – Non, pas vraiment... seulement des moments où la vie semble ralentir et où on peut observer le mouvement de façon plus intense. Par exemple, si on est dans une situation tendue, une bagarre, ou quelque chose comme ça ; ce qu'on éprouve à ce moment-là, ça ressemble un peu à ça.

DR KIGER. – Est-ce que ça ressemble à ce que vous éprouvez quand vous fumez de l'herbe ?

RÉPONSE. – Quand vous fumez de l'herbe, vous planez et tout va bien, mais quand vous êtes dans une situation tendue, je ne sais pas. Non, je ne peux pas dire que j'ai vraiment éprouvé ce sentiment-là auparavant.

DR LEBEGUE. – Donc, c'était quelque chose de nouveau pour vous.

RÉPONSE. – Oui, c'est ce que je dirais.

DENNIS CULLIMORE. – Personne n'a d'autres questions ? O. K.

DR WOODS . – Merci d'être venu, Gary.

RÉPONSE. – Je vous en prie.

Projet de traitement complet

Un rapport sera fait à la Cour déclarant que le patient est tout à la fois compétent et responsable.

DR BRECK LEBEGUE
Psychiatre

Conclusions :

C'est un sujet blanc du sexe masculin, âgé de trente-cinq ans, qui est ici pour un examen psychiatrique. Il n'y a aucun signe de désordre de la pensée, de psychose, d'amnésie, de lésion organique du cerveau, d'épilepsie, ni d'aucune autre pathologie du comportement qui l'empêcheraient de discuter avec son avocat et d'être jugé pour les chefs d'accusation relevés contre lui. Il est conscient des circonstances et de ce qu'il a fait. Il décrit bien certains symptômes de dépersonnalisation au cours de ses actes, mais ce n'est pas rare chez ceux qui tuent pour subir un processus temporaire de déshumanisation. J'estime qu'il était responsable de ses actes au moment de l'incident.

Diagnostic :

Désordre de la personnalité du type antisocial.

DR BRECK LEBEGUE
Psychiatre

IV

Gilmore ne donnait aucun signe de psychose. Plus Snyder et Esplin examinaient ces rapports et ces comptes rendus, moins ils rencontraient de folie, et plus il apparaissait mordant, ironique, les pieds sur terre. Il n'y avait guère de mur dans la loi qu'on ne pouvait escalader à condition de pouvoir s'accrocher à un petit quelque chose, une petite prise légale qui vous permettait de vous élever jusqu'à une autre prise. Il y avait des fissures dans plus d'un bloc de la loi, mais dans l'affaire Gilmore, ces murs psychiatriques n'offraient rien.

Ils allèrent poser le problème au Dr Woods, qui avait beaucoup vu Gary à l'hôpital, et John Woods l'examina avec eux. Les avocats venaient si souvent dans son cabinet qu'il commença à s'en inquiéter. Woods était jeune pour être directeur du Programme de Médecine légale. Il aimait son travail et trouvait stimulant sur le plan intellectuel les conceptions thérapeutiques de son supérieur, le Dr Kiger qui, selon lui, était un sacré innovateur. Woods ne voulait donc pas créer d'ennuis à l'hôpital et s'inquiétait un peu de savoir si toutes ces visites étaient bien correctes. D'un autre côté, cela ne l'ennuyait pas d'aider les avocats de la défense et il aimait étudier le problème. Il finit par se dire : ma foi, si le procureur veut discuter de ces choses, je l'aiderai aussi. Je suis ici pour donner tous les renseignements que je peux.

Woods estimait que si la défense de Gary devait s'appuyer sur son état mental, alors Snyder et Esplin devaient présenter un argument qui relierait le psychotique au psychopathe. Ce n'était pas facile. La loi admettait la folie. On pouvait toujours sauver la tête d'un psychotique. La psychopathie, toutefois, était plutôt une folie des réflexes moraux, si l'on pouvait commencer à utiliser un tel terme (ce qui n'était pas le cas) devant un tribunal. Woods leur signala un interrogatoire où Gary, parlant du moment où il s'était tiré une balle dans la main, disait : « J'ai regardé mon pouce et j'ai pensé quel connard ! » Ce n'était guère une réaction psychotique. Moralement égocentrique, oui. D'une indifférence criminelle aux blessures mortelles infligées aux autres, oui, mais il n'y avait aucune incapacité psychologique de comprendre sa situation pratique. Si on était pratique, alors on était responsable.

Bien sûr, Gary entrait dans une catégorie psychiatrique. Il y avait un terme médical pour la démence morale, la criminalité, la bestialité incontrôlée, appelez ça comme vous voulez. Les psychiatres appelaient cela « personnalité psychopathique » ou bien, ce qui était la même chose, « personnalité sociopathique ». Ça voulait dire qu'on était antisocial. En terme de responsabilité devant la loi, c'était comme si on était sain d'esprit. La loi faisait une grande différence entre la personnalité psychotique et psychopathique.

Dans la psychose, dit Woods, il y avait peu de rapport entre l'événement et la réaction personnelle. Si Gary, après s'être tiré une balle dans le pouce, avait dit : « On empoisonne les sandwiches à Chicago », on pouvait supposer qu'il était psychotique. Au lieu de cela, Gary avait dit : « Espèce de connard », comme n'importe qui.

Une psychose relevant de l'aliénation mentale dépendait en général du désordre de la pensée. Gilmore ne présentait pas ce symptôme. Bien sûr, ce n'était pas toujours une question simple. Si un homme venait vous trouver en disant : « Ma mère vient de mourir », et qu'il se mettait à rire, on penserait qu'il y avait psychose. Mais si l'homme était un criminel endurci, son orgueil pourrait être de n'éprouver aucun sentiment dont il ne rie pas. Son attitude serait donc sociopathique et non psychotique. Cet exemple-là, bien sûr, n'était guère utile aux avocats. Ils avaient besoin de quelque chose qui pourrait paraître psychopathique mais qui se révélerait psychotique.

Woods avait étudié cette question auparavant. Un psychopathe pouvait assurément devenir un psychotique. Le psychopathe moyen vivait, après tout, dans un monde dangereux. Une certaine dose de paranoïa était même nécessaire. Il fallait être sensible aux perturbations de l'environnement. Dans des conditions de tension, toutefois, ce qui avait été une paranoïa utilisable pouvait se trouver magnifiée. Si on dormait et que le réveil sonnait et qu'on se trouve dans un état de telle tension qu'on croyait que c'était une sirène d'incendie, qu'on voyait des flammes imaginaires et qu'on sautait du haut d'une fenêtre dans l'éternité, ma foi, peu importait alors si votre étiquette normale avait été psychopathique, dément, mélancolique ou obsédé impulsif, on pouvait être sûr d'être qualifié de psychotique dès l'instant où on passait par la fenêtre. Le psychopathe avait des fantasmes. Le psychotique, lui, des hallucinations.

Peut-être pouvait-il attaquer le problème par là. La démarcation entre les fantasmes et les hallucinations ne devait pas être précise. L'ennui, toutefois, demeurait que, dans les observations faites sur Gary au cours de ces dernières semaines, il n'y avait en aucun comportement excessivement paranoïaque. Les avocats devaient bien comprendre, les prévint Woods, que la loi voulait bien séparer psychopathie et psychose. Si le psychopathe était jamais accepté comme légalement fou, alors le crime, le jugement et le châtiment seraient remplacés par acte antisocial, thérapie et convalescence.

24. Gilmore et Gibbs

1

Gary avait déposé devant lui une photographie de Nicole et il avait fait un dessin avec un stylo à bille. Il prit une vieille recharge et la cassa en deux. Utilisant un cure-dent, il parvint à extraire un peu de l'encre coagulée. Avec un pinceau à aquarelle et quelques gouttes d'eau, il ombra le dessin. Gibbs aimait bien le regarder faire.

20 septembre

Je regrette de ne pas avoir pris plus de photos de toi nue. Sans blague, Nicole, je trouve que tu ne devrais jamais porter de vêtements. Il y a quelque chose dans la nudité et toi qui vont ensemble. Je ne veux rien dire de grossier, bébé, tu le sais – bien que tu sois extrêmement sexy. Tu es juste si naturelle : innocente, gaie, heureuse, jolie, comme un lutin dans la forêt. Tu es à ta place.

J'ai été surpris de récupérer ce cliché : je parie que ces flics d'Orem ont regardé cette photo sous toutes les coutures, hein ? Les salauds… Ça me fait chier de penser qu'un de ces cochons – ou n'importe qui – a vu une photo aussi personnelle de mon amour.

21 septembre

J'aimerais vraiment que tu voies une photo de cette sculpture « Extase de sainte Thérèse ». Je crois que le sculpteur s'appelle Bernini. Je n'ai jamais vu de grandes œuvres d'art pour de vrai, mais je crois que je connais presque tout l'art européen par les livres que j'ai étudiés. J'ai vu un jour une image du Christ par un artiste russe qui m'a vraiment hanté longtemps. Ce Christ ne ressemblait pas du tout à la version populaire et rayonnante du christianisme occidental du berger bienveillant dont nous avons l'habitude. Il avait l'air d'un homme avec un visage maigre et décharné, un peu hanté, avec de grands yeux sombres très enfoncés. On sentait qu'il était plutôt grand, anguleux, dégingandé, un homme seul et je crois que c'était ce qu'il y avait de plus frappant dans le tableau. Pas de halo, pas de rayons descendant du ciel. Rien que cet homme extraordinaire – cet être humain ordinaire qui se faisait extraordinaire et essayait de nous dire à nous tous que n'importe lequel d'entre nous pouvait en faire autant. La solitude et un soupçon de doute semblaient imprégner le tableau. J'aimerais avoir connu l'homme de ce tableau-là.

À la taule de Salt Lake, juste avant que Gibbs ait été transféré à Provo, un gardien lui parla d'un étudiant qui avait été à l'école de droit avec Jensen. Ce mec avait même essayé de pénétrer dans la prison pour tuer Gary. Il comptait raconter au gardien qu'il était avocat, mais il voulait passer en douce un couteau.

Gilmore dit qu'il pouvait compatir. Que valait donc un mort s'il n'avait pas d'amis pour le venger ? Puis il regarda Gibbs et dit : « Tu sais, c'est la première fois que j'ai jamais rien éprouvé pour l'un de ces deux types que j'ai tués. »

22 septembre

Je suis le seul de la famille qui sente l'attraction de l'île Emeraude. C'est une terre magique. J'ai quelque chose que je veux te donner et j'espère que tu ne trouveras pas ça idiot. C'est quelque chose que je fais et c'est un peu magique. C'est une force, une attraction que j'ai maîtrisée et ça marche. C'est une sorte de petit refrain :

DE BONNES CHOSES M'ARRIVENT MAINTENANT.

Récemment j'ai changé ça en :

DE BONNES CHOSES NOUS ARRIVENT MAINTENANT.

C'est juste une prière personnelle que je murmure doucement, en silence dans ma tête, tout haut si je suis seul. J'espère que ça ne te paraît pas idiot. Je connais le pouvoir des choses comme ça ; le rythme, la répétition d'un doux refrain harmonieux crée de la magie dans l'air, attire, entraîne, donne aux croyants le pouvoir d'attirer et le pouvoir de recevoir.

II

Dans leur cellule, baptisée par Gilmore « Les Oubliettes puantes », ils avaient une toilette en porcelaine fêlée, maintenant jaune de nicotine. On actionnait la chasse d'eau en pressant un bouton sur le mur. Mais, pour avoir assez de force, il fallait se cramponner au côté de la douche et appuyer deux bonnes minutes sur le bouton. Ça n'était que comme ça qu'on arrivait à avoir une pression suffisante.

Et puis, une fois que l'eau arrivait, il fallait maintenir le plongeur jusqu'au fond du réservoir en attendant que le niveau de l'eau arrive jusqu'au bord. C'était la seule façon d'avoir assez de liquide pour provoquer une évacuation. Et tout le temps, il y avait une fuite autour du joint en bas. Ils l'appelaient La Mine de Soufre à Ciel Ouvert.

Un après-midi, ayant besoin de carburant pour faire chauffer l'eau du café, ils arrachèrent la pancarte indiquant les instructions sur l'utilisation de la chasse d'eau, et Gary la remplaça par un mode d'emploi à lui, écrit au marqueur sur le mur.

Avis Important ! ! !
Pour Actionner cette Pompe à Merde
Garder le Cul sur le Siège
Presser Fortement le Bouton de la Langue
Bonne Chance Fils de Pute

Là-dessus il tomba amoureux du marqueur. « Quand je serai parti, ils vont vraiment croire que c'était un dingue qui était ici », dit-il. Et sur tous les murs, il écrivit « MUR », « PLAFOND » au plafond, « TABLE » sur la table, « BANC » sur le banc, « DOUCHE » dans la douche. Puis il numérota chaque couchette « COUCHETTE 1 », « COUCHETTE 2 ». Enfin il inscrivit sur le visage de Gibbs et sur le sien : « FRONT », « NEZ », « JOUE », « MENTON ».

Lorsque le gardien arriva pour servir le repas du soir, il demanda : « Perqué vus avez fait ça ? » C'était un Mexicain du nom de Luis. Avec un accent à couper au couteau : « Perqué vus avez fait ça ? – Ho ! dit Gilmore, on m'a dit de me préparer pour le tribunal. »

Ils attendaient avec impatience de jouer un tour au Mexicain. Un jour Gary demanda à rencontrer son avocat, et comme Luis n'était jamais prêt à se magner le train pour un prisonnier, il dit : « Gilmorrre, z'est impportante ?

— Eh oui, fit Gary, c'est une question de vie ou de mort. » Il se mit à hurler. Le vieux Luis s'en alla au galop.

Le prisonnier qui coupait les cheveux avait peur d'être dans la cellule avec Gary. Gary demanda donc à Gibbs de les lui couper. Gibbs lui dit : « Jamais de la vie », mais Gary déclara qu'il était un maître barbier et qu'il lui donnerait les instructions au fur et à mesure.

Luis leur apporta une grande paire de ciseaux. Ils installèrent contre le mur une feuille d'aluminium polie pour faire office de miroir et Gary se passait la main dans les cheveux en s'arrêtant avec la quantité qu'il voulait faire couper au-dessus de ses doigts refermés. Ça prit environ une heure. Gibbs était très prudent. Mais, lorsque ce fut terminé, Gary demanda à Luis s'ils pouvaient utiliser la tondeuse électrique. « Non, fit le gardien, pas de prise. » Il n'allait pas se donner le mal de brancher une allonge. Gary lança les ciseaux de toutes ses forces contre le plateau en plastique que Luis avait posé sur le guichet. Il vint frapper la porte d'acier et se brisa en morceaux. Luis dit : « Gilmorrre, espèce dé salo. » Gary s'approcha des barreaux. « Qu'est-ce que t'as dit ? » demanda-t-il. Le Mexicain partit vers le bureau.

Environ une heure plus tard, il revint avec un shérif adjoint et un sac en plastique. Luis le tendit par le guichet et dit à Gary : « Tou mets les morceaux cassés dans lé sac. » Gary le fit. Il s'était un peu calmé. « J'ai dû faire sauter les visites de Nicole, dit-il, c'est tout ce qui a vraiment un sens pour moi. » Gibbs dit : « Attends 6 heures, quand le Gros Jake arrivera. » « Ils peuvent me mettre au trou, reprit Gary, dès l'instant qu'on ne m'empêche pas de voir Nicole. » Quand le Gros Jake arriva, il riait. « Tu as foutu une telle trouille à Luis avec les ciseaux, annonça-t-il, qu'il est arrivé au bureau en chiant pratiquement dans son froc. »

Le Gros Jake et Gary s'entendaient bien. Alex Hunt et lui étaient les seuls geôliers que Gary respectait. Parce qu'ils n'avaient pas peur. Peu après l'arrivée de Gary, deux grands mecs de la cellule centrale essayèrent de sauter sur Jake pour s'évader. Jake les rossa à mort. Un grand gaillard de Suédois, beau gosse, du Montana. Jake était sûr de lui. Le capitaine Cahoon avait donné l'ordre que quand Nicole venait voir Gary, on devait appeler une voiture de patrouille. Comme ça il y aurait deux policiers en plus dans les parages de la prison. Tous les gardiens le faisaient sauf Jake et Alex. Ni l'un ni l'autre n'avaient besoin d'aide.

Gary expliqua alors, d'un ton vibrant de sincérité, ce qui s'était passé. Il dit au Gros Jake qu'il avait eu tort de se mettre en colère. Il alla jusqu'à dire qu'il voulait bien accepter d'être puni, mais qu'il espérait qu'on n'allait pas le priver de visites. Le Gros Jake dit que ça dépendait du capitaine Cahoon, mais qu'il lui parlerait personnellement. Peut-être que ça suffirait de remplacer les ciseaux brisés en deux morceaux. Gibbs intervint. « Si c'est ce qu'il faut pour arranger les choses, dit-il, prends de l'argent sur mon compte. »

« Gibbs, demanda Gilmore, tu n'as jamais entendu parler de Ralph Waldo Emerson ?

— Non.

— C'était un écrivain et il a dit une phrase qui pourrait nous servir de devise, à toi et à moi. Emerson a dit : "La vie n'est pas si courte pour qu'on n'ait pas toujours le temps d'être courtois." »

III

On mit un grand costaud avec eux. C'était un ancien parachutiste de près de un mètre quatre-vingt-dix, pas loin de cent kilos, qui s'appelait Bart Powers. Ce matin-là, il avait flanqué une torgnole à un prisonnier de la cellule principale.

Lorsque Powers entra dans leur cellule, ses premiers mots furent : « Lequel de vous deux est Gilmore ? » Il avait lancé ça d'une voix si forte et si brutale que Gibbs crut que Powers était venu pour le provoquer. Il se leva aussitôt de sa couchette et s'approcha des toilettes pour se placer derrière lui.

Gary leva les yeux de la lettre qu'il était en train d'écrire et dit avec le plus grand calme : « C'est moi, Gilmore. Pourquoi veux-tu le savoir ? »

Ç'aurait pu être de l'hypnose. Gary avait dû lui transmettre une dose de ses pouvoirs psychiques. Gibbs vit Bart Powers perdre son assurance. D'un ton humble, il dit : « Mes gars m'ont demandé de te dire salut. » Gibbs eut du mal à s'empêcher de ricaner. Powers dit : « Salut » comme un gosse à l'école.

Le nouvel arrivant n'était pas gênant. Il ne parlait pas beaucoup, il lisait et ne cherchait pas d'histoires. Gibbs, cependant, sentait que Gary commençait à s'agiter. Il avait discuté avec le Gros Jake pour que Nicole vienne passer une nuit. Jake avait vu une selle qu'il avait envie d'acheter. Elle devait coûter cent dollars, mais Gibbs pensait qu'il pourrait réunir la somme. La négociation n'en était qu'à ses débuts, mais ils y pensaient. Maintenant, la présence de Powers allait tout compromettre.

Luis arriva et dit à travers les barreaux : « Pouerrrs, perqué tou frappes oune jeune ? C'est oune enfant, Pouerrrs. » Puis il partit. Gilmore et Gibbs explosèrent. Ils se mirent à regarder Powers et éclatèrent de rire. « Ça n'était qu'oune enfant, Pouerrrs, disaient-ils, oune enfant. » Puis ils riaient encore. Bart Powers semblait avoir horreur de ça. Seulement, remarqua Gibbs, il n'allait pas relever.

Powers n'avait pas de cigarettes, alors Gibbs lui en lança un paquet. « Tu ne me dois rien, fit Gibbs. Tu ne pourrais pas me le rendre, alors je te le donne.

— Tu es tombé sur un homme généreux, dit Gilmore en inspectant Powers. (Puis il ajouta :) C'est une belle chemise que tu as.

— Merci, dit Powers.

— J'aimerais l'acheter, poursuivit Gary.

— C'est la seule chemise que j'aie.

— Tu comprends, dit Gary, je m'en vais bientôt passer en jugement et, mon vieux, je veux comparaître devant le tribunal dans une tenue convenable, tu vois.

— Je ne pourrais pas te vendre cette chemise, voyons, c'est un cadeau de ma petite amie.

— Je te donnerai mucho cigarettes en échange », dit Gary. (Il y eut un hochement de tête de Gibbs.) Ce serait la cartouche de Gibbs.

— Cette chemise, dit Powers, c'est tout ce que j'ai.

— Rends-moi le paquet que je viens de te lancer », dit Gibbs. Powers obéit. Sans traîner.

« Ça n'était qu'oune enfant », dit Gilmore.

Ils éclatèrent de rire au nez de Powers.

Ce soir-là, Gary dit : « Rien de personnel là-dedans, mais cette cellule est trop petite pour trois. Je crois qu'il est préférable pour toi, Powers, de dire au gardien que tu ne peux pas t'entendre avec nous. » Gary avait l'air menaçant comme une crise cardiaque. « Dis-lui que s'il ne te déménage pas ce soir, je te tuerai. »

Powers se mit à appeler le Gros Jake à grands cris. « Rien de personnel », murmura Gary.

« Oh ! tu veux déménager ? fit le Gros Jake. On est prêt à aller en haute surveillance ? Qu'est-ce qui se passe, Powers ? Ces deux-là, tu ne peux pas les rosser, hein ? Tu ne peux pas dire : retournez sur votre couchette car j'en ai marre de voir votre gueule ? Ils ne plaisantent pas, hein ? (Il fit un signe de tête à Gilmore et à Gibbs.) Très bien, Powers, je vais te mettre au trou. Gary, lui, est accusé de deux meurtres. Ça lui suffit.

— Tire-moi de là, fit Powers. Tu n'as qu'à me mettre au trou. »

Une fois Powers transféré, le Gros Jake dit : « J'aimerais bien l'amener ici un soir et que vous le travailliez un peu. Nous, on ne peut pas le faire, mais ça lui ferait sûrement du bien. »

Gibbs savait que Gary ne voulait pas dire non. Ça nuirait à ses futures négociations pour faire venir Nicole dans sa cellule. Quand même, Gary dit : « Je ne peux pas, Jake, Powers est un prisonnier comme moi. Pas question que je travaille pour vous.

— Bon, fit le Gros Jake, c'est réglo. »

Le lendemain matin, on emmena Gary à l'asile pour un examen psychiatrique et il revint en retard pour le déjeuner. Le Gros Jake lui donna du rab de la cuisine : un double sandwich avec deux cornichons et un fruit frais. Gary dit : « Dis donc, merci bien.

— T'en fais pas, Gary, fit le Gros Jake, ça n'est pas à moi de te rendre un vrai service. »

Cet après-midi là, ils étaient d'humeur folâtre. Le genre rien à perdre. Il restait des petits paquets de beurre du déjeuner de Gibbs, et ils décidèrent de les lancer à travers les barreaux. Histoire de voir qui pourrait faire la plus grosse tache sur le mur du couloir.

Luis vint pour voir ce qui les faisait tant rire. « Gilmorrre et Gibbs, dit-il, prrrivés de dîner cet soir ! » Il fit venir deux détenus pour nettoyer. Gilmore et Gibbs riaient si fort qu'ils en avaient des crampes d'estomac. « Luis, dit Gary, est un morpion un peu retardé. » On ne leur servit pas de dîner ce soir-là. Vers 8 heures et demie, Luis revint avec un pot de café, comme s'il était un peu embêté pour eux.

Gary demanda : « Luis, tu es marié ? (Le gardien acquiesça de la tête.)

— Tu as des photos de ta femme, nue ? »

Luis fut choqué. « Non, répondit-il.

— Alors, fit Gary, tu veux en acheter ? »

Il mit quelques secondes à comprendre. Luis cria : « Gilmorrre et Gibbs, j'en ai marrre de vos connerrries ! » Il claqua la porte du couloir.

Bon sang, se dit Gibbs, ce Mexico, c'est le seul jouet qu'on ait.

25. Démence

I

Accepterait-il au moins de témoigner pour Gary à l'audience de révision de peine[1] ? demandèrent Snyder et Esplin.

Oui, répondit Woods, pas de problèmes pour ça. Mais, les prévint-il, avec la meilleure volonté du monde, que pouvait-il apporter, en toute conscience professionnelle, que le District Attorney ne serait pas capable de démolir ?

Ils ne lui demandèrent pas s'il aimait bien Gary. S'ils l'avaient fait, il n'aurait peut-être pas répondu, mais la réponse qu'il aurait pu donner était : oui, je crois que j'aime bien Gary. Il se peut même que je l'aime un peu plus que je ne voudrais.

Woods avait le sentiment de comprendre quelques-unes des obsessions de Gilmore. Sauter au milieu du pont et faire la course avec le train ou bien se mettre debout sur la rampe au dernier étage de la prison, c'étaient des envies que Woods connaissait bien. Il pensait parfois qu'il s'était tourné vers la psychiatrie pour pouvoir compenser ses propres fantasmes.

Tiens, si Gilmore avait été un homme libre, Woods aurait pu l'emmener faire du rocher. Enfin, il aurait pu s'il en faisait encore. Woods ressentait de nouveau la plongée de sa dernière grande chute sur une paroi de glace. Ça avait mis un terme à ses tentatives d'escalade. Le type qui l'accompagnait avait failli être tué dans une crevasse. Woods connaissait donc la dépression qui s'abattait sur vous quand on cessait de faire des paris

1. Procédure particulière aux États-Unis, qui impose, après verdict dans une affaire criminelle, un examen devant une seconde juridiction qui entérinera ou modifiera la sentence. C'est la Chambre de révision de peine.

insensés. Il connaissait aussi la logique qui vous poussait d'abord à les faire. Aucune récompense psychique ne pourrait être aussi forte que de relever un défi qu'on s'était fait à soi-même.

Si l'on avait vraiment peur, qu'on y aille quand même et qu'on arrive de l'autre côté intact, alors c'était difficile de ne pas croire un instant qu'on était dans le camp des dieux. On avait l'impression de ne pas pouvoir se tromper. Le temps ralentissait. Ce n'était plus vous qui le faisiez. Pour le bien ou pour le mal, c'était *ça* qui le faisait. On était entré dans la logique de cet autre concept où la vie et la mort avaient autant de rapport que le Yin et le Yang.

C'était une identification que Woods éprouvait. Gilmore, lui aussi, s'était senti l'envie de prendre un risque avec sa vie. Gilmore était resté en contact avec quelque chose qu'il ne fallait absolument pas perdre de vue. Woods savait tout cela, et ça le déprimait. En songeant aux entrevues qu'il avait eues avec Gilmore à l'hôpital, il était gêné de la réserve qu'il avait maintenue entre eux ; il avait même un peu honte de ne jamais avoir entretenu une vraie conversation avec cet homme.

Au bout d'un moment, il parvint quand même à amener Gilmore à parler un peu des meurtres, mais ça n'avança à rien. Gilmore semblait sincèrement déconcerté par son propre comportement. Il reparlait de son impression d'être sous l'eau. « Un tas de choses bizarres, disait-il. Vous savez, c'était inévitable. »

Ce côté vague paraissait tout à fait sincère à Woods. Un détenu essayant de vous convaincre qu'il était fou ferait plus de cinéma. Au lieu de ça, Gilmore donnait l'impression d'un homme calme, pensif, traqué et qui vivait simultanément en bien des endroits.

D'un autre côté, Gilmore avait été complètement isolé. C'était tout à fait contre les idées thérapeutiques de Woods car cela supprimait toute interaction avec les autres patients. Ils avaient une nouvelle forme de thérapie à offrir dans cet hôpital et il était tout à fait d'avis d'en faire profiter Gilmore. Les autorités de la prison, toutefois, avaient seulement accepté de transférer Gilmore de la prison pour ces visites de deux ou trois jours, à condition qu'on le garde bouclé tout le temps. Voilà donc où on en était. Un homme qui avait passé ses douze dernières années presque toujours enfermé chaque nuit dans une cellule de la taille d'un cabinet, continuait à l'être encore.

En outre, ils étaient tous inquiets, lui compris, à l'idée de faire une erreur avec lui, aussi le voyaient-ils toujours par deux. Plus tard, il apprit que Gilmore avait dit : « Une chose que je reproche à Woods, c'est qu'il ne me parle jamais seul. » C'est vrai, songea Woods, j'ai vraiment gardé mes distances.

Bien sûr, il savait pourquoi. Devenir psychiatre avait mis Woods dans un drôle d'endroit, philosophiquement parlant. Il n'aimait pas remuer ses doutes. Les contradictions qu'il avait en lui, une fois mises en mouvement, ne s'arrêtaient pas comme ça. Woods, après tout, n'avait pas le genre d'éducation avec laquelle on se trouvait parachuté dans l'Establishment psychiatrique.

II

Le père de Woods avait été un sacré joueur de rugby au collège, et il avait essayé d'élever son fils à lui ressembler. Woods avait grandi dans un ranch mais son père avait veillé à ce qu'il jouât au rugby, et c'était un fils qui avait passé son enfance à faire des passes. À peine avait-il eu les mains assez grandes pour tenir un ballon qu'il s'y était mis. Lorsqu'il eut fini ses études secondaires, il eut une bourse à l'université du Wyoming.

À l'université, le vrai talent semblait venir de l'Est. Woods avait l'idée que tout comme les meilleures pommes de terre poussaient dans l'Idaho, de même tous les joueurs de rugby venaient de Pennsylvanie et de l'Ohio. Woods avait toujours cru qu'il était assez bon, assez grand et assez dingue jusqu'au jour où ces joueurs de rugby de l'Est étaient arrivés des villes du textile. Six de ces Polaks, de ces bohémiens et de ces Italiens partageaient la même fille pendant toute leur première année. Ce n'était pas qu'ils ne pouvaient pas en avoir d'autres, c'était qu'ils aimaient bien faire ça en famille. C'était mieux comme ça. Un soir, un de ces monstres, qui jouait comme pilier, en avait eu tellement marre de se faire repousser par une nouvelle conquête qu'il s'était mis à uriner sur elle.

Un autre soir où il avait beaucoup neigé, un groupe d'entre eux partit dans deux voitures pour une balade dans les montagnes. Une boutteille de gnôle dans chaque bagnole. Au retour, en pleine tempête de neige, la voiture de tête déboucha d'un virage, dérapa et vint s'écraser sur une Chevrolet bloquée sur le bas-côté. Il n'y avait que deux joueurs de rugby dans la première voiture, et ils sautèrent au milieu de la route. Woods, dans la seconde voiture qui suivait à vive allure, déboucha du même virage et se jeta dans le fossé pour éviter de les heurter. Les deux gars de la première voiture et les trois de la seconde se donnèrent la main pour remettre sur la route la voiture de Woods. Ça leur parut si bien que les types de la première voiture arrachèrent leur plaque minéralogique et poussèrent la bagnole du haut de la montagne dans le ravin. Elle vint heurter les rochers avec un fracas de tonnerre puis émit toute une série de bruits doux et sourds comme le vent lorsqu'il labourait les épaisseurs de neige. Ils observèrent le spectacle avec le respect que méritent les grands événements.

Évidemment, la voiture qu'il avait emboutie était dans un triste état. Ils décidèrent donc de la remettre sur la route. Woods essaya de les en dissuader. En plein milieu de la discussion, il n'arrivait pas à avaler le fait que lui, avec sa bonne réputation à sauvegarder, jouait les pacificateurs.

Il échoua. Ils se mirent à faire rouler cette épave. Une voiture de police qui remontait la côte évita de peu une collision de plein fouet. Un riche ancien élève régla la facture. On ne perdait pas cinq jeunes étudiants de talent pour si peu.

Woods ne fut jamais une vedette du rugby. Au fur et à mesure des rencontres il en vint à avoir peur. Il pouvait se faire estropier. L'entraîneur qu'il aimait bien s'en alla, et le nouveau trouva que Woods passait trop de temps au labo. Il lui dit de faire plutôt de la gymnastique. Woods ne l'écouta pas. Il ne fut jamais une vedette.

Néanmoins, il n'eut jamais d'illusions sur l'ampleur du problème. Il y avait deux sortes d'êtres humains sur terre et peut-être était-il destiné à connaître les deux. Les civilisés avaient leurs petites habitudes autodestructrices, leur paranoïa contrôlée, mais ils étaient capables de vivre dans un monde civilisé. On pouvait les rafistoler sur le divan. C'étaient les non-civilisés qui causaient du malaise dans les milieux psychiatriques.

Woods se doutait depuis longtemps que le secret le mieux gardé des cercles psychiatriques, c'est que personne ne comprenait les psychopathes et que rares étaient ceux qui avaient une idée de ce qu'étaient les psychotiques. « Écoutez, était-il parfois tenté de dire à un collègue, le psychotique croit qu'il est en contact avec des esprits venus d'autres mondes. Il est persuadé qu'il est la proie des esprits des morts. Il est terrifié. Selon lui, il vit dans un champ de forces mauvaises.

« Le psychopathe, aurait voulu leur dire Woods, habite le même endroit. Seulement il se sent plus fort. Le psychopathe se voit comme une force puissante dans ce champ de forces. Il croit même parfois qu'il peut partir en guerre contre eux et gagner. Alors s'il perd vraiment, il est près de s'effondrer et peut être aussi hanté qu'un psychotique. » Un moment, Woods se demanda si c'était la façon de lancer un pont entre le psychopathe et le dément.

Mais il en revenait toujours à la même difficulté. Ce discours n'était d'aucun usage juridique pour Snyder et Esplin. On ne pouvait pas comparaître devant un tribunal en invoquant des esprits d'autres mondes.

III

Il restait bien une possibilité légale. Dans le dossier venant du pénitencier de l'État d'Oregon, se trouvait cette note psychiatrique du Dr Wesley Weissart, de novembre 1974 :

J'AI L'IMPRESSION QUE POUR L'INSTANT GILMORE EST DANS UN ÉTAT DE PARANOÏA, SI BIEN QU'IL EST INCAPABLE DE DÉCIDER CE QUI LUI CONVIENT LE MIEUX. IL EST TOTALEMENT INCAPABLE DE CONTRÔLER SES IMPULSIONS HOSTILES ET AGRESSIVES... JE ME SENS PLEINEMENT JUSTIFIÉ D'ADMINISTRER À GILMORE DES MÉDICAMENTS CONTRE SA VOLONTÉ CAR IL POSE UN SÉRIEUX PROBLÈME AUX PATIENTS ET À L'ÉTABLISSEMENT TOUT ENTIER.

C'était là le rapport *embêtant* auquel le Dr Kiger avait fait allusion lorsque ses collaborateurs avaient interrogé Gilmore. « Pourquoi, ne faites-vous pas venir ce docteur pour témoigner ? » demanda Woods à Snyder et à Esplin.

Gary ne voulait pas de lui, voilà pourquoi. Gary avait dit : c'est un véritable salaud, dégueulasse et pourri. Il ne voulait pas être soumis à l'expertise de cet homme-là.

Woods dit que même s'il devait aller dans l'Oregon et ramener ce type ligoté, ils devaient le faire venir pour le procès.

C'était très difficile, répondirent-ils, de forcer quelqu'un à répondre à une convocation s'il vivait en dehors de l'État. Woods dit : « Mon vieux, ça me semble essentiel. »

Snyder et Esplin téléphonèrent à Weissart, mais il leur répondit qu'il n'avait pas envie d'être impliqué là-dedans. Ils eurent l'impression que, s'il devait venir à la barre, il dirait que Gilmore était peut-être un paranoïaque complet mais qu'il n'était pas, au sens légal du terme, psychotique. Encore une impasse.

Woods avait perçu la différence existant entre les ténors rompus aux procès et les jeunes avocats. Une sacrée différence. Il leur dit, aussi diplomatiquement qu'il put : pourquoi ne trouvez-vous pas quelqu'un d'autre qui puisse, dans ce cas précis, donner des arguments valables ? Il n'arrivait pas à se faire comprendre. Ils insistaient pour essayer de trouver un expert qui certifierait que Gary était victime d'une maladie mentale.

En fait, Woods détestait la prolixine. Il considérait ce médicament comme une incarcération à l'intérieur de l'incarcération. Un matin, il s'éveilla même, épuisé par un rêve concernant Gilmore et dans lequel il menait un contre-interrogatoire :

QUESTION. – Quelle était sa dose ?

RÉPONSE. – Cinquante milligrammes par semaine, c'est à peu près la dose moyenne.

QUESTION. – Mais ça l'a fait gonfler, n'est-ce pas ?

RÉPONSE. – Oh ! toutes ces drogues antipsychotiques ont des effets secondaires. Plus le médicament est puissant, plus il est capable de provoquer des effets secondaires. La prolixine en donne bien plus que la thorazine.

QUESTION. – Quel est donc l'avantage d'utiliser la prolixine ?

RÉPONSE. – On n'a qu'à lui administrer le médicament une fois par semaine, plutôt que d'essayer de le lui donner chaque jour.

QUESTION. – C'est donc vraiment le problème de le lui administrer.

RÉPONSE. – C'est exact.

QUESTION. – Si vous avez à seller un cheval ombrageux, vous voulez pouvoir le faire une fois par semaine et pas deux fois par jour.

RÉPONSE. – C'est exact. La prolixine est actuellement le seul médicament sur le marché qu'on peut administrer à intervalles non réguliers. Tous les autres doivent être administrés à heure fixe, deux ou trois fois par jour, ou une fois par jour.

QUESTION. – De quels effets secondaires souffrait Gilmore ?

RÉPONSE. – Il avait une réaction vraiment sérieuse. Je me rappelle qu'il avait les pieds enflés et du mal à mettre ses chaussures, il avait du mal à marcher, il avait aussi les mains enflées. Il supportait vraiment une réaction importante.

QUESTION. – Combien de temps cela a-t-il duré ?

RÉPONSE. – Attendez, laissez-moi vous expliquer, la prolixine est un médicament à action longue. Vous faites une piqûre aujourd'hui, mais le produit ne sera sans doute pas complètement éliminé avant six à huit semaines. C'est pourquoi, si une réaction se produit, il faut au moins deux ou trois mois pour s'en remettre.

QUESTION. – Alors, qu'est-ce que vous avez utilisé comme médicament quand la prolixine n'a pas marché ?

RÉPONSE. – Je ne crois pas avoir utilisé aucun médicament après cela.

QUESTION. – Alors, c'était juste un problème…

RÉPONSE. – Un problème de discussion, on a juste discuté.

QUESTION. – Comment Gilmore lui-même a-t-il réagi à la prolixine ? Je veux dire, lorsqu'il a souffert des effets secondaires, comment a-t-il réagi dans ses rapports avec vous ?

RÉPONSE. – Eh bien, naturellement, il n'était pas content de moi du tout.

QUESTION. – Il était paranoïde à votre égard, n'est-ce pas ?

RÉPONSE. – Oh ! oui, absolument.

QUESTION. – Il pensait que vous cherchiez à l'avoir.

RÉPONSE. – Ma foi, oui.

QUESTION. – Aviez-vous des remords concernant l'usage de la prolixine ?

RÉPONSE. – Ma foi, je n'aime constater chez personne ce genre de réaction et ça ne m'a pas plu de voir que c'était le cas pour Gary. Toutefois, étant donné la façon dont les choses ont évolué, j'ai eu l'impression qu'après cela nous nous entendions assez bien.

QUESTION. – Vous ne vous inquiétez pas à propos de la prolixine, dans la mesure où vous ne savez pas exactement ce que ça fait ? En schématisant, on peut dire que vous vous trouvez devant une machine à deux leviers. Vous enfoncez un levier à une extrémité et l'autre sort au bout de la machine. Ce qui se passe dans la machine, vous n'en savez rien. Est-ce une description correcte des effets du médicament ? Que vous ne pouvez pas préciser le processus intérieur qui se déclenche ?

RÉPONSE. – Eh bien, là… ma foi, vous avez peut-être raison. En vérité, nous ne connaissons pas les effets directs de ces médicaments antipsychotiques sur les cellules du cerveau…

Woods n'était pas du tout certain que la prolixine n'avait pas causé de réelles lésions au psychisme de Gary. Des champs entiers de l'âme pouvaient se trouver défoliés sans qu'il en reste jamais une trace. Mais comment en convaincre un jury ? Le médicament avait été accepté par toute une génération de psychiatres. Une fois de plus, Woods regrettait de ne pas avoir un véritable avocat virtuose capable de manipuler un jury comme un ballon de basket en le faisant rebondir devant le tribunal.

26. Éperdument amoureux

I

Nicole demanda à Gary s'il n'y avait pas une chance de trouver un très bon avocat. Gary dit que les grands ténors comme Percy Foreman ou F. Lee Bailey prenaient parfois une affaire pour la publicité, mais que, dans son cas, il n'y avait pas d'éléments particuliers. Un grand nom voudrait du fric.

Bien sûr, dit-il, un très bon avocat parviendrait peut-être à le faire acquitter. Ou à lui faire avoir une peine de courte durée. Mais sans argent, il ne fallait pas y penser.

Elle n'avait aucune idée de ce que pouvait coûter un grand avocat, mais ce fut alors que l'idée lui vint de vendre ses yeux. Elle n'en parla jamais à Gary et en fait, elle se sentait un peu idiote. Elle ne savait pas vraiment comment cette idée lui était venue. Peut-être était-ce à cause de ces publicités où on vous disait combien votre vision était précieuse. Elle se dit que si elle pouvait en tirer cinq mille dollars, ça paierait peut-être un bon avocat.

Gibbs se montra quelque peu excité par cette idée. Il y avait un type à Salt Lake qui se trouvait être le plus grand avocat criminel de l'Utah, Phil Hansen. Autrefois, Phil avait été Attorney General et tout le tremblement. Il y avait plus de dossiers qui passaient par son cabinet que chez n'importe lequel de ses confrères. Il pouvait faire des miracles. Un jour, il avait tiré d'affaire un type qui avait abattu un shérif devant un autre shérif. Parfois, dit Gibbs, Hansen prenait une affaire gratis, pour la gloire. Gary s'illumina.

Cependant Gibbs ajouta qu'il ne voulait pas cacher des choses à Gary sachant combien celui-ci était jaloux. Il se devait de lui dire aussi que Phil Hansen avait la réputation d'avoir un penchant pour les jolies femmes.

Gary s'assit aussitôt à sa table pour écrire à Nicole ce que Gibbs lui avait dit, puis ajouta que c'était à elle de juger si elle voulait trouver quelqu'un qui l'emmènerait en stop voir Hansen. Mais « si ce type a le moindre geste équivoque, tu te lèves et tu t'en vas ».

Le soir même, un gardien lui passa un message de Nicole : « *Il n'a pas demandé mon corps, et j'ai rendez-vous avec lui samedi à 2 heures à la prison et il te parlera.* »

Elle avait rencontré Hansen dans un immense bureau et c'était vrai qu'il l'avait traitée comme il le faisait avec toutes les femmes séduisantes, mais il n'avait pas insisté. C'était un homme d'un certain âge, qui n'arrêtait pas de fumer le cigare et qui riait beaucoup. Au bout d'un moment, il lui raconta une histoire. Il dit que le dernier homme exécuté dans l'Utah était un nommé Rogers, qu'on lui avait demandé de le défendre et qu'il avait répondu à Rogers de trouver de l'argent. On avait dit à Phil qu'il n'y aurait pas de problème : Rogers avait une sœur à Chicago qui était bien nantie.

Eh bien, sans parler de la sœur, Rogers ne rappela jamais. Hansen laissa passer. Puis l'homme fut condamné à mort.

L'avocat ne comprit jamais si c'était une coïncidence, mais le matin où Rogers fut exécuté Hansen s'éveilla en sursaut, baigné d'une sueur froide. Il ne savait même pas que l'exécution avait lieu ce jour-là.

Apprenant à la radio la nouvelle de l'exécution, il jura que jamais il ne repousserait quelqu'un pour manque d'argent s'il y avait une vie en jeu.

Tenez, lui dit Hansen, même sans argent, il défendrait Gilmore. Puis il prit ses dispositions pour le rencontrer le samedi après-midi à la prison.

Avant le départ de Nicole, il la prit dans ses bras et la serra gentiment contre lui en disant : « Ne vous inquiétez pas. Ne soyez pas triste. Ils ne vont pas l'exécuter. » Il dit encore à Nicole qu'il n'avait encore jamais vu une affaire, aussi mal partie soit-elle, qui restait inexplicable devant un jury.

Par exemple, dit-il, même une personne qui ne jurait que par la peine capitale changerait d'avis si c'était sa mère qu'on jugeait. « Ma mère n'est pas comme ça, dirait-elle. Il y a quelque chose qui ne va pas. » Les gens n'étaient prêts à appliquer la peine capitale, disait encore Hansen que s'ils condamnaient un étranger. La méthode, c'était d'amener le jury à avoir l'impression de comprendre le criminel.

Le samedi arriva. Hansen avait dit 2 heures, mais elle était là à 1 heure et demie.

Elle attendit jusqu'à 3 heures, mais M. Hansen ne vint jamais. Seigneur, qu'elle avait l'air idiote à attendre comme ça. Elle l'appela plus tard dans l'après-midi, mais c'était samedi et personne ne répondit à son cabinet. Lorsqu'elle alla voir Gary, Nicole se mit à pleurer. C'était plus fort qu'elle. Elle avait vraiment compté trouver un bon avocat.

Elle fut encore plus déprimée lorsqu'elle reçut la lettre suivante de Gary :

26 septembre

Tout ce que veulent faire Snyder et Esplin, c'est avoir un bon dossier pour l'appel. Ils sont payés par l'État pour agir dans ce sens. Je ne dis pas qu'ils sont payés pour me liquider, je ne suis pas paranoïaque à ce point-là. Mais ce sont des avocats désignés par la Cour, ils n'ont pas les moyens de faire un travail convenable. Je n'aurai rien de plus qu'une défense symbolique.

II

27 septembre

Je ne peux pas dormir dans la journée. Parfois j'essaye mais je me réveille toujours baigné d'une sueur froide et j'entends les voitures sur la route, je vois la lumière aveuglante entre les barreaux et je sais combien je suis loin de tout ça.

Je sais que mourir c'est juste changer de forme. Je ne m'attends pas à échapper à aucune de mes dettes, je les affronterai et je les paierai. Mais je veux cesser de traîner des dettes aussi lourdes !

Je t'ai baisée toute la nuit en esprit, Nicole. J'ai envoyé mon amour sur tout le chemin jusqu'à Springville, ce qui n'est pas rien ! Je pourrais faire en courant cette distance sans m'arrêter ! Je t'ai aimée si dur et si mouillé et si longtemps la nuit dernière mon ange et je te serrais contre moi et c'était bon. Je t'embrassais le front, le nez, les yeux, les joues et je te mouillais les lèvres et le cou. Je baisais tes oreilles avec ma langue et je t'entendais crier oh oh oh ooooh, bébé je t'ai embrassée sur tout le corps, j'ai mis tes nichons dans ma bouche, tout ce que je pouvais faire entrer et je me suis enfoui le visage entre eux en suçant tes gros tétons j'ai baisé ton nombril et poussé ma langue dans ta bouche dans ton con dans ton cul dans ton joli petit cul. Dieu que j'aime ton joli cul. Whooou ! Tu as un cul qu'on ne lâche pas ! Un vrai cul de première classe. Un cul de fée.

Tu es une fée et je suis éperdument amoureux de toi.

Ta sincérité me stupéfie. J'ai pensé longtemps et beaucoup à toi, ma petite fée, à ton expérience – aux hommes qui t'ont connue, qui t'ont aimée, qui ont été aimés en retour, qui ont usé et abusé de toi, qui t'ont fait mal, qui t'ont fait l'amour – j'ai pensé à oncle Lee. Je comprends aussi bien que je peux, Nicole.

Je ne veux pas que tu vives comme un ermite sans ami. Je ne veux pas te donner d'ordres ni t'imposer des restrictions.

Mais je n'aime pas l'idée de tous ces types qui viennent te voir. Parce que quelqu'un te prend en stop faut-il qu'il devienne un ami, qu'il vienne te voir et revoir tous les deux ou trois jours ?... Merde alors.

Hier, j'ai eu une impression qui ne m'a pas plu. Vague, mais obsédante... tu sentais la bière...

Je sais que les types qui viennent te voir doivent vouloir plus que ta compagnie. Je ne doute pas de toi, mais je sais que la chair est faible.

Tu as toujours été si sincère et si ouverte avec moi, tu es simplement Nicole et tu te présentes juste comme tu es, sans histoires.

Quelque chose m'a irrité hier et m'a fait éprouver une sensation que je ne veux pas connaître. Ton visage, tes larmes, ça m'a rappelé une autre fois il n'y a pas si longtemps...

Bébé je crois que je suis juste un fils de pute follement jaloux et un salaud d'égoïste.

Je n'aime pas tes amis qui viennent et reviennent pour ta compagnie. Bonté divine, je n'ai jamais connu d'homme pareil. Bébé je suis un homme... je sais ce que veulent les types.

Je ne veux pas que tu aies tous ces amis hommes.

Nicole vivait avec de bonnes intentions, mais elle continua à coucher avec Cliff et avec Tom deux ou trois fois durant ce long mois de septembre, et c'était horrible après d'aller voir Gary et d'éviter le sujet. Elle finit par décider que la seule façon dont elle pourrait découvrir si elle aimait assez Gary pour pouvoir se débarrasser de ses sales habitudes, c'était de le lui dire une fois de plus. Alors quand elle lut « tu sentais la bière » Nicole rassembla son courage, acheta du beau papier chez Walgreen et lui écrivit une longue et tendre lettre avec tout ce qu'elle pouvait mettre dedans de doux et de généreux. Puis à la fin, comme si elle voulait ne pas gâcher le beau papier, elle prit une serviette sur le comptoir et écrivit encore quelques mots. Elle essayait de dire : quand je me mets dans des situations comme ça, ça ne compte pas. Il ne se passe rien. Elle finit par écrire : « *Pourquoi ne pas dire simplement ce que je veux dire ? Gary, personne d'autre que toi ne m'a jamais vraiment baisée. »*

28 septembre

Bébé, le gardien vient de m'apporter ta lettre. Tu m'écris et tu me parles toujours de te faire baiser, de te faire baiser, de te faire baiser, Tout le monde saute Nicole. Tout le monde. Tout le monde la prend en stop ou la voit trois ou quatre fois par semaine juste pour planer ensemble, pour sentir la beauté, juste des amis, de la compagnie, même pas la peine de la connaître, il suffit de s'asseoir et de l'écouter raconter combien elle aime Gary et puis la sauter. Sacré nom de Dieu de merde.

C'est sur une belle nappe en papier que tu m'as écrit : « Mais enfin tu dois comprendre ce que je veux dire par amis. Ces amis sont ceux qui viennent me voir et me revoir encore pour la compagnie, qui ne m'ont pas une fois réclamé la moindre attention physique. » Tu m'écris de foutus mensonges... Tu es assise pour m'écrire un mensonge pareil et tu as signé avec amour. Tu éprouves une si grande compassion pour tout le monde que tu es prête à te faire sauter. Pourquoi ô Seigneur, Seigneur bonté de saloperie de nom de Dieu de merde.

Bon sang, bébé, aide-moi à comprendre. Je ne vois pas la vie comme ça. Je n'ai jamais été amoureux avant. J'ai été enfermé toute ma foutue vie, je crois que sur le plan affectif je suis infirme ou quelque chose comme ça parce que je suis quelqu'un qui ne peut pas partager sa femme. D'autres gens en seraient peut-être capables, se foutraient peut-être éperdument que quelqu'un baise ce qui est à eux mais moi, je suis Gary. Quelqu'un t'a sautée. Quelqu'un t'a embrassée. Quelqu'un t'a embrassée, a vu tes yeux rouler en arrière ; au fond, c'est ton corps et c'est ta vie. Baise tous les gens de l'Utah si tu en as envie, qu'est-ce que ça fout ? Qu'est-ce que ça me fout ? Mais ça me fout, ça me fout beaucoup.

Nicole – mon amour n'est-il pas assez grand pour emplir même une petite vie – mon amour pour toi est-ce que ça n'est pas assez ? Faut-il que tu donnes ton corps, toi-même ? Ton amour à d'autres hommes ? Je ne suffis pas ? Je ne peux pas baiser. Je suis bouclé. Pourquoi ne peux-tu pas t'en passer toi aussi ?

Ne baise pas ces « charmants » fils de pute qui veulent te sauter. Ils me donnent envie de commettre encore un meurtre. Et j'ai horreur d'éprouver ce sentiment. Chasse ces salauds de ta vie. Débarrasse-toi de ces fils de pute. Si j'ai envie de tuer, ça n'a pas forcément d'importance qui se fait tuer. Tu ne sais donc pas ça de moi ? Le meurtre, c'est une chose en soi, une rage et la rage ne connaît pas la raison : alors pourquoi ça a-t-il de l'importance sur qui on passe une rage ? C'est la première fois que j'ai consciemment reconnu cette folle vérité. Peut-être que je commence à grandir... Grandis avec moi. Aime-moi. Enseigne-moi. Apprends de moi. Doucement, deviens plus forte avec moi. Ô ma belle Nicole.

Bon Dieu quelle lettre. Je pense que les fantômes vont m'attaquer ce soir. Je ne peux pas supporter la pensée d'un enfant de salaud qui te saute. Tu sais ce qui me fait si mal ? Pas seulement l'idée que tu te fais sauter ou que tu suces à t'en emplir la gorge la bite de je ne sais lequel des enfants de pute mais qu'ils t'embrassent aussi. Et que tu doives leur rendre leurs baisers, passer tes bras autour d'eux et baiser, sacré nom de Dieu de merde ; j'ai envie de pouvoir supprimer le monde entier. De plonger dans le néant toute la création. Ma Nicole ? Ma Nicole ? Qui est Nicole ? Te prendre la vie ? C'est ce que tu as écrit. Tu as dit que tu t'étais fait sauter deux fois par un type. Je crois que c'est ce que tu as dis je n'ai pas l'intention de le relire. Pourquoi ne pas tout simplement te faire sauter par tout le monde tout le temps, qu'est-ce que ça me fout ? Tu connais Lonny, le gardien rouquin d'ici qui t'a emmenée en voiture un jour. Il t'a sautée ? Est-ce qu'il me regarde en pensant : « Je me tape la pépée de Gilmore ? » Oh bon Dieu. Je ne peux pas supporter ça. Je ne peux pas. Merde pour cette ordure. Merde pour toi. Bonté de merde, est-ce que tu ne peux pas te faire passer cette saloperie d'habitude ? Nicole, Nicole, Nicole. Ah ! ce sont de vilains fantômes, n'est-ce pas ? Seigneur. Laids. Laids. Ooooh BON DIEU *! Et merde. Je crois que j'ai maîtrisé ça et que ça s'en va de nouveau.*

Nicole je n'essaie pas de faire quoi que ce soit. Je ne devrais sans doute pas te laisser lire ça.

Bon sang. Tes lettres, toutes les deux, que j'ai eues aujourd'hui sentent si bon, elles sentent comme toi. Bébé c'est une vilaine lettre. Elle va de la raison à la rage.

Mon chou, quand tu liras cette lettre sache que je t'aime. Que je ne comprends pas cette chose aussi bien que je croyais, que j'ai terriblement mal, relis-la et barre les passages qui te font du mal, je ne veux pas te faire du mal mon amour, mon ange, mon ange, mon ange, mon bel ange. Je n'arrive pas à décider si je vais te donner cette lettre ou est-ce que je suis là à écrire des mots qu'on ne lira pas ? Oooh bébé. Tu vas lire ça. Tu savais que tu la lirais avant de la recevoir. Tu peux la lire et la relire. Tu ne recevras jamais de moi une autre lettre comme ça. Je sais l'émotion qu'il y a ici et si tu veux éprouver ça il faudra que tu relises cette lettre. Parce que je ne te reparlerai plus jamais de ma douleur.

RIEN AU MONDE. PAS MÊME LA CÉCITÉ, LA PERTE DE MES YEUX, LA PERTE DE MES BRAS OU DE MES JAMBES, LA PARALYSIE TOTALE, LES PIQÛRES DE PROLIXINE, RIEN NE POURRAIT ME FAIRE PLUS DE MAL QUE DE SAVOIR QUE TU DONNES TON CORPS ET TON AMOUR À QUELQU'UN D'AUTRE.

Il y avait dans la lettre de Gary plus de souffrance qu'elle ne pensait que quelqu'un pouvait en supporter. Elle se sentait modeste au milieu de son propre chagrin, comme si quelqu'un de tranquille, au ciel, pleurait aussi avec elle. Alors elle lui écrivit que plus jamais elle ne ferait rien de ces choses qui lui déchiraient le cœur. Elle lui dit qu'elle préférerait être morte que de lui causer encore une telle souffrance. Qu'elle souhaitait qu'on lui retire la vie si ses yeux, jamais, lui mentaient encore. Elle laissa la lettre à la prison.

À un moment, vers l'aube ce matin, j'ai senti l'amour revenir – il coulait tiède et tendre… Il n'était jamais parti, bien sûr, mais il attendait seulement que je redevienne capable de l'accepter. Je t'ai fait mal encore mais de façon différente et je crois que ça va te faire mal longtemps.

Oh ! Nicole.

Je t'ai écrit une lettre inutilement laide. Tu es une bonne fille.

Tu t'en tires avec très peu d'argent, tu aimes et tu élèves tes enfants du mieux que tu peux. Je ne suis pas aveugle à tout cela. Tu es une belle fille. Je t'aime totalement.

En ce moment j'ai encore mal. C'est quelque chose que je ne voulais plus jamais éprouver. Mais c'est revenu encore une fois, ma chérie, c'est associé à une rage qui aveugle ma raison. Je t'en prie essaie de comprendre ce que je ressens. Une voix en moi me dit d'être doux – d'aller lentement, de comprendre, d'aimer et de connaître mon ange, ma fée. Connaître ses nombreuses souffrances, les choses qui lui sont arrivées dans sa jeune vie. Mais plus que cela – de comprendre son amour pour toi. La confiance qu'elle a en toi, qui se manifeste par le fait qu'elle ne te ment pas, qu'elle peut dénuder son âme et te faire confiance – savoir GARY *que toi aussi tu as des habitudes dont il n'est pas si facile de se débarrasser. Que toi* GARY *tu n'es pas parfait – que toi* GARY *tu serais un idiot si tu ne comprenais pas maintenant que cette femme t'aime. Mais au lieu de cela j'ai écrit cette horrible lettre que je t'ai donnée hier – Oh ! mon ange. Je t'en prie, aie plus de foi et de force que je n'en ai eu dans mes moments de rage aveugle.*

Je suis resté allongé sur le lit toute la journée dans un brouillard, un marasme, une stupeur totale. Je suis désolé je suis désolé je suis si foutrement désolé. Tout mon corps me semble lourd comme du plomb. C'est à peine si je réponds à Gibbs quand il me parle. Je crois qu'il se rend compte que quelque chose ne va pas. Il n'allume pas la radio parce qu'il sait que je ne supporte pas de l'entendre.

III

Le dernier jour de septembre, juste avant l'aube, quatre flics amenèrent un mec trapu, avec une barbe bien taillée, dans la cellule de haute surveillance. Il sentait la gnôle. Quand il vit Gilmore et Gibbs qui le regardaient, il dit d'une voix forte : « Les gars, vous connaissez Cameron Cooper ? » Ils ne répondirent ni l'un ni l'autre. Alors le type dit : « Eh bien, je m'appelle Gerald Starkey, et je viens de tuer ce fils de pute. » Gibbs dit : « S'il y avait le moindre doute, tu viens de l'éliminer. Mon vieux, il y a quatre policiers qui viennent écouter ta déclaration. » Même Gary se mit à rire. Mais Starkey était trop ivre pour s'en soucier. Il déposa son matelas et ses couvertures sur la couchette d'en bas et s'allongea avec la tête à cinquante centimètres de la cuvette des cabinets. Très vite il s'endormit.

Au bout d'un moment le petit déjeuner arriva. Ils partagèrent sa part. Il n'allait pas reprendre conscience avant quelques heures.

Vers 9 heures et demie ce matin-là, le Gros Jake dit à Starkey de se lever pour aller au palais de justice. Après cela le Gros Jake expliqua que Cameron Cooper appartenait à une vraie famille de fondateurs de l'Utah, qu'il connaissait tout le monde. Pour l'instant, quatre ou cinq de ses amis étaient dans la cellule centrale, alors Starkey devrait rester avec Gilmore et Gibbs.

Lorsque le type revint du tribunal, il était dégrisé et demanda s'il pouvait prendre un des livres de poche qu'il y avait sur la table. Tout l'après-midi il resta allongé sur sa couchette à lire. Il avait l'habitude d'éternuer en plein sur les pages. Gary marmonnait : « Il n'a pas assez de bon sens pour tourner sa grosse gueule ? »

Plus tard, il leur raconta qu'il était cuisinier au Steak House de Beevee à Lehi, et qu'il était un copain de Cameron Cooper, mais qu'ils avaient eu une discussion. Cameron avait pris sa ceinture, il en avait enroulé une extrémité autour de sa main et s'était mis à menacer Starkey avec la boucle. Starkey esquiva, se releva, et lui enfonça un poignard en plein à travers dans le cœur. « Eh bien, dit Gary à Starkey, voilà qui ne manque pas de piquant ! » Ça les fit rire.

Il apparut là-dessus que Brenda et John étaient entrés dans le café juste au moment où la bagarre commençait. Sitôt que Starkey eut poignardé le mec, Cameron s'effondra sur Brenda en barbouillant de sang tous ses vêtements. « C'est pas croyable, dit Gary à Gibbs, elle va être aussi le témoin-vedette à son procès. Cette garce n'a plus une minute à elle avec tout ce qu'elle a à faire au tribunal. » Il prit une lettre de Brenda et la lut tout haut : « Gary, tu ne sauras jamais assez combien je suis navrée. Quand j'étais à l'audience préliminaire, à témoigner contre toi, j'avais vraiment mal. » Il secoua la tête : « Est-ce que vous pouvez croire que c'est une parente ? Je comprends mieux maintenant, reprit-il, pourquoi elle s'est mariée et a divorcé tant de fois. N'importe qui, avec un QI de 60, qui est le niveau d'un demeuré, pourrait dire que quelqu'un vous poignardait dans le dos. Tiens-toi bien, Gibbs, elle finira par payer un jour. »

IV

Samedi 2 octobre

Je me suis tellement branlé ces dernières semaines en pensant à toi et aux choses qu'on faisait – ma foi, j'ai l'impression que je me branlais trop, deux, trois, quatre, quelquefois cinq fois par jour. Maintenant on me donne un peu de fiorinal et de somnifère, du dalmine, le soir et des calmants, et je ne me branle plus autant.

Ah, bébé, ça m'a toujours tracassé parce que je n'ai jamais eu l'impression de vraiment te donner le grand frisson à te mettre en nage à perdre tout contrôle en plongeant sur la terre. Soupir ! J'étais si intoxiqué entre l'alcool et le fiorinal, que je savais tout le temps que ça me bousillait sur le plan sexuel et que je me privais de quelque chose de tellement plus doux de tellement mieux. J'ai dû en parler assez souvent pour que tu te rendes compte que ça me tracasse. Et puis, bébé Nicole, j'étais un peu timide avec les filles et avec toi. C'est vrai, ça faisait si fichtrement longtemps que je n'avais pas été avec une nana. Je ne veux pas dire que j'ai jamais déconné avec les lopes en taule, pas du tout, sauf la fois dont je t'ai parlé où j'ai embrassé deux ou trois jolis garçons et où j'en ai même enculé un. Mais ça n'était rien ça ne me disait rien. Ce qui m'a toujours plu, c'étaient les nanas, mais ça faisait si longtemps que je n'en avais pas vu que j'étais pétrifié de timidité même d'être nu avec toi. Tu étais toujours si belle, si douce si patiente et si compréhensive. Je crois que dans la première ou la deuxième semaine tu m'avais détendu et que je me sentais de nouveau tout à fait naturel. J'avais été bouclé pendant douze ans et demi je ne donne pas d'excuses ni rien mais tout ce temps ça faisait une différence dont je n'avais même pas conscience.

Quand j'avais quinze ans, le cul c'était rare. Je veux dire qu'on avait du mal à en trouver. Les filles n'avaient pas la liberté sexuelle qu'elles ont aujourd'hui. Elles parlaient même de façon différente. Je n'ai jamais entendu une fille dire « baiser ». Ça ne se faisait pas. Tu as vu ce feuilleton Happy Days *à la télé… Eh bien, les choses n'étaient pas tout à fait aussi connes, mais pas loin, vraiment.*

Je peux te dire, quand j'étais gosse si on arrivait à sauter quelques pépées, c'était quelque chose. Je trouvais des filles à sauter de temps en temps, mais il fallait se donner du mal, la morale était différente. Les filles étaient censées rester vierges jusqu'à leur mariage. C'était comme un jeu, tu sais. On flirtait, on se taquinait. Quand une fille finissait par décider de vous laisser la baiser elle faisait toujours un numéro comme si on profitait d'elle et puis, neuf fois sur dix, elle disait : « Oh ! est-ce que tu me respecteras encore ? » Des conneries de ce genre. Dans ces cas-là, on était toujours si excité et si prêt à s'y mettre qu'on voulait bien lui promettre n'importe quoi, même le respect. Ça semblait toujours si idiot, mais c'était la règle du jeu. Et une pépée m'a demandé ça une fois, une petite blonde vraiment mignonne, tout le monde avait envie de se l'envoyer et un soir voilà que je l'avais toute seule avec moi chez elle. On avait tous les deux dans les quinze ans, on flirtait dur, on s'excitait tous les deux, j'étais dans la place et je le savais. Et là-dessus voilà qu'elle me sort cette réplique de mélo : « Gary, si je te laisse faire, est-ce que tu me respecteras encore ? » Eh bien, j'ai fait mon coup, j'ai éclaté de rire en lui disant : « Te respecter ? Pourquoi ? J'ai juste envie de baiser et toi aussi, pourquoi veux-tu que je te respecte ? Tu es arrivée première au Cinq Cents Miles d'Indianapolis ou quoi ? » Bref, comme je le disais, j'ai tout loupé.

Oh ! allons ! Il y a encore deux ou trois semaines. Si Gibbs arrive à se faire libérer sous caution – mais c'est le moment maintenant. C'est le meilleur moment. Ce crétin de Mexicain, Luis, il est de nuit en ce moment et ne revient jamais pour voir ce que je fais. Il ne vérifie pas les barreaux pour voir s'il y a des traces de scie. Il se planque au bureau à regarder des feuilletons policiers à la télé. Et puis c'est le moment idéal pour moi pour avoir des chaussures : juste avant d'aller au tribunal, ce serait si naturel pour Snyder et pour Esplin de m'apporter une paire de godasses.

Sterling finit par dire qu'il ne voulait pas mettre la lame de scie dans la semelle des chaussures. On avait perdu un temps précieux. Nicole décida d'essayer elle-même. Elle acheta une paire de brodequins chez le brocanteur et découpa une petite fente dans la semelle. Au prix de bien des efforts, elle parvint à pousser la lame à l'intérieur, mais elle était trop longue. Alors elle prit le risque de la casser en deux. Elle parvint à en faire entrer une moitié. Mais lorsqu'elle essaya de recoudre la fente, ça n'était pas beau à voir. Jamais on ne laisserait passer ces chaussures.

27. Accusation

I

Le procès dépendait de la juridiction du Tribunal d'Instance du Comté d'Utah. Il se déroulerait dans la salle d'audience du juge Bullock, salle 310 Centre Administratif de l'Utah, le plus grand édifice de Provo, un vieux temple de la loi, guerrier et massif, qui rappelait à Noall Wootton un autre bâtiment officiel surmonté d'un fronton grec supporté par des colonnes de pierre.

Étant né et ayant grandi à Provo, Wootton aimait assez se rendre au palais de justice, et ç'allait être la plus grande affaire de meurtre qu'il eût jamais plaidée.

Comme beaucoup d'autres avocats de la région, Wootton était allé à B. Y. U. et ensuite à l'université de l'Utah pour faire son droit. Il l'avait fait sans grand enthousiasme, du moins au début. Seulement son père avait une clientèle florissante et Noall s'était dit qu'après tout il pourrait suivre les cours et s'essayer ensuite aux affaires. Lorsqu'il eut terminé on lui offrit un poste au F. P. U. et une situation à United Airlines ; mais il les refusa toutes les deux parce que son père lui proposa de le prendre avec lui. Ça marcha bien. Le père Wootton lui apprit beaucoup de choses.

Toutefois, Noall ne tarda pas à se dire qu'être toute la journée dans un bureau ne correspondait pas à l'idée qu'il s'était faite de la profession d'avocat. Il aimait l'ambiance du tribunal. Il éprouvait même un certain mépris pour ses camarades de classe qui s'en allaient travailler à Salt Lake, à Denver ou à L. A. Ils se retrouvaient dans de petits bureaux à préparer des dossiers pour de grands avocats. Alors que Noall était là où il avait envie d'être. En plein tribunal face à ces grands avocats.

Il commença par être défenseur, mais Noall arriva à la conclusion que la plupart de ses clients étaient des lopailles. Son devoir, tel qu'il l'entendait, était de s'assurer que son client était acquitté s'il était innocent et pas condamné trop lourdement s'il était coupable. Les lopailles voulaient s'en tirer à n'importe quel prix, coupables ou non. Noall ne pouvait pas admettre ça. Il commença à se dire que l'accusation, c'était la bonne voie.

Il y eut une affaire qui lui fit bien comprendre cela. C'était un homme qui se défendait et qui avait à peu près les mêmes antécédents que Gilmore. Ce type, Harlow Custis, avait passé dix-huit années en prison et venait d'être inculpé pour une simple histoire de fausses cartes de crédit. On allait le renvoyer en prison pour cela. Wootton trouvait que c'était injuste pour Custis. Il se battit pendant neuf mois pour le faire sortir de prison. Et finit par réussir.

Le jour où Custis fut mis en liberté surveillée, il se rendit à la maison de Noall pour réclamer des pneus qu'il lui avait laissés en paiement. Quand Wootton lui dit qu'il ne les lui rendrait que s'il était payé en espèces, il se fit traiter de tous les noms.

Trois semaines plus tard, Custis s'enivra et bousilla sa voiture. En tuant un homme. Pas de permis. Wootton décida alors qu'il avait commis une erreur et qu'il n'aurait pas dû se donner autant de mal pour défendre cet homme. Ce fut à ce moment qu'il décida de passer du côté de l'accusation.

En préparant le procès Gilmore, Wootton pensait souvent à son autre grande affaire, lorsqu'il avait dû requérir contre Francis Clyde Martin, qui avait été forcé de se marier parce que sa petite amie était enceinte. Martin emmena sa nouvelle épouse dans les bois et lui donna vingt coups de poignard, lui trancha la gorge, arracha le bébé du ventre de sa mère, le poignarda et rentra chez lui.

Dans cette affaire, Wootton avait décidé de ne pas réclamer la peine de mort. Martin était un étudiant de dix-huit ans, à l'air charmant, et sans passé criminel. C'était juste un gosse, pris dans un piège terrible, qui avait perdu la tête. Wootton avait réclamé la prison à vie et le garçon y était maintenant et finirait sans doute par être libéré.

À vrai dire, Wootton ne se considérait pas comme un avocat sans concession de la peine de mort. Il n'estimait pas que cela avait un effet dissuasif sur les autres criminels. La seule raison pour laquelle il voulait obtenir la peine capitale pour Gilmore, c'était le danger : Gilmore vivant était un danger pour la société.

II

Le lundi 4 octobre, la veille du jour où le procès devait s'ouvrir, Craig Snyder et Mike Esplin eurent une longue conférence avec Gary. Au bout d'un moment, celui-ci demanda : « À votre avis, quelles sont mes chances ? » Et Craig Snyder répondit : « Je ne crois pas qu'elles soient bonnes… Je ne crois pas du tout qu'elles soient bonnes. »

Gary observa : « Oh, vous savez, ça n'est pas une grosse surprise. »

Ils avaient, lui dirent-ils, fait beaucoup d'efforts du côté des psychiatres. Aucun d'eux ne voulait déclarer Gary dément. Sur ce point, Gary était d'accord avec eux. « Comme je l'ai dit, remarquait-il, je peux arriver à convaincre le jury que je n'ai pas toute ma tête. Mais je n'ai pas envie de faire ça. Ça me dit rien de voir insultée mon intelligence. »

Et puis il y avait l'histoire de Hansen. Snyder et Esplin convenaient qu'ils seraient ravis de voir Phil Hansen venir. Aucun avocat, disaient-ils, n'était égoïste au point de déclarer qu'il n'avait pas envie ni besoin de la meilleure assistance professionnelle qu'on pouvait trouver. Mais Hansen n'avait pas donné signe de vie.

Ils ne lui dirent pas qu'ils ne se sentaient pas disposés à décrocher leur téléphone pour appeler Hansen. Après tout, ils n'avaient que la version de Nicole. Cela pouvait se révéler embarrassant si elle avait mal compris ce que Hansen avait promis.

Ils demandèrent une fois de plus à Gary de faire citer Nicole comme témoin. « Je ne veux pas qu'elle soit mêlée à ça », répondit Gary. Ils comprenaient son objection. Elle devrait dire qu'elle l'avait provoqué de façon insupportable. Préciser quelques détails sordides. Il n'aurait rien à voir avec ça. En fait, il était furieux que Wootton citât Nicole comme témoin. Il dit à Snyder et à Esplin qu'il ne voulait pas qu'on interdise aux témoins de l'accusation l'accès du tribunal car cela voulait dire que Nicole, ayant été citée par Wootton, se verrait également interdire l'entrée. Les avocats de Gary lui dirent que cela donnerait un avantage à Wootton. Ses témoins pourraient entendre ce que disaient les autres avant eux. Tout, dans l'exposé de Wootton, sonnerait beaucoup mieux. Pas d'importance, leur dit Gary.

Snyder et Esplin s'efforcèrent de le faire changer d'avis. Quand les témoins, dirent-ils, ne pouvaient pas s'entendre les uns les autres déposer, ils étaient plus nerveux à la barre. On ne savait pas dans quoi ils allaient se lancer. C'était une grande concession à faire pour la défense rien que pour pouvoir avoir Nicole dans la salle. Gary secoua la tête. Il fallait que Nicole soit là.

III

Le premier jour fut consacré à constituer un jury. Le second jour, ce fut à Esplin qu'incomba la désagréable tâche, au tout début du procès, de demander au juge de faire sortir le jury puisqu'il y avait un point de droit à discuter. Il expliqua alors au juge Bullock que le prévenu, malgré leurs conseils, ne voulait pas qu'on exclût de la salle aucun témoin de l'accusation. C'était un piètre début. Plus d'un juge perdait toute considération pour un avocat qui n'était pas capable de montrer à un client où se trouvait son intérêt.

Me ESPLIN. – Votre Honneur, M. Gilmore a exposé la raison de sa décision qui s'appuie sur le fait que Nicole Barrett, l'amie du prévenu, est citée comme témoin par l'accusation, et il ne veut pas qu'elle soit exclue de la salle. Je crois que c'est la seule base de sa décision.

LA COUR. – Est-ce vrai, monsieur Gilmore ?

GILMORE. – Ma foi, oui. J'ai vu qu'elle n'était pas sur la liste précédente, vous savez, hier ou avant-hier, et il me semble que la raison en était qu'elle devrait être exclue du tribunal. Et je ne veux pas qu'elle soit obligée de rester assise toute la journée dans ce hall inconfortable.

LA COUR. – C'est vrai qu'elle aura peut-être à attendre dans le hall, mais nous avons là des sièges et un certain confort.

GILMORE. – En tout cas, Votre Honneur, c'est ma décision qu'elle ne soit pas exclue.

LA COUR. – C'est tout ?

Me ESPLIN. – Tout ce que nous avons, Votre Honneur.

LA COUR. – Le seul point de droit ? Très bien, vous pouvez faire rentrer le jury.

Gary, comme pour rattraper ce qu'il venait de lâcher, passait son temps à foudroyer Wootton du regard.

L'ironie de tout cela, songea Esplin, c'était que Nicole, pour autant qu'il put s'en apercevoir, n'était même pas au tribunal. Toute la matinée Gary ne cessa de la chercher du regard. Elle ne se montra pas. Elle n'arriva en fait qu'à l'heure du déjeuner, et Gary, alors, fut ravi de la voir.

IV

Wootton commença par expliquer au jury ce qu'allaient être les dépositions de ses témoins. « Chacun d'eux, dit-il, vous donnera un petit fragment de l'histoire d'ensemble. Ils vous raconteront comment le prévenu, Gary Gilmore... est sorti dans la rue avec la cassette du motel dans une main et un pistolet dans l'autre... a abandonné la cassette au bout du pâté de maisons... et abandonné son arme. Ils vous raconteront comment peu de temps après il a été aperçu à une station-service au coin de Third South et d'University Avenue où il a repris sa camionnette, saignant alors assez abondamment d'une blessure à la main gauche. Les témoins vous raconteront aussi comment ils ont suivi la traînée de sang depuis la station-service jusqu'au trottoir où il s'est arrêté devant un buisson de verdure planté au bord du trottoir. Ils vous raconteront comment ils ont trouvé un pistolet automatique de calibre 6.35 qui semblait avoir été lancé dans le buisson, car il y avait des brindilles et des bouts de feuille accrochés au mécanisme de l'arme et ils vous diront qu'ils ont trouvé là une douille. Vous entendrez aussi un témoignage d'après lequel les enquêteurs, au bureau du motel où M. Buschnell a été tué, ont trouvé une autre douille de 6.35. Vous entendrez le témoignage d'un expert attestant que la balle qu'il avait dans la tête était en fait une balle de calibre 6.35 tirée par un pistolet ayant le même genre de rayures dans le canon que le pistolet de 6.35 retrouvé dans le buisson. »

À mesure que les pièces à conviction et témoins étaient présentés au long de la journée, le dossier de Wootton se révélait à peu près comme il l'avait présenté ; solide et cohérent. Snyder et Esplin ne pouvaient qu'élever des doutes sur des points de détail ou s'efforcer de réduire la crédibilité de la déposition. C'est ainsi qu'Esplin amena le premier témoin, Larry Johnson, dessinateur industriel, à reconnaître que son plan du motel, tracé sur commande cette dernière semaine avant le procès, ne pouvait donner « aucune idée de quelles plantes ou légumes poussaient le 20 juillet » devant les fenêtres du motel. C'était un détail, mais qui diminua la valeur de la première pièce à conviction, et qui empêcha le jury d'être trop vite impressionné par la quantité même de celles-ci. Wootton, après tout, comptait produire dix-huit pièces à conviction.

Le témoin suivant, l'inspecteur Fraser, avait pris un certain nombre de photographies au bureau du motel. Esplin l'amena à convenir que l'on avait peut-être touché aux rideaux avant de prendre les photos.

Cela continua ainsi. De petites corrections, de menus ajustements au dossier que constituait Wootton. Lorsque Glen Overton arriva à la barre et décrivit Benny Buschnell mourant dans son sang, ainsi que l'attitude de Debbie Buschnell lorsqu'il la conduisit à l'hôpital, la défense resta silencieuse. Esplin n'allait pas souligner l'horreur de ces scènes par un contre-interrogatoire.

Le deuxième témoin, le Dr Morrison, était le médecin légiste de l'Utah, et c'était lui qui avait pratiqué l'autopsie de Bennie Buschnell. Le Dr Morrison déclara que l'absence de brûlure de poudre à la surface de la peau de Buschnell indiquait que l'arme du crime avait été placée en contact direct avec la tête de la victime.

Esplin dut faire quelque effort pour le discréditer.

Me Esplin. – Au moment où vous avez examiné le défunt, avez-vous examiné l'arme qui a été prétendument utilisée pour commettre ce crime ?

Dr Morrison. – Non, maître…

Me Esplin. – Et je présume qu'au moment où vous avez examiné le défunt, vous ne connaissiez pas le type de munition qui avait été utilisée.

Dr Morrison. – C'est exact.

Me ESPLIN. – Et vous dites pourtant que ces détails étaient de nature à vous faire modifier vos conclusions ?

DR MORRISON. – Ils pourraient faire une différence… Dans ce cas particulier, à mon avis, cela ne changeait rien… Il ne me semble pas que le genre de munition ou le type d'arme utilisée pose un problème en ce qui concerne les conclusions. On m'a informé toutefois, lorsque j'ai pratiqué l'autopsie, que l'arme en question était un pistolet.

Me ESPLIN. – Mais vous ne l'avez pas examiné ?

DR MORRISON. – Non, je n'ai pas examiné l'arme, maître.

La défense en était réduite à prendre des risques. À défaut d'autre chose, la vigueur du contre-interrogatoire d'Esplin pouvait jeter la confusion dans l'esprit du jury. Ainsi, alors même que le Dr Morrison expliquait qu'il n'avait pas besoin de connaître l'arme ni la munition puisque, dans ce cas, ni l'une ni l'autre n'affectaient le résultat, Esplin obtenait l'aveu que le Dr Morrison n'avait pas examiné l'arme. Cela pourrait tracasser certains jurés.

Martin Ontiveros se présenta ensuite et déclara que Gary avait laissé sa camionnette à la station-service, à deux blocs du motel, et qu'il s'était absenté une demi-heure. Lorsqu'il était revenu, Gary avait du sang sur la main gauche.

Ned Lee, un policier, avait trouvé le pistolet en suivant la traînée de sang de Gilmore depuis la station-service jusqu'aux buissons. « Tout ce qui est liquide a tendance à couler dans la direction où on se déplace », déclara-t-il, aussi avait-il été en mesure de déterminer que les mouvements de Gilmore allaient de l'endroit du buisson où était caché le pistolet jusqu'à la station d'essence de Furmer. Une fois de plus, la défense n'avait pas grand-chose à faire de son témoignage.

L'inspecteur William Brown avait reçu la douille et le pistolet du sergent Lee et les avait faits photographier dans la position où ils avaient été découverts. Wootton présenta la photographie comme la pièce à conviction numéro 3.

Me Esplin. – Inspecteur Brown, est-ce vous qui avez pris cette photographie ?

Inspecteur Brown. – Non, maître.

Me Esplin. – Savez-vous qui l'a prise ?

Inspecteur Brown. – Non, maître, je ne sais pas.

Me Esplin. – Nous faisons objection, Votre Honneur. La preuve n'est pas suffisamment établie.

Le Procureur Wooton. – Pas du tout, Votre Honneur, je n'ai pas à établir quand et dans quelles circonstances les photos ont été prises. Tout ce que j'ai à établir, c'est qu'il regardait le buisson et que, lorsqu'on examine la photo, il s'agit bien du même buisson.

C'était quand même une petite victoire. Une pièce à conviction de plus légèrement sujette à caution. On ne savait jamais si quelques petites victoires ne pouvaient pas modifier l'effet final.

Me Esplin. – Vous avez bien utilisé l'arme pour relever les empreintes ? C'est exact ?

Inspecteur Brown. – Oui, maître.

Me Esplin. – Avez-vous trouvé des empreintes ?

Inspecteur Brown. – J'en ai trouvé une.

Me Esplin. – Avez-vous transmis cela au laboratoire du F. B. I. ?

Inspecteur Brown. – Je l'ai fait…

Me Esplin. – Quels ont été les résultats ?

Inspecteur Brown. – Ils avaient besoin d'une meilleure comparaison.

Me Esplin. – Autrement dit, ils ne pouvaient pas parvenir à une conclusion ?

Inspecteur Brown. – Exact.

Me Esplin. – Plus d'autres questions ?

Lorsque Gerald Nielsen vint à la barre, Wootton ne lui demanda rien à propos des aveux. Nielsen se contenta de confirmer l'existence d'une blessure par balle récente à la main gauche de Gilmore au moment où on l'avait arrêté.

Gerald F. Wilkes, un agent du F. B. I., était expert en balistique.

PROCUREUR WOOTTON. – Voudriez-vous, je vous prie, dire au jury quelles ont été vos conclusions ?

M. WILKES. – En me fondant sur l'examen de ces deux balles, j'ai pu déterminer que les deux douilles ont été tirées avec cette arme et aucune autre.

Esplin n'avait d'autre recours que de poser des questions susceptibles d'amener des réponses gênantes.

Me ESPLIN. – Existe-t-il un certain nombre de marques qui doivent se retrouver sur une pièce à conviction… avant que vous soyez en mesure d'affirmer, au-delà d'un doute raisonnable, que la balle a été tirée par la même arme ?

M. WILKES. – Non, maître. Je ne fixe pas de nombre minimal de marques microscopiques pour procéder à une identification.

Me ESPLIN. – Avez-vous une idée du nombre de marques, de similarités ou de points de similarité que vous avez trouvés entre la pièce à conviction numéro 12 et la balle témoin que vous avez tirée au laboratoire ?

M. WILKES. – Les marques de similitude se retrouvaient tout autour de la circonférence de la douille. En fait il y en a tant que cela ne laissait dans mon esprit aucun doute quant à la conclusion à laquelle j'étais parvenu.

Peter Arroyo déclara avoir vu Gary au bureau du motel.

PROCUREUR WOOTTON. – À quelle distance de lui étiez-vous à ce moment ?

M. ARROYO. – Oh ! quelque chose comme trois mètres.

PROCUREUR WOOTTON. – Était-il à l'intérieur du bureau ?

M. ARROYO. – Oui.

PROCUREUR WOOTTON. – Et vous étiez dans l'allée ?

M. ARROYO. – Oui.

PROCUREUR WOOTTON. – À ce moment, avez-vous observé quelque chose qu'il avait en sa possession ?

M. ARROYO. – Oui.

PROCUREUR WOOTTON. – Dites-nous ce que vous avez vu.

M. ARROYO. – Dans la main droite il avait un pistolet avec un canon long. Dans sa main gauche, le tiroir-caisse d'une caisse enregistreuse.

PROCUREUR WOOTTON. – Pouvez-vous nous décrire le pistolet ?

M. ARROYO. – Oui.

PROCUREUR WOOTTON. – Dites-nous exactement ce que vous avez vu.

M. ARROYO. – En fait il s'est arrêté en me voyant. Je l'ai d'abord regardé, puis le pistolet et je l'ai regardé de nouveau pour voir ce qu'il allait faire avec le pistolet. Je croyais qu'il travaillait au bureau et qu'il tripotait le pistolet. Ça m'inquiétait. Alors je l'ai encore regardé droit dans les yeux. Il s'est arrêté et m'a regardé. Au bout de quelques secondes il a fait demi-tour et est repassé de l'autre côté du comptoir.

PROCUREUR WOOTTON. – Qu'avez-vous fait ?

M. ARROYO. – Nous avons continué à marcher en direction de la voiture.

PROCUREUR WOOTTON. – Monsieur Arroyo, l'homme que vous voyez maintenant dans la salle du tribunal est-il celui que vous avez observé avec le revolver et le tiroir-caisse ?

M. ARROYO. – Oui.

PROCUREUR WOOTTON. – Voudriez-vous, s'il vous plaît, l'identifier pour la Cour et pour le jury ?

M. ARROYO (en le désignant du doigt). – L'homme avec la veste rouge et la chemise verte.

PROCUREUR WOOTTON. – Assis à la table de l'avocat en face de moi ?

M. ARROYO. – Oui.

PROCUREUR WOOTTON. – Votre Honneur, le greffier peut-il noter que le témoin identifie le prévenu ?

LA COUR. – Il le peut.

PROCUREUR WOOTTON. – J'en ai terminé, Votre Honneur.

Me ESPLIN. – Monsieur, pourriez-vous décrire l'homme que vous avez observé au bureau du motel cette nuit-là ?

M. ARROYO. – Oui. Il avait l'air un peu plus grand que moi…

Me ESPLIN. – Quelles autres caractéristiques pourriez-vous décrire ?

M. ARROYO. – Il avait une petite barbiche et de longs cheveux.

Me ESPLIN. – Quels autres signes distinctifs vous rappelez-vous ?

M. ARROYO.. – Ses yeux.

Me ESPLIN. – Que vous rappelez-vous à propos de ses yeux ?

M. ARROYO. – Quand j'ai regardé ses yeux… c'est assez difficile à décrire. Je n'oublierai jamais ces yeux-là.

Me ESPLIN . – Avez-vous vu la couleur de ses yeux ?

M. ARROYO.. – Non. Juste le regard.

Ça n'est pas difficile de comprendre ce que voulait dire Arroyo. Gilmore avait foudroyé Wootton du regard pendant toute la déposition.

Lorsque Arroyo eut terminé, l'accusation déclara qu'elle n'avait rien à ajouter pour l'instant. Esplin se leva et dit que la défense, elle non plus, n'avait rien à ajouter.

LA COUR. – Vous n'avez pas l'intention de citer de témoignage ?

Me ESPLIN. – Non, Votre Honneur.

LA COUR. – Très bien. Les deux parties en ayant terminé, il serait du devoir de la Cour de donner ses instructions au jury… J'y suis prêt mais cela prendrait une demi-heure et nous amènerait, une fois de plus, à poursuivre assez avant dans la soirée. Et je crois savoir qu'il y a de grands débats ce soir.

Le juge faisait allusion au second débat prévu entre Jerry Ford et Jimmy Carter.

LA COUR. – Dans l'intérêt de tous je donnerai donc mes instructions demain matin plutôt que ce soir, et nous terminerons l'affaire demain.

V

6 octobre

Je viens de rentrer du tribunal.

Whoo !

Je t'avais dit que je n'attendais pas grand-chose de Snyder ni d'Esplin mais je ne m'attendais pas à les voir ne pas présenter la moindre défense.

Dire que j'ai été surpris quand Esplin a dit qu'il n'avait rien à ajouter serait fichtrement au-dessous de la vérité.

Ils ne m'ont jamais dit qu'ils allaient faire ça : ne pas présenter la moindre défense.

Je n'arrivais pas à y croire ! Je comptais sur une certaine défense... si faible soit-elle.

Je croyais qu'ils allaient au moins essayer d'obtenir une accusation de meurtre sans préméditation.

C'est une certitude maintenant que je vais être accusé d'homicide et Esplin et Snyder le savaient lorsqu'ils ont dit aujourd'hui qu'ils en avaient terminé.

Ils ne m'ont jamais dit qu'ils allaient me faire un coup pareil.

Quand je leur en ai parlé après le procès, ils avaient un air coupable et sur la défensive.

Ils n'ont même pas essayé.

Tout ce qu'ils veulent c'est se garder une possibilité d'appel, et ils n'ont même pas fait ça.

C'est comme ça avec les avocats désignés d'office.

Dès que la Cour se fut ajournée, il y avait eu une conférence et Gary leur avait déclaré qu'il n'était pas content.

« Je croyais que vous alliez faire venir un psychiatre ou quelque chose comme ça. »

Ils expliquèrent de nouveau : ils comptaient en faire venir un demain à l'audience de révision. Inutile de le faire au procès. Aucun médecin ne dirait qu'il était légalement fou, alors ça ne servirait qu'à inciter le jury à la condamnation. Tandis que comme ça, quelques-uns des jurés pourraient se poser des questions au sujet de sa santé mentale.

« Est-ce qu'on aurait pas pu faire venir quelqu'un ? demanda-t-il, rien que pour les apparences ? »

Ils exposèrent leur stratégie. Sa situation n'était peut-être pas aussi mauvaise qu'elle en avait l'air, disaient-ils. Premièrement, l'accusation n'avait pas comparé le sang de Gary au sang dont on avait trouvé la trace. Si l'analyse avait révélé que c'était du O, qui était celui de Gary, ç'aurait été très grave. Deuxièmement, dit Craig Snyder, ils n'avaient pas relevé les empreintes sur le pistolet. Donc on ne pouvait pas rattacher le pistolet et sa main sans un soupçon de doute. Troisièmement : l'accusation avait négligé de présenter l'argent du vol comme pièce à conviction. Ils avaient l'argent, mais ils ne l'avaient pas présenté. Quatrièmement, Wootton n'avait pas osé utiliser les aveux de Gary à Gerald Nielsen. Le jury, dit Craig, le regard grave derrière ses lunettes, avait encore à assimiler ces doutes pour le juger coupable. Ce n'était pas facile de condamner un homme à mort, pensaient-ils sans le dire. Le jury devrait absolument se forcer pour surmonter ces lacunes. Alors, si l'affaire pouvait être menée selon les règles, si les débats restaient calmes, l'atmosphère pourrait donner à réfléchir au jury. Ce serait difficile pour lui de condamner un homme à mort dans un climat d'incertitude.

Gary annonça qu'il voulait faire une déclaration au juge. Il voulait témoigner.

Ils étaient contre. Pour l'instant, dit Craig Snyder, il était déjà condamné à quatre-vingt-dix-neuf pour cent. S'il témoignait, on en viendrait à cent pour cent.

Gary parut un moment consterné. « Je l'ai fait, voilà tout. » Il insista de nouveau pour être cité à la barre.

Ils tentèrent de réfléchir à l'effet que ça ferait de rouvrir le dossier. Mauvais effet. Une fois de plus ils pensèrent à citer Nicole, mais ils s'étaient fait depuis si longtemps à l'idée de ne pas la citer que la perspective de la voir à la barre les contrariait. Ça pouvait avoir un effet de boomerang. Si jamais on apprenait que Gary avait des pistolets dans sa voiture et qu'il circulait avec des enfants… Non, Nicole aussi, c'était un mauvais cheval.

On ne prit aucune décision. Chacun des trois hommes dormit du mieux qu'il put.

28. Défense

Nicole n'était pas au tribunal ce matin-là pour une bonne raison : elle était encore malade de la façon dont Gary s'était comporté la veille.

Elle croyait que le premier jour serait consacré au procès, mais en fait on n'y avait procédé qu'au choix des jurés. On ne cita aucun témoin. C'était long et assommant, et elle ne réussit même pas à parler à Gary avant la seconde suspension d'audience lorsqu'on la laissa s'asseoir à côté du box. Tout d'un coup, il exhiba la lettre qu'elle avait écrite une semaine auparavant, celle où elle lui disait qu'elle préférerait être morte plutôt que de le faire souffrir en allant avec d'autres hommes. Et voilà que tout d'un coup il réagissait de façon très désagréable. « Tu parles de mourir, ce ne sont que des mots, bébé », dit-il en lui lançant un regard signifiant que séparée du box par la cloison elle ne risquait rien.

Elle lui dit alors que s'il le voulait, il pouvait la tuer là, en pleine salle de tribunal. En fait, dit-elle en s'efforçant de ne pas pleurer, c'était déjà la tuer que de pouvoir penser comme il le faisait. Il dit d'un ton sarcastique : « Comment voudrais-tu que je te tue maintenant ? Avec des menottes aux poignets et les jambes enchaînées ? » Elle se sentit stupide. Plus tard, il lui fit un clin d'œil. Comme si de rien n'était. Comme s'il avait eu seulement une bouffée de méchanceté et que c'était passé.

Mais elle ne dormit pas de toute la nuit. Le matin, après avoir laissé les gosses à sa voisine, elle sommeilla un peu et se réveilla tout abrutie et mal foutue.

Lorsqu'elle arriva au tribunal, il sembla absolument ravi de la voir. Il avait complètement oublié la journée de la veille. Nicole était assise là, comme en transe. Elle ne se rendait même pas compte de ce qui se passait. À la fin de la journée, elle se sentait plus loin de Gary qu'elle ne l'avait été à aucun moment lors de la pire époque de Spanish Fork.

Ce soir-là Sue arriva et annonça qu'elle emmenait Nicole pour la soûler, pour lui changer les idées.

Nicole se rendit compte qu'elle avait vraiment envie de s'amuser, de danser. Ce n'était pas une très bonne idée, mais Sue était là. Nicole se laissa entraîner.

Elles passèrent au Dollar d'Argent puis s'en allèrent chez Fred. Nicole aimait bien l'atmosphère qui régnait là. Il y avait un tas de bergers australiens, elle dansa avec deux ou trois d'entre eux. Elle les aimait bien. C'était chouette la façon dont ils effleuraient les boules de billard.

Un type vraiment bien lui dit qu'il était ancien président des bergers de Salt Lake. Un beau parleur. Il était bel homme et dansait bien. Mais elle revenait toujours à sa propre table pour siroter son jus de pamplemousse à la vodka.

Sur ces entrefaites, Sue disparut et Nicole se retrouva avec toutes ses préoccupations. Ce fut alors que l'ancien président lui proposa de venir à Salt Lake. Nicole se dit qu'elle aimerait bien voir à quoi ressemblait ce club. Ça faisait des années qu'elle entendait parler de la maison des bergers australiens de Salt Lake. Peut-être qu'elle allait se détendre un peu et rencontrer des gens.

Elle essaya de penser un peu clairement à quoi ça pourrait la mener. Il était déjà 2 heures du matin. Il lui faudrait près d'une heure pour aller à Salt Lake, et puis là-bas la fête continuerait. Elle se dit que le jour arriverait avant que des problèmes se posent.

C'est vrai que lorsqu'ils arrivèrent à Salt Lake, elle resta assise à écouter des gens, à parler un peu. Elle s'anima, but de la bière ; bref, passa le temps de façon agréable et paisible. Elle se sentait détendue, assise sur le divan, un vieux canapé défoncé. C'était bien, ce club, un endroit plein de bonnes vibrations, avec une sorte de bar installé dans le salon et aussi un tas de motocyclettes. Il y avait des taches d'essence et d'huile sur la vieille moquette déchirée. Par moments, elle fermait les yeux et peut-être s'assoupit-elle un peu. Il devait être 5 heures du matin lorsqu'elle dit : « J'ai envie de dormir. »

L'ex-président la persuada de descendre et ça lui parut sans grand risque. C'était une vaste pièce pleine de matelas où des gens étaient installés. Certains peut-être qui s'envoyaient en l'air, il faisait trop sombre pour voir. Elle commença à s'éveiller un peu et à se demander comment diable elle allait partir toute seule de Salt Lake. Là-dessus le type s'installa sur le même matelas, et pas moyen de lui faire comprendre qu'elle n'en avait pas du tout envie. Tout ce qu'elle essayait de dire rebondissait. Il lui demandait sans cesse pourquoi elle avait encore ses vêtements et lui pas. Elle essaya de discuter, mais il avait fumé trop d'herbe. Impossible de s'en tirer comme ça. Elle dut finir par le laisser faire. Ça foutait vraiment en l'air la décision qu'elle avait prise d'être fidèle à Gary dans la vie et dans la mort.

Lorsqu'elle s'éveilla, ça n'allait pas fort. Elle n'avait pas peur que Gary l'apprenne, elle avait tout simplement peur. Elle était installée dans un horrible endroit. À l'intérieur d'elle-même tout était merdique. Elle en aurait pleuré, mais ça aurait fait un bien vilain bruit.

Ce fut une longue matinée. Elle dut réveiller l'ex-président des bergers australiens pour qu'il la ramène au tribunal, et lorsqu'elle arriva l'audience était commencée. En revenant de Salt Lake à Provo, à califourchon sur la moto, elle savait qu'elle ne mentirait jamais à Gary à propos de ça s'il l'interrogeait, mais elle n'avait pas envie de lui en parler. Elle frissonnait à l'idée qu'il allait lui poser des questions.

Installée derrière cet étranger, elle décida que, jusqu'à la fin de ses jours, elle ne coucherait plus jamais avec un autre type.

Jamais elle ne se laisserait de nouveau entraîner dans quelque chose qui la mettrait à ce point mal à l'aise. Un de ces jours, au cours d'une de ses visites, Gary allait peut-être la regarder dans le blanc des yeux en lui demandant si elle avait couché avec quelqu'un. Elle ne savait pas si elle serait capable de lui dire la vérité. Elle ne voulait pas penser aux dégâts que ça ferait chez lui et chez elle, si elle mentait carrément tout en le regardant bien en face. Elle avait assez d'emmerdements pour l'instant.

11

Me ESPLIN. – Votre Honneur, nous demandons que pour ce sujet la salle soit évacuée. C'est un sujet assez délicat.

LA COUR. – Monsieur Gilmore, demandez-vous que la salle soit évacuée ?

GILMORE. – Oui.

LA COUR. – Je vais donc faire évacuer. Je vais demander à tout le monde de sortir, à l'exception des membres de la Cour et du personnel de sécurité. (À 9 heures du matin, la salle fut évacuée.)

Me ESPLIN. – Votre Honneur, la défense a terminé sa présentation hier… À ce moment nous estimions que M. Gilmore ne devait pas témoigner dans cette affaire, qu'il devait exercer son droit de garder le silence tout au long de ce procès… Après avoir discuté cette question hier soir et pris conscience de son désir de venir à la barre, une fois de plus nous… avons tous les deux exprimé l'avis soigneusement pesé… qu'il ne devait pas y venir… et laisser à l'accusation la charge de la preuve. Mais une fois de plus nous lui avons assuré que c'était à lui de décider et… qu'il avait le droit de venir à la barre malgré notre avis. Nous lui avons conseillé de réfléchir, pendant la nuit, à la décision qu'il allait prendre. Nous l'avons reçu ce matin…

LA COUR. – Monsieur Gilmore, désirez-vous toujours venir à la barre ?

GILMORE. – Ça n'est pas que j'aie un si brillant désir de venir à la barre, mais je n'étais tout simplement pas prêt à voir mes avocats terminer leur exposé comme ils l'ont fait hier. Je veux dire que c'est ma vie que je joue à ce procès et je m'attendais à une sorte de défense. Et lorsqu'ils ont arrêté leur exposé hier, ma foi, il m'a semblé que c'était à peu près la même chose que de plaider coupable à une accusation de meurtre avec préméditation, parce que je ne vois pas, à ce stade, comment le jury pourrait rendre un autre verdict. Et pourquoi avoir un procès ? Je veux dire…

LA COUR. – Quelle preuve avez-vous que vous souhaitiez présenter ?

GILMORE. – Apparemment, d'après mes avocats, je n'en ai aucune.

LA COUR. – En avez-vous ou pas ?

GILMORE. – Mon Dieu, je ne sais pas… J'ai des impressions, des sentiments et je crois que les médecins ne sont pas d'accord sur ce point.

LA COUR. – Voyons, monsieur Gilmore…

GILMORE. – Il faut me laisser finir.

LA COUR. – Oui. Oui. Allez-y.

GILMORE. – Il me semble que j'ai de bonnes raisons de plaider la folie, ou du moins certains éléments. Mais il paraît que les médecins ne sont pas d'accord. Seulement les conditions dans lesquelles j'ai parlé aux médecins n'étaient pas bonnes. Il y avait des détenus présents. Tout ça ne s'est pas bien passé. Ça n'était vraiment pas juste pour moi. Et ça flanquait par terre tout mon système de défense. Tout simplement, je ne veux pas plaider coupable à une accusation de meurtre avec préméditation et accepter une condamnation sur cette base. Telles que je vois les choses maintenant, ça demandera moins d'une demi-heure pour en arriver là. C'est ce que je dis. C'est ce que je sens, enfin. Je veux dire que je m'attendais quand même à ce qu'on présente une sorte de dossier, même s'il est un peu maigre. Et je crois que la meilleure chose que je pourrais faire serait sans doute de m'adresser aux jurés moi-même. Je pourrais faire ça à l'audience de révision de peine, mais ce serait après qu'ils m'eurent déclaré coupable. J'aimerais exposer au moins ce que j'ai à dire avant que le jury se retire.

LA COUR. – Vous pouvez venir à la barre si vous le désirez. Mais si vous le faites, vous devez pleinement comprendre les conséquences de cette mesure.

GILMORE. – Ma foi, vous savez, je ne vous dis pas que je brûle d'envie d'aller à la barre. J'aimerais juste présenter une défense. C'est ce à quoi je m'attendais de la part de mes avocats.

LA COUR. – Voulez-vous venir à la barre et témoigner ?

GILMORE. – Je veux présenter une défense. Je ne veux pas rester assis sur mon banc sans rien dire et être…

LA COUR. – La question que je vous pose est la suivante : voulez-vous que la Cour rouvre le dossier…

GILMORE. – Exact.

LA COUR. – … Prêter serment et témoigner ?

GILMORE. – Oui. Oui. Parfaitement. Si c'est comme ça que vous me le demandez, d'accord.

LA COUR. – Maintenant, je tiens à ce que vous compreniez pleinement que si vous faites ça vous devrez alors vous soumettre au contre-interrogatoire du procureur. Vous comprenez cela ?

GILMORE. – Oui.

LA COUR. – Et vous serez forcé de répondre aux questions qu'on vous posera.

GILMORE. – Oui.

LA COUR. – Et ces questions et vos réponses peuvent peut-être vous accabler. Vous comprenez cela ?

GILMORE. – Je le comprends. Vous savez, je comprends tout ce que vous avez dit.

Me SNYDER. – Votre Honneur, puis-je faire une autre déclaration ?

LA COUR. – Oui, vous pouvez.

Me SNYDER. – Je tiens à ce que M. Gilmore comprenne parfaitement que Me Esplin et moi-même avons contacté le Dr Howell, le Dr Crist, le Dr Lebegue, le Dr Woods, que nous avons discuté avec eux en détail les examens auxquels ils ont procédé et leurs conclusions, et que nous avons relu tous leurs dossiers à l'hôpital de l'État d'Utah, dossier qui fait presque huit centimètres d'épaisseur. Le mieux qu'ils puissent vraiment faire est de certifier que le prévenu souffre d'une forme de trouble mental connu sous le nom de comportement psychopathique ou antisocial. Nous en avons discuté avec l'accusé. Nous lui avons dit qu'à notre avis, et d'après la loi, ce n'est pas une défense en ce qui concerne la folie. Et nous avons conseillé à l'accusé de ne pas citer de témoins dans la catégorie d'experts, de médecins, de psychiatres, de psychologues pouvant aider l'accusé à cet égard… Et que sans ce genre de témoignage d'experts, la Cour ne donnera même pas aux jurés l'idée d'envisager l'excuse de la folie. Je tiens à ce que tout cela soit bien noté et je tiens à conseiller M. Gilmore là-dessus.

GILMORE. – Je vais retirer ma demande. Continuez comme c'était avant.

LA COUR. – Vous quoi ?

GILMORE. – Je retire ma demande de rouvrir le dossier.

LA COUR. – Vraiment ?

GILMORE. – Oui.

LA COUR. – Très bien. Voulez-vous faire revenir le jury, s'il vous plaît ? Oui, et les autres peuvent entrer aussi.

Ils étaient abasourdis. Les avocats de la défense, le procureur, le juge, peut-être l'accusé lui-même. On aurait dit qu'au cours de la discussion une sorte de résignation s'était abattue sur lui, une tristesse profonde, et qu'il voyait maintenant l'affaire comme Snyder et Esplin la lui avaient exposée depuis des semaines.

III

Ce matin-là, alors que Gary faisait sa déclaration, Noall Wootton n'y comprenait plus rien.

Il aimait à s'attaquer à une affaire comme s'il était l'avocat de la défense. Parfois cela lui donnait quelques idées sur ce que les autres allaient faire. Dans le cas présent, il attendait que la défense trouve pour Gilmore un meilleur mobile que le vol lorsqu'il avait pénétré dans City Center Motel. Que, par exemple, il était venu demander une chambre, ou qu'il était passé pour reprendre une discussion. Peut-être Buschnell avait-il refusé un jour d'en louer une à Gilmore parce qu'il était ivre. Et dans ce cas, étant venu sans intention de voler, il aurait pu abattre Buschnell sans préméditation. L'idée du vol ne lui serait venue qu'après. Ce serait donc un meurtre sans préméditation. Wootton s'attendait tout naturellement à ce genre de système de défense. Il ne savait vraiment pas ce qu'il pourrait invoquer pour le réfuter si Gary venait à la barre raconter une histoire convaincante.

Ce ne fut que plus tard que Wootton apprit que Gary ne voulait pas coopérer avec ses avocats. Dans l'immédiat, il avait du mal à comprendre pourquoi ils avaient arrêté leur exposé, mais il avait conclu que la raison pour laquelle ils ne faisaient pas venir Gilmore à la barre devait concerner sa personnalité. Il devait avoir un caractère explosif. Aussi, ce matin-là, dès que Gary annonça qu'il voulait témoigner, Wootton se dit que ce serait peut-être aussi bien. Ce pourrait être une occasion de faire apparaître le fait que Gilmore avait ordonné à sa victime de s'allonger par terre et puis l'avait abattue.

Peut-être Gary vit-il son regard, peut-être Gary sentit-il son assurance. Wootton fut doublement déconcerté lorsque Gary eut de nouveau changé d'avis. C'était comme avoir affaire à un poney fou qui partait au galop à la moindre bouffée de vent. Et puis ensuite ne voulait plus bouger.

Wootton fit une brève conclusion. Il passa en revue ce que ses témoins avaient établi la veille, exposa l'enchaînement des preuves et insista sur le témoignage du Dr Morrison.

« Selon lui, dit Wootton, Bennie Buschnell est mort d'une seule balle tirée dans la tête. Il vous a dit quelque chose de bien plus important que cela. Il vous a dit que le pistolet avait été placé directement contre le crâne de Bennie lorsqu'on avait pressé la détente… Cela vous montre qu'il ne s'agissait pas d'un coup de feu tiré au hasard à travers la pièce. Ce n'était pas une balle tirée pour intimider ou effrayer, c'était un coup de feu qui voulait tuer et tuer sur-le-champ. (Il prit une profonde inspiration.) Réfléchissez bien à l'affaire, dit-il en conclusion, et jugez-la équitablement. Mais quand je dis jugez-la équitablement, je ne veux pas dire avec équité du seul point de vue de Gary Gilmore, bien que cela soit important ; vous devez vous montrer équitable du point de vue de la veuve de Benny Buschnell, de son enfant et de l'enfant qu'attend sa veuve. » L'accusation en avait terminé.

Mike Esplin commença par féliciter le jury. Puis il se mit à chercher les points faibles dans les preuves présentées par Noall Wootton.

Me ESPLIN. – Considérez d'abord l'heure tardive. Pour commencer, il semble raisonnable de supposer que le directeur du motel n'était même pas dans son bureau. Peut-être… était-il dans son salon et quelqu'un d'autre était-il dans son bureau, peut-être cette personne était-elle en train de prendre l'argent dans la caisse et le directeur est-il survenu et a-t-il été abattu. Ce n'est pas un larcin, c'est un vol qualifié. Je me permets donc de vous suggérer que sur ce point il y a un doute raisonnable. L'accusation n'a pas prouvé ces faits. Or, elle a des témoins qu'elle aurait pu citer pour les établir…

Il faisait allusion à Debbie Buschnell.

… Mais elle ne l'a pas fait. Autre point, elle a indiqué qu'il manquait cent vingt-cinq dollars, et aussi que l'accusé avait été arrêté pour ce délit plus tard le même soir. L'accusation n'a pas montré un centime de cet argent. Elle n'a pas mentionné que M. Gilmore avait été fouillé. Ce prévenu est accusé d'avoir volé de l'argent. Où est-il ? Autre point : cette arme, quelle que soit la personne qui l'ait mise dans le buisson, quand on l'a placée là, est partie accidentellement. Le coup est parti. Cela ne vous amène-t-il pas à penser que c'est un pistolet qui part bien facilement ? L'accusation doit démontrer le meurtre intentionnel. On n'a pas répondu à ces questions. Il n'y a personne qui, en fait, ait vu l'incident. La seule chose dont M. Arroyo ait pu témoigner, c'est qu'il a vu une personne dans le bureau, qu'il a identifiée comme étant l'accusé, avec un pistolet semblable à celui-ci. Il a dit qu'il ne pouvait pas assurer que c'était le même pistolet… Tout ce qu'il a pu déclarer, c'était qu'il se souvenait de son visage et lui avoir vu un pistolet dans la main.

» On ne peut pas tirer grand-chose du témoignage de Martin Ontiveros. Il a dit aussi que Gary Gilmore était arrivé à la station-service pour faire réparer sa camionnette. Ça semble un peu ridicule. Je vous suggère que si l'intention de M. Gilmore était de venir cambrioler le City Center Motel il n'aurait pas laissé sa camionnette là, à la station-service, ce qui permettait de le situer facilement sur les lieux ou à proximité des lieux du crime.

Esplin éprouvait de l'émotion. À sa surprise, ces conclusions devenaient la déclaration la plus émouvante qu'il eût jamais faite. À plusieurs reprises, sa voix se brisa. Par la suite, les gens lui dirent, lors de la suspension : « Comment avez-vous pu faire un numéro pareil ? » « Ça n'était pas du chiqué », répondit Esplin. Il avait remarqué, et il en tirait quelque espoir, que plusieurs jurés avaient les larmes aux yeux.

« Quand vous vous retirerez pour délibérer, reprenez les questions que l'on vous pose, considérez-les avec soin et si vous avez des doutes là-dessus, le moindre doute raisonnable, alors j'estime que votre obligation est premièrement de déclarer l'accusé coupable du crime moins grave d'homicide par accident, ou bien, deuxièmement, d'acquitter l'accusé. Je vous remercie. Procureur Wootton, nous renonçons à réfuter les arguments de la défense. » (Sur quoi le jury se retira, pour délibérer, à 10 h 13, le 7 octobre 1976.)

Lorsque le jury fut sorti, Esplin se leva de nouveau.

Me ESPLIN. – Votre Honneur, il y a encore un point : nous voudrions faire objection aux commentaires avancés par le procureur dans ses conclusions, quand il faisait allusion au fait de rendre justice à Benny Buschnell, à sa veuve et à ses enfants, conclusion que nous estimons dommageable à l'objectivité de ce jury, et nous voudrions dès maintenant introduire un recours en annulation fondé sur ce point.

LA COUR. – Le recours en annulation est refusé. Rien d'autre ? Très bien. L'audience est donc suspendue jusqu'au moment où l'huissier nous annoncera que le jury est parvenu à un verdict.

Le jury s'était retiré à 10 h 13 du matin. Une heure et vingt minutes plus tard, les jurés revinrent avec un verdict déclarant l'accusé coupable d'homicide avec préméditation. Comme il était presque l'heure du déjeuner, le juge Bullock décida de suspendre le procès jusqu'à 1 h 30 de l'après-midi, heure où commencerait l'audience en révision de peine pour déterminer si Gary allait être condamné à l'emprisonnement à vie ou à la peine de mort.

29. La sentence

I

Jusque-là la salle d'audience avait été à moitié vide, mais durant la suspension du déjeuner des bruits avaient dû circuler à la cafétéria, car à l'audience de révision de peine, la salle était bourrée. Un processus juridique allait décider de la vie d'un homme : ce devait être un impressionnant après-midi.

Comme l'expliqua le juge Bullock, le but de l'audience de révision de peine était de découvrir si l'accusé, ayant été reconnu coupable de meurtre avec préméditation, allait être maintenant condamné à la peine de mort ou à l'emprisonnement à vie. Pour cette raison, les témoignages de seconde main seraient acceptés à la discrétion de la Cour.

Comme les témoignages de seconde main pouvaient se révéler dommageables à Gary, Craig Snyder (qui plaidait à l'audience de révision de peine alors que Mike Esplin avait plaidé lors du procès) faisait de son mieux pour trouver un motif de faire appel. Snyder fit de fréquentes objections et le juge Bullock les refusa presque aussi souvent. Qu'une décision du juge fût déclarée erronée par une plus haute instance et Gary pourrait ne pas être exécuté. Aussi Craig Snyder comptait-il autant sur un futur appel que sur ses chances d'éviter maintenant la peine de mort.

Il n'arrêta donc pas de soulever des objections durant le témoignage de Duane Fraser qui, pendant la suspension du déjeuner, avait appelé au téléphone le directeur adjoint du pénitencier de l'État d'Oregon. Duane Fraser déposa qu'on lui avait dit au téléphone comment Gilmore « avait attaqué quelqu'un avec un marteau », et « en une autre occasion avait attaqué un dentiste », et donc « avait été transféré de la prison d'État de l'Oregon à la prison de Marion dans l'Illinois ». Snyder ne cessait de faire des objections en considérant tout cela comme imprécis et ne provenant pas d'un expert.

Albert Swenson, professeur de chimie à B. Y. U., témoigna qu'un échantillon de sang de Gary Gilmore, prélevé après l'arrestation, contenait moins de sept centièmes de gramme d'alcool par cent grammes de sang. Ce n'était pas un taux élevé. Il devait être parfaitement conscient de ce qu'il faisait. Toutefois, comme le prélèvement avait été effectué cinq heures après le crime, le Pr Swenson spécifia qu'au moment où le coup de feu avait été tiré la teneur du sang en alcool aurait pu être de treize centièmes. Cela, déclara-t-il, était un taux au cours duquel l'accusé savait encore ce qu'il faisait, mais pouvait moins s'en soucier.

Au cours du contre-interrogatoire, Snyder parvint à faire admettre au Pr Swenson que le taux aurait pu atteindre dix-sept centièmes, ce qui était deux fois plus que le taux toléré par l'État pour conduire en état d'ivresse. S'ajoutant au fiorinal, le degré d'ivresse du coupable serait donc plus important. Tout compte fait, le témoignage de Swenson se révélerait peut-être positif pour Gary.

Le témoin suivant était Dean Blanchard, délégué du District à la Liberté surveillée des Adultes. Il comparaissait à la place de Mont Court, qui était en vacances. M. Blanchard dit tout d'abord : « Je ne le connais pas très bien », puis poursuivit en déclarant qu'il avait eu « très peu de contacts directs avec M. Gilmore ». Aussitôt Snyder dit qu'il faisait objection à son témoignage.

L'inspecteur Rex Skinner vint à la barre. Il y eut alors une longue discussion entre Snyder et la Cour. La déposition de Skinner, déclara Snyder, « était entièrement dommageable à l'accusé ».

PROCUREUR WOOTTON. – Monsieur Skinner… avez-vous participé à l'enquête sur… la mort par balle d'un certain Max Jensen ?

M. SKINNER. – Oui, monsieur le Procureur. En effet…

PROCUREUR WOOTTON. – Où cela s'est-il passé ?

M. SKINNER. – À la station-service Sinclair, 800 North à Orem.

PROCUREUR WOOTTON. – Lorsque vous êtes arrivé là-bas, avez-vous observé le corps de Max Jensen ?

M. SKINNER. – Oui, monsieur le Procureur. Je l'ai observé.

PROCUREUR WOOTTON. – Voudriez-vous décrire, monsieur, où il se trouvait et dans quelle position il était quand vous l'avez observé ?

Me SNYDER. – Votre Honneur, je fais objection.

LA COUR. – Objection retenue.

PROCUREUR WOOTTON. – Avez-vous observé des blessures sur le corps ?

Me SNYDER. – Objection, Votre Honneur.

LA COUR. – Objection retenue.

PROCUREUR WOOTTON. – Savez-vous s'il s'agissait d'un homicide ?

Me SNYDER. – Je ferai la même objection, Votre Honneur.

LA COUR. – Il peut répondre.

M. SKINNER. – Oui, monsieur le Procureur.

PROCUREUR WOOTTON. – Comment le savez-vous ?

Me SNYDER. – Votre Honneur, je vais faire objection à tout témoignage au-delà de ce point.

LA COUR. – Je pense que le témoignage est recevable. S'il sait qu'il s'agit d'un homicide… il a dit oui. Continuez.

PROCUREUR WOOTTON. – Monsieur Skinner, avez-vous fait arrêter quelqu'un en rapport avec cet incident ?

M. SKINNER. – Oui, monsieur le Procureur.

Me SNYDER. – Votre Honneur, je fais objection à cela.

LA COUR. – Il peut répondre.

PROCUREUR WOOTTON. – Qui avez-vous arrêté ?

M. SKINNER. – Gary Gilmore.

Me SNYDER. – Pas de question.

LA COUR. – Pas de question ? Très bien, vous pouvez vous retirer.

PROCUREUR WOOTTON. – Veuillez appeler Brenda Nicol.

Brenda était dans tous ses états. Elle avait demandé à Noall Wootton de ne pas la faire citer. Il avait, répondit-il, une convocation pour elle, et elle ferait mieux de se magner le train jusqu'au tribunal. Elle vint donc, et pendant tout le temps de sa déposition, Gary la foudroya du regard. Le genre de regard qui vous fait cailler le sang. Si le regard de quelqu'un pouvait tuer, alors on était mort. Ça vous liquidait comme une décharge électrique.

« Oh ! Gary, disait Brenda au fond de son cœur, ne sois pas si en colère contre moi. Mon témoignage ne signifie rien. » Une fois de plus elle raconta comment Gary lui avait demandé d'appeler sa mère. « Gary, elle va être inquiète. Ta mère va me demander : Est-ce que ces accusations sont vraies ? » Et elle déclara que Gary avait répondu : « Dis-lui que c'est vrai. » De nouveau, Esplin lui fit admettre, tout comme elle l'avait admis à l'audience préliminaire, qu'elle ne pouvait pas être certaine que Gary avait voulu dire que c'était vrai qu'il avait commis un meurtre, ou si c'était vrai qu'il était accusé de meurtre. Pendant le temps de sa déposition, elle sentit Gary qui la foudroyait du regard comme si ce témoignage anodin, qui n'allait changer les choses ni dans un sens ni dans l'autre, était le crime le plus abominable qu'elle aurait jamais pu commettre.

Elle s'inquiétait aussi à l'idée de ce que Nicole pourrait faire si Gary était assez en colère pour lui faire le même coup. Pour faire plaisir à Gary, rien n'arrêterait Nicole, estimait Brenda.

II

Wootton en avait terminé pour l'accusation. John Woods témoignait maintenant pour Gary.

Me SNYDER. – Si vous aviez un individu ayant une personnalité psychopathique, cette personne aurait-elle la même capacité d'apprécier ce qu'il y a de mal dans sa conduite qu'un « individu normal » ?

DR WOODS. – Il en aurait la capacité mais selon toute probabilité il choisirait de ne pas le faire.

Me SNYDER. – Et si vous ajoutiez à ce point l'influence de l'alcool et d'un médicament comme le fiorinal, cela augmenterait-il ou diminuerait-il la capacité de cet individu d'apprécier et de comprendre ce qu'il y a de mal dans sa conduite ?

DR WOODS. – Théoriquement, cela diminuerait son jugement et relâcherait les contrôles chez un sujet qui a déjà un assez mauvais contrôle de lui-même…

Me SNYDER. – Docteur Woods, l'accusé vous a-t-il fait part d'expériences remontant à l'enfance et qui vous ont paru particulièrement intéressantes dans le cours de votre expertise ?

DR WOODS. – Il a relaté certaines expériences d'enfance, et je dirais que selon moi certaines personnes pourraient les trouver très curieuses.

Me SNYDER. – Voudriez-vous nous donner un exemple de l'une d'elles ?

DR WOODS. – Celle qui me vient à l'esprit, c'était l'expérience au cours de laquelle l'accusé s'avançait sur un pont et attendait l'arrivée du train, puis courait jusqu'à l'extrémité du pont pour voir s'il allait plus vite que le train avant que la locomotive ne le précipite du pont dans le ravin en dessous.

Wootton intervint :

PROCUREUR WOOTTON. – Monsieur, vous avez préparé et fait enregistrer à la Cour, le 2 septembre 1976, un résumé de votre rapport.

DR WOODS. – Oui, monsieur le Procureur.

PROCUREUR WOOTTON. – Était-ce en fait un résumé précis de votre analyse de cet homme ?

DR WOODS. – Oui, monsieur le Procureur.

PROCUREUR WOOTTON. – Une partie de ce rapport indiquait, je lis : « Nous ne le trouvons pas psychotique ni “dément”. Nous ne pouvons trouver aucune preuve d'affection neurologique organique, de troubles des processus de la pensée, d'altération de la perception de la réalité, de perturbations des sentiments ni de l'humeur ni de manque de perspicacité… Nous n'estimons pas qu'il était mentalement atteint à l'époque des actes mentionnés. Nous pensons qu'à l'époque des actes mentionnés il avait la capacité d'apprécier ce qu'il y avait de mal dans cet acte et de conformer son comportement aux exigences de la loi. Nous avons étudié avec soin son usage volontaire de l'alcool, des médicaments (fiorinal) au moment de l'acte et nous n'estimons pas que cela ait altéré sa responsabilité. » Est-ce toujours votre opinion ?

DR WOODS. – Oui, monsieur le Procureur.

PROCUREUR WOOTTON. – Vous continuez en disant : « Nous avons de même étudié l'amnésie partielle dont il est fait état pour l'événement survenu le 20 juillet 1976 et nous estimons qu'elle est trop circonstanciée et commode pour être valable. » Est-ce toujours votre opinion ?

DR WOODS. – Oui, monsieur le Procureur.

PROCUREUR WOOTTON. – Je vous remercie. C'est tout.

La défense avait une possibilité particulière. C'était de faire venir à la barre Gerald Nielsen. Dans les notes que Nielsen avait consultées lors de l'audience préliminaire, se trouvait un témoignage d'après lequel Gary avait dit : « Je suis vraiment navré », et il avait des larmes aux yeux. « J'espère qu'ils vont m'exécuter pour ça, avait-il dit à Nielsen. Je mérite de mourir. » Une telle contrition pourrait influencer le jury.

Pourtant ils ne songèrent pas longtemps à citer Nielsen. Il en savait trop. Nielsen pouvait témoigner comment Gary avait abusé de la clémence des officiers de police, des délégués à la liberté surveillée et des juges. Ensuite, Wootton pourrait faire remarquer que le repentir de Gilmore était venu après son arrestation. Tout bien pesé, c'était un trop grand risque. La défense fit donc venir Gary à la barre. Sa meilleure chance aujourd'hui résidait dans son propre témoignage.

III

Me SNYDER. – Monsieur Gilmore, avez-vous tué Benny Buschnell ?

GILMORE. – Oui, je crois.

Me SNYDER. – Aviez-vous l'intention de tuer M. Buschnell au moment où vous êtes allé au *City Center Motel ?*

GILMORE. – Non.

Me SNYDER. – Pourquoi avez-vous tué Benny Buschnell ?

GILMORE. – Je ne sais pas.

Me SNYDER. – Pouvez-vous dire au jury ce que vous avez ressenti au moment où ces événements se sont produits ?

GILMORE. – Je ne sais pas. Ce que j'ai ressenti exactement, je n'en suis pas sûr.

Me SNYDER. – Allez.

GILMORE. – Eh bien, j'ai eu l'impression qu'il n'y avait aucun moyen de pouvoir éviter ce qui se passait, qu'il n'y avait pas d'autre solution, pas de possibilité pour M. Buschnell. C'était quelque chose, vous comprenez, qu'on ne pouvait pas arrêter.

Me SNYDER. – Avez-vous l'impression d'avoir eu la maîtrise de vous-même ou de vos actions ?

GILMORE. – Non.

Me SNYDER. – Avez-vous l'impression… Non, laissez-moi vous poser la question ainsi : savez-vous pourquoi vous avez tué Benny Buschnell ?

GILMORE. – Non.

Me SNYDER. – Aviez-vous besoin de l'argent ?

GILMORE. – Non.

Me SNYDER. – Quelles étaient vos impressions sur le moment ?

GILMORE. – J'avais l'impression de regarder un film ou bien, vous savez, que c'était quelqu'un d'autre peut-être qui faisait ça, et je le regardais le faire…

Me SNYDER. – Avez-vous eu l'impression de voir quelqu'un d'autre le faire ?

GILMORE. – Un peu, je crois. Je ne sais pas vraiment. Je n'arrive pas à me rappeler ça nettement. Il y a des moments de cette nuit-là que je ne me rappelle pas du tout. Parfois c'est très net et parfois c'est un blanc total.

Me SNYDER. – Monsieur Gilmore, vous rappelez-vous une expérience de votre enfance telle que celle qu'a décrite le Dr Woods, où vous étiez planté au milieu d'une voie de chemin de fer avec un train venant vers vous et où vous vous mettiez à courir sur une passerelle pour battre le train de vitesse ?

GILMORE. – Oui. Je ne lui ai pas dit que c'était traumatisant ni rien. J'essayais de lui donner une comparaison avec le besoin et l'envie que j'ai éprouvés la nuit du 20 juillet. J'ai l'impression parfois qu'il faut que je fasse des choses et on dirait qu'il n'y a pas d'autre possibilité ni de choix.

Me SNYDER. – Je vois. Et est-ce similaire à ce que vous avez éprouvé la nuit du 20 juillet 1976 ?

GILMORE. – Similaire. Très similaire. Oui, c'est vrai. Parfois j'éprouvais l'envie de faire quelque chose, et j'essayais de ne pas le faire, et puis l'envie devenait plus forte, jusqu'à être irrésistible. Et c'est ce que j'ai éprouvé la nuit du 20 juillet.

Me SNYDER. – Vous aviez l'impression de n'avoir aucun contrôle sur ce que vous faisiez ?

GILMORE. – Oui.

Il est possible que son témoignage ait aidé. Snyder l'avait fait venir à la barre dans l'espoir qu'il pourrait dire qu'il regrettait, qu'il ait l'air d'avoir des remords ou du moins qu'il détournerait les jurés de l'idée qu'il était un monstre sans cœur. Il n'était guère arrivé à ce résultat, mais peut-être s'était-il rendu service. Peut-être. Il s'était montré calme à la barre, sans doute trop calme, trop grave, même un peu lointain. Certainement trop réfléchi. Il aurait aussi bien pu être un des nombreux experts de ce procès. Snyder le laissa à Wootton.

La transformation fut brutale. On aurait dit que Gilmore ne pardonnerait jamais à Wootton d'essayer d'interdire à Nicole l'accès de la salle d'audience. À chaque phrase l'hostilité revenait.

« Comment l'avez-vous tué ? commença Wootton.

— Je lui ai tiré dessus, fit Gilmore.

— Racontez-moi, dit Wootton, racontez-moi ce que vous avez fait.

— Je lui ai tiré dessus », dit Gilmore plein de mépris pour cette question et pour l'homme qui posait une pareille question.

PROCUREUR WOOTTON. – L'avez-vous fait s'allonger sur le sol ?

GILMORE. – Pas de mes propres mains, non.

PROCUREUR WOOTTON. – Lui avez-vous dit de s'allonger sur le sol ?

GILMORE. – Oui, en effet.

PROCUREUR WOOTTON. – À plat ventre ?

GILMORE. – Non, je ne crois pas que je sois entré dans de tels détails.

PROCUREUR WOOTTON. – Était-il allongé à plat ventre ?

GILMORE. – Il était allongé par terre.

PROCUREUR WOOTTON. – Avez-vous appuyé le pistolet contre sa tête ?

GILMORE. – Je pense que oui.

PROCUREUR WOOTTON. – Avez-vous pressé la détente ?

GILMORE. – Oui.

PROCUREUR WOOTTON. – Ensuite, qu'avez-vous fait ?

GILMORE. – Je suis parti.

PROCUREUR WOOTTON. – Avez-vous pris le tiroir-caisse avec vous ?

GILMORE. – Je ne me souviens pas avoir pris la caisse avec moi.

PROCUREUR WOOTTON. – Mais vous l'avez vue au tribunal, n'est-ce pas ?

GILMORE. – Oui, j'ai vu ce que vous disiez être le tiroir-caisse posé là.

PROCUREUR WOOTTON. – Vous ne vous rappelez pas l'avoir déjà vu ?

GILMORE. – Non.

PROCUREUR WOOTTON. – Avez-vous pris son argent ?

GILMORE. – Je ne me le rappelle pas non plus.

PROCUREUR WOOTTON. – Vous souvenez-vous avoir pris de l'argent ?

GILMORE. – Je ne me rappelle pas ça non plus, je vous l'ai dit.

PROCUREUR WOOTTON. – Vous souvenez-vous avoir eu de l'argent sur vous quand on vous a arrêté plus tard ce soir-là ?

GILMORE. – J'avais toujours de l'argent sur moi.

PROCUREUR WOOTTON. – Combien aviez-vous sur vous ?

GILMORE. – Je ne sais pas.

PROCUREUR WOOTTON. – Vous n'avez aucune idée ?

GILMORE. – Je n'ai pas de compte en banque. Je trimbale juste mon argent dans ma poche.

PROCUREUR WOOTTON. – Vous ne savez pas d'où venait cet argent ?

GILMORE. – Oh ! j'avais été payé vendredi. Ça ne faisait pas très longtemps avant.

PROCUREUR WOOTTON. – Vous avez dit qu'on vous avait mis dans tous vos états cette nuit-là pour une question personnelle. Pourquoi ne nous en parlez-vous pas ?

GILMORE. – Je préférerais ne pas le faire.

PROCUREUR WOOTTON. – Vous refusez ?

GILMORE. – Exact.

PROCUREUR WOOTTON. – Même si la Cour vous dit que vous avez à le faire, vous ne le ferez pas ?

GILMORE. – Exact.

En s'éloignant, Wootton pensait assurément que Gilmore avait nui à ses chances. Il était sorti très froid de cet interrogatoire. Wootton voulait être objectif, mais il se sentait assez content. Il trouvait que son contre-interrogatoire avait été très efficace, surtout cette première question : « Comment l'avez-vous tué ? » et la réponse : « Je lui ai tiré dessus. » Pas le moindre remords. Ce n'était pas la façon la plus astucieuse de se battre pour sa vie.

Wootton jeta un nouveau coup d'œil au jury et il sut qu'il serait surpris si Gilmore n'était pas condamné à mort. Wootton n'avait pas arrêté d'observer ce jury et, si les jurés ne regardaient pas Gilmore avant son témoignage, ce qui selon Wootton signifiait qu'ils étaient mal à l'aise de se trouver là, à le juger, ils le dévisageaient maintenant, l'air abasourdi, presque ahuri, surtout une des deux femmes que Wootton avait choisies pour siéger durant le procès.

En formant un jury, la stratégie de Wootton était de choisir un juré fort et intelligent et un qui, à son avis, ne l'était pas. On essayait de présenter le dossier sous la forme d'un récit au juré qui n'était pas intelligent, alors qu'on soulignait les contradictions à l'intention de celui qui l'était. Maintenant, cette femme observait vraiment Gilmore. L'expression de son visage reflétait tout ce qu'aurait pu désirer Wootton et signifiait : « Vous êtes aussi mauvais que le dit le procureur. »

IV

Après ce contre-interrogatoire, Wootton prit soin d'abréger sa conclusion.

« Benny Buschnell ne méritait pas de mourir, dit Wootton au jury, et il m'est difficile de vous faire comprendre la profondeur du chagrin que ce genre de comportement de la part de Gary Gilmore a causé à la femme et aux enfants de Benny. »

Me SNYDER. – Votre Honneur, je proteste contre l'introduction de ce genre de remarque entachée de préjugés dans l'argument de l'accusation…

LA COUR. – Très bien. Je retiens votre requête. Je vais demander au procureur Wootton d'omettre désormais toute allusion à ce sujet.

PROCUREUR WOOTTON. – Voyons le genre d'homme qu'est l'accusé. Il a passé les douze dernières années en prison. Tous les efforts de récupération se sont apparemment soldés par un consternant et total échec. Si vous n'arrivez pas à récupérer quelqu'un en douze ans, pouvez-vous espérer jamais y parvenir ? Il vous dit qu'il a tué Benny et qu'il ne sait pas pourquoi. Il vous explique comment. Il lui a demandé de s'allonger sur le sol, a placé un pistolet contre sa tête et a pressé la détente. C'est ce que j'appelle tuer de sang-froid. Or, précédemment, il a été condamné à deux reprises pour vol. Pour ces délits il a purgé des peines de prison, et a appris quelque chose. Savez-vous quoi ? Il va tuer ses victimes. Voilà qui est habile. Si vous décidez de gagner votre vie comme voleur, cela tient debout, car une victime morte ne va pas vous identifier. Selon toute probabilité, il se serait tiré sans encombre de cette affaire sans une stupide malchance. Il s'est accidentellement tiré une balle dans la main. Ces choses-là arrivent, j'imagine, quand on a bu un peu trop et qu'on tripote une arme. Il a aussi tout un passé d'évasions : à trois reprises d'une maison de correction ou d'une autre et une fois du pénitencier de l'État d'Oregon. Qu'est-ce que cela vous révèle ? Si vous décidez d'enfermer Gary Gilmore en prison à vie, nous ne pouvons vous donner aucune garantie. Nous ne pouvons pas vous certifier qu'il ne s'évadera pas une fois de plus. Il est apparemment assez habile sur ce point. Si jamais il recouvre la liberté, toute personne qui se trouvera en contact avec lui ne sera pas en sûreté si elle possède quelque chose que par hasard Gilmore veut. Il a à son actif tout un passé de violence en prison. Si vous souhaitez le renvoyer en prison, il est impossible, étant donné son comportement, de garantir la sécurité même des autres prisonniers. À quoi bon dès lors, le laisser continuer à vivre ? Aucun espoir de récupération. S'il s'évade, il représente un danger, et en représente toujours un même s'il ne s'évade pas. De toute évidence, au point où en est cet homme, on ne peut rien pour le sauver. Il offre un risque d'évasion très élevé. Il constitue un extrême danger pour tout le monde. Toutefois, et sans même tenir compte de ces facteurs, je vous déclare ceci : pour ce qu'il a fait à Benny Buschnell et la situation dans laquelle il a mis la femme de Buschnell, il a perdu le droit de continuer à vivre, il devrait être exécuté. C'est la recommandation que je vous fais.

Wootton s'assit et Snyder s'approcha des jurés pour énoncer ses dernières remarques. Il parla avec une émotion considérable.

Me SNYDER. – J'imagine que nul n'est plus consterné que moi de ce qui est arrivé à Ben Buschnell et à sa famille. Pour moi personnellement, cette affaire a été très difficile à plaider. Je crois que cela place le jury dans une position où je n'aimerais pas être, en dépit du genre de crime qui a été commis dans l'affaire qui nous concerne. Ce qui nous préoccupe ici, c'est la vie humaine. M. Gilmore est aussi une personne. Et bien que M. Gilmore ait des antécédents dont on peut espérer qu'ils peuvent être une leçon pour nous tous et qu'aucun de nous n'aura plus jamais à les rencontrer, c'est une personne et, à mon avis, il a le droit de vivre. Je ne pense pas qu'il y ait rien de plus personnel pour tout individu que son droit de vivre. Et vous voici maintenant dans la situation où il vous faut décider si vous allez retirer cette vie à Gary Gilmore ou le laisser vivre. Je n'excuse pas ce qu'a fait M. Gilmore, je ne prétends même pas essayer de l'expliquer, mais j'estime qu'il a quand même le droit de vivre et je vous demanderai de ne pas lui refuser ce droit. Je pense que les propos du procureur Wootton sont justifiés. Je crois que l'histoire de M. Gilmore est assurément quelque chose dont il n'a pas à être fier. Je ne crois pas qu'aucun de nous le soit… M. Gilmore souffre bien de quelque chose qui peut-être le dépasse, mais ce n'est pas une raison pour que nous décidions de lui retirer la vie… M. Gilmore est le genre de personne qui a plus besoin d'être soignée que d'être tuée. Il doit, à mon avis, être puni pour ce qu'il fait, et la loi nous en fournit le moyen par une sentence de prison à vie. Et je ne pense pas que les craintes exprimées par le procureur Wootton quant à sa récupération, ni sur ce qui pourrait se passer s'il était libéré, non je ne pense pas que ce genre de raisonnement soit fondé. M. Gilmore a trente-six ans…

GILMORE. – Trente-cinq.

Me SNYDER. – Trente-cinq ans. Si vous le décidez, il va être incarcéré pour la vie. C'est long, très long. Et bien que je suppose qu'à un certain moment, après bien des années, il soit susceptible d'être mis en liberté surveillée, ce ne sera pas avant longtemps, bien longtemps. Je crois qu'il mérite vraiment la même chance que Benny Buschnell aurait dû avoir. J'en suis persuadé, et je recommanderai énergiquement au jury d'accorder le droit à la vie à M. Gilmore. J'aimerais vous faire observer, comme il est indiqué dans les Instructions, que pour pouvoir appliquer la peine de mort, il faut un vote unanime des douze jurés. Si l'un de vous ne vote pas la peine de mort, alors la sentence sera la prison à vie et c'est le verdict que rendra la Cour. J'aimerais demander à chacun de vous de scruter sa propre conscience et d'infliger dans ce cas l'emprisonnement à vie.

LA COUR. – Maître Esplin, souhaitez-vous faire un commentaire ?

Me ESPLIN. – Je pense que Me Snyder a fort exactement dépeint mes sentiments.

Le juge Bullock demanda alors à l'accusé s'il n'y avait rien qu'il veuille dire au jury. Ce serait sa dernière chance de parler de repentir.

Gilmore répondit : « Eh bien, je suis enfin satisfait de voir que le jury me regarde. (Comme cette remarque était accueillie en silence, il ajouta :) Non, je n'ai rien à dire.

— C'est tout ? demanda le juge.

— C'est tout. »

V

Maintenant que l'audience était terminée et que le jury s'était retiré dans la salle des délibérations, Vern et Ida sortirent et s'en allèrent faire quelques pas autour de l'immeuble, en même temps que les autres gens qui attendaient le verdict. Ils ne comptaient pas venir au Palais de Justice, mais Gary avait téléphoné à Ida en lui demandant d'être là. Après cet appel, aucun prétexte n'aurait pu justifier leur absence.

Dans la salle du tribunal, Mike Esplin s'arrangea avec les gardes pour que Nicole pût s'asseoir auprès de Gary. De cette façon, il pouvait lui parler par-dessus la barrière. Pendant qu'ils attendaient, ils plaisantaient. Ils se tenaient même les mains. Cela impressionna Mike Esplin. Ce type attendait de savoir s'il allait être exécuté ou non, et pourtant il ne manquait pas de panache.

Craig Snyder était curieux de savoir de quoi Gary et Nicole pouvaient bien parler, et il s'approcha suffisamment pour entendre Nicole dire : « Ma mère veut que tu lui fasses un tableau. » « Oh ! dit Gary, je ne pensais pas que ta mère m'aimait vraiment. » « Ma foi, répondit Nicole, c'est vrai qu'elle ne t'aime pas. Elle le veut simplement pour pouvoir dire : c'est Gary Gilmore qui a peint ce tableau. » Gary éclata de rire. Craig n'en revenait pas. Avoir Nicole près de lui semblait plus important pour Gary que tout le reste du procès. Il avait l'air si heureux.

Un peu plus tard, Gary voulut se rendre aux toilettes, alors les deux gardes se levèrent avec lui et ils s'en allèrent à pas lents, Gary entravé, les fers l'empêchant de se déplacer rapidement. Brenda s'approcha. « Gary, dit-elle, ne me fais pas la gueule. Juste parce que je t'ai dénoncé et que j'ai témoigné contre toi, ça n'est pas une raison de m'en vouloir, non ? » Il pencha le cou et la toisa. C'était terrible de le voir enchaîné. Elle tendit la main et toucha ses menottes d'un geste tendre, mais il retira sa main et lui lança un regard qui la rongea longtemps et ne cessa jamais de la hanter.

Pendant des semaines, alors qu'elle était plantée devant l'évier à laver la vaisselle, elle éclatait en sanglots. Alors Johnny s'approchait et la prenait par les épaules en disant : « Essaie de ne pas tant y penser, mon chou. » Mais elle ne voyait que Gary de nouveau derrière des barreaux, plus bas qu'il n'avait jamais été.

VI

Le bruit courut que le verdict était décidé et tous regagnèrent la salle du tribunal. Le jury fit son entrée. L'huissier lut le verdict. C'était la mort. On fit l'appel des jurés. Chacun des douze dit oui à son tour et Gary se tourna vers Vern et Ida en haussant les épaules. Lorsque le juge lui demanda : « Avez-vous une préférence quant au mode d'exécution ? » Gary répondit : « Je préfère être fusillé. »

Le juge Bullock répondit alors : « L'ordre en sera donné. » La date de l'exécution fut fixée au lundi 15 novembre à 8 heures du matin de cette année-là, et Gary Gilmore serait confié au shérif du comté d'Utah pour être remis au directeur de la prison de l'État d'Utah.

La nouvelle faisait vibrer la salle. On aurait dit qu'auparavant il y avait eu une certaine atmosphère et que, maintenant, il y en avait une autre. Un homme allait être exécuté. C'était réel, mais on ne le comprenait pas. L'homme était là, sous leurs yeux.

Gilmore choisit cet instant pour parler à Noall Wootton. C'était la première fois, depuis des semaines, qu'il lui adressait la parole. Gary le toisa d'un air calme et dit : « Wootton, tout le monde ici a l'air fou. Tout le monde sauf moi. » Wootton le regarda et songea : « Oui, en cet instant, tout le monde est peut-être fou, sauf Gary. »

Noall avait maintenant un sentiment qui le tracassait : celui d'avoir l'impression – qu'il avait toujours ressentie – que Gilmore était plus intelligent que lui. Wootton savait fichtrement bien que Gilmore était plus instruit. Il s'était instruit lui-même, mais il était allé plus loin. « Dieu tout-puissant, se dit Wootton, le système a vraiment échoué avec cet homme, misérablement échoué. »

Après cela, les gens commencèrent à évacuer la salle et Nicole pleurait dans le couloir. Nicole et Ida se retrouvèrent et s'étreignirent, elles éclatèrent en sanglots et Nicole dit : « Ne vous inquiétez pas, tout va s'arranger. » Vern était dans un état de choc. Il s'attendait à ce verdict, mais en était néanmoins bouleversé.

Une femme, une jeune journaliste, s'approcha de Gary et demanda : « Avez-vous un commentaire à faire ? » Il dit : « Non, pas particulièrement. » Elle reprit : « Trouvez-vous que tout a été juste ? Y a-t-il quelque chose que vous aimeriez dire ? » Gary répondit : « Eh bien, j'aimerais vous poser une question. » « Quoi donc ? » fit-elle. Il demanda : « Qui diable a gagné le championnat de base-ball ? »

VII

Le policier qui devait escorter Gary jusqu'à la prison puis l'accompagner jusqu'au pénitencier s'appelait Jerry Scott, et c'était un grand et bel homme. Dès le début, il ne s'entendit pas avec Gary.

Lorsqu'il entra dans la salle du tribunal pour venir le chercher, Gilmore n'avait ni fers aux pieds ni menottes, aussi Scott s'agenouilla-t-il pour boucler tout cela et lui demanda de se mettre debout pour pouvoir fermer la chaîne d'entrave. Scott estimait que c'était plus facile et plus confortable pour le prisonnier si on pouvait lui passer une chaîne d'entrave à la ceinture et y attacher les menottes devant plutôt que d'avoir un homme avec les bras pliés derrière le dos. Mais lorsque Gary se leva il dit : « Vous avez trop serré les fers. Je ne peux pas marcher. »

Jerry Scott se baissa. Il y avait un peu de jeu dans les fers, il savait donc qu'ils n'étaient pas trop serrés. « Gary, dit-il, ils sont bien. » Sur quoi Gilmore répliqua : « Ou bien vous m'enlevez ces fers ou bien vous allez me porter. »

Scott répondit : « Je ne vous porterai pas. Je vous tirerai. » Scott était écœuré. Tout le monde autour de Gilmore disait oui monsieur et non monsieur, comme si commettre un meurtre faisait de lui un personnage intéressant. Il fallait être ferme avec les prisonniers, c'était une chose que Scott avait décidée depuis longtemps et voilà que tout le monde ici se donnait du mal pour être supergentil avec ce type. C'était peut-être parce qu'il vous regardait toujours droit dans les yeux comme s'il était innocent.

Gilmore commençait vraiment à faire un cinéma et à débiter des grossièretés dans le tribunal. Scott n'avait pas envie de se coltiner avec lui sur le trajet empruntant les escaliers pour arriver à l'ascenseur et sous les yeux de tout le monde. Aussi finit-il par desserrer les menottes et les fers. Gilmore se plaignit de nouveau, et Scott, cette fois, les desserra vraiment, mais Gilmore se plaignait toujours. Scott commença à se méfier, surtout quand Gilmore répéta : « Vous allez être obligé de me porter pour me faire sortir d'ici. »

« Je ne les desserrerai pas plus, dit Scott. Remuez-vous le train. On s'en va, que ça vous plaise ou non, et si ça ne vous plaît pas, je vais vous traîner, mais je ne vous porterai pas. À vous de choisir », dit Scott.

Là-dessus, Gilmore se mit à marcher avec lui. Ils devaient aller vraiment lentement, parce qu'il n'avait à peu près que vingt-cinq centimètres de jeu aux fers, et Gilmore resta furieux pendant tout le trajet jusqu'à la voiture et même pendant la route de Center Street jusqu'à la prison. Scott installa Gary sur la banquette avant auprès de lui et deux policiers s'installèrent derrière. Lorsqu'ils furent arrivés, ils lui retirèrent les fers et les menottes et ramenèrent Gilmore à sa cellule. Ils l'écoutèrent parler à son compagnon de cellule pendant qu'il rassemblait ses affaires personnelles pour être transféré à la prison de l'État d'Utah.

« Voilà, dit Gilmore à son compagnon, ils m'ont condamné à mort. (Il secoua la tête et ajouta :) Tu sais, je vais manger d'abord. » Son compagnon dit qu'il avait un mandat qu'il n'avait pas encore touché et il en obtint cinq dollars d'un des gardiens ; il les donna à Gary qui dit : « Tu es trop gentil. Jamais je ne pourrai te rembourser. » « Ça n'est pas grand-chose », dit son compagnon. « Écoute, fit Gilmore, rends-moi un service, renvoie ces livres à la bibliothèque de Provo, pour que Nicole n'ait pas d'ennuis. Ils sont enregistrés à son nom. » « Pas de problème », répondit son compagnon. Puis, tandis que Scott les observait, Gilmore tendit à l'autre détenu une chemise de cow-boy bleue en disant : « C'est Nicole qui me l'a faite. » Puis il lui passa un rasoir Schick à lame éjectable en disant : « Je veux que tu aies ça comme souvenir. » Ils se serrèrent la main en se souhaitant mutuellement bonne chance, le geôlier ouvrit la porte et Gary sortit, puis se retourna en faisant un pied de nez. Son compagnon de cellule en fit autant. Le shérif Cahoon s'approcha pour serrer la main de Gary.

Scott entraîna Gary dans le couloir et le fit se déshabiller pour une fouille complète. Cela exaspéra de nouveau Gilmore. Il était très soucieux de sa personne et de ses objets personnels. Ces derniers ne comprenaient qu'un tas de lettres et quelques livres, mais il ne voulut pas les perdre de vue et se comporta comme si la fouille corporelle était une attaque personnelle. Scott n'avait pas du tout cette impression. Ce type venait d'être condamné à mort. Cela nécessitait de sévères mesures de sécurité.

Une fois qu'il fut déshabillé, les policiers passèrent leurs doigts dans ses cheveux pour s'assurer qu'il n'y avait rien qui y fût collé. Il avait les cheveux assez longs pour dissimuler une lime à métaux. Ils vérifièrent derrière les lobes des oreilles et lui firent lever les bras, pour vérifier dans les poils des aisselles et examinèrent aussi son nombril. On lui souleva les testicules pour voir s'il n'avait pas quelque chose de fixé dessous puis on le fit se pencher en écartant les fesses pour être sûr que rien ne dépassait de la région du rectum. Maintenant, on n'y enfonçait plus le doigt. Ils vérifièrent enfin ses pieds pour s'assurer qu'il n'avait rien de caché entre les doigts de pied. Pendant tout ce temps, Gilmore débita toutes les injures qui pouvaient lui passer par la tête.

On lui remit alors ses fers. Scott s'assura qu'ils étaient bien serrés et lui dit : « Gary, je ne t'aime pas et tu ne m'aimes pas, mais oublions ça. Je vais t'accompagner jusqu'à la prison d'État et je ne tiens pas à ce que tu essaies de t'enfuir. Le shérif adjoint Fox va s'asseoir juste derrière toi et si tu fais la moindre difficulté, si tu as un geste rapide ou agressif, il va te faire péter le cou, oui, te le péter. » Même après une fouille corporelle, on ne savait jamais ce qu'un prisonnier pouvait dissimuler. Une épingle de nourrice pouvait être cachée sous les menottes et permettre de les ouvrir. On pouvait même, si l'on savait s'y prendre, ouvrir des menottes avec une recharge de stylo à bille. Il y avait toujours de quoi s'inquiéter lors du transfert d'un prisonnier. Scott dit à Gary de s'asseoir dans la voiture, qu'ils iraient directement au pénitencier et que tout se passerait bien.

Il sortit de la prison de son pas lent d'homme entravé et monta dans la voiture, à côté de Scott, les policiers derrière, et ils partirent. Pour plus de protection, Jerry Scott s'était arrangé pour avoir deux inspecteurs qui suivaient dans une autre voiture, à trois cents mètres derrière. Ils surveilleraient tout chauffeur qui pourrait s'intercaler derrière la voiture de tête pour tenter un plan d'évasion. Ils surveilleraient aussi tout véhicule piloté par un dingue qui aurait pu décider de vouloir assassiner Gilmore.

Le voyage se passa sans histoire. Gilmore fit une phrase pour dire combien l'air était bon et comme le paysage était beau le soir. Scott répondit : « Oui, il fait beau temps. » Gilmore prit une profonde inspiration et demanda : « Est-ce qu'on pourrait ouvrir un tout petit peu ma vitre ? » Scott répondit : « Bien sûr », puis il expliqua par-dessus son épaule aux policiers assis derrière lui : « Lee, je vais me pencher pour lui ouvrir un peu sa vitre. » Fox fit donc un mouvement en avant pour le couvrir tandis que Scott se penchait pour tourner d'une main la manivelle. Cela parut rafraîchir Gilmore. Il ne dit plus rien jusqu'à la fin du trajet… mais il parut aussi se détendre.

Lorsqu'ils arrivèrent au pénitencier d'État, le policier de service leur fit traverser différentes portes jusqu'au quartier de haute surveillance. Là, on lui ôta ses fers, les entraves et les menottes, on le fouilla de nouveau, puis on le conduisit jusqu'à sa cellule. Gary ne dit pas un mot. Scott ne lui dit pas au revoir. Il ne voulait pas l'agiter et un pareil geste pourrait avoir l'air d'une provocation. Dehors, la nuit était tombée et la crête de la montagne descendait jusqu'à l'autoroute comme un grand animal sombre qui déployait sa patte.

Ce soir-là, Mikal Gilmore, le plus jeune frère de Gary, reçut un coup de téléphone de Bessie. Elle lui dit que Gary avait été condamné à mort. « Maman, répondit Mikal, on n'a exécuté personne dans ce pays depuis dix ans, on ne va pas commencer avec Gary. » Malgré cela, la nausée le prit lorsqu'il raccrocha. Pendant tout le reste de la nuit, il fut obsédé pas les yeux de Gary.

Septième partie

Le corridor de la mort

30. Le trou

I

Peu après la rentrée scolaire en septembre, un autre professeur parla à Grace McGinnis d'un article qu'il avait lu en juillet à propos d'un type de Portland arrêté pour le meurtre de deux hommes en Utah. Le nom, s'il s'en souvenait bien, était Gilmore. N'avait-elle pas un ami de ce nom ? Grace ne voulait vraiment pas en entendre davantage. Il y avait des formes de mauvaises nouvelles qui apparaissaient comme certaines grosseurs mystérieuses et qui disparaissaient si on n'y prêtait pas attention.

Voilà que l'histoire était citée de nouveau dans les journaux de Portland. Le meurtrier était bien Gary Gilmore et il avait été condamné à mort à Provo, dans l'Utah. Grace songea à appeler Bessie. Ce serait le premier coup de téléphone depuis des années. Mais elle croyait entendre la conversation avant qu'elle ait eu lieu.

« Je ne peux pas croire, dirait Bessie, que le Gary que je connais a tué ces deux jeunes gens. Ce n'est pas possible. Il y a toujours eu chez lui une douceur naturelle.

— Mais si, dirait Grace, il l'a vraiment fait.

— Je n'ai jamais perçu ce genre de cruauté chez Gary », dirait Bessie, et Grace acquiescerait de nouveau, tout en sachant qu'elle ne disait pas la vérité. Gary ne s'était jamais montré cruel envers elle, certes, mais elle avait vu un horrible changement se faire chez lui après ces traitements à la prolixine, une modification de la personnalité si radicale que Grace pouvait dire en toute sincérité qu'elle ne reconnaissait plus l'homme nommé Gary Gilmore qui existait après avoir pris ce médicament. C'était comme si quelque chose d'abominable s'était introduit dans son esprit. Elle n'était pas très surprise qu'il eût tué deux personnes. Après la prolixine, elle avait toujours eu un peu peur de lui.

Ce jour-là, Grace avait la main sur le téléphone, mais elle ne pouvait se décider à appeler Bessie, pas encore. « Je suis lâche, se dit Grace, je suis résolument lâche », et elle pensa à eux tous, à Bessie dans sa caravane, à Frank Sr mort avant qu'elle l'eût jamais rencontré, mais qu'elle connaissait par toutes les histoires de Bessie, et le fils de Bessie, Frank Jr, qui ne disait jamais un mot, et Gaylen, qui avait failli mourir dans la voiture de Grace, et Mikal, et Gary. Elle sentit déferler sur elle un mélange de tendresse, d'accablement et d'une colère brûlante comme la bile, plus tout le malheur que Grace pouvait abriter dans son grand corps, des souvenirs tristes et mélancoliques, et toute l'horreur qui l'avait fait sortir un jour de la vie de Bessie. Tout cela revenait, et elle pensa de nouveau à Bessie, seule dans sa caravane.

II

Mikal fut le premier Gilmore que Grace rencontra. Lors de l'année scolaire 1967-1968, elle l'avait eu comme élève de seconde année en Création littéraire, et c'était l'un des meilleurs étudiants qu'elle eût jamais eus. Le nom de jeune fille de Grace était Gilmore, Grace Gilmore McGinnis, et pourtant quand Bessie et elle en avaient discuté, elles n'avaient découvert entre elles aucun lien de parenté. À part cette homonymie, Grace avait été impressionnée par une longue et intelligente conversation qu'elle avait eue avec Mikal à propos de Truman Capote. Elle avait donné à la classe *De Sang-Froid* comme lecture obligatoire. Mikal avait fait montre d'une grande perspicacité en discutant de ce livre.

Mais la première fois que Mikal et elle s'étaient trouvés très proches, c'était lorsqu'on avait demandé à Grace de faire une émission sur les Affaires étrangères pour le Canal 8 de la télévision locale et de choisir quatre élèves dont elle pensait qu'ils pourraient traiter un sujet comme « La révolution culturelle chinoise ». Elle choisit tout d'abord Mikal.

À cette époque, il portait les cheveux longs. Milwaukie, un faubourg ouvrier de Portland, avait son lot d'universitaires collet monté apprécié par les professeurs, qui estimaient qu'aucun élève à cheveux longs ne devrait représenter l'établissement à un programme de télévision. Grace s'en alla trouver le proviseur afin de solliciter une réunion du conseil des professeurs pour trancher la question. Elle en accusa certains d'être absolument tordus. Elle savait qu'elle ne remporterait jamais le concours de la quadragénaire la plus mince de la ville, mais Grace savait se servir de sa taille, de sa masse et de sa voix – fort impressionnante – pour faire passer un peu de mépris libéral. Mikal participa à l'émission de télévision. Il s'y montra excellent.

De temps en temps, Grace avait un étudiant qui, comme elle le disait, était plutôt un disciple qu'un élève. Mikal appartenait à cette catégorie. Grace recherchait les sujets qu'elle supposait capables d'éveiller son intérêt. Elle avouait franchement avoir quelques préjugés en sa faveur. Elle ne trouva donc pas exceptionnel qu'il vint un jour la trouver pour annoncer que sa mère allait être expulsée pour des arriérés d'impôts et qu'il ne connaissait personne à qui demander conseil. Accepterait-elle de parler aux gens du fisc ? Grace se rendit un samedi à Oakhill Road et sa première réaction en voyant la maison avec l'allée circulaire fut : « Mon Dieu, cet endroit doit être hanté. » Ça tenait à on ne sait quoi dans la végétation derrière qui envahissait tout.

Ce n'était qu'une première impression, mais cela faisait quelque temps qu'elle s'intéressait aux phénomènes psychiques, aussi cette pensée ne provoqua-t-elle pas chez elle une grande agitation. Grace entra dans un grand salon sombre, meublé de façon disparate dans un style que Grace appelait du gothique de Portland. Une collection de belles pièces d'acajou d'après-guerre en provenance des Philippines.

III

Bessie était frêle, avec des cheveux gris sombre noués sur la nuque en un chignon qui dégageait un visage extrêmement intéressant, du genre qui vous donnait envie d'en savoir plus sur elle. Elle avait l'air d'une femme qui, à tout le moins, aurait fait une parfaite gouvernante dans un club de femmes. Mais en fait, se dit Grace, Bessie aurait eu vraiment sa place dans un château. Elle aurait pu être la veuve du président d'une entreprise de services publics qui s'habillait toujours en gris comme si elle ne voulait faire aucune concession à l'argent. Grace l'aima dès le premier regard. Toute cette classe et cette dignité, toute cette réserve paisiblement accumulée la fascinaient.

Elle l'aima encore plus lorsqu'elles commencèrent à bavarder. Dès l'instant où Grace dit que son nom de jeune fille était Gilmore, ce fut le début d'une conversation qui se poursuivit pendant trois heures. Elles abordèrent toutes sortes de sujets.

Au bout d'un moment, Bessie se mit à parler de ses problèmes relatifs à la maison. Frank l'avait achetée comptant, et il n'y avait pas d'hypothèque, mais elle était quand même difficile à entretenir. Elle n'avait pas d'assurance et gagnait moins de deux cents dollars par mois à travailler comme fille de salle dans une taverne qui s'appelait *Chez Speed*. Pas question pour elle d'avoir de l'avancement et de devenir serveuse, car elle était trop lente et souffrait d'arthritisme. Dans l'immédiat elle avait six années d'arriérés d'impôts et la municipalité la menaçait de s'en prendre à ses biens. Elle avait reçu un avis de saisie. Elle ne voulait tout de même pas perdre la maison alors que Mikal poursuivait ses études. Elle voulait, en fait, garder cette maison pour que ses fils puissent y revenir. Elle tenait à ce qu'ils retrouvent la maison qu'ils avaient connue avant leur départ. Aussi espérait-elle obtenir que l'Église mormone paie ses impôts et, en compensation, elle laisserait la maison à l'Église après sa mort. Elle espérait que cela paraîtrait une offre valable.

Dans cette affaire, Grace ne pouvait lui être d'aucun secours. Grace ne connaissait pas grand-chose aux mormons et, en l'occurrence, la solution dépendait de l'évêque local et de l'attitude qu'il adopterait. Elles passèrent donc à d'autres sujets. Bessie se révéla avoir une conversation charmante.

Elle raconta comment, au restaurant où elle travaillait, on ne lui laissait que peu de temps pour déjeuner. « Nous avons trente minutes pour commander nos plats à un chef grincheux, nous précipiter dans l'arrière-cuisine et essayer d'avaler le tout. On s'apercevait bien que je ne finissais jamais mon déjeuner, alors le chef m'a dit : « Je vais diminuer tes portions. » « Je vous en prie, ai-je dit, je suis incapable de manger tout ce que vous me donnez en une demi-heure. Il me faudrait une heure. De plus, avait-elle poursuivi, j'aime bien laisser quelque chose dans mon assiette. Je ne mange jamais tout ce que j'ai. Je ne l'ai jamais fait de ma vie. Le jour où je terminerai une assiette, je me retrouverai de l'autre côté. Ça me renverra chez moi… dans la mesure où j'ai un chez moi. »

La veille, Bessie avait dit au conducteur du bus : « Savez-vous qu'il y avait un opossum crevé juste devant ma porte ? » Le conducteur répondit : « Pourquoi ne l'avez-vous pas ramassé pour en faire du ragoût ? » Elle répondit : « Vous savez, Glen, je ne vais plus jamais vous adresser la parole. » « L'opossum ne pouvait pas vous faire du mal s'il était mort », fit-il. Elle répondit : « Mais si. Il avait peut-être des puces. »

Grace la trouvait de plus en plus, sympathique. Elles parlèrent de l'aversion qu'elles éprouvaient toutes les deux pour les tissus synthétiques, et pourtant qui pouvait encore se payer de la laine, du coton ou de la soie ? « Je vais d'une année sur l'autre sans vêtements, expliqua Bessie. Pas nue quand même… ça suffirait à guérir le pays du sexe ! » Elle en vint à parler de Gary à Grace. Chez Speed, personne ne savait qu'elle avait un fils au pénitencier. Une dame lui avait même dit un jour : « Vous en avez de la chance d'avoir vécu aussi longtemps sans avoir eu un vrai chagrin pendant votre vie. »

Grace trouvait que Bessie avait une voix remarquable. Pas exactement cultivée, ni superbe, mais assurément insolite. Bette Davis jouant une femme de pionnier. Grace demanda à voir une photo de Bessie quand elle était jeune et la trouva magnifique. Grace se dit que la patine qu'avait acquise Bessie au long des années était le résultat de son stoïcisme.

La conversation ne s'acheva que lorsque Bessie dut aller travailler. Elle s'était vêtue d'un corsage blanc, d'une jupe foncée et d'un chandail bleu marine. Elle tenait un tablier sur son bras. Elle portait des chaussures à talon plat et n'avait pas la démarche d'une femme à qui on avait dit jadis qu'elle ferait une bonne danseuse de ballet : l'arthrite avait déjà gagné ses mains, ses genoux et ses chevilles.

Grace la conduisit en voiture chez Speed où elle prit une tasse de café tout en regardant Bessie desservir les tables. Elle fut horrifiée de la voir contrainte d'exécuter un tel travail.

Le souvenir de cette femme resta gravé dans son esprit. Bessie, vivant dans cette maison hantée qu'elle tenait à conserver. Grace allait rendre visite à Bessie de temps en temps pour lui parler des impôts et de l'Église. Plus tard, quand tout fut perdu, d'autres histoires remontèrent à la surface et Grace en vint à se demander pourquoi Bessie avait tenu à garder cette habitation. « Grace, lui dit-elle un jour, la maison était bel et bien hantée. Personne d'autre que moi n'aurait accepté d'y rester si longtemps. Si vous étiez montée au premier, vous l'auriez senti. Une nuit où mon mari était très malade, juste quelques mois avant sa mort, il s'est levé et a commencé à prendre le couloir pour aller à la salle de bains, puis il est tombé dans les escaliers avec un bruit terrible. On aurait presque dit que quelque chose l'avait empoigné et l'avait précipité jusqu'en bas. C'est grâce à ses nombreuses années d'entraînement acrobatique qu'il ne s'est pas tué. Je me suis mise à hurler et je tambourinai à la porte de chacun des garçons. « Levez-vous, votre père est tombé. » Ils se sont précipités, et Frank Jr l'a ramassé et l'a ramené dans sa chambre. Et puis, après la mort de Frank Sr, un soir où Mikal et moi nous apprêtions à aller nous coucher, nous entendîmes un terrifiant fracas dans le vestibule, au rez-de-chaussée, entre la chambre à coucher et la cuisine. C'était vraiment un endroit où vivre était absolument terrifiant. »

Bien sûr, Grace n'entendit parler de ces histoires qu'après que Mikal fût entrée à l'université, et que Bessie habitait dans la caravane qu'elle avait achetée avec l'aide de l'Église et aussi grâce à la vente de son mobilier en acajou des Philippines.

IV

Bessie mentionna que le dimanche, le seul jour où elle avait congé, il n'y avait pas de service de car aller et retour entre Portland et Salem. Grace dit : « Il n'y a aucune raison qui m'empêche de vous conduire à la prison. » Les visites n'avaient lieu que deux fois par mois, et les enfants de Grace étaient mariés. Elle n'avait pas de pressantes obligations familiales. De plus, Grace adorait lire. Elle emportait un livre pour le déguster dans la voiture en attendant la fin de la visite, et elle passait un excellent moment à faire le trajet pour y aller et pour en revenir en discutant sorcières. Bessie disait d'elle qu'elle était à deux doigts de devenir une créature des bois. Elle respectait les sorcières, dit-elle, et n'avait aucune envie d'être en leur pouvoir. « Savez-vous, fit-elle, que j'ai peur de me trouver dans une voiture auprès de quelqu'un qui a affaire à elles, car je suis persuadée qu'elles peuvent démolir la voiture. Il faut être sur ses gardes contre toutes vibrations fortes et maléfiques qui peuvent survenir. »

Ce jour-là, Grace resta assise deux heures dans la voiture, lisant pendant que Bessie était dans la prison. En revenant, Bessie lui dit que Gary avait inscrit le nom de Grace sur la liste des visites. Cela n'intéressait pas particulièrement Grace de le rencontrer, mais elle se dit : « Ma foi, si c'est Bessie qui le veut, d'accord. »

Les visites se poursuivirent pendant deux ans, à peu près tous les quinze jours. Parfois elles arrivaient à la prison et les autorités leur disaient : « Vous ne pouvez pas le voir aujourd'hui. Il est au trou, il est bouclé. » On ne prévenait Bessie que lorsqu'elle était là.

La première fois que Grace pénétra dans la prison, elle fut surprise par la puissance des échos. Mais à part ce bruit, ça n'était pas aussi terrible que les prisons qu'elle avait vues au cinéma. Il y avait tout autour de celle-ci un grand mur de pierre grise, et c'était assez déprimant, mais le pénitencier était situé un peu m'importe comment au milieu d'un champ qui le séparait d'une route à grande circulation à la lisière de Salem, et le bâtiment de l'administration n'avait que deux étages. On entrait par une petite porte. La pièce de réception ressemblait au hall minable d'une petite usine ou d'un dépôt quelconque, avec, au centre, un grand bureau circulaire pour les renseignements. Aux murs des peintures de cerfs et de chevaux exécutées par des détenus. Il y avait aussi une porte à barreaux coulissante donnant accès à une petite pièce comportant, de l'autre côté, une seconde porte. Quand on le leur disait, les visiteurs venaient tous s'entasser dans cet espace et la grille derrière eux se refermait. Il y avait alors un temps mort et l'autre grille, devant, s'ouvrait. Le claquement des portes produisait des échos qui se répercutaient le long des murs de pierre, aussi bruyants que des wagons de marchandises roulant dans une gare de triage. Et enfin, tout le monde passait dans la salle des visites.

On aurait dit une salle de conférence pour réunions de parents d'élèves dans un lycée. Des tas de chaises pliantes orange pâle, bleu pâle, jaune pâle et vert pâle étaient disposées autour de minables tables en bois blond. Le long du mur, il y avait des distributeurs de cigarettes, de coca, de bonbons. Rien qu'un gardien ou deux, et trente ou quarante personnes se parlant à travers la largeur de la table, souvent deux ou trois visiteurs pour chaque détenu.

Grace y vit toutes sortes de visiteurs : des pères et des mères de la classe ouvrière à l'air triste, des épouses harassées avec des bébés sur les bras ayant encore un peu de lait caillé à la commissure des lèvres. Un nombre considérable de très grosses femmes franchissaient les barrières en tanguant. En général, elles avaient un roman d'amour avec un détenu très maigre. On voyait là aussi quelques jeunes femmes bien faites avec un air que Grace en vint à reconnaître. Elles étaient très maquillées et semblaient appartenir à une classe spéciale. De toute évidence, elles avaient un petit ami en prison, et Grace finit par apprendre de Gary qu'un tas d'entre elles avaient aussi un petit ami à l'extérieur qui avait fait de la prison, qui en était sorti et qui, à n'en pas douter, ne tarderait pas à y revenir. Il était parfaitement possible que ces filles fussent plus amoureuses de l'homme qu'elles venaient voir à la prison que de celui avec qui elles vivaient à l'extérieur.

Et il y avait, bien sûr, les prisonniers. Certains avaient des airs d'opprimés, c'était le moins qu'on pouvait dire. Ils étaient simples d'esprit ou contrefaits, et avaient un air furtif ou impassible, terrifié ou stupide. C'étaient des hommes qui paraissaient avoir grandi dans des cours de ferme et qui semblaient posséder une logique de rustres.

Et puis il y avait des hommes qui se tenaient comme s'ils se considéraient être des personnages intéressants. On aurait dit qu'ils appartenaient à une société très fermée. Ils avaient un petit sourire qui semblait vouloir dire qu'ils en savaient plus sur la vie, l'existence et le monde que les gens qui venaient leur rendre visite. En général, leur allure était souple ou tout à fait athlétique. Ils se déplaçaient avec l'habileté de funambules, mais ils étaient arrogants au possible et promenaient un regard moqueur sur les visiteurs. On aurait dit qu'ils avaient l'habitude d'être regardés et considéraient en valoir la peine. Mais ils ne gardaient ce genre d'expression que jusqu'au moment où ils venaient s'asseoir en face de leurs visiteurs. Alors, leur attitude changeait. Une demi-heure plus tard, on pouvait percevoir sur leur visage la vulnérabilité, la tendresse ou simplement le profond malheur.

Plus tard, lorsqu'elle connut mieux Gary, il expliqua avec soin qu'il y avait deux genres de prisonniers : les détenus et les taulards. La façon dont il disait cela donnait à penser que la seconde catégorie était supérieure à la première et qu'il en faisait partie. Grace l'y aurait d'ailleurs classé elle-même. Il s'habillait de cette façon. Très soigné dans sa chemise bleu pâle et ses treillis de prisonnier bleu clair. Les taulards, par opposition aux détenus, portaient leurs chemises comme si elles étaient faites sur mesure. Au bout d'un temps d'observation, la différence entre les deux groupes s'imposait aux yeux. Elle pouvait comparer cela à ce qui se passait dans un lycée où tous les premiers des différentes classes, les athlètes et les gosses séduisants formaient toujours un petit clan à part. Et puis il y avait les autres.

Gary, toutefois, n'était jamais arrogant avec sa mère. Il parlait avec elle le plus sérieusement du monde. Ils étaient si absorbés dans leur conversation que Grace regardait souvent autour d'elle pour ne pas trop les gêner. Et puis Bessie ou Gary disait quelque chose de drôle. Tous deux riaient avec le plus bel entrain. On riait énormément dans cette salle de visite.

Il consacrait toujours quelques minutes à Grace. Il se montrait aimable dans ses propos, mais avec un soupçon d'ironie. Il voulait toujours savoir quels fantômes Grace avait rencontrés dans ses pensées durant la semaine, et puis ils se mettaient à parler de fantômes. Il demandait aussi l'opinion de Grace sur les livres qu'il lisait. Son préféré, c'était *The Ginger Man* de

J. P. Donleavy. Un jour elle lui offrit un abonnement à *Art d'aujourd'hui*. Elle estimait que ses portraits d'enfants étaient dignes des plus grands éloges.

La seule fois où elle le vit se mettre en colère, ce fut le jour où Bessie lui avoua qu'elle avait définitivement perdu la maison. Il était si furieux contre l'Église mormone que, bien des années plus tard, le souvenir de sa colère fit dire à Grace : « Je parierais qu'il savait que ces garçons étaient mormons avant de les tuer. »

Il demandait aussi comment Mikal se débrouillait au collège. Mikal le Mystérieux, l'appelait-il, parce qu'il ne venait jamais le voir. Grace croyait l'entendre dire : « Je ne connais pas vraiment Gary », et c'était vrai, si l'on songeait que Mikal n'avait que quatre ans quand son frère avait été envoyé en maison de redressement. Grace croyait aussi que les longs cheveux de Mikal y étaient pour quelque chose. Il ne se serait pas senti à l'aise dans cette salle de visite et sous les yeux des détenus.

Parfois, Bessie divertissait Gary en lui racontant des histoires drôles sur son père. Il était impossible de ne pas reconnaître que le père et le fils ne s'étaient jamais entendus, mais maintenant, au fond, c'étaient les histoires concernant Frank Sr qui faisaient le plus rire Gary.

V

Frank se vantait du saut périlleux qu'il faisait autrefois par-dessus des chaises empilées, dans la fosse d'orchestre, et un jour, à Denver, Frank décida de lui faire une démonstration. Bessie lui dit qu'elle ne pensait pas qu'il devrait essayer. Il était trop ivre. « J'ai fait cela toute ma vie, lui dit-il, je saurai encore le faire. » Il se leva, sauta, les chaises s'écroulèrent et il resta là si assommé qu'elle le crut mort. « Je n'arrêtais pas d'essayer de lui faire du bouche-à-bouche ou Dieu sait comment on appelle ça ! »

Il y avait aussi l'histoire du mouton. Gaylen avait un mouton noir et Mikal criait : « J'en veux un. » Ce que Mikal voulait, Mikal l'obtenait. « Bien sûr, bien sûr, dit-elle, un mouton, un cheval, une vache, n'importe quoi dès l'instant que c'est pour le petit. » Frank revint des abattoirs avec un mouton blanc qui avait une tête noire et il le fit sortir de l'arrière du break. Bessie était furieuse. Elle n'aimait pas les animaux et il allait falloir nettoyer l'arrière de la voiture. Saleté de mouton.

La dame qui habitait à côté avait trois chiens qui jappaient. Lorsque Frank tourna le coin, le mouton devint impossible. Tous les garçons se mirent à hurler : « Aide papa à faire entrer le mouton dans l'enclos. » Ça dura une demi-heure. Bessie était restée sur la véranda. Elle criait : « Tords-lui la queue, Frank, et il marchera tout droit devant toi », mais Frank n'entendait pas ce qu'elle disait et expliquait à Gaylen : « Donne-lui un coup de pied au cul, à cette sale bête. » Gaylen prenait son élan, le mouton se retournait et recevait le coup de pied en pleine tête. Frank disait : « Tu ne sais donc pas reconnaître la tête du cul ? »

Tout d'un coup l'animal se retourna. Frank eut le pied pris dans la corde, tomba, et le mouton se mit à le traîner. Il lâcha une traînée de diarrhée verdâtre, cependant que Frank était tiré à travers la pelouse, le trottoir et les gravillons du bas-côté de la route. Lorsqu'on releva Frank, il avait le derrière endolori. « Regarde-moi ça, dit-il en s'époussetant, je suis plein d'herbe.

— Frank, dit Bessie, ça n'est pas de l'herbe. » Entre deux éclats de rire elle avait dit : « C'est une des choses les plus drôles que j'aie jamais vues. »

« Tu te rappelles, fit Gary, comme papa était le plus mauvais conducteur du monde ? (Il se tourna vers Grâce.) Mon père causait tout le temps des accidents. Quand des gens le klaxonnaient, il leur faisait un pied de nez. Ou alors il lâchait le volant et agitait les doigts auprès de ses oreilles comme s'il était un renne. Ça rendait les gens fous jusqu'au moment où il reprenait le volant en main. Nous autres, gosses, on trouvait qu'il était formidable. On agitait nos doigts aussi en regardant les conducteurs. »

Après ces rires et l'évocation de ces souvenirs, Gary dit : « Je regrette que papa soit mort. Voilà longtemps qu'il m'aurait fait sortir d'ici.

— Je sais bien, Gary, fit Bessie, mais moi je ne peux pas. Je n'ai pas l'argent ni le savoir-faire. Je n'ai pas l'autorité qu'avait ton père.

— Ah, dit Gary, j'ai passé je ne sais pas combien de nuits sans sommeil à souhaiter que mon père soit encore là. »

Ils étaient comme deux taureaux qui se battent à coups de cornes, expliqua Bessie à Grace sur le chemin du retour, mais Gary a raison, son père ne l'aurait jamais laissé en prison. Frank serait allé voir les gens qu'il fallait et aurait su quoi leur dire. Moi, j'ai grandi dans une idiotie de ferme au fond de l'idiotie d'Utah. Tout ce que j'ai jamais connu, c'étaient les vaches, les porcs, les poulets, les chèvres, les chevaux et les moutons, alors je ne suis d'aucune utilité à Gary. (Elle soupira.) Je regrette bien que Frank n'ait pas été plus proche de ce garçon de son vivant. »

Elle faisait le trajet aller et retour, soixante-cinq kilomètres dans chaque sens, un dimanche sur deux, et les échos du passé se répercutaient comme des portes d'acier qu'on claque. Bessie avait tout un trésor d'histoires et les offrait comme des confiseries. On aurait dit qu'elle préférait naturellement les petites histoires amusantes à la profondeur de ces échos qui remontaient du passé.

VI

Elle expliqua à Grace comment Frank et elle étaient en train de traverser le Texas en car lorsque Gary était né à l'étape du soir à l'hôtel Burleston à McCamey. Ils n'avaient pu repartir que lorsqu'il avait six semaines. Ça suffisait pour le faire se considérer à jamais comme un Texan.

« Vous aimiez bien voyager avec deux bébés ? » avait demandé Grace. Non, pas du tout, mais son attitude demeurait la même : elle aimait Frank comme il était. Pas la peine d'essayer de le changer. Ils voyageaient donc. Elle s'attendait toujours à des ennuis.

Dans le Colorado, Frank s'était fait arrêter pour avoir donné un chèque sans provision et avait été condamné à trois ans de prison. Bessie rentra à Provo pour l'attendre. Il n'y avait pas d'argent pour aller nulle part ailleurs.

Elle crut que c'était la fin de tout. Sa famille ne se montra pas compréhensive. Elle avait été absente deux ans et revenait avec deux gosses et un mari en prison. Mais elle attendit. Elle ne songea jamais à prendre un autre homme. Ce fut une longue attente, mais ce n'était pas le bout du monde. Frank sortit au bout de dix-huit mois et l'emmena en Californie ; il travailla dans une usine de la Défense nationale et ils recommencèrent à voyager. Lorsque les garçons avaient six et sept ans et que Gaylen vint au monde, elle parvint à persuader Frank d'acheter une maison dans la banlieue de Portland. Ça valait beaucoup mieux que de laisser les garçons dormir dans des dépôts de cars en se gorgeant de saucisses chaudes.

Frank se mit à récrire les résumés du Code de Construction de villes comme Portland, Seattle et Tacoma. Il les transcrivait en langage clair de telle sorte qu'en achetant son manuel les lecteurs savaient comment s'y prendre pour bâtir ou rénover leurs maisons selon les lois de la ville. Puis il se mit à faire de la publicité pour ses manuels. Au long des années, c'était devenu rentable. Il y eut une époque où Frank recevait des chèques tous les jours.

Les garçons allaient à l'école paroissiale de Notre-Dame-des-Peines et Gary envisageait de devenir pasteur. Bessie adorait leur maison de Crystal Springs Boulevard. Elle était petite mais c'était là qu'elle avait passé ses meilleurs moments. Puis Frank dut s'installer pour un an à Salt Lake. Ce fut l'époque, raconta-t-elle à Grace, où Gary entrevit une apparition qui ne le quitta plus.

Elle mit cela sur le compte de la maison qu'ils habitaient. Même Frank convenait qu'elle était hantée, et pourtant ce n'était pas un homme à accepter facilement cette idée. Mais un jour, alors qu'ils étaient dans la chambre en train de donner son biberon à Mikal, tout nouveau-né, ils entendirent quelqu'un qui parlait et qui riait dans la cuisine. Lorsqu'ils se précipitèrent en bas, il n'y avait personne.

Puis il y eut une inondation et la soupape de sûreté de la chaudière, au sous-sol, ne se ferma pas une fois le feu éteint. Des bulles de gaz se mirent à monter le long des murs. Frank dit : « Cette fois, ça y est. On s'en va. » On aurait dit qu'il entrevoyait une photo d'eux dans les journaux : le père, la mère et leurs quatre fils morts dans une explosion.

Elle avait été heureuse de quitter la maison mais pas sa voisine, Mme Cohen, qui était une vieille dame charmante. Bessie fit sa connaissance parce que la fenêtre de la chambre de Mme Cohen se trouvait juste en face de celle des garçons et que Gary tirait par la fenêtre avec son pistolet à eau : *pssst*. Mme Cohen le sermonna : « Ne fais pas ça. Je suis une vieille dame, tu ne devrais pas faire ça. » Elle finit par dire à son frère : « Écoute, je vais prévenir les parents. » Le frère de Mme Cohen répondit : « Ce sont des Gentils. Ne va pas les voir. » Elle insista : « J'y vais. » Lorsqu'elle eut présenté ses doléances, Frank dit : « Je peux vous l'assurer, ils ne le referont jamais. » Là-dessus, Mme Cohen lui fit promettre de ne pas donner de fessée aux garçons. Les gosses tombèrent amoureux d'elle à cause de cela et Mme Cohen resta si longtemps dans leur maison cette fois-là que son frère s'inquiéta : « Il croyait que nous l'avions tuée, et enterrée au sous-sol. J'ai dit : "Non, non, nous sommes trop occupés pour avoir le temps de tuer des gens." Oh ! je l'aimais vraiment cette dame. » « Je ne vous oublierai jamais, nous dit-elle, vous êtes mes seuls amis Gentils. »

Le jour de leur départ, Mme Cohen et elle pleurèrent en se disant adieu. « Vous avez de la chance de ne pas rester dans cette maison. Elle est pleine de maléfices », dit encore Mme Cohen.

VII

Dès ce jour, Frank ne sut plus jamais s'y prendre avec les garçons. Assurément, Gary changea, et il ne devait plus jamais cesser de se disputer avec son père.

De retour à Portland, Gary se mit à utiliser d'abondance un langage grossier. Ça sortait de lui en un flot sulfureux. Bessie avait l'impression qu'un abominable démon lui sortait de la bouche. Elle tenta un jeu familial. « Vous n'aurez pas à utiliser un tel langage, si vous avez un vocabulaire étendu », dit-elle aux garçons.

L'un d'eux ouvrait le dictionnaire et choisissait un mot. Puis un autre, et en donnait le sens et l'orthographe. Au long des années, ils acquirent ainsi une connaissance des mots à surprendre leurs professeurs.

Elle était une mère indulgente. Si elle promettait qu'ils pourraient aller le samedi au spectacle elle les laissait y aller, même s'ils avaient tout démoli dans la maison. Leur père était tout le contraire. Qu'ils renversent un verre de lait et c'était la grande colère. Les garçons vivaient donc sous deux systèmes.

Bien entendu, plus de la moitié des affaires de Frank se trouvaient à Seattle. Il ne revenait que de temps en temps passer une fin de semaine avec eux et n'arrêtait pas de se disputer avec Gary.

Ça démarrait pour rien. « Ferme la porte derrière toi », disait Frank. « Ferme-la toi-même », répliquait Gary. Et les voilà qui se levaient en hurlant. Ça créait une atmosphère lourde à couper au couteau. Et Bessie connaissait bien le sens de cette expression.

Pourtant, la première fois que Gary s'attira des histoires, Frank était là pour le faire libérer sous caution. À deux reprises il engagea un détective privé pour établir que Gary n'avait pas fait ce que Bessie savait fort bien qu'il avait fait. Elle gâtait le bon côté de Gary, et Frank cultivait le mauvais.

Après que Gary fut pris à voler une voiture, on l'envoya en maison de correction. Une fois par mois Bessie et Frank allaient le voir et pique-niquaient sur l'herbe. De l'extérieur, MacLaren n'avait pas l'air plus terrible que quelques écoles privées où elle était allée au cours de ses voyages. Deux beaux toits de tuile rouge et des bâtiments en stuc jaune à deux étages. Un grand campus bien vert.

Lorsqu'il y était entré, c'était un mauvais garçon ; quand il en sortit, il était devenu presque un homme endurci. Ses professeurs signalaient qu'il ne s'intéressait pas le moins du monde aux études libres. Il dormait toute la journée. Le soir, lorsque Bessie lui demandait : « Où vas-tu ? » il répondait : « Je sors chercher des histoires, j'ai envie de me bagarrer. »

Une ou deux fois il revint vilainement battu. Il avait un très mauvais caractère, et c'était difficile à supporter. Elle priait simplement le ciel qu'il apprenne à se dominer. Il finissait par avoir tellement de cicatrices à force de se battre qu'elle pouvait à peine le regarder. Une fois, il rentra à l'aube et s'évanouit sur le seuil. Il avait un œil presque sorti de son orbite. Il fallut le conduire à l'hôpital.

Il avait presque vingt ans lorsqu'il fut très près d'user de violence envers son père. Frank était alors trop malade pour insister. Bessie demandait à Gary de quitter la maison pour la nuit.

VIII

Une année, il y eut des émeutes au pénitencier de l'État d'Oregon, Gary y participa et fut interviewé à la télé. Une jeune fille vit l'émission, entama avec lui une correspondance et en vint à l'aimer assez pour aller le voir. D'après Gary, elle avait vingt-six ans, elle s'appelait Becky et elle était très grosse. Mais elle écrivait des lettres superbes. Il déclara à Bessie qu'il allait l'épouser et adopter son petit garçon.

Mais Becky avait un ulcère, elle alla se faire opérer, puis elle rentra chez elle et mourut.

La prison refusa de laisser Gary aller à l'enterrement. Il n'était pas de la famille. Bessie envoya des fleurs en son nom.

Peu de temps après cela, Gary et quatre autres détenus qui se trouvaient en haute surveillance s'ouvrirent les poignets. Lorsque Grace le revit, on le traitait à la prolixine. On aurait dit qu'il avait quitté son propre corps et qu'il était revenu dans celui d'un étranger. Il avait la mâchoire pendante, la bouche ouverte, les yeux vitreux. Il marchait aussi lentement qu'un homme qui a des fers aux pieds.

Lorsque Bessie le vit ainsi, elle éclata en sanglots. Tout s'arrêta dans la salle des visites. On n'entendait plus un autre bruit que celui des prisonniers lui disant : « Tiens le coup, mon vieux. »

Durant toute cette visite, les prisonniers n'arrêtèrent pas de lui dire : « Courage, garçon ! » Gary faisait de véritables efforts pour parler à Bessie et à Grace, mais ses lèvres remuaient comme celles d'un homme qui a des graviers dans la bouche. Grace ne pensait qu'à faire partir Bessie, mais celle-ci ne voulait pas partir avant d'avoir vu un adjoint du directeur.

« Comment avez-vous pu faire ça à mon fils ? » demanda Bessie.

Il avait l'air embêté, mais il répondit que la prolixine était le meilleur médicament qu'on avait trouvé pour les individus violents et psychotiques.

Grace avait envie de dire : « Foutaises. » Elle ne le fit pas.

La prison arrêta le traitement à la prolixine et les symptômes disparurent, mais aux yeux de Grace il était devenu un autre homme. Il y avait maintenant en lui quelque chose qui ne lui inspirait pas confiance. Sa conversation était devenue minable. Son point de vue déplaisant. C'était comme s'ils évoluaient dans des sphères différentes.

IX

Gaylen Gilmore entra dans la vie de Grace. Gaylen dont Bessie lui parlait depuis deux ans. Gaylen qui, avant tout, voulait être écrivain. Il écrivait des poèmes magnifiques, disait Bessie, mais il écrivait aussi sur des chèques. À seize ans il se mit à boire et quand il avait bu, il allait à la banque et rédigeait un chèque en imitant sa signature. Ce qui l'avait perdu, disait Bessie, c'était qu'il était beau. Bessie estimait qu'elle n'avait jamais vu un garçon plus beau. Elle riait encore plus avec Gaylen qu'avec Gary.

Ce que Gaylen fit de plus grave, ce fut de donner un chèque de cent dollars chez Speed. Lorsqu'il se révéla sans provision, elle dit à Speed : « Je vous rembourserai sur ma prochaine paye », mais celui-ci répondit : « Non, ça n'est pas ta faute. » Bessie insista : « Je dois le faire. » Lorsqu'elle rapporta cette conversation à Gaylen, il monta dans sa voiture et disparut pendant cinq ans.

Il appela de Chicago pour dire : « Maman, c'est la première fois que je ne suis pas avec toi pour Thanksgiving et je regrette de ne pas être là. » Bessie dit : « Si je t'envoie l'argent, tu viendras ? » Il dit oui, mais ne le fit pas.

Des années plus tard, il revint avec sa femme Janet. Il avait des saignements d'estomac. Bessie pensait que c'était un ulcère mais, en réalité, il avait reçu un coup de pic à glace. Bessie voulait l'emmener voir Gary – il ne l'avait pas vu depuis des années – mais Gaylen dit : « J'ai la gueule de bois. » Bessie demanda : « Qu'est-ce que tu as fait la nuit dernière pour être si ivre ? » Il répondit que c'était l'anniversaire de la mort de Harry Houdini, et qu'il le célébrait toujours.

Et puis un soir, peu après minuit, Janet appela Grace pour lui dire que Gaylen était très malade et qu'ils n'avaient pas de quoi prendre un taxi. Pouvait-elle les emmener en voiture à l'hôpital de Milwaukie ? Grace arriva, les conduisit mais impossible de faire admettre Gaylen. Il n'avait ni carte de sécurité sociale ni médecin.

Sur le conseil de l'hôpital, ils se rendirent à l'hôpital municipal de l'Oregon. Là, Gaylen s'entendit répondre la même chose. Il était maintenant 2 heures du matin. L'hôpital suivant refusa aussi. Grace dit qu'elle se portait garante des frais d'hospitalisation, quel qu'en fût le prix, mais on lui dit qu'il fallait un docteur pour l'admettre. Grace se dit : « Ce garçon va mourir sur la banquette arrière de ma voiture. »

À l'école de médecine, on leur dit d'attendre et ils attendirent jusqu'à 5 heures et quart. Gaylen, qui souffrait énormément, finit par se lever et dit aux femmes qu'il ne voulait pas attendre davantage. Grace lui fit ses adieux au motel. Elle dit : « Appelez-moi si je peux vous aider », mais elle rentra en se disant qu'on pourrait très bien installer Bessie à côté d'un malade condamné et qu'elle n'aurait rien à dire.

Un jour, Grace reçut une lettre de Gary. Il y avait dedans cinquante dollars comme premier remboursement des cent dollars qu'elle lui avait avancés pour un râtelier, mais le reste de la lettre était terrifiant. Sa haine de la prison semblait incontrôlable. Il parlait de violence avec une hargne qu'elle n'arrivait pas à admettre. Cela n'avait aucun rapport avec les conversations qu'ils avaient eues.

Grace se dit alors : « Je n'ai qu'une certaine quantité d'énergie. J'ai des enfants et des petits-enfants. Je ne peux pas porter ce fardeau. Je suis résolument lâche. »

Elle appela Bessie pour lui dire : « Avec la meilleure volonté du monde, et cela ne changera rien aux sentiments que j'éprouve pour vous, il faut que je cesse de vous voir. »

Bessie comprit. Il n'y eut pas d'échange de propos désagréables. Grace se retira seulement avec beaucoup de douceur. Elle n'avait plus revu aucun d'eux depuis lors.

Elle apprit plus tard que Gaylen était mort et que Bessie avait payé les frais du voyage de deux gardiens qui avaient escorté Gary jusqu'à l'enterrement. Les policiers s'étaient montrés convenables ; ils étaient en civil et s'étaient tenus un peu à l'écart. Personne ne sut que Gary était prisonnier. Ensuite, Bessie alla personnellement payer les gardiens tout en les remerciant.

31. La tempête souffle

I

7 octobre

Nicole, mon ange,

Je suis en taule maintenant. Je viens d'y arriver. On dirait que je suis au trou. Une cellule pour une personne avec un matelas foutu, pas d'oreiller et, par terre, les assiettes en carton sales de quelqu'un qui était là avant moi. On m'a donné une salopette blanche, et j'ai horreur des salopettes. Ça me serre toujours à l'aine.

8 octobre

Ce matin on m'a apporté un oreiller. Whooou ! Voilà maintenant que je chie dans la batiste !

Un lieutenant et un visiteur de prison m'ont fait un bref exposé des règles de l'établissement. Je leur ai demandé comment ça se passait pour les visites et ils m'ont dit que tu pourrais me voir. Même si nous ne sommes pas légalement mariés, tu pourras venir me voir. Une heure par semaine le vendredi matin entre 9 heures et 11 heures. Je t'ai inscrite sur le formulaire de visite comme NICOLE GILMORE (BARRETT) *et sous la rubrique « Parenté » j'ai mis épouse de droit coutumier-fiancée. J'aimerais que tu utilises mon nom mais bien sûr tes papiers d'identité portent celui de Barrett – et ils te demanderont probablement une carte d'identité.*

9 octobre

Je ne sais pas si je t'ai parlé auparavant de ce que je pense de la guerre de Sécession – je l'ai sans doute fait. En tout cas tu ne seras pas surprise d'apprendre que mes sympathies vont toutes vers le Sud. Et c'est une attraction aussi forte que j'éprouve pour l'île d'Émeraude. À tort ou à raison ils Croyaient : vers la fin, c'est tout ce qu'ils avaient pour se battre : une croyance et du courage. Ils étaient à court de tout : de vivres et de munitions et de tout ce qu'il faut pour faire une guerre. Mais ils ont failli gagner. Ils sont arrivés à un cheveu de gagner la plus sanglante des guerres.

« Quand l'Honnête Abe a appris la nouvelle de votre chute,
Les gens ont pensé qu'il allait donner un grand bal de la Victoire,
Mais il a demandé à l'orchestre de jouer Dixie, pour toi
Johnny le Rebelle – et pour tout ce que tu croyais –
Tu as combattu jusqu'au bout, Johnny le Rebelle, Johnny le Rebelle
Tu as combattu jusqu'au bout. »

Ma foi, c'est un des épisodes de l'histoire qui me séduit, comme la défense d'Alamo.

Que va-t-il advenir de nous, Nicole ? Je sais que tu te poses cette question. Et la réponse est tout simplement : par l'amour… nous pouvons nous élever au-dessus de la situation.

Nicole, mon inclination est de les laisser m'exécuter. Si je renonçais à faire appel, ils seraient obligés soit de commuer la peine, soit d'exécuter la sentence. Je ne pense pas qu'ils la commueraient.

Ce n'est vraiment pas à moi seul de prendre la décision. Je ne peux pas te demander de te suicider. J'ai cru à un moment que je le pourrais mais je ne peux pas. Si je suis exécuté et que tu te suicides, eh bien, en toute franchise, je crois que c'est ce que je voudrais.

Mais je ne vais pas t'imposer cela en te demandant de le faire.

11 octobre

J'ai écrit à ma mère vendredi après qu'elle soit venue me voir ici. Jamais je n'ai parlé à ma mère comme je lui ai parlé voilà deux jours. Bien que les sentiments qui existent entre ma mère et moi soient très profonds, ils se sont toujours exprimés de façon superficielle. Bref, j'ai parlé à ma mère de l'amour que toi et moi avons l'un pour l'autre. Je lui ai dit que je ne pouvais pas et que je ne voulais pas expliquer au juste ce qui s'était passé et qui a eu pour résultat la situation où je suis. Je lui ai dit qu'à la suite de toute une vie de solitude et de frustration, j'ai laissé se développer de mauvaises habitudes de faiblesse qui ont fait de moi quelqu'un de néfaste. Que je n'aime pas être mauvais et que je désire ne plus être mauvais.

Oh ! Nicole, il arrive un moment où on doit avoir le courage de ses convictions Tu sais que j'ai passé à peu près dix-huit ans de ma vie sur trente-cinq sous les verrous. J'en ai détesté chaque instant mais je n'ai jamais versé de larmes là-dessus. Je ne le ferai jamais. Mais j'en ai assez, Nicole. Je déteste cette routine, je déteste le bruit, je déteste les gardiens, je déteste le désespoir que cela me fait éprouver. Tout et n'importe quoi que je fasse, c'est juste pour passer le temps. La prison m'affecte plus que la plupart des gens. Ça me vide. Chaque fois qu'on m'a bouclé je crois que j'ai éprouvé un tel désespoir que je me suis laissé couler à pic et que, ma foi, ça a eu pour résultat de me faire passer plus de temps en prison que je ne l'aurais sans doute dû. Si ça veut dire quelque chose.

Tu es une fille très forte, une âme très forte. Tu le sais et tu sais que je le sais. Tu as dû trouver cette force quelque part, tu n'es pas tout simplement née avec. Je veux dire que tu l'as peut-être puisée dans une vie antérieure, mais qu'à l'origine tu as dû la mériter en surmontant de durs obstacles. Nous sommes seulement plus forts que ce que nous surmontons.

12 octobre

« Les factures s'entassent et les bébés vont pieds nus
Et je suis fauché
Le coton a baissé de vingt-cinq cents la livre
Et je suis fauché
J'ai une vache qui ne donne plus de lait et une poule qui ne pond plus
Un tas de factures qui chaque jour grossit
L'État va venir déménager mes affaires
Je suis fauché
Je suis allé trouver mon frère pour lui emprunter de l'argent

J'étais fauché

Comme j'ai horreur de mendier comme un chien qui réclame un os

Mais je suis fauché

Mon frère m'a dit : "Je ne peux rien faire pour toi

Ma femme et mes dix-neuf gosses sont tous au lit avec la grippe,

Et je comptais justement venir te trouver..."

Je suis fauché. »

Les gens les plus braves sont ceux qui ont surmonté les plus grandes peurs. Moi j'ai horreur de la peur. Je pense que la peur est une sorte de péché...

Il se peut que bientôt, le mois prochain, je me trouve en face de plus de peur que je n'en aie jamais connue. Je ne peux pas dire ce que j'éprouverai quand cette heure arrivera... J'ai un peu l'impression que toute ma vie aboutit à cela.

15 octobre

Si tu viens me voir et qu'on ne veuille pas te laisser entrer, va trouver le directeur, il s'appelle Sam Smith. Ne discute pas avec lui, ne te mets pas en colère : les gens dans sa position n'ont pas à écouter les discussions, ils représentent un pouvoir par eux-mêmes. Explique simplement que nous sommes fiancés, que nous devons nous marier et que les visites et nos lettres signifient énormément pour nous deux.

C'est drôlement chiant ici. Pas moyen de faire la conversation. La seule chose dont ces deux Mexicains parlent, c'est de mettre des filles au turf et se vanter d'être des petits malins. Des vraies merdes. J'ai entendu ce genre de conversation – cela ne varie jamais d'un pénitencier à un autre – de la pure foutaise... de la quintessence de foutaise.

Je ne dis pas que ce soit bien d'enfreindre la loi. Je ne parle pas de ça – mais les prisons telles qu'elles existent, cela n'est pas bien.

17 octobre

Je n'ai pas eu une nuit de sommeil depuis que je suis ici. Les lumières restent allumées, de l'autre côté des barreaux, vingt-quatre heures sur vingt-quatre. La nuit, j'accroche ma serviette pour la masquer un peu. Mais ils me réveillent quand ils font l'appel et menacent de me prendre mon malheureux matelas si je ne retire pas la serviette. C'est dément.

II

Kathryne était dans tous ses états à propos de Nicole. Ça n'était déjà pas brillant quand Gary était à la prison municipale, mais alors, Nicole avait juste à faire le trajet de Springville à Provo. Maintenant, c'était différent. Aller en stop à la prison la faisait passer par Pleasant Grove, et souvent elle laissait les gosses à Kathryne et s'arrêtait au retour pour les reprendre.

Kathryne essayait de parler de Gary, mais elle n'y réussissait pas beaucoup. « Comment a-t-il l'air d'être ? » demandait-elle et Nicole répondait : « Comment ? Comment pourrait-il être ? » Puis Kathryne apprit par Cathy que Gary disait qu'il voulait mourir. Nicole était très discrète là-dessus. Kathryne commença vraiment à avoir peur lorsque Nicole déclara que les gosses seraient mieux lotis sans elle.

Elles eurent une scène violente à ce propos. Kathryne dit un tas de choses désagréables qu'elle ne pensait même pas. Tout d'abord, elle avait peur de l'auto-stop, alors elle attaquait Nicole là-dessus. Puis elle s'en prit à Gary. « Il n'est bon à rien, disait Kathryne. Ce n'est qu'un sale assassin et il mérite la peine de mort. Non, disait-elle en se reprenant, c'est encore trop bon pour lui.

— Tu ne le comprends pas », disait Nicole. « Non, disait Kathryne, je ne veux pas le comprendre. Et pourquoi n'essaies-tu pas de te mettre à la place de ces deux pauvres veuves qui doivent élever leurs gosses, seules, maintenant, alors que tu te précipites tous les jours que le bon Dieu fait pour aller voir ce sale assassin. »

Kathryne n'était pas vraiment aussi montée contre Gary qu'elle le prétendait. En secret, peut-être même le plaignait-elle, mais il fallait trouver un moyen d'empêcher Nicole d'aller en stop à la prison. Tout ce que Kathryne pouvait envisager pour l'avenir, c'était que lorsqu'on exécuterait Gary, Nicole s'effondrerait.

Ce fut une grande discussion. À la fin, Nicole hurla, mais au moins, cela valait mieux que le silence. « Parfait, dit Kathryne, va donc tirer une balle dans la tête de quelqu'un. » « Je m'en fiche, répliquait Nicole, je ne veux pas entendre un mot de ce que tu dis.

— Oh ! Nicole, pourquoi, pourquoi, demandait Kathryne, pourquoi au nom du ciel vas-tu là-bas ?

— Parce qu'il n'a personne d'autre. J'irai tous les jours de la semaine jusqu'à ce qu'on l'exécute. Et même, ajouta Nicole, j'irai assister à l'exécution.

— Comment le pourrais-tu ? » hurla Kathryne.

Et puis elles en vinrent à des sujets plus pratiques. « Si tu as besoin qu'on te conduise, dit Kathryne, bon sang, si tu veux absolument aller là-bas, appelle l'une de nous. » « Voyons, fit Nicole, vous travaillez, et je ne veux pas vous embêter. » « Bon Dieu, fit Kathryne, peu importe si je travaille. Je ne veux pas que tu fasses du stop. » « Mais, fit Nicole, je ne peux pas perdre le temps de passer ici. »

Même M. Overman, pour qui Kathryne travaillait, dit à Nicole : « Écoute, ma petite, si tu le veux, je te conduis, téléphone-nous au travail. Peu importe si tu désires partir à 8 heures du matin. Ta mère peut prendre un moment pour t'accompagner. Je n'aime pas te voir faire du stop. » Nicole éclata de rire, puis dit : « Oh ! vous vous faites tous bien trop de souci. »

III

17 octobre

J'ai été une fois presque totalement privé de rêves pendant environ trois semaines. C'était quand j'étais sous proxiline et que je n'arrivais pas à dormir. Heureusement, je connaissais l'importance des rêves. Alors, je compensais du mieux que je pouvais. Je laissais mon esprit vagabonder en suivant les hallucinations qui s'imposaient à moi, mais jamais assez pour ne pas pouvoir m'en sortir. Je crois que j'ai appris une chose que peu de gens ont jamais pu vraiment comprendre : quelle chose épouvantable ce serait d'être fou.

C'est un fait que je jouais ma tête à ce procès et que mes avocats ne m'ont tout simplement pas défendu. Il est vrai qu'ils n'avaient pas grand-chose sur quoi travailler – mais ils ne se sont pas montrés bien curieux non plus. Ils n'ont jamais vraiment essayé de regarder en profondeur, ils s'imaginent que, comme tous les gens qui sont condamnés à mort, je vais me contenter de me maintenir en vie en faisant appel sur appel.

Je veux dire qu'ils ne savent tout simplement pas grand-chose, ces deux marionnettes, Snyder et Esplin. Qu'ils aillent se faire foutre. J'imagine qu'ils ne sont pas mal payés. Ils l'ont mérité. C'est l'État qui les a payés et ils ont fait ce qu'ils étaient censés faire pour l'État.

18 octobre

Le lieutenant… a dit qu'il allait falloir y aller un peu mollo avec nos bécotages dans la salle des visites. Je lui ai dit qu'on était simplement contents de se voir (c'est fichtrement au-dessous de la vérité). Il a dit qu'il pouvait comprendre cela – il est humain aussi. Je ne savais pas, mais le règlement c'est le règlement et il ne veut pas avoir à nous donner trop d'avertissements.

Voici quelques vers de La Sensitive. C'est de Percy Bysshe Shelley.

Et les feuilles, brunes, jaunes et grises et rouges
Et blanches avec la blancheur de ce qui est mort
Comme des cohortes de fantômes sont passées dans le vent sec ;
Leur sifflement a terrifié les oiseaux.

Je n'ose pas imaginer ; mais dans cette vie
D'erreurs, d'ignorance et d'efforts – ou rien n'est mais où tout n'est qu'apparence,
Et nous les ombres du rêve.

19 octobre

Je n'ai rien contre Sue mais tu as dit dans une de tes lettres qu'elle essaie toujours de te faire sortir avec un copain de son petit ami et c'est sans doute à cause de Sue que ce foutu Hawaïen est venu. Je ne sais pas pourquoi tu laisses même ce Hawaïen séjourner chez toi aussi longtemps… Bon Dieu, bébé, fous-moi ça en l'air. Explique clairement à ce fils de pute qu'il doit foutre le camp. Et je voudrais aussi que tu fasses comprendre à Sue que tu n'as pas besoin de petit ami.

Tu n'as pas besoin de laisser je ne sais quel trou du cul s'installer dans ton salon pendant qu'il attend que ses amis viennent le chercher : laisse-le attendre dans le caniveau.

La raison pour laquelle tu n'as pas pu trouver le mot dans le dictionnaire, c'est parce que tu l'as mal lu – ou que je ne l'ai pas bien écrit – en tout cas c'est TAUTOLOGISME *et non pas* TANTOLOGISME. *Regarde encore. J'ai carrément pensé à te demander de te suicider. J'ai pensé à te dire que si tu te suicidais, c'est moi qui assumerais toute la dette, s'il y en avait une à payer. Je le ferais si je pouvais. Mais comment puis-je faire une proposition pareille quand je ne sais pas quel effet cela te ferait de faire ça ? Mon ange, est-ce qu'on nous donne maintenant une chance de revivre quelque chose qu'on a bousillé dans une vie antérieure ? Cela pourrait aussi bien être le cas qu'autre chose.*

Écoute, je t'ai dit que je n'ai pas très peur de ça… Eh bien, j'ai peur de faire le mauvaix choix. J'ai peur de nous faire du mal. Je ne veux pas nous faire de mal.

20 octobre

Baise-moi dans ton esprit et dans tes rêves mon ange viens à moi et enroule autour de moi ton corps tiède et mouillé et brûlant et poisseux et tout et prends mon sexe dans ta bouche et dans ton con et dans ton cul et allonge-toi sur moi et allonge-toi sous moi et allonge-toi auprès de moi avec ta tête si près et tes jolies jambes si hautes et tes seins partout sur moi et pose ton con sur ma bouche pour que je l'embrasse pour que je le lèche que je l'explore que je le suce que je l'aime et que je te sente exploser et gémir et soupirer et dégouliner ton jus tiède dans ma bouche.

IV

Sue constatait tous les changements qui s'opéraient chez Nicole. Au début, quand Gary était à la prison municipale, Nicole avait vraiment envie de sortir. Peut-être bien qu'elle était aussi amoureuse de Gary qu'elle le disait, mais elle appréciait aussi le fait de ne plus avoir tout le temps personne sur le dos, personne. Elle et Sue commencèrent à sortir ensemble. Quelquefois même, après que Sue ait eu son bébé, elles faisaient une petite fête chez Nicole.

Et puis, cela commença. Nicole ne voulait plus voir d'hommes. Après le procès, Nicole lisait les lettres de Gary toute la nuit. Ou alors, elle passait son temps à écrire. Cela impressionnait Sue Baker. Une fois, Sue la vit même écrire à 4 heures du matin. Elle n'arrivait pas à s'arrêter. C'était comme de fumer en allumant une cigarette avec le mégot de la précédente.

Parfois Nicole éclatait de rire en lisant les choses drôles qu'il mettait dans ses lettres. Mais il y en avait d'autres qui la faisaient pleurer. Elle ne cherchait pas à montrer à Sue qu'elle pleurait, mais on pouvait la voir qui lisait avec les yeux rouges. Des larmes coulaient sur ses joues. Et puis elle se redressait, s'arrêtait de pleurer et se remettait à écrire.

Une quinzaine de jours après le procès, Nicole parut vraiment excitée. « Tu sais, dit-elle à Sue, il ne va pas lutter. Il veut mourir. » Sue commença à dire ce qu'elle en pensait et Nicole répliqua : « S'il en a envie, c'est son droit. » Pas moyen de dire le contraire à Nicole.

Un jour, entendant Sue parler des tranquillisants dont Sue avait tout un flacon, Nicole demanda : « Combien faut-il en prendre pour se tuer ? » Elle lui demanda cela, un soir, tranquille comme Baptiste. Sue n'y prêta pas attention. Elle dit : « Oh ! je ne sais pas. Je n'ai pas envie d'essayer, alors je ne sais pas. » Elle n'y attacha pas plus d'importance, mais comme les jours passaient et que Nicole devenait de plus en plus mélancolique, Sue commença à s'inquiéter.

20 octobre

Tout ne cesse de me rappeler la situation presque terriblement irréelle dans laquelle nous sommes. Je dois l'accepter. Je n'ai pas le choix – tu choisis de l'accepter. Tu me stupéfies, la force et la beauté que tu montres ! Ce serait si facile pour moi de mourir ; je n'ai qu'à congédier ces deux idiots d'avocats, renoncer à tout appel et sortir d'ici le lundi 15 novembre à 8 heures du matin et vite et sans mal me faire fusiller. Si tu choisis de me rejoindre, ce serait beaucoup plus dur pour toi car tu serais obligée de le faire toi-même par le moyen que tu déciderais : somnifères, lame de rasoir, je ne sais quoi – tu devrais le faire toi-même – et c'est dur, je sais. Je ne suis pas insensible non plus au fait que tu es persuadée qu'en se suicidant on contracte une lourde dette. Je n'ignore pas non plus qu'il y a Sunny et Peabody. Oh ! Seigneur, il n'y a aucune raison pour que tu contractes une dette que moi je n'aurai pas si je me laisse simplement fusiller. Bébé, je ne te demande pas, je ne te dis pas de finir avec moi. Je ne peux faire ça. Mais je t'ai dit ce dont j'avais envie : si c'est une contradiction, eh bien, je n'y peux rien. J'essaie simplement d'être honnête.

21 octobre

Toute la journée je me suis senti dans un sale état. Déprimé. Abattu. Cette foutue cellule est trop petite. Quand j'étais gosse, je chantais tout le temps. Je descendais jusqu'à Johnson Creek, c'était à Portland – et c'était une vraie rivière toute propre, avec des bois et des baignades où je nageais nu et quand j'étais seul je chantais à perdre haleine !

22 octobre

Oh ! bébé, tu as dit dans ta lettre que parfois tu n'arrives pas à sentir *mon amour. Mais bébé il est là ! Il est là à chaque seconde, à chaque moment, à chaque heure de chaque jour. Je te l'envoie tout entier… Je veux te donner tout ce que je suis. Je veux que tu connaisses tout de moi. Même les choses que je n'aime pas tellement à mon sujet et que j'ai toujours un peu cachées ou altérées, changées un peu pour qu'elles n'aient pas l'air si moches…*

Tout ça, je te le montrerai volontiers.

Bon Dieu, que c'est bruyant ici. Il y a, au fond, je ne sais quel connard qui gueule sans autre raison que le plaisir de gueuler. J'aimerais lui botter le cul avec mon quarante-quatre fillette. C'est la saison du rugby et il semble y avoir une partie chaque soir. J'ai horreur du rugby et j'ai horreur d'écouter ces dingues hurler chaque fois qu'un connard gagne deux mètres.

Bah, et puis merde. C'est que je n'ai jamais été quelqu'un à faire beaucoup de bruit et je ne peux pas comprendre quand les autres font tout ce raffut jour et nuit. Je n'aime même pas parler depuis ces cellules – c'est bizarre de faire la conversation avec quelqu'un qu'on ne peut pas voir – imagine toute une bande de fils de pute bouclés jour et nuit dans des cellules et une dizaine de conversations différentes qui se déroulent à la fois – quelques-unes carrément d'un bout à l'autre du bâtiment.

J'espérais que cela resterait calme un moment. Mais cela n'arrive jamais. Ces portes, bon sang, comme elles claquent et comme elles tapent. Cette saloperie de télé hurle toute la journée. J'entends ces types à longueur de journée voter pour savoir ce qu'ils veulent regarder – cela prend cinq ou dix minutes – il y a un connard qui lit toutes les heures le programme. C'est dément. Quelle connerie. J'ai tiré pas mal de temps en taule – et cela a toujours été comme c'est maintenant.

Dans une lettre, Nicole parla à Gary d'une fille qui faisait du stop et qui s'était fait violer et larder de vingt ou trente coups de poignard par un type, dans une camionnette blanche. Elle disait qu'elle n'avait pas peur de ce maniaque ni d'aucun autre. Si jamais elle se trouvait dans une telle situation, personne ne se servirait de son corps, à moins qu'elle ne l'ait déjà quitté.

Gary ne répondit pas grand-chose, et Nicole en fut contente. Elle se rendit compte que c'était sa façon à elle de s'excuser pour l'ancien président des bergers australiens.

Parfois, quand elle faisait du stop, elle avait comme une vision de sa mort. Dans son esprit, elle voyait la voiture dans laquelle elle se trouvait sortir de la route. Elle se demandait alors ce qui se passerait l'instant d'après qu'elle serait morte. Cette pensée résonnait en elle comme un écho. Elle ne cessait pas de voir la voiture quitter la route. Et puis elle commençait à s'inquiéter : et si la mort était une erreur ? Et si, en ce dernier instant, juste au moment où cela arriverait, elle se rendait compte que son action était vraiment une erreur ? C'était sa seule préoccupation : qu'elle n'avait peut-être pas le droit de mourir.

Subitement, lors de ses visites, Gary se mit à parler de comprimés. Avec les comprimés, on s'en allait en douceur. C'était paisible, disait-il. Pas du tout comme la nausée et le froid qu'elle avait éprouvés dans le tunnel. Les pilules, ça agissait en douceur.

Elle ne savait toujours pas si c'était bien de mourir. Durant tout le mois, elle avait été incapable de prendre une décision. Elle pensait et repensait aux gosses et finit quand même par décider qu'elle le ferait plutôt que d'être séparée de Gary. Tôt ou tard, il faudrait qu'elle essaie. C'était cela la solution.

Bien sûr, Gary n'arrêtait pas de lui en parler dans ses lettres. Deux ou trois fois elle se mit en colère et lui dit qu'il insistait trop là-dessus. Alors il s'excusait et disait qu'il ne faisait qu'exprimer ce qu'il ressentait. Mais le fait qu'il en parlait la faisait se demander si elle avait vraiment envie de le faire.

V

Gary s'éveilla affolé et fit dire à l'aumônier mormon de la prison, Cline Campbell, qu'il voulait le voir. Campbell passa un peu plus tard et Gary lui parla d'un rêve qu'il avait fait. De la pure paranoïa, dit-il. Nicole faisait du stop et le conducteur commençait à la violenter. Il fallait absolument qu'il la voie aujourd'hui. Est-ce que Campbell voudrait bien l'amener à la prison ? Campbell accepta.

La première fois que Cline Campbell rendit visite à Gary, il mentionna que voilà bien des années, Nicole avait été son élève à l'école des jeunes filles. Il avait passé des heures à lui donner des conseils. La nouvelle parut plaire à Gary. Après cela, ils s'entendirent fort bien. Ils eurent quelques conversations.

Campbell estimait que le système pénitentiaire était un mode de vie totalement socialiste. Pas étonnant que Gilmore se fût attiré des ennuis. Pendant douze ans, la prison même lui avait signifié quand aller se coucher et quand manger, ce qu'il devait porter et à quelle heure il devait se lever. C'était absolument à l'opposé du milieu capitaliste. Et puis un jour, on accompagnait le détenu jusqu'à la porte, on lui disait aujourd'hui, c'est jour magique, à 2 heures vous êtes capitaliste. Maintenant, débrouillez-vous tout seul. Sortez, trouvez du travail, levez-vous tout seul, présentez-vous au travail à l'heure, gérez votre argent. Faites tout ce qu'on vous a enseigné à ne pas faire en prison. C'était l'échec garanti. Quatre-vingts pour cent d'entre eux retournaient sous les verrous.

Il était donc curieux à propos de Gilmore, il attendait avec impatience de l'entendre. Il sauta sur la première occasion, en fait, quelques jours après l'arrivée du prisonnier au pénitencier. Un soir, Campbell entra dans sa cellule et dit : « Je suis l'aumônier, je m'appelle Cline Campbell. » Gilmore portait la tenue blanche qu'on leur imposait en haute surveillance, et il était assis sur sa couchette, absorbé à faire un dessin. Il avait un crayon à la main et devant lui un portrait à demi terminé, mais il se leva, échangea une poignée de main avec l'aumônier et dit qu'il était enchanté de le rencontrer. Ils s'entendirent bien, l'aumônier le vit souvent. Jusqu'alors, Cline Campbell n'avait jamais eu à conseiller quelqu'un qui allait être exécuté. Les hommes du quartier des condamnés à mort étaient toujours là et Campbell avait bavardé avec eux, plaisanté avec eux, mais n'avait pas eu de conversations sérieuses – leurs appels se prolongeaient depuis des années – et ils étaient tous profondément dépravés. Il est vrai que tout le quartier de haute surveillance était un zoo, un zoo à un étage avec de nombreuses cages.

À angle droit avec le hall principal se trouvaient les unités de cellules régulières. Derrière une grille il y avait une série de cinq cellules faisant face à cinq autres. Chaque prisonnier avait donc vue sur le prisonnier en face de lui, et des vues partielles du reste des prisonniers de l'autre côté. Parfois, les dix hommes pouvaient discuter à la fois. C'était un charivari de cris et le bruit se répercutait de l'acier à la pierre. Les échos se rencontraient comme des voitures en collision. C'était un peu comme vivre à l'intérieur d'un intestin de fer.

La plupart des détenus passaient trois mois en haute surveillance, pas davantage. Mais les prisonniers du quartier des condamnés à mort étaient là à jamais. Les autres pouvaient quitter leur étage à l'heure des repas pour aller au réfectoire ou bien dans la cour. Dans le quartier des condamnés à mort, on servait les repas dans la cellule. On n'allait jamais dans la cour. Un par un, chaque homme pouvait quitter sa cellule une demi-heure par jour et marcher le long du couloir de l'étage. On pouvait parler aux autres détenus, exhiber – comme Campbell l'avait vu – le pénis que Dieu vous avait donné, ou bien inviter un autre détenu à passer le sien à travers les barreaux. On pouvait se faire menacer – et Gilmore était le genre d'homme à formuler une pareille menace – de s'éloigner des barreaux si on ne voulait pas prendre une tasse d'urine en pleine figure. C'était cela l'exercice au quartier des condamnés à mort.

Auprès des autres prisonniers qui se trouvaient là, Gilmore était détendu. En fait, Campbell s'en émerveillait. Campbell allait d'abord tout exprès à la cuisine pour lui rapporter une tasse de café noir et Gilmore disait en souriant : « Comment ça va, curé ? » et parlait d'un ton calme.

Parfois, ils discutaient dans la cellule de Gilmore. Mais le plus souvent Campbell le faisait appeler et ils s'installaient dans une des pièces du quartier de haute surveillance réservée à cet effet, de façon que personne ne puisse suivre leur conversation. À plusieurs reprises, Gilmore dit : « Vraiment, j'aime bien discuter le coup avec vous. Il n'y a personne d'autre ici avec qui je puisse parler. »

Une fois de temps en temps, ils avaient eu des conversations plus profondes. Gilmore disait : « Ces choses-là, je n'en parlerais même pas aux psychiatres. » Et il racontait comment, la première fois qu'il était allé à MacLaren, deux garçons l'avaient tenu pendant qu'il se faisait violer. Il détestait cela, disait-il, mais reconnaissait que, plus âgé, il avait participé au même jeu, mais de l'autre côté. Ils hochaient la tête. Il énonçait le vieux dicton de prison : « Dans chaque loup, il y a une lope qui cherche à se venger. »

Une fois, Gilmore fit une déclaration que Campbell n'oublia pas. « J'ai tué deux hommes, dit-il, je veux être exécuté à l'heure. »

Puis il ajouta : « Je ne veux absolument aucune célébrité. » Son ton était catégorique. Il expliqua à Campbell qu'il ne voulait pas d'intervention de média, pas d'interview pour la radio ni la télé, rien. « J'estime simplement que je dois être exécuté, je me sens responsable. »

Campbell dit : « Allons, cela ne peut être votre seul motif de vouloir mourir, Gary, rien que le sens de la responsabilité ? » Gary répondit : « Non, je vais être franc avec vous. J'ai passé dix-huit ans en taule et je n'ai pas l'intention d'en passer encore vingt. Je préfère être mort que vivre dans ce trou. »

Campbell comprenait cela. En général, l'Église de Jésus-Christ des saints des derniers jours tolérait la peine de mort. Campbell en était certainement partisan. Il estimait que voir un homme s'avilir, devenir chaque jour plus haineux, plus mauvais et plein de rancœur, tant envers lui-même qu'envers les autres était d'une cruauté absolue. L'homme était mieux loti et changerait moins et serait davantage lui-même après avoir été exécuté qu'en restant ici. Il était plus sage de passer dans le monde des esprits – et d'attendre la résurrection. Là, un homme pouvait avoir une meilleure chance de défendre sa cause. Dans le monde des esprits, on avait plus de chance de trouver de l'aide que la dégradation.

VI

Campbell avait été missionnaire mormon en Corée, puis aumônier militaire dans une unité de parachutistes. Il avait enseigné aux missionnaires pendant six ans après sa sortie de l'armée. Il avait aussi été flic pendant le week-end. Il prenait une voiture de patrouille à 6 heures le vendredi soir et la rendait le lundi à 8 heures du matin. Comme il avait grandi dans un ranch de l'Utah, il n'avait pas eu besoin d'apprendre à se servir d'une arme à feu. Étant enfant, il avait un pistolet et il savait s'en servir. En tirant de la hanche, il frappait un bidon d'essence à quinze mètres en un quart de seconde. Il avait grandi en se prenant pour un second Butch Cassidy.

Il n'était pas trop grand, mais il aurait considéré comme un péché de ne pas être en bonne forme et soigné. Il se tenait bien droit, les épaules en arrière, et aurait pu être un tireur d'élite. Il avait la patine du métal finement usiné. Durant ces week-ends où il travaillait comme flic, il était de service vingt-quatre heures durant, prenant tous les appels. Bien sûr, c'était une petite ville et, en général, il avait le temps d'aller au temple, mais il avait un petit récepteur radio sur lui qui permettait de toujours être contacté et, d'ailleurs, il procéda à plus d'arrestations à Lindon City que les deux autres inspecteurs réunis, puisque pendant le week-end il lui fallait s'occuper de tous les ivrognes et de toutes les bagarres.

La dernière fois qu'il avait vu Nicole, c'était au cours d'un de ces week-ends, à 2 heures du matin. Il roulait dans Lindon et elle était là à faire du stop. Il lui dit : « Monte dans la voiture, qu'est-ce que tu fais ici ? C'est dangereux. »

Il avait entendu dire qu'elle avait un enfant et ce soir-là, elle était de toute évidence bourrée de drogue. Il avait toutes les raisons de l'emmener en prison, mais elle lui fit confiance et il veilla à ce qu'elle rentrât chez elle. Il ne cessait de penser à tous les conseils qu'il lui avait donnés une fois par semaine, lors de séances de cinq à trente minutes. Il savait quelle triste situation familiale était la sienne. Elle lui avait parlé d'oncle Lee, mais c'était un sujet délicat. Il ne parvint pas vraiment à la faire aller au fond du sujet. Parfois elle était assise dans sa classe, l'air rêveur, sans apparemment se rendre compte qu'elle était là.

Ce matin-là où Campbell s'en alla chercher Nicole pour la conduire près de Gary, elle dormait sur le divan et ses deux enfants étaient installés sur le plancher avec une couverture sur eux. Après s'être donné un coup de peigne, elle fit entrer Campbell. Elle ne savait même pas qui il était.

Elle entrebâilla le rideau. Sans le reconnaître. Il dit : « Comment vas-tu, Nicole, tu te souviens de moi ? » Elle le dévisagea et dit : « Bien sûr, entrez. » Il poursuivit : « Je suis le frère Campbell. » Elle reprit : « Oui, bien sûr, entrez donc. » Ils échangèrent quelques politesses et il dit qu'il était venu parce que Gary voulait la voir.

Elle déposa les enfants chez son ex-belle-mère, Mme Barrett, et sur le chemin de la prison, Campbell discuta de sa situation. Elle lui dit sans ambages que si Gary mourait, elle pourrait bien mourir aussi.

C'était là une chose que Campbell avait du mal à garder pour lui, et pourtant, il ne pouvait guère en parler. Sa fonction à la prison l'obligeait à garder des secrets.

Parfois un détenu venait lui dire que tel prisonnier en avait après lui. Campbell n'allait pas trouver le directeur pour en discuter avec lui. Cela aurait permis aux autres détenus de déclarer que l'homme était un mouchard. Et ils en auraient encore plus après lui.

Campbell ne révélait donc rien, sauf si c'était une question de vie ou de mort. Mais dans ces cas-là, il en demandait la permission à l'homme qui s'était confié à lui.

Cette fois, bien qu'il sût que Gary et Nicole pensaient au suicide, il ne pouvait rien dire. Cela ne ferait qu'accroître la tension. Après cela, il y aurait un gardien assis jour et nuit dans la cellule de Gilmore. Toutefois, il ne pouvait guère prétendre qu'il avait l'esprit détendu. Ce qui le préoccupait le plus, c'était le calme avec lequel Nicole en avait discuté. Sauf en ces occasions où il était en colère, Gary avait le regard le plus détendu que Campbell ait jamais vu : ses yeux regardaient tout sans acuité. Et la voix de Nicole avait un peu la même qualité : elle ne trébuchait jamais lorsqu'elle disait la vérité.

VII

26 octobre

Tu te souviens le soir où on s'est rencontrés ? J'avais besoin de t'avoir, pas juste physiquement mais de toutes les façons, pour toujours : ce soir-là il y avait un vent de tempête qui soufflait dans mon cœur. Ça restera pour toujours la plus belle nuit de ma vie. Je t'aime plus que Dieu. Je suis content que tu comprennes la façon dont j'entends cela mon ange. Ça me fait encore un drôle d'effet de le dire. Mais je ne veux vexer personne en faisant une déclaration comme ça. Je t'aime plus que n'importe quoi : je crois que Dieu en sourirait. Dans une de tes premières lettres, tu parles de grimper dans ma bouche et de descendre dans ma gorge accrochée à une mèche de tes cheveux pour réparer le coin usé de mon estomac. Tu écris bien.

Vendredi dernier, tu m'as dit que tu aimerais que chacun de nous pense à l'autre à une certaine heure de la journée, que ça nous rapprocherait peut-être. Mais je ne sais jamais quelle heure il est ici. Je ne vois pas de pendule et je n'ai qu'une idée approximative du temps. Je sais qu'on nous apporte le petit déjeuner vers 6 ou 7 heures du matin, le déjeuner vers 11 heures ou midi et le dîner vers 4 heures, mais je ne sais même pas si c'est toujours pareil – peut-être qu'ils font des rotations et qu'ils apportent les repas à une section d'abord un premier jour et à une autre le suivant. Merde, pour tout dire je ne sais tout simplement pas quelle heure il est.

Maintenant, chérie, nous en arrivons à une chose qu'il faut bien discuter ; le reste de ta vie à toi. Je ne veux pas qu'aucun autre homme te possède. Je ne veux qu'aucun autre homme te possède en aucune façon et surtout je ne veux qu'aucun homme me vole une partie de ton cœur.

Si je devais passer de l'autre côté et voir un autre homme avec toi, je ne peux tout simplement pas te dire ce que je ferais.

Je crois que je chercherais une façon de mettre fin une fois pour toutes à l'existence de mon âme, de mon être même.

Si une chose comme cela n'était pas possible, j'envisagerais de jeter mon âme au centre de la planète Uranus, dans un endroit horrible entre tous de façon que je puisse à jamais devenir tel qu'il me soit impossible de changer.

28 octobre

Bébé, j'aimerais pouvoir méditer. J'y arrive déjà dans une certaine mesure. Je le fais, mais pas vraiment profondément, tu vois ? Même quand c'est tranquille, on attend *le bruit. Je sais qu'on peut trouver la bonne réponse à n'importe quoi par la méditation, mais, à cause du cadre où je vis, je n'y arrive guère. C'est plus que le bruit, on ne peut pas se laisser aller dans un endroit comme ça – il y a une atmosphère de tension, un climat de violence en prison – dans toutes les prisons – et c'est dans l'air. C'est plein de fils de pute paranoïaques ces endroits-là, ils se trimbalent en émettant des ondes paranoïaques négatives, hostiles. J'aime beaucoup que tu médites. Je ne sais si je suis très emballé par l'écriture automatique. Je crois qu'avec des choses comme l'écriture automatique, les planchettes Ouija, il est possible d'ouvrir des portes qu'il vaut peut-être mieux ne pas ouvrir. Je crois qu'il existe de nombreux esprits esseulés, perdus, abandonnés qui cherchent à pénétrer dans un esprit humain. Tous les esprits ne sont pas bienveillants. Beaucoup d'entre eux sont seulement esseulés, mais beaucoup sont malveillants aussi. Bébé, si tu bricoles avec les esprits, il faut que tu te méfies. Je n'essaie pas de prendre des airs sombres et menaçants et je ne sais pas très bien comment j'ai cette certitude-là, mais je suis convaincu qu'il faut garder le contrôle. Il faut être plus fort que la chose avec quoi on communique. Peser avec soin les « messages » qu'on reçoit et si au bout d'un moment on commence à éprouver une attraction, quelque chose qui ne va pas, si ça vous rend triste ou bizarre ou pas bien – alors il faut s'arrêter. Comme pour tout le reste dans la vie, il faut garder le contrôle. Être forte, ne pas avoir peur.*

Bébé, je ne sais pas au juste ce qui se passe quand on meurt sauf que ce sera pour moi quelque chose de familier. C'est juste un sentiment fichtrement fort que j'ai – c'est quelque chose à quoi j'ai pensé, que je connais en fait depuis des années. Ce qu'il y a dans le fait de mourir c'est qu'il faut garder le contrôle. Ne pas se laisser distraire par des esprits esseulés et perdus qui t'interpellent au passage : peut-être même qu'ils essaient de vous attraper.

Quand cela nous arrive, nous devons chacun penser à l'autre. Je ne sais comment, mon ange, mais c'est une de ces choses que je sais. *Quand on meurt, on est libre comme jamais on ne l'a été dans la vie – on peut voyager à une vitesse formidable. Rien qu'en pensant à un endroit on y est. C'est une chose naturelle et on s'habitue – c'est juste la conscience qui n'est plus encombrée du corps.*

Tu sais, ce type dans la cellule à côté de moi lâche les pets les plus formidables que j'aie jamais entendus. Je croyais que Gibbs était un sacré péteur, mais il n'arrive pas à la cheville de ce mec ! Des pets bruyants, rauques, grondants, furieux – je n'ai jamais rien entendu de pareil. Cela fait un bruit pire que le démarrage d'une tondeuse à gazon.

VIII

Snyder et Esplin eurent quelques discussions avec Noall Wootton à propos de l'affaire. Ils se rencontraient dans les couloirs ou à la cafétéria et parfois se posaient des questions à propos de la stratégie de l'autre camp. Comme il avait gagné, Wootton les asticotait un peu, mais pas trop méchamment. C'était dans le genre : « Êtes-vous sûrs, pauvres poires, que vous avez eu toute la coopération que vous pouviez escompter de votre client ? » ou bien : « Pourquoi diable n'avez-vous pas fait citer sa petite amie ? » « Il n'a pas voulu », répondaient-ils. Tous reconnaissaient que c'était un vrai problème. Dès l'instant qu'un accusé était reconnu sain d'esprit et jouissait de toutes ses facultés, il avait le droit de mener sa défense comme il l'entendait.

Depuis que Gary était au pénitencier d'État, Snyder et Esplin n'avaient eu que peu de contacts avec lui. Ils lui parlèrent au téléphone deux ou trois fois et, au début, prirent des dispositions pour que Nicole puisse aller le voir, mais ils n'y allèrent eux-mêmes que deux jours avant que l'affaire ne passe en appel le 1er novembre. Ce jour-là, toutefois, ils eurent un contact oral dans la salle des visites au quartier de haute surveillance. Juste assez d'espace pour pouvoir marcher de long en large, peut-être quatre mètres cinquante sur six.

Ils arrivaient porteurs d'une bonne nouvelle. Leurs chances de faire commuer la peine de mort en emprisonnement à vie étaient bonnes. Tout d'abord, comme ils le lui expliquèrent, le statut de l'Utah sur la peine de mort, voté par la dernière législature, ne prévoyait pas de révision obligatoire d'un verdict de mort. C'était grave. Sans doute contraire à la Constitution. Cette critique, « contraire à la Constitution », représentait sans doute ce qu'on pouvait trouver de plus fort dans le domaine juridique. Un grand nombre de juristes estimaient que le statut de l'Utah allait presque certainement être annulé par la Cour Suprême des États-Unis. Snyder et Esplin pensaient donc que la Cour Suprême de l'Utah allait beaucoup hésiter avant de faire appliquer une peine de mort. La Cour Suprême de l'Utah n'aurait certainement pas bonne mine si, peu après avoir laissé exécuter la sentence, la Cour Suprême des États-Unis rendait un jugement contraire. Et puis ils avaient aussi un autre bon filon légal à exploiter. Lors de l'audience de révision de peine, le juge Bullock avait admis la preuve du meurtre d'Orem. Cela devrait avoir un gros effet sur le jury. C'était certainement plus facile de voter la mort d'un homme si on entendait parler d'un autre meurtre. Snyder et Esplin étaient donc optimistes. L'essentiel de leur système de défense avait été de manœuvrer pour pouvoir utiliser d'excellentes raisons de faire appel. Maintenant, ils éprouvaient même une certaine excitation. Une partie du dossier allait peut-être faire jurisprudence dans le Comté de l'Utah.

Gary écouta, puis il dit : « Cela fait trois semaines que je suis ici, et je ne sais pas si j'ai envie de passer ici le restant de mes jours. (Il secoua la tête.) Je suis arrivé avec l'idée que je pourrais peut-être le supporter, mais les lumières restent allumées vingt-quatre heures sur vingt-quatre et le bruit n'est pas supportable. »

Les avocats continuaient à lui exposer leurs raisons de faire appel. Le dernier argument de Wootton dans lequel ses commentaires sur les souffrances de Debbie Buschnell pouvaient facilement être considérés comme de nature à causer un préjudice à Gary, étaient bons, excellents même.

Gary marchait de long en large et avait l'air un peu nerveux. Il répétait quelles difficultés il éprouvait à vivre en haute surveillance. Finalement il dit d'un ton tranquille : « Est-ce que je peux vous congédier ? »

Ils répondirent qu'il le pouvait. Toutefois, ajoutèrent-ils, ils pensaient qu'ils devraient peut-être continuer à faire appel. C'était leur devoir.

Gilmore dit : « Voyons, est-ce que je n'ai pas le droit de mourir ? (Il les dévisagea.) Est-ce que je ne peux pas accepter mon châtiment ? »

Gary leur fit part de la certitude qu'il avait d'avoir déjà été exécuté une fois auparavant, dans l'Angleterre du XVIIIe siècle. Il dit : « J'ai l'impression d'être déjà venu ici. Il y a un crime dans mon passé. (Il se tut puis reprit :) J'ai l'impression que je dois payer pour ce que j'ai fait en ce temps-là. » Esplin ne put s'empêcher de penser que cette histoire d'Angleterre du XVIIIe siècle aurait sûrement fait une sacrée différence si les psychiatres l'avaient entendue.

Là-dessus, Gilmore commença à expliquer que sa vie ne se terminerait pas avec cette vie-ci. Il existerait encore après sa mort.

Tout cela semblait faire partie d'une discussion logique. Esplin finit par dire : « Gary, nous comprenons votre point de vue, mais nous estimons quand même de notre devoir de faire appel. » Lorsque Gary reprit : « Qu'est-ce que je peux y faire ? » Snyder répondit : « Ma foi, je ne sais pas. » Gary dit alors : « Est-ce que je peux vous congédier ? » Esplin répondit : « Gary, nous allons faire comprendre au juge que vous voulez nous virer, mais nous allons quand même déposer notre demande. » Ils se séparèrent en assez bons termes.

IX

Noall Wootton était à San Francisco à un symposium national sur l'homicide. Il y était allé, comme il le dit, pour apprendre à mener l'accusation dans les affaires de meurtres, et on lui donna même un certificat. Sa femme devait venir le rejoindre pour quelques jours de vacances, mais un message venant de son bureau fit tomber tout ça à l'eau. La secrétaire de Wootton téléphona pour dire que Gary Gilmore avait l'intention de retirer sa requête pour un nouveau procès. Il n'allait pas faire appel. Il voulait être exécuté et Snyder et Esplin étaient très embêtés. Ils ne savaient pas quelle position adopter. Wootton en conclut qu'il ferait mieux de rentrer. Qui savait ce que Gilmore avait déniché ? Wootton ne se souvenait pas avoir connu une telle situation.

En ce 1er novembre, le tribunal était bien calme. Il n'y avait pas beaucoup de monde dans la salle et, tout bien considéré, le discours de Gary au juge était, se dit Wootton, plutôt ouvert et courtois. Wootton obtint du juge Bullock la permission de poser quelques questions.

PROCUREUR WOOTTON. – Monsieur Gilmore, la façon dont vous avez jusqu'ici été traité au pénitencier de l'État d'Utah a-t-elle, en aucune façon, influencé votre décision ?

GILMORE. – Non.

PROCUREUR WOOTTON. – Et la façon dont vous avez été traité à la prison municipale ?

GILMORE. – Non.

PROCUREUR WOOTTON. – Bien. Vous avez été représenté par deux avocats payés par le Comté d'Utah. Admettez-vous cela ?

GILMORE. – Oui.

PROCUREUR WOOTTON. – Êtes-vous satisfait des avis qu'ils vous ont donnés et de la défense qu'ils vous ont assurée ?

GILMORE. – Pas entièrement.

PROCUREUR WOOTTON. – En quelle façon, monsieur ?

GILMORE. – Je suis satisfait d'eux.

PROCUREUR WOOTTON. – Donc, la façon dont ils vous ont représenté n'a pas nécessairement eu une influence sur votre décision. Est-ce correct ?

GILMORE. – C'est une décision que j'ai prise seul. Elle ne dépend pas d'autre chose que du fait que je n'ai pas envie de passer le restant de ma vie en prison. Cela ne veut pas dire cette prison-ci ou cette prison-là, mais n'importe quelle prison.

PROCUREUR WOOTTON. – Votre décision a-t-elle été influencée par autre chose que vos propres réflexions, monsieur, ou par quelqu'un ?

GILMORE. – Je prends mes décisions moi-même.

PROCUREUR WOOTTON. – Êtes-vous en ce moment sous l'influence d'un alcool, d'une drogue ou d'un produit quelconque ?

GILMORE. – Non, bien sûr que non.

PROCUREUR WOOTTON. – Avez-vous subi une influence de ce genre, monsieur, dans le cours de vos pensées précédant cette décision ?

GILMORE. – Je suis en prison. On ne sert pas de bière, de whisky, ni rien de ce genre.

PROCUREUR WOOTTON. – Monsieur, selon vous, vous estimez-vous mentalement et affectivement en mesure de prendre maintenant cette décision ?

GILMORE. – Oui.

PROCUREUR WOOTTON. – Prétendez-vous actuellement n'être pas sain d'esprit ou souffrir de troubles mentaux ?

GILMORE. – Non. Je sais ce que je fais.

PROCUREUR WOOTTON. – Monsieur, souhaiteriez-vous que la Cour remette la date de l'exécution au delà de la période normalement prévue pour interjeter appel afin de vous donner plus de temps pour réfléchir à cette décision ?

GILMORE. – À aucun moment je ne penserai différemment.

DESERET NEWS

Le prisonnier ne veut pas changer la date de sa mort

Provo (A. P.) 1er novembre. — À moins qu'il ne change d'avis et ne fasse appel, ou que les tribunaux et le gouvernement interviennent, un prisonnier libéré sur parole de trente-cinq ans, accusé d'avoir tué un employé d'hôtel, tient à maintenir au 15 novembre la date de son exécution.

« Vous m'avez condamné à mourir. À moins qu'il ne s'agisse d'une plaisanterie, je tiens à ce que les choses aillent jusqu'au bout », a déclaré hier Gary Gilmore.

Le juge Bullock, du tribunal du 4e district, a signifié à Gilmore qu'il pouvait encore changer d'avis et faire appel. De plus, un avocat de l'accusé a déclaré qu'il allait préparer les demandes d'appel au cas où Gilmore déciderait d'interjeter appel.

DESERET NEWS

Houdini ne s'est pas montré

Provo (A. P.) 1er novembre. — La Toussaint a été une déception pour des groupes essayant d'établir un contact avec l'esprit du spécialiste de l'évasion, Harry Houdini, qui est mort le jour de la Toussaint, voilà cinquante ans.

Plusieurs prestidigitateurs s'étaient rassemblés dimanche dans la chambre de l'hôpital de Détroit où Houdini est mort, en espérant un message du maître. Tout ce qu'ils ont obtenu sur le magnétoscope apporté pour enregistrer l'événement, a été des parasites d'une station locale diffusant du rock.

« Ça n'est même pas de la très bonne musique », a remarqué un prestidigitateur.

32. Vieux cancer. Folie nouvelle

I

Le 2 novembre, après les nombreux coups de téléphone, Bessie commença de nouveau à percevoir des échos. Le passé retentissait à ses oreilles, le passé résonnait dans sa tête. Des barreaux d'acier heurtaient la pierre.

« L'imbécile ! cria Mikal. Il ne sait donc pas qu'il est en Utah ? Ils vont le tuer s'il va trop loin. » Elle essaya de calmer son plus jeune fils, tout en songeant que depuis l'époque où Gary avait trois ans, elle n'avait cessé de penser qu'il serait exécuté. C'était un délicieux petit bonhomme, mais elle avait toujours vécu avec cette crainte depuis qu'il avait trois ans. C'était quand il avait commencé à montrer un aspect de sa personnalité qu'elle ne pouvait même pas supputer. Un jour, au cours de cette interminable année où Frank était dans cette prison du Colorado, elle était assise chez sa mère et regardait Gary jouer dans la cour. Il y avait une flaque de boue dont elle lui avait dit de s'éloigner. Deux minutes après qu'elle fût entrée dans la maison, il alla s'asseoir en plein milieu. Cela lui fit peur. Aurait-il toujours un pareil esprit de défi ?

Une fois de plus, les parois de la caravane l'enfermaient. Quelqu'un, un jour, lui avait demandé si elle avait eu du mal à s'habituer à vivre dans une caravane, et elle avait répondu non. C'était au début et parce qu'elle n'y avait jamais vécu. Depuis, elle se rendait compte qu'elle avait signé son arrêt de mort du jour où elle avait emménagé.

C'était laid et elle avait horreur des endroits laids. Sa santé déclina. Elle n'avait, croyait-elle, hérité que juste assez de sens artistique de l'oncle George, le peintre, pour savoir décorer un intérieur, et elle l'avait fait pour la dernière maison. C'était joli. Maintenant, elle vivait dans un endroit froid, et son arthrite empirait à mesure qu'elle passait des mois et des années près de sa table, dans la cuisine, tout au bout de la caravane, avec la radio entassée sur les annuaires téléphoniques, calant les os endoloris de son bassin sur un coussin.

Toute la décoration tournait autour du brun. Une pauvreté après l'autre. Même la glacière était marron. C'était une de ces teintes tristes qui n'égayait rien. Couleur d'argile. Où rien ne pouvait pousser.

À côté de la grand-route, dans ce terrain qu'ils appelaient le parc, se trouvaient cinquante caravanes. On y parquait de vieilles gens. À peu de frais. Sa caravane avait-elle coûté trois mille cinq cents dollars ? Elle ne s'en souvenait plus. Quand les gens lui demandaient s'il y avait une chambre ou deux, elle répondait : « Ça ne semble pas croyable, mais il y a une chambre et demie. » Il y avait aussi une demi-véranda avec une demi-marquise…

Parfois, elle ne sortait pas pendant des semaines. Son arthrite empirait. Chez Speed, elle n'arrivait pas à faire son travail. Ses doigts déformés lui faisaient mal chaque fois qu'elle prenait une assiette. Chaque mouvement lui semblait devoir être le fruit d'une désagréable transaction. Parfois, en plein milieu d'un geste, elle devait calculer comment dévier sa course de façon que la répercussion de la douleur ne lui figeât pas l'épine dorsale. Le patron finit par lui dire qu'il était obligé de la congédier et il lui donna sa dernière paye. Elle gagnait soixante-dix dollars par semaine. Dès qu'elle se fut arrêtée de travailler, son arthrite empira. Un genou commença à la tracasser, puis l'autre.

Un médecin lui dit qu'il pouvait opérer ses genoux en lui mettant des articulations en matière plastique. Elle ne voulut pas. Elle ne se voyait pas vivant dans cette caravane déjà en plastique avec, en plus, des genoux en plastique. Les longs cheveux qui lui tombaient jusqu'à la taille devinrent gris et elle les coiffa en chignon. Étant donné la difficulté qu'elle éprouvait à lever les bras, elle les laissait généralement comme ça. « Je suis laide », se disait Bessie. C'était comme si, en perdant la maison, elle avait aussi perdu sa beauté.

Elle songea à l'année où Mikal termina ses études de lycée. Il alla au collège à Portland et travailla pour les payer. Il était intelligent, il avait de bonnes notes et devait penser à son avenir. Il y avait des périodes où il venait la voir moins souvent. Le jour où elle perdit la maison de dix pièces avec les meubles à tablettes de marbre, Mikal partit vers le nord, elle vers le sud. Plus jamais ils ne vécurent sous le même toit.

Elle n'était allée qu'un peu plus loin, au sud sur McLaughlin Boulevard à Milwaukie, puis au sud de Portland City. Elle était descendue un peu plus bas dans la large avenue bordée de bars, de petits bistrots et de magasins à prix réduits. Une station d'essence avait un vieux bombardier Boeing de la Seconde Guerre mondiale suspendu en l'air, au-dessus des pompes. On ne pouvait pas rêver mieux dans le genre surplus. Comme elle restait de plus en plus dans la caravane, elle passait de moins en moins devant ce ridicule avion.

Mikal était parti. Ils étaient tous partis. Elle ne savait dans quelle mesure c'était sa faute, ou si c'était la faute du monde qui poursuit inexorablement, mais ils n'étaient plus là. Gary était parti pour toujours. Et, dans ses rêves, le vent soufflait toujours par le trou que le pic à glace avait fait dans le ventre de Gaylen. Frank Jr était souvent parti, et lorsqu'elle le voyait pendant les week-ends, il restait plongé dans ses pensées, parlait rarement et ne pratiquait plus la prestidigitation. Quant à Frank Sr, cela faisait longtemps qu'il était mort.

Les chagrins de la famille avaient commencé avec Gary et le voilà qui voulait mourir. Quand il ne serait plus là, descendrait-il lui aussi dans cette fosse où ils n'auraient plus à se chercher les uns les autres ? Elle revécut les jours ayant précédé la mort de Frank Sr.

Son air mauvais, se plaisait-elle à dire, était suffisant pour faire reculer un homme. Il avait vécu si longtemps dans les milieux du spectacle, comme athlète, que ses muscles saillaient. C'était un homme fort et puissamment bâti, et pourtant elle le vit décliner pour n'être plus que l'ombre de lui-même et finalement mourir.

Il avait toujours eu très peur du cancer. Sa mère en était morte et Frank n'en parlait jamais, mais Bessie le savait. Il en éprouvait une crainte permanente. Rien que d'entendre le mot pouvait lui gâcher sa journée. Elle le vit languir à l'hôpital. Il dépérissait. Jadis, elle avait été très amoureuse de lui, mais il y avait eu de si nombreuses scènes à propos des garçons, surtout à propos de Gary, que vers la fin, il n'y avait plus grand-chose entre eux. Mais c'était dur de le voir mourir, et l'amour qu'elle avait eu pour lui avait repris le dessus.

Seule, elle pleurait en pensant à la première fois ou Gary avait comparu devant un juge, parce que c'était la première fois que Frank soutenait Gary. « N'avoue rien », avait-il répété à Gary. La sagesse de toute sa vie tenait dans cette remarque. Si l'on n'avouait rien, l'adversaire ne serait peut-être pas en mesure d'entreprendre le jeu de la loi et de la justice.

Néanmoins, le juge déclara Gary coupable.

Maintenant, Gary agissait à l'opposé de ce principe. « Tuez-moi », disait-il.

11

Lorsque Frank Sr était en prison, au Colorado, elle vécut quelque temps avec Fay. Une nuit une chauve-souris entra dans la maison de Fay. Elle appela la police pour la faire sortir. Pas de doute, cette chauve-souris portait malheur. Et puis, un an jour pour jour après la mort de Frank, une chauve-souris entra dans sa propre maison au mobilier en acajou des Philippines. Bessie se précipita au premier étage et appela de nouveau la police, frissonnante d'une peur vieille de vingt ans. Cela s'était passé peu après le jour où elle avait surpris Gary assis à son bureau et ayant à la main l'acte de naissance portant le nom de Fay Robert Coffman. Ce fut à cet instant qu'elle eut l'intuition que même si cela prenait des années, elle perdrait la maison. Il y avait trop de haine chez Gary. Avec une telle haine, il n'était pas possible qu'elle pût la garder.

Pourtant, elle essaya. Tout au long des années, elle essaya malgré les doigts qui s'épaississaient, les genoux qui se bloquaient, la lente déformation de ses membres. Si l'Église mormone voulait bien payer son arriéré d'impôts, mille quatre cents dollars – ça n'était pas une fortune – elle signerait l'acte de cession jusqu'au jour où elle aurait remboursé totalement l'Église.

Ce serait simple, croyait-elle, mais cela eut seulement pour résultat de lui faire entendre des voix. Des voix réelles. Elle percevait toutes les vilaines pensées. L'évêque avait dit qu'ils enverraient un homme estimer la propriété. Il l'évalua à sept mille dollars, la moitié de ce que Frank Sr l'avait payée dix ans auparavant. Elle fit remarquer que son mari n'était pas un imbécile. L'homme répondit : « On m'a demandé de l'estimer à un prix bas », et il parla de la détérioration du terrain.

Bientôt les voix commencèrent à lui suggérer d'accepter de vivre sur un pied plus modeste. Était-elle obligée, maintenant, de rester dans une grande maison ? Elle pouvait travailler pour une des dames riches de l'Église, et avoir son gîte et son couvert assurés.

Cela ne semblait pas sage, expliqua l'évêque, de conserver la maison qu'elle était physiquement et matériellement incapable d'entretenir. La ville, d'ailleurs, la menaça de poursuites si elle ne déblayait pas l'arrière de la maison, envahi par les herbes. Elle avait quatre fils, et pourtant ce n'était qu'un taillis envahi de boîtes de conserve et de ronces. L'Église envoya des jeunes gens pour essayer d'approprier tout ça, mais c'était un gros travail. Est-ce que Mikal ne pouvait pas l'aider ?

Il faisait ses études, expliqua Bessie. Après cette époque, il y eut comme un mur entre le diocèse et elle.

Elle entendit aussi des voix qui lui parlaient de la situation financière. La maison, si on tenait compte des frais d'entretien, ne valait pas ce que ça coûterait de rembourser les arriérés d'impôts. On lui répéta que le terrain adjacent à la maison était mal tenu, envahi de mauvaises herbes, et que ses fils ne l'avaient pas entretenu. Elle se sentait prête à tuer : elle n'aimait pas qu'on vienne lui dire ce que ses fils devraient faire. Pas plus qu'elle ne tolérait ces voix disant que la sagesse était de trouver une maison roulante où elle pourrait vivre et dont elle pourrait s'occuper.

Tous les gens qui m'ont fait du mal n'ont jamais été que des mormons, personne d'autre n'y est arrivé, se dit-elle. Elle se rappelait la haine farouche qu'elle avait lue sur le visage de Gary le jour où elle lui avait dit, dans la salle des visites au pénitencier d'Oregon, que l'Église ne l'avait pas aidée à sauver la maison. Elle avait eu l'impression que Gary avait trouvé un ennemi digne de lui.

Dans l'immédiat, elle était assise dans le noir dans sa caravane, sans télévision ni radio, les jambes enveloppées dans du papier d'emballage, et sa chemise de nuit ayant l'air d'avoir cent deux ans. Elle entendit le garçon de l'Église mormone frapper à la porte, rompant le silence, le garçon qui venait l'aider. Pendant qu'il lavait la vaisselle sale répandue sur la table et l'évier, elle reprenait le fil du passé immédiat en évoquant ce qui s'était passé la veille et les cinq jours précédents, puis toute cette vie au jour le jour. Mais parfois, elle restait assise sans répondre aux coups frappés à la porte. Dans le noir elle le devinait qui regardait à travers les vitres de la porte pour essayer de découvrir son ombre assise. Et elle finissait par dire : « Va-t'en ! »

« Je vous aime, Bessie », disait le jeune mormon à travers la porte. Puis il s'en allait poursuivre sa ronde et aider une autre vieille dame, tout comme Bennie Buschnell l'avait fait jadis.

« Ça n'est pas possible que Gary veuille mourir », se répétait-elle dans l'obscurité.

2 novembre 1976
Milwaukie, Oregon

Gary Gilmore.

Matricule 13871.

Cher Gary,

J'ai entendu la nouvelle à midi et c'est à peine si j'ai pu la supporter, mon chéri. Je t'aime et je veux que tu vives.

Gary, Mikal t'aime aussi. Il est ton ami et tu sais que je ne te mentirais pas. Ça a été un rude coup pour lui mais il va essayer très dur de t'aider. Si tu as quatre ou cinq personnes qui t'aiment vraiment, tu as de la chance. Alors je t'en prie, tiens le coup.

Voici une photo de moi et de Mikal prise à Salt Lake City voilà des années.

Je t'aime.
MAMAN

III

Mikal n'avait jamais dit à Bessie quelle rage Gary avait éveillée en lui avec ces meurtres. Ç'aurait pu être moi, pensa-t-il en juillet, lorsqu'il apprit la nouvelle pour la première fois.

Mikal travaillait dans un magasin de disques. S'il faisait l'envie de ses amis parce qu'il pouvait avoir des enregistrements neufs avec trente pour cent de réduction, il devait aussi jeter à la porte du magasin les trafiquants de drogue et les faiseurs d'embrouilles. Il n'était pas nécessairement prêt à cela. Un jour, un voleur à l'étalage le menaça d'un couteau. Une autre fois, il faillit se faire assommer par un gros ivrogne qui urinait sur le pas de la porte. La violence de Portland venait effleurer les abords du magasin et y laissait un dépôt, un peu comme cette écume jaune, sur les plages de la ville, où de vieux préservatifs sèchent auprès de méduses échouées, de bouteilles de whisky vides et de poulpes morts.

Si certains entrevoyaient la vie de Mikal comme la tentative d'un Gilmore pour échapper à la malédiction familiale, ce n'était pas forcément le sentiment de Mikal. Il avait une vue plus simple. Il avait tout simplement eu peur de Gary pendant des années. Mikal, en lisant la manchette de cette terrible nuit de juillet, UN CITOYEN DE L'OREGON ARRÊTÉ POUR LE MEURTRE DE L'UTAH, éprouva de la honte. « Ç'aurait pu être moi. » Il aurait pu être la même victime du même absurde cambriolage. Il détestait son frère à ce moment-là. Son frère ne respectait rien. Son frère ne voulait pas savoir, quand il cambriolait une maison, ce que cela représentait de malheur pour les gens qui y habitaient.

Le lendemain, Bessie avait dit à Mikal : « Peux-tu imaginer l'impression que ça fait d'avoir un fils qu'on aime, et qu'on sait qu'il a privé deux autres mères de leurs fils ? » Mikal ne savait pas comment lui dire qu'il avait toujours eu peur des impulsions violentes et capricieuses de son frère, qu'il n'avait jamais su comment les affronter et qu'il était heureux, depuis 1972, de ne pas avoir eu à le revoir.

Cela s'était passé lorsque Gary s'était vu octroyer ce qu'on appelle « libération scolaire » par le pénitencier de l'État d'Oregon pour être transféré, en semi-liberté, dans un établissement d'Eugene. On le laissait sortir pour étudier l'art. Bessie avait annoncé ça à Mikal, mais il fut néanmoins stupéfait de voir Gary débarquer dans sa chambre, au collège, le lendemain de sa libération en automne 1972, un paquet de six canettes de bière à la main et avec la bonne nouvelle qu'il pourrait encore s'inscrire le lendemain. L'école d'Eugene était pourtant distante de trois cents kilomètres, mais Gary ne semblait pas pressé. Il voulait juste voir comment Mikal se débrouillait.

Le lendemain, Gary était de nouveau là. Vêtu de la même façon. Ses yeux bleus tout injectés de sang contemplaient Mikal et il y avait un dépôt jaune au coin de ses paupières. Il était disposé à emmener Mikal déjeuner, mais seulement en taxi. Il ne voulait pas être vu dans les rues.

Mikal se sentit de nouveau baigné de la terreur qu'il avait toujours éprouvée les rares fois où il était allé voir Gary en prison. Ce n'était pas seulement à cause de Gary mais aussi de ce qu'il ressentait : toutes ces existences gâchées des autres prisonniers, la dépression, l'apathie, la rage figée, le potentiel sans fond de violence qui régnait dans ces couloirs. Au bout d'un certain temps Mikal cessa ses visites. Cela provoquait trop de perturbation lorsqu'il arrivait avec ses cheveux longs. C'était comme protester contre la guerre au Viêt-nam devant une caserne de Marines.

Ce jour-là, pour déjeuner, ils allèrent dans un bar où les serveuses avaient les seins nus. Mikal crut que Gary allait entrer en transe. Il ne cessait d'examiner les seins de la fille qui les servait. Au bout d'un moment, Mikal rassembla son courage et dit : « Il est bien évident que tu ne vas pas aller à tes cours. »

Gary répondit d'un ton délibérément traînant de paysan. Chiqué, se disait toujours Mikal, plus Texas qu'Oregon. « Mon vieux, fit Gary, je ne suis pas fait pour l'école. On ne peut rien m'apprendre sur l'art que je ne sache déjà. » Puis il changea de sujet. Il avait besoin d'un pistolet. Un copain du pénitencier de l'État d'Oregon allait être conduit la semaine prochaine à l'hôpital pour des soins dentaires. Il s'appelait Ward White. Gary voulait l'aider à s'évader.

Mikal protesta. « Tu gâches ta vie.

— C'est une question de dignité », dit Gary en regardant Mikal droit dans les yeux. Lorsqu'il eut la certitude qu'il ne lui procurerait pas d'arme, Gary dit : « Je le ferais pour mon frère, moi. »

Il déposa Mikal en taxi et continua sa route.

Mikal le vit deux fois encore ce mois-là. Gary passa une fois pour entendre des disques de Johnny Cash. Il était charmant et tout à fait sobre. Un autre jour, Gary vint le chercher au collège, l'emmena dans la maison d'un riche ami, lui montra la piscine, puis exhiba un pistolet. « Tu crois que tu pourrais jamais utiliser un de ces trucs-là ? » demanda-t-il.

On aurait dit un mec très fort qui vous pressait votre côté macho pour voir s'il y avait des fuites. « Je saurais me servir d'un pistolet si j'avais à le faire, dit Mikal, mais j'espère que tu parles de légitime défense. »

Gary rangea le pistolet et ébouriffa les cheveux de Mikal. « Allons, fit-il, je vais te raccompagner à la maison. »

Pendant le trajet, Gary se mit à klaxonner une voiture qui roulait trop lentement, et comme le conducteur ralentissait encore pour l'agacer, Gary, d'une embardée, s'engagea sur la voie en sens inverse, juste dans la trajectoire d'une camionnette qui approchait. À la dernière seconde, il évita la collision en faisant monter la voiture sur le trottoir.

« Tu as failli nous tuer », cria Mikal.

Gary respirait profondément. Il posa le front sur le volant. « Parfois, dit-il, il faut pouvoir affronter ça. »

IV

Deux jours plus tard, Mikal apprit la nouvelle que Gary avait été arrêté pour vol à main armée. Il retourna en prison. Bien des mois après, Bessie et Mikal assistèrent à son procès. Juste avant le verdict, Gary fit une déclaration à la Cour. Mikal ne l'oublia jamais.

« J'aimerais présenter une requête pour demander une particulière indulgence. J'ai été bouclé les neuf dernières années et demie et j'ai eu à peu près deux ans et demi de liberté depuis l'âge de quatorze ans. J'ai toujours eu des condamnations fermes et je les ai toujours purgées, je n'ai jamais eu de libération anticipée. La justice ne m'a jamais laissé une chance et j'en suis arrivé à penser qu'elle est plutôt dure mais je n'ai jamais rien demandé jusqu'à aujourd'hui. Votre Honneur, on peut garder quelqu'un enfermé trop longtemps tout comme on peut ne pas le garder bouclé assez longtemps. Ce que je veux dire, c'est qu'il y a un moment où il serait bien de libérer quelqu'un ou de lui donner une chance. Bien sûr, qui va le dire ? Seul l'individu lui-même le sait vraiment, et le vrai problème serait d'en convaincre quelqu'un. Il y a eu des moments où j'ai eu l'impression que, si on me laissait souffler, alors je n'aurais sans doute plus jamais d'ennuis. Mais comme je l'ai dit, je n'ai pas l'impression que la justice ait jamais fait de concessions. En septembre dernier, j'ai été libéré du pénitencier pour aller suivre des cours au collège de Lane à Eugene et étudier l'art, et j'avais bien l'intention de le faire. J'étais en taule depuis neuf ans et du jour au lendemain j'étais libre, ça m'avait plutôt secoué. J'ai bu deux verres et je me suis rendu compte que c'était idiot de faire ça. Je venais de sortir et j'ai eu peur étant en semi-liberté, de me rendre au collège avec l'haleine chargée d'alcool. J'ai pensé qu'on allait me ramener tout de suite au pénitencier et, pour être sincère, je crois que j'avais envie de continuer à boire un peu, c'était si bon. Bref, je me suis taillé. Il ne m'a pas fallu longtemps pour être fauché, j'ai passé deux jours à chercher du travail, mais je n'ai pas pu en trouver. Je n'ai aucune expérience du travail. Quand on est libre, on peut se permettre d'être fauché quelques jours, ça n'a pas d'importance, mais si on est un fugitif on ne peut pas se permettre du tout d'être fauché. J'avais besoin d'un peu d'argent. Je ne suis pas quelqu'un de stupide, même si j'ai fait un tas de choses idiotes, mais j'ai assez envie de liberté pour finir par comprendre que la seule façon de la trouver et de la garder, c'est de cesser d'enfreindre la loi. Je ne me suis jamais rendu compte de ça mieux que maintenant. Si vous vouliez m'accorder le sursis pour cette sentence, vous ne me lâcheriez pas tout de suite dans les rues. J'ai encore du temps à faire mais, comme je le disais, j'ai des problèmes, et si vous me donniez plus de temps, je pourrais les régler. »

Le juge le condamna à neuf ans de prison supplémentaires. « Ne t'en fais pas, dit Gary à sa mère, ils ne peuvent pas me faire plus de mal que je ne m'en suis fait. » Mikal lui serra la main et Gary lui dit : « Fais-moi plaisir. Prends un peu de poids, d'accord ? Tu es fichtrement trop décharné. » Mikal ne devait plus entendre sa voix pendant près de quatre ans, jusqu'au jour où il téléphona à la prison de l'État d'Utah au milieu de novembre 1976. À ce moment-là, Gary Gilmore était un nom célèbre dans la moitié des États-Unis.

Livre II

Voix de l'est

Première partie

Sous le règne du bon roi Boaz

1. La peur de tomber

I

Le 1er novembre, le jour où Gary Gilmore déclara pour la première fois au tribunal qu'il ne souhaitait pas faire appel, le procureur général adjoint Earl Dorius était au travail dans le bureau du procureur général de l'Utah, au Capitole de l'État, à Salt Lake City. C'était un bâtiment monumental avec un dôme doré, un palais de marbre rectangulaire dont l'intérieur même était dallé de marbre et au milieu duquel on pouvait, en levant les yeux, voir les étages avec leurs balustrades blanches polies. Earl aimait travailler dans tout ce marbre. Il n'était pas du tout hostile à l'idée de travailler là jusqu'à la fin de sa vie et y assurer ses responsabilités.

Cet après-midi-là, Earl reçut un coup de téléphone du directeur de la prison d'État de l'Utah. Comme Dorius faisait fonction de conseiller juridique pour la prison, le directeur s'adressait fréquemment à lui, mais cette fois Sam Smith semblait nerveux. Son responsable des transports venait d'emmener un détenu, Gary Gilmore, à Provo pour une audience au tribunal, et Gilmore, semblait-il, avait dit au juge qu'il ne voulait pas faire appel. Le juge avait donc confirmé la date de l'exécution : elle aurait lieu dans deux semaines. Le directeur était soucieux. Cela ne leur laissait pas beaucoup de temps pour se préparer. Dorius pouvait-il vérifier ?

Earl appela Noall Wootton et ils eurent une longue conversation. Wootton dit que non seulement c'était vrai, mais qu'il ne comprenait pas l'attitude de Gilmore. Le règlement prévoyait l'exécution dans un délai qui n'était pas inférieur à trente jours et pas supérieur à soixante. Du fait que Gilmore n'avait pas interjeté appel, que se passerait-il si on ne l'exécutait pas le

7 décembre, soixante jours après le 7 octobre, dernier jour de son procès ? Gilmore pourrait demander une libération immédiate. La seule sentence qu'on lui avait infligée, après tout, c'était la mort. Ce n'était pas une peine de prison. Techniquement, on n'aurait pas de motif pour le retenir. Il pourrait sortir en invoquant l'Habeas Corpus.

Bien sûr, Gilmore n'allait pas filer aussi facilement, reconnurent les juristes, mais il est bien certain que cela pouvait se révéler embarrassant. L'État aurait l'air ridicule et incompétent de le garder en prison sous un prétexte ou sous un autre pendant que le Corps législatif et les tribunaux mettraient un peu d'ordre dans la loi.

Earl Dorius rappela Sam Smith et lui dit : « Vous feriez mieux de commencer à vous préparer pour une exécution. » Le directeur en resta baba.

Néanmoins, Sam Smith commença à poser quelques sérieuses questions. Combien le peloton d'exécution compterait-il de membres, voulut-il savoir ? Où pourrait-il les recruter : dans l'ensemble de la communauté ou dans les rangs de la police ?

Le directeur avait aussi compulsé les règlements appropriés mais ils laissaient bien des points dans le vague. Ils ne précisaient pas, par exemple, s'il était possible de procéder à l'exécution en dehors des murs de la prison. Ils étaient flous sur un tas de points. Il faudrait prendre beaucoup de décisions. Par exemple, Gilmore voulait faire don de quelques-uns de ses organes au Centre médical de l'Université. Earl pouvait-il consulter la loi à ce sujet ?

Dorius était excité. Il se rendit compte qu'il se trouvait devant une affaire très exceptionnelle et il se mit à parcourir les bureaux en disant aux gens : « Vous n'allez pas le croire, mais nous allons peut-être être obligés de procéder à une exécution. » Il descendit au bureau du procureur général, mais ce dernier était sorti, si bien qu'il dut annoncer la nouvelle aux secrétaires. Earl fut un peu déçu de leur réaction. On aurait dit qu'elles ne comprenaient pas l'importance de ce qu'il annonçait : la première exécution en Amérique depuis dix ans ! On ne pouvait tout de même pas crier ça aux gens.

1er novembre

Salut bébé,

Je viens d'écrire une lettre au directeur Smith demandant un peu plus d'heures de visite. Je lui ai dit que ça représentait beaucoup pour nous deux. Ça aiderait sans doute si tu voulais lui parler aussi. Je ne sais pas quel genre de type il est, et je ne savais pas comment l'aborder dans ma lettre. Je lui ai simplement dit que je comptais être exécuté comme prévu le 15 novembre et que la seule requête que j'avais à présenter, c'était qu'on m'autorise à te voir davantage… Je lui ai dit que toi et moi on s'entendait vraiment bien et qu'on ne se déprimait pas mutuellement pendant ces visites malgré les circonstances dans lesquelles je me trouve. Il m'a semblé que ça pourrait être bien de dire ça parce que tu sais comment ces gens-là raisonnent parfois…

Bébé, tu as dit dans une lettre, il y a deux jours, qu'aucune femme n'a jamais aimé un homme plus que tu ne m'aimes. Je le crois. Il me semble que ton amour est une bénédiction. Et, mon ange, aucun homme n'a jamais aimé une femme plus que je ne t'aime. Je t'aime avant tout ce que je suis. Et tu continues à faire de moi plus que je ne suis.

De bonne heure le matin du 2 novembre, jour des élections, Earl reçut un coup de téléphone d'Eric Mishara du *National Enquirer*. Il avait appelé le directeur de la prison qui l'avait adressé à son conseiller juridique. Mishara dit qu'il voulait interviewer Gilmore tout de suite.

Il se montra trop insistant au goût de Dorius. Dès l'instant où Earl essaya de le calmer, Mishara commença à expliquer ce qu'il allait faire à la prison si on essayait de lui en interdire l'accès.

Une ancienne affaire vint tout de suite à l'esprit de Dorius : *Pell contre Procunier*. C'était une décision de la Cour suprême des États-Unis qui disait que les membres de la presse écrite ou parlée n'avaient aucun droit particulier de voir les détenus. La prison, expliqua Dorius à Mishara, prendrait cette position : Gary Gilmore ne pouvait pas être interviewé.

Mishara dit aussitôt : « Je vous poursuivrai. » Il se mit à parler de grands avocats de New York. Dorius répondit : « Peu m'importe d'où viennent vos avocats. Dites-leur de consulter *Pell contre Procunier.* Je pense qu'ils seront d'accord avec moi. »

Après cela, Earl n'entendit plus parler de M. Mishara pendant quelque temps.

DESERET NEWS

Carter remporte les élections

Le juge ordonne l'exécution de l'assassin condamné

Prison de l'État d'Utah, 2 novembre… Si Gilmore obtient satisfaction, il sera le premier condamné à être exécuté dans l'Utah depuis seize ans.

II

Le 2 novembre, jour où il se rendait en voiture dans l'Utah, Dennis Boaz lut dans les journaux un article sur Gary Gilmore et peu après, il eut une étrange expérience avec la mort. Cela lui parut un bizarre synchronisme.

Il roulait sur la file de gauche et réfléchissait au cours qu'il allait donner au Westminster College à Salt Lake City. Dennis, à cette époque, avait le goût de l'allitération, aussi allait-il l'appeler : Société-Symbolisme-Synchronisme. Juste au moment où il se disait le dernier mot, un semi-remorque freina brutalement juste devant lui et il dut déporter sa voiture sur la gauche pour l'éviter. Au moment où il passait, il aperçut dans le rétroviseur ce spectacle incroyable : un torse d'homme pendant par le pare-brise, les bras tendus vers le sol.

Puis un autre spectacle !

Il entrevit, toujours dans son rétroviseur, un second camionneur qui se précipitait vers le premier camion. Dennis ne s'arrêta pas. Il y avait trop de voitures derrière lui. Mais juste avant que l'accident ne se produise, il pensa à la date : 2 novembre. Dans son esprit, il le voyait comme 2/11. Ce qui, bien sûr, faisait treize. Dans les grands arcanes du tarot, treize était la carte de la mort.

Le mot lui trottait donc dans l'esprit au moment même où il vit le corps du conducteur. Il pensa : « Bon sang, fichtre ! Je parie que le prochain panneau de signalisation donnera une autre indication. » Lorsque apparut la sortie sur le bas-côté, il put lire : *Star Valley and Death*. Ça faisait beaucoup de coïncidences, même pour quelqu'un ayant les nerfs solides.

Le soir du 2, il arriva assez tôt à Salt Lake pour voter et donner sa voix à Carter. Puis, le matin du 3, il s'éveilla en pensant à Gilmore. « Bon Dieu, me voici en plein dans quelque chose de vraiment important », songea Dennis. Il voyait les possibilités se dérouler devant lui. « C'est une occasion formidable pour un écrivain, pensa-t-il, et je devrais envoyer une lettre à Gilmore ! »

Ce que fit Boaz. Quelques années auparavant, alors qu'il était un jeune procureur, Dennis était en fait contre la peine capitale, mais il en était venu aujourd'hui à penser que même dans une société idéale, on pourrait encore avoir à appliquer la peine de mort. La peine capitale, bien appliquée, pouvait faire prendre conscience sérieusement aux individus du fait qu'ils étaient responsables de leurs actions, et c'était là l'important. Boaz ne mit pas tout cela dans sa lettre, mais il dit quand même qu'il soutenait Gilmore dans son droit de mourir.

III

Les jours où la clinique psychiatrique de Timber Oaks voulait bien laisser April sortir, Kathryne l'emmenait passer deux heures dans l'appartement de Nicole. Parfois, April disait : « Nicole, est-ce qu'ils vont vraiment fusiller Gary ? Pourquoi est-ce que Gary n'a pas envie de vivre, Nicole ? » Nicole répondait avec le plus grand calme. « Oh ! je ne sais pas », disait-elle. Calme comme tout. Comme si ça ne la tracassait même pas. Ça mettait Kathryne dans un tel état qu'elle en criait toute seule, la nuit. Elle ne pouvait pas supporter d'en entendre parler à la télé. Comme ça, en plein milieu des spots publicitaires. C'était dingue.

Parfois Nicole venait chez Kathryne avec les gosses et y passait la nuit. Elle ne parlait jamais. Pas même à sa tante Cathy. Elle mettait Sunny et Jeremy au lit et puis écrivait des poèmes. C'était tout. Elle écrivait des lettres et des poèmes. Elle ne se montrait jamais violente avec les gosses, simplement elle ne s'en occupait pas beaucoup.

La première semaine de novembre, Kip mourut. Il se tua en faisant une chute en montagne. En escalade. Kathryne s'apprêtait à partir travailler, le 4 novembre, lorsqu'elle entendit un nom à la radio, Alfred Eberhardt, et elle se dit : « Oh ! mon Dieu, ça doit être Kip. » Toute la journée, elle se demanda comment Nicole allait prendre ça. Elle alla droit à Springville en sortant de son travail. Nicole était là, avec sa petite lampe pas allumée, en train d'écrire et d'écrire. Kathryne entra et dit : « Qu'est-ce que tu fais dans cette pénombre ? » Nicole dit : « Oh ! je n'avais pas remarqué. » Elle alluma la lampe, se fit du café, rit et plaisanta. Kathryne ne savait pas comment lui demander si Alfred Eberhardt était bien Kip. Elle dut quand même finir par poser la question. Nicole se contenta de répondre : « Mais oui, mais oui. » Kathryne dit : « C'est bien ce que je craignais. » Nicole reprit : « Mais oui. » Kathryne ne trouvait pas que Nicole manifestait les sentiments qu'elle aurait dû éprouver.

Un peu plus tard, cependant, Nicole leva le nez et dit qu'elle voudrait téléphoner aux parents de Kip. Kathryne était tout à fait d'accord et Nicole demanda : « Je ne sais pas. Qu'est-ce que je vais leur dire ? »

« On voit que ça lui fait mal, se dit Kathryne. Ça lui fait quand même de l'effet. »

Nicole se rappelait ce jour, voilà des années, où elle avait plaqué Barrett et était partie avec tout ce qu'elle possédait dans un sac jeté sur son dos, avec Sunny, alors un bébé, sur les bras. Quand Kip l'avait prise en stop, leur aventure avait commencé le même soir. Il s'était montré tout de suite un véritable étalon. Une vraie première nuit.

Le lendemain, ils roulaient dans les Rocheuses du Colorado, Kip arrêta la voiture et emmena Nicole et Sunny sur un petit sentier de montagne. Ils aperçurent un type qui essayait de grimper une falaise. Il y avait un petit rebord, à environ un mètre du sol, sur lequel ce type ne cessait d'essayer de monter, mais ensuite il s'affolait probablement à l'idée d'aller plus haut et redescendait.

Deux heures plus tard, lorsqu'ils reprirent le sentier en sens inverse, le type était toujours là. « Il est dingue », dit Kip en riant, mais néanmoins avec un air préoccupé. Plus haut sur la falaise, il y avait d'autres types avec des cordes, à peu près la hauteur d'un huitième ou d'un dixième étage, comme accrochés à la paroi. Kip ne parvenait pas à en détourner les yeux. Nicole le voyait se déprimer. Pensait-il qu'il se trouvait là avec une nouvelle pépée, une pépée super, et que ces connards voulaient lui faire de l'esbroufe ? À vrai dire, Nicole n'aurait vu aucun inconvénient à rencontrer l'un d'eux. Ils avaient l'air super audacieux.

La radio disait que Kip était un grimpeur novice. Nicole se prit à se demander s'il avait tenté cette escalade avec des cordes ou bien s'il avait agi en pauvre dingue coincé au pied de la corniche et incapable de grimper.

3 novembre

Écoute – et ne va pas jouer les rebelles, les entêtées ni les indépendantes comme c'est souvent ta réaction immédiate quand on te dit de faire ou de ne pas faire une chose. Bon. Ce que je te dis, c'est ceci : tu ne vas pas partir avant moi. Tu en parles dans ta lettre et je te prends toujours au sérieux. Je n'aime dire à personne, et surtout pas à toi, de faire ou de ne pas faire quelque chose. Sans leur donner une raison. Les raisons sont celles-ci : je désire partir le premier. Je le désire. Deuxièmement, je crois que j'en sais peut-être un peu plus que toi SUR LE PASSAGE DE LA VIE À LA MORT. *Je crois que je le sais. Je m'attends à me trouver instantanément devant ta présence physique, où que tu sois à l'époque. Je ferai tout ce qui sera en mon pouvoir pour calmer et apaiser ton chagrin, ta souffrance et ta crainte. Je déploierai autour de toi mon âme même et tout le formidable amour que j'éprouve. Tu ne dois pas partir avant moi, Nicole Kathryne Gilmore. Ne me désobéis pas.*

Une lettre partit aussi pour Vern. Gary y constatait que ni Vern ni Ida n'étaient venus le voir après sa condamnation à mort, « *il va donc de soi que vous avez honte de moi.* » Puis Gary ajoutait : « *Vous n'avez même pas encadré le portrait que je vous ai donné. Je veux que vous preniez ce tableau et que vous le donniez à Nicole. Je ne veux plus rien avoir à faire avec vous.* »

Quand Ida eut retrouvé ses esprits, elle écrivit : « *J'adore les dessins que tu m'as donnés. C'est la seule chose que j'aie de toi. Pour ce qui est d'y renoncer et de les donner à Nicole, il ne faut pas y compter, je ne le ferai pas. Ils sont à moi.* »

Vern ajouta un post-scriptum à la lettre d'Ida : « *Je ne sais pas ce qui te prend. Nous avons essayé de te voir à la prison et la seule personne que tu voulais voir c'était Nicole, alors nous avons renoncé. C'est la vérité. Je suis tout à fait de l'avis d'Ida. Nous ne donnerons pas les dessins.* »

Nicole, j'espère que ça n'a pas provoqué une discussion ou une scène pénible. J'ai reçu aujourd'hui une lettre de Vern et d'Ida : Ida t'aurait retrouvée si tu avais « fait des histoires ». (Ce sont ses paroles à elle, pas les miennes.)

Mon Dieu, bébé, je suis navré. Je suis navré d'avoir des parents comme ça. J'espère que tu n'as pas eu d'ennuis avec Vern ni avec Ida. Qu'ils aillent se faire foutre. N'y pense plus, qu'ils gardent les dessins. Ils savent que ça ne me plaît pas mais je ne vais pas te faire avoir une discussion avec eux. Ça me gêne.

Gary écrivit aussi à Brenda de donner à Nicole sa peinture à l'huile, et elle demanda à Vern ce qu'elle devait faire. Vern lui dit de suivre sa conscience. Elle envoya une lettre à Gary : « *Je n'en ai pas envie, mais si tu insistes, je le ferai. Si ça ne compte pas plus que ça pour toi, ça ne compte sûrement pas plus pour moi. J'en ai ras le bol. Je n'en veux plus. Si tu as envie d'être aussi désagréable, égoïste et enfantin, je vais prendre le tableau et aller le fourrer sur la tête de Nicole. Comme ça elle pourra vraiment l'avoir et en profiter.* »

IV

Le 3 novembre, Esplin reçut une lettre de Gary. Elle disait : « *Mike, taillez-vous. Cessez de déconner avec ma vie. Vous êtes congédié.* »

PROVO HERALD

4 novembre. – Bien qu'ils aient été congédiés, les deux avocats de la défense ont, dans la journée de mercredi, interjeté appel – en leurs noms propres – auprès du juge J. Robert Bullock du 4e District. Ils ont déclaré que c'était « dans le propre intérêt » de l'accusé.

Cet article valut à Earl Dorius de nombreux coups de téléphone. La presse ne cessait de demander quelle attitude le bureau du procureur général comptait prendre envers Gilmore. Dorius répondit que Snyder et Esplin pouvaient tenter d'interjeter appel sans le consentement de leur client, mais que, selon lui, leur requête manquerait de justification.

Earl avait l'impression que « la justification » n'allait pas tarder à devenir un terme légal important dans son bureau. Même si Snyder et Esplin se retiraient, il estimait que d'autres groupes – que Gilmore le voulût ou non – ne tarderaient pas à essayer d'interjeter appel. Alors, la justification – le droit de porter une affaire devant la Cour – allait jouer un rôle très important.

4 *novembre*

Salut Bébé.

Aujourd'hui, alors que j'allais parler à Fargan de visites supplémentaires, ce mec un peu habillé comme une fille m'a interpellé au passage d'une des autres sections… Ce gars-là est en haute surveillance pour avoir foutu une rossée à un lieutenant de la garde. Je crois que c'est un homme, à bien des égards, un prisonnier solide d'après tout ce que j'entends dire de lui, mais aussi une tante, une pédale, enfin comme tu voudras l'appeler. Ce soir, à la bouffe, il m'a fait passer ce petit mot que je t'envoie pour que tu le lises – et pour que ça te fasse rigoler aussi.

> *Salut Gil,*
>
> *J'ai lu ton histoire dans le journal, et je dois dire que tu es une exception à toutes les règles. Les gens ne savent que penser de toi. Qu'est-ce que tu veux, ils ne nous connaissent pas, nous autres Texans, pas vrai, car on peut supporter n'importe quoi dans ce foutu monde, hein ? Ce matin, j'ai fait la remarque que j'avais envie de te parler, pour voir un peu comment tu fonctionnais !*
>
> *Mon chou, ne fais pas attention à toutes les saloperies qu'on raconte sur moi, car tu sais ce que c'est qu'une salope qui a le vertige.*

Qu'est-ce que tu fais tout le temps, à part réfléchir ? Je pense que je ne devrais pas te poser un tas de questions connes, mais tu sais ce que c'est qu'une putain, elle réclame toujours quelque chose !

Gary ajouta en dessous :

Eh ! bébé Nicole – ne va pas te mettre à être jalouse maintenant !

Jimmy Carter est notre nouveau président. C'est quelque chose ! Je ne pensais pas que Ford pouvait perdre – je crois que c'est seulement la seconde fois dans toute l'histoire qu'un président en exercice a été battu.

DESERET NEWS

5 novembre. – Les représentants en Utah de American Civil Liberties Union (A. C. L. U.) et le N. A. A. C. P. (National Association for the Advance of Coloured People) ont déclaré qu'ils allaient essayer de faire intervenir leurs avocats dans la procédure d'appel.

Le porte-parole de l'A. C. L. U., Shirley Pedler, a déclaré : « Notre position est que l'État n'a pas le droit de l'exécuter sans tenir compte de ses choix ni de ses décisions. »

J'ai rencontré aujourd'hui un Indien que je connais depuis des années. C'est le chef Bolton. Il était gardien dans la taule de l'Oregon quand je l'ai connu, voilà plusieurs années. C'est un grand et solide gaillard. Dans les cent trente kilos, un type au poil, même s'il est gardien, et… il a dit qu'il pouvait facilement comprendre mes sentiments – je crois que les Indiens comprennent mieux la mort que les Blancs.

5 novembre

J'ai reçu une lettre d'un nommé Dennis Boaz, de Salt Lake. C'est un ancien avocat de Californie. Il a l'air de parfaitement comprendre ma situation et estime que j'ai le droit de prendre l'ultime décision sans l'intervention d'aucune autorité juridique.

Ce Boaz est aujourd'hui journaliste indépendant et il veut faire un article pour un grand magazine. Il a dit qu'il partagerait l'argent qu'il toucherait pour son reportage avec la personne que je choisirai.

Mais je refuse d'emblée... Je ne veux absolument pas faire d'argent avec cette affaire, en aucune façon...

C'est une chose personnelle, c'est ma vie, Nicole. Je ne peux pas empêcher qu'on fasse une certaine publicité là-dessus mais je ne la recherche pas. Le directeur de la prison, Smith, m'a demandé aujourd'hui ce qui pourrait me faire plaisir comme dernier repas. J'ai toujours cru que ça ne se faisait qu'au cinéma. Je lui ai dit que je n'en savais rien mais que j'aimerais deux boîtes de bière. Il m'a répondu qu'il ne savait pas si c'était possible... mais que peut-être...

V

Earl attrapa une sorte de grippe et dut rester chez lui. C'est ce même jour, le 5 novembre, que Gilmore téléphona à son bureau ! Le soir, Earl regarda des bulletins d'information où Bill Barrett, son adjoint – aucun rapport avec Jim ni Nicole Barrett, comme Earl fut obligé de le préciser – était interviewé à la suite du coup de fil de Gilmore. Earl était navré de ne pas s'être trouvé au bureau pour répondre lui-même. Barrett pouvait bien être son meilleur ami au travail, ils avaient fait une bonne équipe l'année précédente – ils plaisantaient toujours parce que Barrett était grand et mince alors que Earl était petit et costaud – cela ne voulait pas dire qu'ils avaient un point de vue identique sur le même problème. C'était vraiment agaçant d'être conseiller juridique, de faire tout le boulot et puis de manquer une occasion comme un coup de téléphone de Gilmore.

Barrett ne parla à Gary que quatre ou cinq minutes, mais comme il le raconta plus tard à Earl, ce fut un des épisodes de sa vie dont il se demandait s'il s'en remettrait un jour.

Ce fut le directeur adjoint Hatch qui appela. Un peu plus tard, la haute surveillance était en ligne. Le lieutenant Fagan lui présenta le détenu. Barrett entendit alors un homme à la voix douce et qui semblait très raisonnable. Il ne tempêtait pas, ne vociférait pas, ne criait pas, ne hurlait pas. En fait, il disait toujours : « Monsieur Barrett. »

Il demanda tout d'abord s'il pouvait prendre un nouvel avocat.

« Monsieur Gilmore, répondit Barrett, je crois comprendre votre situation, mais mon service ne peut rien faire. C'est à la Cour de procéder à une nouvelle désignation.

— Vous savez, monsieur Barrett, dit Gilmore, ce n'est pas une décision prise sur un coup de tête. J'y ai beaucoup réfléchi et j'estime que je devrais payer pour ce que j'ai fait.

— La difficulté, monsieur Gilmore, reprit Barrett, c'est qu'il ne sera peut-être pas facile de convaincre un avocat qu'il doit vous aider à être exécuté. Toutefois, s'il y a de nouveaux développements dont j'estime que vous deviez être informé, je vous tiendrai au courant. Je comprends votre attitude. »

En réalité, Barrett se sentait impuissant. Tout cela était si incongru. Son travail était de veiller à ce que l'homme soit exécuté, ils auraient dû être du même avis, et pourtant ce n'était pas le cas.

Un journaliste qui traînait dans le bureau recueillit l'histoire. Lorsqu'elle fut publiée, Barrett reçut des coups de fil de tous les coins du pays. Greg Dobbs, correspondant du réseau de télévision A. B. C., téléphona de Chicago en disant : « Je vais venir dans votre coin ce week-end, est-ce que je peux vous interviewer ? Est-ce que je peux venir chez vous ? » La conversation était à peine terminée qu'ils prenaient date. Des stations de radio de Floride et de Louisiane l'interviewèrent par téléphone. En Utah !

Jamais Earl n'avait eu autant de travail. Au département criminel du bureau du procureur général, il n'y avait que deux procureurs à plein temps, Barrett et lui, plus quelques juristes et secrétaires. Ça ne faisait pas beaucoup de personnel pour absorber tout ce qui arrivait. Ainsi, dès le jour suivant, Dorius tomba sur deux avocats bien connus de Salt Lake, Gil Athay et Robert Van Sciver, qui tenaient une conférence de presse dans le hall de la Cour suprême de l'Utah, un étage au-dessus du bureau du procureur général. Earl les entendit devant les caméras qu'ils avaient l'intention de demander un sursis à l'exécution de Gilmore au nom de tous les autres détenus du quartier des condamnés à mort de la prison d'État de l'Utah. Le client d'Athay était un des « tueurs de haute fidélité ». Les tueurs de haute fidélité avaient été condamnés pour avoir tué plusieurs personnes dans un magasin de disques. Ils avaient commencé par leur verser du décapant dans la gorge, et les avaient achevés en leur enfonçant des stylos à bille dans les oreilles. C'étaient les meurtres les plus abominables commis en Utah depuis des années, exactement le genre de crimes à faire de nouveau adopter à toute allure la peine capitale. Gilmore, en réclamant son exécution, n'allait pas attendrir l'opinion publique vis-à-vis des tueurs de haute fidélité.

Oui, ça chauffait vite. Trop vite. Dorius comptait se rendre à Phoenix pour une conférence des fonctionnaires de l'administration pénitentiaire à laquelle Barrett et lui devaient assister, mais le moment était mal choisi pour quitter le bureau. Earl se faisait interviewer quasiment sans interruption par tous les médias. À son bureau, chez lui, dans la rue… partout.

2. Synchronisme

I

À peine Earl Dorius et Bill Barrett étaient-ils arrivés à la conférence des fonctionnaires de l'administration pénitentiaire, qu'ils s'aperçurent qu'à Phoenix aussi Gary Gilmore faisait la une des journaux. Tous les soirs, des reportages à la télé. Ils virent même l'interview de Bill Barrett par Greg Dobbs au journal du soir de la chaîne A. B. C. C'était quelque chose de voir Barrett sur un réseau national !

Puis Earl et Bill firent la connaissance de deux procureurs généraux adjoints de l'État d'Oregon qui racontèrent quels problèmes posait Gilmore au système pénitencier de l'Oregon. Jamais, semblait-il, Gilmore n'était satisfait de ses fausses dents. Chaque fois qu'on lui faisait un nouvel appareil, il le jetait dans les toilettes. La prison finit par lui dire que s'il continuait à balancer comme ça d'autres râteliers, il mâchonnerait sa nourriture avec ses gencives jusqu'à la fin de son séjour en prison. Ces procureurs généraux adjoints disaient maintenant en plaisantant qu'après l'exécution de Gilmore, l'Utah devrait rendre les appareils dentaires à l'administration pénitentiaire de l'Oregon.

Le lendemain, nouveaux développements. On pouvait dire que les événements se bousculaient. La Cour suprême de l'État venait de rendre son arrêt sur la demande en appel de Snyder et Esplin et avait accordé à Gilmore un sursis d'exécution, qu'il le voulût ou non. Maintenant, personne ne savait quand elle aurait lieu. Le même jour, Gilmore adressa une nouvelle lettre à la Cour. Naturellement les journaux la publièrent. Earl avait du mal à croire ce qu'il lisait.

Les habitants de l'Utah n'ont-ils donc pas le courage de leurs opinions ? On condamne un homme à mort – moi – et quand j'accepte ce châtiment suprême de bonne grâce et avec dignité, vous, le peuple de l'Utah, voulez revenir sur votre décision et en discuter avec moi. Vous êtes stupide.

Juste après cela, le directeur de la prison, Smith, téléphona. Gilmore lui avait envoyé une nouvelle lettre :

Monsieur le Directeur, je ne désire voir aucun des membres de la presse. Il y a toutefois un nommé Dennis Boaz, journaliste indépendant et ancien avocat, que je souhaite rencontrer. M. Boaz est la seule exception à mon refus de toute interview.

Qui donc est Dennis Boaz ? se demanda Earl.

II

Le dimanche soir, Gary dit à Cline Campbell : « J'ai besoin de votre aide. Je n'ai pas d'avocat et je pense comparaître devant la Cour dans quelques jours. Je peux toujours aller là-bas et me représenter moi-même, mais ça paraîtrait plus sérieux si j'avais un avocat. » Il remit une lettre à Campbell. « Cet homme dit qu'il est avocat. Voulez-vous le contacter ? » Lorsque Campbell eut promis de le faire, Gilmore ajouta : « Il faut le faire vite. »

La lettre ne mentionnait aucun numéro de téléphone. Le lundi matin, Campbell se rendit en voiture à l'adresse indiquée sur l'enveloppe et tomba sur un type qui sortait tout juste de l'appartement. Il déclara le partager avec Boaz et dit : « Dennis est au lit, mais je vais lui dire de se lever. Il a écrit toute la nuit. »

Lorsque Campbell eut expliqué à Boaz pourquoi il était venu, tous deux s'examinèrent avec attention. Campbell devait lever la tête. Boaz était aussi grand qu'un joueur de basket-ball, au moins un mètre quatre-vingt-dix et, comme un télescope, on aurait dit qu'il avait l'air de se déplier. Tout en haut, il y avait un visage aimable et sérieux, des cheveux bruns et une petite moustache brune. Campbell trouva qu'il aurait pu tout aussi bien être docteur ou dentiste qu'avocat.

III

Comme Dennis occupait le sous-sol sans payer de loyer, sa première pensée, lorsque Campbell arriva, fut qu'il s'agissait sans doute d'un créancier. Campbell avait l'air d'un rude petit soldat. Il ne donnait pas l'impression de plaisanter et se tenait raide comme de l'amidon. Dennis, bien sûr, avait une Saab neuve à propos de laquelle il se trouvait dans une situation délicate. Que voulez-vous, il était fauché… En fait, il devait cinq briques. Dans ces circonstances, il crut tout naturellement que Campbell était venu reprendre possession de la voiture. Dès l'instant où il comprit que Cline était au contraire porteur de bonnes nouvelles, il parvint à le trouver sympathique. Un homme aimable et à la voix douce, décida-t-il, courtois et préoccupé.

L'appartement était un vrai fatras. Everson, avec qui il le partageait, était un peu désorganisé à l'époque ; aussi y avait-il des livres et des journaux partout. Et ce grand lit, dans la pièce qui donnait sur la rue, avait un air un peu insolite, c'est vrai. Campbell n'allait pas se laisser impressionner étant donné qu'il régnait, malgré tout, une atmosphère convenable. Everson était un brave bougre de laisser Dennis habiter là, puisqu'à n'en pas douter cela le gênait pour recevoir des femmes. Mais le fait d'avoir si bon cœur atténuait un peu les choses. D'ailleurs, Boaz estimait que maintenant le plus dur était fait. Il avait su se tirer de situations plus catastrophiques que cela.

Il dit à Campbell qu'il ne lui faudrait qu'une heure pour se préparer mais qu'il devrait acheter des piles pour son magnétophone et aller voir ce qui se passait au Syndicat des conducteurs de cars dont il était le conseiller juridique. Pour cela il était censé toucher de modestes honoraires mais il n'avait encore rien vu. Il n'arriva donc pas à la prison avant 2 heures, soit trois heures plus tard.

La prison se trouvait à Pointe de la Montagne, à trente kilomètres au sud de Salt Lake City, à mi-chemin d'Orem et de Provo, et juste à l'opposé de l'endroit de l'autoroute où la montagne s'arrêtait. Sur la droite, à la bretelle de sortie, on avait une bonne vue sur toutes les étendues désolées se déployant vers l'ouest, et puis une vue de la prison juste au bord du désert ; un assemblage de bâtiments bas en pierre jaune abrités derrière une haute clôture métallique.

Boaz gara sa Saab, passa sous le mirador et pénétra dans les bâtiments de l'Administration. Il y avait une petite entrée, pas de hall, juste deux étroits couloirs qui se coupaient à angle droit. Un guichet pour les renseignements se trouvait sur un côté de cette croix. On aurait dit le coquet bureau qu'on aurait pu trouver derrière la porte d'un grand entrepôt. Les gardiens arboraient des blazers rouges trop courts dans le dos pour ceux qui avaient de gros culs, et Boaz les voyait déambuler dans le couloir ou franchir dans un sens ou dans l'autre les doubles portes qui donnaient accès au quartier de moyenne surveillance. Un prisonnier de corvée, debout près d'une petite vitrine, vendait aux touristes des ceintures de cuir fabriquées par les détenus. Comparé aux prisons de Californie qu'ils avaient vues, Dennis trouva que cet édifice était vieillot et bizarre pour un pénitencier d'État. Malgré cela, l'ambiance n'était pas désagréable, tout ça faisait un peu ferme. Les gardiens avaient des visages sans particularités, mais madrés, comme s'ils étaient allés se rouler dans le foin. Rien pourtant d'envieux ni de techniquement corrompu. Quelques-uns parmi les gardiens plus âgés avaient bien des ventres qui auraient demandé à être soutenus par des brouettes, mais dans l'ensemble c'était un endroit relativement sans chichis, dirigé par des gens de la campagne, ce qu'ils devaient d'ailleurs être. Cependant, parmi les gardiens, il y avait quelques mecs à l'air pas commode.

Devant le bureau du directeur se trouvait un message dactylographié punaisé au mur :

Je ne peux pas blairer les gars
Qui ne cessent de critiquer
Les gars par-ci les gars par-là
Dont l'art a toujours consisté
À savoir être plus malins que tous les autres moins que rien
Qui jour et nuit finissent
Par critiquer Sam Smith

Puis le bureau. Petit pour le cabinet d'un directeur, mais fichtrement petit pour Sam Smith qui était encore plus grand que Dennis et avait une gigantesque carcasse. On aurait dit un croisement, songea Dennis, de Boris Karloff et d'Andy Warhol, et il portait de grosses lunettes à monture en imitation d'écaille. Cela dit, il parlait d'une voix douce.

« Je suppose, commença Dennis, que vous savez un peu pourquoi je suis ici.

— Non, fit Smith, je n'en ai aucune idée. »

Un type rudement prudent, pensa Dennis. Smith avait quelque chose de figé dans l'expression. Il était renversé dans son fauteuil et examinait son visiteur avec circonspection.

Dennis expliqua qu'il était là en tant qu'écrivain. Gilmore voulait discuter la possibilité de lui accorder une interview.

« Oh ! dit Smith, nous ne pouvons pas accepter d'écrivain ici.

— C'est que Gilmore veut me voir. Il m'a envoyé l'aumônier. »

Smith secoua la tête. Il avait une attitude énergique, très directeur de prison, se dit Dennis. Un contrôle absolu de soi dissimulant peut-être l'inquiétude. Et il n'entendait pas laisser percer cette inquiétude.

« Qu'est-ce que ça veut dire ? fit Dennis qui commençait à s'énerver. Cet homme va bientôt mourir, et personne ne peut l'approcher ? Il a envie de me voir. Il veut me parler.

— Je ne peux pas laisser d'écrivains entrer ici », dit Smith. Bon sang, qu'il se tenait raide. Pour un homme de sa corpulence, Smith se déplaçait facilement, mais on pouvait dire qu'il se contrôlait. Dennis ne l'aimait pas, et n'aimait pas la manière qu'il avait d'être assis dans son fauteuil : froid, préoccupé, sans sourire.

Sam Smith resta assis là à réfléchir un long moment. Sa remarque suivante surprit Dennis. « Au fait, fit le directeur, vous êtes avocat. »

Il en sait bien plus sur moi qu'il ne me l'a laissé voir jusqu'à maintenant, songea Dennis.

« De Californie », lui confirma Dennis. « Alors, murmura Sam Smith, nous ne pourrions pas nous opposer au droit qu'a Gilmore de voir un avocat. »

Boaz commençait à piger. Est-ce que par hasard Smith voudrait le voir là, lui, plutôt qu'Esplin et Snyder ? Même s'ils avaient été congédiés, ils étaient encore les seuls avocats de Gilmore, et ils avaient obtenu un sursis. Bien sûr ! Le directeur voulait que l'exécution ait lieu à l'heure dite.

Pourtant, Sam Smith n'était pas aimable. On pouvait même dire qu'il avait un physique intimidant. Mais voilà qu'il déclarait maintenant, d'une voix tranquille, sans jamais regarder Boaz, que celui-ci ne pourrait rencontrer Gary Gilmore qu'en tant que conseiller juridique, mais il faudrait mentionner cela noir sur blanc.

Dennis griffonna un mot pour spécifier qu'il n'écrirait pas d'article destiné à un magazine ou à un journal et qu'il rencontrerait Gilmore en qualité d'avocat. Toutefois, il ajouta qu'il écrivait cela à la demande du directeur et ne manqua pas de préciser : « Notre accord est illégal. » Le directeur se mit en colère. Il émanait de lui comme des radiations d'un poêle chauffé au rouge. De toute évidence, toute cette procédure avait beaucoup d'importance pour Sam Smith. L'homme avait quelque chose à prouver.

On laissa entrer Boaz, mais sans son magnétophone. Un gardien vint le chercher au bâtiment de l'administration et ils parcoururent une centaine de mètres, jusqu'au quartier de haute surveillance, un vilain bâtiment trapu, à l'écart. Là, on fit entrer Boaz dans une assez grande salle de visite, peut-être douze mètres sur huit, avec, dans une cage de verre à l'épreuve des balles, seulement un gardien pour le surveiller. Ce gardien contrôlait l'ouverture et la fermeture de la porte mais ne pouvait sans doute pas entendre grand-chose de l'intérieur de sa cabine. Il était à moitié endormi. La stupeur s'ajoutant à des malheurs anciens, voilà la triste impression que Dennis percevait en haute surveillance.

IV

La première impression de Dennis fut qu'en même temps que Gilmore et malgré son visage calme et renfermé, une intelligence venait d'entrer dans la pièce. Dennis songea qu'il ne l'aurait peut-être pas remarqué dans la rue à moins d'établir un contact visuel. Gilmore avait des yeux gris-bleu très lumineux. Étonnants. Un regard clair et direct. Comme il portait la salopette blanche un peu large de haute surveillance et qu'il était arrivé dans la pièce pieds nus, Dennis le comparait à un saint homme de New Delhi.

Leur conversation commença bien. Boaz expliqua très vite un tas de choses. Il parla de son passé de juriste, Boalt Hall à Berkeley – le hochement de tête de Gary montra qu'il savait que c'étaient là de bonnes lettres de créance – et du temps qu'il avait passé comme assistant du procureur dans le service du District Attorney du comté de Contra Costa, un peu au nord-ouest de San Francisco. Il avait dirigé l'accusation dans plusieurs affaires de marijuana, insista-t-il. S'il se trouvait du côté punitif de la justice, ses sympathies penchaient plutôt pour la défense. C'était sans doute pour avoir écouté Ginsberg et Kerouac vers la fin des années 1950, quand il venait tout juste d'entrer au collège – Gilmore et lui devaient avoir à peu près le même âge, reconnurent-ils – et plus tard pour avoir accordé sa sympathie à des gens comme Mario Savio, Jerry Rubin et au mouvement de Berkeley en général. Il jalonnait l'histoire de sa vie de tous ces noms : Gilmore les connaissait.

Ces derniers temps, déclara Boaz, il n'avait pas beaucoup exercé. C'était trop astreignant. Il s'intéressait plus au mouvement de conscience, aux groupes de rencontres, à la méditation, au Sufi, à la méthode Fischer-Hoffman. Il était sorti de cette expérience si bouleversé par les transformations qui s'étaient opérées en lui qu'il était devenu un conseiller Fischer-Hoffman. Mais il en était venu à trouver cela astreignant aussi. Alors, en esprit du moins, il s'était installé à Findhorn. Il aimait l'idée qu'il existait un endroit où l'on pouvait faire pousser des choux de dix kilos sur trois centimètres de terreau, là-bas, en Écosse, et où même des fleurs pouvaient s'épanouir en hiver si l'on savait leur parler et guider les énergies ambiantes.

Gilmore éco uta tout cela et posa parfois de très bonnes questions. Boaz était un peu soufflé. Gilmore lui offrait la plus brillante conversation intellectuelle qu'il ait eue depuis son arrivée à Salt Lake City. Bizarre.

Ils discutaient bouquins, une discussion sérieuse. Gary parlait de *Demian* de Hermann Jesse, de *Catch-22*, de Ken Kesey, d'Alan Watts, de *Mort à Venise*. Il citait l'auteur Tom Mann, et disait : « Le petit mignon m'a vraiment mis K.-O. » Puis il conclut : « J'aime tout ce que ce dingue d'Irlandais, J. P. Donleavy, a écrit. » C'était plutôt l'énoncé de goûts partagés qu'une discussion. Il aimait aussi *L'agonie et l'Extase* et *Lust Life* d'Irving Stone.

Dennis n'entendait pas Gary développer des idées neuves. Il faut dire que par rapport à la plupart des gens, il était assez cultivé dans ces domaines-là même s'il ne se considérait que comme un dilettante. Il était assez au courant et fut donc impressionné de voir à quel point Gilmore connaissait bien ces histoires de mouvement de conscience. Alors qu'au fond Gary n'avait rien de neuf à apporter, il avait cependant suffisamment réfléchi au sujet. « On ne peut pas échapper à soi-même, dit Gilmore. Il faut s'affronter. »

Dennis était tout à fait d'accord. On était responsable de ses actes. Mais il trouvait Gilmore un peu dogmatique à propos de la réincarnation. Dans ce domaine, Boaz n'avait pas lui-même de croyance bien établie : la réincarnation n'était qu'une possibilité parmi d'autres. « Écoutez, Gary, dit-il – il avait décidé de jouer l'avocat du diable – je me suis trouvé un jour avec quelqu'un qui m'a dit qu'il allait me ramener dans mes vies antérieures et on a fait quelques exercices. Je peux jouer à ce jeu-là. J'étais censé être mort sous la torture au XIVe siècle, et puis j'étais Pan à une autre époque. J'ai baissé les yeux et j'ai vu des pieds fourchus… Vous voyez ? Ç'aurait pu n'être rien d'autre qu'une création de mon imagination. Je ne sais pas. Je suis ouvert à tout ça, mais je trouve que ça n'a pas d'importance. J'estime qu'on peut avoir sa morale sans se lancer dans la réincarnation. »

Gilmore secoua la tête. « La réincarnation existe, dit-il, je le sais. »

Boaz laissa tomber. Même si on pouvait apprécier une discussion, il fallait saisir le moment où s'arrêter.

Ils en arrivèrent à la numérologie. Le jour anniversaire de Gilmore faisait un total de vingt et un. Dans le tarot, c'était la carte de l'Univers. Deux et un faisaient aussi trois, un chiffre porte-bonheur, l'Impératrice. De son côté, l'anniversaire de Boaz totalisait l'Empereur et le Fou.

« On s'équilibre, fit Boaz, en riant.

— Oui, dit Gilmore, nous sommes de bons associés. »

Toutefois, si on donnait des chiffres aux lettres de son nom, on arrivait à un total de sept pour Gary et de six pour Gilmore.

Treize était la carte de la mort. Boaz sentait cette vibration traverser Gilmore. Quel gâchis, songea-t-il, quelle honte ! Il en est à la dernière semaine de son existence. Ça le rendait triste d'être une des très rares personnes à se rendre compte que Gilmore était sérieux quand il parlait de mourir avec dignité, et il le lui dit.

Gilmore hocha la tête. « Je suis disposé à vous accorder l'interview », dit-il. Mais il ajouta : « J'ai besoin d'aide. Voulez-vous être mon avocat ? »

S'il acceptait, se dit Dennis, beaucoup de gens, assurément, n'allaient pas comprendre. Ça allait être fichtrement difficile sur le plan professionnel. Mais quelle expérience !

« Bon Dieu, fit Dennis, vous savez le genre de réputation que ça va me valoir ?

— Vous pouvez le supporter », fit Gary.

Boaz acquiesça. Il pouvait le supporter en effet. Il se crut quand même obligé de dire : « J'ai l'impression d'être Judas en vous aidant à vous faire exécuter.

— Judas, répondit Gary, a été l'homme le plus calomnié de l'Histoire. »

Judas savait ce qu'il se passait, ajouta Gilmore. Judas était là pour aider Jésus à réaliser la prophétie.

Maintenant qu'ils étaient convenus de travailler ensemble, Boaz commença à songer au côté plus coriace de Gary. Macho dans une certaine mesure. Bien sûr, il devait se servir d'une arme pour faire la preuve de sa puissance. Il vivait dans les extrêmes. Il avait dû être un enfant très sensible.

Ça fit penser Dennis à l'époque où il était en dernière année de lycée à Fresno et à ceux de sa classe qui avaient déjà des filles, qui fumaient, qui regardaient des photos pornos et buvaient de l'alcool en douce alors que lui était toujours aussi naïf.

En s'en allant, Gilmore lui dit : « Je veux que vous veniez tous les jours. » Boaz promit de le faire. Il avait passé là près de trois heures.

Sam Smith voulut savoir comment ça s'était passé. Il aborda Dennis dans le couloir et lui fit un sourire. « Alors, monsieur Boaz, demanda Sam Smith, vous êtes vraiment avec nous ? » Avec Nous ?

En réponse, Dennis eut un sourire. L'avocat de la défense copinant avec le directeur de la prison. « Oui, je suis avec vous, monsieur le directeur. » Eh oui. À fond.

V

Ils avaient beau être arrivés en Californie des années après que les Okies aient immigré de la cuvette à poussière, les parents de Boaz n'aimaient pas beaucoup qu'on dise qu'ils venaient de l'Oklahoma. Durant toute la Crise et la Seconde Guerre mondiale, Okie était un mot mal vu à Fresno. Peu importait que le beau-père de Dennis fût adjudant dans l'armée, c'était quand même une tache. Enfant, Dennis disait des choses comme : « Mon frère, il… » et en classe élémentaire on lui fit suivre un cours de repêchage en anglais. Il allait rattraper cela en ayant de bonnes notes au lycée, en travaillant sa diction et en se faisant des amis parmi les gosses de la bourgeoisie. Il voulait s'établir comme Californien.

Lorsqu'il fut plus âgé, toutefois, il put apprécier son héritage. Une partie de lui-même ne se laissa jamais gagner par toute cette éthique bourgeoise. Mais il s'était donné du mal. En dernière année, il se fit élire président du corps des étudiants, jouait au basket-ball et était capitaine de l'équipe de tennis au lycée. Pourtant il se rendait compte qu'il en faisait trop et pendant toutes ces années de collège et de faculté de Droit, il y eut cette grave division en lui-même : allait-il choisir ce poste d'assistant du District Attorney à Contra Costa ou bien se lancer dans le mouvement Underground sur le droit de jouer et la poursuite du bonheur ?

Un tiers des procureurs du bureau de Contra Costa, les plus jeunes, fumaient tout le temps de l'herbe tout en travaillant sous les ordres de patrons à la mentalité étriquée et parfois F. B. I. : chemise blanche à manches courtes et petite cravate noire.

Au cours d'une soirée dans un bungalow de deux étages, une demi-douzaine de jeunes procureurs, y compris Dennis, montèrent au grenier pour fumer un peu, tandis qu'au rez-de-chaussée leur patron s'imbibait d'alcool dans la salle de séjour. La vraie juxtaposition de la gnôle et de l'herbe. Les patrons – avec leurs biberons – étaient en enfer en bas, et Dennis et ses copains montaient au ciel.

À peu près à cette époque, Dennis se maria à une femme superbe et l'aida à élever son fils. Dennis avait été élevé par un beau-père et se retrouvait lui-même beau-père. Une bonne symétrie aidait à maintenir un bon équilibre affectif. Pendant quelque temps, ce fut un bon mariage. Il quitta le bureau du District Attorney, s'installa comme avocat d'assises et il aimait ça. C'était plus dramatique de se battre au tribunal pour la liberté de quelqu'un que de protéger son argent. Sa femme, Ariadne, et lui à cette époque, se mirent à goûter aussi les aspects sensuels du droit de jouer. Les bonnes choses, les belles voitures, la cuisine française, les voyages en Europe.

Et puis Ariadne et lui se dirigèrent vers des buts différents. Le divorce se dessina comme un point de rupture. Dennis s'intéressait moins à sa clientèle. Il était encombré de problèmes de propriétés, alors qu'il se trouvait en pleins problèmes psychologiques. Il passa aux techniques d'éveil de la conscience et il s'attacha à un Hindou nommé Harish. Autour du Gourou gravitaient des physiciens, des poètes, des artistes, des médecins, des musiciens et des gens de théâtre. Un groupe d'entre eux forma la Modulation Maya. Ils mirent tous de l'argent dans un film sonore qu'on devait tourner en Inde, mais un des membres de l'équipe mourut là-bas. Tout le projet s'effondra.

En 1975, Dennis était fauché comme les blés et décidé à vivre de sa plume. Il échoua à Ariadne Street, à East Oakland, avec un vieux partenaire de hand-ball et un type fou de jogging. La maison sentait les chaussures à pointes et la transpiration. Dennis dormit sur un divan du salon pendant six mois. Il y avait des moutons dans tous les coins de la maison d'Ariadne Street. Seulement, c'était le nom de son ex-femme. C'était marrant, une coïncidence. Il avait aussi deux ou trois amies qui prenaient pitié d'un écrivain cherchant à percer et qui le nourrissaient un peu.

Mais en 1976, il était dans le trente-sixième dessous. Deux semaines logé et nourri gratuitement chez sa mère voulait dire supporter l'agacement qu'elle éprouvait à voir qu'un jeune et brillant avocat avait tout laissé tomber. Deux mois avec un copain qui dirigeait une boîte de noctambules voulait dire impossibilité de dormir et impossibilité d'écrire. Ensuite, il repeignit une maison pour son vrai père. Dennis vivait d'expédients. Bien entendu, il adorait la politique du bord de l'abîme.

Il décida de revenir au droit. Il avait aussi le sens des responsabilités. Son vrai père était installateur en plomberie et Dennis ne voulait absolument pas perdre ses liens avec la classe ouvrière. Aussi accepta-t-il de devenir l'avocat du syndicat des conducteurs de bus de Salt Lake et s'apprêta-t-il à engager un procès contre les compagnies de cars qui n'autorisaient pas leurs chauffeurs à utiliser les postes de radio amateurs. Selon Dennis, les radios amateurs pouvaient sauver des vies dans les cas d'urgence. Il faisait donc la navette au volant de sa Saab entre la Californie et l'Utah quand, lors du dernier de ces voyages, il aperçut l'homme mort sur l'autoroute alors qu'il retournait à Salt Lake afin de voter pour Carter.

VI

Et voilà que maintenant, une semaine plus tard, sa vie était au tournant d'un grand changement. Il était en train de monter la colline jusqu'au Capitole de l'État, avec son superbe dôme qu'il avait si souvent regardé, car on le voyait d'à peu près n'importe où à Salt Lake. Dennis était ravi. Aujourd'hui il allait déposer sa carte de visite dans le bureau du procureur général et déclarer que Gilmore voulait que Dennis Boaz fût son avocat demain devant la Cour suprême de l'Utah pour y proclamer son droit de ne pas voir retardée son exécution. Ça n'allait pas être une rencontre ordinaire, et Dennis prit son temps pour traverser le bâtiment. Il essayait de percevoir l'aura de ces vieux mormons. La piété de l'atmosphère était comme la lourde piété qu'on trouve dans toutes les salles de tribunal et les bâtiments officiels, sauf qu'il y manquait les relents de vieux cigares. Peut-être y avait-il moins de corruption dans cette piété. On y trouvait assurément un parfum de révérence. Dans le style : nous serons tous présents le Grand Jour où le Seigneur fera Son apparition.

Dennis avait déjà visité Temple Square et regardé le bâtiment où chantait le chœur mormon du Tabernacle, et au Centre des Visiteurs, il avait écouté le guide raconter l'histoire de Dieu venant à Joseph Smith avec les plaques d'or de l'ange Moroni. Dennis ne pouvait pas s'en empêcher, il réagissait : il y avait ces anges Mormon et Moroni, deux anges uniquement sous les ordres de Dieu, tout aussi importants que Pierre et Paul dans les milieux mormons, et leurs noms lui disaient quelque chose.

Ce ne fut qu'après être monté jusqu'au bâtiment du Capitole et alors que, planté sur le perron, il regardait au pied de la colline le panorama de Salt Lake City, que cela lui vint. De là, par temps clair, on apercevait la moitié de l'Utah. Seulement aujourd'hui le temps n'était pas clair. D'ailleurs, il n'y avait jamais plus de jours tellement clairs à Salt Lake. Jadis, le désert d'Utah était aussi beau que les déserts de Palestine cités dans l'Ancien Testament, mais aujourd'hui il ne valait pas mieux que les faubourgs de Los Angeles. Des bicoques dans le style ranch s'alignaient aussi loin que le brouillard permettait à l'œil de voir, et là-bas à l'ouest, il y avait les fonderies d'Anacoda Copper apportant leur contribution à la pollution du ciel. Dennis comprit tout d'un coup. Ces anges, Mormon et Moroni, signifiaient More Money, plus d'argent. Pas étonnant que les mormons eussent fini par être la plus riche Église d'Amérique. Cet acharnement à gagner de plus en plus d'argent ! Dennis se mit à rire tout seul. Il se sentait maintenant d'attaque pour discuter avec le procureur général.

Intrigué par la similitude des noms, Dennis savait néanmoins que le procureur général Robert Hansen n'était pas parent de Phil Hansen, ancien procureur général et le plus grand avocat d'assises de l'Utah. Non, ce Hansen-ci, Robert Hansen, avait été élu procureur général juste la semaine précédente.

Dennis ne le trouva pas mal. Plutôt aimable encore qu'un peu brusque. Un homme de droite bien bâti, pas mal de sa personne, cheveux bruns, lunettes, comme on en trouve dans les cabinets républicains. Ils se mirent tout de suite à parler d'écoles de droit, et Boaz comprit qu'il était bien coté dans l'esprit de Robert Hansen lorsqu'il mentionna Boalt. Hansen répondit que lui était allé à Hastings. Parfait. Parfait. Tout était net et formel dans ce grand bureau lambrissé de noyer avec ses tapis bleus et ses lourds rideaux de velours bleu marine.

Les médias, expliqua Hansen, s'imaginaient que son bureau soutenait le désir de mourir de Gilmore, même qu'ils tablaient dessus. Toutefois, le bureau du procureur général insistait pour affirmer que Gilmore n'allait pas mourir parce qu'il en avait envie, mais parce que c'était la juste sentence pour ce qu'il avait fait.

Cela dit, Hansen se montra coopératif. Boaz, expliqua-t-il, aurait besoin d'un avocat de l'Utah comme parrain devant la Cour suprême de l'État. Il se trouvait que le procureur général adjoint, Mike Deamer, avait justement en ce moment dans son bureau un camarade de classe du nom de Tom Jones. Celui-ci, convoqué, accepta aussitôt. Bon travail d'équipe, tout baignait dans l'huile.

En préparant son dossier cette nuit-là, Dennis essayait de tenir compte de la Cour suprême de l'État devant laquelle il allait plaider. Ses membres avaient la réputation d'être à la droite de

Barry Goldwater. Ces juges étaient sans doute tous mormons, et à peu près ce qu'on pouvait trouver dans la magistrature de plus près d'une théocratie. Dennis décida qu'il aurait plus de chances s'il mettait un peu d'émotion dans sa plaidoirie. Même s'il n'avait pas fait de droit criminel depuis le printemps 1974, il ne se sentait pas dépassé. Au contraire, il se sentait extrêmement compétent. Après tout, dans le cas présent, il n'y avait pas de recherches à faire. Hansen, avec ses assistants, pouvait faire cinq ou six fois plus de travail qu'il n'en serait capable à un stade aussi tardif. Dennis décida donc d'aller essayer d'inspirer aux juges de la compassion pour le désir qu'avait Gilmore de mourir avec dignité.

VII

PROCUREUR HANSEN. – L'État d'Utah n'est pas représenté ici pour faire valoir les droits de M. Gilmore, l'État est représenté ici pour faire valoir les droits du peuple... Je prétends que surseoir à l'exécution est... contraire aux droits de la victime et de sa famille, et contraire à l'intérêt public tel qu'il est exprimé dans les lois de cet État.

JUGE HENRIOD. – Merci. Lequel de vous, messieurs, veut s'adresser à la Cour ? Vous pouvez commencer.

Me BOAZ. – Votre Honneur, messieurs les juges de la Cour suprême de l'État d'Utah... J'ai examiné le dossier présenté par le procureur général et je partage son opinion... Il ne s'agit pas d'une affaire où mon client conclut une sorte de pacte de suicide avec l'État, pas plus qu'il n'éprouve une envie perverse de mourir. C'est un homme qui est prêt à accepter la responsabilité de son acte, et il a demandé qu'on procède à une exécution juste et rapide... et non pas la mort lente dont s'accompagnerait une demande automatique d'appel susceptible de se prolonger des jours, des mois et peut-être des années. Ce n'est pas à nous de juger. Aucun de nous n'a passé plus de quatre-vingt-dix pour cent de sa vie adulte dans une cellule de prison. Mon client a pris une décision lucide sur le point de savoir s'il désire continuer à vivre ou être exécuté. Il se présente ici en homme responsable et sain d'esprit qui a accepté le jugement du peuple, qui a fait la paix avec lui-même et qui souhaite mourir comme un homme dans des conditions de dignité où il puisse se respecter… C'est tout ce qu'il demande à la Cour : que la demande d'appel soit écartée, que le sursis soit annulé et qu'il soit autorisé à mourir sans déchoir lundi prochain. J'ai maintenant quelques questions à poser à M. Gilmore… Gary Gilmore, vous rendez-vous compte que vous avez le droit absolu de faire appel à la condamnation et à la sentence prononcées dans cette affaire ?

GILMORE. – Oui, monsieur.

JUGE HENRIOD. – Monsieur Gilmore, voulez-vous parler d'une voix aussi forte que possible afin que tout le monde puisse vous entendre car c'est à peine si je vous entends moi-même.

Me BOAZ. – Avez-vous précédemment indiqué à vos anciens défenseurs que vous ne souhaitiez pas interjeter appel dans cette affaire ?

GILMORE. – Je leur ai dit au cours du procès et même peut-être avant que, si j'étais reconnu coupable et condamné à mort, je préférerais accepter la sentence sans aucun délai. Je crois qu'ils ne m'ont peut-être pas pris tout à fait au sérieux car, lorsque c'est devenu une réalité et… je n'avais pas changé d'avis, ils voulaient en discuter avec moi… ils ont déclaré qu'ils allaient faire appel malgré mes objections. Je ne pouvais pas les congédier devant un juge et faire enregistrer le fait, tout simplement parce que je n'ai pas accès aux juges du tribunal puisque je suis en prison. Mais je les ai congédiés et ils le savent.

Me BOAZ. – Gary Gilmore, êtes-vous, en fait, actuellement prêt à accepter l'exécution ?

GILMORE. – Pas actuellement, mais je suis prêt à l'accepter… lundi prochain à 8 heures du matin. C'est la date qui a été fixée. C'est à ce moment que je serai prêt à l'accepter.

JUGE HENRIOD. – Je crois que dans l'intérêt de la justice, nous devrions demander à Me Snyder de préciser sa position. Je tiens à ce que ce soit très bref.

Me SNYDER. – Il faut que l'on sache que j'ai parlé à M. Gilmore bien plus souvent et bien plus longtemps que ne l'a fait Me Boaz. J'estime que la décision à laquelle M. Gilmore s'est trouvé confronté lui a imposé une extraordinaire tension… À mon avis, ce que M. Gilmore tente de faire en l'occurrence, c'est l'équivalent d'un suicide. Il n'a pas à mourir… Je crois que ce serait une honte si cette Cour annulait maintenant le sursis d'exécution et laissait M. Gilmore être exécuté le 15 novembre sans avoir réexaminé et reconsidéré les problèmes substantiels soulevés tout à la fois par la condamnation et par la procédure qui a suivi.

JUGE HENRIOD. – Je vous remercie.

JUGE MAUGHAN. – … Si je comprends bien, votre préoccupation est alors de vous assurer que la procédure a bien été respectée ?…

Me SNYDER. – C'est exactement cela… Nous sommes chargés par la Cour de veiller à ce que M. Gilmore ait bien eu un procès équitable, qu'il n'y ait pas eu d'erreurs et que la procédure soit dûment révisée par cette Cour.

JUGE ELLETT. – Vous n'êtes plus concerné. Vous avez été relevé, vous avez été supplanté…

Me SNYDER. – Je ne l'admets pas…

JUGE ELLETT. – Pourquoi ne voulez-vous pas accepter de bonne grâce le fait que M. Gilmore vous ait congédié, comme il est disposé à accepter de bonne grâce la sentence de la Cour ?

JUGE CROCKETT. – Je crois que les avocats de la défense ont fait ce qu'ils estiment en conscience devoir faire et je pense que nous ne devrions pas les critiquer pour ce qu'ils ont fait. Mais nous nous trouvons aujourd'hui devant une situation imprévue et nous en avons tous conscience.

JUGE HENRIOD. – Monsieur Gilmore, y a-t-il quelque chose que vous aimeriez dire maintenant sans qu'on vous pose de question ?

GILMORE. – Votre Honneur, je ne veux pas prendre beaucoup de temps avec mes paroles. Je suis persuadé d'avoir eu un procès équitable, j'estime que la sentence est juste et je suis prêt à l'accepter comme un homme. Je ne souhaite pas faire appel. Je ne sais pas exactement quels sont les motifs de Me Esplin et de Me Snyder... Je sais qu'ils doivent songer à leur carrière... Peut-être leur fait-on des critiques qui ne leur plaisent pas. Je l'ignore. Je désire être exécuté à la date prévue et je souhaite simplement accepter cela avec la grâce et la dignité d'un homme et j'espère qu'il en sera ainsi. C'est tout ce que j'ai à dire.

VIII

Gary et Dennis se trouvaient ensemble dans un bureau lorsqu'on annonça le résultat. La Cour suprême de l'Utah avait annulé le sursis par quatre voix contre une. L'exécution aurait lieu le lundi 15 novembre.

Gary était ravi du résultat. « Cela lui apporte la paix, se dit Dennis, de savoir qu'il quitte tout cela. » Quelques minutes plus tard, il devait le déclarer au cours d'une conférence de presse.

« Vous pouvez, lui dit alors Gary, garder tout ce que vous apportera votre récit. » « Oh ! non, dit Dennis en riant, moitié moitié. Ça me semble équitable. »

C'était la première fois qu'ils discutaient des conditions. Ce serait donc moitié moitié. Ils ne prirent même pas la peine de mettre cela par écrit. Ils échangèrent juste une poignée de main.

Deseret News

> Salt Lake, 10 novembre. — Menottes aux poignets et les fers aux pieds, Gilmore a été amené dans la salle où siège la Cour suprême dans le bâtiment du Capitole de l'État.

De sévères mesures de sécurité avaient été prises. Lorsqu'il en est sorti, une foule de spectateurs ainsi que des reporters et des opérateurs des télévisions et des journaux locaux et nationaux ont déferlé sur lui.

Ce soir-là, au dîner, la femme de Bob Hansen et ses enfants voulaient tous entendre parler de Gilmore. Lorsqu'il exerçait comme avocat, Hansen ne discutait jamais des affaires qu'il plaidait, mais le bureau du procureur général avait constamment à connaître de questions publiques. C'était comme exercer dans une maison de verre. Aussi, les enfants de Hansen étaient-ils non seulement curieux, mais au courant. Ils accumulaient pratiquement la documentation de ses dossiers en collectionnant tous les articles de journaux.

Pendant le dîner, il raconta donc à sa famille que Boaz avait été éloquent, et même impressionnant, et que Gilmore l'avait surpris en se révélant du même niveau intellectuel que les membres de la Cour. À dire vrai, Hansen ne se rappelait pas d'autre affaire dans laquelle l'accusé avait semblé en mesure de comprendre et de discuter avec avocats et juges comme avec des pairs. Gilmore ne s'était pourtant jamais présenté comme avocat. Hansen trouvait cela impressionnant. On n'avait jamais l'impression que Gary méprisait le droit des juges ou des avocats de plaider en sa faveur ou contre lui. Cela ajoutait à sa dignité. En réalité, Hansen fit observer qu'il ne s'était absolument pas comporté comme un homme désorienté et déprimé, mais au contraire qu'il semblait tout à fait sain d'esprit. Cela l'avait impressionné, dit-il. La famille poursuivit son repas d'un air songeur.

10 novembre

Cher Gilroy,

Cé n'était qu'oune enfant ! Je me suis demandé si j'allais ou non t'écrire, et puis j'ai décidé de te mettre quelques lignes et j'y ai joint quelques dollars, je suis sûr que tu peux en faire bon usage.

J'ai beaucoup entendu parler de toi aux informations ; tu sais que tu as vraiment plus de style, de classe et de cran que personne que j'aie jamais rencontré.

Il y a quelque chose que je tiens à te dire et comme tu sais, je ne suis pas aussi fort que toi avec les mots, alors voilà.

Je ne sais pas quel genre de dispositions ta famille, tes parents et Nicole ont prises pour l'enterrement, mais s'il y a quelque chose que je puisse faire pour donner un coup de main financièrement, fais-moi juste savoir à qui et où tu veux que j'envoie l'argent.

GIBBS

DESERET NEWS

L'histoire Gilmore fait la une des journaux

Salt Lake, 11 novembre… La décision prise par la Cour suprême de l'Utah de permettre à Gary Mark Gilmore de mourir devant un peloton d'exécution de la prison a fait aujourd'hui la une du *New York Times*, du *New York Daily News* et du *Washington Post*.

NEW YORK TIMES

11 novembre 1976. — L'inspecteur Glade M. Perry, de la police de Provo, s'est porté volontaire pour le peloton d'exécution. « Il faut bien que quelqu'un le fasse, a-t-il déclaré, et nous avons bien le courage de risquer notre vie tous les jours. »

Un homme d'un certain âge, aux cheveux gris, qui a refusé de donner son nom, a confié : « On devrait donner aux parents des garçons que Gilmore a tués, la possibilité de le fusiller. »

Le shérif Ed Ranyan, de Ogden, a dit que dans le passé il a reçu des douzaines de demandes de gens qui voulaient faire partie d'un peloton d'exécution, mais il a ajouté :

« Ils étaient malades comme un chasseur à la veille de sa première ouverture si jamais le moment arrivait de le faire. Un des hommes de mon service a participé à une exécution voilà près de vingt ans et il jure qu'il regrette de l'avoir fait : ça le tracasse encore la nuit. »

Los Angeles Herald Examiner

Salt Lake, 17 novembre… Gilmore a fait savoir qu'il avait choisi pour le traditionnel dernier repas du condamné un paquet de six canettes de bière fraîche.

« Gary a un vrai côté macho, c'est sûr, a déclaré Boaz, mais il n'a pas le sang si froid que ça. Il croit au Karma, et pense qu'il va souffrir pour ce qu'il a fait. Il est persuadé aussi que l'âme évolue, que la réincarnation existe et que la manière dont on meurt peut être une expérience enrichissante pour autrui. »

3. La spécialiste du courrier du cœur

I

À peu près au moment où tous les reporters découvraient qu'ils ne pouvaient obtenir une interview de Gary à cause de ces foutus règlements de la prison, Tamera Smith, du *Deseret News*, remarqua qu'on s'intéressait beaucoup à Nicole Barrett. On disait que Nicole voyait Gary tous les jours, aussi tout le monde essayait-il de la contacter. Personne n'y avait réussi, sauf un type de la Chaîne Cinq qui avait discuté quelques minutes un soir en direct avec la petite amie de Gilmore. Tamera trouvait que Nicole ne s'était pas montrée sous son meilleur jour. En réalité, elle avait un air fatigué et préoccupé, comme un petit oiseau trempé par la pluie.

Bref, un camarade journaliste du *Deseret News* du nom de Dale Van Atta était en train de déplorer combien c'était difficile d'approcher Nicole, quand Tamera dit : « Je l'ai déjà rencontrée. Veux-tu que j'essaie ? » Van Atta la considérait pour ce qu'elle était, une jeune journaliste tout juste sortie du collège, et dit : « Je ne pense pas que ça t'avancera. » Elle appela la prison alors que Nicole était justement dans la salle de visite de haute surveillance. Tamera ne s'attendait pas à lui parler aussi vite, et c'était à peine si elle savait quoi dire, mais Nicole se rappela tout de suite qui elle était, alors Tamera lui dit : « Je me demande si vous seriez d'accord pour qu'on se voie et qu'on bavarde un peu. »

Même au téléphone, Tamera sentit sa pensée cheminer. Nicole prenait toujours très au sérieux ce qu'on lui disait. Même la remarque la plus anodine, elle l'enfouissait tout au fond d'elle-même. C'était comme si elle ne se décidait à donner sa réponse que si elle avait assimilé *tout* ce qu'on lui disait. Cette fois, après un silence, Nicole dit qu'elle n'avait vraiment pas envie de parler, mais il y avait quelque chose dans le ton de sa réponse qui était encourageant ; aussi Tamera lui demanda-t-elle si elles pouvaient le faire à titre privé. Nouveau silence puis Nicole dit qu'à titre privé ça pourrait se faire. Tamera répondit qu'elle passerait la prendre à la prison.

Dehors, dans le parking, Tamera piétinait dans la première neige de novembre et frissonnait, lorsque Nicole descendit l'allée menant au quartier de haute surveillance, l'aperçut, lui fit un charmant sourire et s'approcha. Mais sur la route, Nicole recommença à avoir l'air triste. Elle raconta bientôt que son grand-père était mort et qu'on allait l'enterrer le surlendemain, et puis il y avait cet ancien ami, Kip, qui venait de se tuer les jours précédents. De plus, Gary était très excité parce que, le matin même, il avait gagné devant la Cour suprême de l'Utah et qu'il allait probablement se trouver en face d'un peloton d'exécution. Cela surprit Tamera que Nicole ne parût pas bouleversée. Elle était assise là, calme et immobile, soufflant doucement sa fumée, comme le font les gens vraiment amateurs de tabac.

Tamera s'arrêta à Provo pour offrir à déjeuner à Nicole, et elles durent bavarder deux bonnes heures là, chez J. B., dans Center Street, dégustant des hamburgers et des milkshakes. En général, l'établissement était bourré d'étudiants, mais au milieu de l'après-midi, l'endroit était assez calme. Tamera sentit que Nicole se détendait au fur et à mesure de la conversation.

II

Elles s'étaient déjà rencontrées au mois d'août, lors de la seconde audience préliminaire. Tamera travaillait alors comme pigiste à Provo pour le *Deseret News*, poste qu'elle avait obtenu après avoir travaillé à B. Y. U. au *Daily Universe*. Ayant fait du journalisme de collège, elle avait l'habitude de faire la ronde des commissariats, mais au tribunal, ce fut autre chose : elle fut captivée par Nicole.

Lorsqu'on amena Gilmore, entravé et marchant d'un pas traînant, elle remarqua cette fille assise au premier rang. Il s'arrêta devant elle, l'embrassa, et Tamera comprit que ce devait être sa petite amie. Elle l'entendit même dire : « Je t'aime. » Tamera se sentit aussitôt débordante de compréhension pour Nicole. Gilmore n'avait alors rien d'impressionnant, ce n'était qu'un criminel comme un autre, l'air dur, assez peu engageant, avec un visage marqué. Tamera se sentit humiliée pour lui de le voir les chevilles enchaînées, marchant à petits pas saccadés, mais en fait c'était la fille qui l'attirait, qui la fascinait littéralement. Elle avait un air mystique, une sorte d'éclat, songea Tamera, comme une vedette de cinéma d'autrefois. Tamera perçut tout de suite le drame de la situation. « En plus des veuves, il y a une autre femme dans l'histoire », se dit-elle. L'audience terminée, Tamera s'attarda dans le fond de la salle et regarda Gary donner à Nicole un baiser d'adieu. Puis, dans la rue, elle vit Nicole lui faire des signes jusqu'à ce qu'il eût disparu. On pouvait dire qu'elle avait voulu être belle pour lui parce qu'elle portait ce jour-là une robe longue un peu démodée et modeste. Elle était si belle que Tamera, en l'observant, eut l'impression d'être elle-même une grande blonde peu soignée et dégingandée. Elle attendit que Nicole fût montée dans sa voiture, mais elle ne put se retenir plus longtemps. Elle fut prise d'un besoin irrépressible de lui parler et traversa la rue en courant pour la rejoindre.

À l'époque, il n'était pas question de faire un article. L'affaire Gilmore était encore un procès comme les autres. Tamera voulait juste que Nicole sache que quelqu'un s'intéressait à elle, parce que, dans une ville comme Provo, tous les gens prenaient le parti des victimes.

Arrivée à la voiture, elle dit : « Je m'appelle Tamera Smith, je travaille pour le *Deseret News* et j'aimerais vous parler. Pas en tant que journaliste mais en tant qu'amie. Je me demande si vous accepterez de prendre un café. Vous devez en avoir gros sur le cœur. » Nicole hésita, puis accepta. Alors elles prirent la voiture de Nicole, qui roulait de façon épouvantable, car on ne savait jamais quelle vitesse allait passer. Nicole expliqua qu'elle avait eu un accident deux jours avant, et elles allèrent chez Sambo pour bavarder.

Les deux filles parlèrent d'elles, et en fait Tamera se surprit à beaucoup se dévoiler. Elle fut étonnée de la rapidité avec laquelle elle raconta à Nicole que son père était mort il y avait bien des années et que cela avait laissé en elle un vide énorme qu'elle n'arrivait pas à combler. Puis elle raconta que jadis elle avait écrit à un type en prison, et que ses frères et sœurs, qui étaient tous des mormons aussi actifs qu'on pouvait trouver, avaient été dans tous leurs états. Mais le type s'était révélé merveilleux et elle était même allée le voir dans une prison du Kentucky. Cela lui ouvrit certainement le cœur de Nicole.

Pendant tout le temps de la conversation, Tamera fut aux anges. Ce n'était pas que Nicole était d'une beauté sans défaut, mais elle était fascinante. De plus, elle avait un air tellement calme qu'on avait l'impression de se trouver devant quelqu'un qui ne le perdait jamais. Et pourtant, d'après les histoires que racontait Nicole, Tamera se dit qu'elle devait avoir un sacré tempérament. Mais ce jour-là elle était royalement sereine.

Lorsqu'elles se dirent adieu, Tamera lui donna son numéro de téléphone et dit : « Si vous avez besoin d'aide, je serai heureuse si je peux faire quelque chose. » Ce fut tout. Le journal ne lui confia pas le reportage du procès et elle n'eut plus rien à faire avec cette histoire. Elle s'occupa d'autre chose. Elle avait presque oublié.

III

Mais aujourd'hui, chez J. B., peut-être que Nicole n'avait encore rencontré personne à qui elle eût envie de se confier, mais on peut dire qu'elle s'épancha. Tout en sirotant sa boisson, elle avoua à Tamera qu'elle allait se suicider. Elle le lui déclara posément en insistant sur toutes les morts qui pesaient sur elle : les victimes, Kip, son grand-père, Gary bientôt. Tamera sentit qu'elle avait peur.

Ce qui donnait à Tamera envie de pleurer, c'était que Nicole attendait, tout comme Gilmore, la date de sa mort. Quand elle était avec lui, expliqua-t-elle, ça allait bien, elle n'avait pas peur parce que Gary avait une vision de ce que la vie serait après la mort, mais quand elle le quittait, de nouveau elle était effrayée. Ces hauts et ces bas devaient être affreux, songea Tamera. Chaque fois que Gary obtenait un sursis, il en était de même pour Nicole.

Pour Tamera, c'était quelque chose de prodigieux. Ses amis se moquaient toujours d'elle parce qu'elle était très émotive, et Tamera se disait qu'elle devait être un des êtres les plus divisés qui soit. D'un côté une mormone active et croyante, et de l'autre des élans déments. Aux yeux de tous, sauf aux siens, elle devait sembler un peu folle. Grandir en croyant à l'Alliance divine et croire à tout ça encore aujourd'hui, et pourtant se déchaîner devant les Rolling Stones ! Ses camarades disaient toujours que, si elle n'avait pas une éruption, elle allait exploser : il y avait trop de lave brûlante en elle. Et voilà maintenant que cette histoire lui tombait dessus. C'était le sujet le plus formidable qu'elle eût jamais approché, mais en même temps elle se faisait beaucoup de souci pour Nicole.

Tamera ne voulait pas se montrer indiscrète, mais elle ne put faire autrement que poser des questions. « Et les gosses ? »

voulut-elle savoir. Nicole semblait prête à éclater en sanglots. Elle ne les traitait pas, avoua-t-elle, aussi bien qu'elle l'aurait voulu. Tamera lui demanda aussi si elle et Gary parlaient beaucoup de ce suicide. Nicole répondit : « On ne parle que de ça. »

Tamera brûlait d'écrire son article.

Dans la rue, devant le petit immeuble où habitait Nicole, elles aperçurent une camionnette d'une station de télé de Salt Lake. À peine étaient-elles dans l'escalier qui conduisait au second étage qu'un journaliste sortit en courant d'une voiture à l'arrêt. « C'est vous Nicole Barrett ? » demanda-t-il. « Je suis sa sœur », dit Nicole. « Non, vous êtes Nicole », insista le journaliste. Elle le toisa calmement : « Je suis sa sœur. Nicole est à la prison. » « Pourtant, je vous reconnais », dit le reporter. « Non, je suis sa sœur. » Tamera et Nicole s'éloignèrent, suivirent la galerie et entrèrent dans l'appartement. Dès l'instant où la porte fut fermée, elles éclatèrent de rire. Cela donna à Tamera le courage de demander un peu plus tard à Nicole si elle l'autorisait à écrire leur histoire.

Ce qui se passa en réalité, c'est que Nicole avait sorti quelques-uns des dessins de Gary et que Tamera les trouva très bons. Elle déclara que le public devrait être plus informé sur la vie de Gary. C'était un bon argument et Tamera était sincère. En fait, en regardant les dessins, elle se dit qu'il devait avoir une vie intérieure intense. Ces croquis étaient trop mélancoliques et trop contrôlés.

Elle parla à Nicole du détenu dont elle avait été l'amie. Tamera l'avait interviewé à la prison municipale de Provo alors qu'elle était encore à B. Y. U. Elle était arrivée et elle avait découvert ce type dans sa cellule, gentil, chaleureux et beau garçon. Tout ce qu'il avait fait, ç'avait été de voler un tas de cartes de crédit, des appareils photos, des trucs sans trop d'importance. Elle était tombée amoureuse tout de suite et, quand il avait été transféré dans le Kentucky, elle était vraiment épinglée. Il écrivait de magnifiques lettres d'amour. Elle correspondit avec lui pendant un an et demi. Parfois, elle recevait jusqu'à sept lettres par jour. Ça remplissait presque le vide laissé par la mort de son père. Ces lettres disaient presque toujours la même chose : « Vous êtes belle et je n'ai jamais rencontré quelqu'un comme vous, votre compréhension et votre patience m'ont conquis. » Etc.

Elle raconta à Nicole qu'elle avait même pris un car pour le Kentucky après qu'il lui eût envoyé de l'argent, et que pendant une semaine elle lui avait rendu visite six heures chaque jour. Sa famille pensait qu'elle était devenue folle, mais pour elle ç'avait été une époque merveilleuse.

C'était une prison où les détenus jouissaient d'une certaine liberté. Ils pouvaient aller s'asseoir sur la pelouse, lire des livres ensemble et jamais de sa vie elle ne s'était sentie aussi proche de quelqu'un. Ses camarades de chambre avaient été tout excitées lorsqu'elle était revenue. On lui avait trouvé un type charmant pour sa soirée d'anniversaire, mais lorsqu'elle eut regagné l'appartement et dit bonsoir à son cavalier, ses sept camarades avaient jailli dans la chambre à coucher. Elles portaient toutes des T-Shirts sur lesquels était inscrit le matricule de prisonnier de son amoureux. Brandissant des pistolets à eau, elles l'avaient enlevée et emmenée dans un restaurant. Elle devait devenir une sorte de personnage légendaire à B. Y. U. Ses camarades étaient même fières de la façon dont elle avait pris la chose. « On ne sait jamais ce qui va se passer avec Tammy », disaient-elles avec une certaine satisfaction.

Lorsque son amoureux sortit de prison, il revint à Provo et trouva un emploi de menuisier. Environ trois semaines plus tard, il prit la voiture de Tamera, la chargea de tout ce qu'il put prendre chez elle et chez le type avec qui il habitait et s'en alla. Tamera ne l'avait jamais revu depuis.

Ça s'était terminé de telle façon qu'elle se demandait encore comment elle avait pu être si proche de ce garçon. Toute sa vie à lui n'était sans doute qu'une suite d'escroqueries. Il lui avait raconté tant de mensonges qu'elle ne comprenait toujours pas comment elle avait pu tomber si amoureuse de lui. Ils n'avaient jamais partagé la même vérité, dit-elle à Nicole. Et pourtant si, il y avait eu une sorte de vérité, insista-t-elle.

IV

Maintenant, dans le silence qui avait suivi, Tamera ne pouvait plus se retenir tant elle était excitée. « Je vous en prie, fit-elle, laissez-moi juste… (Sa voix s'étranglait. Elle poursuivit :) Écoutez, je vais trouver une machine à écrire, taper l'article, vous le rapporter et vous le laisser lire. Si vous n'aimez pas ce que je fais, nous n'en parlerons plus, vous savez. Parce que, après tout… j'ai dit que ça resterait entre nous, alors si c'est encore ce que vous voulez, ce sera ainsi. Mais il faut que j'essaye. »

Elle alla jusqu'à l'appartement d'une vieille copine d'université, lui raconta ce qui se passait, s'installa et commença. Ça lui faisait un drôle d'effet. Il y avait tant de choses à dire que ça lui prit deux heures pour écrire deux pages, et lorsqu'elle les rapporta, Nicole les lut, les assimila avec soin, puis leva les yeux et dit : « Non, ça ne me plaît pas. » Tamera dit alors : « Bon, on n'en parle plus. »

Elle se sentait déçue mais, bah… elle n'aurait qu'à attendre. Elle n'allait pas violer leur accord.

La déception devait se lire sur son visage, car maintenant Nicole se sentait embêtée aussi. Tamera dit : « Ne vous inquiétez pas. C'était ça notre accord. » Nicole se leva, s'approcha d'une petite commode et dit : « Je vais vous montrer quelque chose que je n'ai jamais montré à personne. Aimeriez-vous lire des lettres de Gary ? »

C'était encore un gros coup après une journée plutôt chargée. Tamera dit : « Bien sûr. » Nicole prit le tiroir plein et le renversa sur la table. Il y avait tant d'enveloppes que Tamera se mit à lire au hasard. Elle n'en croyait pas ses yeux. La première qu'elle prit avait des passages vraiment bons. « Nicole, dit-elle, ça vous ennuierait si je recopiais quelques phrases ? »

Elles arrivèrent à une sorte d'accord : Tamera n'écrirait pas d'article dans l'immédiat, mais une fois Nicole disparue, Tamera pourrait dire tout ce qu'elle voudrait. Elles restèrent donc assises là toutes les deux devant la table de la cuisine à lire les lettres, et Tamera recopiait des passages aussi vite qu'elle pouvait. Elle finit par s'en aller vers 8 heures. Elles étaient ensemble depuis midi.

Sur la route de Provo à Salt Lake, en général, Tamera roulait vite, avec la radio qui marchait à plein tube et elle collectionnait les contraventions. Ce soir-là, elle roula à peine à quatre-vingts en essayant de réfléchir. Elle ne savait pas quoi faire, elle n'arriva pas à dormir et le lendemain matin, elle décida de se confier à son rédacteur en chef. Tout ça semblait trop gros. Dans le secret de son bureau, à titre strictement confidentiel, elle lui relata comment Nicole comptait se suicider dès que Gary serait exécuté, et son rédacteur en chef lui fit remarquer qu'il avait entendu la même chose d'autres journalistes. Il y avait beaucoup de bruits qui couraient. Toutefois, cette confirmation l'avait convaincu d'alerter les autorités. Tamera se sentit beaucoup mieux.

Elle se dit que ce dont Nicole avait le plus grand besoin dans l'immédiat, c'était d'une amie. Tamera allait jouer ce rôle-là. La pousser à faire des choses et à se dégager de l'énorme fardeau que c'était de vivre tout le temps en esprit auprès de Gilmore.

V

Aujourd'hui, tu as embrassé mes yeux, tu les as bénis pour toujours. Je ne peux voir que la beauté maintenant. Oh ! belle Nicole Kathryne Gilmore. Tu es un petit lutin doux et pur et drôle à manger. Je ne suis pas un grand poète… Mais si je t'avais nue sur un lit ou sur l'herbe sous les étoiles, j'écrirais une vraie chanson d'amour sur tout ton beau corps criblé de taches de rousseur avec ma langue et mes mains et mon sexe et mes lèvres et je parlerais tout doucement de ta beauté je te ferais sentir et planer et voler et chanter pour danser autour du soleil et de la lune et nous ne ferions qu'un et nous jouirions comme un seul être et jouirions et jouirions et je te ferais pousser de petits soupirs en roulant des yeux fous abandonnée noyée dans le plaisir en sueur humide et tiède tes seins contre moi nos bouches verrouillées dans de doux et humides baisers baisers baisers – oh, regarder ton corps nu j'adore te regarder nue ou juste en socquettes quand tu enfiles ta culotte dans la douce fente de ta jolie petite chatte j'aimais tant te regarder te promener nue dans la maison… Mon petit elfe sexy, je t'aime… ton Gary.

Gibbs reçut un mot ce jour-là :

Jusqu'à maintenant j'ai reçu une lettre de Napoléon, une du Père Noël, plusieurs de Satan et tu ne croirais pas le nombre de cachets de la poste et d'adresses de l'expéditeur que Jésus-Christ lui-même utilise… Les gens croient que je suis fou. Ha, ha, ha !

Tu ne devineras jamais de qui j'ai reçu une lettre. De Brenda ! D'abord elle les aide à me pincer, puis elle les aide à me condamner, maintenant elle veut m'écrire et venir me voir. Il faut avoir les couilles bien accrochées.

Le lendemain, jeudi, dès que Tamera arriva au travail, elle reçut un coup de téléphone d'un correspondant du magazine *Times*. Il avait appris qu'elle avait rencontré Nicole. Il voulait savoir si elle avait de petits renseignements à donner. La pression commençait à se faire sentir aussi sur ses rédacteurs en chef. Ils étaient obligés de faire patienter de vieux copains. Ce fut la première fois que Tamera se rendit compte à quel point le journalisme ressemblait à une boutique d'échanges. « Je te donnerai un bout de mon histoire aujourd'hui si tu me rends service demain. » Elle avait toujours cru que ça ressemblait plus au cinéma : on allait à la chasse tout seul et on ramenait le gibier vivant.

Le chef des informations retira Tamera de ses autres enquêtes et lui dit : « Tu t'occupes de Nicole. Fais ce que tu crois devoir faire. » Elle le regarda sans comprendre et il ajouta : « Je m'en fous si tu la ramènes à Salt Lake et si tu l'installes chez toi. S'il le faut, emmène-la dîner. Peu m'importe ce que ça coûte. Fais n'importe quoi, mais ne loupe pas cette histoire. » Ma foi, ça ressemblait plutôt à ce qu'elle s'était imaginée. Puis le type de *Times* rappela pour dire qu'il voulait des renseignements sur Nicole. Lorsqu'elle répondit « C'est une affaire entre Nicole et moi », il rétorqua : « Elle vient de donner une interview au *New York Times.* » « QUOI ? » s'écria Tamera.

Plus tard ce matin-là, Tamera attendait Nicole à la sortie de la prison. À peine eut-elle mentionné l'interview du *Times* que Nicole dit : « C'est ridicule. Je n'ai parlé à personne. »

« Je tiens simplement à ce que vous compreniez ma position, fit Tamera. Je garderai les secrets que vous m'avez confiés aussi longtemps que vous les garderez aussi. (Elle regarda Nicole droit dans les yeux.) Admettez que vous commenciez à parler à d'autres journalistes : je ne me sentirai plus liée par ma parole d'honorer notre accord. Que vous vouliez gagner de l'argent avec ça, c'est totalement justifié. Si quelqu'un veut vous payer, formidable. Mais je tiens à ce que vous sachiez que j'écrirai un article aussitôt que ça se produira. »

Nicole se contenta de répondre : « D'accord. » Elle se conduisit comme si elles étaient toujours amies. Toute la colère de Tamera se dissipa. De nouveau elle aimait Nicole et elle commença à envisager des projets pour ce qu'elles pourraient faire samedi, son jour de congé. Peut-être aller dans les montagnes ? Bonne idée de sortie. Nicole était d'accord.

VI

Puis elles allèrent jusqu'à la maison de Kathryne, prirent des grillés au pain complet et bavardèrent. Au milieu de la conversation, Nicole murmura qu'elle voulait que Tamera garde les lettres de Gary. Elle ne voulait pas que sa mère les voie quand elle ne serait plus là.

Ensuite, Nicole et Kathryne se lancèrent dans une conversation impossible. « Lundi matin, annonça Nicole, je vais à l'exécution. » Kathryne dit : « Nicole, je ne veux pas que tu ailles là-bas.

— Eh bien, fit Nicole, j'irai quand même.

— Si tu y vas, déclara Kathryne, j'irai aussi.

— Gary ne t'a pas invitée.

— Que m'importe qu'il m'ait invitée ou non. Je ne vais pas là-bas pour le voir. J'y serai pour t'attendre.

— Non, dit Nicole, j'irai toute seule.

— Comprends-moi bien, ma petite, insista Kathryne, c'est moi qui t'emmènerai. »

Puis on annonça la nouvelle à la radio. Elles n'en croyaient pas leurs oreilles. L'exécution de Gary avait de nouveau été retardée. Le gouverneur Rampton avait décidé un sursis. Le speaker ne cessait de le répéter d'une voix excitée.

Tamera était bien contente que son rédacteur en chef lui ait dit de s'occuper de Nicole. Sinon, elle serait peut-être rentrée en courant au journal pour voir si on avait besoin d'elle. Au lieu de cela, elle proposa à Nicole de l'emmener à la prison. En cours de route, Nicole lui donna la clé de l'appartement de Springville. Elle lui dit qu'elle pouvait prendre les lettres et les garder.

Durant ce trajet de vingt minutes jusqu'à la prison, Nicole resta calme, mais Tamera savait qu'elle était sonnée. Le résultat était clair : maintenant Gary devrait se suicider. Nicole n'en était donc pas loin non plus.

Elle se mit à parler à Tamera de sa belle-mère, Marie Barrett. Elle aimait vraiment bien Marie, dit-elle, elle l'aimait beaucoup plus que Jim Barrett. Marie était une femme à la coule et elle aimait Sunny et Jeremy. Nicole précisa qu'elle se serait toujours admirablement entendue avec elle si Marie n'avait pas été une maîtresse de maison aussi maniaque. Nicole aimait avoir une maison bien tenue, mais il fallait toujours que sa belle-mère le fasse à sa façon. À part ça, elle était formidable. Nicole avait à peu près décidé que Sunny et Jeremy devraient être élevés par Marie quand elle ne serait plus là.

Puis elle relata à Tamera la dernière fois où elle avait vu Marie. C'était juste après que Kip se fut tué.

« Maintenant, ça va arriver bientôt à Gary, avait dit Nicole à Marie Barrett. Qu'y a-t-il donc chez moi qui fasse qu'ils meurent tous comme ça ? » Elle se sentait malheureuse comme les pierres. Marie répondit : « Nicole, peut-être que la prochaine fois tu trouveras un homme avec qui tu pourras avoir de bonnes relations. Sois simplement plus prudente. Renseigne-toi un peu plus avant de te marier.

— Il n'y aura pas de prochaine fois, dit Nicole.

— Tu en as fini avec les hommes ? demanda Marie.

— Ce n'est pas ce que je veux dire, répondit Nicole, mais il n'y aura pas de prochaine fois. (Elle faillit lâcher le morceau.) S'il m'arrivait quelque chose, tu accepterais de prendre les gosses ?

— Bien sûr que oui, dit Marie, tu le sais bien. Seulement il ne t'arrivera rien. »

« Et puis cet après-midi-là, dit Nicole à Tamera, les flics sont arrivés à Springville, ont frappé à la porte et m'ont regardée sur toutes les coutures. » Ils lui firent juste un peu de conversation sur le pas de la porte, mais elle savait que c'était Marie qui les avait envoyés. Malgré tout, Nicole était prête à lui confier les enfants, seulement elle n'était pas sûre de pouvoir lui faire entièrement confiance. Tamera prit cela comme un message.

Dès qu'elle l'eut déposée à la prison, Tamera revint à l'appartement de Nicole, prit les lettres, les fourra dans un sac à provisions et fouilla partout en quête d'un pistolet ou de somnifères. Elle ne savait pas ce qu'elle ferait si elle découvrait effectivement quelque chose, mais elle perquisitionna quand même.

PROVO HERALD

> 11 novembre 1976... Salt Lake City (U. P. U.) – Le gouverneur de l'Utah, Calvin L. Rampton, a demandé à la Commission des Grâces de l'Utah d'examiner la condamnation de Gilmore lors de sa prochaine réunion le mercredi 17 novembre pour décider si la peine de mort est justifiée.
>
> Gilmore a déclaré qu'il était « déçu et furieux » de la décision du gouverneur. « Le gouverneur, apparemment, cède à la pression de divers groupes qui sont motivés par la publicité et par leurs propres soucis égoïstes plutôt que par l'intérêt qu'ils portent à mon "bien-être". »

4. Conférences de presse

I

Là-bas, à Phoenix, Earl Dorius était bombardé d'informations. Tout le monde l'arrêtait dans le hall pour lui demander : « Qu'est-ce qui se passe en Utah ? » Earl avait l'impression que la conférence était complètement gâchée pour lui. Il était incapable d'écouter quoi que ce soit. Il n'arrêtait pas de se précipiter pour prendre les informations. S'il n'était pas au téléphone, il passait d'une station à l'autre sur son récepteur de télé. « Que pensez-vous de la décision du gouverneur ? » lui demandaient les gens. « Je n'ai pas eu le temps de l'examiner, répondait-il, mais j'ai l'impression que le sursis n'était pas justifié car il a été accordé à la demande de parties extérieures à l'affaire. »

Il se rendait compte qu'il finissait par être plus près de son bureau que de la conférence, et décida de quitter Phoenix pour se remettre au travail.

II

SALT LAKE TRIBUNE

12 novembre 1976. — Boaz a signé un accord avec le directeur de la prison de l'État d'Utah, Samuel W. Smith, d'après lequel il ne jouerait auprès de Gilmore que le rôle d'avocat, puis il a librement parlé de ses intentions de « servir d'abord d'écrivain, et ensuite d'avocat ».

« Nous n'avons aucune autorité pour le censurer. Il n'appartient pas au Barreau de l'Utah », a expliqué un membre de la Commission executive du Barreau de l'État d'Utah.

PROVO HERALD

Provo, 12 novembre 1976. — Boaz a déclaré qu'il comptait « gagner un peu d'argent », avec l'histoire de Gilmore et partager moitié moitié avec la famille du condamné et toutes les œuvres de charité qu'il pourrait choisir.

Juste à l'instant où Dennis arrivait à la prison, Sam Smith l'interpella en disant : « Il paraît que Gilmore a donné une interview à un journal de Londres ce matin. Vous êtes au courant ? »

Dennis était tout excité. David Susskind venait d'appeler de New York. Il envisageait de faire un film sur la vie de Gary. Ça pourrait rapporter beaucoup d'argent. Les pensées de Dennis se précipitaient.

« Le journal de Londres ? fit-il à Sam Smith. Oh ! bien sûr, c'est moi qui ai arrangé ça. »

Le visage du directeur devint tout rouge, couleur insolite pour un homme plutôt pâle. Puis il se mit à crier. Tous les gens de cette extrémité du couloir passèrent la tête par la porte de leur bureau. Dennis, d'ailleurs, fut stupéfait aussi. Personne n'avait l'habitude d'entendre Sam Smith vociférer ainsi.

Smith déclara qu'il allait porter plainte. Dennis dit : « Je m'en fiche éperdument, monsieur le directeur. » Il commençait à prendre un plaisir personnel à rechercher des déclarations susceptibles d'agacer Sam Smith. Il y avait quelque chose chez Sam qui lui donnait envie de l'asticoter.

Dennis éclata même de rire lorsqu'on l'astreignit à une fouille corporelle, à titre de représailles. Une vraie comédie. Les gardiens lui arrivaient aux aisselles. Deux jours plus tôt ils avaient été si impressionnés par la façon dont il s'était comporté devant la Cour suprême de l'Utah, qu'ils l'avaient laissé apporter sa machine à écrire pour venir bavarder avec Gary.

La fouille terminée, Boaz rencontra Nicole. À l'extrémité sud de la salle de visite, il y avait une fenêtre munie de persiennes. Elle était assise sur les genoux de Gary, contre la fenêtre ; tous deux regardant la pointe de la montagne. Elle ne fit guère attention à Dennis. Tout ce qui l'intéressait, c'était de se faire caresser par Gary.

Lorsqu'elle en eut terminé, Dennis trouva qu'elle avait un visage très doux, plus innocent qu'il ne s'y attendait. Elle avait l'air très fatiguée, épuisée même, et cela lui donnait un air mélancolique qui plaisait beaucoup à Boaz. Mais Gary avait l'air furieux. Il n'approuvait pas cette amitié naissante. On aurait dit qu'il pensait que Nicole flirtait, alors qu'elle lui disait simplement que l'enterrement de son grand-père allait commencer dans à peu près une heure.

Lorsqu'elle fut partie et que Dennis se retrouva seul avec lui, Gary ne lui laissa pas l'occasion de parler de la proposition de Susskind. Lui aussi était fou de rage contre le gouverneur Rampton. Ça semblait contagieux. Dennis adorait la façon dont Gary pouvait vous faire partager ses émotions. Dennis, à vrai dire, se sentait comme une chaudière, tout enflammé à l'idée de ce qu'il allait bientôt pouvoir dire à propos du gouverneur.

III

Dès le début, Dennis comptait exprimer des idées qui amèneraient les gens à affronter des sujets qu'ils avaient toujours négligés. Il voulait faire quelques déclarations fracassantes sur les exécutions et faire réfléchir les gens. Arriver à ce qu'ils se posent la question : « Pourquoi les exécutions ont-elles lieu derrière des portes closes ? De quoi avons-nous honte ? » Justement, ce matin-là on avait publié une de ses formules :

PROVO HERALD

> Provo, 12 novembre 1976. — « J'estime que les exécutions devraient être télévisées à l'heure de plus grande écoute, dit Boaz. Alors, elles auraient un effet vraiment dissuasif. »

Il donnait des conférences de presse pratiquement deux fois par jour depuis que Gary et lui l'avaient emporté à la Cour suprême de l'État et inlassablement il répétait à la presse qu'il était là pour représenter la discussion libre et ouverte et que, d'ailleurs, sa vie était un livre ouvert. Peut-être se ferait-il tirer dessus à boulets rouges, mais sa responsabilité était d'être un vrai Sagittaire et de raconter des choses, sur lui et sur ses sentiments, qui pourraient sembler étranges. Du moins les gens seraient-ils ainsi traités ouvertement et non pas manipulés. La presse pouvait déformer ses citations, donner de lui une image fausse, prendre ses observations au hasard et les déformer. Peu importait. Il n'allait pas dissimuler sa personnalité. D'ailleurs, juste en sortant de la Cour suprême de l'Utah, il déclara aux reporters qu'il était à Salt Lake parce qu'on y trouvait un plus fort pourcentage de jolies femmes que dans toutes les villes qu'il connaissait. Sans compter le fait, précisa-t-il à la presse, que beaucoup de ces femmes étaient ravies de rencontrer des Californiens. Pour acquérir le goût du mal. Il y avait des millions à gagner ici, ajouta-t-il, en important la conscience californienne. Parfaitement. Bien sûr, on ne publia jamais un mot de ces propos.

La presse réagit en posant des questions sur sa situation financière. « Je n'ai rien à cacher, leur dit-il. C'est un fait que je dois dix mille dollars, en réalité plutôt quinze mille, si l'on compte non seulement ce que je dois à des créanciers mais à des amis. Je n'en ai pas honte. Un jour, j'ai fait un mauvais placement et avant de m'apercevoir que l'affaire était gonflée l'argent avait disparu. »

On raconta alors, comme il l'apprit bientôt, qu'il s'occupait de Gilmore pour de l'argent. Peu lui importait. Les rumeurs cesseraient lorsqu'on s'apercevrait que ça n'était pas vraiment le cas.

« Croyez-vous, demanda un journaliste, que votre expérience de District Attorney adjoint vous a donné envie de voir couler le sang de Gilmore ?

— Comprenez bien, répliqua Dennis, travailler au bureau du D. A. a donné plus de pouvoir pour aider les gens que d'être avocat commis d'office. Je pouvais minimiser les accusations, plaider des causes. J'ai blanchi neuf personnes de suite au détecteur de mensonges avant de quitter ma charge. Ça fait partie du jeu aussi, voyez-vous. » Dans l'ensemble, on l'écoutait. Depuis des années, Dennis avait acquis la notion que les médias étaient inquiets et ne voulaient absolument pas être accablés de communiqués et de foutaises. Un homme sincère qui supprimait tout obstacle entre ses élans et son discours pouvait retourner le monde.

« Je suis intéressé par cette affaire en partie à cause de la numérologie, expliquait Dennis. Je ne suis pas un dingue de la numérologie, bien sûr. Je crois bien trop au libre arbitre pour ça. Mais la numérologie peut vous rendre sensible à des schémas. Toute discipline spirituelle révèle un schéma, après tout. Ensuite on choisit sa route entre les schémas. C'est là où intervient le libre arbitre. »

« Vous dites que vous avez beaucoup de dettes ?

— Je ne cache pas mes dettes, dit Boaz. Je dois aussi deux mille cent dollars à Master Charge, mais ça je ne le paierai pas. Un ami les a escroqués avec ma carte à Master Charge. C'est l'affaire de Master Charge, pas la mienne. »

On voulut savoir ce qu'il avait publié. Il n'avait encore pas publié, dit-il. Écrivait-il sous son nom ? Il écrivait sous le nom de K. V. Kitty ou de Lejohn Marz. Un autre de ses pseudonymes était S. L. Y. Fox. Fox, leur expliqua-t-il, représentait 666, le signe de la bête. Bien sûr, ils n'avaient jamais entendu parler d'Alister Crowley.

On le ramena au sujet qui les intéressait. Que pensait-il de la décision du gouverneur Rampton ? *Monstrueux*. On pouvait le citer. Il était toujours surpris de voir comme on le citait peu.

Il savait que les journaux ne publieraient pas ce qu'il dit ensuite, mais il le leur dit quand même. « Gary, déclara-t-il, vit dans une cellule si étroite qu'il peut toucher les deux murs en étendant les bras. La lumière est allumée vingt-quatre heures sur vingt-quatre. Des gardiens tapent sur les barreaux. L'écho est si fort qu'il tue les dernières pensées d'un homme. Gary essaye de masquer la lumière en accrochant une serviette aux barreaux. "Enlevez-la, lui intime-t-on, sinon on vous retire votre matelas." »

Peu importait s'ils comprenaient le dixième de ce qu'il disait. Qu'ils ne devinent pas les ironies. Quand on commence à enfoncer une porte, il faut que la pression soit plus forte au début, et pourtant c'est à ce moment-là que la porte bouge le moins. « Gary est confiné dans sa cellule, dit-il. C'est pourquoi on doit lui donner du fiorinal. Pour survivre, la plupart des prisonniers prennent des médicaments. Ça dissipe un peu l'oppression. » On lui demanda si les fonctionnaires du pénitencier étaient au courant. « Bien sûr. Ils veulent que les détenus soient drogués. Comme ça, il n'y a pas d'émeutes. »

Dennis attendait les réactions. Il entendit un reporter murmurer : « Ce type exagère tout. »

Il n'était pas ici pour se défendre. Ce qu'il fallait, c'était attaquer. « Le directeur, dit-il, veut que cette exécution ait lieu à huis clos. Nous voulons, nous, qu'elle soit publique. Au Moyen-Orient, lors d'une exécution, la foule est la bienvenue. Elle soutient la victime qui a alors l'impression qu'ils sont tous réunis pour une cérémonie commune. Ça rappelle à tout le monde que nous sommes tous sacrifiés à Dieu. Alors qu'ici, pour soutenir le condamné dans ses derniers instants, il n'y a que les bourreaux. Je trouve cela horrible.

— De quoi parlez-vous, Gary et vous ?

— Nous parlons de l'évolution de l'âme, répondit Boaz. Gary connaît un tas de choses sur Edgar Cayce et sur le Registre akachique. Nous discutons du karma et du besoin d'assumer la responsabilité de nos actes. Les dieux et les déesses jouissent d'une liberté totale parce qu'ils ont une responsabilité totale. » Bien évidemment, on ne publia jamais rien de tout cela.

Un journaliste lut à haute voix une déclaration de Craig Snyder : « Boaz ne nous a jamais contactés. J'étais à la Cour suprême de l'Utah et nous avons développé des points de vue opposés, mais nous n'avons jamais été présentés. Je ne lui ai jamais parlé. À ma connaissance, il n'a jamais examiné le dossier ni su ce qui s'était passé au procès. Son accord de publication avec Gilmore est une violation flagrante de la déontologie. » « Où a-t-il fait cette déclaration ? demanda Dennis.

— À l'Adelphie Building, où se trouve son cabinet, à Provo.

— C'est un endroit avec d'épais tapis jaunes et des murs bruns et jaunes, n'est-ce pas ? demanda Dennis.

— Vous ne l'avez jamais vu ? s'étonna le reporter.

— Non, dit Boaz, mais je connais le décor des cabinets d'avocats cryptocapitalistes.

— Voyons, Dennis, fit le reporter, pourquoi n'avez-vous pas pris contact avec Esplin et Snyder ?

— Gilmore ne veut pas faire appel, c'est son droit, non ? Je représente Gilmore, pas le foutu système d'appel.

— Mais si vous aviez lu le compte rendu des débats ?

— Il n'y en a pas.

— Ça, fit un journaliste, c'est parce que personne n'en a jamais demandé un. Il est facile d'obtenir un compte rendu d'audience.

— Nous n'avons pas d'argent pour payer un compte rendu, fit Dennis. D'ailleurs, ajouta-t-il, ça ne servirait à rien. Gilmore ne veut pas que sa peine soit commuée en emprisonnement à vie.

— Mais, demanda le journaliste, si l'on découvrait qu'il n'a pas été prévenu de ses droits ou que les instructions du juge étaient erronées ? S'il avait une chance d'avoir un nouveau procès, ce serait autre chose, non ?

— Pas du tout, fit Dennis. D'après les faits, Gary est mort. Il serait condamné de nouveau. Écoutez, il faut comprendre Gilmore, reprit Dennis. C'est peut-être un tueur pervers, mais il est *juste*.

— Il n'a pas été très *juste* avec les deux types qu'il a tués, répliqua le journaliste.

— C'est exact, répondit Dennis, mais pourtant, c'est un *juste*. »

Voilà comment se déroulaient les interviews. Mais ce jour-là, sur ces marches, les oreilles bourdonnant encore de la rumeur que Smith était ivre de rage, les journalistes voulurent savoir ce que Dennis avait pu faire pour le mettre dans cet état. Dennis tint donc une conférence de presse impromptue, là, sur les marches de la prison.

« Eh bien, dit-il, Sam Smith était furieux parce qu'il avait vendu deux interviews. L'une pour cinq cents dollars au *Daily Express* de Londres et l'autre pour la même somme à un journal syndicaliste suédois. Les Suédois étaient sans doute attirés par la coïncidence historique, expliqua Dennis. Joe Hill, le célèbre immigrant suédois qui avait mis sur pied le Syndicat mondial des Travailleurs fut exécuté en Utah en 1915. Vous ne vous souvenez pas de cette affaire ? Eh bien, la nuit dernière, j'ai rêvé de Joe Hill. Il était vivant comme vous et moi et avait demandé à son meilleur copain de transporter ses restes jusque dans l'État voisin du Wyoming. Il n'avait pas envie, disait-il, de passer une nuit de plus en Utah.

— Et l'autre interview ? demandèrent les journalistes.

— Byran Vine pour le *Daily Express*. « J'ai parlé avec un tueur », voilà comment il va titrer. Il a été le premier à me proposer de l'argent, insista Dennis.

— Qu'est-ce que vous en avez tiré ?

— Je vous l'ai dit, cinq cents dollars !

— Vous ne trouvez pas que c'est peu ?

— Je ne voulais pas demander trop et avoir l'air cupide. Cinq cents dollars pour une interview de dix minutes ! C'est du temps bien payé. »

Ainsi parlait-il, et eux écrivaient. Puis les articles sortaient. On le présentait souvent comme quelqu'un de relativement responsable, peut-être un peu dingue, mais qui savait se maîtriser, songeait Dennis.

IV

Tamera s'était mise au travail à 5 heures du matin et avait passé dix heures à photocopier les lettres de Gary. Elle savait que certains journalistes trouvaient exagérée la façon dont elle protégeait son matériel, mais Tamera ne voulait pas que l'on puisse lire par-dessus son épaule et faire le genre de commentaires cyniques ou nonchalants dont étaient capables les journalistes. Mais personne, cependant, ne semblait excité à ce point-là.

En fait, à la conférence du vendredi après-midi, le rédacteur en chef dit : « Je ne crois pas que ces lettres d'amour nous intéressent. » Et l'affaire sembla en rester là.

Le journal était célèbre, bien sûr, parce qu'étant le principal quotidien mormon du monde et il était propriété de l'Église mormone, aussi avait-il tendance à être un peu compassé. Tamera avait souvent entendu des réflexions de non mormons qui y travaillaient. Le *Deseret News* avait des règles incroyables pour un journal. Comme les bureaux étaient situés dans un bâtiment appartenant à l'Église, on ne pouvait pas fumer dans la salle des informations, ni boire du café à son bureau. Il fallait aller au réfectoire. En conséquence, une foule de journalistes faisait toute la journée une incroyable navette entre leurs bureaux et les toilettes. Ça n'était donc pas le style des dirigeants du *Deseret News* de s'exciter pour des lettres d'amour, bien que. deux jours plus tôt, ils avaient été frénétiques pour se les procurer. Maintenant, l'histoire mijotait à petit feu. Même Tamera ne pouvait se défendre d'un certain scepticisme. Après tout, cela pouvait simplement se réduire à la relation des amours d'un détenu et de sa petite amie. Avec l'exécution remise une fois de plus, la mort de Gary pouvait bien ne pas être pour demain…

12 novembre

Boaz était tout excité parce qu'un producteur de cinéma et un célèbre journaliste du nom de David Susskind venaient de lui offrir quinze à vingt mille dollars cash comme premier paiement pour les droits de cette foutue histoire — plus cinq pour cent de la recette brute du film ; et merde ça pouvait faire des centaines de milliers de dollars, avait dit Boaz.

Bébé, je n'aime pas ça… Ça commence à me dépasser.

Boaz est mon avocat mais il se comporte maintenant plutôt comme un agent, un chargé de presse.

Tout cela devient un vrai cirque.

Oh ! bébé comme j'aimerais que nous nous retrouvions à Spanish Fork à nous occuper de ton petit jardin, à faire l'amour.

Nicole arriva un peu en retard à l'enterrement de son grand-père. Kathryne trouva qu'elle avait l'air vraiment triste, debout au premier rang avec la famille, et remarqua qu'elle ne s'approchait pas du cercueil pour y jeter un dernier regard. Kathryne ne cessait de penser : « Oh ! mon Dieu, elle pense à Gary dont ce sera bientôt le tour. » Après la cérémonie, Nicole lui demanda si elle pouvait prendre sa voiture. Elle voulait aller voir Gary encore une fois. Kathryne tenta de la dissuader en lui disant qu'elle y était déjà allée dans la journée et qu'elle n'aurait pas d'autorisation. Tout ce qu'elle obtint comme réponse fut qu'elle n'aurait pas d'accident. Kathryne finit par lui dire : « Eh bien, prends-la. »

Nicole ne rentra que le soir et alors Kathryne lui sauta dessus. « Tu n'es même pas allée à la prison », lui dit-elle. Nicole répondit : « Si. J'y suis allée mais on m'a dit que je. ne pouvais pas entrer, alors j'ai juste roulé. Ça me faisait du bien de tout regarder. »

V

David Susskind avait téléphoné à Dennis et commençait vraiment à parler contrat. Dennis appréciait l'approche de Susskind. Un débit suave et stimulant. Une grande énergie mais bien disciplinée.

Et puis il y avait cet autre type, Larry Schiller, qui avait appelé en disant qu'il était un ancien photographe du magazine *Life* actuellement producteur de films pour le cinéma et la télévision. Dennis n'aimait pas sa voix. Il insistait trop sur l'importance de faire admettre son point de vue. Une super technique de vendeur. Très professionnel. Dennis ne se sentait pas à l'aise.

Lorsqu'ils se rencontrèrent à la cafétéria de l'hôtel Utah, ils ne s'entendirent pas trop bien. Dennis était méfiant. La cafétéria se trouvait au sous-sol, une grande pièce déserte et sinistre.

Schiller avait une grande barbe noire et une moustache qui rejoignait la barbe, des cheveux noirs aux boucles vigoureuses, une belle tête. Il aurait pu ressembler à quelqu'un comme Fidel Castro, mais il était beaucoup trop gros, songea Dennis. C'était comme si l'on avait pris la tête de Fidel Castro ct qu'on l'eut posée sur un corps plus massif. Comme il ne savait pas grand-chose sur Schiller, il avait interrogé deux ou trois journalistes et appris que l'homme avait acheté les droits de l'autobiographie de Susan Atkins dans l'affaire Charlie Manson, plus la dernière interview jamais accordée par Jack Ruby. Un type dont il fallait se méfier, dit quelqu'un à Boaz. Il arrive toujours lorsque les gens sont près de mourir.

Malgré tout, Boaz fut ravi de la conversation. Tout d'abord, Schiller offrait plus d'argent que Susskind. Il n'arrêtait pas de parler de tous les projets qu'il avait menés à bien. Boaz fit exprès de se montrer insolent. « Gary n'est pas Susan Atkins », déclara-t-il. Il aimait vraiment se montrer arrogant, à ce moment-là. Qu'est-ce que ça lui foutait si Schiller le trouvait antipathique ? Ça ne diminuerait pas la somme qu'il offrirait pour l'histoire de Gary.

« Vous feriez mieux de prendre un agent », dit Schiller en conclusion.

Ça coupa son élan à Dennis. Il dut convenir que l'idée de venir retrouver Susskind en lui disant qu'il avait une meilleure offre l'amusait. Pouvait-il rattraper tous les os qu'on lui lancerait ?

VI

Le samedi matin, Nicole téléphona pour demander qu'on lui rende les lettres. Elle en avait besoin. Elle semblait méfiante. Tamera ne comprenait pas. Elles s'étaient quittées en bons termes. Elle se demanda si Gary ou Boaz lui avait conseillé de demander qu'on les lui rende. En tout cas Tamera annonça à Nicole que ça ne posait aucun problème. Ça n'en posait pas, elle avait les photocopies. Elle demanda donc au garçon avec qui elle sortait de la conduire à Springville ce soir-là et lorsqu'ils arrivèrent, Nicole se confondit en excuses sur le mal qu'elle lui avait donné.

Ils restèrent deux heures et passèrent un très bon moment. Le garçon qui accompagnait Tamera était de Philadelphie et d'origine italienne, il n'était pas mormon et c'était un vrai personnage à B. Y. U. Il s'appelait Millebambini et personne ne connut jamais son prénom puisqu'il traduisait Millebambini par Mille Salopards. C'était vraiment la traduction et à l'école ils en tombèrent sur le cul. Un étudiant se mit à l'appeler Milly de Philly. Dingue. Cela devint son nom. Milly de Philly. C'était un garçon très vivant qui avait toujours des tas d'histoires drôles à raconter et qui s'occupait de quantité de trucs bizarres. Tamera l'aimait vraiment bien.

Ce soir-là, Nicole fut fascinée par Milly. Tamera avait dit à celui-ci : « Ne parle pas de Gilmore, mais essaie de distraire Nicole. » Milly la fit vraiment rire aux éclats. Tamera commença à se rendre compte que Nicole, bizarrement, avait eu à certains égards une existence protégée et qu'il y avait des tas de choses qu'elle ne connaissait pas. Elle les écouta toute la nuit et Tamera partit pleine d'optimisme. Sur le chemin du retour, elle dit à Milly : « Peut-être que si on continue à la voir, on parviendra à lui changer les idées. » Tamera estimait qu'il allait s'écouler quelque temps avant l'exécution de Gilmore, si jamais elle avait lieu. Elle en était arrivée à la conclusion à peu près certaine qu'on pouvait écarter le risque d'un suicide.

5. Testaments

I

Salt Lake Tribune

Les chefs de l'Église mormone expriment leur opinion sur la peine capitale

13 novembre 1976. – Mgr McDougall a déclaré que la majorité des théologiens modernes sont opposés à la peine capitale, estimant que la peine de mort tend à œuvrer contre ceux qui sont désavantagés sur le plan social et économique.

Le révérend Jay H. Confair, pasteur de l'Église presbytérienne de Wasatch, 1626 17e rue Est, a déclaré : « La notion « œil pour œil » de l'Ancien Testament a été remplacée par les concepts d'amour et de réhabilitation du Nouveau Testament. »

« Mais l'affaire Gilmore est un problème différent, a ajouté le pasteur Confair. L'homme veut mourir. Il ne veut pas être récupéré », et il a fait remarquer que son cas est similaire à celui d'un malade maintenu en vie dans un hôpital par des machines et qui veut « être débranché ».

Bien des gens, ici, tout en déclarant qu'ils sont partisans de la peine de mort, surtout pour des crimes aussi violents que celui de Gilmore, disent aussi qu'ils ne peuvent supporter l'idée de prendre part à l'exécution proprement dite.

« Pas question de me traîner là-bas, a dit Noall T. Wootton, le procureur qui a dirigé l'accusation contre Gilmore. J'ai fait mon travail. J'ai demandé et obtenu la peine capitale – et je crois à l'efficacité de cette peine. Mais l'exécution est une opération répugnante et je ne veux pas y participer. »

Salt Lake Tribune

Le vieux fusil est encore prêt si besoin en est

13 novembre 1976. – Un fusil, qui se trouve actuellement dans un magasin d'armes et qui a été utilisé lors de précédentes exécutions dans l'Utah, se trouvera parmi les cinq prêtés aux services du shérif du comté de Salt Lake si le meurtrier condamné à mort Gary Mark Gilmore est exécuté.

Léo Gallenson, un des directeurs du magasin, a déclaré que ce fusil qui n'a jamais été destiné à la vente, a dû être utilisé entre six et douze fois au cours d'exécutions.

Los Angeles Times

L'ancien patron du tueur de l'Utah
prêt à faire partie du peloton d'exécution

14 novembre 1976, Provo, Utah. – … Spencer McGrath avait offert à Gary Mark Gilmore une bonne place et lui donnait de dix à vingt dollars de supplément chaque semaine de sa poche. Il avait fait, à ses frais, réparer la voiture de Gilmore et l'a gardé parmi ses employés même quand celui-ci s'est mis à boire et à arriver en retard au travail.

Aujourd'hui, McGrath, un homme plutôt bienveillant qui dirige un atelier de matériaux isolants et qui a déjà aidé de nombreux anciens détenus, affirme qu'il serait prêt à faire partie du peloton d'exécution que réclame Gilmore, « rien que pour montrer à Gary que les lois s'appliquent aussi à lui ».

14 novembre

Mon chou, je suis en train de devenir très célèbre.

Je n'aime pas ça… Pas de cette façon, ça n'est pas bien.

Je crois parfois que je sais ce que c'est que la célébrité et quel effet ça fait parce que j'ai été célèbre dans une vie antérieure. J'ai l'impression de le comprendre. Mais je ne veux pas en arriver au point où nous savourerons la gloire sans ne plus être nous-

mêmes. Nous ne sommes que GARY ET NICOLE *et il ne faut pas oublier ça.*

14 novembre

Salut Gibbs.

Ça n'était qu'oune enfant.

Content d'avoir de tes nouvelles – tu sais que tu as pas mal de classe toi aussi.

Si un jour tu es plein aux as et que tu as quelques dollars à dépenser, je suis sûr que ma mère pourrait les utiliser. Elle est vieille, infirme et ne vit que de sa pension. Même maintenant, si tu voulais bien lui écrire une lettre pour l'aider un peu à digérer ça…

Merci pour le billet de dix.

Ton ami
GARY

Gibbs se demanda : comment écrit-on à la mère de quelqu'un quand on ne l'a jamais vue ?

Chère madame Gilmore, tout va bien se passer. Quatre seulement des cinq fusils sont chargés.

Il demanda au Gros Jake de lui trouver une jolie carte postale et Gibbs y joignit trente dollars et la lui posta.

LOS ANGELES TIMES

La pittoresque carrière de l'avocat de la mort

14 novembre. – Ce n'est qu'en janvier dernier que Boaz est parti en croisade contre ce qu'il appelle l'« hypocrisie du système », tout en tentant sans succès de se faire arrêter pour fumer de la marijuana dans le hall du bâtiment fédéral de cette ville.

Il vient maintenant de se présenter à la prison d'État de l'Utah, à Draper, en qualité tout à la fois d'avocat et de biographe du condamné Gary Gilmore.

Ce double rôle est impossible à tenir en respectant les

règles du Barreau de l'État d'Utah, a déclaré Craig Snyder. Ces règlements exigent qu'un avocat représente un client et non pas son portefeuille. « Si cette exécution a lieu, a dit Snyder, Boaz va en tirer profit. »

Bien que Boaz ait été critiqué pour avoir exploité son client, le doyen adjoint de Boalt Hall, James Hill, garde néanmoins de lui un bon souvenir.

« C'est un garçon timide, modeste et tendre, un très brave type », raconte Hill qui dit avoir vu Boaz de temps en temps depuis son départ de l'université.

SALT LAKE TRIBUNE

15 novembre 1976… Utah. – Le meurtrier Gary Gilmore voulait mourir à 8 heures aujourd'hui. En fait, il a pris ce matin un petit déjeuner de petits pains au lait, de céréales, d'oranges, de café au lait et a regagné sa cellule dans le quartier des condamnés à mort. Gilmore recevra aujourd'hui la visite de Nicole Barrett, vingt ans, divorcée et mère de deux enfants.

« Il tient beaucoup à cette fille et elle doit tenir beaucoup à lui, sinon elle ne ferait pas ce qu'elle fait maintenant », (rendre visite à Gilmore) a déclaré Vern, l'oncle de Gilmore.

Boaz, qui a passé trois heures et demie avec Gilmore dimanche soir, a annoncé que son client aimerait rencontrer le chanteur Johnny Cash.

« Il n'y a pas de plus grand admirateur de Johnny Cash », a affirmé Boaz. Il a adressé un télégramme au chanteur pour l'informer du souhait de Gilmore.

II

Vern n'avait pas vu Gary depuis près de six semaines, depuis le dernier jour du procès. En allant lui rendre visite, il se sentait mal à l'aise. Vern venait de quitter l'hôpital après s'être fait opérer de son genou et marcher, même avec une canne, lui était extrêmement douloureux, comme si, à chaque pas, on lui enfonçait un clou dans l'os. Ce fut un long et pénible trajet depuis l'endroit où il dut laisser sa voiture près de la porte de la prison, jusqu'au quartier de haute surveillance. Ça lui faisait vraiment serrer les dents que de poser un pied devant l'autre le long du parcours d'une centaine de mètres au moins qu'il dut faire entre deux clôtures parallèles de barbelés.

Dans la salle des visiteurs, avec un air plus robuste que Vern ne lui avait jamais vu, Gary exhiba immédiatement la lettre furieuse que Ida lui avait écrite.

Vern dit : « Écoute, c'est toi qui as écrit le premier une lettre désagréable. Tu ne voulais plus rien avoir à faire avec nous. »

Ils se regardèrent, et Vern poursuivit : « Gary, nous ne t'en voulons pas. Nous voulons t'aider, au contraire.

— Bon, fit Gary, j'ai des remords d'avoir écrit cette lettre à Ida et je veux m'excuser.

— Ida aussi veut te faire ses excuses, dit Vern. Elle voudrait que tu déchires sa lettre comme elle a déchiré la tienne. Jette-la dans les toilettes. » On n'en parla plus. Gary semblait soulagé et ils discutèrent un petit moment. Dans l'ensemble, ça ne fut pas une mauvaise visite.

Lorsque Dennis arriva à la prison le lundi matin, Vern venait de partir. Il ne fallut pas longtemps à Boaz pour comprendre que le vieil oncle Vern était de nouveau dans le coup. Gary parlait de son oncle en termes élogieux et affectueux.

Dennis ne l'avait jamais entendu s'exprimer ainsi avant. Jusqu'alors, il exprimait plutôt pas mal de ressentiment, et voilà que tout d'un coup Gary avait ce revirement complet envers son oncle. Pour Dennis il était évident que Gary avait vraiment envie d'être aimé par sa famille. Peu importait ce qui s'était passé avant

La veille, Dennis avait eu une drôle de discussion avec lui. Le samedi, Gary avait insisté pour que Dennis lui apporte en douce cinquante comprimés de deux somnifères différents. Dennis le lui promit mais une fois rentré chez lui, cette idée l'empêcha de dormir. Le lendemain, il dut se résoudre à dire à Gary qu'en aucun cas il ne voulait faire une chose pareille, mais ça l'avait secoué. Dimanche soir, en revenant chez Everson, Dennis perçut nettement que l'idée du suicide se précisait. Dès l'instant où il alluma la radio, il tomba sur le Blue Oyster Cult. Pendant les deux derniers jours, ils avaient été largement diffusés et en ce moment même, Dennis écoutait les paroles de *N'aie pas peur de la Faucheuse*. De quoi vous geler le sang. « Allons, bébé, n'aie pas peur de la faucheuse, se prit à fredonner Dennis, Roméo et Juliette sont unis dans l'éternité. » Mon Dieu, il y avait de quoi devenir fou si on se lançait dans le synchronisme, songea Dennis, percevant le grand enchaînement de toutes les petites choses. C'était effarant. De quoi vous embrouiller les idées.

Le lundi, après la visite de Vern, Brenda reçut un coup de téléphone de Gary qui lui demanda le nom du médecin qui soignait sa fille. Il voulait que le docteur s'assure que sa glande pituitaire irait à Cristie, après son exécution. Comme Johnny et Brenda dépensaient tout leur argent pour que Cristie ne manquât pas d'extrait de glande pituitaire, qui était le produit le plus cher du monde, cet appel de Gary arrivant ainsi, pour annoncer à Brenda qu'il voulait que le docteur s'assure qu'après sa mort sa glande pituitaire serait utilisée pour Cristie, c'était comme s'il lui donnait mille dollars. Ce fut une conversation démente. Brenda ne savait pas s'ils étaient de nouveau amis. « Prends garde à toi, Gary », dit-elle à la fin. Il se contenta de raccrocher.

III

Ce matin-là, lorsque Tamera entra dans la salle des informations, son rédacteur en chef lui dit : « On reçoit un tas de coups de fil à propos de Nicole. Ton article n'attendra pas l'exécution de Gary. Je veux que tu obtiennes de Nicole la permission de le publier. »

En roulant vers Springville, Tamera ne savait pas comment le lui demander. Mais lorsqu'elle exposa son problème à Nicole, celle-ci eut un sourire et dit : « Eh bien, il faut que je vous confesse quelque chose. J'ai décidé d'accorder une interview, pour deux mille dollars. » Une filiale de la N. B. C. à Boston – c'était du moins ce que Nicole avait compris – avait envoyé un grand type, beau garçon, Jeff Newman, qui avait des cheveux bouclés, des yeux bleus et une barbe. Il l'avait persuadée. Elle devait donner son interview le vendredi. Tamera découvrit par la suite que c'était en fait le *National Enquirer*, et non pas une filiale à Boston de N. B. C. Mais sur le moment, sa seule réaction fut que Nicole lui avait dit qu'elle pouvait y aller. Tamera la quitta donc en très bons termes. Elle retourna au bureau et passa le reste de la soirée à travailler sur son article.

Au cours de la semaine précédente, Nicole était allée consulter plusieurs médecins dont elle avait relevé l'adresse dans l'annuaire, afin de les consulter sur le fait qu'elle était très énervée et qu'elle n'arrivait pas à dormir. La seule chose qui marchait, c'étaient les somnifères, disait-elle.

Elle réussit à en recueillir cinquante d'une marque et vingt d'une autre. Maintenant qu'il fallait qu'elle s'occupe de Gary, elle décida que lundi matin serait le bon moment pour les lui faire passer. Elle partagea donc les médicaments en deux, vingt-cinq d'une marque et dix de l'autre pour Gary, le reste pour elle. Puis elle mit les comprimés de Gary dans une petite balle de gosse, deux balles, en fait. Jaunes toutes les deux, l'une à l'intérieur de l'autre. Puis elle les introduisit dans son vagin.

Pendant tout le trajet jusqu'à la prison, elle eut peur de se faire gronder par Gary. Il n'avait pas cessé de lui répéter de s'en procurer plus. Il la poussait et la poussait à aller trouver de nouveaux médecins, mais elle avait le sentiment qu'aucun de ces docteurs ne lui faisait confiance et que si elle allait en trouver un de plus, ça pouvait tout faire échouer. Ces médecins pourraient bien même appeler les flics dix minutes après lui avoir donné leurs ordonnances. Elle avait ruminé ça toute la journée du dimanche. Et voilà que maintenant elle se retrouvait au quartier de haute surveillance avec ces balles cachées dans son ventre.

On la fouilla, mais la surveillante ne lui mit les doigts nulle part, elle se contenta de regarder sous ses aisselles et à l'intérieur de ses joues, d'inspecter ses longs cheveux. C'était une fouille tout à fait convenable et, d'ailleurs, la surveillante aurait dû avoir le doigt très long, car la balle était bien enfoncée.

Pour une fois, dans la salle de visites, il n'y avait personne, rien que le gardien dans sa cage de verre. Gary et elle allèrent s'installer sur la chaise près de la fenêtre et elle s'assit sur ses genoux. Parfois on les laissait faire, d'autres fois non, mais ce jour-là le gardien ne les ennuya pas. Ils purent se peloter tout à loisir. Une vraie chance. Car il y avait quelquefois jusqu'à quatre ou cinq personnes dans la pièce, un, deux ou trois avocats, mais cette fois Gary et elle étaient seuls.

Comme elle était assise sur ses genoux, Gary essaya d'enfoncer son doigt pour attraper la balle, mais sans résultat. Elle était trop loin. En fin de compte, Nicole se planta devant la fenêtre, et Gary la serra par-derrière pour que le gardien ne puisse pas la voir. Dans cette position, les bras de Gary lui entourant les épaules, elle plongea une main sous sa jupe pour attraper la balle. Un sacré boulot. Elle l'avait placée si haut que ses doigts ne rencontraient rien. Elle en arriva au point qu'elle fut obligée de pousser comme pour accoucher. Elle poussa même si fort, tout en enfonçant ses doigts le plus loin possible, que lorsqu'elle parvint enfin à attraper la balle, elle en avait la migraine. Des étoiles dansaient devant ses yeux. Elle avait l'impression que sa tête venait d'éclater ou tout au moins qu'elle s'était fait péter un vaisseau sanguin. Gary ne se rendait pas compte de ce qu'elle avait enduré. Il s'était contenté de lui murmurer des paroles douces et encourageantes.

Lorsqu'elle lui eut donné la balle, Gary s'assit et passa la main par le devant de son grand pantalon large et flottant, pour s'enfoncer la balle dans le rectum. Ce fut lent et difficile, pas commode du tout, et ça lui prit plus d'une minute. Quand ce fut fait, il dit simplement : « Voilà, elle est en place. » Elle s'assit alors sur ses genoux et l'embrassa.

Elle se sentait bien. Elle mesurait maintenant à quel point elle s'était inquiétée. Nicole était persuadée que la prison avait été alertée par les médecins et qu'on allait la fouiller soigneusement. Elle était donc fière de ce qu'elle venait de faire, et Gary était encore plus fier d'elle. La visite se prolongea encore au moins une heure. Ils se bécotaient comme des dingues. C'était la plus belle de toutes leurs visites. Quand ils ne s'embrassaient pas, ils se chantaient des chansons. Aucun d'eux ne savait chanter mais c'était beau quand même. Jamais de sa vie elle ne s'était sentie aussi proche de l'âme de qui que ce soit.

IV

Ce jour-là, Marie Barrett reçut un coup de fil de Nicole lui demandant si elle voulait passer la prendre. Nicole voulait venir avec Sunny. Elles s'installèrent dans la salle de séjour pour regarder *Sybil* à la télé, et Nicole fit la remarque que la fille ressemblait à April. Elle alla dans la chambre pour lire des histoires à Sunny, l'écouta dire ses prières, puis alla faire la conversation dans le salon avec Marie et son ex-beau-père Tom Barrett, qu'elle aimait bien aussi. Enfin, elle finit par rentrer, bien qu'elle n'en eût guère envie.

Ensuite, elle alla faire des courses avec sa voisine, Cathy Maynard. Le centre commercial était ouvert jusqu'à 9 heures du soir et Nicole se lança dans une orgie de dépenses en achetant des albums à colorier et des crayons pour tous les gosses de Cathy. Lorsqu'elles revinrent, elle tendit dix dollars à Cathy en lui disant : « Allons, si tu ne les prends pas, tu vas me faire de la peine. » Cathy la regarda. Cathy n'était pas très grande, elle avait des cheveux blond cendré, des yeux un peu ronds et un visage doux et simple. Elle avait l'air ahurie. Nicole insista : « Profites-en. » « À demain matin », dit Cathy. « À demain matin », répondit Nicole.

Maintenant seule dans l'appartement avec Jeremy qui dormait à poings fermés, Nicole attendait minuit. C'était l'heure que Gary et elle avaient choisie pour absorber les comprimés, seulement le temps semblait long pour y arriver. Nicole ne cessait de penser combien Gary était inquiet à l'idée que la quantité ne fût pas suffisante. Il lui avait expliqué que si on en prenait assez pour vous faire perdre conscience, mais pas assez pour mourir, on pouvait devenir un légume. Il y avait vraiment de quoi s'inquiéter. Ils étaient pourtant convenus de le faire quand même. Ou bien ça marcherait ou bien ça ne marcherait pas. Nicole sortit alors son testament contenant ses dernières volontés. Elle avait passé toute sa journée de dimanche à le rédiger et elle le relut pour voir s'il n'y avait pas trop de fautes d'orthographe. Elle était à peu près sûre d'ailleurs d'en avoir fait quelques-unes. C'était un long testament et il y avait sans doute des erreurs qu'elle n'avait pas remarquées, mais elle en était quand même contente.

V

Nicole K. Baker
Dimanche 14 novembre 1976

À TOUTES FINS UTILES :

Moi, Nicole Kathryne Baker, ai un certain nombre de requêtes personnelles que je désirerais voir exaucées au cas où à un moment quelconque, on me retrouve morte.

Je me considère comme totalement saine d'esprit, si bien que ce que j'écris ici devra à tous égards être pris au sérieux.

Au moment où j'écris ces lignes, je suis engagée dans une procédure de divorce avec un homme du nom de Steve Hudson.

À mon avis, l'éventualité de ma mort devrait dissoudre tous les liens *avec cet homme et le divorce être prononcé et enregistré* À TOUT PRIX.

Je désire qu'on me rende mon nom de jeune fille qui est Baker. Et que personne ne me cite jamais sous un autre nom.

L'acte de naissance de ma fille mentionne qu'elle s'appelle Sunny Marie Baker, bien qu'à l'époque de sa naissance, je me sois trouvée légalement mariée à son père, James Paul Barrett.

L'acte de naissance de mon fils stipule que son nom est Jeremy Kip Barrett. J'étais à cette époque encore mariée à James Paul Barrett, mais ce n'est pas lui le père de Jeremy.

Le père de Jeremy est feu Alfred Kip Ederhardt.

Jeremy a donc légalement des grands-parents dont le nom de famille est Ederhardt et qui désireront peut-être être informés de l'endroit où il se trouve. Ils résident à Paoli, en Pennsylvanie, je crois.

Quant à la garde et à l'entretien de mes enfants, je n'exprime pas seulement le désir mais la volonté *que la responsabilité de les élever et toutes décisions les concernant soient confiées directement et immédiatement aux mains de Thomas Giles Barrett et/ou Marie Barrett de Springville, Utah.*

Si les Barrett souhaitent adopter mes enfants, ils ont mon consentement. Cela, bien sûr, jusqu'à ce que les enfants aient l'âge légal de choisir eux-mêmes.

J'ai une bague avec une perle qui est au clou chez un prêteur de Springville. J'aimerais vraiment que quelqu'un la sorte pour la donner à ma petite sœur, April L. Baker.

J'ai pris aussi des dispositions pour qu'une somme d'argent soit consacrée au problème de la santé mentale d'April. Ma mère ne devrait pas dépenser cet argent pour autre chose que pour payer les frais d'une bonne clinique capable d'aider April à retrouver sa santé d'esprit.

Maintenant quant à la décision de ce que l'on devra faire de mon cadavre, je demande qu'il soit incinéré. Et avec le consentement de Mme Bessie Gilmore, j'aimerais que mes cendres soient mêlées à celles de son fils, Gary Mark Gilmore. Pour être ensuite, à toute date adéquate, répandues au flanc d'une colline verdoyante de l'État d'Oregon et aussi de l'État de Washington.

Si ma mère et mon père, Charles R. Baker et Kathryne N. Baker, sont hostiles à cette demande, qu'il en soit fait selon leur volonté. Qu'ils décident.

Je demande aussi qu'ils s'arrangent pour qu'au moins trois chansons soient chantées à mon enterrement…

Une chanson écrite par John Newton intitulée Amazing Grace, *une de Kris Kristofferson intitulée* Pourquoi moi ? *et enfin une chanson intitulée* Valley of tears, *dont je ne connais pas l'auteur.*

Si d'autres personnes, parents ou amis, souhaitent chanter ou faire chanter d'autres chansons à mon enterrement pour moi ou pour ceux qui pleurent, sont sensibles ou indifférents à ma disparition, eh bien… je leur en serai reconnaissante.

Maintenant qu'elle l'avait relu, Nicole se rendait compte qu'elle avait plus à dire, un tout petit peu plus. Elle n'avait pas vraiment disposé de ses affaires. Dans le silence de son appartement, elle s'assit à la table devant une feuille de papier :

Nicole K. Baker
Lundi 15 novembre 1976

Je n'ai pas beaucoup envie d'écrire aujourd'hui. Mais je suppose qu'il y a des choses encore dont il faut que je m'occupe.

Juste ce qui suit.

Bien entendu, ma mère peut décider de ce qu'elle veut faire de tout ce qui se trouve dans mon appartement.

Je n'ai rien ici de grande valeur sauf le tableau de deux petits garçons qui regardent la lune. Toutefois il appartient maintenant à Sunny Marie Barrett. Il doit être accroché dans sa chambre dans la maison de Tom et Marie Barrett – jusqu'à ou à moins qu'elle ne demande qu'on l'enlève – et je préférerais qu'elle ne le vende jamais – ce sera à elle de choisir lorsqu'elle aura atteint dix-huit ans.

Je le déclare une fois de plus : le tableau des deux petits garçons regardant la lune et peint par Gary Gilmore appartient maintenant à Sunny Marie Baker Barrett.

Ma mère a mon plein accord pour prendre tout ou partie de mes lettres et en faire ce que bon lui semble. Si elles peuvent en quelque façon lui rapporter de l'argent, alors j'en serai d'autant plus contente. Mais je désirerais qu'elle partage l'argent comme cela lui semble juste, avec tous mes frères et sœurs et aussi avec ma tante, Kathy Kampmann.

Comme il y a tant de gens qui essaient – et qui y réussissent – de gagner de l'argent avec l'histoire de Gary Gilmore et de moi, j'aimerais autant que ce soit quelqu'un que j'aime, à qui je suis attachée et en qui j'ai confiance, qui participe à cette réussite. Alors... les lettres sont à ma mère, Kathryne N. Baker.

Si elle souhaite les brûler, qu'il en soit ainsi.

Ma mère n'a sans doute pas grand-chose à faire de tout ce qu'il y a dans la maison – qui est sans valeur – alors j'aimerais vraiment que ma bonne amie Kathy Maynard prenne tout ce qu'elle veut dans mon mobilier et tout ce qui est accroché à mon mur – n'importe quoi dans cet appartement que ma mère ne répugnerait pas trop à abandonner. J'espère que maman sera raisonnable à ce sujet. Kathy M. m'a aidée à passer plus d'une longue et dure journée, elle n'a pas beaucoup de meubles ni de choses comme ça...

C'est tout.

NICOLE K. BAKER

VI

Il y avait tout un tas de comprimés et elle les prit lentement, en avalant un ou deux à la fois, prenant soin de ne pas s'étrangler. Si elle vomissait, tout serait foutu. Au beau milieu de son absorption, elle se mit à penser à un tas de choses. Elle se souvint du type de la station de télévision de Boston qui devait lui payer les deux mille dollars et se demanda s'il tiendrait sa parole alors qu'elle ne serait plus là. Sans cette somme, où April trouverait-elle l'argent pour sa clinique ? Elle pensait aussi qu'il avait dit qu'il viendrait le matin et que se passerait-il si elle ne répondait pas à son coup de sonnette ? Entrerait-il ? Si elle n'était pas encore morte, on pourrait la ranimer. Elle devait donc décider si elle allait ou non fermer la porte à clef.

Elle voulait que personne ne puisse entrer. Mais s'il fallait enfoncer la porte, ce bruit pourrait terrifier Jeremy. D'un autre côté, si la porte n'était pas fermée à clef, Jeremy pourrait l'ouvrir sans mal et s'en aller vagabonder le lendemain matin. Kathy Maynard pourrait le retrouver, le ramener à la maison et la découvrir trop tôt. Nicole finit par tourner le verrou. Mais ça la navrait de penser à Jeremy qui pleurerait demain en la regardant.

Elle prenait maintenant trois ou quatre comprimés à la fois avec de l'eau et agissait comme si Gary était assis près d'elle. Il n'y avait pas eu une minute tous ces jours-ci où elle n'avait pas pensé à lui. Mais maintenant il était tout proche et elle commença à se dire qu'elle allait être bientôt avec lui et comme elle lui faisait confiance elle n'avait pas peur. Puis elle songea à s'allonger sans ses vêtements et se demanda ce qu'elle devait faire. Elle ne voulait pas mourir tout habillée, cela c'était sûr. Mais ça lui faisait quand même un drôle d'effet d'enlever ses vêtements. Les journalistes pourraient venir demain matin et regarder son corps.

En se mettant au lit elle prit une photo de Gary qu'elle plaça sur l'oreiller et posa la main dessus. Elle se sentit encore un peu plus nue. Et puis les comprimés commencèrent à faire leur effet. Elle sentait que ça venait. Elle se leva et marcha un peu, rien que pour avoir cette agréable sensation de ses jambes se déplaçant dans un délicieux flottement. C'était rudement captivant, comme si elle apprenait à marcher pour la première fois. Puis ses jambes commencèrent à peser. Elle s'allongea et reprit la photo de Gary puis pensa à la lettre qu'elle avait écrite dix minutes avant d'avaler les comprimés. Relisant son testament contenant ses dernières volontés et la lettre dans laquelle elle disposait de son mobilier, elle se dit qu'il n'y avait vraiment rien de très personnel pour sa mère et pour sa famille. Elle allait donc écrire une lettre supplémentaire, mais en même temps sa pensée alla vers Kathy Maynard, juste à côté, qui était la plus charmante voisine qu'elle eût jamais eue, un véritable ange. Cette toute dernière lettre commença à surgir dans son esprit et Nicole s'endormit.

Lundi 15 novembre 1976

Maman, papa, Rik, April, Mike mon ange

Tout le monde sait que je vous aime et que vous comptez pour moi.

Surtout ne m'en veuillez pas de quitter cette vie.

J'essaie de ne faire de mal à personne – si je pouvais vous épargner à tous la moindre douleur, je le ferais sûrement.

Mais je m'en vais. Parce que j'en ai une véritable envie.

Vouloir une chose comme ça – et ne pas me l'accorder – me transformerait sûrement en une vieille femme laide et amère avec le temps, ou peut-être que je perdrais ma raison.

Je crois que vous tous comprenez à peu près ce qu'il y a entre Gary et moi. Sinon, eh bien, le temps vous l'apprendra.

Je l'aime. Plus que la vie et plus que ça.

Et je vous aime tous beaucoup. Je n'aurais jamais pu demander une meilleure famille. On en a vu de dures une fois ou deux, mais j'espère que tout le mal que j'aie pu faire à l'un de vous me sera pardonné aussi facilement que je pardonne.

Je ne peux plus parler. Je regrette de ne pas avoir écrit ça plus tôt. J'avais tant de choses à dire.

Enfin, on finira tous par y voir clair rien qu'en sachant que je vous aime tous aujourd'hui et que je vous aimerai toujours.

Je vous en prie, essayez aussi de ne pas avoir de chagrin pour moi... et de ne pas en vouloir à Gary.

Je l'aime.

J'ai fait mon choix.

Je ne le regrette pas.

Je vous en prie, aimez toujours mes enfants comme ils font partie de la famille.

Ne leur cachez jamais aucune vérité.

Quand l'un de vous aura besoin de moi, je serai là pour écouter car Gary et moi – et vous-mêmes – vous faites tous partie d'un Dieu merveilleux, bon et compréhensif.

Que cette séparation nous rapproche dans l'Amour, la compréhension et la tendresse qu'on peut attendre les uns les autres.

Je Vous Aime Tous

NICOLE

Deuxième partie

Droits exclusifs

6. Veillée

I

Quatre mois après le matin où Kathy Maynard découvrit Nicole au lit avec une overdose de somnifère, les journalistes arrivaient encore avec leurs magnétophones. Leur intérêt pour Nicole était grand et la curiosité concernant Kathy elle-même assez mince, mais c'est une technique de certains intervieweurs que de commencer par poser à chaque témoin, important ou non, de nombreuses questions sur sa vie.

INTERVIEWEUR. – Quel âge aviez-vous quand vous vous êtes mariée ?

KATHY MAYNARD. – Seize ans.

INTERVIEWEUR. – Pourquoi vous êtes-vous mariée à seize ans ?

KATHY MAYNARD. – Parce que mes autres amies le faisaient.

INTERVIEWEUR. – Et qui avez-vous épousé ?

KATHY MAYNARD. – Tim Mair, de Heber City.

INTERVIEWEUR. – Quel âge avait-il ?

KATHY MAYNARD (en ricanant). – Dix-sept ans.

INTERVIEWEUR. – Dix-sept ans, et qu'est-ce qu'il faisait ?

KATHY MAYNARD. – Il travaillait dans une scierie.

INTERVIEWEUR. – Et où l'avez-vous rencontré ?

KATHY MAYNARD. – Devant l'école. Sur une pelouse.

INTERVIEWEUR. – Combien de temps êtes-vous sortie avec lui avant de l'épouser ?

KATHY MAYNARD. – Environ un mois.

INTERVIEWEUR. – Où vous êtes-vous mariés ?

KATHY MAYNARD. – Chez lui, à Heber.

INTERVIEWEUR. – Pourquoi vous êtes-vous mariés chez lui et non pas chez vous ?

KATHY MAYNARD. – Parce que ma mère habitait un motel.

INTERVIEWEUR. – Votre mère était-elle heureuse de ce mariage ou non ?

KATHY MAYNARD. – Non, elle était très secouée : elle ne voulait pas que je me marie.

INTERVIEWEUR. – Combien de temps êtes-vous restés mariés ?

KATHY MAYNARD. – Ohhhhh, voyons… trois mois.

INTERVIEWEUR. – Vous aviez couché avec lui avant de vous marier ?

KATHY MAYNARD. – Oh ! que oui. (Ricanement.)

INTERVIEWEUR. – Bon. Et, hum, qu'est-il advenu de ce mariage ?

KATHY MAYNARD. – Il s'est tué.

INTERVIEWEUR. – Il s'est tué ?

KATHY MAYNARD. – Eh oui.

INTERVIEWEUR. – Alors que vous étiez mariés ?

KATHY MAYNARD. – Eh oui.

INTERVIEWEUR. – Pourquoi ? Je veux dire, qu'est-ce qui s'est passé… Qu'est-ce qui est arrivé ?

KATHY MAYNARD. – Eh bien, il buvait et ce jour-là, on allait à Provo, faire des courses de Noël… En revenant de Provo, il s'est arrêté pour s'acheter un couteau de chasse, et sur le moment je n'ai pas fait attention…

INTERVIEWEUR. – Bon.

KATHY MAYNARD. – Et en revenant on s'est disputés parce qu'il ouvrait toujours la vitre et qu'il faisait froid, alors quand on est rentrés chez maman… il a recommencé à se disputer avec moi. Ma mère dormait, elle travaillait de nuit, alors je lui ai juste demandé de se calmer un peu, vous comprenez… de bien vouloir parler plus bas pour ne pas la réveiller. Alors il s'est mis en colère et il est sorti. J'étais au lit. Il a fait demi-tour et il est revenu. Il a allumé l'électricité, il avait son couteau à la main et il a dit : « Regarde », et il s'est poignardé.

INTERVIEWEUR. – Comme ça, devant vous ?

KATHY MAYNARD. – Eh oui. *Kevin, remets le beurre de cacahuètes à sa place !*

INTERVIEWEUR. – Vous avez une idée de la raison pour laquelle il a fait ça ?

KATHY MAYNARD. – Je ne sais pas… Une fois il s'est tiré une balle dans le pied.

INTERVIEWEUR. – Alors que vous étiez mariés ?

KATHY MAYNARD. – Avant qu'on se marie… parce que j'étais avec un autre type.

INTERVIEWEUR. – Bon.

KATHY MAYNARD. – *Kevin, va jouer dehors une minute.*

INTERVIEWEUR. – Vous vous êtes fait des reproches ?

KATHY MAYNARD. – Oh ! pendant pas mal de temps parce que ça m'a plutôt secouée et je me disais, ma foi, si je ne m'étais pas disputée avec lui…

INTERVIEWEUR. – Oui, oui.

KATHY MAYNARD. – Et puis, je ne sais pas, après avoir parlé à pas mal de gens je me suis rendu compte qu'il était malade et qu'il avait besoin d'être soigné.

INTERVIEWEUR. – Comment s'est-il poignardé ?

KATHY MAYNARD. – Eh bien, il s'est enfoncé le couteau dans le ventre. On n'a pas pu arrêter l'hémorragie, alors il est tombé dans le coma et puis la perte de sang…

INTERVIEWEUR. – Est-ce qu'il est mort dans le… l'appartement ?

KATHY MAYNARD. – Oh non, il est mort à l'université d'Utah… à Salt Lake… deux jours plus tard.

INTERVIEWEUR. – Deux jours plus tard ?

KATHY MAYNARD. – Eh oui.

INTERVIEWEUR. – Et… euh… vous n'étiez pas enceinte à cette époque ?

KATHY MAYNARD. – Si, j'étais enceinte… mes jumeaux étaient de Tim.

INTERVIEWEUR. – Vous saviez que vous étiez alors enceinte ?

KATHY MAYNARD. – Non !

INTERVIEWEUR. – Combien de temps après sa mort avez-vous su que vous étiez enceinte ?

KATHY MAYNARD. – Ohhh ! *apporte-moi le beurre de cacahuètes et le couvercle, tu veux ?* Il y avait un mois que je n'avais pas eu mes règles mais je ne m'inquiétais pas parce que ça m'était déjà arrivé avant…

INTERVIEWEUR. – Vous vous en êtes donc aperçue environ deux mois plus tard ?

KATHY MAYNARD. – Oui.

INTERVIEWEUR. – Vous dites ça avec un soupir…

KATHY MAYNARD. – Ohh ! ça m'a foutu un coup. Comme je vous le disais, j'ai épousé Les Maynard deux semaines après la mort de Tim, alors…

INTERVIEWEUR. – Vous voulez dire que vous vous êtes remariée tout de suite après la mort de Tim ?

KATHY MAYNARD. – J'ai fait la connaissance de Les à l'enterrement de Tim.

INTERVIEWEUR. – Vous connaissiez Les Maynard avant ?

KATHY MAYNARD. – Je ne savais même pas qui il était.

INTERVIEWEUR. – Comment se fait-il qu'il était à l'enterrement ?

KATHY MAYNARD. – C'était un ami de Tim. Il le connaissait.

INTERVIEWEUR. – Bon. Vous l'avez donc rencontré à l'enterrement ? Que s'est-il passé après cela ?

KATHY MAYNARD. – Euh. Euh. (Silence) Eh bien, j'habitais avec ma cousine et son mari… et Les est passé… j'ai pas dessoulé pendant deux semaines après la mort de Tim…

INTERVIEWEUR. – Vous n'avez pas dessoulé ?

KATHY MAYNARD. – Non. (Ricanements.)

INTERVIEWEUR. – À la bière, au whisky ou quoi ?

KATHY MAYNARD. – Oh ! tout ce qui me tombait sous la main… J'ai pris tout l'argent qui restait de l'enterrement de

Tim et j'ai acheté de quoi picoler. Les est resté là avec moi deux semaines et puis on s'est mariés…

INTERVIEWEUR. – Pourquoi avez-vous épousé Les ?

KATHY MAYNARD. – Je me sentais seule. Je crois que j'avais peur.

INTERVIEWEUR. – Et pourquoi vous a-t-il épousée ?

KATHY MAYNARD. – Je n'en ai aucune idée… Peut-être parce qu'il me plaignait.

INTERVIEWEUR. – Vous n'en avez jamais parlé avec lui ?

KATHY MAYNARD. – Non.

INTERVIEWEUR. – Et comment était votre mariage avec Les ?

KATHY MAYNARD. – Épouvantable.

INTERVIEWEUR. – Dès le début ?

KATHY MAYNARD. – Eh bien, quand je me suis dégrisée et que je me suis rendu compte de ce que j'avais fait je ne pouvais pas supporter qu'il me touche et je… j'allais tout le temps m'asseoir au cimetière près de la tombe de Tim et j'ai jeté mon alliance sur sa tombe. Ça n'allait pas fort… J'ai filé pour deux mois, ce qui a causé un tas de problèmes, des histoires de jalousie et des trucs comme ça…

INTERVIEWEUR. – Quand vous êtes partie, avez-vous commencé à voir d'autres hommes ?

KATHY MAYNARD. – Oh non !

INTERVIEWEUR. – Vous êtes juste partie pour être toute seule ?

KATHY MAYNARD. – Oui.

INTERVIEWEUR. – Donc vous n'avez jamais été amoureuse de lui.

KATHY MAYNARD. – Ça n'était pas de l'amour. Ça n'était pas possible. Mais je crois que ça a fini par donner autre chose. Après qu'on ait eu les gosses.

INTERVIEWEUR. – Les deux premiers ?

KATHY MAYNARD. – Hmmm, oui.

INTERVIEWEUR. – Et combien de temps avez-vous vécu avec lui ?

KATHY MAYNARD. – Deux semaines.

INTERVIEWEUR. – Vous n'avez vécu avec Les que deux semaines aussi. Quand l'avez-vous vu pour la dernière fois ?

KATHY MAYNARD. – Les ? Ha, ha ! avant-hier.

INTERVIEWEUR. – Alors vous le voyez régulièrement ?

KATHY MAYNARD. – Hem hem, il est avec ma meilleure amie.

INTERVIEWEUR. – Quand il revient vous voir, est-ce qu'il cherche à coucher avec vous ou quoi ?

KATHY MAYNARD. – Oh ! non.

INTERVIEWEUR. – Est-ce que Les et vous avez divorcé ?

KATHY MAYNARD. – On est en train.

INTERVIEWEUR. – Qu'est-ce qu'il fait maintenant ?

KATHY MAYNARD. – Il travaille dans une station-service à Spanish.

INTERVIEWEUR. – Spanish Fork ?

KATHY MAYNARD. – C'est ça.

II

Kathy réveillait Nicole tous les matins. Afin qu'elle puisse partir de bonne heure pour voir Gary, Kathy devait passer car la plupart du temps Nicole n'arrivait pas à se réveiller.

Ce matin-là, Kathy arriva avec la cafetière, frappa et sonna à la porte de Nicole puis regarda par la fenêtre et vit que celle-ci dormait. Elle était allongée à plat ventre sur le divan. On apercevait un peu de son dos nu. Quand Kathy eut sonné un moment, elle essaya la porte. Le verrou était mis, ce qui la tracassa un peu. Elle rapporta le café chez elle, revint et se mit à appeler Jeremy jusqu'au moment où il finit par s'éveiller et par sortir de la chambre. Il était encore à moitié endormi et vint s'affaler sur le divan auprès de sa mère. Il portait un petit pyjama vert et tout ce qu'il voulait, c'était recommencer à dormir. Enfin, au bout d'un quart d'heure, elle réussit à se faire ouvrir la porte par Jeremy, mais quand Kathy entra, secoua Nicole et la retourna, celle-ci ne réagit pas.

Nicole s'était endormie sur une photo de Gary enfermée dans un petit cadre doré, une simple photo en couleur où il portait sa veste bleue de prisonnier, mais il avait l'air bien. À côté de la photo se trouvait une lettre et Kathy vit d'un coup d'œil que c'était une vieille lettre, écrite au début d'août. Elle remarqua la date parce que Nicole lui avait souvent dit combien la première longue lettre de Gary comptait pour elle. Alors Kathy essaya encore une fois de réveiller Nicole. Pendant tout ce temps, Jeremy les regardait toutes les deux.

Kathy finit par appeler Sherry, une autre voisine. Les deux femmes s'approchèrent pour secouer Nicole et se retrouvèrent sur le balcon, en jeans et pieds nus, très inquiètes. Au moment où elles venaient de se décider à appeler le docteur, voilà qu'arriva ce journaliste, Jeff Newman, qui se dirigeait tout droit vers la porte de Nicole. Kathy hurla : « Elle dort. Nicole dort. »

Jeff Newman les regarda d'un drôle d'air et dit : « Elle va bien ? Je suis censé l'emmener à la prison ce matin. » Kathy dit : « Oui, elle est juste fatiguée. » Il reprit : « Je reviendrai dans une demi-heure », et s'en alla. Elles appelèrent alors le médecin de Sherry. Dès l'instant où il entendit le nom de Nicole, il leur dit de téléphoner à l'hôpital.

Les flics couraient dans l'appartement en essayant de trouver des flacons de somnifère et les ambulanciers, sans perdre de temps, installèrent Nicole sur une civière et Kathy s'en alla chercher Jeremy, qu'elle avait déposé chez elle, avec ses gosses. Ils étaient tous en train de manger de la confiture qu'ils avaient prise dans le réfrigérateur. Sur ces entrefaites, Jeff Newman revint. Kathy lui dit : « Je ne sais pas si Nicole serait contente de vous savoir ici. » « Pourtant, je reste », lui déclara-t-il.

Kathy se dit qu'avec des gens comme Jeff, en train de fouiner partout, elle ferait mieux de prendre les lettres de Nicole. Elle alla donc chercher un sac, les fourra dedans et rapporta le tout chez elle. Ensuite Les arriva et Kathy s'en alla chercher du lait pour les enfants. Pendant qu'elle était partie, deux policiers rappliquèrent et dirent à Les qu'ils voulaient les lettres. Peut-être avaient-ils surveillé l'appartement. Ils dirent à Les que Kathy pouvait s'attirer de graves ennuis. Les dit : « Bon, prenez-les. » Plus tard dans la journée, Kathy essaya d'aller voir Nicole à l'hôpital, mais on ne laissait entrer personne, sauf la famille. En fait, Kathy ne devait jamais revoir Nicole.

III

Pendant le week-end, les conversations avec Gary avaient été pleines de questions littéraires et philosophiques sur la nature de la prison, et ce mardi matin-là, Dennis comptait parler des meurtres. Bien entendu, il était très curieux à ce sujet. Ça lui flanqua un coup quand le journaliste téléphona pour demander ce que M. Boaz pensait de la double tentative de suicide de Gary et de Nicole. Dennis avait complètement oublié « N'aie pas peur de la faucheuse. » Il se dit : « Je ne suis vraiment pas dans le coup. » « Ils ne sont pas morts ? demanda-t-il.

— C'est tout juste », répondit le journaliste.

La veille encore, un ami avait conseillé à Dennis d'obtenir de Gary un accord écrit. Il n'avait pas voulu le demander. Dans des circonstances aussi insolites, un contrat étoufferait toute possibilité de relations humaines convenables. Il devait toutefois reconnaître que Gary commençait à faire preuve d'esprit pratique. La veille, il avait manifesté un certain intérêt pour Susskind, et parlait de Schiller, qui lui avait envoyé un télégramme. Dennis avait perçu un intérêt nouveau dans la voix de Gary. Ce fut pourquoi la tentative de suicide le surprit tant.

Dans la journée les choses ne firent qu'empirer. Un autre journaliste téléphona pour lui annoncer : « Monsieur Boaz, vous figurez sur la liste établie par Sam Smith des gens susceptibles d'avoir fait passer les somnifères à Gilmore. » Dennis se sentit angoissé. Et si, à son insu, la prison avait enregistré ses conversations avec Gary ? On aurait très bien pu prendre sur bande celle où il parlait avec Gary de lui apporter cinquante comprimés de somnifère, mais peut-être pas la suivante où il avait dit à Gary qu'il ne le voulait pas et ne le pouvait pas. À cet instant, Dennis comprit ce que c'était que la main froide et moite de la peur quand elle vous serre les tripes. Ce n'était pas un cliché. Il avait vraiment les tripes serrées par une force extérieure.

À l'hôpital, un type de *Newsweek* confirma la nouvelle : Boaz était le suspect numéro un du directeur. Puis Geraldo Rivera, de la chaîne de télévision A. B. C., dit la même chose. « Je n'ai vraiment pas besoin de ça », songea Dennis.

Cela devint pour lui une journée d'inquiétude et de grande émotion. À la pensée de Gary mort et de Nicole disparue, Dennis éprouva un tel sentiment de perte qu'il commença à se demander s'il pouvait, en bonne conscience, continuer à exiger que Gary fût exécuté.

Sur ces entrefaites, Geraldo Ribera proposa une interview et ils allèrent dans sa suite à l'hôtel pour en discuter. Afin de ne pas nuire à Gary, Dennis, durant toute la semaine, n'avait pas fumé d'herbe et n'en avait pas sur lui. Il se dit que Ribera connaîtrait peut-être quelqu'un pouvant lui en fournir et, de fait, il y avait un reporter à l'hôtel avec du Phai d'excellente qualité. Dennis en aspira une bouffée comme si c'était l'air du paradis. Mais il y avait toujours la prémisse plus ou moins raisonnable qu'un peu de l'amour de Dieu était enfermé dans l'herbe. Bien sûr, Dennis était ainsi tombé un jour sur un type qui avançait d'intéressantes contre-hypothèses, voulant démontrer que ce qui entrait dans vos poumons sous forme d'amour n'était peut-être qu'un fac-similé offert par le démon. Un argument intéressant, mais tout ce que Dennis savait dans l'immédiat c'était que l'herbe de bonne qualité le réconfortait affectivement. Ça lui allait droit au cœur.

Assis dans la chambre d'hôtel à bavarder avec Geraldo Ribera, il commença à éprouver le sentiment accablant du caractère désespéré de la situation et il éclata en sanglots. Dennis ne pouvait pas se contenir. Il se mit à pleurer bruyamment devant Geraldo. Tout ça était beaucoup plus triste qu'il ne l'avait pensé.

IV

Tamera devait être la première à reconnaître que ça avait peut-être l'air idiot mais que, sur le moment, elle ne se doutait absolument pas que son article allait avoir les honneurs de la une.

Deux mois auparavant, lorsqu'elle avait débuté au *Deseret News*, elle avait eu sa signature à la une pour un article sur la rupture du barrage de Teton. C'était formidable pour une jeune journaliste. Elle pensait que son reportage sur le barrage de Teton allait être son grand et unique coup et elle n'envisageait même pas qu'il se présenterait quelque chose d'aussi important. Aussi, lundi après-midi, après avoir quitté Nicole, retourna-t-elle au journal où elle se mit à lire toutes les lettres, puis travailla sur son article pendant la nuit sans se préoccuper un seul instant de la place où on le publierait. Toutefois, lorsqu'elle eut fini, à 7 heures du matin, elle aurait dû s'en douter. Il y avait d'autres gens qui travaillaient autour d'elle maintenant, dont deux rédacteurs. Elle espérait simplement que son article toucherait les lecteurs. Mais comme tout le monde était rassemblé autour de son bureau, l'aidant à faire les corrections de dernière minute, cela finit par devenir un de ces articles où la feuille à peine retirée de la machine à écrire on la porte à la composition. Il fut mis sous presse à 8 heures du matin et Tamera s'attarda encore pour aider à trouver des intertitres. Enfin, vers 8 heures et demie ou

9 heures, elle aurait pu aller se coucher mais elle avait envie de voir d'abord son article imprimé. Elle alla donc faire un tour en attendant la première édition.

Tamera finit par se retrouver au Centre des Visiteurs, à Temple Square, où elle monta la rampe. C'était une grande allée en spirale qui s'incurvait si bien en l'air qu'on avait l'impression de monter à l'assaut d'une galaxie. Le plafond était bleu foncé et tout en haut il y avait une énorme statue de Jésus. Un bel endroit. Tamera était allée là autrefois pour être seule et méditer. On éprouvait dans cet endroit un sentiment très doux de paix. On sentait presque des puissances rôder autour de soi. Elle se mit à prier pour que son histoire ait de l'impact et que d'une façon ou d'une autre les choses s'arrangent pour Nicole.

Tamera revint au journal et jamais encore elle n'avait senti une ambiance aussi électrique dans la salle des informations. Elle comprit que quelque chose d'énorme avait dû arriver au moment du bouclage. On était en train de rassembler si vite les éléments d'un article qu'on le tapait directement sur le terminal de l'ordinateur relié à l'atelier de composition. Vraiment dingue. Son rédacteur en chef s'approcha et dit : « Nicole et Gilmore ont essayé de se suicider. Ils sont en réanimation. Commence à faire un petit article. » « Fichtre ! » s'exclama Tamera. Elle s'assit devant sa machine, sans avoir l'idée de ce qu'elle allait pouvoir écrire.

La mort et le suicide, commença Tamera, *étaient le principal sujet des conversations du meurtrier Gary Mark Gilmore et de son amie Nicole Barrett durant la semaine précédant leur double tentative de suicide.*

Nicole m'a parlé de ces conversations. Lors d'une série d'entretiens privés que nous avons eus durant cette semaine si tendue, elle m'a fait lire les nombreuses lettres qu'elle a reçues de Gilmore, elle m'a raconté combien il l'avait encouragée et rassurée à propos du suicide et elle a discuté en toute franchise de sa propre attitude devant la mort.

En ce moment, mon amie est à l'article de la mort, dans un hôpital de Provo, et le monde entier a les yeux tournés vers elle…

Elle continua à écrire, une page suivant l'autre, relatant tout ce qui lui était arrivé ainsi qu'à Nicole.

Je disposais d'une source d'information que personne jusqu'alors n'avait pu atteindre. Mes émotions étaient diverses. Je la respectais en tant qu'individu mais, comme n'importe quel journaliste, j'espérais bien tirer un bon article. Pourtant, je ne voulais pas faire pression sur elle ni la mettre dans une situation où elle ne désirait pas se trouver.

En la voyant sortir de la prison, en jeans, chandail à la main, et fumant une cigarette, je l'interrogeai sur sa visite et notre conversation commença. Nous sommes montées dans ma Volkswagen et je n'ai pas allumé la radio pour que tout soit silencieux si elle avait envie de parler. Cela m'avait semblé être le cas.

« *Quand j'arrive pour le voir, me dit-elle soudain, j'ai l'estomac noué, mais je me sens mieux après. Il est si fort, tellement plus fort que moi. Il me rassure toujours et m'oblige à me sentir mieux.* »

Tamera écrivait comme un robot. Elle se dirigea d'ailleurs, ses feuillets en main, jusqu'au terminal d'ordinateur et se mit au clavier sans tout d'abord rien éprouver de spécial. Puis elle fut tout à coup envahie par une intense émotion : elle ne s'était pas doutée un seul instant que Nicole allait tenter de se suicider ce même jour. Absolument pas.

Elle parvint à se calmer, mais tout aussitôt la colère s'empara d'elle : Gary n'était qu'un manipulateur de la pire espèce. C'était une chose, se dit Tamera, que d'essayer de persuader quelqu'un de coucher avec vous, mais faire en sorte de manipuler les autres pour les faire mourir avec soi, c'était de l'égoïsme absolu. Ces lettres, où il se montrait si terriblement jaloux. Il ne pouvait pas supporter l'idée, disait-il, que Nicole rencontre un autre homme, ou Dieu sait quoi ! De l'enfantillage, se dit Tamera, du pur enfantillage !

Sur ces entrefaites, son frère Cardell entra dans la salle des informations. Il travaillait dans le centre et c'était la première fois qu'il venait ainsi la voir. Il avait entendu l'histoire à la radio et s'était dit que Tamera aurait peut-être besoin de lui. Elle serra Cardell dans ses bras et éclata en sanglots. Peut-être pensaient-ils tous les deux à son ancien ami le prisonnier. Plus tard ce même soir, son autre frère téléphona de Vancouver pour la féliciter et lui dire combien sa femme et lui étaient fiers d'elle. Ils faisaient des photocopies des articles pour les envoyer à la famille. Elle découvrit par la suite que toutes les agences de presse avaient repris son article. L'Associeted Press le distribua abondamment, ainsi que l'*Observer* de Londres, une agence de presse scandinave, un journal d'Afrique du Sud, une agence de Paris, *Newsweek* et les Allemands de l'Ouest. Son journal conclut chacune de ces ventes à sept cent cinquante dollars, ce qui représentait plus que le salaire de Tamera jusqu'à ce jour. Excellente opération.

V

Wayne Watson et Brent Bullock, du bureau de Noall Wootton, se rendirent à l'appartement de Nicole Barrett après avoir reçu un coup de fil de la police à propos des lettres. Ils pensaient qu'il pourrait peut-être trouver là des preuves qui pourraient se révéler utiles dans l'affaire Max Jensen si jamais on devait aussi juger Gary pour ce crime.

De retour au bureau de Noall, Watson et Bullock commencèrent à étudier le matériel, mais après avoir lu les dix premières lettres, ils n'y découvrirent aucun indice. De toute évidence, le type était un individu intelligent, mais les lettres, pour ce qui était de découvrir des preuves nouvelles, étaient sans intérêt. Wayne Watson tomba bien sur un paragraphe qui signifiait quelque chose si on savait qu'en argot des Jacks et des Jills étaient des somnifères. Il prit contact avec un homme du bureau du shérif de Salt Lake, qui menait l'enquête au pénitencier afin de découvrir comment les somnifères avaient été introduits dans la place, et qui lui dit que c'était bien possible que ça soit Nicole qui l'ait fait.

À dire vrai, le plus intéressant de toute l'opération fut que Brent Bullock et Wayne Watson se firent photographier dans la petite salle de séjour de Nicole. On les voyait, chacun accroupi et regardant les lettres jetées à terre, tous deux aussi costauds que des joueurs de rugby professionnels et se redressant comme des poux. De plus Brent exhibait une moustache en guidon de vélo de quinze centimètres. Lorsque cette photo fut publiée, leurs femmes et leurs amis se payèrent leur tête. « Les Sherlock Holmes au travail », s'esclaffèrent-ils.

VI

Kathryne était au travail à Ideal Mobilier quand sa mère, Mme Strong, téléphona. « Tu as entendu la radio ? demanda-t-elle. Tu n'as pas écouté la radio ? » Puis elle lâcha un seul mot : « Nicole ! »

Kathryne s'effondra. Elle se mit à hurler : « Non ! Non ! Non ! » Elle imaginait le pire. Au fond du magasin le grand poste stéréo était allumé, mais en sourdine et elle n'écoutait pas. Elle tendit soudain l'oreille et entendit les mots : « L'amie de Gilmore… suicide. » Kathryne eut une véritable crise de nerfs. Sa mère avait beau hurler dans l'appareil, ce ne fut qu'une fois calmée qu'elle comprit ce qu'elle lui disait : « Elle n'est pas morte, tu sais, elle est à Utah Valley. Je vais passer te chercher. » Kathryne resta prostrée, comme si elle avait eu une commotion. Sa mère arrêta la vieille Lincoln devant le magasin, cette saloperie de Lincoln, la vieille plaisanterie de la famille, et l'emmena. À l'entrée des urgences, à l'hôpital, l'employée de la réception les envoya au second. Lorsqu'elle entra dans la chambre de Nicole, Kathryne ne put retenir un mouvement d'horreur. Cette abominable machine était là une fois de plus. Dire qu'il y avait à peine sept jours, son père était relié au même appareil. Il était mort et c'était au tour de Nicole d'y être reliée.

On donna un peu de valium à Kathryne et un docteur se présenta. Il avait une petite bouche aux lèvres serrées et il déclara que les chances de survie de Nicole étaient de cinquante pour cent. « Ça peut basculer d'un côté ou de l'autre », dit-il. Puis il ajouta : « Nous ne savons pas s'il y a eu lésion cérébrale… Le problème est qu'elle puisse supporter l'appareil qui assure ses fonctions respiratoires… et je ne peux pas le garantir. » On peut dire qu'il ne leur laissait pas beaucoup d'espoir. « Je ne peux rien garantir, conclut-il, tant qu'on n'aura pas réussi à éliminer tout le somnifère de son organisme. » Un policier était assis devant la porte.

Kathryne entrait un quart d'heure dans la chambre de Nicole, puis sortait pour aller s'asseoir dans le couloir pendant que sa mère prenait sa place. Puis elle y retournait. Ça dura tout l'après-midi. Rikki était revenu du Wyoming après l'enterrement du père de Kathryne et il resta dans la salle d'attente du service de réanimation afin d'éloigner les journalistes. On les empêchait de monter, mais une d'elles parvint à se glisser jusqu'au service de réanimation et resta là toute la journée, avec un sac à tricoter à ses pieds. Personne ne savait que c'était une journaliste. Au bout de trois heures, elle dit à Kathryne : « Vous êtes la mère de Nicole ? » Kathryne se contenta de la regarder sans y prêter attention. La femme s'adressa alors à Cathy Kampman : « Vous êtes de la famille de Nicole ? » « Je vous en prie, ne nous ennuyez pas », répondit Cathy. Mais la femme insista : « Nicole a des frères et sœurs ? » Ce fut alors que Cathy comprit. « Vous êtes une reporter de télé, n'est-ce pas ? » Elle avait remarqué que chaque fois que l'une d'elles commençait à parler, la femme se penchait vers son sac et tournait quelque chose. Kathryne entra dans une colère folle, et la fit expulser.

Tout d'abord Charley ne devait pas venir, et puis, à la surprise de Kathryne, il passa vers 3 heures alors qu'elle était allée jusqu'à l'appartement de Nicole. L'infirmière lui raconta que M. Baker était venu et qu'il s'était effondré en voyant Nicole, puis il était parti. Kathryne apprit plus tard que Charley était allé à Pleasant Grove et qu'il y était resté avec Angel et Mike pour le restant de la journée et toute la nuit.

Kathryne ne bougea pas et refusa d'aller dîner. Peu après minuit, elle appela quelques Anciens qu'elle connaissait dans l'Église mormone, et ils vinrent prier avec elle au chevet de Nicole, oignant sa tête d'huile, posant les mains sur son front. Ils prièrent Dieu de lui accorder le rétablissement. Ils ne pouvaient le faire au nom de l'Église étant donné qu'elle avait tenté de se suicider, mais ils demandèrent quand même au Seigneur de les écouter au nom de la foi de tout le reste de la communauté.

Vers 4 heures du matin, sa mère raccompagna Kathryne chez elle où elle resta avec Charley jusqu'à 10 heures, heure à laquelle il la reconduisit à l'hôpital. Mais elle ne voulut pas se reposer, et ne cessa pas d'appeler l'hôpital pour voir s'il y avait un changement.

Le lendemain, il y avait tant de journalistes que Kathryne fut obligée de se dissimuler sous une longue perruque blonde.

DESERET NEWS

Lashville, Tennessee (A. P.) 16 novembre. – Le chanteur populaire Johnny Cash déclare qu'il a essayé d'appeler Gary Gilmore à la prison d'État de l'Utah, pour l'inciter à « se battre pour sa vie », quelques minutes seulement après que le prisonnier ait été découvert inconscient à la suite, semble-t-il, d'une tentative de suicide.

« Je ne sais pas ce que j'aurais dit à un homme qui projetait de se supprimer, dit Cash. Quelquefois ça aide, d'autres fois non. Mais j'aurais essayé de l'en dissuader. »

Le chanteur a déclaré que son premier mouvement avait été de ne pas s'en mêler. « Je lui ai dit (à l'avocat) que je ne recherchais pas la publicité. Je pensais que je ferais mieux de m'occuper de mes affaires. Qui, d'ailleurs, recherche ce genre de publicité ? »

Comme Boaz insistait, en disant que son client voulait absolument voir Cash, le chanteur déclara qu'il avait décidé d'appeler la prison.

VII

Dès l'instant où Brenda entendit la nouvelle, elle se mit à téléphoner d'heure en heure, mais tout ce que l'hôpital où se trouvait Gary, à Salt Lake, voulut bien lui dire, c'est qu'il était encore en vie. Brenda demanda : « Si je viens, est-ce que je pourrai le voir ? » On lui répondit : « Pour être sûre d'entrer, ce ne sera qu'accompagnée du gouverneur. » Elle demanda si elle pouvait au moins parler à une des infirmières qui le soignaient, et on finit par lui en passer une. « Voudriez-vous, je vous prie, dire à Gary que Brenda a téléphoné et que je pense à lui tendrement, fit-elle. J'aimerais qu'il lutte pour sa vie. » Elle ne sut jamais si l'infirmière avait transmis le message.

À l'hôpital, on était à peu près persuadé que Gary n'avait pas fait une vraie tentative de suicide. D'après leurs estimations, il avait pris la moitié d'une dose mortelle, vingt comprimés environ : deux grammes. Trois grammes représentaient une dose mortelle à cinquante pour cent, c'est-à-dire que la moitié des gens qui absorbaient une telle quantité en mouraient. Comme Gilmore était un grand gaillard, ses chances de réussir avec deux grammes étaient faibles. D'ailleurs, il avait pris les comprimés juste avant l'appel du matin. C'était suspect. Nicole semblait avoir absorbé la même quantité mais beaucoup plus tôt, et elle était dans un état autrement plus sérieux. Elle pesait à peine quarante-cinq kilos et lui près du double.

On interviewait Sam Smith, le directeur de la prison.

L'INTERVIEWER. – Avez-vous une idée de la façon dont il a pu se procurer le produit ?

LE DIRECTEUR. – Eh bien, il y a un certain nombre de possibilités. Il aurait pu accumuler les médicaments qu'on lui aurait ordonnés, les mettre de côté et les absorber ; il aurait pu aussi se les procurer peut-être par d'autres détenus du quartier de haute surveillance, mais il est possible qu'il se le soit procuré grâce à ceux qui venaient lui rendre visite.

L'INTERVIEWER. – Serait-il facile pour quelqu'un d'apporter des médicaments aux détenus ?

LE DIRECTEUR. – Ma foi, il est pratiquement impossible d'empêcher quelqu'un de cacher sur sa personne ou dans une cavité naturelle quelque chose d'aussi petit que des comprimés.

L'INTERVIEWER. – Est-ce que les visiteurs, pourtant, ne sont pas fouillés lorsqu'ils viennent les voir ?

LE DIRECTEUR. – Oui, ils sont fouillés, mais ça ne veut pas dire qu'on puisse explorer chacun de leurs orifices naturels et s'assurer qu'ils n'y dissimulent pas des médicaments.

L'INTERVIEWER. – En tant que responsable du bien-être et de la sécurité de Gilmore, quel est votre sentiment sur ce qui s'est passé aujourd'hui ?

LE DIRECTEUR. – Je suis navré, bien sûr, mais je reconnais d'un point de vue réaliste que lorsque les gens veulent se tuer, il est assez difficile de les en empêcher pendant longtemps.

L'INTERVIEWER. – Je vous remercie, Sam.

Après cette interview, la presse se déchaîna. Un reporter fit observer que quand on écoutait Sam Smith, on n'avait pas besoin de somnifères.

La plaisanterie, parmi les journalistes, c'était que de chercher une adresse dans une ville de l'Utah, c'était comme essayer de repérer les coordonnées d'artillerie sur une carte. Par exemple, 2575 Nord 1100 Ouest. « Ici, monsieur, écrivit Barry Farrell dans son cabinet. Vous avez la bonne adresse. C'est simplement que vous n'êtes pas dans la bonne ville. » Barry Farrell, qui était là pour faire un article pour *New West*, en était à un tel point d'exaspération que sa plus grande distraction était de prendre des notes. Il abhorrait Salt Lake. « Il y a dans cette ville un côté helvétique, écrivait-il, une complaisance que les gens de la Côte Ouest trouveraient sans doute extrêmement agaçante. S'enivrer ici, c'est comme s'inscrire pour une cure de désintoxication. » Puis il ajoutait : « Après 1 heure, le seul bruit qu'on entende en ville, c'est le crépitement des enseignes au néon. »

C'était difficile d'obtenir des renseignements. Tout était bouclé. Farrell ne se rappelait pas beaucoup d'enquêtes où le centre d'intérêt d'une affaire semblât si éloigné. Il n'avait pas été journaliste à *Life* pendant des années sans réussir à s'introduire dans pas mal d'endroits. Souvent il parvenait à obtenir des interviews là où d'autres échouaient. Mais là, pas la moindre interview. Dans son carnet de notes Farrel écrivit : « On ne peut qu'imaginer combien Gilmore a dû trouver cela étouffant… La claustrophobie vous étreint quand on se trouve sans occasion de pécher. »

Earl Dorius était naturellement préoccupé de savoir comment les somnifères étaient parvenus à Gilmore et il téléphona au directeur de la prison pour s'informer. Sam Smith lui dit que les principaux suspects étaient Nicole Barrett, Dennis Boaz, Vern Damico, Ida Damico et Brenda Nicol. Dorius le remercia de ces renseignements.

Lorsque Gibbs apprit la nouvelle, il repensa à une discussion avec Gary sur les moyens de passer en douce des médicaments en haute surveillance. Il était d'avis, se rappela-t-il, d'utiliser des balles.

Ce soir-là, quand le gros Jake se trouva de garde, il dit à Gibbs que les gens de la prison étaient idiots. Voyons, la police de Provo avait prévenu le pénitencier que Nicole s'était procuré deux ordonnances de somnifères la veille de ces tentatives de suicides. Pourtant on ne l'avait pas fouillée à fond. Le gros Jake regarda Gibbs et ajouta : « Je parierais que c'est toi qui lui as appris comment faire passer la camelote. » Le gros Jake eut un grand sourire et s'éloigna.

DESERET NEWS

La plupart des lettres réclament la clémence

16 novembre. – … Un habitant de Minneapolis a demandé pourquoi Gilmore devrait être le seul à être exécuté alors que d'autres tueurs condamnés vivent encore.

« L'ancien lieutenant William Calley, convaincu du meurtre avec préméditation d'au moins vingt-deux êtres humains de race orientale se promène maintenant dans les rues », écrivait-il. Par une ironie du sort, George Latimer, président de la commission des grâces, qui doit décider du sort de Gilmore, était le principal avocat civil de Calley.

DESERET NEWS

16 novembre. 0150 Les Filles de la Sagesse de Litchfield, dans le Connecticut, parlant de Gilmore, ont déclaré : « Nous sommes persuadées qu'il est destiné à faire quelque chose de valable pour l'humanité. Il lui faut du temps pour découvrir ce qu'est ce quelque chose. »

DESERET NEWS

16 novembre. – … Le père de Max Jensen, David Jensen, fermier de l'Idaho et président de paroisse dans l'Église des Saints du Dernier Jour, a déclaré : « La mort de notre fils nous a consternés, mais c'est une chose que nous acceptons. Nous ne voudrions certes pas être à la place des parents de Gilmore. »

DESERET NEWS

16 novembre. – La veuve de Buschnell, qui attend un autre enfant pour le début de l'année, est partie pour la Californie vivre avec sa belle-mère. Des membres de sa famille affirment qu'elle s'effondre lorsqu'on prononce le nom de son mari.

7. Goût

I

Le lundi soir, alors que Nicole rédigeait son testament et ses dernières volontés, Larry Schiller se rendit à l'aéroport international de Los Angeles pour acheter le numéro de *Newsweek* dont l'article de fond traitait de Gary Gilmore. Schiller savait que les aéroports recevaient les magazines un jour plus tôt que les autres points de vente et parfois, lorsqu'il préparait un article et qu'il avait besoin d'un magazine avant ses concurrents, il allait même chez le distributeur local.

Schiller passa une partie du lundi soir à lire cet article. Cette lecture lui apprit qu'il devrait acheter les droits de cinq personnes. Ceux de Gary évidemment et ceux de Nicole, ça faisait deux, mais lundi soir, pour la première fois, il entendit parler d'April Baker et décida qu'il ferait mieux d'obtenir aussi son accord. Puis il rencontra le nom de Brenda Nicol et apprit que c'était elle qui avait fait sortir Gary de prison. Cela pouvait être un élément-clé de l'histoire. Il fallait obtenir les droits de Brenda. Il ne savait pas si elle était la fille de Vern Damico ni même si elle lui était apparentée, mais Vern était le cinquième nom sur sa liste.

Dès le mardi matin, il appela Lou Rudolph à A. B. C., pour lui parler du grand intérêt qu'il portait à cette histoire. Il y avait pas mal de façons de s'y prendre, expliqua Schiller, et il énuméra rapidement un certain nombre de possibilités. Il y avait longtemps qu'il avait compris qu'à la télévision il fallait d'abord vendre le sujet aux directeurs. Il fallait imposer l'idée que même si on n'obtenait pas tous les droits, ce serait quand même de la bonne télévision. Si, par exemple, il avait l'accord de Gilmore sans celui de Nicole, on pourrait monter le scénario d'un type qui sort de prison et lutte contre ses vieilles habitudes de détenu, mais qui finit par tuer un homme, authentique étude des souffrances endurées par un détenu brusquement libéré. De cette façon on pouvait traiter le sujet de la peine capitale et la question de savoir si un homme avait le droit de mourir sans qu'il soit besoin d'y mêler une histoire d'amour.

D'un autre côté, poursuivit Schiller, s'ils avaient l'accord de la fille mais ne parvenaient pas à faire signer Gilmore, on pourrait raconter la lutte intéressante de deux sœurs toutes deux amoureuses du même criminel. Il faudrait substituer à Gilmore un criminel imaginaire, mais on pouvait quand même exploiter cette situation triangulaire. On pourrait encore prendre Nicole comme sujet principal et faire de l'histoire l'étude d'une jeune femme qui a été mariée plusieurs fois, est encombrée d'enfants puis tombe amoureuse d'un criminel. Dans ce cas il faudrait passer les meurtres sous silence mais souligner les difficultés romanesques de tenter de vivre avec un homme à qui la société ne fait pas confiance.

Schiller n'essayait pas, expliqua-t-il à Rudolph, d'imposer un jugement sur les mérites relatifs de ces divers scénarios. Il voulait simplement faire comprendre qu'on pouvait court-circuiter Gilmore, raconter seulement l'histoire d'une femme et néanmoins en faire quelque chose de très valable.

Il avait à peine raccroché que la radio annonçait que Gilmore et Nicole avaient essayé conjointement de se suicider. Il prit aussitôt un billet d'avion pour Salt Lake. À l'aéroport, il rappela Rudolph pour lui proposer une autre solution. À supposer qu'ils ne puissent pas obtenir les droits de Gilmore, ils pourraient malgré cela faire l'étude d'une fille qui avait voulu mourir et qui avait conclu un pacte de suicide avec un criminel, cherchant par là même le moyen de résoudre un problème insoluble.

Schiller répéta qu'il était sûr des résultats et qu'il voulait obtenir d'A. B. C. un réel soutien financier. Pas pour les notes d'hôtels ou les billets d'avion, précisa Schiller, parce que, pour cela, il pouvait toujours se débrouiller avec ses cartes de crédit.

Non, ce que Schiller voulait c'était l'assurance financière de pouvoir traiter avec Gilmore. Il rappellerait de Salt Lake.

Il aurait dû s'en douter. Dès l'instant où les médias apprirent la double tentative de suicide, non seulement Larry Schiller se retrouva dans l'avion, mais tous ses confrères fonçaient vers Salt Lake, prêts à descendre au Hilton où chacun des singes des médias pouvait surveiller tous les autres singes. Il allait y avoir pas mal de singes dans ce zoo.

D'après les échos qu'il entendait, Schiller savait qu'il était réputé dans les médias pour son impatience et ses réserves d'énergie. Ça le faisait toujours sourire quand il entendait des histoires de ce genre. Elles protégeaient son arme secrète : la patience. Mais il ne le montrait pas aux gens. Bien au contraire, il entretenait l'image opposée. Ça lui était égal de se trouver dans des situations où il était obligé d'attendre. On n'avait qu'à lui donner un billet d'avion et une salle d'attente. Si on comptait les années où, depuis l'âge de quatorze ans, il avait commencé à gagner de l'argent comme expert en traces de dérapage, cela faisait, d'après ses propres estimations, pas loin de vingt-cinq ans qu'il courait comme un fou. Alors, il n'était pas mécontent de pouvoir s'asseoir un peu de temps en temps.

Son père, qui dirigeait autrefois le magasin Davega sur Times Square, à New York, et qui flairait la bonne affaire quand il y en avait une, lui avait acheté, quand il était gosse, un Rolleicord et une radio qui prenait la fréquence de la police : Schiller l'écoutait et quand il entendait l'annonce d'un accident à la radio, il sautait sur sa bicyclette et fonçait sur les lieux. Si c'était loin et qu'il n'arrivait qu'après qu'on ait déjà retiré les véhicules accidentés, il pouvait toujours photographier les traces de dérapage, et il vendait les clichés aux compagnies d'assurances. Ce fut ainsi qu'il fit son apprentissage.

II

Ayant surgi dans les milieux journalistiques comme étant l'un des plus jeunes photographes de *Life*, Schiller avait couvert la visite de Khrouchtchev aux Nations unies ; il avait rencontré Mme Nhu dans un couvent ; il se trouvait au Vatican lors de la mort du pape et avait pris une photo de Nixon éclatant en sanglots lorsqu'il avait perdu contre Kennedy, une photo célèbre. Il pouvait voyager sans bagages. Il avait vendu à une chaîne de journaux l'histoire des quintuplés Fischer, photographié les tremblements de terre de l'Alaska, l'assassinat de Kennedy à Dallas et les événements de Watts, les Jeux olympiques, couvert le procès de Sirhans Sihan. Il n'avait pas vingt-quatre ans qu'il déclarait des revenus supérieurs à cent mille dollars mais il en avait vraiment marre de photographier des têtes différentes. Il était sans doute le meilleur photographe borgne du monde – il avait perdu un œil dans un accident lorsqu'il avait cinq ans – mais il en avait par-dessus la tête de s'immiscer dans la vie des gens, de leur serrer la main, de les photographier et puis de repartir. Il quitta *Life* et se mit à écrire des livres et à produire des films et à vendre des grands reportages à des chaînes de journaux et de magazines. Son désir était d'étudier les gens en profondeur. Au lieu de cela, il fit un reportage sur Jack Ruby lors de sa mort et sur Susan Atkins au procès Manson, ce qui lui valut une réputation épouvantable. Pourtant Schiller se donnait du mal pour changer cette image. Il publia un livre, *Minamata*, à propos de l'empoisonnement au mercure au Japon et créa les montages de photos publicitaires pour *Butch Cassidy and the Sundance Kid* et pour *Lady Sings the Blues*. Il produisit et mit en scène *The American Dreamer* avec Dennis Hopper. Il fit des interviews pour un livre sur Lenny Bruce par Albert Goldman. Il remporta un Oscar dans la Catégorie spéciale pour

L'Homme qui descendit l'Everest à skis : Peu importait. Il était le journaliste qui donnait dans la mort.

Assis dans l'avion, se reposant de vingt-cinq années passées à galoper d'une explosion à des photos de couverture, d'émeutes en élections, assis mais supportant l'épuisement de ces vingt-cinq années inscrit dans ses membres comme des traces de dérapage, assis donc dans cet avion plein de singes des médias en route pour Salt Lake, Schiller réfléchissait. L'histoire Gilmore n'arrangerait pas sa réputation, certes, mais il ne pouvait pas la laisser passer. Cela chatouillait en lui la fibre qui voulait qu'il ne renonçât jamais.

Après deux voyages rapides à Salt Lake, il était revenu les mains vides, et il n'avait pas l'habitude d'aussi maigres résultats. D'instinct, il s'était rendu à Salt Lake dix jours après l'annonce faite par Gilmore qu'il ne ferait pas appel, mais il n'avait rien pu glaner. Boaz contrôlait tout et Boaz ne s'intéressait guère à lui. De plus, il était en train de traiter avec David Susskind.

Schiller relut le télégramme qu'il avait envoyé deux jours plus tôt à Gilmore.

14 NOVEMBRE
GARY GILMORE
PRISON D'ÉTAT DE L'UTAH, BOÎTE 250
DRAPER UT 84 020

AU NOM DES FILMS ABC, DE LA COMPAGNIE DU NOUVEAU LINGOT ET DE MES ASSOCIÉS NOUS SOUHAITONS ACQUÉRIR DE VOUS OU DES REPRÉSENTANTS QUE VOUS AUREZ CHOISIS LES DROITS D'ADAPTATION CINÉMATOGRAPHIQUES ET D'ÉDITION DE LA VÉRITABLE HISTOIRE DE VOTRE VIE STOP NOUS AVONS DERRIÈRE NOUS QUATORZE ANS DE FILMS IMPORTANTS ET SIX BIOGRAPHIES QUI ONT ÉTÉ DES BEST SELLERS STOP PLUS RÉCEMMENT NOUS AVONS PRODUIT LE FILM TRÈS PRISE

PAR LA CRITIQUE « HEY I'M ALIVE », LA VÉRITABLE HISTOIRE DE RALPH FLORES UN PRÉDICATEUR MORMON LAÏC ET D'UNE JEUNE FILLE QUI SE SONT ECRASES DANS UN PETIT AVION DANS LE YUCAN ET QUI ONT SURVÉCU QUARANTE-NEUF JOURS SANS NOURRITURE STOP CE FILM SUR LA FOI EN DIEU ET LA CONVICTION A REÇU LES ÉLOGES DE L'ÉGLISE MORMONE ET A ÉTÉ VU PAR PLUS DE TRENTE MILLIONS DE SPECTATEURS PARMI NOS AUTRES RÉALISATIONS « SUNSHINE », LA VÉRITABLE HISTOIRE DE LYN HELTON UNE JEUNE MÈRE DE DENVER COLORADO QUI A SACRIFIÉ SA VIE TRÈS JEUNE POUR POUVOIR PASSER QUELQUE TEMPS AVEC SA FILLE STOP CETTE HISTOIRE SUR LE PROBLÈME DU DROIT DE MOURIR ET SUR LA FORCE DE LA CONVICTION A ÉTÉ VUE PAR PLUS DE SOIXANTE-DIX MILLIONS DE SPECTATEURS ET LE LIVRE RACONTANT SON HISTOIRE A ÉTÉ LU PAR PLUS DE HUIT MILLIONS DE LECTEURS STOP UN EXEMPLAIRE VOUS EST ENVOYÉ SOUS PLI SÉPARÉ STOP NOUS DÉSIRONS PRÉSENTER VOTRE HISTOIRE SOUS FORME VÉRIDIQUE ET NON ROMANCÉE STOP J'AI VU MAÎTRE BOAZ ET LUI AI NOTIFIÉ QUE J'ALLAIS PRENDRE CONTACT AVEC VOUS STOP J'ATTENDS D'AVOIR DE VOS NOUVELLES DE VOTRE REPRÉSENTANT STOP VEUILLEZ APPELER EN PCV À TOUT MOMENT STOP SINCÈREMENT À VOUS

LAWRENCE SCHILLER

Pas de réponse. Son télégramme aurait tout aussi bien pu échouer dans la poubelle des lettres perdues au bureau de poste.

Il s'en alla voir Vern Damico à la cordonnerie de Provo mais Vern n'était pas là. Il tomba sur des journalistes locaux de Salt Lake et leur dit : « Je ne suis pas ici pour vous faire concurrence, j'aimerais simplement que vous me disiez qui est quoi dans cette ville et comment on arrive à voir Gilmore ? » Ils n'y parvenaient pas non plus. Schiller entendit parler de Nicole, mais il apprit aussi qu'elle ne voulait parler à personne. Il la manqua plusieurs fois à la prison.

Les deux voyages de Schiller à Salt Lake se révélèrent infructueux. Il se heurtait à des murs. Pas moyen de trouver l'histoire. Il monta dans sa voiture de location et quitta Provo pour gagner l'aéroport de Salt Lake et en chemin, tout en roulant, il se dit : « Si je n'arrive pas à trouver l'histoire, alors personne ne peut y arriver. Mais si personne ne le peut, alors ça doit être une bonne histoire. » Il ne pouvait plus penser à autre chose.

Dès l'instant où il apprit la nouvelle de la double tentative de suicide, Schiller se dit : « Il y a une histoire et elle est réelle. Puisqu'elle est réelle, elle doit être fantastique. »

Au Hilton, on aurait dit que la foule de journalistes était passée de cinquante à cinq cents. La presse étrangère commençait à arriver, les Anglais surtout. Lorsque les Anglais arrivaient en masse, c'était une preuve : l'histoire aurait la plus vaste audience mondiale.

Schiller donna quelques coups de fil. Sa chance semblait avoir tourné. Au premier essai il joignit Vern Damico, avec lequel il eut une bonne conversation : il demanda à M. Damico où, à son avis, pouvait se trouver Nicole. Damico supposait qu'elle était à l'hôpital de Provo, et Schiller prit rendez-vous pour discuter avec lui plus tard. Schiller monta dans sa voiture de location. Les singes allaient rester au Hilton à échanger leurs théories sur le crime, alors que lui roulait vers l'hôpital de Provo.

La salle d'attente était petite et pleine de monde. Schiller se rendit au bureau et demanda Nicole Barrett. Les employés firent comme s'ils n'avaient jamais entendu parler d'elle. Il entra dans la cabine téléphonique la plus proche et appela l'administrateur de l'hôpital en demandant si l'on pouvait joindre rapidement quelqu'un de la famille de Nicole Barrett. Une femme lui répondit que les membres de sa famille allaient et venaient sans cesse. La mère était actuellement à l'hôpital, annonça-t-on à Schiller, mais pour l'instant elle était sortie. Schiller s'assit et se prépara à attendre. Il faisait chaud dans la salle d'attente, mais il était bien. Gilmore était dans un autre hôpital, sous bonne garde. Gilmore n'était pas dans le coup et il n'était pas possible de le joindre. Là-bas, à Salt Lake, les singes devaient courir dans tous les sens en échangeant des informations, mais les seuls personnages qui comptaient maintenant étaient Gilmore et Nicole. Puisqu'il ne pouvait pas joindre Gilmore, il allait attendre de pouvoir prendre contact avec Nicole. Pour Schiller, c'était la simplicité même.

Il n'éprouvait aucune angoisse à rester assis là pendant des heures. D'autres journalistes se seraient précipités vers le téléphone, auraient posé des questions pour savoir ce qui se passait, mais Schiller, lui, restait assis, détendu, et laissait la chaleur de la pièce se déverser sur lui. Il transpirait lentement, goutte à goutte, les fatigues de vingt-cinq années bien remplies. Il lui semblait posséder des réservoirs sans fond de fatigue. Il réfléchissait calmement, se remémorant ses péchés et ses erreurs qu'il voyait déferler dans son esprit. Il les passait en revue et considérait qu'il serait idiot de ne pas en tirer des leçons maintenant qu'il avait l'expérience.

III

Son plus grand péché, sa plus grande erreur, estimait-il en général, avait été l'histoire Susan Atkins. Il était en Yougoslavie lorsque les meurtres de Tate-LaBianca furent commis, mais six mois plus tard, alors qu'il roulait sur l'autoroute de Santa Monica, on annonça à la radio qu'une fille se trouvant en prison, une nommée Susan Atkins, venait de donner des renseignements sur l'affaire Tate-LaBianca à sa compagne de cellule. Le lendemain, Schiller apprit qu'un des avocats de cette fille était Paul Caruso qui, en 1963, avait rédigé le contrat lorsque Schiller avait vendu à Hugh Hefner une photographie de Marilyn Monroe nue. Il en avait obtenu le prix le plus élevé jamais payé jusqu'alors pour une unique photo : vingt-cinq mille dollars. Schiller appela donc Paul Caruso pour lui dire que l'histoire de Susan Atkins pourrait se vendre dans le monde entier et que cela aiderait à payer les frais de sa défense.

Schiller fut donc autorisé à voir Susan Atkins entre ses deux comparutions devant le Grand Jury, et elle avoua les meurtres au cours d'une série de trois interviews qu'il vendit, en effet, dans le monde entier. Puis on en fit un livre de poche qui parut en Amérique. Subitement, Susan Atkins n'était plus le témoin vedette de l'accusation, car elle avait maintenant les droits acquis sur son histoire. Schiller avait ainsi anéanti une partie du dossier de l'accusation.

Il en avait été malade, mais il lui fallut un moment pour s'en rendre compte. Il ne le découvrit que petit à petit. Un soir il fut invité à dîner par un avocat célèbre et ne comprit que lorsqu'il vit que six juges éminents y étaient présents. Ils voulaient savoir pourquoi un journaliste avait fait cela. Ce fut un dîner fort instructif et il fut ravi de passer la soirée avec des gens aussi brillants et sérieux, mais consterné de se rendre compte qu'il les avait roulés.

Précédemment, il avait vendu l'histoire de Susan Atkins à New American Library pour quinze mille dollars, une vente rapide pour un livre vite fait et plutôt moche, une façon, en quelque sorte, de liquider sa participation à l'histoire, mais en fait cela la fit plutôt proliférer. *Newsweek* l'interviewa à propos de ce livre et il déclara : « Écoutez, j'ai publié ce que Susan a dit. Je ne sais pas si c'est vrai ou non. » L'article de *Newsweek* se terminait sur cette citation : « Je ne sais pas si c'est vrai ou non. » Il en avait des sueurs froides rien que d'y penser. Il avait subi là une leçon qu'il n'oublierait jamais et il repensa au dîner auquel il avait participé avec les juges. Le secret des gens qui avaient de la classe, c'était qu'ils restaient fidèles aux faits. Schiller appelait ça l'histoire. On rapportait l'histoire avec exactitude. Si on travaillait dans ce sens, on se retrouvait pesant un certain poids.

Aussi, quand *Helter Skelter* sortit en librairie, se dit-il : « Schiller, tu as vraiment déconné. Avec le bénéfice que tu as fait sur les premières ventes, tu aurais pu faire une étude exhaustive de toute la famille Manson. Tu as gâché ce qui aurait pu être un livre important. » C'était gênant d'avoir à se rappeler ça. Il dut même comparaître devant le tribunal pour témoigner de la façon dont s'étaient passées les interviews avec Susan Atkins. Lorsque le juge lui demanda : « Comment qualifiez-vous votre profession, monsieur Schiller ? » il répondit : « Je crois que je suis un homme de communications. » La salle éclata de rire. On le prenait pour un combinard. Ce souvenir lui brûlait la peau. « Je crois que je suis un homme de communications », et la salle s'était mise à rire. Il allait s'y prendre autrement avec cette histoire Gilmore. Poser des fondations convenables pour chaque face de l'histoire. Et il restait assis, attendant dans la chaleur, drapé dans son gros manteau marron. Et les heures passaient.

Il y avait un type barbu à l'autre bout de la pièce. Schiller avec sa barbe noire et l'autre type avec sa barbe châtain clair se regardèrent. Au bout d'une heure ou deux, une fille arriva qui respirait la presse. Elle s'approcha de l'autre barbu et se mit à l'engueuler copieusement. Schiller parvint à comprendre que le type s'appelait Jeff Newman et qu'il était du *National Enquirer*. La fille râlait : « Alors, tu savais qu'elle allait tenter de se suicider et tu n'as rien dit. Oh ! toi et ton journal à la con ! » Newman était si furieux qu'il se leva et sortit. Alors Schiller s'approcha de la fille et se présenta : « Je suis Larry Schiller, représentant la chaîne de télévision A. B. C. » Elle se tourna vers lui comme une tigresse toutes griffes dehors et cria : « Ah, vous aussi ! » Schiller ne savait même pas son nom. Ce devait être une pigiste locale, et on pouvait dire qu'elle faisait un drôle de cinéma. Les hommes se foutaient pas mal des femmes, disait-elle, et pourtant les femmes se tuaient pour eux. Schiller acquiesça de la tête et s'éloigna aussi vite qu'il put.

Et puis un jeune type très grand, avec des cheveux noirs qui lui descendaient jusqu'aux épaules et un nom de fille tatoué sur les jointures des doigts, arriva. Il avait l'air si secoué que Schiller se dit que ce devait être le frère de Nicole, si tant est qu'elle eût un frère, et Schiller s'approcha et se présenta, mais de toute évidence, le type n'avait pas envie de parler. Alors Schiller se rassit et reprit son attente. Deux autres heures passèrent avant qu'il n'aperçût une femme debout devant la boutique de confiserie à côté de la salle d'attente. Elle était maigre et frêle, ses cheveux étaient réunis en chignon et elle avait l'air d'une rude femme de l'Ouest qui aurait pu traverser les plaines à pied. À l'expression de son visage reflétant une sorte de fatigue pesante et un chagrin rentré, il fut sûr que ce devait être la mère de Nicole. Il découvrit plus tard que c'était la grand-mère de Nicole et que la mère de Nicole, elle, n'avait pas encore quarante ans. Aussi écrivit-il un mot pour se présenter comme étant Lawrence Schiller et expliquant qu'il était là pour discuter des événements qui se déroulaient dans leurs existences, à propos de droits de films et de livres, qu'il aimerait avoir un entretien avec elle ou un représentant autorisé ou un avocat. (Il valait toujours mieux dire « représentant autorisé » avant de dire « avocat », ainsi les gens savaient qu'on n'était pas là pour les poursuivre.) Il conclut en mentionnant qu'il était disposé à payer à Nicole un minimum de vingt-cinq mille dollars pour ses droits et il glissa le mot dans une enveloppe sur laquelle il écrivit le nom de Madame Baker. Il tendit cela à la femme et dit : « Comme vous le verrez, je suis Lawrence Schiller, de la chaîne de télévision A. B. C. Ce ne sont ni l'heure ni l'endroit, mais quand l'occasion s'en présentera, je vous serais reconnaissant si vous vouliez bien ouvrir mon enveloppe et en lire le contenu. » Puis il tourna les talons et sortit de l'hôpital. Un contact avait été établi.

IV

Lorsque l'article sur Gilmore sortit à la une dans le *New York Times* du 8 novembre, David Susskind fut fasciné. Pour un article de première page, il était bien écrit et donnait une bonne description des meurtres. De plus, la sentence infligée au condamné et sa décision de ne pas faire appel étaient bien relatées. Tout cela s'ajoutant aux antécédents criminels de Gilmore suggérait un fascinant scénario.

Peu après que l'article eut attiré son attention, presque immédiatement en fait, Stanley Greenberg, vieil ami et associé de Susskind, téléphona, et ils eurent une intéressante conversation. Voici quinze ans, Stanley avait écrit pour la télévision un scénario sur un homme attendant d'être exécuté. L'homme avait passé si longtemps dans le quartier des condamnés à mort qu'il avait changé de caractère et la question qui se posait maintenant était la suivante : « Qui allait-on exécuter ? » La pièce s'appelait *Métamorphose* et Susskind avait toujours eu l'impression qu'elle avait eu un certain impact en faveur de l'abolition de la peine capitale dans l'État de New York, et peut-être même un peu aussi sur la décision de la Cour suprême qui avait accordé la vie à bien des hommes du quartier des condamnés à mort. « Bien sûr, expliquait Stanley à

David, à jamais inviolable veut simplement dire jusqu'à la génération suivante. Ensuite il faut tout recommencer. »

Greenberg était d'habitude un homme assez posé mais Susskind sentit qu'il était excité. « Ce qui me fascine dans cette affaire Gilmore, disait-il, c'est que c'est un commentaire sur l'échec total de notre système pénitentiaire pour récupérer qui que ce soit. Enfin, ce type a passé toute sa foutue vie à entrer en prison et à en sortir et il ne cesse d'empirer dans la mauvaise voie. Il est passé du vol de voiture au cambriolage à main armée avec arme dangereuse. C'est un commentaire accablant, dit Greenberg. Ensuite, ce pourrait être une merveilleuse déclaration sur la peine capitale et sur l'horreur de cette notion d'œil pour œil. Je crois même que toucher un vaste public pourrait bien sauver la vie de ce type. Gilmore affirme qu'il veut mourir mais de toute évidence il ne sait pas ce qu'il veut. Je crois que notre production pourrait contribuer à ce que cet homme ne soit pas exécuté. » L'idée plut à Susskind. « On ne peut pas exécuter ce type, dit-il à Stanley, il n'a pas toute sa tête. Il est fou. Ils auraient dû comprendre cela depuis longtemps. »

Ils discutèrent un long moment. Susskind finit par dire à Greenberg : « Pourquoi ne pars-tu pas pour l'Utah ? Je crois que cette histoire comporte plusieurs paliers d'importance et d'intérêt et qu'il y a là un matériel dramatique très excitant. Si, enquête faite, ça se tient, et si nous pouvons obtenir les accords dont nous avons besoin, nous pourrions bien détenir là quelque chose de très intéressant. »

Greenberg ne pouvait pas partir tout de suite à cause de son contrat à Universal, mais chaque jour ils se téléphonaient et Susskind commença à entretenir des conversations avec Boaz. Il eut tôt fait de conclure que Dennis n'était pas un avocat comme les autres.

Boaz proclamait à qui voulait l'entendre : « J'ai les autorisations de tout le monde. Je les ai toutes. » Il n'arrêtait pas de dire qu'il avait tout sous contrat. Susskind appela Stanley

Greenberg et lui dit : « C'est un avocat très bizarre. En tout cas, il a l'œil sur le tiroir-caisse. »

Dennis dit : « Écoutez, je ne peux pas coopérer si vous ne me donnez pas la preuve de votre bonne foi. L'argent, poursuivit Dennis, ne doit pas être considéré comme un élément négligeable », et il se mit à rire. « Qu'est-ce que vous voulez ? » demanda Susskind. « Oh ! vous savez, fit Dennis, ça va être une affaire mondiale. » « Comment puis-je être sûr que vous avez bien toutes les autorisations que vous prétendez avoir ? » demanda Susskind. « Il faut bien, répondit Dennis, que vous commenciez par un bout. Vous feriez mieux de commencer par me faire confiance. J'ai exactement ce que je vous ai dit. Si vous ne me croyez pas, il y a dix autres personnes ici qui veulent l'histoire. C'est simplement que j'aime bien votre réputation, monsieur Susskind. J'aimerais que vous soyez le premier à vouloir faire une offre. » Il voulait une somme rondelette, dans les environs de cinquante mille dollars pour les droits de tous les intéressés, et il demanda à Susskind de mettre tout cela dans un télégramme, ce que David fit, puis il l'expédia.

Susskind y joignit divers documents : un contrat et des formulaires d'autorisations. Boaz lui avait bien dit qu'il avait tout cela, mais lorsque Susskind lui demanda sous quelle forme se présentaient les autorisations, Dennis répondit : « Des sessions de droit d'une phrase ou deux.

— Oh ! fit Susskind, ça ne marche pas du tout, il faut que vous utilisiez des formulaires légaux, des désistements de droit et tout ça. Cela doit être conforme à ce que nous faisons pour le cinéma et la télévision.

— Je ne comprends pas pourquoi vous avez besoin de toutes ces foutaises, s'étonna Dennis.

— Ce ne sont pas des foutaises, dit Susskind, c'est indispensable. Les gens peuvent changer d'avis. Une session de droit d'une ou deux phrases est sans doute formulée de façon trop imprécise pour tenir à l'examen. Je suis désolé, il faut que je vous envoie des formulaires d'autorisation. » Il le fit. Susskind alla trouver ses avocats et ils envoyèrent tout le dossier.

V

Par une pure coïncidence, Stanley Greenberg arriva au Hilton de Salt Lake le 16, l'après-midi du double suicide, et très exactement le jour du mois le plus occupé pour les médias. Stanley avait téléphoné la veille de Kensington en Californie, où il habitait, au nord de San Francisco, pour confirmer un rendez-vous avec Boaz. Mais étant donné les circonstances, tout le brouhaha qu'il y avait au Hilton à propos du double suicide, il ne s'attendait pas du tout à voir l'avocat être au rendez-vous. Cependant, à la surprise de Greenberg, Dennis se présenta, et juste assez en retard pour avoir laissé à Stanley Greenberg le temps de regarder attentivement les informations de 6 heures à la télévision. Aussitôt après, à sa stupéfaction, Boaz frappa à la porte de sa chambre.

Sans le dramatique événement de la journée, ils se seraient presque certainement rencontrés, songea Greenberg, comme des adversaires. À tout le moins, il se serait senti obligé de considérer Boaz comme un étrange spécimen d'avocat disposé à faire exécuter son client. Mais Boaz avait grandement modifié son attitude et ne semblait plus aussi pressé. Leur conversation se révéla donc plus fructueuse que Stanley n'aurait pu l'espérer.

Comme il l'expliqua à Boaz devant un verre, il s'était vraiment rebiffé une semaine plus tôt lorsqu'il était devenu évident qu'il y avait un réel danger de voir Gilmore exécuté. Stanley déclara qu'il trouvait personnellement la peine capitale répugnante. Il ne pouvait pas rester assis en regardant les choses se faire. Cela pouvait peut-être sembler une réaction romantique, mais il s'était senti dans l'obligation de rassembler ses forces et de s'allier avec David Susskind, qui était d'ailleur le producteur tout désigné pour ce genre d'entreprise.

Sa position ainsi bien établie, Greenberg était maintenant disposé à discuter l'affaire. Il commença par dire qu'il ne voyait pas en quoi un criminel avait le droit de dicter à la société ce qu'on devait lui faire. Selon lui, un criminel n'avait pas plus le droit d'exiger le châtiment suprême que de réclamer sa libération immédiate. Après tout, c'était la société qui fixait les règles.

Dennis – que Stanley, étant donné les idées qu'il se faisait sur lui, avait trouvé étrangement calme – parut soudain s'enflammer un peu. Il répondit que Gary n'exigeait rien du tout. Il ne voulait tout simplement pas faire appel. Le principe de l'appel se fondait sur la supposition que personne n'avait envie d'être exécuté et offrait donc toutes sortes de possibilités préférables. Gary, lui, ne voulait pas rechercher ces possibilités.

Ça n'était pas si simple, répliqua Greenberg. La Cour suprême avait dit qu'on pouvait rétablir la peine capitale, mais seulement si certaines mesures légales étaient prises. Si on voulait exécuter des condamnés il était essentiel de ne le faire que dans des conditions précises et bien délimitées.

Là-dessus, Dennis parut retomber dans sa mélancolie et dit qu'il n'était pas si sûr d'avoir fait du très bon travail. Dans tous les cas, ses sentiments étaient en train de changer de façon radicale. Jusqu'à maintenant, il avait soutenu la thèse de Gilmore car il estimait que cet homme avait le droit de déterminer sa propre vie. Mais maintenant, les choses n'étaient plus pareilles et il s'était rendu compte pour la première fois que Gary allait bel et bien mourir et ça le bouleversait à tel point qu'il n'était plus sûr de vouloir y être pour quelque chose.

Greenberg avait l'impression que Dennis était un peu éméché. Il se mit à exprimer ouvertement ses sentiments d'impuissance. Greenberg en arriva même à trouver Boaz plus sympathique qu'il ne s'y attendait. À certains égards, il était tout à fait séduisant, avec cette sorte d'esprit libre qu'il avait. Bien sûr, il était extrêmement et manifestement brouillon et pas du tout le genre d'avocat auquel Greenberg pourrait vouloir confier sa fortune ou son avenir. Malgré cela, il était plaisant, très plaisant. « Avez-vous pris contact avec la section locale de l'A. C. L. U.[1] ? », demanda Stanley.

Vive réaction de Boaz. Non, il ne les avait pas contactés. Son client ne le souhaitait pas. Son client était un bizarre mélange d'opinions de droite et d'émotions de gauche. Gary, par exemple, détestait les Noirs, mais ça, expliqua Boaz, c'était parce qu'ils constituaient dans une prison une majorité dangereuse. Tous les prisonniers blancs couraient le risque d'être violés par les Noirs. Gary détestait aussi l'A. C. L. U. parce que ces gens-là prêchaient la liberté de l'individu mais ne voulaient pas accorder à Gilmore la liberté de choisir sa mort. Boaz ne s'était donc pas mis en rapport avec eux. Mais voilà à peine une heure, en parlant à Geraldo Rivera, il avait eu une brillante idée. Seulement il aurait besoin d'un coup de main, au niveau de la paperasserie. Il y avait de nombreuses requêtes à formuler, pour lesquelles il aurait besoin d'un avocat du Barreau de l'Utah. Il voulait donc maintenant prendre contact avec l'A. C. L. U. Comme Greenberg l'encourageait à le faire, Boaz appela une de leurs représentantes, une certaine Judy Wolbach, et elle accepta de venir les retrouver dans la chambre pour prendre un verre.

La conversation n'était pas encore terminée que Greenberg se dit que ce devait être une des plus bizarres auxquelles il eût participé. Une pièce admirablement conçue. Il n'aurait tout simplement pas pu imaginer mieux. D'un côté cette femme intelligente, mince, vibrante, très tendue, très libérale, très méfiante à l'égard de Boaz, et de l'autre côté, Dennis, ouvrant son cœur pour expliquer comment il avait été harcelé par toute la magistrature et comment il se trouvait être le suspect numéro un du directeur de la prison qui pensait que c'était lui, Boaz, qui avait passé des somnifères à Gilmore.

1. American Civil Liberties Union : Syndicat américain des libertés civiques.

De temps en temps Boaz avait les larmes aux yeux, et on avait du mal à discerner s'il était plus inquiet de son sort – « Je suis prêt à passer au détecteur de mensonges », déclara-t-il – ou plus bouleversé à l'idée du pauvre Gilmore, qui était peut-être en ce moment même en train de mourir à Salt Lake, et Nicole dans un autre hôpital – Était-elle mourante aussi ? Curieux, se dit Greenberg, ce jeune avocat fou et bouillonnant de passion, et puis cette Judy Wolbach qui le dévisage comme s'il était un spécimen rare. Elle était d'une méfiance absolue. Même le petit bar, dans le coin de la chambre, devait lui sembler, étant donné les circonstances, tout à fait déplacé.

Stanley ne pouvait guère lui en vouloir. Si elle avait lu des articles de Dennis, elle devait le considérer comme une sorte d'arnaqueur hippie, et le voilà qui était là devant elle, agité, souriant, arrogant, modeste, d'abord abattu, puis la haranguant. Stanley se demandait par quel phénomène il arrivait à rester calme.

Presque aussitôt, Dennis leur exposa une idée extrêmement séduisante et tout à fait impossible. Il voulait faire transférer Gary dans une prison de semi-liberté où on permettait les visites conjugales.

Oh ! ça marcherait ! s'exclama-t-il. Nicole pourrait trouver du travail dans la ville voisine et élever ses enfants. Pendant les week-ends, ils pourraient avoir leur vie de couple, deux nuits par semaine. Ça donnerait à Gary une raison de vivre. Voyons, si le tribunal comprenait *vraiment* quel être extraordinaire était Gary, il prendrait cette décision. Gary aurait tout le loisir d'écrire et de dessiner. L'incarcération en bungalow, en résumé, voilà de quoi il parlait.

Greenberg remarqua que Boaz était de nouveau content. Cela sautait aux yeux : qu'on lui souffle une idée originale et la vague possibilité de la mettre en pratique, et il était heureux comme tout. Peu importait si les conditions étaient impossibles à réaliser ; qu'on lui fournisse une approche nouvelle dans la poursuite du bonheur, et il était le bonheur incarné.

Judy Wolbach, toutefois, ne semblait pas très impressionnée. Dennis avait terminé son exposé en déclarant que l'A. C. L. U. devrait lui prêter assistance pour mener à bien la procédure légale. Judy Wolbach lui répondit tout de suite. l'A. C. L. U., en Utah, au cas où il ne saurait pas, était très à court de fonds.

« Vous ne voulez pas qu'il vive ? » demanda Boaz.

« Avez-vous envisagé, interrogea-t-elle, les façons dont on pourrait vraiment lui sauver la vie ? » Elle se mit à parler de certaines décisions de la Cour suprême et de procédure de droit civique en vertu de lois fédérales et de lois de l'État. Lorsque Boaz avoua qu'il n'était pas au courant de ces affaires-là, elle secoua la tête et demanda s'il connaissait bien le dossier psychiatrique de Gilmore. Boaz, alors, se fit critique. Pourquoi ne parlait-elle pas carrément ? Pourquoi soulignait-elle l'aspect légal plutôt que le côté humain ? Greenberg n'arrivait pas à croire à sa chance : quel magnifique document !

Boaz déclara alors qu'il se considérait comme un homme de lettres plutôt que comme un avocat perdu dans la procédure. « Du temps de la Renaissance, l'homme savait qu'il pouvait tout à la fois être poète et homme de loi, déclama-t-il.

— Alors, réfléchissez au chapeau que vous allez porter, et restez en contact avec nous », fit Judy Wolbach.

En raccompagnant Judy dans le couloir, Stanley Greenberg se crut obligé d'observer : « Je ne pense vraiment pas que Boaz soit la personne qu'il faut pour représenter Gilmore. »

Le lendemain matin au petit déjeuner, il vit Dennis à la télévision au cours de l'émission « Bonjour l'Amérique ».

GERALDO RIVERA. – Dennis Boaz... Un homme qui jusqu'à maintenant a soutenu le désir de son client d'avoir le droit de mourir. Bienvenue dans notre émission, Dennis. Vous avez affirmé devant le tribunal, parfois avec éloquence, que Gary Gilmore mérite le droit de mourir. Le pensez-vous toujours ?

DENNIS BOAZ (long silence). – J'estime qu'il a le droit de déterminer son propre sort. Je ne peux plus appuyer, euh, son exécution par l'État.

GERALDO RIVERA. – Voulez-vous dire, Dennis, que vous avez changé d'avis ?

DENNIS BOAZ. – Oui.

GERALDO RIVERA. – Pourquoi ?

DENNIS BOAZ (long silence). – Eh bien, la journée d'hier a été pour moi l'heure de la vérité, et j'ai eu une extraordinaire expérience affective sur laquelle j'ai réfléchi et…

GERALDO RIVERA. – Voulez-vous dire que vous en êtes arrivé à comprendre… quoi, dites-le-moi…

DENNIS BOAZ. – Eh bien, il me semble qu'il y a une possibilité pour que… Nicole et Gary (sa voix ici se met à trembler) soient peut-être réunis et, dès l'instant où j'envisage cette possibilité, où je sais qu'elle existe, je suis convaincu que Gary voudrait vivre et Nicole aussi.

GERALDO RIVERA. – Après la discussion que nous avons eue hier, et nous avons parlé un long moment, vous ne me paraissez même pas être un homme qui souhaite la peine capitale. Je voudrais savoir pourquoi vous vous êtes prêté à cette horrible comédie ?

DENNIS BOAZ. – Eh bien, je me suis occupé de cette affaire non parce que j'étais un partisan de la peine capitale, mais parce que… il avait besoin d'être soutenu, et j'ai en effet soutenu en un sens le désir qu'il avait de devenir plus responsable à cette époque de sa vie et de sa mort. Et il s'efforçait d'assumer cette responsabilité en acceptant le verdict de la Cour.

GERALDO RIVERA. – Mais vous croyez maintenant, à cause de ce qui s'est passé, que la situation a changé ?

DENNIS BOAZ. – Ma foi, elle a certainement changé pour moi…

UNE NOUVELLE VOIX. – Maître Boaz, ici David Hartman à New York. Monsieur Boaz, vous avez dit que vous aviez eu hier une expérience affective. Pourquoi, exactement, avez-vous changé d'avis au cours des dernières vingt-quatre heures ?

DENNIS BOAZ. – Eh bien, c'est une question de cœur.

DAVID HARTMAN. – Soyez plus précis, Dennis.

DENNIS BOAZ. – Je ne peux plus être un partisan convaincu de cette exécution. Je sais que nous ne pouvons pas empêcher Gary de se supprimer s'il décide que c'est ce dont il a envie maintenant, mais je ne peux plus participer à une action officielle qui veut le faire mourir.

GERALDO RIVERA. – Seriez-vous prêt, si nécessaire, à vous retirer de l'affaire ?

DENNIS BOAZ. – Je vais parler à Gary dès que je le pourrai. Nous prendrons une décision de concert.

GERALDO RIVERA. – Il fera sans doute une nouvelle tentative de suicide.

DENNIS BOAZ. – Je ne sais pas.

DAVID HARTMAN. – Geraldo, il nous reste un peu moins d'une minute. Quelle est la prochaine étape, et que prévoyez-vous pour les prochaines vingt-quatre ou trente-six heures ?

GERALDO RIVERA. – Eh bien, la Commission de Libération sur Parole doit sans doute tenir une séance sitôt que Gilmore sera suffisamment remis pour cela. Il doit être conscient. On ne peut pas exécuter un homme qui est dans le coma, David… Je crois que notre histoire doit rester en suspens, du moins jusqu'à ce que les deux principaux personnages soient remis.

DAVID HARTMAN. – Merci, Geraldo, merci beaucoup et merci, merci beaucoup, maître Boaz, d'avoir participé ce matin à notre émission.

Plus tard, ce matin-là, Greenberg se rendit en voiture à Provo avec Dennis pour aller voir Vern Damico, qu'il trouva plutôt sympathique, confia-t-il par la suite à Dennis, un homme plutôt fort, avec un côté petit patron qui s'est fait lui-même, un homme bien installé dans son milieu.

Ils allèrent dîner dans une sorte de snack-bar prétentieux, près de la cordonnerie, des hamburgers, des milkshakes – l'absence de liqueurs ne facilitait pas les choses – mais ils eurent quand même une conversation intéressante et Stanley eut des aperçus qui lui parurent précieux, surtout dans le déroulement des crimes. Il comprit fort bien quelle était la situation topographique de la maison de Vern par rapport au motel et à la station-service au bout de la rue. Excellents détails pour la télé. Gilmore frappant à la porte de son oncle dans l'après-midi pour dire qu'il était sale et qu'il avait envie de prendre une douche ; et son oncle l'éconduisant. Puis, cette nuit-là, prenant son pistolet et passant juste devant la fenêtre ouverte derrière laquelle son oncle est assis à regarder la télévision : pas besoin d'être un génie du freudisme pour comprendre ça.

À peine rentré, Greenberg appela Susskind et dit : « C'est fascinant, c'est horrible et c'est compliqué. » Susskind demanda si ce serait une bonne idée d'aller lui-même en Utah. Stanley répondit : « C'est un tel embrouillamini que je ne te le conseille pas pour l'instant. Les principaux personnages de cette histoire sont bombardés de requêtes de tous côtés. Pour l'instant on ne peut pas voir Gilmore, on ne peut pas voir Nicole, on ne peut toucher aucun des personnages sauf Damico. »

Susskind était d'accord. L'histoire, après tout, reposait sur les exploits passés de Gilmore, et Stanley était là pour en découvrir les éléments. Pas la peine de faire connaissance de Damico ni des autres. Après tout, lorsqu'il avait acheté les droits d'*Eleanor and Franklin* de Joe Lash, il connaissait en effet quelques-uns des Roosevelt ; Eliott, James et Franklin Jr., notamment, mais il n'avait fait aucun effort pour en rencontrer d'autres. Il n'était pas intervenu personnellement pour dire : « Je suis David Susskind. Laissez-moi vous expliquer pourquoi vous devriez me céder les droits. » La chose à faire, si besoin, était d'envoyer un avocat.

DESERET NEWS

Salt Lake, 17 novembre. – La date prévue pour la comparution de Gary Gilmore devant la Commission des Grâces de l'État d'Utah tombait aujourd'hui alors que le condamné gisait, inconscient et enchaîné, sur un lit d'hôpital…

Pendant ce temps, Nicole Barrett, l'amie de Gilmore, et semble-t-il sa complice dans un pacte de suicide, est toujours dans un état critique à l'hôpital d'Utah Valley.

Lorsque Gilmore regagnera la prison, il sera transféré dans une cellule plus étroitement surveillée, ses communications avec le monde extérieur seront limitées et il ne sera plus autorisé à aucun contact physique avec une personne venant de l'extérieur, a déclaré le directeur de la prison, Sam Smith…

8. L'esprit d'entreprise

I

Ce soir-là, aux informations, on annonça que l'article de Tamera Smith était vendu dans le monde entier. Son téléphone commença à sonner et elle se mit à avoir des nouvelles de gens auxquels elle ne pensait plus depuis des années. Des amis lui disaient que quelques-uns des plus grands journalistes des États-Unis se trouvaient à Salt Lake, et que bien qu'étant sur place, elle les avait tous coiffés au poteau. Le lendemain, un type du *New York Times* voulut l'interviewer, puis une autre fois un reporter de *Time*, et un de *Newsweek*. Quand un nouveau venu arrivait en ville pour travailler sur cette affaire, il était certain qu'à peine débarqué, il cherchait à joindre Tamera. Avide de détails sur Nicole. Cette semaine-là, elle reçut un tas d'invitations à déjeuner.

Bien sûr, c'était assez excitant, mais il y avait une partie d'elle-même qui désirait fuir tout ça. Milly de Philly s'en alla en auto-stop pour gagner les montagnes. C'est ce qu'elle avait envie de faire ; plaquer tout, laisser tout le monde à Salt Lake.

II

Ce ne fut qu'après que Gary eût passé vingt-quatre heures à l'hôpital qu'on lui retira la sonde des poumons. Il avait repris connaissance depuis plusieurs heures, mais on attendit jusqu'à ce qu'on fût certain qu'il pouvait avaler. On lui fit respirer de l'oxygène, et on remarqua qu'il expectorait en quantités modérées. Lorsque les médecins lui examinèrent la gorge, il dit : « C'est une violation de ma vie privée. »

Il voulut ensuite avoir des nouvelles de sa fiancée. Tout d'un coup, il se retrouvait bien éveillé, s'agitait et refusait les soins. Il dit à l'infirmière de sortir. On dut l'attacher. Puis il refusa de respirer. Il était presque bleu lorsqu'il ouvrit enfin la bouche. Il devint extrêmement grossier. Lorsque l'infirmière tenta de lui faire une piqûre, il lui cracha à la figure. Puis il demanda qu'on lui retire de la poitrine l'appareil qui enregistrait ses battements de cœur. Il réclama du fiorinal. Lorsque les infirmières lui parlaient, il refusait de répondre. Sur sa feuille de température, on nota : « Violent, vindicatif, grossier. » Lorsque l'interne lui retira le tube introduit dans la trachée, Gilmore se redressa, crachota et dit : « Un jour je te ferai ta fête, fils de pute. »

La plupart des gens qui prenaient une dose trop forte de somnifères, lorsqu'ils s'éveillaient, n'étaient pas dans l'état de Gilmore. Il reprenait une vigueur exceptionnelle. C'était dangereux de l'approcher. « Il ressemble au démon qui s'est introduit dans Linda Blair dans *L'Exorciste* », dit une infirmière. La plupart des rescapés du suicide étaient déprimés lorsqu'ils sortaient de réanimation. Après tout, c'était pour ça qu'ils avaient pris une overdose de somnifères. Ils n'avaient pas envie de vivre. Avec Gilmore, on aurait plutôt dit qu'il avait un désir absolu de mourir.

SALT LAKE TRIBUNE

La mère de Nicole qualifie le meurtrier de « un autre Manson »

17 novembre. – La mère de Mme Barrett a qualifié, mercredi, Gary Mark Gilmore d'« autre Charles Manson ».

III

Lors de toutes ces allées et venues avec Charles entre le service de réanimation et Pleasant Grove, Kathryne se mit à revivre de vieux souvenirs. Ni elle ni Charles ne parlaient beaucoup, mais elle se sentait proche de lui. Après tout, ils avaient vécu de nombreuses années ensemble. Cette atmosphère nouvelle lui rappelait l'été où elle avait fait la connaissance de Charles et s'était mise à sortir avec lui quand il avait quatorze ans, elle aussi et qu'il travaillait comme forain. Ils étaient sortis pendant trois mois sans même jamais s'embrasser. Puis un jour, ils décidèrent de se marier. Kathryne s'imaginait que ça voulait simplement dire aller au cinéma quand on en avait envie et ne plus recevoir d'ordres de ses parents, alors elle persuada sa mère de les conduire à Elko dans le Nevada. Le juge de paix ne voulut pas croire que Charles avait dix-huit ans et demanda : « Si je téléphone à vos parents, mon garçon, que vont-ils répondre à ma question ? » Charles se mit à bredouiller. « Eh bien, dit le juge de paix, vous feriez mieux de dire à votre mère que je vais l'appeler. » De toute évidence il leur conseillait de lui dire de mentir.

Mais Verna Baker s'était mise à hurler, si bien que Charles avait fini par lui dire : « Ça suffit, maman. Tu lui dis que j'ai dix-huit ans. » C'était le souvenir qu'en gardait Kathryne.

Le même jour, ils rentrèrent à Provo, et la mère de Kathryne décida : « Charles peut dormir sur le divan. » C'est ce qu'il fit la première nuit.

Le lendemain matin, Charles rappliqua avec son ami George, et ils allèrent se promener toute la journée dans la voiture de George, jusqu'au moment où Kathryne dit à Charles qu'il devait la raccompagner pour 10 heures. Ce qu'il fit. Le lendemain soir, George et lui revinrent, mais George finit par les conduire jusqu'à un motel qui s'appelait « Derrière les Pins ».

Charles demanda une chambre. Kathryne se mit à faire toute une histoire ; sur quoi George déclara : « Descends. Tu es mariée avec lui. » « Pas du tout, fit Kathryne, raccompagne-moi. « Je vais te dire, Nicky, fit George – on appelait parfois Kathryne "Nicky" parce que c'était son second prénom, Nicole – tu peux venir avec moi ou tu peux aller avec lui. » En fait, Kathryne n'avait pas le choix. Rien d'autre à faire que d'aller rejoindre Charles. Mon Dieu, c'étaient vraiment des gosses !

Ils se disputaient et se raccommodaient, se disputaient de nouveau et se raccommodaient encore. Un jour, à la suite d'une de ces scènes, il s'engagea dans l'armée. Ils ne s'aperçurent qu'elle était enceinte que des mois plus tard. Cela lui était arrivé si souvent de ne pas avoir normalement ses règles qu'elle ne remarqua même pas leur disparition. Lorsqu'elle commença à sentir une grosseur dans son ventre qui se développait, elle se dit : « Je dois avoir un cancer », et elle alla toute seule voir un docteur, complètement affolée. Lorsqu'elle sut qu'elle allait avoir un bébé, elle crut mourir de honte. Le médecin demanda : « Vous êtes mariée ? » Elle n'avait pas son alliance. Celle que Charles avait achetée était trop grande, et ils attendaient que son doigt grossisse. Aussi lorsqu'elle affirma qu'elle était mariée, elle vit bien que le médecin ne la croyait pas. Quand il lui demanda où se trouvait son mari, elle répondit qu'il venait de terminer ses classes. Seulement quand il insista pour savoir où Charles était en garnison, elle ne fut pas capable de se rappeler le nom du fort. Elle répondit : « Il est dans l'armée, mais je ne sais pas trop où, vous savez. » Ce docteur semblait si certain qu'elle n'était pas mariée que, lorsque Charles revint, deux semaines plus tard, Kathryne le traîna chez lui, avec elle, pour le second examen.

Pour Charles, c'était comme si Kathryne et lui étaient mariés depuis longtemps. L'un n'arrivait pas à décider sans l'autre. Comme deux mulets qui suivent la même ornière. Songeant à la façon dont ils avaient fini par se marier, Charley n'arrivait pas encore à comprendre aujourd'hui ce qui l'y avait incité à l'époque. Il était encore furieux quand il se rappelait que Kathryne lui avait déclaré qu'ils devaient se marier parce qu'elle était enceinte. Elle avait d'abord dit qu'elle ne voulait pas se marier, mais sa mère les avait sermonnés et Charles avait fini par dire : « Bah, ça m'est égal. » Il avait eu à peine le temps de s'apercevoir qu'elle n'était pas enceinte, que hop, ça y était. Pour de bon, cette fois.

Au long des années, il avait dû claquer plus de cinq cents dollars avec différents avocats quand il voulut entamer une procédure de divorce. Elle se mettait à hurler en disant : « Qu'est-ce que je vais faire ? Je ne peux pas élever les gosses toute seule. » À chaque fois il faisait machine arrière et disait : « Bon, n'y pense plus », et il perdait les provisions qu'il avait versées. Remuer toutes ces pensées le plongeait dans une profonde mélancolie. On ne pouvait pas dire qu'il avait eu de la chance. Lorsqu'ils arrivèrent à l'hôpital, il ne pouvait pas supporter l'idée de s'asseoir. Il ne cessait de penser à Nicole et songeait combien il l'aimait. De plus, quand lui revenait à l'esprit l'image de l'oncle Lee, ce vieil ivrogne, il se demandait pourquoi il n'avait pas tué lui-même ce vieux paillard tripoteur d'enfants.

Ils avaient à peine franchi la porte que Charles se mit à marcher de long en large en scrutant les gens. Il se sentait prêt à exploser ou à crier. Il se sentit obligé de sortir et Kathryne s'installa pour une nouvelle veille. Aussitôt, un homme s'approcha en déclarant qu'il appartenait au *National Enquirer*, qu'il était un collaborateur de Jeff Newman et que le journal avait besoin d'une meilleure photo de Nicole. Tous les clichés qu'on leur avait montrés jusqu'à maintenant étaient épouvantables. Ils voulaient quelque chose de flatteur et qui l'avantage. Kathryne se souvint d'une photo prise à Midway, lorsque Nicole était enceinte de Sunny et dit : « Contentez-vous de reproduire la tête, mais c'est tout. » Nicole était en maillot de bain et déjà très avancée dans sa grossesse. Son visage était ravissant, mais son corps de femme enceinte était la dernière chose que Kathryne avait envie de voir exhiber maintenant.

Une heure après que le type eût pris la photo, Jeff Newman passa et Kathryne s'aperçut que l'homme n'était pas du tout de l'*Enquirer* mais d'un journal dont elle n'avait jamais entendu parler. Ils avaient eu la photo pour rien.

IV

Dans l'après-midi, Earl Dorius fut prié de se rendre au cabinet du juge Ritter à 4 heures. Le message émanait de Don Holbrook, un avocat que Earl respectait énormément. Holbrook déclara que le *Tribune*, qu'il représentait, portait plainte devant la *Cour fédérale*, pour obtenir le droit de pénétrer dans la prison de l'État d'Utah et rencontrer Gary Gilmore. Earl avait une heure pour se préparer à plaider devant Willis Ritter, le juge fédéral le plus coriace de l'État d'Utah. Peut-être même le plus coriace de tous les États-Unis. À soixante-dix-neuf ans, c'était assurément un personnage très âgé et colérique, un vieil homme revêche et corpulent, avec une solide brioche et une grande crinière blanche. Earl sentit son estomac se serrer à l'idée d'aller plaider devant Ritter sans être bien préparé. Il n'avait même pas le temps d'appeler le directeur de la prison.

Comme l'antipathie qu'avait Ritter à l'égard du Procureur général était à peu près aussi grande que son horreur déclarée de l'Église mormone, et comme Ritter devait certainement considérer Sam Smith comme agent de ladite Église mormone et donc être quelqu'un de méprisable, Earl était plutôt inquiet des suites de cette prochaine rencontre. Les gens de l'extérieur avaient tendance à considérer les membres de l'Église de Jésus-Christ des saints des derniers jours comme appartenant à une vaste conspiration mormone bien organisée, alors qu'en fait il n'en était rien. Mais inutile d'essayer de l'expliquer au juge Ritter. Earl se précipita sur ses ouvrages de droit et relut rapidement le procès *Pell contre Procunier*, et essaya de se gonfler car il s'attendait à n'importe quoi de la part de Ritter. De plus, il ne lui fallait pas oublier de présenter rapidement ses arguments. Le juge Ritter ne vous laissait pas exposer votre affaire à loisir. Il était sage de faire en cinq minutes un exposé qui en aurait exigé trente normalement. « Ne pas faire s'agiter cette crinière blanche », était l'avis unanime de ses collègues.

Devant le juge, Earl commença par déclarer simplement que l'affaire n'était peut-être même pas sujette à discussion car Gilmore ne voulait pas forcément accorder d'interview. Personne n'en savait rien. Le *Salt Lake Tribune* n'avait fait aucun effort pour s'en assurer. Pas même en adressant une lettre au condamné. À la stupéfaction d'Earl, le juge Ritter parut d'accord. Puisque Gilmore était encore à l'hôpital et inconscient, il dit qu'il ne voyait aucune urgence à ordonner une exception provisoire au règlement de la prison. Dans l'immédiat, il repoussait la requête du *Tribune*. Une fois l'homme rétabli, on pourrait reprendre l'affaire. Earl regagna son bureau, avec l'impression d'être vidé de toute l'adrénaline qu'il avait pu produire.

IV

L'entrevue de Larry Schiller avec Vern eut lieu dans la salle de séjour des Damico. Schiller était arrivé, prêt à faire une offre. Il savait que Damico ne représentait pas Gary, mais malgré tout l'idée lui plaisait. En faisant l'offre, il ferait de fait en la personne de Damico le représentant de Gary. Et ce dernier devrait traiter avec lui. Une meilleure approche qu'en passant par Boaz.

Schiller tenait donc à faire bon effet au cours de cette entrevue. Sous son manteau d'hiver marron, il portait un costume safari couleur poil de chameau et une cravate marron avec une rayure. Depuis l'époque où il travaillait à *Life*, il partait toujours sur une affaire avec un ensemble de même couleur, c'est-à-dire tout en brun, ou tout en bleu, afin de ne pas avoir à se préoccuper des harmonies. Aujourd'hui, le marron était parfait. Le bleu aurait été trop froid, trop académique. Le marron était sombre, chaud, sérieux. Le photographe qu'était resté Schiller voulait se placer dans une gamme de couleurs évoquant les réunions de famille et les cigares.

Dès qu'ils se mirent à parler affaires, il déclara à Vern qu'il était prêt à offrir un total de soixante-quinze mille dollars pour tous les droits, et que Nicole en représentait un tiers, puisque sans elle il n'y avait pas d'histoire. En réalité, dit-il, il offrait à Gary cinquante mille dollars. Il ajouta qu'il n'irait pas au-dessus, mais que c'était une offre ferme, pas le début d'un marchandage. Schiller savait, bien sûr, que c'était bien au-delà des quarante mille dollars que A. B. C. lui avait accordés pour négocier. Mais, dans un tel marché, on ne pouvait pas traiter avec quarante mille. Il s'arrangerait pour expliquer ça plus tard à A. B. C.

Schiller s'ingénia à expliquer pourquoi la somme était de soixante-quinze mille dollars. « C'est, dit-il à Vern, le budget du cinéma qui dicte cette offre. » Il n'était pas venu sans atouts. Il avait des photocopies du contrat de Francis Gary Powers, de celui de l'histoire de Gus Grissom et aussi de l'affaire Marina Oswald. C'étaient ses échantillons et il les étala devant Vern en disant : « Choisissez celui que vous voulez et examinez-le tout à loisir. Ces contrats ont été négociés par les meilleurs avocats des États-Unis. Vous pensez bien, ajouta Schiller, que Marina Oswald avait le meilleur avocat qu'on puisse trouver. Tout comme Francis Gary Powers. Ce n'est pas pour vous vexer, monsieur Damico, mais les avocats qui ont rédigé ces contrats pour Grissom, Powers et Oswald étaient des gens qui connaissaient mieux le découpage des parts, les pourcentages et quel pouvait être le rapport d'un tel film que des gens comme vous, ou d'ailleurs comme Dennis

Boaz. Ce que j'essaie de vous expliquer c'est que quoi qu'on puisse vous offrir d'autre, il vous faut jeter un coup d'œil aux contrats que vous avez sous les yeux. Ce sont des prix réels. Susskind peut bien vous raconter qu'au bout du compte cette histoire vaut quinze millions de dollars, moi je vous dis que vous n'en verrez jamais la couleur. Il vous offre une petite somme maintenant et vous fait miroiter un gros paquet au bout. Selon toutes probabilités, ce gros paquet, vous ne le verrez jamais. Moi, d'un autre côté, je suis prêt à vous verser l'argent de suite. Je ne vous le propose pas au début du tournage qui peut avoir lieu dans deux ou trois ou quatre ans d'ici. Je suis prêt à faire le pari dès maintenant. C'est moi qui prends le risque, pas vous. » Lorsqu'il vit que Vern Damico avait pris un des contrats entre ses grosses pattes et l'étudiait d'un air grave, Schiller ajouta : « Je suis venu aujourd'hui avec trois choses fondamentales à vous offrir. La première, comme je vous l'ai dit, c'est que je pose l'argent sur la table. La seconde est que je vous donne ma parole de rester dans cette ville et de travailler au scénario sur place. Je ne vais pas acheter les droits et puis disparaître à New York. Je ne suis pas riche. Je ne suis pas comme David Susskind qui a déjà fait fortune. Non, reprit Larry Schiller, je suis encore en bas de l'échelle, alors je resterai ici pour travailler et vous conseiller, et le jour où je ne tiendrai pas parole, c'est le jour même où vous aurez raison de ne pas vous fier à moi.

— Quelle est la troisième chose ? » demanda Vern.

« La troisième, dit Larry Schiller, est de savoir si vous allez vraiment laisser cinquante pour cent de cet argent à un étranger. Il me semble, dit-il, que les liens du sang, ça compte. Je ne sais pas comment Gary compte subvenir aux besoins de sa mère, mais si la moitié de cet argent doit aller à Boaz, alors la mère de Gary va toucher un pourcentage qui sera la moitié de ce à quoi elle a droit. D'ailleurs, je pense qu'il y aura des indemnités à verser aux familles des victimes. »

Pendant le temps de la conversation qu'il eut avec Vern Damico, Schiller modifia l'idée qu'il se faisait de Gary Gilmore. Il lui sembla que Vern lui donnait un autre aperçu de l'homme. Lorsque Vern commença à égrener des souvenirs du temps où Gary travaillait à la cordonnerie et à dire d'un ton nostalgique : « C'était un bon travailleur, mais je n'ai jamais su comment tirer le meilleur de lui », Schiller fut aux anges. Ça ferait encore une meilleure histoire si Gilmore n'était pas simplement une habile canaille qui usait et abusait de tout le monde. Et puis, lorsqu'il s'aperçut que Vern avait le sens de l'humour, Schiller fut encore plus content. Il devait obtenir cette histoire. C'était essentiel. Il voulait cette histoire à tout prix. Mais ce qui pourrait le satisfaire plus encore, c'était une agréable prime. Et au fur et à mesure que la conversation se poursuivait, il sentait que Boaz était en train de perdre ses atouts. « Si j'étais vous, dit Schiller en conclusion, je prendrais un avocat. À vrai dire, ajouta-t-il, je ne formulerai mon offre en termes officiels que lorsque vous en aurez un. Ensuite, je verrai cela avec lui. Si vous voulez mon avis, vous le paierez à l'heure. Je sais trop comment les avocats arrivent à s'en mettre plein les poches », dit Schiller.

En partant, Schiller laissa son numéro de téléphone. Il ne précisa pas que ce n'était qu'une cabine téléphonique au Drugstore Walgreen, au principal carrefour de Provo, et que la fille qui servait les jus de fruits lui servait de secrétaire locale. Il avait conclu un arrangement avec elle pour qu'elle prenne ses messages. Il aurait pu, bien sûr, utiliser son numéro au Hilton de Salt Lake, mais on laissait ces messages-là dans les casiers et on ne savait jamais lequel, parmi une centaine de journalistes, allait le piquer. Il aurait pu aussi demander aux gens de le contacter par l'intermédiaire de sa secrétaire à Los Angeles, mais cela l'aurait obligé à passer par l'inter. Se servir du poste de Walgreen permettait aux gens du pays de le joindre facilement. Certains d'entre eux étaient des gens simples qui pourraient hésiter à se lancer dans les complications des indicatifs, des opératrices et des communications en P. C. V.

18 novembre. – Gary Mark Gilmore, remis de sa tentative de suicide, a été ramené aujourd'hui à la prison de l'État d'Utah en vue d'attendre le résultat de sa requête pour être exécuté…

Près d'une quarantaine de journalistes et une douzaine de membres du personnel de l'hôpital étaient là pour regarder l'homme menottes aux mains et aux cheveux ébouriffés se lever de son fauteuil roulant pour prendre place dans le fourgon cellulaire marron.

Gilmore, l'air affaibli et le teint terreux, a regardé les spectateurs d'un air mauvais tout en allant s'installer sur la banquette arrière du fourgon. Il a fait un geste obscène à l'intention des journalistes. Un groupe de protection de trois fourgons cellulaires et de deux voitures de police ont escorté Gilmore pour son retour à la prison d'État de l'Utah, à Draper.

Son arrivée a été accueillie par des acclamations et des hourras des autres détenus du pénitencier. Gilmore a été conduit directement à l'infirmerie de la prison où il sera constamment surveillé.

Schiller était présent lors du transfert de Gary. Lorsque le groupe de protection se fut éloigné, les journalistes se précipitèrent vers leurs voitures et leur donnèrent la chasse jusqu'à la prison. Schiller ne les suivit pas. Il n'y aurait pas grand-chose à l'arrivée et lui, il avait ce qu'il voulait.

Il avait vu Gilmore face à face. Oh ! bien sûr, à une distance de six mètres, mais assez près pour accroître son intérêt. Quand on le voyait à la télévision, Gary n'avait pas l'air d'un tueur, mais ce matin, sortant de l'hôpital, les joues creuses et le visage décharné, il avait un visage respirant la haine. Il avait l'air rageur et vindicatif d'un infirme capable de vous tuer simplement parce qu'il était furieux de la façon dont la vie avait tourné pour lui. Au moment où Gilmore montait dans le fourgon, il se retourna, regarda par la vitre et adressa à la presse un sourire cynique entre ses lèvres serrées, l'air mauvais et sans merci. Et il leva lentement son médius en l'air comme pour le planter à jamais dans le cul de chaque témoin de la scène. Schiller se dit : « Cet homme serait capable de vous plonger son poignard dans le corps et de continuer à sourire tout en le faisant. »

VI

Maintenant que Gary était de retour à la prison, Cline Campbell vint lui rendre visite à l'infirmerie et le trouva assis par terre, occupé à examiner son courrier.

En guise d'accueil il dit : « Donnez-moi un coup de main », et lui lança quelques lettres. Il était assis en tailleur, en tenue blanche de prisonnier et, dès qu'il le put, Campbell fit observer : « Au fond, je regrette que ça n'ait pas marché, parce que cela aurait mis un terme pour vous à cette grande épreuve. Mais je suis heureux que vous soyez ici. » Gilmore dit : « Je recommencerai, tôt ou tard. »

Campbell répondit : « Oui, je sais que vous êtes obstiné. Mais je crois qu'il vaut mieux ne pas vous tuer.

— Pourquoi ? demanda Gilmore.

— Parce que, répondit Campbell, vous pouvez mettre la loi à l'épreuve. Si vous vous tuez, rien ne sera résolu. Forcez-les à aller jusqu'au bout.

— Pour moi, la loi ne veut rien dire, curé.

— Peut-être, dit Campbell, mais il y a à Provo deux familles dont personne ne s'occupe et, si vous vous débrouillez bien, vous allez avoir assez d'argent pour pouvoir faire un don aux enfants. »

Gilmore hocha la tête, mais Campbell n'aurait su dire s'il était d'accord car Gary changea de sujet. « Dites donc, fit-il, s'il y a un Dieu, et je crois qu'il y en a un, il va falloir que je L'affronte. (De nouveau il hocha la tête.) Je sais que cette création au sein de laquelle nous vivons ne se termine pas avec la mort. Il doit y avoir quelque chose après. (Puis il ajouta :) Je reviendrai, mais à un niveau plus élevé. »

Campbell dit : « Et si vous revenez sous la forme d'un gardien de prison ?

— Oh ! fit Gilmore, espèce d'enfant de salaud. »

Ils se mirent à rire. Campbell songea : « Je ris plus avec ce type qu'avec n'importe qui. »

La prison avait été constamment en contact avec Earl au sujet de la personne qui avait passé les somnifères à Gary. Maintenant, ils étaient à peu près convaincus que c'était Nicole Barrett. Pour cette raison, ils allaient laisser tomber l'affaire. C'était difficile de poursuivre une fille qui avait failli mourir elle-même et qu'on allait sans doute être obligé d'envoyer dans une clinique mentale. D'un autre côté, comme la prison n'avait pas de renseignements concrets, il n'y avait pas de raisons particulières de clore l'enquête. Aussi longtemps qu'on pouvait la poursuivre, on pouvait aussi maintenir la pression sur Boaz et isoler Gilmore en lui interdisant toute visite avec un contact physique.

VII

Nicole avait l'impression d'être totalement entourée de ténèbres magnifiques et douces. Elle ne savait même pas si elle avait un corps. Tout n'était que ténèbres. Puis un trou se forma, un petit trou. Elle essaya de le boucher, mais le trou ne cessait de s'agrandir. C'était plus blanc que le blanc. Elle apercevait maintenant le visage des médecins avec les petits miroirs qu'ils avaient sur le front. Comme dans un rêve, elle continuait à se débattre pour refermer ce foutu trou.

Kathryne et Rikki étaient sortis manger un morceau, et Sue Baker sommeillait dans la salle d'attente du service de réanimation, quand elle entendit Nicole hurler : « Je ne veux pas rester ici. Je n'ai aucune raison d'être ici. »

La porte s'ouvrit toute grande et un interne cria dans le couloir. Pendant peut-être une heure infirmières et médecins ne cessèrent d'entrer dans la chambre et d'en sortir. Sue avait l'impression de guetter le premier cri d'un bébé près d'une salle d'accouchement.

Puis elle entendit Nicole clamer : « Allez vous faire foutre, je veux mes cigarettes. » Tout le monde parlait à la fois. Puis elle entendit l'interne essayer de calmer Nicole, mais il finit par sortir en disant à Sue : « Voyez si vous pouvez faire quelque chose. »

Nicole lui dit : « Je suis supposée être morte, je ne suis pas censée être ici. » Mais Sue n'avait même pas eu le temps de lui prendre la main que l'interne revenait avec de l'aide et ils firent sortir Sue.

Lorsqu'elle put entrer, on avait dû dire à Nicole que Gary était vivant. Elle était d'une autre humeur. Elle dit à Sue : « Parlons de choses plus gaies. » « D'accord », répondit Sue. Nicole voulait marcher et l'interne donna son accord. Sue lui fit donc arpenter les couloirs. Nicole était chancelante et elle avait les jambes si lourdes que c'était à peine si elle pouvait se traîner. Elle dit à Sue : « Ça ne te rappelle pas les nuits où j'étais ivre ? » Elles revirent les soirées où elles buvaient ensemble, et Sue trouvait formidable que Nicole fût debout, capable de parler et elle dit : « Dis-moi, ma petite, comment as-tu pu faire ça ? J'ai besoin de toi, tu sais. »

Nicole dit : « J'ai besoin de toi aussi, mais je voulais être avec Gary. » « Eh bien, pour l'instant tu es ici. Tu ne peux pas partir », répondit Sue. Nicole soupira. « Oh non », fit-elle. Puis elle fit quelques pas, adressa un petit clin d'œil à Sue et dit : « S'il le faut, j'essaierai encore. »

Quand sa mère revint à l'hôpital, Nicole s'était rendormie. Mais lorsqu'elle rouvrit les yeux, Kathryne était là et Nicole lui dit : « Je ne lui en ai pas donné assez. Je savais que je ne lui en donnais pas assez. » « Il va très bien », fit Kathryne. Nicole se mit à marteler les couvertures. « Je savais que ça n'était pas assez pour un type aussi costaud. Pourquoi est-ce que je n'y ai pas réfléchi ?

— Écoute, Nicole, fit Kathryne, si Dieu t'avait voulue, tu ne serais plus là. Tu sais, ça n'est pas ton heure. Il ne veut pas encore de toi. » « Je n'ai pas envie de vivre », fit Nicole. « Écoute, bébé, dit Kathryne, Dieu te réserve trop de choses à faire avant que tu puisses disparaître. » Nicole éclata d'abord de rire puis elle se mit à pleurer en disant : « Oh ! maman. »

VIII

Gibbs reçut une lettre de l'inspecteur de Salt Lake qui s'occupait de son dossier. Lorsqu'il ouvrit l'enveloppe, il n'y avait à l'intérieur qu'un dessin paru dans un journal et représentant un homme couché dans un lit d'hôpital. L'infirmière disait : « Monsieur Gilmore, réveillez-vous. C'est l'heure de la piqûre. » Au pied du lit se trouvait un peloton d'exécution de cinq hommes.

Connaissant le sens de l'humour de Gary, Gibbs décida de lui envoyer le dessin. Là-dessus la radio annonça : « Le Dr L. Grant Christensen a déclaré que Gilmore pourrait quitter l'hôpital et regagner le quartier des condamnés à mort si son état continue à s'améliorer. » Gibbs en rit si fort qu'il faillit s'en vider la vessie. Ça le fit drôlement regretter que Gary ne soit pas là pour rire avec lui.

IX

À l'infirmerie de la prison, Vern et Gary communiquaient par téléphone et étaient assis de part et d'autre d'une épaisse vitre. Ça n'était pas courant d'établir ainsi une conversation, mais avec la mauvaise jambe de Vern, ça lui évitait de faire à pied tout le chemin jusqu'à la haute surveillance.

Tout à trac, Gary demanda : « Vern, tu voudras t'occuper de tout si je congédie Boaz ?

— Je suis cordonnier, fit Vern. Je ne sais pas si je pourrai le faire. Je ne suis pas avocat.

— Avec ton sens des affaires, fit Gary, et mon intelligence – il eut un grand sourire en disant cela – on peut y arriver. »

Ils n'en dirent pas plus. Comme Vern s'apprêtait à partir, Gary dit : « Tu sais comment donner une poignée de main à travers la vitre ? ». Et il posa sa paume ouverte contre le verre. Vern plaqua sa paume de l'autre côté et ils agitèrent leurs doigts dans tous les sens. Une poignée de main de prison.

Brenda était aussi venue pour cette visite-là, et ce fut très émouvant pour elle. Elle trouva que Gary avait l'air affaibli et qu'il avait perdu beaucoup de sa combativité. Toutefois, Brenda décida d'y aller carrément, et elle dit dans le téléphone : « Gary, vieille tête de mule, on dirait que tu t'en es tiré.

— Tu n'as pas changé, dit-il.

— Tu m'en veux toujours ? demanda Brenda.

— Bah ! je n'apprécie pas ce que tu as fait », dit-il. Ce à quoi Brenda répondit : « Je m'en fous. J'ai fait ce que je devais faire. Je pense que toi tu as fait ce que tu devais faire. (Elle reprit son souffle et poursuivit :) Je t'aime et je suis contente que tu t'en sois tiré. (Puis elle ajouta :) Tu vas recommencer à faire une bêtise pareille ?

— Non, dit Gary, je ne pense pas. J'ai une sacrée migraine. »

Il y avait un gardien dans la salle et il était dans tous ses états. Lorsque Brenda rendit l'appareil à son père, le gardien s'approcha et dit : « Ce n'est pas moi qui parlerais avec lui comme vous le faites. Il est mauvais. Il préférerait vous tuer que de vous regarder. Je n'aurais pas le courage de lui parler comme ça.

— Seigneur, dit Brenda, il ne peut rien vous faire. Regardez-le. Bouclé derrière une porte et affaibli. Il ne pourrait pas faire de mal à un petit chat.

— Oh ! fit le gardien, je ne parierais pas là-dessus. »

Revenue près de la vitre, Brenda ne put s'empêcher de poursuivre. L'intervention du gardien avait dû l'exciter. « Eh, Gary, fit-elle, comment ça se fait que tu n'en aies pas pris assez pour que ça marche ?

— Qu'est-ce qui te fait croire ça ? demanda Gary.

— Si tu l'avais fait, dit Brenda, tu serais mort.

— Qu'est-ce que tu racontes ? Tu sais bien que je voulais vraiment le faire.

— Tu t'y connais mieux que ça en médicaments, répliqua Brenda. Je crois que tu savais très bien ce que tu faisais. »

Gary se mordit la lèvre. Puis il eut une sorte de ricanement et dit : « Bah, j'aurais dû me douter que c'est une de mes cousines qui allait me lancer ça. »

Pourtant, du ton dont il l'avait dit, elle ne savait plus où elle en était. Il était parfaitement capable de la laisser croire qu'elle avait raison ou qu'elle se trompait. Gary aimait bien jouer avec l'esprit de sa cousine.

Ça la rendit furieuse. « Je trouve que tu es un amant égoïste. Et les deux petits gosses ? reprit-elle.

— Oh ! dit Gary, quelqu'un se serait occupé d'eux.

— Tu es un froid salaud. Vraiment. Tu voulais rester en vie juste assez longtemps pour savoir si elle était vraiment morte. Comme ça tu n'aurais pas à t'inquiéter à l'idée qu'elle prenne un autre amant.

— Je suis jaloux, dit Gary.

— Tu te rends compte qu'elle risque d'avoir une lésion au cerveau ?

— Impossible. Je n'y pense même pas, dit-il.

— Allons, Gary, dis plutôt que c'est ce que tu voulais. Si elle a une lésion au cerveau, personne d'autre ne voudra d'elle.

— Tu es cruelle, dit Gary.

— Et toi, tu n'es qu'un trou du cul », fit Brenda. À cet instant, elle se rendit compte qu'elle était allée trop loin.

« Et toi, tu es une vraie salope », cria Gary.

Ils commencèrent à se dévisager et ça devint une véritable épreuve. Même à travers le couloir, large de trois mètres, à travers deux épaisseurs de vitre, Brenda sentait son regard brûlant, et elle se dit : « Cette fois-ci il ne me fera pas baisser les yeux ; pas quand il est à moitié mort et qu'il y a toute cette protection entre nous. » Mais ça dura si longtemps qu'elle finit par se rappeler le dicton favori de son cousin et elle le lui cita au téléphone : « Un homme sincère te regardera dans les yeux, mais l'âme d'un homme essaiera de te convaincre de son mensonge. » Là-dessus, Gary se mit à rire et dit : « Ça, alors, Brenda, tu es quelqu'un. »

Il lui fit un clin d'œil avant qu'ils se disent au revoir. En sortant, elle posa la main sur la vitre et dit : « Je t'aime », et de son côté il agita les doigts.

X

Deseret News

Profil d'une vie gâchée

18 novembre. – … Par l'étude des psycho-diagnostics, qui est la spécialité de l'auteur de ces lignes, il est possi-

ble, à partir des efforts artistiques d'un individu, de tirer certaines conclusions quant à l'état de sa personnalité… Parfois, ces manifestations artistiques révèlent une lésion cérébrale, une psychose, ou à tout le moins une anxiété.

Dans le cas de Gilmore, il n'y a pas de tels indices. Dans sa suite de dessins, nous voyons une œuvre remarquable de cohérence, organisée et disciplinée. Selon nous, elles ne sont pas le produit d'un esprit dément ni psychotique… Gary Gilmore a un esprit extrêmement aiguisé.

Salt Lake Tribune

Par Paul Rolly
de la rédaction du *Tribune*

Provo, 18 novembre. – … Le doyen Christensen a déclaré que les membres de la cinquième congrégation de Provo, où Benny Buschnell était enseignant, sont « complètement écœurés » de la publicité continuelle dont bénéficie Gilmore, et qu'ils « n'arrivent pas à trouver une explication ». L'évêque a déclaré que la femme de Benny, Debbie, continue à lui écrire en lui demandant conseil.

« Bien sûr, nous nous cramponnons à notre croyance religieuse que nous nous retrouverons dans une autre vie et j'essaie de la rassurer, mais elle prend tout ça très mal et c'est parfois difficile », dit-il.

Un officier de police se rendit au domicile d'Everson pour interroger Dennis. La prison le considérait assurément comme suspect. Dennis alla trouver le patron de Sam Smith, le directeur de la Commission des Peines, Ernie Wright, un grand gaillard coiffé d'un chapeau blanc de cow-boy du Texas et dit : « Vous savez, Sam Smith m'en veut », et le directeur de la Commission des Peines le regarda en disant : « Franchement, maître Boaz, nous n'avons pas confiance en vous. (Il le dévisagea comme s'il venait d'écraser une mouche. Puis il ajouta :) Peu m'importe ce que fait le directeur. Il peut continuer. »

Non seulement Dennis en était réduit à communiquer avec Gary par téléphone à travers un couloir, mais il ne savait même pas si le téléphone n'était pas sur table d'écoute. Et Gary se montrait considérablement moins amical. « Vous avez bien dit à l'émission de Rivera que vous ne pouviez plus insister pour que je sois exécuté ? Ça ne me plaît pas du tout. » Dennis lui-même se sentait gêné par toute cette émotivité. « Oh ! je suis désolé, dit-il, mais j'ai encore l'impression que je peux vous aider, vous savez. » Pas question de lui dire : « Allez-y, Gary, congédiez-moi. »

De plus, Gary se mit à questionner Dennis à propos de ses frais. Il avait découvert que cinq cents dollars étaient arrivés du *Daily Express* de Londres et cinq cents d'une interview pour les Suédois et il voulait savoir pourquoi Dennis lui avait dit que sa part était de deux cent cinquante dollars et non pas de cinq cents. Dennis essaya de s'expliquer. « Vous m'aviez dit que vous étiez incapable de faire des comptes et que je devais gérer vos finances, alors j'ai gardé deux cent cinquante dollars et je ne vous ai donné que cent vingt-cinq dollars de l'interview pour les Anglais. Ensuite, vous m'avez demandé de donner encore cent vingt-cinq dollars à Nicole. Votre part y est passée.

— Oui, mais les cinq cents autres dollars de Suède ?

— Gary, dit Dennis, tout est passé en frais. Il y en a beaucoup. Je ne vous ai pas roulé. » Ça n'allait pas fort entre Gary et lui.

Dennis n'avait jamais eu de plus grande envie de parler à la presse. « Je suis un personnage de ce livre que je suis en train d'écrire, déclara-t-il, alors je ne prévois pas tout ce que je fais. Je suis dirigé par le véritable auteur de ces événements. Qui ou quoi qu'il soit. Tenez, j'ai failli être viré aujourd'hui ! Fichtre ! Il s'en est fallu de peu.

— Que pensez-vous du suicide maintenant ?

— De la non-violence, fit Dennis. Tout en douceur. Comme Roméo et Juliette, ils ont pris du poison. » Dennis pensait que les aspects tragiques de leurs relations, si on les présentait bien, pourraient faire de Gary et de Nicole une sorte de version démocratique de Roméo et Juliette. Ensuite chaque carte qu'il jouerait aurait plus de valeur. Il pourrait leur obtenir des droits conjugaux.

« Vous ne pensez pas, demanda Barry Farrell, que si Gilmore n'est pas exécuté, il retombera parmi quatre cent vingt-quatre autres condamnés, hommes et femmes ? Beaucoup d'entre eux ont peut-être une histoire plus tragique que Gilmore.

— Gary est le seul qui a le courage d'affronter les conséquences de son acte, répondit Boaz.

— Comment, interrogea un autre journaliste, Susskind va-t-il faire le film ?

— Susskind, dit Dennis, a choisi un scénariste plein de talent et de sensibilité, Stanley Greenberg, pour l'écrire. Posez-leur la question.

— Est-ce que Schiller est toujours dans le coup ? voulut savoir Farrell.

— Schiller, fit Boaz, est venu me voir et m'a adressé un télégramme. Gary a maintenant l'impression que je ne lui communique pas toutes les offres. Je n'ai pas à me demander d'où viennent certaines mauvaises rumeurs.

— Dennis, dit un autre reporter, vous vous battiez pour le droit qu'a Gary d'être exécuté, et voilà maintenant que vous essayez de lui sauver la vie. Pouvez-vous concilier ça de façon réaliste ?

— La Déclaration d'Indépendance garantit le droit à l'existence, mais seulement si vous n'avez pas été brutalisé par le système. Gary l'a été. Gary veut mourir. Mais seulement parce qu'il ne peut pas être avec Nicole. Gary serait ravi, reprit Boaz, s'il pouvait être avec elle. Si on le mettait dans un endroit où ils pourraient être ensemble, ce serait bien, non ?

— Citez-moi une prison américaine où mari et femme peuvent se voir.

— Comme leur histoire est devenue internationale, répondit Dennis, il n'y a qu'à les transférer au Mexique. Le véritable obstacle, c'est de convaincre Gary de vivre. Pour l'instant il est déprimé. Mais si je peux continuer à passer chez Geraldo

Rivera comme Snyder et à amener les gens à modifier leur façon de penser, ils vont peut-être commencer à réclamer le droit de vivre pour Gary. Les législateurs devront bien écouter.

— Il écoutera, Gilmore ?

— S'il sait qu'il finira par vivre avec Nicole, oui. Avec cette affaire, nous gagnons le cœur des gens. Quand vous touchez leurs émotions, vous les tenez. Absolument. Absolument. C'est solide.

— Voulez-vous dire que Gary habitera avec Nicole dans une prison à sécurité réduite ?

— Ou en sécurité moyenne, dit Dennis. Un an à l'extérieur. Avec les revenus de son histoire, il pourra payer aussi ses frais. Ça fera plaisir aux contribuables. Vous voyez, ça n'est pas aussi ridicule que vous le pensez. Regardez les nouvelles d'aujourd'hui. Le père de Patty Hearst lui a acheté une prison privée sur Nob Hill. Il n'y a qu'à donner à Gary un petit espace comme ça.

— Vous rêvez, Dennis, dit Barry Farrell.

— Attendez.

— J'attendrai », dit Farrell.

« Que pensez-vous vraiment de Schiller ? » demanda alors Farrell. C'était une question embarrassante pour Dennis : il n'avait rien à gagner en y répondant. Il ne voulait toutefois pas décevoir Barry Farrell. Celui-ci l'impressionnait. Farrell avait un air très écossais pour un homme ayant un nom irlandais. Grand, bel homme. Assez grand pour que Dennis puisse lui parler confortablement. Il portait du tweed. C'est ce qu'il y avait de plus proche d'un gentleman anglais parmi la presse. Une barbe poivre et sel bien taillée, et un beau passé à *Life*. Dennis se rappelait vaguement avoir lu la chronique de Barry Farrell dans *Life* en alternance chaque semaine avec Joan Didion. *Life* avait dû tenter d'apporter au peuple une certaine classe littéraire.

Il décida d'utiliser Farrell comme une sorte de super porte-parole. Il dit donc : « Schiller est un rapace, un serpent. »

XI

Susskind venait de recevoir un coup de fil de Stanley Greenberg l'avisant qu'il avait décidé de quitter Salt Lake City.

« C'est en train de devenir un vrai merdier », avait conclu Stanley.

Peu après, Boaz téléphona. « Écoutez, dit-il à David Susskind, j'ai un tas de gens qui me font la cour, et je crois que j'ai été trop coulant avec vous. Sur le plan financier, je peux obtenir beaucoup plus ailleurs. Souhaitez-vous revoir votre offre ? » « Non, répondit Susskind, je n'en ai pas l'intention, mais avec qui traitez-vous ? » Boaz dit : « Un nommé Larry Schiller. » « Oh ! fit Susskind, je connais M. Schiller comme étant le maître-d'œuvre qui a mis sur pied un projet qui est devenu un livre sur Marilyn Monroe, je ne le connais que pour ça. Je ne le connais pas comme producteur de cinéma ni de télévision, mais s'il vous paraît mieux que moi, traitez avec lui. Je n'augmente pas mon prix. » Pour Susskind, l'histoire commençait à devenir un fatras malodorant et sensationnel.

Néanmoins, il appela Schiller. Susskind n'était pas ravi à l'idée de travailler avec ce dernier, mais il l'appela quand même et dit : « Vous lancez des chiffres et de l'argent, et ce pauvre type de Boaz est ébloui. Je ne comprends pas. Vous êtes dans le cinéma maintenant ?

— Oui, fit Schiller, j'y suis.

— Écoutez, dit Susskind, vous n'êtes pas producteur. Il faudra bien un jour que quelqu'un fasse ce film. Ce n'est pas votre genre.

— Je suis producteur, dit Schiller. Je ne me considère pas comme étant de votre classe, mais j'ai produit certains films que vous ne connaissez même pas.

— Oh ! dit Susskind, je crois que vous manquez de réalisme. Bien sûr, peut-être que vous aurez de la chance. Peut-être que vous aurez le paquet.

— Je l'espère bien », dit Schiller.

Lorsque Susskind rencontra de nouveau Greenberg, Stanley lui dit : « Je n'aurai pas trop de regrets. Ça n'est pas ce que nous espérions que ça serait. » Susskind était d'accord. « Je ne crois pas que je vais faire une nouvelle offre. Tout le monde devient dingue là-bas. Ça n'est plus une histoire sur l'effondrement du système de la justice répressive, c'est une farce, le suicide de la fille, le poison introduit en fraude. » Ils convinrent que ça sentait mauvais. Stanley dit : « Je crois que celui qui prend maintenant cette histoire saute sur un corps mort et en putréfaction. C'est étrange et c'est malsain. » Ils tombèrent d'accord. Une de ces conversations où on se dit : « Et puis merde ! »

Malgré tout, il n'avait pas vraiment envie de laisser tomber. Une fois la poussière un peu retombée, l'histoire pourrait avoir encore pas mal de possibilités. Ils décidèrent que Stanley essaierait de rester disponible au cas où l'on parviendrait à conclure les accords nécessaires.

9. Négociations

I

Le lendemain, Gary ramena le sujet sur le tapis. « Vern, tu es prêt à prendre la place de Boaz ? demanda-t-il.

— Je ne sais pas, dit Vern. Est-ce que je suis censé me sentir prêt ?

— Je vais tout chambouler, annonça Gary. (Il hocha la tête.) Je veux juste quelques milliers de dollars pour donner à quelques personnes et à un couple que je veux aider.

— Je ne sais pas encore avec qui traiter, dit Vern. Un tas de gens me téléphonent en ce moment.

— Vern, c'est à toi de décider.

— Ma foi, si tu crois que j'en suis capable.

— Comme tu es un homme d'affaires installé, dit Gary, tu sauras t'y prendre.

— C'est un autre genre d'affaire.

— Allons donc, fit Gary, je t'ai vu l'œuvre dans ta boutique. Tu peux t'en tirer mieux que Boaz. »

Dans l'après-midi, Vern reçut un coup de fil de Dennis. « Saviez-vous que Gary parle de me congédier ? demanda-t-il.

— Tiens, pourquoi a-t-il fait ça ? demanda Vern. Vous voulez dire qu'il vous l'a annoncé carrément ?

— Entre nous, poursuivit Dennis, pensez-vous que vous puissiez prendre ma place ?

— Je crois que je peux faire aussi bien que vous », murmura Vern.

Après cette conversation, Vern passa deux heures à réfléchir. Puis il appela quelques amis à Provo pour leur demander conseil sur le choix d'un avocat. Ce soir-là vers 10 heures, il téléphona à un homme que tous recommandaient, un avocat du nom de Bob Moody. Vern perçut nettement que Moody réfléchissait à sa proposition. Puis il répondit : « Je serai heureux de me charger de l'affaire. Je vous aiderai de tout mon possible. Voulez-vous que nous nous retrouvions ce soir, ou demain matin, ou lundi ?

— Lundi, ça ira », dit Vern.

Il avait l'impression de remuer un poids énorme. Rien n'allait plus jamais être pareil.

II

Le désir de fumer de Nicole devenait un problème. Il y avait un tas de bouteilles d'oxygène en Réanimation, et c'était délicat de la laisser craquer une allumette. Elle n'arrêtait pas de se plaindre : « J'ai envie d'une cigarette. » Ils n'arrivaient pas à grand-chose avec elle. « Vous en avez fumé une il y a quelques heures », lui répondait-on. « Eh bien, j'en veux une autre. »

Ils finirent par laisser Kathryne l'emmener dans la buanderie où, au milieu des cuves à blanchissage et des vieilles serpillières sales qui trempaient, Kathryne pouvait s'asseoir avec Nicole pendant que celle-ci fumait. Là, elles se détendaient. Nicole dit même une fois : « Peut-être que je suis contente d'être ici. Je ne sais pas. » Nicole ne l'avoua jamais à proprement parler, mais Kathryne se dit qu'elle n'avait pas voulu vraiment mourir, elle avait juste voulu prouver à Gary qu'elle l'aimait assez pour se suicider. Nicole finit par dire : « Je pensais que c'était mal de me supprimer, et si Dieu le pensait aussi, alors je resterais en vie. Mais si ça n'était pas un péché, je voulais mourir. » Kathryne se sentait très proche d'elle.

Ensuite, naturellement, ce fut le début de tout un affreux cirque. Les médecins voulaient faire signer à Kathryne des papiers nécessaires à l'envoi de Nicole à l'hôpital d'État de l'Utah. Dans le bureau de l'administrateur, Kathryne essaya de discuter, mais l'homme lui dit : « Ça ne changera rien. Il y a déjà les signatures de deux médecins attestant qu'elle est irresponsable, qu'elle a des tendances suicidaires et Nicole a d'ailleurs signé. » Kathryne ne savait pas quoi faire. Elle ne pensait pas que Nicole était prête à rentrer. Et rentrer où ? D'un autre côté, elle craignait qu'une fois Nicole à l'asile, elle ne puisse plus jamais en sortir. Kathryne avait peur des hôpitaux d'État. Quoi qu'il en soit, on lui tendit le papier et Kathryne signa son nom sous celui de Nicole. Elle tremblait.

Dès l'instant où Nicole avait apposé sa signature, elle comprit que c'était une terrible erreur. « Pourquoi est-ce que je ne suis pas tout simplement sortie de ce bordel ? » se demanda-t-elle. Pendant le trajet jusqu'à l'ambulance, elle ne cessa de se dire : « La raison pour laquelle tu ne l'as pas fait, ma fille, c'est parce que tu n'as rien qu'un pyjama d'hôpital et une couverture. » On l'avait bien enveloppée et elle ne pouvait bouger ni ses bras ni ses jambes. Bridée comme une volaille. Pendant le trajet, elle ne vit rien du paysage, mais il y eut quelque chose dans le gémissement des vitesses, lorsque la voiture gravit une longue côte, qui sonnait comme la fin du voyage. Elle était sur la longue allée qui menait à l'hôpital d'État de l'Utah. Oh ! mon Dieu, l'asile où ils avaient bouclé Gary.

Elle n'était pas dépaysée. Mêmes impressions. C'était le même pavillon. En forme d'U avec les garçons dans une aile, les filles dans l'autre et une pièce commune entre les deux. Les halls étaient longs et étroits, avec des chambres et des cellules. Du linoléum de couleur vive par terre. D'abominables peintures de trous du cul dans tous les coins. Des formules complètement connes dans le style LA COMMUNAUTÉ C'EST NOUS ! peintes dans des tons pastel qui avaient séché et s'étaient un peu effacées. Des divans orange, des murs jaunes, des tables et des chaises de cafétéria en matière plastique. C'était déprimant en diable : elle avait l'impression d'être condamnée à vivre pour toujours dans une salle de visites. Les gens avaient tous l'air bourrés de tranquillisants. Ça devait vous prendre cent cinquante ans pour mourir. Tout était si follement gai et plein de chiqué.

III

John Woods avait eu mal à l'estomac la nuit précédente, il avait craché un peu de sang et s'était dit : « Bon Dieu, voilà que j'ai un ulcère. » Il décida de ne pas aller à l'hôpital mais de se reposer chez lui lorsqu'un coup de fil affolé lui arriva de son service. On lui dit : « Nicole Barrett arrive chez nous.

— Mon œil », répondit Woods.

Il se rendit au bureau du directeur et les premiers mots de Kiger furent : « Je l'ai envoyée dans votre service. C'est là que je veux qu'elle soit. »

Woods dit : « Nicole devrait être en Sécurité Maximum. Voilà une preuve de plus que l'hôpital n'est pas à la hauteur. Ils devraient pouvoir la prendre en thérapie. » Kiger était d'accord. Il allait l'interrompre, mais Woods était si en colère qu'il dit : « Laissez-moi terminer. » Il vénérait Kiger, car il pensait que c'était le seul homme à avoir eu une idée neuve dans le traitement des psychopathes, puisque c'est ainsi qu'on les nommait maintenant, et ça l'exaspérait chaque fois qu'il croyait que Kiger faisait quelque chose sans être poussé par les plus nobles mobiles.

Bien sûr, le service de Woods était le seul ayant une sécurité suffisante pour protéger Nicole de la presse. Comme disait Kiger : « Ça va être coton pour ce qui est de la presse. » Toutes les agences, tous les grands journaux et magazines allaient tout tenter pour interviewer Nicole. Ça voudrait dire pas une seconde de répit. Les médias allaient faire pression sur les politiciens qui à leur tour feraient pression sur l'hôpital. Si Nicole faisait une nouvelle tentative de suicide, ils sauteraient tous. Woods était furieux de penser à quel point cela allait gêner la thérapie de tous les autres patients du service. C'était une nouvelle tâche qu'on lui avait confiée : maintenant il était là pour maintenir Nicole en vie.

Au lieu de travailler en tenant compte des pulsions antisociales de chaque patient lorsqu'elles venaient en conflit avec l'intérêt du groupe, au lieu de faire en sorte que le groupe soit l'enclume sur laquelle on pourrait forger la personnalité de chaque patient et lui inculquer un peu plus de sens de la responsabilité sociale, il allait lui falloir maintenant entourer Nicole, l'isoler, la couper de l'influence quotidienne de Gary, pour l'empêcher de lui seriner l'idée – oh, quel beau gourou ! – que leurs âmes étaient faites pour se retrouver de l'autre côté. Woods allait devoir donner la consigne qu'aucun de ses aides, qu'aucun malade ne devait mentionner le nom de Gilmore. Jamais. S'il entendait garder Nicole en vie, il devait neutraliser cette relation. Woods se rendait bien compte que si personne ne parlait à Nicole de Gary, elle n'en penserait pas moins à lui tout le temps. Woods ne pouvait rien faire contre ça. Il voulait tout simplement que Gilmore ne soit plus capable d'influencer ses pensées.

Mais ça le démontait. Ça n'était pas l'idée que Woods se faisait de la thérapie. Ils allaient foutre en l'air une partie de leur programme rien que pour surveiller Nicole vingt-quatre heures sur vingt-quatre.

La façon idéale de diriger un hôpital psychiatrique, c'était de prendre des risques côté suicide. Ça faisait partie des dangers de toute thérapie novatrice. Et voilà qu'il fallait supprimer ce danger. De toute façon, les idées de Kiger étaient si peu conventionnelles que son programme pourrait recevoir un coup fatal s'ils n'arrivaient pas à garder l'œil sur Nicole. Ç'allait être l'enfer.

IV

Nicole avait plus envie de dormir que jamais, mais voilà qu'une nana à l'air autoritaire, sans doute une patiente, mais dans le style dominateur et fichtrement sûre d'elle-même dans sa faible mesure, lui disait : « On ne s'allonge pas sur les lits dans la journée. » « Va prendre une douche ! » « Ôte tes bijoux. » On commença à l'empoigner et elle se mit à résister. Ce fut alors que Nicole se rendit compte que désormais tout allait être un combat. Ça lui tomba dessus comme une maladie. Ça allait être une bataille perdue d'avance. « Je vais être étouffée par tous ces foutus moutons », se dit-elle. Oui, c'était bien l'endroit que Gary lui avait décrit où tout le monde dénonçait tout le monde.

Elle essaya de s'endormir, mais on ne voulait pas la laisser faire. Elle s'allongea par terre et on la réveilla mais elle retourna s'allonger par terre et se rendormit. Alors, ce fut la femme de Norton Willy qui la secoua. Mayvine, elle s'appelait. La femme de Norton Willy qui avait grandi à deux pas de chez sa grand-mère. Nicole n'arrivait pas à croire que Norton avait pu épouser cette sorcière, une horrible grosse lèche-cul qui aidait maintenant à diriger l'établissement. Nicole ne pensait qu'à une chose, dormir sur les divans, mais sans arrêt on l'obligeait à se lever. Elle se sentait trois fois plus faible que dans l'autre hôpital. Tout ce qui l'intéressait, c'était d'être seule et de penser à Gary.

V

Schiller alla à l'aéroport. Sa petite amie, Stephanie, arrivait. Comme elle avait été sa secrétaire autrefois, il savait qu'elle ne serait pas surprise lorsqu'il l'accueillerait et lui annoncerait qu'il devait aller tout de suite à Pleasant Grove, près d'Orem, à une bonne soixantaine de kilomètres de l'aéroport, pour rencontrer Kathryne Baker.

Schiller s'attendait à trouver des journalistes mais, en fait, la maison n'était pas facile à trouver. Baptiser les rues d'après leur orientation ne se faisait pas à Pleasant Grove. Il y avait trop de vieilles routes de campagne, d'anciens pâturages pavés et de lits de rivière à sec. Le 400 North pouvait très bien se trouver à côté du 900 North et le 200 Est couper le 60 Ouest. Ça n'était pas le genre d'adresse qu'un journaliste, employé dans un journal qui bouclait à 5 heures, allait perdre une demi-journée à chercher.

Toutefois Schiller eut le temps d'avoir une longue conversation avec Mme Baker. Il trouva la maison dégueulasse, avec une cour encombrée de vieux pneus et des carcasses métalliques qui rouillaient dans l'herbe. Et pas moyen de dire si c'étaient des carcasses de vieilles bagnoles ou de vieilles machines à laver. Il y avait des taches de confiture sur la table et la poussière, la crasse, la graisse formaient une croûte sur pas mal d'endroits de la cuisine. Il y avait aussi un nombre extraordinaire de gosses : il vit passer Rikki et les enfants de Sue Baker, plus ceux de quelques voisins, et il les confondit avec Angel, la plus jeune enfant de Kathryne Baker, qui pouvait avoir six ou sept ans et qui était d'une beauté stupéfiante, on aurait dit Brooke Shields. Avec tout ce bruit, ç'aurait pu être déconcertant, mais Schiller comptait sur sa capacité de faire accepter une proposition aussi bien dans un palais que dans une salle de billard. Il débita aussitôt un discours comme celui qu'il avait tenu à Vern. « Que j'obtienne ou non les droits sur la vie de votre fille, voici, à mon avis, ce que vous devriez faire. » Et il entreprit de lui donner confiance quant à la façon dont il comprenait les problèmes auxquels elle devait faire face. Il lui expliqua qu'elle devrait changer de numéro de téléphone et envoyer les enfants chez une parente. Ainsi, la presse ne les découvrirait pas. Pendant qu'il parlait, il se rendait compte que ce qui impressionnait le plus Kathryne, c'est qu'il ne restait pas assis à poser des questions et à noter ses réponses, comme s'il volait une interview. « Madame Baker, dit-il, il vous faut un avocat. » Kathryne dit : « Je n'en connais pas. » « Où travaillez-vous ? » demanda Schiller. Lorsqu'elle le lui eût dit, Schiller reprit : « Appelez votre patron et demandez-lui quel est son avocat. » Il s'aperçut que cela la surprenait agréablement de le voir insister pour qu'elle prenne quelqu'un qui s'occuperait de ses droits. Elle n'était pas habituée à ce genre de propos.

Schiller avait appris lors de ses négociations pour *Sunshine* que si l'on voulait faire de gros coups dans le cinéma et l'édition et jouer avec les producteurs et les éditeurs, il fallait partir du bon pied et rédiger les contrats qu'il fallait dès les premiers jours. Sinon, on pouvait se retrouver comme perché dans un arbre et se balancer de branche en branche. Avec *Sunshine*, il n'avait pas réussi à obtenir un contrat séparé du mari de la mourante. Universal avait donc dû dépenser un tas d'argent plus tard pour lui acheter ses droits. C'était un détail qui avait hanté Schiller. Il expliqua donc à Mme Baker : « Trouvez-vous un avocat. Trouvez-le et on parlera argent seulement quand vous l'aurez. »

En rentrant, il eut sa première grande scène avec Stephanie. Le père de celle-ci était dans la confection. Schiller était persuadé que le père de Stephanie avait toujours été aussi plongé dans les affaires qu'un mouton dans la laine, mais Stephanie était la joie de son père et son père avait fait de son mieux pour la protéger. Stephanie Wolf était une belle princesse qui avait horreur d'évoluer dans le monde des affaires. Elle y avait cependant travaillé comme secrétaire, mais ça ne l'avait pas marquée. Elle avait horreur des affaires.

Et voilà que Stephanie lui disait qu'avec Kathryne Baker il s'était conduit comme un manipulateur. « Comment oses-tu profiter de cette femme en lui parlant affaires alors qu'elle est pleine de chagrin ? Sa fille a été enfermée seulement hier. » Larry tenta une explication : « Ça ne t'ennuie pas, dit-il, lorsque tu vas aux cocktails d'A. B. C., mais A. B. C. se fout éperdument de savoir si Larry Schiller viendra à son cocktail la semaine suivante. Je ne vaux que par ce que je peux faire pour A. B. C. Bon sang, ajouta-t-il, si tu t'intéresses à moi, il faut que tu m'acceptes tel que je suis. Il faut que tu acceptes ce qui te plaît en moi, mais s'il y quelque chose dans mon caractère qui ne te plaît pas, il faudra que tu apprennes à t'en accommoder. Je ne te laisserai pas m'engueuler à cause des propositions que je peux faire à des gens, et ce alors que je suis à peine sorti de chez eux. » Ils eurent vraiment une grande scène. Après tout, Stephanie était la fille pour qui Schiller était prêt à rompre un mariage qui durait depuis seize ans, mais il sentait que leurs rapports allaient être soumis à pas mal de tension pendant toute cette histoire Gilmore. Et pourtant il avait déjà eu l'idée et même envisagé la possibilité d'expédier Stephanie en Europe pour s'occuper des droits étrangers. Si elle restait là, il allait peut-être perdre l'histoire Gilmore. Et déjà pour ce premier épisode, ils en étaient arrivés à un point d'exaspération qui frisait l'explosion.

Cette nuit-là, incapable de dormir, il se leva à 2 heures du matin et dicta à une agence juridique de Salt Lake City un contrat concernant les droits de Gilmore. Son texte était enregistré par téléphone et de bonne heure le matin une dactylo le taperait à la machine. Toutefois il n'aimait pas l'idée qu'un étranger allait entendre les termes du contrat. Il pouvait facilement y avoir une fuite jusqu'à un journal. Schiller savait que si lui avait travaillé pour un canard local, il aurait essayé d'avoir ses entrées dans ce genre d'officine. Ça pouvait parfois se révéler fructueux.

Mais il devait avoir quelque chose à montrer aux avocats de Vern et de Mme Baker. Il agit donc comme s'il était un acheteur de moutons et de bétail venant de Californie et il dicta combien d'agneaux et de vaches devaient être vendus en échange de la cession de tous les droits sur ledit troupeau. À 2 heures du matin, l'humour de la chose lui plut beaucoup.

Demain, il changerait les moutons et les vaches en noms de personnes précis. Il y avait dans le monde beaucoup de bons hommes d'affaires et beaucoup de bons journalistes, se dit Schiller, mais peut-être était-il un des rares à pouvoir être les deux à la fois.

VI

Pendant le week-end, Barry Farrell interviewa Larry Schiller à Los Angeles. Ils avaient travaillé ensemble à *Life* voilà bien des années, mais ces temps-ci Farrell n'avait pas des sentiments très amicaux envers Schiller. Un peu plus d'un an auparavant, Larry était en train de préparer un livre de photographies sur Mohammed Ali. Il avait téléphoné à Barry pour lui dire qu'il aimerait qu'il en écrive le texte, et Farrell en avait discuté avec son éditeur. Mais Schiller avait signé avec Wilfred Sheed. Farrell avait estimé n'être qu'un nom de plus à fourrer dans l'entonnoir, et ça l'avait vexé.

Mais à chaque fin d'année, il aimait bien régler ses comptes, aussi écrivit-il à Schiller une lettre disant à peu près : « J'ai digéré ma colère. On a fait de bonnes choses ensemble dans le temps et peut-être qu'on en fera d'autres. » Pour Farrell ça clarifiait l'atmosphère. Il estimait qu'il pourrait parler sans préjugés à Larry si quelque chose se présentait.

Néanmoins, dès qu'il apprit que Schiller était en Utah pour essayer de mettre la main sur l'histoire Gilmore, Farrell se sentit prêt à voyager avec un crayon bien aiguisé. Larry allait s'exposer à la chose même pour laquelle on l'avait tant critiqué jadis. Ç'allait être l'occasion ou jamais d'observer comment il allait enchérir pour le cadavre de Gilmore.

Farrell s'arrangea donc pour faire un article pour *New West*, il vit le directeur de la prison, rencontra Susskind et finit par retrouver Schiller à Los Angeles pendant le week-end. À ce moment, Farrell était plutôt mécontent de Dennis Boaz. Ce foutu hippie, se disait-il, n'arrive même pas à comprendre ce qui est en jeu. En l'occurrence, Farrell avait démarré avec une certaine animosité contre Schiller, mais Susskind avançait de futurs bénéfices se chiffrant jusqu'à quinze millions de dollars tout en offrant des clopinettes. Farrell se mit à penser, non sans quelque amertume – car résolution de Noël ou pas, il comptait bien glisser dans son article un ou deux couplets sur Schiller – que le gaillard pourrait bien être le seul ayant une notion réaliste de ce qui pouvait vous arriver quand on mourait en public. Schiller l'avait déjà fait, il avait vu la famille, il leur avait tenu la main. Il était plus proche du problème que Boaz, et se présentait toujours comme un vrai petit saint.

Grand Dieu ! Gilmore avait besoin de protection. Rien ne faisait plus les délices de la télévision que la mort publique. Dans un bungalow de prison entouré de quelques plantes en pots dans la cour, Farrell écouta Dennis parler de Gary et de Nicole et il en sortit écœuré. La vie de Gary touchait à son terme. Ils allaient sûrement l'exécuter. Mais si jamais Gilmore ne l'était pas, ça risquait de déclencher toute une suite de conséquences. Tous les conservateurs d'Amérique diraient : « Ils n'ont même pas été fichus de fusiller ce type qui demandait à l'être. Qui allons-nous jamais châtier après cela ? »

Le discours de Schiller, au moins, se tenait. Bâtir des fondations. Dresser des contrats comme des murs. Faire savoir à tout le monde où on en était. Farrell s'ingénia à bien traiter Schiller dans l'article qu'il écrivit pour *New West*.

VII

Schiller passa à la radio deux ou trois fois et la nature de ses coups de téléphone changea. Il sentait la presse approcher. Il décida de prendre contact avec Ed Guthman, du *Los Angeles*

Times. « Ed, dit-il, j'ai besoin d'une plate-forme. Je vous donnerai deux mille mots pour la une et une interview exclusive avec Gilmore quelque temps avant la date d'exécution si vous voulez bien me donner un de vos meilleurs reporters criminels pour me donner son avis sur mon projet. » Guthman avait un bon journaliste du nom de Dave Johnston, qui était disponible pour une journée. Schiller et Johnston tentèrent donc de prévoir les problèmes. Si, par exemple, on ne pouvait obtenir qu'une seule interview avec Gilmore, quelles devaient être les questions à poser ?

En outre, Schiller avait besoin pour la semaine suivante ou celle d'après d'un article sur lui. Pas un grand article, mais quelque chose de discret, un lundi. Il voulait diminuer l'importance de sa présence en scène. Que l'attention n'aille pas brusquement se concentrer sur lui et que tout le monde ne dise pas : « Le charognard est au travail. » Au lieu de cela, Johnston allait écrire un article en racontant comment la presse du monde entier était arrivée à Salt Lake, et Schiller ne serait mentionné que dans le troisième ou le quatrième paragraphe.

Comme cette perspective modeste n'allait pas arranger son prestige auprès des nouveaux avocats de Vern Damico et de Kathryne Baker, Schiller prit la peine de leur expliquer séparément que l'article qui allait paraître lui donnerait dans l'immédiat l'avantage de garder un profil discret. Il continua en disant qu'il y aurait des moments, dans le maniement de la presse, où il pourrait commettre des erreurs mais, ajouta-t-il, « j'ai flairé le vent et je ferai de mon mieux pour protéger votre crédibilité. Nous allons travailler en équipe et c'est moi qui prendrai les coups. » Il disait souvent : « Il pourra y avoir des choses que je ferai et qui vous ennuieront, nous pourrons ne pas être toujours d'accord, mais je suis toujours resté en bons termes avec les gens avec qui j'ai travaillé. Tenez, disait-il, décrochez le téléphone et appelez Shelly Dunn à Denver, dans le Colorado. Il était l'avocat pour *Sunshine*. Il vous racontera comment lui et moi sommes toujours amis maintenant et que, en général, j'avais raison à propos de la presse, pas toujours raison, mais souvent. » Schiller citait ensuite le numéro de téléphone de Paul Caruso en leur rappelant qu'il était l'avocat dans l'affaire Susan Atkins. « Nous avons eu un tas d'ennuis avec ça, dit Schiller, bien des désaccords, mais n'hésitez pas à l'appeler. » Il cita aussi deux ou trois autres avocats.

En fait, Schiller n'avait pas une idée bien claire de ce que tous ces avocats pourraient dire sur lui mais il savait par expérience que très peu de gens, quand on leur faisait de telles propositions, allaient jusqu'à téléphoner.

VIII

Lorsque Vern rencontra son avocat, Bob Moody, le lundi matin, il le considéra comme un homme intelligent, calme et inspirant confiance. Moody était bien bâti, à moitié chauve et ses lunettes lui donnaient un air compétent. Il parlait en choisissant ses mots. Vern remarqua que lorsque Bob Moody disait quelque chose, il n'avait pas besoin de le répéter. Il supposait que vous aviez compris. Vern le rangea dans la catégorie de la haute société. Il devait être membre du Country Club et avoir une somptueuse maison dans les collines de Provo. « Les Hauteurs hypothéquées », comme les appelait Vern.

À Moody, Vern Damico parut être un parent soucieux, sincèrement avide de bons conseils et du meilleur contrat qu'ils pouvaient mettre sur pied. Il n'arrêtait pas de dire qu'il voulait exécuter les souhaits de Gary. Il voulait, si possible, que son neveu conservât une sorte de dignité.

Moody lui parla de la difficulté qu'il y avait de représenter Gary tout à la fois en tant que criminel et qu'auteur. Bob Moody ne pensait pas que ça serait facile de négocier des contrats pour des livres ou des films tout en essayant de conseiller Gary sur sa situation légale. Et si, à un moment, Gary voulait changer d'avis et faire appel, alors les droits de son autobiographie vaudraient considérablement moins. Il existait là un conflit d'intérêts potentiel. Il ne fallait pas créer une situation au sein de laquelle un avocat pourrait avoir à se demander si la mort de son client pouvait lui être plus profitable. Vern acquiesça. Il faudrait un second avocat.

Bob mentionna alors un nommé Ron Stanger. Un homme du pays avec qui il avait travaillé autrefois. Tantôt comme associés, tantôt comme adversaires. Il avait le sentiment qu'il pouvait recommander Ron.

Moody, d'ailleurs, avait déjà appelé Stanger pendant le week-end. « Ça te plairait, avait demandé Bob Moody en plaisantant, de remplacer Dennis Boaz ? » Ils avaient convenu que ce serait fascinant. Ça intéresserait le public et en même temps cela posait de passionnantes questions de droit. En fait, un type comme Gilmore, capable d'en faire voir de toutes les couleurs à l'État d'Utah, devait être intéressant à rencontrer. Bien sûr, ils se demandaient aussi si ça n'allait pas être une nouvelle croisade pour la gloire. Moody et Stanger avaient terminé leur conversation en décidant tous deux qu'ils envisageraient un tas de points, dont l'un d'eux serait la peine capitale. Bien sûr, on pouvait penser que ça n'irait pas aussi loin. Sans doute le condamné bluffait-il. Quand on en arriverait à la dernière extrémité, il ferait certainement appel.

Environ une semaine auparavant, Moody et Stanger, quittant ensemble le palais de justice, avaient aperçu Snyder et Esplin en train d'être interviewés par la station de télé locale sur la pelouse du palais de justice. En passant devant, ils s'étaient payé leurs têtes. C'était vraiment drôle de voir Craig et Mike sous les projecteurs de la télévision. Peu après, ils avaient plaisanté Snyder à la cafétéria. Quel effet ça faisait d'interjeter appel quand votre client ne voulait pas ? « Tu fais vraiment du bon travail », lui dirent-ils en souriant. Snyder leur rendit leur sourire.

Même après la tentative de suicide, Moody et Stanger avaient du mal à prendre l'affaire tout à fait au sérieux. Ce qu'on racontait alors dans les couloirs du Palais tenait souvent dans des propos du genre : « Snyder, tu te donnes du mal pour rien. Ton client se charge tout seul d'exécuter la sentence. » Il est vrai que les avocats devaient se conduire comme des chirurgiens avant une opération et plaisantaient tout en se lavant les mains. Aussi, au téléphone ce samedi soir-là, quand Moody expliqua à Stanger qu'il y avait de bonnes chances pour qu'on lui téléphonât, Stanger répondit : « Maintenant, il ne nous manquerait plus que d'être filmés par la télé et que Craig Snyder passe en voiture à ce moment-là ! »

Le lundi matin, après en avoir discuté avec Vern, Bob Moody dit au téléphone : « Ron, viens que je te présente à Vern et qu'on voie ce qu'il pense de toi. » C'était sa façon de dire à Stanger qu'il avait l'affaire.

Vern fut frappé par la différence entre les deux hommes. Ron était un vrai costaud. À vrai dire, le physique de Stanger déconcerta Vern. Il avait l'air d'un étudiant tout frais émoulu de la faculté de droit. Vern se demanda : « Est-ce qu'un homme aussi jeune est capable de faire ce que veut Gary ? » Il décida de l'engager sur la recommandation de Moody, mais ne put s'empêcher de dire à Stanger : « Je trouve que vous êtes plutôt jeune.

— Pas vraiment, répondit Stanger en désignant Moody. Ce demi-chauve et moi avons pratiquement le même âge. » Vern ne savait pas s'il le trouvait sympathique. Stanger avait les yeux brillants. « Allons-y », disait son regard. C'était peut-être bien pour un avocat. Vern avait pas mal de réflexions à se faire avant de savoir dans quelle mesure il pourrait leur faire confiance. Ce n'était pas ce qui s'appelait une situation confortable.

IX

Explorer ses sentiments était une coûteuse entreprise s'il fallait le faire sur des heures de bureau non payées, mais, dès l'abord, cette affaire donna plus à réfléchir à Moody que d'habitude. Il plaidait surtout des affaires concernant des rapports familiaux, des accidents de travail, des cas où il pouvait traiter avec des gens. Il aimait sortir de son cabinet. Mieux valait aller faire une petite tournée d'inspection que de se plonger dans le Code et dans une comptabilité interminable. Aussi était-il d'ordinaire satisfait de prendre une affaire criminelle s'il s'en présentait une. Il n'avait assurément rien trouvé d'incompatible entre le fait d'être avocat d'assises et haut dignitaire de l'Église mormone, et cette affaire lui donnait d'agréables frissons dans le dos, mais il sentait que Gilmore allait heurter les sentiments de bien des gens. Nombre de personnes allaient mettre en doute le droit moral de ce qu'il faisait.

C'était parfois dur pour des gens à l'esprit religieux de comprendre pourquoi tout d'abord c'était un avocat qui se trouvait là pour représenter certains accusés. Ils ne comprenaient pas que la base du système était le droit d'un accusé d'avoir sa version racontée à la Cour le mieux possible. Ils ne pouvaient donc pas comprendre qu'il n'y avait rien d'extraordinaire pour deux avocats de se prendre à la gorge devant un tribunal, puis de se retrouver ensuite pour dîner ensemble.

Quelques années auparavant, alors que Moody était assistant du procureur du Comté, il avait plaidé dans une affaire de drogue, et c'était Ron Stanger qui défendait l'accusé. Ce jour-là, les méthodes de Ron avaient été parfaitement insultantes. Moody avait fini par se mettre dans une telle colère que le juge dut les rappeler à l'ordre tous les deux et le jury en fut tout excité : deux avocats luttant à mort. Dans sa conclusion, Ron décocha un dernier trait en disant au jury que si Me Moody avait vraiment été prêt à prouver le bien-fondé de son accusation, il aurait pris ce billet de dix dollars dont le ministère public soutenait qu'il avait servi à payer la drogue et il aurait montré les empreintes qu'il y avait dessus. C'était une conclusion sans réplique car Bob ne pouvait pas répondre qu'un billet de dix dollars ne comporte pas moins de dix mille empreintes. Il était très énervé. Une partie du jeu consistait donc à remporter sa cause – on aimait bien gagner – mais la tactique de Ron était allée trop loin ce jour-là.

Tout en attendant la décision du jury, bien que crispés tous les deux, ils n'en déjeunèrent pas moins ensemble. Les jurés, en passant devant la cafétéria, les virent qui buvaient et riaient et ils envoyèrent même deux d'entre eux trouver le juge pour dire que les avocats n'étaient pas sincères. Bob pressentait donc ce qui allait se passer avec l'affaire Gilmore. L'autre l'histoire ne serait rien auprès du tintouin qui allait se faire autour de cette affaire.

X

Vern prit quelques feuilles de papier à en-tête du cabinet de Moody et Stanger et les apporta le lendemain à Gary. « Ces avocats sont des gens du pays, dit-il à Gary. Si tu veux mon avis, je ne pense pas que tu puisses trouver mieux. Ils vont se battre pour tes droits.

— Est-ce qu'ils sont partisans de la peine capitale ? » demanda Gary. Vern ne le savait pas très bien – il songea qu'il n'avait même pas posé la question à Moody – mais il répondit : « Ils défendront tes droits quels que soient leurs sentiments. »

Moody et Stanger se rendirent un peu plus tard à la prison. Gary voulait les voir. Ils se rencontrèrent donc. De chaque côté de la vitre. Ils se parlèrent par téléphone et ce fut une entrevue sans chaleur. « Voulez-vous que nous vous représentions ? » demandèrent-ils, et Gary répondit : « Laissez-moi en discuter avec mon oncle. »

Une longue conversation commença entre Gilmore et Vern. Moody entendait ce qui se disait du côté de Vern, par exemple : « Je me sens en confiance », mais Gilmore semblait craintif comme un écureuil. En tout cas, il ne parlait pas librement. Il avait un air hagard et un mauvais teint. Il parlait sans cesse de ses migraines. De toute évidence, il souffrait du contrecoup de son empoisonnement. Ils apprirent alors qu'il faisait la grève de la faim. Il n'avait pas l'intention de manger, déclara-t-il, tant qu'on ne l'autoriserait pas à donner un coup de téléphone à Nicole. Il annonça cela puis resta silencieux. Il les dévisageait.

Gary aborda ensuite la question de la peine capitale. Moody s'apprêtait à déclarer qu'il n'en était pas partisan mais il méditait encore sur l'opportunité d'une telle affirmation lorsque Ron lança dans l'autre téléphone que lui, pour sa part, y était opposé.

« Voudrez-vous quand même suivre mes directives ? demanda Gary.

— Oui, dit Ron, je veux bien vous représenter. »

Bob dit alors à Gary que les avocats avaient l'habitude de travailler à l'encontre de leurs idées. On ne pourrait pas défendre beaucoup de gens si on mêlait à leur défense ses propres opinions.

Malgré ces affirmations, ça ne marchait pas bien avec Gilmore. Il répondait toujours aux questions en observant : « Je déciderai quand je l'aurai vu par écrit. » Il se méfiait de l'humanité en général et des avocats en particulier. « Je n'ai rien de personnel contre vous deux, dit Gilmore, c'est simplement que je n'aime pas les avocats. » Là-dessus, il rota. On entendit le bruit dans l'écouteur.

Étant donné le peu de chaleur de cet entretien, Moody décida qu'il ferait aussi bien de s'assurer du terrain sur lequel ils s'engageaient. Il parla donc de Dennis Boaz. « Avez-vous cessé tout rapport avec lui ? demanda-t-il.

— Dennis, répondit Gary, était le seul homme qui à un moment a voulu vraiment m'aider, et je lui en suis redevable. Mais c'est fini. Je vais le congédier cet après-midi. »

Gary bâilla. Moody avait entendu dire combien les premiers jours d'un jeûne étaient pénibles et, si c'était vrai, c'était tout aussi bien, car il sentait chez Gilmore un entêtement profond qui lui donnait à penser qu'une grève de la faim pourrait se prolonger pas mal de temps.

XI

Dennis dit : « J'ai parlé à Vern et il m'a laissé entendre que vous vouliez me congédier.

— Oui, exact, dit Gilmore.

— Je trouve que c'est une bonne idée », fit Dennis.

Ça désarçonna Gary. À travers la vitre, Dennis le voyait remuer les pieds comme s'il s'apprêtait à partir dans une direction alors qu'il en cherchait maintenant une autre.

« Ça ne m'a pas plu que vous parliez à la télé avec Geraldo Rivera, dit Gary. Ça ne m'a pas plu davantage que vous traitiez le directeur d'ignorant. Vous m'avez rendu les choses plus compliquées. » Il eut un énorme bâillement. « Gary, fit Dennis, j'ai l'impression qu'il y a une rupture totale des relations entre vous et moi.

— Ça n'a pas d'importance, dit Gilmore. (Puis il hocha la tête et comme s'il se parlait à lui-même :) Dennis, dit-il, vous avez droit à quelque chose. Combien voulez-vous ?

— Tout ce que je veux, c'est écrire votre histoire », répondit Dennis. Il se disait qu'il serait peut-être obligé d'appeler son personnage Harry Kilmore, et non Gary Gilmore. Il pouvait équilibrer son livre en traitant le thème des meurtres et en parlant de son propre travail avec le syndicat des chauffeurs ; deux dossiers ; l'un un litige en vue d'accroître la sécurité des voyageurs, l'autre une quête de la mort. Ça pourrait faire un bon roman.

Il se rendit compte à quel point Gilmore était impressionné de voir qu'il ne s'intéressait pas à l'argent.

« Nous avons un petit désaccord, reprit Gilmore. Mais, je vais vous dire, Dennis, je vous inviterai à mon exécution. »

Dennis était vexé. Tout d'un coup, il était fou furieux de la façon dont il s'était fait évincer. « Je n'ai pas envie de voir votre exécution », dit-il. Ça devrait ennuyer Gary. Il voudrait avoir des amis à ce moment-là. Mais Gilmore se contenta de hocher de nouveau la tête et ils se dirent au revoir, chacun d'eux marmonnant : « Bon, à bientôt, portez-vous bien. » Dennis ne put s'empêcher de dire à la dernière minute : « Vous savez, si vous avez besoin de moi là-bas, je viendrai. »

Toutefois, après avoir quitté la prison, il se remit en colère. Il appela Barry Farrell et dit : « Je veux retirer ce que je vous ai dit en traitant Schiller de serpent. Il est un cran au-dessus. C'est une anguille. Schiller a pris du galon, il est passé du serpent à l'anguille. » Farrell rigola. « Vous allez probablement finir par vous arranger tous les deux », dit-il. « Je n'y pense même plus, répondit Dennis. Mais je vais vous dire ce qui me réjouit vraiment.

— Quoi donc, Dennis ?

— De savoir que vous pourriez, vous aussi, prendre rapidement un nouveau visage. »

Farrell appela Schiller pour avoir sa version. « Je n'y suis pour rien, dit Larry Schiller. Cette nouvelle me surprend beaucoup.

— On dirait que c'est toi qui vas avoir l'histoire, dit Barry.

— Rien n'est réglé, fit Schiller d'un ton lugubre. Il y a encore un tas d'obstacles.

— Mais le sujet t'intéresse toujours ?

— Entre nous, dit Schiller, j'ai un gros problème. Où sont les personnages sympathiques ?

— Tu as toujours une histoire d'amour, répondit Barry.

— Je n'en suis pas si sûr, rétorqua Schiller, je n'ai pas rencontré Nicole. Je ne peux donc pas répondre à cent pour cent à ta question. »

Farrell sortit dans le soleil sans chaleur de novembre. Dans la vallée, de l'autre côté du désert, la fumée des aciéries Jeneva Steel à Orem déversait un torrent empoisonné si puissant que les yeux de Farrel, habitués pourtant depuis longtemps au smog de Los Angeles, le piquaient. Il avait l'impression d'être devenu un charognard, car il était là, comme tous les autres, pour voir si Gary Gilmore serait exécuté. À faire la navette sur l'autoroute pour aller d'une ville neuve à une autre, ou cap au Sud vers une vallée enfumée pour repartir ensuite vers le Nord. Adieu Dennis. Barry Farrell n'arrivait pas à décider s'il l'aimait bien ou si ce type représentait un manquement total à cet exquis raffinement que Gilmore, somme toute, exigeait des autres.

10. Contrat

1

Schiller décida de quitter Salt Lake et d'aller s'installer au Trave Lodge, à Provo. De sa chambre, il pouvait voir, de l'autre côté d'University Avenue, les montagnes et chaque matin il y avait davantage de neige sur les sommets. La lettre Y tracée en pierres blanches sur une des montagnes commençait à être recouverte.

Il prit tout de suite rendez-vous avec Phil Christensen, l'avocat de Mme Baker, et avec Robert Moody. Christensen à 3 heures, Moody à 4 heures. Il estimait que le premier rendez-vous lui prendrait à peu près une demi-heure et qu'il irait ensuite à pied jusqu'au bureau de l'autre avocat. Ils devaient se trouver dans le même quartier. Ayant prospecté un peu le milieu juridique de Provo, il savait que les cabinets d'avocats étaient groupés autour du Palais de Justice. Schiller ne prit même pas la peine de regarder l'adresse de Moody. Ça devait être au coin de la rue. Aussi, lorsqu'il entra dans l'immeuble de Christensen, il eut une surprise. En bas annonçait la pancarte : « Christensen, Taylor et Moody. » Au même cabinet. Schiller rayonnait.

Le bureau faisait province. Même les lambris du placage, la moquette jaune orange et les petits fauteuils de cuir marron foncé, tout collait. Autant de choses qu'on aurait pu trouver dans un petit appartement meublé de vacances. Quand il y avait deux associés du même cabinet représentant des clients séparés dans la même affaire, on pouvait supposer qu'ils allaient s'arranger pour ne pas avoir à se retirer pour conflits d'intérêts. Comme il avait déjà proposé cinquante mille dollars à Gary et vingt-cinq mille à Nicole, ces deux hommes de loi n'allaient vraisemblablement pas s'opposer à cette offre et perdre les honoraires qu'ils pourraient récolter.

Phil Christensen se révéla être un avocat distingué et d'un certain âge avec des cheveux blancs, mais cinq minutes ne s'étaient pas écoulées que Schiller avait l'impression qu'il avait commencé à impressionner Christensen par sa connaissance du droit. Il dit aussitôt : « Je ne veux pas que les frais juridiques soient déduits de ce que j'offre à Nicole Barrett, aussi vous demanderai-je ce qui vous semble convenable. » Christensen lui dit que mille dollars seraient bien et Schiller dit : « Disons alors vingt-six mille dollars pour Nicole Barrett, mais je veux que, là-dessus, Mme Baker vous paie vos honoraires. » C'était, pour Schiller, une façon de bien établir que Christensen allait être l'avocat de la mère de Nicole et non de Schiller. Cela frappa beaucoup Christensen. Puis Schiller dit : « Il est bien entendu que tout cela doit être approuvé par la Cour. » Il ne voulait pas aller de l'avant tant que Christensen n'aurait pas un curateur désigné légalement. Schiller dit qu'à son avis la mère de Nicole devrait être nommée curatrice à la succession, et la Cour, bien sûr, curatrice à la personne. Christensen le regarda. « Où avez-vous appris tout ça ? » demanda-t-il. C'est encore un détail qui accrut le respect de Christensen.

Un peu plus tard, Kathryne Baker vint participer à l'entretien. Christensen dit lui-même : « Nous n'avons pas réglé toutes les questions financières, mais je peux vous dire que je me sens très en confiance avec M. Schiller. » En fait, Christensen demanda cinq mille dollars pour les frais médicaux d'April, et Schiller accepta de payer cette somme en plusieurs versements. Schiller stipula aussi qu'il voudrait les droits de l'histoire d'April et celle de la grand-mère, Mme Strong. L'entretien se poursuivit donc, sur un ton agréablement professionnel. Quand ce fut l'heure pour Schiller d'aller à son rendez-vous avec Woody, de l'autre côté du couloir, Christensen participa à la réunion. Ron Stanger vint aussi un moment, et Schiller commença son exposé. Il se retrouva parlant beaucoup à Stanger qui avait un bagou extraordinaire et dont la réplique assez vive aurait pu lui permettre d'être présentateur à la télévision.

Schiller sortit les contrats et ils commencèrent à parler argent. Il ne leur dit pas qu'il avait téléphoné à A. B. C. pour dire que quarante mille dollars ne suffisaient pas. Ça devait être cinquante. Le chiffre final, il le savait, allait être bien supérieur, mais il avait calculé que pour l'instant soixante mille dollars versés de suite suffiraient. Gary devrait toucher ses cinquante mille d'un coup, mais Nicole étant dans un asile, il pouvait rédiger son contrat de façon à lui verser dix mille maintenant, dix mille quand elle serait prête à être interviewée et cinq quand le film serait produit. Qu'on lui donne les cinquante mille d'A. B. C. et il pourrait toujours trouver les dix mille autres.

Le lendemain, pour faire avancer les choses un peu plus, Larry dit à Vern : « Écoutez, je vous ai dit que ma proposition de contrat ne dépend pas des autorisations que vous obtiendrez, et c'est vrai, mais évitons les problèmes pour l'avenir. Voulez-vous aller trouver Brenda pour qu'elle signe, ainsi que son mari Johnny ? J'ai aussi besoin de votre signature et de celle d'Ida. Dites à tout le monde que je ne vais pas demander un contrat exclusif leur interdisant de parler à personne d'autre, mais une simple autorisation. » Vern accepta, monta dans sa camionnette et s'en alla récolter les signatures. Le total allait augmenter de quatre mille dollars.

Vern lui dit que Gary ne voulait donner son accord à aucun contrat avant de l'avoir rencontré. Schiller acquiesça. Très bien. C'était normal. Vern dit : « Mais il n'y a pas moyen que vous puissiez rencontrer Gary. »

« Voyons, dit Schiller, parlez-moi de l'horaire de la prison. On m'a déjà dit dans ma carrière qu'il y avait des endroits où je ne pourrais pas entrer et j'y suis arrivé. » Larry poursuivit : « Dessinez-moi un plan, et dites-moi, est-ce qu'on vous fouille ? Est-ce que l'heure de la journée change quelque chose ? Est-ce qu'on vous autorise à y aller de jour ou de nuit ?

Quel genre de gardiens y a-t-il selon les heures ? » Schiller se disait : Gary va trouver de l'aide à l'intérieur. Ça ne fait pas très longtemps qu'il est détenu ici, mais, d'un autre côté, il a un statut à part auprès des condamnés et des gardiens. « Vern, dit Schiller, que Gary nous dise comment faire. Il saura bien quand le moment sera venu. »

II

Susskind reçut un coup de fil de Moody et de Stanger. Ils lui dirent que Dennis Boaz avait été congédié. Susskind trouva que ces nouveaux avocats étaient réguliers et semblaient très sûrs. Très petite ville dans le bon sens du terme. Des hommes corrects, décréta-t-il.

Toute cette affaire, expliquèrent-ils, avait été vraiment très mal menée. Ils ne pensaient pas pouvoir compter sur la coopération de Boaz, aussi aimeraient-ils connaître directement l'offre dé Susskind. David n'était pas disposé à monter ses prix, mais il se lança quand même dans une discussion financière sur les sommes que cela pouvait rapporter et précisa qu'ils pourraient toucher cent cinquante mille dollars. Susskind semblait de nouveau intéressé. Le problème était de s'assurer s'il était plausible de retrouver de l'intérêt à une affaire momentanément abandonnée.

Mais oui ! Le numéro de *Newsweek* du 29 novembre parut le mardi matin, 23 novembre, avec Gary Gilmore en couverture. En travers de sa poitrine on pouvait lire en gros caractères JE VEUX MOURIR. Moody estima que c'était excellent pour les enchères.

Il s'ensuivit de nouvelles conversations avec Susskind qui voulut savoir si Bob avait jamais entendu parler de Louis Nizer, et qui cita deux ou trois autres vedettes du barreau comme

Edward Bennett Williams. Et il avait à peine raccroché qu'on appelait Moody au téléphone.

« Maître Moody, ici Louis Nizer. Mon ami David Susskind m'a demandé de vous appeler pour vous confirmer qu'il est exactement ce qu'il prétend être et à mon avis il serait content de traiter avec vous. Je le sais. J'ai eu affaire à lui.

— Je suis très heureux de vous entendre, maître Nizer, répondit Tom, mais, vous savez, vous n'avez pas besoin de me vanter les mérites de M. Susskind. Nous connaissons son travail et je sais fort bien que c'est un homme très compétent et plein de talent. » Ça n'était pas la bonne façon de s'y prendre avec Bob Moody : il n'aimait pas qu'on le traite comme un plouc.

Moody avait eu souvent affaire à des avocats de San Francisco et de Los Angeles, et ils étaient rarement pontifiants. Ils se trouvaient assez près de Salt Lake pour supposer qu'il pouvait se passer en Utah des choses d'importance raisonnable, alors que dans ses rapports avec des avocats de New York ou de Washington, il avait toujours ressenti que ceux-ci avaient un certain dédain vis-à-vis des avocats d'une petite ville comme Provo.

Moody expliqua donc à Susskind qu'il devrait peut-être penser à se déplacer. Schiller faisait chaque jour meilleure impression sur Vern Damico, expliqua Moody, et c'était Vern qui était en relation avec Gary.

Susskind se mit alors à critiquer violemment Larry Schiller. « Monsieur, dit-il, je ne voudrais pas me vanter, mais la différence entre Susskind et Schiller, en tant que producteurs, est la même que celle qui existe entre une équipe de football nationale et l'équipe d'un lycée. » Moody répéta cela à Schiller, qui sourit dans sa barbe noire, un sourire si large qu'on le percevait à travers toute cette masse de poils, et il dit : « Susskind a raison. Il joue dans une équipe nationale et moi seulement dans une équipe de lycée. Mais je suis ici, en tenue et prêt à jouer. Où est l'équipe nationale ? Même pas sur le stade. »

Moody, en outre, trouvait Susskind beaucoup trop ferme sur un point. Personne n'aurait un sou de lui tant que ne seraient pas acquis les droits de l'histoire de Nicole, de Bessie et d'un certain nombre d'autres personnes. Susskind voulait que les avocats se chargent de ça. À eux les ennuis. Au fond, il faisait d'eux des Larry Schiller. Comme Larry avait pratiquement l'accord de Nicole et que c'était Phil qui s'occupait de cela, Moody ne tenait pas à se trouver dans une situation où son vieil associé et lui pourraient avoir à représenter des clients différents avec des conflits d'intérêts flagrants.

Au milieu de toutes ces conversations, Schiller invita Ron, Phil et Bob dans une suite de l'hôtel Utah. Ils eurent une soirée paisible, pas d'alcool, mais un tas de desserts mormons, du genre pâtisseries à la crème, et il les présenta à Stephanie. Elle leur fit grosse impression. Elle était si belle. Elle était mince, avait les traits finement dessinés et semblait vibrer intensément à tout ce qu'elle ressentait, mais prête à offrir une résistance de pierre à ce qui la laissait insensible. « Seigneur Tout-Puissant, dit Stanger, cette fille est aussi attachante que Néfertiti. » Il se mit à plaisanter Larry. « Mais qu'est-ce qu'une belle fille comme Stephanie fait en compagnie d'un vilain barbu ? » Et il ajouta : « Vous savez, Schiller, un type qui a une telle amie ne peut pas être foncièrement mauvais. »

Sur ces entrefaites, les films Universal entrèrent en scène. Les avocats qui avaient représenté Melvin Dumar dans l'affaire concernant le testament de Howard Hughes, arrivèrent à Provo et discutèrent dans le bureau de Bob pendant deux heures. L'un d'eux était même un spécialiste des questions fiscales et il avait été à la faculté de droit avec Bob. Il proposa son expérience non négligeable pour rédiger des contrats extrêmement avantageux pour Gilmore et pour Vern. Moody était tenté, car, en plus, ces gens étaient de bons mormons. Tout semblait donc bien se présenter. Toutefois, à la fin de la journée, les avocats déclarèrent : « Nous sommes gênés de vous dire ceci, mais le contrat ne prendra effet que si l'exécution a lieu. »

Quand Moody et Stanger racontèrent cela à Gary, il éclata de rire derrière sa vitre et dit au téléphone : « Vous ne pensez pas que ce soit un bon contrat, hein ? » Il but une gorgée de café – pendant son jeûne il se permettait du café – et poursuivit : « Bon sang, je pense bien que l'exécution aura lieu. » Moody répondit : « Ma foi, Gary, ça ne dépend peut-être pas seulement de vous. » Sur quoi Gary explosa : « Ces enfants de salaud, ces enfants de salaud », hurlait-il. Il était d'une pâleur à faire peur.

Pendant ce temps, Larry Schiller était au téléphone pour expliquer à Stanley Greenberg qu'il avait sous contrat Danico et la mère de Nicole et que le seul élément qui manquait, c'était l'écrivain que voulait Schiller : Stanley Greenberg.

Alors David Susskind appela Stanley et lui dit : « Schiller n'a pas de contrat du tout. Il y a de nouveaux avocats mormons à sa place. Stanley s'imagina quatorze voitures de pompiers faisant la course dans Salt Lake et Provo. Tout le monde avait l'air de vouloir gagner du fric sur le dos du pauvre Gary Gilmore. Tout à fait écœurant. Stanley n'allait pas se lancer dans la bagarre pour ramasser les morceaux. Il avait envie de faire quelque chose à propos de l'effet de la peine capitale sur le public en général plutôt que ce scénario de chasseurs d'ambulance.

Schiller rappela et Stanley Greenberg dit non. Il n'avait rien personnellement contre M. Schiller, mais il avait atteint un point de sa carrière qui ne lui permettait pas de s'engager avec un producteur qu'il ne connaissait pas. C'était ainsi, Stanley estimait que c'était beaucoup trop dangereux.

III

Si Greenberg avait accepté d'écrire le scénario, Schiller aurait pu obtenir davantage d'argent d'A. B. C. Maintenant, ils allaient sûrement demander une part des droits d'édition. C'était une chose qu'il ne voulait pas céder. Il allait falloir s'y prendre autrement. Peut-être vendre les lettres adressées à Nicole par Gary. Les échantillons qu'il avait lus dans l'article de Tamera Smith avaient l'air bons. Mais pour une telle transaction, il avait besoin d'une couverture. Il appela donc Scott Meredith à New York pour lui demander d'en être l'agent.

À son horreur, Meredith dit : « Larry, vous êtes sûr que vous avez les droits ? Susskind était ici tout à l'heure et prétendait qu'il les avait.

— Aucun contrat n'a encore été signé, répondit Schiller. Ni par moi ni par Susskind. Scott, c'est à vous de décider qui vous voulez croire. Je vous affirme que personne n'a signé. » « Alors, dit Meredith, quel argent utilisez-vous ? » « Je représente A. B. C., dit Schiller, mais je suis propriétaire des droits de presse et d'édition. » Meredith semblait très embêté. « Susskind vient de me dire qu'il représentait A. B. C.

— QUOI ?

— Mais, oui, dit Meredith, il m'assure qu'il représente A. B. C. »

Schiller appela Lou Rudolph à Los Angeles. « Qu'est-ce que vous fabriquez, hurla-t-il, ce n'est pas juste. » « Larry, répondit Rudolph, je vous jure que Susskind ne travaille pas pour A. B. C. » Il y eut un silence puis Rudolph reprit : « Ne quittez pas. Je vais appeler New York. » La réponse ne tarda pas. En fait, Susskind avait bien un accord avec le bureau de New York. New York n'en avait jamais parlé à Los Angeles et Los Angeles n'en avait jamais parlé à New York. Oh ! mes enfants.

Schiller était très ennuyé. Susskind venait de produire *Eleanor and Franklin*. En ce moment, personne ne pourrait avoir une meilleure cote à A. B. C.

Il dit à Lou Rudolph : « Quand Susskind a-t-il passé son accord ? Quelle est la date ? Je veux la date. Celui qui a passé un accord avec vous le premier est celui qui doit être appuyé par A. B. C. »

On retrouva les dates. Susskind n'avait pris contact avec aucun patron du studio avant le 9 novembre, le lendemain du jour où l'histoire de Gilmore avait fait pour la première fois son apparition à la une du *New York Times*. Schiller avait tâté le studio le 4.

« J'ai demandé le premier, fit Schiller, je veux l'appui du studio. » Il lui fut refusé. Il y eut des conversations téléphoniques entre New York, Los Angeles et Provo. Et enfin une décision. A. B. C. allait retirer équitablement son soutien. Ni Susskind ni Schiller ne pouvaient dire maintenant que c'était un projet A. B. C. D'un autre côté, celui d'entre eux qui apporterait le premier le contrat Gilmore aurait l'argent. Schiller était au bord de l'apoplexie. A. B. C. n'avait fait que se protéger. Les gens d'A. B. C. ne voulaient tout simplement pas qu'on apprenne qu'ils étaient de foutus connards.

Susskind le rappela. Schiller se trouvait dans la cabine du drugstore de Walgreen et il entendait Susskind lui faire une proposition.

« Pourquoi nous battons-nous ? Pourquoi faire monter les prix ? demanda Susskind. Vous êtes sur place. Moi, je suis à New York. Associons-nous. » Schiller, on le pense bien, l'écoutait attentivement. « Je vais monter une société de production à Los Angeles, dit Susskind. Utilisons ce projet pour voir comment marchent nos relations. Après cela, peut-être ferez-vous des films pour nous. » « J'aimerais beaucoup faire des films avec vous, répondit Schiller, mais dans l'immédiat c'est un problème séparé, David. »

Schiller était si tenté qu'il en avait les narines frémissantes. C'était comme l'attente du premier rendez-vous quand on est jeune. Mais ça voulait dire aussi que ce serait Susskind qui ferait l'émission télévisée. Schiller décrocherait peut-être le projet, mais ça ne serait jamais le sien. Schiller déclara qu'il voulait réfléchir.

Après avoir raccroché, tout devint clair. Si Susskind voulait qu'ils unissent leurs forces, c'était parce que Susskind ne pouvait pas se procurer les droits sans lui. Ça signifiait donc que l'histoire lui appartenait. Il pouvait l'avoir, s'il était prêt à en accepter les soucis. Il voulait avoir les droits de l'histoire de Gary Gilmore comme jamais il n'avait rien désiré auparavant dans le domaine des affaires et de la création. Il ne savait pas pourquoi. C'était comme ça.

Ça voulait dire aussi qu'à partir de maintenant il allait avoir à chaque instant des problèmes d'argent.

Schiller s'apprêtait à repartir pour la Côte, avec Stephanie, pour passer le week-end de Thanksgiving. Il n'avait pas vu ses enfants depuis quelque temps, et il comptait les emmener à La Costa, à San Diego. Ce serait le premier Thanksgiving avec ses enfants en l'absence de sa femme, Judy. Alors que les gosses commençaient maintenant – il en avait l'impression – à aimer beaucoup Stephanie – compte tenu de leur fidélité envers leur mère – ce serait quand même un Thanksgiving avec des fantômes. Des fantômes en plus de tous ces foutus problèmes.

Il partit donc pour La Costa avec de solides problèmes économiques sur les épaules et il n'était pas arrivé depuis vingt-quatre heures que le vendredi 26, dans la soirée, il reçut un coup de fil de Moody. « Nous croyons que nous pouvons vous faire rencontrer Gary demain après-midi, dit l'avocat. S'il doit jamais y avoir une chance, c'est maintenant. »

IV

Gibbs, tu ne croirais pas le volume de courrier que je reçois. Trente à quarante lettres par jour. Un tas de jeunes nanas, quinze, seize ans, mais il est vrai que j'ai toujours été un assez beau petit diable. Et tu ne croirais pas combien il existe en ce monde de fanatiques chrétiens et d'autres religions. J'ai reçu tant de Bibles que je pourrais ouvrir une église... Tu as besoin d'une

Bible ? Un homme m'a écrit pour dire que s'il pouvait changer de place avec moi, il le ferait. Je crois que je vais lui répondre en disant : « Mon Dieu, ils viendront vous chercher lundi matin dès l'aube. » Je parie qu'ils auraient un sacré mal à trouver.

Tiens, j'ai obtenu le droit d'inviter cinq témoins à mon exécution, j'aimerais t'inviter pour pouvoir te dire adieu en personne. Dis-moi si tu veux venir…

Gibbs songea : ça doit être une première. J'ai été invité à des mariages, à des anniversaires, à des distributions de prix, mais je n'ai jamais entendu parler d'être invité à une exécution.

Il répondit : « Si tu veux que je sois là, j'y serai. »

V

Moody et Stanger préparaient le chemin pour Schiller. Aux autorités de la prison, ils expliquèrent qu'ils avaient à régler les problèmes techniques qui les dépassaient. Il fallait prévoir un étalement fiscal des revenus possibles que Gary pouvait tirer de l'histoire de sa vie, inclure ça dans un testament, ce qui impliquait dans le contrat de nombreux facteurs compliqués. Ils amenaient un nommé Schiller, de Californie, pour en discuter avec Gary. « Il vient en tant que votre conseiller ? » demanda-t-on à Moody et à Stanger. « Oui, répondirent-ils, en tant que notre conseiller. » Ils disaient la vérité. Mais ils la formulaient avec soin.

Schiller prit l'avion jusqu'à Salt Lake et se rendit en voiture à Pointe de la Montagne de bonne heure samedi après-midi. Il était très nerveux et avait peur de tout louper.

Le gardien décrocha un téléphone et parla pendant dix minutes avant de laisser entrer Larry. À son grand étonnement, Schiller ne passa pas plus de deux portes à barreaux coulissantes et de l'autre côté, à cinq ou six mètres au bout du couloir, dans une cellule fermée à clé sur la droite, il aperçut Gilmore qui le regardait par une petite fenêtre. Au bout du couloir, de l'autre côté, dans une pièce dont la porte était ouverte, se trouvaient Vern, Moody et Stanger, qui le dévisageaient tous en souriant. Il vit alors que Gilmore souriait aussi. Ils avaient réussi.

Vern fit les présentations et Larry, gardant son manteau, s'assit dans le fauteuil que Vern lui avait réservé. La porte resta ouverte. Il laissa son regard traverser les trois mètres de couloir jusqu'à la pièce où Gary se tenait et leurs yeux se croisèrent. Schiller comprit tout de suite que cet homme aimait regarder droit dans les yeux. Il fallait agir comme s'il était la seule force qui existât.

Ce genre d'épreuves ne gênait pas Schiller. Il avait constamment un subtil avantage : il n'y voyait que d'un œil. Son interlocuteur se heurtait toujours, dans l'autre œil, à une absence totale d'expression et s'y usait.

Gilmore, cependant, s'était installé derrière la petite fenêtre de telle façon que, si Schiller se penchait vers la gauche, lui, à son tour, devait aussi se pencher vers la gauche et maintenir ainsi l'encadrement de la fenêtre dans la même position par rapport à eux deux. C'était comme s'ils regardaient dans des viseurs. Comme il se trouvait loin de la vitre, Schiller commença à avoir l'impression que c'était lui qui était prisonnier alors que Gilmore était dehors, en liberté et qu'il le dévisageait.

Quoi qu'il en fût, Schiller attaqua son discours. Il dit, d'un ton formel : « Vous connaissez manifestement la raison de ma présence ici, en indiquant d'un léger déplacement de l'œil que, selon toute probabilité, les téléphones étaient sur table d'écoute. Bob et Vern vous ont sans nul doute expliqué que je suis ici pour vous *conseiller*, ajouta-t-il avec un petit sourire, en supputant toute la signification de ce mot, afin d'aborder les problèmes concernant votre succession, vos avoirs et des détails de ce genre. » Ils échangèrent un petit sourire. À ce moment un gardien vint s'asseoir sur un banc dans le couloir pas bien loin et Gary dit : « Pas la peine de s'occuper de lui », juste au moment où le gardien prenait un magazine et se mettait à le lire. « C'est, reprit Gilmore, l'un des deux types qui sont tout le temps avec moi, que je sois dans ma cellule ou dehors. D'assez braves types. » Il déclara cela comme l'aurait fait le chef d'une équipe qui savait que ses coéquipiers sont fiers de jouer avec lui. Schiller fut surpris de voir combien il avait l'air ordinaire. Cela faisait plus d'une semaine qu'il l'avait vu quitter l'hôpital et on pouvait dire qu'il avait beaucoup changé. Vern avait pourtant dit à Schiller que Gary faisait la grève de la faim, mais ça ne se voyait pas. Il avait l'air en bien meilleure santé que la dernière fois. Et plutôt calme.

D'après ce qu'avaient dit Vern, Moody, Stanger et Boaz, Larry s'attendait à rencontrer un homme pétillant d'intelligence et d'esprit. En fait il se trouvait devant un type dont on sentait qu'il ne serait pas à l'aise dans un restaurant où les tables seraient agrémentées de nappes.

Schiller estimait qu'il avait quinze à vingt minutes pour faire passer son message, aussi parla-t-il avec un débit dur et rapide, sans jamais quitter Gilmore des yeux et durant ces quinze premières minutes, pas une question ne fut posée, jusqu'au moment où Schiller finit par dire : « Si vous voulez m'interrompre, je vous en prie », mais Gilmore dit : « Non, non, j'écoute. » Schiller alors s'orienta vers le genre de discours qu'il avait tenu à Kathryne Baker et à Vern, sauf qu'il utilisait beaucoup le mot « merde », et aussi « connerie » et « me couillonner » et que de temps en temps il disait : « On a essayé de me le faire au baratin. » Pendant ce temps, il observa Gilmore et se dit : c'est ça, ce type avec un quotient intellectuel si élevé ? Schiller avait totalement terminé les quinze minutes préparées et il improvisait depuis un bon moment, lorsque Gilmore finit par intervenir pour la première fois pour dire : « Qui va jouer mon rôle dans le film ? »

Une demi-heure était passée. « Qui va jouer mon rôle dans le film ? » Pour Schiller, ça signifiait : à malin, malin et demi. « Voyez-vous, fit Gary d'un ton traînant, il y a un acteur que j'aime bien. Je n'arrive pas à me rappeler son nom, mais il jouait dans un film qui s'appelait *Apportez-moi la tête d'Alfredo Garcia* et il était aussi dans un autre film avec Sam Peckinpah. » « Je crois, dit Schiller, que c'est de Warren Oates que vous voulez parler.

— Eh bien, fit Gilmore, il me plaît, ce type. Je voudrais qu'il joue mon rôle. (Il hocha la tête, regardant toujours Schiller droit dans les yeux et poursuivit :) Je veux, dans le cadre de notre accord, que ce soit cet acteur qui joue mon rôle dans le film. »

Schiller prit son temps et réfléchit avant de répondre. « Gary, dit-il, vous m'avez écouté, mais je ne sais pas encore grand-chose de vous. Peut-être qu'il n'y aura pas d'histoire possible. Commençons par établir un bon scénario avant de parler de quoi que ce soit d'autre.

— Je pense, dit Gilmore, que j'aimerais que Warren Oates joue mon rôle et je veux que ça fasse partie de l'accord.

— Ça n'est pas possible, fit Schiller, que j'inclue cette clause dans notre accord. Je ne peux pas vous lier à une condition qui pourrait vous coincer. Warren Oates pourrait ne pas être disponible. Je pourrais ne pas vouloir de Warren Oates. Il pourrait y avoir des acteurs qui conviennent mieux au rôle. Il se pourrait aussi qu'on puisse obtenir un gros paquet d'argent uniquement si on employait un autre acteur. Là, vous intervenez dans ma partie de l'affaire. Je dois dire non à l'idée que Warren Oates soit une condition de notre accord ! »

Gilmore eut un sourire. « Larry, dit-il, j'ai horreur de Warren Oates.

— Très bien, fit Schiller avec un grand sourire. Qui voulez-vous vraiment ?

— Gary Cooper, fit Gary Gilmore, c'est de lui que je tiens mon prénom. »

Ça brisa la glace. Maintenant Gilmore avait l'air disposé à parler de lui.

« Quand vous étiez gosse, demanda Schiller, que vouliez-vous être ?

— Un gangster, fit Gilmore, appartenir à une bande. » Il se mit à raconter comment, étant gosse, il était une petite canaille, piquant des choses ici, faisant un casse là. Un de ses amis et lui s'étaient trouvés pris dans une folle poursuite en voiture. Il avait fallu une demi-heure aux flics pour les avoir. Son visage s'éclairait en parlant. On aurait dit un type en train de vous parler des nanas séduisantes qu'il s'était envoyées.

Après avoir discuté à peu près trois quarts d'heure, Schiller dit : « Je vous ai parlé de moi et vous m'avez un peu parlé de vous, je pense que nous aurons encore l'occasion de bavarder et de décider si je peux vous être de quelque utilité. »

Gilmore demanda : « Vous avez un endroit où aller ?

— Non, dit Schiller, mais on ne va pas me laisser rester assis là jusqu'à demain.

— Pourquoi pas ? dit Gilmore. Restez toute la nuit.

— Vraiment ?

— Oh ! oui, Vern et moi on parle six heures d'affilée quand on en a envie. »

Schiller commençait à comprendre à quel point Gilmore contrôlait la situation. De temps en temps il se tournait vers le gardien pour dire : « Où sont mes comprimés ? » ou bien : « Apporte-moi mon café », et il déclarait ça d'un ton qui ne permettait pas de douter qu'il allait obtenir ce qu'il voulait. « Apporte-moi mon café », comme : « Apportez-moi la tête d'Alfredo Garcia. »

Mais, comme un long moment s'était passé et que le café n'était pas arrivé, Gilmore hurla tout d'un coup : « OÙ EST LE CAFÉ ? » Schiller avait bien constaté un peu d'agacement chez Gilmore, mais ça arriva vraiment sans avertissement, un cri perçant qui démontrait à Schiller l'insouciance absolue de Gilmore quant à la détestable impression qu'il pouvait faire sur

Vern ou sur ses avocats. On aurait ressenti la même chose en parlant à une femme qui brusquement se serait mise à vociférer après ses gosses.

Un employé en uniforme blanc finit par apporter des comprimés, et Gary l'engueula copieusement. « Vous m'avez fait attendre une heure et quart, dit-il. Vous ne savez donc pas que quand je demande des médicaments, je suis censé les avoir de suite ? C'est le règlement. C'est vous autres qui faites le règlement et ensuite vous ne l'appliquez pas. » Il se montra si violent, en fait, que Schiller fut surpris de constater qu'on ne le ramenait pas de force dans sa cellule. C'était extraordinaire de se rendre compte jusqu'à quel point Gilmore pouvait aller.

Le café arriva bientôt, servi dans un gobelet en carton, et il se mit à crier avec colère qu'il n'était pas censé utiliser des ustensiles en carton. Le règlement prévoyait de la vraie vaisselle. Puis il dit à Schiller : « Ces types s'attendent à ce que je vive d'après le règlement, que je fasse mon temps d'après le règlement, que j'aille au lit d'après le règlement, que je sois exécuté d'après le règlement, mais ils passent leur temps à enfreindre le règlement. Ils l'enfreignent chaque fois qu'ils en ont envie. » Il se lança dans une tirade de dix minutes et tout d'un coup Schiller sut qui Gilmore lui rappelait : c'était Mohammed Ali faisant des déclamations extravagantes ; cette même voix dure, implacable, inhumaine que Mohammed savait prendre quand il le désirait. Schiller s'était trouvé un jour dans la chambre d'Ali, au Hilton à Manille, et il avait dû rester là une heure à écouter Mohammed Ali piquer une crise de colère. Gilmore avait le même ton. Il se moquait de ce qu'on pensait de lui. Schiller reprit donc : « Vous avez vraiment tué ces deux types, n'est-ce pas ? » « Bien sûr que oui », dit Gilmore, l'air presque vexé. Et Schiller dit alors : « Vous les avez *tués* », comme pour faire sentir qu'il y avait une énorme différence entre tuer quelqu'un dans un accès de rage et tuer de sang-froid, en ayant pleinement conscience du fait. Gilmore appartenait à la seconde catégorie. Il était capable de vous tuer parce que vous lui serviez du café dans une tasse en carton.

Ça refroidit pas mal l'ambiance de la conversation. Schiller comprit qu'il était temps de faire machine arrière, aussi dit-il : « Vern, vous voulez dire quelque chose ? » Et Vern prit l'appareil pour quelques minutes. Lorsque Schiller estima que l'atmosphère s'était de nouveau détendue, il dit : « Voyons, Gary, c'est l'heure du dîner. Vous voulez que je revienne après ? » Et Gilmore dit : « Oui, oh oui. On va rester toute la nuit à bavarder. » Il était redevenu plus chaleureux. Schiller s'en alla en songeant : « Mon vieux, ce que je vais pouvoir faire avec ce type ! C'est un sujet en or pour une interview. »

VI

À mesure que l'interview se poursuivit, Moody et Stanger commencèrent à s'inquiéter à l'idée d'être découverts et gênés sur le plan professionnel. Ils n'auraient pas hésité à insister pour faire partir Schiller, mais Gary avait envie de continuer à bavarder. De toute évidence, il aimait ça. Comme les avocats ne pouvaient entendre que les propos de Schiller, ils n'avaient aucune idée précise de ce que disait Gary.

Ils en vinrent alors à se demander avec inquiétude s'il n'était pas en train de se mettre à table et de raconter toute l'histoire à Schiller sans se préoccuper du contrat. Gary était assurément radieux. C'était la première fois que Moody le voyait aussi enthousiaste. Cela confirma son impression que Schiller représentait un bon choix, mais cela les exposait aussi à un débordement par l'aile : si Schiller était en train d'obtenir des tonnes de matériel, il pourrait bien lui venir à l'idée de les doubler.

Au restaurant, Schiller demanda souvent si c'était toujours comme ça que se conduisait Gary. Tout le monde fut unanime à dire : « Mon Dieu, il n'a jamais parlé à personne comme il vous a parlé. » Schiller se demandait s'ils disaient ça pour l'amadouer, mais Vern dit d'un ton doux : « Je crois vraiment qu'il vous aime bien. » Aussi la confiance de Schiller se consolidait-elle. Lorsqu'ils revinrent, il se mit à parler à Gary d'un certain nombre de sujets, mais la conversation n'avait pas débuté depuis un quart d'heure qu'ils furent interrompus par le téléphone, et il y eut une longue conversation entre Moody et quelqu'un à l'autre bout du fil. Le directeur de la prison, ou le directeur adjoint. Schiller en avait terminé.

Gary était très énervé. Il n'arrêtait pas de demander : « Qui a dit ça ? Qui en a donné l'ordre ? Il fait partie de mon équipe d'avocats. Il a le droit d'être ici. » Schiller dit : « Ne vous en faites pas, Gary, nous aurons largement le temps. » Moody, alors, se leva et dit : « Tenez, Gary, voici le contrat dont nous avons discuté. » Ils brandirent une longue feuille de papier et se mirent à énoncer des sommes au téléphone. Gary dit : « Oui, faites taper ça. Je regarderai encore une fois et je signerai. »

Une fois les avocats et Schiller partis, Gary demanda à Vern : « À ton avis, c'est le type qu'il nous faut ? » Vern répondit : « Je ne sais pas encore exactement, mais je crois que oui.

— Et Susskind ? » demanda Gary. Mais il répondit lui-même. « J'ai l'impression que M. Schiller est notre homme. J'aime bien sa façon de traiter les affaires. »

Ce samedi, soir et le dimanche matin, Schiller travailla avec Moody et Stanger à établir les contrats, à y apporter des modifications, et firent venir les secrétaires pour faire fonctionner ces foutues machines à écrire. Les avocats n'allèrent pas au service religieux, et ce fut le sujet de nombreuses plaisanteries. Mais le dimanche après-midi les contrats étaient rédigés et Schiller regagna son motel en attendant la signature.

À peu près au même moment, Boaz appela Susskind en P. C. V. Il appelait toujours en P. C. V. Susskind dit : « Vous n'avez même pas le téléphone ? » Dennis se mit à rire.

« Écoutez, fit Susskind, vous êtes allé trop loin. Je ne sais pas ce que vous avez fait, mais vous n'êtes plus dans le coup et il y en a d'autres qui y sont. Vous n'avez plus aucun droit sur cette affaire. » « Oh ! non, dit Boaz, ça ne peut pas se faire sans moi.

— Oh que si, rétorqua Susskind, ça peut se faire et ça se fera. Et ce n'est pas moi qui vais le faire. » « Écoutez, dit Dennis, je ne suis peut-être plus l'avocat de l'affaire, mais j'ai quelques documents et j'ai... » Susskind décréta qu'il battait vraiment la campagne. « Vous êtes un imposteur, déclara-t-il, un menteur et un type qui fait de l'esbroufe. J'estime que vous êtes un peu reluisant personnage. Ne me retéléphonez plus jamais, ni en P. C. V. ni autrement. » Il n'était pas exagéré de dire que les choses se terminaient sur une note extrêmement désagréable.

VII

Moody et Stanger se reposèrent un peu puis, en fin d'après-midi du dimanche, ils se rendirent à la prison. Par le téléphone intérieur ils énumérèrent les termes du contrat. Gary n'exigeait pas beaucoup de changements, et ce fut seulement lorsqu'ils discutèrent de l'utilisation de ses lettres qu'il se mit en colère. Il raya la clause et écrivit sur le contrat qu'il n'accordait aucune autorisation de les utiliser avant d'en avoir parlé à Nicole. Les avocats essayèrent de discuter. « Vous ne pouvez guère intervenir sur ce sujet, le prévint Moody, ces lettres sont maintenant la propriété absolue de Nicole.

— Eh bien, bon Dieu ! insista Gary, on ne les publiera pas sans mon accord. »

Pendant ce temps-là Schiller attendait dans sa chambre. Il resta dans son motel jusqu'à 3 heures du matin le lundi, attendant qu'ils appellent. Il téléphona même à la prison où il apprit qu'ils n'étaient plus là. Puis, il téléphona au domicile de Moody et le réveilla. Ils étaient rentrés depuis longtemps. En fait, depuis 8 heures et demie du soir. Tout simplement l'idée ne leur était pas venue qu'il pouvait attendre. Et pourtant, pour s'occuper, Larry avait fait défiler dans sa tête une série de scénarios plus désespérés les uns que les autres.

VIII

Le Gros Jake revint avec un grand pot de café soluble, un grand pot de jus d'orange et une cartouche de cigarettes de la marque que fumait Gibbs, des Viceroy super-longues. Il dit à Gibbs que Gary avait demandé à Vern Damico de les déposer à la prison. Il y avait aussi un message : *Gibbs, tout d'un coup, je suis devenu plutôt riche : si tu as besoin de* n'importe quoi, *tu n'as qu'à demander.* Gibbs se dit que Gary avait dû vendre l'histoire de sa vie à quelqu'un. Ceci dit, il se versa un gobelet de jus d'orange.

Boaz appela Susskind une dernière fois. Ça n'était pas en P. C. V. « Je vous l'ai dit, fit Susskind, je ne veux plus entendre parler de vous. » Boaz assura : « J'ai un point de vue tout à fait nouveau. Je veux écrire *mon* histoire. » « Boaz, répondit Susskind, vous êtes fou. » « Non, insista Dennis, la véritable histoire extraordinaire, c'est la mienne. C'est une histoire formidable, répéta Dennis. J'ai pris des notes. » « Je vous en prie, je vous prie, dit Susskind, allez voir M. Schiller. Je suis sûr qu'il serait ravi de vous voir. »

Le lendemain, Gibbs reçut une carte blanche dans une enveloppe. Gary avait rédigé dessus une invitation :

BANG ! *BANG !*

Une vraie fusillade en direct !

Mme Bessie Gilmore, de Milwaukie, Oregon, vous invite cordialement à l'exécution de son fils, Gary Mark Gilmore, trente-six ans.

Adresse : Prison d'État de l'Utah. Draper, Utah.
Heure : Lever du soleil.
ON FOURNIRA LES BALLES ET LES PROTÈGE-TYMPANS.

Avec la carte était jointe une lettre :

Je vais dans peu de temps distribuer un tas d'argent. J'aimerais te donner à peu près deux mille (2 000) dollars. Je t'en prie, ne dis pas non. Accepte-le comme je te le donne, en ami. Autant que je te donne un peu de mon argent, parce que sans ça, je le donnerai tout bonnement à quelqu'un d'autre.

Troisième partie

La grève de la faim

11. La grâce

I

Earl Dorius se trouvait dans une situation fichtrement délicate. L'administration de la prison voulait savoir si on pouvait interrompre la grève de la faim de Gilmore et l'obliger à s'alimenter. En ce temps-là, l'alimentation par la force était considérée, sur le plan légal, comme l'équivalent de la médication forcée, et il y avait eu, en 1973, une décision de la Cour suprême qui stipulait qu'on devait avoir le consentement du prisonnier.

Il y avait toutefois des exceptions reconnues. Earl écrivit une lettre au directeur Smith, soulignant que les prisons devaient préserver l'ordre et ne pouvaient se faire complices d'une tentative de suicide. « Ce serait un grave abus de jugement que de permettre à un détenu de mourir de faim. » Earl concluait que le médecin de la prison avait « l'autorité légale pour ordonner l'alimentation forcée ».

Earl contacta la presse et quelques-unes des stations locales pour leur annoncer qu'il publiait un communiqué dans ce sens. Il s'attendait, bien entendu, à ce que ce fût la grande histoire Gilmore de la journée et, pour être franc, il n'en était pas mécontent. Sa lettre à Sam Smith avait nécessité des recherches considérables appuyées, estimait-il, sur un raisonnement solide, mais tout cela s'éclipsa devant une autre information : Holbrook, du *Salt Lake Tribune*, téléphona ce même après-midi pour annoncer : « Le *Trib* retournait devant le juge Ritter pour essayer encore d'obtenir une contrainte provisoire à l'encontre du refus de laisser Gilmore donner des interviews.

Earl était déçu. Il comptait bien trouver une documentation plus récente que le bon vieux dossier *Bell contre Proculier*.

Toutefois, le problème de l'alimentation forcée lui avait pris beaucoup de temps. Le *Trib*, de son côté, se présenta bien préparé. Le juge Ritter accorda la contrainte provisoire. Le *Tribune* allait pouvoir envoyer un journaliste le jour même pour interviewer Gilmore.

II

Schiller se trouvait à la prison quand le journaliste arriva, et ce fut une surprise. Il était en train d'interviewer Gary, et il venait tout juste de commencer à lui parler de l'article de fond de *Newsweek*. Par ce biais, Schiller s'était dit qu'il pourrait découvrir si Gilmore s'intéressait vraiment à la publicité. Il cita donc quelques vers publiés par *Newsweek* qui les attribuait à Gary, et fit remarquer que c'était de la très bonne poésie. Gary éclata de rire. « C'est un poème de Shelley intitulé « La Sensitive », dit-il. Bon sang, Schiller, c'est vraiment cloche de la part de *Newsweek*. Tous ceux qui reconnaîtront le poème vont croire que j'ai fait semblant de l'avoir écrit moi-même. »

Par la suite, Schiller se dit qu'il avait dû avoir l'intuition qu'il ne pourrait pas parler longtemps à Gary, car il avait abordé un sujet délicat alors qu'il avait pour principe de les garder pour la fin. C'était inutile de couper court à une interview par une question impertinente. Schiller, toutefois, n'arrivait pas toujours à maîtriser son caractère un peu emporté, et c'est ainsi qu'il se surprit à dire : « Pourquoi avez-vous stipulé dans le contrat que je ne pouvais pas disposer de vos lettres adressées à Nicole ? Elle est à l'hôpital. Vous savez que je ne peux pas la joindre.

— Schiller, répondit Gary, ce foutu Dr Woods m'empêche de lui téléphoner. Il ne veut même pas que je lui écrive. Je fais la grève de la faim pour montrer de façon spectaculaire qu'on m'empêche d'approcher la seule personne au monde qui compte vraiment pour moi. Alors j'ai mis cette clause-là dans notre contrat. (Il regarda Schiller droit dans les yeux.) Je me rends compte que vous êtes débrouillard. Vous allez obtenir que Woods me permette de communiquer avec Nicole. Peu m'importe si vous l'achetez mais, mon vieux, tant que je ne lui aurai pas parlé, vous n'aurez pas les lettres, d'accord ? Disons que je vous fais chanter. »

Schiller n'était pas réellement surpris. Il pensait depuis le début que la grève de la faim de Gilmore n'était pas un geste de désespoir mais une façon de mettre Gary en position de négocier. Il avait été très fort, Schiller l'avait entendu dire, pour inciter les détenus à se révolter au pénitencier d'État de l'Oregon et il l'avait fait plus d'une fois. Bien sûr, il avait passé douze années dans cet établissement, plus qu'assez pour appartenir à un clan ou à un autre. Ici il était peut-être devenu une célébrité, mais la question était de savoir s'il pourrait faire étendre sa grève à dix hommes ou à cinquante. Gary pouvait être un tueur, et même être considéré comme fou, mais qui allait le craindre dans le quartier des condamnés à mort, alors qu'il n'avait pas de contacts ni d'amis fidèles dans la place ? Schiller se demanda si l'argent et la publicité ne gâtaient pas le jugement de Gary. Jusqu'à maintenant, personne ne s'était rallié à sa grève.

Sur ces entrefaites, les gardiens arrivèrent avec la nouvelle : Gus Sorensen, du *Salt Lake Tribune*, était dehors, avec une ordonnance du juge Ritter. On devait le laisser entrer. Sorensen pouvait interviewer Gary Gilmore.

Schiller eut l'impression qu'une fusée lui explosait dans la tête, mais il ne cilla pas. « Très bien, dit-il à Moody et à Stanger, que Gary parle. Peut-être que ça peut aider notre image de marque. Notre position est que nous sommes ici non pas pour assister à l'exécution d'un homme, mais pour l'aider. » Il traversa le couloir pour aller au-devant de Sorensen dès que ce dernier eut franchi la grille. Il se présenta en disant : « Monsieur Sorensen, je pourrais dire à Gilmore de ne pas vous parler, mais ce n'est pas mon intérêt. » Ça ne l'était assurément pas. Schiller n'avait pas envie de s'aliéner le *Salt Lake Tribune*. Un contact avec le plus grand journal local pouvait lui permettre d'avoir un œil sur le contenu des dépêches A. P. et U. P. En outre, Sorensen avait la réputation d'être le meilleur reporter d'assises de l'État d'Utah. Il pouvait être utile et fournir de la documentation sur la prison.

Malgré tout, Schiller aurait voulu éviter cette conversation. Comment pouvait-il savoir ce que Gilmore choisirait de révéler ? Si celui-ci décidait de se suicider, une interview sans importance pouvait fort bien se révéler être les dernières paroles de Gary Gilmore. Il s'agissait donc d'imposer certaines règles.

Il se représentait Sorensen disant au téléphone : « Ce type a acheté les droits de Gilmore. Il ne me laisse pas parler en dehors de sa présence. » Schiller était en nage. Ce matin même il avait remis à Vern un chèque de cinquante mille dollars. Si Gary avait envie de le doubler cet après-midi et de tout raconter à Sorensen, il ne pourrait pas faire grand-chose. Schiller jouait sur le fait que Gilmore n'allait pas tout flanquer par terre par pur plaisir. Il entendit Sorensen dire : « Ma foi, je ne sais pas. J'ai entendu de bonnes choses et de mauvaises sur le compte de Schiller. » Larry alla téléphoner au directeur de Sorensen : « Écoutez, lui dit-il, ça ne m'intéresse pas d'arrêter vos rotatives. Je n'ai aucune objection au fait que M. Sorensen parle à Gilmore. Je veux simplement m'assurer, puisque nous détenons les droits, que votre copyright sur l'interview de M. Sorensen nous revienne ensuite. » Ça voulait dire que le directeur devait appeler l'avocat du *Tribune*. Entre-temps, Schiller s'adressa à Gary et lui dit : « Ça peut marcher à notre avantage. Lorsque vous parlerez avec Sorensen, n'abordez pas les détails du meurtre. Parlez de la prison au présent, de la vie quotidienne, des raisons pour lesquelles vous faites la grève de la faim. Si j'estime que vous pourriez livrer quelque chose qui serait d'une grande valeur pour vous, je me frotterai le menton.

Dès l'instant où je ne le fais pas, vous pouvez répondre à la question. Dans l'ensemble, ne dites pas grand-chose de votre vie personnelle. C'est ce qui intéresse le plus le monde, Gary. »

Schiller resta assis auprès de Sorensen durant l'interview, mais comme il n'y avait qu'un seul téléphone, il ne pouvait pas entendre ce que Gilmore disait. Toutefois, lorsque Sorensen eut posé ses premières questions, Schiller comprit que cet homme était un reporter classique. Il ne recherchait pas des choses inédites sur la vie antérieure de Gary. Ce serait juste quelques paragraphes que le spécialiste des chapeaux de la salle des informations pourrait coiffer de quelques mots intrigants. D'ailleurs, on pouvait sans doute faire confiance à Gary. Il ne répondrait pas au hasard.

Lorsque Sorensen eut terminé, Schiller et lui franchirent les portes à barreaux qui donnaient accès aux bâtiments de l'administration et là, dans le petit hall crasseux, sous l'éclairage des tubes à néon, on aurait pu croire que tous les journalistes de Salt Lake, jusqu'au dernier, étaient venus s'entasser. Ils criaient tous à la fois. Sorensen, ils le connaissaient. Sorensen venait d'interviewer Gilmore. Mais Schiller, c'était autre chose. « Qui êtes-vous, qui êtes-vous ? » demandaient-ils tous en même temps et Gus Sorensen – Schiller l'aurait béni – ne dit pas un mot, loyal dès le début. Toutefois Schiller se rendit compte du pétrin dans lequel il s'était mis. Il devait y avoir dans cette cohue des gens qui le connaissaient. Il percevait des murmures qui circulaient. Un reporter finit par dire : « Allons, Larry, tu as acheté l'histoire de Gilmore, non ? » Schiller s'efforçait de calculer les différents angles. S'il continuait à nier, d'ici à demain il serait coincé. Il ne s'agissait pas de mettre les journalistes en éveil comme des chiens de chasse. En vingt-quatre heures, ils sauraient l'histoire et ne lui pardonneraient jamais. Il allait devoir marcher sur des œufs.

Je suis comme un éléphant dans un magasin de porcelaine, se dit Schiller, esquivant sur la gauche, esquivant sur la droite. « Pourquoi êtes-vous ici ? » lui demanda-t-on, et il répondit : « Je suis conseiller pour des questions de succession. » Des journalistes qui le connaissaient se mirent à le huer.

Schiller se dit qu'il allait être obligé de donner une version de la vérité. Quelque chose de vague et d'ennuyeux, qu'on n'aurait pas envie de publier. « Oh ! finit-il par dire, j'ai acheté les droits pour faire un film à gros budget. » Ça semblait peut-être assez vague pour qu'on ne voie pas en lui l'homme qui détenait l'exclusivité des récits de Gilmore. Mais dans sa tête, une voix lui soufflait : « J'aurais dû leur dire : pas de commentaires. » Le petit ordinateur qu'il avait derrière les yeux déclenchait toutes les sonnettes d'alarme.

Moody et Stanger étaient consternés. « Eh bien, murmura Moody, Schiller vient de tout flanquer par terre. » Conseiller en affaires de succession auprès de « producteurs de Hollywood », c'était leur oie qui était en train de rôtir ici même à la prison. Stanger dit : « Cet enfant de salaud nous a doublés. C'est son histoire à lui qu'il veut faire passer. »

DESERET NEWS

Une atmosphère de foire entoure les négociations autour des droits de cinéma de Gilmore

29 novembre. – Lundi soir, à la prison d'État de l'Utah, dans une atmosphère de cirque, les représentants des médias, des avocats, des agents littéraires et des producteurs de cinéma s'agitaient en discutant des droits d'interviews et d'adaptation cinématographique.

III

Lorsqu'il vit Schiller au journal télévisé ce soir-là, Dorius était fou de rage. Il appela la prison et engueula violemment un des adjoints du directeur. « Je me suis cassé le cul pour tenir le *Tribune* à l'écart, et voilà, dit-il, que vous laissez entrer un producteur de Hollywood. »

Earl prévoyait une succession sans fin de procès. Les journaux l'un après l'autre, les stations de télé, de radio, tous allaient porter plainte. Ritter allait sans doute devoir ouvrir la prison à tout le monde. Même si Dorius faisait appel à chacune de ces décisions devant la Cour de Denver, cela pouvait faire perdre un temps fou de se lancer dans ce genre de procédure. Ça pouvait prendre un an. Pendant tout ce temps, les reporters circuleraient dans la prison comme dans un moulin. Impossible de prévoir ce que Gilmore allait dire dès l'instant qu'il allait se trouver en mesure de parler à la presse.

Dorius commença à demander dans son service qui savait comment procéder pour contrer Ritter rapidement. S'adresser à une juridiction supérieure, lui suggéra-t-on. Cela exigerait un jugement en référé immédiat de Denver. Dorius ne se laissait pas facilement intimider, mais s'adresser à une juridiction supérieure en face de Ritter, c'était assurément pousser les choses un peu loin. Cela reviendrait à dire que Ritter, qui à n'en pas douter se vantait d'être un des plus fins juristes de l'État de l'Utah, se serait dans cette affaire révélé si ignorant des principes de lois bien établis que ce ne serait réparable que par une mesure exceptionnelle : une plainte formulée par Dorius contre le juge. C'était une sacrée décision à prendre : un jeune procureur comme lui attaquant un juge fédéral ! Ritter ne serait sans doute pas près de lui pardonner.

IV

DESERET NEWS

Pointe de la Montagne, Utah, 28 novembre. – Gary Gilmore, le meurtrier condamné, dans une lettre adressée à la Commission des Grâces de l'Utah a dit : « Allons-y, bande de lâches… »

Gilmore a réclamé son exécution immédiate devant un peloton d'exécution. « Je ne cherche ni ne désire votre clémence », a-t-il écrit, en soulignant trois fois « ne ».

Durant la session de la Commission des Grâces, Schiller se demanda qui pouvait bien être le petit type soigné et bien bâti avec une moustache en brosse. Il avait l'air d'un jeune moniteur de collège privé. Qui pouvait-il être ? Le type n'arrêtait pas de le foudroyer du regard.

Il semblait être du genre jeune avocat de l'Establishment, ou jeune bureaucrate de l'Utah, qui ne devait pas souvent avoir ce regard-là. Mais quand ça lui arrivait, attention, c'était du feu liquide. Schiller haussa les épaules. Il avait l'habitude de sentir les gens l'incendier en pensée. Dans de tels moments, on se sentait plus à l'aise d'être gros : une couche d'amiante supplémentaire contre les flammes.

Malgré tout, le type semblait le trouver si antipathique que Schiller essaya de savoir qui il était. Il lui fallut interroger plusieurs journalistes avant que l'un d'eux puisse lui répondre : « C'est Earl Dorius. Service du procureur général. » Plus tard, Schiller le vit bavarder avec Sam Smith, et c'était un spectacle qui valait la peine : San Smith mesurait vingt-cinq centimètres de plus.

Schiller avait du mal à comprendre l'administration de la prison. Ces gens ne cessaient de dire qu'ils ne voulaient pas de publicité, mais ils tenaient la séance de la Commission des Grâces dans une salle de conférences, juste à côté du grand hall du bâtiment de l'administration. On avait invité la presse. Autant jeter quelques morceaux de viande à une bande de lions. Il y avait des caméras de télévision, des microphones, des photographes, des ampoules au magnésium, des projecteurs sur trépied, d'autres accrochés à des échafaudages. La parfaite définition d'un cirque. Ça faisait longtemps qu'il ne s'était pas trouvé dans une atmosphère aussi chaude.

Lorsqu'on amena Gilmore, les fers aux pieds, la plupart étaient juchés sur des chaises pour mieux voir. On aurait dit un film que Schiller avait vu autrefois sur le Moyen Âge et dans lequel un personnage en robe blanche avançait d'un pas traînant pour être brûlé sur le bûcher. Ici, c'était un pantalon blanc flottant et une longue chemise blanche, mais l'effet était le même. Ça donnait au prisonnier l'apparence d'un acteur dans le rôle d'un saint.

Une fois de plus, Schiller changea d'avis au sujet de l'apparence physique de Gilmore. On aurait dit que cet homme pouvait retirer un masque, l'accrocher au mur et en prendre un autre. Aujourd'hui, Gary n'avait pas l'air d'un concierge, d'un démarcheur ou d'un tueur au sang de glace. Ça faisait dix jours qu'il faisait la grève de la faim et ça l'avait rendu pâle. Son visage s'était creusé et on en distinguait mieux les cicatrices. Il était beau mais frêle. Comme rongé. Il ne ressemblait pas à Robert Mitchum ni à Gary Cooper, mais à Robert DeNiro. La même impression de torpeur, mais la même force derrière cette torpeur.

Tout autour, on entendait discuter des équipes de la C. B. S. et de la N. B. C., et Schiller se sentait mal à l'aise de voir à quel point ils méprisaient Gilmore. Ils en parlaient comme si c'était un combinard de bas étage qui avait trouvé assez de trucs pour s'en tirer jusque-là. Un des journalistes de la presse locale marmonna : « Ça n'est pas croyable, l'attention qu'obtient ce petit salopard. »

Schiller se souvint que le directeur de la Commission des Grâces, George Latimer, avait été jadis l'avocat de la Défense lorsque le lieutenant Calley avait comparu en justice pour avoir mitraillé des villageois vietnamiens à My Lai. Pour Schiller, Latimer n'était autre qu'un mormon au visage rougeaud, avec une grosse tête de bouledogue et des lunettes. L'air pompeux et content de soi. Il ne voyait autour de lui que fébrilité et réactions déplaisantes. Quelle ambiance ! Le seul visage agréable qu'il apercevait, c'était Stanger. Schiller ne savait pas s'ils allaient s'entendre, car Ron Stanger lui semblait d'un côté avoir trop de bagou et d'un autre côté ne pas prêter assez d'attention aux détails importants. Mais pour l'instant, le visage juvénile de Ron exprimait beaucoup de choses. Il se montrait plein de sollicitude envers Gary.

En fait, Stanger était ravi. Jusque-là, Gary s'était toujours montré extrêmement méfiant à son égard. Ça ne le dérangeait pas. Il était contre la peine de mort et n'était pas convaincu que Gilmore fût sérieux non plus. Toute cette animation intéressait plus Stanger que les mérites de la position de Gilmore. C'était superbe. Chaque jour, quelque chose de neuf. C'était marrant. Puisqu'il était possible que Gilmore – même si Stanger ne le croyait pas – puisse être exécuté, il n'avait pas envie d'être trop proche de son client.

Néanmoins, il était tout naturel de chercher à améliorer les relations avec un être humain qu'on devait voir assez souvent. Aussi, lorsque Stanger faisait une promesse à Gilmore à propos d'un petit détail, il faisait en sorte de la tenir. S'il déclarait qu'il lui apporterait des crayons, il ne les oubliait pas ; si c'était du papier à dessin, il en apportait. Mais aujourd'hui, devant le tribunal, c'était la première fois que Ron se sentait fier de défendre cet homme. Jusqu'à maintenant, il n'avait pas pu apprécier comment Gilmore se révélerait devant la pression. Mais Stanger le trouva ce jour-là formidable, et d'une intelligence remarquable.

Au fond de la salle se trouvait un drapeau bleu et, assis à une longue table, quatre hommes qui semblèrent à Schiller être des mormons, tous en costume bleu et portant lunettes. Schiller enregistrait tous les détails dont il pourrait se souvenir, car c'était de l'histoire, ne cessait-il de se répéter, mais il s'ennuya jusqu'au moment où le président dit à Gilmore qu'il avait la parole. Ce fut alors que Gary Gilmore commença à impressionner tout le monde et même Larry Schiller. Sans la tenue blanche de haute surveillance, Gilmore aurait pu être un étudiant de dernière année passant son oral devant un groupe de professeurs qu'il méprisait un peu.

« Je m'interroge, commença-t-il. Votre Commission dispense un privilège, et j'ai toujours cru que les privilèges étaient recherchés, désirés, gagnés et mérités ; or, je ne recherche rien de vous, je ne désire rien de vous, je n'ai rien à gagner et je ne mérite rien non plus. »

Dans cette pièce emcombrée, éclairée par les tubes à néon, tous les regards étaient fixés sur lui. Il attirait tous les regards, et tous les yeux, derrière les lunettes. Schiller était maintenant doublement impressionné par les qualités de comédien de Gilmore. Il se montra à la hauteur des circonstances non pas en grand cabot, mais en choisissant de n'en pas tenir compte. Il était simplement là pour exprimer son idée. Gilmore parlait de son idée avec une confiance absolue, du même ton tranquille qu'il aurait pu employer s'il ne s'était adressé qu'à un seul homme. Cela équivalait au genre de performances des acteurs qui vous font oublier qu'on se trouve au théâtre.

Quelle vedette de l'écran ce type aurait fait, songea Schiller, et il était ivre de joie à l'idée qu'il possédait les droits de l'histoire de sa vie. Mais tout de suite après, il tombait dans le plus noir désespoir en songeant qu'on lui avait peut-être supprimé le droit de parler personnellement à Gary. Désormais, peut-être devrait-il toujours poser ses questions par le truchement d'intermédiaires.

V

GILMORE. – J'en étais arrivé à la conclusion que c'était à cause du gouverneur de l'Utah, Rampton, que j'étais ici, parce qu'il s'inclinait devant toutes les pressions qui s'exerçaient sur lui.

J'avais personnellement décrété qu'il était lâche d'avoir fait cela. J'avais simplement accepté la sentence qui m'avait frappé. Toute ma vie j'ai accepté les sentences. Je ne savais pas que j'avais le choix dans ce domaine.

Lorsque je l'ai acceptée, tout le monde s'est précipité en voulant discuter avec moi. On dirait que les gens, et surtout les gens de l'Utah, sont partisans de la peine de mort, mais qu'ils ne veulent pas d'exécution. Quand c'est devenu une réalité qu'ils allaient peut-être avoir à en organiser une, eh bien, ils ont commencé à faire machine arrière.

Or, je les avais pris au pied de la lettre et au sérieux lorsqu'ils m'avaient condamné à mort, tout comme si on m'avait condamné à dix ans ou à trente jours de prison. Je croyais qu'on était censé les prendre au sérieux. Je ne savais pas que ce pouvait être une plaisanterie.

Mme Shirley Pedler, de l'A. C. L. U., veut s'en mêler, mais ces gens de l'A. C. L. U. veulent toujours se mêler de tout. Je ne pense pas qu'ils aient jamais rien fait d'efficace dans leur vie. J'aimerais que tous, y compris ce groupe de révérends et de rabbins de Salt Lake City, cessent de s'en mêler : c'est de ma vie et de ma mort qu'il s'agit. C'est sur une décision de la Cour que je dois mourir, et cela, je l'accepte…

LE PRÉSIDENT. – En dépit de ce que vous pouvez penser de nous, vous pouvez tenir comme certain que nous ne sommes pas des lâches et que nous allons trancher cette affaire d'après les statuts de l'État d'Utah et non pas d'après vos désirs… Richard Giauque est-il présent ?

Nous allons entendre les personnes qui ont demandé à prendre la parole.

Richard, nous avons reçu de vous un mémoire et, soit dit en passant, je vous en félicite, car c'est un mémoire fort joliment écrit. Je puis être en désaccord avec certaines de vos idées mais il n'empêche que la façon dont elles sont présentées est remarquable.

Schiller vit alors un homme mince et blond, avec un nez proéminent, un menton plutôt petit et l'air fort élégant, se lever. Schiller supposa que l'homme devait être un avocat de l'A. C. L. U. ou d'un groupe de ce genre, et nota dans sa tête de l'interviewer le moment venu, car il avait l'air intéressant. Giauque se comportait avec la supériorité qui l'autorisait à penser qu'il était sans doute plus intelligent que la plupart des gens auxquels il s'adressait. Peut-être pour cette raison ne regarda-t-il jamais une fois Gilmore. Gary, de son côté, le dévisageait avec une extraordinaire acuité, et Schiller perçut la base de la rancœur de Gilmore : voilà qu'un homme d'un tout autre milieu parlait de lui.

GIAUQUE. – Monsieur le président, j'aimerais faire un très bref commentaire ici concernant les pouvoirs de la Commission. Nous demandons que la Commission renouvelle le présent sursis, jusqu'au moment où les questions dont nous estimons qu'elles ne sont pas de votre ressort, auront été tranchées par un tribunal.

Indépendamment des désirs de M. Gilmore, la société a un intérêt direct dans cette affaire. Je suis persuadé qu'il existe ici certains faits qui devraient être examinés. L'un d'eux est de savoir s'il a ou non volontairement renoncé à ses droits constitutionnels, ou s'il demande ou non à l'État de devenir purement et simplement son complice… Ce n'est pas le désir de M. Gilmore qui, ici, importe le plus et je voudrais simplement demander, monsieur le Président… que la décision d'appliquer la peine de mort ne soit pas prise par M. Gilmore ni par cette Commission, mais qu'elle soit tranchée par les tribunaux.

LE PRÉSIDENT. – Eh bien, je vais vous répondre… Nous n'allons pas prolonger cette affaire pour attendre que quelqu'un d'autre décide ce que peut ou ne peut pas être la loi… Nous sommes ici pour veiller à ce que cette affaire ne se prolonge pas indéfiniment, et pour soutenir tout le monde et l'État d'Utah à propos des lois sur la peine capitale. Pour ma part, je ne serai pas en faveur d'un renouvellement du sursis.

Un peu plus tard survint la première suspension d'audience. On emmena Gilmore et les membres de la Commission des Grâces quittèrent la salle. Rares furent ceux parmi les membres des médias à quitter leurs places.

Earl Dorius n'avait jamais été aussi près de la crise de rage. Il n'avait pas encore préparé sa requête adressée à la Cour de

Denver, et pourtant il se trouvait là, perdant toute une matinée à cette cession qui se déroulait de la manière la plus abominable. Il n'arrivait pas à comprendre comment Sam Smith pouvait tolérer cela. Que voyait-il durant cet entracte – il fallait bien appeler ça un « entracte » plutôt qu'une suspension, tant on avait réussi à créer une atmosphère théâtrale – que voyait-il sinon ce nommé Schiller assis sur un des sièges réservés aux collaborateurs du procureur général. Comme sur un fauteuil de metteur en scène, on lui avait soigneusement collé un ruban avec le nom de Bill Evans ! Dorius ne cessait de chuchoter à Evans : « Retirez-lui donc ce fauteuil de sous les fesses », ce qui n'était guère dans le style d'Earl. En général, il n'était pas homme à conseiller aux autres de porter la main sur autrui, mais l'ambiance de cette salle, l'insouciance avec laquelle les gens des médias utilisaient les lieux, tout cela était vraiment répugnant.

Dorius était stupéfait par l'absence de toute mesure de sécurité. Il n'y avait pas de détecteur à la porte et personne n'avait été inspecté. Des cameramen inconnus arrivaient l'un après l'autre, chargés de matériel. Mon Dieu ! N'importe qui pouvait apporter un Magnum et faire sauter la cervelle de Gary. Le directeur de la prison aurait dû avoir l'autorité de signifier à la presse qu'elle n'avait pas accès à la salle, mais un de ses supérieurs ne semblait pas indifférent à la publicité. Dorius était écœuré par l'attitude de son client. Si l'on devait téléviser tout cela, pourquoi, bon sang, la prison n'avait-elle pas demandé aux médias de travailler en association : une seule caméra, un seul reporter radio, un seul journaliste ? C'était insensé la façon dont tout le monde s'entassait là ! Une chose cependant impressionnait Earl. Il était bel et bien possible que ce Gilmore ne fût pas là pour la galerie.

VI

À la prison municipale, on permit à Gibbs d'aller dans le bureau pour assister à la cession avec quelques policiers et des geôliers. Ils étaient tous l'œil rivé au récepteur de télé. Gibbs trouva que c'était un sacré mélo. Lorsque Gary déclara à la Cour que c'était un ramassis de lâches, Gibbs se mit à rire si fort que les flics lui lancèrent un drôle de regard.

Gary gagna par trois voix contre deux. On annonça à la télévision que selon toute probabilité, son exécution aurait lieu le 6 décembre, afin de respecter la règle des soixante jours écoulés depuis la date de sa condamnation, le 7 octobre. Gibbs songea : « Gary Gilmore n'est peut-être sur terre que pour une semaine encore. »

DESERET NEWS

Salt Lake, 30 novembre. – L'Association Nationale Contre la Peine de Mort, qui regroupe plus de quarante organisations nationales, religieuses, juridiques, de minorités, politiques et professionnelles, a publié mardi soir un communiqué énergique sur la décision de la Commission des Grâces de l'Utah.

« Cette mesure rend possible le premier homicide sanctionné par les tribunaux commis aux États-Unis depuis dix ans », déclarait le communiqué…

Parmi les organisations appartenant à cette association, on compte l'A. C. L. U., l'Union éthique américaine, le Comité des Amis de l'Amérique, l'Association orthopsychiatrique américaine, la Conférence centrale des Rabbins américains et diverses autres.

12. Le serviteur du gouvernement

I

Earl fut conscient qu'il ne pouvait pas appeler cela de l'admiration, mais lors de la cession de la Commission des Grâces, il en arriva bel et bien à être heureusement surpris de la façon dont Gilmore se conduisait. L'homme faisait la grève de la faim et pourtant son intelligence restait aiguë. Dorius était satisfait d'éprouver quelque chose de positif. Il avait profondément méprisé Gilmore quand celui-ci avait tenté de se suicider. Tous ces grands discours dramatiques à propos de la justice, et puis une façon lâche de se défiler. Mais maintenant, aux yeux de Dorius, Gilmore était en train de se racheter.

Earl se rendait compte de l'ironie de la situation. La seule chose que Gilmore et lui avaient en commun, c'était de chercher à hâter l'exécution, chacun pour des raisons qui lui étaient propres. Il serait difficile d'appeler cela un lien. Et pourtant, à cette cession, voilà qu'il encourageait l'homme comme s'ils étaient membres de la même équipe. Il est vrai qu'il fallait bien applaudir l'autre quand il jouait le jeu aussi bien. Earl, bien sûr, admettait que dans son sentiment entrait une part d'égoïsme. L'affaire Gilmore serait sans doute la seule à laquelle il aurait travaillé et à propos de laquelle il pourrait encore écrire dans cinquante ans. « Après Gilmore, hélas, hélas, ma vie sera sur la pente descendante. » Il n'y avait, il est vrai, guère de chances qu'il se retrouvât jamais participer à un procès de résonance nationale et internationale. Des gens qu'il avait rencontrés en Angleterre bien des années auparavant, alors qu'il était missionnaire mormon, recommençaient même à correspondre avec lui, des gens qu'il avait convertis à la religion mormone sept ou huit ans plus tôt. Earl avait donc toutes raisons d'être satisfait de se trouver le premier à reconnaître l'importance de toute cette affaire.

Sans doute la raison pour laquelle il était maintenant fier de Gilmore, c'était que le condamné respectait aussi la situation. Ce serait déplaisant de travailler sur une affaire de cette ampleur et de sentir que le principal personnage n'était qu'une petite canaille au mobile douteux. Le désir de Gilmore, s'il était sincère, entrait dans la ligne de quelques-uns des propres objectifs d'Earl.

Ces dernières années, certains des juges de la Cour suprême des États-Unis avaient dit que le client le plus mal représenté du pays était l'État et le gouvernement local. Earl avait pris cela personnellement. Il voulait améliorer l'image des gens qui travaillaient dans les bureaux du gouvernement. S'il avait une ambition, ce n'était pas de faire une carrière politique ni de voir son nom briller sous le feu des projecteurs, mais de devenir le meilleur avocat devant la Cour suprême de l'Utah. Être une autorité en matière de lois pénitentiaires. Il voulait acquérir une réputation de juriste méticuleux et de haute compétence. En fait, s'il était prêt à faire de son travail une critique constructive, c'était qu'il avait tendance à établir des bases solides en ce qui concernait les arrêts de mort. Ça le serait de remettre un travail bâclé. Aussi longtemps que Gary Gilmore occuperait toutes ses heures de travail, Earl savait qu'il serait prêt à y consacrer quatorze ou quinze heures par jour. Même ses enfants comprenaient que cela devait empiéter sur sa vie familiale. Maintenant, chaque fois que les enfants décrochaient le téléphone, ils pouvaient s'attendre la moitié du temps à entendre un étranger demander leur père.

Lorsque sa femme et lui arrivaient à une réception, tout le monde voulait connaître les détails de l'affaire. Sur ce plan-là, Earl était prêt à parler. Malgré tout le mal qu'il se donnait, ça le payait un peu de ses efforts que de renseigner les gens sur ce qu'il faisait. Malgré tout, il essayait aussi de faire comprendre, aussi raisonnablement que possible, qu'au bureau du procureur général, ils n'étaient pas vraiment abrutis. Qu'ils essayaient en fait d'accomplir un travail dont ils pouvaient être fiers.

Earl était trop fin pour annoncer au monde qu'il avait enfin la situation qu'il avait souhaitée et que son travail lui donnait les satisfactions qu'il avait toujours recherchées. Pendant des années, quand il étudiait le droit, et alors que pour faire vivre sa jeune famille il avait dû s'escrimer pendant des heures à travailler comme secrétaire juridique l'après-midi et le soir, il y avait eu en lui une force qui le soutenait, un rêve qui l'avait aidé à traverser les années de travail missionnaire, de collège, de mariage et d'école de droit : l'espoir qu'il finirait par s'installer quelque part et s'y établirait. Maintenant, il avait une maison au lieu d'un appartement, il était le père d'une famille qui ne faisait que croître, il aimait son travail, il était fier de sa femme et passait beaucoup de temps avec ses enfants. On pouvait y voir, il le savait fort bien, une réaction à la mouvance perpétuelle de sa jeunesse.

Le père d'Earl – et il ne disait pas cela pour être critique mais simplement pour être exact – avait été un loup un peu solitaire. L'idée que son père se faisait de la distraction, c'était de prendre son chevalet et sa toile et de partir tout seul, pour revenir à la fin de la journée avec un beau paysage. Durant toute l'enfance d'Earl, lorsqu'ils habitaient en Virginie, à Los Angeles puis à Salt Lake, son père avait été avocat du Pentagone, et souvent déplacé. Comme Earl n'avait pas de frère et que sa seule sœur s'était mariée lorsqu'il avait treize ans, il avait été pratiquement enfant unique et il avait eu une vie intérieure un peu bizarre. En seconde, par exemple, il était devenu le meilleur caricaturiste de son lycée, et il avait écrit à Walt Disney pour demander si on voulait l'engager malgré son jeune âge.

Au lycée, en Virginie, pourtant, il avait été très populaire. Il jouait dans un orchestre de danse et était assez bon sportif, il faisait beaucoup de basket-ball et de course à pied jusqu'au jour où il se cassa la jambe en faisant un exercice de gymnastique. Cela mit un terme à sa carrière athlétique, mais il fut élu président de sa classe et il allait poser sa candidature pour la présidence de tout l'établissement, sortant même avec la fille qui dirigeait la brigade des supporters, quand sa famille dut partir pour Los Angeles. Son père était nommé ailleurs et Earl, une fois de plus, était déraciné.

Au lycée à l'université de Los Angeles, il n'avait rien été du tout. Il y avait énormément d'élèves. Il déjeunait seul, ne connaissait personne. Ce fut la seule fois de sa vie où l'envie le prit de désobéir. Il avait envie de retourner en Virginie habiter avec son oncle pour retrouver sa petite amie.

Son père fut attristé de le voir malheureux. Peut-être cela suffit-il. Earl dit : « Je suis navré, je vais rester », et il le fit, mais sa dernière année de lycée ne fut pas la plus heureuse.

Puis son père fut transféré dans l'Utah. Ce n'était pas si mal. Sa famille, appartenant à l'Église des Saints du Dernier Jour, avait toujours gardé une petite maison à Salt Lake et ils venaient y passer l'été. Comme la jeune étudiante de Virginie ne représentait plus une alternative possible, Earl se mit à sortir avec la sœur de son meilleur ami à Salt Lake et cela se poursuivit jusqu'au jour où ils se marièrent.

Il estimait que sa vie était plus stable que celle de la plupart des hommes de son âge, mais seulement parce qu'il connaissait ses lacunes. Il savait qu'il avait mauvais caractère. Aujourd'hui encore, il se libérait en interpellant le récepteur de télé. « Regarde cet imbécile », criait Earl au petit écran. Mais seulement devant sa famille. Quand il était plus jeune, son père l'avait souvent pris à part pour lui donner des conseils et l'aider à maîtriser ce caractère. Si bien qu'aujourd'hui, lorsqu'il livrait une joute verbale au tribunal, il n'élevait jamais la voix devant son adversaire. C'était très bien d'être énergique, mais Earl s'efforçait de rester calme dans ses plaidoiries. C'était pourquoi il appréciait la conduite de Gilmore à la cession de la Commission des Grâces. C'était comme si, mentalement, il incitait Gilmore à refréner sa colère.

II

Earl était très conscient de ce qu'il savait faire et de ce qu'il ne savait pas faire. Le contre-interrogatoire des témoins n'avait jamais été son point fort. Une des raisons pour lesquelles il appréciait l'affaire Gilmore, était qu'il se trouvait cerné par des dossiers exigeant une analyse de nouveaux aspects juridiques, mais n'obligeait pas d'avoir à patauger devant des témoins récalcitrants. Earl savait qu'il n'avait pas l'art de formuler les questions de telle façon que, dix questions plus tard, il puisse utiliser les réponses du témoin contre lui. Il voulait aller droit au cœur du problème. Peut-être avait-il trop souvent été interrompu dans son jeune âge pour ne pas savoir qu'en tant qu'avocat, il ne possédait pas l'art de poser des questions pertinentes lui permettant d'embobiner son adversaire. Il pensait aussi que c'était pour la même raison qu'il limitait le nombre de ses relations. Même aujourd'hui, le cercle de sa famille et de ses amis n'allait pas au delà de sa femme, de son beau-frère, de leurs amis les plus proches, de quelques voisins et de quelques relations de bureau. La plupart de ses amis les plus intimes, il se les était faits dans son travail.

Ses relations avec Sam Smith en étaient un bon exemple. Il pouvait presque dépeindre le directeur de la prison comme un ami cher, et pourtant ils ne se voyaient jamais sur le plan mondain. C'était plutôt parce qu'ils avaient tous les deux appris pratiquement ensemble le droit pénitentiaire. Sam avait été nommé directeur à peu près au moment où Earl était arrivé pour travailler dans le service du procureur général. En apprenant à connaître Sam, Earl avait appris aussi beaucoup sur les problèmes de prison et il estimait que le directeur était plus libéral qu'on ne le croyait en général. D'abord, il permettait les visites avec contact en haute surveillance. C'était précisément ce qui avait rendu possible la tentative de suicide de Gilmore. Si on avait interdit à Gilmore tout contact avec l'extérieur, on ne lui aurait peut-être jamais passé les somnifères. Earl lui en avait parlé, mais Smith avait répondu : « Oh ! vous savez, ça ne facilite pas la récupération de ces garçons s'ils ne peuvent avoir aucun contact physique avec le monde extérieur. » Du point de vue d'Earl, le directeur péchait plutôt par bienveillance et c'était cela qui le mettait dans des situations où il risquait de se faire traiter d'incompétent.

Le vrai secret du directeur Smith, Earl en était persuadé, c'était qu'il avait trop bon cœur. Il était loin d'être l'homme strict ou sévère que l'on croyait, et Earl se demandait combien de directeurs de prisons se levaient de bon matin pour aller prendre le petit déjeuner au quartier de moyenne surveillance avec les détenus plutôt que de le prendre en famille. C'était une raison pour laquelle Earl estimait qu'il devait protéger Sam de toutes ces plaintes de journaux qui déploraient de ne pouvoir rencontrer Gilmore.

Le problème, que l'on ne pouvait pas expliquer facilement à un journaliste ou à un juge – surtout si c'était le juge Ritter – c'était que la tension de la vie de prison avait souvent pour résultat que cette tension se concentrait sur un détenu. Il pouvait en résulter qu'il devînt comme une vedette de base-ball qui aurait refusé d'obéir à son entraîneur. Le risque d'être exposé aux médias ne résidait pas seulement dans le fait que Gilmore pourrait raconter n'importe quoi : le risque, c'était la réaction des autres détenus. Chaque fois qu'un prisonnier devenait plus important que la prison, il fallait toujours resserrer la discipline.

III

Le 1er décembre, Earl adressa sa requête à la Cour de Denver. Il y faisait remarquer que le juge Ritter avait pris des décisions fort importantes concernant le *Tribune* sans s'appuyer sur aucun élément nouveau. Le matin même, il reçut un coup de téléphone de Leroy Axland, représentant A. B. C. News. Axland comptait introduire le lendemain une demande devant la Cour d'État en vue d'une levée provisoire de l'interdiction de visite, de façon que, comme le *Tribune*, A. B. C. puisse aussi interviewer Gilmore.

Le lendemain matin, le *Deseret News* en fit autant et Robert Moody se présenta pour Gary Gilmore. Même Larry Schiller était présent. Earl, ce jour-là, avait affaire à toute une coalition. Il ne fut pas content du tout de ce qu'il dut faire ce jour-là. Une fois de plus, estimait-il, son point faible se manifestait. Il commença le contre-interrogatoire de Lawrence Schiller, mais il entra dans une telle colère qu'il ne parvint pas à garder son calme. Schiller, qui venait tout juste d'être admis dans la prison en qualité de prétendu conseiller, avait maintenant le culot de déclarer à la barre qu'il avait interviewé de nombreux détenus dans de nombreuses prisons et qu'il avait toujours respecté les règlements en vigueur dans l'établissement. Earl savait qu'il aurait dû mener le contre-interrogatoire du témoin avec le plus grand calme, mais il devint si furieux qu'il se contenta d'exposer ses propres arguments. Avec un peu d'habileté, il aurait pu amener Schiller à avouer qu'il en avait pris à son aise avec les règlements de l'État d'Utah, mais faisant intérieurement la balance entre la sincérité de l'administration pénitentiaire et le cynisme flagrant de son adversaire devant les droits d'autrui, il se mit dans une telle colère et fut si violent envers Schiller que le juge, Marcellus Snow, l'interrompit.

Earl ne fut donc pas surpris lorsque le juge Snow accorda satisfaction au demandeur. Le soir même pourrait avoir lieu une interview télévisée de Gilmore.

MOODY. – Bien. Nous avons passé toute la journée au tribunal avec Schiller, A. B. C.-télé et de nombreux avocats. Le juge Snow est en train de signer une ordonnance autorisant la presse à vous interviewer ce soir. Larry a été cité à la barre comme témoin, et je crois que c'est lui qui a convaincu le juge.

GILMORE. – Oh ! j'imagine qu'il se débrouille pas mal dans tous les cas. Il sait parler aux gens… À quelle heure a lieu l'interview ?

MOODY. – Ça commence à 9 heures.

GILMORE. – J'espère que ça ne sera pas plus tard que ça. Mon vieux, je suis fatigué et je me réveille à 5 heures du matin… Quand on parle pour une chaîne comme A. B. C., il faut être au mieux de sa forme… Est-ce que Larry va s'asseoir de façon à pouvoir me faire des signes ? S'il ne veut pas que je réponde à la question, qu'il se frotte le menton, j'aurai compris.

IV

À peine Earl était-il revenu de chez le juge Snow qu'il se mit à rédiger une nouvelle requête. À son grand plaisir, lorsqu'il consulta le recueil des lois de l'État, il s'aperçut que la procédure était la même que pour les autorités fédérales. Il n'avait qu'à donc recopier les documents préparés pour Denver en changeant les noms. Il fit taper cela par sa secrétaire pendant l'heure du déjeuner et au début de l'après-midi, il était prêt à interjeter appel.

Il monta voir le greffier de la Cour suprême de l'Utah et annonça au président Henriod que l'ordonnance du juge Snow ne serait peut-être prête qu'en fin d'après-midi ; donc, si la Cour ne siégeait pas après 5 heures, il n'y aurait pas moyen d'empêcher les reporters d'obtenir une interview de Gilmore ce même jour. Ce n'était pas une procédure normale, mais le juge Henriod lui laissa entendre qu'il serait prêt. Dorius dit encore : « Je reviendrai de chez le juge Snow aussi vite que je pourrai. »

Ce qu'il fit. Mais il fut tout d'abord obligé de franchir quelques autres obstacles. Le projet d'ordonnance du juge Snow avait été rédigé par les avocats des médias et, pendant que Earl en discutait certains points, le greffier lui remit un message : la Dixième Chambre de Denver allait examiner sa requête contre Ritter le lendemain après-midi. Earl devrait se présenter à Denver juste au moment où tout allait se discuter ici.

De plus, sur le coup de 4 heures, le juge Snow décida d'aller s'installer dans une grande salle d'audience d'où il pourrait annoncer sa décision à la radio. Le temps commençait à devenir court. Dorius se dit : « Le juge a signé l'ordonnance, qu'il l'ait rendue publique ou non. » Il demanda à un assistant de mettre la main sur un exemplaire signé dès qu'il le pourrait et Earl repartit au pas de course vers la Cour suprême de l'Utah.

Trois juges siégeaient, ils prirent connaissance de son document et accordèrent un sursis provisoire pour le soir. On pourrait, décrétèrent-ils, discuter de la requête le lendemain. Cela empêcherait la télévision d'interviewer Gilmore le soir même.

Les couloirs du Capitole de l'État commençaient à ressembler aux coulisses d'une convention, salle de réunion politique. Partout des micros et des projecteurs. Earl donna deux ou trois interviews, puis se précipita au bureau du procureur général pour expliquer à deux de ses collègues ce qu'il faudrait faire le lendemain devant la Cour suprême de l'Utah. Jusqu'à ce jour, c'était lui qui s'en était chargé.

V

Chez lui, ce soir-là, Dorius se rappela que l'exécution de Gilmore aurait sans doute lieu dans quatre jours. Le 6 décembre. Si seulement on parvenait à écarter la presse pendant quatre jours, l'administration pénitentiaire l'emporterait. Les journalistes ne faisaient pas irruption dans le bureau d'un président de banque pour demander : « Dites-nous ce que vous savez. » Mais ils ne voulaient pas comprendre qu'un directeur de prison pouvait avoir le désir d'être traité avec le même souci de bienséance.

Il réfléchissait encore à cela lorsque Sam Smith téléphona pour dire qu'il appréciait les mesures prises par Earl en vue de nourrir Gilmore de force, mais qu'il allait attendre un peu. Pour l'instant, Gilmore ne semblait pas en danger de mort. En fait, le jeûne le rendait plus irritable. Il lançait ses plateaux de repas à la figure des gardiens. Il était donc rassurant, dit Sam Smith, de savoir qu'on pourrait le nourrir de force si et quand besoin en serait. Ça n'était pas une perspective agréable d'exécuter un homme qui n'avait pratiquement rien avalé depuis deux semaines.

Earl alla se coucher en songeant qu'il devrait plaider le lendemain contre Donald Holbrook. L'avocat était un ami proche de la famille d'Earl, et il avait même acheté la maison de ses parents. S'il y avait quelqu'un dans sa profession que Earl admirait, c'était Holbrook, qui avait une réputation bien établie à Salt Lake. Earl espérait être à la hauteur de la confrontation.

Le lendemain matin, Earl reçut un coup de téléphone de son bureau. Grande nouvelle. La Cour suprême des États-Unis venait de décréter un sursis à l'exécution de Gary. La mère de Gilmore, semblait-il, avait présenté une requête par l'intermédiaire de Richard Giauque, et ils demandaient à la Cour de décider la révision. Réfléchissant à cela dans l'avion, Earl se demandait s'il était prêt à faire face à un pareil rebondissement. La fatigue accumulée de journées de travail de douze à quatorze heures commençait à se faire sentir. Ça l'agaçait, par exemple, de voir que Holbrook voyageait en première et qu'il disposait de beaucoup de place pour étaler ses papiers, alors que lui, Earl, serviteur du gouvernement, était coincé dans un de ces sièges étroits de la classe économique. Il aurait bien aimé, du moins pendant un certain temps, ne plus penser à la

Cour suprême des États-Unis ni au travail qui l'attendait le jour même à Denver.

L'atmosphère du tribunal de Denver était assez impressionnante, mais au bout d'un moment, Earl se fit une raison. Il comprit qu'on n'arriverait à aucune conclusion ce jour-là à Denver, puisque le *Tribune* prétendait que l'administration pénitentiaire avait fait montre de favoritisme envers Schiller et Boaz. Earl pensait que c'était une grave erreur commise par la partie adverse. Cela exigeait l'établissement de certains faits, ce qui voulait dire de nouveaux délais. En outre, Schiller avait pénétré dans la prison en se présentant aux gardiens sous une qualité usurpée, si bien que les déclarations, lorsqu'elles seraient rassemblées, affaibliraient le dossier du journal.

C'est donc d'assez bonne humeur que Earl reprit l'avion pour Salt Lake mais en se demandant toutefois comment il allait pouvoir venir à bout, pendant ce week-end, du prodigieux travail à faire pour se présenter devant la Cour suprême des États-Unis. Il allait devoir rassembler des forces bien dispersées.

Mais, lorsqu'il arriva, il apprit que c'était Bill Barrett qu'on avait chargé du dossier. Earl devait se reposer, lui dit-on. Il l'avait mérité. Dorius savait qu'il avait besoin de souffler un peu. Avec ces semaines de quatre-vingts heures qu'il avait assurées, il n'était pas en état de s'attaquer à la préparation d'un dossier pareil. Malgré tout, il avait l'impression qu'on l'avait mis sur une voie de garage. Tous les débats spectaculaires de la Cour suprême allaient se dérouler sans lui.

VI

STANGER. – Gary, étiez-vous au courant de la requête en sursis d'exécution qui a été présentée par votre mère ?

GILMORE. – J'en ai entendu parler à la radio.

STANGER. – L'avocat est Richard Giauque. Vous vous rappelez ce type blond de l'A. C. L. U. qui représentait tous les ministres et les rabbins ? Avez-vous idée de la façon dont il a contacté votre mère ?

GILMORE. – Je ne sais pas. J'aimerais parler à ma mère… Rien de nouveau pour ce qui est de me laisser parler à Nicole ?

STANGER. – Si. Le directeur de l'hôpital, Kiger, a rappelé il y a à peu près deux heures. Vous l'avez tellement coincé qu'il refuse de faire un geste. Que diriez-vous de faire pression sur lui par l'intermédiaire de l'opinion publique ?

GILMORE. – Je trouve que c'est une sacrément bonne idée. C'est pour ça que je fais la grève de la faim. J'espérais que l'hôpital allait être harcelé par l'opinion publique.

STANGER. – C'est vrai.

GILMORE. – J'aimerais abattre ce Kiger.

STANGER. – Il est un peu bizarre.

GILMORE. – Il est vrai que tous ces médecins, autant qu'ils sont, sont bizarres. Vous avez déjà rencontré un psychiatre qui avait toute sa tête ?

STANGER. – Mon Dieu, il est souvent plus dingue que ceux qu'il soigne.

GILMORE. – Vous savez, j'ai dépensé cent soixante dollars aujourd'hui en boîtes de conserve et toutes sortes de petites choses à grignoter ; j'ai fait boucler tout ça dans la cellule à côté de la mienne et dès que j'aurai pu téléphoner à Nicole je vais leur faire ouvrir cette cellule. J'ai un ouvre-boîte et je vais m'y mettre. Vous savez, j'ai plutôt faim et si vous pouvez faire quoi que ce soit pour faciliter ce coup de fil… j'accepterai toutes les restrictions qu'ils voudront y mettre. Mais il faut que ce soit une conversation directe, pas un enregistrement sur magnétophone. Après je pourrai aller entamer mes provisions.

13. Anniversaire

I

Deux soirs plus tôt, Schiller avait pris rendez-vous avec Dave Johnston à l'aéroport de Salt Lake. Il voulait avoir quelqu'un avec lui pour préparer les questions à poser à Gilmore. Comme Dave l'avait aidé quelque temps auparavant en novembre et puis avait écrit sur lui un article charmant pour le *Los Angeles Times*, Schiller avait l'impression qu'il était peut-être le seul vrai professionnel disponible qui comprendrait ce qu'il cherchait. Ce soir-là, Johnston était arrivé de San Francisco pour l'audience du lendemain où Schiller devait comparaître, mais dans l'immédiat il accueillit Schiller avec un grand sourire et toute une liste de nouvelles questions qu'il avait préparées.

Comme ils bavardèrent durant le trajet en taxi jusqu'au Hilton, il apparut que Johnston connaissait un tas de choses sur Salt Lake, à tel point que Schiller voulut savoir comment Dave, qui était originaire du Michigan et qui travaillait maintenant pour un journal de Los Angeles, en savait aussi long sur les saints des derniers jours. Johnston se contenta de lui répondre avec un grand sourire : « Je suis mormon moi-même. » Ça ne surprit pas vraiment Schiller. Il avait déjà jeté un coup d'œil aux questions et l'une d'elles assurément était frappante. « Craignez-vous ce que Benny Buschnell pouvait vous faire s'il se réincarnait ? » Ça pourrait être une conception très mormone. Ça stimula Schiller de rédiger la question subsidiaire : « Que croyez-vous qu'il vous arrivera après la mort ? »

Plus tard ce soir-là, seul dans sa chambre, Schiller se mit à penser aux critiques dont on l'avait accablé quelques années plus tôt, lorsqu'il avait fait son film avec Dennis Hopper, *The American Dreamer*. C'était une étude de la vie de Dennis Hopper, et tous les journaux d'avant-garde, plus le *Village Voice* et *Rolling Stone* étaient à la présentation à la presse. *Rolling Stone* y consacra même quatre pleines pages. Leur critique avait dit que le film était excellent, mais que le producteur-metteur en scène Schiller n'avait pas compris un côté important de Hopper. « Schiller n'a absolument rien dit des conceptions mystiques de Dennis Hopper. »

Ce que Larry appelait la lumière Dennis Hopper s'alluma dans sa tête. Schiller ne croyant pas au paradis ni à l'enfer, il n'y pensait pas particulièrement. Si l'on mourait, votre âme, pour ainsi dire, cessait de fonctionner. Par moments il pensait à la mort, mais il ne se voyait nulle part après. Aussi, en relisant les questions de Johnston, il se dit : « Il y a toute une partie de l'esprit de Gary Gilmore qui s'intéresse à la vie après la mort. Ce type y croit vraiment. » Schiller secoua la tête. C'était un tout autre aspect du personnage. Pour la première fois, l'idée le frappa que Gilmore ne voulait peut-être pas aller jusqu'au bout. Jusqu'alors, il avait supposé que Gilmore accepterait son exécution parce qu'il était un condamné orgueilleux prisonnier d'un rôle. Il comprenait maintenant que Gary s'attendait peut-être à trouver quelque chose de l'autre côté. Qu'il était non seulement prêt à parier là-dessus, mais à tout parier. Ce devait être, se dit Schiller, comme quand il lançait parfois les dés au craps en sachant qu'il allait faire sept. Oui, conclut Schiller, c'était à peu près comme ça que devait réagir Gilmore. Parfois, juste avant de lancer les dés, il croyait voir le sept sur le tapis vert. Mais ce genre de réflexion troublait Schiller. Il préférait ne pas s'encombrer d'idées trop éloignées de son domaine. Il allait peut-être avoir besoin d'aide. L'idée lui vint d'engager Barry Farrell, et il se dit qu'il faudrait y réfléchir. Il serait temps d'en décider quand il verrait ce que Barry avait écrit sur lui dans *New West*.

Le lendemain, après l'audience du tribunal, Schiller entendit le premier enregistrement que Moody et Stanger avaient fait avec Gary. Ce n'était guère encourageant. Moody et Stanger avaient l'air d'avoir un bon contact avec leur client, mais cela pouvait très bien ne rien avoir à faire avec du journalisme. C'étaient surtout des discussions juridiques et des plaisanteries d'homme à homme. Personne n'était pressé d'aborder les sujets explosifs. Schiller décida donc de ne pas faire figurer les dix questions de Dave Johnston et les vingt et quelque qu'il avait conçues pour la prochaine rencontre des avocats avec Gary, mais plutôt de demander des réponses écrites. D'après la lecture des quelques lettres adressées à Nicole et publiées dans le *Deseret News*, Schiller pensait que Gilmore se donnait du mal quand il écrivait.

II

POURQUOI AVEZ-VOUS TUÉ JENSEN ET BUSCHNELL ?

Il y a tant de similitudes entre Jensen et Buschnell. Tous les deux dans les vingt-cinq ans, tous les deux des pères de famille, tous les deux d'anciens missionnaires mormons. Peut-être les meurtres de ces hommes étaient-ils inévitables.

Pour répondre à votre question :

J'ai tué Jensen et Buschnell parce que je ne voulais pas tuer Nicole.

BUSCHNELL ÉTAIT-IL UN LÂCHE ? QU'A-T-IL DIT ?

Non, je ne dirai pas que M. Buschnell était un lâche. Il n'en n'avait pas l'air en tout cas. Je me souviens qu'il ne demandait qu'à obéir. Mais je ne me rappelle rien de ce qu'il m'a dit, sauf qu'il m'a demandé de ne pas faire de bruit pour ne pas déranger sa femme qui était dans la pièce voisine.

Il était calme, et même brave.

REGRETTEZ-VOUS D'AVOIR TUÉ BUSCHNELL ?

Oui. Je regrette aussi d'avoir tué Jensen.

JENSEN A-T-IL RÉSISTÉ ET A-T-IL MANIFESTÉ DE LA PEUR ?

Jensen n'a pas résisté. Il n'a manifesté aucune peur.

J'ai été frappé par son visage bienveillant, amical, souriant.

JENSEN ET BUSCHNELL SONT-ILS MORTS EN HOMMES ? COMME VOUS VOULEZ LE FAIRE.

Ils n'ont pas montré plus de crainte qu'on n'en attendrait d'un homme qui se fait cambrioler.

Je suis presque certain qu'ils ne se doutaient pas qu'ils allaient mourir avant que ce ne soit fait.

VOUS RAPPELEZ-VOUS DES FILMS OU DES BANDES D'ACTUALITÉS OU VOUS AVEZ VU DES HOMMES MOURIR DEVANT UN PELOTON D'EXÉCUTION ?

Le soldat Slovak…

Il a récité un tas d'Ave Maria, n'est-ce pas ?

SI VOUS AVIEZ LE CHOIX, VOUDRIEZ-VOUS QUE VOTRE EXÉCUTION SOIT TÉLÉVISÉE ?

Non.

Trop macabre.

Vous aimeriez, vous, que votre mort soit télévisée ?

En même temps, au fond, je m'en fous.

QUE CROYEZ-VOUS QU'IL VOUS ARRIVERA APRÈS LA MORT ?

Je pourrais faire des hypothèses, mais je ne sais pas… Si la connaissance de la mort est en moi, comme je crois, je n'arrive pas à l'amener consciemment à la surface.

Je crois juste que je ne serai pas dépaysé… Il faut que je garde mon esprit fort et aiguisé – dans la mort on peut choisir d'une façon qui n'est pas possible dans la vie. La plus grosse erreur qu'on pourrait faire en mourant, c'est d'avoir peur.

AVEZ-VOUS PEUR DE CE QU'UN BENNY BUSCHNELL RÉINCARNÉ POURRAIT VOUS FAIRE ?

J'y ai pensé… Mais je n'en ai pas peur. Je me fous de la peur. Il se peut que je retrouve Buschnell… Si c'est le cas, jamais *je ne l'éviterai. Je lui reconnais des droits.*

POURQUOI AVEZ-VOUS TUÉ, ET AURIEZ-VOUS PU VOUS EMPÊCHER DE TUER SI VOUS L'AVIEZ VOULU ?

Je ne me suis jamais senti si mal que cette semaine avant d'être arrêté. J'avais perdu Nicole. Ça me faisait si foutrement mal que ça en devenait une douleur physique… Je veux dire, je pouvais à peine marcher, je n'arrivais pas à dormir, c'est à peine si je mangeais. Pas moyen de noyer cette douleur. Même boire ne l'atténuait pas. Ça faisait mal, une perte pareille. Chaque jour c'était pire. Je le sentais dans mon cœur… Je sentais la douleur dans mes os. Il fallait que je me mette en pilotage automatique pour passer la journée.

Puis ça devenait une rage calme.
Et j'ouvrais la grille pour que ça sorte.
Mais ça n'était pas assez.
Ça aurait duré et duré.
D'autres Jensen, d'autres Buschnell.
Seigneur…
Ça ne rimait à rien…

Au téléphone Gary dit à Vern : « Certaines de ces questions sont bien trop personnelles.

— Si tu n'as pas envie de répondre, fit Vern, tu n'as qu'à lui dire. Il ne va pas te forcer.

— Oui, je sais, reprit Gary, mais quand même, ces questions ne me plaisent pas.

— Dites donc, observa Stanger en lisant les réponses, c'est Jensen, pas Jenkins.

— J'ai dit Jenkins ? Bon sang, fit Gary, j'ai pourtant horreur d'écorcher son nom. »

« C'est un matériel fantastique, observa Stanger en rapportant les réponses à Schiller. Vous ne trouvez pas ?

— Je n'en suis pas si sûr, répondit Schiller. Il répond encore de façon superficielle. »

La dernière réponse était intéressante, mais bien d'autres étaient plates.

QU'AVEZ-VOUS ÉPROUVÉ LORSQUE VOUS AVEZ ENTENDU LA SENTENCE ? ÉTAIT-ELLE JUSTE ?

J'ai probablement éprouvé moins de choses que qui que ce soit dans la salle d'audience.

COMMENT DÉCRIRIEZ-VOUS VOTRE PERSONNALITÉ ?

Un tout petit peu moins que douce.

VOTRE PLUS GRAND ACCOMPLISSEMENT ?

Il n'avait pas répondu à celle-là. Il y avait là un blanc qui semblait marquer Schiller. Gilmore continuait à se présenter comme un prisonnier dur, sans cœur, sans faiblesse. Qui descendait des cibles. Schiller voulait aller plus loin que ces réponses froides. Ça n'était pas très chaleureux pour un homme qui fête son anniversaire.

III

DESERET NEWS

Le meurtrier de l'Utah, qui a aujourd'hui trente-six ans, veut toujours mourir

Pointe de la Montagne, 4 décembre. – Le meurtrier condamné, Gary Mark Gilmore, qui exprime toujours son désir de mourir, a célébré aujourd'hui son trente-sixième anniversaire à la prison d'État de l'Utah.

Gibbs obtint que le Gros Jake lui achète une carte pour l'envoyer à Gary. Elle disait : « J'espère que tu fêteras encore beaucoup d'heureux anniversaires. » Il savait que ça toucherait le sens de l'humour de Gary.

Brenda et Johnny lui souhaitèrent son anniversaire par téléphone. « Alors, cousin, dit Brenda, savais-tu que tu étais le prisonnier le plus célèbre des États-Unis ? C'est ce qu'on disait de toi hier soir. » Il répondit d'une voix un peu tendue : « Je préférerais plutôt qu'on applaudisse mes dons artistiques et mon intelligence. » C'était son estomac affamé qui s'exprimait. On le sentait vidé. « Je n'aime pas ce genre de publicité », se plaignit-il. Brenda rectifia en elle-même : « Peut-être que Gary n'aime pas la publicité, mais on peut dire qu'il en profite. »

Gary avait donné à Vern une liste de noms et les sommes qu'il voulait voir versées à chaque personne. Brenda devait toucher cinq mille dollars et Toni trois mille. Gary donnait aussi cinq mille dollars à Sterling et à Ruth Ann. Il voulait donner trois mille dollars à Laurel, la baby-sitter, et à sa famille, mais Vern protesta.

Puis Gary parla de deux filles de Hawaï qui lui avaient écrit des lettres d'amour. Il voulait leur envoyer quelques centaines de dollars. Vern était d'accord, mais il ne retira jamais l'argent. Il se dit que lorsque Gary aurait tout distribué, il serait heureux de découvrir qu'il lui restait quelques centaines de dollars. Bien évidemment, la façon dont Gary distribuait tout ça avait de quoi vous rendre malade.

Il y avait quelque part dans le Middlewest un détenu du nom de Ed Barney. Gary reçut un jour une lettre de lui et dit à Vern qu'il avait connu ce type au pénitencier d'Oregon. Ils avaient passé pas mal de temps ensemble en isolement. « Ed Barney est un type formidable, dit Gary. Un de mes meilleurs et de mes plus chers amis. Je veux que tu lui donnes mille dollars. » Vern trouva que Gary parlait comme sa mère. Lorsque Vern l'avait rencontrée, Bessie ne pouvait jamais décrire un homme ou une femme d'une certaine beauté sans se laisser emporter par la force de sa description. Elle terminait toujours en disant : « C'est le plus bel homme que j'aie jamais vu. » Ou la plus belle femme. Elle avait dû décrire ainsi une centaine de personnes. Gary était pareil avec ses amis. Aujourd'hui, Sterling était le meilleur ami qu'il avait jamais eu. Hier, LeRoy Earp ou Vince Capitano, ou Steve Kessler ou John Mills ou bien d'autres copains de prison dont Vern n'arrivait même plus à se souvenir. On savait que demain un autre type serait élu. Sans doute Gibbs. Vern décida donc de garder pour l'instant le don destiné à Ed Barney. Étant donné la façon dont on n'arrêtait pas de retarder son exécution, Gary serait fauché avant de s'en rendre compte. Quelques milliers de dollars pourraient lui payer pas mal de choses en prison.

Vern, cependant, dut donner deux mille dollars à Gibbs. Gary insistait. Et puis il y avait un autre type, un nommé Fungoo. Gary expliqua qu'il avait terriblement vexé ce type avec un tatouage qu'il lui avait dessiné un jour. Il voulait lui faire un don. Vern eut une violente discussion, et finit par l'en dissuader.

Et puis il y avait surtout le mystérieux bénéficiaire. Une certaine personne devait recevoir un total de cinq mille dollars en deux versements égaux. Vern devait rencontrer l'homme au coin d'une rue et lui remettre deux mille cinq cents dollars. Gary dit qu'il voulait que cela fût fait *sans discussion*. Vern se doutait un peu de quoi il s'agissait. Il finit par avoir un rendez-vous avec le type et lui remit l'argent dans un restaurant, furieux d'être obligé de le faire. Du gâchis. Il fut ravi que Gary ne payât jamais le second versement.

Voilà que pour son anniversaire, Gary voulait donner cinq cents dollars à Margie Quinn. « Margie Quinn ? » demanda Vern. « Tu sais, dit Gary, cette charmante femme à qui Ida m'a présenté. » « Alors, pourquoi veux-tu lui donner cinq cents dollars ? » demanda Vern. « Eh bien, dit Gary, en imitant la façon dont Vern disait « Eh bien » d'une voix très douce, comme s'il voulait vous faire approcher tout près, eh bien, il se trouve que j'ai cassé le pare-brise de sa voiture. »

Vern ne fut pas trop surpris. « Je pensais bien que c'était toi, salopard », dit-il. Il se rappelait que la mère de Margie Quinn lui avait demandé, il y avait des mois, si c'était Gary qui avait fait ça et Vern avait répondu : « Je ne sais pas. C'est bien possible. » Voilà cinq cents dollars que Vern ne rechignait pas à payer.

De temps en temps, Gary disait : « Veille à ce qu'on s'occupe de ma mère », mais il ne parlait pas vraiment d'argent. Vern avait l'impression que Gary voulait croire que sa mère l'aimait beaucoup et s'efforçait de rassembler des preuves pour et contre. Sans doute estimait-il en avoir suffisamment, car on pouvait dire qu'il était pingre avec elle. Vern dut même lui dire : « Tu ne peux pas donner trois mille dollars à ta baby-sitter alors que ta mère est sans argent. » « Très bien, répondit Gary, prends mille dollars là-dessus et donne-les à maman. (Puis il hésita.) Mais ne les envoie pas par la poste, dit-il, tante Ida et toi prenez donc l'avion pour les lui remettre en personne. » Vern ne comprenait pas. Si Gary avait peur que quelqu'un pique cet argent, il pouvait le faire donner par exprès par une banque de Portland. Bonté divine, un aller et retour en avion pour Ida et lui coûterait à peu près la moitié de ça ! Brenda intervint. « Juste mille dollars, Gary ? » demanda-t-elle. « Ouais », dit Gary. Brenda lança à son père un coup d'œil signifiant : « Pas la peine d'insister. »

Vern pensait que Gary en voulait peut-être à sa mère à cause du sursis accordé, sur sa demande, par la Cour suprême. Et puis il se rappela que même avant d'avoir entendu parler des requêtes légales formulées par Bessie, Gary ne l'avait jamais fait figurer sur la liste de ceux à qui il désirait donner de l'argent.

IV

Le dimanche, Bob Moody et Ron Stanger furent interviewés par des gens de télé venus de Hollande, d'Angleterre et de deux ou trois autres pays. Ils allèrent déjeuner au Country Club, puis ils se rendirent à la prison.

GILMORE. – Dites donc, heu… peut-être que le *Tribune* voudrait bien publier une lettre ouverte à ma mère.

STANGER. – J'en suis tout à fait certain.

GILMORE. – Je vais la faire brève si vous voulez bien la porter.

STANGER. – Allez-y.

GILMORE. – Chère maman. Je t'aime profondément, je t'ai toujours aimée et je t'aimerai toujours (un silence) mais je t'en prie, cesse de fréquenter l'oncle Tom de la N. A. A. C. P. S'il te plaît, accepte le fait que je veux mourir. Que je l'accepte. Que je l'accepte.

MOODY. – Voulez-vous mettre « que je l'accepte » plus d'une fois ?

GILMORE. – S'il te plaît, accepte le fait que je veux, que j'accepte la mort. Ça n'est pas mieux ?

MOODY. – Peut-être que, s'il te plaît accepte le fait que j'accepte ce qui m'a été imposé par la loi est ce que vous voulez dire ?

GILMORE. – Oui. Ce serait très bien. Je ne veux pas que ça ait l'air d'un instinct de mort en disant que je souhaite la mort.

MOODY. – Je ne fais qu'accepter ce qu'est la loi.

STANGER. – Appliquer la loi.

GILMORE. – Heu… j'aimerais te parler. J'aimerais te voir. Mais je ne peux pas, alors je t'envoie cette lettre par l'intermédiaire du journal. (Long silence.) Nous mourrons tous, il n'y a pas de quoi en faire un plat.

MOODY. – C'est dans la lettre ?

GILMORE. – Oui. (Long silence.) Parfois c'est juste et c'est normal. (Silence.) Je t'en prie, cesse de t'acoquiner avec cet oncle Tom de la N. A. A. C. P. Je suis un Blanc. La N. A. A. C. P. me dégoûte ; ces gens-là n'osent même pas associer leurs noms au mien, ils n'osent rien. Bon, relisez-moi ça et je vais réfléchir à ce que je veux dire… Oh ! j'aurais pu faire quelques remarques agréables sur les nègres, j'ai quelques amis noirs, vous savez, oh ! très peu. Mais la N. A. A. C. P. n'en fait pas partie. Vous comprenez, ça sent tellement le chiqué. Vous connaissez la N. A. A. C. P. ?

STANGER. – Oh ! oui.

GILMORE. – Tous les gens que je connais les détestent.

MOODY. – C'est vrai ?

GILMORE. – Oui, tout comme ils détestent Martin Luther King parce que c'était un réel pacifiste, vous savez. La N. A. A. C. P., ils ne militent pas, ils sont passifs. Ce sont des gens très riches qui dirigent le mouvement.

MOODY. – À votre avis, qu'est-ce qu'aimerait le Noir moyen ?

GILMORE. – Juste un peu de pastèque et du vin.

L'administration pénitentiaire avait ramené Gary à l'hôpital et ce jour-là, ses avocats ne purent pas le voir, mais seulement entendre sa voix au téléphone. Elle avait des accents acides. « Les Noirs, dit-il, apprennent par cœur plus qu'autre chose. On leur montre comment faire quelque chose et ils le font. (Il marqua un temps, comme s'il venait de donner un renseignement précieux.) Sur tout le continent africain, on n'a jamais découvert la roue ni rien de plus dangereux qu'un javelot. Voilà ce que je pense des Noirs. Ce n'est pas de la haine, ce ne sont que des faits. Peu m'importe s'il y a un type qui a fait quelque chose avec des cacahuètes voilà longtemps. »

Ron percevait les grondements de l'estomac vide de Gary et la haine qui s'acheminait par les fils téléphoniques. Il percevait aussi un côté sombre de Gilmore qui passait comme un courant. Fichtre, il était mauvais quand il était comme ça. Stanger était bien content, en ce moment, de ne jamais avoir appartenu à la N. A. A. C. P. ni au A. C. L. U.

V

Lors de ses visites, Kathryne expliquait à Nicole que Gary comptait que ce serait elle qui mourrait et pas lui. Nicole se disait que c'était peut-être vrai. Gary n'avait jamais toléré qu'elle appartienne à un autre homme. Malgré tout, ça ne changeait pas ses sentiments. Ce n'était pas comme s'il avait essayé de faire ça cyniquement. Il l'aurait certainement suivie de très près. Les accusations de Kathryne ne gênaient donc pas Nicole. Elle voulait juste voir Gary.

Ça la rendait folle de ne pas pouvoir recevoir un coup de fil ni de pouvoir écrire. Parfois elle songeait à se procurer un pistolet. Elle leur dirait que si on ne la laissait pas communiquer avec Gary, elle se ferait sauter la cervelle.

Ken Sundberg, qui avait été engagé par Kathryne sur le conseil de Phil Christensen, apporta une lettre à Nicole. C'étaient les premières nouvelles qu'elle avait de Gary depuis qu'elle avait tenté de se suicider. Il lui disait juste de ne pas se laisser impressionner par l'endroit où elle était. Il ne parlait pas de la mort ni de mourir. Il lui disait seulement à quel point il l'aimait. Nicole sut par la suite que Sundberg, qui était un homme charmant, mais un mormon rigoriste, avait accepté d'apporter la lettre à condition que Gary ne fasse aucune allusion au suicide.

Lorsque Nicole eut terminé sa lecture, elle écrivit quelques lignes au bas de la lettre et la renvoya. Puis elle eut une idée. Tout le monde était habitué à la voir écrire des poèmes dans son carnet, alors, pour l'anniversaire de Gary, au lieu de poèmes elle écrivit une lettre, arracha la page alors que personne ne la regardait, la fourra dans sa chaussure et la glissa à Ken.

En haut, elle avait écrit 2 décembre, mais avec un point d'interrogation. Elle n'était pas sûre de la date. En dessous, donc, elle écrivit *mercredi soir*. Elle découvrit plus tard que c'était jeudi soir, en réalité.

Gary

Je t'aime. Plus que la vie.

Je pense à toi sans arrêt. Tu ne quittes jamais mon esprit.

Avant d'avoir reçu ta lettre j'avais l'impression de n'être qu'à moitié vivante parce que je ne savais pas où tu étais. Ici on ne veut rien me dire. Quand je me suis réveillée à l'hôpital du Point V on m'a seulement dit que tu t'étais réveillé aussi. J'ai alors essayé de t'appeler… Et puis on m'a amenée ici. Et ici c'est comme être enterrée vivante. Coupée de la vie. De toi. Oh ! bébé, que tu me manques…

J'ai lu ta lettre à chaque fois que j'en ai eu l'occasion. Tes mots touchent mon âme.

Je t'aime.

Comme tu l'as dit dans ta lettre, tu n'as pas besoin de ma vie pour toi. Je suis à toi à travers tout et tout le temps. Toutes les Choses et tous les Temps. Je pensais à la plus belle nuit qu'on avait eue… C'était une nuit d'Extase et d'Amour plus tendre que les mots ne peuvent le dire. J'appelle ça Douce Appréhension.

Je méprise cet endroit. Cet endroit me méprise. C'est vraiment ce que tu disais que c'était. Plein de moutons, de rats.

Mon chéri on éteint. Je peux tout juste voir ces lignes.

Touche mon âme avec ta vérité…

Pour toujours.

NICOLE

14. Le représentant

I

Mikal n'avait pas revu son frère depuis le jour où quatre ans auparavant, Gary avait été condamné à neuf ans de prison supplémentaires. Mais depuis quelque temps il entendait beaucoup parler de lui. Depuis le 1er novembre, le nom de Gary Gilmore était prononcé de plus en plus souvent à la radio. De plus, de grands articles lui étaient consacrés dans les meilleurs journaux et parfois même son nom paraissait en manchette en première page. C'est au début de novembre que Mikal lui téléphona à la prison d'État de l'Utah.

Au téléphone, Gary fut bref. Il parlait d'une voix sèche. Mikal s'entendit annoncer que Gary venait d'engager un avocat du nom de Dennis Boaz et qu'il comparaîtrait devant la Cour suprême de l'Utah le lendemain matin. À ce moment-là, il demanderait que l'on procède à l'exécution.

« Tu parles sérieusement ? demanda Mikal.

— Qu'est-ce que tu crois ?

— Je ne sais pas.

— Tu ne m'as jamais connu », fit Gary.

Mikal ne put que prier Gary de demander à Dennis Boaz de lui téléphoner. Ce soir-là l'avocat appela et mit au courant Mikal de quelques détails, mais ce n'était guère une conversation. Dès que la Cour suprême de l'Utah aurait pris sa décision, demanda Mikal, Boaz voudrait-il bien retéléphoner ?

« C'est d'accord si j'appelle en P. C. V. ? fit Dennis, je suis un homme pauvre. »

Boaz ne téléphona jamais. Mikal apprit le résultat en regardant la télévision. Lorsque Mikal appela Boaz pour se plaindre, l'avocat dit qu'il avait été harcelé de coups de fil. Quand Mikal voulut savoir où Boaz avait exercé en Californie, Dennis répondit qu'il trouvait l'attitude de Mikal « hostile ». Après ce coup de téléphone, Mikal dut admettre que Gary avait rompu avec sa famille. Il décida d'attendre.

Quelques jours plus tard, un avocat nommé Anthony Amsterdam téléphona à Bessie afin d'exprimer son intérêt pour l'affaire et lui dire qu'il allait bientôt appeler son fils. Mikal était donc prêt lorsque l'avocat téléphona.

II

Il avait examiné les titres d'Amsterdam. Assurément, ils semblaient prestigieux. L'homme était professeur de droit à l'université de Standford, et spécialiste de la peine capitale. Un ami de Mikal, qui faisait son droit, lui dit qu'Amsterdam avait gagné un procès célèbre devant la Cour suprême, *Furman contre Georgia*, qui laissait apparaître que les prisonniers noirs du quartier des condamnés à mort étaient exécutés en nombre tout à fait hors de proportion avec celui des détenus blancs frappés de la même peine. Ce procès avait donné lieu à une décision historique de la Cour suprême qui supprima pour quelque temps la peine capitale.

Au téléphone Anthony Amsterdam expliqua à Mikal qu'il faisait maintenant partie d'une organisation appelée le Fonds de Défense légale et qu'ils avaient des contacts dans tout le pays avec un réseau d'avocats disposés à coopérer dans des affaires de peine capitale. Lorsqu'un de ces cas se présentait, Amsterdam en était généralement averti par plusieurs sources. Au cours des deux dernières semaines, il avait eu de nombreux appels d'Utah. Il y avait d'abord eu un coup de téléphone de Craig Snyder pour « l'informer » du problème et un autre d'un éminent avocat de Salt Lake nommé Richard Giauque. Au cours de ces derniers jours, une demi-douzaine d'avocats qu'il considérait beaucoup avaient pris contact avec lui pour dire que le cas était bouleversant. Amsterdam avait donc estimé que c'était peut-être le moment de se mettre en rapport avec Bessie Gilmore.

Il avait été, dit-il, très frappé par cette conversation. Bessie Gilmore lui avait donné l'impression d'être une personne très forte mais qui souffrait beaucoup. On ne pouvait que respecter la tension, tant spirituelle que psychique, provoquée par cette abominable situation. Il dit à Mikal qu'il était persuadé que sa mère accueillerait volontiers un peu d'aide, mais qu'elle n'était pas encore certaine de vouloir prendre une position définitive dans l'affaire de Gary. Elle lui avait donc demandé d'en discuter avec son plus jeune fils.

Mikal savait que cet exposé était exact, puisque Bessie lui avait dit à peu près la même chose, encore qu'elle se méfiât des étrangers qui téléphonaient. À son tour, Mikal confia à Amsterdam son inquiétude à l'idée que les gens qui s'intéressaient à l'abolition de la peine capitale pourraient voir dans l'affaire Gilmore un cas susceptible de servir leurs propres intérêts plutôt que ceux de son frère.

Amsterdam répondit qu'il n'avait absolument pas l'intention de subordonner l'intérêt de Gary au service d'une idéologie. Il n'était pas homme à sacrifier l'individu pour des problèmes abstraits. Toutefois, ajouta-t-il, le temps était trop limité au téléphone pour exposer toute l'argumentation de l'affaire. Si Mikal était disposé à poursuivre la conversation, Amsterdam aimerait le rencontrer.

Mikal était impressionné, mais il dit qu'il voulait en parler à sa mère et y réfléchir. En attendant, il aimerait savoir à combien pourraient s'élever les honoraires d'Amsterdam. L'avocat lui déclara qu'il travaillait exclusivement pour l'intérêt du public. Il n'acceptait pas d'honoraires. Il préciserait même dans leur lettre d'accord que tous les services devaient être absolument gratuits.

Ils convinrent de se rappeler deux jours plus tard.

Durant ce temps, Bessie en vint à conclure que ce serait une bonne idée d'engager Amsterdam. Elle aimait beaucoup la voix de cet homme, dit-elle. Elle y avait perçu de l'assurance. Le lendemain matin elle apprit la nouvelle de la tentative de suicide de Gary et de Nicole.

Mikal appela la prison quelques jours plus tard. Gary était dans une colère noire. Il venait de congédier Boaz. Espérant que ce serait une ouverture, Mikal dit que l'affaire était devenue un vrai cirque. Tout effort de Gary pour préserver sa dignité serait vain. C'était aussi une rude épreuve pour la famille. Cette dernière remarque fut une erreur. « Qu'est-ce que je te dois ? commença Gary. Je ne te considère même pas comme un frère.

— Tu es en train de bousiller la vie d'un tas de gens », dit Mikal.

Gary raccrocha. Mikal réfléchit. Au bout d'un jour ou deux il décida d'autoriser Anthony Amsterdam à intervenir au nom de Bessie Gilmore.

III

Amsterdam exposa à Mikal les mesures qu'il se proposait de prendre. Il allait leur demander d'envisager une pétition présentée par un Proche. Ils allaient prétendre que la mère de Mikal agissait au nom d'un individu qui n'était pas capable de protéger ses propres intérêts. Cela leur donnait le droit d'attaquer l'État d'Utah. Un Proche n'était qu'un terme juridique pour indiquer l'intimité avec la personne au nom de laquelle on attaquait. Ce n'était pas nécessairement le parent le plus proche, mais sur le plan pratique, c'était bien, puisqu'un tribunal accepterait mieux la chose si le Proche n'était pas un excentrique, ou un touche-à-tout, mais en réalité un très proche parent.

En discutant les termes de la requête qu'il allait présenter, Anthony Amsterdam précisa qu'il devrait aborder un point délicat. Selon lui, Gary était un malade qui n'agissait pas en pleine possession de ses moyens. Le fait qu'il avait été déclaré sain d'esprit ne résultait que de trois rapports de pure forme rédigés par trois psychiatres déposant des conclusions de forme. Ça ne voulait rien dire du tout. Même dans ce cas, les médecins ne pouvaient ignorer le fait que Gary avait des tendances suicidaires. Ayant parlé à Craig Snyder, Amsterdam estimait que congédier un avocat compétent, alors que l'on a été condamné à mort, est en soi une forme de suicide. Gary avait soulevé des questions sur le libre arbitre et l'autodétermination, mais la situation n'était-elle pas comparable au fait de regarder une femme ayant perdu la tête et prête à sauter du haut du pont de San Francisco ? C'étaient des paroles énergiques et il n'allait sûrement pas s'exprimer de cette façon devant Bessie Gilmore, mais il tenait à souligner que la question de savoir si Gary était mentalement responsable n'avait pas été réglée de façon satisfaisante.

Toutefois, cette incapacité n'allait pas être la base de la plainte. Il y avait deux autres éléments très importants. Gary, au cours de ces récentes journées dramatiques, avait reçu des conseils de Dennis Boaz qui écrivait un livre sur toute cette histoire. Si Gilmore devenait le premier condamné à être exécuté depuis dix ans, Boaz avait beaucoup à gagner. C'était vrai aussi des avocats engagés maintenant par l'oncle, Vern Damico. L'oncle était d'ailleurs dans la même position. Gary n'avait pas été et n'était toujours pas conseillé comme il convenait. Même s'il était sain d'esprit, il n'en demeurait pas moins un profane prenant la décision juridique de se tuer sans le bénéfice d'un conseil juridique sans préjugé.

Et puis il y avait un troisième point. Lorsque Gary avait comparu devant la Cour suprême de l'Utah, les débats n'avaient pas réussi à établir ce que la Cour suprême des États-Unis avait maintes et maintes fois déclaré être la procédure obligatoire à suivre par un accusé s'il voulait renoncer à des droits essentiels.

Amsterdam affirma qu'il présentait ces arguments en connaissance de cause. Les juges de la Cour suprême de l'Utah n'étaient pas des juges d'assises. Ils n'étaient pas habilités à mettre les gens en garde et à tenir des comptes rendus d'audience convenables. Ils représentaient une juridiction d'appel, et ils s'y étaient mal pris. Les débats ne correspondaient pas, et de loin, aux exigences de la Cour suprême des États-Unis.

À la suite de cette conversation, les événements allèrent vite. Amsterdam avait besoin d'un avocat de l'Utah pour présenter la requête du Proche devant la Cour suprême et il choisit Richard Giauque. Tout de suite après, Mikal apprit que la Cour suprême avait accordé le sursis. Tout cela sembla se passer du jour au lendemain.

IV

Le lundi 6 décembre, Earl ressentit les bienfaits d'un week-end de repos. Il se rendit à la prison pour prendre les dépositions du gardien qui avait laissé entrer Schiller et les expédia à Denver. Le lendemain, la Cour de Denver accorda satisfaction à la requête présentée contre Ritter et les médias se virent de nouveau interdire tout contact avec Gary. Bien que Bill Barrett vint tout juste d'expédier les conclusions du procureur général à la Cour suprême et qu'au bureau on ne parlât que de ça, Earl avait quand même le sentiment que c'était un grand jour pour lui. Il avait remporté une affaire contre Holbrook.

C'était maintenant au tour de Bill Barrett d'être épuisé. La réponse à la Cour suprême devait être présentée le mardi 7 décembre à 5 heures de l'après-midi. Il ne restait que quatre jours et deux heures pour la mettre au point.

Ce vendredi soir, quatre jours plus tôt, Barrett avait convoqué dans son bureau tous les secrétaires juridiques, les avait fait asseoir et avait dit : « Partageons-nous le travail. » Il énuméra les conclusions, les assigna aux uns et aux autres et chacun se mit à travailler comme un fou. C'était un peu délicat au début, parce qu'ils n'avaient pas encore vu le dossier de Giauque, mais ils avaient quand même lu les conclusions qu'il avait soumises à George Latimer à la Commission des Grâces, et il semblait que l'incapacité mentale constituerait le gros de l'attaque. « *Autoriser un accusé à renoncer à la révision par la justice d'une sentence de mort* », avait déclaré Giauque dans ses conclusions,

... revient à le laisser commettre un suicide. Le Talmud, Aristote, saint Augustin et saint Thomas d'Aquin, tous considèrent le suicide comme un grave méfait sur le plan privé comme sur le plan physique. En droit coutumier, on tenait le suicide pour un crime et il entraînait la saisie des biens et l'inhumation au bord de la route... Un homme accusé d'un crime, comme Gilmore, qui refuse de poursuivre les voies légales qui lui permettraient de sauver sa vie choisit, en fait, de commettre un suicide et l'écrasante majorité des psychiatres tient la tendance au suicide pour une forme de maladie mentale.

Barrett ne calcula jamais combien d'heures de travail furent accomplies pendant ce week-end. Il n'osait pas. Durant tout le samedi et tout le dimanche, des secrétaires juridiques arrivaient pendant que d'autres rentraient chez eux et le lundi, trois d'entre eux veillèrent toute la nuit pour préparer le texte final. Le lendemain matin, ils répartirent la frappe entre quatre secrétaires. Ils étaient si près de leurs limites qu'ils durent contacter Michael Rodak, le greffier de la Cour suprême, pour lui dire qu'ils ne pouvaient pas faire parvenir le document à l'heure à Washington, même par avion.

On prit donc des arrangements avec le cabinet du sénateur Garn. Des secrétaires juridiques commencèrent à porter des textes à son bureau, à cinq blocs de là, à utiliser son téléscripteur pour les faire parvenir à Washington. Dans la conclusion, ils avaient fait feu de tout bois, mais insistaient surtout sur le fait que Bessie Gilmorc n'avait pas autorité pour agir au nom de son fils. C'était son procès à lui, pas le sien à elle.

Alors que, bien sûr, la partie adverse arguait du fait que Gary ne jouissait pas de toutes ses facultés mentales et que cela donnait à Mme Gilmore le droit d'intervenir. C'était un argument de poids, qui tracassait Bill Barrett. Depuis la tentative de suicide du 16 novembre, aucun psychiatre n'avait examiné Gilmore. Il n'y avait donc, pour l'instant, aucune base solide pour affirmer la santé d'esprit ou non du condamné. Entre le 7 décembre, date à laquelle on remettrait les conclusions, et le lundi 13, lorsque la Cour suprême rendrait sans doute son verdict, on aurait amplement le temps de se faire du souci.

Toutefois, durant ces jours d'attente, Barrett relut les conclusions et il n'était pas mécontent de certains passages :

Tous les suicides ne sont pas des manifestations pathologiques ni une indication d'incapacité mentale.

La Cour suprême des États-Unis, dans l'affaire récente de Drope contre Missouri, *420.U. S.162 (1975), a noté :*

« … la relation empirique entre la maladie mentale et le suicide est incertaine et une tentative de suicide n'est pas toujours nécessairement le signe d' « une incapacité à percevoir convenablement la réalité ». 420.U. S. à 181.

M. Gilmore a eu une expérience suffisante de la vie carcérale pour estimer… ce que ce serait pour lui que de languir en prison. Des ouvrages historiques, religieux et existentiels donnent à pen-

ser que pour certaines personnes, dans des circonstances données, il est rationnel de ne pas éviter à tout prix la mort physique. L'étincelle d'humanité peut même augmenter son essence en choisissant une alternative qui sauvegarde la plus grande dignité et assure une certaine tranquillité d'esprit.

15. Les avocats de la famille

I

Schiller s'était livré à quelques calculs pour voir ce qui lui serait nécessaire pour les autorisations des divers intéressés, les notes d'hôtel et de motel, les frais de sténo et de matériel de bureau et avait conclu qu'il aurait besoin de soixante mille dollars en plus de la contribution d'A. B. C. Il n'y avait qu'une seule façon de se procurer cette somme : acquérir les lettres de Gary à Nicole et les vendre.

Mais pour Schiller, sur le plan éthique, c'était un coup de pile ou face. Après tout, il avait fait confiance à Gilmore. Il avait remis un chèque de cinquante mille dollars d'emblée, façon spectaculaire de montrer qu'il n'allait pas distribuer l'argent au compte-gouttes. Schiller avait ses raisons. Il ne voulait pas que tout le monde continue à penser à David Susskind. Dès l'instant où les avocats de Gary pourraient appeler la banque et s'assurer que le chèque était crédité, ils seraient disposés à voir en Larry Schiller un gros homme d'affaires, et pas un petit combinard. C'était là son mobile raisonnable. Il avait aussi ce qu'il appelait son mobile romantique. Le romantisme, après tout, le séduisait, une chanson comme *Le Rêve impossible*, les airs d'*Oklahoma* et de *Carousel, The Sand of Music*, avec les Alpes à l'arrière-plan. Il tenait donc à bien montrer qu'il n'essayait pas de jouer au plus fort mais, en fait, qu'il faisait de son mieux. Il disait : « Je suis assez malin pour ne pas essayer de vous allonger cent dollars par semaine. Je ne veux pas que vous vous mettiez à réfléchir au moyen de me rouler. Je veux traiter avec vous, avec l'homme. L'argent, ça n'est que le côté mécanique. Le voilà, cash. Vous pouvez me rouler dans la farine maintenant, mais vous ne le ferez pas, parce que je vous fais confiance. Un charmant homme d'affaires dans un bureau aura plus vite fait de me duper que vous. »

Telle était la tirade muette que Schiller adressait à Gary Gilmore. Cela se répétait dans sa tête plusieurs fois par jour. Il savait que c'était une logique à laquelle Gilmore pouvait être sensible.

De son côté, Gilmore se montrait assurément tout à fait déraisonnable à propos des lettres. Elles faisaient partie intrinsèque de la négociation et, pour Schiller, elles représentaient une partie de son capital. Il n'éprouvait donc aucun scrupule à se les procurer par tous les moyens possibles. À la fin de la première semaine de décembre, il s'en alla trouver Moody et Springer pour leur expliquer ce qu'il voulait.

Ils lui répondirent qu'ils ne savaient pas comment se les procurer.

Alors, pour la première fois, Larry perdit patience avec les avocats. « Ne me racontez pas d'histoires ! cria-t-il. Vous êtes les avocats de Gary Gilmore. Vous demandez tout simplement à Noall Wootton de vous les remettre. Ne me dites pas que cet État n'a pas de lois pour imposer l'ouverture des dossiers de l'accusation ? Vous avez droit à une copie de tout ce que l'accusation retient contre votre client. »

Schiller était particulièrement exaspéré de voir que Stanger n'avait rien fait. Non seulement il n'avait pas pris les lettres, mais il n'avait rien entrepris pour se procurer un compte rendu des débats du procès. Gary ne voulait pas, répondit Stanger.

Ça n'avait rien à voir avec la défense de Gary, expliqua Schiller. Ça concernait le livre et le film. Comment parler du procès sans un compte rendu d'audiences ? D'ailleurs, fit remarquer Schiller, ils avaient un devoir légal à remplir. Et si Gary changeait d'avis et voulait faire appel ? S'ils n'avaient pas de compte rendu d'audiences, s'ils ne connaissaient pas les notes de Snyder et d'Esplin, ils risquaient de perdre une semaine cruciale. La vie d'un homme pouvait s'en trouver sacrifiée. Il tremblait d'indignation. « Je veux que tous les deux vous vous mettiez à ce foutu téléphone, dit-il, et que vous commenciez à vous remuer un peu. » Il voyait bien que cela ne leur plaisait pas du tout, mais ils savaient aussi que c'était de lui qu'était susceptible de venir tout argent supplémentaire.

Schiller n'arrivait pas à comprendre la façon dont ces avocats travaillaient. Wootton n'avait jamais pris la peine de faire établir un compte rendu d'audiences. Et si la Cour suprême des États-Unis en avait besoin ? La secrétaire de Woody rappela un peu plus tard pour dire que le sténographe de la Cour pensait que cela coûterait six cents dollars. « Je paierai, dit Schiller, ne vous inquiétez pas. » Ce qui était plus important, c'était que Wootton acceptât de lui remettre les originaux des lettres, à condition qu'on lui fournisse un jeu de photocopies. Stephanie arriva donc comme messagère de Moody et reprit le tout.

Après les avoir consultées, Larry estima que Gary avait dû écrire en août, septembre, octobre et novembre, jusqu'à la tentative de suicide, une moyenne de dix pages par jour. Bon nombre de lettres couvraient jusqu'à vingt de ces grandes pages de blocs-notes. Le total devait dépasser mille pages. Il ne fit que les parcourir. Il se rendit compte que Gilmore parlait de tout dans ses lettres. Parfois, il donnait à Nicole un véritable cours universitaire en parlant de Michel-Ange et de Van Gogh ; d'autres fois, c'étaient des pages entières où il ne parlait que de cul. Schiller se dit qu'il aurait besoin d'au moins six jeux de photocopies, un pour Wootton, un pour lui, un pour le futur auteur du livre et au moins trois autres pour des ventes annexes. Il appela le bureau de Xerox à Denver en demandant quelle était la machine la plus rapide qu'ils fabriquaient et qui pourrait en avoir une. Il était prêt à expédier Stephanie par avion à Denver, à Dallas, à San Francisco, n'importe où, lorsqu'on lui répondit qu'ici même, à Provo, la Press Publishing Company avait précisément une telle machine. Dans ce trou de Provo ! Une boîte qui fabriquait des cartes de Noël. Schiller secoua la tête. Ces choses-là arrivent parfois.

De toute évidence, il n'allait pas raconter à une telle société que c'était pour Gary Gilmore qu'il avait l'intention d'utiliser leur appareil. Il leur demanda seulement à louer la machine de 11 heures du soir à 3 heures du matin, et il utilisa Woody et Stanger comme références. Stephanie et lui se rendirent sur place avec un employé de la société et cela prit six heures et demie pour tout faire.

C'était un travail fantastique. Les lettres de Gary étaient si soigneusement pliées que ça n'en était pas croyable. Une petite enveloppe de prison pouvait contenir une douzaine de grandes feuilles. Non seulement Gary avait plié les feuilles, mais Nicole en avait conservé les plis. Schiller se mit à supposer les relations entre Gary et Nicole à la façon dont ces lettres avaient été ouvertes et remises en place, dans leurs enveloppes.

Par la suite, lorsqu'il eut l'occasion d'en lire davantage, Schiller commença à se sentir un peu rassuré. Même si la Cour suprême annulait le sursis et si Gary était exécuté d'ici à une semaine ou deux, ces lettres dévoilaient quand même l'histoire d'amour. Non seulement elles contenaient la raison pour laquelle l'homme voulait mourir, mais aussi Roméo et Juliette, et la Vie après la Mort. Ça pourrait même suffire à un scénariste.

Le problème suivant était de savoir à qui en vendre quelques-unes. Le *National Enquirer* avait fait une offre ferme de soixante mille dollars à l'agence Scott Meredith mais Schiller se demandait s'il ne devrait pas traiter en bloc avec *Time*. Sans doute n'obtiendrait-il pas plus que le tiers de la somme, mais même à ce prix-là Schiller optait pour *Time*. Ça n'était pas seulement le prestige. En fait, le magazine *Time* agirait comme un formidable prospectus publié partout dans le monde. L'importance de Gilmore prendrait une ampleur internationale. Cela seul justifiait la perte de quarante mille dollars. Cependant, il continuait à négocier avec l'*Enquirer*. Ils avaient augmenté leur offre de soixante à soixante-cinq mille dollars. Schiller avait besoin de plus d'argent, comme un fermier sans tracteur a besoin d'un tracteur, mais il n'aimait pas l'idée que l'*Enquirer* allait diminuer la valeur de l'histoire. En attendant, il semblait que *Time* était prêt à aller jusqu'à vingt-cinq mille dollars.

Entre-temps, il eut l'idée de vendre à *Playboy* une interview de Gary Gilmore. Ça devrait valoir encore vingt mille. Entre *Time* et *Playboy*, plus l'argent d'A. B. C. déjà dépensé, plus ce qu'il pourrait ramasser en Europe en vendant les lettres, il devrait arriver à un total de plus de cent mille dollars. Cela devrait suffire à couvrir toutes les dépenses, passées et à venir.

II

Les avocats, cependant, avaient leur problème. L'avis fait à la presse par Schiller qu'il était producteur de Hollywood avait tout retourné à la prison. Sam Smith disait qu'il allait veiller à ce que personne ne tire profit de l'exécution de Gary Gilmore. « Cela ne sera pas, tant que je suis directeur du pénitencier. » Il se mit à imposer une foule de restrictions aux visites.

À cette époque, il y avait toujours un gardien présent lorsqu'ils parlaient à Gary. Les avocats reposaient le téléphone et refusaient de parler tant que le gardien n'avait pas foutu le camp. Le type s'en allait parfois à l'autre bout de la pièce, mais alors, on pouvait supposer que les téléphones étaient sur table d'écoute. C'était difficile de parler, depuis le coin d'une salle, à un client dont on ne pouvait pas voir le visage. Un jour, Moody attaqua même Sam Smith à propos du droit d'enregistrer ses conversations avec Gary. « Pour exécuter son testament, se plaignit Bob, il faut que j'enregistre ses remarques au cas où il changerait d'avis. » Il savait que discuter ainsi était une perte de temps, mais il le faisait pour éviter qu'on parle des enregistrements clandestins auxquels il procédait déjà. Dans le meilleur des cas, c'était assez difficile. Il fallait introduire subrepticement l'appareil dans la prison en le cachant sous son manteau, et puis il y avait l'appréhension de voir un gardien remarquer le petit rond de caoutchouc qu'on avait glissé autour de l'écouteur du téléphone. S'ils étaient découverts, ce serait gênant pour eux professionnellement. Bien sûr, le Barreau n'avait rien fait à propos de Boaz, et n'allait sans doute pas commencer avec eux, mais tout de même, si on tenait à sa réputation, ça devenait un risque supplémentaire. D'autres fois, les gardiens essayaient d'inspecter leurs porte-documents lorsqu'ils arrivaient. Ils étaient alors obligés de faire un vrai numéro. Ils étaient les avocats de Gilmore et on ne devait pas toucher à leurs serviettes ! Ça voulait dire qu'ils devaient toujours se présenter à la porte de la prison prêts à la bagarre.

Une fois, Ron eut une terrible discussion avec Sam Smith. « Je vais parler à mon client comme je l'entends, lui dit Ron, et ce n'est pas vous qui allez me dire comment m'y prendre. » « Écoutez, dit Smith, c'est ma prison. » Ron dit : « Je m'en fous. » Il se mit à hurler. Smith essaya de le calmer. « Allons, Ron, disait-il, allons, Ron. » Et Ron répondit : « Bon sang, vous n'allez pas me dire comment mener une conversation. Il faut que j'en garde une trace. Si mon client est exécuté et que quelqu'un fasse un procès, je veux que ces conversations soient enregistrées. Je vais traiter mon client comme je l'entends. » « Dans ce cas, répondit Sam Smith, il va falloir que vous alliez devant la Cour fédérale pour demander si vous avez ce droit. » « Mon vieux, s'il le faut, j'irai », répondit Ron.

Ça tournait au concours de vociférations et ça ne les menait nulle part. Le directeur ne disait jamais ce qu'on pouvait et ne pouvait pas faire. Il se contentait de déclarer, quand on le lui demandait, que c'était contraire au règlement de la prison. Ron eut même une prise de bec avec Ernie Wright, le directeur de l'Application des Peines. Ron était un des cinq membres du Conseil de la Construction pour l'État et ça lui donnait une certaine puissance. Chaque fois que la prison avait besoin d'une nouvelle installation, d'un nouveau hangar, il fallait, comme pour toute autre institution d'État, obtenir la permission du Conseil de Construction de l'État. Ron avait donc depuis quelque temps des contacts quasi quotidiens avec Sam et Ernie. En cette occasion, toutefois, il se heurta à un mur. Ernie Wright finit par dire : « Aucun producteur de cinéma ne gagnera un centime avec Gilmore. Ça n'est pas juste. C'est nous qui encaissons les critiques, et personne ne fera d'argent avec cette affaire. » Voilà où ils en étaient.

« En quoi est-ce contre la politique de l'Administration ? demandait Bob. D'après quels textes ?

— Oh ! ça n'est écrit nulle part, répondait Ernie Wright, c'est simplement la politique du pénitencier. »

Woody et Stanger s'aperçurent qu'ils pouvaient obtenir bien plus en travaillant avec les directeurs adjoints. Les deux zombis de la prison étaient utiles aussi. Campbell, le mormon, passait la moitié du temps à lutter contre la prison, alors on pouvait le voir agacé et promener partout un visage fermé. Mais l'autre chapelain, le catholique, le Père Meersman, était un vieux malin, et il disait aux avocats : « Flattez-les. Ne demandez pas si vous pouvez ou si vous ne pouvez pas. Allez le plus loin possible. Quand on vous interdit une chose, essayez une autre fois. » Le Père Meersman travaillait sans problème à la prison, depuis des années. C'était un homme au visage agréable, aux cheveux gris, ni grand ni petit, ni corpulent ni maigre, une honnête moyenne dans tous les détails de son physique.

Bien sûr, Gary pouvait se montrer caustique à propos du Père Meersman. « Le padre, dit-il un jour à Moody et à Stanger, m'a donné une croix pour le jour de ma mort. Faite exprès. Elle tient dans la paume de la main. Ce pingouin papiste devrait être vendeur de voitures d'occasion. »

Moody avait aussi quelque influence dans les milieux mormons. Il était membre du Grand Conseil, un des douze Anciens à conseiller le président de la Congrégation de Provo, mais de temps en temps un bruit courait qu'il devrait être chassé du Grand Conseil pour accepter le prix du sang. D'un autre côté, des membres éminents de l'Église mormone disaient : « Vous faites un beau travail. Nous l'admirons. » C'était moitié moitié.

Moody ne s'en souciait pas. C'était comme les attaques dont il était l'objet lorsqu'il défendait un homme qui en avait tué un autre en conduisant en état d'ivresse. « Comment avez-vous pu faire ça ? lui demandait-on. Vous êtes mormon. Vous ne buvez pas. » Certains membres de l'Église ne comprenaient pas le système ni le rôle qu'il y jouait.

Malgré cela, il n'y avait pas que des mauvais côtés. Ron Stanger en était arrivé au point où il avait hâte de rentrer chez lui pour se voir sur le petit écran. Plus que Moody, il aimait la publicité. Bob n'était pas très fier de sa calvitie et n'avait nulle envie de se précipiter pour regarder son image, mais les gosses, eux, aimaient bien ça. « Voilà papa ! » criaient-ils. C'était drôle de les voir sur le petit écran. Et, bien sûr, au palais de justice et dans la rue, tout le monde leur demandait comment ils s'en tiraient, tout le monde leur disait qu'on les avait vus à la télé. Pour Moody, c'était agréable de tomber sur des avocats avec qui il était allé à la faculté, qui maintenant, peut-être, gagnaient plus d'argent que lui, et malgré cela de pouvoir discuter de l'affaire avec eux. Dans l'ensemble il était plutôt détendu. Gilmore, tout à la fois, le gênait et l'aidait dans sa clientèle. Ça faisait diversion. Moody se plaisait à se considérer comme un homme que l'idée de changement ne paralysait pas.

III

GILMORE. – Vous allez dire à Larry Schiller que je veux pouvoir téléphoner à Nicole. Je suis sûr que Schiller, s'il le veut, peut faire pression sur les gens.

STANGER. – C'est vrai, Larry est capable de se remuer.

GILMORE. – Vous deux, vous avez fait certaines choses, mais ça n'a pas été suffisant, je n'ai toujours pas reçu ce coup de fil.

STANGER. – Ça n'a pas réussi.

GILMORE. – Écoutez, j'ai passé seize jours sans manger et je continuerai s'il le faut. Je ferai tout ce qui est en mon pouvoir pour recevoir ce coup de fil. Si c'est une affaire de pot-de-vin, versez-le. Je me fous de ce qu'il faut… Je veux parler à Nicole et je ne crois pas que je me montre encore coopératif avant. Ça ressemble à un ultimatum. Je ne sais pas si j'ai le droit de vous demander de m'obtenir ce coup de téléphone afin d'avoir les réponses à ces questions, mais je prends ce droit.

STANGER. – Vous avez le droit de demander ce que vous voulez, Gary.

GILMORE. – Je veux parler à Nicole.

Sitôt les avocats rentrés à Provo avec une bande, Schiller, s'il était en ville, venait à leur cabinet pour en faire aussitôt une copie. Cela lui donnait l'occasion de l'écouter en présence des avocats. Lorsqu'il entendit Gary dire : « Arrangez-vous pour que j'aie ce coup de téléphone », Schiller se tourna vers Moody et fit observer : « Allons, est-ce qu'il s'imagine que je vais donner vingt-cinq dollars à quelqu'un ? » Moody répondit : « Gary pense que cinq mille feraient l'affaire. » « À qui ? » demanda Schiller. Moody répliqua : « Gary dit de chercher un médecin. » Schiller répondit :

« Je ne pense pas que nous devrions nous mêler de ça, Bob. Nous ne sommes pas sortis de l'auberge. »

Il avait le sentiment que Gary essayait de voir jusqu'où il irait. En fait, tous se demandaient : combien d'argent Schiller a-t-il en poche ? A-t-il cinq mille dollars de plus à verser ? Larry estima que c'était une bonne façon d'établir son intégrité auprès de Moody en ne marchant pas. « Je ne crois pas que nous devions nous en mêler, répéta-t-il. Je vais envoyer un télégramme à Gary. »

5 DÉCEMBRE, 13 H 30
GARY GILMORE
PRISON D'ÉTAT DE L'UTAH, BOÎTE 250
DRAPER UT 80 4000 020

CONCERNANT VOTRE DEMANDE POUR COMMUNIQUER AVEC UNE TROISIÈME PARTIE, CE N'EST PAS LE MOMENT ET JE REPOUSSE LES MOYENS QUE VOUS AVEZ SUGGÉRÉS. JE SUIS ICI POUR ENREGISTRER UNE HISTOIRE PAS POUR M'EN MÊLER. SALUTATIONS.

LARRY

« En fait, se dit Schiller, maintenant j'en fais partie. Tout, autour de moi, fait partie de l'histoire. »

Maintenant que Gilmore refusait de répondre à ses questions, Schiller décida qu'il ferait mieux de recueillir quelques interviews annexes. Vern lui avait dit que cela vaudrait la peine de parler à Brenda, aussi, avec Stephanie, s'en alla-t-il voir Brenda et Johnny. Ce ne fut pas une grande interview, mais il fut ravi de Brenda. Elle était sincère, spirituelle et télégénique. Presque assez belle pour être une fille du style *Les Anges de Charlie*. Son mari, Johnny, fit aussi une forte impression sur Schiller, mais d'une autre façon. Il était un peu mal à l'aise devant lui. Un homme fort, qui répugnait à parler.

Il se félicita d'avoir amené Stephanie. Le fait qu'elle l'accompagne lors de cette interview dégela Brenda. Stephanie donnait à ces situations facilement embarrassantes qu'étaient toujours les interviews un peu – il ne voulait pas dire de classe – mais un peu de culture, la légère touche de douceur nécessaire. Elle était précieuse. Enfin, jusqu'au moment où ils repartirent. « Tu es resté assis là à bouffer tous ces hors-d'œuvre, dit-elle, tout ce jambon et cet ananas. » Elle n'a pas pu s'empêcher de le dire, songea Schiller. Elle représentait un actif en arrivant et un passif en partant. Ses critiques étaient si âpres que cela lui sapa le moral pour le reste de la journée.

Ce fut donc un demi-soulagement que d'interviewer Sterling Baker et Ruth Ann au cours de la semaine, et sans Stephanie. Il fut étonné de trouver Sterling si gentil. Si timide, en fait, qu'il dut l'emmener au restaurant. Ce type ne pouvait pas rester assis et se laisser interviewer sans avoir une occupation, ne serait-ce que mastiquer, pour se détendre. Sterling révéla un autre aspect de Gary. Ce type était vraiment aimable et doux. Gary avait été attiré vers lui, c'était étonnant.

IV

Moody et Stanger s'efforçaient de trouver un moyen pour que Gary puisse téléphoner à Nicole. On discuta plus d'un plan.

En attendant, pour faire plaisir à Gary, ils faisaient passer quelques lettres entre Nicole et lui. Gary, naturellement, voulut savoir si Ken Sundberg était bien et Moody dut lui assurer que Sundberg était un jeune mormon sérieux qui n'allait pas s'interposer entre Nicole et lui.

GILMORE. – Est-ce que je peux vous poser une question personnelle ? Parfois, quand les choses deviennent une réalité, les gens n'y pensent pas exactement comme ils le devraient. Vous n'allez pas changer d'avis ?

MOODY. – Disons ceci, Gary, je crois que Ron et moi en sommes tous les deux arrivés à vous considérer, à vous traiter comme un bon ami et l'idée que vous soyez exécuté ne nous plaît pas mais, que voulez-vous, nous sommes ici pour faire ce que vous désirez. Nous continuerons à travailler dans ce sens, même si ce n'est pas une agréable perspective.

STANGER. – Certainement pas.

GILMORE. – Vous savez, je ne vous demande pas de me trouver sympathique. D'ailleurs, je ne suis pas quelqu'un de sympathique.

STANGER. – Que ça vous plaise ou non, nous en sommes arrivés à avoir de l'affection pour vous.

GILMORE. – La seule chose que je demande, c'est qu'on respecte mes idées sur la mort.

Stanger ne croyait vraiment pas que Gilmore allait en arriver là. Il y avait trop de juges secrètement hostiles à la peine capitale. D'un autre côté, Stanger ne voyait pas pourquoi il ne ferait pas de son mieux. Il se plaisait à respecter le rôle qu'il assumait. D'une certaine manière, il n'avait été, toute sa vie, qu'un comédien. Et puis, bien sûr, il y avait toutes sortes de côtés ironiques dans cette affaire. Il était là, censé interviewer Gilmore sur son passé et c'était plutôt Gary qui parvenait à faire parler Ron de sa propre existence.

Comme il était né à Butte, Ron pouvait facilement faire rire en disant : « Attention à ne pas oublier le "e". » (Butt, en anglais, veut dire cul.) Ses deux frères aînés, raconta-t-il à Gary, vendaient des journaux alors que lui était parfois à demi mort : Ron se mettait à crier les titres aux meilleurs coins de rue et aussitôt les vendeurs de journaux plus costauds lui sautaient dessus. À ce moment-là, ses frères contre-attaquaient et occupaient le coin pendant un moment.

Dans les années 40, pendant les hivers froids et sales, quand il en avait assez de trimbaler des journaux, il allait dans des bars et toutes les vieilles peaux qui stationnaient là lui achetaient ce qui lui restait par compassion. Le meilleur entraînement au métier d'avocat, ç'avait été d'apprendre à arborer ces expressions qui attirent la sympathie.

Puis, sa famille partit pour l'Oregon où il n'y avait pratiquement pas de mormons. L'église était installée au-dessus d'une blanchisserie. Il rencontra des gens qui étaient persuadés que les mormons avaient des cornes parce qu'ils avaient plusieurs femmes. Stanger n'était qu'un gosse mais cependant il répondait : « Je suis tout à fait pour. » Son grand-père, en fait, avait été polygame. Lorsque Stanger arriva à la B. Y. U., on demanda aux étudiants qui se trouvaient là qui, parmi eux, avait eu des ancêtres polygames. Presque tout le monde se leva. Bien sûr, ces familles polygames ne devaient pas être particulièrement heureuses, songea Ron. « Tu as fait un bébé à Une Telle, devait gémir une épouse, et tu ne m'en as pas fait à moi. » Bon sang, on avait déjà assez de mal à rendre heureuse une seule femme.

Gary lui demandait de continuer. Il trouvait tout ça fascinant.

Ron dit qu'il avait été le premier membre de sa famille à être allé au collège. Il ne savait pas très bien pourquoi il avait choisi la B. Y. U., sinon parce que c'était un établissement où les mormons étaient nombreux. Il ne suivait les cours que depuis quelques jours quand une petite blonde mignonne dit quelque chose à propos d'Ernie Wilkinson. Ron ouvrit alors sa grande gueule et dit : « Qui est-ce ? » Il croyait qu'Ernie était le petit ami de la fille. Comment était-il censé savoir que Wilkinson était le président de l'université ? La fille se moqua de lui si bien que Ron s'éloigna. « Voilà une fille avec qui je ne pourrai jamais sortir », annonça-t-il à ses amis. Ils étaient mariés maintenant depuis vingt-deux ans et avaient toute une famille. Cinq gosses, tous adolescents, tous adoptés.

Comme Ron et Viva ne pouvaient pas avoir d'enfant, ils attendirent cinq ans, puis firent une demande par l'intermédiaire de l'Église et durent encore attendre deux ans pour avoir leur premier enfant adoptif. Ça prenait si longtemps qu'ils avaient déjà envoyé un tas d'autres demandes et en moins d'un an il y eut dans la maison trois enfants de plus. Quatre gosses de moins de quatre ans. Ils envisageaient d'avoir une fille pour leur cinquième adoption, mais ils entendirent parler d'un bébé qu'ils pouvaient avoir tout de suite d'une autre organisation de l'Oregon. Ron et Viva sautèrent dans un avion pour Porkland afin d'aller chercher le nouveau petit bébé.

Une fois à bord, ils s'amusèrent à distribuer les enfants à tout le monde. Ils disaient à des inconnus : « Tenez, on en a trop, vous en voulez un ? » Lors du retour, ils avaient un vilain cabot en laisse, et puis des jumeaux qui marchaient à peine,

Ron arrivait ensuite, portant l'avant-dernier et Viva fermait la marche avec le dernier bébé. Deux vieilles dames s'approchèrent et dirent : « Nous voudrions vous poser une question. Vous êtes mormons ? » Comme ils acquiesçaient, les vieilles dames dirent : « On s'en doutait. C'est une si grande famille. » Plus tard, dans l'avion, Viva remarqua : « Est-ce que ça n'aurait pas été drôle si tu leur avais dit qu'on était tous les deux stériles ? »

Gary et lui rirent longtemps de cette histoire.

16. Un pont vers l'asile

I

Schiller se procura des épreuves de l'article de Barry Farrell dans *New West*. Il était intitulé « La commercialisation de la danse de mort de Gary Gilmore », ce qui ne sonnait pas très bien, et l'article traitait des négociations de Gilmore avec Boaz, Susskind et Schiller. À la satisfaction de ce dernier, les passages qui le concernaient étaient dans l'ensemble acceptables, mais avec des nuances.

> Oncle Vern semblait moins attiré par Susskind que par Larry Schiller, qui fit l'effort de se déplacer pour rencontrer la famille. Le conseil de Schiller à eux tous fut d'engager un avocat et, quand ce fut chose faite, les avocats trouvèrent en Schiller quelqu'un parlant leur langage, qui avait de solides notions de droit et qui avait toujours avec lui un porte-documents plein de contrats compliqués concernant les droits d'histoires encore plus spectaculaires que celle de Gilmore.

C'était bien. Farrell le traitait avec un certain sérieux. Mais Larry fut consterné en lisant le paragraphe suivant :

> L'homme avait un côté charognard : il avait déjà traité avec Susan Atkins, Marina Oswald, Jack Ruby, Mme Nhu et la veuve de Lenny Bruce.

Lorsque Schiller eut accusé le choc, cela ne le tracassa néanmoins pas trop. Un journaliste de magazine était bien obligé de lancer quelques pointes, et après s'être fait rouler dans l'affaire du livre de Mohammed Ali, Farrell lui devait bien cette flèche de Parthes. D'ailleurs le reste de l'article était brillant. Un très bon article. Bien sûr, on allait reprendre l'expression « charognard », mais dans l'ensemble, Schiller s'en tirait assez bien. Il pensa de nouveau à inviter Farrell à travailler avec lui.

Schiller n'était pas satisfait des interviews de Moody et de Stanger. Il n'arrivait pas à admettre que les avocats récoltent si peu de choses. Gary avait dit qu'il ne répondrait plus à d'autres questions, mais il acceptait les questions écrites. En lui parlant pendant des heures, ils auraient dû pouvoir en tirer davantage. De plus, ils commettaient des erreurs techniques.

Au début, les avocats ne surent pas se servir d'un magnétophone. Une fois, Stanger prit une interview avec des piles à plat. Schiller dut en acheter des neuves. Il ne pouvait pas comprendre que Stanger continuât à en rigoler. Une autre fois, il n'avait pas retourné la cassette. Les avocats avaient enregistré deux fois sur la même face. Ils avaient dû s'installer là, rebobiner la cassette puis réenregistrer par-dessus. L'attitude de Ron semblait être : si on fait une erreur, on rattrapera ça demain. Un jour Schiller avait retrouvé Ron et Bob dans un petit café, à trois kilomètres sur la route de la prison. Ils voulaient tout de suite écouter une bande qu'ils venaient d'enregistrer clandestinement. Comme ça, dans le bistrot ! Schiller dit : « Retournons au bureau. » Mais ils voulaient absolument entendre ce qu'ils avaient enregistré ! Là, dans ce foutu restaurant. Aux tables voisines, les gens auraient pu tout entendre. Les deux loustics n'avaient pas l'air de comprendre que c'était imprudent, que demain on pourrait les en empêcher. Ils se conduisaient comme si la prison était à eux. Schiller, tout en tentant de se maîtriser, en arrivait parfois à se dire que c'était peut-être vrai. Après tout, c'était pratiquement leur ville natale.

« Ne pensez plus à Larry Schiller, l'homme d'affaires, leur dit-il. C'est un de mes aspects, mais il faut l'oublier. Nous avons ici une histoire. Il faut se la procurer. » Comme ils continuaient à manifester une certaine résistance, il finit par dire : « Je vais demander à Vern de prendre ces interviews. » Il était à moitié sérieux. Ça ne pouvait pas être pire et peut-être que Gary s'épancherait un peu. Ce qui rendait Schiller fou, c'était que les avocats ne rapportaient pas une cassette à chaque fois : il commença à se demander de quoi ils discutaient quand ils n'enregistraient pas. Pourtant il n'arrêtait pas de leur répéter : « Enregistrez tout et n'importe quoi, même vos discussions juridiques. Parlez du testament. Tout ça fait partie de l'histoire. Vous ne savez jamais quand ça peut être important. » Parfois il leur donnait un message pour Gary sans être certain qu'il lui parviendrait. En tout cas, il ne l'entendait pas sur les enregistrements. « Vern n'a peut-être pas votre éducation, les menaçait-il alors, mais il m'écoutera, lui. » Tout cela prit une horrible semaine. Il n'avait même pas le temps de négocier avec A. B. C., de s'occuper des droits de cinéma, de la construction de l'histoire, de se préparer pour l'exécution, et encore moins le temps d'étudier les lettres.

Il finit par leur dire de donner pour consigne à Gary de les appeler tous les deux Larry lorsqu'ils faisaient une interview. C'était mieux pour Gilmore, expliqua-t-il, de penser constamment à l'homme à qui il racontait l'histoire de sa vie. De cette façon, peut-être, se dit Schiller, trouveraient-ils plus facile de poser une ou deux questions difficiles. Schiller essayait tout.

Il songeait de plus en plus à contacter Barry Farrell. Il gardait un tas de souvenirs de Barry du temps de *Life*, aussi Schiller continuait-il à être plutôt content du respect avec lequel Farrell l'avait traité dans l'ensemble dans *New West*. Du temps de *Life*, Schiller n'avait jamais pu se débarrasser de l'impression que Barry Farrell éprouvait pour lui un mépris subtil et que l'homme était d'une qualité plus exceptionnelle que lui. Pas plus exceptionnelle, peut-être, mais assurément différente. La première fois qu'il travailla avec Barry, ce fut après une période de six mois que Schiller avait passée plus ou moins avec Timothy Leary, puis avec Laura Huxley. *Life* faisait un grand reportage sur le L. S. D. et Schiller avait cinquante heures d'entretien et il avait pris des milliers de photos d'adolescents, de drogués, d'étudiants et de gens plus âgés qui suivaient des gourous et qui avaient vécu des expériences en profondeur. Schiller avait commencé à songer qu'il aimerait être écrivain, mais il s'était rendu compte qu'il ne savait pas écrire. Lorsqu'il était rentré à New York, *Life* avait chargé Barry Farrell d'écrire le texte et ce type s'était tout simplement installé à son bureau et s'était mis au travail. Schiller n'en était pas revenu. Comment pouvait-on écrire un grand article sur l'usage de cette drogue sans aller sur place ? demanda-t-il à Barry. Il se prit donc d'antipathie pour Farrell, même de haine. Pourtant, quand l'article fut publié, le type avait tout dit. Il ne manquait rien. C'est en 1966 que Larry Schiller changea radicalement d'avis à propos de Barry Farrell et acquit un grand respect pour lui en tant que professionnel et écrivain. Il ne voyait pas pourquoi Farrell ne pourrait pas en faire autant avec les interviews de Gilmore.

Bien sûr, ce n'était qu'un des éléments de ses sentiments envers Farrell. Barry n'était pas seulement un pro, mais aussi un bourreau des cœurs. Le type à avoir des déjeuners de trois heures. Il portait les costumes et les cravates qu'il fallait et Schiller était franchement envieux de quelqu'un qui pouvait tenir le coup aussi longtemps à table, revenir un peu beurré et faire quand même un boulot formidable. En ce temps-là Schiller n'était pas très beau gosse, il n'avait pas de barbe, un nez pointu, un petit menton, l'air affamé. Il n'était qu'un photographe professionnel, avec une sorte de sourire maniaque parce qu'il essayait de prendre dix photos à la fois tout en trimbalant sur son dos tout un chargement de matériel. Il savait qu'il avait l'air bizarre, mais il essayait de se fondre dans le paysage. Moins on remarquait un photographe, meilleures étaient les photos. Votre appareil pouvait être de la dynamite quand les gens ne vous accordaient pas plus d'attention qu'à une mouche sur le mur. Alors que Farrell, le Don Juan, avait un côté un peu magique. Schiller se rappelait comment Barry avait commencé à tourner autour de cette fille noire qui était documentaliste à *Life*. Une superbe Noire. Oh ! mon Dieu, Schiller s'en souvenait, dans les années 1960, être noire et belle, c'était être une vedette. Elle était charmante, avait une voix douce comme du miel, elle était intellectuelle et pas vulgaire du tout. Elle était superbe, noire, belle et intelligente. Maintenant Barry et elle étaient mariés et ils avaient un enfant. Schiller décida qu'il lui fallait faire le maximum pour engager Barry Farrell. Ce serait comme décrocher la timbale.

Il appela Barry et lui demanda si ça l'intéresserait. Il lui expliqua tout de suite que ça n'allait pas être la fortune. Rien de comparable au projet Mohammed Ali. Il ne fallait pas attendre des rentrées extraordinaires. Pas de livre en vue, mais un travail précis et bien payé. Cinq mille dollars pour mettre au point l'interview de *Playboy*. Farrell était d'accord. Il devait se remettre à son livre, dit-il, ils discutèrent un peu. Mais à la surprise de Schiller, il eut l'impression d'avoir à se donner beaucoup moins de mal qu'il ne s'y attendait. Ils finirent par se mettre d'accord : Barry acceptait de jeter un coup d'œil aux lettres et aux interviews publiées jusqu'à maintenant. D'ici à une semaine environ, on devrait pouvoir prendre une décision.

« Je tente un coup risqué », expliqua Schiller à Stéphanie.

Elle ne comprenait pas le jeu entre les deux hommes, elle ne voyait pas comment Farrell pouvait écrire quelque chose en tant que « charognard » et quand même vous respecter. Stéphanie était furieuse de ce terme. D'ailleurs, elle ne voulait pas que Larry confie l'interview à qui que ce soit. De toute évidence, dit-elle, il avait envie de le faire lui-même. Schiller ne sortit vainqueur de la discussion qu'en lui parlant de *The American Dreamer*. « Schiller a complètement passé sur les conceptions plus mystiques de Dennis Hopper… Tu as envie d'entendre encore ça ? lui demanda-t-il. Voilà, il y a un côté de Gary que je peux manquer complètement. Le karma et tous ces trucs-là, je n'y connais rien. » Ça la convainquit. Lorsqu'il réussissait à persuader Stéphanie de quelque chose, alors il pouvait convaincre n'importe qui au monde. Elle résistait au baratin d'une façon magnifique.

Barry Golson prit alors l'avion pour Los Angeles afin de discuter l'interview de Gilmore pour *Playboy*, et Schiller comprit que le journaliste arrivait en ville avec vingt mille dollars peints sur la figure, exactement ce que Schiller pensait que ça valait, plus les frais. Il était non moins évident que Golson et lui allaient se taper sur les nerfs. Golson lui parut être un homme d'affaires, purement et simplement.

« Il va nous falloir un vraiment bon écrivain pour arranger ces interviews », dit Schiller. Il mentionna le nom de Barry Farrell. Golson ne montra pas qu'il savait qui était Farrell. « Il a écrit un livre sur la comédienne Pat Neal », précisa Schiller. Il donna aussi à Golson des indications sur ce que Farrell avait fait à *Life*. Golson n'avait pas l'air de s'en soucier. Peut-être voulait-il mettre un homme à lui sur le coup. Il y aurait peut-être des problèmes par la suite, se dit Schiller, mais il conclut l'affaire à vingt-deux mille dollars.

Schiller ne put résister au plaisir de raconter à Farrell que Barry Golson, le *Playboy*, n'avait pas l'air de le connaître. « Il est tout à fait compréhensible que je n'aie jamais entendu parler de Golson, répondit Farrell, mais je considère comme une consternante preuve d'analphabétisme que Golson ne réagisse pas à mon nom. » Schiller éclata de rire. Il lui faudrait une quinzaine de jours avant d'en arriver à comprendre que Farrell n'avait pas dit ça tout à fait en plaisantant et qu'il était même agacé que Golson, étant le responsable des interviews à *Playboy*, puisse ne pas savoir que Farrell avait fait pour eux un boulot superbe il y avait quelques années avec Buckminster Fuller. Barry en était arrivé au stade de sa vie où il contait ses exploits plutôt que d'en ricaner.

Une des raisons qui lui fit accepter l'offre de Schiller, c'était que Barry Farrell n'était pas mécontent de quitter Los Angeles. Il éprouvait des doutes bien inhabituels sur ses capacités professionnelles. Ces derniers temps, il avait du mal à terminer ses articles à temps, sa femme n'allait pas bien et un éditeur lui faisait un procès pour non-remise d'un manuscrit. Comme c'était un homme qui avait toujours pris sa bonne réputation pour un fait acquis, depuis quelque temps sa vie à Los Angeles lui donnait l'impression qu'il tournait un peu dans le vide. Il éprouvait donc une certaine gratitude envers Schiller. C'était quelqu'un qui lui faisait confiance pour faire un travail.

Barry était en train de rédiger un livre sur le ranch Mustang dans le Nevada, lorsqu'il arriva la chose la plus extraordinaire. Ce groupe de mauvais garçons et de putains dont il écrivait l'histoire se mit tout d'un coup à se déchaîner. Un meurtre eut lieu. La victime était le poids lourd argentin Oscar Bonavena. Un bon copain de Barry, pratiquement le principal personnage de son livre, Ross Brymer, fut arrêté pour cette affaire.

Ça avait vraiment coupé le souffle à Farrell. Il n'arrivait pas à continuer. Pour la première fois, il percevait la signification du mot *accablé*. Et puis les éditeurs Farrar, Straus et Giroux l'attaquèrent en justice. La proposition de Schiller lui parut un merveilleux moyen d'évasion. Pouvoir trimer de longues heures loin de ses soucis, ce serait pour lui comme des vacances tous frais payés à Tahiti.

II

Tamera habitait maintenant Salt Lake avec son frère, Cardell. Un beau jour, Larry Schiller téléphona un soir pour lui dire qu'il aimerait la rencontrer. Peut-être pourrait-elle travailler avec lui. Il voulait juste en discuter les possibilités. Pouvaient-ils avoir un entretien ?

Tamera lui proposa de venir chez son frère. Cardell était courtier en assurances, de quatorze ans son aîné et elle respectait grandement son jugement. Schiller avait une réputation plutôt discutable auprès des journalistes qu'elle connaissait.

Après tout, un tas de gens dans la presse devraient se procurer par n'importe quel moyen du matériel sur Gilmore, et Schiller venait d'arriver avec son carnet de chèques et avait tout ramassé. Ils étaient tous furieux. Elle accepta quand même de le voir. Elle estimait avoir l'esprit ouvert. Même si elle avait un préjugé, elle n'allait pas s'en contenter.

Dès l'instant où Schiller eut commencé à parler, Tamera ne put entretenir son antipathie. Cardell, qui était un homme d'affaires madré, fut ébranlé lui aussi. Schiller s'était assis et leur déclara tranquillement : « Je crois que vous devriez savoir qui je suis. » Sa carrière, telle qu'il la raconta, sonnait assez bien. Il sentait que Cardell aimait la façon minutieuse dont Schiller avait rédigé les contrats de façon qu'il y eût quelque chose de substantiel pour les enfants de Nicole et pour les descendants des victimes. On n'avait pas l'impression qu'il se donnait simplement du mal pour ramasser de l'argent.

Lorsqu'il eut fini de parler de lui, il dit à Tamera : « Je ne vais pas vous raconter d'histoire en vous faisant croire que vous allez jouer un rôle capital dans l'élaboration d'un livre, d'un film ou rien de pareil. » Il y avait quand même pas mal de choses qu'elle pouvait faire pour lui et pas mal qu'il pouvait lui offrir. S'ils parvenaient à mettre sur pied une collaboration, il laisserait Tamera participer à de nombreuses réunions en tant qu'assistante. Elle rencontrerait une foule de gens importants dans le journalisme et la télévision mais sur une base sans rapport avec tous les déjeuners et les dîners qu'elle avait eus jusque-là avec eux. Ces occasions avaient pu être amusantes pour elle, mais ce qu'il proposait serait plus substantiel. Elle pourrait être présente lorsque des décisions importantes seraient prises. Elle aurait, de l'intérieur, une vue spectaculaire sur la façon dont on monte une grosse histoire et elle aurait appris beaucoup lorsqu'elle aurait fini.

Elle plut à Schiller, bien que cela n'eût guère d'importance. Elle n'était pas jolie à proprement parler, mais elle était attirante. Elle avait les traits un peu trop irréguliers pour faire d'elle une beauté, mais elle était grande, elle avait de beaux cheveux blond cendré et elle était pleine d'énergie : la belle fille saine et droite de la campagne. Vlan ! Bang ! Elle pointait sa langue contre sa joue pour manifester sa confusion ou bien elle allongeait la mâchoire inférieure sur le côté pour exprimer son embarras. Schiller savait que son offre était tentante pour une fille comme elle. C'était ce genre de jeunes personnes nettes et un peu collet monté qui avaient la folle envie de faire une carrière et qui ne pouvaient jamais résister à ce genre d'occasion.

Il avait besoin, expliqua t il, d'avoir vingt-quatre heures sur vingt-quatre un journal comme source d'informations. Elle serait ses yeux et ses oreilles dans une ville qu'il ne connaissait pas. Il aurait pu raconter à Tamera qu'il avait vécu et travaillé une semaine ou un mois dans plus d'une ville inconnue et qu'avant d'en avoir fini, il en savait parfois plus sur ce qui se passait dans cette région, que ce soit Provo ou Tanger, que les gens du pays. Personne n'arrivait à comprendre comment il s'y prenait, mais il lui déclara que c'était bien simple : il essayait toujours d'avoir un contact à l'intérieur d'un journal local. Voulait-elle jouer ce rôle pour lui au *Deseret News ?*

Il voulait, lui assura-t-il, un arrangement que le journal admettrait et dont il tirerait profit. Il fournirait des renseignements sur Gilmore. En retour, elle lui transmettrait les nouvelles locales de Salt Lake plus ce qui venait d'Orem et de Provo. Qu'il soit au courant de ce qui se passe, de ce que mijotait le gouverneur ou le bureau du procureur général. Il voulait être renseigné là-dessus.

Comme elle semblait soucieuse, qu'elle avait l'air de croire qu'il lui en proposait un peu trop, il revint au thème principal. « Tamera, lui dit-il, même si vous ne buvez pas vous-même, vous allez voir de grands reporters boire, être en quête d'une histoire et travailler sur leurs interviews. Tout ça, c'est un bon apprentissage. »

Ce dont il ne parla pas, ce fut de ses mobiles personnels. Il devait se préoccuper de Nicole. Il arriverait un jour où elle sortirait de l'hôpital et où Schiller irait la trouver. Si, pour une raison quelconque, elle le considérait comme un type de Hollywood brandissant un contrat, alors de bonnes relations avec Tamera pourraient se révéler indispensables.

Cardell quitta la pièce un moment et Larry trouva l'argument qu'il fallait pour nouer leurs relations. Il en fut très fier après. Ça n'était qu'une intuition, il jouait sur son instinct, mais il savait que Tamera devait avoir une raison cachée pour être si proche de Nicole. Quelque chose que les deux femmes avaient en commun. Lorsqu'ils furent seuls, Schiller lui dit : « Je parie que vous avez connu un prisonnier et qu'il vous a roulée dans la farine. »

Tamera n'en croyait pas ses oreilles. Elle balbutia : « Ça n'était pas le même genre de relations. Rien de sexuel. Mais j'étais amoureuse et Nicole m'a laissée lire les lettres de Gary lorsque je lui ai parlé des merveilleuses lettres que je recevais de mon ami. »

Schiller rentra à Los Angeles par l'avion de nuit. Il avait un accord avec Sorensen, du *Tribune*, et ce qui pourrait se révéler peut-être un vrai lien avec le *Deseret News*. Barry Farrell, qu'il appela de l'aéroport, lui affirma formellement qu'il voulait bien travailler avec lui. Tout s'arrangeait. Dans ces moments-là, Schiller aimait bien les voyages en avion.

III

Pendant les premières semaines où Nicole fut à l'hôpital, on ne put rien la laisser faire. Elle envoyait promener tout le monde. C'était tout à fait contraire au règlement de boucler les gens, mais ils ne cessaient de la surveiller. Elle leur déclara qu'ils ne respectaient pas leur propre règlement. Elle les accabla d'injures.

Le Dr Woods la dégoûtait. Elle lui demandait des choses insignifiantes comme : « Faut-il que je mange tout ce que vous me donnez à chaque repas ? » et il la regardait comme si on risquait Dieu sait quoi en lui répondant franchement. C'était quand même quelque chose ce grand et beau type qui refusait de s'engager.

Elle était folle de rage contre elle-même d'avoir loupé son suicide. Maintenant, elle avait vraiment perdu le contrôle de sa vie. On surveillait tous ses gestes. On lui disait quand elle pouvait aller aux toilettes, on la surveillait quand elle mangeait, c'était tout juste si on ne lui donnait pas la permission de fermer les yeux. Dans la journée, on ne vous permettait pas de vous appuyer la tête contre le dossier d'un fauteuil. Pas question de dormir avant 8 heures du soir. Et tous ces malades, des paumés et des prisonniers, des jeunes qui avaient des histoires avec la justice, et qui se laissaient faire… On aurait même dit que ça leur plaisait d'avoir une existence ainsi réglementée.

Tous les jours, les patients assistaient à une séance de commissions – l'une après l'autre – et discutaient les règlements. Ils les récrivaient. Et puis ils s'empêtraient dans de nouveaux handicaps en appliquant les nouveaux règlements. Il fallut un long moment à Nicole pour se rendre compte que c'était comme ça que l'établissement était censé fonctionner. Nombre d'entre eux en arrivaient à être ravis d'écrire et de récrire le règlement. On pouvait discuter les changements à longueur de journée et jouer à toutes sortes de jeux avec les gens. On les baisait dans tous les coins et ça vous valait des points. On revenait dans le monde en connaissant les ficelles. Une vraie comédie.

Ça n'intéressait pas Nicole. Chaque fois qu'elle regardait par la fenêtre du second étage, elle pensait au jour où elle pourrait sauter, gagner la route et quitter la ville. Mais elle savait qu'elle ne pourrait pas se libérer comme ça. On la bouclerait réellement. Sa meilleure chance, ce serait lors de sa prochaine comparution devant le tribunal. Elle devrait les convaincre qu'elle n'était pas suicidaire.

Nicole n'essaya pas de savoir si c'était bien le cas. Si on la laissait sortir, peut-être qu'elle jouerait le jeu. Ou bien peut-être qu'elle déciderait de se précipiter en courant sur l'autoroute jusqu'au moment où un gros semi-remorque viendrait la faucher. Tout ce qu'elle voulait, c'était s'en aller. Cet hôpital, c'était vraiment la merde. Tout le monde mouchardait sur tout le monde. « Tu as enfreint le règlement ! » criaient-ils toujours. Et alors c'étaient des discussions sans fin. Nicole essayait de ne pas s'en mêler, mais au bout d'un moment ce fut plus fort qu'elle. Ces règlements étaient si cons… Il fallait essayer de les améliorer.

Et puis elle découvrit qu'il y avait un règlement dont on parlait aux autres patients mais pas à elle. Personne ne devait prononcer le nom de Gary Gilmore. Et pas de journaux dans son pavillon. Si Nicole se mettait à parler de Gary, personne ne répondait. Les gens la regardaient comme si elle plaisantait. Ils finirent par lui dire qu'elle n'avait pas le droit de citer son nom. Elle s'en foutait. Ça lui faisait mal de parler pour ces moutons.

Un jour, Stein, son grand-père, vint la voir et se mit à dire quelque chose à propos de Gary. Aussitôt on lui demanda de partir. Nicole piqua une crise. On la traita par le silence. Personne ne se mit en colère ou ne poussa les hauts cris, tous ces connards se contentaient de la regarder. Elle les traitait de tous les noms jusqu'au moment où elle les voyait renâcler, elle les traitait de moutons et de salauds, disant qu'ils n'étaient que des dégonflés. Elle leur disait qu'elle n'irait pas aux réunions de commissions. On l'y emmenait de force. Au bout d'un moment, elle y alla toute seule. Elle ne voulait pas être soumise à des contraintes physiques gênantes. Un soir où il y avait bal, elle refusa d'y aller, mais on la porta et on lui fit faire comme ça une partie du couloir. Elle dut leur demander de la reposer par terre. Elle voulait bien marcher. Alors ils se mirent à chanter *La reine de la route*. Ça lui plut tant qu'elle se mit même à danser.

Ce qui se passait dans ces réunions, ça n'était pas croyable. Elle n'était pas géniale, mais auprès de ces connards, tous complètement pris dans leur propre connerie, elle ne pouvait s'empêcher d'ouvrir la bouche pour leur montrer la bonne voie. Elle riait de voir tout le mal qu'ils se donnaient tous pour devenir le mouchard numéro un. Bien sûr, le mouchard numéro un se retrouvait berger.

Mon Dieu, ils auraient pu écrire le manuel du parfait trou du cul. Si on laissait traîner un paquet de cigarettes et que quelqu'un en piquait deux, ça créait un incident. Qui avait fait ça ? Est-ce que je peux te faire confiance ? Alors on votait qu'il n'était plus question de se balader avec ses cigarettes. Quelqu'un d'autre devait les distribuer. On n'en avait qu'une à l'heure pile, toutes les heures.

Nicole finit par acquérir cette faculté d'assister à une réunion sans en entendre un mot. Il le fallait bien. Quand elle prenait un bain, trois filles restaient dans la pièce pour la surveiller. Elles devaient avoir peur de la voir partir par le tuyau de vidange… Quand elle discutait avec Woods, elle essayait de l'attaquer sur toutes les choses agréables qu'elle ferait quand elle serait sortie. Il y en avait de vraies, d'autres d'inventées, mais elle parlait de quitter l'Utah ou de retourner à l'école. Elle voulait s'occuper vraiment de Sunny et de Jeremy, lui raconta-t-elle. Elle fit un si bon numéro qu'au bout d'un moment, elle ne sut plus exactement si elle avait envie de vivre ou si elle n'était plus certaine de vouloir mourir. On ne pouvait pas continuer à parler avec enthousiasme de tous ces trucs formidables qu'on allait faire quand on serait sorti sans commencer à se poser des questions.

Elle essaya de faire croire à Woods qu'elle était prête à vivre sans Gary. Elle ne le dit jamais une fois sans se dire tout bas : « Je le fais marcher. » Pourtant, elle s'entendait dire aussi en elle-même : « Continue. Tu vas finir par y croire aussi. »

Le règlement interdisait de dormir sans chemise de nuit. Elle avait horreur de ça. Elle avait toujours aimé coucher à poil. Une nuit, elle ôta sa chemise sous les couvertures. Eh bien, trois filles foncèrent sur elle pour la lui faire remettre. Pendant toute la nuit, les filles se relayèrent dans un fauteuil pour la surveiller.

Elle avait l'impression que lentement, très lentement mais sûrement, on était en train d'étouffer son âme. Quelquefois, cela arrivait en pleine réunion. Elle était assise au milieu d'une rangée de filles, les écoutant gueuler et cancaner, puis elle posait la tête sur ses genoux et ne bougeait plus et ne réagissait à rien de ce qui se passait. Elle pouvait rester assise pendant toute une séance avec la tête sur ses genoux, à pleurer. Personne n'y faisait attention. Il y avait toujours une fille ou une autre comme ça. Elle n'avait jamais vu un tel gouvernement : la moitié des gosses qui pleuraient et l'autre qui votaient des lois et qui se levaient pour faire des discours pleins de foutaises. Un tas d'entre eux ne se rappelaient même pas ce qu'ils avaient commencé par dire. Et ils mouchardaient entre eux. Une fille disait : « Tu lançais des clins d'œil à Billy », et l'autre disait : « Pas du tout. » « Va te faire foutre, bien sûr que si. »

Nicole avait envie de leur dire : « Bande d'idiotes, je me fous bien de ce que vous faites. Vous êtes toutes si connes que vous croyez que je suis malade. Ça n'a pas d'importance. Même si vous pensez que je suis folle, c'est comme ça que je veux être. Je n'ai pas envie de changer. » Et puis elle se mettait à songer que plus jamais elle n'entendrait la voix de Gary.

17. C'est moi le maître de ces lieux

I

Gibbs écrivit à Gary pour lui dire qu'il venait pour le procès vers le 20 décembre. Il pensait qu'il serait libéré à ce moment-là et voulait savoir s'il y avait quelque chose qu'il pouvait faire pour Gary avant de quitter l'État, parce qu'il n'allait pas traîner par ici. Il allait, écrivit-il, montrer à l'Utah ce que Mae West avait montré au Tennessee. Son cul, en partant.

Le 11 décembre, le Gros Jake accompagna Gibbs jusqu'à l'entrée où un type d'un certain âge, avec une moustache, attendait. Il marchait avec une canne et avait un porte-documents à la main. Ce monsieur se présenta comme étant l'oncle de Gary, Vern Damico, et dit que Gary lui avait demandé de lui remettre un témoignage de son amitié. Puis il ouvrit sa serviette et remit à Gibbs un chèque de deux mille dollars.

Gibbs demanda si la mère de Gary n'avait pas de problèmes financiers et, lorsque M. Damico lui eut dit que non, ils échangèrent une poignée de main. Gibbs présenta M. Damico au Gros Jake en disant que c'était le seul geôlier pour lequel Gary avait du respect. M. Damico répondit : « En effet, Gary m'a dit des choses aimables sur vous, Gros Jake. » Damico dit alors qu'il avait d'autres rendez-vous, lui souhaita bonne chance et partit. « On aurait dû lui demander si Gary m'inviterait à l'exécution », dit le Gros Jake.

Deux gardiens étaient restés plantés sur le seuil et en bavaient d'envie. Gibbs éclata de rire et passa un coup de fil à Salt Lake. Il fit venir un de ses amis pour mettre le chèque à la banque.

Ce soir-là, Gibbs écrivit une nouvelle lettre à Gary, le remercia pour l'argent et expliqua qu'en haute surveillance il y avait maintenant six prisonniers au total, y compris Powers. Gary répondit : « *Si j'étais là, on les ferait tous s'allonger sur leurs pieux comme de petites souris d'église et on chargerait Powers de lécher avec sa langue Le Puits de la Mine de Soufre à Ciel Ouvert.* » Dans la lettre, il ajoutait qu'il faisait toujours la grève de la faim et qu'il ne comptait pas manger « *tant qu'on ne m'a pas laissé parler à ma douce amie Nicole* ».

« *J'ai essayé*, écrivit Gary, *de garder une certaine égalité d'humeur et de pensées, mais depuis quelque temps je suis de plus en plus irrité et furieux. Je n'aime pas l'idée qu'ils gardent Nicole là-bas et qu'ils lui lavent le cerveau.* »

« Par pure curiosité personnelle, demanda Moody, y a-t-il une autre façon de vous faire cesser cette grève de la faim autrement qu'en vous laissant téléphoner à Nicole ?

— Aucun, dit Gary, voilà tout. (Il marqua un temps.) Et vous savez, j'ai foutrement faim, murmura-t-il dans le téléphone.

— J'admire votre courage, dit Moody.

— Oh ! fit Gilmore, ça n'est que de l'entêtement.

— Il n'y a pas beaucoup de gens, lui dit Moody, qui ont la force de leurs convictions.

— J'ai passé une fois dix-huit mois d'affilée au trou, dit Gilmore. Je ne crois pas que ce que je subis en ce moment puisse même s'y comparer. »

Ron sentait que Gary faisait étalage de sa force morale. Chaque jour, il tenait à faire sa gymnastique et il faisait le poirier sur une chaise pour montrer qu'il ne souffrait pas. Toutefois, non seulement il perdait beaucoup de poids, mais depuis quelque temps son jeûne semblait affecter sa pensée. Il trébuchait sur les mots. Ses joues commençaient à se creuser. Pour la première fois, Ron remarqua les fausses dents de Gary. En perdant du poids, on aurait dit que cela avait modifié le placement sur ses gencives, et il parlait avec une lenteur délibérée, comme s'il avait une bille dans la bouche, comme un orateur qui a la langue liée.

II

Sur ces entrefaites, Gary dit à Vern qu'il voulait absolument que Ida et lui aillent voir sa mère. Pour lui porter les mille dollars. Vern en parla à Schiller, qui sauta aussitôt sur l'occasion. Bessie, dès l'instant où elle se mettrait à parler à Vern, donnerait peut-être son accord pour une interview.

Moody rédigea donc les documents. Schiller précisa : « Je paierai les billets d'avion, les coups de téléphone et j'ajouterai mille dollars pour son autorisation. Si vous avez besoin de plus, vous n'avez qu'à m'appeler. » Vern dit : « Je crois que j'aurai besoin de plus. Allons, Schiller, vous savez bien que vous pouvez donner davantage à la mère de Gary. » Larry savait qu'il en arriverait là, mais mille dollars suffiraient peut-être pour commencer.

Vern et Ida prirent donc l'avion de Salt Lake à Portland, louèrent une petite Pinto, trouvèrent le parc à caravanes de McLaughlin Boulevard et frappèrent à la porte de Bessie.

Ils crurent tout d'abord qu'elle n'allait pas les laisser entrer. Ils restèrent sur une sorte de petit perron pendant un temps interminable sans obtenir de réponse. Il faisait froid et Vern, après son opération, souffrait encore de sa jambe. Les premiers mots de Bessie furent : « Allez-vous-en. Je ne peux pas vous laisser entrer. Je ne suis pas présentable. »

Ils durent parler assez fort pour se faire entendre à travers la porte. Ils finirent par se présenter. Ils expliquèrent qu'ils arrivaient tout droit de Provo. Ils avaient des choses à discuter. Des choses que Gary voulait lui faire dire. Bessie finit par les laisser entrer.

Ils ne l'avaient pas revue depuis l'enterrement de grand-papa Brown, il y avait près de dix-huit ans. On pouvait dire qu'elle avait changé. Sa beauté avait disparu. Elle avait l'air malsain et lessivé de quelqu'un qui souffre beaucoup et qui respire rarement l'air pur. Ida n'en revenait pas. Les yeux verts de Bessie brillaient jadis comme des joyaux. Aujourd'hui, on aurait dit qu'ils étaient couverts d'une pellicule terne et grise.

Ida comprit pourquoi elle ne voulait pas les laisser entrer. Avec son arthrite, c'était à peine si elle pouvait faire son ménage. Lorsque Bessie habitait Provo, en attendant que Frank Sr sorte de prison, sa petite maison était impeccable. Ida pensa un instant à mettre un peu d'ordre, mais elle comprit, à l'expression du visage de Bessie, qu'elle ferait mieux de ne toucher à rien.

Vern, cependant, inspecta quand même le buffet et le réfrigérateur. Assurément, Bessie n'avait pas beaucoup de réserves. Il alla donc en voiture jusqu'à une épicerie et rapporta pour environ cinquante dollars de provisions. Après avoir rangé tout cela, il expliqua à Bessie qu'il avait sur lui des documents juridiques et qu'il devait aussi lui laisser mille dollars comme cadeau de la part de Gary. Comme elle commençait à le remercier, Vern dit : « Je ne suis que le facteur. Je livre, c'est tout. » Il ajouta qu'il y avait encore mille dollars qu'elle pouvait toucher en signant les papiers que Larry Schiller l'avait chargé de transmettre. Bessie regarda l'autorisation, réfléchit un moment et dit : « Je ne pense pas que je vais accepter maintenant. »

Vern avait promis à Larry de faire tous ses efforts. Lorsqu'ils la revirent le lendemain, il ramena le sujet sur le tapis. Il sentait à quel point elle était méfiante en affaires. Comme une biche sous le vent. Peu importait qu'on approche avec un fusil à la main ou une carotte, pas question de parler à la biche. « Pour l'instant, Vern, dit-elle, je vais attendre. » Il n'insista pas trop. Il lui dit pourtant : « À mon avis, tu devrais signer. Pour faciliter les choses, tenons-nous les coudes. Il faut voir si on ne peut pas tirer quelque chose de toute cette histoire. Je crois que Schiller est un homme honnête et respectable. »

Bessie se contenta de répondre : « Non, je veux attendre et voir. » Vern laissa courir. Pas moyen de tirer quelque chose de Bessie contre sa volonté. Autant essayer avec Gary.

Comme ils se levaient pour partir, Vern prit mille dollars en espèces et les posa sur la table. C'était comme si tout d'un coup Gary était là. Bessie s'effondra en sanglotant. Ida et elle tombèrent dans les bras l'une de l'autre et Bessie dit : « Oh ! on peut dire que j'en ai l'emploi. » Ils lui laissèrent aussi un châle rouge tricoté à la main et des pantoufles d'intérieur pour lui tenir chaud aux pieds. En fin de compte, ils n'étaient pas arrivés à parler de la requête de Bessie devant la Cour suprême. Ce ne fut qu'en rentrant à Provo, le 13 décembre, que Vern apprit la décision venue de Washington.

III

Dix jours après l'ordonnance de sursis, Stanger reçut un coup de fil du greffier de la Cour suprême qui lui dit : « Je voudrais juste vous informer que nous allons avoir une décision aujourd'hui. Ils sont en pleine partie de bras de fer. » Ron s'imagina les neuf juges de la Cour suprême en train de s'acharner, manches retroussées. C'était excitant de penser que la même atmosphère régnait ce jour-là à la Cour suprême que dans l'Utah.

Au bureau du procureur général, la nouvelle arriva par la voix du greffier qui déclara qu'on était en train de voter et tous les collaborateurs se réunirent autour d'une grande table pour écouter un téléphone branché sur haut-parleur, et pointant fébrilement les votes tandis que le greffier lisait la décision de chaque juge. Ils étaient si excités qu'ils durent refaire une seconde fois le total pour découvrir qu'ils avaient gagné par cinq voix contre quatre. Bill Evans, Bill Barrett, Mike Deamer et Earl Dorius étaient ravis. Le sursis d'exécution avait été annulé. C'était de nouveau le feu vert.

DESERET NEWS

Plus de retards, dit Gilmore

Salt Lake, 13 décembre. – Dans une ordonnance rendue lundi, la Cour suprême des États-Unis a décrété que Gary Mark Gilmore avait renoncé en toute connaissance de cause à faire valoir ses droits.

En attendant la décision, Gilmore a mis un terme à une grève de la faim de vingt-cinq jours.

En arrivant à la prison, Moody et Stanger trouvèrent que les gardiens à l'entrée avaient l'air content. On retrouvait cette humeur jusqu'à la grille du quartier des condamnés à mort. Tout le monde était soulagé, maintenant que Gary ne faisait plus la grève de la faim.

Lorsque Bob et Ron le virent, ils se contentèrent de dire : « Il paraît que vous avez eu gain de cause », et il hocha la tête en disant : « C'est ce que j'avais décidé. » On aurait dit que c'était lui qui contrôlait la situation. Ils prirent bien soin de ne pas mentionner qu'ils n'avaient jamais pu donner un coup de téléphone à Nicole. Comme ils n'avaient pas réussi à l'obtenir, ils n'étaient pas pressés de lui en parler. D'ailleurs, il était d'excellente humeur après la décision de la Cour suprême.

En fait, c'était aussi un soulagement pour les avocats.

IV

En parlant de l'interruption de sa grève de la faim, Stanger dit à Schiller : « Gary a obtenu ce qu'il voulait. » Schiller ne put s'empêcher de dire : « Comment ça ? » « Tout le monde sait maintenant qu'il était sérieux », fit Stanger. Tout cela parut un peu embrouillé à Schiller. De toute évidence, la vérité c'était que rien ne marchait. Gilmore attendait beaucoup de sa grève de la faim, n'en avait tiré aucun résultat, et il avait assez le sens des relations publiques pour se remettre à manger un jour où il y avait une histoire plus importante pour intéresser le public.

Mais ce qui combla Schiller de joie, ce fut que Gary annonça à Stanger qu'il voulait bien répondre à la seconde liste de questions écrites et qu'il était prêt à examiner la nouvelle liste préparée par Larry.

Le second jeu de réponses, toutefois, se révéla décevant. On aurait dit que plus la grève de la faim se poursuivait, plus Gary voulait jouer au plus fin. Beaucoup de questions demeuraient sans réponse. Et c'étaient toujours les meilleures.

POURQUOI PRENIEZ-VOUS DES CHOSES AU SUPERMARCHÉ SANS LES PAYER, DE LA BIÈRE, DES ARMES, ETC. ?

Je n'avais pas toujours le temps de faire des queues interminables à la caisse.

AVEZ-VOUS ENVIE DE SAVOIR CE QUE FAISAIT VOTRE INCONSCIENT QUAND VOUS AVEZ TUÉ ?

Ça ne m'ennuierait sans doute pas de le savoir si je pouvais connaître exactement la vérité.

Je ne veux pas que ça me soit expliqué par un idiot de psychiatre qui fait des hypothèses à la con.

À PROPOS DE QUOI NICOLE ET VOUS VOUS DISPUTIEZ-VOUS ? DONNEZ-MOI DES EXEMPLES DE DISPUTES.

Vous n'avez qu'à le lui demander.

POUR QUELLES RAISONS ET DANS QUELLES CIRCONSTANCES, LE 13 JUILLET 1976, NICOLE VOUS A-T-ELLE QUITTÉ ? VEUILLEZ PRÉCISER.

Vous n'avez qu'à le lui demander.

AVANT LES MEURTRES DE PROVO AVEZ-VOUS JAMAIS TENTÉ DE VOUS SUICIDER ? SI OUI, ÊTES-VOUS CONTRARIÉ D'AVOIR ÉCHOUÉ ET POURQUOI ?

…

VOULEZ-VOUS ME RACONTER TOUT CE QUI S'EST PASSÉ AU MOTEL LORSQUE VOUS ÉTIEZ LÀ-BAS AVEC APRIL ?

...

POURQUOI VOUS ÊTES-VOUS ARRÊTÉ À LA STATION D'ESSENCE ET QUE S'EST-IL PASSÉ ? DE QUOI APRIL ET VOUS PARLIEZ-VOUS AVANT D'ARRIVER AU POSTE D'ESSENCE ?

...

POURQUOI AVEZ-VOUS VOLÉ AVANT DE TUER... POURQUOI NE PAS SIMPLEMENT TUER OU SIMPLEMENT VOLER ?

Par habitude, sans doute.

C'est mon style.

Nous sommes tous des créatures d'habitude.

Peut-être que quelqu'un d'autre venant d'un milieu différent aurait agi différemment.

C'est une bonne question. Une question valable. J'aurais aussi bien pu me contenter de tuer... mais je suis un voleur. Un ancien prisonnier, un cambrioleur. Je revenais à mes habitudes... Peut-être pour que ça rime à quelque chose pour moi. J'espère que j'ai répondu à cette question. Maintenant, Larry, j'ai une question pour vous et j'aimerais une réponse sincère.

Avez-vous lu les lettres que j'ai écrites à Nicole ?

Dites-moi.

Ça flanqua la frousse à Schiller. Il allait devoir agir vite pour obtenir de Vern et des avocats leurs accords pour vendre les lettres à l'étranger. S'il attendait beaucoup plus longtemps, Gary allait peut-être commencer à faire tout un plat à propos de ces lettres.

Schiller chassa ce problème de son esprit et passa à la liste de questions suivantes. Gary y avait répondu le jour où il avait commencé à s'alimenter et, Dieu merci, ses réponses étaient plus étoffées.

VOULIEZ-VOUS RÉELLEMENT « REPARTIR DE ZÉRO » QUAND VOUS AVEZ ÉTÉ LIBÉRÉ SUR PAROLE CETTE FOIS-CI ? PENSEZ-VOUS QUE LES CHOSES ONT COMMENCÉ À FAIRE BOULE DE NEIGE ET QUE VOUS AVEZ RENONCÉ À ESSAYER ? QUE DE TOUTE FAÇON VOUS ÉTIEZ EN TRAIN DE TOUT GÂCHER ALORS À QUOI BON…

Oui, à quoi bon ! Je regrette de ne pas pouvoir vous parler, Schiller. Je n'aime pas écrire. Ça n'est pas pareil que parler. On a plus de spontanéité dans un échange verbal et par conséquent de meilleures réponses. Je tiens beaucoup à ce que vous me compreniez bien.

Je sens à vos questions que vous ne savez pas vraiment ce que je veux vous dire. Vous êtes à au moins 35° de la cible. Ça n'est pas l'idéal pour communiquer.

QUE PENSEZ-VOUS DU FAIT D'ÊTRE EN PRISON ?

On pourrait facilement se débarrasser d'un tas de prisons.

C'est de la merde. Elles engendrent le crime, elles n'en dissuadent pas.

Pour l'instant, je suis prisonnier de mon corps.

Je suis enfermé en moi-même.

C'est pire que la prison !

PENSIEZ-VOUS JAMAIS À LA MORT AVANT DE VOUS TROUVER CONFRONTÉ AVEC CETTE CONDAMNATION À MORT ?

Beaucoup.

En profondeur.

Beaucoup, beaucoup.

Oh, oui.

COMMENT AVEZ-VOUS FAIT LA CONNAISSANCE DE NICOLE ? COMMENT VOS RELATIONS ONT-ELLES COMMENCÉ ?

C'était, pour chacun de nous, comme trouver une partie de nous qui s'était perdue et qui nous avait manqué un moment. Je ne peux pas le prouver, mais je le sais.

Vous voulez que je vous dise autre chose ! J'ai été célèbre avant – pas une triste célébrité comme aujourd'hui, mais célèbre et riche aussi. C'est peut-être pour ça que ce qui m'arrive maintenant ne me fait pas beaucoup d'effet. Tout ça arrive comme ça le devait. En mon for intérieur – dans cet endroit tranquille qui guide notre vie – je l'ai toujours su. Ça n'est pas une surprise. Il n'y a pas de quoi s'en étouffer.

ÇA PEUT SEMBLER RIDICULE, TERRIBLEMENT PSYCHANALYTIQUE, STUPIDE ET TOUT CE QUE VOUS VOULEZ, MAIS QUE PENSEZ-VOUS DE VOTRE MÈRE ET DE SON RÔLE DANS VOS PREMIÈRES ANNÉES ?

J'aime ma mère. C'est une femme belle et forte. Elle n'a jamais cessé de m'aimer. Ma mère et moi nous nous sommes toujours bien entendus. On n'est pas seulement mère et fils, on est aussi amis. C'est une bonne mère de la souche des pionniers mormons. Une brave femme. Qu'est-ce que vous pensez de votre mère ?

EN GÉNÉRAL ÊTES-VOUS SENSIBLE À CE QUE LES GENS PENSENT DE VOUS ?

Oui.

Comme tout le monde.

Oui, il y était sensible, songea Schiller. Raison de plus pour vendre et publier les lettres. Le public serait moins totalement hostile à Gilmore.

En signe d'amitié, ou bien était-ce une indication de l'intérêt que trouvait Gilmore à présenter de lui une image plus favorable, il avait envoyé aussi un long poème qu'il avait écrit voilà quelques années. Schiller ne savait pas trop quoi en faire, mais il se dit qu'il pourrait en extraire quelques vers pour les donner à *Time* ou *Newsweek* lorsqu'ils seraient à court de copie.

Le Maître de Ces Lieux
Une introspection par Gary Gilmore

En sentant un vent violent souffler
Dans les couloirs de mon âme j'ai su
Qu'il était temps que j'entre
J'ai grimpé et j'ai regardé partout
J'étais bien chez moi ma semence même
Un miroir de moi reflétant mon image
De chaque courbe et de chaque ligne
Et de chaque surface Chaque grain nu
Chaque couleur chaque ton et chaque valeur Chaque son
Orgueil Haine Vanité
Indolence
Gâchis Folie Désir Envie Besoin
L'ignorance noire et verte
Je me voyais à chaque détour
Mettre mon esprit même à brûler
Face à face et sans esquive possible
Tête baissée je tombais dans ce chalet
Je me sentais seul et seul je me retrouvais
Un hurlement rouge m'échappait Mais je le reprenais
Mais j'en maîtrisais la force
Il allait crescendo dans un poids désespéré
Et sombrait dans le sang…
Je sentais et j'étendais un battement d'ailes
Comme nul oiseau que l'on connaît
Au-dessus je me voyais noir et tordu
Et brun et crispé – emporté dans les airs
Par l'aile grise d'une chauve-souris… Perchée là
Sur mes épaules…
Une chose était claire
Nul mépris ici ne menaçait
Voilà comme sont les choses
Dépouillées jusqu'à l'os
Et j'ai bâti cette maison Moi seul
Je suis le maître de ces lieux

Quatrième partie

La saison des vacances

18. Jours de pénitence

I

Un des jurés du procès de Gary adressa une lettre au *Provo Herald*. La Cour suprême de l'Utah n'avait pas trouvé d'erreur, dit-il, alors pourquoi l'affaire Gilmore était-elle allée jusqu'à la Cour suprême des États-Unis ?

Le juge Bullock se mit à penser à ce juré. D'après la teneur de sa lettre, Bullock avait l'impression que certains membres du jury se demandaient s'ils avaient convenablement accompli leur tâche. Il y avait eu tant d'appels. Le juge se dit : « Je vais demander à ce jury de revenir. Peut-être que je prends des risques, mais je tiens à leur expliquer les procédures juridiques. »

Il fit contacter chacun d'eux par son greffier. Il ne voulait pas donner au jury le sentiment qu'il y avait une pression quelconque de la part du juge J. Robert Bullock, aussi le greffier se contenta-t-il d'annoncer que le juge, à titre strictement officieux, aimerait les rencontrer et examiner toutes questions juridiques qu'ils pourraient avoir à lui poser. Tous les jurés acceptèrent. Ils vinrent tous.

Il les retrouva au palais de Justice un soir où il n'y avait personne et les installa dans la tribune du jury. Il s'assit devant eux et leur expliqua le droit de faire appel et comment cette affaire allait sans doute se prolonger pendant plusieurs années encore. Ce serait d'ailleurs contraire à l'habitude si l'on parvenait à une conclusion en moins de temps que cela. Il fit remarquer que les gens avaient le droit de s'adresser à la Cour afin de lutter pour les principes juridiques auxquels ils croyaient, et il ajouta que le problème de la peine capitale n'était pas encore réglé. On n'avait exécuté personne depuis 1967, aussi était-il tout à fait normal qu'il y ait des délais. Mais il tenait à ce que les jurés comprennent bien qu'ils n'avaient pas mal fait leur travail.

C'était là où le bât blessait. Le juge Bullock leur déclara qu'en aucune circonstance on ne pourrait révoquer leur verdict. « Il se peut, dit-il, que j'aie commis des erreurs en vous expliquant ce qu'est la loi, mais vous n'en n'avez pas fait. Vous avez fait votre travail. » Il sentait que ces paroles les aidaient. Ils se sentaient mieux maintenant.

Il répéta encore que cela pourrait prendre quelques années et ajouta : « C'est comme ça, ne luttons pas contre le système. » À sa surprise, peu après cette réunion, la Cour suprême annula le sursis qu'ils avaient accordé. Il était donc prévu que Gilmore reviendrait le 15 décembre devant les juges pour qu'on rende une nouvelle sentence. Le juge Bullock n'avait plus qu'à recommencer à souffrir.

Il connaissait des juges qui étaient prêts à se suicider plutôt que de prononcer une sentence de mort. Le juge Bullock ne se considérait pas comme un objecteur de conscience, mais quand même il n'était pas pour la peine capitale.

Avant Gilmore, il n'avait même jamais connu de procès susceptible d'entraîner la peine capitale. Il avait jugé toutes sortes d'homicides, avec des peines allant de cinq ans à l'emprisonnement à vie, mais jamais encore de meurtres avec préméditation. Cela se révélait plus dur qu'il ne s'y attendait. Le jury avait déclaré Gilmore coupable, aussi n'avait-il eu qu'à formuler la sentence. Pourtant, en ce jour d'octobre, il tremblait intérieurement, il était au supplice. Extérieurement, le juge Bullock pensait donner l'impression qu'il gardait son sang-froid et sa dignité. Mais en son for intérieur, il ressentait une émotion plus grande qu'il ne s'y attendait.

Et voilà maintenant qu'il allait devoir condamner Gilmore une fois de plus. Ce serait la même sentence, mais pour une date différente. Il devrait néanmoins prononcer les mots. Cette crispation et ce déchirement au creux de l'estomac, ces quelques mots qui vous vidaient affectivement, tout cela allait recommencer. Et toute la clameur du public. Si ce type a envie de mourir, qu'on lui accorde ce droit rapidement.

Non, se dit Bullock, je ne vais pas précipiter les choses. Il faut suivre la procédure. Ceux qui voudront faire appel doivent avoir le temps de le faire dans les formes.

Aussi, lorsqu'il apprit que Moody et Stanger, sur les instructions de Gilmore, allaient réclamer une date d'exécution plus proche, ne se sentait-il pas disposé à accepter cette idée.

11

En descendant le couloir du palais de Justice, Gilmore avait l'air d'un homme qui retrouvait l'espoir. Aux yeux de Schiller, Gary ne paraissait pas aussi frêle que lors de sa grève de la faim. Cela ne faisait peut-être que deux jours qu'il avait interrompu son jeûne, mais il se portait bien. Il y avait un certain rythme dans sa démarche comme si, même avec les fers aux pieds, il pouvait faire de petits pas dansants un peu plus rapides, un peu plus élégants que le cheminement lourd des gardiens qui l'escortaient. Il y avait quelque chose de plaisant dans sa façon d'évoluer, comme s'il suivait un rythme intérieur.

Bien sûr, Schiller en connaissait la raison. Ce matin, Gary comptait pouvoir parler à Nicole. Bob Moody avait expliqué à Larry ce qu'il espérait réussir au palais de Justice ce jour même. Stanger et lui comptaient ramener leur client dans le bureau vide de Bullock, et de là appeler l'hôpital sur le téléphone du juge en demandant à parler à Sundberg. Ken alors passerait l'appareil à Nicole.

Obtenir ce coup de téléphone était devenu un engagement moral pour Bob Moody. La première fois qu'il avait jamais vu Gilmore, c'était devant ce même palais de Justice où l'on jugeait l'affaire Buschnell. Ce jour-là, Bob avait vu Nicole se précipiter pour étreindre Gary, et une intensité particulière dans cette démonstration d'affection avait ému Moody au point qu'il s'était dit : « Voilà une fille extrêmement amoureuse. »

Moody avait déjà remarqué que lorsqu'un jeune criminel quittait le palais de Justice – surtout s'il était beau garçon et s'il avait une de ces moustaches à la macho – il arrivait qu'une jeune femme se précipite pour l'embrasser. En général, ce genre d'étreinte se prolongeait un bon moment. Mais celle qui avait eu lieu entre Gilmore et son amie avait dû être la plus longue et la plus passionnée dont Ron avait jamais été témoin. Cela dépassait la limite des convenances. Il s'était posé quelques questions sur les gens qui exprimaient des sentiments aussi forts.

Moddy avait beau être un assez haut dignitaire de l'Église mormone, il ne s'en considérait pas moins comme un peu libéral. De temps en temps, il aimait, toutefois, se pencher sur certains problèmes, par exemple comment se faisait-il que c'étaient toujours de jolies filles comme Nicole qui semblaient avoir un penchant pour des criminels. Il savait que ça n'était pas sa propre expérience qui lui fournirait la réponse. Il se considérait comme un de ces types solides dont le plus grand problème dans la vie avait été de choisir entre devenir dentiste, homme d'affaires ou avocat. Maintenant, sa femme et lui avaient cinq enfants, ce qui représentait des rapports bien différents de ceux qu'on pouvait observer dans un couloir de palais de Justice.

Cependant, le souvenir de cette première fois où il avait aperçu Gilmore donnait toujours un sens particulier à ce que Gary disait de Nicole. Cela donnait à Moody un peu de compassion pour ce que d'autres avaient peut-être vu comme un désir bizarre d'atteindre cette fille à tout prix. Aussi Moody s'était-il donné du mal pour exaucer le souhait de Gary.

III

Seulement, lorsqu'ils s'engagèrent dans le hall ce jour-là, on les installa dans une pièce sans téléphone. Leur plan se trouvait tout bonnement à l'eau. Gary dut pénétrer dans la salle d'audience très déçu. Schiller s'aperçut même que son corps commençait à se crisper. Il s'était mis à cligner des yeux et avait presque des allures de reptile. On aurait dit qu'il se demandait où frapper.

Wootton prit la parole. On ne pouvait pas calculer le délai de trente jours au minimum et soixante jours au maximum, déclara-t-il, à partir de ce jour, 15 décembre, ce qui mettrait la date de l'exécution au plus tôt le 15 janvier. Légalement parlant, dit-il, ce n'était pas sain de repousser sans cesse une exécution. Bullock n'arrêtait pas de hocher la tête.

Schiller voyait Gary regarder les gens qui l'entouraient comme s'ils étaient de la crotte. Et lorsque ce fut son tour de parler, il affirma que personne ici n'avait assez de cran pour le laisser mourir. Tout ce dont ils étaient capables c'était de le faire glander. La façon dont il déclara cela fit passer un murmure dans la salle.

Bullock ne releva pas la remarque. Comment pouvait-on condamner un homme pour outrage à la Cour alors qu'il devait déjà être exécuté ?

« À moins que ce ne soit une plaisanterie, dit Gilmore, je compte… » et il se mit à expliquer qu'il comptait qu'on exécuterait la sentence dans les jours à venir. « Je suis sérieux quand je dis que je veux mettre fin à ma vie, ajouta Gilmore. Le moins que la justice puisse faire, c'est de le reconnaître. »

Bullock fixa la date au 17 janvier. « Nous ne sommes pas ici pour vous faire plaisir », déclara le juge.

Après l'audience, Gilmore rencontra par hasard Wootton dans le couloir. Il en profita pour lui dire : « Pourquoi ne viens-tu pas me sucer, fils de pute ? » Wootton ne répondit pas.

IV

Alors qu'il devait s'écouler tout un mois avant l'exécution, Schiller avait maintenant assez de temps pour négocier la vente des lettres. Aussi, après l'audience, invita-t-il Vern, Bob et Ron à déjeuner. Il leur demanda même de choisir un bon restaurant. Comme il n'y avait rien du côté d'Orem ni de Provo qui fît l'affaire, ils se retrouvèrent dans une sorte de grande brasserie bavaroise au pied des collines qui entourent Salt Lake City, et ils durent attendre pour avoir une table de coin tranquille tandis qu'une foule d'hommes d'affaires discutaient à perdre haleine. Mais Schiller voulait le cadre qui convenait pour cette conversation.

Comme il se disait qu'il devrait persuader Moody plutôt que Stanger, il mit Ron à sa droite et Moody en face. Ainsi il pouvait regarder Bob droit dans les yeux tout en vendant sa salade. Au cours du déjeuner, il exposa à fond le problème. Il leur expliqua qu'il voulait vendre certaines des lettres en Europe afin qu'elles soient publiées peu avant l'exécution, mais qu'il pouvait dissimuler les transactions de telle façon que personne ne saurait jamais qui avait effectué la vente. Les lettres, après tout, avaient déjà été publiées dans le *Deseret News*. Il avait dû y avoir au moins un jeu de photocopies qui circulait.

Il ne pouvait pas prétendre, dit-il, ne pas être préoccupé par les réactions de Gary. Si jamais celui-ci découvrait la vérité, leur assura Schiller, ça ferait certainement un foin épouvantable. Mais ça n'allait pas lui nuire. Gary était plus sympathique dans ses lettres que dans toutes les images qu'il avait données de lui. D'ailleurs, on avait déjà fait irruption dans sa vie privée. Les extraits cités par Tamera dans le *Deseret News* avaient été repris par la presse dans la moitié du monde. Schiller dit qu'il tenait à leur répéter ce qu'il leur avait dit au début : il allait y avoir beaucoup de choses qui ne leur plairaient peut-être pas, mais il en parlerait toujours. Il ne comptait pas agir derrière leur dos.

Il y eut une longue discussion. Schiller sentait que les avocats étaient surpris de le trouver aussi franc. Comme il s'y attendait, Moody était plutôt contre le projet et discuta avec Stanger de l'effet que cela pourrait avoir sur l'opinion si tout cela était étalé au grand jour. Ils ne tenaient absolument pas à se trouver comparés à Boaz. Schiller ne cessait de répéter que si les lettres qu'ils détenaient n'étaient pas publiées, les journaux étrangers se les procureraient par d'autres sources. Quelqu'un allait gagner de l'argent sur le dos de Gary Gilmore.

Schiller sentait que Vern était déchiré. Inconsciemment, estimait-il, Vern avait envie de l'argent, mais jamais il ne dit : « Il faut que j'en discute avec Gary. » Cependant, ça le travaillait. Il ne parlait pas et se repliait sur lui-même. Ça n'était pas tant qu'il était hostile mais plutôt déconcerté. En conclusion, se dit Schiller, Vern marcherait pour de l'argent.

Larry finit par les convaincre en disant : « Je pourrais faire une vente en Allemagne ou au Japon sans que vous en sachiez jamais rien. Personne ne pourrait me désigner comme l'homme ayant vendu ces lettres. » C'était la forme de menace la plus subtile. Après tout, ils savaient qu'il avait six photocopies. Comment pouvaient-ils être certains qu'il n'en avait pas fait sept ? Jamais ils ne lui donnèrent ouvertement leur accord, mais dès cet instant il sut qu'il pouvait aller de l'avant.

Après le déjeuner, lorsque Ron Stanger revit Gary à la prison, ce fut comme s'il parlait à une plaque d'acier. Il était dans un état pire que celui de la dépression où l'avait plongé sa grève de la faim. Gary était froid, dur et d'une fébrilité de glace. Ron ne l'avait jamais vu ainsi. Ça vous brûlait les yeux de sentir sa rage flamboyer. On pouvait dire qu'il était tendu. Possédé même.

Sur le chemin du retour, Ron essaya d'en plaisanter. « Bon sang, annonça-t-il à Moody, on aurait cru un film d'horreur. C'était tout juste si je ne voyais pas ses dents qui s'allongeaient. »

V

DESERET NEWS

Gilmore fait une nouvelle tentative de suicide

Salt Lake, 16 décembre. – Gary Gilmore, qui avait été condamné pour meurtre, est actuellement dans le coma au Centre Médical de l'Université à la suite d'une seconde tentative de suicide.

Gilmore, déçu dans ses efforts pour obtenir une exécution rapide, est dans un état critique.

Il a été hospitalisé à 10 h 20 du matin, après avoir été trouvé sans connaissance dans sa cellule à 8 heures et quart…

La seconde fois, Gilmore essaya vraiment. C'était l'opinion du Dr Christensen. Gilmore avait absorbé du phénobarbital à la dose de 16,2 mg pour 100. Toute dose supérieure à 10 mg pour 100 se révélait fatale pour plus de la moitié des gens qui essayaient. Gilmore avait donc largement dépassé la dose critique.

Cette fois, lorsqu'il reprit connaissance, il ne fut pas grossier. Une des infirmières observa même : « Tiens, il a l'air plutôt gentil. » En fait, il semblait calmé. Il y avait une différence. Vraiment.

Stanger se rendit à l'hôpital dès qu'il apprit la nouvelle et tomba sur une scène bizarre. Un vieil ami qui avait partagé un bureau avec Ron à Spanish Fork il y avait des années, un ophtalmologue du nom de Ken Dutson, était en train de mourir dans la même salle des urgences où on s'efforçait de ranimer Gary. Stanger tomba pratiquement sur la femme et sur la famille de Dutson. Ils étaient bouleversés. Sitôt qu'on amena Gary, ce fut à lui que le personnel hospitalier consacra toute son attention. Stanger était sûr que le pauvre Dutson en était au point où on ne pouvait pas le sauver, mais on ne pouvait guère s'attendre à voir sa famille satisfaite de constater qu'un tueur amené d'urgence accaparait tout d'un coup l'attention de tous les médecins qui s'affairaient autour de lui.

Gilmore se remit si vite que c'en était dingue. Il avait franchement été au bord de la mort, c'est ce que dirent les médecins à Stanger, mais son système semblait avoir appris à se débarrasser rapidement des poisons. C'était incroyable, cette décision de ne le garder qu'un jour à l'hôpital avant de le réexpédier dare-dare en haute surveillance comme si on craignait que Gilmore ne s'échappe et n'aille rôder dans les rues. Bien sûr, il était malgré tout dans un triste état. Lorsque Stanger retourna le voir à la prison, Gary était encore si intoxiqué par les barbituriques qu'il ne pouvait même pas s'asseoir sur le tabouret. Il manqua d'en tomber plusieurs fois. Et il parlait d'une voix pâteuse comme s'il avait de la mélasse dans la bouche. Même en bavardant, il se mit à vaciller jusqu'au moment où il tomba.

« Tu t'es fait mal ? demanda Vern.

— Ça va.

— Tu es sûr ?

— Ça va même quand ça ne va pas », dit Gary.

Schiller envoya deux questions urgentes :

QUAND VOUS AVEZ TENTÉ DE VOUS SUICIDER, AVEZ-VOUS EU UN APERÇU DE CE QUE C'EST DE L'AUTRE CÔTÉ ?

Je ne peux pas vous dire exactement s'il faisait clair comme à l'aube ou si c'était en plein soleil, ou encore comme une lueur dans l'obscurité, mais il faisait clair. J'ai senti que je parlais à des gens, que je rencontrais des gens. Voilà le souvenir que j'en ai ramené.

QUE VA-T-IL SE PASSER QUAND VOUS RENCONTREREZ BUSCHNELL ET JENSEN DE L'AUTRE CÔTÉ ?

Qui sait si je les rencontrerai ? Peut-être bien qu'avec la mort on règle toutes ses dettes. Mais ils ont leurs droits, comme j'ai les miens, et ils ont des privilèges, comme j'imagine que j'ai des privilèges aussi. Je me demande : ont-ils plus le droit de faire quelque chose que moi maintenant ? C'est une question intéressante.

VI

La seconde tentative de suicide tracassa Bob Hansen. Cela amena aussi Earl à se poser des questions sur la santé d'esprit de Gilmore. L'État ne voulait assurément pas se mettre dans une situation telle que le public pourrait penser qu'on exécutait un dément. Aussi Hansen, Sam Smith et Earl Dorius eurent-ils un certain nombre d'entretiens pour savoir quels psychiatres seraient choisis. On pensa un moment à faire venir le Dr Jerry West, qui était bien connu du fait de son témoignage dans l'affaire Patty Hearst. West était violemment opposé à la peine capitale ; Hansen pensait que si on pouvait l'amener à dire que Gary était sain d'esprit, cela réglerait la question et que plus aucun doute ne subsisterait dans l'esprit du public. Earl, toutefois, estima que c'était risqué et il se fixa pour but de faire changer Hansen d'avis. Que le psychiatre de la prison, Van Austen, fasse l'expertise, dit-il. De toute façon, il était fort possible que l'opinion publique ne serait jamais satisfaite.

Ils s'adressèrent donc à Van Austen. Celui-ci déclara Gary sain d'esprit. Les choses pourraient se calmer pendant une quinzaine de jours au moins. Dorius espérait passer un Noël tranquille.

VII

La réaction de Schiller à la seconde tentative de suicide fut que Gary devait être un homme très impatient. Il ne voulait pas mourir à cause de la réincarnation, mais simplement par dépit. Il avait tenté de se supprimer pour montrer au monde que c'était lui, Gary Gilmore, qui contrôlait la situation. Schiller perdit donc tout respect pour lui. C'était idiot de se tuer rien que pour emmerder le juge. C'était un trait de revanche puéril. C'était peut-être ça qui empêchait Gary de faire quoi que ce soit de sa vie.

Schiller se mit à penser de plus en plus à April. De plus en plus, il avait l'impression que la nuit que Gilmore avait passée avec April était peut-être la clé de bien des choses. Gary avait formellement refusé de dire quoi que ce fut sur elle. Dans les questionnaires, les pages vides la concernant intriguaient Larry. Il avait déjà essayé de persuader Kathryne Baker de le laisser rencontrer sa fille, mais cette fois il se donna plus de mal. Lorsqu'il en parla à Phil Christensen, il alla jusqu'à dire qu'il devait absolument rencontrer cette jeune personne.

Kathryne avait peur qu'April ne se mette à battre la campagne si elle savait qu'elle parlait à un journaliste. April semblait persuadée que les gens des médias avaient toutes sortes de pouvoirs déments. Ce ne fut donc pas facile de convaincre Kathryne, mais elle finit par accepter quand Phil proposa de faire sortir April de l'hôpital pour aller acheter des cadeaux de Noël. On amena même une des secrétaires de Christensen qui entrerait avec April dans les magasins de toilettes pour femmes.

Larry attendit dans la voiture pendant que Phil sortait de l'hôpital avec cette charmante petite adolescente. Schiller lui ouvrit la portière, elle s'installa sur la banquette arrière et il vint s'installer auprès d'elle. C'était une belle journée claire et ensoleillée, il ne faisait pas froid du tout, elle était vêtue d'une jupe et d'un chemisier avec une petite veste et elle avait les cheveux noués en arrière en queue de cheval. Schiller remarqua aussitôt qu'elle évitait son regard. Après s'être présenté comme étant Larry – Christensen et lui étant tombés d'accord pour penser qu'elle avait peut-être entendu le nom de Schiller à la télévision – elle dit : « Je suis April » et il lança une plaisanterie. « Je connais bien une fille qui s'appelle Tuesday, dit-il. Tuesday Weld. » Pas beaucoup de réaction. Elle restait assise là, plus jolie qu'il ne l'avait supposé, une fille de seize à dix-huit ans un peu rondelette. Elle ne donnait pas l'impression de quelqu'un actuellement traité dans un asile. Peut-être lui administrait-on des sédatifs, mais certainement pas très forts.

Lorsqu'ils se mirent à parler de faire des courses au supermarché de l'Université, April dit : « Je vais acheter un cadeau pour Sissy. » Quelque chose dans la façon dont elle le déclara fit penser à Schiller que Sissy devait être le surnom qu'on donnait à Nicole dans la famille.

Lorsque Christensen donna cent dollars à April pour acheter des cadeaux pour tout le monde, elle dit que jamais elle n'avait eu autant d'argent à dépenser. Au bout d'un moment, elle déclara qu'elle allait acheter une Timex à Sissy.

Il ne fallut pas longtemps à Schiller pour en avoir assez du soleil hivernal, de l'air des montagnes, des centres commerciaux et des cloches de Noël. Il se fit déposer, sourit à April et lui dit : « J'espère vous revoir. Tâchez de trouver de beaux cadeaux. » Là-dessus, elle le regarda cette fois droit dans les yeux et lui fit un grand et beau sourire. Il s'en alla, persuadé qu'il pourrait l'interviewer. Schiller était excité. À part Vern, Brenda et Sterling, c'était son premier contact avec quelqu'un qui avait connu Gilmore intimement avant les meurtres.

VIII

Brenda alla voir Gary, mais on ne voulut pas lui laisser franchir la grille. Deux jours plus tard, la prison finit par accepter de la laisser le voir à travers la vitre. Il avait un téléphone à chaque oreille de façon à pouvoir parler à Vern et à elle en même temps. Brenda alla droit au fait. « Gary, espèce de connard, dit-elle, tu fous tout en l'air. Si tu ne te sens pas capable de faire les choses convenablement, bon sang, cesse d'essayer. » Il répondit : « Brenda, j'ai essayé. Franchement, j'ai essayé. Mais on me découvre toujours trop tôt. » Elle dit encore : « Tête de mule, pourquoi n'utilises-tu pas un pistolet ? (Puis elle fit la grimace et poursuivit :) Non, ne prends pas un pistolet. Tu ne sais même pas où est la détente.

— Mon Dieu, je sais, fit-il. J'ai encore mal à la main. »

Ils se dirent adieu comme la fois précédente, en étalant les doigts et la paume de chaque côté de la vitre.

Le dimanche matin, une fille du magazine *People* se présenta à la maison de Brenda avec un photographe. Son jeune fils, Tony, les fit entrer. Brenda était sous la douche et arriva vêtue seulement d'un déshabillé. Comme il avait un décolleté assez plongeant, elle se servait d'un gant de toilette pour dissimuler sa poitrine du mieux qu'elle pouvait. Elle se vit dans la glace. On aurait dit un cacatoès en chaleur. Pendant ce temps-là, la journaliste, Sheryl McCall, racontait qu'elle voulait faire un article sur Cristie. Sheryl avait découvert que Gary lui avait légué sa glande pituitaire.

Brenda leur dit : « Sortez. N'utilisez rien ici ou je vous traîne en justice. »

Le photographe, qui s'appelait John Telford, se dandinait d'un pied sur l'autre en tripotant ses appareils de photos pendus à son cou. Brenda crut qu'il faisait ça pour les empêcher de se heurter, mais elle découvrit par la suite qu'il était en train de prendre des photos. Il la photographia sous tous les angles dans son horrible déshabillé. *People*, par la suite, publia sa photo. Elle était une des « huit femmes torturées dans la vie de Gary ». Un article vraiment moche et sordide. Brenda y était décrite comme une serveuse de bar. Lorsqu'elle apprit que Tony avait refermé la porte extérieure et que McCall et Telford l'avaient ouverte pour entrer, elle prit contact avec un avocat et attaqua le magazine *People*.

En outre, Brenda était en mauvais état physique. Elle en était arrivée au point de ne plus pouvoir supporter la douleur. Elle avait de telles crises que, fréquemment, elle ne pouvait pas aller travailler. C'était vraiment trop dur pour elle. Elle alla donc passer des examens et on lui fit diverses radios.

Les docteurs rendirent leur diagnostic. La paroi interne de l'utérus d'une femme se renouvelait, semblait-il, chaque mois, mais dans son cas, cette paroi interne s'accumulait sur l'extérieur de la paroi utérine. Dans l'immédiat, cela semblait se souder à ses intestins, puis se déchirer et provoquer une hémorragie. Un peu comme un cancer, sauf que ça n'était pas cancéreux. Mais il y avait sans aucun doute des adhérences intestinales. Quand ce tissu se déchirait, précisèrent les docteurs, cela arrachait aussi la paroi intérieure de l'utérus. Très pénible. Ils n'étaient pas sûrs de pouvoir maîtriser cela sans intervention chirurgicale. En attendant, elle saignait pas mal. On lui donna des analgésiques, mais elle avait quand même l'impression qu'on lui déchirait l'intérieur. À deux reprises, lorsqu'elle se rendit à la prison, le fait de s'asseoir et d'attendre lui fut intolérable. Comme, le plus souvent, on ne voulait pas la laisser entrer, elle cessa d'y aller. Ce fut alors que le simple fait de marcher lui devint douloureux. Parfois même, rester debout l'obligeait à un effort insupportable. Il y avait donc Vern qui se remettait péniblement de son opération, et elle, Brenda, avec sa constante impression de déchirement interne.

IX

Ce fut Sundberg qui avertit Nicole de la seconde tentative de Gary. Cela la bouleversa. Elle ne comprenait pas pourquoi il pouvait essayer de la lâcher ainsi. Elle avait l'idée que Gary se disait : « Il faut que je m'occupe de moi. » Tout de même, elle était gênée qu'il eût échoué encore une fois. Il aurait bien dû savoir s'y prendre.

Elle fut stupéfaite lorsqu'on la désigna comme candidate à la vice-présidence du quartier des femmes. Histoire d'essayer de mettre sur pied une autre direction. Nicole trouvait insensé le choix des deux idiotes qu'on avait choisies avec elle. Bien sûr, il n'y avait pas tellement le choix, il n'y avait que quinze filles dans le pavillon, et cinq étaient si dingues qu'auprès d'elles April aurait semblé la logique même. Elle était sans doute une des rares dans le pavillon à pouvoir additionner, par exemple, cinq et huit. Mais ce n'était pas comme si elle avait recherché cette nomination. La plupart du temps, elle refusait toujours de parler à quiconque, ne fréquentait aucune des réunions qui se déroulaient toute la journée. Lorsqu'on se tournait vers elle pour avoir son avis, elle disait : « Humph. » Comme ça : « humph ». Peut-être qu'elle le disait d'une façon qui attirait vraiment leur attention, comme si elle reniflait une merde particulièrement intéressante.

19. Avent

I

Ce n'était pas le genre de nouvelles qu'on pouvait prévoir. En réalité, c'était incroyable. Bob Moody reçut un coup de téléphone d'un ami de Gary, Gibbs, qui déclara être indicateur de police et qu'il allait témoigner à un procès dans les deux jours à venir. Ayant été le compagnon de cellule de Gary à la prison de Provo, il avait toute une histoire à raconter, expliqua-t-il à Moody. Il voulait dix mille dollars et l'occasion de passer à l'émission de Johnny Carson. Moody informa aussitôt Vern de la conversation et deux heures plus tard, lorsqu'il se rendit à la prison, Vern transmit la nouvelle à Gary. Comme ce dernier ne répondait pas, Vern expliqua de nouveau ce que Gibbs avait déclaré à Moody.

Gary fronça les lèvres si étroitement qu'on aurait pu croire qu'il avait retiré son dentier.

« Je suis désolé, Gary, dit Vern. Comme tu le sais, je lui ai déjà versé deux mille dollars.

— Tu vois ce type, dit Gary. Je lui faisais confiance. Il ne faut pas faire confiance aux gens.

— J'aimerais tomber sur lui, fit Vern. Je lui referais le portrait.

— Bah, fit Gary, ne t'inquiète pas, Vern. Toi, tu ne peux rien y faire, mais moi je peux. (Il hocha la tête.) Je peux m'occuper de ça d'ici. » Il parlait tout à fait sérieusement, se dit Vern. « Oui, songea-t-il, si Gibbs ne quitte pas la ville, il va s'occuper de lui. »

Schiller et Barry Farrell travaillaient ensemble ce matin-là à Los Angeles quand Moody téléphona pour leur annoncer la nouvelle. Gibbs, dit-il, voulait parler à Schiller à propos d'une affaire. Larry avait été cité dans *Helter Skelter* et il pensait que Schiller voudrait peut-être acheter des confidences sur Gary, des histoires que personne d'autre ne connaissait. Schiller avait l'air soucieux, il décrocha le téléphone pour appeler Gibbs et l'entendit répéter tout ce qu'il avait dit à Moody. Gibbs demanda alors à Schiller de ne rien divulguer à Gary de ces renseignements confidentiels. En raccrochant, Schiller dit à Farrell : « C'est ridicule. Est-ce qu'il s'imagine que Moody ne va pas parler de cela à son client ? » Farrell, qui venait de lire les lettres de Gilmore, pleines d'éloges pour son compagnon de cellule, dit : « Ce Gibbs est vraiment une ordure. »

Schiller avait déjà décidé de découvrir si Gibbs en savait vraiment assez pour nuire à son récit exclusif et, si c'était le cas, de lui signer un contrat au plus bas prix possible. Comme Barry et lui allaient partir pour Provo cet après-midi-là et qu'ils étaient prêts à fournir de nouvelles questions à Moody et à Stanger, il serait relativement simple d'interviewer Gibbs en même temps. À vrai dire, ce serait le premier travail qu'ils feraient ensemble dans l'Utah. Ça pourrait être une façon de concrétiser leurs relations. « C'est à nous, dit Farrell, de presser Gibbs comme un citron. »

Dans l'avion qui les emmenait à Salt Lake, ils revirent les interrogatoires préparés par Barry. Au cours de la dernière semaine, Farrell avait lu tout ce dont on pouvait disposer ; les lettres, les bandes et toutes les feuilles de papier jaune sur lesquelles Gilmore avait écrit des réponses, et ensuite il avait élaboré un nouveau jeu de questions minutieuses. Schiller entreprit de relire ce travail avec attention, discutant chaque interrogation de Barry et ils en changèrent un certain nombre.

À Salt Lake, ils louèrent une voiture, se rendirent à Provo et descendirent au TraveLodge. Puis il emmena Barry pour rencontrer Moody et Stanger. Il fallut un moment pour convaincre les avocats de ne pas parler de Farrell à Gilmore. « Si Gary apprend qu'un autre homme intervient, il va devoir apprendre à faire confiance à ce nouveau venu », dit Schiller. D'ailleurs, après Gibbs, qui accepterait-il ?

Schiller essaya ensuite, avec la plus grande politesse, d'exposer certaines de ses critiques à propos des interviews conduites par les avocats et de les convaincre pourquoi ce devrait être Farrell et lui qui dirigeraient maintenant les opérations. « Voici, leur dit-il, notre première interview. » Il leur lut les questions en insistant sur les points annexes que cela pourrait soulever. Il fit de son mieux pour les gonfler. Ça semblait encourageant. De toute évidence, ils acceptaient Farrell en tant que journaliste – comme toujours Barry fit bonne impression – et Schiller sentait qu'ils l'écoutaient aujourd'hui avec une attention particulière. Selon toute probabilité, se dit-il, ils s'inquiétaient aussi à propos de Gibbs. Bon sang, s'ils ne commençaient pas à améliorer leur rendement, l'histoire de Gibbs paraîtrait peut-être de plus en plus tentante.

Cet après-midi-là, Moody et Stanger se rendirent à la prison et firent un enregistrement avec Gary. Ça dura des heures, et ils ne rentrèrent que vers minuit. Le lendemain, lorsqu'il entendit les bandes, Schiller en fut tout excité. Gary avait longuement parlé de son enfance, de la maison de correction, de la prison et des meurtres. Comme il ne s'était écoulé que quatre jours depuis sa seconde tentative de suicide, les réactions étaient impressionnantes. On aurait cru que Gilmore, lui aussi, était inquiet à propos de Gibbs et qu'il avait décidé de raconter son histoire. Schiller était aux anges. Lorsque Farrell aurait mis le texte au point, du moins aurait-il un bon début pour *Playboy*.

II

Le rendez-vous avec Gibbs avait été arrangé par Moody par l'intermédiaire d'un inspecteur de police du nom de Halterman, un grand type blond à lunettes, vêtu d'un manteau de cuir marron, le genre ours en peluche souriant, songea Schiller, sauf que, de toute évidence, c'était un ours en peluche coriace. Halterman avait choisi la salle des interrogatoires au commissariat de police d'Orem, une petite pièce avec un bureau et deux chaises.

Gibbs était là, fumant cigarette sur cigarette. La première impression de Schiller fut d'être en présence d'un petit gibier de prison, visqueux et toujours prêt à se mettre à table. Des yeux rouges qui louchaient, il avait un début de calvitie, une barbiche à la Fu Manchu, une petite moustache. De mauvaises dents, et pâle comme un steak. Le genre de type à vous planter son couteau sous l'aisselle. Farrell le trouva encore plus antipathique. Assis là, il avait l'air d'une vieille belette. Il sentait la prison à plein nez.

Une fois les présentations faites, le premier geste de Schiller fut de tirer de sa poche un paquet de Viceroy super longues et de lui en offrir. Ça mit Gibbs mal à l'aise. Hier, au téléphone, Schiller semblait à peine avoir entendu parler de lui. Et voilà qu'aujourd'hui il paraissait être au courant de ses habitudes. De toute évidence, se dit Gibbs, Gary avait renseigné Schiller sur ses préférences personnelles. D'ailleurs il y avait quelque chose chez cet homme et son compagnon, ce Farrell, qui gênait Gibbs. Ils n'avaient pas l'air de riches écrivains ou producteurs de Los Angeles. Ils portaient de vieux imperméables et des pantalons de toile et on aurait presque pu dire qu'ils avaient été arrêtés pour vagabondage. Gibbs sentait ses rêves dorés fondre au soleil. Pire encore. Il éprouvait un monceau de pressentiments, aussi, tout en disant bonjour, demanda-t-il si Schiller avait révélé leur conversation à Gary. « Je dois vous faire l'aveu, fit Schiller, que je crois avoir commis une erreur. Je n'avais pas compris que je n'étais pas censé lui en parler et je l'ai fait.

— Vous m'aviez donné votre parole, fit Gibbs.

— Je suis désolé, répondit Schiller, j'ai tout embrouillé. »

« Qu'est-ce qu'a dit Gary ? » demanda Gibbs.

L'autre type, Farrell, secoua la tête et dit : « Oh ! Dick, Gary était très déçu. » Plus que tout, Gibbs avait horreur qu'on l'appelle Dick. Son prénom était Richard. Il regarda Halterman et Ken était au bord de la nausée. Il fit un signe à Gibbs et les deux hommes sortirent de la pièce. « C'est le plus vieux truc du monde, dit Halterman. Oh ! Dick, reprit l'inspecteur en imitant Farrell, Gary était très déçu. » Halterman se mit à jurer. « Tu aurais dû dire : qu'est-ce que ça me fout ? Ça n'est qu'un tueur de sang-froid. » Malgré tout, il reconnut que ça vaudrait peut-être la peine de parler d'un contrat à ces deux types de Los Angeles.

Gibbs était dans tous ses états. Tout d'abord, il était dans la plus grande confusion et il n'en avait pas l'habitude. Et puis ce Schiller commençait à le harceler. « Vous savez, disait Schiller d'un ton de confidence, Gary est fou de colère, mais je crois que je peux le calmer. Vous comprenez, je pourrais lui expliquer que vous êtes prêt à travailler avec nous. »

Gibbs n'en croyait pas un mot, mais il n'osait pas non plus lui dire qu'il ne le croyait pas. Aussi, lorsque Schiller sortit de sa poche un magnétophone, Gibbs accepta d'être interviewé. Mais c'était difficile de savoir d'où venait Schiller. Quant à l'autre, Farrell, il se contentait de continuer à le foudroyer du regard.

Quand Schiller lui demanda s'il voulait signer un contrat pour son histoire, Gibbs demanda : « Combien ? » Il savait déjà qu'il ne serait plus question de dix briques, mais il avait quand même envie de passer à l'émission de Carson, d'avoir toute l'Amérique qui regarderait son visage, et puis d'utiliser le fric pour se payer un lifting, ah ! ah ! Malgré tout, il savait que Johnny Carson avait de la répartie. Ils s'entendraient bien. Ils se comprendraient vite.

Schiller, toutefois, semblait souffrir à l'idée de sortir de l'argent.

« Vous essayez, dit-il, de vendre vos renseignements alors que Gary vous a déjà donné un chèque de deux mille dollars, ce qui représente la quatrième somme la plus importante versée à qui que ce soit, y compris sa mère.

— Gary m'a donné cet argent par amitié. »

Schiller le regarda droit dans les yeux et dit : « Lorsque j'ai rapporté notre conversation à Gary, il voulait faire opposition à votre chèque.

— Je ne vous crois pas, fit Gibbs. D'ailleurs, il est encaissé. »

Gibbs avait reçu deux jours plus tôt une lettre de Gary lui disant que Powers racontait que lui, Gibbs, était un indicateur. Gary déclarait que Powers était un enfant de salaud d'essayer de répandre de pareilles rumeurs. Et maintenant il y avait cela. Schiller devait être l'individu le plus insensible du monde. Il eut même le toupet de dire : « Gary raconte des horreurs sur vous. À votre place, je n'aimerais pas me trouver à Salt Lake. »

Là, c'était de la foutaise. Gibbs savait mieux que n'importe qui que Gary n'avait pas de contact à Salt Lake. Gibbs se sentait quand même embêté. Il ne savait pas si c'était la peur ou s'il avait des remords à l'idée que Gary soit au courant, mais ça n'aurait pas pu être pire.

« Depuis combien de temps travaillez-vous pour la police ? demanda Schiller.

— J'ai fait douze ans en clandestin, dit Gibbs. C'est la première fois que je dois me montrer.

— Ça doit vous effrayer, dit Schiller.

— Pas tant que ça, fit Gibbs, je connais mon boulot. Hier, au tribunal, je me trouvais devant ce qui est sans doute le plus redoutable élément criminel de l'État d'Utah. (Gibbs tira sur sa Viceroy super longue.) Quand je me suis présenté à la barre, hier, on n'a pas demandé : est-ce que ce type est un indicateur ou un mouchard payé ? On a précisé : est-ce un agent du contre-espionnage à qui l'on puisse se fier ? S'ils l'avaient voulu, j'aurais pu leur donner les noms d'agents du F. B. I. pour qui je travaillais, leur montrer des billets d'avion qu'ils m'avaient donnés, des reçus. Halterman peut vous le dire. J'ai une mémoire photographique. Je pourrais rester devant ce magnétophone toute une journée et vous raconter tout sur Gary.

— Vous a-t-on mis auprès de Gary pour une raison précise ? demanda Schiller.

— Non, fit Gibbs, il ne savait rien qui aurait pu servir à la police. C'était juste pour ma protection personnelle. Ça ne me plaisait pas d'être avec les autres. Certains parmi ceux contre qui j'allais témoigner pouvaient avoir des amis qui se trouvaient là.

— Avez-vous donné à Halterman des renseignements sur Gary ? demanda Barry Farrell.

— Tout ce que j'ai dit à Halterman c'est : « Attention. Si on condamne Gilmore à mort, il faudra l'exécuter. »

— Et si on vous avait demandé de l'espionner ? poursuivit Farrell.

— Je ne crois pas que je l'aurais fait, fit Gibbs. J'aimais bien ce type. » Sans marquer le moindre temps, Farrell demanda : « Est-ce que Gary est bien monté ?

— Je ne sais pas, répondit Gibbs, je n'ai jamais fait attention.

— C'est par pure curiosité, dit Farrell en le regardant attentivement.

— Je n'ai jamais fait attention, répéta Gibbs.

— Est-ce que Gary a couché avec April ? demanda Schiller.

— Gary ne semble pas du genre à violer, fit Gibbs. S'il l'a fait, il m'a mieux roulé que je ne l'ai roulé, moi. »

III

Maintenant que Gary était au courant de ses activités, Gibbs se sentait si nerveux et si déconcerté que, pour se rassurer, il finit par donner à Schiller et à Farrell une liste des organisations pour lesquelles il avait travaillé au cours des dix dernières années. Quelle importance, de toute façon, ils pouvaient trouver cela dans les comptes rendus d'audience.

Gibbs avait travaillé, expliqua-t-il, pour la police municipale de Salt Lake City ; pour le bureau du shérif de Salt Lake ; pour le F. B. I. ; pour le Département du Trésor ; pour le Bureau des alcools, du tabac et des armes à feu ; pour la Force tactique régent 8 et pour la Brigade des narcotiques du service de police de l'université d'Utah. « J'ai été une canaille et j'ai travaillé pour les forces de l'ordre, dit Gibbs, et ni l'un ni l'autre ne suffisent.

— Qu'est-ce que vous allez faire maintenant ? interrogea Schiller.

— Oh ! fit Gibbs, Halterman se présente demain devant la Commission des Grâces pour me faire relâcher. On va me donner de nouveaux papiers, un nouveau nom et un permis de port d'arme. En fait, il va falloir que je file dare-dare. J'ai une cible dans le dos. » La main qui tenait la Viceroy super longue ne tremblait pas tant que ça, et il ajouta : « Bon, je vais vous dire. En douze ans de travail clandestin, je n'ai jamais eu peur comme en ce moment. Hier, Halterman a dû faire évacuer le tribunal pour moi, c'est vous dire comme il est inquiet.

— Halterman est un bon ami ? demanda Farrell.

— Je dirais, fit Gibbs, que ce n'est pas quelqu'un avec qui plaisanter. (Il eut un petit rire.) Ken aime bien raconter qu'il ne sait pas tirer parce qu'une fois il a essayé de toucher un de mes amis au cœur, mais il a manqué son coup et lui a logé une balle entre les deux yeux. Maintenant il veut faire partie du peloton d'exécution de Gilmore. » Il se remit à rire.

« Pourquoi perdons-nous notre temps avec ce mouchard ? demanda Farrell à Schiller. Je ne supporte pas de me trouver dans la même pièce que lui. » Il se leva brusquement et sortit. Ils essayaient vraiment de faire baisser les prix, songea Gibbs.

Halterman se trouvait dans le couloir. Farrell lui mit le grappin dessus.

« Je connais cette histoire de la fois où vous avez touché ce type entre les deux yeux », dit-il.

Cela prit Halterman au dépourvu. « Oh ! dit-il, ha, ha ! » ne sachant pas trop quoi répondre.

« Vous avez posé votre candidature pour faire partie du peloton d'exécution de Gilmore ? poursuivit Barry.

— Je serais fier d'en faire partie. Gilmore est un tueur dangereux.

— En tout cas, dit Barry, quand il s'agira de Gary, tâchez de ne pas manquer votre coup ! Les yeux de Gilmore, ses reins, son foie et quelques autres précieux organes doivent aller à des gens qui en ont besoin. Si vous tirez, touchez-le au cœur. » Halterman le regarda comme s'il se demandait si Farrell était un fou ou un juge.

« Comprenez-moi bien, fit Halterman. Je ne suis pas mauvais tireur ; je tire même bien. Je voulais toucher l'ami de Gibbs à l'œil et je l'ai touché à l'œil. Il faut se rendre compte qu'on peut supprimer une vie humaine avant d'endosser un uniforme de policier. »

Gibbs savait qu'il avait parlé trop librement à Schiller. Il aurait voulu ne donner qu'un aperçu, mais il lâchait vraiment tout. Cependant, divulguer des renseignements semblait calmer un peu ses craintes.

Essayant de faire monter un peu la mise, il reprit : « Gilmore m'a raconté des choses dont il n'a jamais parlé à personne.

— Gary nous a raconté tout ce que vous avez dit », répliqua Schiller.

Foutaises, se dit Gibbs. Mais il avait loupé son coup, il le savait. La proposition, lorsqu'on la lui fit, était de deux cents dollars, pas plus. Une autorisation, pas une exclusivité.

Schiller était satisfait. Gibbs avait corroboré toutes les histoires qu'ils avaient relevées dans les lettres de Gary. Il avait parlé de Luis le geôlier mexicain, de Powers, du gobelet avec la ficelle qui brûlait et de la générosité financière de Gibbs. Il avait aussi parlé de la réparation des fausses dents, des coupes de cheveux, des peintures sur les murs, de la façon dont ils s'étaient peint mutuellement le visage – tout cela, Gibbs le lui avait de nouveau raconté. En outre, il ne représentait pas une menace. Il ne savait vraiment pas grand-chose sur Nicole. Ce n'était qu'un à-côté de l'histoire principale.

Schiller avait donc gagné beaucoup. Cette phrase de Gary : « Larry, avez-vous lu les lettres que j'ai écrites à Nicole ? – Dites-moi » vibrait encore dans sa tête. Il fallait trouver un moyen de poser à Gary les questions que soulevaient ces lettres, mais il avait aussi besoin de dissimuler comment il s'était procuré ces renseignements. Les histoires de Gibbs allaient combler cette lacune.

IV

Ça s'était peut-être trop bien passé. Au moment même où Schiller plongeait la main dans sa poche pour en retirer la lettre d'autorisation en disant : « Deux feuillets. Un que vous gardez, un exemplaire pour moi », Gibbs le regarda d'un air narquois. « Vous venez de faire tomber de l'argent, vous en avez tellement », dit-il.

Schiller regarda par terre. Il y avait des billets verts partout. « Ah ! merde, fit Schiller, je suis si riche que ça ? » Il y avait aussi une clé du TraveLodge.

« Barry et vous, demanda Gibbs, vous êtes descendus au TraveLodge ? » Farrell acquiesça de la tête mais Schiller fit un signe de dénégation. Gibbs observa : « Il secoue la tête pour dire oui et vous, vous dites non. » Schiller reprit : « Vous ne m'avez pas demandé si j'étais inscrit au TraveLodge, vous m'avez demandé si j'y étais descendu. (Il rit bruyamment.) Je tiens à vous préciser vos droits. » Gibbs lui lança un long regard et changea de sujet.

Lorsqu'ils eurent regagné le motel, Farrell se rendit compte que Schiller prenait Gibbs au sérieux. Bien sûr, Gibbs avait un peu parlé de ses relations avec le gang le plus redoutable de Salt Lake City, mais Farrell n'y croyait pas trop. Toutefois, dès qu'ils eurent garé leur voiture au TraveLodge, Larry alla voir la préposée à la réception et dit : « Donnez-moi deux fiches en blanc et deux chambres vides, d'accord ? » Pendant que la femmc le regardait, stupéfaite, Schiller remplit les fiches pour les chambres vides, les antidata de la veille, date à laquelle Farrell et lui s'étaient installés, et déchira les fiches qu'elle avait pour Barry et lui. « Je vous parie qu'on ne vous a pas appris ça à l'école hôtelière », lui dit Farrell. Toute cette histoire de fiches l'amusait, mais il pensait en même temps : « Peut-être que je sous-estime vraiment ce qui s'est passé. »

Comme Schiller se représentait les choses, Gibbs pouvait très bien le détester, mais cependant vouloir le tâter. En sortant du commissariat d'Orem, cette idée était venue à Schiller. Non seulement il avait affaire à des gens dangereux, mais il était très exposé. Peut-être aurait-il besoin d'un peu de protection. Il y avait un garde du corps qu'il engageait de temps en temps à Los Angeles, Harve Roddetz, qui travaillait comme chauffeur dans une société de location de voitures de maîtres, mais qui faisait des extras de temps en temps. Harve l'avait protégé lors des émeutes de Watts, et juste après que la maison de Schiller eût été plastiquée à la suite de l'histoire Susan Atkins. Schiller avait donc envie d'avoir Harve auprès de lui. Après tout, dans cette chambre de motel, il était au rez-de-chaussée. N'importe qui pouvait approcher de sa porte, tirer une balle à travers la vitre et filer en voiture. Mais il réfléchit au problème. Ce qu'il fallait pour ce soir, c'était ne pas changer de chambre. À cette heure-là ça attirerait l'attention et quiconque surveillerait le verrait déménager des bagages. C'était plus simple de changer les fiches d'hôtel. Comme ça, si Gibbs persuadait un flic de venir faire une visite pour trouver leurs numéros de chambres, le registre du motel lui fournirait des informations erronées.

En attendant, Schiller voyait bien que Barry s'amusait beaucoup. Peut-être a-t-il une attitude plus nonchalante que moi devant certaines formes de dangers, se dit Larry. Malgré tout, il décida pour l'instant de se passer de Harve Roddetz. Il était indispensable de maintenir entre Farrell et lui ce respect mutuel.

V

Le matin, ils allèrent voir Gibbs et lui versèrent les deux cents dollars pour son autorisation. Gibbs semblait moins nerveux, mais Schiller n'était pas de bonne humeur. Revenu au motel, en examinant ses problèmes, ses revenus et ses débouchés éventuels, Larry commença à sentir les effets d'une fatigue accumulée. Il avait envie aussi d'avoir un peu de temps en tête à tête avec Stephanie. Elle était encore furieuse parce qu'ils n'avaient jamais eu un vrai Thanksgiving. Ça lui donna une idée. S'il allait avec elle passer la semaine de Noël à Hawaï ? Ils pourraient aller voir le frère de Larry. Pendant son absence, Barry pourrait surveiller les opérations.

Lorsqu'il annonça à Moody et Stanger qu'il voulait se reposer un peu avant la cavalcade de janvier, Stanger dit : « Si vous allez à Hawaï, il est peut-être temps pour nous de prendre aussi des vacances. Où sont nos billets d'avion à nous ? » Il plaisantait, mais tout juste. Schiller éclata. « Il ne s'agit pas de notes de frais. Je vais à Hawaï sur mes propres deniers. Si vous voulez y aller, payez. »

Le lendemain matin, le premier coup de téléphone survint de *Time*. Ils étaient toujours disposés à consacrer pas mal de place à Gilmore, mais ils y regardaient quand même à deux fois à l'idée de payer les vingt-cinq mille dollars. Ils étaient disposés à donner quatre pages plus la couverture, mais pas d'argent. Une décision de politique avait été prise la semaine précédente pour arrêter le journalisme à coups de chèques. Ce n'était qu'une mode, se dit Schiller. Navré. Dans deux mois, ils changeraient d'avis et recommenceraient à acheter du matériel, mais pour l'instant ça lui forçait la main pour traiter avec l'*Enquirer*, et ça voulait dire de moindres revenus des ventes à l'étranger. Malgré tout, juste après leurs vacances, il avait envoyé Stephanie, avec sa mère et la mère de Larry, en Europe pour vendre les lettres. Pour une telle affaire, il ne pouvait faire confiance qu'à ces seules personnes.

La veille de son départ, Schiller réunit à Los Angeles un groupe de dactylos pour transcrire les lettres de Gilmore à Nicole, un gros boulot : quinze cents pages de manuscrit. Mais il n'y avait pas d'autre moyen de vendre ça à l'étranger. En Europe, les journalistes n'étaient même pas capables de lire de l'anglais dactylographié sans allumer une cigarette. On ne pouvait pas espérer qu'ils allaient avaler des centaines de pages écrites à la main.

Il voulait aussi donner quelque chose à Gary avant de partir, mais en fait il ne savait pas s'il devait lui envoyer en cadeau de Noël. Comme il s'en allait et que c'était mal vu, très bien, ça n'était pas le moment d'essayer de l'impressionner avec un cadeau somptueux. Il décida de lui faire parvenir un télégramme. Quinze ans auparavant, alors qu'il couvrait le suicide de Hemingway à Ketchum, dans l'Idaho, pour *Paris Match*, Schiller avait écrit un texte pour légender les photos. Il disait que Hemingway n'avait pas voulu éviter la plus grande aventure de sa vie, qui était la mort. Cela devint la manchette de *Paris Match* pour leur reportage photo sur l'enterrement. Schiller se dit qu'il allait utiliser quelque chose d'analogue pour Gilmore. Pour le faire penser à lui pendant qu'il était absent. Un rien de mysticisme.

CHER GARY

CHAQUE MINUTE NOUS RAPPROCHE ET JE SAIS QUE NOUS AVONS EU RAISON DE NOUS

EMBARQUER DANS CETTE AVENTURE STOP JE SUIS PROFONDÉMENT CONVAINCU QUE, À MESURE QUE JE VAIS PLUS PROFONDÉMENT, LE SENS DE VOTRE VIE DEVIENT PLUS CLAIR STOP C'EST UNE AVENTURE POUR MOI ET JAMAIS JE NE POURRAI LA REMBOURSER À MOINS DE TOMBER SUR LA PLUS GRANDE AVENTURE QUI SOIT STOP JE VOUS SOUHAITE DE BONNES FÊTES ET J'AI HÂTE DE VOUS REVOIR

LARRY

Moins d'une heure avant l'heure du départ de l'avion, il y eut un coup de fil de Bill Moyers. Il commençait une émission de télé intitulée « Les rapports de la C. B. S. » La première émission serait sur Gilmore. Lorsqu'il apprit que Schiller partait pour Hawaï, Moyers lui dit : « On viendra vous voir là-bas. » Schiller répondit : « Allons donc, monsieur Moyers, je ne vais pas me laisser photographier allongé sur la plage, faisant du journalisme à coups de carnets de chèques, en train de me dorer la panse au soleil. Ça n'est ni la façon dont je me vois, ni la façon dont je compte me présenter. » Moyers se mit à rire. « Vous êtes malin, hein ? » fit-il.

Schiller apprit que l'émission aurait lieu juste avant l'exécution de Gary. Il dit à Moyers qu'il serait heureux de le rencontrer à Provo après le Nouvel An et qu'il pourrait coopérer à condition qu'ils s'entendent sur certains points. C'était sa façon de dire à Moyers qu'il connaissait la musique. En route pour Hawaï !

20. Noël

I

Le matin du mercredi 22 décembre, Ken Halterman se présenta devant la Commission des Grâces. Il témoigna que Richard Gibbs avait été témoin pour l'État d'Utah dans deux affaires criminelles, la première à Provo contre Jim Ross, l'autre à Richfield, dans l'Utah contre Ted Burr, et que sa déposition avait aidé à faire condamner une des plus grandes bandes de cambrioleurs jamais découverte dans l'État d'Utah. Il s'agissait d'une bande qui ramassait un million de dollars par an, et qui se spécialisait dans la revente de véhicules de loisir volés : bateaux, caravanes, roulottes et camionnettes.

Gibbs sortit de la prison d'Orem vers 11 heures et on le conduisit au Service de police de l'université d'Utah où on lui remit une carte d'identité au nom de Lance LeBaron. Après quoi il prit les quatre cents dollars que lui versait la police de Salt Lake et se rendit ensuite à la banque où il tira ce qu'il restait des deux mille dollars de Gary.

Le lendemain matin, Gibbs alla chercher les plaques minéralogiques pour la voiture qu'il venait d'acheter, une Oldsmobile bleu et blanc, puis il se rendit chez le coiffeur se faire couper les cheveux, raser la moustache et la barbe, puis il partit pour Helena, dans le Montana. Il avait l'idée qu'il pourrait même pousser jusqu'au Canada.

II

Il était environ midi quand Gibbs partit, et il s'arrêta à Pocatello vers 4 heures, fit le plein d'essence et poursuivit jusqu'à Idaho Falls où il s'arrêta au motel Ponderosa. En ville, il leva une fille dans un bar et coucha avec elle. Ça n'était pas terrible. D'un autre côté, ça ne lui avait rien coûté.

Le lendemain matin, il alla voir sa grand-mère et sa tante qui habitaient Idaho Falls et qui avaient respectivement quatre-vingt-neuf et soixante-cinq ans. Sa grand-mère aurait quatre-vingt-dix ans le 17 janvier, la nouvelle date fixée pour l'exécution de Gary, et ça lui fit penser aux « pouvoirs psychiques », un mauvais souvenir.

Il passa deux heures avec ces dames et leur laissa un billet de cinquante dollars pour leur petit Noël, puis il s'arrêta sur la route pour manger un morceau, roula encore quelques heures, fit graisser et vidanger la voiture, vérifier l'antigel, acheta un nouveau filtre à air et fit permuter les pneus. Ça prit une heure. Pendant qu'il attendait, il but quelques verres. Puis il repartit avec l'espoir d'arriver à Helena le soir même.

À environ vingt-cinq kilomètres au nord de Butte, il grimpait dans l'obscurité une route de montagne lorsqu'un camion chargé de madriers prit un peu vite un virage et fut déporté sur son côté de la route. Il avait d'énormes phares. Gibbs eut un choix rapide à faire : heurter le camion ou se lancer dans le fossé. Il donna un coup de volant à droite et heurta quelque chose.

Lorsqu'il revint à lui, il avait la tête qui saignait et ses fausses dents étaient cassées. Un côté de son visage le faisait crier de douleur. Il réussit à ouvrir la portière de la voiture, mais au premier pas dehors, il tomba le nez dans la neige. Pas moyen de prendre le moindre appui sur sa jambe gauche, il dut ramper jusqu'au bord de la route. La première voiture qui passa le vit allongé sur le bas-côté mais ne s'arrêta pas. Quelques minutes plus tard, une camionnette stoppa. Deux hommes l'aidèrent à monter et l'emmenèrent un peu plus loin dans un café à l'enseigne de La Meute d'Elans. Là, ils téléphonèrent à la police routière. Le patron lui donna une serviette humide pour s'essuyer le visage et Gibbs s'assit sur un tabouret de bar de façon que sa jambe puisse pendre sans s'appuyer pendant qu'il buvait trois whiskies secs.

L'ambulance arriva, on lui mit autour de la jambe un sac d'air que l'on gonfla, on l'allongea sur une civière et ils redescendirent la route. Ils durent s'arrêter parce qu'une dépanneuse bloquait la chaussée pour tirer du ravin la voiture de Gibbs. Il leva la tête pour demander si l'on pouvait prendre les bagages dans le coffre et le policier lui répondit qu'il allait le faire. Gibbs remarqua que les phares de sa voiture étaient toujours allumés.

À l'hôpital, le médecin lui fit des points de suture au cuir chevelu et fendit son pantalon pour faire une radio du genou, de la jambe, de la cheville et du pied. Il se révéla qu'il avait la jambe en miettes et une fracture de la mâchoire. Le médecin ajouta que les tendons étaient tellement déchirés au jarret et à la cheville qu'il faudrait sans doute l'amputer d'une jambe. Elle avait doublé de volume. Il avait le pied tout noir. Le reste de la jambe était violacé. Gibbs dit aussitôt : « Vous n'allez pas me couper la jambe. Faites-moi une piqûre pour calmer la douleur et je vais partir. »

Avant de pouvoir s'en aller, il dut montrer ses papiers d'identité à l'homme de la police routière. Le flic entreprit de remplir deux contraventions, l'une pour excès de vitesse étant donné les conditions, l'autre pour défaut de permis. Lorsqu'il était parti, le faux n'était pas prêt à Salt Lake. Le policier expliqua donc que ce serait vingt dollars de caution pour la première contravention et quinze pour la seconde. En espèces. Gibbs signa, versa les trente-cinq dollars et demanda à être transporté dans un bon motel. Le policier le conduisit dans un fauteuil roulant jusqu'à sa voiture et le déposa au motel du Sommet. Il était environ minuit. Il fallut réveiller la dame qui dirigeait l'établissement puis aider Gibbs à entrer pour remplir sa fiche et ensuite le rouler dans son fauteuil jusqu'à la chambre 3, avec ses bagages. La piqûre que le médecin lui avait faite commençait à agir, sa douleur se calmait et Gibbs s'endormit. Lorsqu'il s'éveilla le lendemain matin, jour de Noël, sa jambe le faisait souffrir atrocement.

Il appela une compagnie de taxis de Butte et demanda à la standardiste si un taxi pourrait lui apporter un sac de glace, un paquet de six bouteilles de coca, une bouteille de Canadian Club et des cigarettes. Lorsque l'alcool arriva, Gibbs réussit à se lever en se cramponnant au dos d'une chaise, clopina jusqu'à la salle de bains, regarda dans la glace les points de suture et son œil au beurre noir, puis revint se coucher et se prépara un whisky bien tassé. Comme ça ne soulageait pas la douleur, il s'en versa quelques autres. Ça aida un peu, mais pas beaucoup. Ça n'était pas comme pour les maux de dents.

Ce soir-là, n'en pouvant plus, il appela la dame du motel et lui demanda si son mari voulait bien le conduire à l'hôpital. Elle n'était pas mariée, mais elle avait deux amis qui avaient passé le dîner de Noël avec elle, et ces messieurs le conduisirent à l'hôpital catholique de Saint-James après que Gibbs eut demandé quel était le meilleur docteur de la ville. C'était là qu'il exerçait. Il s'appelait Best. Le Dr Robert Best.

Best voulait le faire admettre à l'hôpital, mais Gibbs refusa encore. Au lieu de cela, il partit avec une ordonnance pour de la codéine et une autre pour des comprimés anticoagulants. Plus un plâtre. « Espérons, dit le Dr Best, que vous n'allez pas faire une phlébite. » Voilà ce que fut le Noël de Gibbs.

III

Après la seconde tentative de suicide, Campbell dit à Gilmore : « Écoutez, si vous voulez parler du peloton d'exécution, je veux bien vous servir de cobaye. » Gilmore répondit : « Ouah, on n'a pas envie de parler de ça. Il s'agira juste de fusiller ce vieux voleur à moitié ivre, vous savez. » Et ils se mirent à plaisanter.

De temps en temps, Gilmore lui demandait ce que pensaient les autres prisonniers, mais Cline ne lui disait pas qu'ils étaient un certain nombre à en avoir marre de Gary Gilmore. C'était parce que tout ce qu'il faisait affectait les affaires des autres prisonniers de haute surveillance. Comme il fallait trois gardiens rien que pour lui, ça bouleversait même le programme des cours. La distribution de la soupe se trouva retardée non pas une, mais plusieurs fois. Quand il s'agissait d'un truc important, comme une tentative de suicide, on bouclait l'établissement. Les détenus en avaient assez de toutes ces tracasseries.

D'un autre côté, ils ne disaient jamais que Gary était fou. Il avait passé dix-huit années en prison. Tout le monde compatissait à cela.

Bien sûr, Gary, qui était non seulement au quartier des condamnés à mort mais dont la date d'exécution était fixée, avait pour lui tout seul un ensemble de trois cellules. Une suite. Sa propre cellule, celle du milieu, avait des murs sur trois côtés et des barreaux du côté de la porte. Mais on la laissait ouverte et on lui permettait l'accès au petit couloir devant les trois cellules. Bien entendu, il y avait toujours un gardien présent. Gary pouvait même aller jusqu'à la grille qui fermait le bloc, regarder dans le grand couloir et adresser la parole à tous les policiers ou prisonniers qui passaient. Parfois, en fin de soirée, le Père Meersman venait le voir, et Gilmore apportait un tabouret ou parfois s'asseyait par terre, adossé aux barreaux, pendant que Meersman s'installait sur une chaise dans le grand couloir. Ils conversaient à travers les barreaux. Tout, autour d'eux, était peint dans un vert pastel.

Quand on amenait Gary à la salle des visites pour voir son avocat ou son oncle, on lui faisait emprunter le long couloir principal de haute surveillance d'où partaient à angle droit, des couloirs plus courts desservant d'autres cellules. Ces jours-là, à titre de précaution contre une tentative d'évasion, aucun autre détenu ne se trouvait dans le corridor principal. Lorsque Gary passait et franchissait la grille desservant chaque bloc de cellules, les prisonniers le voyaient arriver et criaient : « Salut, Gary », ou bien « Tiens bon. »

Au moment de Noël, Moody et Stanger allaient à la prison tous les matins et puis revenaient chaque après-midi ou chaque soir. Ils en étaient au point où ils devaient confier leurs autres affaires à des collaborateurs du cabinet. Ça ne les gênait pas tellement. Ils éprouvaient pour Gary des sentiments résolument plus cordiaux. En fait, il leur confia bientôt une autre mission.

Il y avait dans le bloc de cellules voisin de celui de Gary, dans le quartier des condamnés à mort, un meurtrier du nom de Belcher, et Moody et Stanger l'avaient assez souvent entendu dépeindre pour avoir de lui une image précise. Belcher était un grand gaillard de peut-être un mètre quatre-vingts, au torse puissant, aux cheveux taillés en brosse ; il était brun, avec un front et des arcades sourcilières proéminents, de gros traits, de gros bras, un type très musclé. Gary racontait qu'il tournait toujours la tête dans tous les sens, toujours aux aguets. Souvent il ne parlait pas. Stanger apprit par les gardiens que Belcher était un obsédé impulsif, qui gardait des choses dans sa cellule comme des bottes de soupe ou n'importe quels objets qu'on le laissait garder, vraiment un de ces prisonniers dingues dont la cellule ressemblait à une boutique de brocanteur. On pouvait dire qu'il avait le sens de la propriété. Il piquait une crise si on essayait de lui prendre ses affaires. Un instinct du territoire très poussé. D'après ce que Ron crut comprendre, il vivait comme un ours, comme si sa cellule était une grotte. Pourtant, Gary et lui s'entendaient bien. D'après ce qu'entendit dire Moody, Belcher aimait aussi les enfants.

Quelques jours avant Noël, sur la suggestion de Gary, Bob chargea un de ses secrétaires de prendre une photo d'un grand groupe d'enfants brandissant un grand panonceau sur lequel on pouvait lire : « SALUT, BELCHER ! » Gary fut ravi de lui passer la photo le jour de Noël. « Tiens, dit-il à Belcher, voilà une photo de quelques gosses qui sont des fans à toi. »

IV

23 décembre

Oh ! Gary, je t'aime tant. Tu me manques ! Dieu que tu me manques. Plus que le ciel et la terre. Plus que ma liberté et plus que mes enfants…

Les avocats m'ont donné aujourd'hui une lettre de toi. Les enfants de salauds qu'il y a ici me l'ont prise avant de me la donner à lire. Les salauds me fouillent même quand j'ai la visite de ma mère et de mes gosses. Les enfants de putes. Oh ! bébé j'ai envie si fort de lire tes mots tendres.

Mon chou, qu'est-ce qu'on va devenir ? Mon Dieu, qu'est-ce qui se passe ? J'ai besoin de te voir. Comment pourraient-ils te laisser mourir si seul, mon amour ? J'ai envie si fort rien que de te regarder encore une fois dans les yeux.

Mon Dieu, si c'est pas dingue ? Si c'est pas connement dingue.

Je suis furieuse contre les façons et les artifices de l'Amour, de la Vie et de l'Ultime Sagesse, furieuse contre Dieu. Et furieuse contre moi de ne pas être patiente et de faire des choses dès la première fois avec Pierre ou Paul.

J'adore avoir ce joli petit oiseau blanc perché ici sur ma table de nuit. Tu te rappelles que je t'ai parlé ou que je t'ai écrit une fois d'un de mes rêves d'enfant d'en finir avec cette vie absurde et de renaître mais que si j'avais le choix, ce serait de renaître avec les ailes d'un petit oiseau blanc. Et je choisirais encore la même chose si je pouvais.

Veille de Noël
24 décembre

Longue journée d'attente
Pour retrouver ton amour
Longue nuit sans sommeil
Pensées éparpillées
En me demandant ce que deviennent
Toutes nos chances

NICOLE

25 décembre

Ça n'est pas seulement la peur mais une grande tristesse de penser à l'incertitude des jours qui nous attendent.

NICOLE

DESERET NEWS

Pas de libération pour Nicole

Provo, jour de Noël. – La Cour a ordonné que Nicole Barrett soit confiée indéfiniment à l'hôpital d'État de l'Utah à Provo.

C'est le juge David Sam, de la Quatrième Chambre, qui a décrété que la mère de deux jeunes enfants devrait rester dans cette clinique psychiatrique…

Cependant, un dîner avec dinde et tout le reste a marqué le jour de Noël à la prison d'État de l'Utah où Gilmore est au cachot pour des raisons disciplinaires.

Gilmore n'a pas été autorisé à recevoir de cadeaux et comme aujourd'hui n'était pas un jour de visite, il n'a reçu personne, a déclaré un porte-parole de la prison.

Ruth Ann, la femme de Sterling Baker, écrivit une lettre.

Cher Gary,

Je pensais à toi et combien tu vas être seul pour Noël. J'aimerais pouvoir être là-bas avec toi. Je t'aime vraiment beaucoup. J'espère que dans l'autre monde nous pourrons nous rencontrer et que nous pourrons bien nous connaître. Mais je t'en prie, n'essaie pas de hâter les choses. Je n'ai pas envie que tu meures.

En général, la famille Damico faisait une grande fête de Noël. Une année tout le monde se réunissait chez Brenda, l'année suivante chez Tony puis chez Ida. Cette fois, comme cela se passait sans joie, on se retrouva chez Tony pour échanger des cadeaux, on dit une prière pour Gary, on but une tasse de café et chacun rentra chez soi.

Mikal se rendit à la caravane le jour de Noël mais Bessie pensait à d'autres époques. Elle se souvenait d'un Noël où Gary n'était pas en maison de correction et regardait son petit frère déballer ses cadeaux. En ce temps-là, elle avait tendance à gâter Mikal. Cela lui avait pris la moitié de la nuit pour emballer ses cadeaux, mais au matin Mikal n'arrêtait pas de dire :

« C'est une sale journée. J'ai tant de choses dont je n'ai pas envie. » Et cela faisait beaucoup rire Gary.

Une autre fois, Gaylen rentra à la maison un après-midi juste avant les vacances et raconta qu'une des Sœurs lui avait dit que le Père Noël n'existait pas. Il était très bouleversé. Bessie dit : « Gaylen, il n'y a que l'esprit de donner. Ça, ça existe. Tu as eu la chance de croire au Père Noël plus longtemps que n'importe qui. »

Puis ses pensées revinrent à la caravane. Ces temps-ci, toutes ses pensées revenaient à la caravane. Son cœur se retourna comme si une grande roue avait fait un tour. Elle sentit une larme tomber, pure comme le chagrin.

GILMORE. – Qu'est-ce, Noël ? Ces jours de congé en prison, c'est assommant. On ne reçoit pas de courrier. Le train-train est dérangé, la journée paraît simplement plus longue. Ils ont l'air de vraiment faire quelque chose en vous donnant un bon repas, mais ça n'est pas comme le menu décrit dans le journal. Ça n'est pas bon, vous savez. Je n'aime déjà pas les week-ends en prison, mais les jours de fête, je les déteste.

V

Shirley Pedler, directrice de la section de l'A. C. L. U. de l'Utah, avait trouvé ce travail en sortant de l'université. Elle avait posé sa candidature et maintenant elle dirigeait cette section, qui groupait quelques centaines de membres. Les fonds nécessaires au fonctionnement du bureau provenaient des cotisations et d'une modeste allocation fournie par le centre national. Cinq ou six avocats de Salt Lake travaillaient bénévolement sur une base régulière, et il y en avait peut-être une vingtaine qui leur donnaient un coup de main une fois par an. Ça ne faisait pas beaucoup de monde et encore ces gens avaient-ils l'impression d'être investis : dans l'Utah, appartenir à l'A. C. L. U., c'était comme si on était bolchevique.

Dès que l'A. C. L. U. commença à s'intéresser à l'affaire Gilmore, Shirley Pedler se mit à recevoir énormément de lettres de menaces et de coups de téléphone de détraqués. Pendant plus d'un mois, on l'appela à son bureau et chez elle, jour et nuit. Elle savait que cela continuerait jusqu'à la mort de Gilmore. Elle vivait seule et parfois, après une longue journée, elle redoutait de rentrer chez elle pour entendre le téléphone sonner. « Il va vous arriver malheur », murmurait une voix. « J'espère qu'on va vous fusiller en même temps que Gilmore », disait l'interlocuteur suivant. Quelquefois, les hommes tenaient des propos obscènes. L'un d'eux proposa ses services en signalant que puisqu'elle était mignonne et célibataire, il était prêt à lui faire tout ce qu'il était possible de faire.

En général, ils raccrochaient vite. Depuis quelque temps, elle avait tendance à se mettre en colère. Elle n'hésitait pas à moucher ses correspondants. Elle n'avait jamais eu des nerfs d'acier mais, entre le manque de sommeil et le poids qu'elle perdait, elle faisait des cauchemars à propos de Gilmore. Un homme faisait basculer d'un coup de pied l'estrade sur laquelle il se trouvait. Comme il restait suspendu ainsi, on lâchait des boulettes qui libéraient du gaz. Certains rêves étaient sanglants.

Bien qu'éduquée à jouer un rôle actif dans l'Église, elle ne pratiquait plus la religion mormone. Tout de même, ces gens qui l'appelaient, elle avait grandi avec eux. Elle ne se sentait pas tant trahie qu'incapable de croire ce qui se passait. « Dans cette affaire, l'injustice est si flagrante », se disait-elle. À l'audience de la commission des Grâces, elle trouva le président Latimer absolument incohérent. « Pourquoi n'y a-t-il pas de protestations publiques ? » demanda-t-elle. Ç'avait été une parodie de justice et au milieu de tout ça, Gilmore, un jeune homme terriblement pâle et d'une grande séduction, songea Shirley Pedler. Son jeûne lui donnait un air épouvantable mais inoubliable. Il était d'une telle pâleur.

Après cela, elle se sentit très gênée de penser que la vie de cet homme, à cause des manœuvres qui se tramaient, ne tenait qu'à un fil. D'un jour sur l'autre, il ne savait pas quel serait son sort, et pourtant elle était complice de ces manœuvres.

Elle écrivit donc une lettre à Gilmore. Elle lui dit qu'elle regrettait les problèmes que lui posait l'intervention de l'A. C. L. U. et cette horrible incertitude. Elle aurait voulu avoir l'occasion de lui parler directement pour lui expliquer ce qu'ils faisaient. Elle savait qu'elle lui rendait la vie plus difficile. Elle voulait lui dire pourquoi elle estimait que cela devait être fait. Elle aurait aimé qu'ils puissent coopérer au lieu de se trouver dans des camps différents.

Elle croyait que si elle pouvait parler à Gilmore, elle lui dirait qu'elle comprenait dans une certaine mesure son envie de se suicider. Elle comprenait combien la vie qui attendait un détenu de la prison d'État de l'Utah pouvait pousser au suicide, et il avait le droit de décider s'il voulait vivre ou non. Elle estimait que l'État n'avait pas son mot à dire. La peine capitale, non seulement était un mal, mais l'exécution de Gilmore en déclencherait d'autres, car cela démystifierait le fait que l'État retire la vie à quelqu'un. La véritable horreur, c'était l'idée de ces gens alignés pour fusiller un individu avec une totale absence de passion. C'était la façon méthodique et calculée dont la machine de l'État tournait pour broyer un individu. Pourquoi s'en accommoder ? Voilà ce qu'elle voulait dire.

En leur qualité d'avocats, Moody et Stanger n'étaient pas visés par la mesure interdisant les visites et ils allèrent voir Gary le jour de Noël en fin d'après-midi.

GILMORE. – Shirley Pedler m'a écrit une lettre personnelle… De quoi a-t-elle l'air, au fait ?

STANGER. – C'est une jeune femme plutôt frêle, d'une trentaine d'années, pas mal. Je ne l'ai jamais vue en chair et en os. Je ne l'ai vue qu'à la télévision. Elle porte des tailleurs pantalons.

GILMORE. – Je ne sais pas ce que nous pouvons faire pour que l'A. C. L. U. se retire. La Cour suprême a dit qu'il n'était pas question de réviser le procès. Qu'est-ce qu'ils peuvent faire d'autre ? Aller devant les Nations unies ?…

Shirley Pedler passa le dîner de Noël chez ses parents. C'étaient des gens assez conservateurs et son père était fonctionnaire. Jamais avant ce repas, ils n'avaient eu de discussion poussée sur la peine capitale. Ce jour-là, pourtant, son frère se mit à l'attaquer à propos de la position de l'A. C. L. U. et Shirley dut la défendre. Son frère ne cessait pas de répéter : « Et les victimes. Et les familles ? »

Le ton montait. De toute façon, Shirley avait pris une direction différente de celle de sa famille, mais la discussion gâcha bel et bien le dîner et elle en fut navrée. Personne ne se sentit plus à l'aise après cela.

GILMORE. – Voudriez-vous entendre un poème ?

STANGER. – Bien sûr.

GILMORE. – Je vais vous donner un petit préambule. Vous savez que les prisons sont des endroits bruyants. Je vous ai parlé de ce gardien qui se mouchait pendant cinq minutes d'affilée. Et ce matin il a tenu une conversation de deux heures et j'ai fini par lui demander de la boucler. Ce poème se trouve dans le livre que j'ai écrit pour Nicole. C'est le préambule : *Je deviens irritable avec le bruit que je dois supporter, les chasses d'eau qu'on tire, les canalisations qui tremblent, les conversations stupides… Tenez, voici le poème :*

Sombres pensées de violence par une nuit froide comme l'acier,
quand les petits bruits vous empêchent de dormir.
Sombres pensées de violence, de meurtre et de sang.
Quel ennui. Trop peu de noires dettes sont jamais payées.
Un idiot là-bas rit de voir le jour perdu,
un autre soupire et un autre pleure
devant les mensonges de leur vie.
Sombres pensées de violence, de meurtre et de sang,
trop peu de noires dettes sont jamais payées
Il en reste plus d'impayées.

J'ai écrit ce poème en 1974 en écoutant des bruits que je n'avais pas envie d'entendre. J'aime le silence. J'aimerais une absence de son si profonde que je pourrais entendre couler mon sang. Je crois qu'une des choses que j'ai le plus détestées en prison, c'est le bruit, d'entendre ces enfants de salauds gueuler et tousser et d'écouter les frustrations. Le 17 janvier, j'espère entendre le dernier bruit désagréable.

STANGER. – Heu, c'est un beau poème.

21. La semaine de noël

I

Julie Jacoby avait bonne opinion de Shirley Pedler, elle la trouvait très séduisante avec sa silhouette longue et mince et ses belles mains effilées. Toutefois, la tension que lui imposait la situation de Gilmore faisait vraiment perdre trop de poids à Shirley. Elle avait toujours été une femme plutôt agitée mais, depuis quelques semaines, elle commençait à prendre l'aspect d'une cigarette.

Bien que Shirley eût vingt-quatre ans de moins, Julie Jacoby trouvait qu'elles se ressemblaient beaucoup. Elles avaient toutes les deux un caractère plutôt renfermé et pourtant elles étaient toujours au cœur de l'activité politique. Julie ne fut donc pas surprise lorsque Shirley, pendant la semaine de Noël, lui demanda de l'aider à former l'Association de l'Utah contre la peine de mort.

Bien sûr, Julie n'avait pas fait grand-chose depuis un an que son mari et elle avaient quitté Chicago pour s'installer en Utah. Ce n'était pas comme les Jours de Colère de l'été 1968 à Chicago où les gens se faisaient rosser par la police. C'était à cette époque, pensait-elle, qu'elle était devenue un peu plus qu'une dame comme celles de la société habitant la Rive Nord et qui venaient deux fois par semaine passer l'après-midi dans une œuvre de charité pour compatir aux malheurs des mères d'enfants noirs qui arrivaient à divers stades de coma après avoir mangé de la peinture au plomb qui s'écaillait sur les murs. Certaines de ces dames de la bonne société venaient travailler avec des diamants à tous les doigts, et Julie avait passé des heures à tenter de leur faire comprendre qu'elles ne devraient pas avoir aux mains plus d'argent que la personne dans le besoin, assise de l'autre côté du bureau, ne pouvait en gagner en un an.

Son mari était un cadre supérieur et Julie disait qu'il semblait ne s'être jamais remis d'un choc intra-utérin qui avait fait de lui pour toujours un républicain bon teint. Julie, diplômée d'histoire médiévale de l'université du Michigan, s'en était allée chercher fortune à Chicago et l'avait trouvée en la personne du brave Allemand qu'elle avait épousé, car il avait gravi les échelons de sa firme pendant que Julie élevait leurs enfants et devenait – premier indice de ses fluctuations futures – une épiscopalienne non pratiquante. Elle aurait pu se contenter de s'inscrire à la Ligue des femmes électrices, de lire le *National Observer*, la *New York Review of Books* et les livres d'I. F. Stone, mais les Jours de Colère de Michigan Boulevard l'avaient secouée jusqu'à ses racines. Elle s'était sentie radicalisée. Et, après Attica, traumatisée. Elle estimait que ce jour-là Rockefeller avait vraiment fait tirer dans le tas. Elle devint membre de l'Alliance pour arrêter la répression.

Puis la société qui l'employait envoya son mari en Utah. Là-bas, à Salt Lake, la seule distraction, c'était l'A. C. L. U. Julie aurait voulu démarrer une autre Alliance pour arrêter la répression, mais elle n'avait plus l'énergie. L'Utah la déprimait. Elle avait le sentiment que les relations se détérioraient entre son mari et elle, et son jeune fils, arraché à sa terre natale à douze ans, n'était pas heureux. Cela acheva d'abattre Julie. Elle finit par être si préoccupée par les problèmes de son fils qu'elle manquait de mordant pour les questions sociales.

Elle trouvait qu'elle était dans un milieu d'extrême droite. L'Église et l'État étaient étroitement mêlés. Julie alla assister à la séance inaugurale de la Législature et il y avait là au premier rang un trio de vieillards à l'air revêche. Ils dirent la prière d'ouverture. Elle était venue ce jour-là pour témoigner contre la peine capitale, et le président de la commission, un mormon, déclara que, s'il devait écouter le point de vue des épiscopaliens, il aimerait lire un passage plus approprié à cette séance, et il ouvrit un livre relié de rouge et lut une page de Brigham Young. Ceux qui ont versé le sang devront payer le prix du sang. Ça la glaça. L'Église était bel et bien l'État. Elle aurait aimé dire au président : « Nous vivons dans un monde de gens faillibles où des procureurs décident s'il s'agit d'un meurtre avec ou sans préméditation et où personne ne sait qui influence le procureur. On n'a pas le droit de prendre la vie d'un individu en utilisant la loi comme couverture. »

Peut-être avait-elle un problème avec son enfant, peut-être son mariage était-il mort et adorait-elle les plaisirs de la retraite et les enrichissements de la lecture – Dieu, elle aimait lire comme d'autres insisteraient pour avoir trois repas par jour – mais quand Shirley Pedler l'appela pour qu'elle l'aide à organiser l'Association de l'Utah contre la peine de mort, elle sut tout de suite qu'elle allait de nouveau se lancer dans le monde avec ses drôles de cheveux blonds, blonds à la stupéfaction générale. À cinquante-quatre ans, elle allait partir en jean et avec ses longs cheveux vanille affronter ce monde de Salt Lake où personne n'irait jamais commettre l'erreur de penser qu'elle était originaire de l'Utah. Les femmes, là-bas, optaient pour les coiffures verticales, des monuments dressés à grand renfort de laque.

Elle se rendit donc à la réunion d'où devait sortir une Association de l'Utah contre la peine de mort, et une vingtaine de personnes s'étaient déplacées pour voir ce qu'on pouvait faire en vue de convaincre Gary Gilmore qu'il avait absolument tort de vouloir que l'État le dépouille de son enveloppe mortelle. L'Association allait s'efforcer de répandre l'idée que l'État ne devrait avoir aucun droit de tuer personne. Gilmore était un artiste plein de sensibilité mais, estimait Julie Jacoby, il se conduisait aussi de façon bien égoïste.

Shirley Pedler voulait organiser la réunion elle-même, mais elle se trouva victime d'une quasi-pneumonie et Julie s'aperçut qu'on avait confié cette mission à un certain Bill Hoyle, du Parti des Travailleurs socialistes. Il était là, expliqua-t-il, pour faire les corvées. Il y avait un pasteur de l'Église unie du

Christ, le Révérend Donald Proctor, et le Révérend John P. Adams, de l'Église méthodiste unie qui appartenait au Conseil de l'Association nationale contre la peine de mort. On discuta des mesures à prendre.

Don Proctor avait des idées que Julie trouvait un peu excentriques. Il voulait une réunion très vaste, une sorte de grand rassemblement, par exemple, en plein milieu d'un centre commercial, un samedi.

Cette idée ne plaisait à personne. D'abord, il fallait l'autorisation d'utiliser une propriété privée. On décida finalement de tenir un meeting dans une salle avant le 17 janvier, et puis d'organiser une veillée devant la prison durant toute la nuit précédant l'exécution. On aurait davantage de ministres du culte à ce moment-là. Pour l'instant, c'était la semaine de Noël, période d'activité intense pour les révérends.

En attendant, ils avaient cent dollars, don de la Société des Amis. Bill Hoyle annonça qu'il allait faire imprimer des prospectus et qu'ils pouvaient compter sur des badges de la Confraternité de la Réconciliation de Nyack, dans l'État de New York. Les badges diraient : « *Pourquoi tue-t-on les gens qui tuent les gens pour montrer que c'est mal de tuer des gens ?* »

II

De retour au motel, Gibbs prit de la codéine comme si c'était du sirop, mais il fit attention à ne prendre que la dose de comprimés de varidase qu'on lui avait prescrite. Le lendemain de Noël, il téléphona à sa mère, et elle lui dit de garder sa jambe en extension et de mettre une bouillotte dessus. Elle avait été infirmière diplômée pendant trente-cinq ans. Elle lui recommanda aussi de se raser avec précaution. S'il se faisait, même une petite coupure, il pourrait ne pas être capable d'arrêter le sang étant donné les médicaments qu'il prenait.

Gibbs appela aussi Halterman. Les premiers mots de Ken furent : « Si ça n'était pas toi, Gibbs, je ne le croirais pas. (Puis il ajouta :) Tu connais quelqu'un qui peut se mettre dans des pétrins pareils ? » De quoi remonter le moral de Gibbs.

Il téléphona à la compagnie de taxis pour se faire apporter des cigarettes, du whisky, du coca, de la glace ainsi que du consommé de tomates aux champignons en boîte qu'il pensait pouvoir faire chauffer sur le petit réchaud de la chambre. Tant qu'on ne lui aurait pas arrangé la mâchoire supérieure, il devrait se nourrir de potages. Puis il appela la Police routière pour savoir qui avait ramené sa voiture et demanda au garçon qui s'en était chargé de chercher sur la banquette avant l'autre moitié de son dentier. Environ une heure plus tard, le type arriva dans la chambre avec la partie qui manquait. Comme la voiture était complètement fichue, il demanda à Gibbs s'il n'envisagerait pas de vendre le moteur. Il pourrait lui payer dans les vingt-cinq dollars par mois. Il venait de se marier et n'avait pas beaucoup d'argent. Gibbs lui dit : « Gardez-le comme cadeau de mariage. »

Après deux jours de potage de tomates aux champignons, Gibbs demanda à la gérante du motel si elle connaissait un restaurant qui vendait des plats à emporter. De prime abord, elle n'en voyait pas, mais elle lui demanda ce qu'il voudrait. Lorsqu'il dit des œufs à la coque, des grillées et du lait, elle lui apporta tout cela dans sa chambre et il lui donna cinq dollars. Elle lui dit que deux suffiraient, mais il insista pour lui en donner cinq. C'était une des personnes les plus agréables qu'il eût jamais rencontrées en trente et un ans d'existence.

Le lendemain il téléphona à un fleuriste de Butte et demanda à la vendeuse de faire livrer des fleurs. Puis il lui demanda d'inscrire sur la carte « À la femme la plus charmante du monde » et de bien vouloir signer Lance LeBaron. Il expliqua qu'il ne connaissait pas le nom de la destinataire mais qu'il appréciait la façon dont elle l'avait traité. La vendeuse convint qu'en effet la gérante était une femme charmante et précisa qu'elle s'appelait Irene Snell. Les fleurs furent livrées environ une heure plus tard.

Chaque soir désormais Mme Snell lui apportait ses repas. Quand il se fut fait arranger les dents, elle lui proposa ce qu'elle-même avait pour dîner. Il finit par manger de tout, des spaghettis jusqu'à du steak, et il devait toujours discuter avec elle à propos du prix. Entre-temps, le docteur vint examiner sa jambe, renouveler l'ordonnance et lui enlever les points de suture qu'il avait sur le front.

Ses réserves de liquide s'épuisaient lentement, mais Gibbs ne s'en préoccupait pas. De toute façon, il n'avait jamais su faire attention à l'argent. Il dépensait entre vingt-cinq et soixante dollars par jour en communications par l'inter et il tenait à régler tous les matins sa note. C'était difficile de ne pas le plaindre. Chaque soir il se saoulait et il éprouvait alors le besoin de pleurer sur l'épaule de quelqu'un. À l'inter, ça revenait cher. Il eut presque envie de demander à une ancienne petite amie de prendre l'avion pour venir s'installer avec lui, puis il se ravisa. Il s'apprêtait à en appeler une autre mais se ravisa encore. Il n'arrivait pas à trouver une fille qui n'irait pas raconter aux gens qui ne devaient pas le savoir où il se trouvait et, pire encore, dans quel état il était. Il insistait en disant à tous les gens qu'il appelait qu'il était couché avec un Browning 9 mm juste à côté de lui et treize bonnes raisons dans le chargeur pour dissuader qui que ce soit de ne pas franchir sa porte sans y avoir été invité. Quand il parla de ça à Halterman, Ken dit : « Pour quelqu'un qui essaie de se planquer, on peut dire que tu as une grande gueule. » Même les standardistes de Butte commençaient à l'appeler par son nom. Dès qu'il demandait Salt Lake, elles répondaient : « Comment allez-vous, monsieur LeBaron ? C'est la chambre 3 au motel du Pic, n'est-ce pas ? » Il avait quitté l'Utah avec mille trois cent soixante-dix dollars. Il n'en avait plus que cinq cents.

Allongé dans son lit, il perdait parfois un peu la tête et essayait d'imaginer ce que ce serait lorsqu'il se rendrait à l'exécution. Est-ce qu'il se lèverait pour prendre la parole ? Si on le laissait, il dirait : « Gilmore, tu te souviens que tu m'as dit un jour que tu ne t'es jamais trompé sur quelqu'un qui a fait de la taule ? Eh bien, laisse-moi te dire ce que je fais pour vivre. » Et puis il se demandait s'il allait vraiment dire ça, en pensant que Schiller n'avait jamais dû en parler à personne, ce qui, bien sûr, n'était pas le cas. « Gary, dirait Gibbs en le regardant droit dans les yeux, tu as trouvé ton maître. Ton sixième sens qui te permet de repérer les bons taulards t'a trompé en ce qui me concerne. Je suis la seule personne qui ait pu te tromper, te rouler et renverser les rôles, Gary Gilmore. » Aussitôt après, tout l'accablait, la douleur, sa situation, sa foutue vie, et il se disait : « Bon sang, tu as plus de cran que tous les enfants de salaud que j'ai connus. Je regrette juste de ne pas avoir autant de couilles que toi. Qu'est-ce que tu veux, mon vieux, quand un homme en rencontre un autre, ils se reconnaissent. » Et la tristesse déferlait sur lui, car c'était une phrase que Gary lui avait écrite dans une lettre récente et qu'il aurait tout aussi bien pu recevoir voilà des années.

III

Les vacances de Schiller ne tardèrent pas à se trouver gâchées. Il avait emmené Stephanie pour la présenter à son frère et à sa belle-sœur ; c'était une vraie réunion de famille et elle passait tout son temps avec eux. Et lui, où était-il ? Au téléphone. Quelles migraines !

Les avocats de la compagnie d'assurances de Max Jensen s'étaient constitués partie civile et réclamaient quarante mille dollars sur la succession Gilmore et, pour faire plaisir à Colleen

Jensen, ils réclamaient pour elle un million de dollars. Sur ces entrefaites et alors que Schiller essayait de se bronzer un peu au soleil, les avocats de la compagnie d'assurances avaient obtenu une ordonnance de la Cour décrétant que Gary devait faire une déposition. Lorsque Schiller apprit cela, il sauta au plafond. Il ne décollait pas du téléphone. Il dit à Moody : « Vous avez accepté ? Vous n'avez pas protesté ? Comment ça, vous n'avez pas bougé ? » Ça ne l'amusait pas de hurler après Moody, parce que c'était très peu productif. Moody était trop entêté. Il restait assis, derrière ses lunettes. Un vrai joueur de poker. Mais Schiller ne pouvait pas s'en empêcher. Il grimpait aux murs.

« Qu'est-ce qui vous tracasse ? demanda Ron Moody. Qu'est-ce que ça peut faire qu'il fasse une déposition ? »

Schiller faillit dire : « Vous avez perdu la tête ? » Il se contenta de dire : « Vous ne comprenez donc pas ? L'*Enquirer* peut conclure Dieu sait quel accord avec ces avocats, passer là trois heures et piquer toute l'histoire de la vie de Gary. Même s'ils n'arrivent pas à introduire dans la place un de leurs reporters, ils peuvent charger un des avocats de faire parler Gary. » C'était épouvantable. Ils avaient le droit de faire partir la déposition depuis où-êtes-vous-né, et après cela de faire défiler tout le passé criminel de Gilmore. « Toute l'histoire, cria Schiller, peut tenir en une audience.

— On ne peut rien faire, insista Moody.

— Allons donc, fit Schiller. Je veux que vous alliez immédiatement au tribunal. Si vous ne pouvez pas empêcher qu'il fasse une déposition, déposez au moins une requête pour qu'elle reste sous séquestre. (Il frappait du poing sur la table de chevet.) Les bandes magnétiques de cette audience, reprit-il, doivent être mises sous scellés, la Cour doit décréter qu'elles ne devront pas être transcrites avant tant de mois, blabla, vous voyez ce que je veux dire. » Stephanie l'aurait tué. Dire que c'était censé être des vacances et qu'il passait sa vie au téléphone. « Est-ce que ça va être comme ça quand on sera mariés ? » cria-t-elle. Est-ce qu'elle n'était qu'une femme comme les autres ? Qu'on traitait comme une affaire à conclure ? Schiller lui fit signe de s'en aller. Au téléphone il rédigeait pratiquement la requête. Quel soulagement lorsqu'il apprit deux jours plus tard que le juge avait accepté de mettre la déposition sous scellés jusqu'en mars.

Schiller se mit alors à respirer l'air embaumé de Hawaï. L'*Enquirer* pouvait toujours essayer de faire prendre des notes à ces avocats de l'assurance, mais il ne s'inquiétait pas pour cela. Maintenant qu'il y avait un arrêt de la Cour imposant le secret, un avocat pouvait se faire radier du Barreau en faisant un coup pareil. D'ailleurs aucun mormon du coin n'irait discuter l'arrêt d'un juge. L'incident était clos. Une catastrophe possible avait été évitée.

Pourtant, quand les avocats se rendirent à la prison le lendemain, pour prendre la déposition, ils durent attendre six heures et Gary ne se présenta jamais. On lui avait, paraît-il, servi son repas dans une assiette en carton, il avait piqué une crise et refusé de quitter sa cellule. Double assurance.

De Hawaï, Schiller donnait des coups de fil aux quatre coins du monde pour arranger la vente des lettres de façon qu'on ne puisse pas remonter jusqu'à lui. Pour cela, il devait discuter avec le directeur qu'il fallait. Ce n'était que rarement, lorsqu'il avait quelque chose de particulièrement important à proposer, qu'il contactait les grands magazines étrangers. Il savait donc que ces gens n'allaient pas le doubler. Il n'était pas obligé d'être le lendemain au téléphone pour négocier un autre contrat. Il n'était pas un agent qui avait dix projets à la fois avec les mêmes gens et qui pouvait dire : « Très bien, je vous fais cette concession si vous me donnez ça. » Dans ces conditions, chacun pouvait se permettre de rouler l'autre de temps en temps. Disons dix petites fois sur cent. Mais quand on travaillait sur mesures comme lui, les directeurs de journaux n'allaient sans doute pas tenter de le tromper. Ils perdraient alors toute occasion de participer aux enchères de son prochain gros coup.

À Hawaï, il engagea des secrétaires pour dactylographier les contrats. Ainsi, chaque membre de son équipe itinérante, que ce soit sa mère, Stephanie ou la mère de Stephanie, Liz, n'aurait qu'à inscrire la somme et le nom de l'éditeur. Comme il faisait tout le travail préparatoire par téléphone, on pouvait présenter les lettres par lots. Le paquet n° 1 proposerait au magazine un spécimen de contrat et cinq lettres de Gilmore. Le rédacteur en chef nc pourrait les regarder qu'en présence d'une des envoyées de Schiller. C'était pour s'assurer qu'on ne recopiait pas un passage juteux. Si le journaliste aimait ce qu'il lisait, il pouvait alors ouvrir le paquet n° 2. Celui-là contenait la totalité des lettres, ce qui faisait un ensemble assez volumineux. On lui laissait alors tant d'heures pour se décider. À l'exception du directeur ou du rédacteur en chef qu'on aurait mis dans le secret, personne, dans aucun de ces magazines, ne se douterait le moins du monde de l'identité de ces trois femmes.

Ça, c'était le côté positif. En revanche, il n'aimait pas beaucoup la façon dont Barry menait les opérations en Utah. Dans la foulée de leur formidable interview du 20 décembre, Farrell avait compté poursuivre le travail en son absence, pour que tout cela tourne comme une horloge. Barry avait l'intention de téléphoner chaque matin aux avocats depuis Los Angeles pour leur donner un nouveau jeu de questions. Moody et Stanger les apporteraient alors à la prison, intervieweraient Gary et expédieraient le soir même la bande par avion. Farrell irait chercher le paquet à l'aéroport, écouterait les nouveaux enregistrements, préparerait une nouvelle liste de questions, appellerait les avocats le lendemain matin : tout ça serait très productif. C'était un arrangement superbe, mais qui était en train de louper complètement. En une semaine, les choses pouvaient facilement se gâter avec la distance.

On perdait un temps fou, expliqua Farrell, à dicter les questions aux secrétaires. Elles n'arrêtaient pas de s'embrouiller dans le texte et puis les avocats ne travaillaient pas beaucoup. On aurait dit qu'ils ne voulaient pas faire le travail de Schiller pendant qu'il était absent. « Quand tu seras rentré, dit Barry, on s'y mettra ensemble. » Avant d'avoir eu le temps de s'en rendre compte, Schiller acceptait. Mais il était furieux. Si Barry obtenait de si maigres résultats, pourquoi ne s'en allait-il pas dans l'Utah pour prendre la situation en main au lieu de glander au téléphone ? Mais Schiller n'osa pas avoir une telle explication d'aussi loin. Bien entendu, du coup, il restait sous pression. Quelles vacances !

IV

Brenda avait parfois l'impression qu'on avait fiché des crochets dans sa chair et qu'on tirait sur ses organes avec des cordes. Quelquefois, la douleur la prenait lorsqu'elle était assise et elle était incapable de se lever. D'autres fois, c'était quand elle était debout, et c'était si soudain qu'elle était obligée de s'asseoir. Longtemps après avoir cessé de se rendre à la prison, elle continua à essayer d'appeler Gary, mais c'était rudement difficile d'arriver à l'avoir. Une fois elle se retrouva avec Sam Smith au bout du fil. « Je ne pensais pas, dit Brenda, que les coups de téléphone représentaient une telle complication. » Smith lui expliqua qu'on était obligé de faire sortir Gary de sa cellule à chaque fois. « Pourquoi n'installez-vous pas un téléphone dans sa chambre ? demanda Brenda. Bonté divine, il est dans le quartier des condamnés à mort ! » « C'est que, répondit Sam, il pourrait se pendre avec le cordon. » Elle n'avait pas pensé à ça. « Ou bien prendre des pièces et s'en servir pour s'ouvrir les veines du poignet. » Elle n'y avait pas pensé non plus. « Nous lui accordons plus de privilèges qu'au prisonnier moyen », dit Sam doucement. « Je trouve que vous faites un dur métier », répondit Brenda.

Entre Noël et le Jour de l'An, à deux reprises durant cette semaine glacée, elle essaya par deux fois, à la demande de

Gary, son ventre la tiraillant douloureusement, d'aller jusqu'à l'hôpital de l'État d'Utah afin de laisser une rose pour Nicole. Elle finit par y renoncer. L'hôpital ne voulait pas. Elle le fit savoir par Vern et de nouveau Gary fut furieux contre elle. Il était vraiment l'homme le plus déterminé du monde à remâcher une rancœur et à lui redonner forme.

V

PROVO HERALD

À ceux qui s'opposent

Gilmore adresse une lettre ouverte.

Provo, 29 décembre. – « Lettre ouverte de Gary Gilmore à tous ceux qui cherchent par tous les moyens à s'opposer à ma mort par exécution légale. Et notamment à l'A. C. L. U. et à la N. A. A. C. P.

« Je vous invite à ne pas vous mêler de ma vie. Ne vous mêlez pas de ma mort.

« Elle ne vous regarde pas.

« Shirley Pedler, bon sang, ma petite, laissez tomber. Je n'oserais pas être assez présomptueux pour supposer que je pourrais vous imposer quelque chose dont vous ne voudriez pas… Shirley, foutez le camp de ma vie.

« N. A. A. C. P., je suis un Blanc. Ne jouez pas les Oncle Tom à vous mêler de mes oignons. Vous prétendez que si je suis exécuté, alors il y a tout un tas de pauvres connards de Noirs qui le seront aussi. Ça me semble si stupide que je ne veux même pas discuter contre ce genre de logique idiote.

« Mais vous savez aussi bien que moi que de nos jours on a plus vite fait de tuer un Blanc qu'un Noir.

« Vous n'êtes pas tous aussi désavantagés que vous ne l'étiez jadis.

« Quant à ceux d'entre vous qui voudraient mettre en doute le fait que je suis sain d'esprit, eh bien, je fais les mêmes réserves à votre égard.

du fond du cœur

GARY GILMORE »

Deux jours après Noël, Sundberg apporta à Nicole le livre écrit par Gary. C'était le genre de cahier comme on en trouve dans les drugstores avec une belle couverture cartonnée. Peut-être cinquante pages. Sundberg était pressé et elle le feuilleta rapidement pendant qu'il était là et il promit de le rapporter le lendemain. Ce jour-là, elle put s'y plonger un peu plus. C'était un livre tout simple mais elle en adorait chaque mot parce que c'était un vrai livre avec une couverture et que Gary avait écrit quelques lignes sur chaque page.

Ce foutu gardien assis dans le couloir vient d'en finir de se moucher. Il a mis cinq minutes à se souffler le nez. Il devait vraiment avoir quelque chose de coincé là-haut.

Un bruit affreux qui vous râpe les nerfs.

Quand il a enfin terminé je lui ai dit : « Bon, ton klaxon marche. Maintenant si tu essayais tes phares. » Il m'a regardé de ses yeux larmoyants par-dessus son nez rouge.

Maintenant le gardien fait les cent pas. Il clopine dans un sens puis dans l'autre, chaussé d'un quarante-cinq fillette qui a l'air de le serrer un peu. Il a l'air de réellement s'emmerder.

J'ai reçu par le courrier deux livres sur Jésus, je les ai regardés et je les ai trouvés trop chrétiens.

Je veux dire que ça ne me gênerait pas de lire un livre sur le Christ en tant qu'homme, en tant que juif, en tant que Messie, mais pas en tant que chrétien.

Dans le magazine OUI, *dans la partie* Hors-d'œuvre, *ils ont toujours des pépées qui envoient trois ou quatre photos d'elles dans un photomaton, avec les nichons à l'air. Je vérifie toujours quand je lis* OUI. *J'ai pensé à leur envoyer des photos de toi – enfin j'y ai pensé, mais je ne vais pas le faire.*

Pourtant, je sais qu'ils les publieraient.

Même si tu n'étais pas célèbre ils publieraient ces photos parce que tu es si sexy et si jolie et que l'expression de ton visage avec ta langue qui sort un peu et tes nichons mignons c'est si bon.

Bébé, avant de mourir je vais détruire tes lettres. Tout simplement parce qu'elles ne sont pas faites pour être publiées. Ce n'est pas pour le public.

J'allais essayer de te les renvoyer, mais je sais que si je le faisais, elles finiraient entre les mains de Larry Schiller, producteur de cinéma.

Puis Gary colla dans le livre une coupure de presse :

SALT LAKE TRIBUNE

Gilmore répond à la demande d'une étudiante de la côte Est

4 décembre 1976. – Lisa LaRochelle, de Holyoke, Massachusetts, dans le cadre d'un cours sur la religion, a écrit à un certain nombre de personnalités connues en demandant :

« Quelle sera la première question que vous poserez à Dieu quand vous Le verrez ? »…

« Chère Lisa, écrivit Gilmore à l'encre rouge sur une grande feuille, je ne suis pas une personnalité « en vue ». J'ai simplement acquis une célébrité indésirable. Mais pour répondre à votre question… je ne pense pas qu'aucune question soit nécessaire quand nous finirons par rencontrer Dieu. »

« Bien à vous, Gary Gilmore. »

Mlle LaRochelle a envoyé la même lettre à Walter Cronkite, aux vedettes de rugby O. J. Simpson et Roger Staubach ainsi qu'à quelques autres.

Ces gardiens peuvent se glisser furtivement par la coursive devant ma cellule et m'observer sans que je le sache. Ils peuvent me voir mais je ne peux pas les voir. Sans doute que quelques-uns d'entre eux espèrent me surprendre en train de me branler pour pouvoir rester là à regarder.

VI

Vendredi 31 décembre

Mon amour
La nuit dernière j'ai volé dans mon rêve
comme un oiseau blanc par la fenêtre
j'ai traversé la nuit et le vent frais avec quelques
étoiles brillantes dans l'obscurité
Et je me suis perdue. Et je me suis réveillée.

Il faut que je parte maintenant
Je t'aime à chaque minute
NICOLE

Vendredi 31 décembre

Oh mon chéri

Je suis dans un endroit que je déteste au-delà de toute expression. Il faut que je persuade des gens intelligents et importants de mon désir de vivre et de mes possibilités d'exister en tant que mère et qu'être humain valables.

En ce moment je fais tous mes efforts. Il y a des fois où il faut presque que je me persuade moi-même de certaines choses avant de pouvoir essayer de convaincre qui que ce soit.

Une dame bizarre, moi
QUI T'AIME

Réveillon du Nouvel An

Oh Bébé Nicole
Mon moi, ma femme

… une carte d'une dame de Hollande qui était très belle – elle disait : « Fais confiance à chacun. Aime tous les gens. »

Mon Dieu j'aimerais avoir cette force.

Je t'ai dit dans ma dernière lettre qu'on allait me fusiller le 17 janvier… ces gros calibres vont me libérer.

Et je viendrai à toi – petit oiseau blanc.

J'ai dix-sept jours.

Je pense à toi tout le temps.

Je ne pense qu'à toi.

Bébé, j'ai toujours su que tu étais un oiseau blanc, tu es le petit oiseau blanc qui se perchait sur mon épaule avant que de nouveau nous ne renaissions dans cette vie et que nous échangions alors des vœux solides.

1er janvier 1977

Bonjour mon amour

Hé, dis donc, Gary, c'est le Nouvel An ! Bonne année mon amour. Voici un petit poème que j'ai écrit.

Car mon esprit se perd
Rendu muet par l'aube
Amours toujours furtives
Et la souffrance est longue

Alors ne me pose pas de questions
Ne me chante pas de chansons
Ne me suis nulle part
Je suis déjà partie

Si jamais je trouve un moment de calme je crois qu'il y a un doux refrain que j'entendrai dans ma tête pour l'accompagner.

Chéri. On vient d'éteindre ma lumière. Je t'aime mon Dieu comme je t'aime Gary.

Rêve de moi… Je vais rêver de toi dans mes rêves.

Celle qui t'aime toujours

BÉBÉ NICOLE

VII

Le Père Meersman avait toujours l'impression d'être venu offrir ses services à Gary Gilmore en toute sincérité, sans même se demander si le condamné était catholique ou pas. C'était simplement que Gilmore avait dit qu'il souhaitait mourir avec dignité et cela impressionnait le Père Meersman. Il était allé lui rendre visite un soir au début de novembre en disant qu'il comprenait un pareil désir et qu'il était disposé à l'aider si Gilmore le voulait. Le Père Meersman avait assisté à d'autres exécutions, il en connaissait la routine et les embûches et, à la suite de cette conversation, il parut à Meersman qu'ils étaient devenus bons amis.

Gilmore ne dormait pas beaucoup la nuit et il aimait bien les visites. L'aumônier venait le soir, une fois tous les visiteurs partis et quand la prison avait retrouvé son calme. Meersman était libre de voir les détenus à n'importe quelle heure, mais il y avait quand même des règlements et, par exemple, en haute surveillance, quand c'était l'heure de manger, on ne tolérait pas de visites. Les prisonniers ne devaient faire qu'une chose à la fois. C'était le principe de l'établissement. Comme on n'avait jamais envie de se heurter au système pénitentiaire, Meersman passait voir Gary assez tard.

Ils discutaient de petites choses. Un soir, par exemple, le Père Meersman, comme il en avait l'habitude, était planté d'un côté des barreaux dans le grand couloir et Gilmore, de l'autre côté, était appuyé à la grille, lorsque le Père Meersman sortit sa pipe de Meerschaum. Gary lui demanda ce que c'était et le Père Meersman se lança dans un long discours pour expliquer comment, lorsqu'on fumait une telle pipe, elle s'adoucissait peu à peu. Et puis, un autre soir, il apporta un tas de pièces de monnaies étrangères et Gary fut très curieux de les voir. Il aimait apprendre. Il s'intéressait beaucoup aux détails. Comme le Père Meersman, après la Seconde Guerre mondiale, avait étudié au collège américain de Rome, il posait au prêtre un tas de questions sur l'Europe.

Ils discutaient d'histoire et de la grandeur et de la décadence de différents personnages, qu'il s'agisse de Jules César ou de Napoléon, et le Père Meersman voyait bien qu'il aimait les gens qui montaient et qui devenaient célèbres, comme Mohammed Ali. Ils parlaient aussi de ce que Gilmore avait lu dans les journaux et les magazines que le Père Meersman lui apportait. Il disait : « Dites donc, padre, qu'est-ce que vous pensez de Jimmy Carter ? » Ou bien : « Padre, qu'est-ce que vous pensez de servir la nourriture dans des assiettes en carton ? » À chacune de ces questions le Père Meersman répondait : « Oh, Gary, ce qui compte c'est d'être juste. » S'il ne l'avait pas dit une fois il l'avait dit mille et Gary répliquait : « Padre, rien n'est juste. » Là-dessus ils éclataient de rire tous les deux. Gary l'appelait toujours padre.

Gilmore restait aussi très sensible à son image de marque auprès du public et remerciait chaque soir le Père Meersman de lui apporter le journal. Gary, assurément, aimait à parler de son cas. Il fut fasciné le soir où le Père Meersman apporta un exemplaire du magazine *Time* daté d'après le 1er de l'an, le premier numéro de 1977 (bien qu'il sortît deux ou trois jours avant la nouvelle année). Il y avait une double page intitulée « Images de 76 » et là on pouvait voir des photographies du président Carter, de sa mère et de sa femme, de Betty Ford et d'Isabelle Peron d'Argentine et une photo du corps de Mao Tsé-Toung sur son lit de mort, ainsi qu'une photo du pied de *Viking I* qui s'était posé sur Mars, une autre du secrétaire d'État Henry Kissinger tenant une épée africaine dans une main et un bouclier dans l'autre lors d'un voyage au Kenya, une photographie de la jeune gymnaste Nadia Comaneci et, sur cette même double page, il y avait aussi une photo de Gary Gilmore dans sa tenue blanche de haute surveillance. Il était là, souriant à l'objectif, juste après avoir appris la date de son exécution à l'audience de la Commission des Grâces. Il n'avait pas échappé à Gilmore que, dans cette revue annuelle de 1976, il était en noble compagnie.

Cinquième partie

Pressions

22. Un trou dans le tapis

I

Farrell n'avait aucune hâte de retourner en Utah pour traiter avec Moody et Stanger, parce que le travail auquel il se livrait alors lui plaisait suffisamment. Pendant que Schiller était à Hawaï, Barry avait commencé la mise en pages de l'interview à paraître dans *Playboy*. Pour en rendre la lecture plus facile il tailla dans le dialogue, déplaça des paragraphes et ajouta quelques éléments intéressants, prélevés sur les réponses écrites de Gary à des interrogatoires antérieurs. D'ordinaire il récrivait les questions de Moody et Stanger pour en adoucir la cadence et présenter quelque chose dans le genre des interviews de *Playboy*. Il décida pourtant, par respect pour les règles qu'il s'imposait à lui-même, de ne pas se servir des lettres. L'interview se composerait de réponses orales ou écrites aux interrogations.

Il comptait surtout sur l'interview du 20 décembre. Pour amener Gilmore à s'exprimer sur un large éventail de questions, Farrell laissa une certaine naïveté aux propos des interrogateurs. Il espérait trouver des réponses qui justifieraient des interrogatoires plus en profondeur, mais se dit en fin de compte que la nature des questions et leur simplicité inspireraient à Gilmore un sentiment de supériorité. Les résultats se révélaient étonnants : Gary prenait un volume surprenant. Il sembla à Farrell que Gilmore s'efforçait d'offrir au public l'image de lui-même qu'il espérait léguer à la postérité. À ce point de vue, il devenait son propre auteur et Barry en était fasciné. Tout se passait comme si Gilmore édictait son propre code : un bon ensemble de règles du détenu respectable et qui se respecte lui-même. Cela suffisait pour que Farrell se demande si l'interview proprement dite conserverait ce ton lors de sa publication.

INTERVIEWER. – Autant que je puisse en juger d'après votre passé de détenu, vous avez été bouclé presque constamment depuis votre entrée en école de redressement qui date de vingt-deux ans. Il semble que vous vous soyez cru destiné à mener une existence de délinquant.

GILMORE. – Oui. On peut présenter les choses ainsi, en effet, et c'est même très gentiment dit.

INTERVIEWER. – Qu'est-ce qui vous a incité à penser en criminel ?

GILMORE. – Sans doute l'école de redressement.

INTERVIEWER. – Mais vous avez dû commettre certains méfaits pour y être enfermé.

GILMORE. – Oui. J'avais à peu près treize ans quand je suis entré à l'école de redressement et… j'avais treize ans quand j'ai commencé à me faire boucler.

INTERVIEWER. – Qu'avez-vous fait pour cela à treize ans ?

GILMORE. – Ma foi, j'ai commencé par voler des voitures… mais je crois que mes premiers vols furent probablement des cambriolages avec effraction dans des maisons. Je cambriolais les maisons qui se trouvaient sur mon itinéraire de distribution de journaux.

INTERVIEWER. – Pourquoi ? Qu'est-ce que vous espériez ?

GILMORE. – Pourquoi ? Eh bien ! je voulais surtout des armes à feu. Bien des gens ont des pistolets chez eux et… voilà pourquoi j'ai été condamné la première fois.

INTERVIEWER. – Quel âge aviez-vous alors ? Onze ans ? Douze ? Pourquoi vouliez-vous des armes ?

GILMORE. – Eh bien voyez-vous, à Portland, à ce moment-là, il y avait un gang… Je ne sais pas si vous en avez jamais entendu parler… sans doute pas. Mais, voyez-vous, mon vieux, je me disais que, eh bien ! j'aimerais faire partie de ce gang de Broadway. Je m'imaginais que la meilleure manière d'y entrer consistait à aller à Broadway et d'y traînailler pour vendre des armes aux truands. Je savais qu'ils en cherchaient. Non, je… je ne sais même pas si ce gang existait. Peut-être était-ce un mythe. Mais j'en ai entendu parler, vous savez, alors j'ai pensé que j'avais envie de faire partie d'une bande comme celle-là… les gars de Broadway.

INTERVIEWER. – Mais ça n'a pas tourné comme vous l'espériez. Vous vous êtes fait pincer et envoyer à l'école de redressement.

GILMORE. – Oui, l'école de garçons MacLaren, à Woodburn dans l'Oregon.

INTERVIEWER. – Est-ce alors que vous vous êtes dit : désormais je suis dans le pétrin.

GILMORE (rires). – J'ai toujours eu l'impression que j'étais fait pour avoir des ennuis. J'ai toujours eu le chic pour me conduire d'une telle manière que les adultes ne me regardaient pas du même œil que les autres gosses. Je les ahurissais peut-être ou je leur répugnais.

INTERVIEWER. – Répugnais ?

GILMORE. – Une manière de me regarder pas comme les autres, pas comme les adultes doivent considérer les gosses.

INTERVIEWER. – Des regards de haine ?

GILMORE. – Pire que de la haine. Je dirais plutôt de l'exécration. Je me rappelle une dame de Flagstaff dans l'Arizona, une voisine de mes parents, quand j'avais trois ou quatre ans. Un jour je ne sais pas quelle connerie j'avais bien pu faire mais elle en a perdu la boule, elle s'est précipitée sur moi, elle m'a littéralement agressé dans l'intention de me faire mal. Il a fallu que mon père se lève d'un bond pour venir à mon secours.

INTERVIEWER. – Qu'est-ce que vous aviez pu faire pour la rendre aussi furieuse ?

GILMORE. – C'était simplement la manière dont je lui parlais ou je me conduisais. Je n'ai jamais été tout à fait… un petit garçon. Un soir, à Portland, quand j'avais à peu près huit ans, nous sommes tous allés chez des gens où se trouvaient déjà deux ou trois grandes personnes. Je ne me rappelle pas au juste ce que j'ai fait. Je répondais mal à tout le monde et je bousillais tout dans la maison... Je ne me souviens pas tout ce que j'ai fait. En tout cas, cette femme-là a fini par perdre les pédales. Elle a braillé, tenu des propos insensés. Elle en bavait. Elle m'a jeté dehors. Toutes les autres grandes personnes l'ont approuvée. Apparemment, elles partageaient son opinion à mon sujet. Or, il se trouve que des conneries comme ça ne me faisaient guère d'effet. Je me rappelle être retourné à pied chez moi, c'est-à-dire à cinq kilomètres à peu près, tout seul, en sifflant et en chantant.

INTERVIEWER. – Il semble alors que vous vous êtes engagé sur la voie que vous avez toujours suivie bien avant de passer par l'école de redressement.

GILMORE. – Eh bien ! en effet, les lois m'ont toujours paru d'une bêtise infernale. Mais en ce qui concerne la voie que j'ai suivie, je vous dirai que chacun réagit d'une certaine manière parce que sa vie est influencée par les expériences les plus diverses. Est-ce que ça signifie quelque chose ?

INTERVIEWER. – Il m'est difficile de répondre. Donnez-nous un exemple.

GILMORE. – Ma foi, voici une affaire personnelle. Pour vous ce sera simplement un incident bizarre mais il a eu sur moi un effet qui a duré. J'avais à peu près onze ans et je revenais de l'école. L'idée m'est venue de prendre un raccourci. J'ai dévalé la colline haute d'une vingtaine de mètres et je me suis embringué dans des buissons de bruyère, de cassis, même de ronces. Il me semble que cette broussaille en avait elle aussi une vingtaine de haut, dans ce secteur désertique, d'une végétation luxuriante, au sud-est de Portland. J'avais cru prendre un raccourci mais impossible de passer. Personne n'avait jamais suivi ce chemin. À un certain endroit, j'aurais pu faire demi-tour mais j'ai préféré continuer. Il m'a fallu à peu près trois heures pour m'orienter. Pendant tout ce temps-là je ne me suis pas arrêté un seul instant pour me reposer. J'ai continué à aller de l'avant. Je me disais que si je poursuivais ma marche je m'en tirerais mais je savais aussi que je risquais de me faire coincer sans aucun espoir d'en sortir. Je n'étais qu'à une centaine de mètres de chez moi et si j'avais crié... Enfin, j'aurais pu y laisser ma peau... Personne ne m'aurait entendu. J'ai donc poursuivi.

J'en faisais une espèce d'affaire personnelle. J'ai fini par atteindre la maison avec trois heures de retard et ma mère me l'a fait remarquer. Je lui ai répondu que j'avais pris un raccourci (rires). À partir de ce moment-là la plupart des choses ont pris un aspect différent à mes yeux.

INTERVIEWER. – Quelles choses ?

GILMORE. – J'ai pris conscience de ce que je n'avais jamais peur. Je savais désormais qu'il suffit de vouloir aller plus loin pour s'en sortir. Cela m'a laissé l'impression précise de me surpasser moi-même.

INTERVIEWER. – Alors, pourquoi avez-vous dit que c'est le passage par l'école de redressement qui vous a dévoyé ?

GILMORE. – Écoutez, les écoles de redressement sèment une espèce de connaissance ésotérique. Elles sophistiquent la personnalité. Quand un môme en sort, il a appris des choses qui lui auraient échappé autrement. Il s'identifie d'ordinaire avec les gens qui partagent la même connaissance ésotérique : l'élément criminel de la population, si c'est ainsi que vous voulez l'appeler. Ainsi vous voyez que mon séjour à Woodburn ne fut pas une petite affaire dans ma vie.

INTERVIEWER. – Était-ce tellement dur à Woodburn ? Comment vous y êtes-vous adapté ?

GILMORE. – Cet endroit m'a fait penser que c'est la seule manière de vivre. Il y avait là-bas des types que je considérais comme mes supérieurs : des durs. Ils s'étaient livrés à l'attaque à main armée. Ça se passait dans les années 1950. Il me semblait que ces types-là dirigeaient tout là-bas. Le personnel recruté dans les parages se composait de buveurs de bière qui se souciaient seulement de tirer leurs heures de service. Peu importait à ces gens-là ce que l'on pouvait bien faire. Il y avait aussi quelques médecins psycho. La psychanalyse était alors très en vogue. On les voyait arriver et nous présenter leurs taches d'encre et ils nous posaient toutes sortes de questions, presque toutes en rapport avec la sexualité. Ils nous regardaient avec des yeux bizarres et… des trucs comme ça.

INTERVIEWER. – Combien de temps y êtes-vous resté ?

GILMORE. – Quinze mois. Je me suis évadé quatre fois. Ensuite j'ai fini par comprendre que la bonne manière de quitter cette école consistait à montrer que je m'étais racheté. Pendant quatre mois j'ai évité tous les ennuis et on m'a relâché. Ça m'a enseigné que les gens de cette espèce sont faciles à avoir.

INTERVIEWER. – Est-ce que d'autres détenus ont essayé de faire de vous leur larbin ou leur giton ?

GILMORE. – Non... jamais, personne... Je n'ai jamais eu d'ennuis de ce genre. Non. Pas une seule fois. Si c'était arrivé j'aurais agi d'une manière violente et décisive. J'aurais tué ou j'aurais frappé très dur. Avec un type trop fort, j'aurais pris une arme quelconque. Mais il ne m'est jamais rien arrivé de tel.

INTERVIEWER. – Dans quel état d'esprit étiez-vous en quittant Woodburn ?

GILMORE. – J'ai cherché des ennuis dès ma sortie. Il me semblait que je devais le faire. Je me sentais un peu supérieur à tout le monde parce que j'étais allé dans une école de redressement. J'avais un complexe de dur : cette espèce d'attitude de mariole que prennent les délinquants juvéniles *Délinquant juvénile...* rappelez-vous ces deux mots. Ça m'a marqué, pas vrai ? Personne n'avait le droit de me dire quoi que ce soit. Je me faisais couper les cheveux en queue de canard. Je fumais, je buvais, je me piquais à l'héroïne, je fumais du H, je prenais même des drogues pires, je me bagarrais. Je coursais les jolies petites nanas et j'en attrapais quelques-unes. Les années 1950, c'était la belle époque pour les délinquants juvéniles. Je chapardais, je volais, je jouais et j'allais dans les dancings où débutaient Fats Domino et Gene Vincent.

INTERVIEWER. – Qu'est-ce que vous vouliez faire de votre vie dans ce temps-là ?

GILMORE. – Je voulais devenir gangster.

INTERVIEWER. – Vous ne pensiez pas avoir d'autres talents ?

GILMORE. – Oui, j'avais du talent. J'ai toujours été bon en dessin. Je dessine depuis ma petite enfance. Je me rappelle que dès ma deuxième année d'école une institutrice a dit à ma mère : « Votre fils est un artiste. » Sa manière de parler indiquait qu'elle y croyait vraiment.

INTERVIEWER. – Vous est-il arrivé, à une époque quelconque, de regretter votre destinée de criminel et de vous dire que vous pouviez changer de voie ?

GILMORE. – Eh bien ! je me suis dit quelquefois que si je pouvais commencer à réussir comme artiste… mais c'est tellement difficile, vous savez. Je tenais à un grand succès, à devenir un artiste renommé, pas un manœuvre de l'art commercial. Au bout d'un certain temps, j'ai pensé que je vivrais sans doute le reste de mon existence en prison ou bien que je me suiciderais ou encore que je serais abattu par la police ou un truc comme ça. Bref, une mort violente quelconque. Pourtant, à un certain moment, surtout quand j'étais môme, j'ai pensé sérieusement à devenir artiste peintre.

INTERVIEWER. – Combien de temps après Woodburn avez-vous été bouclé de nouveau ?

GILMORE. – Quatre mois.

INTERVIEWER. – Quatre mois ! Vous nous avez pourtant dit que l'école de redressement instruit. Vous ne pouviez donc pas utiliser vos connaissances ésotériques pour esquiver la prison ?

GILMORE. – C'était sans doute la ligne de ma vie. Certains types ont de la chance toute leur existence. Quel que soit le pétrin dans lequel ils tombent ils ne tardent pas à reparaître sur le macadam. Mais d'autres n'ont pas de chance. À peine libérés, ils retournent au trou. La ligne de leur vie les ramène en taule où ils restent longtemps.

INTERVIEWER. – Et vous êtes un de ces malchanceux ?

GILMORE. – Oui. « Le récidiviste invétéré. » Nous sommes des créatures soumises à nos habitudes.

INTERVIEWER. – Combien dura votre plus longue période de liberté après Woodburn ?

GILMORE. – Huit mois fut à peu près la plus longue.

INTERVIEWER. – Votre quotient intellectuel s'éléverait à environ cent trente et pourtant vous avez passé presque dix-neuf des vingt dernières années derrière les barreaux. Comment se fait-il que vous n'ayez jamais pu vous tirer d'affaire, en aucun cas ?

GILMORE. – Mais si, je m'en suis tiré une ou deux fois. Je ne suis pas un grand voleur. J'obéis à mes impulsions. Je ne fais pas de projet, je ne réfléchis pas. Il n'y a pas besoin d'être un intellectuel distingué pour éviter les conséquences de ses conneries. Il suffit de réfléchir. Je ne le fais pas. Je suis impatient et pas assez gourmand. J'aurais pu échapper aux conséquences de bien des choses pour lesquelles je me suis fait avoir. En réalité, je ne comprends pas. Peut-être que j'ai cessé de m'en soucier depuis longtemps.

Tout cela était bel et bon. Farrell était décidé à n'accepter ces réponses qu'après un examen sérieux. Mais Gilmore s'efforçait au moins d'offrir une image de lui-même. C'était clairement ainsi qu'il voulait être considéré par le reste du monde après sa mort. Ce n'était pas du tout l'homme de ses lettres.

II

Farrel et Schiller convinrent que le truc consistait à faire parler Gary sincèrement des deux assassinats. Quand on abordait cette question il se produisait toujours quelque chose : Gilmore n'avait plus envie de commenter sa propre personnalité. Ses propos tombaient dans le style narratif qu'emploie n'importe quel criminel psychopathe pour décrire la soirée la plus ennuyeuse ou la plus sensationnelle : on a fait ça et puis ça, mec, comme on a fait ça. Des épisodes sans lien dont il ne souligne aucun détail. On constate un refus ferme d'accorder de la valeur à quoi que ce soit. Telle était l'opinion de Farrell. Ces gens-là semblent considérer la vie comme un grand magasin où l'on peut piquer n'importe quoi.

GILMORE. – April est montée dans la camionnette, elle a fait marcher la radio à plein tube, elle s'est serrée contre moi et m'a dit qu'elle ne voulait plus retourner à la maison. Je lui ai répondu : « Eh bien, écoute, je te garde toute la nuit si tu veux. » Alors je suis allé à l'endroit où j'avais acheté une camionnette et j'ai parlé à ces types de nos arrangements financiers. Je leur donnerais ma Mustang comme acompte. Nous avons bu de la gnôle et nous avons pris de vagues arrangements au sujet de la camionnette. Ils m'avaient mis plus ou moins le couteau sous la gorge mais moi j'avais mon pistolet, celui qui était chargé. J'ai signé les papiers, j'ai pris possession de la camionnette et j'ai laissé ma Mustang sur place. Ensuite nous voilà en train de rouler sans but précis avec April. On arriva à Orem. J'ai ralenti en approchant de la station-service qui me parut à peu près déserte. Peut-être est-ce ce qui attira mon attention. Je roulai jusqu'au carrefour, garai la camionnette et je dis à April d'y rester parce que je ne tarderais pas à revenir. J'allai au poste d'essence et je dis à Jensen de me donner l'argent de la caisse. Il obéit et je lui ordonnai alors de venir avec moi aux cabinets et de s'allonger par terre. Alors ça s'est passé en vitesse. Rien ne pouvait lui indiquer ce qui allait arriver. J'avais tout juste un 5,5 mm. J'ai tiré deux balles coup sur coup pour m'assurer qu'il ne souffrirait pas, que je ne le laissais pas à moitié vivant ou un truc comme ça. Et puis, je suis parti et j'ai roulé jusqu'à, euh ! je ne sais pas au juste où se trouvait cette station Sinclair mais je suis retourné sur la voie principale : State Street, je crois. Je suis entré chez Albertson où j'ai acheté des chips et différentes choses à emporter au cinéma, ainsi qu'un carton de bière et des trucs qu'April voulait manger…

Finalement un des avocats posa une question. Farrell ne put s'empêcher de remarquer que ça donnait un meilleur résultat. De toute évidence, il fallait secouer Gilmore pour l'arracher à son marécage de psychopathe.

INTERVIEWER. – Une question maintenant. Quand vous vous êtes arrêté au poste d'essence, aviez-vous l'intention de voler Jensen ou de le tuer ?

GILMORE. – J'avais l'intention de le tuer.

INTERVIEWER. – Quand cette idée vous est-elle venue à l'esprit ? Celle de tuer quelqu'un…

GILMORE. – Je ne saurais le dire. Elle a mûri toute la semaine. Cette nuit-là, je sentais qu'il me fallait ouvrir une soupape pour libérer quelque chose mais j'ignorais ce que ce serait exactement. Je ne pensais pas à faire ceci ou cela, ni qu'en agissant ainsi je me sentirais mieux. Je savais seulement qu'il se passait quelque chose en moi et qu'il me fallait relâcher la pression. Euh, tout cela paraît assez odieux sans doute.

INTERVIEWER. – Non, absolument pas. Jensen a-t-il dit quelque chose qui vous a déplu ?

GILMORE. – Non, pas du tout.

INTERVIEWER. – Qu'est-ce qui vous a incité à quitter la camionnette pour entrer dans le bureau où se trouvait Jensen ?

GILMORE. – Je ne le sais vraiment pas.

INTERVIEWER. – Qu'est-ce que ça signifie ?

GILMORE. – Ça signifie que je ne sais vraiment pas. J'ai dit que cet endroit me paraissait désert et propice.

INTERVIEWER. – Apparemment le meurtre de Jensen n'a pas réduit la pression dont vous parlez. Sinon pourquoi seriez-vous sorti le soir suivant pour tuer Buschnell ?

GILMORE. – Je ne sais pas. Je suis un impulsif, je ne réfléchis pas.

INTERVIEWER. – Vous l'avez tué de la même manière que Jensen la veille au soir. Vous l'avez obligé à s'allonger par terre et vous lui avez tiré à bout portant dans la tête. Espériez-vous, en tuant Buschnell, obtenir l'espèce de soulagement que vous n'avez pas eu avec Jensen ?

GILMORE. – Je vous l'ai déjà dit : je ne pensais pas. Ce que je me rappelle c'est précisément une absence de réflexion. Je me souviens seulement des gestes, des actes. J'ai tué Buschnell et puis le pistolet s'est enrayé. Ces foutus automatiques ! J'ai pensé alors : merde ! ce type n'est pas mort. Je voulais tirer une seconde balle parce que je ne voulais pas le laisser à moitié vivant. Je ne voulais pas qu'il souffre. J'ai essayé de ramener le canon à sa place pour faire marcher le pistolet et tirer une deuxième balle mais le mécanisme était coincé et il a fallu que je me taille. J'ai fini par remettre l'arme en état de marche mais trop tard pour faire quoi que ce soit d'utile à Buschnell. Je crains qu'il ne soit pas mort immédiatement. Quand je lui ai ordonné de s'allonger, je voulais le liquider en vitesse. Il n'avait alors aucune chance de s'en tirer. Je vous raconte ça assez froidement mais c'est vous qui me l'avez demandé.

INTERVIEWER. – Avez-vous abordé ces deux meurtres de la même manière ?

GILMORE. – Ma foi oui. On pourrait tout juste dire que l'exécution de Buschnell était plus certaine.

INTERVIEWER. – Pourquoi ?

GILMORE. – La mort de Jensen était déjà un fait acquis, aussi la suivante était-elle plus certaine.

INTERVIEWER. – Le deuxième meurtre vous fut-il plus facile que le premier ?

GILMORE. – Ni l'un ni l'autre n'ont été difficiles ou faciles.

INTERVIEWER. – Aviez-vous eu affaire d'une manière quelconque avec l'un ou l'autre de ces deux hommes ?

GILMORE. – Non.

INTERVIEWER. – Alors qu'est-ce qui vous a conduit au City Center Motel où travaillait Buschnell ? Nous nous efforçons seulement de comprendre la nature de la rage dont vous parlez. N'auriez-vous pu apaiser cette rage d'une manière sexuelle ?

GILMORE. – Je ne veux pas m'égarer dans les questions concernant le sexe. Je trouve ça vulgaire.

INTERVIEWER. – Pourtant, si la nuit où vous avez tué Buschnell vous vous étiez trouvé avec une amie qui aurait pu vous offrir de la bière, sa compagnie et un moment de détente, ne vous seriez-vous pas senti mieux dans votre peau ?

GILMORE. – Je ne veux pas répondre à cette question.

INTERVIEWER. – Vous semblez répondre plus facilement au sujet de meurtre que de sexe.

GILMORE. – Ça, c'est votre avis.

Bon matériel, pensa Farrell. Un bon commentaire.

III

Pendant toute la semaine de Noël pourtant, les interviews se ternirent et ne présentèrent plus guère d'intérêt. Farrell en vint à se demander s'il n'avait pas effrayé Gilmore. Ou bien était-ce l'approche des fêtes qui le rendait incapable. En relisant les réponses amères au sujet de Noëls en prison, il n'était pas difficile de lire entre les lignes que Gary se disait : « Voilà mon dernier 1er de l'An sur terre. »

Barry se demanda également si les deux avocats n'étaient pas en cause. Jour après jour, au cours de la dernière semaine de l'année, ils plaisantèrent avec Gary en esquivant les points essentiels et sans profiter de certaines réponses pour poser des questions intéressantes.

Ils ne présentèrent pas non plus les questions plus complexes préparées par Farrell, comme s'ils les trouvaient trop littéraires pour être posées par de vrais hommes.

Barry se proposa donc d'appeler Stanger à son bureau et de lui dicter méticuleusement un nouveau jeu de questions. Un jour ou deux plus tard, la bande magnétique revint, tellement dénuée d'intérêt que Farrell se demanda si les avocats ne cherchaient pas à démontrer qu'ils pouvaient à volonté fournir ou non des résultats. Peut-être en voulaient-ils encore à Schiller de s'être rendu à Hawaï, peut-être aussi considéraient-ils comme déplacé d'interroger un homme sur le chemin de la mort. En tout cas ça ne rendait pratiquement plus rien.

STANGER. – Avez-vous parfois joué le rôle du politicien de prison ?

GILMORE. – Au cours de ma dernière détention, dans l'Oregon, j'ai un peu mis la main dans le sac révolutionnaire et puis je me suis rendu compte que ces révolutionnaires ne feraient pas de révolution. Alors j'ai laissé tomber (rire).

STANGER. – D'accord. Vous avez passé plus de quatre ans au trou. Est-ce parce que vous avez choisi de purger votre peine à la dure ? Ou bien parce que vos actes échappent à votre volonté ?

GILMORE. – (Rire)… Maintenant il faut que je choisisse entre la question A ou la question B, pas vrai ? (Rire.)

STANGER. – Vous avez le choix (rire).

GILMORE. – Merde, je suis un raté.

Voilà comment ça se passait. Certaines réparties mettaient Farrell hors de lui. Dans les questions et réponses du 20 décembre, il avait repéré un début de piste :

INTERVIEWER. – Vous êtes convaincu que votre destin est inévitable et justifié, et cela fait supposer que les assassinats ont mûri longtemps. Vous vous étiez déjà représenté vous-même dans le rôle du tueur bien avant de le jouer. (Instant de silence.) Voilà une question à faire tourner la tête, pas vrai ? (Rire.)

GILMORE. – C'est vrai, ça donne le vertige. Je suis si peu sûr de moi que je répondrai à tout hasard (rire) ça rime avec bazar.

INTERVIEWER. – Bonne blague. Allez-y !

GILMORE. – Eh bien ! je répondrai la prochaine fois après y avoir réfléchi.

INTERVIEWER. – D'accord.

GILMORE. – J'ai plus ou moins l'impression d'être dans un confessionnal.

Puis Gary reprit l'assassinat de Jensen en un récit long et à demi satisfaisant. Cet échange de propos datait de la semaine précédente. Il corroborait ce que Farrel en attendait. Sans l'avouer, Gilmore se complaisait dans les échanges de propos d'un style littéraire et appréciait les questions formulées avec solennité. Sans doute lui semblait-il que cela conférait quelque dignité à sa situation. Dans ce cas particulier, bien que l'avocat eût posé sa question d'un ton ironique, Gary s'était efforcé de présenter une réponse cohérente. Malheureusement, cette bonne volonté ne servait à rien parce que l'avocat continuait à répliquer par des plaisanteries. Cela déplaisait autant à Farrell que s'il entendait des gens plaisanter au chevet d'un homme mourant de cancer.

IV

Moody et Stanger n'épuisaient pas le filon, certes, mais leur rémunération ne les laissait pas indifférents. À peine Schiller revint-il de Hawaï qu'ils l'interrogèrent au sujet des ventes à l'étranger. Il fut obligé de leur donner des détails sur les négociations avant leur conclusion. Lorsqu'il leur avait dit, au cours du déjeuner, qu'il lui serait possible de vendre les lettres à leur insu, ses propos n'étaient pas tombés dans des oreilles de sourds. Ils s'intéressaient beaucoup aux perspectives de rentrées d'argent. Farrell espérait que cela les inciterait à améliorer la qualité de leurs interviews avec Gary. En cela, il se trompait car les deux avocats semblaient se dire qu'eux seuls travaillaient pour tout le monde. Ils en arrivèrent même à prétendre qu'à l'origine les interviews ne figuraient pas dans leur accord et devraient donner lieu à une rémunération supplémentaire. Farrell se disait que cette question reviendrait souvent sur le tapis.

En fin de compte, Schiller constata que les deux avocats se sentaient de plus en plus forts dans cette affaire. Ils avaient tenu à lui faire remarquer qu'ils étaient allés à la prison le jour de Noël et même le jour de l'An pendant qu'il se bronzait tranquillement à Hawaï. Ils y étaient allés chaque jour entre ces deux fêtes parce que Gary se sentait alors particulièrement esseulé. Moody et Stanger présentèrent ces réflexions comme si Schiller s'était absenté pendant des années. Elles présentaient au moins une part de vérité : Gary tenait à leurs visites. Elles lui permettaient de quitter sa cellule pour aller à la cabine contiguë à la salle des visiteurs. Même après une conversation dépassant deux heures, il suffisait que les avocats raccrochent l'appareil et se préparent à partir pour qu'il frappe à la vitre afin d'ajouter un commentaire. De toute évidence, il s'efforçait de les retenir. Parfois il les rappelait aussi pour les interroger au sujet de leurs enfants. Il n'hésitait pas à leur donner des conseils, notamment de ne pas hésiter à les punir s'ils se conduisaient mal, mais tout en leur répétant qu'ils les aimaient.

Les entretiens quotidiens avaient suscité une certaine intimité entre Gary et ses interlocuteurs si bien que ces derniers se préoccupaient trop de lui. Schiller se disait qu'ils ne réalisaient pas l'importance de leur tâche, devenue tellement routinière à leurs yeux qu'elle leur paraissait banale.

V

Toutefois à son retour de Hawaï, c'est Gary qui inquiéta le plus Schiller. D'abord il devait lui parler du *National Enquirer*. L'article devait paraître dans quelques jours. De Hawaï, il enjoignit aux avocats d'indiquer à Gilmore qu'il avait vendu une partie des droits parce que, de toute façon, ce journal était décidé à publier quelque chose sur lui. C'était l'occasion d'empocher quelque argent. Cela marcha bien. Gilmore accepta. Mais dans un autre télégramme, Schiller commit l'erreur de désigner Nicole par un qualificatif. Pour que les gens de la prison ne sachent pas de qui il s'agissait il avait posé des questions à son sujet en l'appelant « Trésor pailleté d'or ».

Schiller se rappela trop tard que Gary l'appelait parfois ainsi dans leur correspondance. Quelle gaffe ! Autant avouer qu'il avait lu les lettres. Si seulement Gilmore admettait que ce n'était pas un crime, cela pourrait susciter plus d'intimité dans les interviews. Or, Gary prit cela très mal. Alors que Schiller était encore à Hawaï, Moody lui lut au téléphone cette lettre de Gary.

Cher Larry

Mon Trésor pailleté d'or !

Elle s'appelle Nicole.

Pigé ?

Vous avez lu les lettres… ça ne me plaît pas.

J'ai une centaine de lettres, ici même, dans ma cellule, que Nicole m'a écrites.

Vous ne les lirez pas.

« Je les lirai avant que ce soit fini », pensa Schiller.

Peu m'importent vos raisons. Je comprends que vous vouliez en savoir le plus possible.

Mais certaines de vos façons de faire…

Il faut savoir s'y prendre avec moi, Larry…

Vous pourriez me vexer.

Je le regretterais.

Puis-je me permettre de suggérer que vous soyez absolument franc avec moi, parce que je suis un type réglo.

Quand je vous ai demandé de ne pas lire ces lettres, vous n'avez pas discuté ni cherché à me persuader.

Si vous me vexez de nouveau ce sera pour toujours, Larry. Mais pour le moment, pour cette unique fois, je laisse courir.

Maintenant vous êtes au courant.

Sincèrement

GARY

30 DÉCEMBRE, 15 H 43.

GARY GILMORE PRISON DE L'ÉTAT D'UTAH
BP. 250
DRAPER UT 84020

JE COMPRENDS VOTRE POINT DE VUE ET VOUS LE PRÉSENTEZ BIEN STOP

JE NE CHERCHAIS PAS À VOUS CACHER LA VÉRITÉ STOP AMITIÉS STOP

LARRY

Ne recevant pas de réponse, Schiller envoya un deuxième télégramme.

2 JANVIER, 13 H 42
GARY GILMORE, PRISON D'ÉTAT D'UTAH BP 250
DRAPER UT 84020

NICOLE EST FIÈRE DE VOS LETTRE STOP C'EST POURQUOI ELLE LES A MONTRÉES À PLUSIEURS PERSONNES MOI COMPRIS STOP COMPARÉS LES DEUX JEUX DE LETTRES DONNERAIENT UNE CONNAISSANCE PLUS AUTHENTIQUE ET PLUS COMPLÈTE DE VOS AMOURS QUE NE LE PEUT FAIRE CHACUN DES DEUX JEUX STOP JE VEUX ÉLIMINER LA THÉORIE D'APRÈS LAQUELLE NICOLE SERAIT SOUMISE À VOTRE POUVOIR STOP C'EST POURTANT L'IMPRESSION QUE L'ON A EN LISANT SEULEMENT VOS LETTRES STOP À MON AVIS LES SIENNES FOURNIRAIENT LE MEILLEUR MOYEN DE PRÉSENTER UN TABLEAU VÉRIDIQUE DE VOS RELATIONS STOP CE N'EST PAS UNE BONNE MANIÈRE DE COMMUNIQUER MAIS NOUS N'EN N'AVONS PAS D'AUTRE.

LARRY

La réponse parvint par cassette transmise par Moody et Stanger.

GILMORE : Un message de Larry qui me demande les lettres de Nicole. Dites-lui simplement que je les ai détruites. Je ne veux pas en dire plus. Il recourt à une espèce de psychologie abstraite mais ça ne marche pas avec moi. Il a plus ou moins suggéré… plutôt par allusions que, d'après bien des gens, j'exerce un certain pouvoir sur Nicole et que si l'on pouvait voir toute la correspondance cela mettrait les choses au point. Je n'aime pas ce genre de suggestion. Il n'aura aucun moyen de voir ses lettres : elles sont imprimées dans mon cœur. Voilà où elles sont et elles ont disparu ; cela m'évite de lui envoyer une lettre… (Rires).

VI

Par la suite on frisa la rupture. Le *National Enquirer* publia un article désastreux. Les lettres que Scott Meredith lui avait vendues n'étaient pas seulement en cause mais l'auteur du texte commentait une cassette et étalait sur toute la page la mentalité de Gilmore.

NATIONAL ENQUIRER

L'assassin Gilmore ment

Il ne veut P A S mourir

Par John Blosser

Telle est la conclusion de Charles R. McQuiston, ancien officier de renseignement du plus haut grade, qui a appliqué le détecteur de mensonges à une conversation téléphonique de vingt minutes enregistrée sur bande magnétique à la prison de l'État d'Utah... (Ce détecteur est un appareil utilisé par les services de police pour déceler le mensonge révélé par un frémissement d'angoisse dans la voix de celui qui parle.)

« Je suis totalement convaincu que Gilmore ne désire pas mourir ; la perspective de faire face à son Créateur l'émeut puissamment et il a grand-peur », déclara l'officier de renseignement.

« Il espère la clémence pour ses crimes, dit McQueen, de l'*Enquirer.* »

Voici quelques extraits de l'analyse psychologique effectuée par Charles McQuiston :

GILMORE : « La loi m'a condamné à mourir. J'estime que c'est bien. »

ANALYSE DE MCQUISTON :

« L'énoncé du mot “mourir” dénote un stress extrêmement lourd. Cela signifie qu'il ne veut absolument pas mourir. »

GILMORE : « J'irai là-bas, je m'assoirai et je serai fusillé. »

ANALYSE DE MCQUISTON :

« Un affolement nerveux apparaît lors de cette déclaration. Peut-être sera-t-il obligé de le faire (se présenter devant le peloton d'exécution) mais ce n'est pas si simple… et il ne veut certainement pas que cela arrive. »

GILMORE : « Peut-être pouvez-vous dire que je crois à la survivance de l'âme et que cela me rend la chose un peu plus facile (la chose consistant à faire face à la mort). »

ANALYSE DE MCQUISTON :

« Les canevas de stress indiquent qu'il croit, en effet, à la survivance de l'âme.

« Cette déclaration est donc sincère. Néanmoins sa conviction ne lui rend pas la chose plus facile.

« Elle la rend au contraire plus difficile, croit-il.

« Il lui semble qu'il s'en va dans l'au-delà sans référence convenable et ça l'effraye. »

5 JANVIER 16 H 31
GARY GILMORE
PRISON D'ÉTAT D'UTAH
BP 250
DRAPER UT 84020

IL M'A FALLU VINGT-QUATRE HEURES POUR ME CALMER APRÈS AVOIR LU L'*ENQUIRER* SINON CE TÉLÉGRAMME N'AURAIT PAS ÉTÉ ACCEPTÉ STOP CES GENS-LÀ ONT ACHETÉ DE LA MATIÈRE PREMIÈRE ET DE TOUTE ÉVIDENCE N'EN ONT UTILISÉ QU'UNE PETITE PARTIE STOP J'AURAIS SANS DOUTE DÛ M'Y ATTENDRE MAIS JE SUIS ENCORE NAÏF STOP QUE TEL SOIT LE PREMIER RÉSULTAT DE NOS TRAVAUX ME FAIT HONTE MAIS VOUS SAVEZ POURQUOI J'AI AGI AINSI STOP LE MARCHÉ

EST AINSI PRÉPARÉ ET NOUS POUVONS POURSUIVRE VERS NOTRE BUT STOP

LARRY

5 janvier

Cher Larry,

Je viens de lire le National Enquirer *sans grand intérêt.*

Très dégoûtant... j'admets que chacun puisse imprimer lire et penser ce qui lui plaît.

*Pourtant je suis curieux... j'aurais cru qu'un homme dans votre situation, possédant votre expérience et une parfaite connaissance des journaux de chantage tels que l'*Enquirer, *aurait mieux contrôlé ce qui s'imprime grâce à lui... ou bien vous ne vous en êtes pas soucié ?*

Ça m'intrigue... un peu.

Mais au fond ça ne m'intéresse guère.

Vous voyez, je connais la vérité à ce sujet. Nicole aussi. Or, je n'ai de comptes à rendre à personne sauf à elle et à moi.

*Je ne suis ni bon mec ni héros. Mais je ne suis pas du tout non plus le type que présente l'*Enquirer.

Libre à vous Larry de penser imprimer et diffuser selon vos conclusions personnelles. Je vous considère comme un homme sensible et qui croit à la vérité.

*À l'*Enquirer *je ne répondrai que ceci :*

Tout le monde sait que ce journal n'est pas exactement ce qu'on peut appeler une « source sûre ».

GARY

Moody et Stanger dirent à Schiller que Gary n'avait pas réagi plus violemment que ne l'indiquait sa lettre. Larry n'en était pas moins confus. L'article du *National Enquirer* mettait en cause le point d'honneur que Gilmore attachait à sa mort. Pourtant il ne réagissait que mollement. D'autre part appeler Nicole « Trésor pailleté d'or » avait provoqué un tel sursaut que Gary avait paru sur le point de ne plus vouloir parler. Schiller fut tenté d'abandonner la partie. Il était bien obligé, en effet, de se demander s'il était vraiment capable de percer la personnalité de Gary Gilmore.

VII

Ohé, cher copain… je t'aime.

Je suis souvent perdue ici et je le serai encore souvent partout… jusqu'à ce que je sente ton âme m'envelopper.

Je suis seule avec moi-même pendant presque tout mon temps de veille.

Mais la nuit… oh les nuits que j'aime tant. Alors je vais n'importe où, fais n'importe quoi, ressens tant de choses et toutes bonnes…

Je te serre contre moi, tiède, je sens sur mes mains ton visage rugueux et moustachu… je t'emmène à des endroits que je chérissais quand j'étais petite, par exemple une petite clairière dans une forêt de pins. C'était ma « chambre ». Tellement touffue autour de moi avec ses pins très hauts et aussi avec des buissons de cassis où il y avait toujours des baies, si bien que trouver le tunnel y conduisant était parfois un exploit. Je m'allongeais au milieu, sur le doux tapis d'aiguilles humides qui sentaient bon, j'étais comme dans un puits avec un haut mur d'arbres autour de moi et de là je regardais le ciel bleu de cristal où passaient lentement des nuages de coton. Écoute ma forêt enchantée parler tout bas en un millier de langues.

Dieu comme j'aimais cette clairière autrefois.

Je me rappelle y avoir amené ma tante Kathy. Elle en raffolait. J'ai creusé un petit trou dans le tapis d'aiguilles pour lui servir de cendrier. Elle se tenait immobile et écoutait avec moi.

J'y suis retournée avec toi il y a seulement une ou deux nuits.

Folle que je suis.

SALT LAKE TRIBUNE

Salt Lake. 6 janvier. – La K. U. T. V. à déposé hier devant la Cour du district fédéral englobant l'Utah une requête pour avoir le droit d'assister à l'exécution de l'assassin Gary Mark Gilmore prévue pour le 17 janvier…

23. Là-bas où l'on fait la télé

I

SALT LAKE TRIBUNE

Assister à l'exécution ? Pas Barbara

Salt Lake, 7 janvier. – Barbara Walters serait horrifiée si on lui demandait d'assister à l'exécution de Gilmore la semaine prochaine. Probablement refuserait-elle cette mission.

Son confrère, Harry Reasoner, d'autre part, viendrait à Salt Lake City pour cette journée.

Il estime même que cet événement devrait être présenté à tout le pays par la télévision. « Mais celle-là seulement », précise-t-il…

Au début de janvier, le soir où Schiller prit contact avec Bill Moyers, à l'hôtel Utah de Salt Lake, pour discuter de son passage à « C. B. S. Rapporte », il demanda à Tamera Smith de l'accompagner. Il était sûr qu'elle sauterait sur l'occasion. Ce serait le premier des avantages qu'il lui avait promis chez son frère. Quant à lui, il voulait voir jusqu'à quel point Moyers s'engagerait devant une tierce personne.

Quand ils s'attablèrent, Larry la présenta par ses nom et prénom. Moyers se montra cordial mais ne fit pas de rapport entre elle et la journaliste du *Deseret News*. Il n'ignorait rien de Vern Damico ni de Kathryne Baker mais ne se rappelait certainement pas les noms des autres personnages.

Ils disposaient d'une table offrant une vue formidable au sommet de l'hôtel Utah, au quinzième étage, en face des tours du temple mormon situé de l'autre côté de la rue et dont le sommet arrive à la même hauteur. C'est à coup sûr le plus important des temples mormons du monde entier. Des projecteurs éclairaient les tours et leur donnaient un aspect de château fort : vue vraiment spectaculaire. Pourtant Schiller n'était guère impressionné. Quand il avait vu la cathédrale de Chartres, elle avait offert un délice à ses yeux de photographe et il se rappelait que Notre-Dame était superbe vue sous tous les angles alors que ce temple mormon offrait le même aspect quel que soit l'endroit d'où on le regardait. Rien qu'une masse verticale, suggérant des idées de piété et de hautes ambitions, mais qui pourtant présente une autre espèce de mystère. Schiller avait appris qu'il n'est pas permis de visiter le temple mormon comme n'importe quel touriste peut pénétrer dans les plus célèbres cathédrales. N'y ont accès que les saints des derniers jours, de bonne réputation, munis d'une « clé » c'est-à-dire recommandés par l'évêque de leur diocèse. Ce seul détail indique que les mormons constituent une véritable société secrète.

Peut-être est-ce l'idée de se trouver près d'une église dans laquelle il n'avait pas le droit d'entrer qui excita Schiller et le poussa à jouer gros jeu. Après de brefs préliminaires, Moyers déclara tout de go qu'il entendait interroger Larry sur ce que lui rapporterait l'exécution de Gary Gilmore. Schiller sourit gracieusement en répondant : « Je ne veux pas que vous me découpiez en rondelles au cours de cette émission. » Évidemment, comme s'il jouait gardien de but, il vit arriver le ballon. « Je dispose de quelque chose que vous convoitez et je vous le donnerai. Je vous permettrai de lire la transcription dactylographiée des cassettes enregistrées lors des conversations avec Gilmore et vous y prélèverez trois minutes pour votre émission. Mais il faut d'abord que vous acceptiez mes conditions. Je veux que vous m'écoutiez pendant vingt minutes, sur-le-champ, et je vous expliquerai qui je suis, ce que je suis et ce que j'entends faire. Alors vous pourrez juger si je suis un authentique journaliste ou un exploiteur. »

Raconter sa vie en vingt minutes n'était pas une petite affaire. Devant un homme comme Moyers, Schiller se considérait comme assez naïf à bien des points de vue. Néanmoins, il saisissait toujours le meilleur côté des choses. Aussi s'efforça-t-il de donner une bonne impression à Moyers. Il grandit le personnage de Larry Schiller dont la plupart des gens ne savaient pas grand-chose. Il parla de l'enquête qu'il avait faite sur les reins artificiels et sur la pollution par le mercure au Japon, avec la collaboration de l'éminent photographe Eugene Smith. Il exposa comment, en s'engageant ainsi dans des campagnes d'intérêt mondial, il avait transformé sa vie au-delà de ce que les autres pouvaient soupçonner. Bien sûr, des années auparavant, il avait participé à la course impitoyable vers le succès mais désormais il ne songeait qu'à la qualité de son travail. Voilà ce qu'il importait de comprendre à son sujet. Lorsqu'il sentit qu'il avait assez impressionné Moyers, Schiller déclara : « Je vais vous permettre de lire ce soir quelques épreuves dactylographiées des interviews de Gary Gilmore et vous pourrez choisir trois à cinq minutes de bande magnétique mais aux seules conditions suivantes : vous ne vous servirez que des propos de Gilmore sans citer ceux des avocats qui interrogent ; au cours de votre émission vous ne devrez même pas indiquer qui sont ces interviewers. » Moyers acquiesça d'un hochement de tête. « De plus, reprit Schiller, je me réserve le droit de retrancher certaines parties de ce que vous aurez choisi. Je serai raisonnable mais je tiens à conserver la haute main. Bref, je ne peux pas vous donner carte blanche.

— Que voulez-vous en échange ? » demanda Moyers.

Schiller constata que Moyers allait mordre à l'hameçon. Il y était bien oblige car la télévision de Salt Lake avait absolument besoin de quelque chose sur Gilmore. « Premièrement, reprit Schiller, je veux être interviewé dans un décor qui évoque une salle de rédaction de journal. J'entends être photographié assis devant une machine à écrire ou bien en train de téléphoner. J'estime qu'un tel environnement augmentera la vraisemblance de mes travaux. Je n'aurai aucune influence sur vos commentaires mais je tiens à contrôler ce que vous filmerez. Je m'y connais très bien en fait de coupures aussi me sera-t-il facile de voir ce que vous faites, bien que vous soyez libre personnellement de dire ce que vous voudrez à mon sujet.

Alors, je répète, je tiens à un décor professionnel. Deuxièmement, venons-en aux questions d'argent. Nous ne pouvons en discuter que si je suis en mouvement.

— Que voulez-vous dire par là ? demanda Moyers.

— Il faut que je parle en me déplaçant, soit en marchant, soit en conduisant une voiture, répondit Schiller. Je ne discuterai pas d'argent en étant assis.

— Pourquoi pas ?

— Parce que, quel que soit l'angle sous lequel vous me photographiez, je fais trop gros. Si vous me prenez avec un objectif normal, assis derrière un bureau j'ai l'air d'un homme d'argent. Si vous me photographiez avec des lentilles qui me rapprochent, je deviens le roi Farouk. »

Moyers ricana puis éclata de rire.

« Si vous êtes prêt à traiter selon mes conditions, je me livre à vous pieds et poings liés parce que vous pourrez dire tout ce que vous voudrez à mon sujet. Si vous êtes d'accord, je vous donne les textes. Vous les lisez ce soir et vous y choisissez ce que vous voulez. »

Moyers pouvait évidemment les photocopier et faire bien d'autres choses de ce genre mais Schiller avait confiance en lui. Plus que confiance, même. Schiller était convaincu de pouvoir jouer son rôle assez bien au cours de cette émission pour que Moyers se préoccupe suffisamment de sa tâche et ne le dénigre pas publiquement.

En outre, Schiller respectait l'intégrité professionnelle de Moyers qui se présentait comme un rédacteur de premier plan à *Newsday*. Étant donné qu'il lui reconnaissait ces qualités, Schiller pouvait se permettre de lui avouer qu'il ne ferait pas forcément un très bon personnage à « C. B. S. Rapporte ».

Moyers ne cacha pas qu'il avait pensé à cette question. « Il faut apprendre à jouer un rôle », dit-il. Il confia même qu'il avait essayé de se regarder dans une glace quand il parlait aux téléspectateurs, ce qui pour lui n'était pas un procédé normal.

Arrivés à ce point de la conversation, ils se détendirent tous les deux. Moyers indiqua qu'en novembre, lorsqu'il avait proposé à C. B. S. une émission sur Gary Gilmore on lui avait répondu : « Occupez-vous plutôt de Fidel Castro. Votre émission doit être vraisemblable. » Plus tard il avait appris par les ragots qui couraient à C. B. S. qu'un personnage des plus importants avait dit à Frank Stanton : « Pourquoi pas Gilmore ? Tout le monde en parle. » Stanton avait continué à refuser, puis il était allé à un meeting avec Paley qui lui avait dit : « C'est phénoménal. Voilà ce qu'il nous faut pour Moyers. Les téléspectateurs en ont envie. »

Bill avait donc transporté toute son équipe à Provo, y compris ses préparateurs de films, et s'était mis à travailler à son « C. B. S. Rapporte » qui devait être diffusé le soir de l'exécution. Ainsi obtiendrait-il le maximum d'écoute. Schiller pensait : « Il ne faut pas que je me présente comme un exploiteur, alors que C. B. S., en dépit de ses prétentions moralisantes, ne se soucie que du taux d'écoute. »

II

Tamera trouva ce dîner vraiment exceptionnel. Quand Larry lui avait parlé d'un repas avec Bill Moyers, elle ne savait même pas qui était cet homme. Lorsqu'elle le découvrit, cette soirée se révéla palpitante. On ne dîne pas tous les soirs avec celui qui a dirigé les relations du président Johnson avec la presse.

Au début elle ne fut pas impressionnée et s'ennuya presque. Les deux messieurs parlaient affaires et elle se sentait plus ou moins tenue à l'écart. Pour donner de l'intérêt à la soirée, elle choisit sur le menu des plats qu'elle ne connaissait pas. Les autres suivirent son exemple. Ils avaient donc mangé, par exemple, une salade à la César puis elle prit une soupe ressemblant vaguement à un bortsch froid mais abominable. Elle mangea aussi du gazpacho qu'elle trouva détestable et des cuisses de grenouille en guise d'entrée. Au dessert elle se laissa tenter par des crêpes Suzette. Bref elle fit de son mieux. Les cuisses de grenouille lui semblèrent assez bonnes mais, en fin de compte, le repas ne l'enchanta pas. Plus tard, vers 4 heures du matin, elle alla chez Sambo et prit un bon vieux hamburger.

III

Le lendemain matin Moyers se présenta au petit déjeuner et dit d'entrée : « C'est formidable ! Je vais faire toute mon émission avec vos bandes magnétiques.

— Ça ne marche pas », rétorqua Schiller qui décida quand même de jeter un os à Moyers. « J'ai des photos de Gilmore au quartier de haute surveillance, dit-il. Vous n'indiquerez pas qui les a prises mais, si vous voulez faire passer sur l'écran un montage d'instantanés, je m'en chargerai à condition que vous preniez à votre compte les frais de laboratoire. En tout cas je veux faire ce film à ma façon. »

Outré, Moyers sauta au plafond. « Il s'agit de nouvelles, pas de spectacle ! » s'exclama-t-il. Cependant, Moyers accepta les conditions de Schiller. Tout compte fait, ce dernier donnait ses photos.

Schiller espérait présenter le montage photographique de telle sorte que Gilmore y paraîtrait sous les traits d'un être humain et non sous ceux d'un tueur de sang-froid. Il y avait chez lui quelque chose de vulnérable qu'il croyait possible de communiquer au public. De toute façon, il tenait à ce que Gilmore soit acceptable sur le petit écran.

Le problème ne résidait pas dans le fait que Gilmore fût un tueur. Peu importait non plus que sa présence sur l'écran fût considérée comme un défi par les bien-pensants. Le plus ennuyeux, c'était que cet assassin imprévisible se payait la tête du monde. Le public tolérerait un tueur abruti, confus, dingue. Mais qu'il se permette de poser des conditions au sujet de l'émission et cela le rendrait haïssable. Pour la plupart des gens, ce serait le monde à l'envers.

Si Schiller tenait au succès de son livre et de son film, il devait éviter de susciter l'animosité du public et lui faire entendre que l'homme Gilmore présentait des qualités parfaitement humaines. Chaque fois qu'au Hilton il voyait les reporters interroger des gens, scruter leur visage, il pensait à ce qu'auraient valu ses propres interviews s'il en avait été chargé par un journal. Ça lui donnait le vertige. Les journalistes ne faisaient pas leur travail. Aucun, par exemple, n'avait cherché à pénétrer la personnalité de Gary en interviewant ceux qui avaient été en rapport avec lui. Ils se contentaient de pérorer entre eux, de boire ensemble, d'échanger des hypothèses et des anecdotes sans intérêt, pour arriver à mettre sur pied un consensus. Ils en arrivaient à évaluer l'affaire comme on établit les prix en Bourse. À force de les échanger, ils s'en tenaient tous aux mêmes histoires. Si lui, Larry Schiller, donnait des exemples de qualités humaines intéressantes chez Gilmore, aucun d'entre eux ne les accepterait. Ils prétendraient tous qu'il s'efforçait d'embellir l'affaire dans son propre intérêt financier. Force lui était donc de faire brosser le portrait par quelqu'un d'autre. Ce ne pouvait être que Bill Moyen.

IV

Samedi, 8 janvier

Salut mon amour,

Ma mère m'a amené Sunny hier.

Cette gamine devient foutrement jolie, bêcheuse et gaie comme un pinson. Peabody aussi. Il s'est offert des petits lewis et des bottes. Ça lui donne des allures de petit dur mais il est mignon comme un cœur…

Il me semble que j'ai plus ou moins perdu contact avec mon amour pour eux avant que tout cela se passe…

Me croiras-tu… j'étais bouleversée après leur visite.

J'ai un rien d'infection et le toubib m'a ordonné un suppositoire. Mais ils tiennent à me voir me le mettre, aussi je les ai envoyés aux pelotes… j'aime mieux en pourrir, excuse ma vulgarité, Amour.

La vie est folle ces jours-ci. Me demande quel destin nous attendons. Ça vient.

Si tu es fusillé le 17 janvier…

Qu'est-ce qu'il y aura en moi ? Serai-je rien du tout… si tu t'en vas… Serai-je plus ? Serai-je perdue ou trouvée ? Je ne veux pas vivre sans toi. Je crois que je finirais d'exister si je vivais un seul jour sans Ton Amour dans mon âme.

Dieu du Ciel, Gary, sois avec moi.

Je t'aime tellement.

Larry demanda à Tamera la permission d'utiliser son bureau au *Deseret News* pour l'interview et même d'y tourner le film un samedi soir. Elle obtint l'autorisation sans difficulté d'autant plus que presque tout le personnel serait absent.

Ce local convenait à Schiller. Tout le décor d'une salle de rédaction se dessinait derrière lui. Il parla d'abord assis à une table puis écoutant une bande magnétique de Gary et ensuite en train de taper à la machine. L'équipe de Moyers tourna avec ardeur.

Schiller était assis devant les pupitres des téléscripteurs quand Tamera entra pendant une pause. « Je veux vous montrer quelque chose », dit-elle. Puis elle l'entraîna dans un coin de la salle et lui tendit une dépêche qui venait de tomber sur l'un des téléscripteurs. A. B. C. se retirait. Merde alors, *se retirait !*

Ça s'étalait là, noir sur blanc, sur une dépêche d'agence. Le P.-D. G. de l'A. B. C., Frank Pierce, refusait de produire quoi que ce soit au sujet de Gary Gilmore. Incroyable ! Ainsi

A. B. C., premièrement, passait par pertes et profits les soixante-dix mille dollars déjà dépensés et deuxièmement laissait Schiller dans le pétrin.

Il s'agissait de terminer l'interview rapidement avant que Moyers apprenne cette nouvelle. Dès qu'il saurait, il poserait des questions.

Schiller se rappela une conférence de presse à l'hôtel Americana, lorsqu'il avait publié une interview de Jack Ruby. Soudain un reporter s'était levé en disant : « Monsieur Schiller, Jack Ruby vient de mourir. Qu'est-ce que vous en dites ? » Larry avait dû répondre impromptu et faire face à une situation affreusement délicate. Atroce. Cette fois, il entendait déjà Moyers lui dire : « Monsieur Schiller, bien que nous ayons convenu que vous n'êtes pas un exploiteur, de toute évidence A. B. C. estime que vous en êtes un. » Jusqu'à présent Larry traitait avec C. B. S. mais cette chaîne pouvait lui mettre la décision d'A. B. C. sous le nez.

Lors d'une pause plus prolongée, pendant que l'équipe déplaçait ses appareils pour filmer sous un autre angle, Schiller téléphona à plusieurs membres du personnel d'A. B. C. à Los Angeles. Personne n'était au courant de rien. « Ça vient du plus haut sommet, dit Schiller. Vous feriez bien de vous y attendre. Demain matin c'est peut-être vous qu'on interviewera. » Il leur fit sentir qu'ils n'avaient pas protégé ses arrières.

Moyers ne souleva pas la question. Il interviewa encore Schiller par deux fois ultérieurement sans en dire un mot. Larry le considéra comme un homme hautement respectable.

Le matin venu, Schiller constata qu'il pouvait fort bien être en bonne posture. Au moins il ne serait pas obligé de traiter avec une organisation de spectacles télévisés qui prendrait à son compte tous ses mérites. Il conservait le copyright et pourrait donc faire son livre ainsi que son film. Cependant il voulait savoir ce qui s'était passé. Le retrait de l'A. B. C. lui paraissait invraisemblable. Le jour même, il apprit que la femme d'un des principaux directeurs d'A. B. C.. suivait des cours de journalisme à l'université Columbia et qu'elle était rentrée indignée, un soir, parce que le réseau préparait une émission sur Gary Gilmore. « Comment peux-tu tomber assez bas pour exploiter une affaire pareille ? » avait-elle demandé à son mari. Schiller ne put apprendre le nom de ce monsieur qui n'en parla à personne de la côte Ouest et se contenta d'ordonner aux bureaux de New York : « Nous ne faisons rien avec Gilmore. » Il craignait évidemment que la C. F. C. (Commission fédérale des communications) mène la vie dure à A. B. C. « Un truc de cirque. » On ne peut tout de même pas soutenir le regard d'agents fédéraux qui prononcent une telle phrase.

V

Planqué dans sa chambre de motel, près de devenir fou tant il souffrait, Gibbs s'acharnait encore à placer son histoire dans un journal. Tous ceux à qui il s'adressait ne parlaient que de Schiller.

Enfin il se mit d'accord avec le *New York Post*, pour sept mille cinq cents dollars. Gibbs affirma qu'il détenait une invitation manuscrite de Gilmore d'assister à son exécution et une quantité d'autres lettres. Le *Post* avait envoyé à Aspen un reporter couvrir le procès de Claudine Longet et voulait que Gibbs aille prendre contact avec lui là-bas. Mais il craignait d'être reconnu par des reporters de Salt Lake. À force de discussions, il obtint de fixer le rendez-vous au Royal Inn de Boulder, Colorado. Il indiqua qu'il y descendrait sous le nom de Luciano.

24. Dans l'attente du jour J

I

Brenda avait eu des hémorragies inquiétantes. Lorsqu'elle se fit faire un bilan de santé, elle dit au docteur : « Pour l'amour du ciel, donnez-moi quelque chose contre cette douleur. Je ne pourrai pas continuer comme ça. » Serveuse à La Cosa, certains soirs il lui arrivait d'avoir envie de pleurer. Le docteur lui avait prescrit des pilules pendant un certain temps mais ce jour-là il lui dit : « Brenda, ça ne s'améliore pas. Il faut rentrer à l'hôpital et vous faire soigner.

— Pas maintenant », dit Brenda.

Le médecin secoua la tête. « Actuellement j'ai un lit disponible, dit-il ; après je serai au complet pendant trois mois. Vous ne pouvez pas attendre aussi longtemps. Je devrais alors vous opérer d'urgence et ça augmenterait le risque.

— Salaud de médecin, dit Brenda. Je reviendrai. »

Entre-temps Johnny prit contact avec le médecin et arrangea l'affaire. Brenda ne put résister. Les élancements la crispaient tellement qu'elle se demandait si elle n'allait pas tomber en morceaux d'un instant à l'autre. « Est-ce que j'essaye d'échapper à l'exécution ? » se demanda-t-elle. Puis elle se reprit : « Non, je tiens absolument à y aller. » Elle s'était entretenue au téléphone avec Gary et éprouvait moins de ressentiment. Lors de leur dernier entretien, elle lui avait dit : « Gary, j'espère que tu es aussi intelligent que tu le prétends et que, par conséquent, tu t'efforceras de prendre mon point de vue en considération. » Diable ! Qu'il était opiniâtre. Pourtant il lui semblait mollir.

Quand Gary apprit que Brenda entrerait à l'hôpital, il s'adressa à Cline Campbell pour qu'il obtienne du directeur de la prison un dernier permis de visite pour elle. Mais Sam Smith répondit : « Il a eu un rapport disciplinaire pour avoir jeté un plateau à un gardien. Je n'enfreindrai pas le règlement.

— Mais voyons, monsieur le directeur, cet homme va mourir », dit Campbell.

Sam Smith secoua la tête. « Je ne peux rien faire sans la permission d'Ernie Wright. »

Gary était en train de boire une tasse de café quand Cline lui apporta cette réponse. Le détenu lui envoya la tasse et son contenu à la figure mais visa mal et la tasse éclata contre le mur. Il avait d'ailleurs raté son but de très peu. Campbell ne sursauta même pas. Bien que surpris et choqué, il ne voulut pas manifester sa crainte. Gilmore jura, fit demi-tour et s'en alla en disant : « Excusez-moi. » Trente secondes plus tard il était de retour et dit au gardien « Où étiez-vous donc ? Je veux nettoyer ça. » Mais il ne restait plus de traces de café sur le mur et les débris de la tasse avaient disparu.

Quand Brenda entra à l'hôpital on l'affubla d'une minijupe blanche qui restait ouverte par-derrière. Dès qu'elle fut au lit elle se sentit en sécurité. Mais elle pensa encore plus à Gary. Il était né en décembre et serait exécuté en janvier. Elle se rappela le soir où il était allé la voir avec April et où, pour s'amuser, il l'avait appelée Janvier. Puis Brenda découvrit que Gary était sorti de prison pour la dernière fois neuf mois plus tôt, soit depuis le 9 avril jusqu'à ce 9 janvier où elle venait d'être hospitalisée. Si on l'exécutait le 17, sa mort tomberait neuf mois et neuf jours après sa sortie de prison. Mon Dieu ! se dit-elle, c'est presque exactement la durée d'une gestation. Sans comprendre pourquoi, elle se mit à pleurer.

II

GILMORE. – Avez-vous jamais entendu parler d'un type nommé Zeke, Jinks ou Pinkney ou encore quelque foutu Dabney ?

STANGER. – Oui, il est avocat de l'A. C. L. U.

GILMORE. – Écoutez-moi cette connerie. M. Dabney a déclaré que Gilmore pourrait flipper et ne plus vouloir être exécuté. Vous savez, que le mot « flipper » a une signification particulière en prison. Vous autres, vous ne savez pas ce que ça veut dire, mais moi, si. Je suis sûr que Dabney le sait aussi. Ça dénomme un type qui se fait enculer ou qui en encule un autre. C'est ça flipper. Vous pigez ? Je vais vous lire une déclaration et vous la publierez lundi contre Jinks Dabney de l'A. C. L. U. Quel nom à la con ! Vous avez écrit dans le *Salt Lake Tribune* qu'il reste une chance pour que Gilmore flippe et ne tienne plus à être exécuté. Il n'y a aucune chance, V. Jinks Dabney. Aucune, jamais. C'est vous et l'A. C. L. U. qui êtes des flippards. Vous prenez position au sujet de l'avortement qui ressemble à une exécution. Vous êtes tout à fait pour et puis vous prenez une position contraire sur la peine capitale. Vous êtes contre. Que valent vos convictions V. Jinks Dabney ? Vous et l'A. C. L. U., savez-vous ce que vous pensez sur quoi que ce soit ? Laissez donc cette affaire évoluer comme une question qui ne regarde que moi. Ne faites pas en sorte d'être démenti. Vous avez perdu cette fois, V. Jinks Dabney. Voyez, mon type de la N. A. A. C. P. (Association nationale pour l'avancement des gens de couleur), je suis un Blanc. Enfoncez-vous ça dans vos têtes d'éponge. Je connais pas mal de Noirs mais je n'en connais aucun qui respecte un foutu négro de la N. A. A. C. P. Giauque, Amsterdam et vous tous, avocats fouinards en quête de publicité, foutez le camp, tas de pédales.

III

SALT LAKE TRIBUNE

Salt Lake, 10 janvier. – Les gardiens de Gilmore indiquent qu'il devient nerveux à l'approche de son exécution.

Nicole, certains gardiens disent dans un journal que je m'énerve. Je n'ai jamais été nerveux de ma vie et ne le suis pas maintenant.

C'est eux qui le sont. Je suis furieux parce que j'ai horreur d'être observé...

Sam Smith appela Earl Dorius pour discuter une fois de plus de l'exécution. Une question restait en suspens : aurait-elle lieu à la prison même ? L'effet pourrait être mauvais sur les détenus. D'autre part, si c'était fait à l'extérieur, on risquait de se heurter à des manifestants ce qui poserait une question de sécurité. De toute façon, il faudrait choisir un terrain ou un local appartenant à l'État. Dorius et Smith en revinrent à leur première conclusion : mieux valait que cela eût lieu à la prison, malgré les conséquences possibles.

Sam aborda alors une autre question capitale. En novembre, en décembre et de nouveau en janvier, on parlait beaucoup de faire appel à des volontaires bénévoles pour exécuter Gilmore. Quelques personnes avaient déjà écrit pour proposer leur service. Depuis le début, toutefois, Dorius s'en tenait absolument à l'utilisation de fonctionnaires des services de police. Le code était muet à ce sujet mais Earl estimait qu'il faudrait trier les volontaires éventuels, ce qui impliquerait des enquêtes onéreuses. D'ailleurs cela posait de toute façon une question juridique. Que cela plût ou non, Earl s'en tenait à son opinion qu'il considérait comme convenable. La discussion aboutit au même résultat que précédemment : le recours aux fonctionnaires du maintien de l'ordre. Earl tenait toutefois à ne pas les choisir parmi le personnel de la prison. Sam convint que si un gardien y participait il serait considéré comme un tueur de détenu et le maintenir dans sa fonction présenterait certains risques. Sa présence serait considérée comme un affront par les détenus. Ils en revinrent donc à des fonctionnaires du maintien de l'ordre, soit fournis par le shérif du canton de Salt Lake, ou bien celui de l'État d'Utah. De toute façon, Sam ne révélerait pas leurs noms.

Earl Dorius prévoyait que l'A. C. L. U. serait obligée d'engager une action au plus tard le mercredi 12 janvier, sinon elle pourrait perdre en première instance et n'aurait plus le temps d'interjeter appel. Toutefois Bob Hansen paria avec Earl : l'A. C. L. U. réserverait le juge Ritter pour son tout dernier recours au cas où l'appel ne donnerait pas le résultat prévu. « Elle attendra jusqu'au vendredi 14, au tout dernier moment. »

Hansen ne cachait pas son opinion au sujet de Ritter. « On peut contourner la loi, disait-il volontiers. Nous le faisons tous plus ou moins. Mais Ritter, lui, il la torture. » Il poursuivait en dénigrant les habitudes de ce magistrat.

Une des manies les moins supportables de Ritter, d'après Hansen, c'était celle d'accumuler une liste de quarante procès puis, un beau jour, il convoquait les avocats des quarante affaires. À chacun il posait la même question : « Êtes-vous prêt ?… et vous êtes-vous prêt ? » Selon leur réponse il leur disait « Très bien vous serez le numéro deux, vous le numéro trois, vous le quatre » et ainsi de suite. Mais à la fin du premier procès, il rappelait tout le monde et déclarait : « J'ai décidé de prendre le numéro vingt immédiatement au lieu du numéro deux. » Ça paraissait une mauvaise plaisanterie mais c'est bien ainsi qu'il procédait. Le vingtième avocat devait se présenter en cinq minutes. C'était insensé. Nul ne savait quand il serait amené à plaider. Chacun devait avoir constamment sous la main tous les témoins de quatre ou cinq affaires. Certains n'habitaient pas la ville. Il fallait les faire venir, les loger dans des motels. La ruine !

Dans la pratique, évidemment, quand Ritter avait à statuer sur quarante affaires, trente-huit étaient réglées à l'amiable. Personne ne pouvait supporter l'attente qu'il imposait aux parties. Cela convenait à certains, mais ceux qui travaillaient pour une administration publique et ne disposaient pas d'un budget suffisant pour entretenir indéfiniment leurs témoins ne pouvaient pas les présenter devant le tribunal. Alors Ritter classait purement et simplement l'affaire. Il pouvait s'agir d'un crime caractérisé ou d'une escroquerie grave, voire de poursuites sur lesquelles l'administration avait travaillé pendant vingt ans.

Peu importait à Ritter qui classait sans vergogne. Il fallait aller en appel et la Cour annulait le jugement de Ritter. Les fonctionnaires devaient alors faire arrêter de nouveau les prévenus et recommencer toute la procédure. Perte de temps épouvantable. Oui, ce magistrat torturait la loi.

IV

Le 10 janvier, une semaine avant l'exécution, les gens des médias ne cessaient d'entrer et sortir toute la journée des bureaux de l'A. C. L. U. Les alentours se hérissaient d'appareils de prises de vue et de microphones. Personne n'avait le temps de se préparer. C'était l'interview permanente de tout le monde. Shirley Pedler avait l'impression d'être constamment en cause. Elle en perdait la tête parce que sa chevelure avait toujours besoin d'être rafraîchie. Elle ne pouvait prévoir quand une caméra serait braquée sur elle. Sa tenue aussi lui donnait du souci. Elle ne pouvait plus venir au travail en pantalon de toile et tee-shirt. Elle décida de conserver le pantalon mais d'arborer d'élégants chemisiers sous un joli blazer. Étant donné qu'on la photographiait au-dessus de la ceinture, tout allait bien.

Sa conscience d'être sur l'écran, observée par un public innombrable, cessa de la tenailler. Ce fut un soulagement. Elle avait depuis longtemps l'impression que l'A. C. L. U. perdrait sa cause et se sentait lourdement responsable quand elle n'agissait pas exactement comme il convenait avec les gens des médias. Elle était tellement énervée que, même lorsqu'elle parvenait à quitter son bureau à 7 ou 8 heures du soir, elle filait tout droit chez elle et fumait en faisant les cent pas. Elle avait toujours abusé du tabac mais maintenant elle allumait une cigarette après l'autre du matin au soir.

Le matin du 10 janvier, Shirley discuta avec quelques avocats au sujet des dernières mesures légales. Puis, quand elle passa de la salle de conférence dans le vestibule, elle faillit être renversée par des gens de la presse. Elle n'avait même pas de déclaration à leur faire. La conférence avait été convoquée pour décider ce que ferait chaque groupe mais les avocats n'étaient arrivés à aucune conclusion. Shirley commença ainsi : « Je n'ai rien à dire. » Puis elle laissa tomber par terre les documents qu'elle tenait à la main. La hâte avec laquelle elle se baissa pour les ramasser fit éclater de rire quelques journalistes, comme s'ils la soupçonnaient de chercher à cacher d'obscurs méfaits. Elle n'arrivait pas à s'expliquer pourquoi les médias attribuaient à l'A. C. L. U. l'intention d'engager de nombreuses actions judiciaires. En réalité, ses dirigeants avaient presque décidé de se tenir à l'écart de l'affaire, et pour de bonnes raisons. La population de l'Utah considérait cette association comme révolutionnaire ; elle pouvait donc nuire à ceux qu'elle chercherait à assister.

La réunion eut donc lieu dans une ambiance de morosité. Les participants estimaient qu'ils n'avaient guère de moyens d'action. Richard Giauque leur donna quelque espoir en annonçant que Mikal Gilmore arriverait à Salt Lake le lendemain. Si Giauque pouvait présenter un appel au nom du frère ou si Gil Athay agissait pour les tueurs de la hi-fi, l'A. C. L. U. pourrait intervenir. Mais la seule action qu'elle pourrait engager pour son propre compte serait un procès au nom des contribuables. Les résultats seraient évidemment très aléatoires. Ce matin-là, les membres de l'Union se sentaient tellement démunis que la meilleure proposition fut d'envoyer quelqu'un à l'hôpital pour chercher à s'entretenir avec Nicole qui pourrait, peut-être, dissuader Gary de tant vouloir son exécution. Dabney promit à Stanger de lui téléphoner.

STANGER. – Jinks a demandé quelle peut être l'influence de Nicole sur Gary.

Je lui ai répondu : « Pourquoi ? De quoi parlez-vous au juste ? » Il m'a dit alors : « Nous avons pensé qu'elle pourrait peut-être convaincre Gary de se défendre. »

GILMORE. – Aussi efficace que s'accrocher à un fétu de paille quand on est en train de se noyer.

V

Schiller estima qu'il était temps de monter un bureau en Utah en vue de la grande offensive. À Los Angeles, il demanda à sa secrétaire de téléphoner à quelques agences pour embaucher deux dactylos courageuses, capables de transcrire les bandes magnétiques : des célibataires prêtes à venir à Provo et à travailler au besoin vingt heures par jour. Elles devraient aussi maintenir le secret absolu sur leur occupation. Étant donné les circonstances, Schiller ne pouvait s'adresser à des filles recrutées sur place. Il fit installer des lignes de téléphone privées à la TraveLodge d'Orem et se mit à faire jusqu'à deux allers et retours par jour entre Salt Lake et Los Angeles. Il restait à peine plus d'une semaine quand les deux recrues, Debbie et Lucinda, arrivèrent en Utah et installèrent les bureaux au motel. « Je veux savoir le numéro de téléphone auquel on peut appeler d'urgence deux réparateurs d'appareils Xerox », telle fut la première chose qu'il dit à Debbie. Elle lui répondit : « On n'a donc pas toujours un dépanneur sous la main ?

— Peut-être m'en faudra-t-il un à 3 heures du matin. Procurez-vous ce numéro. Donnez vingt-cinq dollars au type. Précisez que s'il sort pour dîner je veux être prévenu et qu'il dise où l'appeler. C'est ainsi que nous allons travailler. » Il voulait la mettre sur-le-champ dans l'ambiance.

Cependant il cherchait une combine pour introduire subrepticement un magnétophone sur le lieu de l'exécution. Il faudrait un engin aussi petit qu'un paquet de cigarettes. Sans savoir s'il serait amené à l'utiliser ou non, il tenait à l'avoir sous la main. Il se dit qu'il dépenserait pour des tas de choses dont il ne se servirait peut-être pas, mais il voulait se sentir sûr de lui.

En réalité, il ne dépensait pas des milliers de dollars. Il traita avec un détective privé de Las Vegas qui consentit à lui vendre son minuscule magnétophone pour mille cinq cents dollars et à le lui racheter mille trois cents dollars après. Schiller devrait payer d'avance la totalité et payer les allers et retours de Vegas à Salt Lake. Peu lui importait parce qu'il disposerait ainsi d'un moyen qui pourrait valoir beaucoup plus que ces centaines de dollars.

De toute façon, il s'engageait de plus en plus. Sans aucun doute la semaine à venir lui coûterait dans les onze mille dollars. Il devait s'assurer les services de policiers pendant leur temps de liberté. Il voulait faire protéger la maison de Vern pendant les trois ou quatre derniers jours. Il convainquit Kathryne Baker de quitter son domicile avec ses enfants. Puis il organisa ses bureaux au motel comme une forteresse. C'était nécessaire. Puisque A. B. C. avait abandonné la partie, N. B. C. allait lâcher ses chiens. Les limiers de ce réseau l'avaient d'ailleurs déjà traqué comme s'il était Mme Onassis. Une vraie frénésie ! N. B. C. savait que Schiller avait fourni du matériel à Moyers pour C. B. S. Un type pouvait avoir rompu le premier engagement et livré quelques minutes d'enregistrement de Gilmore à N. B. C. pour s'en débarrasser. Il savait que, de toute façon, on le harcèlerait. En effet, une nuit où il était descendu au Hilton de Salt Lake, il lui fallut appeler la police à 4 h 30 du matin pour faire chasser deux reporters de la N. B. C. qui montaient la garde dans le couloir devant sa chambre. Ensuite Gordon Manning, chef producteur des émissions exceptionnelles de la N. B. C., le démolit honteusement dans le milieu professionnel. Telle est la télévision ! On y est toujours prêt à écraser les couilles de ceux qui refusent leur collaboration.

Pendant tout ce temps-là, il s'efforçait de prévoir les issues. Que se passerait-il si Gary changeait d'avis ? Si l'affaire prenait ce nouveau titre : « Gilmore fait appel » ? Il en discuta avec Barry. Ils ne tenaient pas à l'exécution de Gary et voulaient être prêts à jouer sur les deux tableaux. Si Gilmore survivait, l'histoire serait évidemment moins spectaculaire mais pourrait rester bonne. Elle révélerait alors la lente capitulation d'un homme sous l'énorme éclairage de la publicité. Gary retournerait parmi les quidams. Il importait de ne pas céder à la panique et de se garder d'exercer une influence quelconque sur les événements, de ne pas chercher à forcer les résultats. Peut-être le traiterait-on de charognard mais, dans son for intérieur, il était prêt à accepter le sauvetage de Gilmore. Sa mort ne lui rapporterait pas plus qu'une commutation de peine.

VI

Toutefois les tentations commençaient pour Schiller. Il avait à peine installé son bureau qu'il reçut des offres insensées. Il n'avait pas encore commencé le travail à la TraveLodge d'Orem que Sterling Lord lui téléphonait au nom de l'agent littéraire Jimmy Breslin. Ce dernier avait appris que Schiller pourrait compter parmi les cinq invités personnels de Gilmore à l'exécution. Lord voulait savoir s'il ne consentirait pas à céder sa place à Jimmy Breslin. Rien n'indiquait si le *Daily News* ou l'agent empocherait le chèque. Toujours est-il que la première offre à Schiller s'élevait à cinq mille dollars.

Il répondit : « Il ne m'appartient pas de vendre. Je ne peux même pas vous jurer, Sterling, que j'irai à l'exécution. » Peu après, Lord appela de nouveau et dit : « Je parviendrai peut-être à vous donner trente-cinq mille, voire cinquante mille dollars.

— Ce n'est pas à vendre », répondit Schiller.

Breslin appela à son tour. « Je vous donnerai la copie au carbone de mon article », grogna-t-il. Cela signifiait que Breslin en serait propriétaire lors de la première parution et que Schiller pourrait l'utiliser à son gré par la suite.

Larry en conclut que Breslin ne comprenait pas ses intentions. Bien sûr, il ne manquait pas d'amis en ces temps-là. Voilà tout à coup que Sterling Lord se proclamait un de ses vieux copains et Jimmy Breslin aussi. « Où m'installerai-je ? demanda Breslin à Schiller.

— Tu peux aller faire le singe au Hilton ou venir te planquer ici avec moi », répondit Larry. Breslin loua une chambre au motel, contiguë à celle de Schiller. Il avait de puissants instincts de journaliste.

Barry en fut outré. « Pourquoi ce Breslin ? demanda-t-il.

— Je suis désolé, lui répondit Schiller, mais je ne peux pas faire tout tout seul.

— Puisque la question se pose, reprit Farrell, pourquoi avez-vous invité Johnston du *L. A. Times ?*

— Vous ne comprenez donc pas, dit Schiller. Je dois donner des miettes à ces types pour ne pas avoir le *L. A. Times* ni le *New York Daily News* contre moi. Il faut bien que je m'assure quelques alliés. » Barry aurait dû comprendre combien il était seul depuis que A. B. C. s'était retiré de l'affaire. Un cordon ombilical avait été coupé.

« Bien sûr, pensa Farrell, ce Schiller ne fait rien sans bonnes raisons. On ne peut pas lui reprocher d'agir par lubie ou parce qu'il est soûl. »

Schiller craignit que Barry fût sur le point de brader leur marchandise, faute de comprendre que chaque élément, si petit fût-il, était un rouage d'une superbe machine en état d'assemblage et pas des copeaux de totem échangés dans la clairière d'une forêt pour rendre propices les dragons de la presse.

Farrell se dit aussi qu'il aurait dû mieux prévoir. Toutes les premières précautions s'étaient révélées trop efficaces. À partir du moment où l'on avait emménagé dans les sept chambres louées par Larry à la TraveLodge d'Orem, complètement équipées avec le matériel de bureau, les secrétaires, les gardes du corps, les salles de travail, le cabinet de travail de Barry, sa chambre à coucher, ceux de Schiller, une pour chacune des jeunes filles, les lignes privées de téléphone, ce qui leur permettait de n'utiliser le standard du motel que pour les appels venant de l'extérieur afin que le personnel ne puisse écouter leurs conversations, Larry avait échappé aux médias. Il s'y était bien pris. Au milieu de toute l'agitation, alors que tout le monde cherchait à l'atteindre, Schiller avait prudemment dirigé ses fuites en ne révélant que le minimum par l'intermédiaire de Gus Sorensen et de Tamera. Ainsi manipulait-il l'actualité à Salt Lake et façonnait-il indirectement les dépêches d'agences émanant de cette ville. Néanmoins, après avoir aussi magnifiquement tout tenu en main, Schiller paraissait se laisser aller. Il suffirait que Barry entre dans la chambre qui servait de bureau principal pour photocopier une page et voilà Jimmy Breslin, calepin en main, qui plongerait dans l'affaire vingt jours après son début, amené par un chauffeur, merci messieurs, dans une Lincoln de grande remise. Voilà déjà Schiller qui lui parlait des yeux. Les yeux ! Pourtant, Farrell aimait bien Jimmy qui lui avait rendu quelques services. Quand Farrell avait une rubrique à *Life*, en 1969 et 1970, et avait eu, avec le rédacteur en chef, un démêlé qui aurait pu aboutir à une rupture, Breslin avait consacré une soirée entière à apaiser le conflit. Depuis lors, Farrell considérait Breslin comme un homme exceptionnellement intelligent. « Vous savez, Barry, lui avait dit Jimmy, votre chronique est pour vous un véritable bien-fonds : un patrimoine qu'il ne faut jamais lâcher. » Cette phrase était restée gravée dans l'esprit de Farrell. « Combattez, défendez-vous, rafistolez, consentez à des compromis mais n'abandonnez jamais votre bien », avait poursuivi Breslin. Aussi, Farrell se félicitait d'avoir tenu compte de ce conseil. Il avait donc un faible pour Jimmy Breslin.

Cette faiblesse s'effaça pourtant en moins d'une minute quand Farrell, entrant dans une chambre du motel, y trouva Schiller, souriant avec une béatitude d'idiot, qui parlait des yeux à Breslin. On aurait cru qu'il était en train de vanter une encaustique à la télé. Breslin, assis au bord du canapé, gras comme un porc, prenait des notes avec trois semaines de retard. Un monument de bêtise acceptant l'hommage d'un de ses semblables.

Pendant les semaines où il s'était efforcé de faire progresser les interviews, Farrell avait eu l'impression de chercher un objet maléfique dans une salle obscure. Quand l'affaire des yeux s'était présentée, il avait enfin eu l'impression d'apercevoir un rai de lumière. À force de lire les radotages de Gilmore sur ses longs séjours en prison après de médiocres exploits, Farrell en était arrivé à considérer qu'une telle existence ne valait pas grand-chose, nettement moins que celle de la plupart des détenus de la prison. Le public considérerait cet assassin comme un minable, suffisamment capricieux pour que ses codétenus ne le tracassent pas, mais sans le mettre au rang de véritable homme de cran. En fin de compte, il n'avait pas grand-chose d'un truand et se présentait plutôt comme un solitaire absolu : un de ces types qui, dans l'optique policière, sont considérés comme des microbes. Au point de vue humain : une mauvaise herbe. Pourtant, exactement la veille, alors que le jour de sa mort approchait, Gilmore, parlant de ses yeux, avait enfin dit quelque chose de vraiment remarquable, tout au moins selon Farrell.

GILMORE. – Je vous ai dit que ce bonhomme de quatre-vingt-dix ans m'a écrit pour me demander mes yeux… Il est trop vieux. Attention, je ne voudrais pas avoir l'air dur mais l'autre type n'a que vingt ans et je crois que ce serait mieux. Voudriez-vous appeler le médecin en question et puis euh !… dites-lui tout simplement : les yeux sont à vous. Rédigez les papiers qu'il faut en mon nom : Gary Gilmore.

MOODY. – Nous apporterons ces documents au directeur de la prison.

GILMORE. – Dans cette lettre-ci, on dit quelque chose au sujet de ce jeune homme : il dépérirait. Je me rappelle une phrase d'après laquelle ce pauvre type mène une vie sans espoir. J'aime mieux les donner à lui plutôt qu'à la Banque des yeux. Ça me fait presque plaisir de savoir à qui ils iront. Bon, ça va… appelez-le en P. C. V. (Éclat de rire)… Demandez-lui s'il accepte un appel de Gary Gilmore.

Qu'une telle idée vienne à Gary émut Farrell jusqu'aux entrailles. Cette interview était arrivée la veille. Quand Schiller et lui l'eurent entendue, Farrell emporta la bande dans sa chambre pour l'écouter de nouveau. C'était en pleine nuit. Il avait travaillé longtemps la veille. La voix de Gary le bouleversa. Il rit, en eut les larmes aux yeux et éprouva même un sentiment de triomphe parce que Gilmore s'exprimait avec clarté. Farrell avait de bons yeux et les considérait comme un précieux trésor. Il aurait volontiers signé un document donnant n'importe quelle partie de son corps, sexe inclus, à n'importe qui, pour utilisation après sa mort évidemment. Mais voilà un type sur qui planait une condamnation à mort – rendez-vous compte, se dit Barry dans sa chambre au petit matin après avoir travaillé vingt heures de suite – et tout le monde en réclame un morceau. Chacun lui écrit pour réclamer une partie de son corps et il est capable d'y réfléchir sérieusement, de s'exprimer clairement. Bien sûr il y a des gens qui circulent dans le monde avec une carte dans leur portefeuille indiquant : « Si vous me trouvez mort, vous pouvez prendre mes reins. » Mais ces gens-là ne savent pas qu'ils sont près de leur mort alors que Gary, lui, sait qu'il mourra le 17 janvier. Des solliciteurs se présentent encore actuellement, une semaine avant, pour lui demander son foie, sa rate, sa couille gauche. Un individu banal pourrait considérer ça comme du cannibalisme et s'exclamer : « Pour l'amour de Dieu ! laissez-moi tranquille. Je veux garder mes yeux. »

Pouvait-on considérer Gary comme Harry Truman : une médiocrité magnifiée par l'histoire ? Ce diable de type devenait maître d'une petite industrie artisanale : il vendait ses restes. Jusqu'alors la crânerie de Gilmore n'avait guère impressionné Farrell ; il le voyait tout simplement capable de suivre la route droite vers l'exécution. Mais après l'avoir entendu s'exprimer ainsi au sujet de ses yeux, il constatait un mépris total de la vie : la sienne, la vôtre, celle de n'importe qui. Il faisait fi de la sienne pour se présenter en maître de son destin. C'était une sorte de règlement de compte lamentable comportant une bonne part de pathologie, dérivant d'années passées à jouer au mariole avec les autorités pénitentiaires. Et voilà qu'à cet instant, du jour au lendemain, cet homme devenait une nouvelle célébrité, pareille à une étoile de cinéma, les revenus en moins, et pourtant il réagissait humainement à l'intérêt qu'il suscitait et fonctionnait à la manière d'un homme convenable. Sa façon de parler de ses yeux rachetait tout ce que son attitude pouvait présenter de fourbe. Cette histoire inspirait à Farrell un besoin de protection.

Cela explique pourquoi, lorsqu'il vit Schiller et Breslin assis ensemble au bord du canapé, il piqua une crise. En général il aimait conserver son sang-froid, mais vingt heures consécutives de travail l'avaient énervé. « Vous avez un flic qui veille toute la nuit dans le couloir devant votre chambre, Schiller, pour vous assurer que personne ne pénètre dans ce bureau, mais c'est devant votre bouche qu'il devrait monter la garde. (Emporté par la colère il démolit une des tables d'un coup de poing.) « Schiller, vous ne donnerez pas ça à Breslin. »

Avant que Larry ait eu le temps de répondre, ce qui aurait dégénéré en querelle, Jimmy arracha la feuille de son bloc-notes, la déchira en menus morceaux qu'il dispersa à travers la pièce. Magnifique ! pensa Farrell. Ce geste de Breslin l'enchanta.

25. On commence à le connaître

I

Garder pour lui cette histoire d'yeux avait de quoi réjouir Farrell. Il avait besoin d'un élément important parce que, jusqu'alors, il avait découvert bien peu de choses intéressantes concernant Gilmore. En relisant les transcriptions d'interviews et les lettres, il utilisait des encres de couleur différente pour souligner les réponses de Gary. Chaque couleur dénotait une espèce de motivation. Avant d'en avoir terminé il avait isolé vingt-sept attitudes distinctes chez Gilmore. Barry avait repéré Gary le raciste et Gary le patriote de l'Ouest, Gary le poète, Gary l'artiste raté, Gary le macho, Gary en proie à des idées suicidaires, Gary du canton de Karma, Gary du Texas et Gary l'Irlandais assassin. Mais maintenant une image l'emportait sur toutes les autres : celle de Gary l'étoile de cinéma affreusement exhibitionniste.

GILMORE. – Voilà une autre nana qui m'écrit : « Comment vas-tu, mon poney sauvage aux yeux fous… je voudrais t'embrasser au moins une fois. Je ne sais pas comment te dire adieu, Gary. Je pleure sur ma feuille de papier en t'écrivant. Je t'aime. Je déteste notre foutu système. Penser que ces salopards t'interdisent d'appeler Nicole m'indigne. Exécution. Qu'est-ce que ça veut dire ? On se croirait en plein Far West d'autrefois. Que mon amour soit auprès de toi, Gary. Je t'aime. » (Rire.) J'ai l'impression d'avoir une touche, non ? J'ai reçu trois lettres d'elle aujourd'hui. Heureusement que je ne suis pas en Californie et libre. Elle me crèverait, cette fille.

STANGER. – Est-ce qu'elle a quinze ans ?

GILMORE. – Pas facile de le savoir…

Puis apparaissait un vieux repris de justice, plein de la sagesse qu'on acquiert en prison.

GILMORE. – À partir du moment où on est repéré comme sujet difficile, on ne cesse plus d'avoir des ennuis, parce que tous ces foutus gardiens vous connaissent comme s'ils avaient accroché votre portrait dans la salle du corps de garde. Vous comprenez, surveillez ce type qui doit faire ceci ou cela. Certains gardiens nous prennent même en grippe et nous persécutent par des mesquineries qui finissent par nous faire éclater. Vous comprenez, on est dans une situation où on a toujours tort, jamais raison, parce qu'on est le détenu. C'est eux qui manient le marteau, vous pigez ?

Il s'apitoyait sur lui-même mais d'une manière assez subtile pour émouvoir. Néanmoins le travail qu'il effectuait plaisait à Farrell plus qu'il ne l'avait prévu. Des journées de vingt heures, bien sûr, mais sa tâche l'absorbait totalement. Quel bonheur que d'échapper à soi-même ! « J'ai toutes les passions d'un archiviste, pensait-il. Il me semble que ce matériel n'appartient qu'à moi. »

Il lui arrivait même parfois d'éclater de rire. Une nuit où le surmenage les crispait, Larry et lui, à tel point qu'ils pouvaient à peine se regarder l'un l'autre, une cassette de Gilmore arriva et déclencha un tel fou rire qu'ils faillirent en tomber de leur chaise. Sans doute était-ce dû à leur tension nerveuse. Toujours est-il que pendant cette minute miraculeuse Gilmore sembla à Farrell aussi drôle que Bob Hope lors de ses meilleurs spectacles. Il devinait le même regard de maniaque qui pénètre au fond des choses comme les rayons X et déteste les faux-semblants. Mon Dieu ! il lui arrive parfois de regarder jusqu'au fond du pot, pensait Farrell.

GILMORE. – Ah ! dites donc, il me vient une idée qui vaut de l'or. Prenez contact tout de suite avec John Cameron Swazey et apportez-moi un bracelet-montre Timex. Arrangez-vous pour que John Cameron Swazey soit là-bas avec son stéthoscope pendu au cou. Quand je tomberai, il l'appliquera à mon cœur et dira : « Ma foi, il est arrêté. » Ensuite il appliquera le stéthoscope à la montre et dira : « Elle marche encore, les gars. »

II

Pourtant, Farrell était outré de se sentir tellement accroché. Il lui arrivait souvent de penser que si l'on prêtait moins d'attention à Gilmore, il aurait peut-être changé d'idée et cherché un moyen d'éviter l'exécution. Désormais Gary était pris au piège de sa propre célébrité et c'est elle qui lui donnait un courage insensé. Bien sûr, Barry Farrell faisait désormais partie intégrante de la machine qui interdisait à Gilmore de faire appel. Cela n'avait rien de flatteur pour lui. Évidemment, on peut toujours dire : « Je ne suis pas la locomotive mais rien qu'un wagon et c'est dans mon wagon qu'on réfléchit à la situation avec le plus d'humanité. Ma responsabilité morale m'oblige donc à continuer. Si j'abandonnais la partie, il n'y aurait plus autour de Gilmore que des individus semblables à ceux de *Bonjour l'Amérique*. » Voilà ce que Farrell se disait à lui-même.

Malgré cela, dans la quiétude de la nuit, à 2 heures du matin, il arriva à Barry de se rappeler que, dans un article du *New West*, il avait traité Larry Schiller de charognard. Aujourd'hui, il devait se demander si Barry Farrell n'avait pas les ailes encore plus noires… les plus noires du journalisme. Il y avait toujours quelqu'un qui mourait dans ses articles. Oscar Bonavena était tué, Bobby Hall et des jeunes filles blondes se faisaient enlever sur les grandes routes de Californie. Les fidèles d'un culte massacraient ceux d'une autre secte. Farrell avait même la réputation d'exceller dans ce genre d'histoires. C'est son numéro de téléphone qui venait à l'esprit de divers rédacteurs en chef quand ils avaient à traiter un cas de ce genre. Barry Farrell, reporter spécialisé dans le crime et dont la vie intérieure n'en restait pas moins si éminemment catholique qu'il en était exaspéré. Il menait sa vie selon ses exigences financières et émotionnelles, acceptait les piges, payait ses factures comme l'exigeait son âme délabrée. Pourtant, d'une manière ou d'une autre, les missions qu'on lui confiait le précipitaient dans des scrupules de moralité. Lorsqu'il écrivait il lui semblait plonger dans le brouillard.

Il se gardait toutefois de mettre en cause un aspect des interviews. L'énergie qui émanait de Gilmore offrait quelque chose d'extraordinaire. Cline Campbell s'arrêta au motel rien que pour dire bonjour. Il fit à Farrell cette remarque : « Votre travail est une bénédiction. Il offre à Gary l'occasion de s'exprimer. » En considérant la paperasse quotidienne étalée sur son bureau, Farrell, depuis, se disait : en effet on constate que Gilmore s'efforce de monter une philosophie cohérente par rapport à des questions d'éthique incroyablement embrouillées.

MOODY. – Y a-t-il certaines choses que vous ne pourriez jamais faire, et lesquelles ?

GILMORE. – Je ne pourrais exploiter personne, ni dénoncer personne. Je ne crois pas non plus que je pourrais torturer qui que ce soit.

MOODY. – Obliger quelqu'un à s'allonger par terre et lui tirer une balle dans la tête… n'est-ce pas une torture ?

GILMORE. – On peut admettre que c'était une torture très brève.

MOODY. – Mais peut-il exister un crime plus grave que de priver une personne de sa vie ?

GILMORE. – Oui. Il est possible de modifier la vie de quelqu'un de telle sorte que la qualité de cette existence ne soit pas ce qu'elle devrait être. Voilà ce que je veux dire : on peut torturer les gens, on peut les rendre aveugles, les estropier, les esquinter si gravement qu'ils mèneront une vie misérable jusqu'à la fin de leurs jours. À mon avis, c'est pire que tuer. Mais si vous tuez quelqu'un, c'est fini pour la victime. Je… je crois au karma, à la réincarnation et aux trucs comme ça. Il se peut qu'en tuant quelqu'un on prenne en charge ses dettes karmiques. Alors peut-être soulage-t-on cette personne d'une dette. Mais je crois que faire mener aux gens une existence diminuée pourrait être pire que de les tuer.

STANGER. – Ainsi, il existe des crimes que vous jugez plus graves que le meurtre ?

GILMORE. – Je ne sais pas. Il y a toutes sortes de crimes vous savez… Certains gouvernements font des choses affreuses à leur population. Dans des pays il y a le lavage de cerveau… J'estime que certaines façons de modifier le comportement, comme, euh !… les actes irrémédiables comme les lobotomies et puis, vous savez, la prolixine… Je n'irai pas jusqu'à les considérer pires que le meurtre mais il faut tout de même y réfléchir… On n'a pas le droit d'intervenir dans la vie de son prochain. Il faut laisser chacun suivre son destin.

STANGER. – N'êtes-vous pas intervenu dans la vie de Jensen et de… ah oui, Buschnell ?

GILMORE. – Si.

STANGER. – Estimez-vous que vous en aviez le droit ?

GILMORE. – Non. (Soupir.)

MOODY. – Si vous êtes vraiment convaincu que votre âme est pleine de mal et si vous voulez vraiment expier, pourquoi n'avez-vous pas essayé… d'exprimer des remords ?

GILMORE. – Je ne crois pas que mon âme soit tellement pleine de mal.

MOODY. – Mais vous croyez qu'elle en contient ?

GILMORE. – Plus que les vôtres à tous les deux ou que celle de Ron et de bien des gens. Je me crois plus loin de Dieu que vous et j'aimerais me rapprocher de Lui.

MOODY. – Croyez-vous qu'exprimer des remords serait de la sensiblerie ?

GILMORE. – Je crois que les journaux l'interpréteraient ainsi.

Campbell avait raison. En dépit de ses prétentions, Gary réagissait si bien aux questions que parfois Farrell regrettait de ne pas procéder lui-même aux interviews.

Cependant il était tout aussi satisfait de ne pas pouvoir le faire. Ça lui épargnait de réprimer les clins d'œil qui le rendaient tellement rassurant. Ou bien cette poignée de main vigoureuse qui signifiait : « Je viens vous parler d'homme à homme, en copain. » Il usait en effet volontiers de tous ces trucs propres aux reporters pour susciter une sympathie perfide en atteignant parfois leurs interlocuteurs jusqu'aux entrailles. Le système des interviews par personne interposée lui évitait de trahir ensuite la fraternité à laquelle il arrivait si vite. Assis devant sa machine à écrire, il rédigeait ses questions que Moody et Stanger emportaient à la prison. Puis Debbie et Lucinda transcrivaient les cassettes. Il étudiait alors longuement les textes pour rédiger les questions suivantes. Gary et lui se trouvaient donc immunisés l'un de l'autre. Inutile de se composer un visage plus humain que nature pour inciter Gilmore à continuer de parler.

Mieux encore, il ne courait pas le risque de se lier trop amicalement avec Gary et d'oublier ainsi certains éléments essentiels qui manqueraient à la personnalité de Gary et que lui, Barry Farrell, ne pouvait pardonner, en qualité de frère de Max Jensen. Oui, ce système était bien le meilleur.

III

Pourtant les interviews l'irritaient de plus en plus. Barry se mettait à prendre en grippe les deux avocats. Ignorer si une question essentielle serait posée comme il convenait lui travaillait trop durement les nerfs. Moody et encore plus Stanger étaient capables de ricaner en la posant. Quand Farrell écoutait les enregistrements, les avocats lui paraissaient trop prudents ou trop légers. Gilmore leur confiait, par exemple, qu'à l'école catholique de Portland certaines sœurs les fouettaient réellement. « La frustration les affolait, disait Gary. Elles tenaient à tout prix à me faire plier. Ces nonnes m'ont battu plus d'une fois. Elles étaient plus sévères avec moi qu'avec les autres. Mon père a fini par me retirer de cette école. » Farrell se dressait sur la pointe des pieds en attendant que Gary développe ce thème. La clé de tout comportement violemment criminel peut se trouver dans le dossier de la petite enfance ; c'est souvent une affaire de raclées. Bien connu ! Mais Gilmore affirmait que sa mère ne l'avait jamais touché et que son père n'en avait même pas pris la peine. C'est donc dans ses souvenirs de l'école catholique de Portland que pouvait se trouver cette clé. Pourtant Stanger se contentait de dire : « Diable ! Les nonnes paraissent toujours si gentilles au cinéma. » Gilmore répondait : « En effet, au cinéma. » Et Stanger de ricaner.

À cet instant Farrell n'entendait que le ricanement, ricanement, ricanement. Écouter ces bandes magnétiques tard la nuit, au motel d'Orem, par un hiver glacial, le faisait devenir dingue.

Parfois Schiller et lui discutaient avec les deux avocats pour passer les questions en revue. En partant pour la prison, Moody et Stanger semblaient avoir compris ce qu'ils devaient faire. Puis ils revenaient pleins d'enthousiasme et laissaient les cassettes. Schiller les mettait sur le magnétophone et… Dieu du ciel ! Ces avocats ne valaient rien comme journalistes. Cas désespérés ! Combien d'éléments capitaux ils négligeaient !

GILMORE. – Le gosse vint vers moi et me demanda s'il pouvait me parler. Il voulait sortir dans la cour avec moi et me demanda s'il pouvait marcher auprès de moi. Je lui demandai ce qu'il lui arrivait et il me dit qu'un négro essayait de l'enfiler. Il était prêt à se faire envoyer au mitard pour lui échapper. Il ne savait pas comment se débrouiller. Je lui ai demandé : « Écoute, mon vieux, qu'est-ce que tu attends de moi ? » Il m'a dit : « Je serai ton môme si tu me protèges. » Vous comprenez, j'espère. J'ai dit : « Eh bien ! je ne veux pas de môme. Je n'aime pas les pédales et je ne veux pas que tu en deviennes une. » Je lui ai demandé s'il en était. Il m'a assuré que non et qu'il ne voulait pas le devenir. Alors je suis allé trouver un autre type à qui j'ai raconté l'histoire. Le type m'a dit : « On n'a qu'a buter ce salopard. » Mais nous ne l'avons pas tué. Gibbs dira que nous l'avons crevé mais c'est pas vrai. Nous l'avons surpris au sommet d'un escalier. Nous nous étions munis de tuyaux de plomb, vous comprenez. Nous l'avons à moitié assommé et nous l'avons traîné dans une autre cellule de Noirs où nous l'avons allongé sur le bat-flanc. Il était évanoui. Ça, on y avait mis le paquet… C'était un boxeur et on ne lui avait pas laissé le temps de se défendre. Nous avons claqué la porte de sa cellule et nous sommes partis. Il savait bien qui avait fait le coup mais il n'a jamais rien essayé. Il a accepté la correction. Euh… C'est comme ça que ça se passait.

C'est comme ça que ça se passait. Les avocats ne posèrent aucune question à Gilmore. Farrell en aurait hurlé de frustration. Il n'aurait pas laissé Gilmore terminer ainsi son histoire. Il l'aurait interrogé pour savoir s'il lui était arrivé qu'un nègre abuse de lui. Peut-être à l'école de redressement, peut-être plus tard. En tout cas quelque chose ne paraissait pas clair à Farrell dans ce récit. La grosse brute noire indignait suffisamment Gilmore pour qu'il défende le gentil garçon blanc… Ça ressemblait à l'histoire d'une fille qui vous appelle au téléphone pour dire : « J'ai une copine enceinte, vous connaissez un médecin ? » Dans cette histoire Gary s'attribuait le beau rôle. Mais le gentil garçon blanc n'était-il pas Gary lui-même ?

Ainsi à certaines heures, Farrell désespérait en constatant combien les interviews révélaient peu de chose sur le comportement intime de Gary Mark Gilmore, et en réalisant combien il restait de questions à poser. Comment pourrait-il expliquer des choses élémentaires : par exemple, la manière dont il avait poussé Nicole au suicide ? C'était répugnant. Une telle profondeur de perfidie chez un amant peut-elle résulter de l'environnement ? Oserait-on expliquer ce forfait en prétendant que seul un cow-boy de la ville peut passer à travers une machinerie psychologique qui efface à ce point-là son sens du bien et du mal ? Est-ce qu'avoir mangé de mauvais aliments, vécu dans des taudis, pris de mauvais médicaments, conduit de mauvaises voitures, pris de mauvaises directions pendant assez longtemps peut transformer un individu quelconque en une brute incohérente capable de faire des choses atroces à ceux qui l'aiment ?

Peut-on attribuer une part à l'hérédité et prétendre que Gary Gilmore était né de mauvaises graines dans le mystère des choses de la vie ? Bien sûr, il existe des milliers de gens capables de piquer la caisse d'un motel et d'en abattre le propriétaire. Ensuite ils raconteraient les mêmes sornettes que Gilmore dans ses dépositions. Ils prétendraient ne pas savoir pourquoi ils ont agi ainsi, que ça s'était passé comme dans un film, sans raison. Un voile de brume sur l'esprit, vous savez… Mais combiner le suicide de Nicole… Ça, aux yeux de Farrell, c'était d'une méchanceté géniale. « Petit lutin, comment peux-tu me faire des choses pareilles ? » demandait Gilmore implorant. Puis au début de la page suivante, comme si le détenu avait avalé un trait de foudre qui le rendait enragé : FOUTRE, MERDE et PISSE, écrits en gros caractères…

Les lettres inspiraient d'énormes soupçons à Farrell. L'état d'esprit changeait souvent au début d'une nouvelle page, remarqua-t-il. Il constata même que chaque feuillet semblait sans rapport avec les autres. Gilmore – brave sujet de la Renaissance – n'aurait pas souillé la calligraphie d'une belle page avec des obscénités, surtout pas s'il se proposait de terminer cette page en y dessinant un lutin.

GILMORE. – Si je peux parler à Nicole avant mon exécution, je ne lui demanderai pas de faire quoi que ce soit de précis et je l'encouragerai même sans doute à vivre et à élever ses enfants. Euh ! Pourtant, je ne voudrais pas qu'un autre puisse la posséder.

MOODY. – Vous voilà devant un dilemme.

GILMORE. – Oui, on pourrait même dire que ça me donne un sujet de réflexion.

MOODY. – Ses enfants lui imposent une lourde responsabilité.

GILMORE. – Bah ! pas plus de responsabilité que ceux de n'importe qui pour ses gosses. Écoutez. Les lardons apparaissent sur terre mais en réalité ne sont pas vraiment les nôtres. Je m'explique : chacun d'eux a sa petite âme personnelle. Les gosses de Nicole ont passé à travers son corps mais n'en font plus partie.

MOODY. – Croyez-vous qu'ils se débrouilleraient aussi bien sans elle qu'avec elle ?

GILMORE. – Ce que je vais vous dire vous paraîtra peut-être inhumain, mais j'avoue que ces gosses ne m'importent guère. De toute façon ils ne mourront pas de faim. (Instant de silence.) Je ne me soucie que de Nicole et de moi-même.

MOODY. – Lui demander de vous oublier manifesterait peut-être plus de tendresse et d'amour. Elle encaisserait le coup et elle trouverait un autre homme pour elle et ses enfants. Ces derniers auraient plus de chance de mener une vie meilleure.

GILMORE. – Plus de tendresse et d'amour pour qui ?

MOODY. – Pour elle et les enfants.

GILMORE. – Je ne répondrai pas à cette question.

Eh bien ! la philosophie du condamné n'était guère plus cohérente que celle de la plupart des gens.

IV

L'activité de Farrell irritait Schiller. Il n'aimait pas que Barry prépare ses questionnaires en fonction d'idées préconçues. Schiller y voyait la manifestation d'un mode de pensée catholique. Les fidèles de cette Église passent pour savoir ce qu'ils pensent. Parfois ils transfèrent cette habitude de l'Église à bien d'autres domaines. Il suffit de partir d'hypothèses prématurées pour que l'enquête suive un chemin déterminé. Malgré sa classe, Barry se montrait de temps en temps, d'une étroitesse d'esprit identique à celle des gens du F. B. I. À coup sûr, il n'explorait pas suffisamment le karma. Schiller se demandait aussi si Barry comprenait Gilmore.

Le principal point de friction venait du fait que Farrell n'aimait pas écouter les enregistrements à leur arrivée. Pour Schiller, au contraire, ces auditions représentaient l'expérience la plus féconde de la journée. Elles provoquaient chez lui des réactions immédiates. Il lui semblait alors comprendre Gilmore au coup par coup. Mais Barry n'aimait pas écouter. Il attendait que les bandes magnétiques fussent dactylographiées. Ça lui donnait un retard de vingt-quatre heures mais il affirmait être incapable de travailler avant d'avoir le texte sous les yeux. Schiller lui disait : « Vous n'entendez donc pas sa voix. Il est prêt à répondre aux questions sur ce sujet.

— Peu importe. Je ne veux voir que le texte dactylographié. »

Bien sûr leurs relations restèrent toujours cordiales, sauf lors de leur prise de bec au sujet de Jimmy Breslin.

26. Plus rien dans la tête

I

En décembre, quand la Cour suprême les eut déboutés, Anthony Amsterdam appela Mikal. Il expliqua que la décision ne donnait pas raison à l'État d'Utah ni tort aux demandeurs. L'arrêt n'était qu'un refus de statuer immédiatement. Il ne s'agissait donc pas d'une défaite mais d'un simple revers. Bessie ou Mikal pouvaient encore présenter la même requête devant un tribunal fédéral d'instance inférieure. Puis l'affaire remonterait l'échelle judiciaire.

Mikal répondit cependant que Gary avait téléphoné à sa mère pour lui demander de n'en rien faire.

Apparemment, Bessie avait décidé de lui obéir et de ne pas intervenir. Toute nouvelle action devrait donc être entreprise par Mikal lui-même, mais il avoua à Amsterdam qu'il n'avait encore rien décidé et qu'il lui faudrait peut-être aller en Utah pour concrétiser ses idées. Il confia d'ailleurs à Amsterdam que la perspective de ce voyage lui faisait horreur.

Amsterdam lui fit remarquer que les Damico ne tiendraient pas forcément à ce qu'il rencontre son frère. Il assura qu'il ne prétendait pas connaître les intentions de Vern Damico mais que cet oncle et ses avocats pourraient bénéficier financièrement de l'exécution du condamné. Ils comprendraient sûrement que Mikal pourrait influencer Gary et lui faire abandonner sa position. Tout en se croyant eux-mêmes fort honnêtes, convenables et imbus d'esprit de famille, ils ne semblaient pas portés à agir.

Mikal se prépara quand même pour le voyage.

II

Le 11 janvier, Richard Giauque accueillit Mikal à l'aéroport de Salt Lake et le conduisit à Point of the Moutain. Comme sa voiture personnelle était en réparation, il se présenta dans la Limousine de son associé : une Rolls Royce argentée. Il ne manqua pas de s'en excuser. Accablé à la perspective d'une entrevue avec un frère qui risquait de se montrer hostile, Mikal remarqua à peine cette somptuosité. Une fois qu'ils eurent franchi le portail de la prison, et quand on les escorta sur l'allée limitée par des hautes clôtures en fil de fer conduisant au quartier de haute surveillance, long bâtiment pareil à un entrepôt, Mikal fut très étonné de ne pas avoir été fouillé. Giauque avait négocié cette visite par l'intermédiaire de Ron Stanger. Il n'y en aurait qu'une seule, de quatre-vingt-dix minutes, « sans aucun contact physique »… Le directeur de la prison avait sans doute changé d'idée car Mikal fut rapidement autorisé à franchir deux portes métalliques coulissantes et introduit dans une pièce de six mètres sur dix : le parloir du quartier. Tout y était peint d'un beige sinistre qui paraissait vieux et délavé. Des mégots de cigarettes jonchaient le sol et plus de dix jours après le Nouvel An un sapin de Noël continuait à perdre ses aiguilles dans un coin. Bref, tout dénotait la négligence et la crasse.

Gary entra après être passé par une autre porte coulissante. Chaussé de baskets blanc et bleu, vêtu d'une combinaison de travail d'une seule pièce, il jouait à faire passer un peigne d'une main dans l'autre comme un jongleur. Avec un large sourire il dit à son frère : « Eh bien, tu es toujours aussi foutrement maigre. »

Dès que Mikal aborda le sujet de sa visite, Gary lui déclara fermement : « Je ne veux pas que la famille intervienne. » Il fixa son frère droit dans les yeux et poursuivit : « J'espère qu'Amsterdam n'est pas mêlé à cette affaire. » Mikal n'eut pas le temps de répondre que déjà Vern et Ida franchissaient la porte. Mikal n'en crut pas ses yeux. On lui avait promis un entretien en tête à tête avec son frère.

Vern avait apporté un grand T-shirt vert orné d'un portrait en pointillé de Gary avec cette légende : GILMORE, DÉSIR DE MORT. Mikal ne comprit pas s'ils parlaient sérieusement lorsqu'ils insistèrent auprès de Gary pour qu'il porte ce vêtement lors de son exécution afin qu'ils puissent le vendre ensuite aux enchères avec les trous qu'y feraient les balles et les traces de sang. « Faites-la vendre chez Sotheby », dit Gary en riant. Ce bavardage prit beaucoup de temps. Vern et Gary parlaient avec l'assurance de vétérans racontant leurs farces de jeunesse devant une jeune recrue.

Après le départ des Damico, Mikal resta seul un moment avec Gary qui lui offrit une chemise.

« Elle ne me servirait guère, dit Mikal.

— Ma foi, si elle est trop grande, tu pourras toujours grossir. »

Mikal ne put s'empêcher de demander : « Est-ce que tu penses vraiment vendre des trucs pareils ?

— Et toi, tu crois vraiment que j'aie aussi peu de classe ? »

III

De retour à Salt Lake, Mikal eut un long entretien avec Richard Giauque. Comme Amsterdam, cet avocat avait confiance mais paraissait extrêmement préoccupé par la marche à suivre.

Giauque fit remarquer que bien des gens exploitaient Gary. Afin de se faire élire, le nouveau procureur général, Bob Hansen, s'était prononcé véhémentement en faveur de la peine capitale. De toute évidence, cet homme et bien d'autres conservateurs cherchaient à utiliser à leurs fins propres l'obstination à mourir de Gary. D'une part, Giauque admettait que ce prétendu droit à mourir, autrement dit droit au suicide, pourrait être soutenu par des gens comme lui, dans la mesure où la libre disposition de soi-même doit s'appliquer aux individus autant qu'aux nations. Néanmoins, dans le cas particulier de Gary, l'affaire n'était pas aussi simple parce que le condamné subissait l'influence de trop nombreuses personnes. Aux yeux de Giauque, cette particularité annulait son droit à mourir. La liberté individuelle ne peut s'étendre assez loin pour nuire au tissu même de la société. Dans ce cas précis, admettre le droit à la mort pour un individu pouvait avoir une suite mortelle sur les quatre ou cinq cents détenus de divers quartiers de condamnés à mort. En Utah quatre-vingt-cinq à quatre-vingt-dix pour cent de l'opinion publique étaient déjà favorables à la peine de mort. « Et voilà le moment que choisit votre frère pour exprimer son désir personnel d'être exécuté. Il fait le jeu des innombrables salopards toujours prêts à se livrer à la chasse à l'homme. »

Mikal exposa son propre dilemme. Il se demandait si en sauvant la vie de Gary par des moyens judiciaires on ne provoquerait pas son suicide. D'autre part, la peine de mort lui faisait horreur.

Giauque acquiesça d'un hochement de tête. Il lui paraissait toujours dangereux de supposer que les autorités étaient assez honnêtes pour avoir le droit de statuer sur une vie humaine. « Dans la pratique du droit, dit-il, on en vient à se méfier de tous les absolus, particulièrement quand il s'agit du pouvoir de l'État. Les leviers de commande sont entre les mains de gens à l'aise qui n'ont guère été exposés aux tentations. »

Néanmoins, la question essentielle pour Mikal consistait à savoir si les deux camps n'exploitaient pas Gary autant l'un que l'autre. Giauque ne s'était pas prononcé et, pour lui rendre justice, il fallait convenir qu'il n'y avait probablement même pas pensé ; pourtant ses remarques aboutissaient à une conclusion logique : les adversaires de la peine capitale s'efforceraient d'empêcher l'exécution même si cela devait pousser Gary au suicide. Ainsi l'État serait au moins privé du cadavre. Cela troublait Mikal. Il se sentit obligé de rester un peu plus longtemps à Salt Lake pour essayer de revoir Gary.

Plus tard il téléphona à Vern afin de savoir si Moody et Stanger étaient disponibles. Il apprit ainsi qu'on ne pouvait les rencontrer que la nuit. D'autre part Schiller, qui revenait justement de Los Angeles, accorderait volontiers un entretien à Mikal. Il était même très désireux de le rencontrer.

IV

Larry n'arriva à l'hôtel qu'à minuit. Dans le vestibule du Hilton, un jeune homme d'une taille supérieure à la moyenne l'aborda et se présenta. Schiller en fut étonné. Ce jeune frère de Gary portait les cheveux longs, semblait assez délicat et avait l'aspect d'un intellectuel. Vêtu d'un pantalon de toile et d'un sweater, il serrait sous son bras un petit porte-documents en matière plastique. Il se déclarait prêt à parler en plein milieu du vestibule. Lorsqu'ils se furent assis, Mikal déclara d'emblée : « J'ai beaucoup de questions à poser. » Schiller s'embarqua dans un discours d'une dizaine de minutes et le jeune homme prit des notes. Cette attitude gêna Larry qui dit en feignant de plaisanter : « Si vous notez tout ça, vous aurez bientôt de quoi publier un livre. » Quelques semaines plus tard, Schiller découvrit que Mikal, en effet, écrivait un article pour le *Rolling Stone*.

En dépit d'un certain air de famille, Schiller eut peine à croire que Mikal était le frère de Gary. Ce jeune homme parlait d'une voix douce, manifestait un grand calme, avait les doigts fuselés, un comportement agréable, surtout compte tenu de la situation. Il se tenait sagement à sa place, sans s'adosser ni croiser les jambes mais ne cessait de tirer des papiers de son porte-documents pour consulter des notes et les remettait immédiatement à leur place. Il fit à Schiller l'effet d'un étudiant. S'il n'avait pas eu une chevelure aussi longue, on l'aurait facilement pris pour quelque maigre érudit mormon ou pour un élève collet monté de l'université Brigham Young.

Schiller ne le comprit que lorsqu'il parla de lui-même. Savoir s'il devait ou non suivre Amsterdam et Giauque présentait pour lui un problème épineux. Certes, ce jeune homme ne pleurait pas mais selon toute évidence il était très ému.

Puis, brutalement, à la manière de Gary, Mikal demanda à Schiller s'il préférait la mort ou la survie de son frère. Telle était la question clé, et il l'avait posée ! Schiller regarda Mikal droit dans les yeux et répondit : « Je suis ici pour enregistrer l'histoire et pas pour la faire. » Mikal nota cette réflexion et posa d'autres questions. Il n'était certes pas expert en interrogatoires et manquait de persévérance. Telle fut tout au moins l'opinion de Larry dont Mikal acceptait les réponses sans insister ni contredire. Il les notait puis étudiait son feuillet comme s'il analysait sa propre écriture. Il se faisait tard et Schiller était très fatigué. Il avait pris l'avion pour Los Angeles le matin même et était revenu assez tard. Il se demandait pourquoi Mikal avait voulu un entretien avec lui au lieu de s'adresser à Vern ou à Ida ou à n'importe qui d'autre. « Avez-vous l'intention de vous entretenir avec les Damico ? demanda Schiller.

— Je suis venu pour parler à Gary avant de prendre ma décision. »

Schiller conclut que son interlocuteur était trop froid et manquait de contact humain. Leur entretien n'avait rien de chaleureux. « Pourquoi prenez-vous des notes ? demanda-t-il.

— Afin de pouvoir étudier ce que vous dites », répondit Mikal.

Ils convinrent néanmoins de se revoir et de ne pas divulguer leurs conversations. Après avoir déposé Mikal à son hôtel, Schiller prit la grand-route pour gagner Orem avec l'impression d'avoir fait une percée. Mikal avait eu beau se montrer méfiant, Schiller pressentait que leur prochaine rencontre donnerait de bons résultats. Par l'intermédiaire du jeune homme il pourrait avoir un aperçu de la famille Gilmore et apprendre ainsi, au sujet de la petite enfance de Gary, des détails intimes peut-être bons, peut-être moins bons. Mikal ressemblait si peu à Gary qu'il pourrait peut-être avoir un point de vue dénué de parti pris. Schiller était tellement satisfait qu'il parla de cette rencontre à Vern. Cette indiscrétion devait se révéler malencontreuse au point de vue personnel de Schiller.

DESERET NEWS

Salt Lake, 12 janvier. – Le procureur général de l'Utah, Robert B. Hansen, a reçu aujourd'hui une lettre de Judith Wolbach, avocate à Salt Lake City, dans laquelle cette dernière déclare qu'elle s'est entretenue avec l'avocat bien connu Melvin Belli qui lui aurait déclaré que la famille Gilmore pourrait déposer une plainte pour exécution injustifiée. Les Gilmore pourraient demander un million de dollars de dommages et intérêts plus un million et demi de réparations de préjudice imputables aux dirigeants de l'État… si Gilmore est exécuté et si, par la suite, la Cour suprême des États-Unis rend un arrêt déclarant contraire à la Constitution la peine de mort figurant dans le code de l'Utah…

V

Barry Golson, de *Playboy*, se présenta. Schiller avait déjà reçu un à-valoir s'élevant à près de douze mille dollars. Débats et marchandages insensés sur les derniers détails du contrat durèrent deux jours, à la fin desquels chacun devint insupportable à l'autre. La présence de Breslin gênait Golson. Schiller n'était-il pas en train de livrer à d'autres le matériel destiné à *Playboy ?*

« Rien ne vous retient plus dans ce bureau, dit Schiller.

— Soyez un peu plus courtois et je m'appliquerai aussi à l'être », répondit Golson.

Ça devenait un choc d'amour-propre.

Puis Moody et Stanger revinrent à la charge. Ils se rendirent au motel pour déclarer qu'ils exigeaient une prime. Sinon ils cesseraient d'interviewer Gary.

Schiller fit de son mieux. « Il me faudra dire à Gary le coup que vous essayez de faire », dit-il. Il se demanda aussitôt s'il ne commettait pas une erreur mais n'en insista pas moins : « Je vais lui envoyer immédiatement un télégramme. » Constatant que cette manœuvre n'impressionnait pas les avocats, il adopta une autre tactique.

« Écoutez, vous tombez dans le travers propre à tous les avocats. Vous vous prétendez moralement supérieurs à tout le monde jusqu'à ce qu'on arrive aux questions d'argent. » Finalement Schiller refusa la prime, sauf si Vern y consentait. « S'il approuve, je vous donnerai ce qu'il consentira à signer. » Discussion assez étrange car en réalité l'argent ne serait pas prélevé sur la part de Schiller mais sur celle de Vern. Encore une fois, il s'agissait d'un choc d'amour-propre. Les uns comme les autres étaient à bout.

Après le dîner, Ian Calder, du *National Enquirer*, appela de Miami pour dire qu'il lui était venu une idée valant peut-être *six chiffres*. « Persuadez Gary de vous remettre deux petits objets personnels actuellement en sa possession et faites-lui écrire un texte de vingt-cinq mots dont peu importe le sens. Nous enverrons un messager assermenté prendre ces trois choses que vous aurez mises dans une enveloppe scellée et nous la déposerons dans un coffre. Avant la mort de Gary, nous mobiliserons notre réseau international de mages et de voyants afin qu'ils soient en état d'alerte à l'instant même de l'exécution. Puis nous verrons à quel point ils se sont approchés de la vérité en identifiant les deux objets ainsi qu'en devinant le message écrit par Gary.

— Et nous, Ian, jusqu'à quel point nous approchons-nous des *six chiffres ?* répondit Schiller.

— Si ça marche, Larry, dit Calder, mon idée vaut bien cent mille dollars. C'est ça qui m'intéresse. Cent mille aussi de votre côté si vous réussissez.

— Et que se passera-t-il si aucun de vos mages et voyants ne s'approche de la vérité ? demanda Larry.

— Ma foi, l'affaire rapportera beaucoup moins, avoua Ian.

— Bonne nuit », dit Schiller qui raccrocha.

VI

Dans le coin à gauche du parloir, il y avait une cabine contenant trois sièges, trois appareils téléphoniques et trois alvéoles vitrés. Le lendemain, quand Mikal retourna voir Gary, Moody et Stanger s'entretenaient avec son frère par téléphone et séparés par les vitres. Gary avait deux écouteurs aux oreilles. Par l'un, il entendait la voix de Moody et par l'autre, celle de Stanger. Ni l'un ni l'autre cependant ne savaient que Mikal se trouvait derrière eux et qu'il aurait pu décrocher le troisième appareil téléphonique. Le jeune homme préféra rester discrètement dans un coin. Il entendit Moody dire : « Schiller l'a rencontré la nuit dernière et croit qu'il va empêcher l'exécution. (Puis Moody ajouta :) Savez-vous que Giauque l'a amené en Rolls Royce ? »

Quand il se leva pour s'en aller, Moody parut surpris. Puis Mikal l'entendit demander à un des gardiens qui était ce visiteur.

Gary entra dans le parloir, vêtu d'un maillot sans manche et faisant tourner au bout d'un doigt un béret écossais.

« Je ne veux pas chinoiser avec toi, Gary, dit Mikal. Ton avocat t'a dit la vérité. Peut-être bien que je vais demander un sursis d'exécution. »

Gary prit l'expression qu'il avait sur les photos publiées par les journaux : mâchoire crispée, narines palpitantes. « Est-il vrai aussi que Giauque t'a amené ici dans une Rolls ? »

Mikal comprit aussitôt l'effet que faisait ce détail sur Gary. Des richards aux idées avancées, qui ne s'étaient jamais souciés le moins du monde de lui pendant des années, unissaient maintenant leurs richesses et leur pouvoir pour le frustrer. « Peu importe », dit Mikal.

Ils se disputèrent au sujet d'Amsterdam et de Giauque. « Pour qui les prends-tu ? demanda Gary. Pour de saints hommes ? En réalité ils cherchent à se servir de toi.

— Admets pourtant que je peux agir sans eux. Je peux encore demander une commutation de peine. Ce ne serait pas eux qui le feraient, mais moi.

— Pourrais-tu vraiment le faire ? demanda Gary.

— Je le crois. »

Gary fit les cent pas dans le parloir. « Écoute, dit-il, j'ai passé trop de temps en prison. Je n'ai plus rien dans la tête. »

Un gardien entra. « Visite terminée, dit-il.

— Reviens, dit Gary. Nous parlerons encore demain. »

Au moment où Mikal franchissait le seuil de la porte, Gary s'écria : « Où étais-tu, il y a des années, quand j'avais besoin de toi ? »

Pendant toute la durée de son retour vers Salt Lake, Mikal entendit : « Où étais-tu quand j'avais besoin de toi ? » Alors qu'il s'était senti prêt à signer le document que Giauque lui avait soumis, maintenant il ne savait plus s'il devait agir selon son propre gré ou celui de Gary. Il entendait encore la voix de son frère lui dire : « Je n'ai plus rien dans la tête. » Mikal aurait voulu s'enfuir vers un endroit où l'on n'est pas obligé de décider. Après une mauvaise nuit il écrivit à Gary.

Dans sa lettre il expliqua que, lorsqu'il affrontait la colère de son frère aîné, il ne trouvait plus les mots qu'il aurait voulu dire. Il lui avoua aussi qu'il avait toujours eu peur de lui. C'est seulement au cours de leurs deux dernières rencontres qu'il avait découvert cette vérité : il l'aimait. Quelle que soit sa décision, il la prendrait par amour. Si Gary consentait à survivre, il espérait qu'ils démoliraient ensemble la barrière qui les séparait. Il termina en évoquant sa foi : c'est en choisissant la vie plutôt que la mort qu'on a les meilleures chances de rédemption. C'est dans la vie que se trouve la rédemption, pas dans la mort.

L'après-midi, à la prison, un gardien lut d'abord la lettre de Mikal puis la fit transmettre à Gary.

Plus tard, lors de la visite, Gary considéra de nouveau la lettre et se mit à pleurer. Rien qu'une ou deux larmes. Puis il essuya un œil du bout d'un doigt et sourit. « Bien exprimé », dit-il dans l'appareil téléphonique. Puis il demanda à Mikal : « Connais-tu les œuvres de Nietzsche ? Il a écrit qu'à certains moments chaque homme doit se montrer à la hauteur des circonstances. C'est ce que je m'efforce de faire, Mikal. »

Ils restèrent face à face. Gary hocha la tête puis dit : « Écoute, môme. J'ai réfléchi à ce que je t'ai dit hier. J'étais injuste. Je n'étais pas auprès de toi quand tu étais jeune. Alors, ne t'y trompe pas. Je ne te déteste pas. Je sais que tu es mon frère et je sais aussi ce que cela signifie. »

Cette déclaration équivalait à poser la main sur le cœur de Mikal qui eut l'impression d'être manipulé ici, amadoué là, circonvenu ailleurs. Il se força à dire : « Que ferais-tu si j'essayais de te sauver ?

— Bien sûr, tu pourrais faire commuer ma peine mais ce n'est pas toi qui passerais ta vie en prison. As-tu une idée de ce qu'il faut d'énergie pour rester entier dans un endroit pareil pendant des années et des années ? »

À ce moment-là Mikal se sentit prêt à céder. Mais le premier jour qu'il avait passé à Salt Lake City, il avait rencontré Bill Moyers. Depuis lors, il s'était entretenu pendant des heures avec lui et le considérait comme l'un des hommes à la fois les plus sages et les plus charitables qu'il eût jamais connus. Or, Moyers avait dit : « Si l'on est obligé de choisir entre la vie et la mort et que l'on se prononce pour la mort, on abandonne l'humanité. » Mikal pensa que Gary comprendrait peut-être le sens de cette phrase. En effet, elle présentait une netteté identique aux idées que Gary exposait souvent lui-même. Mikal ne se faisait d'ailleurs pas trop d'illusions. Pourtant, avant de le quitter, il demanda à son frère de s'entretenir avec Bill Moyers : « Il ne s'agit pas d'une interview mais seulement d'une rencontre.

— D'accord, dit Gary, mais que cela reste entre nous. N'oublions pas mon accord avec Larry Schiller. »

27. Couper le cordon

I

Janvier 13
jeudi
Bon matin mon *Âme Sœur*
je *Love* vous. *Oh !* je *Love* vous !
et avoir besoin de vous tant.

Ce matin j'ai seulement quelques minutes pour écrire car mon avocat va arriver bientôt.

Je me suis amusée avec un vieux livre de français. C'est une belle langue. J'aimerais l'apprendre et peut-être même vivre en France un jour.

Loin d'ici… ah ! oui…

Sundberg m'indique que tous les médecins mêlés au pétrin dans lequel je suis plongée se proposent déjà de recommander ma libération pour le 22 janvier (1977, j'espère).

Ces longues journées nous rapprochent de ton exécution. Il m'est difficile d'accepter cette idée comme une réalité.

Ce n'est pas tellement que tu vas bientôt mourir mais que je ne peux pas être avec toi alors que la date approche tellement. Pourquoi faut-il que ce soit ainsi ? Il doit bien y avoir une logique derrière ma destinée mais je n'en vois même pas une particule…

Il n'y a pas de mot pour exprimer l'Amour que j'ai dans mon âme et dans mon cœur pour toi mon *Âme Sœur.*

Tout mon amour est à toi. J'espère que tu le sais
et je sais que le tien est à moi
si tu meurs… si prochainement… je le saurai et je sentirai ton âme s'envelopper autour de mes pensées et de cette âme qui t'aime si profondément.

Au revoir mon amour

Jusqu'alors et à jamais
peu importe où j'irai
j'irai seule
Jusqu'à ce que je sois auprès de toi

je t'aime
toujours à toi
NICOLE

II

Larry en parla à Farrell et ils se mirent d'accord. Lorsque Gilmore parlait de lui-même, si franc qu'il pût paraître dans les interviews, il vivait toujours derrière une muraille psychique. Pour en apprendre plus, il faudrait réussir une percée. Afin de pénétrer à travers la frime les questions devaient comporter une critique des attitudes de Gary. Farrell étudia donc une série de questionnaires plus précis à l'usage de Moody et Stanger. Schiller indiqua aussi aux deux avocats que Gilmore devait les lire à haute voix avant d'y répondre. Farrell et lui voulaient éviter que l'intonation des avocats influence les réactions du condamné.

Au quartier de haute surveillance, Ron Stanger dit par téléphone : « Notre ami voudrait des *"réponses sérieuses"*. Ces deux derniers mots entre guillemets.

— Je joue sérieusement depuis le début, répondit Gilmore. Aussi sérieusement que j'ai tout fait dans ma vie.

— Parfait », dit Moody.

Gilmore lut : « Il me semble maintenant que, dans votre situation, compte tenu de votre sens du destin et du karma, l'entretien que nous nous efforçons d'avoir ensemble présente une réelle importance dans votre vie ainsi que dans la mienne. »

Gilmore se tourna vers les avocats et répondit à l'usage de Schiller : « Merci, Larry. »

Il reprit la lecture : « J'estime que, étant donné l'importance de la situation, nous devons faire notre possible pour remplacer les interprétations aléatoires par des conclusions plus sérieusement réfléchies. »

Cette fois encore il répondit à sa propre voix : « Très bien. »

« Parfois vous paraissez raconter une histoire souvent répétée, lut-il. Voici ma réaction : Dites donc, Gary, est-ce que vous racontez ça à toutes les filles et à tous les caves, à tous ceux ou celles qui voient quelque chose d'intéressant en vous et veulent mieux vous connaître ? Bien des histoires que vous racontez au cours des interviews, vous les avez déjà écrites à Nicole dans vos lettres, souvent assorties de propos amoureux, de petites indications dénotant une intention de charmer la lectrice, la maîtresse, n'importe qui qui vous observe et cela d'une manière qui paraît habituelle et bien calculée. Voilà l'effet que vos propos me font. Dites-moi sur quel point je peux me tromper. » Gary répondit : « Vous vous trompez, Larry. »

Puis Gilmore éclata de rire. « Merde ! dit-il, il n'y a aucun calcul là-dedans. Je me sens seul. J'aime le beau langage mais je dis la vérité. On bavarde beaucoup en taule, pour passer le temps. À peu près chaque détenu collectionne réminiscences, anecdotes et toutes sortes d'histoires. Chacun peut s'habituer à faire appel à ses souvenirs. Vous-même Larry vous fréquentez des gens, vous allez à des repas, vous parlez à bien des personnes différentes… mais vous aussi vous devez avoir vos petites histoires favorites à raconter. Le fait de dire la même chose plus d'une fois et à plus d'une personne ne signifie pas que ce soit un mensonge. (Gilmore marqua un temps d'arrêt et reprit :) C'est vrai, Larry, je monte certaines choses en épingle… J'ai passé bien du temps au trou et, là, on ne voit pas le type à qui on parle parce qu'il est dans la cellule voisine ou à l'autre bout du couloir. Alors il devient indispensable… de s'exprimer clairement et d'être bien entendu parce que nos propos peuvent se mêler à d'autres conversations et puis il y a toujours beaucoup de bruit : les gardiens font tinter leur trousseau de clés, les portes claquent. Réfléchissez-y. »

Gilmore reprit la lecture : « Je ne suis pas certain que vous vous rappelez la vérité au sujet de votre petite enfance. »

Il répondit sur un autre ton : « Et vous, Larry, est-ce que vous êtes sûr de vous rappeler exactement votre petite enfance ? »

Gary continua la lecture du questionnaire : « Vous avez dit que l'amour de votre mère fut toujours vigoureux, constant et cohérent. Voilà notamment d'étranges adjectifs pour qualifier un amour maternel. »

Il répondit aussitôt : « Je ne les trouve pas étranges. Votre question ne paraît pas présenter d'intérêt. »

Il en revint au texte de Schiller : « Je ne crois pas avoir jamais entendu employer les mots "vigoureux, constant et cohérent" à un tel usage. »

Gilmore répondit : « Vous avez probablement raison mais avez-vous déjà interrogé quelqu'un d'autre au sujet de sa mère ? »

« En me fondant sur mes conversations avec des membres de votre famille et en écoutant votre voix sur les bandes j'ai l'impression que vous avez peut-être été traité assez cruellement dans votre petite enfance. Certains membres de votre famille me disent que vos grands-parents se sont efforcés de se faire attribuer votre garde. Vous seriez né à un moment fâcheux de la vie de votre mère qui semblait éprouver du ressentiment contre vous quand vous étiez tout petit. Y a-t-il quelque chose de vrai là-dedans ?

— Pas à ma connaissance, Larry », répondit Gilmore.

« Tout compte fait, continua le questionnaire, quelle espèce de fils êtes-vous pour agir comme vous le faites et tirer ainsi une superbe vengeance contre tous ceux qui ne vous ont pas assez aimé ? Peut-être s'agit-il ici d'extravagances chères aux psychanalystes. S'il en est ainsi, j'admets ma culpabilité. Pourtant j'aspire à comprendre comment un petit garçon très aimé par sa mère la récompense en menant l'existence que vous avez vécue. Gary, je crois que vous agissez ainsi par représailles au sujet de quelque chose qui vous est arrivé quand vous étiez trop petit pour vous défendre. J'ai une autre raison de le croire : dès que la conversation aborde des sujets émotionnels on constate un rien de bégaiement dans votre voix.

— Tralala », dit Gilmore qui ricana.

« Vous vous mettez à parler comme un bègue qui a été soigné, continua le questionnaire. Je ne crois pas que vous soyez dénué de sensibilité. Je vois plutôt en vous un homme qui ne peut pas admettre ses véritables sentiments. »

Cette fois Gilmore marqua un assez long temps d'arrêt avant de répondre : « Je jure devant Dieu que je ne me rappelle pas, bien que j'aie une mémoire formidable, Larry, que ma mère m'ait frappé une seule fois. Je ne crois même pas qu'elle m'ait jamais fessé. Elle m'a toujours aimé et a eu confiance en moi. Au diable tout ce que racontent les gens de la famille. J'ai une mère superbe. Au diable tout ce qu'on raconte dans la famille. J'ai une mère superbe. Je me répète à cause du bruit de fond et je crains que vous n'entendiez pas bien cette bande. »

Gary ne reprit pas immédiatement la lecture des questions. Il dit à Moody : « Certains sentiments sont strictement intimes. Évidemment, ce type essaye de me passer publiquement aux rayons X. Merde alors.

— À mon avis, il s'efforce simplement d'atteindre la vérité, répondit Moody.

— Qu'il aille se faire foutre ! Larry cherche probablement à me mettre en colère en espérant que ça me fera répondre plus spontanément. »

Il reprit la lecture des questions et l'interview se poursuivit sans autre incident. Gilmore ne s'excita plus.

Barry eut l'impression d'avoir tenté, en vain, de porter son coup le plus sérieux. Peut-être la mère n'était-elle pas le point douloureux. Farrell perdit alors l'espoir d'une percée. Il faudrait rédiger l'interview pour *Playboy* avec des matériaux dont il disposait en plus de ce qui pourrait venir du côté Moody-Stanger.

III

Après l'interview, Sam Smith eut un entretien avec les avocats au sujet d'un recours de dernière minute. Le directeur de la prison s'inquiétait parce que, si Gary changeait de position au tout dernier instant, il n'y aurait aucun mécanisme administratif pour empêcher l'exécution. Smith estimait donc que les avocats devaient en informer Gilmore.

Gary ne voulut même pas en discuter. « Il n'y a aucune précaution à prendre », dit-il à Moody et à Stanger. Il leur interdit même d'accepter une autre conversation à ce sujet. Les avocats en conclurent que Gary ne changerait très vraisemblablement pas d'idée et que, s'il le faisait, le directeur de la prison ne pourrait faire autrement que de prendre contact avec le gouverneur de l'État.

Sam Smith consulta aussi Earl Dorius. Faudrait-il mettre une cagoule à Gilmore ? Le condamné prétendait vouloir faire face debout à ses exécuteurs. Mais Smith se sentait obligé de penser à ce qui serait préférable pour le peloton. La cagoule serait utile. Qui a envie de soutenir le regard d'un individu qu'il exécute ? En outre, dit Smith, que se passerait-il si le type perdait son sang-froid au dernier instant et gesticulait pour esquiver les balles ?

Fort de ce qu'il avait lu dans le code de procédure, Dorius répondit que les détails de l'exécution incombaient au directeur de la prison. Si Sam le souhaitait, on pouvait ligoter Gilmore dans un fauteuil et lui couvrir la tête d'une cagoule.

GILMORE. – Le directeur de la prison n'est pas venu m'en parler directement mais il me semble redouter que j'agisse sur les nerfs du peloton d'exécution si je me tiens debout et que je le regarde. Il m'a parlé d'une cagoule. Je lui ai demandé s'il avait une bonne raison à me donner. Il ne m'en a pas fournie mais je sentais qu'il avait une idée derrière la tête. Il a dit devant Fagan que d'habitude les exécuteurs entrent dans la cellule, ajustent une cagoule sur le condamné qui la porte à partir de l'instant où il quitte sa cellule jusqu'à celui de sa mort. Il a toutefois affirmé qu'il ne me ferait pas ça à moi et qu'on ne me mettrait la cagoule que lorsque je serais sur le fauteuil d'exécution. Je veux que cet enfant de salaud tienne parole au moins sur ce point. »

Gilmore tenait sûrement à prouver qu'il gardait son sang-froid. Ces derniers temps, un seul article de journal l'irrita parce qu'on l'y disait nerveux. Gary était tout ce que l'on voulait sauf nerveux. Moody lui demandait souvent : « Vous n'avez pas peur ?

— Non », répondait Gilmore.

Pas une seule fois il n'admit la moindre crainte. À aucun instant, rien ne put faire penser qu'il changerait d'avis. Cette absence d'hésitation finit par paraître invraisemblable à Moody. Gilmore semblait maintenir ses intentions avec une volonté inébranlable. Ce n'est pas seulement sa vigueur morale qui grandissait mais aussi sa force physique. « Comment allez-vous ? lui demandait Moody. Avez-vous bien dormi ?

— J'ai bien dormi la nuit dernière.

— Faites-vous toujours des exercices ?

— Oui, je m'entraîne. »

Pour en donner la preuve, Gilmore posait les deux mains sur un tabouret et faisait l'arbre droit. Tonus excellent. Au quartier de haute surveillance, les détenus ne paraissaient se soucier que de l'état de leurs muscles et Gary faisait, parmi eux, figure de superman. Moody s'était toujours pris pour un homme qui ne s'étonne de rien. Néanmoins Gilmore commençait à l'impressionner.

IV

Quand Gibbs remit les lettres de Gilmore au *New York Post*, on lui donna cinq mille dollars. On lui remettrait les deux mille cinq cents restants après. Puis Gibbs apprit que les gens du *Post* avaient pointé la liste des personnes invitées à l'exécution et que son nom n'y figurait pas. Néanmoins, après avoir vérifié ses certificats du Trésor et du F. B. I., les reporters du *Post* l'interviewèrent dans un bar et prirent de lui une trentaine de photos.

Journalistes et photographes partis, Gibbs continua à boire mais il ne mêla pas à sa boisson son remède habituel et fut pris de crampes d'estomac. Le barman dut l'aider à gagner une salle afin qu'il s'y repose. Gibbs avait immédiatement envoyé mille dollars à sa mère sur les cinq mille qu'il avait touchés mais il avait dépensé le reste inconsidérément. Dans la pièce où le barman le conduisit, il y avait une nana avec son jules. Elle plongea sur Gibbs en espérant le maîtriser à cause de son infirmité mais c'est lui qui l'envoya au tapis. Puis il vint à bout du type. C'est tout au moins ainsi qu'il raconta l'histoire plus tard. Quand il retourna au bar, deux flics se trouvaient au restaurant et l'arrêtèrent. On l'emprisonna et le juge fixa sa caution à cent mille dollars.

V

La tension s'accrut brusquement le jeudi précédant le lundi de l'exécution. Rupert Murdoch commença à appeler Schiller de New York pour lui offrir de grosses sommes contre un reportage exclusif de l'exécution. Il lui suffirait de s'adresser à la presse immédiatement après l'exécution, de faire une brève déclaration publique, puis de s'enfermer avec un des reporters de Murdoch. Schiller sentit qu'il ne pouvait répondre non car, dans ce cas-là, Murdoch pourrait chercher à glisser quelqu'un d'autre sur le lieu d'exécution, peut-être en soudoyant un gardien. Ce n'est pas pour rien que Rupert Murdoch s'était assuré la maîtrise du *New York Post* et du *Village Voice* et avait fait fortune dans la presse australienne. Schiller envisagea donc de le lanterner. À ce moment-là il tenait déjà en haleine *Time, Newsweek* et quelques autres publications.

Ensuite ce fut un Anglais qui appela Schiller. « Nous voulons que vous fassiez les Derniers Pas.

— Je ne suis pas Edward G. Robinson, répondit Larry.

— Vous prétendriez qu'il ne se trouvera pas quelqu'un pour faire les Derniers Pas avec votre homme ? demanda le journaliste britannique.

— Je ne ferai pas les Derniers Pas ! vociféra Schiller. Je ne sais même pas si je veux que ce foutu lascar soit exécuté. »

Puis Moody apporta une interview dans laquelle Gary exprimait ses sentiments au sujet de la cagoule. On pouvait en tirer quinze cents mots pour les journaux, sans empiéter sur l'essentiel. Schiller décida de diffuser son texte auprès de quelques reporters de choix. Ce serait Breslin, Dave Johnston et Tamera Smith.

Barry et lui en vinrent presque aux mains « Vous n'allez tout de même pas prétendre me gouverner, dit-il à Farrell. Je sais ce que je fais. »

Les deux derniers jours, la presse du monde entier envahit Salt Lake comme s'il allait s'y disputer une rencontre de boxe mettant en jeu le titre de champion des poids lourds. Maintenant Schiller n'avait plus à se soucier seulement d'une vingtaine de reporters de la ville qui l'excécraient. Il en avait trois cents sur le dos et chacun voulait une boucle de cheveux ou l'extrémité d'un ongle de Gary. Il était temps d'être prêt.

Schiller appela Gus Sorensen, ce qui stupéfia encore Barry Farrell. Larry expliqua : « Il faut que je fasse passer un message au directeur de la prison. Je veux m'assurer qu'il comprend mes intentions : je ne lui ferai aucun tort si je suis invité à l'exécution. Ce Sam Smith est le seul qui puisse m'empêcher d'y assister, pas vrai ? D'après la loi il ne le peut pas mais pratiquement il le peut. Je dois donc lui faire savoir que si je suis invité je me comporterai à sa convenance. »

Gus Sorensen vint au motel le jeudi après-midi. Larry lui donna une interview destinée à montrer qu'il avait conscience de ses responsabilités et qu'il respecterait le règlement à la prison.

VI

L'équipe de Stephanie n'effectua que trois ou quatre ventes en Europe. Certes, elle se réjouissait d'être à Paris, descendue au George-V, mais jouer le rôle de femme d'affaires l'agaçait. Quelques revues promirent d'acheter puis revinrent sur leur parole. En France, où Schiller comptait sur des affaires substantielles, un assassinat commis dans le pays accaparait les manchettes des journaux. Quand Larry eut payé les frais du voyage qui s'élevèrent à dix mille dollars pour les trois femmes, il ne lui en resta que dix autres. Pas le Pérou ! Pour aggraver les choses Stephanie décida de rester à New York et refusa fermement d'aller en Utah. Toute l'affaire – Gilmore, la presse, l'exécution – lui répugnait.

Larry était en train de digérer, vers minuit, la dernière communication de Stephanie quand Moyers téléphona pour préciser qu'il chercherait à voir Gilmore. Il tenait à ce que Schiller le sache.

« Non, répondit Schiller. À aucun prix.

— Mais écoute, Larry, dit Moyers. Gilmore consent à me recevoir.

— Tu mens, Bill. J'en aurais été avisé. »

Mais l'aurait-il été ? Moyers n'était pas homme à téléphoner ainsi s'il n'était pas sûr de son fait. Schiller s'efforça de comprendre comment Bill s'était infiltré dans l'affaire. Ce ne pouvait être que par l'intermédiaire de Mikal. Aussi demanda-t-il : « As-tu vu le frère de Gary ?

— Oui, répondit Moyers. Il est ici, dans ma chambre. Il y est même depuis plusieurs jours. »

C'est ainsi que tournait le manège. Schiller éprouva une impression de défaite. Dieu sait quelles informations d'une valeur impossible à évaluer Moyers avait arrachées à Mikal. C'était encore une filière de communication compromise.

Quand il raccrocha, blessé dans son amour-propre, Schiller eut une crise de jalousie. Lui, on ne lui avait pas permis de voir Gilmore. Il avait recouru à tous les subterfuges possibles et n'avait encore de relations avec le condamné que par un foutu magnétophone. Il appela Bob Moody pour lui dire : « Bill Moyers prétend qu'il sera admis au parloir. Prenez immédiatement contact avec Gary pour lui expliquer que ça réduirait en miettes tout ce que nous avons si difficilement bâti. »

Larry rappela Moyers et engagea la conversation calmement. Mais quand Moyers déclara qu'il verrait Gary Gilmore seul à seul, Schiller éclata : « Bill, tu me trahis. Je t'ai aidé en comptant que tu jouerais honnêtement le jeu et maintenant tu t'y introduis grâce à Mikal. Je ne reconnais plus le type avec qui j'ai dîné. (Schiller engageait toute son énergie dans le micro de son téléphone.) Moi je ne me servirais pas d'un frère pour approcher un condamné. Ce Mikal est venu ici pour sauver la vie de Gary. Il a une décision à prendre et toi, tu l'amadoues rien que pour prendre contact avec Gary Gilmore.

— Tu n'as aucune idée de ce que j'endure, répondit Moyers en rugissant, lui aussi. J'ai fait de mon mieux pour encourager Mikal à y voir clair. J'ai passé des heures avec lui.

Il est resté toute la nuit dernière dans ma chambre. Je t'en prie, ne va pas dire que je l'exploite. »

Schiller eut l'impression que Moyers allait éclater en sanglots. Heureusement, le cordon du téléphone était assez long pour qu'il pût emmener l'appareil dans une autre pièce afin que les deux secrétaires ne l'entendent pas. Là, il confia à Moyers : « Je ne veux pas que ce pauvre connard meure.

— Moi non plus », répondit Moyers.

Il leur sembla alors à tous les deux que tout le monde circulait la mort au ventre. Un homme qu'ils connaissaient allait mourir à un moment déterminé. À ce signal, tout le monde franchirait d'un bond un abîme.

Quand il eut raccroché, Schiller passa dans sa chambre à coucher et s'arrêta devant la fenêtre pour considérer le paysage. Il neigeait. Tout à coup Schiller détesta la neige. Il n'aurait su dire pourquoi. Il lui semblait qu'une couverture l'enveloppait pour paralyser ses efforts. Cette idée prit un caractère de rêve. Or, la situation était assez insensée pour que Schiller n'eut pas envie de vivre un songe.

Alors, aux environs de minuit, Murdoch téléphona son dernier prix : cent vingt-cinq mille dollars mais il s'agissait d'un reportage exclusif de l'exécution, par Lawrence Schiller.

Des années auparavant, Larry avait touché vingt-cinq mille dollars pour une seule photo de Marilyn Monroe nue. Maintenant on lui offrait cent vingt-cinq billets pour décrire l'exécution d'un homme. Par ici la bonne soupe ! Il resterait libre de vendre son livre, les interviews pour *Playboy* et le film. Murdoch ne saurait même pas s'il lui donnait tous les détails de l'exécution. Schiller pourrait conserver les plus intéressants à son propre usage. Ce patron de journal ne s'intéressait qu'à l'exclusivité pour augmenter la vente de sa feuille. Il ne pourrait même pas, d'ailleurs, imprimer la totalité de l'article. Bref, c'était tentant. Vraiment tentant.

Schiller retourna à la fenêtre. La neige tombait encore plus dru et il était fatigué. À force de se crisper sur le combiné du téléphone, sa main lui faisait mal. Il se mit à pleurer. Il n'aurait pu dire pourquoi, mais les larmes coulèrent malgré lui. Il n'y pouvait rien.

Il se dit à lui-même : « Je ne sais même plus si ce que je fais est moralement acceptable. » Cette constatation le fit pleurer encore plus. Depuis des semaines, il se répétait qu'il ne faisait pas partie de la chienlit, que ses instincts l'élevaient au-dessus de ça, qu'il entendait enregistrer l'histoire, l'histoire authentique, et pas produire de la marchandise journalistique. Pourtant, à ce moment-là, il eut l'impression d'être entré dans le cirque et même d'y jouer un rôle principal. Alors, tout en pleurant, il alla aux cabinets et déféqua plus abondamment qu'il ne l'avait jamais fait de sa vie. Rien que de la diarrhée. Après des journées successives d'allers et retours, de travail acharné, de mauvais sommeil, tout son système était détraqué. Les horreurs se déchaînaient. La diarrhée le traversa comme pour le débarrasser de tout ce qu'il y avait de pourri en lui. Pourtant elle continuait à s'écouler. Quand il eut l'impression d'en avoir fini, il regarda par la fenêtre, vit la neige qui continuait à tomber et décida de ne vendre à aucun prix l'exécution de Gary Gilmore. Non. Personne ne pourrait l'en convaincre. Il ne commettrait pas une erreur aussi sordide, ni par cupidité ni par souci d'assurer sa sécurité. Non. Peu lui importait de ne pas tirer un sou de cette affaire. Il devait s'en tenir à ce que disaient ses entrailles. Il se remit à pleurer et se dit : « Je ne sais même pas écrire convenablement. Je ne peux pas exprimer ce que j'éprouve et ce que je veux dire. » L'affaire lui pesait de nouveau très lourd et il perçut une fois de plus le dégoût qui tintait dans la voix de Stephanie au téléphone lorsqu'elle avait refusé de quitter New York. Mais il envisagea ce qui se passerait quand il annoncerait à Murdoch, à *Time, Newsweek*, l'*Enquirer* et tous les autres qu'il avait tenus en haleine, qu'il ne leur donnerait pas le moindre compte rendu des dernières minutes d'existence de Gary Gilmore. Ils se déchaîneraient tous contre lui. Il comprit la part de peur qu'il y avait à l'origine de sa diarrhée. Non seulement il refusait l'argent le plus aisément gagné qu'on lui eût jamais offert mais encore il s'exposait à une correction. Il se rappela le temps de son enfance à San Diego, où les Chicanos le battaient, et son frère aussi, chaque jour, à leur retour de l'école. Il éprouva la même peur enfantine et se surprit à pleurer de nouveau, tout seul dans sa chambre. Tout seul alors que le ciel nocturne bleuissait à l'approche de l'aurore. Plus épuisé qu'il ne l'aurait cru possible, il se demanda ce qu'il faisait là et pourquoi il s'attribuait des responsabilités dépassant les magouilles courantes du métier au lieu de rédiger ses articles le mieux possible.

« Quoi que je sois, journaliste ou homme d'affaires, je me dois à moi-même d'affirmer mon intégrité morale. » Il eut alors une inspiration : tous les gens respectés, dans tous les milieux du monde, étaient passés par la même épreuve ; on les respectait pour leur intégrité qui n'était peut-être pas innée chez eux mais qu'ils s'étaient assurée par leur manière d'exécuter chacune de leurs tâches, jour après jour, nuit après nuit. Enfin il s'habilla et quitta le motel pour se rendre à Orem, au carrefour des rues University et Center. Il y resta au bord du trottoir, bloc-notes et crayon à la main à regarder la circulation dense qui traversait le plus important croisement de rues de la ville, aux premières heures du matin ; dans leur voiture, les ouvriers d'usine roulaient vers les aciéries Geneva ; les autres glissaient et dérapaient sur la neige épaisse couvrant les très larges artères. De temps en temps, Schiller élevait son calepin plus près de ses yeux pour vérifier si ses notes étaient lisibles. Il réalisait que, s'il allait prendre des notes précises sur l'exécution, il ne pourrait probablement pas quitter la scène du regard, ne serait-ce que l'instant d'un clin d'œil. Il devait donc apprendre à séparer sa main de son regard et écrire sans consulter le calepin. Il se dit à lui-même : « Pour la première fois, Schiller, tu ne peux plus inventer ni *broder*. »

Il retourna au motel et consacra la première partie de la matinée à appeler Murdoch, l'*Enquirer* et la N. B. C. pour annoncer sa décision : non, il ne traiterait pas. Il ne vendrait rien. Il donnerait tout. Après l'exécution, il diffuserait son compte rendu personnel de témoin oculaire à l'usage de tous les médias à la fois. Cette décision ne plut pas aux enchérisseurs. À l'*Enquirer*, on râla, on grogna. À la N. B. C., on laissa entendre qu'il y aurait des représailles. Schiller entendit sonner le cor de chasse. Seul Murdoch se conduisit en gentilhomme. « Merci de m'avoir appelé. »

28. Bons baisers, à lundi

I

Quand Mikal arriva au parloir le vendredi matin, Gary lui dit : « Schiller ne veut pas que je voie ton ami. Ça annulerait son exclusivité. Je devrais l'envoyer promener et je le ferais volontiers, mais il est trop tard pour trouver quelqu'un d'autre. (Mikal ne répondit pas et Gary reprit :) Mais je peux encore faire quelque chose : annuler son invitation à l'exécution. »

Mikal se proposait de quitter Salt Lake le soir même, pour passer le samedi et le dimanche avec Bessie. Gary lui demanda de rester un jour de plus. « Je n'en ai rien révélé à personne, dit-il à son frère, mais je ne sais pas comment ça se passera lundi matin. (Il considéra Mikal à travers la paroi de glace.) Peut-être est-ce pour cela que j'ai besoin de Schiller. Il sera là et prendra des notes pour l'histoire, ce qui m'obligera à garder mon sang-froid. (Il secoua la tête.) Je ne m'attendais pas à ce que cela devienne une affaire aussi importante. Je pensais seulement à quelques articles. » Il leva sa main et appliqua la paume à la vitre. Mikal en fit autant de son côté, si bien que les deux frères ne furent plus séparés que par huit millimètres de verre.

De retour à Salt Lake, Mikal revit Richard Giauque pour la dernière fois et lui annonça sa décision de ne pas intervenir. Quand il eut pris congé, Giauque téléphona à Amsterdam qui dit comprendre ce qu'il avait dû en coûter au jeune homme pour en arriver là, et il raccrocha. Amsterdam ne doutait pas du caractère définitif de cette décision. Giauque était, en effet, doué d'un esprit assez astucieux et n'aurait pas passé le mot s'il avait soupçonné le moindre espoir d'un revirement chez Mikal.

II

Le vendredi matin, à moins de soixante-douze heures de l'exécution, Earl Dorius s'attendait à un certain nombre d'actions judiciaires. Le droit a toujours été plus ou moins un jeu. Voilà une des bonnes raisons pour lesquelles Earl veillait depuis longtemps à maintenir le cours de la justice lent et paisible. Cela permet d'en amortir les aspects sportifs et compétitifs. Désormais pourtant tous en étaient arrivés au point où ils devaient calculer le nombre d'heures dont ils avaient besoin pour engager une action ou y riposter. C'est dans de telles circonstances que la loi ressemble plus à un jeu.

Earl téléphona à la Dixième Cour itinérante d'appel dont le point d'attache se trouve à Denver (l'Utah est un des six États dépendant de cette Cour). Il indiqua au greffier, Howard Phillips, que le parquet général de l'Utah craignait quelques tentatives de dernière minute, légalement bizarres, certes, en vue d'empêcher l'exécution. Il souhaitait donc pouvoir prendre contact avec la Cour pendant le week-end, particulièrement le dimanche, pour le cas où le procureur général devrait prendre d'ultimes mesures, contre de telles actions.

Dorius fit consulter les horaires des lignes aériennes par sa secrétaire et apprit que le dernier vol de Salt Lake à Denver partait à 21 h 20 les samedi et dimanche. Il transmit ce renseignement à Mike Deamer, substitut du procureur général Hansen. Cela signifiait que, s'il voulait se rendre à la Dixième Cour après 21 h 20, il lui faudrait prévoir un mode de transport particulier.

Ensuite Earl téléphona à Michael Rodak, greffier de la Cour suprême des États-Unis. Ils étudièrent ensemble le mécanisme des recours de dernière minute à Washington, D. C. Ils se mirent aussi d'accord sur un code dont Rodak pourrait se servir si la Cour suprême voulait atteindre Dorius. C'était très important. Il ne voulait pas qu'un hurluberlu ou un partisan trop passionné téléphone à la prison de l'État de l'Utah au dernier moment en se faisant passer pour un magistrat de la Cour suprême, qui annoncerait un sursis d'exécution. Il fallait donc qu'on soit sûr à la prison que c'était bien le greffier de la Cour suprême, et lui seul, qui parlait. Michael Rodak confia donc son surnom à Dorius, Mickey, et lui indiqua qu'il avait grandi à Wheeling en Virginie occidentale. La formule codée serait donc : « Ici Mickey de Wheeling, Virginie occidentale. »

Vendredi après-midi deux requêtes atterrirent sur le bureau d'Earl. La première émanait de Gil Athay, avocat d'un pensionnaire du « couloir de la mort », Dale Pierre, un des tueurs de la hi-fi, condamné pour avoir versé un liquide corrosif dans la gorge des clients d'un magasin d'électrophones. Athay prétendait que l'exécution de Gary Gilmore provoquerait une ambiance publique qui nuirait aux chances de son client en appel.

Dorius se rendait précisément au bureau de Hansen pour discuter de cette requête, quand on l'appela au téléphone. L'A. C. L. U. déposait une plainte de contribuables devant le juge Conder du tribunal de district. Deux affaires et un seul après-midi pour les résoudre.

Le parquet décida que Bill Evans et Earl Dorius s'opposeraient à l'action d'Athay et que Bill Barrett et Michael Deamer plaideraient contre les contribuables.

Deux heures plus tard ils revinrent victorieux les uns et les autres. Earl attribuait surtout ce succès au fait que les demandeurs ne pouvaient prouver aucun déni de justice dans l'exécution. Bien sûr, les plus proches parents de Gilmore pourraient réclamer un sursis, mais personne d'autre. On ne pouvait tout simplement pas permettre à tout le monde et à n'importe qui d'engager une action judiciaire pour n'importe quoi. Dieu merci pour le *sursis*, pensa Earl. Cet après-midi-là, il avait plaidé que tout retard à l'exécution léserait la société et il en était convaincu : plus l'agitation de l'opinion publique se prolonge, plus les choses respectables paraissent ridicules.

III

Le vendredi après-midi, après l'audience, Phil Hansen se surprit à réfléchir de nouveau sur le cas de Nicole et Gary Gilmore. Deux entrevues avec Nicole n'avaient rien donné mais il continuait à penser à Gilmore et supposait que son amie prendrait contact avec lui pour l'appel. Hansen avait tant à faire qu'il lui restait à peine le temps de s'asseoir un instant, même dans son bureau, pour réfléchir et prendre une décision. Gilmore avait refusé tout recours avant que Phil ne se rende compte de ce qui se passait. À ce moment-là, Phil se demanda comment il pourrait intervenir. A-t-on le droit de sauver un homme qui ne désire pas l'être ? Cependant l'idée de l'exécution de Gilmore lui faisait personnellement horreur. Phil avait consacré sa carrière à sauver des gens que personne d'autre ne se serait chargé de défendre et il en était fier. Cela l'inclinait à considérer toute condamnation à mort comme une obscénité. Si vous étiez un pieux catholique et un célèbre entraîneur d'équipe de football, il vous paraîtrait obscène que votre équipe, Notre-Dame, perde un match par 79 à 0. Cette semaine-là en particulier l'exécution flottait avec toutes les bouffées de fumée de cigare dans les corridors de tous les tribunaux à Salt Lake. À la fin de l'après-midi de vendredi, Hansen constata que dans trois de ses affaires, le juge Ritter avait renvoyé les parties dos à dos et il s'était même trouvé que les jurés étaient absents lorsqu'on avait plaidé la troisième affaire. Aussi, l'après-midi de vendredi, au prétoire, Hansen dit à Ritter : « Vous m'avez fait crever à la tâche pendant toute la semaine. Vous me devez un verre. » Ritter éclata de rire et l'invita dans son cabinet. Ils parlèrent de Gilmore et attendirent un coup de téléphone de Dick Giauque. Ils s'efforcèrent de trouver l'associé de Giauque, Daniel Berman, qui effectuait des recherches de jurisprudence pour le juge Ritter. Puis ils appelèrent Matheson, le nouveau gouverneur de l'État. Ils ne réussirent à joindre personne. Hansen se faisait un sang d'encre en pensant à la stupidité de l'exécution qui allait avoir lieu. « Oui, ironisa-t-il, Sam Smith ne mourra jamais d'une tumeur au cerveau. (Il ricana et des petites bouffées de fumée de cigare sortirent de sa bouche.) Si tout le reste échoue, reprit-il, j'engagerai une action qui fera novation je crois. » Quand il était procureur général, bien des gens le confondaient avec Bob Hansen et il en était exaspéré. Depuis, lorsqu'il engageait une action pour un de ses clients, ses requêtes passaient pour des réquisitoires de procureur. En y réfléchissant, il lui sembla possible d'agir en qualité de citoyen des États-Unis habitant l'État d'Utah. « Pourquoi faudrait-il que j'aie un titre pour agir ainsi ? dit-il à Ritter. Pourquoi un simple citoyen ne pourrait-il empêcher une exécution ? » Ils en discutèrent pendant un moment. Finalement, Hansen se dit que si l'A. C. L. U. déposait une nouvelle requête le lendemain après avoir perdu cet après-midi-là, il lui faudrait n'agir qu'en dernier recours.

IV

Los Angeles Times

Toquade ou mesure utile ?

Un juge de l'Utah sert de caution

Salt Lake City. – Le juge fédéral de district Willis W. Ritter est un magistrat fort controversé. Ceux qui ne l'aiment pas le considèrent comme un vieillard mesquin et irascible. Ses amis voient en lui un jurisconsulte de qualité. La vérité se situe probablement entre ces deux extrêmes.

Pendant vingt-huit ans, ce magistrat a joué un rôle dominant dans les affaires judiciaires de l'État, bien qu'il soit un démocrate libéral et antimormon dans un État gouverné surtout par des conservateurs fortement influencés par l'Église de Jésus-Christ des saints des derniers jours.

« Il a été le seigneur du manoir et l'Utah fut son fief. » Ainsi s'exprime l'ancien procureur fédéral Ramon Child.

Maintenant, pourtant, le juge Ritter affronte à soixante-dix-huit ans un défi sans précédent, lancé contre son autorité par des fonctionnaires fédéraux et de l'État.

Le procureur général de l'État, Robert B. Hansen, a déposé une pétition devant la Dixième Cour d'appel fédérale à Denver pour qu'il soit interdit au juge Ritter de statuer sur n'importe quel cas où les États-Unis et l'État d'Utah seraient en cause.

Cette pétition accuse Ritter d'inconduite répétée au prétoire, d'un préjugé accentué contre les gouvernements de l'État et des États-Unis ainsi que d'un comportement en général capricieux.

Le sénateur républicain de l'Utah, Jake Garn, a traité Ritter de « honte du système judiciaire fédéral » et mène campagne au Congrès pour amoindrir l'autorité de ce juge.

Mais dans une lettre du mois d'octobre dernier au représentant, Peter W. Rodino Jr, (démocrate du New Jersey) président de la Commission judiciaire de la Chambre, Ritter esquissa l'origine de ses ennuis.

« Méchanceté, mormonisme, ruses perverses à la McCarthy-Nixon apparaissent partout dans les manœuvres des éléments de l'extrême droite du parti républicain », écrivit Ritter dans cette lettre.

« L'Église des mormons a pratiquement pris en main tous les leviers de commande dans l'État d'Utah. Depuis longtemps elle cherche à mettre la main sur les Cours fédérales du district englobant cet État. »

Ritter était professeur de droit à l'université d'Utah quand il fut nommé juge fédéral, en 1949, par le président Harry S. Truman. Mais cette nomination fut âprement combattue par les mormons qui accusaient Ritter d'immoralité privée et de corruption publique.

Quand le Congrès fixa à soixante-dix ans l'âge de la retraite obligatoire des juges fédéraux, en 1958, elle exempta trente-deux magistrats supérieurs siégeant alors. Ritter est actuellement le dernier survivant des bénéficiaires de cette mesure.

Bob Hansen était tout aussi mécontent quand on le prenait pour Phil Hansen. D'autre part, il n'y avait pas à douter de son opinion sur Ritter. Il accusait ce magistrat d'avoir le cœur plein de méchanceté. Évidemment, Hansen ne se permettait pas de mettre en doute la brillante érudition de Ritter qu'il considérait même peut-être comme un génie. Si l'on cherche des gens d'une intelligence exceptionnelle, il se pourrait que Ritter figure dans la couche supérieure représentant un dixième d'un pour cent de l'élite, pensait-il. Mais c'est aussi une machine à susciter constamment la fureur. En réalité Ritter était si violemment antimormon que, selon Hansen, cette Église était sensibilisée d'une manière outrancière contre toute idée émanant de ce magistrat. Hansen envisageait une politique d'apaisement. Toutefois il aurait recours à toutes les manœuvres possibles afin d'empêcher Ritter de prendre en main l'affaire Gilmore.

29. Samedi

1

Lors de leur dernière rencontre, Gary donna à Mikal un dessin représentant un vieux soulier de détenu. « Mon autoportrait », dit-il. Ils s'entretenaient encore au téléphone, chacun d'un côté de la glace, quand le directeur de la prison, Smith, entra dans la cabine de Gary et se mit à discuter au sujet du moment précis où il faudrait lui placer la cagoule sur la tête. Au bout d'un moment, Mikal ne put supporter cette conversation. Il frappa sur la vitre et dit qu'il serait obligé de partir bientôt pour prendre l'avion. Le directeur autoriserait-il une dernière poignée de main ?

D'abord Smith refusa. Puis il accepta mais à condition que Mikal se soumette à une fouille complète avec examen de la peau.

L'opération terminée, deux gardiens amenèrent Gary. Ils enjoignirent à Mikal de rouler sa manche avant la poignée de main... Il ne fallait pas aller au delà de cette poignée de main. Dès que la paume de Gary toucha celle de son frère, il serra presque à écraser. Une lueur apparut dans son regard. « Je crois que c'est ça », dit-il. Il se pencha vivement et baisa Mikal sur les lèvres. « Nous nous reverrons à l'ombre », dit-il.

Incapable de s'empêcher de pleurer, Mikal fit demi-tour. Il ne voulait pas que son frère voie ses larmes. Un gardien lui remit *L'Homme en noir*, livre de Johnny Cash, que Gary voulait offrir à Bessie ainsi qu'un dessin à l'intention de Nicole. Mikal sentit le regard de Gary qui le suivait jusqu'au double portail. « Transmets mon amour à maman, s'écria Gary et engraisse un peu. Tu es encore trop maigre. »

Le même samedi matin, Schiller écouta les bandes magnétiques des interviews du vendredi après-midi. Ils s'étaient longuement étendus sur Melvin Belli et ses bottes de cow-boy serties de strass.

« Il s'habille chez Nudi, à Hollywood, dit Gary.

— Vous qui en avez tant fait en prison, qu'est-ce que vous avez introduit clandestinement de plus gros dans une cellule ?

— Une lutteuse norvégienne de cent cinquante kilos. »

Tous éclatèrent de rire.

Schiller entendit parler de bons et mauvais gardiens et de ce qui faisait courir les directeurs de prison. Il entendit une conversation au sujet de la procédure légale. Puis Gary parla des bibles qu'il recevait par la poste et sur lesquelles des gens avaient souligné ou commenté certains passages.

Stanger arriva alors à la TraveLodge pour demander ce que Larry pensait de cette interview.

« Vous ne pourriez pas un peu vous magner le train ? brailla Schiller.

— Puisqu'il est question de train, vous n'avez qu'à vous enfoncer les bandes magnétiques dans le cul », répondit Stanger qui s'en alla et claqua la porte derrière lui.

« Je ne parlerai plus jamais à ce Schiller », dit Stanger en roulant vers le portail de la prison. Il bouillonnait de rage. Stanger se considérait lui-même comme un excellent interrogateur de prétoire. Il en pensait autant de Moody. L'un comme l'autre étaient capables de pénétrer Gilmore, de le disséquer à droite et à gauche, exactement comme le souhaitait Larry. Mais il y avait quelques empêchements. D'abord les questionnaires dont Schiller et Farrell étaient si fiers. Stanger les jugeait stupides. À son point de vue, ils présentaient très peu de rapport avec ce qui préoccupait Gilmore.

Schiller avait mis en route une opération colossale qui pouvait se terminer en queue de poisson. Ron s'en rendait compte et comprenait les inquiétudes de Larry. Mais il s'agissait de gagner la confiance de Gilmore et de ne pas susciter sa méfiance. Stanger était avocat et Gilmore, son client. Il devait tenir compte des désirs de ce dernier. Larry choisissait des questions propres à faire réagir Gilmore. Stanger n'avait aucune envie de se rendre à la prison pour mettre le condamné en colère. Chercher à recueillir des renseignements, d'accord. Mais, de là à traiter Gary comme un rat de laboratoire et lui enfoncer des fils dans le cerveau !… Le détenu était déjà enfermé et réduit au mutisme vingt-quatre heures sur vingt-quatre.

« Je ne veux pas l'interviewer aujourd'hui, dit Stanger à Moody.

— Nom de Dieu ! nous avons accepté une mission et nous devons la remplir ! » cria Moody.

Tel fut sans doute le différend le plus aigu qui sépara les deux avocats lors d'un trajet vers le quartier de haute surveillance.

II

Moody estimait qu'ils accomplissaient un travail formidable, compte tenu des circonstances, même si Schiller et Farrell ne s'en rendaient pas compte. Cela n'empêchait pas Schiller d'avoir raison. Il ne leur restait plus que deux jours et bien des éléments de valeur à récolter. Moody soupira.

GILMORE. – Écoutez… est-ce qu'on enregistre ?

MOODY. – Euh, oui, euh.

GILMORE. – Le directeur de la prison m'a dit que je peux inviter personnellement cinq personnes. Je lui ai donné des noms et il m'a demandé : « Vous ne voulez donc pas un prêtre ? »

MOODY. – Le règlement est clair : vous avez droit à deux membres du clergé en plus des cinq autres personnes.

GILMORE. – Je ne veux pas écarter les prêtres. Voilà longtemps qu'ils attendent ce moment.

MOODY. – Allons donc ! Personne n'a envie d'assister à une telle chose. Je crois… ils auront l'impression d'accomplir un devoir.

GILMORE. – Peu m'importe leur mobile, ils tiennent tous les deux à venir.

MOODY. – Ce seront quarante-huit heures foutrement pénibles pour tout le monde.

GILMORE. – Pas pour moi. Je ne suis pas tourmenté.

MOODY. – Je le sais, mais les autres en souffrent. Votre oncle Vern et votre tante Ida sont aussi malheureux qu'en enfer. (Temps de silence.) Bien d'autres en sont physiquement malades.

GILMORE. – Qui ?

MOODY. – Moi, notamment. Ron Stanger aussi et le Père Meersman.

GILMORE. – En voilà une affaire !

MOODY. – Évidemment, ce n'est pas une affaire mais nous compatissons.

GILMORE. – J'aimerais voir Nicole. Le fumier refuse de me répondre.

MOODY. – Ce seul refus représente sa réponse. Il faut vous faire une raison.

GILMORE. – J'ai mal entendu.

MOODY. – À mon avis, la réponse du directeur, c'est qu'il ne répondra pas. Point à la ligne. Ce n'est pas une raison pour éliminer tout le reste du monde. Il vous reste quarante-huit heures à vivre. Vivez-les.

GILMORE. – Merde. Jusqu'aux derniers moments je n'avais qu'un gardien. Faute de lui parler je ne pouvais m'entretenir avec personne. J'étais tranquille.

MOODY. – Ouais…

GILMORE. – Maintenant on a placé deux guignols, là, derrière. Ils ne font que bavarder et jouer aux cartes.

MOODY. – Eh bien ! d'après eux ça fait partie du programme de l'exécution.

GILMORE. – Hé, ça va pas, non ?

MOODY. – Il y a toujours une veillée mortuaire avant une exécution. C'est ce que vous subissez maintenant.

GILMORE. – Eh bien, j'aime pas entendre ces connards tout près de moi.

MOODY. – Que ça vous plaise ou pas, ça fait partie de la condamnation.

GILMORE. – Alors ça va.

MOODY. – Vous allez être fusillé et vous avez droit à une veillée mortuaire. Tout ça fait partie de l'ensemble.

GILMORE. – Oui… (Temps de silence.) D'accord, mon vieux.

MOODY. – Voulez-vous que je vous pose des questions ?

GILMORE. – Je ne suis vraiment pas bouleversé par le désir de continuer à répondre.

MOODY. – D'accord.

GILMORE. – Il y a tellement de bruit. Si seulement je pouvais passer tranquillement mes dernières heures.

MOODY. – Est-ce que vous prenez encore de l'exercice ? Que faites-vous d'autre pour passer le temps ?

GILMORE. – Des tas de trucs.

MOODY. – Vous lisez un peu ?

GILMORE. – Non, bah… je ne lis plus… j'ai lu tout ce que je lirai de ma vie.

MOODY. – Vous dessinez au moins ?

GILMORE. – Non.

MOODY. – Vous allez tout de même brosser votre autoportrait.

GILMORE. – Je n'ai pas de glace.

MOODY. – Eh bien, alors, mon pauvre ami, je vois que vous n'avez pas grand-chose à faire.

GILMORE. – Il ne me reste plus que moi-même. (Long silence.)

J'ai pas envie de perdre mon temps à écrire des réponses à toutes ces questions. Évidemment Schiller a sans doute droit à mes réponses mais, bordel de merde ! je n'aime pas sa manière de faire certaines choses.

MOODY. – Eh bien ! il nous arrive souvent, à nous aussi, de ne pas aimer ses procédés. Mais c'est sa manière et il s'est lancé dans une grosse affaire. Peut-être est-ce précisément ce qui le rend désagréable.

GILMORE. – Tout le monde est-il vraiment obligé d'accepter ça ?

MOODY. – Non, je ne crois pas, mais il accomplit une tâche difficile. Il s'efforce de faire de son mieux. C'est tout. Il se crève au boulot.

GILMORE. – Je lui ai demandé de ne pas lire les lettres et il m'a trahi.

MOODY. – D'accord. (Long silence.) Vous n'estimez pas que vous devez quelque chose à Larry ?

GILMORE. – Allez-y, lisez les questions. Je répondrai. Je veux faire comprendre à Larry qu'il n'a pas le droit de choisir les gens à qui je parle. Mon frère m'a demandé de recevoir un de ses amis : Moyers. J'ai accepté parce que je connais cet homme. Je ne lui aurais rien dit que vous voulez être seuls à savoir.

MOODY. – Vous coupez les cheveux en quatre. C'est d'ailleurs inutile parce que Moyers n'aura aucun moyen de vous voir.

GILMORE. – Je le sais. Ça m'a foutu en rogne parce que Mikal en était malheureux.

MOODY. – C'est bien.

GILMORE. – Très bien.

MOODY. – On vous a déjà posé cette question à plusieurs reprises. Avez-vous jamais tué quelqu'un avant Buschnell et Jensen ?… Et ce type que vous avez frappé avec un tuyau de plomb ?

GILMORE. – Il a survécu. (Soupir.) Ça modifia quand même plus ou moins le cours de sa vie.

MOODY. – Et l'exécution par fusillade, elle ne vous paraît pas grotesque ?

GILMORE. – Ce qu'il y a de grotesque, c'est d'être ficelé dans un fauteuil avec une cagoule et toutes ces conneries.

MOODY. – Est-ce que le caractère sauvage et sanglant de la fusillade vous attire ?

GILMORE. – (Rire.) Allez au diable ! Sauvage et sanguinaire… oui, Larry, j'en ai vraiment envie. Je mangerais ça à la cuillère.

Le questionnaire se poursuivit. Pas de percée.

Le Père Meersman avait déjà assisté à deux exécutions et avait appris que les choses peuvent mal tourner. Le condamné peut être tellement bouleversé qu'il perd la contenance qu'il s'impose personnellement. Le Père Meersman s'efforçait toujours de maintenir le sang-froid du détenu en lui expliquant ce qui allait se passer, étape par étape. Si le condamné sait à l'avance qu'il ira au point A puis du point A au point B, puis, au bout d'un certain temps, au point C et ainsi de suite, il ne risque pas d'être surpris. Il n'a pas besoin de demander : « Qu'est-ce que nous faisons maintenant ? » Des petits détails de ce genre peuvent avoir une influence considérable sur le condamné dans les instants précédant l'exécution.

En revanche, si les condamnés sont au courant, ils se conforment en douceur au programme et si tous ceux qui s'occupent d'eux sont également calmes, ils gardent leur sang-froid, eux aussi parce qu'ils savent plus ou moins comment fonctionnera le mécanisme. Il faut surtout éviter les surprises. Tout le monde est très crispé à ce moment-là. Il s'agit d'écarter toute possibilité de faux pas, tout ce qui pourrait faire regimber l'homme qui vit ses dernières secondes.

Meersman se vanta toujours d'avoir fait comprendre personnellement à Gary pourquoi on lui mettrait une cagoule. Il ne s'agissait pas d'une mesure contre lui en particulier, expliqua le prêtre. Il fallait que le condamné reste parfaitement tranquille : que la cible ne se déplace pas le moins du monde. Le moindre mouvement pourrait faire rater le tir. Si Gary voulait mourir dignement, il lui fallait donc obéir au règlement extrêmement simple de la cagoule. Cet instrument n'avait qu'un but pratique : permettre à l'exécution de se dérouler dans l'ordre et la dignité. Gary écouta sans rien dire.

III

Le samedi après-midi, Gil Athay se rendit à la chambre du juge Lewis et affronta la presse dans le corridor. Les reporters étaient déchaînés. D'ordinaire, le juge Lewis siégeait à Denver, point d'attache de la Dixième Cour itinérante. La chambre où il siégeait à Salt Lake City n'était qu'une commodité de circonstance mais trop exiguë. Bien des gens n'avaient pu y pénétrer pour suivre la procédure.

On était donc en plein chaos. Les flashes des caméras, les sigles en grosses lettres des micros des divers réseaux locaux, du reste du pays et même de l'étranger, tout contribuait à donner à Athay l'impression qu'il s'était égaré sur la piste d'un cirque.

Une telle atmosphère l'exaspérait. Depuis bien des jours, il jouait du coude dans des corridors bondés de reporters. Maintenant il n'y avait même plus moyen d'avancer. Homme élégant portant des lunettes, la moustache en brosse, il était de trop petite taille pour ne pas être avalé par la foule. Se rendant compte de la situation, il dit à pleine voix : « Je ferais volontiers une déclaration mais seulement au rez-de-chaussée. » Le cirque ne s'atténua pas. Il entendait encore le juge Lewis lui dire : « Vous rendez les choses très difficiles, monsieur Athay, en me chargeant de toutes les responsabilités. Si vous nous en aviez donné le temps, il y aurait ici trois juges pour vous entendre. » À ce moment-là, Athay était assez à bout pour répondre : « Je reconnais, Votre Honneur, que c'est exact, mais nous avons été obligés de prendre une décision et je ne peux pas me retrancher derrière le comité. » Avait-il vraiment répondu cela ? Le sort de Dale Pierre l'obsédait au point de le rendre irritable.

Athay en était arrivé à croire que son client, Dale Pierre, détenu du couloir de la mort, était innocent. La plupart des gens jugeaient cette opinion invraisemblable. Aux yeux du public, Dale Pierre était bien un des tueurs de la hi-fi qui avaient massacré les clients d'un magasin de disques, magnétophones et appareils de radio. Ils avaient poussé l'atrocité jusqu'à faire avaler de force un liquide corrosif à leurs victimes et à leur enfoncer des stylobilles dans les oreilles. La femme d'un éminent gynécologue en était morte et le cerveau de son fils avait subi des dégâts irrémédiables. Une affaire abominable. Mais petit à petit, Athay en venait à conclure que Dale Pierre avait été condamné, bien qu'innocent, parce qu'il était noir, état dangereux dans l'État d'Utah. Les gens de couleur, par exemple, ne peuvent pas devenir prêtres de l'Église mormone. C'est tout dire.

Athay s'était donc lancé dans une croisade. Ça lui coûtait même le prix d'une croisade. Quand il avait ambitionné le poste de procureur général aux dernières élections, son adversaire, Bob Hansen, l'avait emporté en évoquant constamment pendant la campagne le cas de Dale Pierre. Voudriez-vous-comme-procureur-l'homme-qui-défend-un-malfaiteur-capable-d'enfoncer-des-pointes-de-stylobilles-dans-les-oreilles-d'une-mère-de-famille. Tel avait été le leitmotiv chuchoté de bouche à oreille pendant la campagne, ce qui lui avait valu une forte majorité. Athay n'avait aucun moyen de se défendre. Il ne pouvait dire à chaque électeur personnellement que la Cour l'avait nommé d'office défenseur de Pierre, qu'à l'origine il avait accepté ce devoir avec répugnance et qu'il s'était convaincu plus tard seulement que ce Pierre était innocent. Comment expliquer aux électeurs que Dale Pierre était un homme compliqué, au caractère difficile. C'est ainsi qu'il l'avait vu au début. Mais maintenant, à ses yeux, Pierre n'était plus qu'un superbe Noir. En outre Athay avait toujours eu horreur de la peine capitale.

Il était prêt à plaider qu'aucun motif raisonnable ne justifie la peine de mort, sauf si on admet qu'il s'agit purement et simplement d'une vengeance. Si telle était la base de la justice pénale, le système judiciaire ne valait rien.

Il avait donc collaboré avec l'A. C. L. U. dans l'affaire Gilmore. Ce jour-là il tentait un recours extrêmement audacieux. En guise de préambule, il indiquait que l'absence de recours obligatoire dans le code de l'Utah était contraire à la constitution fédérale. Puis il avançait son argument audacieux : qu'une exécution ait lieu en vertu d'une loi erronée, et il serait difficile ensuite à une cour supérieure de déclarer cette loi inconstitutionnelle. Aucun juge n'aimerait à dire à un de ses confrères : « Vous avez fait exécuter cet homme par erreur, vous savez. » La mort de Gary Gilmore menaçait donc l'existence de Dale Pierre. Raisonnement intéressant mais difficile à faire valoir. Pour retenir l'attention de la Cour, il était virtuellement obligé d'employer un langage agressif.

Lors de sa réunion du 10 janvier, le comité de l'A. C. L. U. inscrivit le projet d'Athay au dernier rang sur sa liste de moyens d'action. Mais l'après-midi du vendredi, quand Giauque annonça que Mikal Gilmore refusait de signer un recours, Gil Athay se rendit à la Cour du juge Anderson, un mormon intransigeant, mais le seul juge disponible à ce moment-là. Bien qu'il n'eût aucune raison d'espérer, Athay se laissa emporter par sa propre logique et crut même un moment qu'il atteignait son but. Le juge Anderson l'avait écouté attentivement. Mais le problème fondamental subsistait. Personne ne voulait affronter les conséquences sinistres de l'argument. Le juge Anderson débouta donc Athay.

Décidé à surmonter cet échec, Athay se rendit le samedi après-midi à la chambre du juge Lewis. À ce moment-là, la fragilité de sa requête lui apparaissait clairement. Il ne pouvait présenter aucune statistique. Il ne pouvait démontrer qu'auparavant cinquante pour cent de la population s'était déclarée favorable à l'exécution de Dale Pierre mais que désormais, en raison du mouvement d'opinion provoqué par l'affaire

Gilmore, cette proportion était passée à quatre-vingt-dix pour cent. Il n'avait donc que sa logique pour arme.

Athay perdit encore devant le juge Lewis. En se frayant un chemin à travers les gens de la presse dans le couloir, il se disait qu'il lui faudrait, d'une manière ou d'une autre, s'efforcer d'atteindre la Cour suprême des États-Unis dès le lendemain.

IV

La Coalition contre la peine de mort de l'État d'Utah tint son assemblée dans la salle de conférence du bâtiment de l'administration d'État, le samedi après-midi. Julie Jacoby trouva le décor plutôt somptueux. Henry Schwarzchild, seul membre de l'assistance qui n'était pas du cru, prit la parole, mais pas pour longtemps. Mieux valait la donner à des gens de Salt Lake City. Le Pr Wilford Smith, impeccable mormon de l'université Brigham Young, représentait une excellente prise. Il y avait aussi Frances Farley qui n'était pas seulement sénateur de l'État d'Utah mais aussi une femme, et le Pr Jefferson Fordham de la faculté de droit de l'université de l'État ainsi que James Doobye, président de la section de Salt Lake City de la N. A. A. C. P. (Association nationale pour l'avancement des gens de couleur). On offrait à la porte des insignes portant cette inscription : POURQUOI TUONS-NOUS DES GENS QUI TUENT DES GENS POUR MONTRER QU'IL EST MAUVAIS DE TUER DES GENS ? Le programme indiquait : « Vos dons seront très appréciés. »

Hoyle évalua l'assistance à cent soixante-quinze personnes, ce qui était encourageant. Il y avait des hommes et des femmes que Julie ne connaissait pas, plus tous les gens de l'A. C. L. U. qu'elle avait souvent vus. Bref, tous les libéraux de Salt Lake City étaient là.

Une fois de plus, les engagés prêchaient les convertis. Aux yeux de Julie, c'était futile. Tous savaient que la souris combattait l'éléphant.

Néanmoins ils voulaient faire quelque chose. Il s'agissait de ne pas laisser les assoiffés de sang dénués de raison passer cette journée sans rencontrer de résistance. C'est ainsi que Julie vit les choses. Les regards du monde entier étaient fixés sur l'Utah. Il fallait donc lui faire savoir que certains habitants de cet État n'étaient pas d'accord avec les forces dominantes.

Cette assemblée eut une certaine publicité. Le *Salt Lake Tribune* lui accorda la première page de sa deuxième section et y publia une superbe photo du doyen Andersen de la cathédrale épiscopalienne Saint-Mark, devant une bannière bleue brandie par deux étudiants et portant en lettres blanches : Pas d'exécution.

Salt Lake Tribune

« Bain de sang officiel »
Ainsi des professeurs qualifient-ils
la peine de mort en Utah

Salt Lake, 16 janvier. – L'exécution de Gary Mark Gilmore se transforme en un « bol d'or de la violence », déclara samedi un prêtre épiscopalien.

« Il n'y manque rien, ni l'ambiance du cirque Barnum-Bailey, ni le copyright cinématographique, ni les sièges réservés, ni les T-shirts, ni les lettres d'amour. Nous pourrions tous en rire mais dans deux jours une équipe de volontaires tuera sans appel Gary Mark Gilmore », dit le Révérend Robert Andersen.

Deseret News

Salt Lake, 15 janvier. – Quelque quinze ou vingt évêques du Conseil national des Églises arriveront samedi après-midi pour participer à une veillée dans la nuit de dimanche à lundi, à la prison de l'État d'Utah.

Henry Schwarzschild, coordinateur de la Coalition contre la peine de mort, a qualifié l'exécution d'« horreur inhumaine », « précédent redoutable » et d' « homicide judiciaire ».

V

Le même après-midi, le directeur de la prison donna une conférence de presse. Tamera en rapporta un compte rendu détaillant le programme de l'exécution : on allait transférer Gary du quartier de haute surveillance à la conserverie où il affronterait le peloton d'exécution. Sam Smith avait aussi édicté ses règlements à l'usage des médias. Les portails d'entrée de la prison seraient fermés à la presse le dimanche à 18 heures et ne seraient pas ouverts avant 6 heures du matin le 17. Cela signifiait que quiconque voudrait se trouver sur le territoire pénitentiaire à n'importe quel moment durant les heures précédant l'exécution, devrait passer la nuit sur le parking de la prison.

Une difficulté se présentait à Schiller. S'il y allait à 6 heures du soir, il ne pourrait pas recevoir un éventuel appel téléphonique que Gary pourrait faire au motel. D'autre part, Gary serait autorisé à passer sa dernière nuit avec Moody, Stanger et des membres de sa famille. Il y avait une petite chance pour que Smith permit à Larry de se joindre à eux. Dans ce cas mieux vaudrait se trouver dans l'enceinte de la prison. Dilemme.

Il se posait cette question quand Tamera lui dit : « Larry, je voudrais que vous veniez à l'université Brigham Young, cet après-midi pour y prononcer une allocution sur Gary Gilmore devant les élèves de sciences sociales.

— Qu'est-ce que ça veut dire, Tamera ? demanda Schiller.

— C'est mon évêque qui me l'a demandé », dit-elle.

Schiller soupçonna Tamera de chercher à se donner du prestige dans son Église. Peut-être aussi se reproche-t-elle de n'en avoir pas fait assez ces derniers temps. Aussi lui dit-il : « D'accord. Ce sera au moins un prétexte pour échapper à cette maison de fous. »

Il se rendit à l'université dans l'après-midi du 15. Il retrouva dans le grand amphithéâtre de la B. Y. U. quelque quatre cents foutus étudiants, tous mormons, et leur professeur, un évêque qui blablatait. L'orateur présenta Tamera Smith comme une de ses anciennes élèves qui travaillait actuellement au *Deseret News*. Tamera se leva alors et prononça une allocution de dix minutes, très pieuse, celle de la mormone idéale qui aspire à sa Recommandation. Ensuite l'évêque présenta Schiller qui parla à son tour en se déchaînant contre les mauvaises méthodes journalistiques. Par la suite, il ne se rappela plus un mot de ce qu'il avait dit mais il s'agissait sûrement, pensait-il, d'une opinion arrêtée qu'il couvait depuis longtemps sans en avoir jamais rien dit. Si un jour arrivait où il ne pourrait plus parler sans interruption pendant un quart d'heure, il serait alors en bien mauvaise passe.

Au bout d'un moment, il invita l'assistance à poser des questions. Trente mains se levèrent aussitôt. Il désigna du doigt un étudiant qui demanda : « Monsieur Schiller, pouvez-vous me dire, s'il vous plaît, pourquoi vous portez une ceinture Gary Gilmore ? »

Larry abaissa le regard vers sa taille. Il portait une ceinture de Gucci dont la boucle était constituée par des G entrelacés. Il expliqua donc aux quatre cents mormons ce que signifiaient ces initiales et demanda au jeune homme qui avait posé la question : « Vous êtes journaliste vous aussi, n'est-ce pas, puisque vous êtes capable de présenter une chose aussi simple sous un aspect aussi pervers ? » La suite se passa de la manière la plus banale. Les étudiants ne lui parurent ni brillants ni même intelligents : des gens de leur propre monde, hostiles à

Gilmore, évidemment, mais avec la réserve des mormons, tellement subtile qu'il était difficile de discerner leur opinion ailleurs que dans leurs questions.

« Pourquoi n'avez-vous pas choisi d'écrire l'histoire de Ben Buschnell au lieu de celle de Gary Gilmore ? » demanda l'un d'eux. Larry répondit qu'à ce moment-là, aux États-Unis, Gary Gilmore jouait un rôle historique. Peut-être était-ce injuste, mais Benny Buschnell n'entrerait jamais dans l'Histoire. Les jeunes gens n'aimèrent pas cette réponse mais il l'énonça cependant sans hésitation. Il avoua ne pas être venu là pour leur faire plaisir mais pour montrer le revers de la médaille. « Je ne chercherai pas à vous cacher ce que je suis », telle avait été une de ses premières réflexions. Il continua sur ce thème. Les étudiants posèrent des questions. Il leur répondit. Ainsi s'écoulèrent deux heures de son existence.

De retour au motel, Schiller eut un entretien intéressant avec un des policiers qu'il avait embauché sur la recommandation de Moody : Jerry Scott. Ce gros bonhomme de haute taille, aux cheveux noirs et à l'air apaisant, avait pris un congé afin de travailler pour Schiller. De toute évidence, il connaissait la musique. Étant donné qu'il ne pouvait surveiller qu'une seule entrée du motel, il garait sa voiture de police à l'autre issue pour effrayer quiconque serait venu par là. Quant à lui, il veillait à la porte principale.

Cet après-midi-là, à son retour de la B. Y. U., Larry apprit que Scott était précisément le policier qui avait amené Gary Gilmore de la prison cantonale à la prison d'État à la fin de son procès. Quelle chance ! Schiller eut l'impression que ce Jerry Scott lui porterait bonheur. Tant mieux. Ce flic gagnait à son service cinq cents dollars par semaine.

Le samedi soir, Schiller se procura un appareil de prises de vue de 16 mm. Il s'arrangea avec la C. B. S. pour qu'une équipe de photographes filme la prison sous la neige : de longues séquences donnant le maximum d'atmosphère. Ça lui coûterait trois mille dollars mais il était alors plein d'espoir. Plus tard on lui présenta la pellicule qui ne valait rien. Cette équipe ne savait filmer que des bricoles concernant les faits divers. Tout ce qui aurait pu suggérer l'ambiance sinistre de la prison lui avait échappé.

Il tenta un dernier effort pour faire venir Stephanie. Elle refusa encore. D'abord il demanda, puis il supplia. Elle refusa. La conversation dégénéra en une querelle animée. En général, il ne perdait jamais dans de tels débats. Elle fut intraitable. Une vraie folle.

« Tu ne cesses de me critiquer, dit-il.

— Oui, je te critique, mais c'est parce que je t'aime et je veux t'être utile. Tu ne comprends donc pas ? »

Il se sentit alors plus près de rompre avec elle qu'il ne l'avait jamais été. Pourtant il savait qu'il ne le ferait pas. Si bizarre que cela puisse paraître, peut-être était-ce une des raisons pour lesquelles l'affaire marchait. Peut-être comprenait-il enfin que Stephanie ne se voyait pas elle-même comme une alliée inconditionnelle, capable d'aller avec lui jusqu'au bout du monde, ainsi qu'il l'avait exigé de sa première femme. Stephanie tenait à ménager son système nerveux délicat. Quelques années auparavant, elle avait eu un terrible accident de voiture et en était restée terrifiée. Sa beauté aussi était d'une fragilité dépassant l'entendement de Larry. À ce moment-là, peut-être était-elle bouleversée par toutes les émotions qu'il éprouvait lui-même. Cette hypothèse lui inspira une grande tendresse pour elle, bien qu'elle ne voulût pas le rejoindre.

VI

Convoquée à un studio d'A. B. C.-Informations, Shirley Pedler s'y trouva par hasard nez à nez avec Dennis Boaz. « Vous arriverez à vos fins, lui dit-elle. J'espère que ça vous fait plaisir.

— Bon Dieu ! Shirley, nous ne pourrions pas être amis ? demanda Boaz en la toisant de la tête aux pieds.

— Fichtre non ! Je ne veux pas être votre amie. »

Il resta sur place, désemparé, puis se tourna vers les gens qui l'entouraient. « Elle a dit fichtre non qu'elle ne veut pas être mon amie », dit-il. Puis il feignit de rire. Cependant elle suivait son chemin, outrée. Voilà un homme qui s'est engagé dans cette affaire pour assurer son prestige, pensa-t-elle ; il ne demandait qu'une chose : jouer un rôle dans un événement qui intéressait tout le pays.

L'une des deux dactylos, Debbie, était une ravissante rousse ; il suffisait de la voir pour se sentir de bonne humeur. Elle exécutait d'ailleurs fort bien sa tâche. L'autre, Lucinda Smith, rayonnait d'une beauté classique. Tout au moins, c'est ainsi que la voyait Barry ; ses cheveux noirs, ses yeux extraordinaires, sa voix douce, pareille au ronronnement discret d'un chaton, avaient quelque chose de typiquement californien. Leur présence au motel plaisait à Barry. Très sensible, Lucinda pleurait facilement. Il y avait tant de raisons de verser des larmes au cours des dernières semaines qu'il la jugeait indispensable au bureau. Un chœur, non, un ruisseau de sentiments limpides amenait un souffle de tendresse dans l'abîme plastifié du motel. Bien sûr ! Elle n'avait quitté que depuis peu d'années le collège Corvallis dirigé par des religieuses du Sacré-Cœur-de-Marie. C'était d'ailleurs la seule presbytérienne de l'équipe. Barry apprit que son père avait été scénariste et metteur en scène de Groucho Marx, qu'elle avait grandi à Studio City, aussi isolée qu'on pouvait l'être dans la vallée de San Fernando et, qu'elle avait fait ses débuts dans le monde au cours d'une cérémonie des plus convenables avant de s'inscrire à l'U. C. L. A. Biograhie parfaite pour une Californienne. Et voilà que maintenant, elle dactylographiait les foutre, pisse, merde et autres expressions de Gary Gilmore.

Elle avait obtenu cet emploi par l'intermédiaire d'une agence de placements dirigée par deux jeunes filles. À l'université, elle avait fait des études de lettres ; aussi, lorsque Schiller appela l'agence, la gérante pensa immédiatement à elle en se disant qu'elle trouverait là une expérience intéressante. Avant de commencer son travail Lucinda n'avait pas vu Schiller mais s'était entretenue avec sa secrétaire à Los Angeles qui lui avait mis brutalement le marché en main : si elle ne faisait pas l'affaire, on la renverrait chez elle immédiatement. Elle eut donc l'impression de se mettre au service d'un patron porté à imposer sa loi mais n'en fut pas rebutée, au contraire : on la traiterait selon ses mérites et non d'après son prestige mondain.

L'autre jeune fille étant partie un jour plus tôt qu'elle, Lucinda prit seule l'avion à Los Angeles. Quand elle arriva à la TraveLodge d'Orem, Schiller l'accueillit fort poliment et lui offrit de se reposer d'abord un moment. « Non, dit-elle, je me mets immédiatement au travail. » Elle prit à peine le temps de déposer sa valise avant de transcrire les cassettes l'une après l'autre. La cadence du travail s'accrut et sa durée aussi. Au début, Lucinda travailla douze heures par jour et presque vingt-quatre pendant le week-end. Elle n'avait vraiment pas envie de dormir. Toute l'affaire se déroulait dans une ambiance irréelle. Elle préférait être avec Larry, Barry et Debbie, parce que lorsqu'elle se retrouvait seule dans sa chambre, elle réfléchissait trop à ce qui se passait.

Le samedi soir, elle s'offrit quand même une pause et brancha la télévision. Dans l'émission *Samedi soir vivant*, on donnait une parodie de Gary Gilmore. La scène représentait la séance de maquillage de l'acteur jouant le détenu et le directeur de la prison disait : « Un peu plus de lumière par ici, un peu plus d'ombre autour des yeux. » On l'apprêtait pour être fusillé par la caméra. Spectacle cynique. Les maquilleurs s'affairaient. Lucinda n'aurait jamais cru que la télévision pouvait tomber dans une telle bassesse. Le mot « existentiel » lui avait toujours paru bizarre mais, à ce moment-là, elle le découvrit aussi sinistre et glacial que les alentours du motel couverts de neige. Elle eut l'impression que personne ne s'était encore jamais trouvé à la TraveLodge avec des machines à photocopier et à dactylographier.

VII

Barry Farrell étudiait les vieilles lettres de Gary à Nicole. L'une d'elles lui arracha un grognement. Il était trop tard pour interroger Gilmore à son sujet. Pas pour poser la question – Dieu sait si on lui en avait posé ! – mais certainement trop tard pour obtenir une réponse révélatrice. Ils auraient dû consacrer des semaines à préparer leur travail.

« *J'étais à l'hôpital d'État de l'Oregon, dans la salle surveillée par la police, parce que je me débattais dans une affaire de vol à main armée. Un gamin de treize ans y entra pour fugue parce qu'il ne supportait pas sa famille. Il était vraiment beau, presque joli comme une fille, mais je ne lui prêtai guère attention avant de constater que je lui plaisais. J'avais vingt-trois ans. Quand j'étais assis sur un banc, il venait s'asseoir auprès de moi et me passait un bras autour de la taille. Pour lui, c'était un geste naturel, une manifestation d'amitié. Un jour, il me rejoignit au vestiaire et me demanda la permission de lire un exemplaire de* Playboy *que j'avais alors. Je lui répondis : bien sûr, pour un baiser. Ma fille, il en fut abasourdi ! Ses paupières s'écarquillèrent et il resta un moment bouche bée. Enfin il s'exclama :* « Non ! » *Il était vraiment joli et, à cet instant, j'en tombai amoureux. Il réfléchit et changea d'avis parce qu'il avait grande envie de lire la revue et me donna, ou plutôt me laissa lui donner, un très tendre petit baiser sur les lèvres. Je le regardai nager dans la piscine. C'était un des êtres les plus beaux que j'aie jamais vus. Je ne crois pas avoir contemplé un aussi beau cul. Toujours est-il que je l'embrassais de temps à autre et que nous devînmes très bons amis. J'étais simplement frappé par sa jeunesse, sa beauté et sa naïveté. Puis l'un de nous deux fut envoyé ailleurs.*

Barry attacha une grande importance à ce baiser. Il équivalait à une confession. Cette lettre était la plus révélatrice au sujet de sa moralité. Enfin Gilmore admettait une chose qui restait constamment tapie derrière sa tête et qu'il était parvenu à éluder au cours des interrogatoires. Cela expliquait pourquoi il paraissait toujours mal à l'aise lorsqu'il s'agissait de questions sexuelles. Là, dans cette petite confession, l'énigme s'élucidait. Il était capable de le dire, de parler d'un doux baiser, d'un moment exquis.

À la réflexion, Farrell estima qu'il ne s'agissait pas d'homosexualité proprement dite. Il lui semblait certain que la majorité des gens qui passent longtemps en prison deviennent ambivalents et tombent donc parfois dans une homosexualité de circonstance. Tout compte fait le choix se limite à l'homosexualité, l'onanisme ou la chasteté. Farrell croyait qu'à peu près personne ne choisit l'abstinence et que ceux qui la pratiquent ne s'en portent probablement pas mieux. En résumé, les réticences de Gilmore au sujet de la sexualité s'expliquaient du fait qu'il avait mené une vie sexuelle désordonnée et surtout misérable. Comme la plupart des détenus, ses désirs sexuels normaux avaient dû être effacés par la masturbation. Aucune femme n'est capable de s'y prendre aussi bien que soi-même. Ce n'est donc pas l'homosexualité qu'il avouait dans cette lettre. Il expliquait plutôt à Nicole combien l'amour physique était devenu pour lui à la fois difficile, beau, lointain et compliqué.

Farrell décida d'enfreindre les règles qu'il s'imposait à lui-même et de glisser la lettre dans une authentique interview. Il trichait. Eh bien ! qu'il en soit ainsi. Schiller ne lui avait-il pas dit : « Venez dans le ruisseau avec nous, pécheurs. »

Puis il tomba sur quelque chose d'autre qui remontait au mois de décembre et qui était resté sous son nez pendant des semaines :

GILMORE. – Ça va. (Silence.) Il y a un livre qui me plairait mais je ne crois pas que vous pourrez l'avoir à Provo. Peut-être pourrez-vous le trouver à Salt Lake. Il s'appelle *Montre-moi*. C'est un album de photos d'enfants. Il doit valoir quinze dollars. Croyez-vous que vous pouvez me l'apporter ?

INTERVIEWER. – Ça me paraît possible.

GILMORE. – J'ai essayé de l'acheter à Provo. On a fait de la publicité à son sujet voilà bien des années. Peut-être est-il interdit dans une ville comme Salt Lake ?

INTERVIEWER. – De quoi traite-t-il ?

GILMORE. – Ce sont des photos d'enfants.

INTERVIEWER. – Pourquoi serait-il interdit ?

GILMORE. – Parce que c'est un livre sur la sexualité. Pendant des années, j'ai lu des articles où on en parlait. Ils m'ont rendu curieux. Il a été interdit dans certaines provinces du Canada et aussi dans certains États des États-Unis. Mais il devrait y en avoir à Salt Lake.

INTERVIEWER. – Est-ce un ouvrage éducatif ?

GILMORE. – Ma foi, il serait plutôt scabreux, un véritable classique. Il a été fait en Allemagne et tous les enfants qui y figurent sont allemands. Les photographies sont vraiment artistiques et savoureuses quoique prises avec tact. Ce n'est pas une ordure. J'en ai envie.

Farrell avait laissé passer ça ! La petite lueur révélatrice luisait de nouveau. Oui. L'amour de Gilmore pour Nicole n'était-il pas fondé sur l'aspect enfantin de la jeune femme ? Un lutin portant des chaussettes lui arrivant seulement au genou et en outre débarrassé de ses poils pubiens par Gilmore lui-même. Et les allusions dans les lettres à des ébats douteux avec Rosebeth et les bizarreries avec Pete Galovan. Barry hocha la tête. Il était permis de se dire que tout cela coïncidait. Dans les prisons, les détenus les plus durs ne méprisent personne plus que ceux qui s'attaquent aux enfants. À leurs yeux c'est le summum de la dépravation. Pourquoi Gilmore, privé si tôt de Nicole, condamné à passer des semaines sans elle, n'aurait-il pas éprouvé des impulsions tout à fait inadmissibles ? D'autre part, sa crispation insupportable (qu'avaient décelé tous les psychiatres qui avaient consenti à l'écouter) n'aurait-elle pas été en rapport avec des besoins déviés ? Rien n'aurait été plus intolérable à Gilmore que de se voir ainsi lui-même. Bien sûr, cet homme aurait fait n'importe quoi, même commis des assassinats, plutôt que de se livrer à ce méfait d'un autre genre. Bon Dieu ! ça pouvait peut-être même expliquer l'affreuse attitude de noblesse dont il se jugeait digne en raison de ses deux homicides. Barry regretta intensément de faire si tard une découverte aussi importante. Désormais il ne pouvait plus en dire un seul mot. Il ne s'agissait que d'une hypothèse impossible à prouver. Si Gilmore consentait à s'exécuter lui-même en raison d'un tel vice, à supposer qu'il en fut affligé… il fallait se garder de le comprendre trop rapidement ; plutôt le laisser mourir avec au moins la dignité de sa décision. Et d'ailleurs, combien de choses peuvent se cacher sous un mot tel que dignité ?

VIII

Le dimanche soir vers minuit, le Père Meersman transforma la cuisine du quartier de haute surveillance en chapelle et célébra une messe pour Gary en se servant d'une table métallique roulante en guise d'autel. Afin de ne rien perdre de la cérémonie, Gary s'assit sur une des tables scellées dans le sol et posa les pieds sur un banc. Un gardien, ancien enfant de chœur, servit la messe.

Le Père Meersman tira de son nécessaire un tissu qu'il étala sur la table en guise de nappe d'autel. Puis il disposa quelques napperons et le corporal. Il posa le calice, la patène et mit les cierges dans leurs chandeliers, plaça le crucifix et donna un petit missel à Gary afin qu'il participe. Le Père Meersman portait la tenue cérémonielle complète : aube blanche, étole, manipule et chasuble. En face de lui, Gary était vêtu d'une chemise et d'un pantalon blancs.

Le prêtre récita le Confiteor : «… J'ai péché par ma propre faute, en pensées et en paroles, par action et par omission » et il entendit l'écho de l'ancien Confiteor : « Par ma faute, par ma très grande faute. »

Puis le Père Meersman lut le psaume préféré de Gary. Il savait que le condamné s'en rappelait au moins les premiers versets :

> Mon âme, bénis l'Éternel !
> Que tout ce qui est en moi bénisse son saint nom !
> Mon âme, bénis l'Éternel,
> Et n'oublie aucun de ses bienfaits !
> C'est lui qui pardonne toutes tes iniquités,
> Qui guérit toutes maladies ;
> C'est lui qui délivre ta vie de la fosse,
> Qui te couronne de bonté et de miséricorde ;
> C'est lui qui rassasie de biens ta vieillesse,
> Qui te fait rajeunir comme l'aigle.

Puis il lut l'Évangile, Marc 2 : 1-12. Cette fois encore, il s'en tint à la première partie. « Fils, tes péchés te sont remis. » Le strict respect du rituel, pensa le prêtre, aurait dû lui interdire de s'écarter de l'Évangile du jour. Mais dans un cas pareil, il estimait que personne ne le lui reprocherait.

« Ceci est Mon Corps… ceci est Mon Sang », dit le Père Meersman pour consacrer le pain et le vin. Puis il éleva l'hostie et le calice. Le gardien qui servait d'enfant de chœur fit tinter trois fois la clochette – c'est tout au moins ce que raconta le prêtre – fit tinter la clochette trois fois.

« Seigneur, je ne suis pas digne de te recevoir sous mon toit, mais dis seulement une parole et mon âme sera guérie. »

Le Père Meersman communia. Quand il eut bu le vin, l'enfant de chœur communia mais les autres gardiens, qui se trouvaient derrière Gary, se contentèrent d'observer parce qu'ils étaient mormons. Gary reçut l'hostie sur la langue, à l'ancienne mode, bouche grande ouverte, tête rejetée en arrière, comme dans son enfance, remarqua le Père Meersman. Puis il but aussi. Le Père Meersman resta auprès de lui pendant qu'il vidait le calice.

Le Père Meersman pensa que c'était une belle nuit, une très bonne nuit. Gary s'était béni lui-même au début de la messe puis avait écouté docilement. Quand tout fut fini pourtant, il taquina le prêtre. « Padre, dit-il, le vin n'était pas aussi fort qu'il aurait pu l'être. »

Dimanche 2 : 00 A. M.

Salut lutin

Quand tu seras libre, va voir Vern. Je lui ai donné beaucoup de choses pour toi.

Elles seront dans un sac noir fermé par du ruban adhésif… tu y trouveras mon album de photos, quelques bijoux, beaucoup de livres, des chemises à l'effigie de Gary Gilmore, quelques lettres venant surtout de pays étrangers.

Un appareil de radio Sony.

J'essaye de me procurer une bague sertie de l'œil sacré de la Société de joaillerie maison Aladin, à New York. Si je la reçois aujourd'hui, je la mettrai avec le reste.

Chérie, ma chérie ma chérie, tu me manques !

Je t'aime de tout ce que je suis.

On joue souvent notre chanson : En marchant sur les pas de notre esprit. *Je ne sais pas si tu peux écouter la radio. Le poste K. S. O. P. de Salt Lake nous aime vraiment. Il joue à notre intention* La Vallée des larmes.

Je serai mort dans à peu près trente heures. On appelle ça la mort. Ce n'est qu'une libération… un changement de forme.

J'espère avoir bien fait.

Mon Dieu ! Nicole. J'admire la puissance de notre amour. Sans doute ne pouvons-nous pas savoir dès maintenant de quoi il s'agit mais nous devons bien faire ce que nous faisons. Nous en avons la connaissance innée. Mais nous ne pourrons en prendre conscience que plus tard.

Mon ange, il est 3 heures moins le quart du matin. Je vais faire un somme. T'écrirai un petit peu…

IX

L'Église des mormons avait envoyé un jeune homme, marié depuis peu, Doug Hiblar, veiller sur Bessie. Il avait l'impression que leurs rapports s'étaient améliorés au cours du dernier mois. Pourtant, il lui arrivait encore qu'elle lui interdise d'entrer, alors il lui disait à travers la porte qu'il l'aimait et il s'en allait. Certains jours elle le recevait mieux, encouragée par un incident qui s'était produit entre eux.

Il avait commis l'erreur de lui dire qu'il comprenait ce qu'elle éprouvait. Indignée, Bessie lui avait répondu : « Non, vous ne le comprenez *pas.* » Il reconnut s'être trompé et avoua qu'il ne saurait jamais ce qui pouvait se passer en elle en de telles circonstances. Par la suite, il fut plus prudent dans ses propos. Peut-être est-ce cela qui lui assura les bonnes grâces de Bessie. Depuis lors, en effet, elle lui parlait plus librement.

Il alla la voir le samedi soir, bien qu'il lui eût rendu visite toute la semaine. Elle avait l'air calme, comme si elle s'attendait à ce que les tribunaux ordonnent un sursis. La semaine précédente, elle avait parlé de se rendre en Utah, puis elle avait abandonné cette idée. Doug Hiblar eut l'impression que Gary l'avait convaincue de n'en rien faire, craignant, sans doute, supposait-il, qu'une rencontre avec sa mère affaiblisse sa volonté.

Peut-être Bessie paraissait-elle tranquille mais elle ne pouvait pas dormir. Pendant toute la semaine, elle avait redouté la nuit où elle s'endormirait pour apprendre la mort de Gary à son réveil. Aussi chaque soir restait-elle éveillée très tard. Mikal l'appelait régulièrement en fin de journée de Salt Lake City ; elle faisait ensuite un petit somme. Mais elle se réveillait bientôt et ne pouvait plus s'endormir. Pendant le reste de la nuit elle traversait la longue tempête de l'insomnie. Elle imaginait des télégrammes qu'elle n'osait pas ouvrir et qui contenaient ces mots : « Comment pourrais-je atteindre Gary ? Comment pourrais-je lui dire ce que ça me fera. » Il lui semblait en effet qu'un sabre la couperait en deux au moment fatal.

Il lui arrivait de penser au mont Y, à Provo, et au jour où elle était retournée en Utah parce que son père se mourait. Mikal était avec elle et il lui avait demandé : « Me montreras-tu ta montagne ? » Il faisait nuit, elle lui avait répondu : « Je te la montrerai demain matin. » Pourtant une brume s'était levée avec l'aurore et Mikal avait dit : « Je ne vois pas de montagne. » Il avait huit ans.

« Elle est là, avait dit Bessie. Elle me dit que mon père va cesser de vivre. » Il mourut en effet quelques jours plus tard.

Une autre des nuits qu'elle avait passées à Provo avec son fils en attendant la mort de son père, un match de football avait donné lieu à un grand rassemblement de jeunes gens. Les étudiants de la B. Y. U. grouillaient sur la montagne en brandissant des torches. « Maman, viens voir. Tu n'as jamais vu une chose pareille, avait dit le petit Mikal.

— Bah ! j'ai déjà vu ça autrefois, lui avait-elle répondu. N'oublie pas que c'est *ma* montagne. »

Tous ses neveux et nièces l'avaient regardée d'un air de dire : « Pour qui te prends-tu ? Tu n'es même pas d'ici. » Elle leur avait souri. Ils ne la comprenaient pas. Quelques-uns lui avaient demandé : « Vous n'avez donc pas le mal du pays ?

— Non, mais j'ai la nostalgie de ma montagne, avait-elle répondu. Elle m'appartient vous savez. » Elle avait bien senti qu'ils la croyaient un peu dingue.

C'est en évoquant ce souvenir qu'elle salua la fin de la nuit de samedi et l'aube du dimanche.

30. Dimanche matin
Dimanche après-midi

I

Il est 10 heures du matin ce dimanche. Je me suis levé, j'ai pris une douche, je me suis rasé... ma foi non, j'ai d'abord pris de l'exercice. Dix minutes de course. Les foutus gardiens pensent que je suis dingue quand ils me voient courir d'un bout à l'autre du couloir. Ce sont presque tous des gros connards fainéants. Hé ! dis donc, toi, tu es bien un lutin, pas vrai ? !

On m'a demandé qui j'invite à me voir fusiller. J'ai dit
Numéro Un : Nicole
Deux : Vern Damico
Trois : Ron Stanger, avocat
Quatre : Bob Moody, avocat
Cinq : Lawrence Schiller, grand manitou à Hollywood.

Je savais qu'ils ne te laisseraient pas venir, alors je leur ai dit de réserver au moins un siège en ton honneur.

Le New York Post *écrit que je mets les places aux enchères...*

Bien des gens publient des tas de saletés dans le journal.

Mon amour, tu as demandé ce qu'il resterait en toi si on me fusille.

Ce sera moi.

J'irai vers toi et je te prendrai dans mes bras, ma compagne chérie.

N'en doute pas.

Tu verras.

Mon trésor j'ai éludé une question mais il faut bien que je l'aborde maintenant.

Tu choisiras de me rejoindre ou bien d'attendre... à toi de décider.

Quand tu viendras, j'y serai, où que ce soit.

Je te le jure sur tout ce qu'il y a de sacré.

Si tu décides d'attendre, je veux que plus personne ne te possède.

Tu m'appartiens.

Mon âme sœur.

En vérité mon âme elle-même.

Ne crains pas le néant mon Ange. Tu ne le connaîtras jamais.

Le dimanche matin, Lucinda transcrivait l'interview de la veille. Tout à coup elle ne put retenir un sanglot. Schiller se tourna vers elle. Le front sur les bras, les coudes sur la machine, elle pleurait toutes les larmes de son corps, là dans le bureau, ce dimanche matin.

Vern téléphona à Larry. Des musées de cires désiraient acheter les vêtements de Gary. Leurs offres totalisaient plusieurs milliers de dollars. Certes, il n'était pas question de vendre. Mais cela indiquait qu'il faudrait veiller sur la dernière tenue de Gary. Puis ils décidèrent de protéger également sa dépouille. L'administration pénitentiaire livrerait le corps à l'hôpital de Salt Lake où l'on prélèverait yeux et organes. Cependant, Schiller décida d'y envoyer son propre garde du corps. Avoir embauché Jerry Scott était vraiment un coup de chance. C'était exactement l'homme qu'il fallait pour veiller sur Gary entre l'hôpital et le four crématoire.

GILMORE. – Fagan a dit : « Il y a encore l'espoir que tu reçoives un coup de téléphone de Nicole.

— Abruti, pourri et dégueulasse, va te faire voir chez les Grecs.

— Oh, ha, ha, ha, ha ! (Il a ajouté :) J'ai les mains liées.

— Quel effet ça fait de circuler les mains entravées ? Tu n'as jamais envie toi de te sentir homme, gros tas de merde. » Je ne sais même pas si j'irai au parloir ce soir. Fagan dira : « Eh bien on l'a traité richement la nuit dernière. Visites sans restriction. On lui a laissé voir son oncle et ses avocats. » (Rire.)

Moody présenta alors sa dernière liste de questions.

MOODY. – Si pendant votre passage vous croisez une nouvelle âme qui vient prendre votre place, quel conseil lui donnerez-vous ?

GILMORE. – Aucun. Je ne prévois d'ailleurs pas que quelqu'un prendra ma place. Salut, je viens te remplacer… Où est la clé du placard ?… Où se trouvent les serviettes ?

MOODY. – Je ne sais pas. Vous n'auriez rien à lui dire au sujet de l'existence qui euh… l'attend.

GILMORE. – Merde… voilà une grave question.

MOODY. – Je crois que cette âme tiendrait, en effet, à ce que vous preniez ça très au sérieux.

GILMORE. – J'ai parlé à des gens qui en savent plus que moi et à d'autres qui en savent moins. Alors, écoutez, j'ai conclu que je sais au moins une foutue chose au sujet de la mort. Je ne le sais peut-être pas, mais je le ressens. Elle ne m'étonnera pas. Je ne crois pas que ce soit une chose dure et méchante. La dureté et la malveillance sont ici, sur terre, et elles ne durent pas. Tout ça, ça passe. Voilà le résumé de mes idées et je me fous peut-être dedans.

MOODY. – Savez-vous ce que fut le dernier message de Joe Hill aux anars ?

GILMORE. – Joe ?

MOODY. – Joe Hill. Un homme qui fut tué ici, en Utah, voilà bien des années.

GILMORE. – Il s'appelait Joe Hillstrom. Qu'a-t-il dit aux anars ?

MOODY. – « Ne me regrettez pas, les gars, organisez-vous. »

GILMORE. – Ne vous grattez pas ?

MOODY. – Non « Ne me regrettez pas, les gars, organisez-vous ».

GILMORE. – Eh bien j'ai une devise dans ce genre-là qui me plaît assez : « Ne crains rien, ne souffle pas. » C'est un dicton musulman. Je ne sais pas d'où ça leur vient, mais je peux l'appliquer à bien des circonstances. Ça se comprend. « Ne me regrettez pas, les gars, organisez-vous. »

MOODY. – Vous connaissez cette phrase qu'on entend dans tous les films de guerre : « Quiconque prétend n'avoir jamais peur n'est qu'un menteur ou un idiot ? »

GILMORE. – Et alors ?

MOODY. – Vous ne trouvez pas que ça colle au moins un peu avec votre situation ?

GILMORE. – Ai-je dit que je n'ai pas peur ?

MOODY. – Non. Mais le message que vous adressez au monde l'implique.

GILMORE. – Eh bien, pourquoi craindre ? C'est négatif. Soumettre son existence à la peur est un péché. Vous ne trouvez pas ?

MOODY. – Vous êtes certainement décidé à surmonter la peur.

GILMORE. – Je n'éprouve pas de crainte en ce moment. Je ne crois pas en éprouver demain matin. Jusqu'à présent j'y ai échappé.

MOODY. – Comment pourrez-vous empêcher la peur de pénétrer votre âme.

GILMORE. – J'ai peut-être de la chance. Elle ne s'est pas encore présentée. Un homme vraiment courageux ressent la peur mais fait ce qu'il doit faire, sans en tenir compte. Je ne pourrais pas me prétendre aussi foutument brave parce que je ne combats pas la peur et n'ai donc pas besoin de la surmonter. Je ne sais pas ce qui se passera demain matin… Je ne sais pas si je serai dans le même état d'esprit demain matin qu'en ce moment et que le 1er novembre quand j'ai renoncé à cette saleté de recours.

MOODY. – Ma foi, vous êtes remarquablement calme.

GILMORE. – Merci, Bob.

MOODY. – Je ne sais pas quoi dire, c'est seulement…

GILMORE. – Écoutez, mon vieux. Je suis un peu dur avec vous. C'est pas juste parce que vous êtes assez bouleversé, pas vrai ?

MOODY. – C'est dur, Gary. J'en suis littéralement malade.

À cet instant Moody pleura. Un peu plus tard, quand il se fut repris, Gilmore, Stanger et lui s'entretinrent encore un moment.

Puis ils se dirent au revoir. Les deux avocats promirent de revenir en fin d'après-midi et de rester toute la nuit. Au moment où ils s'en allaient, Gilmore leur dit : « Noubliez pas le gilet.

— Le quoi ? demanda Bob.

— Le gilet pare-balles, dit Gilmore.

— Je le porterai dans mon cœur, dit Moody.

— Soyez prudents, mes amis », dit Gilmore.

Dimanche matin, Vern alla au quartier de haute surveillance et parla à Gary par téléphone en le regardant à travers la vitre. Pour une fois, ils s'entretinrent des sœurs de sa mère qui habitaient Provo. Gary se demandait pourquoi aucune de ses tantes, sauf Ida, n'était venue le voir. « Qu'est-ce que tu en penses ? demanda-t-il abruptement.

— Je suis sûr qu'elles en avaient envie, mais je ne peux pas répondre à leur place », dit Vern. Il lui semblait encore entendre une des sœurs d'Ida lui dire : « Je ne peux tout simplement pas me décider à aller là-bas pour lui parler. »

Gary reprit : « Maman est trop malade, sinon elle serait ici. »

Après un très long silence sinistre, Gary fredonna une chanson de Johnny Cash. Il roula les yeux et s'efforça de chanter plus fort.

Quand il constata que Vern riait, il dit : « Je fais ce que je peux pour te distraire.

— Je vais t'en chanter une, vociféra Vern.

— Surtout pas la chanson du vieux chien de berger », grogna Gary.

La chanter était en effet une manie de Vern. Chaque année il la braillait au banquet du Club des Archers.

« Mais si, bien sûr : le Vieux Shep », dit Vern.

Quand j'étais petit, j'avais un chien de berger ;
Nous parcourions collines et marais.
Rien qu'un gars et son chien, nous nous amusions bien
Et nous avons grandi ainsi.

Les années s'écoulant le bon Shep devint vieux
Et sa vue baissa.
Un jour le docteur releva la tête et me dit :
« Je ne peux plus rien pour lui, Jim. »

D'une main tremblante, je pris mon fusil
Et visai la tête du fidèle vieux Shep
Mais je ne pouvais pas. Je voulais fuir.
J'aurais préféré qu'on me tue.

Le vieux Shep savait qu'il s'en irait.
Il me regarda et me lécha la main.
Ses yeux semblaient me dire :
« Nous nous quittons mais tu comprendras. »

Maintenant le vieux Shep est où vont les bons chiens.
Je n'errerai plus avec mon vieux Shep.
Mais s'il est un paradis pour les chiens.
Je suis sûr d'une chose :
Mon vieux Shep vit dans une niche merveilleuse.

— Et yop-là ! s'écria Gary.

— C'est tout pour aujourd'hui, dit Vern. Tu ne mérites pas mieux. »

II

Le service juridique de la N. A. A. C. P. mit à la disposition de l'A. C. L. U. un avocat de Washington nommé John Shattuck. Il allait présenter une requête à la Cour suprême des États-Unis au nom d'Athay. Après son échec à la Cour du juge Lewis, le samedi après-midi, Athay dicta par téléphone le texte de son recours. Le dimanche il fut remis par Shattuck au greffier de la Cour suprême qui l'enregistra.

À 18 h 25, heure du district de Colombia, c'est-à-dire à 16 h 25 en Utah, Michael Rodak, greffier de la Cour, téléphona à Athay que le juge White avait prononcé l'arrêt suivant : « *Le recours est rejeté. Je me permets de dire que la majorité de mes confrères approuve cette décision. Bryron R. White, juge à la Cour suprême.* »

Étant donné que la décision n'était pas unanime, Shattuck s'efforça de prendre contact avec d'autres magistrats. S'il parvenait à mettre la main sur un membre de la minorité, ce dernier accorderait peut-être un sursis. Ça laisserait le temps de présenter d'autres moyens de défense.

Le juge Blackmun répondit : « *La demande de sursis m'étant présentée après avoir été repoussée par le juge White, je la repousse également. Harry A. Blackmun, juge, 16 janvier 1977.* »

Le juge Brennan n'avait pas été contacté. Shattuck conseilla par téléphone de s'adresser à lui, en insistant sur l'urgence du cas. Ce ne serait peut-être pas vain car ce magistrat s'était déjà montré indulgent dans des affaires identiques. L'avocat de Washington donna à Athay le numéro de téléphone privé de Brennan qui ne figurait pas sur l'annuaire. Athay l'appela. Une voix vint en ligne et dit : « Ici le juge Brennan. » Athay prit à peine le temps de se présenter et enchaîna immédiatement : « Je suis engagé dans l'affaire Gary Gilmore.

— Ah mon Dieu ! » entendit l'avocat. Et aussitôt après, un déclic. Il rappela immédiatement et entendit : « Je suis désolé, le juge Brennan n'est pas en ville. » Athay aurait juré que c'était exactement la même voix. Consterné, il se demanda quand même s'il avait vraiment parlé au juge Brennan.

Athay avait maintenant épuisé la liste des mesures qu'il pouvait prendre en faveur de Dale Pierre.

III

L'attente fut atroce pendant toute la matinée et l'après-midi de dimanche. Schiller avait épinglé une liste de questions auprès de son téléphone. Si Gilmore appelait en son absence, Barry pourrait répondre et si Barry n'était pas là non plus, une des jeunes filles prendrait l'appel. Les questions étaient prêtes. Inutile de tergiverser, de tourner autour du pot ni de cacher son identité. Gary comprendrait qu'ils étaient tous tenus par un compte à rebours.

Schiller n'en était pas moins déprimé. Les espoirs qu'il avait fondés sur les interviews s'envolaient. Mikal avait quitté l'Utah, emportant la meilleure des dernières occasions d'obtenir quelques aperçus de dernier instant au sujet de Gary. Schiller avait l'impression d'avoir perdu tout contact. Qui croirait que Gilmore avait aussi mal pris l'affaire Moyers ? Quand Mikal menaçait de faire obstacle à l'exécution, Gary avait dû le neutraliser. Il était alors devenu le frère aîné que Mikal n'avait jamais connu jusqu'alors et il avait bien joué son rôle. Par ailleurs, il continuait à se conduire comme si Schiller avait commis une véritable agression contre lui. Tout compte fait, avoir confiance en sa mission impose des devoirs dans une situation d'aussi extrême urgence. Néanmoins, Schiller estimait qu'il payait cher son initiative.

Moody téléphona de la prison : « Le directeur va vous appeler, dit-il à Schiller. Vous *assisterez* à l'exécution. » La nouvelle avait déjà paru dans les journaux mais Larry n'en avait pas encore reçu confirmation officiellement. Il s'inquiétait donc. Si Sam Smith lui interdisait le portail, il pourrait s'en tirer par une manœurvre légale de dernière minute. La loi lui donnait totalement raison mais une telle opération impliquerait une tension abominable.

Cinq minutes plus tard, le téléphone sonna de nouveau. Le directeur adjoint de la prison dit à Schiller : « Monsieur Smith m'a demandé de vous indiquer que, si vous voulez assister à l'exécution de Gary Mark Gilmore vous devez vous présenter demain matin à 6 heures au portail de la prison, sans appareil de prises de vues ni de prises de son.

— Merci. Voudriez-vous, s'il vous plaît, transmettre ce message au directeur. La déclaration que j'ai faite à Gus Sorensen est exacte. Je n'ai l'intention d'enfreindre aucune règle ou règlement édictés par la direction de la prison. Veuillez assurer à M. Smith que je me conduirai de la manière qu'il souhaite. »

Au cours de la dernière conversation téléphonique, Moody avait indiqué que Gary demandait de l'alcool et ils avaient envisagé la manière de lui en apporter.

Schiller envoya Debbie à la pharmacie acheter une ou deux bouteilles plates. « Si on n'y vend pas de récipients vides, achetez du sirop pour la toux et videz les bouteilles. »

Il expliqua à la jeune fille que de tels flacons gonflent moins le veston ou la poche revolver. Lorsqu'elle fut partie, il estima que ces fioles ne contiendraient pas assez d'alcool, aussi, envoya-t-il Tamera à la Western Airlines acheter, si elle le pouvait, quelques petites bouteilles d'une quarantaine de centilitres, comme on en sert dans les avions. Mais en Utah, cette compagnie de navigation aérienne se serait bien gardée de vendre de l'alcool le dimanche. Schiller téléphona au Hilton et apprit que cet hôtel ne servait ni ne vendait que tard dans la nuit de ce jour-là. Enfin il entendit parler d'un certain bar de Salt Lake où l'on vendait des petites bouteilles. Tamera téléphona donc au *Deseret News* d'envoyer quelqu'un en chercher. Schiller supposa que les gens du journal se réuniraient solennellement en conseil pour étudier cette affaire.

Cependant Tamera s'attendrissait au sujet de cet alcool réclamé par Gary. À ce moment-là, évidemment, tout le monde aimait le condamné, même ceux qui l'avaient détesté jusqu'alors.

Schiller avait l'impression de sentir ce changement d'atmosphère. Chacun commençait à se demander : pourquoi tuons-nous Gary Gilmore ? À quoi servira sa mort ?

Breslin parcourait le bureau en sacrant d'une manière ininterrompue. « Comment ces foutus gens osent-ils supprimer ce foutu lascar ? » Il en voulait même à Gilmore de tenir à être supprimé.

Pour se détendre, Larry se mit à faire marcher la machine à polycopier. Il lui semblait qu'occuper ses mains lui changerait les idées. Puis Tamera annonça que son journal refusait de procurer de l'alcool. « Peu m'importe qui s'en occupe, dit Schiller. Trouvez quelqu'un. » Tamera s'adressa à Cardell, autrefois un des militants mormons les plus actifs de Salt Lake. Chose surprenante, il accepta de se charger de cette mission comme d'un acte de charité chrétienne. Il estimait qu'au seuil de la mort chacun a le droit de satisfaire son dernier désir. C'était invraisemblable. Jusqu'alors le frère de Tamera suivait un chemin d'une rectitude incroyable.

Schiller appela Stanger et lui demanda : « Est-ce que le directeur de la prison me permettra de voir Gary avant l'exécution ? » L'avocat avoua qu'il ne le savait pas. Larry appela la maison de détention. Le directeur refusa de prendre l'appel. Alors Schiller se dit : « Comme ils sont capables de changer d'avis, je me trouverai devant le portail à l'heure dite. »

Ensuite il étudia le programme imposé aux médias par Smith et le jugea inspiré par un journaliste. « Je ne crois pas que le directeur de la prison ait pondu ça lui-même », dit-il à haute voix. Ce projet était trop sensé. Pendant la nuit, un haut-parleur annoncerait des nouvelles toutes les demi-heures et des représentants de l'administration pénitentiaire sortiraient fréquemment pour s'entretenir avec les reporters. Quelques minutes après l'exécution, Sam Smith ferait une déclaration. Dix minutes plus tard, la presse serait autorisée à visiter le lieu de l'exécution. Ce projet laissait apparaître une connaissance que Sam Smith n'avait pas manifestée jusqu'alors. Le langage dans lequel était rédigé ce texte intriguait Schiller et il se dit : « Voilà quelque chose qui lance un défi à mon intelligence. » Il eut alors une de ses inspirations qu'il appelait ses « rêves de l'impossible ». Peut-être rencontrerait-il le soir même l'auteur de ce programme et lui expliquerait pourquoi il devait parler à Gary. « Oui, se dit-il. J'y entrerai comme membre de la presse. »

Il avait évidemment pris des dispositions pour une telle éventualité. John Durniak, chef du service photographique de *Time*, l'avait autorisé à se servir d'une carte de ce journal s'il le désirait. Elle faisait de lui LAWRENCE SCHILLER, TÉMOIN DE L'EXÉCUTION. Cela ne lui permettait pas d'entrer dans les locaux pénitentiaires avant 6 h 30, mais il pouvait se présenter au portail à 18 heures, soit plus de douze heures à l'avance, grâce à sa nouvelle carte le présentant comme accrédité par cet hebdomadaire.

Bien avant 5 heures de l'après-midi, Schiller n'eut plus la patience d'attendre à Orem. Il fourra dans sa poche la fiole de sirop pour la toux remplie d'alcool et demanda à Tamera de prévenir son frère pour qu'il soit lui aussi au portail. Ils quittèrent la TraveLodge. Quand Larry arriva à l'enceinte du pénitencier, la presse franchissait déjà le portail. Jusqu'alors on parlait de cirque ; désormais ça se présentait comme un cortège de Gitans. Des camionnettes de la télévision, celles des actualités filmées, des équipes de remplacement sans compter les nombreuses voitures de la presse écrite. Tous ces gens-là s'entassaient dans les véhicules les plus divers qui pénétraient lentement, un par un. Schiller remarqua surtout que tout le monde buvait.

IV

Le communiqué du directeur de la prison n'avait pas spécifié si les gens des médias pouvaient apporter alcool ou bière. Cette lacune n'avait guère de conséquence sur l'ensemble du programme. Qui a jamais entendu parler de journalistes s'assemblant à un endroit quelconque pour douze heures sans se munir de boissons. En outre, il faisait un froid si aigu que sans gnôle, on gèlerait. Schiller imagina le spectacle qui aurait pu se présenter à 6 heures du matin : trois cents membres de la presse raides morts dans l'enceinte de la prison. Quelle photo sensationnelle ! Il ne resterait plus un seul survivant pour annoncer l'événement à l'univers. Oui, en effet, le programme de Sam Smith n'omettait rien d'important. Toute manifestation qui pourrait avoir lieu se déroulerait hors du domaine pénitentiaire. Les contestataires brailleraient à une distance de cinq cents mètres. Sans les précautions prises par le directeur, quelques-uns des meilleurs journalistes auraient sollicité des interviews de manifestants, se seraient mêlés à eux, les auraient encouragés en leur suggérant des mots d'ordre cuisants. Le lendemain matin on aurait diffusé ou publié les propos d'orateurs hostiles à l'exécution. Décidément, les mesures de Sam Smith dénotaient un esprit exceptionnellement avisé. Au matin, les journalistes seraient peut-être blêmes mais ils auraient été bouclés pendant toute la nuit jusqu'après l'exécution. Le lendemain, bien sûr, les médias se vengeraient mais ils avaient maltraité l'État d'Utah depuis le début. L'exécution aurait au moins lieu sans émeute au petit jour, sans bagarre avec les gens qui voudraient pénétrer dans l'enceinte de la prison. La cohue se manifestait à 18 heures, la veille au soir. La rancune de la presse pourrait s'atténuer au cours de la nuit. Ses membres boiraient tant qu'ils seraient abrutis à l'aurore. Quand on transférerait Gilmore du quartier de haute surveillance à la conserverie, les reporters seraient si heureux de quitter le froid de l'extérieur pour pénétrer dans les locaux qu'ils attendraient sans rouspéter, quelle que fût la salle dans laquelle on les enfermerait. Finalement Schiller supposa que ce programme avait été élaboré à Washington par quelqu'un du F. B. I. ou bien du ministère de la Justice.

Quand Schiller se présenta devant les gardiens, ils lui demandèrent seulement son nom puis celui du journal qu'il représentait. La carte de *Time* suffit : on lui fit signe de passer. Il descendit la côte vers le parking. Mais le gardien qui s'y trouvait n'était autre que le lieutenant Bernhardt qui avait laissé entrer Schiller une première fois, près de deux mois auparavant, alors qu'il se présentait en qualité d'expert immobilier. Schiller passa raide sur son siège, le regard fixé droit devant lui. Mais il vit dans le rétroviseur Bernhardt monter dans un véhicule pour lui donner la chasse. Schiller s'arrêta et descendit de voiture. Bernhardt l'aborda en lui disant sans aucun préambule : « Foutez-moi le camp d'ici. Vous ne serez admis qu'à 6 heures et demie demain matin. » Bernhardt se mit même à brailler, ce qui attira l'attention : précisément ce que Schiller souhaitait éviter.

Bernhardt retourna au véhicule et appela quelqu'un par radio. Puis il revint et dit : « D'accord. Vous êtes là, restez-y, mais vous ne quitterez pas le parking avant 6 heures pétantes du matin. Ne l'oubliez pas. Vous ne verrez pas Gilmore. » Il vocifèra cela devant d'innombrables membres de la presse. Le peu de couverture qu'avait Schiller jusqu'alors s'envola. Pendant les quelques heures à venir, force lui serait de s'en tenir à ce qu'annonceraient les haut-parleurs.

Plus tard, Tamera lui remit subrepticement les petits flacons que Cardell avait apportés au portail. Les reporters grouillaient sur le parking, en bavardant et en tapant des pieds. Bientôt chacun retourna dans sa voiture. Puis il fut 18 heures et ils se trouvèrent tous bouclés. La longue nuit d'hiver descendit de Point of the Moutain, balaya le parking et la prison puis chassa les derniers suaires du crépuscule jusqu'au delà du désert.

Sixième partie

Dans la lumière

31. Une soirée de danse et de rafraîchissements légers

I

Julie Jacoby sortit de bonne heure pour se rendre à la veillée. Le Révérend John Adams se trouvait avec elle dans la première voiture. Rompu depuis longtemps aux manifestations, il désirait s'entretenir avec le shérif du canton de Salt Lake pour assurer la protection de ses fidèles.

Grave ennui : on ne les laissait pas pénétrer dans l'enceinte. La police de l'État les orienta sur une route d'accès. Au bout d'un moment, ils apprirent que bien peu de reporters s'occuperaient d'eux.

La nuit tomba et le froid vint avec elle. Le service religieux se poursuivit quand même. Il n'y avait que quarante ou cinquante personnes qui récitèrent des litanies. Une équipe de télévision alluma ses projecteurs pour permettre aux fidèles de lire les répons. Sur les conseils de John Adams, Julie avait vidé ses armoires et tiroirs de tous les vêtements chauds qu'elle possédait et les avait apportés pour les gens qui viendraient insuffisamment vêtus. Puis le pasteur lui emprunta sa Subaru et fit plusieurs allers et retours pour amener les fidèles du motel Howard Johnson à Salt Lake qui avait été choisi comme lieu de rassemblement. D'autres profitèrent de ces allers et retours pour s'en aller. Il passa donc toute la nuit à véhiculer des gens.

II

À 5 heures de l'après-midi, quand Toni alla rejoindre Gary, la presse s'était déjà rassemblée sur le parking. Les journalistes s'agglutinèrent autour d'elle près du portail donnant accès au quartier de haute surveillance. Ce serait encore pire quand elle ressortirait. La presse serait plus nombreuse. En suivant le couloir entre les barrières de fil de fer barbelé, sur la neige, battue par le vent qui soufflait de la montagne, Toni pensa à la première visite qu'elle avait rendue à Gary deux jours avant son anniversaire. Elle ne savait pas alors si elle lui pardonnerait. Mais en constatant combien sa visite étonnait Gilmore, elle lui demanda ce qu'elle pourrait lui envoyer. Il avait envie de deux tricots de corps, très grands, avec les épaules renforcées, ce qui compenserait l'absence de manches. Depuis, elle était retournée le voir. Il l'accueillait toujours en s'exclamant : « Dieu ! que tu es belle. » Elle en rougissait.

Ce dimanche-là pourtant, ce n'était pas la même chose ; coïncidence curieuse, c'était l'anniversaire de Toni et la famille Howard irait souper chez elle. Aussi, pendant le temps où elle pensait à sa visite, Toni avait préparé le repas du soir en se demandant si elle pourrait voir Gary assez tôt pour être de retour à 7 heures quand arriveraient les Howard.

Il était 6 heures moins 10 quand on la laissa enfin entrer au parloir où il lui fallut encore attendre vingt minutes avec les autres visiteurs. À peine arrivé, Gary la remarqua et l'étreignit aussi vigoureusement que s'il voulait briser toute la glace de l'hiver. Il la serra ainsi avec une telle ardeur et si longtemps qu'elle se demanda s'il finirait par la lâcher. Sa mère, qui se trouvait auprès d'elle, lui dit : « Maintenant, c'est mon tour. » Gary lâcha Toni d'un bras et de l'autre serra Ida contre lui. Mieux encore, quand sa tante recula d'un pas, il souleva Toni et lui donna un gros baiser sur les lèvres. Il la tenait encore un quart d'heure plus tard quand les deux femmes furent absolument obligées de s'en aller.

« Tu reviendras, n'est-ce pas ? » demanda Gary. Toni ne l'avait pas envisagé. Cela apparut dans son regard. Alors Gary lui dit : « Retourne chez toi, prends soin de tes beaux-parents et reviens. » Ce n'était pas aussi simple qu'il le pensait. D'abord elle devait éviter de vexer les Howard. Ensuite, et plus important, elle ne pouvait passer que le dimanche avec Howard, qui travaillait en semaine sur un chantier de construction dans le sud de l'État.

Avant qu'elle ait eu le temps de répondre oui ou non, Gary lui donna un autre gros baiser d'anniversaire. Puis Moody et Stanger conduisirent la mère et la fille par les couloirs et jusqu'aux palissades de fil de fer barbelé et enfin jusqu'à la foule qui grossissait. Toni comprit d'où venait le nom de la presse : les journalistes faillirent l'étouffer. Mais cela l'émut moins que de quitter la prison pour retourner chez elle préparer son dîner d'anniversaire.

III

Bob Moody avait commencé sa journée de dimanche à 6 heures du matin pour assister à une réunion du Conseil supérieur. Cela dura jusqu'à 8 heures. À 9 heures et demie, il se rendit à une réunion de diaconat. Il retourna chez lui pour conduire sa famille à l'église, se rendit à la prison et alla chercher les siens quand l'école du dimanche se termina à 1 heure de l'après-midi. Toute la famille Moody alla déjeuner. À 16 heures, Ron Stanger et lui furent prêts pour aller à la prison.

Vern et Ida étaient déjà sur le parking. Toni les rejoignit avec deux cousins entre deux âges de Gary : Evelyn et Dick Gray. On les emmena tous, avec le Père Meersman, au quartier de haute surveillance. Le lieutenant Fagan les reçut aimablement cette fois et leur indiqua où se trouvaient les commodités. On avait nourri les détenus de bonne heure. Les portes entre le parloir et la salle à manger du quartier étaient ouvertes, si bien qu'ils purent passer d'une pièce dans l'autre pendant la soirée. Cela leur donnait beaucoup d'espace ; environ une trentaine de mètres en droite ligne. Il y avait aussi deux petites pièces supplémentaires pour des conversations privées. Le bureau du lieutenant Fagan était ouvert ainsi que la cuisine et la cabine à cloisons de glace où ils parlaient auparavant à Gary.

Tout cela se trouvait à l'entrée du quartier de haute surveillance, juste derrière les deux portes coulissantes permettant de communiquer avec l'extérieur. Au delà du parloir, derrière une porte à barreaux, s'étendait le long vestibule traversant le quartier et donnant accès aux diverses rangées de cellules. Moody n'était jamais allé aussi loin et ne connaissait donc pas ce lieu qui l'intimida quelque peu. Avec ses couloirs divergents, ce vestibule ressemblait aux anciennes maisons de détention d'un aspect oppressant. Des cris, des gémissements montaient des cellules jusqu'à eux mais atténués, comme provenant de sous la terre.

Étant donné qu'ils étaient convenus de rester toute la nuit et voulaient apparaître dans leur meilleure tenue le lendemain matin, Moody et Stanger étaient venus avec des vêtements de rechange. Ils s'étaient aussi munis de biscuits et de boissons sans alcool. Cette précaution se révéla inutile car l'administration pénitentiaire servit de légers rafraîchissements : tang, koolaid, galettes et café. Puis le Père Meersman se procura un poste de télévision et le brancha. Quelqu'un était parvenu à introduire un appareil de stéréo avec quelques disques. Trois ou quatre gardiens circulaient dans la cuisine, le réfectoire et le parloir ; allaient et venaient aussi le Père Meersman, Cline Campbell, les deux avocats, les cousins Gray, Vern, Toni et Ida. Cela faisait une assistance suffisante pour une espèce de petite fête, abstraction faite du gardien de service pendant toute la nuit dans la cabine de verre dominant le parloir.

À peu près toutes les deux heures, quelqu'un apportait des médicaments. La soirée s'écoulant, Bob Moody supposa que l'administration était en train de droguer Gary. Sans aucun doute, les pharmaciens considéraient cela comme un acte de miséricorde. En effet, dès les premières heures de la soirée, Gary parut de plus en plus heureux. Il fut d'abord enchanté de voir Toni, l'étreignit, la bécota avec enthousiasme. Bob, Ron, Vern et les autres se tinrent à l'écart et se gardèrent de l'interrompre pendant qu'il jouissait de cette visite. Les gardiens, quant à eux, avaient des corvées à accomplir. Ils apportèrent deux ou trois lits de camp avec matelas et oreillers et disposèrent de quoi boire et manger sur les tables du réfectoire. Toutefois Toni ne resta pas longtemps ; Ron et Bob la menèrent, entre les deux palissades de fil de fer barbelé, jusqu'à la cohue de la presse. Pratiquement ce fut un exploit. Quand ils parvinrent à la faire monter dans sa voiture, les projecteurs les avaient tellement éblouis qu'ils se crurent aveugles et se demandèrent s'ils n'allaient pas sombrer dans la démence générale. Cette nuit-là, la presse les considéra comme des magiciens parce qu'ils avaient vu l'Homme et pouvaient parler de lui.

Ils ne cessaient de répéter : « Pas de commentaire. » Ils se mirent en quête de Schiller et tinrent suffisamment les médias en haleine pour que Vern parvînt à se glisser dans la foule pour s'entretenir avec Larry.

Moody et Stanger parvinrent peut-être pendant quelque temps à satisfaire la majorité des reporters mais ceux-ci étaient nombreux. Certains s'agglutinèrent autour de Larry et Vern. Dans la cohue, Vern put à peine chuchoter : « Vous avez l'alcool ? » Schiller le rassura à ce sujet et Vern demanda : « Comment parviendrai-je à l'introduire dans la prison ?

— Glissez les petits flacons sous vos aisselles et serrez les coudes, dit Larry.

— D'accord, répondit Vern. Mais comment les passer sous mon manteau ? » La presse les cernait aussi étroitement que deux joueurs d'une équipe victorieuse surpris sur le terrain après le match.

Schiller pivota sur lui-même et vociféra : « Vous ne pourriez pas laisser respirer cet homme ? Vous l'étouffez ! Reculez ! » Il repoussa légèrement ceux qui se trouvaient au premier rang, sans brutalité, mais en usant d'un mélange de pression et d'exaspération qui est toujours efficace avec les reporters. « Laissez-le donc vivre », répétait-il. La cohue s'écarta d'un mètre peut-être un peu plus, ce qui permit à Vern de disposer des fioles. Quand Larry se tourna vers lui, l'oncle de Gary était prêt à s'exposer aux faisceaux des projecteurs pour gagner le parloir. Gilmore commençait sa dernière nuit sur terre.

IV

Les petits flacons ne durèrent guère. De temps en temps, Gary disparaissait dans une des petites pièces, buvait un petit coup et revenait en clignant de l'œil. Moody l'approuvait. Puisque c'est tout ce que demandait cet homme, tant mieux s'il s'offrait ce plaisir. Quant à lui-même, l'avocat n'avait pas bu d'alcool depuis des années, mais il s'agissait d'une occasion exceptionnelle. Une petite voix lui disait que Gilmore allait affronter son Créateur à la fin de la nuit et que se présenter la tête embrumée par l'alcool serait fâcheux. Pourtant il considérait cette indulgence identique au dernier repas qu'on accorde toujours au condamné. S'il a envie de nous quitter soûl, c'est son droit. Il se rappela que Gary avait délibérément refusé toute drogue parce qu'il ne voulait pas que le monde le croie incapable de faire face au peloton d'exécution. Mais maintenant on lui apportait des médicaments et il sifflait de la gnôle.

Compte tenu de la satisfaction que manifestait Gary, de la manière dont il supportait sa légère ébriété, car il ne s'enivra pas, l'ambiance de la soirée devint agréable. Gary emmena même un des gardiens dans une des petites pièces, à l'écart, et lui offrit une rasade du médicament contenu dans les bouteilles envoyées par Schiller.

L'idée qu'il pourrait serrer la main de Gary, le regarder droit dans les yeux pendant un instant, plaisait à Bob. Son désir de choses aussi simples s'était accru d'une manière inattendue au cours des semaines d'interviews. C'était en outre la première fois qu'il se trouvait avec le condamné sans avoir des choses sérieuses à discuter avec lui. Il se réjouissait donc de voir Gary se détendre et passer la soirée avec plaisir.

Tout se déroulait simplement, dans une atmosphère de quiétude. Au fil des heures Ron et Bob se levaient, allaient à la cuisine boire un verre de rafraîchissement. Evelyn et Dick Gray ainsi que Vern allaient et venaient d'un bout à l'autre du local mis à leur disposition. L'angoisse des secondes qui passent, des horloges qui tournent et l'idée que hors de la prison des avocats s'efforçaient encore d'obtenir un sursis d'exécution… tout cela leur échappait.

V

Au début de la soirée, quand ils pénétrèrent dans le parloir et y trouvèrent Gary presque en liberté, sans être séparé des visiteurs par une cloison de verre, donc à même d'aller vers eux et de les toucher, Stanger le salua chaleureusement, lui serra la main et lui posa un bras sur l'épaule : pas une étreinte évidemment, mais un geste viril. Se trouver ainsi, ensemble, face à face, équivalait presque à une victoire, pensa l'avocat et cette idée éclaira longtemps ses pensées.

Un peu plus tard, alors que la soirée s'écoulait encore agréablement, Ron parla du temps où il pratiquait la boxe à l'université Brigham Young. Gary indiqua qu'il s'y connaissait assez bien dans ce sport. Tous deux se levèrent et mimèrent un combat. Au début, Ron pensa qu'il s'agirait seulement de lancer quelques coups mais Gary prit ça autrement. En réalité, il n'était pas boxeur mais il avait l'expérience de la bagarre de rue. Il cognait vivement. Ron esquivait. Gilmore se prit de plus en plus au jeu. Plus il frappait fort, plus il était heureux. Cela dénotait évidemment un fond de malice. N'esquivant pas toujours assez vite, Ron recevait quelques coups aux épaulcs, aux bras ou aux mains. À un moment, comme s'il s'agissait encore d'un amusement, Gary commenta son propre style : « Je ne mène pas le combat, je riposte seulement. » Mais à ce moment-là, il frappa. Ron pivota sur lui-même et pressa Gary de l'épaule assez vivement. Puis il s'éloigna. Mais Gary le poursuivit. Ce n'était plus un jeu. Il tenait, semble-t-il, à prouver la vigueur de ses muscles. Deux directs atteignirent presque Ron à la tête. Pendant les quelques premières vingt ou trente secondes, l'avocat se sentit en pleine forme. Il était plus rapide que Gary. Mais, au bout d'une minute, chaque mouvement respiratoire lui rappela son âge. De plus, Gary le dépassait de quelque cinq centimètres par la taille et avait plus d'allonge. Bientôt l'avocat éprouva la même impression que lorsqu'il entrait dans le quartier de haute surveillance où les détenus ne se préoccupaient que de leurs corps et de leur forme. Leur présence l'écrasait psychologiquement. En manifestant leur vigueur, ils semblaient dire : « J'ai plus le droit que toi d'être libre, mon bonhomme. » Enfin, Ron eut l'occasion de prendre Gary à bras-le-corps ; il l'étreignit brièvement en souriant, s'écarta et signifia que ça suffisait.

Après cet exercice, Gary lança quelques appels téléphoniques. Ron l'entendit parler à l'émetteur de radio spécialisé dans le country-and-western ; pour les embêter, il leur reprocha la mauvaise qualité de leur musique mais surtout il les remercia de jouer souvent *Marcher sur les traces de ton esprit ;* ensuite il alla dans le bureau de Fagan pour appeler sa mère. Ron n'essaya évidemment pas d'écouter mais Gary reparut tout joyeux parce qu'il avait aussi parlé à Johnny Cash. Puis il se mit à circuler d'une manière désordonnée, comme si entendre l'appareil de stéréo jouer des airs de danse et ne pas avoir de cavalière à sa disposition l'exaspérait. Pourtant, jusqu'alors la bonne humeur avait continué à régner. Si désagréable qu'il eût été, le combat de boxe avait établi une sorte d'intimité entre le condamné et l'avocat. Bien qu'on ressentît des hauts et des bas, tout le monde restait à peu près de bonne humeur. Pendant un moment de silence, Gary aborda Ron et demanda à lui parler en particulier. Ils s'assirent ensemble sur un banc, dans un coin du parloir, à l'écart des autres.

Gary déclara abruptement qu'il possédait cinquante mille dollars et regarda Ron droit dans les yeux. Ses iris d'un bleu clair parurent alors aussi profonds que le ciel par un de ces étranges matins où il n'est pas possible de prévoir s'il fera beau ou mauvais temps. « Oui, Ron, j'ai cinquante mille dollars ou, plus exactement, je sais comment y accéder et je vous en donnerai le moyen. En échange je ne vous demande qu'une chose : la prochaine fois que vous sortirez, laissez-moi la clé du placard où vous avez mis vos vêtements de rechange. » Ce placard se trouvait dans une des petites pièces attenantes au réfectoire. « Il y a ici tellement de chahut, poursuivit Gilmore, que les gardiens n'y verront que du feu. Laissez-moi la clé c'est tout.

À quoi voulez-vous en venir ? » demanda Ron. Sa propre naïveté l'étonnait. « Expliquez-moi exactement ce que vous entendez faire ? » À cette deuxième question il se trouva lui-même encore plus stupide.

« Si je peux franchir les deux portes dans vos vêtements, je suis dehors. Au delà il n'y a rien que la porte donnant accès à l'extérieur et elle est toujours ouverte. Je n'aurai plus qu'à grimper le long de la palissade de barbelés et rouler par-dessus arrivé en haut. Je me déchirerai vêtements et peau mais ça ne fait rien.

— Et du sommet vous vous laissez tomber ? demanda Ron.

— Oui. Ensuite je prends mes jambes à mon cou. Dès que j'ai franchi les deux portes d'ici, je suis dehors. Vous avez bien des vêtements de rechange ? »

Alors Ron comprit pourquoi Gary faisait tellement d'exercices de gymnastique chaque jour depuis sa condamnation. Il s'obligea à regarder le condamné droit dans les yeux et répondit : « Quand nous nous sommes mis d'accord, Gary, il n'était pas question de trucs comme ça. (Il marqua une pause puis reprit :) Après avoir passé tant d'heures ensemble, je me sens votre ami. Je ferais n'importe quoi pour vous mais je ne veux pas fourrer mes enfants et toute ma famille dans le pétrin. »

Gary hocha la tête. Il acceptait cette réponse sans dépit et parut moins découragé que confirmé dans ses prévisions.

Ron se rappela que lorsque Toni et Ida étaient parties, Gary s'était livré à une petite comédie en se coiffant du chapeau de la fille et en enfilant le manteau de la mère. Ensuite il avait feint de vouloir franchir le sas avec elles. À ce moment-là tout le monde en avait ri, même le gardien débutant, un jeune type que Ron n'avait encore jamais vu dans la prison. Toutefois, si ce geôlier avait ouvert les deux portes à la fois, Gary aurait filé. Bon Dieu ! Soudain Stanger comprit le secret du condamné. Gary disait vrai : s'il lui fallait rester en prison, il préférait mourir ; mais s'il pouvait prendre le large, c'était une autre affaire.

VI

Assis sur un banc, s'efforçant de ne pas penser à la douleur qui lui tenaillait le genou, Vern était très ému, affligé et las ; son estomac se crispait de temps à autre. Son visage était figé sur une expression d'impassibilité qu'il lui était difficile de maintenir. À un moment, il faillit éclater sans savoir s'il retenait un cri de douleur ou un éclat de rire. C'était au moment où Gary disait au téléphone : « Vous êtes bien le vrai Johnny Cash ? » Pouvait-on imaginer rien de plus insensé ?

Un peu plus tard, Gary circula, coiffé du chapeau de Robin des Bois que Vern lui avait acheté au magasin d'alimentation Albertson. Cet article de bazar était beaucoup trop grand. C'était le dernier qui restait en rayon. Quand il l'avait vu, avec sa longue plume incurvée, Vern s'était tourné vers Ida et lui avait dit : « Il aime porter des trucs marrants. Je l'achète. » Comment peut-on aimer un type rien que parce qu'il aime des déguisements de ce genre ?

Gary était plein d'amour cette nuit-là. Vern ne l'avait jamais vu aussi riche. La seule chose qui pouvait encore l'irriter c'était la prison et, même à ce sujet, il était drôle. « Ma dernière nuit, répétait-il en souriant. C'est ma dernière nuit alors on ne peut plus me punir. » De nouveau Vern fut près de pleurer. Il se rappela sa visite à la prison longtemps auparavant, quand Gary lui avait dit d'emblée : « Vern, inutile de parler de ma situation. J'ai tué ces deux hommes et ils sont morts. Je ne peux pas les ressusciter. Si je le pouvais, je le ferais. »

VII

Un peu plus tard, Stanger s'inquiéta. Le projet d'évasion pour lequel Gary lui avait demandé son aide l'avait bouleversé. « Eh dites-donc ! clama-t-il, si on mangeait de la pizza ? » Il s'adressa ensuite au lieutenant Fagan pour lui demander s'ils auraient la permission de sortir et de revenir. L'idée de manger une pizza plaisait à tout le monde. Stanger n'avait que six dollars sur lui, aussi le Père Meersman lui donna un peu d'argent et Fagan se fendit de deux dollars. Quelques-uns des gardiens participèrent aussi. Puis Vern émergea d'une rêverie et déclara : « Reprenez votre fric. C'est moi qui paye les pizzas. Débrouillez-vous pour les apporter. »

Fagan offrit de lui-même une voiture et un gardien pour la conduire. Ron, Bob et le gardien sortirent, montèrent aussitôt en voiture et s'arrêtèrent d'abord au parking où Stanger eut le temps de débarquer, repérer la voiture de Larry, l'aborder et lui dire : « Gary vous appellera à 1 h 30 du matin.

— Ça va, dit Schiller, je sors avec vous. »

À ce moment-là les journalistes ne bourdonnaient plus autour de Schiller. Le froid paralysait tout le monde. Chacun sirotait dans sa voiture. Schiller put donc traverser le parking et grimper dans la voiture sans être remarqué par la presse. Le gardien qui la conduisait lui demanda : « Qui êtes-vous ?

— Je dois sortir avec vous », répondit tout simplement Schiller qui s'allongea sur le plancher de la voiture. Cependant un reporter avait harponné Stanger. Moody le rejoignit et il leur fallut cinq bonnes minutes pour se libérer. Enfin la voiture roula jusqu'au portail qui s'ouvrit et ils furent dehors. Schiller se leva et tout le monde éclata de rire.

S'ils avaient conduit Larry jusqu'à Orem, on se serait demandé à la prison pourquoi la voiture restait si longtemps à l'extérieur. Ils filèrent donc jusqu'aux confins nord de Salt Lake. De là Schiller téléphona à son chauffeur. Ainsi arriva-t-il à son motel avant minuit pour attendre l'appel de Gary.

La pizzeria était la seule boutique ouverte et ils furent les derniers clients. Bob Moody commanda les pizzas avec jambon, saucisse et poivron en croyant épater les autres par ses connaissances en la matière. Ils prirent aussi de la bière. Quand ils arrivèrent au portail de la prison, on fouilla leur voiture et on confisqua leur bière. Ils en furent outrés mais le gardien de service resta intraitable : aucune boisson alcoolisée n'était tolérée dans la prison. Le plus drôle, c'est qu'il n'ouvrit pas les cartons des pizzas dans lesquels ils auraient pu dissimuler au moins cinq pistolets. Ensuite ils suivirent l'allée depuis l'enceinte jusqu'à la porte du bâtiment administratif. La voix d'un gardien juché sur un mirador tomba du ciel comme celle du Tout-

Puissant parlant du haut des nuages : le règlement interdisait la pizza. Inacceptable.

Ils contestèrent et la discussion dura jusqu'à ce qu'un changement de consigne leur parvint : tout compte fait ils pouvaient entrer avec la pizza mais Gary n'en aurait pas, parce qu'il n'avait pas inscrit cet article sur le menu de son dernier dîner.

Moody s'imagina la scène qui se déroulait dans le bureau du directeur de la prison. Une délibération fiévreuse. Comment ? Des vivres apportés de l'extérieur ? Arrêtez ça ! Lorsqu'ils arrivèrent à la porte du quartier de haute surveillance, Bob et Ron, exaspérés, restèrent dehors pour manger leur pizza en grelottant. Quand ils rentrèrent, le lieutenant Fagan était très gêné par cette affaire. C'était un homme généralement accommodant, de petite taille, mince, aux cheveux et à la moustache blancs, vêtu avec soin. Mais la réaction de ses supérieurs le mettait de mauvaise humeur. Au bout d'un moment, un gardien vint annoncer que Gary pourrait manger une tranche de pizza. Évidemment le condamné ne voulut même pas en entendre parler. En considérant le mur dont la peinture s'écaillait, il déclara : « J'espère que mon dernier repas plaît à tout le monde. »

Cependant le Père Meersman ne cessait d'entrer et sortir. Il tenait l'assistance au courant de ce qui se passait à la direction et, pensa Bob, racontait à la direction ce qui se passait au parloir.

Après l'épisode de la pizza, un sentiment d'humiliation prévalut. Le soir précédent, Gary aurait pu demander n'importe quel plat. Le directeur aurait signé sa commande et il aurait pu le manger cette nuit-là. Mais désormais il était trop tard. Toutefois, deux pharmaciens vinrent donner des pilules au détenu. On lui avait refusé la pizza mais on le nourrissait de calmants. Stanger conclut qu'un seul adjectif qualifiait l'administration pénitentiaire : superbe.

Ils apprirent aussi que Sterling et Ruth Ann Baker n'étaient pas admis au parloir. L'administration avait enquêté sur Sterling qui avait un passé judiciaire : deux procès-verbaux pour infraction aux règles de la circulation. Le grand criminel ! Grotesque. Moody bougonnait : stupides, idiots, des ânes.

VIII

Pendant son dîner d'anniversaire, Toni reçut des douzaines d'appels téléphoniques qui lui firent parfois oublier Gary. Néanmoins elle répétait sans cesse à sa mère ; « Je veux y retourner.

— Mais, chérie, tous les reporters qui sont là-bas savent désormais qui tu es. »

Après y avoir réfléchi, Toni décida : « D'accord. Je me lèverai à 5 heures du matin. »

Ses beaux-parents s'en allèrent de bonne heure. Elle resta à bavarder avec Howard. Il sentait qu'elle avait envie de retourner voir Gary et elle s'en rendait compte. Évidemment, elle ne voulait pas quitter Howard. En outre, il y avait la presse ! Les faisceaux de projecteur dans les yeux, les questions des reporters qui lui faisaient claquer les nerfs. Jamais jusqu'alors elle n'avait eu ainsi l'impression d'être un animal enfermé dans une cage avec d'autres animaux.

Howard lisait probablement dans ses pensées car il lui dit : « Viens, chérie. Je te ferai passer à travers les reporters. » Ils laissèrent un mot pour Ida et s'en allèrent. Ils arrivèrent à la prison peu avant 10 heures du soir mais il leur fallut trois bons quarts d'heure pour franchir le portail. Les mesures de sécurité s'étaient alors resserrées. Les gardiens étaient habitués au visage de Toni mais ne connaissaient pas Howard. Ils refusèrent de le laisser entrer. Elle dut faire tout le chemin jusqu'au bâtiment administratif, seule, et y affronter les reporters.

Sam Smith refusa de laisser entrer Howard. Il sembla à Toni que, si elle insistait, il céderait. Mais elle se rappela ce que lui avait dit Howard : « Comment peux-tu aller bavarder avec quelqu'un qui va mourir dans quelques heures. » Alors, plutôt que de lui imposer une corvée désagréable, elle entra seule.

Quand on ouvrit la double porte à son intention, elle avisa immédiatement son père et Gary, assis côte à côte sur un lit de camp. Vern avait visiblement sommeil. Gary paraissait crispé. Sans doute s'étaient-ils habitués aux entrées et sorties car, lorsque la seconde porte claqua derrière elle, ils ne levèrent même pas la tête. Elle se trouva au milieu de la pièce avant que Gary l'aperçoive, se lève d'un bond, la saisisse à bout de bras et la soulève. « Je savais que tu reviendrais. Dieu merci, te voilà revenue ! »

Il tourna sur lui-même en la tenant ainsi en l'air, puis l'étreignit et lui baisa les lèvres.

« Pourquoi es-tu revenue si tôt ? demanda Vern. Le matin est encore loin. » Mais il n'ajouta rien et les laissa tranquilles.

Ils s'assirent par terre, côte à côte, et bavardèrent. Gary serrait les mains de la jeune femme entre les siennes. « Je regrette que nous ne puissions pas passer plus longtemps ensemble, dit-il.

— Je le regrette aussi, répondit-elle.

— Ma foi, il y a une raison à cela. Si nous nous étions liés plus tôt, cette soirée n'aurait pas la même importance. »

Puis il lui demanda si elle voulait voir des photos de Nicole et il alla chercher un carton fermé par des bandes gommées qu'il décolla avec soin. Il montra d'abord Nicole enfant. « Celles-là, tu n'as pas besoin de les regarder si ça ne t'intéresse pas », dit-il. Il sortit alors de la boîte deux esquisses de Nicole nue, puis une série d'instantanés pris dans une de ces cabines où l'on a quatre portraits pour un demi-dollar. Nicole y exhibait ses seins. Toni ne trouvait rien à y redire. De toute évidence, ces photos avaient beaucoup de valeur pour Gary. Il lui montra encore Nicole à cinq ans, huit ans, dix ans en répétant combien elle était belle étant enfant.

« C'est aussi une belle femme maintenant », dit Toni. Elle se demandait pourquoi il prêtait tant d'attention aux photos d'enfant.

« J'aurais bien voulu la revoir encore une fois », dit-il.

Il referma le carton aussi soigneusement qu'il l'avait ouvert et en prit un autre contenant des photos de camarades de prison. Pour chacun, il indiqua dans quelle maison de détention il l'avait connu. Des pharmaciens arrivèrent avec des médicaments. L'un d'eux lui donna une tasse et dit : « Buvez ça *tout de suite*.

— Vous n'avez pas confiance en moi, dites donc ? » répondit Gary qui s'exécuta. Quand ils s'en allèrent, Toni se trouva de nouveau seule avec Gary. Il montra alors la plaque qu'Annette lui avait donnée longtemps auparavant et dit : « Ça, je veux qu'on le donne à Nicole. » À ce moment-là, Toni fut convaincue que Gary était innocent. Sinon, il ne laisserait pas cela à Nicole.

L'électrophone diffusait encore de la musique. Gary dit à Toni : « Viens. Voilà des années que je n'ai pas dansé. » Ils se levèrent. Quand il se mit à chanter, elle constata qu'il n'avait aucun sens de la musique et devina qu'il danserait aussi mal. Pourtant cela ne lui déplut pas. Assise auprès de lui, par terre, alors qu'il faisait l'inventaire de ses affaires, elle s'était sentie très proche de son cousin. Comme Brenda, Toni s'était mariée quatre fois, dont deux pour quelques mois seulement. Son quatrième mariage, avec Howard cette fois, durait depuis neuf ans. Elle avait moins d'ennuis avec lui et c'était une bonne union mais elle n'avait jamais éprouvé pour un homme le même sentiment exceptionnel que pour Gary à ce moment-là. Elle eut l'impression, au cours de ces deux dernières heures, d'être aussi attachée à lui que si elle l'avait connu pendant toute sa vie.

L'air que jouait l'électrophone avait une cadence rapide. Gary posa son chapeau de Robin des Bois sur Toni et lui ébouriffa les cheveux puis ils dansèrent. Elle fit de son mieux pour suivre. Quand la musique cessa, Gary lui avoua : « Je n'ai jamais été très bon danseur, mais je n'ai guère eu l'occasion de danser. » Ils rirent tous les deux. Il lui dit qu'il avait parlé par téléphone à Johnny Cash mais que la communication était mauvaise. Pourtant il avait demandé : « Vous êtes bien le vrai Johnny Cash ? » Dès que l'autre avait répondu affirmativement, il avait braillé : « Eh bien ! moi, je suis le vrai Gary Gilmore. »

Ils s'assirent de nouveau. « J'ai découvert avec toi quelque chose que j'ai connu avec Brenda au cours des dernières années, dit Gary. Je regrette de ne pas vous avoir traitées de la même façon toutes les deux. » Toni parut intriguée. « Je vous lègue trois mille dollars, à ton mari et à toi, et cinq mille à Brenda et Johnny. Je regrette de ne pas avoir fait les parts égales. Mais je te connaissais si peu avant. »

Elle l'assura que cette affaire d'argent n'avait aucune importance.

Il reprit : « Ce soir tu représentes tant de gens. Tu es Nicole, tu es Brenda et, dans un certain sens, tu es ma mère, telle que je me la rappelle dans sa jeunesse. » Sans être sûre de bien comprendre ce qu'il voulait dire, elle soupçonna qu'il éprouvait un désir pressant d'étreindre une dernière fois sa mère. Elle se rappela aussi sa sœur, Brenda, qui avait eu si grande envie d'être auprès de lui cette nuit-là mais se trouvait alors à l'hôpital. Toni éprouva même l'étrange impression d'être à la fois sa sœur et elle qui dansaient et que Gary serrait dans ses bras.

De temps en autre, un ou deux gardiens entraient pour serrer la main du condamné. « Vous voulez un autographe ? demandait-il.

— Bien sûr, Gary », répondaient les gardiens. Il empruntait un stylo, signait sur la poche de leur chemise ou leur manchette. Toni eut l'impression que tous l'aimaient bien.

Quand le pharmacien reparut, Gary s'exclama : « Voilà le bon ami qui prend soin de moi.

— Ouais, grogna l'autre. Vous me donnez bien du souci avec vos fumisteries. »

Toni n'oubliait pas que Howard grelottait, là-bas sur le parking. Enfin elle dit à Gary : « Écoute, je reviendrai à 5 heures et j'amènerai maman.

— Oui, je tiens à ce que tu sois auprès de moi au matin. (Il la prit dans ses bras, l'étreignit et reprit :) Merci pour cette soirée. (Il l'étreignit de nouveau.) Une fraîche et paisible soirée d'été dans une chambre où règne l'amour. Tu as illuminé toute ma nuit, Toni, et tu m'as apporté l'amour. (Il lui caressa le visage, le prit entre ses deux mains et lui baisa le front.) Tu m'as ramené ma Nicole, cette nuit », dit-il. Il la serra encore dans ses bras.

« Il faut vraiment que je m'en aille maintenant », dit-elle.

Gary la conduisit jusqu'à la porte intérieure. « À demain matin, dit-il. Rentre et prends soin d'Ida. Rappelle-moi aussi au bon souvenir de Howard. Dis-lui que je suis touché parce qu'il a cherché à me voir. » Toni sortit en lui laissant croire que si Howard n'était pas venu au parloir, c'était seulement parce que le directeur de la prison ne le lui avait pas permis. La première porte se referma derrière elle. Gary s'accrocha aux barreaux pour la regarder jusqu'à ce qu'on ouvrît la seconde. Quand cette dernière se ferma, elle enfila son manteau et disparut.

Elle ne le revit pas.

IX

Jusqu'alors, malgré l'incident de la pizza, tout s'était passé comme au cours d'une soirée entre amis. Aucune difficulté, aucun souci même, sauf un seul : tellement énorme qu'il éliminait tous les autres. Mais après le départ de Toni, Gary manifesta de nouveau sa fureur au sujet de la pizza. Il prit des allures solennelles. Ron se rappela ce que Gary avait sans cesse répété : « Je ne veux pas de dernier repas parce qu'on me jouerait des tours. » Depuis leur conversation seul à seul, Ron n'avait plus envie de parler avec Gary.

Moody non plus. Une ambiance de mort planait désormais dans le parloir. Elle y était déjà auparavant mais elle stimulait plutôt les énergies. Maintenant, il semblait qu'elle pénétrait en rampant sous la porte, comme de la fumée. La nuit avançait. Il y avait moins de bruit. L'électrophone ne fonctionnait plus. Vern s'était endormi. Dick et Evelyn Gray ronflaient. Ron alla à la cuisine parler avec les gardiens. C'est alors que Gary aborda Bob.

« Vous ne changeriez pas de vêtements avec moi, n'est-ce pas ? demanda-t-il.

— Non, sûrement pas. »

Gary expliqua comment il pourrait s'évader si Bob lui donnait ses vêtements. Les gardiens ne faisaient plus attention à rien. Il pourrait donc passer à travers le sas. On le prendrait pour Bob Moody. Aussitôt arrivé hors du quartier de haute surveillance, il franchirait la barrière barbelée plus vite que personne ne pourrait l'imaginer. Il grimperait jusqu'au sommet tout simplement, s'y allongerait, roulerait sur lui-même, ferait quelques trous dans les vêtements et récolterait quelques égratignures, mais qu'importait, il filerait, mon vieux ! On ne le retrouverait pas.

Ce fut un moment sinistre.

« Je sais que je peux m'en aller d'ici avec votre aide », dit Gary. Il suffisait que Bob prit ses vêtements de rechange dans le placard et les mette dans un coin. Mieux encore, il pourrait se coiffer du chapeau de Robin des Bois pendant quelque temps. Les gardiens, abrutis par le sommeil, ne verraient que ça et le prendrait évidemment pour Gary Gilmore.

« Non, dit Bob Moody. Je ne peux pas faire ça, Gary, et je ne le ferai pas. »

Cline Campbell était entré et sorti à plusieurs reprises au cours de la nuit et avait donc constaté l'évolution de l'ambiance. Aux toutes premières heures, on se serait cru un matin de Noël.

Mais Campbell dut partir à 19 h 30 pour prononcer une conférence à Salt Lake et ne revint que vers minuit. Tout avait changé. Au début, un gardien était assis à une extrémité d'une couchette, Gilmore au milieu et Campbell à l'autre bout. Ils parlaient de tout et de rien. À un moment, Gilmore avait plongé la main sous l'oreiller et en avait tiré une bouteille échantillon de whisky. « Eh, là ! avait dit Campbell en tournant la tête. Je ne vois pas le mal, je n'entends pas le mal et je ne prononce pas de mauvaises paroles. Mais sers-toi, mon ami, sers-toi. » Gilmore avait ri. Ça, c'était plus tôt.

Après sa conférence. Campbell revint précipitamment à la prison sans même prendre le temps de dîner. Il apprit que les autres avaient mangé de la pizza. Il n'en restait plus. Seuls Gilmore et lui avaient le ventre vide. Quand ils se trouvèrent seuls, Campbell dit au condamné : « Il semble que maintenant le sort en soit jeté.

— Ça va marcher, dit Gary. Ils ne peuvent plus rien arrêter.

— Vous savez que nous nous reverrons. Ce sera la même chose pour vous et pour moi, quoi qu'il y ait de l'autre côté. » Ils se trouvaient alors dans le bureau du lieutenant Fagan et Gary portait encore le chapeau à plume qui aurait pu appartenir à Chico Marx. « Peu importe si vos opinions religieuses sont bonnes ou si les miennes sont mauvaises, ou vice versa, de toute façon nous nous reverrons. Sous une autre forme, n'importe laquelle. En attendant, je tiens à ce que vous sachiez ce que je pense de vous : vous êtes vraiment un brave type. » Campbell parlait sincèrement, effaré par le caractère abominable de la situation : plus il passait de temps avec Gilmore moins il était capable d'admettre que cet homme avait commis deux assassinats. La plupart du temps, en effet, Gilmore n'avait absolument rien d'un tueur, au moins si on comparait son visage à celui d'autres hommes que Cline Campbell voyait tous les jours en uniforme dans la prison ou à l'extérieur.

Le père Meersman dit à Moody et à Stanger qu'il avait une avance sur à peu près tout le monde, parce qu'il avait déjà assisté à deux exécutions. Il leur expliqua comment il avait persuadé le directeur de la prison et son état-major de la nécessité absolue d'une répétition. Il fallait que chacun fasse exactement les gestes et les pas qu'il ferait le matin au moment fatidique. On avait suivi son conseil. Les fonctionnaires de la prison avaient consenti à une répétition générale afin que tout se passe dans le calme et la dignité lorsqu'ils participeraient à l'événement réel. Pendant ces exercices, quelqu'un chronométrait les diverses phases et il fallait le faire, compte tenu de l'importance de ce qu'il allait se passer. Il fallait, en effet, avoir une connaissance parfaite de tous les mécanismes de l'exécution.

32. Quand anges et démons rencontrent diables et saints

I

Plus de douze heures auparavant, c'est-à-dire avant midi, ce dimanche-là, Earl Dorius avait reçu un coup de téléphone de Michael Rodak. Le greffier de la Cour suprême lui avait signalé que Gil Athay cherchait à obtenir un sursis. Guère plus d'une heure après, Rodak appela de nouveau : le juge White avait repoussé la requête d'Athay. Ne recevant plus de nouvelle de Washington, Earl fut convaincu que Athay avait épuisé son arsenal d'actions légales. Il emmena sa femme et ses enfants chez ses beaux-parents et put enfin se détendre pour la première fois ce jour-là. Pourtant, de retour chez lui, au début de la soirée, il apprit de Bob Hansen que Jinks Dabney réclamait une audience de nuit pour statuer sur la requête déposée au nom des contribuables. L'affaire aurait lieu à la cour du juge Ritter.

Néanmoins Earl ne réagit guère sur le moment. Dabney ne pourrait prouver que l'exécution serait payée par le Trésor fédéral. Toute cette affaire sentait le moisi : une tentative désespérée de dernière heure.

Lorsque Dorius et Bill Barrett entrèrent dans le vestibule de l'hôtel Newhouse, Jinks Dabney y était déjà avec son associée Judith Wolbach. Il y avait aussi dans ce même vestibule Bob Hansen, Bill Evans, Dave Schwendiman. Ces messieurs étaient attablés autour de la même table dans le décor élégant d'un Extrême-Ouest revu et corrigé : quelque chose d'intermédiaire entre un palace et un bordel. Fauteuils de velours rouge vif trop rembourrés, tapis rouges, escalier blanc à double révolution dont les deux volées se rejoignaient à la hauteur du balcon. À l'origine, c'était une pièce vaste et solennelle. Elle était désormais parfaitement démodée. Tout le monde savait que c'était le séjour favori du juge Ritter. Après y avoir attendu pendant deux heures, ce décor ne présenta plus aucun attrait.

Ritter était dans sa chambre et il savait sûrement que les gens de l'A. C. L. U., ainsi que le procureur général, se trouvaient en bas. Mais il ne donnait pas signe de vie. Envisageant ce qu'il lui faudrait faire au cas où Ritter accorderait un sursis, Bob Hansen téléphona au juge Lewis. En qualité de membre de la Dixième Cour itinérante, ce magistrat était d'un rang plus élevé que Ritter et pouvait donc annuler ses arrêts. Hansen lui demanda s'il consentirait à tenir une audience exceptionnelle ce soir-là à Salt Lake.

Le juge Lewis répondit qu'il ne siégerait pas seul dans ce cas-là. Un juge fédéral unique prendrait une trop grande responsabilité en annulant l'arrêt d'un autre magistrat, surtout si sa décision provoquait l'exécution d'un homme.

À 9 heures, Dabney céda à son impatience et demanda à l'employé de la réception de rappeler une fois de plus au juge Ritter leur présence dans le vestibule. Il lui envoya en même temps le dossier par un chasseur. Beaucoup plus rapidement que Dabney l'espérait, le juge Ritter téléphona que tout le monde devait traverser la rue pour se rendre au palais de Justice où le gardien de service les laisserait entrer.

Dabney transmit cette nouvelle à Hansen en prenant bien soin de ne pas le provoquer. Originaire de Virginie, il s'appelait en réalité Virginius Jinks Dabney. C'était un type de l'aspect le plus banal qui portait des lunettes cerclées d'écaille en toutes saisons, un costume de coutil en été et un veston de tweed en hiver. Il parlait avec désinvolture comme s'il connaissait tous ses interlocuteurs depuis une dizaine d'années mais n'élevait jamais la voix. De toute évidence, il chercha en cette occasion à dédramatiser son message. Néanmoins, cette nouvelle affecta vivement Earl qui crut la partie perdue. Au début il avait espéré que le juge Ritter ne prendrait pas la peine d'étudier la requête. Les arguments juridiques étaient trop minimes et la mesure était prise trop tardivement. Son pessimisme augmenta lorsqu'il pensa que Bob Hansen n'assisterait pas à l'audience avec eux. Le procureur général craignait en effet que sa présence nuise à leur cause. Bob alla donc se coucher. Earl n'en fut que plus déprimé. En prenant congé, le procureur général donna l'impression qu'il prenait du repos parce qu'il aurait besoin de toute sa vigueur plus tard.

Circuler dans les couloirs du palais de Justice obscurs, à peine éclairés par quelques veilleuses, avait quelque chose de sinistre. Mais quand les avocats eurent pris place, quelques reporters de faits divers criminels ou judiciaires entrèrent un à un dans la salle d'audience. Tout le monde commençait à percevoir la gravité de cet instant. Pourtant une longue attente commença alors.

Le substitut du procureur général siégeait à la table du défendant alors que Jinks Dabney et Judith Wolbach se trouvaient du côté des plaignants. Earl s'efforçait de conserver son sang-froid et se rappela qu'il avait négligé le contre-interrogatoire de Schiller lors du procès. Il avait beau se raisonner, il était furieux. Il estimait que l'A. C. L. U. se conduisait malhonnêtement en se présentant aussi tardivement devant la Cour. Peu lui importait que ses arguments fussent inconsistants. Soutenir n'importe quelle cause, même à peine plausible, n'a certes rien d'immoral, se disait-il. On peut toujours essayer même avec une infime chance sur cent. Mais l'immoralité résidait dans le fait que l'A. C. L. U. agissait la nuit précédant l'exécution. Que se serait-il passé si Earl et ses collaborateurs n'avaient pas consacré de nombreuses heures de travail à préparer leurs ripostes à de telles requêtes. S'ils n'avaient pas aussi bien prévu toute éventualité, l'A. C. L. U. les aurait vaincus par surprise. C'eût été déloyal envers l'État d'Utah.

II

À la table des demandeurs, Judith Wolbach était assez furieuse, elle aussi. Jinks Dabney était un bon avocat plaidant mais elle-même n'avait guère l'expérience d'affaires de ce genre et en voulait à son A. C. L. U. Pourquoi, dans un cas aussi capital, l'Association s'en remettait-elle à une avocate aussi peu qualifiée qu'elle et à Jinks qui n'y tenait guère ? Malgré ses qualités professionnelles, il adhérait sans enthousiasme à l'A. C. L. U. Jinks avait en effet une carrière prometteuse devant lui à Salt Lake. Un jeune ambitieux n'avait rien à gagner en se présentant aux yeux des archi-conservateurs mormons comme défenseur des libertés civiques. Où étaient-ils donc, tous les grands ténors de l'A. C. L. U. des cabinets juridiques réputés de l'Est qui devaient apporter le secours de leur formidable expérience judiciaire ? Judith ne comprenait pas. Une affaire aussi importante et intéressante abandonnée au talent local !

Elle avait mis en jeu toutes les ruses qu'elle pouvait imaginer, y compris le communiqué aux journaux de sa conversation avec Melvin Belli pour effrayer Bob Hansen. Si l'Utah perdait quelques millions de dollars par sa faute, ce serait désastreux pour la carrière du procureur général. Tout ce qu'elle avait obtenu pour sa peine ne fut qu'une réponse pompeuse et ahurissante. Hansen affirmait que le caractère constitutionnel de la peine capitale en Utah ne pouvait être mis en question. Pas de questions ? Bien sûr, seule une Chambre législative composée d'idiots pouvait voter une loi ne prévoyant pas de recours obligatoire contre une condamnation à mort. Même les réactionnaires les plus prudents admettaient qu'il fallait n'appliquer cette peine qu'avec la plus grande prudence. Personne ne voulait plus de bain de sang. Même en se plaçant au point de vue des conservateurs, le meilleur moyen de valoriser la peine capitale consistait à monter en épingle toutes les mesures prises afin d'éviter de tuer un homme pour trop peu. Pourtant l'Utah – ce bon vieil Utah – avait négligé de rendre le recours obligatoire. Il agissait comme un enfant idiot.

Tout cela n'empêchait pas cet appel au nom des contribuables d'être incongru. Judith s'en rendait compte. Elle ne se réjouissait que d'une chose : cette mesure lui avait permis d'écrire au gouverneur, au lieutenant-gouverneur, au procureur général et au directeur de la prison, en les accusant catégoriquement de dépenses illégales. Elle aurait voulu voir leur tête lorsqu'ils avaient lu ça. Ces lettres leur avaient été remises par la propre fille de Judith qui, peut-être en raison du sang juif de son père, s'intéressait beaucoup à la politique. Elle avait même été bouleversée en apprenant que sa mère pratiquait le droit pour gagner de l'argent. Elle trouvait ça mal. À ses yeux, personne ne devait se soucier d'argent. On devait au contraire aller de l'avant et plaider à des fins politiques. Dieu bénisse son cœur, pensait Judith Wolbach. Et pourtant, ce dimanche-là, étant donné les faibles ressources de l'A. C. L. U., Judith n'aurait pu faire livrer ces lettres aux défendants si sa fille ne lui avait pas servi de courrier.

III

Tout en attendant, Jinks Dabney se rappela les anecdotes qu'il avait entendues au sujet du juge Ritter. D'après des gens qui connaissaient bien ce magistrat, il se considérait comme un avant-poste du bon sens dans un désert de folie. On l'accusait de mener une vendetta contre les saints des derniers jours. Il le niait et estimait même qu'il ne valait pas la peine de se venger des mormons. Catholique dans son enfance, il ne croyait plus à d'autre livre saint que la Constitution des États-Unis. Il n'avait aucune indulgence envers ceux qui cherchent à s'emparer de l'esprit des gens en usant d'une doctrine religieuse. En outre, la manière dont l'Église mormone gérait ses terres, dirigeait les banques et dominait les politiciens lui déplaisait. Il en était plus offensé que par n'importe quelle doctrine religieuse car il les trouvait toutes stupides. Pensez aux miracles de Joseph Smith ! D'autre part, ce juge ne se prononcerait jamais contre les mormons en raison de leurs croyances. Il aimait à penser que, dans chaque affaire, il respectait profondément les seuls faits.

L'attitude de Ritter envers l'incompétence de certains avocats suffisait pour instiller la peur au ventre de bien des membres du barreau, mormons ou pas. Il lui arriva une fois d'être tellement écœuré par la manière dont procédait un avocat qu'il lui demanda : « Combien avez-vous réclamé à votre client ?

— Cinq cents dollars, Votre Honneur. »

Le juge se tourna alors vers le client et lui dit : « Vous avez déjà payé votre amende. Ne donnez plus un sou à votre défenseur. »

Le malheureux avocat aurait voulu disparaître sous sa table.

À un autre qui parlait trop bas, Ritter demanda : « Pourquoi chuchotez-vous ainsi ?

— Parce que j'ai peur. »

Même le plus chevronné des avocats plaidants n'entrait dans la salle d'audience du juge Ritter qu'à la manière dont le commun des mortels pénètre dans le cabinet du dentiste. Mais Ritter discernait plus rapidement l'orientation des débats que le dentiste ne localise la carie. Il engueulait ceux qui lui faisaient perdre son temps. Sous ses yeux, il ne fallait pas seulement bien agir mais aussi agir vite.

Même les partisans de Ritter convenaient que son impatience lui avait valu bien des ennuis. Quand il y voyait clair dans une affaire, il rédigeait son arrêt sans se soucier d'exposer longuement ses attendus, en les appuyant sur cinquante ou cent citations. Alors, la Dixième Cour itinérante annulait son jugement en donnant, elle, pour attendu que le dossier n'était pas complet. Ensuite, la Cour suprême confirmait le jugement de Ritter. « Ces gens-là sont simplement trop stupides pour comprendre que j'ai raison », disait-il de la Dixième Cour. Il est vrai que la Cour suprême des États-Unis l'approuvait aussi souvent que la Cour itinérante le désapprouvait.

Évidemment son mépris pour les magistrats, qu'il jugeait inintelligents, empêchait Ritter de réaliser que le plaideur en faveur de qui il se prononçait y perdait le plus, quand la Dixième Cour annulait son jugement, même si la Cour suprême le confirmait, deux ou trois années après. Il était souvent trop tard pour que le malheureux en bénéficie.

Ces anecdotes avaient pris un caractère légendaire au palais de justice de Salt Lake. Mais Dabney s'était aussi entretenu avec des gens qui connaissaient assez bien Ritter pour parler de sa vie privée. À ce sujet-là, les légendes n'avaient rien de véridique. En réalité, Ritter menait une vie solitaire. Presque tous les jours, il ne sortait de son appartement au Newhouse Hotel que pour traverser la rue et aller à sa Cour. Il avait la réputation de boire et de trop s'intéresser aux femmes. Peut-être l'avait-il fait autrefois quand il enseignait à l'école de droit, mais durant les dernières années personne ne l'avait vu avec une femme et il buvait rarement. Depuis longtemps on racontait que le meilleur bar de la ville était le cabinet du juge Ritter. C'était assez vrai. Willis Ritter cachait de bonnes choses sous son bureau. Il lui arrivait d'inviter un avocat à prendre un verre avec lui mais il n'avait rien d'un alcoolique. Voilà longtemps que les médecins lui avaient recommandé de boire modérément et il suivait ce conseil. Pour s'en tenir aux seuls faits, personne ne l'avait vu en état d'ébriété depuis des années. Une fois, lors d'un voyage à San Francisco, Craig Smay, son greffier, s'était donné un mal du diable pour trouver une bouteille du scotch préféré de Ritter, du Glen Livet. Mais par la suite la bouteille resta six mois sous le bureau du juge et finalement il la donna à Smay sans l'avoir débouchée. Il ne pouvait pas boire. Le souci de sa santé le lui interdisait. Il était sujet à des crises cardiaques. Il subissait une opération chirurgicale tous les trois ou quatre mois. Cela ne l'empêchait pas de revenir au prétoire quinze jours plus tard avec des allures d'athlète olympique, aux cheveux blancs et au visage rubicond. Il avait une incroyable aptitude à récupérer.

C'était un solitaire. Il ne fréquentait que quelques avocats et reporters qu'il connaissait de longue date. Depuis que les mormons avaient proféré des accusations contre lui, sous la présidence de Harry Truman, Ritter avait cessé de se faire des relations et on ne l'avait vu en compagnie qu'une seule fois, celle où il avait invité Craig Smay et sa femme à dîner. Lorsque ces derniers arrivèrent à l'hôtel, on les conduisit dans un salon particulier où ils trouvèrent vingt-cinq à trente personnes autour d'une grande table : des gens âgés avec leurs enfants et leurs petits-enfants. Tous l'appelaient Bill. Leur amitié remontait au temps de son enfance. Jusqu'alors Craig Smay n'avait jamais pensé que ce juge, comme tous les autres êtres humains, avait un prénom.

Étant donné la longueur de l'attente, mieux valait n'évoquer que les histoires encourageantes au sujet de Ritter. Aussi Dabney se rappelait-il avec délice l'histoire de Ritter et des mustangs sauvages. Des Peaux-Rouges poursuivaient le gouvernement fédéral parce qu'on avait saisi quelques centaines de mustangs dans leur réserve pour les envoyer aux abattoirs. Ritter leur accorda deux cents dollars par cheval. L'administration fit appel et la Cour annula ce jugement. Mais l'affaire lui revint. Au cours du procès suivant le chef de la tribu indienne déclara qu'il s'agissait de poneys *cérémoniels*. De ce fait le magistrat décida que chacun valait quatre cents dollars.

Plus tard Ritter confia à quelques amis sur quel fait il s'était fondé pour estimer que le gouvernement devait payer et bien payer : les chevaux avaient été entassés dans un wagon à claire-voie, la jambe d'un des mustangs passait à travers les barreaux ; les gens qui s'étaient chargés de ce travail auraient dû ouvrir une porte, ramener la jambe du cheval à l'intérieur et le remettre d'aplomb ; mais ç'aurait été trop compliqué ; aussi quelqu'un prit-il une tronçonneuse pour couper la jambe du cheval. De toute façon on avait capturé ces chevaux pour fabriquer de la pâtée à l'usage des chiens. Ritter en concluait : « Cela montre l'attitude cavalière du gouvernement envers nos chevaux. »

Dabney se dit à lui-même : au moins ce magistrat n'est jamais ennuyeux. En quittant sa salle d'audience on pouvait penser : « Il n'y a pas d'autre prétoire comme celui-ci dans tout le pays. » Gagnant et perdant pouvaient se féliciter d'avoir vécu une expérience exceptionnelle. Le juge Learned Hand n'avait-il pas écrit que Willis Ritter était doué de l'esprit le plus fin qu'il eût jamais rencontré dans un prétoire. C'est cette opinion qui donnait confiance à Dabney.

IV

Quand le juge Ritter apparut enfin, Earl estima qu'il paraissait étonnamment en forme pour un samedi soir à près de minuit. Sa voix, aussi grave et tonnante que celle du Très-Haut, impressionna Judy Wolbach. Ritter se contenta de dire : « Les documents sont en ordre. Je vous écoute. » À cet instant, elle tomba amoureuse de lui. Voix lente, profonde, aux nombreuses harmoniques. Quel bel homme, replet, à l'air sévère. Si Dieu avait eu quatre-vingts ans à l'époque, il ressemblait à Ritter lors du déluge.

Gil Athay se trouvait dans la salle d'audience. Judy le remarqua et vit aussi les principaux avocats libéraux de la ville tels que Richard Giauque, Danny Berman, son associé, c'est-à-dire le gratin des éléments avancés de Salt Lake. Leur présence devait encourager Jinks. Cet avocat, en effet, aimait plaider et, même dans des circonstances aussi exceptionnelles, il n'hésita pas le moins du monde. Il commençait par une présentation succincte et parfaite du cas. C'est pourquoi il réussissait si bien devant les tribunaux. Judy se dit que, si elle avait parlé à sa place, elle aurait perdu du temps à faire remarquer que le procureur général Hansen n'avait même pas le courage de comparaître. C'eût été une erreur. Jinks, quant à lui, entra droit dans le vif du sujet.

Dabney avait plaidé vingt-cinq ou trente fois devant Ritter dont deux fois en présence d'un jury. Peut-être ce que l'on racontait à son sujet n'était-il que bavardage, mais tous les avocats n'en redoutaient pas moins de heurter un point sensible de ce magistrat. Dans de tels cas, il était capable d'interrompre les débats et de prononcer son arrêt sur-le-champ. Étant donné l'amour de Ritter pour la procédure expéditive, Dabney aurait dû être bref et il prenait un risque en parlant longuement ce soir-là. Mais la validité douteuse de sa requête justifiait cet écart.

« Votre Honneur, nous nous sommes efforcés d'obtenir justice devant pratiquement tous les tribunaux de ce pays et nous faisons ici, à cet instant, notre dernière tentative pour empêcher ce que nous considérons comme un acte clairement inconstitutionnel, accompli par l'État d'Utah : exécuter un homme avant que la loi sur la peine capitale n'ait été examinée soit par la Cour suprême de l'Utah, soit par la Cour suprême des États-Unis… »

Dabney n'avait pas écrit sa plaidoirie. Ce qu'il avait à dire tenait en cinq piles de feuillets. Une fois lancé, il pouvait y prélever un groupe de notes et en analyser les détails. Mais il devait d'abord résumer sa plainte. Puisqu'il s'agissait d'un procès engagé au nom des contribuables, il fallait démontrer que les fonds publics étaient en l'occurrence dépensés d'une manière « illégale ». Ensuite, il exposa que si une instance suprême jugeait inconstitutionnel le code de l'Utah, cet État serait redevable.

Ayant terminé son introduction, Dabney eut l'idée d'ajouter un argument qui ne figurait pas dans sa requête : « Il nous est revenu récemment que M. Gilmore envisagerait d'agir pour sauver sa vie si Nicole Barrett le lui conseillait. » Étant donné que ce fait lui était *revenu* au cours d'une discussion avec quelques autres avocats de l'A. C. L. U., plus une brève conversation sans grand intérêt avec Stanger, Dabney s'empressa d'ajouter : « Nous ne pouvons affirmer avec certitude que nous avons là un élément nous permettant de demander un sursis. Mais si tel est vraiment l'état d'esprit de M. Gilmore, nous devrions lui permettre d'avoir contact avec Mlle Barrett en présence de l'avocat de cette dernière ou d'un psychiatre désigné par la Cour, afin de juger s'il changerait de point de vue. Cela me paraît une requête bien minime, compte tenu du fait que nous nous trouvons au seuil de l'exécution d'un homme. »

Dabney lança cet argument parce qu'il lui paraissait bon. Cela pouvait émouvoir suffisamment le juge pour l'incliner à se prononcer en faveur de l'A. C. L. U. Souvent, afin de l'emporter dans une affaire de ce genre, il ne faut pas seulement fournir au magistrat de bonnes raisons légales qui satisfont son esprit, mais aussi lui assener un argument qui agit sur ses entrailles. Dabney n'allait pas tarder à plaider que la loi sur la peine de mort en Utah était nulle et non avenue. Mais Ritter pouvait décider que l'A. C. L. U. avait raison en ajoutant : « Gary Gilmore veut mourir, alors pourquoi tant d'histoires ? » Or, s'il était possible de lui suggérer que Gilmore pourrait changer d'avis au sujet de son exécution et que, pour cela, il suffirait d'une rencontre avec Nicole !… Eh bien, Dabney espérait que cela pourrait convenir à Ritter…

Ensuite l'avocat passa aux questions strictement juridiques. La loi de l'Utah ne prévoyait pas de révision obligatoire. Cela supprimait une précaution capitale. Il fallait toujours en appeler d'une sentence de mort, que le condamné le voulût ou pas. Faute de cela, comment protéger d'autres accusés dans des cas subséquents. Le premier juge pourrait avoir commis une grave erreur judiciaire qui se répéterait.

Puis Dabney aborda la Constitution. Tout le monde savait que le juge Ritter en conservait un exemplaire écorné sur son bureau depuis le temps où il fréquentait l'école de droit, cinquante années auparavant. Jinks fit donc remarquer que, dans cette affaire, les Huitième et Quatorzième amendements seraient enfreints. Ils exigent, en effet, que la peine de mort ne soit jamais infligée « par caprice » ou « d'une manière arbitraire ».

À coup sûr, Earl Dorius allait citer l'opinion de la majorité des juges de la Cour suprême dans l'affaire Bessie Gilmore. Dabney le devança. « Gary Gilmore sait parfaitement qu'il a le droit d'en appeler à la Cour suprême de l'État d'Utah. Il s'est abstenu. » Dabney lut ces mots à pleine voix. Selon lui, ils signifiaient que Gilmore avait le droit d'en appeler ou de ne pas le faire mais il ne fallait pas perdre de vue que la question de l'appel obligatoire n'avait pas été soulevée devant la Cour. Mieux encore, le juge White avait même dit que Gilmore n'était pas à même « d'abandonner le droit à une révision par appel au niveau de l'État ». Burger avait même ajouté : « La question n'est même pas posée devant nous. » Par conséquent, insista Dabney, la Cour suprême n'avait pas statué sur la requête de Bessie Gilmore. Au contraire. Compte tenu de la décision dans les affaires *Gregg C/Georgie, Proffitt C/Floride* et *Jurek C/Texas*, la Cour suprême avait confirmé les lois exigeant révision obligatoire et, en outre, les affaires *Collins C/Arkansas* et *Neal C/Arkansas* avaient été renvoyées par la Cour suprême, précisément en raison de l'absence de révision obligatoire.

« Votre Honneur, dit Dabney, c'est ici, dans cette Cour, que se trouve la dernière occasion de faire prévaloir la justice. » Ainsi conclut-il sa plaidoirie.

V

Dorius entreprit de répondre. L'audience avait été demandée parce que « de l'argent de la fédération serait dépensé illégalement… dans le but d'exécuter Gary Mark Gilmore ». Néanmoins, poursuivit Earl, « aucun subside fédéral n'a été affecté spécifiquement pour cette exécution, à notre connaissance. »

Cet argument aurait permis d'obtenir une décision sur-le-champ. Le juge Ritter prit la parole pour la première fois. « Qu'avez-vous à répondre à cela, monsieur Dabney ?

— Plaise à la Cour de savoir que d'après nos renseignements le budget correctif pour l'année fiscale 1976-1977 comporte une subvention fédérale de cinq cent un mille dollars. »

Dorius répliqua qu'il s'agissait d'une subvention à usage général. « Les demandeurs sont incapables de prouver que n'importe quelle partie de cette somme a été affectée aux frais de l'exécution. »

Dabney était prêt à répondre. « Une subvention fédérale d'un demi-million a été affectée au service pénitentiaire de l'Utah, dit-il. Je présume que le service pénitentiaire de l'Utah a quelque rapport avec l'exécution projetée de Gary Gilmore. » Mais le juge Ritter ayant laissé passer l'assertion de Dorius sans commentaire et ne paraissant pas particulièrement pressé cette nuit-là, Dabney n'insista pas.

Earl Dorius reviendrait certainement sur ce point. Dabney tenait en effet en réserve une décision fort appropriée de la Cour suprême. Elle donnerait quelque consistance à sa douteuse requête au nom des contribuables. Mais il ne voulait pas s'en servir trop tôt. Cet arrêt datait, en effet, de plus de dix ans et des jugements subséquents de la même Cour suprême en avaient affaibli l'effet. Mieux valait donc ne l'utiliser qu'en dernier recours afin de ne pas donner à la partie adverse trop de moyens de manœuvrer.

Voici quel fut l'argument suivant de Dorius : « Les questions soulevées cette nuit sous le prétexte d'une requête de dernière heure portent sur des problèmes dont les demandeurs connaissaient les données depuis au moins deux mois. » Ils avaient pris un retard énorme pour engager leur action. Dans l'affaire *Gomports C/Chase*, concernant un cas de déségrégation scolaire, soumis à la Cour suprême en 1971, le juge Marshall avait admis que « dans des circonstances normales la plainte serait recevable » mais la demande avait été formulée trop tard et le juge Marshall l'avait donc repoussée. En soumettant sa requête « à peine neuf heures avant l'exécution », l'A. C. L. U. « se trouve dans un cas fort analogue à celui de l'affaire *Gomports* ». Et Dorius conclut : « Les demandeurs ont trop longtemps fait preuve de carence. »

Bill Evans prit à son tour la parole au nom du parquet général. Selon lui, la Cour suprême n'exigeait que deux conditions dans les cas de peine capitale. La première consistait en un procès séparé pour le seul condamné et une audience sur laquelle il est statué quant aux circonstances atténuantes. La loi de l'Utah en tenait compte. La seconde condition exigeait que le magistrat prononçant la sentence soit muni des éléments d'appréciation nécessaires. Cette condition est aussi respectée dans le système juridique de l'État d'Utah. En outre, la Cour suprême n'a jamais jugé que l'appel obligatoire seul peut la satisfaire.

Bill Barret parla ensuite. « En déposant cette requête au nom des contribuables, les demandeurs cherchent à faire surseoir à une exécution mais pas à empêcher une dépense injustifiée de l'argent provenant des impôts. Ils n'ont pas prouvé qu'ils défendent de bonne foi le portefeuille des contribuables. » Argument bref mais efficace. Dabney sentit qu'il était temps d'avancer un moyen de défense particulier.

« Si Votre Honneur le permet, dit Dabney, je ferai remarquer que M. Barrett a négligé une affaire fort significative lorsqu'il a traité de la question en suspens. Il s'agit d'une décision de la Cour suprême des États-Unis dans l'affaire *Flast C/Cohen* datant de 1968. Dans ce cas, Votre Honneur, il s'agissait d'une requête de contribuables tendant à empêcher l'attribution de certains fonds par la Chambre des représentants et le Sénat. Le juge suprême Warren statua que cette requête était déposée du seul fait que les demandeurs figuraient au nombre des contribuables du gouvernement des États-Unis. Néanmoins, le juge suprême Warren estima que leur action était valable.

— Répétez-moi ça », dit le juge Ritter qui releva la tête pour la première fois.

Tel était le nœud du problème et Dabney le sentit. C'est sur ce point qu'il l'emporterait ou non. L'élément d'après lequel le juge suprême Warren s'était prononcé en faveur des contribuables, expliqua-t-il, consistait en « un concept d'équilibre entre la somme en cause d'une part et le type d'intérêt légal d'autre part ». Dans le cas de poursuite par les contribuables où le danger couru par les droits du public n'est pas important, mais où la somme en cause l'est, l'action est légitimée. « D'autre part, si l'intérêt juridique présente une importance extrême, la Cour n'a pas lieu de se soucier de l'intérêt financier. » Lorsqu'on est faible sur un point, on doit être fort sur l'autre. Étant donné que la peine de mort est la sentence ultime, il semblait à Dabney que les demandeurs n'avaient pas à prouver que des sommes importantes étaient en jeu. La question de droit en cause importait tellement que la somme pouvait être minime.

VI

À partir de cet instant, Dabney se sentit plus fort. Ritter n'avait pas répondu mais l'avocat avait le sentiment de se mouvoir sur un terrain plus ferme. Désormais il pouvait aborder d'autres aspects de l'affaire.

« Nos adversaires disent que M. Gilmore a comparu devant la Cour suprême de l'Utah, dit Dabney. Au cours de cette audience, Votre Honneur, on a seulement posé des questions à Gilmore. « Voulez-vous ou ne voulez-vous pas en appeler ? » Il a répondu : « Je ne le veux pas. » On lui a demandé : « Savez-vous ce que vous faites ? » Il a répondu : « Oui, je le sais. » Alors, les magistrats ont dit : « Très bien. Nous annulons l'appel. » Voici comment s'est déroulée l'audience. Le fait que M. Gilmore refuse de recourir contre la sentence qui le frappe ne permet pas à la Cour suprême de l'Utah de ne pas tenir compte de l'appel. Il doit obligatoirement y avoir révision en appel. Or, une audience de vingt minutes devant la Cour suprême de l'Utah ne saurait être considérée comme une révision. Quel que fût le désir de Gilmore, la Cour suprême de l'Utah devait prendre l'affaire en main. Comme elle ne l'a pas fait, nous ne pouvons savoir si la condamnation à mort de M. Gilmore contrevient aux Huitième et Quatorzième amendements de la Constitution des États-Unis, tels que les interprète la Cour suprême des États-Unis. La seule manière de savoir s'il s'agit d'une sentence *capricieuse* ou *arbitraire* consiste à comparer le cas de Gilmore avec tous les autres cas d'appel portant sur la peine de mort. Le cas de Gilmore n'a été comparé avec rien du tout. Je ne parviens pas à comprendre pourquoi la Cour suprême de l'Utah n'avait même pas le procès-verbal de l'audience au cours de laquelle Gilmore fut condamné, ni le texte de la sentence. »

Evans se leva. « Votre Honneur, nous avançons qu'il serait catégoriquement illogique de la part de la Cour suprême des États-Unis de statuer que M. Gilmore a délibérément et en connaissance de cause passé outre à son droit de recours si, en réalité, d'après cette même Cour suprême, il doit obligatoirement y avoir appel. Nous nous trouvons là devant un manque de logique patent. Une des deux opinions élimine totalement l'autre. »

Dabney répondit : « J'estime que l'État d'Utah n'apprécie pas à sa juste valeur la question que nous avons soulevée. Nous ne nous soucions pas du fait que Gary Gilmore a fait fi de son droit d'appel. La question qui se pose est celle-ci : L'État a-t-il le droit d'exécuter un individu en infraction des Huitième et Quatorzième amendements ? Peut-il le faire par caprice et arbitrairement ? La seule manière d'examiner la question consiste à comparer tous les cas de condamnation à mort à un niveau d'appel. »

À ce moment-là, le juge Ritter interrompit l'avocat en disant avec un accent acerbe : « Je crois que je comprends. »

Dabney hocha la tête. Il avait reçu un avertissement. « Cela dit, Votre Honneur, je terminerai ma plaidoirie en indiquant simplement que nous avons démontré la valeur de notre requête. Je me contenterai de rappeler que la présente audience nous donne notre dernière chance. Nous demandons respectueusement à la Cour de signer un ordre de sursis à l'exécution de M. Gilmore. Merci, Votre Honneur. »

Les représentants du parquet de l'État n'avaient rien à ajouter. Le juge suspendit la séance à 23 h 39.

VII

D'abord Judith crut que l'A. C. L. U. l'emportait. L'audience s'était si bien déroulée. Plaignants et défendants avaient eu le loisir de se faire entendre. Le prétoire n'avait cherché à presser personne ni énoncé quoi que ce fût qui pût passer pour un sous-entendu. Le juge Ritter avait à peine parlé puis il était parti. Par malheur, il ne revenait pas. Au bout de vingt minutes, Judy Wolbach commença à s'inquiéter.

Une heure plus tard, elle ne comprenait plus ce qui se passait. Si Ritter temporisait autant, c'était sans doute parce qu'il statuait contre la requête. Étant donné la qualité de la plaidoirie de Dabney, il lui serait difficile, tant au point de vue judiciaire que moral, pensait-elle, de laisser exécuter Gilmore. Si le juge mettait si longtemps, c'était parce qu'il avait honte de se présenter. Judy sentit de nouveau combien la valeur de leur action était douteuse.

De l'autre côté de la salle d'audience, Earl Dorius en arrivait aux suppositions inverses, précisément parce que le juge Ritter prenait aussi longtemps. En général, ce magistrat n'écrivait pas ses jugements. Il les prononçait dans le prétoire, parfois une fraction de seconde après que le dernier avocat eût terminé. Le fait qu'il rédigeait ses attendus par écrit suggérait qu'il s'efforçait de rédiger un jugement suffisamment bien raisonné pour tenir devant une instance supérieure. Mike Deamer partageait l'opinion d'Earl. Il alla téléphoner à Bob Hansen qu'il prévoyait la défaite. Dans ce cas-là, dit Hansen à Deamer, il leur faudrait aller au siège du gouvernement de l'État dès le prononcé du jugement.

La suspension de séance dura vraiment longtemps. Les avocats se mêlèrent aux reporters. Tout le monde paraissait gêné. Earl eut conscience de la fatigue qu'il éprouvait depuis quelques jours. Un procès après l'autre, plus vivement que les oiseaux passent, volant au-dessus de nous.

À peu près à ce moment-là, à quatre-vingts kilomètres, Noall Wootton alla se coucher. Mais il ne parvint pas à dormir. Dans la quiétude de la nuit à Provo, il restait éveillé après minuit. Wootton attendait 6 heures du matin, moment où l'enquêteur viendrait le chercher pour le conduire à la prison de l'État afin d'assister en témoin à l'exécution.

33. La dernière cassette de Gilmore

I

Vers 1 heure du matin, alors que tout le monde somnolait, Gary alla au bureau du lieutenant Fagan pour téléphoner à Larry Schiller, au motel TraveLodge. Schiller, qui attendait auprès de son appareil, décrocha immédiatement. Toutes les questions du mois dernier se pressaient sur ses lèvres. « Comment ça va, champion ? Tels furent ses premiers mots.

— Très bien, dit Gilmore. Que voulez-vous me demander. Que voulez-vous savoir ?

— Je voudrais revenir sur deux ou trois questions.

— Puis-je vous dire quelque chose personnellement.

— Certainement. Je tiens à ce que vous me parliez personnellement.

— Vous avez vexé mon frère et ça ne me plaît pas.

— Oui, j'ai déjà entendu ça sur une cassette.

— Eh bien ! je tenais à vous dire personnellement que je n'aime pas ça. »

Schiller se dit que son interlocuteur ne paraissait pas tellement fâché et qu'il avait tenu à éliminer cette question pour passer à autre chose. Il toussota pour s'éclaircir la voix et dit : « D'accord. Pouvons-nous passer outre ?

— Allez-y. »

Schiller aborda immédiatement le sujet : « À cet instant, Gary, à 1 heure du matin...

— Pardon, dit Gilmore.

— À 1 heure du matin, reprit Larry en lisant une fiche, estimez-vous que vous ayez encore quelque chose à me cacher au sujet de votre vie ?

— Quel genre de chose ?

— Je ne vous demande pas de me confier de quoi il s'agit mais seulement si vous estimez bon de me cacher quelque chose. »

Gilmore soupira puis demanda : « Avez-vous une idée précise en tête ?

— Eh bien ! disons… Avez-vous jamais tué quelqu'un d'autre que Jensen et Buschnell ? »

Peut-être était-ce plus ou moins une idée romanesque mais il semblait à Schiller qu'au seuil de la mort, tout homme devait se sentir prêt à révéler sa personnalité entière et Schiller avait vraiment envie de savoir si Gilmore avait commis d'autres meurtres auparavant. Il répéta donc sa question.

« Non, dit Gilmore sèchement.

— Non », répéta Schiller. Encore une déception. Silence. Impossible de continuer sur cette voie. Il fallait aborder d'autres sujets.

« Y a-t-il eu dans vos relations avec votre mère ou votre père un élément qui vous soit strictement personnel et dont vous préférez ne pas parler, même au moment de votre mort ? » Schiller se demandait quel genre de relations cette mère pouvait avoir avec son fils puisqu'elle n'allait pas le voir en un tel moment. Même si elle devait se faire porter sur une civière ! Schiller ne comprenait pas. Il devait exister entre eux quelque animosité souterraine : une chose que Gary lui avait faite ou qu'elle avait faite à Gary. Si seulement il pouvait saisir un début de piste relatif à ce mystère ! Mais personne n'avait pris contact avec Bessie Gilmore. Dave Johnston était allé seul à Portland pour le *L. A. Times* et n'avait pu lui parler. Pour qu'un homme comme Dave Johnston échoue, il fallait que cette dame n'eût vraiment pas envie de parler.

Gilmore jura et enchaîna en ces termes : « J'en ai vraiment ras le bol des questions de ce genre. Je me fous absolument de ce qu'a pu vous raconter qui que ce soit. Je vous ai dit la vérité, la foutue vérité. Ma mère est une femme sensas. Elle souffre depuis quatre ans d'arthrite aiguë et ne s'en est jamais plainte. Est-ce que cela vous indique quelque chose ?

— Ça m'en dit énormément à cet instant, répondit Schiller d'une voix rauque.

— Mon père a souvent été jeté en prison quand nous étions gosses, dit Gilmore. C'était un pilier de cabaret qui faisait souvent des fugues. Ma mère disait : « Eh bien ! il est parti. » Elle ne s'en souciait pas plus. Elle se débrouillait du mieux qu'elle pouvait et, mon vieux, elle était toujours là, nous avions toujours quelque chose à manger, il y avait toujours quelqu'un pour nous border dans notre lit.

— D'accord, dit Schiller, je vous crois.

— Et votre mère à vous ? demanda Gilmore.

— Ma mère était une femme revêche et dure, répondit Schiller. Elle travaillait tout le temps. Elle me laissait au cinéma avec mon frère. Nous regardions des films chaque jour pendant qu'elle frottait les planchers pour mon père. » Bien des années plus tard, Schiller s'était dit qu'une bonne part des mobiles du comportement humain dérive de ce que les films ont introduit dans la tête des spectateurs. Bien des gens jouent dans la vie le rôle de personnages qu'ils ont vu dans les films. Ce que Larry racontait à Gilmore dérivait d'un souvenir de cinéma. En réalité, sa famille n'avait connu de difficultés financières que pendant quelques années au cours desquelles sa mère avait dû, en effet, nettoyer des planchers de temps à autre. Mais l'idée d'une existence passée à genoux pouvait amadouer Gilmore.

« Ma mère était receveuse d'autobus, dit Gary. Elle n'avait pas d'argent mais elle peinait pour conserver une jolie maison entourée d'un jardin traversé par une allée sinueuse qui décrivait un cercle devant la porte. Elle y tenait. Elle désirait bien des choses. Elle a perdu la maison. Alors elle s'est installée dans une caravane. Elle ne s'en est jamais plainte.

— Alors, vous aimez vraiment votre mère, n'est-ce pas ? demanda Schiller.

— Foutre du diable ! oui, dit Gary. Je ne veux plus entendre de conneries d'après lesquelles ma mère aurait été méchante avec moi. Elle ne m'a jamais frappé. »

À cet instant, une voix intervint dans la communication. « Allô.

— Allô, répondit Garry.

— Est-ce bien monsieur Fagan ? demanda la voix.

— Qui est en ligne ? demanda Gary.

— Le directeur de la prison.

— Ici, monsieur Gilmore, dit Gary modestement. Je téléphone avec l'approbation de M. Fagan.

— Très bien, merci, dit Sam Smith qui ajouta même : excusez-moi. » Il raccrocha. Sa voix semblait indiquer qu'il s'était contenu. Schiller en conclut qu'il devait se presser.

Couché par terre sous la table, auprès de Schiller, Barry Farrell suivait la conversation grâce à un écouteur relié par un court cordon au magnétophone enregistreur. Schiller eut envie de voir le visage de Barry pour juger de sa réaction, mais étant donné l'angle sous lequel il le regarda, il ne vit que sa main écrivant sur un morceau de carton, grand comme une carte postale.

Schiller souleva une dernière fois la question que Gilmore avait toujours éludée. « Je crois que vous n'avez pas eu de chance, dit-il. Vous tombiez souvent dans la mouise. Vous étiez irritable, impatient, mais vous n'aviez rien d'un tueur. Il s'est produit quelque chose qui vous a transformé en un individu capable de tuer Jensen et Buschnell. Un incident, un sentiment, une émotion, un événement.

— J'ai toujours été capable de tuer, dit Gilmore. Il y a une partie de moi-même que je n'aime pas. Par moments je peux être totalement dénué de sentiment pour autrui, tout à fait insensible. Je sais que je suis en train de commettre quelque chose d'absolument affreux mais je continue et je le fais. »

Ce n'était pas exactement la réponse que Schiller espérait. Il aurait voulu qu'un événement épisodique détermine une transformation. « Cependant, dit-il, je ne comprends pas ce qui se passe dans l'esprit d'une personne quand elle décide de tuer.

— Écoutez donc, dit Gilmore. Une fois je roulais dans une rue de Portland. Je me baguenaudais tout simplement, à moitié saoul, et je vois deux types sortir d'un bar. J'étais jeunot, dix-neuf ou vingt ans, quelque chose comme ça. L'un des deux julots était un chicano d'à peu près mon âge et l'autre un connard plus vieux, dans les quarante balais. Je leur dis : « Dites donc, les gars, vous voulez voir des filles ? Montez. » Ils montèrent à l'arrière. J'avais une Chevrolet de 49, à quatre portes, vous savez. Ils y sont entrés. Je les ai conduits au canton de Clackamas… maintenant je vous raconte la vérité, je n'invente rien, je n'exagère rien, que la foudre m'arrache à mes bottes si je mens. Je jure à Jésus-Christ sur tout ce qu'il y a de sacré que je vous dis la vérité, la foutue vraie vérité. C'est une histoire étrange.

— D'accord.

— Alors ils s'assoient sur la banquette arrière, dit Gary.

En roulant je leur parle des nanas, j'en rajoute, je parle de leurs gros nichons, je dis qu'elles aiment baiser. Je raconte qu'il y avait une surprise-party là-bas et que je l'avais quittée parce qu'on manquait de types. La nuit était très noire. Mes deux types étaient à moitié soûls, eux aussi, et je les conduisais sur une route dans l'obscurité opaque. C'était une belle chaussée noire, plate, lisse en bon béton. C'est ainsi que je me la rappelle. J'ai glissé la main sous mon siège où je dissimulais toujours une batte de base-ball ou un tuyau de plomb, vous savez. J'ai glissé la main sous le siège… un instant. »

Schiller n'écoutait pas cette histoire. Il savait qu'elle s'enregistrait sur le magnétophone, aussi se pencha-t-il par-dessus la table pour voir si Barry avait une question à poser. Ce faisant, il entendait vaguement parler d'un tuyau de plomb ou d'une batte de base-ball mais soudain Gary s'exclama : « Foutu Jésus-Christ ! »

Schiller sentit qu'il s'était produit quelque chose d'inattendu.

Au bout d'un moment de silence, Gary reprit : « Le lieutenant Fagan vient de me dire que Ritter a ordonné un sursis. Enfant de salaud, foutu salopard de merde !

— Bon, dit Schiller. Tâchons de tenir le coup. Vous en avez l'habitude. » Il voulait entendre la suite de l'histoire.

Mais il entendit seulement Gary parler à Fagan.

« C'est certain, Ritter a ordonné un sursis, reprit Gary s'adressant de nouveau à Schiller. D'après lui, dépenser l'argent des contribuables pour me fusiller serait illégal.

— Oui », dit à mi-voix Schiller. Long temps d'arrêt puis Larry reprit : « Il est difficile de définir quelle est la plus cruelle torture. Ce que Ritter vient de faire est une cruauté.

— Oui, dit Gilmore. Ritter est un foutu connard, oui oui. Oui oui oui oui oui. C'est une pédale pourrie. Une action engagée par les contribuables !... Mais je paierai l'exécution de ma poche s'il le faut. J'achèterai les fusils, les balles et je paierai les tireurs. Jésus foutu damné Christ ! Je veux en finir. » On aurait cru qu'il allait pleurer.

« Vous avez, en effet, le droit d'en finir, un droit... un droit inaliénable.

— Prenez contact avec Hansen, dit Gilmore.

— Saisissez-vous des foutus téléphones, brailla Schiller à Lucinda et Debbie. Appelez-moi un certain Hansen, avocat à Salt Lake City.

— C'est le foutu procureur général de l'État d'Utah, dit Gary.

— Procureur général de l'État d'Utah d'accord, répéta Schiller en s'adressant aux jeunes filles.

— Dites-lui de s'adresser à un magistrat d'une juridiction supérieure, pour faire jeter à la poubelle la connerie de Ritter. »

« Peut-être ai-je trop vu de films moi-même », pensa Schiller. En entendant sa propre voix exhorter Gary à vivre, il reconnut le genre de propos encourageants qu'il avait entendus dans bien des navets.

« Gary, dit-il. Peut-être ne devez-vous pas mourir. Peut-être y a-t-il quelque chose de tellement phénoménal, tellement profond au fin fond de votre cœur que vous ne devez peut-être pas mourir dès maintenant. Il reste peut-être des choses à faire. Peut-être ne savons-nous pas de quoi il s'agit. Il se peut qu'en ne mourant pas, vous rendiez un énorme service au monde entier. La souffrance que vous endurez en ce moment pourrait être une expiation pour les deux vies que vous avez interrompues. Peut-être posez-vous les fondations de ce qui permettra à notre société et à notre civilisation de connaître un avenir meilleur. Le châtiment que vous subissez actuellement pourrait être pire que la peine de mort. Pourtant, il peut en résulter les plus grands biens. » Soudain Schiller réalisa qu'il s'impressionnait beaucoup plus lui-même qu'il n'émouvait Gilmore et il pensa : je vais avoir l'air d'un con sur la copie. Il se reprit et dit à haute voix : « Vous ne m'écoutez pas ?

— Comment ? demanda Gary. Si, j'écoute.

— Considérons le revers de la médaille, dit Schiller. Passons les prochaines heures ensemble. Actuellement on vous fait souffrir comme jamais personne n'a souffert. »

Lorsqu'il répondit, la voix de Gary suggérait qu'il allait éclater en sanglots. « Rendez-moi un service, dit-il. Il faut que je quitte ce téléphone parce que M. Fagan en a besoin. Mais ne lâchez pas vos filles.

— D'accord.

— Embrassez-les toutes les deux pour moi. Dites-leur de prendre contact avec M. Hansen. Trouvez ce qu'on peut faire pour annuler immédiatement l'ordre de l'autre type. Ce Ritter, quel con ! C'est un de ces connards capables de faire n'importe quoi à n'importe quel moment. Ensuite, rappelez-moi.

— Non, je ne peux pas vous appeler. Vous, appelez-moi.

— D'accord, dans une demi-heure.

— Une demi-heure. Tout ça, c'est terrible mais il n'y a pas de quoi en avoir la chiasse.

— Tout juste.

— C'est de la merde, reprit Larry, mais défendez-vous de la chiasse.

— Jésus-Christ, répondit Gary. Merde. Pisse. Dieu ! »

II

Le juge Ritter n'était revenu au prétoire qu'à 1 heure du matin. Il lut son ordonnance à pleine voix pour que tout le monde entende dans la salle d'audience. « Le caractère constitutionnel de la loi sur la peine de mort en Utah n'a été confirmé par aucune Cour… Jusqu'à ce que les doutes soient dissipés… il ne peut y avoir d'exécutions conformes à la loi. Le consentement du condamné n'autorise pas l'État à exécuter. » Judith Wolbach recommença à respirer librement et un élan de bonheur la bouleversa. La terreur qu'elle écartait de son esprit à grand-peine jusqu'alors s'envola très loin. Elle aurait volontiers embrassé le juge Ritter qui poursuivait sa lecture d'une voix forte malgré l'âge. « Nous constatons trop d'incertitudes dans la loi et trop de hâte à exécuter. » Mon Dieu ! cette voix rappelait celle de Franklin Delano Roosevelt dans les vieilles actualités cinématographiques. Puis le juge signa le sursis à exécuter demandé par Dabney et Wolbach, et fixa au 27 janvier, dix jours plus tard, à 10 heures du matin, une audience pour statuer sur le fonds.

Les substituts retournèrent piteusement au bureau du procureur général. Cependant, Bill Barrett, Bill Evans et Mike Deamer pensaient déjà aux prochaines mesures à prendre. Ils en arrivaient à peu près tous à la même conclusion : rédiger une requête de mandement et l'expédier à Denver. En outre, si le juge Bullock consentait à retarder l'exécution, elle pourrait avoir lieu à la date prévue bien que douze ou quatorze heures plus tard.

III

Le juge Bullock était allé à Salt Lake pour des raisons personnelles. À son retour chez lui, avant de se coucher, il écouta la radio et entendit parler du sursis. « Eh bien ! ça va », pensa-t-il. Le shérif avait envoyé une voiture banalisée qui s'était garée devant chez lui. Le juge Bullock ressortit et dit au policier : « Inutile de rester ici, vous pouvez rentrer chez vous. »

On avait appelé en fin d'après-midi du bureau du shérif pour prévenir le juge Bullock que des manifestations étaient à craindre devant chez lui… C'est pourquoi on avait fait garder son domicile. Le juge s'était dit : « Ma foi, je ne crains pas grand-chose pour ma propre sécurité. Mais, qui sait ? Ces gens sont capables de faire flamber une croix sur ma pelouse ou de se livrer à quelque autre chose de ce genre. » Il ne prévoyait pas de violences graves mais, pour protéger sa propriété, il avait accepté l'offre du shérif. Un minimum de surveillance éviterait à sa femme et ses enfants d'être dérangés, voire bouleversés.

Le juge Bullock ne s'inquiétait pas des gens du voisinage. Mais quand on exécute un condamné, des centaines de milliers de personnes perdent la tête dans tout le pays et certains d'entre eux pourraient venir près de chez lui. Il aurait pu s'agir de pacifistes adversaires de la violence mais qui tenaient quand même à se manifester. Le juge se répéta : « Oui, on pourrait brûler une croix sur ma pelouse. »

Mais puisque le juge Ritter avait ordonné un sursis, il n'y avait plus rien à craindre. Bullock alla donc se coucher en se disant que le parquet ferait appel devant la Dixième Cour itinérante des États-Unis et que, de là, on en recourrait à la Cour suprême. Peut-être les débats porteraient-ils sur d'autres points que ceux présentés au juge Ritter. Dans sa somnolence il se dit encore : « C'est le départ d'un fleuve judiciaire et je ne vivrai peut-être pas assez longtemps pour le voir atteindre la mer. » Certaines affaires, en effet, duraient jusqu'à vingt-cinq ans. Le juge Bullock s'endormit.

IV

Julie Jacoby était allée chez elle après la veillée pour se reposer un peu mais elle entendait retourner passer la nuit à la prison. Elle brancha la télévision pour quelques instants et apprit ainsi le sursis. À ce moment-là son mari l'appela de Sanibel, en Floride, où il se trouvait. Il lui dit qu'il l'avait vue sur le petit écran un peu plus tôt. On l'avait filmée à la veillée. Puis elle reçut un autre appel, cette fois d'une dame de l'A. C. L. U. avec qui elle devait se rendre à la prison le matin. « As-tu entendu la nouvelle ? demanda cette femme. Nous n'aurons pas besoin de nous lever aussi tôt. » Julie aussi croyait que l'ordonnance du juge Ritter ne pouvait être mise en cause. Elle alla donc se coucher elle aussi.

V

Au parloir, Stanger entendit un puissant grondement émis par les détenus du quartier de haute surveillance. Ce tonnerre roula le long des corridors, de rangée de cellules en rangée de cellules. Stanger avait alors oublié qu'il y avait tant de monde dans ce quartier de la prison et que les détenus écoutaient la radio avec des appareils à écouteurs. Tout à coup, on entendit ce bruit. Il n'aurait su dire si on applaudissait, acclamait ou déplorait. C'était un tonnerre sourd, comme celui d'un tremblement de terre. Soudain il perçut quand même : « Il y a sursis ! » Il alluma le poste de télévision. À cet instant, Gary revint du bureau de Fagan où il téléphonait. Il faillit foncer sur l'appareil. Stanger eut même l'impression qu'il allait démolir l'écran à coups de poing.

Cline Campbell avait déjà vu une ou deux fois Gary en colère. Chez lui, ça ne se manifestait pas comme chez la plupart des gens. Campbell avait jugé depuis longtemps que chez Gilmore la colère montait du fin fond de son être. D'autres peuvent frapper sur un mur, saisir un objet et le jeter par terre. Gilmore grinçait des dents et émettait un sourd grognement. Il serrait alors ses deux mains l'une contre l'autre et les pétrissait comme pour s'écraser les doigts. Cette nuit-là, quand on apprit l'ordonnance du juge Ritter, il sembla que Gary allait effectivement se briser les mains. Campbell ne l'avait jamais vu aussi furieux.

Bob Moody éprouva alors un choc qu'il attribua à un sursaut cardiaque. Rien n'aurait été plus ridicule que de dire à Gilmore : « Un instant, excusez-moi, Gary. Ils ne sont plus obligés de vous tuer ! » Mais Bob vit alors le visage de Gary. Cet homme s'était préparé à la mort, Moody ne savait pas comment : peut-être en stimulant sa volonté ou bien en épluchant ses craintes comme s'il se débarrassait de feuilles fanées. Quel que fût le moyen auquel il avait recouru, le juge Ritter venait de l'envoyer en enfer. Quelque chose s'effondrait en Gary. Il paraissait plus triste, plus menaçant mais moins impressionnant. Il circula dans le parloir en bougonnant : « Je me pendrai. Avant 8 heures du matin, je serai mort. Les lacets de souliers finiront par me servir. » Moody avait entendu parler des lacets de souliers. Stanger lui avait raconté qu'un jour où il se trouvait avec Gary dans le bureau de Fagan, ce dernier était sorti pour un instant. Moins de vingt secondes, dix à peine. En si peu de temps, Gary avait volé une paire de lacets de souliers dans le tiroir du bureau de Fagan. Il était tellement surveillé qu'il lui était pratiquement impossible de voler quoi que ce soit ou de conserver éventuellement le produit de son vol. Pourtant, il avait gardé les lacets pendant les derniers quinze jours et maintenant il parlait de s'en servir.

Moody et Stanger n'en pouvaient plus. Ils quittèrent le quartier de haute surveillance et se rendirent sur le parking où ils se mêlèrent aux journalistes. Tout à coup un rugissement retentit. De nombreux projecteurs s'allumèrent sur un camion de télévision qui quittait l'enceinte de la prison. À ce moment-là, Stanger et Moody apprirent par un reporter que le juge Ritter s'était fait conduire à la prison par un agent de la police fédérale pour s'assurer que son ordonnance serait remise en main propre à Sam Smith. Sans doute Ritter, malgré sa corpulence et son âge, s'était-il allongé sur le plancher de la voiture pour franchir le parking afin d'échapper à la vue de la presse. C'était bien de lui : remettre le document en personne pour s'assurer qu'il ne disparaîtrait pas entre deux lames de plancher.

Le juge parti, Moody et Stanger entendirent les journalistes se plaindre, outrés d'avoir été frustrés de la meilleure interview de la nuit. Déjà certains d'entre eux braillaient des titres. « Ritter livre l'ordonnance lui-même », dit l'un d'eux. « L'ordonnance en voiture avec Ritter », suggéra un autre. Détail curieux : tout le monde avait un mauvais goût dans la bouche. Les gens de la presse s'étaient réveillés de temps en temps pour faire tourner le moteur de leur voiture, avaient bu un coup de plus et s'étaient rendormis. Si l'ordonnance de sursis tenait, tout cela n'aurait servi à rien : une longue nuit de souffrance.

De retour au parloir, Moody constata que les autorités de la prison avaient décidé : « Ça va, plus de drogue pour Gary. » On ne pouvait en effet en donner à un banal pensionnaire du couloir de la mort. Peut-être y traînerait-il encore un mois ou plus. Alors voilà Gary furieux et qui, privé de calmants, dégringolait des sommets où il avait flotté pendant la soirée.

Au bout d'un moment, il s'isola dans une des petites pièces attenantes au parloir. Le Père Meersman avait apporté un magnétophone. Pendant toute la nuit Gary s'était proposé d'enregistrer, à l'intention de Nicole, une cassette qui lui serait remise après l'exécution. Stanger ne pouvait imaginer ce qu'il y raconterait mais il n'eut pas longtemps à attendre. Moins d'une demi-heure plus tard Gary s'assit auprès de Ron et lui dit : « Tenez, écoutez ça. »

VI

« Chérie je t'aime. Tu fais partie de moi et voilà longtemps au mois de mai nous nous sommes juré fidélité l'un à l'autre, chacun devait être le maître, le professeur, le bien-aimé de l'autre : Nicole et Gary, parce que nous nous connaissions depuis si longtemps. »

— Cette bande pourrait être terriblement intime, dit Stanger.

— Écoutez, ça suffit, répondit Gary. Nicole et moi avons parlé de choses plus intimes que vous ne pouvez l'imaginer. Je lui ai exposé chacune des idées qui me passaient par la tête et nous en avons discuté. (Gary hocha la tête et poursuivit :) Je voudrais que vous compreniez ce qui se passe entre nous quand nous nous entretenons. »

Stanger continua à écouter mais la bande aborda rapidement des questions sexuelles. Gary y parlait de la baiser en des points secrets de son corps. Ça devenait de plus en plus intime et cru. Stanger protesta de nouveau. « Écoutez, mon ami, ça devient vraiment trop personnel.

— Eh bien, qu'est-ce que vous en pensez ? demanda Gary.

— J'en pense que c'est très *très* intime. »

Dans cet enregistrement, la voix de Gary ne ressemblait pas à celle que Ron avait entendue jusqu'alors. C'était une voix bizarre, pâteuse et qui paraissait même artificielle. De temps en temps, Gary s'appliquait à énoncer clairement ses mots. Puis il retombait dans les chevrotements et les murmures. Cela se débitait comme si chacune de ses personnalités parlait à tour de rôle, pensa Ron. Ou bien comme si un acteur mettait un masque, le retirait, en mettait un autre en changeant de voix à chaque fois. Parfois il parlait pompeusement, une autre fois, il paraissait sur le point de pleurer. Dans l'ensemble Stanger aurait préféré ne pas écouter. De temps en temps Gary s'éloignait. Ron appuyait sur le bouton du déroulement rapide pour ne pas être obligé de tout écouter. Cependant il s'étonnait : le discours était plus éloquent qu'il ne l'aurait prévu. Stanger ne savait pas s'il pourrait jamais adresser de telles paroles à l'objet de son amour.

VII

« Le meilleur moment pour y voir clair, c'est au petit matin. Tu vis dans un endroit pareil à celui où je suis. Tu n'aimes pas entendre sonner les cloches et brailler debout debout ou nous t'arracherons de ton lit. Moi aussi je suis obligé d'entendre claquer des portes d'acier, retentir des pas sur le béton et toute cette merde. C'est comme ça que je me réveille et tu comprends que je ne peux pas penser clairement. Pour bien réfléchir il faut du calme, de la détente. Eh lutin ! je t'aime. Je veux lécher ton petit cul. Foutu bon Dieu de merde, j'étais prêt à mourir. Oh les salauds ! Rappelle-toi que je t'aime. Mais, con comme tous les autres hommes, j'ai les idées un peu brouillées. Il y a aussi des tas de filles qui m'écrivent. Il y en a même de quatorze ans qui m'écrivent d'Honolulu. Elles s'appellent Stacy et Rory. Elles ne parlent que de baiser et de fumer de l'herbe mais pourtant tu sais, elles appartiennent à de bonnes familles. L'une m'a même écrit : “Parlez-moi de Nicole, je veux savoir comment elle est.” Je lui ai répondu : “C'est la plus belle fille du monde, la plus excitante et, avec moi, je voulais qu'elle soit presque tout le temps nue parce que c'est un ravissant lutin, un mignon petit lutin, le lutin, mon lutin. (Sa voix s'affaiblit puis il sembla se reprendre et poursuivit :) Elle m'a écrit de nouveau pour me dire : "Moi aussi j'ai des cheveux roux et des taches de rousseur." Ça se passait juste avant Noël et je leur ai envoyé cent dollars à chacune : un cadeau de Gary et Nicole. Elles ne le demandaient pas et n'espéraient même rien du tout. Mais j'aime faire des choses comme ça. (Il bégaya un peu et continua :) Je leur ai envoyé aussi à chacune un T-shirt Gary Gilmore et je leur ai demandé de les porter sans rien dessous. Bien des filles m'écrivent pour me raconter toutes sortes de choses et me dire qu'elles sont amoureuses de moi sans me connaître. Si elles me connaissaient elles ne m'aimeraient pas. En réalité elles sont amoureuses du connard de merde dont le nom paraît dans les journaux tous les jours. Je flirte avec elles par lettre, tu sais, mais je ne manque pas de préciser : "Écoute, nana, j'ai une amie et je ne voudrais pas te tromper, petit cul rose, parce que j'ai la fille la plus merveilleuse du monde. Elle fait partie de moi-même. "Eh bien ! c'est vrai, Nicole. Il n'y a que toi qui comptes, jamais une autre, jamais, jamais, jamais… je t'aime de tout ce que je suis. Je te donne mon cœur et mon âme. (Un soupir.) J'ai lu des choses dans le journal… on dit que cet enfant de salaud incita par son charisme hypnotique, son amie à se suicider… merde… je ne te dirai pas ce qu'il faut en penser. Comme tu me l'as dit, tu es dans une infirmerie de détention, surveillée par des chasseurs d'hommes. Tous ceux qui se livrent à des battues ne sont que des assassins. Tu as de l'argent, chérie. J'ai pris soixante phénobarbital. Je suis resté ailleurs pendant douze heures. J'ai une carcasse assez solide, tu sais, je ne l'ai pas esquintée en buvant et en fumant de trop parce que j'ai tant vécu en prison. Si vraiment on repousse mon exécution, je me pends et je les enfile tous dans leur foutu cul noir et velu. » À ce moment Gary reprit son souffle et se mit à chanter. Stanger n'avait jamais entendu une voix pareille, jamais dans le ton et Gary ne s'en rendait sûrement pas compte. Quand il croyait roucouler, il grognait et ses grognements s'étranglaient. Jamais une note juste. Après avoir chanté , « Le Rocher des âges », il s'exclama : « Dis donc, ma vieille, je t'ai dit que j'ai parlé à Johnny Cash, merde alors. (Rire.) Johnny Cash sait que je suis vivant, il sait que tu es vivante, il nous aime… Oh, Nicole… Je ne suis pas un type du genre de Charles Manson, qui te pousserait à faire ça… Si tu veux continuer à vivre et élever tes enfants, tu es une fille sensas, tu as beaucoup d'argent et je veux que tu en aies encore plus. Alors si tu veux vivre, vas-y chérie mais que personne ne te baise. (La voix de Gary tomba au niveau du murmure.) Ne permets à personne de t'avoir chérie, ne fais pas ça. Tu es à moi ! Discipline, continence. Peut-être qu'une fille… merde ! je ne sais pas… on devait m'exécuter à 7 h 49… j'ai un missel sous les yeux. Tu es jolie, excitante, et tu as quelque chose qui semble jaillir de toi. Ma foi ! je sais que les gars ont des envies. Ce sont des salopards excités prêts à profiter des occasions. Ils te voient, ils voient combien tu es jolie, ils croient que je vais mourir. Ils veulent ton argent, ils te veulent, toi. Il y a quelque chose chez toi que tout le monde désire. J'espère, Dieu du ciel j'espère, oh foutre, mon Dieu, j'espère.., je te veux chérie. (À cet instant Gary pleura.) Et puis merde, souffla-t-il. Je n'ai jamais été aussi malheureux. Je croyais que je serais mort dans quelques heures… libre de te rejoindre… peu m'importe si tu veux continuer à vivre… tu as tes enfants. Je ne te dis pas… de te décider à te suicider. C'est quelque chose de tellement difficile… (Il continuait à chuchoter.) Je ne veux tout simplement pas que quelqu'un d'autre te baise. Je veux que tu restes à moi, rien qu'à moi… à moi tout seul. Chérie, je veux me libérer de cette planète… j'ai distribué tout mon argent. Cent mille dollars… Je ne voulais pas t'en parler. Tu aurais pu croire que je me vantais. Tu as plus d'argent que moi maintenant mais je veux seulement être franc avec toi. Je croyais qu'ils allaient me tuer, ces fumiers de lapin, ces pédales baveuses, ces foutus salauds… (La voix baissait de plus en plus, puis il roucoula :) Nicole, je ne sais pas ce qui se passe. Peut-être faut-il que nous vivions un peu plus longtemps. Écoute, j'ai pris tout ce que tu m'as donné… vingt-cinq seconal, dix dalmane, à minuit. Rien ne m'y oblige mais je connais tellement de cantiques. Ce truc-là, c'est un livre catholique… Le prêtre est venu hier soir et il a dit la messe. Mon Dieu ! il n'y a rien de plus embêtant qu'une messe… Nicole… tu es ma Nicole. Dieu du ciel ! Je sens qu'il y a tant de puissance dans notre amour… Chérie, je t'ai demandé de m'aimer de tout ce que tu es. Tu me manques d'une manière si foutument cruelle. Je ne veux que toi et je jure devant Dieu que je t'aurai. Je ne pars pas pour la planète Uranus. Peu m'importe ce qu'il me faudra subir, ni quels démons je devrai combattre, peu importe ce qu'il me faudra surmonter. Je me manifesterai clairement à toi. Je me fous de ce qu'il me faudra faire, torturer, souffrir pendant combien de vies mais tu sais que je t'aime tendrement et doucement, farouchement et durement, nue, entortillée autour de moi… »

VIII

Vern avait observé Gary attentivement. Quand tout le monde tomba de sommeil, le forcené fit marcher si fort la radio que c'en était assourdissant. Puis il s'allongea et feignit de dormir mais on voyait bien qu'il ne le pouvait pas. Un peu plus tard, il se leva, éteignit la radio, parcourut le parloir et le réfectoire, l'air farouche. On aurait cru qu'il allait donner des coups de poing dans le mur. Puis il essaya encore de dormir.

Evelyn Gray – une aimable dame entre deux âges, svelte, qui portait des lunettes et avait les cheveux roux très courts et frisés comme si elle allait régulièrement dans un institut de beauté – s'approcha de Gary et s'efforça de le consoler. « Puis-je faire quelque chose pour vous ? demanda-t-elle.

— Je n'ai jamais désiré qu'un peu d'amour », répondit-il en redressant la tête.

Evelyn Gray s'éloigna, tellement émue qu'elle en pleura.

« Et voilà ! se dit Vern. Rien qu'un peu d'amour. »

Plus tôt dans la soirée, quand les gardiens avaient extrait Gary de sa cellule pour l'amener au parloir, ils avaient apporté ses affaires, puisqu'il ne devait plus retourner au couloir de la mort. Ça remplissait plusieurs cartons et son courrier était entassé dans quelques sacs en matière plastique. Après avoir essayé de se reposer un peu, il se leva et dit à Vern : « Je veux te montrer des trucs. »

Ils s'assirent côte à côte. Gary fit l'inventaire de bricoles et de pièces de monnaies étrangères. Puis il demanda à son oncle de l'aider à faire un paquet pour Nicole. Ils choisirent ensemble des lettres et des objets exceptionnels. Quand ce fut fait, Gary referma le carton. À un moment, il releva la tête et dit : « Vern, s'ils ne le font pas, je vais me suicider. » Il énonça cela avec un tel calme que Vern conclut que Gary mourrait sûrement ce jour-là, qu'il n'attendrait guère lorsque l'heure prévue pour l'exécution serait passée. « D'une manière ou d'une autre, se dit Vern, il sera mort avant midi. » Ils feuilletèrent les lettres une dernière fois. Gary retira le chapeau à la Robin des Bois que Vern lui avait offert et le mit dans le carton pour Nicole. Puis il le colla avec des bandes gommées.

« Jure-moi que ça lui sera remis, dit Gary.

— Je ferai ce que tu veux, tu le sais bien », répondit Vern.

34. Vol au-dessus des montagnes

I

Earl, Bill Barrett, Mike Deamer et les autres étaient à peine rentrés au bureau lorsque Bob Hansen téléphona. Le juge Lewis, dit-il, avait accepté de tenir une audience d'appel dans les heures à venir, mais en stipulant qu'une décision aussi grave devrait être prise à Denver, par un tribunal de trois juges. Hansen informait donc l'équipe que tous les documents légaux devaient être terminés à temps pour qu'ils puissent quitter Salt Lake à 4 heures du matin. Compte tenu de la vitesse d'un petit avion, il faudrait compter un vol de deux heures au-dessus des montagnes et ils arriveraient avant l'aube à 6 heures du matin. Voilà qui ne laissait guère de temps pour rédiger une requête de qualité à soumettre à la Cour de Denver.

Earl ne sentait que la fatigue. Il allait falloir faire ça sur place en plein milieu de la nuit et sans secrétaire. C'était ça le pire. Ils avaient déjà fait les recherches juridiques. En se divisant les tâches, ils pouvaient certainement rédiger le texte dans le temps dont ils disposaient. Earl, par exemple, pouvait gagner trois heures dans la rédaction de sa requête étant donné qu'il en avait déjà présenté une quand le juge Ritter avait accordé au *Tribune* ses interviews exclusives de Gilmore en novembre. Il n'avait maintenant qu'à rapprocher les éléments de l'affaire de mesures procédurières qu'il avait déjà ouvertes. Mais c'était la simple absence de secrétaire qui pouvait tout retarder. Schwendiman et Dorius se mirent à taper à la machine, et ça n'allait pas vite. Earl était inquiet à l'idée de remettre un document plein de fautes de frappe à une aussi haute juridiction que la Cour d'appel de Denver. Même si on lui avait signifié de préparer un document à toute vitesse, c'était quand même abominable de remettre un si triste échantillon de dactylographie. Il fut soulagé quand le bureau du shérif de Salt Lake envoya deux filles pour les aider.

D'autres problèmes se posèrent. Un coup de téléphone de Gary Gilmore. Bien sûr, ils ne le prirent pas. Tout le monde dans le bureau eut la même réaction : ne pas lui parler. Tout ce qui leur manquait, c'était une conversation entre l'accusation et le condamné. Malgré tout, Earl fut impressionné. Il s'attendait encore à voir Gilmore dire à la dernière seconde : « Je veux faire appel. » D'une certaine manière, ayant roulé la société, en fin de compte, il se retournerait. Mais là, au cœur de la nuit, Earl commença à croire que Gilmore voulait peut-être vraiment voir la sentence exécutée.

Une nouvelle angoisse se mit à peser sur les assistants du procureur général. Bob Hansen comptait les amener à Denver pour 6 heures du matin, mais l'exécution était prévue pour l'heure du lever du soleil : 7 h 49. En une heure et cinquante minutes, temps qui leur resterait après l'atterrissage, comment pouvaient-ils aller jusqu'au tribunal, exposer l'affaire et obtenir une décision des juges ? Ils avaient un secrétaire nommé Gordon Richards qui passait la nuit à la prison pour remplacer Earl, et ce fut lui que Dorius appela. Richards dit que si Sam Smith n'avait pas de nouvelles à 7 h 15, il ne pouvait pas, absolument pas, assurer l'exécution pour 7 h 49. Et puis Gordon aurait besoin d'un message en code du genre « Mickey de Virginie de l'Ouest » pour être certain que le coup de téléphone viendrait bien de Denver. Dorius savait que Howard Phillips, le greffier de la Cour de Denver, habitait Eudora Street dans une banlieue du nom de Park Hill, aussi donna-t-il à Richards comme code : « Eudora de Park Hill. »

Dorius se mit alors à chercher s'il fallait absolument exécuter l'ordonnance du juge Bullock à 7 h 49. Il consulta les textes appropriés dans le Code de l'Utah. Bien entendu, il y en avait deux qui s'appliquaient à l'affaire et tous les deux contradictoires. La Section 77-36-6 disait que la Cour fixerait le *jour* où l'exécution devrait avoir lieu. Un autre texte, le 77-36-15, précisait que le directeur de la prison devait faire exécuter la sentence à l'*heure* prévue. Earl avait un joli problème juridique : le Jour contre l'Heure.

Sans doute le juge Bullock avait-il fixé l'exécution au lever du soleil uniquement pour conférer à son jugement un petit côté western. En fait, c'était une précision purement gratuite. Dans ce cas particulier, Earl estimait qu'on pouvait s'en passer, d'autant plus que le second texte disait que si l'exécution n'avait pas lieu au jour fixé, il fallait alors fixer une autre heure. Voilà qui semblait indiquer qu'en l'occurrence on utilisait le mot « heure » comme synonyme de jour. Ça ne voulait rien dire de supposer que si l'on fixait une date pour l'exécution et qu'elle n'ait pas lieu, il fallait être plus précis pour la fois suivante, c'est-à-dire fixer la minute précise. Une telle pratique pouvait mener au chaos. Et si on se retrouvait avec le directeur de la prison la main levée et qu'il y ait une seconde de retard ? Infaisable ! Earl décida que dans ces textes on devait parler du jour et non pas de l'heure. On pouvait donc légalement considérer comme une précision gratuite celle qu'avait donnée le juge Bullock en parlant de « lever du jour ». Voilà ce qu'il pensait du problème.

Il en discuta brièvement avec Mike Deamer. En tant que procureur général adjoint, Deamer resterait à Salt Lake pour assumer les responsabilités pendant que Bob Hansen, Schwendiman, Barrett, Evans et lui prendraient l'avion pour Denver. Mais c'était une conversation précipitée. Après tout, il y avait urgence de terminer leurs documents. Ils étaient déjà en retard. Il allait falloir retarder l'heure de départ prévue par Bob Hansen à 4 heures du matin. Cette aiguille qui se déplaçait sur le cadran, c'était comme l'angoisse qui vous serrait la poitrine…

II

À Washington, Al Bronstein, un avocat de l'A. C. L. U., reçut un coup de téléphone à 5 heures du matin, heure de New York. Ce qui faisait, bien sûr, 3 heures dans l'Utah. L'appel provenait de Henry Schwarzschild, président de l'Association nationale contre la peine de mort, et il parla à Bronstein de l'intention qu'avait Bob Hansen de prendre l'avion pour Denver. Schwarzschild venait d'apprendre la nouvelle et n'avait vu aucun document, mais il pensait que le procureur général devrait demander une ordonnance de révocation d'arrêt contre le juge Ritter, et il voulait que Bronstein se rende à la Cour suprême pour être là au cas où la Cour de Denver annulerait la décision du juge. Bronstein passa donc le reste de la nuit à essayer de préparer les documents juridiques sans connaître le nom de l'affaire, ni des intéressés. Il ne savait même pas qui plaidait contre qui. Il appela la Cour suprême qui, théoriquement, d'après la loi, était ouverte vingt-quatre heures sur vingt-quatre, mais qui ne répondait pas.

Peu après 4 heures du matin, Phil Hansen se leva et alluma la radio. Et voilà que soudain il entendit que le procureur général et les autres allaient prendre l'avion pour Denver. Bien sûr, il téléphona à Ritter et le juge dit qu'il en avait eu l'intuition et qu'il aurait dû se douter qu'ils allaient tenter ce coup-là. Mais plus ils discutaient de la situation, moins elle paraissait compromise. En tenant compte de l'heure, il n'y avait aucun moyen pour la Cour de Denver de parvenir à tout boucler avant 7 h 49. Il restait à peine trois heures. Impossible d'être dans les temps. En mettant les choses au pire, la Cour de Denver condamnerait de nouveau Gilmore à une date ultérieure. Demain, songea Phil Hansen, on aurait le temps de prendre des dispositions pour déposer une nouvelle requête.

III

Judy Wolbach et Jinks Dabney ne s'attendaient pas à cette histoire de Denver. En sortant du cabinet du juge Ritter, bras dessus bras dessous, ils débouchèrent sur la place bourrée de journalistes. Ils durent courir se réfugier au bureau de Jinks. Judith aimait bien les gens de la presse, mais Jinks, lui avait horreur de se trouver pris dans la foule, aussi allèrent-ils chercher refuge dans la bibliothèque. La presse envahissait déjà son antichambre. Puis la femme de Jinks Dabney téléphona pour dire que Bob Hansen voulait lui annoncer ce nouveau développement.

Judy resta dans la bibliothèque en essayant de trouver les renseignements sur la procédure utilisée par la Cour de Denver pendant que Jinks téléphonait aux compagnies aériennes. Il revint pour annoncer qu'il n'y avait pas de vol. Il ne pouvait donc pas y aller. Bob Hansen avait loué un avion mais l'appareil n'était pas assuré et Jinks ne voulait pas en faire autant. Judy dit : « Jinks, c'est vous qui connaissez cette juridiction. Il vaut beaucoup mieux que ce soit vous qui vous chargiez de cette affaire. » Dabney lui dit qu'il n'en était pas question. Il ne voulait pas prendre le risque de ce vol.

Elle en fut très surprise. Bien sûr, de temps en temps on entendait parler de gens qui s'étaient écrasés en bouillie en survolant les Rocheuses à bord de petits avions. On pouvait même estimer qu'il y avait des esprits maléfiques dans ces montagnes. C'était une phobie qu'elle avait déjà rencontrée, et en général elle arrivait à l'admettre, mais dans l'immédiat son problème était qu'elle n'avait pas les connaissances juridiques suffisantes. Elle allait devoir discuter seule devant la Cour d'appel de Denver. Ça ne lui était jamais arrivé. « Dites donc, avait-elle envie de crier, je ne suis qu'une ancienne étudiante en anthropologie. On aborde là des niveaux de procédure trop élevés pour moi. »

Elle le connaissait à peine, mais il était bien évident que Jinks n'allait pas prendre ce petit avion. « Il n'en est pas question », répéta-t-il tranquillement.

Avant de partir, Judy Wolbach s'empara d'un exemplaire des procédures de la Cour d'appel et de deux volumes de *Jurisprudence américaine*. C'était une sorte d'encyclopédie juridique au ras des pâquerettes. Jinks et elle parvinrent quand même à contacter par téléphone quelques avocats de l'A. C. L. U. à Denver qui connaissaient bien cette juridiction et qui promirent de la retrouver devant le palais de justice fédéral. Ils discuteraient avec elle les aspects techniques de l'affaire, dirent-ils. Judy était impressionnée par les gens de l'A. C. L. U. de Denver. Quelle chance d'avoir d'aussi bons avocats prêts à intervenir au pied levé !

Toutefois, cela ne se révéla pas être une mince affaire que d'arriver jusqu'à la ville. Hansen téléphona pour lui dire qu'il allait passer la prendre et qu'ils iraient ensemble jusque chez le juge Lewis, puis qu'ils partiraient tous pour l'aéroport. Judy n'avait aucune envie de voyager avec les gens du procureur général, mais elle n'avait pas le choix. Hansen passa donc la prendre et elle commença à bouillir d'impatience. Au lieu de prendre à l'ouest vers l'aéroport, ils durent retraverser tout Salt Lake pour aller chercher le juge Lewis. Judy aurait pu utiliser ce temps à faire des recherches au lieu d'aller glander dans toutes ces rues des quartiers snobs de la ville. Tout ce que Judy voyait, c'étaient des branches d'ormes dépouillées qui s'agitaient dans la nuit. Elle trouva que c'était moche de la part de Hansen de lui faire faire un tour pareil, et elle faillit lui en faire la remarque, mais cependant s'en abstint. Hansen lui aurait sans doute répondu qu'il avait besoin d'un témoin pour affirmer qu'ils n'avaient pas eu de conversation préalable avec le juge.

Bref, avec le temps qu'il lui fallut pour aller jusqu'à la porte du juge, dont la maison se trouvait assez en retrait sur la pelouse, puis de bavarder avec lui dans le vestibule avant de finir par regagner la voiture, il avait le loisir de raconter tout ce qu'il voulait. Pour ce qui était d'influencer son opinion, Hansen et le juge Lewis discutaient pêche, ils parlaient de la façon dont les choses se passaient dans leur bureau respectif et Judy se disait : « Bon sang, j'aimerais bien glisser un mot pour dire au juge ce qui se passe », mais non, Hansen parlait au juge Lewis de clubs de golf en bois. Judy les entendit discuter interminablement bois et fers, et comment le bois reprenait le dessus, c'était vraiment un monde d'hommes ! Elle devrait interroger le juge sur des tournois auxquels il avait participé et dire : « Au fait, j'ai ce client, et j'aimerais autant qu'il ne soit pas fusillé. »

Elle avait entendu dire que Lewis était un républicain de l'Utah nommé à la Cour d'appel par le président Eisenhower. Il était assurément vêtu de façon conservatrice, l'air modeste, le regard aigu, le visage bien rasé, un renard argenté. Il avait la manière de comportement grisâtre qui devait le mettre parfaitement à l'aise dans une salle de conseil d'administration. Pour l'instant, Bob Hansen et lui parlaient sans discontinuer de tout sauf de l'affaire. Tout cela était bel et bon, mais elle se rappelait une phrase du juge Lewis qu'elle avait vu citée dans les journaux à propos du juge Ritter. Quelque chose de peu flatteur.

À l'aéroport de Salt Lake, ils contournèrent l'aérogare principale pour aller jusqu'à l'un des hangars où se trouvaient les petits avions. Lorsqu'ils arrivèrent, ce fut pour constater que les adjoints de Hansen n'étaient pas encore là. Le juge Lewis avait l'air un peu inquiet de l'heure.

IV

Dorius, Barrett, Evans et Schwendiman attendaient tous la photocopie des dernières pages. À 4 heures du matin, Schwendiman mit les documents dans un carton et ils se précipitèrent dans les couloirs en courant. Dehors des journalistes les entourèrent et il y avait la lumière éblouissante des projecteurs de cinéma. Une voiture de la police routière attendait près de la porte sud. Ils partirent. Allumant son feu tournant, le policier fonça vers l'aéroport par de petites rues que Earl n'avait jamais empruntées. Ils devaient rouler à plus de cent à l'heure au milieu de ces foyers endormis.

Arrivés à l'aéroport, ils furent accueillis par un feu roulant de questions des journalistes, des cris, du bruit et l'éclairage bleuté des feux clignotants si intense que ni Dorius ni Schwendiman ne pouvaient savoir où ils allaient en suivant les autres sur la piste jusqu'à l'avion, un King-Air bimoteur dans lequel ils embarquèrent vers 4 h 20. Bob Hansen, Bill Barrett, Bill Evans, Dave Schwendiman, Jack Ford, qui était un reporter de la station locale, le juge Lewis, Judy Wolbach décollèrent presque aussitôt. Ils avaient maintenant dix minutes de retard.

Dès qu'ils eurent décollé, Bob Hansen se mit à discuter avec le copilote. Il voulait savoir la vitesse de l'appareil, la force du vent arrière et l'heure à laquelle il comptait arriver. Puis il demanda au pilote de vérifier par radio si des taxis seraient là pour les attendre. Les chauffeurs savaient-ils exactement à quel endroit de l'aéroport se rendre ? Connaissaient-ils le meilleur itinéraire jusqu'au palais de justice ? Il ne laissait rien au hasard.

Ce qui rendait tout cela extrêmement agaçant pour Judy, c'était la façon dont ils étaient assis. Le juge Lewis, pour éviter de participer à des conversations avec l'une ou l'autre partie, ou même de les entendre, avait choisi l'endroit le plus inconfortable de l'appareil ; un petit strapontin au fond où il avait très peu de place. Il y avait un journaliste devant lui. Puis une longue banquette incurvée qui allait de l'avant à l'arrière si bien qu'on s'asseyait de guingois. On avait installé Judy là entre Hansen et Schwendiman, ce qui la rendait un peu claustrophobe. S'il y avait un avocat qu'elle n'aimait pas tellement, dans l'État d'Utah, c'était Bob Hansen, avec un air fort et vertueux, pourtant bel homme au visage sévère, des lunettes à monture sombre, des cheveux noirs, un costume bleu marine, mais tout cela proclamant : « Je suis un bureaucrate total, un cadre total, un politicien total. » C'était comme ça que Judy le voyait dans ses bons jours.

Schwendiman, en revanche, était bien, pensa-t-elle, un homme vraiment charmant, qu'elle avait connu à la faculté de droit, mais qu'elle ne voulait pas gêner maintenant en évoquant la moindre amitié. En face d'elle était assis Dorius, frétillant comme un fox-terrier, avec une moustache, plein d'entrain et d'allant, et Bill Evans, encore un autre dans le style lancier du Bengale. Et puis Bill Barret, un grand type décharné avec des lunettes et une moustache. Seigneur, elle était entourée de procureurs généraux et de procureurs généraux adjoints, et qu'ils avaient l'air con !...

Juste devant elle, Hansen demandait à Dorius s'il avait fait des recherches sur le sursis d'exécution et juste à ce moment-là Dorius répliqua que des affaires similaires semblaient indiquer qu'une exécution était légale même si elle avait lieu après l'heure et la minute fixées. Hansen dit que ce renseignement devrait être communiqué à Smith, le directeur de la prison. Judy demanda alors si Hansen croyait vraiment juste de placer un aussi lourd fardeau sur les épaules du directeur « avec un terrain si peu sûr » ? L'atmosphère était déjà assez tendue dans la cabine bien avant cela. On ne devrait jamais mettre ensemble des avocats adverses avant une audience importante et surtout dans un petit avion miteux. Après le « terrain si peu sûr », l'atmosphère était épaisse à couper au couteau. Hansen ne lui répondit pas directement, mais un peu plus tard, il ordonna à Schwendiman de trouver un téléphone le plus vite possible après l'atterrissage pour appeler le directeur de la prison, le juge Bullock, le procureur Wootton afin qu'ils puissent faire amender l'ordre d'exécution. Puis il dicta la formule qu'il fallait employer : « À une autre heure de ce même jour, quand les obstacles légaux auront été levés, ou le plus tôt possible ensuite. » Judy prit un bloc et un crayon pour noter cette phrase. Elle s'attendait à voir Hansen réagir lorsqu'elle déclara qu'elle transcrivait ses instructions mot pour mot, mais il ne broncha pas.

Hansen s'inquiétait de nouveau de l'horaire de l'exécution. « Dès que nous arriverons là-bas, répéta-t-il à Schwendiman, je veux que vous sautiez sur le téléphone. » Judy se disait : « La loi de l'Utah dit qu'on doit comparaître devant la Cour, mais tout cela se fait par téléphone. C'est bizarre. »

Elle décida de se montrer aussi désagréable qu'elle le pouvait. Elle ne cessa de se tourner vers eux en souriant pour demander : « Qu'est-ce que vous avez dit encore ? » Hansen répondait : « J'ai dit de téléphoner à telle personne », et il en donnait le nom. Elle notait tout. Elle se sentait terriblement hostile. Lorsqu'il demanda au pilote si le moteur était en assez bon état pour maintenir le régime actuel, elle pensa : « Il devrait l'être, grand Dieu. Il est à moitié mormon, tout comme la moitié de la ville. »

Le mormonisme, se dit Judy, ce vieux christianisme simpliste et primitif. Si littéral. Elle pensait à des mormons dévots, comme ses grands-parents qui portaient toujours des sous-vêtements dont ils ne se dépouillaient jamais, pas même pour se coucher ni s'accoupler. Une fois par semaine, peut-être, ils osaient exposer leur peau à l'air pollué. Ils auraient aussi bien pu être des pharisiens. Ils suivaient toujours la Loi à la lettre.

Elle avait horreur de l'expiation dans le sang. La croyance parfaite pour un peuple du désert, se dit-elle, accroché à survivre, comme ces vieux mormons du temps jadis. Ils croyaient en un Seigneur cruel et jaloux. Vengeur. Bien sûr, ils avaient sauté sur l'expiation par le sang. Elle croyait entendre Brigham Young déclarant : « Il y a des péchés qui ne peuvent être expiés que par une offrande sur l'autel… et il y a des péchés que le sang d'un agneau, d'un veau ou d'une colombe ne peut racheter. Ils doivent être expiés par le sang d'un homme. »

Voilà, mon bon monsieur, apaisez votre soif de sang et dites-vous que vous avez été bon envers la victime parce qu'une expiation par le sang a racheté le péché. Après tout, vous avez donné à ce gaillard une chance d'arriver dans l'au-delà. Cette histoire de vivre pour l'éternité apportait assurément sa contribution à la peine capitale, et la brutalité à la guerre. Ce Brigham Young, avec ses épouses innombrables qui dépérissaient sur pied, avait le culot d'affirmer que si vous preniez une de vos femmes en flagrant délit d'adultère, il vous appartenait en bon chrétien de la prendre sur vos genoux et de lui plonger un couteau dans le sein. Comme ça, elle garderait sa chance de connaître l'au-delà… Elle ne serait pas reléguée dans les ténèbres extérieures. Judy eut un grognement de dégoût. Le christianisme primitif ! Elle était satisfaite d'être allée à Berkeley.

V

Lorsque Mme Wolbach eut terminé de poser des questions, Earl révisa des passages de son réquisitoire, puis essaya de dormir un peu. Mais c'était un vol inconfortable. Un très fort vent arrière ne cessait de les secouer au milieu des turbulences qui se suivaient l'une après l'autre. Avec les moteurs maintenant poussés à plein régime, la cabine vibrait sérieusement. Dorius commençait à craindre que l'appareil ne devînt impossible à contrôler. Il volait assurément de façon assez irrégulière. À quinze ou vingt minutes de Denver, ils rencontrèrent une turbulence particulièrement forte et chutèrent d'un seul coup de plusieurs dizaines de mètres. Dorius regardait par hasard vers l'arrière lorsque cela se produisit, et il vit le juge Lewis voler en l'air, se cogner le crâne contre le plafond bas et abandonner aussitôt les documents qu'il était en train de lire afin de pouvoir se cramponner au fuselage et éviter de se cogner la tête une nouvelle fois.

Earl était terrifié. Le bruit réuni du vent et des moteurs était assourdissant et jamais il n'avait traversé pareilles turbulences. Une singulière idée lui traversa l'esprit : « Bon sang, si je m'écrase au sol et que Gilmore vive… ce serait quand même quelque chose ! »

Earl ne se représentait pas Dieu récompensant les gens pour leur vertu ou les punissant de leur mauvaise conduite. En fait, ce pourrait bien être le contraire. La religion ne mettait pas obligatoirement à l'abri. Le chef actuel de l'Église mormone, Spencer Kimball, par exemple, avait connu dans sa vie une suite de tragédies. Sa mère était morte quand il avait douze ans, un peu plus tard il avait été atteint d'un cancer à la gorge et on lui avait retiré la moitié du larynx. Pourtant, il continuait à faire des discours. Ensuite, on lui avait fait une opération à cœur ouvert. C'était un homme d'une vertu irréprochable, et cependant il avait traversé une catastrophe après l'autre. Peut-être bien que plus on était vertueux dans la vie, plus grand était le défi qu'on lançait à l'Adversaire. L'Adversaire se donnait plus de mal pour atteindre les gens vertueux. Aussi cette turbulence, même si Earl se refusait à la considérer comme une force plus grande que celle des éléments déchaînés, lui donnait quand même matière à réflexion. Jamais il n'avait fait plus mauvais voyage en avion.

Sur ce strapontin, assis littéralement sur un coussin capitonné servant de couvercle de toilette, le juge Lewis était bien secoué aussi et, après s'être cogné la tête, il décida de demander une cigarette. Durant le cours de ses fonctions, il avait parcouru des centaines de milliers de kilomètres par la voie des airs, mais il ne s'était jamais trouvé bien longtemps dans un avion à hélice. Était-ce le bruit ou bien le fait que ni lui ni Mme Lewis n'avaient dormi depuis samedi après-midi, le téléphone n'ayant cessé de sonner après cette affaire Athay, et aux heures les plus insensées (les journaux avaient le droit de savoir ce qui se passait dans un tribunal fédéral) – mais en tout cas il se trouva en train de chercher le réconfort d'une cigarette. Ça faisait plus d'un an qu'il n'avait pas éprouvé une si furieuse envie de fumer.

De plus, il avait dû réveiller Breitenstein à Denver, à 2 heures du matin cette nuit-là, pour lui annoncer qu'il devrait être au tribunal à l'aube et entendre Breitenstein utiliser certains mots qui ne retentissaient généralement pas dans les prétoires. Ce n'était pas avec ce genre de nouvelle qu'on réveillait un collègue. Il fallait quand même faire quelque chose à propos de Gilmore. Ces sursis commençaient à prendre l'allure d'un châtiment d'une cruauté insolite.

Le juge Lewis s'effondra. C'était peut-être ce coup sur la tête ? Ces montagnes russes dans les turbulences ? Il vint demander une cigarette au pilote et celui-ci lui répondit qu'il en avait toute une cartouche. Pourquoi ne pas en prendre un paquet ? C'est ce que fit le juge. Il alluma sa première cigarette depuis un an et comprit, avant d'allumer la seconde, qu'il venait de se remettre à fumer et que ça n'allait pas s'arrêter de si tôt.

Le père du juge Lewis était juge et son frère aîné avocat. Il avait grandi sans s'être jamais posé la moindre question sur le fait que lui aussi serait homme de loi et peut-être juge. Dans sa famille, on avait le sens de la loi comme d'autres ont le sens de la terre. Ça vous donnait des racines. Dans une certaine mesure Lewis avait donc l'impression de toujours comprendre Ritter. Lewis avait suivi les mêmes cours que Ritter à la faculté de droit à l'université d'Utah. Il comprenait la décision de Ritter. Ça n'était pas Lewis qui irait critiquer un juge qui trouvait une exécution scandaleuse. Travailler contre la montre dans une affaire de peine capitale devait être l'expérience la plus traumatisante que pouvait connaître un juge. On avait toujours besoin de temps pour ne pas avoir à supporter l'idée que l'on n'avait pas examiné le dossier suffisamment à fond.

Et ce matin-là, pourtant, ils allaient devoir affronter la seconde possibilité. C'était cruel de remettre sans cesse l'exécution de Gilmore. Lewis alluma sa troisième cigarette.

Maintenant, il se demandait, avec inquiétude, si d'une exécution appliquée aujourd'hui, la première depuis de nombreuses années, n'allait pas découler un encouragement à revenir au bain de sang d'autrefois. Cela n'allait-il pas déclencher un nouveau « bang, bang, bang » et faire liquider en hâte un tas de prisonniers du quartier des condamnés à mort ? Ça n'améliorerait sûrement pas l'image des États-Unis dans le monde. Lewis était satisfait à l'idée que deux de ses frères allaient siéger à Denver avec lui pour cette affaire.

VI

L'avion arriva avec dix minutes de retard et Judy se dit que la seule façon de retarder les choses serait de tomber lors du débarquement et de se casser la jambe. Là, ils seraient obligés de s'arrêter. Et encore, peut-être pas ! De toute façon, elle était trop lâche. Avant de se casser sa propre jambe, il faudrait qu'elle soit sa propre cliente.

Ils roulèrent jusqu'à l'aéroport des petits appareils. Sur la zone de stationnement, des projecteurs extrêmement forts étaient allumés et, lorsqu'ils stoppèrent, d'autres s'allumèrent à leur tour et l'atmosphère, nota Dave Schwendiman, devint surréaliste. Ils étaient partis de Salt Lake dans un décor comparable, et voilà qu'ils le retrouvaient ici même. Ils n'avaient volé dans les ténèbres d'une terrible tempête que pour retrouver la même et intense luminosité au sol. La porte de l'avion s'ouvrit et ils furent éblouis par le déferlement des projecteurs. Des hommes des médias étaient partout. Aveuglés, les avocats se précipitèrent vers les taxis qui les attendaient, moteurs en marche.

Au tribunal, d'autres représentants des médias encombraient l'espace de leurs caméras et de leurs micros. Un journaliste de Salt Lake City, Sandy Gilmour, qui présentait les informations sur la chaîne Deux, avait pris son propre avion et était arrivé à Denver avant eux. Maintenant, il plaisantait. Qu'est-ce qui les avait retardés si longtemps ? Bonté divine ! D'autres incidents comiques. Le juge Lewis eut du mal à obtenir l'accès du bâtiment. Le gardien de service ne travaillait que la nuit et n'avait jamais vu le président de la Cour d'appel. Aussi n'était-il pas pressé de laisser entrer tous ces gens à une heure pareille.

On finit par ouvrir les portes et le juge dit de prendre l'ascenseur jusqu'au quatrième étage. Ce fut une véritable course avec les gens des médias jusqu'à la salle d'audience.

VII

Environ à cette heure-là, à peu près 9 heures à Washington, Al Bronstein arriva au bureau du greffier de la Cour suprême, Michael Rodak, avec la requête manuscrite adressée au juge White. Bronstein avait intitulé son document « L'Honorable Willis Ritter contre l'État d'Utah » et expliquait à M. Rodak qu'il y avait là un problème de procédure particulier. À sa connaissance, la Cour d'appel de Denver n'avait pas encore rendu son ordonnance, mais le temps pressait et il voulait être ici avec le document au cas où on en aurait besoin. Rodak répondit : « Parfait, on va attendre ensemble. » Et il installa Al Bronstein dans un bureau provisoire.

35. Aurore

I

Toni était rentrée de la prison assez tôt pour passer un moment avec Howard avant que celui-ci ne se lève à 4 h 30 pour se rendre à son travail. Si bien qu'ils avaient à peine dormi lorsqu'il leur fallut se relever.

De retour à la prison pour une troisième visite, on dit à Toni qu'il était trop tard pour revoir Gary. Ses visiteurs, lui annonça-t-on, n'allaient pas tarder à quitter les quartiers de haute surveillance, donc on ne pouvait pas la faire entrer. C'était ridicule. On la fit attendre un long moment à la réception avant que n'apparaisse Dick Gray, qui lui dit : « Toni, il vaudrait mieux ne pas le revoir. Souvenez-vous de lui tel que vous l'avez vu hier soir. » Elle secoua la tête. « Il faut que je lui dise adieu. » « Non, insista Dick Gray, ça pourrait juste augmenter la difficulté pour Gary de se rendre à son exécution. Si vous craquez, peut-être qu'il craquerait aussi. » À cet instant, Toni eut l'intuition que Gary avait vraiment peur et qu'il ne voulait pas mourir.

Lorsque Schiller se présenta à la grille à 5 h 45 les gardiens n'en crurent pas leurs yeux. « Je ne suis pas entré hier soir », déclara Schiller. « Oh, si, bien sûr », répondirent-ils.

« Bon, reconnut Schiller, d'accord, je suis entré à 5 heures et demie, mais je suis ressorti à 6 heures moins 5. » Les gardiens haussèrent les épaules. Ils savaient qu'il mentait, mais que pouvaient-ils faire ? Un gardien-chef monta pour le guider jusqu'aux bâtiments de détention. Schiller gara sa voiture et ils s'en allèrent à pied dans la nuit glacée, avec le soleil qui commençait tout juste à pointer quelque part derrière la crête. Il faisait encore sombre, mais à l'Est le ciel commençait à pâlir.

Dans ces montagnes, on n'était peut-être qu'à une demi-heure de l'aube, mais il fallait attendre deux heures pour voir le soleil apparaître. Schiller continuait à marcher. Le gardien était tout à fait aimable. Il dut sentir que Schiller n'avait pas dormi depuis longtemps car il dit : « Si vous voulez vous arrêter pour vous reposer, vous pouvez. »

Schiller ne savait pas s'ils approchaient tous d'une sorte de détente, mais ce gardien avait une personnalité plaisante. « Vous voulez du café ? » proposa-t-il. Ça n'était qu'un gardien qui l'escortait, mais Schiller éprouvait un calme et une sérénité comme il n'en avait jamais connu dans une prison. Il était 6 heures moins 5 et, lorsqu'il se retourna, le ciel était déjà d'une autre nuance, plus clair. On apercevait, à l'Est, une lueur à l'horizon et autour de lui les bâtiments de la prison commençaient à prendre des airs de monastère.

On le conduisit à la salle des visiteurs où il fut l'un des premiers à pénétrer. Il s'assit en songeant aux notes qu'il allait devoir prendre relatives à l'exécution et fouilla dans sa poche pour prendre son carnet, le carnet qu'il avait pris avec lui deux jours plus tôt lorsqu'il avait décidé d'écrire sans baisser les yeux sur le papier, mais tout ce qu'il avait avec lui, c'était son carnet de chèques. Il allait être obligé de prendre ses notes aux dos de chèques. À cette idée, il sentit ses entrailles s'enflammer. Quelle connerie ! Il avait les larmes aux yeux tant il essayait de réprimer ses spasmes intestinaux. Si jamais un journaliste le voyait maintenant avec des chèques à la main !

Il y avait des toilettes près de la salle des visiteurs, et toutes les cinq minutes, il devait faire la navette. De plus, il avait une extraordinaire envie d'uriner, mais n'y parvenait pas. Rien. Il avait tout l'intérieur à l'envers. Jamais de sa vie il n'avait ressenti ça. Tout devenait dingue, tout…

II

Mike Deamer, qui était resté à Salt Lake, était terré dans son bureau et compulsait tous les ouvrages qu'il avait pu trouver afin de tenter de découvrir combien de temps après le lever du soleil on pouvait encore procéder à une exécution dans des formes légales. Ne trouvant rien, il se sentait de plus en plus découragé lorsqu'à 6 heures et demie, il reçut un coup de téléphone de Schwendiman à Denver lui transmettant un message de Hansen : il n'était pas nécessaire de s'appuyer sur un précédent juridique si Noal Wootton pouvait amener le juge Bullock à reformuler son ordonnance.

Wootton était resté allongé dans son lit toute la nuit, sans vouloir penser au matin. Il avait le sentiment de n'avoir aucune raison d'assister à l'exécution. Il n'en avait pas envie. Quelques jours auparavant, il avait discuté avec le juge Bullock qui interprétait le mot « invité » dans le texte de la loi comme une offre qui ne pouvait pas se refuser. Wootton alla trouver un autre juge qui lui dit : « Vous avez une obligation morale. C'est vous qui avez déclenché cela. » Mais un autre juge lui fit remarquer : « Dites-leur d'aller se faire voir. » Noal alla donc voir Smith, le directeur de la prison, pour lui signifier : « Je décline respectueusement l'invitation. » Sam Smith répliqua : « Je vous serai très obligé d'être présent. Le procureur général a dit que vous deviez être là. »

Les heures défilaient. Il ne dormait pas, mais il n'alluma pas la télévision ni la radio. Ce fut seulement quand Brent Bullock, son enquêteur, arriva le matin pour l'accompagner qu'il entendit parler du sursis accordé par Ritter et qu'il décida d'aller quand même à la prison pour voir ce qui s'y passait.

Lorsqu'il entra dans le bâtiment de l'administration, il apprit que Bob Hansen était parti pour Denver. Juste au moment où le directeur demandait ce qu'il fallait faire au cas où ils ne seraient pas prêts à opérer à 7 h 49, un coup de téléphone arriva de Deamer, à Salt Lake. On voulait que Noal change la formulation de l'ordonnance de l'arrêt de mort.

Il fallut toutefois mettre le juge Bullock au courant. Il était stupéfait. Il ne s'imaginait pas que quelqu'un avait pu prendre un avion au milieu de la nuit. Il ne pensait pas qu'on pouvait tirer de leur lit des juges pour des choses comme ça (pas plus que d'un bar d'ailleurs) mais il ne s'exprima même pas cette pensée à lui-même. Voilà maintenant que Noal lui demandait s'il était prêt à modifier son ordonnance d'exécution à cause d'un problème de lever du soleil. Le juge Bullock n'avait pas le temps d'y réfléchir mais il sentit la vieille torture recommencer. Tu n'as pas à le condamner de nouveau, se dit-il, cette décision a déjà été prise. La seule question qui se pose maintenant est celle de l'heure. Il dit donc oui à Wootton : il allait modifier son ordonnance et il se souvint même pourquoi en octobre, il avait fixé l'heure à 8 heures du matin, mais qu'en décembre, une fois les soixante jours écoulés, le directeur de la prison lui avait dit : « Si jamais nous recommençons, pouvez-vous prévoir l'exécution pour le lever du soleil ? À 8 heures, ça dérange l'horaire du petit déjeuner et du nettoyage de la prison. Du point de vue de l'administration, ça aiderait certainement de faire cela vraiment de bonne heure. » Le juge Bullock avait répondu : « Bien sûr, n'importe quelle heure, tôt ou tard. Si vous voulez minuit, ça ne me gêne pas. » Le lever du soleil, c'est un détail militaire ; il n'y avait pas d'heure bonne pour exécuter quelqu'un. On n'avait pas besoin d'être le mormon le plus pratiquant du monde pour se sentir un peu mal à l'aise d'envoyer un homme à la mort quand on aurait peut-être à le retrouver de l'autre côté.

III

Vers 7 heures moins 10, les gardiens entrèrent dans la salle des visites de haute surveillance et prévinrent ceux qui s'y trouvaient qu'ils allaient devoir dire adieu à Gary. Le directeur avait donné la consigne de procéder comme si l'exécution avait lieu. On commença donc à le préparer. Bien sûr, en attendant des nouvelles de Denver, personne ne saurait rien avec certitude. C'étaient donc d'étranges adieux. Un peu en ordre dispersé. Evelyn et Dick Gray étaient déjà partis, ce furent ensuite Ron et Vern qui franchirent la double grille pour monter dans une voiture qui attendait. Cline Campbell et Bob Moody restèrent, pendant que Gary serrait la main de ses gardiens habituels. Il en prit même un par les épaules. « Tu as été formidable, tu sais », dit-il et à un autre il déclara en souriant : « Tu es une sorte de Noir salopard, mais je t'aime bien quand même. » Le gardien noir prit cela avec bonne humeur. C'étaient de jeunes gars durs et coriaces, et ils étaient au bord des larmes. Sur ces entrefaites arriva le groupe des officiels vêtus d'une veste pourpre, des types vraiment grands, Gilmore se tourna vers eux en disant : « Bon, allons-y. »

Il était calme. Il tendit les mains et Campbell partit devant pour monter dans la voiture qui attendait. Toutefois, quand Cline eut franchi les grilles, il se retourna et se rendit compte d'une petite bousculade. À propos des fers aux pieds.

Moody vit nettement la scène. « Écoutez, dit Gary aux gardiens. Je vais marcher. Vous n'avez vraiment pas besoin de me mettre ces trucs-là. » Les gardiens répondirent : « C'est le règlement de la prison. Nous suivons les ordres. » C'était une erreur. Gary n'était plus du tout excité. Il était même près de s'effondrer. Ce n'était pas le moment de le pousser.

Ça ressemblait à un viol collectif. On aurait dit que Gary se débattait une dernière fois pour montrer aux gardiens que plus jamais il n'aurait à supporter les fers. Moody avait envie de leur crier : « Vous ne pourriez pas tout simplement entrer et lui dire : « Allons, Gary, c'est l'heure » et voir s'il sort comme un homme ? Et recourir aux fers, seulement s'il refuse ? Crétins de gorilles. » Ils ne cessaient de tirer et Gary répétait sans arrêt : « Je ne suis pas encore prêt. » Il cherchait un dernier objet, n'importe quoi, à emporter. Ils le saisirent et lui firent franchir l'autre porte. D'autres gardiens demandèrent à Moody de sortir, il alla dehors et monta dans la voiture qui devait l'emmener à l'endroit convenu.

36. Mickey Wheeling et Eudora de Park Hill

I

Sitôt les compagnons du procureur général arrivés dans la salle du tribunal, les trois juges sortirent de leur cabinet. Avec Lewis se trouvaient les juges William E. Doyle et Gene S. Breitenstein. Earl jeta un coup d'œil à sa montre. Il était 7 heures moins 10.

Bob Hansen se leva, présenta ses assistants et commença à exposer le fond de l'affaire. Un des juges l'interrompit. Voudrait-il en venir tout de suite au fait ? Bob acquiesça et demanda à Earl de présenter la première partie du dossier.

Earl attaqua ses remarques préliminaires. Pendant ce temps le juge Lewis regarda du haut de l'estrade et remarqua qu'il n'y avait personne de l'A. C. L. U. C'était étonnant. Leur table était vide. Personne ne savait où ils étaient. Earl se trouvait donc seul devant les juges.

Il était furieux. Tout le monde aurait dû se rendre compte de l'urgence de la situation. L'A. C. L. U. devait s'efforcer délibérément de retarder l'audience. Earl resta là trois minutes, cinq minutes, six puis sept minutes. Plus il attendait, plus sa colère montait. Judy finit enfin par entrer dans la salle avec les autres avocats de l'A. C. L. U. et il la foudroya du regard. En fait, ils se foudroyèrent mutuellement du regard, car elle était tout aussi furieuse.

II

Lorsqu'elle était entrée dans le bâtiment, la première pensée qui avait traversé l'esprit de Judy avait été : « Où est-ce que je rencontre mes collègues ? » Tout était dans le vague. À peine avait-elle pénétré dans le hall qu'une charmante jeune femme, dont elle ne retint jamais le nom, entraîna Judy pour l'emmener retrouver quatre avocats de l'A. C. L. U. qui l'attendaient. Ils venaient tout juste de s'asseoir lorsque Schwendiman arriva en trombe avec le greffier et dit : « Ils ont commencé. On vous demande au tribunal. » Oh ! mon Dieu, songea Judy, quelle façon de commencer ! Déjà outrage au tribunal.

Elle s'efforça alors d'entrer sans trop se faire remarquer, mais l'atmosphère était pompeuse. Les juges étaient en robe et juchés sur une estrade plus haute que tout ce qu'elle avait jamais vu : ils devaient se trouver à près de deux mètres au-dessus du sol. En levant les yeux pour s'adresser à eux, on avait l'impression d'être à genoux.

Dorius se mit à la regarder d'un air mauvais. À 7 heures du matin ! À cette heure-là, Judy était toujours capable de prendre un air furieux. Elle se dit : « Je le hais et je le méprise » en lui lançant un regard aussi noir que le sien.

Earl poursuivit sa déclaration préliminaire. « Monsieur le président, dit-il, nous avons un grave problème de temps. M. Gilmore doit être exécuté à 7 h 40. » Il était déjà 7 heures.

Le juge Lewis lui annonça qu'il aurait quinze minutes pour présenter ses arguments, mais Earl n'en prit que dix. L'urgence, estimait-il, renforçait sa thèse. Il précisa que les demandeurs avaient entamé leur action à 9 heures la veille au soir et qu'il était un peu tard pour se préoccuper d'un abus spectaculaire des droits des contribuables. Il sentit toute la force de cette remarque. « L'A. C. L. U., continua-t-il, utilise ce subterfuge dans le but de retarder l'exercice légitime du pouvoir de l'État. » Il se laissait emporter par son indignation. Tout ça ne tenait pas debout, absolument pas debout !

Le juge Ritter, expliqua-t-il, avait grossièrement abusé des pouvoirs discrétionnaires de la justice. Personne n'avait pu démontrer que l'on dépensait pour cette exécution le moindre fonds d'origine fédérale. En outre, le juge Ritter avait estimé que la décision prise par l'État d'Utah n'était pas constitutionnelle. Pourtant ce point avait déjà été discuté devant la Cour suprême des États-Unis. La Cour n'aurait sans doute pas décrété que Gary Gilmore pouvait renoncer à son droit d'interjeter appel si elle avait estimé que l'arrêt était contraire à la Constitution.

Bill Barrett était censé parler ensuite et démontrer pourquoi la position de l'A. C. L. U. était indéfendable. La Cour, toutefois, déclara vouloir d'abord entendre l'A. C. L. U. Aussi Steve Pevar, un des avocats de l'A. C. L. U., essaya-t-il de plaider que la Cour n'était pas compétente pour trancher. Depuis 3 heures du matin jusqu'à l'aube, il avait eu un échange de coups de téléphone avec Jinks Dabney, et ils en étaient arrivés à conclure que l'État d'Utah ne pouvait pas demander que soit cassé le jugement de Ritter parce qu'il n'avait pas dépassé les limites de son autorité. Si le gouverneur de l'État d'Utah avait reçu l'ordre de déplacer le bâtiment du Capitole de trois blocs vers le sud parce qu'on avait enfreint une petite loi quelconque, cela justifierait un arrêt de cassation. Mais la décision en question, du moins en apparence, avait été prise selon les règles. Une requête avait été présentée et accordée. Le bureau du procureur général n'aurait même pas osé réclamer une cassation s'il ne s'était agi de Willis Ritter. En conséquence, plus Dabney et Pevar approfondissaient le problème, plus ils se sentaient dans une position solide.

Toutefois, lorsque Pevar essaya d'exposer ses arguments, le juge Breitenstein se mit en colère. Judy n'en revenait pas. « Je connais la loi, répliqua-t-il à Pevar. Que croyez-vous que nous compulsons depuis 5 h 30 ce matin ? » Classique. Un jeune avocat se faisait rabrouer par un vieux juge. « Nous n'avons pas besoin de vous pour nous enseigner la loi, blablabla, nous en avons assez entendu de votre part, blablabla. Veuillez en venir au fond de l'affaire. » Voilà comment le juge voyait les choses. Un juge agacé. Pevar essayait en vain de revenir au point qu'on ne pouvait pas casser le verdict d'un juge pour trois fois rien, mais la Cour n'acceptait pas ses arguments. Il se passa encore quelques minutes et l'A. C. L. U. s'entendit avertir que ses avocats retardaient le cours des débats. L'un d'eux se leva alors et annonça que Me Wolbach allait prendre la parole.

Judy exposa son cas. C'était une répétition précipitée des arguments présentés par Jinks, et tout en exposant ces différents points, elle foudroyait du regard Earl Dorius. Il l'irritait profondément ce matin-là, non pas pour avoir fait une chose précise, mais parce qu'il estimait avoir raison.

Quand Judy se rassit, un autre membre de l'équipe de l'A. C. L. U. s'éleva contre la peine de mort en général. Les juges lui coupèrent la parole. Dès lors, les débats se précipitèrent. Bill Barrett essaya encore de discuter la question de la compétence de la Cour, mais on lui répondit qu'on connaissait l'argument. Les représentants du procureur général voulaient-ils exposer leur cas ? Bill Evans commença à défendre le caractère constitutionnel du verdict rendu par l'État d'Utah. Les juges l'arrêtèrent. Le problème, déclarèrent-ils, n'avait rien à voir avec l'affaire qu'on leur présentait. Le dialogue devenait de plus en plus abrupt. Quand un des avocats de l'A. C. L. U. essaya de discuter de la peine capitale, on lui coupa la parole et on décréta une suspension d'audience. Les juges allaient maintenant rédiger leur sentence.

Juste avant de se retirer, le juge Lewis prit la parole. « Parmi d'autres personnes qui ont des droits, déclara-t-il, M. Gilmore a les siens. Si une erreur est en train de se commettre parce qu'on laisse l'exécution avoir lieu, il en est en partie responsable. » Sur quoi ils sortirent.

Earl Dorius se tourna vers Dave Schwendiman et lui dit de trouver un téléphone pour contacter Gordon Richards. Il devrait d'abord se présenter selon la formule de code, « Eudora de Park Hill », puis dire à Gordon d'attendre à l'appareil. Schwendiman se rendit aussitôt au bureau du greffe, faisant en sorte de marcher plutôt que de courir. Il n'y avait là qu'une secrétaire, aussi s'installa-t-il à un bureau inoccupé et demanda-t-il Richards en P. C. V. à la prison d'État de l'Utah. Après avoir donné le mot de passe, il déclara qu'ils semblaient devoir l'emporter. Ils bavardèrent pour conserver la ligne et Richards raconta que la nuit avait été froide et que le fourgon qui devait transporter Gilmore et l'automobile qui emmènerait les témoins étaient tous deux prêts, respectivement devant la haute surveillance et la réception. Les moteurs tournaient.

Alors qu'il attendait le verdict dans la salle du tribunal, Earl était certain que son camp allait gagner. Il se sentait même calme pour la première fois depuis plusieurs jours et se tourna vers Bob Hansen en commençant à le remercier pour les avoir tous poussés à se mettre au travail et à venir à Denver. Tout en parlant, il éprouvait une émotion tellement plus grande qu'il ne l'aurait cru qu'il craignit un moment de se retrouver les larmes aux yeux. Il était assurément reconnaissant d'être tombé sur un procureur général disposé à se lancer dans une pareille affaire et qui n'avait pas hésité à pousser ses collaborateurs jusqu'à leurs extrêmes limites.

Les juges revinrent au bout de trois minutes. Ils ne lirent pas leur verdict. Ce fut le greffier de la Cour, Howard Phillips, qui le fit pour eux d'un ton sec et détaché. Pendant qu'il lisait, Judy pensait à tous les manquements : il n'y avait pas de secrétaire de la Cour, il n'y aurait pas de procès-verbal des débats. Terrible ! Vlan ! Les juges étaient sortis. Vlan ! Ils étaient revenus. Elle resta assise à écouter le greffier.

« Étant donné ce qui suit : l'arrêt de convocation est accordé. L'ordonnance de sursis temporaire rendue à 1 heure 5 ce matin par l'Honorable Willis W. Ritter, juge de la Cour de l'État d'Utah, est révoquée et tenue pour nulle et non avenue. Il est ordonné à l'Honorable Willis W. Ritter de ne prendre aucune autre mesure en aucune façon concernant Gary Gilmore à moins qu'une telle requête ne soit présentée par l'avocat dûment accrédité de Gilmore ou par Gilmore lui-même. Fait à 7 h 35 le 7 janvier 1977. »

Earl sortit en courant du tribunal, bouscula deux journalistes en leur criant de lui laisser le passage.

Dave Schwendiman entendit une bousculade dans le hall et Earl arriva en trombe. Il s'empara du téléphone et annonça à Gordon Richards qu'on avait accordé la révocation de l'ordonnance. La prison devait mettre en œuvre tous les processus nécessaires pour assurer l'exécution.

À l'autre bout du fil, Richards avait l'air extrêmement tendu. Il ne cessait de demander si c'était définitif et si la partie adverse n'allait pas faire appel devant la Cour suprême. Earl lui répétait et répétait avec de plus en plus de détails, ce qui s'était passé exactement, et il dit à Richards de donner l'ordre de procéder à l'exécution. Gordon objecta que cela prendrait au moins une demi-heure. Était-il indispensable qu'elle eût lieu au lever du soleil ? Parce qu'ils ne pourraient pas être sur place à temps. Dorius dit que la conclusion à laquelle on était parvenu était que le seul point essentiel était le jour et non pas l'heure. Richards ne semblait quand même pas absolument sûr. Il dit qu'il allait en parler à Deamer. Dorius était d'accord. Qu'il vérifie auprès de Deamer.

Richards était encore très préoccupé. L'A. C. L. U., demanda-t-il, ne pouvait-elle obtenir dans la demi-heure suivante un sursis de la Cour suprême des États-Unis ?

Elle le pouvait. C'était peu probable, mais possible. Un tel message, insista Dorius, s'il venait, arriverait directement de la Cour suprême. « Mickey de Wheeling, en Virginie de l'Ouest », téléphonerait. Richards répéta qu'il allait appeler Deamer.

Sur ces entrefaites les avocats de l'A. C. L. U. revinrent en courant. Ils voulaient appeler la Cour suprême. Mais Howard Phillips, étant arrivé avec eux, leur dit que ce n'était pas permis d'utiliser son téléphone. Les gens de l'A. C. L. U. montrèrent aussitôt Earl du doigt. Il s'en était bien servi, dirent-ils, pourquoi pas eux ? Phillips répliqua qu'il n'était pas au courant et demanda à Earl de s'en aller. Ce qu'il fit, sans tarder. Phillips était si ennuyé qu'il déclara aux gens de l'A. C. L. U. qu'il avait plein de monnaie dans sa poche. Ils pouvaient téléphoner d'une cabine publique.

Après leur départ, Dorius sortit dans le hall et regarda par les fenêtres du couloir. Sur la place en bas, il apercevait des journalistes qui interviewaient Bob Hansen. Le soleil se levait à Denver et Dorius éprouvait une intense satisfaction en se disant que les arguments qu'ils avaient présentés étaient ce qu'on pouvait faire de mieux dans les circonstances données. En regardant son reflet dans la vitre, il constata qu'il était mal rasé et qu'il avait les yeux injectés de sang. Il avait besoin d'un bain, mais il se sentait bien.

Le juge Lewis estimait que tout cela avait été fort déplaisant. Il venait sans doute de vivre les moments les plus bouleversants et les plus traumatisants de sa carrière de magistrat. Puis il se dit : « Bah, la Cour suprême ne s'en est jamais mêlée. Ils ont pourtant eu souvent des occasions, mais ils n'ont jamais rien fait. » On pouvait être raisonnablement certain que lui et ses deux collègues de la Cour avaient raison.

37. Le bout de la route

I

Gordon Richards appela Mike Deamer à 7 h 35 pour annoncer que la Cour de Denver avait annulé le sursis accordé par Ritter. Pouvait-on procéder maintenant à l'exécution ? Deamer fut extrêmement surpris. Il cria dans l'appareil : « Pas possible ! » Il était absolument stupéfait.

Deamer n'avait jamais supposé que cela se passerait aussi vite. Il s'était imaginé que l'exécution serait reculée de trente jours, ou que, si elle avait lieu, ce serait beaucoup plus tard dans la matinée. Peut-être que vers midi on leur donnerait le feu vert. Il se reprit toutefois très vite et répondit à Richards que le directeur de la prison pouvait accélérer les choses. Mais Richards était inquiet. Il annonça que l'American Civil Liberties Union essayait d'interjeter appel devant la Cour suprême. Fallait-il attendre ? Deamer répondit que la seule ordonnance légitime à prendre effet actuellement était celle rendue par le juge Bullock. Il ne voyait aucun empêchement juridique à aller de l'avant. La loi n'exigeait pas d'eux de prévoir un sursis accordé par un tribunal quelconque, y compris la Cour suprême. Deamer savait que cela prendrait au moins une demi-heure pour transporter Gilmore du quartier de haute surveillance jusqu'à la conserverie. Puisque Denver avait parlé, il ne voyait aucune raison pour ne pas commencer.

Pourtant, dès que Richards et lui eurent terminé leur conversation, il appela malgré tout Denver et parla directement à Howard Phillips en lui demandant de vérifier l'arrêt de la Cour. Phillips le lui lut au téléphone. Tout de suite après, un journaliste de U. P. I., qui avait le numéro de ligne directe de Deamer, téléphona pour demander une interview. Deamer répondit qu'il le rappellerait, mais le reporter ne cessait de poser des questions. Il n'était pas grossier mais assez insistant, si bien qu'en fin de compte, pour s'en débarrasser, Deamer dut lui dire : « Oui, l'exécution va avoir lieu. » Il ne voulait pas repousser complètement le journaliste.

Vers 7 h 55 Gordon Richards rappela. Gilmore se trouvait maintenant sur les lieux de l'exécution et Sam Smith était prêt. Que conseillait Deamer ? Une fois de plus, Mike fut surpris de la rapidité avec laquelle tout se passait. Il confirma à Richards qu'il n'avait entendu parler d'aucun autre sursis et lui dit de procéder à l'exécution. Qu'il le rappelle dès que ce serait terminé.

Deamer estimait que c'était important de prendre une telle responsabilité. Gordon Richards n'était qu'un étudiant en droit de troisième année. S'il donnait un avis juridique à la prison dans une affaire aussi importante, cela pourrait se révéler par la suite un handicap à sa carrière. Le Barreau de l'État ne pardonnerait jamais à un étudiant d'avoir donné une directive. En fait Deamer déclarait donc clairement que c'était lui, Deamer, qui disait : « Exécutez Gilmore. » Si l'A. C. L. U. portait plainte par la suite pour erreur judiciaire, ce serait donc lui l'homme qui aurait pris la responsabilité. Deamer aurait pu, bien sûr, essayer de prendre contact avec Bob Hansen, mais Bob et lui avaient à peu près la même opinion sur presque tous les sujets et il était certain que Bob n'agirait pas autrement. Qu'ils nous attaquent, songea-t-il. Ils savent où nous trouver.

Il aurait pu aussi appeler le gouverneur Matheson pour demander si l'on n'avait pas changé d'avis de ce côté-là, mais il avait déjà eu deux ou trois conversations avec lui et la position du gouverneur avait toujours été qu'il ne voulait pas s'en mêler. Alors pourquoi lui en donner l'occasion aujourd'hui ? Matheson était sans doute chez lui en train de dormir. Deamer n'avait pas envie de réveiller le gouverneur et de le voir s'asseoir dans son lit, au petit matin, peut-être se mettre à avoir des doutes et décider tout d'un coup : « Au fond, je ferais mieux de faire quelque chose et d'appeler la prison. » Il se dit qu'il ferait aussi bien de laisser le gouverneur tout à fait en dehors du coup

Malgré ces atermoiements Deamer espérait qu'ils allaient en finir aux environs de 7 h 49. Procéder à l'exécution avant le lever du soleil simplifierait le problème. Si Deamer était bien certain de l'argument d'Earl Dorius selon lequel la date signifiait le jour, il pensait aussi qu'il y avait un autre argument en vertu duquel on pouvait prétendre qu'il devait y avoir une certaine précision dans un ordre. Si la partie adverse soulevait jamais le problème que le nouvel arrêt du juge Bullock avait été obtenu dans des circonstances peu convenables puisqu'il n'y avait jamais eu d'audience à ce sujet, Deamer ne voyait aucune raison d'apporter de l'eau au moulin de l'adversaire. Plus près de l'heure du lever du soleil Gilmore serait exécuté, mieux cela vaudrait. La loi n'aimait pas en faire trop. On s'exposerait moins à la critique si on différait l'exécution de quelques minutes plutôt que de quelques heures.

Toutefois, après avoir dit à Gordon Richards d'aller de l'avant, il se rendit compte qu'il était assis là, à son bureau, avec le cœur de Gary Gilmore qui semblait battre entre ses mains. C'était l'heure de la vérité. Deamer avait passé six ans dans l'armée de réserve, avec six mois de service actif dans l'artillerie, mais il n'était jamais allé au combat. Maintenant, il se demandait si ce qu'il éprouvait pouvait ressembler au genre d'émotion que l'on pouvait ressentir quand on était sur le point de tuer quelqu'un ajusté dans son viseur. Il avait assurément une réaction moins précise qu'il ne s'y attendait. C'était difficile, par exemple, de rester assis dans son fauteuil après avoir raccroché. Tout était trop calme, son bureau était trop désert. Il avait travaillé toute la nuit, il était crevé et se sentait crasseux. Il avait besoin de se raser et de changer de chaussettes. Il était non seulement épuisé mais littéralement vidé. Les dimanches étaient souvent durs. Il était le numéro deux dans le groupe de Bob Hansen et il était aussi conseiller en second de son évêque. Les activités paroissiales lui prenaient de quarante à cinquante heures par semaine, sauf quand des obligations légales comme l'affaire Gilmore en absorbaient de soixante à soixante-dix. Malgré cela, il avait passé toute la journée de la veille à l'église et toute cette dernière nuit il l'avait passée à travailler jusqu'à l'aube du lundi. Il se dit que même étant en faveur de la peine capitale, il venait de traverser une longue expérience émotionnelle. Au fond, il s'était toujours attendu à être celui qui aurait à exécuter la sentence. Après tout, il y croyait.

II

Deamer estimait que nous étions sur terre pour être mis à l'épreuve, pour que l'on voie si nous pouvions vivre vertueusement. La clé, c'était le repentir. Un individu devait réparer de son vivant ce qu'il avait fait de mal, sauf dans le cas d'actions pour lesquelles on ne pouvait obtenir le pardon dans cette vie. L'une d'elles était le meurtre. On pouvait obtenir le pardon pour un meurtre, mais pas dans la vie terrestre. Cela devait être obtenu dans la suivante. Pour expier, on devait se laisser prendre la vie. Deamer n'estimait donc pas qu'en donnant le feu vert, il rendait nulle l'existence de Gary Gilmore. Bien au contraire, il permettrait à Gilmore de passer dans une sphère spirituelle où, à un point quelconque de la route vers l'éternité, ce dernier obtiendrait le pardon des meurtres qu'il avait commis.

Assis seul dans son bureau, contemplant sa grande carcasse peu soignée, Deamer pouvait bien être fatigué jusqu'à la lassitude, il n'en considérait pas moins être dans la ligne de ses buts et de ses ambitions. Il se disait aussi qu'un individu occupant sa position devait être capable de prendre une décision et de la tenir. Aussi, tout en attendant le dernier coup de téléphone de Gordon Richards, il pensa : « Peut-être y a-t-il une raison pour laquelle on m'a confié cette tâche. Je suis peut-être celui qui est capable de l'accomplir. » C'était le genre de pensée qui lui venait à propos de tout ce qu'il faisait. Il se plaisait à croire qu'il avait été envoyé sur terre pour être un de ceux à qui l'on avait confié la mission de faire un peu de bien pour l'amélioration de la société. C'était son espoir d'avoir été élu pour faire partie d'un plan plus vaste.

Lorsque Bob Hansen choisirait de ne plus briguer le poste de procureur général, Deamer serait donc prêt. Depuis des années il jouait un rôle actif dans la politique républicaine et il avait ses ambitions. Parmi lesquelles, au bout du compte, celle d'être gouverneur. Si l'Église croyait au libre arbitre, elle enseignait quand même que Dieu a des plans prédéterminés et qui s'accomplissent à moins que les individus ne manquent de les suivre. Si lui, Deamer, devenait jamais un dirigeant, alors sans doute avait-il été prévu pour le devenir et ne faisait-il qu'exécuter fidèlement les directives. Cela pouvait même faire partie de sa mission que d'assumer aujourd'hui le poids de l'exécution de cet homme : ce serait une préparation à ce qui serait peut-être le lourd fardeau des responsabilités de l'avenir.

III

À Washington, devant la Cour suprême, les documents préparés par Al Bronstein arrivèrent devant le juge White vers 9 h 40, ce qui équivalait à 7 h 40 à Denver. En dix minutes les documents étaient de retour. Le juge White avait refusé le sursis. Bronstein était prêt. Dans un cas impliquant une Cour d'appel, il fallait d'abord en appeler au juge de la Cour suprême contrôlant directement cette Cour, en l'occurrence, White. Il soumit donc de nouveau la même requête au juge Marshall. Elle lui revint au bout de quelques minutes signée avec la mention « Requête refusée ».

Bronstein demanda alors à présenter sa requête au juge Brennan pour qu'elle fût soumise à la Cour tout entière. Michael Rodak partit avec les documents et une minute plus tard, Francis Lorsen, l'adjoint du greffier en chef, revint annoncer à Bronstein que les juges de la Cour suprême étaient au vestiaire et s'apprêtaient à ouvrir une session régulière, mais qu'ils étaient repartis pour examiner la demande de Bronstein. C'était extrêmement inhabituel. Vingt minutes plus tard, Rodak remit à Bronstein un court billet disant que la Cour suprême siégeant en séance plénière, par la voix du président de la Cour, le juge Burger, avait refusé le sursis à 10 h 3. Il était maintenant 8 h 30 en Utah et toutes les dernières ressources juridiques avaient été utilisées. Rien ne pouvait empêcher l'exécution de Gary Gilmore.

38. Tir aux pigeons

I

Dans la pièce de réception où Schiller avait été introduit par les gardiens se trouvaient un tas de gens qu'il ne reconnut pas. L'un après l'autre, ils passèrent, essayant de ne pas avoir l'air de se concerter ; ils prenaient une chaise pliante et s'asseyaient. Les gens ne s'adressaient pas la parole. Ce n'était pas l'atmosphère d'un enterrement, mais il régnait un calme d'une extrême politesse.

Puis Toni Gurney entra. Pour la première fois, Larry vit quelqu'un à qui il pouvait dire bonjour et il se mit à bavarder avec elle. Ce n'était pas qu'il eût vraiment brisé la glace, mais une conversation s'était engagée et bientôt plusieurs personnes se mirent à discuter.

Au bout d'un moment, Vern s'approcha et désigna un type que Schiller avait déjà remarqué, un homme à l'air assez glacial, qui de toute évidence portait perruque et était accompagné de deux femmes au visage sévère. Schiller croyait que c'était un croquemort, mais Vern dit : « C'est le médecin qui va retirer les yeux de Gary. »

Soudain, Stanger entra dans la pièce et il était furieux. Le juge Bullock avait retardé l'ordre. Gary pouvait être exécuté à n'importe quelle heure de la journée. « Vous vous rendez compte, Larry ? » Schiller sentit que Stanger ne voulait pas que l'on exécute Gary et, d'ailleurs, quand Moody arriva, Ron continua à soutenir que ç'allait être encore une répétition. Tout simplement, l'exécution n'aurait pas lieu. Schiller entendit quelqu'un dire dans le coin : « Ils peuvent nous garder ici trois heures. »

À ce moment, un gardien entra en courant par la porte du fond et cria quelques mots par-dessus son épaule. « Requête rejetée. Ça marche. » À cet instant Stanger, pour la première fois, réalisa que Gary Gilmore allait être fusillé. Cela le sonna comme s'il avait reçu un coup de pied en pleine poitrine. Puis il se sentit glacé. C'était une sensation abominable. Pour la première fois de sa vie, Ron percevait ses terminaisons nerveuses. Il avait l'impression d'avoir le cœur enveloppé dans de la glace. Il regarda Schiller qui prenait des notes au verso d'on ne savait quel papier et pensa : « Heureusement qu'il enregistre tout ça, parce que je ne peux même pas bouger. Je ne sais même pas si je suis encore capable de marcher. »

Puis on commença le transfert des invités. Comme on le conduisait jusqu'à la voiture, Stanger comprit qu'il devait sembler être au bord de la nausée. Il avait l'impression qu'il allait mourir et se demandait en même temps s'il ne perdait pas l'esprit, car il aurait parié un million que Gary Gilmore ne serait jamais exécuté. Ça lui avait facilité la tâche. Il n'avait jamais connu le moindre dilemme moral en exécutant les désirs de Gary. En fait, il n'aurait pas pu le représenter s'il avait vraiment cru que l'État irait jusqu'à l'exécution. Ç'avait été un jeu. Il ne s'était pas considéré comme un personnage plus important que les autres.

II

Dehors, sur le parking, on réveillait les journalistes. Des portières claquaient. « Le peloton d'exécution arrive », cria quelqu'un.

Robert Sam Anson, qui couvrait l'événement pour *New Times*, prenait des notes :

Une fois de plus, tout le monde court. À une centaine de mètres, en haute surveillance, une voiture de police, suivie d'un fourgon, vient de s'arrêter près de la grille. Sam Smith s'avance maintenant à grands pas vers le bâtiment, très droit, décidé, sans manteau, indifférent au froid. À 7 h 47, un petit groupe sort par la porte du quartier de haute surveillance ; même à cette distance, on voit très nettement Gilmore. Il porte un pantalon blanc et un T-shirt noir… « Ça a l'air de bien se passer », observe un des gardiens. « Tout ce qu'il reste à faire maintenant, c'est la paperasserie », répond son compagnon.

À l'apparition de Gilmore, les journalistes se précipitent comme un troupeau affolé. Les projecteurs balayent le ciel tandis que les éclairagistes s'efforcent de les braquer en position. Les producteurs de télévision donnent des ordres. Juste devant le bâtiment de la prison, Geraldo Ribera, en blouson de cuir noir et jeans, l'air impassible, comme seul Geraldo Ribera peut en avoir l'air, crie dans son micro : « Coupez la suite, Rona. Donne-moi l'antenne. Vous allez pouvoir entendre les coups de feu. Je vous promets. Vous pourrez entendre les coups de feu. »

Lorsque Gary sortit du quartier de haute surveillance, on l'escorta jusqu'au fourgon et on le fit asseoir derrière le chauffeur. Meersman s'assit près de lui, puis le directeur, Smith, monta avec trois autres gardiens. Le fourgon s'éloigna lentement avec les sept hommes, le seul véhicule à rouler sur ces quatre cents mètres de rue carcérale séparant la haute surveillance de la conserverie.

Dès qu'ils eurent démarré, Gary, malgré ses deux mains entravées par les menottes, fouilla dans une poche et en sortit un bout de papier plié qu'il posa sur son genou pour pouvoir le regarder. C'était une photo de Nicole découpée dans un magazine et il la dévorait des yeux.

Lorsque le chauffeur du fourgon mit le contact, la radio, qui s'était tue quelques instants plus tôt, reprit. La tension était telle dans le fourgon que tout le monde sursauta. Puis on entendit les paroles d'une chanson. Le chauffeur tendit aussitôt la main pour éteindre le poste, mais Gary leva la tête et dit :

« Laissez-la, s'il vous plaît. » Ils commencèrent donc à rouler avec la musique de la radio. Les paroles de la chanson évoquaient le vol d'un oiseau blanc. « Una paloma blanca », disait le refrain. « Je ne suis qu'un oiseau dans le ciel. Una paloma blanca, au-dessus de montagnes je vole. »

Le chauffeur demanda : « Vous voulez que je laisse la radio ? » Gary répondit : « Oui. »

« C'est un jour nouveau, c'est un jour nouveau, poursuivit la chanson, je m'envole vers le soleil. »

Ils roulaient lentement, aux accents de la chanson, et le Père Meersman remarqua que Gary ne regardait plus la photo. C'était comme si les paroles étaient devenues plus importantes.

J'ai eu jadis ma part de perte,
Et puis on m'a enchaîné,
Oui, on a essayé de briser mon pouvoir
Oh, je sens encore la douleur.

Personne ne parlait et la chanson se poursuivait.

Personne ne peut m'ôter la liberté,
Non, personne ne peut m'ôter ma liberté.

Quand ce fut fini, ils roulèrent en silence et, à la conserverie, descendirent un par un, débarquant comme ils s'y étaient préparés aux heures du petit matin, ces mêmes gardiens ayant répété la scène avec quelqu'un qui figurait Gary. Ils l'escortèrent jusqu'à la conserverie, sans aucun heurt. Meersman se dit que l'entraînement avait été utile.

Hier soir dans mon rêve j'ai volé
Comme un oiseau blanc par la fenêtre…
Cette nuit je dirai à mon âme de me faire voler jusqu'à toi

III

Durant tout le trajet jusqu'à la conserverie, et alors que la radio débitait « La Paloma Blanca », le Père Meersman n'éprouva pas de sentiments particuliers. Il fallait procéder étape par étape pour que tout se déroulât sans à-coups. Ce fut sa principale préoccupation, de penser au pas suivant, si bien que même pour monter dans le fourgon, personne ne trébucha.

Ç'avait été minutieusement mis au point, songea le Père Meersman. Tout, jusqu'au soin avec lequel on s'était arrangé pour que, pendant le transport de Gary Gilmore jusqu'à la conserverie, tout le trafic soit arrêté dans l'enceinte de la prison et qu'aucun véhicule ne roule au moment où le fourgon passerait, si bien que du point de vue de la sécurité, on ne courut aucun risque. Les autorités pénitentiaires avaient chronométré ce transfert avec tellement de précision qu'ils savaient combien il faudrait de temps pour aller jusqu'à ce coin, et puis encore ce coin-là. Le Père Meersman s'attachait si intensément à la logique de cette progression qu'il n'éprouvait aucun sentiment qui retienne son attention et le porte à réfléchir. Son souci primordial était que durant le déroulement du trajet Gilmore n'ait aucune raison de s'énerver. Ce qu'il voulait, c'était que Gary Gilmore demeure dans ses calmes dispositions d'esprit jusqu'au bout, sans accrocs pour qu'on en termine sans heurts. Et ce fut baigné de ses pensées tranquilles, son gros manteau noir enroulé autour de lui, que le Père Meersman arriva avec les autres à la conserverie.

Maintenant, il était important de s'assurer que le fourgon s'arrête aussi près que possible des marches. Gary avait les chevilles entravées et ce que le Père Meersman tenait à lui éviter avant tout, c'était une longue marche à pas lents et pénibles. En fait, le Père Meersman garda tout son esprit concentré sur le mécanisme de ces activités jusqu'au moment où toute l'opération fut arrivée à conclusion et où ils eurent escaladé les neuf ou dix marches de bois qui les conduisaient dans la salle d'exécution. Lorsque Gilmore fut enfin installé dans le fauteuil, le Père Meersman éprouva un sentiment de soulagement et pensa que tout allait se passer sans problème.

Noall Wootton quitta le bureau du directeur pour aller à pied jusqu'à la conserverie. Il prit son temps. Avec un peu de chance, tout serait peut-être fini avant qu'il n'arrive, mais le shérif du Comté d'Utah prit la peine de s'arrêter pour le prendre au passage et ils roulèrent jusqu'à une porte d'un entrepôt où le directeur adjoint, Leon Ahtch, fit signe à Wootton d'entrer. C'était une grande salle avec des murs de parpaing. Ce fut tout ce qu'il vit, car il se dirigea tout de suite vers le fond. Noall fut frappé de voir combien de gens se trouvaient là. Un tas de grands types étaient devant lui. Wootton ne pouvait rien voir. C'était parfait. Il ne voulait gêner personne. Il resta là au dernier rang, près des pots de peinture vides, des vieux pneus et des machines à l'abandon.

IV

À Denver, Earl Dorius déambulait dans le couloir lorsqu'il remarqua Jack Ford, de la station K. S. L., au téléphone. Dès que Jack sortit de la cabine, Earl demanda ce qui se passait à la prison. Il apprit qu'on allait procéder à l'exécution et que la voiture transportant Gilmore venait d'arriver à la conserverie.

Ce fut la première fois, durant ce que Earl considéra somme toute comme une longue épreuve, qu'il prit conscience que c'était un homme qu'on allait tuer. Il ressentait maintenant dans ses nerfs la tension qu'avait connue Gordon Richards quand Earl lui avait transmis la première fois le message, et cela donna à Earl une idée de ce que devait éprouver le personnel de la prison. Il ressentait une très grande angoisse en pensant au directeur. Ce ne serait pas facile pour son ami, Sam Smith, d'ordonner l'exécution d'un homme.

Cependant, Earl se dit qu'il n'éprouvait aucune pitié pour Gilmore. L'impact que cet homme avait eu sur les familles de ses victimes, l'impact infiniment moindre qu'il avait eu sur la propre vie de Earl qui, ces derniers mois, avait à peine eu le temps d'entrevoir ses enfants, n'était pas de nature à lui faire éprouver beaucoup de compassion. Il plaignait seulement le directeur, son ami, Sam Smith.

Lorsque Judy Wolbach quitta le tribunal, elle regarda du haut d'une grande fenêtre du couloir l'aube grise qui pointait et sentit en elle un vide affectif total. Ce qui troubla le plus Judy à cet instant c'était l'impression d'être sale. Elle n'avait même pas eu le temps de rentrer chez elle, le soir, pour changer de chemisier. Elle se sentait en nage, fatiguée et vraiment écœurée. Cela la scandalisa de ne pas avoir d'autres réactions. Elle trouvait que la justice avait eu un comportement méprisable. Elle en voulait à Dorius et voilà tout.

V

Devant la réception de la prison, des voitures attendaient les gens qui allaient assister à l'exécution. Après un bref trajet, Schiller vit une fourgonnette reculer vers le bâtiment de brique qu'on appelait la conserverie et se dit : « C'est le peloton d'exécution. » Puis il entendit un bruit au-dessus de sa tête et cela le surprit. Le communiqué publié par la prison avait déclaré que l'espace aérien au-dessus du pénitencier était interdit jusqu'à une altitude de cinq cents mètres. Mais il y avait un hélicoptère juste au-dessus d'eux. Schiller découvrit par la suite qu'un journal s'était débrouillé pour prendre des photos de Gilmore lors de son transport, car le communiqué avait parlé d'avions et non pas d'hélicoptères.

Juste derrière la conserverie, Schiller vit qu'on avait édifié sur la plate-forme de chargement une sorte d'appentis couvert de toile noire, comme une pièce supplémentaire, et il se rendit compte que le peloton d'exécution devait attendre à l'intérieur. Puis la voiture contourna un autre coin du bâtiment et il vit Vern, Moody et Stanger descendre de la voiture les précédant et monter les marches qui menaient à l'entrée. Lorsque ce fut son tour de franchir la porte, Schiller vit du coin de l'œil que Gary était à sa droite, attaché sur un fauteuil. Ce qui le frappa avant même de vraiment regarder, ce fut que l'extrémité de la salle où se trouvait Gary était éclairée, pas de façon éblouissante comme un plateau de cinéma, mais des lumières étaient braquées sur lui alors que le reste de la salle se trouvait dans l'ombre. Il était surélevé sur une petite estrade, un peu comme une scène. Avec le fauteuil aussi en vue, on avait l'impression que c'était plutôt une électrocution qu'une fusillade qui allait avoir lieu.

À mesure que Schiller avançait, au lieu d'entrevoir la nuque de Gary il commençait à apercevoir un profil, et puis il parvint à voir un peu son visage. À ce moment, Gilmore fit signe qu'il l'avait vu et Schiller fit un petit signe de tête en réponse. Ce qu'il remarqua ensuite, ce fut que Gilmore n'était pas attaché très serré sur le fauteuil. Ce fut le premier détail qui le frappa vraiment. Tout était lâche.

Il y avait des courroies qui lui entouraient les bras et les jambes, mais elles avaient au moins trois centimètres de jeu. Il aurait pu se libérer les mains. Puis, comme Schiller continuait d'avancer, il vit une ligne peinte devant lui sur le sol et un fonctionnaire de la prison lui dit : « Restez derrière cette ligne. » Alors il fit demi-tour et se trouva face au fauteuil. Maintenant, ayant de nouveau Gilmore sur sa droite, Schiller aperçut sur sa gauche un volet noir avec une fente pratiquée dedans. À sept ou huit mètres de lui et à peu près à la même distance de Gilmore, estima-t-il. Alors seulement, il regarda bien le condamné.

C'était la première fois que Schiller voyait Gary depuis décembre. Il lui sembla avoir l'air fatigué, abattu, amaigri, plus âgé que Schiller l'avait jamais vu, et son œil était un peu vitreux. Un vieil oiseau épuisé avec des yeux très brillants.

Ensuite, ce qui impressionna Schiller, c'est que Gary était toujours parfaitement maître de lui. Il poursuivait une conversation, pas assez fort pour qu'on pût l'entendre, mais il disait quelque chose au gardien qui l'attachait, au directeur de la prison et au prêtre. Peut-être y avait-il huit personnes autour de lui en vestes pourpres. Schiller allait noter que c'étaient des fonctionnaires de l'administration pénitentiaire, mais c'était précisément ce dont il souhaitait se garder. Pas de supposition journalistique. Il n'allait donc pas dire que c'étaient des fonctionnaires de la prison, mais simplement des gens en veste rouge. Puis, à mesure que son œil de photographe s'habituait à la scène il n'arrivait pas tout à fait à croire ce qu'il observa ensuite. Car le siège du condamné n'était rien d'autre qu'un vieux petit fauteuil de bureau, et derrière il y avait un vieux matelas crasseux étayé par des sacs de sable et le mur de ciment de la conserverie. On avait coincé ce matelas entre le fauteuil et les sacs de sable, un expédient de dernière minute à n'en pas douter comme si, à un moment durant la nuit, on s'était dit que les sacs de sable ne suffisaient pas, que les balles risquaient de les traverser, de heurter le mur et de ricocher. Ce fut le matelas sale qui dégoûta Schiller. Il se dit : « Mon Dieu, et ils ont cousu cette toile noire bien proprement autour des meurtrières dans lesquelles vont passer les fusils des assassins. » Il se rendit compte alors du mot qu'il employait.

Quand même, il ne pouvait pas ignorer le contraste entre la préparation méticuleuse du volet et le fauteuil de Gary avec ce rideau de scène improvisé et crasseux. Même les liens qui lui attachaient les bras avaient l'air d'avoir été découpés dans de vieilles sangles.

VI

La première idée de Ron Stanger fut de se demander combien de gens se trouvaient dans la pièce. Seigneur, le nombre de spectateurs ! Les exécutions devaient être un sport spectaculaire… Ça le frappa vraiment avant même de jeter un premier regard à Gary, et il remercia le ciel que celui-ci n'eût pas encore sa cagoule. C'était un soulagement. Gilmore était encore un être humain, non pas un objet grotesque et camouflé et Ron se rendit compte à quel point il s'était préparé au choc de découvrir Gary avec le visage dissimulé sous un sac noir. Mais non, Gary était là, dévisageant la foule avec, sur le visage, une expression d'humour étrange. Stanger devinait ce qu'il pensait. « Tous ceux qui ont des relations vont se faire inviter au canardage. »

Stanger avait espéré qu'il n'y aurait pour ainsi dire personne, mais il devait bien y avoir là une cinquantaine de spectateurs massés derrière la ligne blanche. Tous les flics, tous les bureaucrates qui avaient un peu d'influence étaient là. Stanger croyait entendre ce que Bob Moody avait si souvent dit de Sam Smith. « C'est un homme très sincère. Simplement il est incompétent. Tout à fait incompétent. » Il y avait là des shérifs et des policiers que Stanger n'avait jamais vus : comment pouvait-on se faire respecter dans sa profession si on ne se trouvait pas là ?

Moody en voulait aussi à tous les gens qui avaient été invités. Sam Smith avait fait une telle histoire pour savoir s'il y aurait cinq ou sept invités. Et voilà que maintenant il y avait tous ces gens inutiles qui se pressaient là et les membres du peloton d'exécution qui bavardaient derrière le rideau. On ne pouvait pas comprendre ce qu'ils disaient, mais on les entendait et Bob était furieux de voir Ernie Wright se dandiner pour accueillir les gens. C'était tout juste s'il ne faisait pas des ronds de jambe, avec son grand chapeau blanc de cow-boy et son air de bureaucrate du Texas.

Moody avait l'impression que les hommes du peloton, derrière le volet, faisaient exprès de ne pas regarder Gary, mais lui tournaient le dos. Ils bavardaient entre eux et ne se retourneraient qu'à la dernière minute, quand on leur en donnerait l'ordre. Ron Stanger, installé auprès de Bob Moody, avait envie de se lever pour leur dire à tous : « Dire que vous ne voudriez même pas donner à cet homme un morceau de pizza avant de lui crever les tripes. » C'était ça qu'il avait envie de dire, mais il n'osait pas. Ç'aurait été trop dément. « Vous ne pourriez pas le laisser manger sa pizza et boire une canette de bière. Ça vous ferait mal, hein ? » Voilà ce qu'il avait envie de leur crier.

La première pensée de Cline Campbell lorsqu'il entra dans la salle fut : « Mon Dieu, est-ce qu'on vend des billets pour ce genre de spectacle ? » Malgré tout, Campbell percevait à quel point tout le monde avait peur. Ça pesait sur l'exécution. La bonne vieille peur des bureaucrates que quelqu'un dans l'administration ait oublié quelque chose. Ça en ferait un foin. Campbell se contenta de dire à Gary : « Comment ça va ? » et il se planta d'un côté du fauteuil et le Père Meersman de l'autre. Puis le Père Meersman prit un gobelet d'eau et Gilmore en but une gorgée quand le prêtre l'approcha de ses lèvres.

Un fonctionnaire s'approcha de Vern pour lui dire que Gary voulait lui parler. Vern pénétra dans le cercle de lumière au milieu duquel se trouvait Gary et son neveu leva vers lui ses yeux d'un bleu de bébé. À ce moment-là, Vern sentit qu'il aimerait le tirer de ce fauteuil, juste le tirer de là et refaire de lui un homme libre. Vern était très ému. Il ne voulait vraiment pas le voir dans ce fauteuil.

Gary lui dit : « Tiens, prends cette montre. Je ne veux qu'elle aille à personne d'autre que Nicole. » Il l'avait cassée et bloquée avec les aiguilles sur 7 h 49. Il la remit à Vern. Il avait dû la tenir tout le temps. Gary dit encore : « Je veux que tu me promettes de veiller à ce qu'on s'occupe de Nicole. » Comment Gary s'imaginait qu'il pouvait s'occuper d'elle, Vern ne le savait pas, mais Gary était bien obligé de le demander à quelqu'un. Ils échangèrent une poignée de main et Gary se mit à lui serrer la main comme s'il voulait broyer les jointures de Vern. Il lui dit : « Allons, je te laisse ta chance », et Vern répondit : « Gary, si je le voulais, je pourrais te tirer de ce fauteuil.

— Ah oui ? » fit Gary.

Vern regagna sa place derrière la ligne et pensa à la conversation qu'il avait eue des semaines auparavant lorsque Gary leur avait demandé, à Ida et à lui, d'être témoins de l'exécution, et que Vern avait dit : « Je ne veux pas que Ida voie ça. » Gary avait repris : « Mais je veux que toi, tu sois là, Vern.

— Je ne sais pas si je serai capable de le supporter, avait dit Vern, je ne crois pas. » Gary avait insisté : « En tout cas, je veux que tu sois là.

— Pourquoi ? avait demandé Vern. Pourquoi me veux-tu ?

— Eh bien, Vern, avait dit Gary, je te montrerai. Je t'ai déjà montré comment je vis (il lui avait fait son sourire le plus moqueur) et j'aimerais te montrer comment je saurai mourir. » Maintenant, Vern pensait que tout cela avait dû faire partie de ce qu'il avait dit alors car, derrière la ligne, alors qu'il sentait encore la main de Gary sur la sienne, Vern aurait voulu lui dire : « C'était bien, Gary, ce que tu viens de faire. »

Bob Moody s'approcha ensuite et lui serra la main. Bob s'attendait à lui trouver la main plus grande, et elle n'était ni glacée ni d'une chaleur fébrile. Ce fut un choc pour lui car c'était une main tiède et vivante comme la main de n'importe qui. Gary le regarda et lui dit : « Tenez, Moody, je vais vous laisser mes cheveux. Vous en avez plus besoin que moi. »

Ensuite ce fut le tour de Schiller. Plus il approchait, plus il s'inquiétait de ne pas trouver le mot juste à dire. Mais lorsqu'il arriva devant lui, il fut abasourdi par l'immensité de tout cela. Il avait l'impression de dire adieu à un homme qui allait entrer dans la gueule d'un canon et se faire expédier sur la lune, ou bien immergé dans un coffre d'acier pour atteindre le fond de la mer. Un véritable Houdini. Il étreignit les deux mains de Gilmore, et peu importait si cet homme était un meurtrier. Il aurait tout aussi bien pu être un saint car, à cet instant, les deux états semblaient aussi démesurés à Schiller – et il dit, il s'entendit dire : « Je ne sais pas pourquoi je suis ici. »

Gilmore répondit : « Vous allez m'aider à m'évader. » Schiller le regarda, assis dans son fauteuil, et dit : « Je ferai du mieux qu'il est humainement possible de faire. » Ce qu'il voulait dire par là, c'était qu'il allait rapporter l'événement de la façon la plus honnête, et Gilmore lui sourit. De ce drôle de sourire triste qu'il avait, un petit froncement de la lèvre supérieure, comme si lui seul connaissait la signification des propos qui venaient de s'échanger, et puis cela s'élargit pour devenir ce sourire qu'il arborait parfois sur ses lèvres minces, un sourire de chacal, subtilement railleur, la dernière expression de Gilmore dont Schiller devrait garder le souvenir. Ils se serrèrent la main, la poignée de main de Gilmore manquant de force, et Schiller s'éloigna sans être bien sûr de s'être tiré de ce moment comme il l'aurait dû. Il ne savait d'ailleurs pas si c'était un moment dont on pouvait même se tirer. Il avait la curieuse sensation de n'avoir eu aucun rapport réel avec Gilmore.

Vern était passé le premier parce qu'il était le patriarche, puis Bob Moody, mais Schiller avait essayé d'être le dernier. Stanger s'était dit qu'il n'allait pas le laisser faire son numéro et il avait gagné la manœuvre. Larry était passé avant lui. Quand arriva le tour de Stanger, il ne trouva rien à dire. Il se contenta de murmurer : « Tenez bon. Tenez bon. » Gary n'avait pas l'air très dur. Il était plutôt pâle. On voyait dans son regard que l'effet de tous les médicaments commençait à s'estomper. Il s'efforçait d'être brave, mais il dit simplement « Ça ira », comme si ça lui était devenu difficile de faire sortir des mots, et ils échangèrent une poignée de main. Gary serra vraiment fort, Stanger lui passa un bras autour des épaules et Gary déplaça sa main pas trop serrée par les sangles pour toucher le bras de Ron. Stanger se disait que Gilmore avait les mains plus maigres qu'on ne l'avait supposé. Puis ils se regardèrent dans les yeux, dans une sorte d'ultime étreinte.

Dès que Ron eut regagné sa place derrière la ligne, un fonctionnaire de la prison vint lui demander s'il voulait du coton pour ses oreilles. Ron remarqua que tout le monde en prenait, alors il s'en fourra un peu dans les oreilles et regarda Sam Smith se diriger vers le fond de la salle où un téléphone rouge était posé sur une chaise. Puis il donna un coup de téléphone, revint près de Gary et se mit à lire une déclaration.

Schiller, qui essayait d'écouter, conclut que c'était un document officiel. Ça ne semblait pas être le genre de texte que normalement il aurait écouté mais, à travers le coton, il entendait Sam Smith qui continuait à blablater. Pendant ce temps, Gary ne regarda pas le directeur, il était plutôt penché dans son fauteuil d'un côté ou de l'autre, essayant de regarder par-delà la grande carcasse de Sam Smith. Il faisait presque basculer son fauteuil pour apercevoir les visages derrière le volet, avoir un aperçu de leur expression.

Puis le directeur demanda : « Y a-t-il quelque chose que vous aimeriez déclarer ? » Gary leva les yeux au plafond, hésita, puis répondit : « Allons-y. » Ce fut tout. La manifestation de courage la plus marquée qu'il ait jamais vue, se dit Vern, aucun tremblement, aucun accent rauque, un ton net et direct. Ce fut Vern que Gary regarda en parlant.

Quand Stanger entendit cela, il eut l'impression que Gary aurait voulu dire quelque chose de bien, de digne et d'intelligent, mais qu'il n'avait rien pu trouver de profond. Les médicaments l'avaient trop engourdi. Plutôt que de ne rien dire, il fit de son mieux pour énoncer d'une voix très claire : « Allons-y. »

C'était à peu près tout ce qu'on pouvait attendre d'un homme qui n'avait pas dormi depuis plus de vingt-quatre heures et qui avait absorbé une foule de médicaments. Si bien qu'il semblait avoir la gueule de bois, qu'il était plutôt abattu et qu'il avait l'air beaucoup plus vieux que son âge. Il était épuisé. Pour la première fois, Ron remarqua de profonds sillons sur son visage. De plus, Gilmore était aussi blême que le jour où les avocats l'avaient rencontré pour la première fois, après sa tentative de suicide.

Le Père Meersman s'avança pour lui administrer les derniers sacrements. Noall Wootton se crispa en jetant un coup d'œil furtif entre les épaules de quelques-uns des grands gaillards se tenant devant lui, et il se souvint de Gary lorsqu'il était venu à l'audience de la Commission des Grâces, plein de confiance ce jour-là, comme s'il avait tous les atouts en main. Et maintenant il n'avait plus rien, se dit Wootton.

Regardant le même homme, Schiller estima qu'il avait un aspect résigné, avec cependant beaucoup de présence et peut-être même une certaine autorité.

Le Père Meersman acheva d'administrer les derniers sacrements à Gary Gilmore. Comme les hommes approchaient avec la cagoule, Gilmore dit : « Dominus vobiscum. » Le Père Meersman ne savait comment cacher son émotion. Gary n'aurait rien pu dire d'autre qui provoquât plus qu'une réaction machinale. Le Père Meersman avait maintes et maintes fois salué ainsi les gens depuis les trente années qu'il exerçait son ministère. « Dominus vobiscum », disait-il à la messe et on lui répondait : « Et cum spiritu tuo. »

Aussi, à ce moment précis, quand Gilmore dit : « Dominus vobiscum », le Père Meersman répondit comme un enfant de chœur : « Et cum spiritu tuo. » Alors qu'il énonçait sa formule rituelle, Gary lui fit une sorte de grimace et dit : « Il y aura toujours un Meersman. »

« Il veut dire par là qu'il y aura toujours un prêtre sur les lieux dans un moment pareil », songea le Père Meersman.

Trois hommes en veste rouge s'approchèrent et passèrent la cagoule sur la tête de Gilmore. Dès cet instant, plus un mot ne fut prononcé.

Absolument plus un mot. On passa une sangle autour de la taille de Gilmore et une autour de sa tête. Le Père Meersman se rappela que lorsque l'on avait attaché Gary sur le fauteuil celui-ci avait voulu de l'eau. Le Père Meersman lui en avait donné pour humecter sa gorge trop sèche. Puis Gilmore avait encore voulu boire. Pourquoi ce rappel à cet instant précis ?

Le docteur s'approcha de Gary pour épingler un cercle blanc sur son maillot noir puis il recula. Le Père Meersman traça alors un grand signe de croix dans l'espace, dernier geste qu'il eût à accomplir. Puis lui aussi vint derrière la ligne blanche, se retourna et regarda la silhouette assise et munie de la cagoule. Le téléphone se mit à sonner.

La première réaction de Noall Wootton fut : « Mon Dieu ! c'est comme au cinéma, l'exécution ne va pas avoir lieu. » Schiller prenait des notes sur les chèques qu'il avait pris soin de détacher de son chéquier. Il nota que la cagoule tombait en plis larges comme si un carton carré était posé sur la tête de Gary. Ça n'avait aucune forme et, on ne pouvait avoir aucune idée des traits du supplicié.

En entendant le téléphone, Stanger se dit : « C'est une ultime confirmation. » Sam Smith raccrocha et reprit sa place derrière la ligne. Il se trouva être auprès de Schiller. Il tendit du coton à Larry et ils se regardèrent dans les yeux. Schiller ne sut pas si Sam Smith avait remué le bras ou non, mais il eut l'impression de voir bouger l'épaule du directeur en un spasme incontrôlé. Ron, Bob Moody et Cline Campbell entendirent énoncer le compte à rebours. Noall Wootton appuya les doigts sur ses oreilles par-dessus le coton et Campbell constata que le corps de Gary était calme, d'un calme qu'il était à peine possible d'imaginer. Gilmore était si fort et si concentré dans son désir de bien mourir qu'il ne serra même pas le poing lorsque débuta le compte à rebours.

« J'espère que je ne vais pas m'écrouler », se dit Stanger. Il avait la main levée pour se protéger vaguement la tête. À travers le coton, il entendit le bruit de souffles rauques et il vit les canons des fusils émerger des fentes du volet. Il fut horrifié en constatant combien ils étaient près de la victime. Ils ne voulaient certes pas manquer leur coup. Puis tout devint tellement silencieux que ça retenait l'attention. À travers le coton, Ron entendit murmurer « deux », puis « un » et on n'alla pas jusqu'à « zéro » puisque les fusils partirent : « Bam. Bam. Bam. » Avec un bruit terrifiant. Dans l'épaule de Ron, un muscle se contracta jusqu'au bas de son dos. Tout un groupe de muscles, crispés dans un spasme.

Schiller entendit trois coups de feu, alors qu'il pensait en percevoir quatre. Le corps de Gary n'eut aucun soubresaut, le fauteuil ne bougea pas. Schiller attendit le quatrième coup de feu et il comprit plus tard que deux avaient dû partir simultanément. À cet instant, Noall Wootton essaya de voir Gary, mais il lui était dissimulé par la foule. Il sortit avant tout le monde, alla droit à sa voiture garée près de la réception, y monta et démarra. Il y avait des journalistes et des photographes, mais il ne s'arrêta pas. Il ne voulait surtout voir personne.

VII

Vern entendit juste un grand WHAM ! quand les coups de feu éclatèrent. Gary ne remua même pas un doigt. Il n'eut pas un tremblement. Sa main gauche ne bougea pas et, sitôt après la fusillade, sa tête tomba en avant, mais la sangle la maintint. Puis sa main droite se souleva lentement et retomba tout aussi lentement comme pour dire : « Messieurs, voilà qui est fait. » Schiller pensa que le mouvement avait été aussi délicat que celui d'un pianiste levant la main avant de la poser sur les touches. Le sang se mit à couler à travers le maillot noir, à couler sur le pantalon blanc et à s'égoutter sur le sol entre les jambes de Gary. L'odeur de la poudre emplissait la pièce. Les lumières s'éteignirent et Schiller perçut le bruit du sang qui coulait goutte à goutte. Il n'était pas sûr de l'entendre couler, mais il le devinait et, avec ce sang, la vie qui s'envolait du corps de Gilmore comme se dissipait la fumée. Ron Stanger, qui avait le vertige, se dit : « Tu es le seul qui va tomber dans les pommes et ça va être gênant de te retrouver par terre au milieu de tous ces gens. » La violence des contractions musculaires qu'il sentait dans son dos le fit trébucher en arrière ; il tendit les bras, s'accrocha à quelqu'un pour ne pas tomber et se retourna pour jeter un dernier coup d'œil au corps. Ce fut alors qu'il vit la main droite de Gary se lever.

Ron ferma les yeux, et lorsqu'il les rouvrit, le sang formait déjà une flaque entre les jambes de Gary et coulait sur ses pieds en maculant ses chaussures de tennis, ces invraisemblables chaussures bleu blanc rouge qu'il portait toujours en haute surveillance. Les lacets en étaient maintenant tout ensanglantés.

Un médecin s'approcha avec un stéthoscope et secoua négativement la tête. Gilmore n'était pas encore mort.

Ron se souvint du jour où Gary s'était trouvé un moment seul dans le bureau de Fagan et comment, en dix secondes, Gary en avait fait le tour comme un papillon. Il avait ouvert le tiroir et pris une cuillère et des lacets, fouillant partout avec des mouvements rappelant ceux d'un chef d'orchestre. C'était magnifique. Gilmore, au fond, était un voleur de talent, et il avait terminé juste au moment où Fagan disait : « Bon, Joe, d'accord. » Le temps que le lieutenant se retourne et ce vieux Gary était assis, calme comme un hibou et dodelinant de la tête. Stanger, de l'autre côté de la vitre, en avait ouvert des yeux grands comme des soucoupes.

Peu après, Gary avait plaisanté à propos des lacets. Ils étaient assez solides pour se pendre, avait-il expliqué à Ron. Et maintenant, cette main qui avait si bien volé s'élevait en l'air et retombait. On aurait pu croire qu'elle désignait le sang coulant sur les lacets.

Ils attendirent une vingtaine de secondes. Puis le docteur revint, le Père Meersman s'approcha ainsi que Sam Smith, le médecin posa une fois de plus le stéthoscope sur le bras de Gary, se tourna vers Sam et fit de la tête un signe affirmatif. Sam Smith desserra la sangle qui ceinturait Gilmore, la fit passer sous celle qui lui maintenait la tête et regarda derrière le corps l'impact des balles, là où l'on voyait les trous.

Stanger était furieux. Dès l'instant où Gilmore avait été fusillé, tout le monde aurait dû sortir et ne pas se rendre complice de tout cela. Alors même que Sam examinait le corps, Gary tomba entre les mains de Meersman. Le Père dut lui tenir la tête pendant que Sam palpait le dos de Gilmore pour localiser les blessures de sortie. Le sang se mit à couler sur les mains de Meersman, à ruisseler entre ses doigts et Vern se mit à pleurer. Puis le Père Meersman en fit autant. Un fonctionnaire de la prison finit par s'avancer pour dire aux gens encore présents : « Maintenant, il faut partir. » Schiller sortit en se disant : « Qu'est-ce que nous avons fait ? Il n'y en aura pas moins de meurtres. »

Pendant ce temps, le Père Meersman et Cline Campbell libéraient les bras et les jambes de Gilmore. Campbell ne cessait de penser à l'importance des yeux. Il se disait : « Pourquoi personne ne vient-il ? Il faut sauver les yeux. »

VIII

Dans le bureau du directeur, quelques minutes plus tôt, Gordon Richards avait reçu un coup de téléphone d'un greffier adjoint de la Cour suprême des États-Unis lui annonçant que la Cour siégeant en séance plénière – sans le juge Brennan toutefois – venait d'examiner la demande de sursis de l'A. C. L. U. et l'avait repoussée. Richards commença à s'énerver. Ce greffier, qui s'appelait Peter Beck, ne savait rien de « Mickey de Wheeling, en Virginie de l'Ouest ». Voyons, demanda

Richards, M. Beck savait-il où M. Rodak était né et quel était son surnom ? « Ça n'est pas Mike ? » fit Beck. Richards demanda alors si M. Rodak pouvait l'appeler. Avant d'avoir eu une réponse, il se trouva en attente. « Dépêchez-vous, je vous en prie, cria Richards à Beck, c'est important. » Il se retrouvait avec une information non confirmée venant de la Cour suprême. Il lança au fonctionnaire de l'administration pénitentiaire qui se trouvait avec lui dans le bureau du directeur : « Dites-leur d'attendre à la conserverie. » Mais les fonctionnaires secouèrent la tête. L'exécution venait d'avoir lieu.

Trois minutes plus tard, Rodak était en ligne. Richards lui demanda son surnom et son lieu de naissance. Le surnom était Mickey, dit-il, mais il était né à Smock, en Pennsylvanie.

« Et la Virginie de l'Ouest ? » demanda Richards. « Je suis né à Smock, insista Rodak, mais je suis parti pour la Virginie de l'Ouest. Je fais partie du Barreau de Virginie. »

Avait-il donné ce renseignement à Earl Dorius ? demanda Richards. Rodak répondit qu'il ne le pensait pas. Puis il se souvint. « Ah oui, il voulait être sûr de ne pas avoir un coup de téléphone bidon. » Bon. « Est-ce que l'exécution a eu lieu ? » demanda Rodak.

« Ç'aurait pas été horrible, dit Richards à un des fonctionnaires en raccrochant, s'il y avait eu deux coups de téléphone simultanés ? »

IX

Vern, Bob Moody, Ron Stanger et Larry Schiller montèrent dans une voiture et se rendirent au bâtiment d'administration. Durant cette minute de trajet, ils discutèrent la question de savoir s'il fallait ou non publier un communiqué pour la presse avant le directeur.

Stanger déclara : « Je pense que nous devrions le faire. Qu'est-ce que vous en dites, Larry ? » Schiller répondit : « Nous n'avons aucune obligation. La première personne qui arrivera là-bas sera celle à qui la presse voudra parler. » Stanger ajouta : « Coiffons le directeur sur le poteau. » Vern demanda : « Pouvez-vous répondre à des questions sur l'exécution, Larry ? Moi, je ne veux pas en parler. »

La conférence de presse se tenait au premier étage du bâtiment de l'administration, dans une grande salle de conférence qui avait un peu l'aspect d'un tribunal. Elle était aussi bondée que lors de l'audience de la Commission des Grâces. C'était le même charivari de gens des médias, de caméras et de projecteurs éblouissants, de personnes qui poussaient pour s'approcher. Il ne devait y avoir guère moins de trente-cinq degrés dans la pièce. On pouvait à peine respirer.

En essayant de monter, ils se heurtèrent à de nombreux obstacles. Un type de la télé s'affairait sur des câbles devant Bob Moody, et il se montra si grossier lorsque Moody voulut passer que Bob finit par empoigner un raccord qui lui barrait le chemin et l'arracha. « Bon Dieu ! je n'ai plus de jus, je n'ai plus de jus », cria l'homme tandis que Moody passait.

Lorsqu'ils arrivèrent à l'estrade, Schiller dit à Vern : « Pourquoi ne parlez-vous pas le premier ? » et Vern s'assit sur une chaise pour reposer sa jambe douloureuse.

Il ne parla pas longtemps. « Ça a été très bouleversant pour moi, dit Vern, mais il a réalisé son vœu, il est bien mort… et il est mort dignement. C'est tout ce que j'ai à dire. »

Bob Moody se contenta de dire : « Je pense que c'est un événement cruel et brutal. J'espère seulement qu'il nous permettra de mieux nous connaître nous-mêmes et de reconsidérer notre société et nos systèmes. Je vous remercie. »

Ron déclara : « Gary Gilmore essayait toujours de garder l'esprit léger parce qu'il assurait qu'il avait reçu un don, et que ce don lui permettait de savoir qu'il allait mourir et qu'il pouvait faire les arrangements nécessaires. En conséquence, il estimait en fait avoir bien de la chance. Souvent il disait qu'il attendait avec impatience le moment où il pourrait trouver le calme, où il pourrait méditer. Aujourd'hui, Gary Gilmore a trouvé le calme, et pour l'éternité. »

Schiller prit la parole à son tour : « Je ne suis pas ici pour exprimer mes sentiments personnels, mais quand Vern sera parti, je serai à votre disposition pour donner toutes les précisions que n'importe lequel d'entre vous aimerait connaître. Je ne pense pas qu'il serait convenable de le faire en présence de Vern, mais ensuite je répondrai à vos questions. » Il jeta un coup d'œil sur la salle et le seul sourire qu'il rencontra fut celui de David Johnston, du *Los Angeles Times* et du TraveLodge d'Orem. Puis Gus Sorensen lui fit un clin d'œil.

LE SPEAKER DU POOL TÉLÉ. – Je vois maintenant Ron Stanger et Robert Moody quitter l'estrade, deux avocats qui au cours des deux derniers mois ont aidé Gary Gilmore à réaliser le vœu qu'il voulait voir exaucer : il voulait mourir et ces hommes l'y ont aidé. S'en vont aussi Vern Damico, l'oncle de Gilmore, de Provo, dans l'Utah, l'homme qui a accueilli Gilmore chez lui lorsqu'il a été libéré sur parole. Et c'est maintenant le tour de Lawrence Schiller, un agent littéraire et cinéaste qui s'intéresse à cette affaire depuis quelque temps.

Dave Johnston, en observant Schiller, se dit qu'il fallait rendre hommage au calme de ce type. Là, à cette conférence de presse où tout le monde le détestait pour avoir mis la main sur l'histoire, Schiller faisait un vrai travail de reporter. Il devait avoir assez d'adrénaline dans le sang pour ébranler sa carcasse et pourtant on n'observait pas un frémissement de sa part.

Schiller parla de la ligne blanche, de la cagoule noire et du T-shirt noir que portait Gary, du pantalon blanc et des coups de feu. « … Lentement, le sang rouge est sorti de sous le maillot noir pour se répandre sur le pantalon blanc. Il m'a semblé que son corps bougeait encore pendant quinze à vingt secondes ; ce n'est pas à moi de dire si c'était un spasme d'après ou d'avant la mort. Le ministre du culte et le médecin se sont avancés vers Gary », dit Schiller et il continua à parler en phrases lentes et claires, s'efforçant de faciliter la tâche aux journalistes fatigués qui prenaient des notes.

Ce fut ensuite le tour de Sam Smith.

SAM SMITH. – Je n'ai pas de déclaration officielle à faire. Je crois que M. Schiller a fort bien expliqué les détails. Je suis prêt à répondre aux questions.

QUESTION. – Quelle était l'heure officielle, monsieur le directeur ?

SAM SMITH. – L'heure officielle était 8 h 7.

QUESTION. – Comment avez-vous donné le signal ?

SAM SMITH. – Je n'ai pas vraiment donné le signal. J'ai indiqué que tout était prêt.

QUESTION. – Comment avez-vous fait cela ?

SAM SMITH. – Juste par un geste.

QUESTION. – Y avait-il un chef du peloton d'exécution ?

SAM SMITH. – Oui, il y en avait un.

QUESTION. – Est-ce ce chef qui a donné le signal ?

SAM SMITH. – Ce qui s'est passé derrière, je l'ignore.

QUESTION. – Qui étaient les quarante personnes présentes ?

SAM SMITH. – Ma foi, je n'ai pas le même compte que M. Schiller.

QUESTION. – Vous n'êtes pas d'accord avec ce nombre de quarante, monsieur le directeur ?

SAM SMITH. – Non, je ne suis absolument pas d'accord sur ce point.

QUESTION. – Combien y avait-il de personnes ?

SAM SMITH. – Moins.

QUESTION. – Trente ? Vingt ?

SAM SMITH. – Je ne pourrais pas vous donner un chiffre exact.

QUESTION. – Monsieur le directeur, pouvons-nous visiter les lieux, maintenant ?

SAM SMITH. – Dès que nous estimerons que tout est en ordre et que nous pouvons contrôler la circulation.

Lorsque Sam Smith descendit de l'estrade, Johnston monta rejoindre Schiller et lui dit : « Tu me stupéfies. Tu es vraiment un journaliste. »

Une lueur s'alluma dans l'œil de Schiller. Johnston sentit que le compliment l'avait touché. « Oui, c'était formidable, continua Johnston, mais pourquoi as-tu tout raconté ? » Larry renversa la tête en arrière et eut un sourire narquois : « Je n'ai rien raconté qui ait de l'importance. »

Mais il ne parvint pas à se taire : « Les dernières paroles de Gilmore n'étaient pas vraiment ce que j'ai dit qu'elles étaient », avoua Schiller.

Johnston éclata de rire. Il avait le sentiment que ce n'était pas tout.

« Larry, il y a des gens, dit-il, qui pourraient considérer cela comme un mensonge.

— Non, rétorqua Schiller. « Allons-y » ont été les derniers mots que tout le monde a entendus. »

Johnston se dit : « Voilà un secret qu'il devra raconter, mais il est comme un gosse qui a besoin de le confier quand même à quelqu'un. »

« Eh bien, poursuivit Larry en lui faisant jurer le secret, Gary a parlé en latin au prêtre.

— Ah oui ? Quelles ont été ses paroles ?

— Si je le savais, je ne pourrais pas les prononcer, dit Schiller avec de nouveau son sourire narquois. Mais je le saurai. »

Ils repartirent ensemble en voiture sur le lieu de l'exécution. Lorsqu'ils entrèrent dans la conserverie, Schiller n'en crut pas ses yeux. Sa description des événements était exacte à tous égards sauf sur un point. Il s'était trompé dans les couleurs. Le tissu noir du rideau n'était pas noir mais bleu, la ligne peinte sur le sol n'était pas jaune mais blanche et le fauteuil n'était pas noir mais vert foncé. Il se rendit compte que durant l'exécution quelque chose avait modifié sa perception des couleurs.

Il quitta pour la seconde fois l'endroit où Gary avait été supplicié en emportant le souvenir de journalistes se précipitant sur le fauteuil, les sacs de sable et les trous dans le matelas, et agissant comme des créatures de la même espèce qui venaient toutes se nourrir au même endroit. Comme il franchissait la porte, il entendit un homme expliquer à un autre qu'on avait utilisé des balles à chemise d'acier pour qu'elles ne fassent pas un trou plus large derrière que devant, et pour éviter par là même un affreux gâchis. Et aussi pour éviter que le corps saute sous l'impact.

Septième partie

Le cœur qui flanche

39. Télévision

I

Earl était dans le couloir quand un des journalistes passa en courant et dit : « Gary Gilmore est mort. » Earl regarda de nouveau par la fenêtre et vit d'autres journalistes en bas sur la place alors que le soleil brillait sur Denver et que les gens se rendaient à leur travail. Lorsqu'il descendit dans le grand hall, Sandy Gilmour, de la deuxième chaîne de télévision de Salt Lake, demanda à l'interviewer. Earl accepta et Gilmour lui demanda l'impression que ça lui faisait d'avoir été celui qui avait annoncé à la prison que l'exécution pouvait avoir lieu. Earl expliqua que sa seule responsabilité avait été de faire savoir que la Cour d'appel de Denver avait révoqué l'arrêt du juge Ritter. C'était tout, dit-il. Il n'avait pas envie de discuter les subtilités de ce qu'il ressentait.

Earl, Bob Hansen et les autres collaborateurs du procureur général prirent un taxi. Judy Wolback, leur dit-on, rentrerait par un autre avion.

II

Toni attendait à la réception avec Ida, Dick Gray, Evelyn Gray et toutes les personnes qui n'avaient pas été invitées à la conserverie. Un gardien en veste pourpre entra dans la pièce et demanda : « Personne n'est venu vous prévenir ? » « Non », répondit Toni. L'homme était pâle et tremblait très fort. « C'est fini. Gary est mort », dit-il.

Ida éclata en sanglots. Elle avait très bien tenu le coup jusque-là mais maintenant elle craquait. Les gardiens furent remarquables. Plusieurs s'approchèrent pour demander s'ils pouvaient faire quoi que ce soit pour leur transport et Toni répondit qu'elle attendait que son père les rejoigne. Au bout d'un moment, un des gardiens dit que Vern attendait près de la tour où était garé leur camion. Les fonctionnaires de la prison se montrèrent très gentils avec elle en la raccompagnant et ça lui rappela que juste avant l'exécution, ils s'étaient montrés pleins d'attentions, qu'ils avaient tenu à savoir si sa mère n'avait besoin de rien, ou si elles voulaient du café ? On avait presque l'impression de se trouver dans une entreprise de pompes funèbres et d'avoir affaire à des croque-morts.

Lorsqu'elles rejoignirent la camionnette de Vern, celui-ci n'était pas encore arrivé et le parking leur apparut plein de voitures et de gens. Des journalistes, agglutinés comme des mouches, interrogèrent sa mère par une vitre, elle par l'autre, jusqu'au moment où Toni finit par devenir grossière. Elle en avait maintenant vraiment ras le bol. Elle avait laissé sa vitre ouverte pour fumer et un journaliste s'approcha en insistant pour prendre une interview bien que Toni eût refusé de la tête. Mais il n'entendit absolument pas respecter son désir de ne pas vouloir parler et passa son micro par la vitre ouverte en disant : « Je peux le mettre là ? » Ce fut alors qu'elle lui cria où il pouvait se le mettre. Il leva les bras au ciel. Plus tard, une de ses amies lui dit que dans l'émission « Bonjour l'Amérique », on avait remarqué l'endroit où ils avaient coupé quelques mots.

Puis elle aperçut Vern, boitillant, qui essayait de les rejoindre. Il avait le visage décomposé. De toute évidence, il souffrait et elle eut l'impression que son genou allait le lâcher. Aussi sauta-t-elle à terre pour se précipiter à sa rencontre. Trois journalistes lui empoignèrent le bras. Oui, trois. « Quelques mots s'il vous plaît. » Elle s'empara d'un des micros comme pour dire quelque chose, puis le jeta par terre où il se brisa en une douzaine de petits morceaux et elle cria à Vern : « Tu prendras ta camionnette plus tard. Elle est coincée maintenant. » Puis elle l'entraîna jusqu'à sa propre voiture et ils allèrent jusque chez elle à Lehi. Elle lui fit du café, l'installa, puis l'emmena prendre un petit déjeuner dans un bistrot de Provo. Environ deux heures plus tard, elle le reconduisit à la prison pour qu'il reprenne sa camionnette.

III

Durant toute la nuit qui avait précédé l'exécution de Gary, Pete Galovan avait travaillé à la piscine municipale. Il était très fatigué lorsqu'il rentra chez lui de bonne heure ce matin-là, et il s'agenouilla pour prier. Il demanda au Seigneur de lui pardonner certains des sentiments peu chrétiens qu'il avait eus envers Gary. Il ne voulait le détester en aucune façon. Cela le préoccupait. À tel point que Pete se mit à pleurer. Puis il eut une étrange impression et sentit Gary entrer dans la pièce.

Pete était en train de prier à genoux lorsque Gary entra, accompagné de deux autres hommes. Gary portait une chemise blanche et un pantalon blanc ; les deux hommes qui l'accompagnaient avaient des costumes blancs et des cravates. C'étaient peut-être des parents du passé ou de l'avenir. Pete n'en savait rien.

Gary dit alors à Pierre qu'il ne lui en voulait pas. Il expliqua que sitôt après son exécution, ces deux hommes qui étaient des parents s'étaient trouvés là pour recevoir son esprit. Le Seigneur les avait envoyés. Il était tout à fait clair pour Pete que c'était exactement ce que Gary disait.

Gary était de bonne humeur et déclara qu'il éprouvait toutes sortes de sensations nouvelles. Vraiment étranges. Il raconta à Pete qu'il traversait les murs et que c'était une expérience intéressante. Il se sentait comme un gosse dans un parc d'attractions. Il allait maintenant pouvoir visiter toutes les prisons du monde, dit-il, et il comptait bien le faire dès que ses cendres auraient été dispersées depuis l'avion. Ensuite il reviendrait à Provo de temps en temps.

Gary lui révéla alors que comme il avait été rempli de vaillants sentiments à la fin, le Seigneur envisageait de l'utiliser comme exemple pour les gens qui avaient des problèmes similaires aux siens. À la fin de mille ans de paix, son esprit avancerait dans l'échelle des êtres. Il confia à Pete qu'il avait de très bonnes chances de devenir un des êtres supérieurs. On lui avait dit qu'il était une personnalité spirituelle dynamique qui avait fait dans cette vie un choix très profond et que cela pouvait racheter pas mal de mauvaises décisions prises plus tôt. Si, maintenant, il faisait face aux événements, le Seigneur allait vraiment l'utiliser.

Juste après le départ de Gary, Pete appela Élizabeth pour lui raconter ce qu'il venait de voir et lui dit qu'il allait glisser le nom de Gary sur les listes de prières. Si bien que Gary M. Gilmore se trouverait dans chaque temple mormon du monde et que tous les jours des gens innombrables prieraient pour lui.

IV

Extrait d'un mémoire d'Earl Dorius sur les événements du 17 janvier :

Le chauffeur de taxi nous entendit parler et vers la fin du trajet, il demanda si nous avions quelque chose à voir avec l'affaire Gilmore. Nous nous mîmes tous à sourire et lui racontâmes ce qui s'était passé.

Lorsque nous arrivâmes à l'aéroport, je me souviens que dans la salle d'attente, il y avait un groupe de gens qui regardaient les informations à la télévision. Ils nous dirent qu'ils venaient d'entendre que Gary Gilmore avait été fusillé et qu'il était mort. Je me rappelle Jack Ford leur demandant d'un air incrédule comment ils avaient appris cela, et se comportant comme s'il n'en savait rien. Je me tournai vers Jack et lui dis qu'il était ridicule de faire marcher les gens alors que c'était nous qui avions plaidé l'affaire. Nous nous mîmes à plaisanter, et puis nous nous embarquâmes et reprîmes l'avion pour l'Utah. Le trajet de retour fut beaucoup plus détendu. Nous discutâmes de bien d'autres sujets que de l'affaire Gilmore mais il nous parut que cela nous prenait plus de temps pour rentrer qu'il n'en avait fallu pour se rendre à Denver.

Lorsque nous arrivâmes en Utah, il n'y avait pas un seul représentant des médias à l'aéroport. Salt Lake City semblait extrêmement calme. Nous débarquâmes et nous nous dirigeâmes vers notre voiture sans aucun journaliste pour nous poser des questions. Il semblait qu'avec la mort de Gary Gilmore la publicité s'était aussi terminée.

Mais vers la fin du trajet, à moins d'un bloc de chez lui, Earl vit un panneau d'affichage non occupé et sur lequel on avait écrit à la peinture : « Robert Hansen, hitlérien ! » Il ne discernait pas vraiment si cela avait été écrit parce que Bill Barrett et lui habitaient dans les environs et qu'on voulait leur faire savoir ce qu'on pensait d'eux, ou si c'était simplement une pure coïncidence.

V

Brenda était entrée à l'hôpital le 10 janvier et devait se faire opérer le 11. Six jours plus tard, l'exécution eut lieu alors qu'elle venait d'être opérée et qu'elle était encore toute meurtrie par l'intervention chirurgicale. La veille, elle avait été harcelée par des gens qui ne cessaient d'appeler pour lui adresser des prières qu'elle entendit de nouveau à la radio. Les gens de l'hôpital lui disaient que tout le monde priait. Puis Geraldo Rivera téléphona : il voulait faire une interview télévisée en direct dans sa chambre d'hôpital. « Quelle horreur ! Il doit plaisanter », se dit Brenda.

Il lui était impossible de supporter tout cela. Le soir de l'anniversaire de Toni, elle eut une conversation téléphonique avec Gary et elle savait que c'était la dernière fois qu'elle entendait sa voix. De plus, elle ne parvenait pas à dormir. On lui apporta un somnifère qui ne lui fit pas grand effet. Deux heures plus tard, l'infirmière, munie d'une torche électrique, venait vérifier si Brenda dormait. « Comment voulez-vous que je dorme avec une telle lumière dans les yeux ? » grommela Brenda. Le docteur prescrivit un second somnifère.

Toutes les deux heures, on lui donnait des barbituriques, mais elle ne put s'endormir qu'à 4 heures du matin quand on vint lui faire une piqûre. Elle s'éveilla à 7 heures et demie, à demi abrutie par les médicaments, mais elle voulut savoir si on allait exécuter Gary ou pas. Elle alluma la télé et rendit tout le monde fou jusqu'au moment où elle entendit qu'on lui avait accordé un sursis. Ce furent les seules nouvelles qu'elle prit ce matin-là, et elle perdit si complètement la tête, elle se mit dans un tel état qu'elle ne savait même plus si elle était heureuse ou triste. Au bout de quelques minutes, tout changea, mais elle ne comprit alors si elle venait de subir une décharge d'adrénaline ou bien si son cœur avait des hauts et des bas. C'est alors que la nouvelle apparut sur l'écran : GARY GILMORE EST MORT ! Le chirurgien qui vint la voir une minute ou deux après attendit patiemment que sa crise de nerfs soit passée. « Comment vous sentez-vous aujourd'hui ? » demanda-t-il. « Pauvre enfant de salaud, foutez-moi la paix ! » hurla-t-elle intérieurement.

Elle ne voulait personne auprès d'elle. Le docteur lui demanda de nouveau comment elle se sentait et l'infirmière expliqua ce qui venait de se passer. Le médecin dit : « Oh ! c'est vraiment dommage, mais on aurait dû l'exécuter depuis longtemps. » Brenda éclata : « Donnez-moi les papiers pour que je sorte. Je veux une ordonnance pour des calmants et foutez le camp de ma chambre. » Elle prit son oreiller et le lui lança à la figure. « Si vous vous conduisez comme ça, je conseillerai qu'on ne vous laisse pas sortir aujourd'hui », dit le médecin. « Qu'est-ce que ça peut vous foutre ? répondit Brenda. De toute façon, je ne vous aime pas. Si j'avais su que c'était vous qui alliez me charcuter, je ne serais pas venue. » Voilà un homme dont elle pouvait dire maintenant qu'elle le détestait.

Lorsqu'il eut signé son bulletin de sortie, elle appela Johnny. À 11 heures, elle était dehors. Il fallut la faire passer par-derrière, pour qu'elle puisse rentrer chez elle sans être harcelée par une nuée de journalistes. Il fallut trois jours à Brenda pour commencer à se rappeler quelques détails de tout cela.

VI

À l'heure de l'exécution de Gilmore, Colleen Jensen était chez elle à Clearfield à se préparer pour l'école. Elle était maintenant professeur remplaçante et avait commencé tout juste deux semaines plus tôt. Aujourd'hui elle avait sa première classe avec un nouveau groupe d'élèves et pendant qu'elle s'habillait ce matin-là, en pensant que la date de l'exécution était reculée – car c'était ce qu'elle avait entendu aux premières informations du matin – lorsqu'elle arriva à l'école, c'était fini. Des élèves de la classe en parlaient lorsqu'elle franchit la porte. Elle les entendit qui murmuraient à propos du rôle qu'elle avait joué dans l'affaire. Aussi fit-elle un petit discours à la classe.

Elle ne leur raconta pas que le soir, quand elle s'asseyait en bas pour faire dîner Monica et la bercer pour qu'elle s'endorme, elle lui montrait des photos de son papa bébé en disant à Monica qui il était. Dans ces moments-là, Colleen s'efforçait de parler à Monica pour briser le silence et expliquer au bébé d'un an que Max était mort, que son père était mort. Mais là, en s'adressant à ses élèves, elle se contenta de dire que, pour ceux qui ne le savaient pas, elle allait leur expliquer qui elle était et quel avait été son rôle dans toute cette affaire. Elle ajouta que ce n'était pas quelque chose dont il faudrait discuter de nouveau. Elle dit aussi qu'elle était prête, si eux l'étaient, à reprendre son cours.

VII

Ce matin-là, Phil Hansen s'éveilla et regarda les informations dans son lit en secouant la tête et en se bourrant de coups de poing. Tout en regardant la télévision, il pensait : « Si je m'étais seulement douté qu'ils allaient se lancer dans cette expédition nocturne, j'aurais préparé les papiers et j'aurais fait signer un autre sursis par Ritter. »

VIII

Le lundi matin à 7 heures, Lucinda était en train de taper le dernier enregistrement de Gary avec Larry. Elle entendait la voix de Gilmore dans les écouteurs et c'était pathétique la façon dont il ne cessait de répéter à Larry à quel point il avait envie de mourir. Elle le plaignait beaucoup.

La télévision était dans le bureau même. Geraldo Rivera disait : « Eh bien, nous nous trouvons devant la prison. » Elle se rendit compte soudain que le monde entier regardait et en même temps la voix du condamné retentissait dans ses oreilles, cette petite voix qui sortait du magnétophone.

Avec Barry et Debbie, elle avait veillé toute la nuit et ils étaient tous épuisés. Ils essayaient maintenant toutes les chaînes de télévision. Ils ne tombaient que sur des émissions de jeux : à 7 heures du matin, à Orem, on captait un jeu télévisé. Quand ce n'était pas celui-là, c'en était un autre. Pas moyen d'avoir des informations. Pas moyen de savoir s'il avait été fusillé ou pas. Barry en perdait la tête. Il se mit à maudire le récepteur de télé. Avec une grossièreté inouïe. C'était quand même terrible la télé, songea Lucinda, un déroulement d'idioties alors qu'ils étaient impatients de savoir. Toutes ces images qui défilaient, tout ça sans intérêt, puis soudain une voix annonçant : « Gary Mark Gilmore est mort. » Vlan !

IX

C'était un beau jour ensoleillé et Julie Jacoby s'était levée de bonne heure, elle était en train d'arroser ses plantes, elle était contente du sursis et pensait : merci mon Dieu. Elle adorait le soleil d'hiver. Puis elle reçut un coup de fil d'un journaliste du Catholic News Service de Washington. « Ça y est », dit-il. Elle ne savait pas quoi faire d'elle-même et tournait en rond. Ce n'est que plus tard qu'elle se sentit un peu soulagée de ne pas s'être donnée totalement à cette affaire, dont elle avait toujours su qu'elle ne changerait pas le monde.

Dans la matinée, elle lut un article du *Salt Lake Tribune* où son nom était écorché. Elle était une des quatre personnes dont le nom figurait sur la plainte de citoyens contre l'ordonnance du juge Ritter, mais le *Salt Lake Tribune* l'avait orthographiée « Mulie Jacobs », au lieu de Julie Jacoby. Elle se mit à rire en le voyant, car elle savait que son fils de douze ans ne manquerait pas désormais de l'appeler Mulie quand ça l'arrangerait. Cela lui épargnerait aussi les lettres de menaces et les coups de téléphone anonymes qui avaient fait tant maigrir Shirley Pedler.

X

Shirley était seule au bureau quand on annonça la nouvelle à la radio, et elle eut l'impression qu'on venait de lui tirer dessus. Elle s'effondra et éclata en sanglots.

Plus tard dans la matinée, elle fit plusieurs déclarations. C'était incroyable – un véritable affront – la presse avait tout d'un coup disparu. Shirley trouva que c'était le côté le plus horrifiant de toute l'affaire. Par leur absence les journalistes semblaient dire : « Il a été exécuté, ça n'est plus de l'actualité. » Dire que la presse de tout le pays avait envahi tous les bons restaurants de Salt Lake, et maintenant tous ces gens-là étaient partis. Le jour de l'exécution elle resta à son bureau et personne ne vint la harceler.

XI

À la prison, Gibbs avait attendu tout au long de la journée, et tous les jours de la semaine précédant l'exécution de Gary. La nuit d'avant l'exécution, il était passablement abruti par les médicaments qu'il devait prendre pour sa jambe. Le matin, lorsqu'il entendit la nouvelle à la radio, il se sentit sonné.

XII

Dennis Boaz était allé passer deux jours dans l'Iowa en décembre et avait participé à une table ronde à la télévision où il avait entendu que le président Ford pourrait commuer la sentence de Gary avant de quitter sa charge. Il lui envoya donc un télégramme disant que si la peine capitale devait être appliquée, elle devait l'être équitablement. Pas d'exécution avant qu'il n'y ait une loi unique pour tout le monde. Il n'eut jamais de réponse de Ford.

Le jour de l'exécution, il ressentit une sorte de tristesse silencieuse et les larmes lui vinrent aux yeux. Gary mourut un 17 janvier, jour dont la correspondance numérologique était six, ce qui symbolisait les frères et bien sûr, ça le fit penser à Caïn et à Abel. À l'époque où Dennis travaillait avec Gilmore, il lui était sorti une marque rouge au-dessus du sourcil droit, pas un bouton, mais une marque signifiant la mort. Il l'avait remarquée la première fois vers la fin novembre. C'était une plaque ronde et rouge, mais qui n'avait rien d'un bouton. Il la conserva pendant près de deux mois, puis elle disparut après la mort de Gary. Intéressant, en tout cas. Il remarquait des choses de ce genre.

XIII

Nicole avait appris que Gary devait être exécuté le 17 janvier mais elle n'avait aucune idée de l'heure. Le matin de ce jour, en revenant du réfectoire, elle éprouva soudain un grand besoin de s'allonger sur son lit. On commença à s'affairer autour d'elle, mais elle continua à marcher jusqu'à sa chambre.

Personne ne lui dit un mot. Elle s'allongea et essaya de songer à Gary. Depuis des jours elle pensait au moment où il serait fusillé et retomberait en arrière. Elle voyait toujours Gary debout au moment de l'exécution. Mais aujourd'hui dans son esprit, elle ne voyait rien que les cubes rouges qu'on donnait aux patients pour faire des constructions.

Ils étaient dans sa tête et elle s'efforçait de les repousser quand soudain le visage de Gary lui apparut comme sortant des ténèbres, très vite et avec une expression de douleur et d'horreur. Au lieu de tomber en arrière, il se dressa vers elle. Nicole se retourna sur le lit, les yeux ouverts, et ce fut tout. Elle s'efforça de le sentir encore ce jour-là, mais n'y parvint pas. Pendant plusieurs jours, pas une fois il ne fut proche d'elle.

XIV

Après la mort de Gaylen, Bessie avait cru qu'elle ne s'en remettrait jamais. Mais cette fois, ç'allait être pire. Lorsqu'elle téléphona à la prison pour dire adieu à Gary, ce dernier soir, il lui avait dit : « Ne pleure pas. » « Je ne vais pas pleurer, Gary », avait-elle répondu, mais ce qu'elle aurait voulu dire, c'était : « Ne meurs pas, Gary, ne meurs pas. Je t'en prie, je t'en prie. » Seulement ça aurait nui à ce qu'il était en train de bâtir, à l'effort qu'il faisait sans doute pour se tirer de là. Alors elle avait dû faire attention. Elle vivait un véritable cauchemar.

En écoutant la pendule égrener les heures, Bessie ne pouvait s'empêcher de penser : « Son cauchemar va être fini, mais le mien ne le sera jamais. »

Quand Mikal acheta le journal de bonne heure ce matin-là, on y lisait que l'exécution avait été repoussée. Ils écoutèrent « Bonjour l'Amérique ». Un peu plus tôt pourtant, Bessie avait dit : « N'allume pas la télé. » Elle ne voulait pas entendre. Si ça arrivait, elle ne voulait pas le savoir tout de suite. Et elle ne voulait surtout pas en entendre parler à la télévision. Cependant, lorsque Mikal eut apporté le journal, quelqu'un – était-ce Frank Jr ou Mikal ou sa petite amie : elle ne put jamais s'en souvenir et en fut soulagée car elle n'eut pas à pardonner – l'un d'eux dit : « On ne risque plus rien maintenant. Il y a un sursis. On peut regarder « Bonjour l'Amérique ». Ce qu'ils firent. Une voix déclara : « Gary Mark Gilmore est mort. » On aurait dit que ça venait d'en haut. Bessie pleura jusqu'à l'épuisement.

Peut-être une demi-heure plus tard, Johnny Cash téléphona pour présenter ses condoléances à Mikal.

Le temps que Doug Hiblar arrive, Bessie s'était durcie. Elle avait sur le visage l'expression d'une femme dont la maison vient d'être bombardée. « Foutez le camp, c'est vous qui avez tué mon fils, cria Bessie.

— Que voulez-vous dire, Bessie, balbutia Doug, je ne le connaissais même pas.

— C'est vous, les gens de l'Utah, qui avez tué mon fils. » Il se garda bien de lui dire qu'il était de l'Oregon.

« Montagnes, vous pouvez aller vous faire voir, se dit Bessie. Vous n'êtes plus à moi. »

Dans la cour, leurs appareils prêts, les photographes étaient rassemblés à la porte de la caravane de Bessie.

40. Les restes

I

Pendant le trajet du retour, Stanger demanda : « Qu'est-ce que tu vas faire maintenant ?

— Je ne sais pas, répondit Moody. Je ne peux aller au bureau. » Stanger se mit à rire. « Tu as besoin d'un jugement par contumace pour occuper ton après-midi ?

— Oh ! non, fit Moody avec force, je ne pourrais pas le supporter. »

Ils avaient besoin de parler à quelqu'un qui avait participé à tout cela. Ils avaient beau partir dans deux jours pour une semaine de vacances avec leurs épouses, ce qui aurait dû les obliger à courir de suite à leur bureau pour laisser un semblant d'ordre dans leurs affaires, ils se sentirent incapables d'y retourner dans l'immédiat : Ils décidèrent donc d'aller chez Larry, mais lorsqu'ils arrivèrent au TraveLodge d'Orem, Schiller n'était pas encore rentré. Alors ils bavardèrent avec Barry Farrell. C'était important pour eux de continuer à parler.

Pendant le trajet, ils avaient eu des visions fugitives. Stanger avait vu la main de Gary se lever et retomber, et le sang sur son pantalon. Stanger n'arrivait pas à chasser ces images de son esprit. Il aurait voulu pouvoir les extirper, plonger la main dans son esprit, s'emparer de ces pensées et les rejeter.

Ils étaient donc satisfaits de parler à Barry Farrell. Même s'ils ne s'étaient jamais bien entendus auparavant, Ron comprenait maintenant que malgré ses airs professionnels, Barry avait une violente réaction. Alors cela lui fit du bien de parler à Farrell. Il en fut de même pour Moody.

Et Farrell qui avait passé plus d'une soirée à déblatérer contre eux, Moody et Stanger, qui avait un sens de l'humanité si peu développé qu'il était capable de pousser une question jusqu'à l'absurde, qui les avait accusés de ne même pas avoir la curiosité d'un avocat, éprouvait maintenant le besoin de calmer son ressentiment car il les sentait terriblement bouleversés par la mort de Gary. Ils comprenaient vraiment qu'un homme avait été tué, constata Farrell.

De plus, il avait hâte de connaître tous les détails et il voulait leur faire comprendre combien il admirait Gilmore d'avoir approché sa mort avec une telle dignité que c'en était à peine concevable. Barry était intimement persuadé que Gilmore n'aurait pas pu faire mieux. Ça l'aidait à le soulager des doutes qu'il avait maintenant sur le rôle qu'il avait joué au cours de ces derniers jours : tout ce travail affreux et minutieux de traduire les plus brillantes pensées de son âme et de sa conscience par une question pourrie de plus, par un coup de sonde de plus dans la vie privée d'un homme qui se protégeait autant des révélations qu'il pouvait faire sur son propre compte qu'une palourde de la découverte d'une caresse.

Quand Schiller arriva, ils se mirent à évoquer en désordre des souvenirs, à se poser des questions jusqu'au moment où ils n'en trouvèrent plus, et alors Moody et Stanger rentrèrent chez eux. Ron songeait que le seul événement qui avait eu à peu près sur lui-même ce genre de réaction prolongée, avait été l'assassinat du président Kennedy. Arrivé chez lui, il se sentit épuisé et alla aussitôt se coucher, mais ne parvint pas à dormir. Quand il fermait les yeux, il revoyait toutes les scènes de l'exécution et il avait la peau endolorie.

II

Lorsqu'ils furent seuls, Farrell dit à Schiller : « Tu as pris un petit déjeuner ?

— Non, dit Schiller.

— Ça t'intéresse ? demanda Farrell.

— Je ne suis que diarrhée », répondit Schiller en se disant qu'il allait peut-être dormir.

Là-dessus, Barry leva les yeux et dit : « Oh ! oui, au fait, ta mère a appelé. » Schiller ne lui avait pas parlé depuis deux semaines. Il décrocha l'appareil, apprit qu'elle avait vu la conférence de presse à la télévision après l'exécution et qu'elle voulait être sûre qu'il allait bien. Elle avait trouvé qu'il avait mauvaise mine. L'air épuisé, précisa-t-elle.

Schiller lui assura qu'il comptait encore au nombre des vivants. La conversation terminée, il monta et s'endormit, mais il fut éveillé quelques heures plus tard par une fille du *New York Times* à qui il avait promis d'accorder une interview mais il refusa. *Time* appelait. *Newsweek* appelait. Le téléphone sonnait. On voulait savoir s'il avait des photos de l'exécution. On voulait venir l'interviewer. Schiller dut se lancer dans une longue tirade pour expliquer qu'il ne voulait pas se laisser houspiller comme ça. « Vos rédacteurs en chef demandent des photos, déclara-t-il à *Newsweek* et à *Time*, alors si vous voulez quelque chose, il va falloir discuter. Vous n'allez pas me traiter d'homme qui fait argent de tout. Je tiens à m'assurer que vous allez me traiter en journaliste. » Il se mit vraiment à exposer ses conditions. « Il y a deux semaines, vous m'avez traité d'homme d'affaires, de promoteur. Maintenant, vous voulez des photos. Vous voulez que je vous donne d'autres détails sur l'exécution. Eh bien, j'en ai assez, dit-il. Il va falloir préciser quelques règles du jeu. Si vous voulez raconter que j'ai extorqué des interviews à la veuve de Lenny Bruce, alors je veux aussi que vous parliez de *Minamata*, qui est un livre dont je suis fier. Si vous voulez une photo de Marilyn Monroe, alors il faudra aussi passer une photo de l'histoire que j'ai publiée sur l'empoisonnement au mercure. » Il dit encore : « Si vous voulez déformer l'histoire d'un côté, il faudra la rattraper de l'autre. » Et il cognait dans un sens, et il cognait dans l'autre et il sentait son sang couler de nouveau dans ses veines. Toute cette merde…

III

Deseret News

La majorité silencieuse n'est plus silencieuse

par Ray Boren
de la rédaction du Deseret News
17 janvier. – D'après un sondage de l'institut Louis Harris effectué la semaine dernière, les Américains étaient favorables dans une proportion de 71 % contre 29 à la mort de Gilmore devant un peloton d'exécution.

Deseret News

Vives émotions avant le lever du soleil

par Tamera Smith
de la rédaction du Deseret News
Prison d'État de l'Utah, 17 janvier. – L'impatience, la résignation, la colère, la déception et la confusion ont été les émotions qui se sont succédé aux premières heures du petit matin aujourd'hui dans le bloc de la prison occupé par Gary Mark Gilmore.

À 16 h 7, on a apporté à Gilmore son dernier repas dans sa cellule. Un steak, des pommes de terre, du pain, du beurre, des petits pois, une tarte aux cerises, du café au lait. Il ne prit que du café au lait.

Entre 20 heures et 21 heures, il demanda à des gardiens d'appeler la station de radio K. S. O. P. pour demander deux de ses chansons favorites : « Valley of Tears » et « Walking in the Footsteps of your Mind ». Deux opératrices passèrent la nuit à recevoir des appels des quatre coins du monde.

De Munich, en Allemagne, une femme appela à dix-sept reprises. « Mon mari est mort dans un camp de concentration, dit-elle. Il se passe la même chose là-bas. L'Amérique ne vaut pas mieux », déclara-t-elle à chaque appel.

Une autre femme pleurait en disant que, trois semaines auparavant, elle avait rêvé que Gary ne mourrait pas.

IV

Schiller avait envoyé Jerry Scott à Salt Lake pour s'assurer qu'aucun dingue ne tenterait quoi que ce soit pendant l'autopsie du corps de Gary Gilmore.

Pendant le trajet d'Orem à l'hôpital, Jerry Scott se demandait pourquoi c'était tombé sur lui d'emmener Gary de la prison municipale à la prison d'État de l'Utah, juste après son procès, et pourquoi il allait sans doute être le dernier à voir sa dépouille. C'était là une coïncidence suffisante pour occuper son esprit.

La salle d'autopsie, au cinquième étage de l'hôpital de l'université d'Utah, était assez grande et comportait deux tables de dissection. En raison de son travail dans la police, Jerry Scott la connaissait bien. C'était là qu'on procédait à toutes les autopsies pour l'État. Ce matin-là, on venait d'apporter le corps d'une femme qui s'était noyée dans une rivière au nord de Salt Lake, et on l'avait installée auprès de Gary, les deux tables se trouvant environ à trois mètres l'une de l'autre.

Au début il aurait été difficile de dire qui étaient les médecins officiels, car il y avait trois hommes et trois femmes autour des tables. Deux d'entre eux étaient occupés à récupérer les yeux de Gilmore, et une autre équipe prélevait les organes destinés aux greffes. Ils avaient tous un air très pressé et, devaient manifestement opérer assez vite. D'autant plus qu'un autre médecin, qui observait la scène, ne cessait de les presser : « Vous ne pouvez pas vous dépêcher ? J'ai beaucoup à faire. » Encore un peu plus tard : « Vous n'avez pas encore fini ? » Enfin, le dernier des spécialistes acheva son travail et dit : « Voilà, il est à vous. » L'équipe habituelle d'autopsie se mit au travail.

Jerry Scott se trouvait à environ un mètre de la table. Il était curieux de voir ce qui se passait et le médecin légiste lui dit qu'il pourrait servir de témoin à l'autopsie. Il prit donc son nom, ainsi que celui de Cordell Jones, un shérif adjoint que Jerry Scott fut content de trouver là, car Jerry s'attendait à avoir des problèmes un peu plus tard avec les badauds stationnés dehors, lorsque le corps de Gary serait transporté de l'hôpital jusqu'au crématorium. Il pensait même être obligé de demander à Cordell Jones de l'aider à canaliser la foule. Au moment de la sortie Jerry avait compté au moins vingt personnes attendant à la porte de l'hôpital. Deux ou trois seulement étaient d'authentiques journalistes alors que les autres ne devaient être que des détraqués et des amateurs de sensations. Jerry s'attendait donc à avoir quelques problèmes et peut-être même se trouver en face de quelques agitateurs.

Le docteur qui avait prélevé les organes à greffer avait laissé le corps de Gary ouvert depuis la toison pubienne jusqu'au sternum. L'équipe d'autopsie entreprit d'abord de le laver puis le médecin légiste prit un scalpel et prolongea l'incision du sternum jusqu'au cou et poursuivit l'entaille jusqu'à l'épaule, de chaque côté. Puis il se mit à tirer.

Il dépouilla Gilmore jusqu'aux épaules, comme s'il lui retirait la moitié d'une chemise et, avec une scie, le découpa du sternum jusqu'à la gorge. Poursuivant son travail le légiste jeta l'os qu'il venait de scier dans un grand évier où coulait de l'eau courante et entreprit alors d'extraire ce qui restait du cœur de Gilmore. Jerry Scott n'en crut pas ses yeux. L'organe était pulvérisé. Il n'en restait même pas la moitié. Jerry était si troublé qu'il demanda au docteur : « Pardonnez-moi, dit-il, c'est bien le cœur ? » « Eh oui », répondit le docteur.

« Alors, il n'a rien senti, n'est-ce pas ? » demanda Jerry Scott. « Non », répondit le médecin. Auparavant, Jerry avait regardé les points d'impact des balles qui ne formaient que quatre petits trous bien nets qu'on aurait pu couvrir avec un verre retourné, tous à environ un centimètre l'un de l'autre. Les médecins avaient pris le soin de prendre pas mal de photos. Ils numérotèrent chaque trou avec un marqueur et retournèrent Gary pour photographier les points de sortie de chaque balle dans le dos. En regardant ces marques, Jerry se rendit compte que les types du peloton d'exécution n'avaient pas eu la main qui tremblait le moins du monde. C'était un beau tir groupé.

Bien sûr, Jerry pensait souvent au risque de recevoir une balle lui-même. En service, ça pouvait arriver n'importe quand et parfois il se demandait quel effet ça lui ferait. Maintenant, en regardant encore le cœur, il répéta : « Il n'a rien senti, n'est-ce pas ? » « Non, rien », lui affirma le médecin. « Mais est-ce qu'il a encore bougé après avoir reçu les balles ? » « Oui, environ deux minutes. » « C'étaient juste les nerfs ? » interrogea encore Jerry. Le docteur acquiesça et ajouta : « Il était mort mais nous devions attendre officiellement qu'il ne remue plus. Environ deux minutes plus tard. »

Après, cela devint vraiment macabre, reconnut Jerry. Ils se mirent à extraire différentes parties du corps de Gilmore. On lui retira les poumons, l'estomac, les entrailles, enfin tout, puis on préleva des petits morceaux de chaque organe. Un type qui travaillait sur la tête de Gary Gilmore se retrouva avec la langue de Gary à la main. « Pourquoi prendre ça ? » demanda Jerry Scott. Il ne se posait pas la question de savoir s'il ennuyait les médecins ou pas. Puisqu'il était témoin, autant savoir ce que tout cela signifiait. « Nous allons en prendre un échantillon », répondit le médecin qui disséquait. Sur quoi, il posa la langue de Gary sur la table de marbre, la coupa en deux et en découpa un morceau qu'il mit dans une bouteille de solution.

Jerry Scott avait vu des tas de corps et s'était rendu sur les lieux d'innombrables accidents d'avions. Il savait à quoi pouvait ressembler quelqu'un de démembré, mais d'être planté là à les regarder découper quelqu'un, ça commençait à lui faire de l'effet. Ces types connaissaient vraiment leur boulot et n'arrêtaient pas de discuter, mais ils n'auraient pas été moins excités s'ils s'étaient trouvés dans une boucherie à tailler un quartier de bœuf. De temps en temps, ils s'adressaient aux autres toubibs qui travaillaient sur la femme qui s'était noyée. Elle était si grasse que lorsqu'on l'ouvrit, son ventre pendit sur les cuisses. Les autres continuèrent à travailler comme si de rien n'était.

Le type qui était installé en haut de la table que surveillait Jerry fit une incision partant de derrière l'oreille gauche de Gary à travers tout le haut du crâne pour redescendre jusqu'à l'autre oreille. Après quoi il empoigna la peau des deux côtés de la coupure et tira. Il tira tout simplement le visage sous le menton jusqu'au moment où la peau se retourna comme un masque de caoutchouc. Il prit alors une scie et fit une incision tout autour du crâne. Il s'empara alors d'un instrument qui ressemblait à une spatule et écarta l'os, faisant sauter la calotte crânienne. Ensuite, il plongea la main à l'intérieur de la cavité, en retira le cerveau et le pesa. Une livre et demie, crut voir Jerry Scott. Puis ils enlevèrent la glande pituitaire, la mirent de côté, et découpèrent le cerveau comme si c'était du pâté. « Pourquoi faites-vous cela ? » demanda Jerry Scott. « Eh bien, dit un des médecins, on regarde s'il n'y a pas de tumeur. » Ils commencèrent à lui expliquer ce qu'étaient les différentes zones du cerveau et pourquoi ils examinaient l'organe. Il fallait savoir si Gary Gilmore n'avait pas de problème dans le système moteur, mais tout avait l'air en parfait état. Ensuite, on prit des photos de ses tatouages. Il avait « maman » écrit sur l'épaule gauche et

« Nicole » sur l'avant-bras gauche. On lui prit ses empreintes, et puis enfin ils replacèrent tous les organes dont ils n'avaient plus besoin dans les cavités du corps et de la tête. Ils remirent en place la peau du visage en la tendant bien sur les os et les muscles, comme on remettrait un masque, réajustèrent la calotte crânienne découpée à la scie, puis il fût recousu. Quand ils eurent terminé, le cadavre ressemblait de nouveau à Gary Gilmore.

Jerry Scott remarqua que Gilmore n'avait que deux dents au fond, en bas, et aucune en haut. On lui remit ses fausses dents et en le regardant maintenant, ainsi reconstitué, Jerry Scott fut très étonné de constater qu'en fait il avait une assez bonne couche de graisse pour un type aussi maigre. Malgré cela, il donnait l'impression d'avoir été assez bien bâti. Presque la carrure d'un athlète s'il n'y avait eu cette graisse sur le ventre.

Jerry regarda sa montre. Il était 1 heure et demie de l'après-midi. Il avait passé là quatre heures. Le type des pompes funèbres Walker arriva et on posa Gilmore sur un lit roulant. On l'emballa dans un drap et fut recouvert par une belle couverture. Ensuite, on le poussa jusqu'à la rue et on le chargea dans un corbillard qui l'emmena au crématorium de Salt Lake. C'était peut-être dû à la longueur de l'attente, mais il n'y avait aucun rassemblement devant l'hôpital et bien qu'il y eût déjà deux autres policiers à les attendre au crématorium, quand ils y arrivèrent, il n'y avait personne non plus.

Comme le cercueil devait être brûlé en même temps que le corps, on n'avait utilisé qu'un modèle de dernière classe. Il était en contreplaqué, bien que recouvert de velours rouge, muni de poignées d'argent sur le côté et de beau satin blanc à l'intérieur, de même que l'oreiller. C'était mieux qu'une simple boîte en bois, mais ça n'atteignait pas le luxe des modèles en bronze.

Parmi les consignes que Jerry Scott avait reçues pour ce jour-là, il devait s'assurer que c'était bien Gary M. Gilmore qu'on brûlait. Aussi, juste avant qu'on introduise le cercueil dans le four, il souleva le drap pour vérifier que c'était bien le visage de Gary. Puis on releva la grande porte du four qu'on avait rabattue précédemment comme protection contre la flamme de plus d'un mètre qui jaillissait durant le pré-chauffage, et on introduisit la caisse et le corps. Quand le cercueil fut dans le four et qu'il eut brûlé quelques minutes, on ouvrit une nouvelle fois la porte pour que Jerry constate. Le préposé prit alors un long pique-feu et fit tomber la tête du cadavre hors du cercueil. Par la suite, ils regardèrent à travers un trou d'une trentaine de centimètres sur trente et Jerry Scott aperçut la tête de Gary. Déjà les cheveux étaient en train de brûler et la peau tombait sur le côté.

Scott vit le visage de Gary disparaître, la chair noircir et s'en aller en fumée. Puis les muscles se mirent à brûler et les bras de Gilmore qui étaient repliés sur sa poitrine se desserrèrent et se soulevèrent jusqu'au moment où les doigts des deux mains se trouvèrent braqués vers le ciel. Ce fut la dernière image que Jerry Scott eut de lui. Il la conserva tout le temps dans sa tête pendant que le corps se consumait et ça prit du temps, car il était arrivé au crématorium à 2 heures et demie et cela dura jusqu'à 5 heures. Il ne restait alors plus rien d'autre qu'un peu de cendre et d'os calcinés.

V

Deux serveuses, des amies de Toni Gurney, qui travaillaient à l'Étrier, y arrivèrent avant de prendre leur service du soir et s'installèrent au bar. C'était une grande salle sombre avec une piste de danse et, bien sûr, comme on était en Utah, il fallait payer une cotisation de membre du club pour pouvoir prendre un verre, mais ça n'était pas trop difficile. Le soir, l'Étrier était animé et c'était un des rares endroits agréables entre Provo et

Salt Lake où on pouvait boire et danser. Mais en ce moment, dans l'après-midi, c'était tranquille et on ne distinguait que deux ou trois personnes dans la pénombre.

Une des amies de Toni, une nommée Willa Brant, demanda à Alice Anders, la patronne, qui étaient les trois types assis au bar car ce n'étaient pas des habitués. Alice répondit qu'ils faisaient partie du peloton d'exécution de Gary. « Comment le sais-tu ? » demanda Willa. La patronne répondit : « Eh bien, c'est moi qui les ai inscrits. Ils sont membres du Club de l'Élan de Salt Lake et nous acceptons les membres de ce club. » Willa alla chercher un paquet de cigarettes et fit exprès de passer près de leur table. Un des hommes la héla : « Pourquoi ne venez-vous pas vous asseoir et bavarder avec nous ? »

Ils étaient installés pour boire et jouaient au poker menteur avec des billets. Willa s'assit et ils jouèrent encore un petit moment puis l'un des hommes dit : « Je parie que vous trouvez que nous sommes des salauds assoiffés de sang, non ? »

« Ma foi, répondit Willa, ça devait être fait. C'était ce que Gary voulait. » Elle s'en tint à ça. Elle ne dit pas qu'elle connaissait Toni Gurney et le reste de la famille. Puis l'homme poursuivit : « Tenez, vous voulez voir quelque chose de sadique ? » Et il lui montra un bout de sangle et l'ogive d'une balle en disant : « C'est une des balles qui a tué Gary, et voici une des sangles de nylon qui lui liait le bras. » Comme on lui demandait si elle voulait les toucher, Willa dit non, mais cependant elle ne put s'en empêcher. Elle le fit avec une petite grimace, puis l'homme les remit dans sa poche. Un autre annonça qu'il avait la cagoule dans sa voiture. Il n'en parla pas beaucoup. Il se contenta de dire qu'il l'avait, mais il buvait sec.

Un de ces hommes était petit et trapu, il devait avoir dans les trente-cinq ans et se déplumait. Il y en avait un autre dans les trente-cinq ans aussi, avec des cheveux châtain clair, un mètre quatre-vingts, poids moyen, mais de la brioche et des lunettes. C'étaient ces deux-là qui parlaient le plus. Le troisième, qui parlait peu, avait les cheveux bruns et était de taille moyenne, mais il portait une grande barbe et une moustache qui grisonnaient et il avait les larmes aux yeux. Il finit par dire que s'il avait su ce qui l'attendait, il ne l'aurait jamais fait. Sur ces entrefaites, une jeune femme mariée du nom de Rene Wales, que Willa connaissait vaguement, vint s'asseoir avec eux et ils se remirent tous à jouer au poker menteur.

Au bout d'un moment, les exécuteurs se mirent à parler de leur C. B. Tous les trois avaient un émetteur radio dans leurs voitures, mais l'un d'eux commença à se vanter de la portée de son appareil. Et tout à coup Rene Wales partit avec lui pour aller vérifier la qualité de son émetteur. Quand elle revint avec le type, quarante-cinq minutes plus tard, ils avaient vraiment l'air de ne pas s'être embêtés tous les deux.

41. Funérailles

I

Le lendemain matin, mardi 18 janvier, Schiller tint une réunion avec Debbie, Lucinda et Barry Farrell pour ranger le bureau et rendre le matériel loué. Au beau milieu de ces occupations domestiques, coup de téléphone de Stanger. Il allait y avoir un service à la mémoire de Gary à Spanish Fork dans l'après-midi. Tout le monde voulait que Larry et Barry viennent.

Lorsque Schiller annonça cela aux filles, elles voulurent venir aussi. Debbie commença même à pleurer. Ils arrangèrent donc la chose et elles furent invitées aussi. Il fallut ensuite différer l'heure du service à deux reprises pour tromper la presse et pour finir, la cérémonie eut lieu, non pas dans une église, mais dans une entreprise de pompes funèbres de Spanish Fork.

Sur ces entrefaites, Tamera arriva au bureau et Schiller décida de ne rien lui dire. Il sentait qu'il ne pouvait pas lui faire confiance et qu'il ne pourrait pas lui interdire de faire un article là-dessus. Mais, en entendant la conversation des filles, elle comprit vite ce qui se passait et alla trouver Larry. Elle était livide. Folle de rage. « J'ai marché avec vous, dit-elle, je fais partie de l'équipe. Pourquoi est-ce que je ne peux pas y aller ? » Schiller dut lui répondre : « Oh ! ça n'est pas que je ne vous fasse pas confiance, Tamera, mais je ne peux pas prendre ce risque. Ça n'est pas à moi de faire cadeau de cette histoire. » Tamera était de plus en plus furieuse. Elle était terriblement jalouse du fait que Debbie et Lucinda y allaient. Elle en devenait presque laide. Tamera était dans une telle colère qu'on aurait dit qu'elle brûlait. Une vraie journaliste.

La maison de pompes funèbres se trouvait sur la grand-rue, un bâtiment de stuc sale sans étage, avec une bande horizontale de verre teinté qui courait sur toute la façade et était censée donner un effet de vitraux, se dit Schiller, mais qui évoquait plutôt une mosaïque de table basse. Ça n'était certes pas un chef-d'œuvre d'architecture.

À la surprise de Schiller, il y avait là une quarantaine de personnes. On le présenta à de nombreuses sœurs de Bessie et il n'essaya même pas de se rappeler leurs noms, mais l'une après l'autre elles vinrent le remercier. Schiller se demandait pourquoi. Puis l'orgue se mit à jouer.

CAMPBELL. – Notre Père Qui Êtes Aux Cieux, c'est avec une profonde humilité que nous marquons un temps au début de ce service à la mémoire de notre défunt, Gary Mark Gilmore, avec un grand sentiment de respect pour la forte personnalité qu'il était et qu'il sera à jamais. Père, une grande tragédie a eu lieu voilà bien des années dans le cadre de la justice pour les mineurs, qui a précipité un jeune homme, une grande personne, un de Tes enfants devant les tribunaux et dans l'ombre des cachots. Nous l'avons connu comme étant un être noble et digne d'amour et c'est ce souvenir que nous conserverons toujours. Sois avec nous maintenant, nous T'en prions, au nom de Ton Fils, Jésus-Christ. Amen. (Silence.) Cet après-midi, nous avons à transmettre, par la bouche de Toni Gurney, un message de la mère de Gary.

TONI. – Tante Bessie m'a demandé de transmettre à tous ce message. Elle dit : « J'ai plein de merveilleux souvenirs de mon fils, Gary. De belles choses qu'il m'a données, des tableaux qu'il a peints, et le sac de cuir fait à la main qu'il a commandé pour moi, mais ce que Gary m'a donné de plus précieux, ç'a été son amour et sa bonté. »… Je tiens à dire aussi en mon nom et au nom de ma sœur Brenda… (Elle craque.)

VERN (Lisant le message de Toni). – Heu, je tiens à dire aussi au nom de ma sœur Brenda que nous regrettons tous Gary. Nous l'avons vu à une époque heureuse et à une époque de souffrance et nous savons tous que maintenant il repose en paix.

CAMPBELL. – Merci beaucoup. Mme Evelyn Gray a écrit quelques poèmes à l'intention de Gary, elle les lui a remis personnellement et elle aimerait vous en lire un aujourd'hui. Evelyn est une cousine.

EVELYN. – Pour mon cher Gary :

La mort peut-elle empêcher que vive un tel esprit,
alors que la mer orageuse de la vie pousse
l'âme fragile au gré des courants,
non, par les sombres portes elle la guide
pour qu'elle vogue vers le large
jusqu'en vue de quelque autre rade
lorsqu'elle fait route dans le calme
abritée par Sa main bienveillante.
Elle vogue sur une mer immense et sans fin
au point que Dieu seul en connaît les confins.

Merci.

CAMPBELL. – Une autre personne qui en est venue à très bien connaître Gary, pour lui avoir souvent rendu visite à la prison, un homme qui est entré dans sa vie par le système juridique, son avocat, Me Robert Moody.

MOODY. – Mes chers amis, je crois qu'il convient de prendre le temps d'évoquer la mémoire de Gary. Lorsque nous en avons parlé, il m'a dit : « Oui, oui, j'aimerais qu'on se souvienne de moi. J'aimerais qu'on célèbre un service à ma mémoire et j'aimerais que oncle Vern dise quelques mots à ceux qui jugeront bon de venir. » En rencontrant Gary pendant bien des heures au cours de ces derniers mois, nous en sommes arrivés à connaître un être humain, un individu, un homme dont la profondeur nous a surpris. Gary n'avait pas eu les chances que nous avons eues, il était autodidacte. Il avait beaucoup lu et avait acquis une foule de connaissances. Gary s'était bâti sa propre philosophie, il avait sa façon à lui de sentir Dieu, et il le faisait dans les limites que lui imposait son incarcération. Et cette autoéducation a été un enseignement pour tous ceux d'entre nous qui l'ont approché… Je crois que ce dont nous garderons toujours le souvenir, c'est que Gary, qui a si longtemps et si passionnément recherché l'amour, n'a compris que ces derniers mois, ces dernières semaines, que l'amour était dans le monde, que l'amour était pour lui, cet amour qu'il n'avait jamais su trouver. En nous rappelant Gary aujourd'hui, souvenons-nous qu'en effet l'amour est pour tous et que, quoi que d'autres puissent dire de Gary, son amour était là, et j'ai la certitude que Gary maintenant est en paix… que Gary a trouvé Dieu. Merci.

CAMPBELL. – Merci, Bob. Le Frère Dick Gray aimerait maintenant présenter un message spécial.

DICK GRAY. – J'éprouve une grande perte. Je tiens à lire ces messages car ils viennent de ses frères. « De nombreuses histoires maintenant circulent à propos de Gary Gilmore, certaines sont flatteuses et d'autres non, certaines sont vraies et d'autres pas, mais le Gary Gilmore que j'ai connu était tout à la fois bon et mauvais, comme tout le monde. Ce dont je me souviens surtout à propos de Gary Gilmore, c'est qu'il était exactement comme les autres quand il était jeune, avant que la justice ne l'expédie en maison de correction ; oui, avant cela, Gary Gilmore était comme tout le monde. Bref, nous voici réunis ici aujourd'hui, parce que la justice a envoyé Gary Gilmore en maison de correction. » Cela, c'est le message de son frère Frank. Le suivant vient de son frère Mikal. « Gary, je prie pour que tu aies trouvé un monde meilleur et plus miséricordieux. Je prie pour que l'héritage que tu nous laisses soit quelque chose qui nous rappelle la valeur de la vie, et non la glorification ou la commercialisation de la mort sous aucune forme. Je prie pour nos familles comme je prie pour les familles de ceux qui ont déjà souffert, et je prie… pour qu'aucun homme qui prétend représenter nos intérêts n'oublie cette dette envers ces familles-là. Je regrette, Gary, que nous n'ayons pas plus de temps. Mon amour et mon remords, Mikal. »

CAMPBELL. – Merci, Dick. Thomas R. Meersman, aumônier de la prison d'État de l'Utah, aimerait maintenant communier avec toi, Gary.

Presque tous les assistants se mirent à écouter avec attention, car la plupart, étant mormons, n'avaient encore jamais entendu de sermon d'un prêtre catholique.

MEERSMAN. – Vous savez donc que je suis le Père Meersman et que je suis l'aumônier catholique de la Prison d'État de l'Utah... Mes rapports avec Gary étaient peut-être différents de ceux que vous avez pu avoir. Je suis entré dans sa vie à cause d'une déclaration très insolite que j'ai entendue dans la bouche d'un homme lorsqu'il a été condamné à mort. C'est ce que je lui ai dit la première fois que je l'ai rencontré. J'ai dit : « Voilà une déclaration bien inhabituelle et si vous pensez vraiment cela, alors je vous propose de vous apporter tout ce dont je suis capable. » La déclaration qu'il a faite est celle que, j'imagine, vous avez tous entendue : « Je veux mourir avec dignité. » C'est ainsi qu'ont commencé nos relations, nous nous voyions surtout le soir parce que pendant la journée il était très occupé. Des gens venaient le voir, lui rendaient visite... Son nom devenait de plus en plus célèbre et dans le monde entier on commençait à connaître au moins son nom, ce qu'il faisait et d'autres choses... Nous avons continué ainsi et, quand il a semblé que la fin, bien sûr, était très proche, ma foi, il a fallu être très sérieux. Il y a un temps pour tout, aussi la nuit qui a précédé l'exécution, nous nous sommes retrouvés, il était à peu près minuit, on avait transformé la cuisine en chapelle, et un des gardiens se trouvant être catholique, c'est lui, dans notre terminologie, qui a servi la messe et qui a assisté le prêtre, c'est-à-dire moi. Pour les deux parties de la messe, nous avons fait des lectures de la Bible, et quand la question s'est posée : « Quel Évangile allons-nous lire ? » dans son style inimitable, Gary a dit : « Je m'appelle Gary Mark. Lisez un passage de saint Marc. » Après, eh bien, les gardiens étaient assez émus, et ils ont remarqué, évidemment, qu'il était extrêmement songeur, il ne bougeait pas, il restait assis à la table. Et nous lui avons donc dit très simplement : « Nous sommes entrés dans votre vie quand vous avez annoncé que vous vouliez mourir avec dignité. Et nous resterons auprès de vous, nous resterons jusqu'à ce que cela soit accompli. Mais nous tenons à ce que vous sachiez ceci :

que chaque jour de ma vie de prêtre catholique, quand je serai devant l'autel, où que ce soit, à la prison d'État de l'Utah, dans un hôpital, à Saint-Pierre-de-Rome, que chaque jour de ma vie je prierai pour vous. » Voilà quelques-unes de mes réflexions. Ce n'est sans doute pas tout, mais je n'ai pas eu beaucoup de temps pour préparer quoi que ce soit. J'espère toutefois que ces pensées vous aideront, vous qui l'avez tant aimé. Et bien sûr il nous manque. Peut-être cela vous aidera-t-il à le mieux connaître que nous ayons prononcé ces paroles en cette occasion. Et je ne peux rien vous dire de mieux que ses dernières paroles... « Dominus vobiscum. » Que le Seigneur soit avec vous. Merci.

CAMPBELL. – Merci, mon Père. Je suis profondément ému, comme vous l'êtes tous, à mesure que nous commençons à dévoiler le vrai Gary Mark Gilmore. Voici une autre personne qui en est venu à le respecter, Ron Stanger.

STANGER. – Je crois que Bob et moi faisions partie de sa famille adoptive. Je crois qu'à l'exception de trois ou quatre jours peut-être, nous avons été avec lui quotidiennement, et si vous ne nous croyez pas, demandez à nos femmes. Ah ! elles le savent. Tenez, le jour de Noël, toute la famille rassemblée, on s'amuse comme toujours à Noël, et savez-vous où sont allés Moody et Stanger ? Cela dit, il me semblait très bien pour la première, et peut-être la seule fois de ma vie, de me considérer comme un bon et vrai chrétien, parce que j'ai fait ce qu'a dit le Sauveur, c'est-à-dire d'aller dans les prisons pour s'efforcer d'aider ceux qui en ont besoin.

Puis-je vous lancer à tous le défi de faire ce que j'ai appris aussi de Gary au cours de ces conversations avec moi à propos de la famille – et nous savons tous qu'il aimait les enfants ? Il me demandait comment nous nous entendions avec nos enfants et il disait toujours : « Ron, occupez-vous de vos enfants, soyez proche d'eux, soyez sévère avec eux, faites-leur comprendre que s'ils font de petites fautes, elles deviendront plus graves. » Il a dit une fois, avec ce sourire qu'il avait parfois, il a dit : « Ils pourraient bien, s'ils continuent à mal faire, ils pourraient bien finir par devenir d'autres Gary Gilmore. »

CAMPBELL. – Merci, Ron. Gary m'a rendu un grand service. Il m'a aidé à sauter le pas. Dans six mois, je vais quitter la prison. Gary m'a convaincu qu'un rien de prévention vaut tous les remèdes du monde, que les deux mots juvénile et justice ne vont pas ensemble. Je compte m'installer dans le sud de l'Utah, où j'ai un peu de terre et bâtir là une ferme de jeunes pour y prendre jusqu'à l'âge de quatorze ans ceux qui ont des problèmes avec la justice et m'occuper d'eux avec amour. Vous avez compris, d'après les propos de ceux qui ont parlé, que ce que Gary voulait nous laisser, c'était l'amour. Il avait sans doute de plus grandes capacités d'aimer que n'importe lequel d'entre nous. Il m'a fait le don d'un amour profond et je veux que vous sachiez que j'ai en moi un peu de Gary Mark Gilmore qui ne disparaîtra jamais.

Il a demandé qu'à ce service on chante une chanson qui lui est chère et, quand il m'en a parlé, il m'a dit : « C'est moi au moment de quitter cette terre. » Il s'agit d'un grand hymne chrétien intitulé « Étonnante Grâce » que va nous interpréter Mme Robert Moody.

Mme ROBERT MOODY (Elle chante) :

Étonnante Grâce, combien doux les accents
Qui ont sauvé un pauvre hère comme moi
Jadis j'étais perdu mais maintenant j'ai trouvé
J'étais aveugle et maintenant je vois.
Combien de dangers, de pièges et d'épreuves
J'ai déjà traversés
C'est la Grâce qui, jusque-là m'a poussé
C'est la Grâce qui me conduira au port.

CAMPBELL. – Merci beaucoup. C'était magnifique. Je sais que c'est vrai que Gary vous aimait tous. Mais il est un cas, en particulier, où je sais que l'amour venait des deux côtés en abondance, c'est son oncle Vern… Et Vern va maintenant vous donner le dernier message.

VERN. – Frères et sœurs, en ce jour, le 18 janvier 1977, je suis là devant vous parce que Gary m'a demandé de le faire. Et tout cela est très étrange pour moi, je n'ai encore jamais fait cela… Mais je lui ai promis que j'essaierais de dire quelques mots pour lui. Non pour l'excuser de ce qu'il a fait, mais pour tenter d'expliquer pourquoi il l'a fait. Ce qui, j'en suis sûr, va être difficile pour moi. La meilleure façon dont je puisse l'expliquer, c'est que Gary était profondément amoureux d'une fille qui était profondément amoureuse de lui. Et les problèmes qu'ils avaient entre eux étaient sans doute les mêmes que ceux que connaissent certains de nous. Mais Gary ne pouvait tout bonnement pas les surmonter. Il avait besoin de frapper quelque chose, quelqu'un, et malheureusement, c'est ce qu'il a fait. Gary est allé à la mort en espérant que cela rachèterait ce qu'il avait fait. Il a fait cela à deux familles, mais il m'a dit qu'il n'avait qu'une vie à donner et il le regrettait. Il aurait voulu donner plus. Il a donné certaines parties de son corps à des gens et à la science, dans l'espoir que cela aidera un malheureux à retrouver la santé. J'ai appris à connaître Gary… les derniers mois, plus que jamais depuis que je le connais, j'ai découvert le vrai Gary, et il est humain, tendre et, oui, compréhensif, tout à fait capable d'amour. Gary est en route vers une vie nouvelle avec Dieu et, comme il l'aurait dit : « Pas d'affolement, vous autres. » Au nom de Jésus-Christ. Amen.

11

Après le service, Stanger demanda à Larry Schiller de venir dans la pièce attenante où se trouvait l'urne. Larry apprit là que Gary avait demandé qu'on disperse ses cendres au-dessus de Spanish Fork, parce que c'était là que demeuraient ses plus tendres souvenirs. Vern avait le sentiment que Gary ne voulait pas être enfermé encore une fois. Il avait passé toute sa vie enfermé. Maintenant il voulait être libre de s'en aller rôder là où le vent l'emmènerait.

Ils allaient procéder à cette dispersion d'un avion, et Ron expliqua à Larry que Gary souhaitait qu'il soit du voyage. Il l'avait demandé. Schiller dit qu'il n'avait aucune envie d'y aller. Il ne pensait pas que c'était sa place. On lui communiqua que Vern aussi avait été invité, ainsi que le Père Meersman et Cline Campbell, et qu'il y aurait Ron Stanger et lui. Mais Larry avait quand même l'impression que ce n'était pas bien. Durant tout le service, il ne s'était pas senti proche de Gary, ni proche des émotions que les autres assistants éprouvaient manifestement. Durant le trajet en avion, ce serait pareil. Il fut quand même convenu qu'ils feraient tous le voyage le lendemain matin. Schiller passa le reste de la journée à faire ses bagages.

Le mercredi 19, il alla à l'aéroport de Provo et ils s'embarquèrent tous à bord d'un avion à six places, le pilote et Stanger aux deux places avant, Vern et Campbell derrière, Meersman et lui tout au fond. Ça se révéla très simple. Ils avaient une boîte en carton de la taille d'une boîte à chaussures et, une fois en l'air, Stanger l'ouvrit. On avait mis les cendres de Gary dans un sac en plastique habituellement utilisé pour envelopper le pain de mie, avec le nom de la marque bien lisible. Schiller trouva ça insensé. Stanger se tenait près du hublot tenant ce sac où l'on pouvait lire des choses imprimées en couleur. Ça ne faisait pas sérieux mais plutôt minable : un malheureux pain à 59 cents. Schiller s'était imaginé que les cendres seraient d'un noir sombre qui ne manquerait pas d'une certaine dignité, mais elles étaient grises et blanches avec de petits bouts d'os dedans, tout ça d'une couleur terne et fanée.

Gary avait précisé comment il voulait qu'on disperse ses cendres. Il avait choisi un certain nombre d'endroits de Spanish Fork, de Springville et de Provo, si bien que Stanger dut répandre les cendres en quatre ou cinq fois. Il n'eut jamais à passer le bras dehors, il se contenta de glisser l'ouverture du sac près de l'endroit où se trouvait la bouche de ventilation. Le pilote virait sur l'aile pour que Stanger soit en bas et l'air aspirait les cendres. C'était lent et pas très spectaculaire. Sur le siège, derrière Stanger, Meersman se mit à parler à Schiller du service commémoratif. Schiller avait nettement l'impression que Meersman tenait à laisser entendre que le jour de sa mort

Gary était retourné dans le giron de l'Église catholique, mais ça ne paraissait pas vraisemblable à Schiller. Gary détestait le prénom de Mark, il l'avait même barré sur ses contrats. Bien sûr, il avait peut-être eu des sentiments ambivalents à propos de son second prénom, mais Schiller était persuadé que l'histoire de Meersman n'avait pas de base solide.

Lorsqu'ils eurent répandu les cendres et qu'ils furent redescendus, Barry Farrell les attendait à l'aéroport. Il y avait avec lui la fille du *New York Times* à laquelle Schiller ne voulait absolument pas accorder d'interview. Il avait toutefois négligé d'en avertir Farrell. Aussi, à peine débarqué, dut-il affronter la journaliste du *New York Times*. À voir l'air qu'elle avait, il était évident que Barry lui avait raconté ce qu'ils étaient allés faire dans l'avion. Schiller était coincé et donna une interview abominable. L'article fut publié. L'endroit où les cendres de Gilmore avaient été dispersées n'était plus un secret.

Plus tard, ce même jour, il donna aussi une interview à *Time* et une à *Newsweek*, puis il prit l'avion pour Los Angeles. Les deux magazines avaient accepté ses conditions mais il est vrai qu'il les tenait tous les deux. En novembre, *Newsweek* avait travaillé un jour ou deux avec Schiller, aussi précisa-t-il aux gens du magazine que s'ils ne mentionnaient pas ce détail dans leur article, il préviendrait *Time*. En revanche, il dit à *Time* que si la rédaction n'était pas d'accord pour donner de lui une image équitable, il irait raconter à *Newsweek* comment *Time* lui avait passé un Minox à remettre à un journaliste de la rédaction la nuit d'avant l'exécution pour prendre des photographies de Gary. Il obligea donc les magazines à le traiter convenablement. Pas à le couvrir de fleurs, juste à le traiter comme il convenait : il n'en demandait pas plus.

42. Reflux de l'actualité

I

Time

Ce que le directeur de la prison a appelé « l'événement » a pris tout juste dix-huit minutes. En entendant la fusillade, les prisonniers des trois blocs de cellules voisins ont hurlé des grossièretés.

Salt Lake Tribune

L'A. C. L. U. traite Hansen de complice d'assassinat

18 janvier 1977. – Henry Schwarzschild, coordinateur à New York de l'Association nationale contre la peine de mort et directeur du Projet contre la peine capitale à l'American Civil Liberties Union a eu des commentaires sévères à propos de l'exécution et des fonctionnaires de l'Utah.

« Il ne s'agissait pas d'un suicide de M. Gilmore mais d'un homicide judiciaire avec M. Hansen comme complice », a déclaré M. Schwarzschild lors d'une conférence de presse donnée à l'hôtel Hilton de Salt Lake.

La rapidité avec laquelle « le procureur général de l'État s'est précipité à Denver ne trahit rien d'autre qu'une soif de sang », a ajouté M. Schwarzschild.

« Je suis consterné de voir un tel geste dans cette société qui se prétend civilisée », a déclaré l'adversaire de la peine capitale.

« Je ne saurais mesurer le déferlement d'insensibilité et de perversité humaines provoqué par un tel spectacle. »

M. Schwarzschild a dit que ses propos étaient sévères, mais il a précisé que la situation l'exigeait. « Que M. Hansen en pense ce qu'il veut. »

SALT LAKE TRIBUNE

Justice a été rendue,
dit Hansen à propos de l'exécution

Par Dave Johnson
De la rédaction du *Tribune*
7 janvier 1977. – Le procureur général de l'Utah, Robert B. Hansen, qui a pris personnellement position au tribunal contre les sursis d'exécution de Gary Mark Gilmore, a déclaré lundi après la mort du condamné : « Justice a été rendue. »

« La peine capitale symbolise la détermination de la société de faire appliquer toutes ses lois. Si nous ne faisons pas respecter les plus sévères de nos lois, les criminels pourraient en conclure qu'on ne leur imposera pas les châtiments prévus par d'autres lois », a dit M. Hansen.

« Aucune mort ne saurait être exaltante ni la tristesse qui domine lorsque quelqu'un meurt, a ajouté M. Hansen, le visage tiré après trente heures passées sans sommeil, mais je suis intimement plus peiné quand je songe aux familles des deux victimes que par le fait que Gilmore n'est plus en vie. »

Les déclarations de Hansen furent publiées à côté d'une grande photographie de lui dans le *Salt Lake Tribune*. À côté de l'article, toutefois, se trouvait le gros titre de l'article de Schwarzschild et l'on pouvait lire : « Homicide légal. »

Bob Hansen avait l'habitude de voir écrites à son propos des phrases plutôt dures, mais « homicide légal » le blessa. Il hésita longtemps à poursuivre le type de l'A. C. L. U. Comme il était un personnage public, il savait qu'il devrait établir qu'il y avait une malveillance délibérée. Si, du point de vue de Hansen, la déclaration de Schwarzschild puait la malveillance, le problème était que Schwarzschild ne pouvait guère être tenu pour responsable du titre de l'article. Qui constituait le point le plus sensible de toute l'histoire. C'était un problème et Hansen en était très agacé.

II

Un jour, peu après l'exécution, Judy Wolbach se rendit au Capitole de l'État pour dire à Earl Dorius ce qu'elle pensait de lui. Ce n'était pas une décision bien judicieuse, mais elle s'assit dans le bureau d'Earl et lui demanda s'il était satisfait de lui. Il répondit : « Judy, il faut que vous compreniez que, si vous pouvez penser que ce que nous avons fait était épouvantable, nous estimions de notre côté que tout ce que vous faisiez était absolument injuste. Dans l'avenir, nous aurons à travailler ensemble sur d'autres affaires. Je serais donc heureux si vous pouviez maîtriser un peu vos sentiments. » Peut-être n'employa-t-il pas exactement ce langage, mais elle l'entendit lui tenir un discours de cet ordre. Ce fut à peine si elle put l'écouter. « Earl, répondit-elle, dites-moi, vous avez des petits-enfants. Cela ne vous dérange pas de vous dire qu'ils apprendront un jour que vous avez été complice de cette exécution ? » Il acquiesça. C'était vrai que cela le préoccupait, lui dit-il. Un des enfants avait entendu des commentaires disant que lui et le procureur général Hansen avaient participé à un meurtre de sang-froid. Il avait dû leur expliquer toute l'affaire.

Assis à son bureau, Earl avait le sentiment que Judy avait le droit de venir l'affronter. En fait, il était heureux qu'elle l'eût fait. Après une affaire mettant en jeu de tels sentiments, procureurs et avocats s'en vont chacun de leur côté. Il n'aimait pas, quand ils se rencontraient plus tard dans la rue, ne pouvoir échanger avec eux que des regards noirs. À vrai dire, il trouvait que c'était bien de la part de Judy d'avoir eu le courage d'être venue le voir et de lui lâcher ce qu'elle avait sur le cœur. Cela valait mieux que de remâcher une rancœur pendant des années.

En quittant le bureau, Judy songea qu'elle s'était attendue à souffrir beaucoup de l'exécution, mais que cette souffrance ne s'était pas manifestée, seulement une colère qui la brûlait. Elle avait dû réagir en profondeur, sinon elle ne serait pas allée voir Earl Dorius ; mais elle n'avait tout simplement pas eu de réaction affective en soi à la mort de Gilmore. Elle se demanda si cela ne tenait pas à l'horrible doute qu'elle avait eu de temps en temps que c'était elle qui allait à l'encontre des droits de Gilmore.

SALT LAKE TRIBUNE

L'exécution de l'Utah : sur les lieux du crime

Par Bob Greene
du Groupe Field.
20 janvier 1977. – Nous ne vous avons pas dit comment nous avons rampé autour des sacs de sable devant le fauteuil du condamné, des sacs de sable encore tachés de son sang. Nous ne vous avons pas dit comment nous nous sommes précipités dans la petite pièce où le peloton d'exécution attendait derrière son rideau, et comment nous avons regardé par les fentes verticales où passaient les fusils, regardé le fauteuil et comment nous avons profité de la même vue qu'avaient les bourreaux.

Nous n'avons pas dit comment nous avons touché à tout, touché toutes les surfaces imaginables du lieu de l'exécution. Nous ne vous avons pas parlé des expressions du visage du gardien de prison, qui nous regardait avec stupéfaction aller et venir avec une telle soif. Nous ne vous avons pas dit ce que nous avons fait du fauteuil du supplicié – le fauteuil avec les trous laissés par les balles dans le dossier de cuir. Nous ne vous avons pas dit ça, n'est-ce pas ? Nous ne vous avons pas dit comment nous avons plongé nos doigts dans les trous et frotté ensuite nos doigts pour nous rendre compte quelle était la profondeur et la largeur de ces trous par où la mort était passée. Pour tout sentir.

III

Brenda était complètement épuisée. De retour chez elle, flottant dans son lit, elle recevait des visites, mais elle avait le plus grand mal à se rappeler qui venait. Elle parlait, mais n'arrivait pas à se souvenir de ce qu'elle disait. Trois jours passaient comme un seul. Puis la fièvre la prit et elle se mit à avoir des vomissements. Sa seule pensée était : « Il faut que je me lave et que j'aille aux funérailles. » Elle alla jusqu'à la salle de bains. Elle ne savait pas que les funérailles avaient eu lieu deux jours auparavant. Ce fut vraiment un choc pour elle de l'apprendre. Elle ne serait pas avec Gary, à son dernier service. C'était vraiment le laisser tomber.

IV

Quelques jours après l'exécution, Nicole se trouva prise dans une bagarre. Alors que la nuit tombait, elle éprouva soudain une violente envie d'aller se coucher. Ce n'était pas encore l'heure, mais elle s'allongea et quatre ou cinq malades s'approchèrent pour la tirer de son lit. Lorsqu'on la toucha, Nicole se mit à donner des coups de poing.

Elle cassa presque le nez de quelqu'un et à un moment faillit bien mettre au tapis les cinq filles. Ça dura probablement plus de trois minutes. C'était long de lutter contre cinq femmes. Elles finirent par réussir à l'allonger sur le dos, mais elle parvenait à se libérer les pieds pour les frapper, alors elles la retournèrent sur le ventre et s'assirent sur elle pendant, elle l'aurait juré, une vingtaine de minutes, sur le sol glacé, chacune d'elles assise sur un bras ou sur une jambe. Tout d'un coup, elle comprit tout le ridicule de la situation et éclata de rire. Elle se mit à rire comme si son cœur allait éclater.

Bien entendu, les filles qui la tenaient ne trouvaient pas ça drôle. Pourtant, Nicole avait le sentiment qu'elle n'était pas seule à rire. Quelqu'un était là avec elle. Puis elle sut que c'était Gary. Il allait lui dire à l'oreille : « Alors, pétasse, maintenant tu sais ce que c'est. »

Suite à cela, on l'enferma pendant quelques jours. Durant cette période, souvent elle éclata de rire. Elle avait l'impression qu'elle ne riait pas seule.

Pendant tout ce temps, elle ne pleura jamais sur Gary. Ça n'était pas nécessaire. Elle ne s'apitoyait pas sur son sort. Elle continuait à espérer qu'il serait proche d'elle lorsqu'elle sortirait de l'asile et pensait que peut-être elle allait se suicider, mais elle n'en était pas très sûre. C'était difficile à dire.

V

Stanger et Moody avaient pris des billets pour une croisière dans le golfe du Mexique dont le départ était fixé au samedi, mais ils n'avaient pas envie d'attendre le week-end. Aussi, le jeudi après-midi, partirent-ils pour la Nouvelle-Orléans, accompagnés de leurs épouses. Ils dînèrent à 6 heures, mais ils étaient dans un tel état d'épuisement physique qu'ils regagnèrent leur motel et ne se réveillèrent que deux jours plus tard.

Le lendemain soir, ils étaient assis dans un restaurant quand une fille, à la table voisine, se montra un peu bruyante. Son mari dit en souriant : « Ne vous occupez pas d'elle, nous allons rentrer. » Il plaisantait, mais elle se leva et déclara : « Je tiens à ce que vous sachiez que je suis une étudiante en droit et que je fais des recherches sur une affaire importante, le procès Gary Gilmore. Vous en avez entendu parler ? »

Kathryne, la femme de Bob, ne put s'empêcher de répondre : « Ce sont les avocats de Gilmore. » Ça aurait valu la peine de perdre sa culotte en plein tribunal rien que pour voir la tête de cette fille.

VI

Les jours suivants, Earl Dorius fit toute une histoire à propos de la dispersion des cendres de Gilmore. D'après les règlements d'hygiène c'était un acte illégal et il aurait dû l'empêcher s'il avait été prévenu d'avance. Il découvrit alors que la prison était au courant mais ne l'avait pas contacté. Il dut se forcer à ne plus y penser. De plus ce n'était pas le genre de chose où l'on pouvait engager des poursuites et d'ailleurs il était passablement fatigué. Bob Hansen lui conseilla de prendre un peu de vacances pour compenser toutes ces heures de travail presque chaque soir, et depuis novembre, jusqu'à des 9 ou 10 heures.

Earl voulait des vacances tranquilles, brèves et sans but spécial, aussi emmena-t-il sa femme et ses enfants à Orem, où ils avaient de la famille. Juste à côté de l'autoroute, il aperçut un TraveLodge et alla demander s'ils avaient des chambres. Comme la réceptionniste commençait à emplir leur fiche, le téléphone sonna et Earl l'entendit répondre : « Ne vous inquiétez pas, monsieur Damico. » Lorsqu'elle eut raccroché, Earl dit : « Qu'est-ce que Vern Damico a à voir avec ce motel ? Si c'est lui ou M. Schiller qui en est le propriétaire, je m'en vais.

— Comme c'est curieux, dit la fille, M. Schiller et ses collaborateurs sont partis hier. « Je n'échappe pas à Gilmore », se dit Earl.

Plus tard, Earl pensa souvent à cet instant où, dans le couloir de la Cour fédérale à Denver, il regardait par la fenêtre après avoir appris que Gilmore était mort et qu'il contemplait les gens se rendant à leur travail. Il était tout seul. Même lorsqu'il avait exposé sa requête, il était un personnage solitaire ; et c'était bien ainsi, au fond, de pouvoir regarder dehors, et voir, sur la place, les autres donner des interviews à la presse. Il devait avouer qu'il éprouvait pourtant une certaine déception et fit de son mieux pour en rire et se dire qu'il recherchait vraiment le masochisme du martyr. S'il avait tenu à s'abrutir de travail, rien que pour s'assurer que tout était au point dans les moindres détails, alors il ferait mieux d'acquérir une maturité affective suffisante pour ne pas se soucier de qui bénéficiait de la publicité.

Il n'allait d'ailleurs pas tarder à vérifier cette exigence. Deux semaines plus tard, la Société historique de l'Utah alla visiter le bureau et interrogea tout le monde pour un de leurs volumes sur l'histoire de l'État. Toutefois personne ne s'adressa à Earl. Il n'était pas au bureau ce jour-là. C'était à peu près comme toute l'affaire Gilmore : il était toujours loin du centre de l'action, là où se trouvaient les gens des médias ou les historiens. L'essentiel, se dit-il, c'était d'être toujours content que tout soit fait.

VII

SALT LAKE TRIBUNE

Une enquête exigée sur la photo de Gilmore

Par George A. Sorensen
de la rédaction du *Tribune*

28 janvier 1977. – La Commission des Peines de l'État d'Utah a ordonné jeudi l'ouverture d'une enquête sur la façon dont les magazines *Time* et *Newsweek* se sont procuré des photos de Gilmore buvant une petite flasque de whisky peu avant l'exécution.

SALT LAKE TRIBUNE

L'exécution de Gilmore a coûté soixante mille dollars à l'État

Par George A. Sorensen.

30 janvier. – Cela a coûté plus de soixante mille dollars aux contribuables de l'Utah pour juger le meurtrier Gary Mark Gilmore et le ramener à la vie lors des deux tentatives de suicide. À l'exception des frais réels du procès, estimés par le procureur du Comté d'Utah, Noall T. Wootton, à quinze ou vingt mille dollars, tous les autres chiffres résultent d'heures supplémentaires ou d'engagements de personnel adjoint.

Plus de deux cents membres du personnel de la prison sur trois cent vingt ont été rappelés à 3 heures le matin de l'exécution.

Le procureur général de l'Utah, Robert B. Hansen estime à dix-neuf mille dollars le travail supplémentaire de ses adjoints et secrétaires. Certaines ont travaillé jusqu'à trente heures d'affilée durant le dernier jour et la nuit qui ont précédé l'exécution.

VIII

Une des tâches les plus dures pour Toni Gurney fut de se rendre à l'hôpital de l'université d'Utah pour reprendre les vêtements de Gary. Ils avaient été entreposés quelques jours dans un magasin et avaient fini par rancir au point qu'on avait dû les congeler.

Ce fut ce colis glacé qui fut remis à Toni et elle le mit dans le coffre de sa voiture, mais durant son retour chez elle, il dégela. Le temps qu'elle mit pour rentrer fit qu'elle n'était pas loin d'être en retard pour son travail, mais il n'était cependant pas question de ne pas mettre ces vêtements immédiatement dans la machine à laver. Il s'en dégageait toute la puanteur d'une perte mortelle.

IX

Avec les semaines, le flot des lettres de menaces commença à ralentir et Shirley Pedler retrouva une sorte de train-train quotidien, mais cela lui faisait un drôle d'effet d'entrer dans le bureau de l'A. C. L. U. sans trouver les couloirs pleins de monde. Tant de son énergie affective restait attachée à Gary Gilmore que le monde normal lui semblait bizarre et bien petit.

Non seulement Gilmore était mort, mais elle se trouvait elle-même dans une sorte de réalité en marge. De temps en temps, comme une brume qui traverse le ciel, elle se sentait en étrange communion avec lui, comme si une pensée l'avait traversée, et elle était heureuse qu'il se trouvât libéré de la tension sous laquelle il avait vécu. C'était paradoxal, mais elle en était contente.

43. Nicole ouvre les vannes

I

À Chicago où ils étaient allés pour le montage définitif de l'interview dans *Playboy*, Schiller et Farrell travaillèrent vingt-quatre heures sur vingt-quatre et ne terminèrent qu'à 5 heures le dimanche soir 23. Cela faisait une semaine heure pour heure que Schiller avait quitté le motel TraveLodge afin de gagner la prison pour le début de la dernière nuit.

Lorsqu'ils l'apportèrent, ils croyaient remettre dix-neuf mille mots, une masse confortable puisque le contrat de *Playboy* en stipulait quinze mille, mais il se révéla dans la soirée que ça en faisait vingt-cinq mille. Art Kretchmer, un rédacteur dont Schiller trouvait qu'il ressemblait un peu à Abe Lincoln – un jeune et beau Abe Lincoln à l'air juif – dit : « Je n'oserais pas en couper un mot. » Barry Golson était d'accord et se demandait comment il allait s'en sortir. « Rien d'autre de ce que nous pourrions publier, dit Kretchmer à Golson, n'est aussi important que de passer ça en entier. » Et il supprima une nouvelle.

Schiller essaya ensuite de persuader Kretchmer de changer la présentation habituelle et d'utiliser INTERVIEWER et GILMORE plutôt que PLAYBOY et GILMORE, mais il se doutait que Hugh Hefner insisterait pour que l'interviewer devînt synonyme de *Playboy*.

Farrell écrivit une introduction que Barry Golson eut le plaisir de récrire et ensuite Schiller et Farrell voulurent aller dormir. Mais on avait fait venir Debbie à Chicago pour les ultimes travaux de dactylographie, et maintenant que c'était fini, elle avait envie d'aller nager dans la célèbre piscine intérieure du Hugh Hefner où on pouvait, quand on était au sous-sol, regarder nager les gens à travers une paroi de verre. Ce n'était pas pour rien qu'elle était une ex-Bunny de *Playboy*. Kretchmer ouvrit donc la maison de Hefner. Personne n'était là. Personne n'était plus jamais là depuis que Hefner était à Los Angeles, mais Debbie put aller nager pendant que Farrell et Schiller se contentaient de dire : « Oh ! non, ce n'est pas vrai », allongés dans le sauna et buvant des boissons glacées.

De retour à Los Angeles, Schiller eut des nouvelles de Phil Christensen, l'avocat de Kathryne Baker, qui appela pour dire que Nicole allait être libérée. Schiller s'imagina les journalistes se pressant à la porte de l'hôpital. Il n'avait jamais rencontré Nicole et ne savait pas ce qu'elle pensait de lui. Il n'était même pas certain qu'elle allait honorer son contrat.

Naturellement, juste à ce moment-là, *Chic*, le nouveau magazine déshabillé de Larry Flynt, téléphona en proposant cinquante mille dollars pour une série de photos de nu de Nicole. Cinquante mille dollars ! Ils étaient d'une extrême politesse. Il répondit à *Chic* qu'il aimerait qu'on lui propose une liste de photographes. C'était un truc pour gagner du temps. Puis Larry appela Kathryne Baker et lui dit : « Je crois qu'il est important que Nicole quitte immédiatement l'Utah, sinon la presse va la traquer. Vous et vos gosses avez besoin de vacances. Avez-vous jamais vécu au bord de la mer ? » « Nicole adorait la plage quand on était dans l'Oregon », répondit Kathryne.

« Très bien, dit Schiller. Je vais trouver une maison à Malibu. Vous, Nicole et votre famille êtes mes invités. Je ne vous gênerai pas. Venez et vous passerez un mois dans une ambiance différente. »

Kathryne dit que ce serait vraiment merveilleux. Larry se démena, s'arrangea avec Western Airlines pour se procurer des billets pour Nicole et ses enfants sous de faux noms, paya les six billets et demanda à Jerry Scott de se rendre à une certaine heure à la maison de Kathryne pour prendre les bagages et les apporter à l'aéroport, puis de revenir chercher Mme Baker et de se mettre en rapport avec Sundberg pour que Nicole sorte de l'hôpital à une heure précise afin que Jerry puisse l'expédier à l'aéroport. Ils calculèrent qu'il faudrait compter trente-cinq minutes pour le trajet avec une marge de dix minutes. Il passerait donc la chercher quarante-cinq minutes avant l'heure de départ de l'avion. Tout était arrangé.

Nicole était non seulement en train de se préparer à partir, mais elle avait même traversé une dernière fois le couloir de l'hôpital pour aller chercher ses vêtements de ville quand une fille lui demanda : « Quels sont tes sentiments envers Gary ? » « S'il était vivant, je recommencerais », répondit Nicole. On lui fit faire demi-tour et on la réhospitalisa.

Schiller n'arrêta pas de téléphoner durant les quatre ou cinq jours suivants. Il parla au Dr Woods et aux autres médecins. Il parla à Kiger. Il décrivit l'endroit où il allait installer Nicole. Il promit d'avoir un médecin sur place s'il arrivait quelque chose, jura qu'elle serait à l'abri de la presse. Il se portait garant de cette promesse. Il adressa à Kiger un télégramme qui précisait tous ces points, puis une longue lettre par messager. Il suggéra que l'hôpital demande à la Cour de recommander sa sortie, libérant ainsi l'hôpital de toute responsabilité.

On reprit le plan initial. Seulement cette fois, Schiller décida qu'il allait se rendre en Utah. Il n'allait pas se retrouver du mauvais côté à attendre qu'il se passe quelque chose. On envoya Lucinda à Malibu où elle trouva une maison pour quinze cents dollars par mois. Schiller versa le loyer et le dépôt de garantie et partit pour l'Utah où il s'arrangea pour rencontrer Nicole au cabinet de Ken Sundberg. Alors qu'il était assis, il y eut un coup de fil de Vern disant qu'il avait les cartons que Gary voulait donner à Nicole. Que fallait-il en faire ?

« Écoutez, Vern, fit Schiller, je vais vous dire. Mon avis est : ne gardez rien. » « Voulez-vous examiner d'abord les cartons ? » demanda Vern. « Non », dit Schiller. Vern reprit : « J'ai cette cassette que Gary a enregistrée pour Nicole la dernière nuit. Je l'ai écoutée. » Son silence encouragea Schiller à demander : « C'est comment ?

— Ma foi, dit Vern, il lui demande de se tuer.

— Alors, répondit Schiller, je crois que nous ne devrions pas la lui donner. (Il réfléchit un moment et poursuivit :) Je pourrais peut-être me trouver là quand on ouvrira les cartons. » À ce moment, il était prêt à les garder, mais Gary en avait parlé à Nicole, dans une de ses lettres.

Pendant qu'il attendait Nicole au bureau, il reçut un coup de fil de Phil Christensen. Le vieil avocat avait un nouveau contrat qu'il voulait faire signer à Nicole. Il préciserait que vingt pour cent de ses revenus serviraient d'honoraires à Christensen. Schiller sauta au plafond. « C'est que, dit Christensen, nous avons perdu beaucoup de temps. » Et l'avocat se mit à parler des heures consacrées à cette tâche et de tout le travail encore à venir. « Non, dit Schiller, qu'elle prenne sa décision elle-même. » Il avait l'impression que Christensen n'était pas tout à fait convaincu lui-même.

Une demi-heure plus tard, Nicole arriva. Ça se passa sans histoire. La presse n'avait aucune idée qu'elle sortait ce jour-là. S'adressant au tribunal, l'hôpital avait obtenu que le juge donne son accord pour la laisser sortir dans vingt-quatre heures, tout en annonçant que cette sortie aurait lieu quatre jours plus tard. La presse aurait donc soixante-douze heures de retard.

Schiller était donc au premier étage du bureau de Sundberg en compagnie de Sunny et Peabody, quand arriva cette fille à la silhouette superbe, vêtue de jeans et d'une chemise, et très silencieuse. Elle passa près de lui presque sans le voir, prit les enfants et les serra contre elle en les embrassant. Ils étaient vraiment ravis de la voir. « Maman, maman », répétaient-ils, extasiés. Nicole se mit à pleurer, Kathryne Baker aussi, mais pas les gosses. Ils avaient des jouets à la main et disaient à Nicole : « Regarde ce que oncle Larry nous a donné. » Elle se tourna alors et Schiller fut ravi. Beaucoup plus séduisante qu'il ne s'y attendait, et il trouva qu'il y avait du caractère et de la subtilité sur son visage, compte tenu du fait que c'était une fille à l'air tranquillement sauvage. Elle était magnifique. Cela fit tout de suite monter Gilmore dans son estime. Gary et Nicole, ça n'était pas une aventure sordide, c'était une relation intéressante.

Schiller s'agenouilla et lui dit en la regardant d'un air radieux : « J'aimerais me présenter. Je suis le gros méchant loup, Larry Schiller. » Elle n'eut aucune affectation. Elle répondit carrément : « Gary m'a parlé de vous, mais je ne m'attendais pas à ce que vous ayez cet air-là. » Elle parlait d'une voix douce et murmurante, comme si elle réfléchissait à chaque mot. Ce qu'elle avait à dire, elle l'énonçait lentement, mais on sentait une forte personnalité pour une fille aussi jeune, et Schiller estima qu'il comprenait ce qu'elle voulait dire. Gilmore n'avait sans doute cessé de parler de lui comme un malin de Hollywood, aussi s'attendait-elle à trouver un connard tout mielleux et bien sapé. Et il était là, massif et dépeigné, avec sa parka. Bien sûr, il l'avait mise tout exprès. Pas de costume ni de cravate pour rencontrer Nicole. Le choix parfait.

Il la laissa jouer un moment avec les gosses, puis l'emmena dans un bureau attenant, la fit asseoir et dit : « Écoutez, vous ne me connaissez ni d'Ève ni d'Adam. Je peux vous dire que Gary, Dieu sait pourquoi, me faisait confiance pour un tas de choses. J'ai des projets que je vous expliquerai et si vous êtes d'accord, il va falloir partir d'ici dans cinq minutes pour prendre un avion. Si ça ne vous dit rien, sans rancune. » Il lui exposa les raisons pour lesquelles il pensait qu'elle devrait venir en Californie et dit : « Vous savez, un tas de gens m'ont prévenu que vous alliez peut-être encore essayer. » Il le lui dit carrément. Elle hocha la tête comme si elle le respectait pour avoir fait cette remarque. Puis il ajouta : « J'ai une petite maison sur la plage. Vous pourrez vous promener et réfléchir. Je serai là. » Il hésita un peu, puis décida de se jeter à l'eau et lui demanda si elle se souvenait avoir signé des contrats. Se rappelait-elle qu'elle avait un contrat avec lui ? Elle répondit oui. « Très bien, poursuivit Larry, qu'en pensez-vous ? Vous êtes partante ? » « Oui, dit Nicole, j'aimerais aller en Californie. » Il ajouta alors : « Vos avocats parlaient aussi d'un contrat à vous faire signer avant de partir.

— Croyez-vous que je doive ? » demanda-t-elle.

Ils s'entendaient comme cul et chemise. « Oh ! dit-il, je ne peux pas vous dire ce qu'il y a dedans, mais c'est de la merde. »

Elle sourit de nouveau. Elle avait un sourire formidable. Ça venait de quelque part au milieu d'elle et se répandait lentement sur son visage comme de la crème fouettée. Elle avait des lèvres pleines, ce qui donnait une certaine force à son sourire. Son expression semblait dire : « Allons, vous ne valez pas mieux que moi. » Il fut surpris de la trouver aussi fraîche. Une jeune femme remarquablement nette. Sur cette note prometteuse, ils quittèrent le bureau, partirent pour l'aéroport et en route pour la Californie.

Mais dans l'avion, elle commença à s'effondrer. Il la sentait qui rentrait dans sa coquille. Elle n'avait plus l'air d'avoir une âme à elle. On aurait plutôt dit une enfant abandonnée dans une maison aux fenêtres humides de buée. Schiller sentit la peur s'agiter comme un ver au creux de son ventre.

II

À Los Angeles, alors qu'elle attendait leur arrivée à l'aéroport, Lucinda repensait à certains des actes dont elle avait entendu Gary parler à Nicole, par l'intermédiaire des cassettes, le genre de choses dont Linda n'avait jamais entendu parler. Elle avait peine à croire que c'était Nicole qu'elle voyait maintenant s'approcher d'elle en descendant la passerelle, mais, à sa surprise, elle se sentit navrée pour elle. Nicole semblait si petite et si seule, comme si on l'avait arrachée d'un autre monde pour la remettre dans celui-ci sans la possibilité de comprendre. Pourtant, c'était cette même Nicole qui venait vers elle maintenant avec sa mère et ses enfants, portant son petit numéro de

Newsweek avec Gary figurant sur la couverture. Le magazine était ce qui touchait le plus Lucinda. On aurait dit que Nicole n'avait aucun moyen de rien appréhender. Elle avait l'air engourdie, hors du coup. Elle semblait loin de Larry. Lucinda n'aurait pu dire si Nicole le détestait ou si elle les détestait tous. Rien ne semblait émaner d'elle sinon ce refus d'avoir le moindre contact avec qui que ce soit.

Lorsqu'ils furent arrivés à Malibu, Larry emmena Nicole et Lucinda à l'épicerie et Lucinda le regarda dépenser quelque chose comme cent soixante dollars de provisions pour la famille Baker. C'était sans doute, songea Lucinda, plus de produits alimentaires qu'ils n'en avaient jamais vus à la fois dans toute leur vie, mais Nicole ne disait rien. Elle se contentait d'arpenter les rayons. Larry disait parfois : « Voyons, vous croyez que nous avons besoin de ça ? » Mais elle parcourait simplement cet incroyable supermarché de Malibu au milieu de cette foule de gens bien habillés et qui puaient le fric.

Larry n'arrêtait pas d'acheter, comme pour compenser la bizarrerie de la situation. Il ne fallut pas longtemps pour emplir deux chariots. Nicole avait un vague sourire, comme si la nourriture était le cadet de ses soucis. À un moment, Larry lui demanda si elle ne voulait rien d'autre et elle dit : « Ah si, je crois que j'aimerais des patates épluchées. »

Plus tard, en conduisant Kathryne Baker dans Los Angeles et alors qu'il roulait sur l'autoroute avec, près de lui, cette petite femme nerveuse, décharnée et très maquillée, Lucinda l'entendit raconter comment Gary était arrivé chez elle avec des pistolets et déclarant qu'elle avait toujours eu peur de lui. On aurait dit que Nicole ayant eu droit à tant d'attention Kathryne avait aussi envie de raconter son histoire et le faisait devant les enfants. Ça sortait de façon désordonnée, mais Lucinda était fascinée. Quand les gosses voulaient l'interrompre, Lucinda les faisait taire.

La première chose que Schiller dit à Nicole lorsqu'ils furent rentrés du supermarché, c'était qu'elle allait devoir s'occuper de la maison. Il y aurait mille dollars en espèces pour couvrir les dépenses du mois, et il lui laisserait sur cette somme ce qu'elle désirait maintenant. Le break était aussi à sa disposition. Maintenant il allait prendre congé pour quelque temps. Avant de partir, toutefois, l'idée lui vint que Nicole allait peut-être ouvrir les cartons que Gary avait laissés, lire quelque chose qu'il lui avait écrit et se tuer. Elle était assez calme pour le faire. Ça lui flanqua la frousse.

Il lui avait dit adieu avec un grand sourire, lui avait expliqué qu'il passerait le lendemain, qu'elle devrait se détendre, mais il sentait bien à quel point elle était surprise de voir qu'il la laissait seule cette première nuit après sa sortie de l'hôpital, enfin seule avec sa mère et les gosses. Il dit : « Bon, vous êtes libre de vos mouvements. Si je vous vois demain, parfait. Si je ne vous vois pas demain, ça n'est pas grave. » C'était ce qu'il disait, mais jamais il n'avait eu aussi peur en rentrant chez lui.

En fait, il ne tint pas le coup jusqu'au retour chez lui. Au deux tiers du chemin de Beverley Hills, il s'arrêta pour téléphoner en faisant semblant de venir juste d'arriver. « Je voulais simplement vous dire que je suis rentré sans histoire », dit-il d'une voix qui, certes, manquait de conviction mais, bien sûr, il avait besoin d'entendre sa voix pour être sûr qu'elle n'avait pas fait de bêtises.

III

Nicole ouvrit bien le carton cette nuit-là. Gary lui avait laissé une pipe en écume dont Nicole ignorait qu'elle avait de la valeur. Elle trouva qu'elle avait l'air parfaite pour faire des bulles de savon. Et puis il y avait la montre que Gary avait cassée à l'heure prévue pour l'exécution. Elle trouvait que c'était chic de sa part d'avoir fait ça. Après tout, à quoi ça rimerait si on lui avait simplement remis une montre ? Et puis il y avait une Bible dans le carton. Gary écrivait qu'on lui avait envoyé assez de bibles pour ouvrir une librairie, mais celle-ci était arrivée le jour où il avait tenté de se suicider pour la seconde fois.

Elle lut les articles de journaux qu'il avait laissés sur eux deux et regarda une photo d'Amber Jim, qui était une jeune boxeuse de dix ans qui avait écrit à Gary. Un tas de lettres d'Amber Jim. Nicole était jalouse de les lire, même si Amber Jim n'était qu'une petite fille. Ça lui donnait aussi envie de pleurer. Ce fut le premier détail qui ramena Nicole à la réalité de tous ces gens si près d'elle et qui avaient cessé de penser à Gary à mesure que l'heure de son exécution approchait.

Puis elle vit une photo de Richard Gibbs. En dessous, Gary avait écrit : « Un policier clandestin et un mouton. Le mouchard, il m'a vraiment eu. » Il y avait dans le carton un tas de photos de Nicole et de sa famille à des âges divers ainsi que des lettres adressées à Gary par une foule de gens. Une médaille de saint Michel. Ce qu'il y avait de mieux, c'était un maillot de survêtement de Marine. Il n'empestait pas, mais on retrouvait quand même l'odeur de Gary. Ça sentait bon. C'était un maillot formidable et elle n'avait pas envie de le laver. Elle le porta cette nuit-là et plusieurs soirs ensuite sans jamais vouloir le laver. Mais au bout d'un certain temps, il commença à moisir et elle dut le mettre dans la machine à laver.

IV

Schiller attendit une semaine pour entamer la première interview. Et puis il y avait le problème de trouver un endroit tranquille pour les faire. La maison de Malibu avait trois chambres au premier, une cuisine, une salle à manger et une salle de séjour au rez-de-chaussée et en contrebas, au niveau de la plage, une salle de jeux. La mère de Nicole dormait dans une chambre, les enfants Baker dans une autre, et Nicole comptait partager un grand lit avec Sunny et Jeremy, mais elle préféra finalement s'installer sur la véranda froide et éventée sous le pâle soleil hivernal qu'il y avait à Malibu en janvier et au début février. Ça n'était pas très confortable, mais ce fut ce qu'elle choisit. Elle s'installa pratiquement là. Tous ses livres étaient sur la véranda.

Ils finirent par avoir leurs interviews dans les endroits les plus divers. Maintenant qu'elle était sortie de l'hôpital, Nicole avait horreur d'être confinée dans une chambre, alors Schiller mettait son magnétophone en marche aussi bien dans les restaurants ou bien l'emmenait faire un tour et ils bavardaient dans la voiture. Après quelques jours de ce régime, il s'aperçut qu'elle allait lui fournir plus qu'il ne l'espérait, plus en fait que Gary ne l'avait jamais fait ou peut-être n'avait pu le faire.

Elle semblait mettre tout son cœur dans ces interviews. On aurait dit qu'elle se sentait obligée de lui raconter l'histoire comme jadis elle l'avait racontée à Gary, et de tout lui dire, pas pour apaiser ses remords (et il pensait parfois qu'elle devait en traîner pas mal), non, elle racontait pour une raison plus profonde. Schiller était très intrigué de voir combien elle tenait à tout dire et à expliquer ce qui s'était passé du mieux qu'elle avait pu le comprendre. Elle parlait avec la même sincérité de tout ce qui n'était pas bien entre Gary et elle mais aussi de tout ce qui était bien. Cela dura jusqu'au moment où Schiller commença à se demander si, ayant traversé l'enfer et en étant revenue, elle n'en avait pas rapporté un simple message : « Rien n'est pire au monde que le goût de la foutaise dans la bouche. »

Bien sûr, les interviews allaient parfois lentement, elle avouait parfois les choses les plus stupéfiantes. Dès le début elle lui parla de l'oncle Lee, mais les petits aveux la tracassaient beaucoup et elle était gênée par les détails les plus bizarres. Quelquefois Schiller devait lutter contre la stupéfiante répugnance qu'elle manifestait à fournir un détail qui lui paraissait à lui absolument banal.

SCHILLER. – Maintenant, entrebâillez la porte un petit peu. (Long silence.)

NICOLE. – Je ne peux pas, Larry.

SCHILLER. – Vous pouvez parler du meurtre, vous pouvez parler du jour où Gary a voulu vous étrangler, vous pouvez parler des violences que vous a fait subir oncle Lee, et vous ne pouvez pas parler de Barrett vous racontant n'importe quoi ?

NICOLE. – Si, je pourrais probablement. Mais je ne peux pas dire des choses précises qu'il m'a racontées.

SCHILLER. – Pourquoi pas ? (Long silence.) Est-ce que Barrett est plus sain que vous ?

NICOLE (En riant). – Allez vous faire foutre, Larry. Je n'ai pas envie d'en parler. Je ne vais pas dire ce que je ne veux pas dire.

SCHILLER. – Vous faites ça juste pour prouver que vous êtes plus forte que moi, voilà tout.

NICOLE. – Non, je ne fais pas ça pour prouver quelque chose.

SCHILLER. – Mais si.

NICOLE. – Je le fais parce que ça me gêne.

SCHILLER. – Comment pouvez-vous être gênée avec moi ? Allons. Vous voulez que j'arrête cette connerie de magnétophone ? C'est ça qui vous gêne ? Je ne comprends pas comment vous pouvez être gênée avec moi. Vraiment pas.

NICOLE. – Bon. Vous ne comprendrez jamais. (Silence.)

SCHILLER. – Allons, il faut que je comprenne. Il faut que j'en aie un exemple. Parce que ça revient tout le temps. Allons, ne jouez pas avec moi. Allons.

NICOLE (Petit rire). – Oh ! mon Dieu. (Murmures.)

SCHILLER. – Oh ! mon Dieu, allons.

NICOLE. – J'essaie, Larry. Je n'ose pas le dire, vous comprenez ? J'essaie vraiment, je ne peux pas. Laissez tomber.

SCHILLER. – Je ne vais pas laisser tomber. Pas question.

NICOLE. – D'accord. Une autre fois.

SCHILLER. – J'ai besoin de savoir cette fois-ci. Pas une autre fois. Donnez-moi un exemple. Bon, vous êtes là-bas à Midway à cause de ce que Barrett vous a raconté comme foutaises.

NICOLE (En riant). – Je n'ai pas dit que Barrett était la cause de ce qui m'était arrivé à Midway.

SCHILLER. – Non, vous n'avez pas dit qu'il en était la cause. Vous avez dit qu'il vous avait fait éprouver certains sentiments. À cause de choses qu'il vous avait dites.

NICOLE. – Oui.

SCHILLER. – Ne me faites pas sourire. (Rire.) Ne me faites pas sourire. Vous savez, vous regardez là-bas. Et puis vous vous retournez et vous me faites le petit sourire.

NICOLE (En riant). – Je me moque de vous.

SCHILLER. – Pourquoi ?

NICOLE. – Je me moque de vous.

SCHILLER. – Parce que je suis si naïf ?

NICOLE. – Non.

SCHILLER. – Parce que je n'ai pas le don de fantasmer ni d'imaginer ?

NICOLE. – Non, ça n'a rien à voir. C'est que vous ne renoncez pas et que vous revenez sans cesse à la charge, sournoisement.

SCHILLER. – Je suis un peu sournois, c'est ça ?

NICOLE. – Oui, quelquefois. (Long silence.)

SCHILLER. – Vous faisiez des conneries. Qu'est-ce qui vous a amenée à faire des conneries à Midway ?

NICOLE. – (Long soupir ; long silence ; un autre soupir ; encore un silence… elle ricane toute seule) : Ce qui m'a poussée à faire des conneries, je ne sais pas, mais il y a une chose que je sais. Je l'ai toujours su. Simplement je n'y ai pas pensé pendant un bon moment. (Silence.) J'ai eu cette période où je levais des types qui… ou bien n'avaient jamais baisé ou des types qui étaient… vous savez, qui n'étaient pas…

SCHILLER. – Qui n'étaient pas brillants au lit ?

NICOLE. – Oui.

SCHILLER. – Bon.

NICOLE. – J'évitais les beaux gars, les types qui avaient l'air de pouvoir tomber toutes les mignonnes qu'ils voulaient.

SCHILLER. – Bon. Et vous cherchiez le type qui avait l'air de n'avoir jamais baisé, en tout cas jamais bien.

NICOLE. – C'est ça.

SCHILLER. – Et quel était le mobile ?

NICOLE (Long soupir). – Bon sang, un vrai psychiatre. Non, vous ne l'êtes pas, je le sais, je le sais.

SCHILLER. – Quel était votre mobile ?

NICOLE. – Vous me le demandez juste pour que je vous le dise. Mais pour vous, c'est évident, n'est-ce pas ?

SCHILLER. – Non, je vous le jure, pas du tout.

NICOLE. – Je ne peux pas croire ça.

SCHILLER. – C'est la vérité, ma petite. Je vous le jure.

NICOLE. – Ah ! cette voix innocente.

SCHILLER. – Parce que si je savais ? (Rires.) Maintenant écoutez-moi, Nicole. Si je savais, je vous le dirais, et je vous demanderais de le confirmer. C'est vrai.

NICOLE (Petit rire ; long silence). – Bon, d'accord, c'était parce que Barrett m'avait persuadée que je ne valais rien et que… et que la seule chose que j'étais capable de faire c'était… d'aller avec quelqu'un qui ne savait pas ce que c'était que de bien baiser.

SCHILLER. – Vous voulez dire que Barrett vous avait persuadée que vous ne valiez rien au lit ?

NICOLE. – Oui.

Pour les interviews, Schiller comprit qu'il avait trouvé son maître. Peut-être n'y avait-il pas une révélation sur laquelle il était tombé en vingt ans dans les médias qui ne s'était pas édifiée en partie sur le « Non Foutaise », mais il s'entendait bien avec Nicole. Il n'avait pas à utiliser des trucs trop souvent et ça le touchait beaucoup. Il fit le vœu que quand, et si son tour venait d'être interviewé sur Gilmore, lui aussi dirait la vérité sans chercher à se protéger.

Schiller avait maintenant retrouvé Stephanie. Il était amoureux. Il allait épouser sa princesse. Il y voyait là son plus grand coup de chance. Mais il n'arrivait pas à croire à cet autre coup de chance : être copain avec une fille pour la première fois de sa vie. Quelque chose comme de l'affection pour lui-même commença à se manifester chez Schiller lorsqu'il se rendit compte que le risque fantastique qu'il avait pris en pariant que Nicole n'allait pas se suicider, avait sans doute payé. Une des raisons pour lesquelles il pouvait compter qu'elle ne chercherait pas à se suicider pour trop peu au cours des semaines, des mois et des années à venir, c'était à cause de l'amitié qu'elle avait pour lui. Elle ne lui ferait pas ce coup-là pour trop peu de chose. Il poursuivit donc les interviews et par moments il était prêt à crier dans son sommeil qu'il était un écrivain sans mains.

44. Saisons

I

April rejoignit la famille Baker à Malibu après un dur séjour à l'hôpital. Les malades et le personnel hospitalier, annonça-t-elle, lui avaient martelé la tête avec cette histoire. Livres et journaux ne cessaient d'arriver. C'était horrible. Elle n'arrêtait pas de lire tout ce qu'on publiait sur Gary.

Maintenant, à Malibu, elle était encore affolée. Dans son sommeil elle criait : « Maman, ça va ? Tu es sûre que ça va ? » Et la nuit se passait ainsi.

Dans la journée, April et Nicole se querellaient. Elles ne s'étaient jamais entendues. Les choses pourraient s'améliorer, elles pourraient empirer, mais il y avait certains points sur lesquels Kathryne pouvait compter. L'un d'eux, c'était qu'April et Nicole ne passeraient pas une journée sans chacune cracher sur l'autre comme des chats.

II

Plus tard cet hiver-là, Noall Wootton prenait un Martini avec deux magistrats du bureau du shérif du comté de Salt Lake et l'un d'eux remarqua : « Ces types veulent toujours que je poursuive Nicole pour avoir fait passer en douce des somnifères à Gilmore. » Noall Wootton dit : « Bon Dieu, Bill, à quoi ça avancera ? Laissez tomber.

— Oh ! fit Bill, c'est déjà fait. Je leur ai dit que je refusais. Ça ne m'intéresse pas. » Malgré cela, Wootton aurait bien aimé interroger Nicole pour savoir comment elle avait réussi à faire passer les somnifères.

Sam Smith appela Vern un jour, il voulait savoir comment ils avaient fait passer l'alcool en prison.

« Vous rêvez, lui répondit Vern. Je ne suis pas dupe. »

Sam rappela une autre fois. Il essaya de le faire parler. Pour quelles raisons, cela demeura toujours un mystère pour Vern.

III

Après le mois passé à Malibu, Nicole décida qu'elle aimerait bien vivre à Los Angeles avec les gosses, aussi prit-elle une maison qui ne lui coûtait pas trop cher dans la vallée de San Fernando. Juste un petit bungalow de style ranch un peu miteux, à cinq blocs de la lisière de la ville. Elle avait presque l'impression d'être à Spanish Fork. Le désert commençait au bout de la rue et les premiers contreforts de la montagne à moins de deux kilomètres. Nicole essaya de faire aller les enfants à l'école, de trouver un emploi et d'aller elle-même à l'école, mais c'était assommant. Il n'y avait pas d'hommes. Rien dans sa vie.

Avec un peu d'argent que lui avait laissé Gary, elle acheta une camionnette avec des couchettes aménagées pour le camping et partit pour l'Utah puis revint. Elle n'avait pas fait l'amour depuis cette nuit d'octobre avec l'Australien, en plein procès de Gary, mais fin avril, en rentrant d'Utah, elle prit un auto-stoppeur. Ç'avait été une longue et difficile période avec toutes sortes de types qui essayaient de la sauter, et Nicole s'était demandé si elle allait pouvoir tenir le coup jusqu'à la fin de ses jours en se mettant la ceinture. Être fidèle lui laissait l'impression d'étouffer, d'être assommante, de s'ennuyer, d'avoir des envies et d'être nerveuse.

Après avoir fait l'amour avec l'auto-stoppeur, elle ne sentit plus auprès d'elle la présence de Gary. Après cela, elle ne la sentit plus pendant longtemps. Comme s'il avait disparu. Ça la laissa déprimée, comme morte. Elle continua quand même à faire l'amour. Ça n'arrangeait rien, mais ne pas faire l'amour n'arrangeait rien non plus. En tout cas, elle n'allait pas tomber amoureuse.

Malgré tout, elle se sentait moche après. Elle essaya de comprendre. C'était elle qui vivait. Si elle était tendue et pouvait arranger un peu ça en faisant l'amour avec quelqu'un et puis, une fois le type parti, son souvenir ayant disparu aussi et n'ayant plus rien à voir avec elle, avec son corps, son cœur ou ses souvenirs, alors en quoi donc trompait-elle Gary ?

Malgré tout, le sexe lui faisait de plus en plus perdre contact avec lui. Son cœur partait à la dérive. C'était difficile de se lancer dans un programme pour s'améliorer. Larry lui dit qu'elle était assez intelligente pour se tirer du marais toute seule, mais la vérité c'était qu'elle se sentait paresseuse et qu'elle était tentée de dire : « Oh ! et puis merde, je suis dans un marais. J'y reste. »

L'idée dont Nicole voulait vraiment se débarrasser, c'était qu'il n'y avait plus de Gary. C'était une possibilité qu'elle n'aimait pas envisager. C'était trop déprimant de se dire qu'il ne serait peut-être pas de l'autre côté.

IV

À plusieurs reprises cette année-là, quand des amis se mettaient à parler de Gilmore, Barry Farrell, dans le cours de la soirée, proposait de leur passer une cassette. Les gens étaient curieux d'entendre la voix de Gilmore. Barry prenait donc son magnétophone, mais entendre la voix de Gary le glaçait totalement. Les enregistrements étaient si intéressants pour les autres qu'ils ne le laissaient jamais arrêter l'appareil.

V

Larry interviewait maintenant diverses personnes de Provo qui avaient connu Gary, et Lucinda essayait de transcrire les bandes. Au bout de deux ou trois mois, quand le travail commença à se terminer, elle s'en alla travailler pour David Frost qui faisait une série d'interviews télévisées de Richard Nixon.

Lucinda faisait cela à Los Angeles, tapant les bandes de Frost dans un bureau de Century City de 4 heures de l'après-midi jusque vers 8 heures du matin, trois fois par semaine. Elle était là, enfermée dans ce gratte-ciel vide, avec la voix de Richard Nixon sortant d'un magnétophone, et c'était loin d'être aussi intéressant que Gary Gilmore. Elle ne cessait d'entendre la voix de Gilmore, et elle trouvait qu'il parlait comme un cowboy. Une voix mauvaise, rocailleuse, qui ménageait ses effets, juvénile, vulnérable, une voix pleine d'amour pressé en petites boulettes bien serrées.

VI

Un an après l'exécution, Kathryne Baker écrivit à Schiller :

Vous savez, Larry, je plaignais toujours Gary, mais ce qu'il a fait à mes filles, ce qu'il leur fait encore, eh bien ça me donne cent fois l'envie de le tuer. Je vis tous les jours avec Gary, la peur de lui qu'en a encore April, ça nous rend tous dingues ! Pour elle, quand la nuit arrive, c'est un cauchemar et aussi pour nous tous. Elle est morte de peur dans l'obscurité parce qu' « il est là avec un fusil à tuer des gens ». Elle ne dit pas Gary… seulement « Il » – et elle est vraiment obsédée – la semaine dernière à 4 heures du matin, absolument hystérique : « Il est là à tuer des gens, maintenant il va en tuer d'autres… dépêche-toi, il faut se lever avant qu'Il en tue d'autres ! » Voilà comment c'est tout le temps – même dans son sommeil – quand elle dort. Ça ne change rien si on est tous là, elle doit être rassurée toute la nuit qu'Il ne peut pas entrer pour nous tuer, personne ne dort de la nuit parce qu'April nous réveille toutes les heures en criant : « Ça va, maman, qu'est-ce qu'on va faire ? » Je vous le dis Larry, je déteste tellement Gilmore que je regrette qu'il ne soit pas là pour que je puisse le tuer ! April… d'après ce qu'elle dit dans son sommeil et sa panique à la vue du sang, je crois que les chaussures de Gary, ses jambes de pantalon devaient être couvertes de sang et de cervelle, je pense qu'il devait y en avoir plein les murs. Je ne sais plus quoi faire, je ne peux pas parler à Nicole de ses sentiments pour Gary, elle les cache, elle écoute de la musique et pleure interminablement sur Gary, c'est dans ses poèmes… Je ne peux pas parler de Gary à April, parce qu'elle ne prononce plus et ne veut plus pratiquement prononcer son nom… Avant-hier, dans son sommeil, elle a dit : « Il est là avec du sang sur lui et ce regard fou. » Maintenant, qui d'autre que Gary irait la tourmenter dans ses rêves ! Je connais ce regard fou qu'il avait : qu'il avait quand il est venu chercher son pistolet, quand il a emmené April avec lui… on dirait que j'ai aussi besoin d'un psychiatre, hein ? Ha, ha ! Eh bien non, je vais très bien, j'ai simplement besoin d'un coup de main pour lutter contre le fantôme de Gilmore.

Un matin Nicole était assise dans sa cuisine, dans le petit appartement qu'elle louait maintenant dans une petite ville de l'Oregon où elle avait fini par échouer après Los Angeles, et elle prenait le café avec le type qui avait passé la nuit avec elle. Elle cherchait quelque chose sur la table quand tout d'un coup sa main lui parut bizarre. Elle vit que l'anneau d'Osiris que Gary lui avait donné était cassé. La monture s'était fendue.

Au cours des derniers mois, elle était arrivée à pas mal se contrôler, mais tout d'un coup ça lui fit si mal qu'elle se mit à hurler là devant sa table, deux secondes après avoir vu la bague cassée. C'était la première fois qu'elle pleurait un bon coup sur Gary depuis longtemps, depuis au moins un mois.

Elle n'était plus sûre que Gary existait encore. Elle ne savait pas si elle pouvait y croire. Il n'était plus tellement présent dans son esprit. Peut-être bien qu'il était vraiment mort.

VII

À Noël 1977, Vern acheta des haltères et les apporta à la prison d'État de l'Utah pour les détenus. Gary lui avait demandé de le faire après l'exécution.

Ça n'avait pas été une bonne année et ça ne s'était pas arrangé. La jambe de Vern allait si mal qu'il avait besoin d'une autre opération, mais il n'avait pas d'argent. Comme il ne pouvait pas rester sur ses jambes toute une journée, il avait dû vendre son magasin, et puis il y avait les procès contre la succession de Gary. L'État d'Utah le poursuivait pour les honoraires de Snyder et Esplin, et les compagnies qui avaient assuré Max Jensen sur la vie faisaient un procès. Il y avait aussi une demande de un million de dollars en dommages et intérêts de Debbie Buschnell. De plus, Ida eut une grave attaque et pendant trois semaines Vern lui fit prendre ses trois repas par jour à l'hôpital et essaya de lui réapprendre à marcher et à parler. Comme sa note d'hôpital s'élèverait à vingt mille dollars, il ne pensa plus à sa propre opération.

VIII

Depuis le jour où Brenda lui avait annoncé que Gary avait commis des meurtres, Bessie avait une jambe qui se tordait à la cheville. En outre, depuis le jour où Gary avait été exécuté, cette jambe ne lui permettait plus de marcher. Jusqu'alors, elle avait pu aller jusqu'au bureau pour le courrier. Maintenant, alors que le bureau n'était qu'à trois caravanes plus loin, elle n'essayait même pas. La jambe refusait son office.

Assise dans son fauteuil, elle se rappelait la maison hantée de Salt Lake, où elle avait comme voisine cette charmante dame juive. Bessie pensait que la présence qui vivait dans la maison, cette présence contre laquelle cette charmante dame juive l'avait mise en garde, avait dû en ces années-là commencer à vivre dans l'esprit de Gary.

Elle apprit alors que Ida avait eu une attaque. Un soir Vern était rentré chez lui et avait trouvé Ida frappée par une attaque. Bessie aurait pu le lui dire à l'avance. Ceux qui s'étaient attachés à Gary voilà longtemps dans cette maison de Salt Lake avaient dû récemment s'attacher à Ida. Toutefois, Bessie ne voulut pas en parler à Vern. Tout compte fait, elle ne connaissait pas assez bien Vern pour lui annoncer que l'apparition était maintenant chez lui.

Elle pensa toutefois à sa belle-mère Fay et à la vieille maison de Sacramento où les meubles refusaient de rester en place. Bessie était assise dans son fauteuil, au milieu des tasses de café et des soucoupes qui traînaient sur la table de sa caravane, elle était là dans sa chemise de nuit fanée qui semblait avoir cent ans et elle se disait : « J'ai atteint le point de non retour vers l'enfer. »

Devant le parc des caravanes, des automobiles roulaient sur McLaughlin Boulevard. De temps en temps, une voiture passait sous l'arche en bois délabrée de l'entrée, continuait jusqu'à ses fenêtres sombres et s'arrêtait. Elle les sentait qui regardaient. Elle avait reçu des lettres de menaces et ne s'en souciait pas. Des lettres qui ne pouvaient pas toucher une femme dont le fils avait reçu quatre balles dans le cœur.

Il y avait aussi des lettres de gens qui avaient écrit des chansons sur Gary et qui demandaient l'autorisation de les publier. Elle les ignorait tout autant.

Elle se contentait de rester là assise. Si une voiture arrivait la nuit, entrait dans le parc des caravanes et ralentissait, si elle s'arrêtait, Bessie savait que quelqu'un dans cette voiture se disait qu'elle était seule derrière la fenêtre. Alors elle songeait : « S'ils veulent me tirer dessus, j'ai le même genre de cran que Gary. Qu'ils viennent. »

Du fond de mon donjon
je t'accueille
Du fond de mon donjon
je respecte ta peur
Au fond de mon donjon
j'habite.
Je ne sais pas
si je te souhaite du bien.

Du fond de mon donjon
je t'accueille
Du fond de mon donjon
je respecte ta peur
Au fond de mon donjon
j'habite.
Un baiser sanglant
de celui qui te souhaite du bien.

(Vieille chanson de prison)

En guise de postface

I

Ce livre fait de son mieux pour être un récit fondé sur des faits et des activités de Gary Gilmore et des hommes et des femmes qui l'ont connu dans la période du 9 avril 1976, où il a été libéré du pénitencier de Marion, dans l'Illinois, jusqu'à son exécution un peu plus de neuf mois plus tard à la prison d'État de l'Utah. *Le Chant du bourreau* est donc directement fondé sur des interviews, des documents, des comptes rendus d'audiences et autre matériel original recueillis au cours d'un certain nombre de voyages dans l'Utah et l'Oregon. Plus de cent personnes ont été interviewées, plus un certain nombre par téléphone. Le total, avant de faire le compte, arrivait à quelque chose comme trois cents séances et leur durée varie de quinze minutes à quatre heures. Peut-être une dizaine de personnes ont enregistré chacune plus de dix heures. Et il est certain qu'au cours des trente derniers mois, les interviews de Nicole Baker ont dû atteindre trente heures, les conversations avec Bessie Gilmore dépassent sans doute ce chiffre. On peut affirmer sans exagération que la transcription totale de toutes les conversations enregistrées approcheraient quinze mille pages.

C'est à partir de ces révélations que ce livre a été bâti et le récit est aussi exact que possible. Cela ne veut pas dire qu'il approche beaucoup plus de la vérité que les souvenirs de témoins. Si les événements importants ont été corroborés par d'autres récits dans la mesure du possible, ce n'était pas toujours possible, étant donné la nature de l'histoire et, bien sûr, deux témoignages sur le même épisode étaient souvent très différents. Dans ces cas-là, l'auteur a choisi la version qui lui semblait la plus probable. Ce serait pure vanité que de supposer qu'il a toujours eu raison.

Un temps considérable a été consacré à essayer d'établir la succession des événements. La documentaliste, Jere Herzenberg, a découvert que les gens avaient des défaillances de mémoire caractéristiques. Certains se rappelaient toujours divers épisodes comme ayant eu lieu à quelques jours d'intervalle alors qu'en fait, si on avait établi à partir d'autres sources un calendrier provisoire, telle aventure pouvait se situer à deux semaines d'une autre. Comme une chronologie précise se révéla bientôt aussi cruciale pour comprendre les mobiles, tous les efforts ont été faits pour y parvenir, et pas seulement dans l'intérêt de l'histoire. On comprenait mieux un caractère quand la chronologie était exacte. Bien sûr, il n'était pas toujours possible de donner une date précise pour plus d'un événement (par exemple, la nuit de printemps où Nicole et Gary s'ébattaient dans ce champ derrière l'asile). On ne pouvait que le situer approximativement dans l'espoir de n'avoir commis aucune erreur trop grave.

Le matériel de seconde main, comme les citations de journaux, permettaient quelques libertés. On a parfois supprimé des mots ou des phrases sans le marquer par des parenthèses et, à de très rares occasions, on a déplacé une phrase ou transposé un paragraphe. Non pas pour rendre le texte de l'article plus frappant ou plus absurde ; c'était plutôt pour éviter des répétitions ou supprimer des allusions susceptibles d'embrouiller le lecteur.

Les interviews de Gilmore ont été dégrossies et de temps en temps une phrase a été transposée. Ce n'était pas tant pour améliorer ses propos que pour le traiter convenablement, le traiter, disons, à peu près comme on le ferait pour des remarques qu'on aurait faites soi-même en en rédigeant la transcription. Le passage du parler à l'écrit n'en exige pas moins.

Avec les lettres de Gilmore, toutefois, il semblait juste de le présenter à un niveau supérieur à sa moyenne. On tenait à bien montrer son influence sur Nicole et la meilleure façon d'y parvenir était de laisser son esprit exercer son impact sur nous. D'ailleurs, il écrivait bien par moments. Ses bonnes lettres sont pratiquement intactes.

L'auteur enfin voudrait faire aveu d'invention. La « Vieille chanson de prison » qu'on trouve au début et à la fin de ce livre n'est pas hélas, un refrain ancien mais une création écrite par l'auteur voilà dix ans pour son film *Maidstone*.

Aussi le contre-interrogatoire auquel John Woods procède sur un psychiatre qui prescrit de la prolixine vient en fait d'une interview faite deux ans plus tard par Lawrence Schiller et moi-même et placée dans la bouche du Dr Woods avec son aimable autorisation.

En outre, les noms et les détails permettant d'identifier certains personnages ont été changés pour protéger leur vie privée. Il va de soi que toute ressemblance entre leurs noms fictifs et ceux de personnes vivantes ou disparues serait pure coïncidence.

II

Il est toujours présomptueux de dire qu'un livre n'aurait pu être écrit sans la contribution de certaines personnes puisque cela suppose au préalable que le livre valait la peine d'être écrit. Toutefois, étant donné la longueur de cet ouvrage, je peux sans risque d'erreur supposer que tout lecteur qui est parvenu aussi loin a dû trouver quelque intérêt aux pages précédentes. Qu'il soit donc précisé que sans la coopération de Nicole Baker, il n'aurait pas été possible d'écrire ce récit fondé sur les faits – cette *histoire vraie d'une vie*, j'ose le dire, sans les vrais noms et les véritables existences – comme s'il s'agissait d'un roman. Mais, étant donné les détails intimes que Nicole Baker a bien voulu communiquer à Schiller puis à moi, j'avais une richesse narrative suffisante dès le départ pour me sentir encouragé à en chercher davantage.

Comme il a déjà été précisé dans les dernières pages du livre, c'est surtout Lawrence Schiller qui a recueilli ces interviews de Nicole ; nombre d'entre elles ont été terminées avant même qu'on ait la certitude que j'allais me charger de cette tâche. Dans les mois qui ont suivi l'exécution de Gilmore, Schiller allait chaque semaine à Provo ou à Salt Lake et enregistrait deux ou trois longues interviews par jour. En mai 1977, lorsque les contrats furent signés, et que j'ai pu commencer à m'atteler à la tâche, Schiller avait déjà recueilli quelque chose comme soixante interviews et il allait en ajouter encore autant et faire d'innombrables voyages en Utah et en Oregon. Ce fut la première de ses inestimables contributions à ma tâche ; l'autre, ce fut de bien vouloir se laisser interviewer lui-même. Peut-être a-t-il tenu à avoir le meilleur livre possible, mais Schiller a posé pour son portrait et tracé la carte de ses moindres défaillances. Il a confié ses secrets, persuadé sans doute que, ses vieilles méthodes révélées, cela l'inciterait désormais à recourir à des techniques plus raffinées ; aussi, a-t-il non seulement livré le contenu de ses visions mais aussi la logique de ses vilaines combines et dans les mois qui ont suivi, il n'en a pas éprouvé de regrets. Sans Schiller, cela n'aurait pas été possible d'écrire la seconde moitié du *Chant du Bourreau*. Ma profonde reconnaissance donc à Nicole Baker et à Lawrence Schiller.

Il y en a d'autres que j'aimerais remercier pour m'avoir apporté une contribution qui a dépassé mes espérances. Vern Damico, Bessie Gilmore et Brenda Nicol sont trois noms qui me viennent aussitôt à l'esprit ; leur apport a été considérable et ils m'ont donné sans compter leur temps en étant toujours disponibles pour vérifier des contradictions et des détails, aussi bien que pour apporter à cet ouvrage leur touche personnelle. Une partie d'ailleurs du plaisir que j'ai trouvé à écrire ce livre tient à ce que j'ai fait leur connaissance. Je tiens à remercier presque autant April Charles, Kathryne Rikki et Sterling Baker ainsi que Jim Barrett, Dennis Boaz, Earl Dorius, Barry Farrell, Pete Galovan, Richard Gibbs, Toni Gurney, Grace McGinnis, Spencer McGrath, Robert Moody, Ron Stanger, Judith Wolbach et le Dr John Woods, mais il est vrai qu'instaurer de telles catégories est injuste pour tous les autres qui ont été interviewés, puisque presque tous n'ont pas ménagé leurs efforts pour décrire leur rôle dans cette histoire. Qu'on me permettre de citer ici leurs noms : Anthony Amsterdam, Wade Anderson, Gil Athay, Cathy Baker, Ruth Ann Baker, Sue Baker, M. et Mme T. S. Baker, Jay Barker, Bill Barrett, Marie Barrett, Thomas Barrett, Cliff Bonnors, Alvin J. Bronstein, Brent Bullock, le juge J. Robert Bullock, Chris Caffee, David Caffee, Ken Cahoon, Cline Campbell, le Dr L. Grant Christensen, Rusty Christiansen, Glade Christiansen, Val Conlin, Mont Court, Virginius (Jinks) Dabney, Ida Damico, Michael Deamer, Pam Dudson, Porter Dudson, Roger Eaton, Michael Esplin, M. et Mme Norman Fulmer, Élizabeth Galovan, Richard Giauque, Frank Gilmore Jr, Stanley Greenberg, Steven Groh, le Dr Grow, Howard Gurney, Phil Hansen, Robert Hansen, Ken Halterman, Doug Hiblar, le Dr Howells, Alex Hunt, Julie Jacoby, Albert Johnson, Dave Johnston, le juge David T. Lewis ; Kathy Maynard, Wayne McDonald, le révérend Thomas Meersman, Bill Moyers, Johnny Nicol, Gerald Nielsen, le capitaine Nolan, Martin Ontiveros, Glen Overton, le lieutenant Peacock, Shirley Pedley, Margie Quinn, Lu Ann Reynolds, Michael Rodak, Jerry Scott, Craig Smay, le lieutenant Skinner, Lucinda Smith, Tamera Smith, Craig Snyder, David Susskind, Craig Taylor, Frank Taylor, Julie Taylor, Wally (l'Australien), Wayne Watson, le Dr Wesley Weissart, Noall Wootton.

Don Adler, T. Aiken, Paul J. Akins, Mildred Balser, Mary Bernardie, Frank Blalm, Tony Borne, Mark Brown, Vince Capitano, le directeur Hoyt Cupp, Dynamite Shave, LeRoy Earp, Richard Frazier, Duane Fulmer, Sally Hiblar, Mildred Hillman, le Dr Jarvis, l'inspecteur Jensen, Tom Lydon, Harry Miller, John Mills, Bill Newall, Andrew Newton, le Dr Allen Roe, le lieutenant Lawrence Salchenberger, l'évêque Seeley, Linda Strokes, le capitaine Wadman, le capitaine Harold Whitley, Tolly Williams, le Dr Joe Winter ont aussi été interviewés. Pour des raisons de construction du livre, ils ne figurent pas (à part une allusion parfois à leur nom) dans les pages de cet ouvrage, mais leur influence n'en a pas été diminuée pour autant. De nombreux déplacements ont été effectués à la prison d'État de l'Oregon pour interviewer les gardiens et les prisonniers qui avaient connu Gilmore au cours des nombreuses années qu'il avait passées dans cet établissement, et l'auteur a été grandement aidé dans sa compréhension de la vie carcérale, du côté officiel par le directeur Hoyt Cupp qui a fourni une coopération précieuse et notamment en faisant part de son opinion personnelle sur les conditions d'emprisonnement, par le capitaine Whitley, le lieutenant Salchenberger et les responsables des quartiers de haute surveillance, par Paul J. Akins, Vince Capitano, LeRoy Earp, Andrew Newton et Tolly Williams pour leurs souvenirs de Gilmore lorsqu'il partageait leur détention. L'auteur doit aussi beaucoup à Duane Fulmer qui a fourni un manuscrit clair, bien écrit et extrêmement détaillé de la vie à l'École de garçon MacLaren. Ces contributions, si elles n'apparaissent pas directement dans le livre, ont constitué une matière indispensable, un ensemble de documentation personnelle qui ont permis de mieux comprendre certains des agissements de Gilmore dans les neuf derniers mois de sa vie. Il faut ajouter à cela les lettres de Jack H. Abbott, un détenu qui a passé une grande partie de sa vie dans les prisons de l'Ouest et qui m'a adressé une série de lettres exceptionnelles, tout à fait dignes d'être publiées, qui définissent le code, la morale, l'angoisse, la philosophie, les pièges, l'orgueil et la recherche de l'inviolabilité chez les détenus endurcis, et ce dans une langue dont je n'ai pas rencontré l'équivalent dans la littérature de prison de ces dernières années.

Mikal Gilmore a été assez aimable pour me communiquer son article publié dans *Rolling Stone* du 10 mars 1977, au sujet des visites qu'il avait faites à son frère, et Sam Smith m'a autorisé à visiter sa prison.

Il convient aussi de faire une mention toute particulière de Colleen Jensen et de Debbie Buschnell pour avoir consenti à me faire un portrait de leurs maris et se contraindre par-là même à revivre les heures les plus douloureuses et les plus bouleversantes de leur existence. Aucune interview n'a été plus pénible tant pour l'interviewé que pour l'interviewer et aucune n'a été plus précieuse pour l'équilibre de ce livre.

Pour leur assistance dans la recherche de la documentation et dans la dactylographie, il convient de remercier aussi Janet Barkas, Dean Brooks, Sœur Bernadette Ann, Clayton Brough, Murray L. Calvert, Molly Malone Cook, Peter Frawley, Kathleen Garrity, Lenny Hat, Jere Herzenberg, Diana Broede Hess, Susan Levin, Francis Lorsen, Mary Oliver, Donna Pode, Dave Schwendiman, Martha Thomases et Mike Mattil qui a fait un gigantesque travail de correction littéraire avec un talent et une rapidité extraordinaires.

À ceux qui ont bien voulu lire et commenter ce manuscrit : Norris Church, Berbard Farbar, Carol Goodson, Robert Lucid, Scott Meredith, Stephanie Schiller et John T. Williams s'adresse ma gratitude sans bornes. J'aimerais ajouter ici le nom de Judith McNally, qui non seulement a lu et commenté ce manuscrit, mais a passé dix ans à travailler pour moi en tant que secrétaire, enquêteuse, documentaliste et lectrice. Sans elle ce livre n'aurait pu être écrit en quinze mois.

Je voudrais enfin saluer la mémoire de cet admirable et fin passionné de littérature qu'était Larned G. Bradford, de chez Little, Brown, qui a disparu le 12 mai 1979. Il a été mon éditeur-conseil pendant dix ans, et il aurait été content de voir cet ouvrage publié.

Table

Livre I : Voix de l'ouest

pavillons poche

Titres parus

Peter Ackroyd
Un puritain au paradis

Woody Allen
Destins tordus

Margaret Atwood
La Servante écarlate
Faire surface
La Femme comestible

Nicholson Baker
À servir chambré
La Mezzanine

Mikhaïl Boulgakov
Le Roman théâtral

Vitaliano Brancati
Le Bel Antonio

Dino Buzzati
Le régiment part à l'aube

Upamanyu Chatterjee
Les Après-midi d'un fonctionnaire très déjanté

Michael Chabon
Les Mystères de Pittsburgh

John Collier
Le Mari de la guenon

Helen DeWitt
Le Dernier Samouraï

Joan Didion
Maria avec et sans rien

E. L. Doctorow
Ragtime

Roddy Doyle
La femme qui se cognait dans les portes
The Commitments
The Snaper
The Van

Lawrence Durrell
Affaires urgentes

F. Scott Fitzgerald
Un diamant gros comme le Ritz

Zelda Fitzgerald
Accordez-moi cette valse

Carlo Fruttero
Des femmes bien informées

Carlo Fruttero et *Franco Lucentini*
L'Amant sans domicile fixe

Graham Greene
Les Comédiens
La Saison des pluies
Le Capitaine et l'Ennemi

Bohumil Hrabal
Une trop bruyante solitude
Moi qui ai servi le roi d'Angleterre

Kent Haruf
Colorado Blues

Jerry Hopkins et *Daniel Sugerman*
Personne ne sortira d'ici vivant

John Kennedy Toole
La Bible de néon

Pa Kin
Le Jardin du repos

Jaan Kross
Le Fou du Tzar

Siegfried Lenz
La Leçon d'allemand

Norman Mailer
Le Chant du bourreau

Dacia Maraini
La Vie silencieuse de Marianna Ucrìa

Guillermo Martínez
Mathématique du crime

Vítězslav Nezval
Valérie ou la Semaine des merveilles

Geoff Nicholson
Comment j'ai raté mes vacances

Joseph O'Connor
À l'irlandaise

Saki
Le Cheval impossible
L'Insupportable Bassington

Sam Shepard
Balades au paradis

Alexandre Soljenitsyne
Le Premier Cercle
Zacharie l'Escarcelle
La Maison de Matriona

James Thurber
La Vie secrète de Walter Mitty

Alice Walker
La Couleur pourpre

Evelyn Waugh
Retour à Brideshead
Grandeur et décadence

Tennessee Williams
Le Boxeur manchot
Sucre d'orge
Le Poulet tueur et la Folle honteuse

Richard Yates
La Fenêtre panoramique
Onze histoires de solitude

Titres à paraître

Graham Greene
Rocher de Brighton

Norman Mailer
Bivouac sur la lune

Quentin Tarentino
Inglorious Basterds

John Updike
Jour de fête à l'hospice

Composé par Nord Compo
à Villeneuve-d'Ascq

Cet ouvrage a été achevé d'imprimer en juin 2011
dans les ateliers de Normandie Roto Impression s.a.s.
61250 Lonrai (Orne)

Imprimé en France
Dépôt légal : avril 2009
N° d'édition : 51857/03 – N° d'impression : 112156